# 泰安市乡镇概览

## （2016—2020）

中共泰安市委党史研究院
泰安市地方史志研究院
编

方志出版社
Publishing House of Local Records

**图书在版编目（CIP）数据**

泰安市乡镇概览 ：2016—2020 / 中共泰安市委党史研究院，泰安市地方史志研究院编. -- 北京 ：方志出版社，2024. 5. -- ISBN 978-7-5144-6221-0

Ⅰ. K925.25

中国国家版本馆CIP数据核字第2024K7K118号

责任编辑：李晓晓
责任校对：张玉霞
责任印制：梅中英
出 版 者：方志出版社
地　　址：北京市朝阳区潘家园东里 9 号（国家方志馆4层）
邮　　编：100021
网　　址：http://www.zgfzcb.cn
发　　行：方志出版社图书营销中心（010-67110500）
印　　刷：山东麦德森文化传媒有限公司
开　　本：889毫米×1194毫米　1/16
印　　张：35.75
字　　数：861千字
版　　次：2024年5月第1版
印　　次：2024年5月第1次印刷
定　　价：369.00元

## 《泰安市乡镇概览（2016—2020）》单位审稿人名单

马　强 马罕卿 王　琪 王　鹏 王安伟 王启勇 牛凤吉 尹慧玲 孔　令 孔　雨
田成胜 冉祥银 白宗成 白承德 边立峰 巩树君 朱　涛 朱传伏 朱衍博 乔　石
刘文涛 刘加亮 刘灿辉 刘苗苗 刘昌利 刘明坤 刘桂军 刘渊东 安顺国 安增顺
孙丽丽 孙法伟 李　元 李　利 李　杰 李　晓 李　峰 李　新 李　慧 李　磊
李天子 李月霞 李心阳 李伟宗 李安军 李洪涛 李家宁 李德胜 杨文平 肖明霞
吴元胜 吴国栋 吴栋华 张　政 张　剑 张　鲁 张　鹏 张士才 张义强 张仕峰
张永智 张胜宁 张继峰 张雯雯 陆春雷 陆继帅 陈　兵 陈　凯 陈　涛 陈思亮
武启勇 欧阳建国 季秀华 周　燕 周和永 郑　燕 单鲁彬 赵　浩 赵　静 赵勤勇
姜伟建 耿　燕 聂　兵 徐　庆 栾玉国 高　强 郭冉冉 郭庆付 姬建芳 崔玉强
商智广 彭　彬 葛　冰 焦　阳 焦克静 谢慧清 翟清臣

## 《泰安市乡镇概览（2016—2020）》单位供稿人名单

丁大康 于　贞 马真真 王　栋 王　晟 王　琳 王飞飞 王艺凯 王文娟 王心雨
王兴斌 王志强 王宝田 牛树泰 毛炳乾 尹　静 孔祥举 古　力 田中凯 白承德
玄富华 司文辉 邢召同 巩玉龙 毕　杰 吕　超 朱修海 仲玉洁 任小雨 庄惠丽
刘　进 刘　政 刘　晓 刘　倩 刘　涛 刘　康 刘　鹏 刘广普 刘彤彤 刘金焕
刘珂嘉 刘养栋 刘振明 刘浩运 刘海峰 刘新华 关中运 关雪芹 米恒坤 汲高扬
许振川 孙小飞 孙公正 孙风芹 孙梦瑶 苏　靖 杜东升 李　建 李　涛（青云街道）
李　涛（石横镇）李　娣 李　敏 李丽丽 李丽园 李言忠 李姗姗 李洪宝 杨　扬
杨海洋 杨鸿义 肖　磊 肖云龙 吴　玫 吴慧杰 谷增亿 张　宇 张　楠（泰前街道）
张　楠（葛石镇）张文芹 张目方 张乐礼 张洪谱 张洋洋 张瑞霞 张鹏岳 张德利
陈申雨 陈连弟 陈国威 陈建华 武　红 武　敏 武珊珊 范　勇 范秀青 罗文莹
郑　琨 赵　庆 赵　娟 赵　潇 赵文港 赵若含 赵学齐 郝　航 侯胜男 郗昌洪
姜凤梅 娄民焕 袁　双 袁明金 耿学生 贾书祺 夏　婷 徐　昊 徐　莹 高大玉
高文旭 郭　建 郭　竞 郭　程 郭笑丽 桑腾飞 黄志源 崔惠茹 康雪瑞 梁兴茜
梁梦琦 宿　燕 董　莹 董坤鹏 蒋　桐 韩秀梅 程建民 谢忠琴 解旭阳 翟志强
滕兴哲 薛　原 霍广乐 穆　雷

# 编辑说明

一、《泰安市乡镇概览（2016—2020）》以马克思列宁主义、毛泽东思想、邓小平理论、“三个代表”重要思想、科学发展观、习近平新时代中国特色社会主义思想为指导，坚持辩证唯物主义和历史唯物主义的立场、观点和方法，紧紧围绕泰安市委、市政府中心工作，客观准确地反映各乡镇（街道）取得的新成就，突出乡镇（街道）发展的时代特征和地方特色，力求思想性、科学性、资料性相统一。

二、《泰安市乡镇概览（2016—2020）》是中共泰安市委党史研究院、泰安市地方史志研究院编纂的泰安市乡镇（街道）在实施第十三个五年规划纲要和乡村振兴战略规划期间的资料性文献，旨在客观准确地记述各乡镇（街道）自然、政治、经济、文化、社会和生态文明等方面的发展历程和主要成果，为赓续乡村振兴战略，赋能助推乡村振兴高质量发展提供智力支持。

三、《泰安市乡镇概览（2016—2020）》坚持事以类从，以类系事，适当考虑社会分工，以类目、分目、条目组成框架结构的主体部分，以条目为基本记述单元，市、县（市、区）地图排在有关市、县（市、区）概述之前，随文图片穿插于相关的文字之间或附近。

四、记述时间。断限上起2016年1月1日，下迄2020年12月31日。为体现历史的连续性和完整性，涉及历史方面的内容从有史料记载以来开始记述，有的条目适当上溯或下延。部分图照时间至2023年底。中华民国成立前用历史纪年，在括号内加注公元纪年。从中华民国元年始，用公元纪年。

五、记述范围。泰安市、泰山区、岱岳区、泰安高新区、泰山景区、徂汶景区、新泰市、肥城市、宁阳县、东平县及各所属乡镇（街道）。为方便文字记述，文中以市、县（市、区）、乡镇（街道）、村（居）来体现记述范围。所涉及的地名，一律使用当时的标准名称，名称发生变化的，在括号内注明今名。

六、记述内容。包括地理环境、经济状况、财税金融、社会事业、居民收入、社会保障、名胜古迹、土特名产、古今名人、典型选介等。

七、本书采用规范语体文、记述体，文风力求严谨、朴实，语言力求简洁、流畅。

八、本书数字、标点符号、计量单位用法分别执行国家标准《出版物上数字用法》(GB/T 15835—2011)、《标点符号用法》(CB/T 15834—2011)、《国际单位制及其应用》(GB 3100—1993)和《有关量、单位、符号的一般原则》(GB 3101—1993)。

九、古今名人收录范围为本县（市、区）、功能区、乡镇（街道）籍的著名人物，人物籍贯今属何地，即由何地记述。古今名人予以高度概括记述，不作评述，去世人物排列以卒年为序，在世人物排列以出生年月为序。

十、资料主要来自档案、年鉴、文献及报刊等，供稿单位负责文字、图片等资料的征集、考证、核实，一般不注明出处。统计数据以政府统计部门的资料数据为准。非统计部门管理的数据，使用各主管部门提供并认可的数据。统计数据一律用阿拉伯数字。政区、机构及某些工作和活动称谓，在各目中第一次出现一般用全称并在括号内注明简称，重复出现时用简称。

# 幸福泰安

◎国家首批对外开放城市
◎国家历史文化名城
◎国家卫生城市
◎国家园林城市
◎国家森林城市
◎国家节水型城市
◎国家首批新能源示范城市
◎国家分布式光伏发电应用示范区
◎全国文明城市
◎全国外贸竞争力百强城市
◎全国科技进步考核先进市
◎全国无偿献血先进城市
◎全国创业先进城市
◎全国双拥模范城
◎全国民族团结进步模范集体
◎全国文化体制改革工作先进地区
◎全国基层中医药工作先进单位
◎全国人口和计划生育综合改革示范市
◎全国婚育新风进万家活动示范市
◎全国资源综合利用“双百工程”示范基地
◎全国首批社会组织建设创新示范区
◎全国水生态文明城市
◎全国家庭急救模范城市
◎中国优秀旅游城市
◎中国特色魅力城市
◎中国宜居城市
◎中国人居环境奖
◎中国城市综合创新力 50 强
◎中国商帮推荐投资城市
◎中国投资环境百佳城市
◎中国企业营商环境十佳城市
◎中国最具生态竞争力城市
◎中国城市公益百强榜
◎中国自驾车旅游品牌十大目的地
◎十大国内自助游目的地

2021 年 12 月 23 日，《泰安市乡镇概览（2016—2020）》篇目研讨暨编纂试点工作会议召开

（常元波　摄）

2022 年 9 月 8 日，《泰安市乡镇概览（2016—2020）》编纂工作会议召开

（常元波　摄）

2024 年 9 月 6 日，泰安市委党史研究院（泰安市地方史志研究院）业务指导和编审委员会第六次会议召开，对《泰安市乡镇概览（2016—2020）》进行专题审议　　（代孝东　摄）

# 《泰安市乡镇概览（2016—2020）》评审会合影

2024年1月

张耀龙（前排左六）　山东省委党史研究院业务指导处处长、一级调研员
田　萌（前排右六）　泰安市委党史研究院院长
曹成义（前排左五）　泰安市委党史研究院二级调研员
吕　超（前排右五）　泰山区委党史研究中心副科级干部
张洪谱（前排左四）　岱岳区委党史研究中心副主任
玄富华（前排右四）　泰安高新区党工委组织部组织一科业务主办
陈　玉（前排左三）　泰山景区党工委组织部副部长
李　宁（前排右三）　徂汶景区人力资源部副部长
柏钦战（前排左二）　新泰市委党史研究中心副主任
庄惠丽（前排右二）　肥城市委党史研究中心副主任、三级主任科员
赵先法（前排左一）　宁阳县委党史研究中心副主任
李姗姗（前排右一）　东平县委党史研究中心副主任
张云霞（后排右三）　泰安市委党史研究院志书编审室一级主任科员
王云勇（后排左九）　泰安市委党史研究院志书编审室主任
肖春华（后排左二）　泰安市委党史研究院党史研究一室主任
刘　凯（后排左三）　泰安市委党史研究院年鉴工作室副主任
王冠文（后排右一）　泰安市委党史研究院办公室四级主任科员
王　巍（后排左八）　泰安市委党史研究院年鉴工作室科员
刘　倩（后排右二）　泰安市方志馆图书资料馆员
刘琳琳（后排左一）　泰安市方志馆工作人员
张瑞伟（后排左六）　泰安市委党史研究院宣传教育室帮助工作人员
高　苗（后排右四）　泰安市委党史研究院党史研究一室帮助工作人员
杨　扬（后排左五）　泰山区委党史研究中心党史科（史志科）科长
宋泽滢（后排左四）　泰山区委党史研究中心工作人员
任小雨（后排右七）　泰安高新区北集坡街道组织办工作人员
陈梦瑞（后排左七）　泰山景区党工委组织部业务经办
刘彤彤（后排右六）　徂汶景区人力资源部工作人员
马田苗（后排右八）　新泰市委党史研究中心史志科副科长
郝　航（后排右五）　肥城市委党史研究中心史志科科长、四级主任科员

# 目　录

## 泰安市


**概述**

地理环境……3
经济状况……4
财税金融……6
社会事业……6
居民收入……8
社会保障……8
名胜古迹……8


## 泰山区


**概述**

地理环境……11
经济状况……12
财税金融……14
社会事业……15
居民收入……16
社会保障……16
名胜古迹……17

**财源街道**

地理环境……17
经济状况……18
财政税收……18
社会事业……18
社会保障……19
名胜古迹……19
古今名人……20
典型选介……20
全国文明单位——财源街道……20
街道党政主要负责人……21

**岱庙街道**

地理环境……21
经济状况……21
财政税收……22
社会事业……22
社会保障……23
名胜古迹……23
古今名人……24
典型选介……26
智慧健康养老示范街道——岱庙街道……26
街道党政主要负责人……26

**泰前街道**

地理环境……26
经济状况……27
财政税收……28
社会事业……28
社会保障……28
名胜古迹……29
古今名人……29
土特名产……29
典型选介……29
山东省“四型”就业社区——广生泉社区……29
街道党政主要负责人……30

**上高街道**

地理环境……30
经济状况……31
财政税收……31
社会事业……31
社会保障……32

名胜古迹……32
古今名人……33
典型选介……34
国家卫生乡镇——上高街道……34
山东省“干事创业好班子”——上高街道党工委……34
专精特新“小巨人”企业——山东宝来利来生物工程股份有限公司……34
全国先进物流企业——速恒物流股份有限公司……34
街道党政主要负责人……35

## 徐家楼街道

地理环境……35
经济状况……36
财政税收……36
社会事业……36
社会保障……37
古今名人……37
土特名产……38
典型选介……38
山东省级文明村——万家庄村……38
街道党政主要负责人……38

## 省庄镇

地理环境……39
经济状况……39
财政税收……40
社会事业……40
社会保障……41
名胜古迹……41
古今名人……41
土特名产……42
典型选介……43
山东特色产业镇“乡村振兴示范镇”——省庄镇……43
全国“一村一品”示范村——小津口村……43
国家森林乡村——安家庄村……43
镇党政主要负责人……44

## 邱家店镇

地理环境……44
经济状况……45
财政税收……45
社会事业……46
社会保障……46
名胜古迹……46
古今名人……47
土特名产……48
典型选介……48
山东省森林乡镇——邱家店镇……48
镇党政主要负责人……48

# 岱岳区

## 概述

地理环境……51
经济状况……53
财税金融……54
社会事业……55
居民收入……56
社会保障……56
名胜古迹……57

## 粥店街道

地理环境……57
经济状况……58
财政税收……58
社会事业……58
社会保障……59
名胜古迹……59
古今名人……60
土特名产……61
街道党政主要负责人……62

## 天平街道

地理环境……62

经济状况……63
财政税收……64
社会事业……64
社会保障……64
名胜古迹……64
古今名人……65
街道党政主要负责人……65

## 山口镇

地理环境……65
经济状况……66
财政税收……66
社会事业……67
社会保障……68
名胜古迹……68
古今名人……68
土特名产……68
典型选介……69
山东省乡村振兴“十百千”示范村——油坊村……69
泰安鲁怡针织印染有限公司……69
镇党政主要负责人……69

## 大汶口镇

地理环境……70
经济状况……71
财政税收……71
社会事业……71
社会保障……72
名胜古迹……72
古今名人……74
土特名产……74
典型选介……74
山东省旅游特色村——山西街村……74
山东省干事创业好班子——南西遥村党支部……74
镇党政主要负责人……75

## 祝阳镇

地理环境……75
经济状况……76
财政税收……76
社会事业……76
社会保障……77
名胜古迹……77
古今名人……78
土特名产……79
镇党政主要负责人……79

## 范镇

地理环境……80
经济状况……80
财政税收……81
社会事业……81
社会保障……82
名胜古迹……82
古今名人……83
土特名产……84
典型选介……84
中国百强农药生产企业——山东省联合农药工业有限公司……84
全国文明村——郑寨子村……85
镇党政主要负责人……85

## 角峪镇

地理环境……85
经济状况……86
财政税收……86
社会事业……87
社会保障……87
名胜古迹……87
古今名人……89
土特名产……89
典型选介……89
山东省级文明村——先锋村……89
镇党政主要负责人……89

## 马庄镇

地理环境……90

经济状况……91
财政税收……91
社会事业……91
社会保障……92
名胜古迹……92
古今名人……93
土特名产……93
典型选介……93
农民专业合作社国家级示范社——泰安市岳洋农作物专业合作社……93
全市第一家家庭农场——张来广创新家庭农场……94
镇党政主要负责人……94
满庄镇
地理环境……94
经济状况……95
财政税收……95
社会事业……96
社会保障……96
名胜古迹……96
古今名人……97
土特名产……98
典型选介……98
省级优秀党组织——南留北村党支部……98
镇党政主要负责人……98
夏张镇
地理环境……99
经济状况……100
财政税收……100
社会事业……100
社会保障……101
名胜古迹……101
古今名人……102
土特名产……103
镇党政主要负责人……104
道朗镇
地理环境……104
经济状况……105
财政税收……105
社会事业……105
社会保障……106
名胜古迹……106
古今名人……107
土特名产……108
典型选介……108
九女峰乡村旅游聚集区……108
二奇楼村落保护区……108
山东巴富洛农文旅产业园……108
全国文明村、全国乡村旅游重点村——里峪村……108
镇党政主要负责人……108

## 泰安高新区

概述
地理环境……111
经济状况……112
财税金融……114
社会事业……114
社会保障……115
名胜古迹……116
北集坡街道
地理环境……116
经济状况……117
财税税收……117
社会事业……118
社会保障……118
名胜古迹……118
土特名产……119
古今名人……119
典型选介……119

山东省级文明村镇——洪沟店村…………… 119
山东省基层社会治理优秀网格——窦家村… 119
街道党政主要负责人………………………… 119
房村镇
地理环境………………………………………… 120
经济状况………………………………………… 120
财税金融………………………………………… 121
社会事业………………………………………… 121
社会保障 ……………………………………… 122
名胜古迹………………………………………… 122
土特名产………………………………………… 124
古今名人………………………………………… 124
典型选介………………………………………… 125
山东省级文明村——西南望村……………… 125
镇党政主要负责人…………………………… 125
良庄镇
地理环境………………………………………… 125
经济状况………………………………………… 126
财政税收………………………………………… 127
社会事业………………………………………… 127
社会保障………………………………………… 127
名胜古迹………………………………………… 127
土特名产………………………………………… 128
古今名人………………………………………… 128
典型选介………………………………………… 130
山东省级文明村——薛庄南村……………… 130
山东省级文明村——高胡庄村……………… 130
镇党政主要负责人…………………………… 130

## 泰山景区

概述
地理环境………………………………………… 133
经济状况………………………………………… 135
财税金融………………………………………… 136
社会事业………………………………………… 136
社会保障………………………………………… 137
名胜古迹………………………………………… 137
大津口乡
地理环境………………………………………… 138
经济状况………………………………………… 139
财政税收………………………………………… 139
社会事业………………………………………… 139
社会保障………………………………………… 140
名胜古迹………………………………………… 140
土特名产………………………………………… 141
古今名人………………………………………… 142
典型选介………………………………………… 142
山东省级文明村——艾洼村………………… 142
山东省旅游特色村——沙岭村……………… 142
乡党政主要负责人…………………………… 142
黄前镇
地理环境………………………………………… 143
经济状况………………………………………… 144
财政税收………………………………………… 144
社会事业………………………………………… 145
社会保障………………………………………… 145
名胜古迹………………………………………… 145
土特名产………………………………………… 146
古今名人………………………………………… 146
典型选介………………………………………… 146
山东省级文明村——砚池河村……………… 146
镇党政主要负责人…………………………… 147
下港镇
地理环境………………………………………… 147
经济状况………………………………………… 148
财政税收………………………………………… 149
社会事业………………………………………… 149
社会保障………………………………………… 149
名胜古迹 ……………………………………… 150
土特名产………………………………………… 150
典型选介………………………………………… 151

山东省级文明村——保家庄村…………………151
山东省级文明村——茅茨舍村…………………152
山东省级文明村——大林村…………………152
镇党政主要负责人…………………152

## 徂汶景区

### 概述

地理环境…………………155
经济状况…………………157
财税金融…………………157
社会事业…………………158
居民收入…………………158
社会保障…………………158
名胜古迹…………………158

### 徂徕镇

地理环境…………………159
经济状况…………………159
财政税收…………………160
社会事业…………………160
社会保障…………………161
名胜古迹…………………161
土特名产…………………161
古今名人…………………162
典型选介…………………163
山东省旅游强乡镇——徂徕镇…………………163
山东省级文明村——向阳村…………………164
山东省先进基层党组织——许家庄村…………………164
镇党政主要负责人…………………164

### 天宝镇

地理环境…………………164
经济状况…………………165
财政税收…………………166
社会事业…………………166
社会保障…………………166
名胜古迹…………………167
土特名产…………………168
古今名人…………………168
典型选介…………………169
山东省级文明镇——天宝镇…………………169
山东省森林村居——年家峪村…………………169
新时代泰山“挑山工”先进集体——前寺村…………………169
新时代泰山“挑山工”先进集体——天宝一村…………………170
镇党政主要负责人…………………170

### 化马湾乡

地理环境…………………170
经济状况…………………171
财政税收…………………172
社会事业…………………172
社会保障…………………172
名胜古迹…………………172
土特名产…………………173
古今名人…………………173
典型选介…………………174
山东省脱贫攻坚先进集体——化马湾乡…………………174
山东省社会科学普及示范村——土山河村…………………174
乡党政主要负责人…………………174

## 新泰市

### 概述

地理环境…………………177
经济状况…………………179
财税金融…………………180
社会事业…………………181
居民收入…………………182
社会保障…………………182
名胜古迹…………………182

### 青云街道

地理环境…………………183

经济状况…… 184
财政税收…… 184
社会事业…… 184
社会保障…… 185
名胜古迹…… 186
古今名人…… 186
土特名产…… 189
典型选介…… 190
山东省“干事创业好班子”——青云街道银河社区党委…… 190
街道党政主要负责人…… 190

新汶街道

地理环境…… 190
经济状况…… 191
财政税收…… 191
社会事业…… 192
社会保障…… 192
名胜古迹…… 192
古今名人…… 193
土特名产…… 193
典型选介…… 194
特变电工山东鲁能泰山电缆有限公司…… 194
国家级绿色工厂——山东润通齿轮集团有限公司…… 194
全省民主法治示范社区——孙村社区…… 194
街道党政主要负责人…… 195

新甫街道

地理环境…… 195
经济状况…… 196
财政税收…… 196
社会事业…… 196
社会保障…… 197
名胜古迹…… 197
古今名人…… 197
土特名产…… 198
典型选介…… 198
中国淘宝镇——新甫街道…… 198
国家卫生乡镇——新甫街道…… 199
街道党政主要负责人…… 199

翟镇

地理环境…… 199
经济状况…… 200
财政税收…… 200
社会事业…… 201
社会保障…… 201
名胜古迹…… 202
古今名人…… 202
土特名产…… 202
典型选介…… 202
全国综合实力千强镇——翟镇…… 202
镇党政主要负责人…… 203

泉沟镇

地理环境…… 203
经济状况…… 204
财政税收…… 204
社会事业…… 204
社会保障…… 205
名胜古迹…… 205
古今名人…… 205
土特名产…… 206
典型选介…… 206
全国乡村治理示范村——高崖头村…… 206
镇党政主要负责人…… 207

羊流镇

地理环境…… 207
经济状况…… 208
财政税收…… 208
社会事业…… 209
社会保障…… 209
名胜古迹…… 209
古今名人…… 210
土特名产…… 211

典型选介…… 212
全国农村创业创新园区——泰山百合和园… 212
省级特色小镇——羊流智能起重小镇…… 212
镇党政主要负责人…… 212

**果都镇**

地理环境…… 213
经济状况…… 213
财政税收…… 214
社会事业…… 214
社会保障…… 215
名胜古迹…… 215
古今名人…… 215
土特名产…… 216
典型选介…… 217
山东省级文明村镇——杨家楼村…… 217
镇党政主要负责人…… 217

**西张庄镇**

地理环境…… 217
经济状况…… 218
财政税收…… 218
社会事业…… 218
社会保障…… 219
名胜古迹…… 219
古今名人…… 220
土特名产…… 221
典型选介…… 222
中国特色小镇　西张庄镇 222
中国幸福村——西白沙村…… 222
山东鲁新起重设备有限公司…… 222
镇党政主要负责人…… 222

**宫里镇**

地理环境…… 223
经济状况…… 223
财政税收…… 224
社会事业…… 224
社会保障…… 225
名胜古迹…… 225
古今名人…… 225
土特名产…… 226
典型选介…… 226
山东省服务业特色小镇——和融文化创意小镇
…… 226
山东省级文明村镇——宫里镇…… 226
镇党政主要负责人…… 227

**谷里镇**

地理环境…… 227
经济状况…… 228
财政税收…… 228
社会事业…… 228
社会保障…… 229
名胜古迹…… 229
古今名人…… 230
典型选介…… 230
山东泰山生力源玻璃有限公司…… 230
镇党政主要负责人…… 230

**楼德镇**

地理环境…… 231
经济状况…… 231
财政税收…… 232
社会事业…… 232
社会保障…… 233
名胜古迹…… 233
古今名人…… 234
土特名产…… 235
典型选介…… 236
全国综合实力千强镇——楼德镇…… 236
镇党政主要负责人…… 236

**禹村镇**

地理环境…… 236
经济状况…… 237
财政税收…… 237
社会事业…… 237

社会保障…… 238
名胜古迹…… 238
古今名人…… 239
土特名产…… 239
典型选介…… 239
全国民族团结进步模范集体——禹村镇…… 239
镇党政主要负责人…… 240
石莱镇
地理环境…… 240
经济状况…… 241
财政税收…… 241
社会事业…… 242
社会保障…… 242
名胜古迹…… 242
古今名人…… 243
土特名产…… 243
典型选介…… 244
山东省级文明村镇——石莱镇…… 244
良心谷有机生态示范园…… 244
镇党政主要负责人…… 245
放城镇
地理环境…… 245
经济状况…… 246
财政税收…… 246
社会事业…… 246
社会保障…… 246
名胜古迹…… 247
古今名人…… 247
土特名产…… 248
典型选介…… 248
中国美丽休闲乡村——东石井村…… 248
“守味放城”区域公共品牌…… 249
镇党政主要负责人…… 249
刘杜镇
地理环境…… 249
经济状况…… 250
财政税收…… 251
社会事业…… 251
社会保障…… 252
名胜古迹…… 252
古今名人…… 252
土特名产…… 253
典型选介…… 253
全国一村一品示范村镇——刘杜镇…… 253
镇党政主要负责人…… 253
岳家庄乡
地理环境 …… 254
经济状况…… 254
财政税收…… 255
社会事业…… 255
社会保障…… 255
名胜古迹…… 256
古今名人…… 256
土特名产…… 256
典型选介…… 256
省级“绿水青山就是金山银山”实践创新基地
——岳家庄乡 …… 256
乡党政主要负责人…… 257
小协镇
地理环境…… 257
经济状况…… 258
财政税收…… 258
社会事业…… 259
社会保障…… 259
名胜古迹…… 260
古今名人…… 260
土特名产…… 260
典型选介…… 260
智慧健康养老示范镇——小协镇…… 260
镇党政主要负责人…… 261
东都镇
地理环境 …… 261

经济状况…………………………………… 262
财政税收…………………………………… 262
社会事业…………………………………… 263
社会保障…………………………………… 263
名胜古迹…………………………………… 264
古今名人…………………………………… 265
土特名产…………………………………… 266
典型选介…………………………………… 266
山东能源重型装备制造集团有限责任公司
新汶分公司………………………………… 266
镇党政主要负责人………………………… 266

### 汶南镇

地理环境…………………………………… 267
经济状况…………………………………… 268
财政税收…………………………………… 268
社会事业…………………………………… 268
社会保障…………………………………… 269
名胜古迹…………………………………… 269
古今名人…………………………………… 271
土特名产…………………………………… 272
典型选介…………………………………… 272
全国文明村镇——双山村………………… 272
镇党政主要负责人………………………… 272

### 龙廷镇

地理环境…………………………………… 273
经济状况…………………………………… 273
财政税收…………………………………… 274
社会事业…………………………………… 274
社会保障…………………………………… 275
名胜古迹…………………………………… 275
古今名人…………………………………… 276
土特名产…………………………………… 277
典型选介…………………………………… 277
山东省红色研学基地——掌平洼革命历史纪念馆
…………………………………………… 277
全国乡村旅游重点村——掌平洼村……… 278
山东龙成消防科技股份有限公司………… 278
镇党政主要负责人………………………… 278

## 肥城市

### 概述

地理环境…………………………………… 281
经济状况…………………………………… 282
财税金融…………………………………… 285
社会事业…………………………………… 285
居民收入…………………………………… 287
社会保障…………………………………… 287
名胜古迹…………………………………… 287

### 新城街道

地理环境…………………………………… 288
经济状况…………………………………… 288
财政税收…………………………………… 289
社会事业…………………………………… 289
社会保障…………………………………… 290
名胜古迹…………………………………… 290
古今名人…………………………………… 291
土特名产…………………………………… 292
典型选介…………………………………… 292
中国淘宝镇——新城街道………………… 292
国家地震安全示范社区——伊家沟社区…… 292
全国科普示范社区——巧山社区………… 293
街道党政主要负责人……………………… 293

### 老城街道

地理环境…………………………………… 293
经济状况…………………………………… 294
财政税收…………………………………… 294
社会事业…………………………………… 295
社会保障…………………………………… 295
名胜古迹…………………………………… 296
古今名人…………………………………… 296
土特名产…………………………………… 298

典型选介…………………………………………… 299
肥城市老城革命纪念馆………………………… 299
山东省“干事创业好班子”——老城街道党工委
…………………………………………………… 299
省级文明村镇——东关居委会………………… 300
省级精神文明村（居）示范点——栾庄村… 300
山东省科普示范村——杨庄村………………… 300
街道党政主要负责人…………………………… 300
潮泉镇
地理环境……………………………………………… 301
经济状况 ………………………………………… 302
财政税收……………………………………………… 302
社会事业……………………………………………… 302
社会保障……………………………………………… 303
名胜古迹……………………………………………… 303
古今名人……………………………………………… 304
土特名产……………………………………………… 306
典型选介……………………………………………… 306
国家卫生乡镇、国家级世上桃源森林生态康养
小镇——潮泉镇……………………………… 306
全国美丽宜居示范村、美丽乡村示范村
——柳沟村 ………………………………… 307
镇党政主要负责人……………………………… 307
王瓜店街道
地理环境……………………………………………… 307
经济状况……………………………………………… 308
财政税收……………………………………………… 309
社会事业……………………………………………… 309
社会保障 ………………………………………… 310
名胜古迹……………………………………………… 310
古今名人……………………………………………… 312
土特名产……………………………………………… 313
典型选介……………………………………………… 314
山东特色产业镇动能转换20强——王瓜店街道
…………………………………………………… 314
国家级充分就业社区——南军寨社区……… 314
街道党政主要负责人…………………………… 314
湖屯镇
地理环境……………………………………………… 315
经济状况……………………………………………… 316
财政税收……………………………………………… 316
社会事业……………………………………………… 316
社会保障……………………………………………… 317
名胜古迹……………………………………………… 317
古今名人……………………………………………… 320
典型选介……………………………………………… 321
山东省旅游强乡镇——湖屯镇……………… 321
山东省级文明村镇——湖屯镇……………… 321
国家森林乡村——吕仙村……………………… 321
镇党政主要负责人……………………………… 321
石横镇
地理环境……………………………………………… 322
经济状况……………………………………………… 323
财政税收……………………………………………… 323
社会事业……………………………………………… 323
社会保障……………………………………………… 324
名胜古迹……………………………………………… 324
古今名人……………………………………………… 326
土特名产……………………………………………… 327
典型选介……………………………………………… 328
全国综合实力千强镇——石横镇…………… 328
中国企业500强——石横特钢集团有限公司
…………………………………………………… 328
中韩绿色园区——肥城化工产业园区……… 329
镇党政主要负责人……………………………… 329
桃园镇
地理环境……………………………………………… 329
经济状况……………………………………………… 330
财政税收……………………………………………… 330
社会事业……………………………………………… 330
社会保障 ………………………………………… 331
名胜古迹……………………………………………… 331

古今名人…… 333
土特名产…… 334
典型选介…… 334
省级耕地保护激励镇——桃园镇…… 334
山东省农业产业强镇——桃园镇…… 335
镇党政主要负责人…… 335
王庄镇
地理环境…… 335
经济状况…… 336
财政税收…… 336
社会事业…… 337
社会保障…… 337
名胜古迹…… 337
古今名人…… 339
土特名产…… 339
典型选介…… 340
全国“一村一品”示范镇——王庄镇…… 340
山东省乡村振兴示范村——东孔村…… 341
镇党政主要负责人…… 341
仪阳街道
地理环境…… 341
经济状况…… 342
财政税收…… 343
社会事业…… 343
社会保障…… 343
名胜古迹…… 344
古今名人…… 345
土特名产…… 346
典型选介…… 346
国家AAA级旅游景区——泰山植物园…… 346
国家AAA级旅游景区——刘台桃花源景区…… 346
国家AA级旅游景区——鱼山桃花海景区…… 347
街道党政主要负责人…… 347
安临站镇
地理环境…… 348
经济状况…… 349
财政税收…… 349
社会事业…… 349
社会保障…… 350
名胜古迹…… 350
古今名人…… 352
土特名产…… 354
典型选介…… 354
山东省红色文化特色村——东陆房村…… 354
山东省传统村落、景区化村庄——圣井峪村…… 355
镇党政主要负责人…… 355
孙伯镇
地理环境…… 355
经济状况…… 356
财政税收…… 357
社会事业…… 357
社会保障…… 358
名胜古迹…… 358
古今名人…… 359
土特名产…… 360
典型选介…… 360
全国乡村旅游重点村——五埠村…… 360
国家传统村落——岈山村…… 361
镇党政主要负责人…… 361
安驾庄镇
地理环境…… 361
经济状况…… 362
财政税收…… 363
社会事业…… 364
社会保障…… 364
名胜古迹…… 365
古今名人…… 366
土特名产…… 367
典型选介…… 367
山东省级特色产业镇——安驾庄镇…… 367

山东省乡村振兴示范村——马家埠村……… 368
镇党政主要负责人……………………………… 368
边院镇
地理环境……………………………………… 368
经济状况……………………………………… 369
财政税收……………………………………… 370
社会事业……………………………………… 370
社会保障……………………………………… 371
名胜古迹……………………………………… 371
古今名人……………………………………… 372
土特名产……………………………………… 373
典型选介……………………………………… 374
肥城第一个党支部纪念馆…………………… 374
“双色村庄”——大海子村………………… 374
“中国少数民族特色村寨”——凤凰村…… 374
镇党政主要负责人…………………………… 374
汶阳镇
地理环境……………………………………… 375
经济状况……………………………………… 375
财政税收……………………………………… 376
社会事业……………………………………… 376
社会保障……………………………………… 377
名胜古迹……………………………………… 377
古今名人……………………………………… 379
土特名产……………………………………… 381
典型选介……………………………………… 382
山东省美丽宜居小镇——汶阳镇 ……………382
全国文明村镇——西徐村…………………… 382
镇党政主要负责人…………………………… 382

## 宁阳县

概述
地理环境……………………………………… 385
经济状况……………………………………… 386
财税金融……………………………………… 388
社会事业……………………………………… 389
居民收入……………………………………… 390
社会保障……………………………………… 390
名胜古迹……………………………………… 391
文庙街道
地理环境……………………………………… 391
经济状况……………………………………… 392
财政税收……………………………………… 392
社会事业……………………………………… 393
社会保障……………………………………… 393
名胜古迹……………………………………… 393
古今名人……………………………………… 394
土特名产……………………………………… 394
典型选介……………………………………… 395
省级创业型街道——文庙街道……………… 395
街道党政主要负责人………………………… 395
八仙桥街道
地理环境……………………………………… 395
经济状况……………………………………… 396
财政税收……………………………………… 396
社会事业……………………………………… 397
社会保障……………………………………… 397
名胜古迹……………………………………… 397
古今名人……………………………………… 398
典型选介……………………………………… 398
全国文明村镇——青川围子村……………… 398
省级文明单位——八仙桥街道办事处……… 399
街道党政主要负责人………………………… 399
泗店镇
地理环境……………………………………… 399
经济状况……………………………………… 400
财政税收……………………………………… 400
社会事业……………………………………… 400
社会保障……………………………………… 401
名胜古迹……………………………………… 401
古今名人……………………………………… 402

土特名产…… 402
典型选介…… 403
山东省级文明村镇——徐行村…… 403
山东省乡村振兴“十百千”工程示范创建村——海子崖村…… 403
蟋蟀文化产业…… 403
镇党政主要负责人…… 404
东疏镇
地理环境…… 404
经济状况…… 405
财政税收…… 405
社会事业…… 405
社会保障…… 406
名胜古迹…… 406
古今名人…… 407
土特名产…… 408
典型选介…… 408
东疏镇彩色苗木…… 408
国家森林乡村——胡茂村…… 408
博士村——花园村…… 409
镇党政主要负责人…… 409
鹤山镇
地理环境…… 409
经济状况…… 410
财政税收…… 411
社会事业…… 411
社会保障…… 411
名胜古迹…… 412
古今名人…… 412
土特名产…… 413
典型选介…… 414
山东省森林乡镇——鹤山镇…… 414
“还章于村”改革创新…… 414
镇党政主要负责人…… 414
伏山镇
地理环境…… 414
经济状况…… 415
财政税收…… 416
社会事业…… 416
社会保障…… 416
名胜古迹…… 417
古今名人…… 418
典型选介…… 419
山东省绿色能源示范村镇——伏山镇…… 419
山东省乡村振兴“十百千”工程示范创建村——桑家庄…… 419
镇党政主要负责人…… 420
堽城镇
地理环境…… 420
经济状况…… 421
财政税收…… 421
社会事业…… 421
社会保障…… 422
名胜古迹…… 422
古今名人…… 423
典型选介…… 423
堽城镇工业园区…… 423
镇党政主要负责人…… 424
蒋集镇
地理环境…… 424
经济状况…… 425
财政税收…… 426
社会事业…… 426
社会保障…… 426
名胜古迹…… 426
古今名人…… 427
土特名产…… 427
典型选介…… 428
山东省乡村振兴“十百千”工程示范创建镇——蒋集镇…… 428
友邦田园综合体…… 428
镇党政主要负责人…… 428

**磁窑镇**
地理环境…… 429
经济状况…… 429
财政税收…… 430
社会事业…… 430
社会保障…… 431
名胜古迹…… 431
古今名人…… 432
土特名产…… 433
典型选介…… 433
大磨庄村西岭家庭农场…… 433
猕猴桃田园综合体…… 433
镇党政主要负责人…… 433
**华丰镇**
地理环境…… 434
经济状况…… 434
财政税收…… 435
社会事业…… 435
社会保障…… 436
名胜古迹…… 436
古今名人…… 437
典型选介…… 437
华丰镇红卫渠主题教育基地…… 437
全国重点镇——华丰镇…… 437
宁阳县润华家庭农场专业合作社…… 438
镇党政主要负责人…… 438
**东庄镇**
地理环境…… 438
经济状况…… 439
财政税收…… 440
社会事业…… 440
社会保障…… 440
名胜古迹…… 441
古今名人…… 441
土特名产…… 442
典型选介…… 443
东庄红红色文化爱国主义教育基地…… 443
东庄民俗文化馆…… 443
镇党政主要负责人…… 443
**葛石镇**
地理环境…… 443
经济状况…… 444
财政税收…… 445
社会事业…… 445
社会保障…… 445
名胜古迹…… 446
古今名人…… 447
土特名产…… 447
典型选介…… 448
凤凰山梨花会…… 448
镇党政主要负责人…… 448
**乡饮乡**
地理环境…… 448
经济状况…… 449
财政税收…… 449
社会事业…… 450
社会保障…… 450
名胜古迹…… 450
古今名人…… 451
土特名产…… 451
典型选介…… 451
“四八”宴席及酒礼…… 451
全国乡村特色产业亿元村——南赵村…… 452
乡党政主要负责人…… 452

## 东平县

**概述**
地理环境…… 455
经济状况…… 456
财税金融…… 458
社会事业…… 459

居民收入…… 460
社会保障…… 460
名胜古迹…… 461
东平街道
地理环境…… 461
经济状况…… 462
财政税收…… 462
社会事业…… 463
社会保障…… 463
名胜古迹…… 463
古今名人…… 465
典型选介…… 466
稻屯洼湿地公园…… 466
全国乡村治理示范村——史楼村…… 466
中国乡村旅游模范村——塘坊民俗旅游度假村…… 467
罗贯中纪念馆…… 467
街道党政主要负责人…… 467
州城街道
地理环境…… 467
经济状况…… 468
财政税收…… 469
社会事业…… 469
社会保障…… 470
名胜古迹…… 470
古今名人…… 471
土特名产…… 472
典型选介…… 472
东平县工委纪念馆…… 472
街道党政主要负责人…… 473
彭集街道
地理环境…… 473
经济状况…… 474
财政税收…… 475
社会事业…… 475
社会保障…… 475
名胜古迹…… 476
古今名人…… 476
土特名产…… 477
典型选介…… 477
东平县山东大学泰山科技园…… 477
街道党政主要负责人…… 478
沙河站镇
地理环境…… 478
经济状况…… 479
财政税收…… 480
社会事业…… 480
社会保障…… 480
古今名人…… 480
土特名产…… 482
典型选介…… 483
山东省卫生乡镇——沙河站镇…… 483
山东省生态文明村——前河涯村…… 484
镇党政主要负责人…… 484
老湖镇
地理环境…… 485
经济状况…… 486
财政税收…… 486
社会事业…… 487
社会保障…… 487
名胜古迹…… 487
古今名人…… 489
土特名产…… 489
典型选介…… 489
山东省乡村振兴齐鲁样板——老湖示范区…… 489
镇党政主要负责人…… 490
银山镇
地理环境…… 490
经济状况…… 491
财政税收…… 492
社会事业…… 492
社会保障…… 492

名胜古迹…… 493
古今名人…… 494
土特名产…… 494
典型选介…… 495
中国乡村旅游模范村——南堂子村…… 495
山东省宜居小镇——银山镇…… 495
镇党政主要负责人…… 495
斑鸠店镇
地理环境…… 496
经济状况…… 497
财政税收…… 497
社会事业…… 497
社会保障…… 498
名胜古迹…… 498
古今名人…… 499
土特名产…… 499
典型选介…… 500
国家“一村一品”示范乡镇——斑鸠店镇… 500
东平县瑞祥食用菌种植专业合作社…… 500
镇党政主要负责人…… 500
接山镇
地理环境…… 501
经济状况…… 502
财政税收…… 502
社会事业…… 502
社会保障…… 503
名胜古迹…… 503
古今名人…… 504
土特名产…… 505
典型选介…… 506
全国文明村镇——后口头村…… 506
智慧农业应用基地——洪波农场…… 507
镇党政主要负责人…… 507
大羊镇
地理环境…… 507
经济状况…… 508
财政税收…… 508
社会事业…… 508
社会保障…… 509
名胜古迹…… 509
古今名人…… 510
土特名产…… 511
典型选介…… 511
大羊镇红色教育基地…… 511
镇党政主要负责人…… 511
梯门镇
地理环境…… 512
经济状况…… 512
财政税收…… 513
社会事业…… 513
社会保障…… 514
名胜古迹…… 514
古今名人…… 516
土特名产…… 517
典型选介…… 517
山东省乡村振兴示范村——东瓦庄村…… 517
泰安市发展集体经济进步村——大洼村…… 517
镇党政主要负责人…… 517
新湖镇
地理环境…… 518
经济状况…… 519
财政税收…… 519
社会事业…… 520
社会保障…… 520
名胜古迹…… 520
古今名人…… 520
土特名产…… 522
典型选介…… 522
山东省级文明村镇——新湖镇…… 522
泰安市级文明村镇——窦府营村…… 522
山东省乡村振兴示范村——冯洼村…… 523
镇党政主要负责人…… 523

## 戴庙镇

地理环境…… 523
经济状况…… 524
财政税收…… 524
社会事业…… 525
社会保障…… 525
名胜古迹…… 525
古今名人…… 526
土特名产…… 526
镇党政主要负责人…… 527

## 商老庄乡

地理环境…… 527
经济状况…… 528
财政税收…… 529
社会事业…… 529
社会保障…… 529
名胜古迹…… 530
古今名人…… 530
土特名产…… 531
乡党政主要负责人…… 531

## 旧县乡

地理环境…… 532
经济状况…… 532
财政税收…… 533
社会事业…… 533
社会保障…… 534
名胜古迹…… 534
古今名人…… 535
土特名产…… 536
典型选介…… 536
山东省旅游民宿集聚区创建单位——旧县乡…… 536
乡党政主要负责人…… 536

**附　录**…… 537
乡镇（街道）基本情况…… 539
文物保护单位及非遗项目…… 546

**编后记**…… 553

# 泰安市

泰安市生态绿地健身公园 （陈 阳 摄）

# 泰安市地图

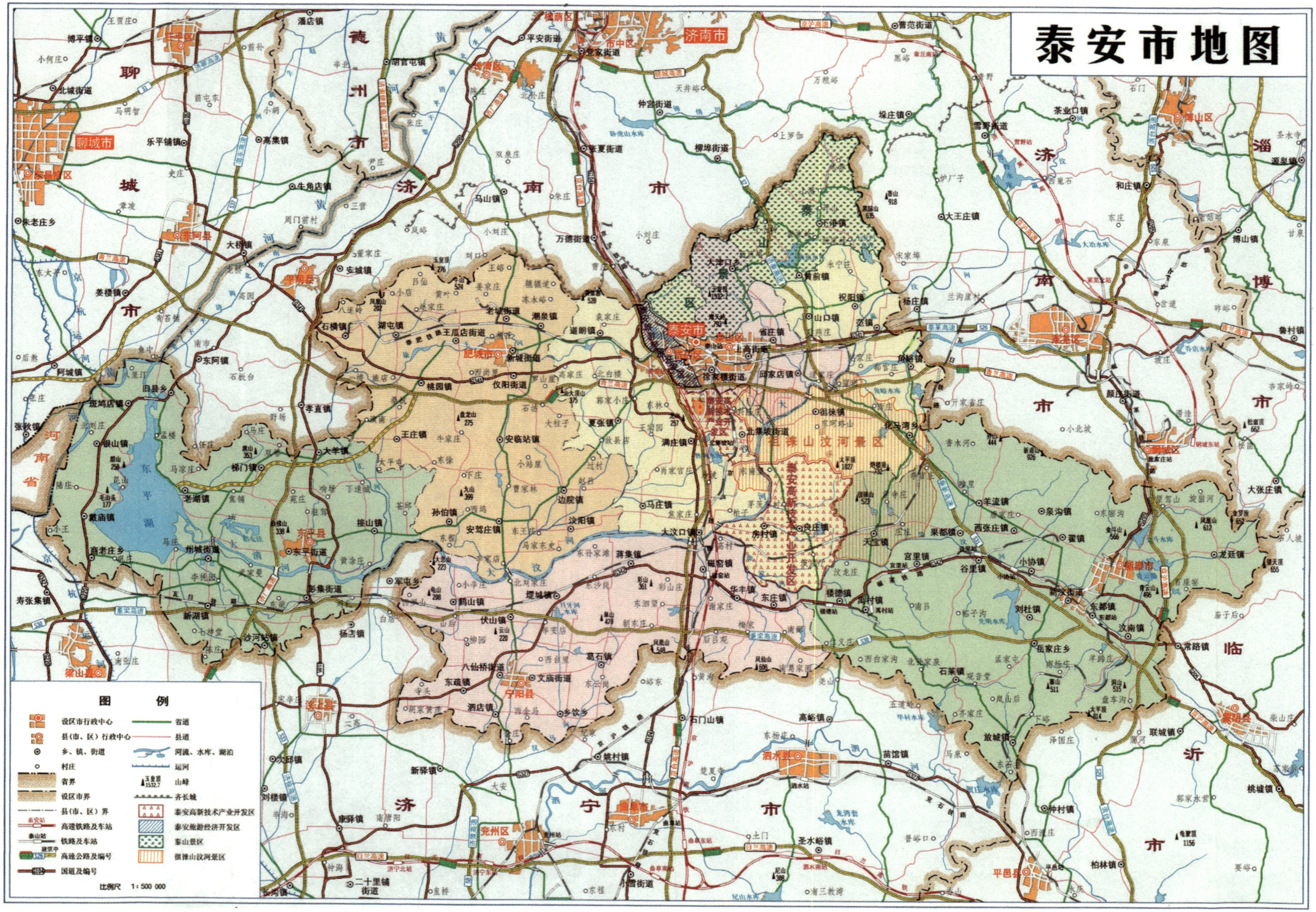


审图号：泰安 SG（2023）001 号　　资料截止日期：2022 年 12 月



泰安市自然资源和规划局 监制
山东省地图院 编制

# 概 述

## 地理环境

**位置面积** 泰安市位于山东省中部，地理坐标为北纬35°38′～36°28′，东经116°20′～117°59′，北以泰山与济南市为界，南与济宁市相连，西隔黄河与聊城市及河南省濮阳市相望，东与济南市、淄博市、临沂市相邻。东西长约176.6千米，南北长约93.5千米，总面积7762平方千米，占全省面积的4.94%。市政府驻泰山区，位于泰山南麓，北距山东省人民政府约70千米。京沪铁路、京沪高铁、京台高速贯穿南北，青兰高速贯穿东西。公路通车里程1.67万千米，其中高速公路通车里程475千米。

**建置区划** 泰安之名，始于金天会十四年（1136）以故泰山郡腹地置泰安军，取泰山安则四海皆安之意。2016年，泰安市辖泰山、岱岳2个区，宁阳、东平2个县，代省管辖新泰、肥城2个市（县级）。全市有乡、镇、街道88个（乡6个、镇62个、街道20个），村（居）民委员会3755个。其中，泰山区辖1个乡、2个镇、5个街道；岱岳区辖1个乡、14个镇、3个街道；新泰市辖1个乡、17个镇、3个街道；肥城市辖10个镇、4个街道；宁阳县辖1个乡、10个镇、2个街道；东平县辖2个乡、9个镇、3个街道。另外，在不改变行政区划的前提下，泰安高新技术产业开发区（简称泰安高新区）管理岱岳区北集坡街道的47个村（居）民委员会，泰山景区管理泰山区的11个村（居）民委员会和岱岳区的2个村（居）民委员会。2019年9月，依托泰安市徂徕山汶河景区建设发展中心，成立泰安市徂徕山汶河风景名胜区管理委员会（简称徂汶景区），辖徂徕镇、天宝镇、化马湾乡3个乡镇及滨河片区。2020年，泰安市辖泰山、岱岳2个区，宁阳、东平2个县，代省管辖新泰、肥城2个市（县级）。全市有乡、镇、街道88个（乡6个、镇62个、街道20个），村（居）民委员会3755个。为方便管理，赋予泰安高新区、泰山景区、徂汶景区管辖乡镇（街道）、村（社区）的职能。其中泰山区辖2个镇、5个街道；岱岳区辖9个镇、2个街道；泰安高新区辖2个镇、1个街道；泰山景区辖1个乡、2个镇；徂汶景区辖1个乡、2个镇；新泰市辖1个乡、16个镇、3个街道；肥城市辖10个镇、4个街道；宁阳县辖1个乡、10个镇、2个街道；东平县辖2个乡、9个镇、3个街道。

**地形地貌** 境内地势自东北向西南倾斜，有山地、丘陵、平原、洼地、湖泊等地貌类型。山地集中分布在境域北部和东部，其中泰山位于境域北部，主峰玉皇顶海拔1545米，为山东省第一高峰。丘陵主要分布在新泰市西南部、宁阳县东部、岱岳区西北部、肥城盆地边缘及东平县北部，海拔120～400米。平原主要分布在山麓及河流沿岸，海拔60～120米，其中山东省四大山麓平原之一的泰（安）莱（芜）肥（城）宁（阳）平原，大部分在泰安市境内。洼地主要分布在东平县“三湖”（老湖、新湖、稻屯洼）周围，海拔38～60米。湖泊集中在东平县，“三湖”水面6.35万公顷（含市外部分）。

**气候特征**　属暖温带大陆性半湿润季风气候区，四季分明，春季干燥多风，夏季炎热多雨，秋季晴和气爽，冬季寒冷少雪。2016年，年平均气温14.5℃，较常年偏高0.9℃，年平均降水量729.1毫米，日照时数2055.2小时。2020年，年平均气温14.5℃，较常年偏高0.9℃，年平均降水量901.4毫米，日照时数2759.1小时。

**土地资源**　2016年，境内土地总面积77.62万公顷，其中农用地58.38万公顷（耕地36.4万公顷、园地3.97万公顷、林地10.92万公顷，其他农用地7.09万公顷），建设用地13.04万公顷，未利用地6.19万公顷。2020年，境内土地总面积77.62万公顷，其中农用地58.12万公顷（耕地36.44万公顷、园地3.92万公顷、林地10.81万公顷，其他农用地6.95万公顷），土壤类型主要有棕壤、褐土、砂姜黑土、潮土、山地草甸型土、风沙土6大类、14个亚类、34个土属、64个土种，其中棕壤、褐土为地带性土壤，是全市土壤组成的主要类型。

**矿产资源**　2016年，境内发现矿藏63种，探明储量的矿产地101处，占已发现矿种的49.2%。2020年，境内发现矿产63种，其中能源矿产4种、金属矿产14种、非金属矿产43种、水气矿产2种。探明资源储量的矿产地101处，其中自然硫、石膏、岩盐、钾盐、蛇纹岩、玉石探明储量居全省第一，铝土矿探明储量居全省第二，铁矿探明储量居全省第三，煤矿探明储量居全省第四，耐火黏土、水泥用灰岩、制碱用灰岩等探明储量在全省占有重要地位。

**水资源**　2016—2020年，年平均降水量717毫米，年平均水资源总量17.6亿立方米，其中地表水资源量11.15亿立方米、地下水资源量9.38亿立方米，地表水与地下水重复计算量为2.93亿立方米。全市有大小河流466条，分属黄河、淮河两大流域，其中大汶河自东向西流经全市，境内流域面积6093平方千米，为泰安市第一大河；水库687座，温泉4处。

**生物资源**　2016年，境内有高等植物239科1212种、动物4纲385种、浮游生物35科136种、农作物害虫天敌3纲39科113种。2020年，境内有高等植物1600余种及变种、亚种、变型，分属191科、775属，其中古树名木1.95万株，隶属27科、45种，主要有汉柏、唐槐、六朝松等；浮游植物8门、99种属。陆生脊椎动物4纲、300多种，鱼类8目、15科、48种，浮游动物4大类、71种。

**人口民族**　**人口**　2016年，常住人口563.74万人，其中城镇人口332.94万人、农村人口230.8万人。2018年，常住人口564万人，其中城镇人口348.95万人、农村人口215.05万人。2020年，常住人口547.85万人，其中城镇人口350.19万人、农村人口197.66万人。

**民族**　2016年，有回族、满族、壮族、蒙古族、朝鲜族、苗族、侗族等44个少数民族，共计8.2万人，其中回族7.9万人。2020年，有回族、满族、壮族、蒙古族、朝鲜族、苗族、侗族等44个少数民族，共计7.66万人，其中回族6.93万人。少数民族较集中居住在39个乡镇（街道）的130个村（社区）。

## 经济状况

2016年，实现生产总值2170.8亿元，其中第一产业增加值274.3亿元，第二产业增加值877.3亿元，第三产业增加值1019.2亿元。2018年，实现生产总值2403.9亿元，其中第一产业增加值285.4亿元，第二产业增加值954.3亿元，第三产业增加值1164.2亿元。2020年，实现地区生产总值2766.5亿元，其中第一产业增加值299.7亿元，第二产业增加值1080.4亿元，第三产业增加值1386.4亿元。

**农　业**　2016年，农业总产值515.3亿元，其中农业产值266亿元、林业产值7.4亿元、牧业产值194.5亿元、渔业产值18.5亿元、农林牧渔服务业产值28.9亿元，农林牧渔服务业增加值14.1亿元。农作物总播种面积59.16万公顷，其中粮食作物播种面积37.33万公顷，总产量256.4万吨；

蔬菜种植面积10.64万公顷，总产量630.2万吨；果园面积3.05万公顷，园林水果产量58.8万吨。农民专业合作社7457家，其中国家级示范社26家、省级102家、市级334家；家庭农场3155家，其中省级家庭示范农场5家、市级62家。全市森林覆盖率39.56%，在2016年9月第十三届中国林产品交易会上，展品获金奖19个、银奖23个，金奖及奖牌总数居全省第一。拥有农业机械总动力486万千瓦，种植业耕种收综合机械化水平86.6%。2018年，农业总产值548.78亿元，其中农业产值313.1亿元、林业产值9.24亿元、牧业产值163.58亿元、渔业产值18.06亿元、农林牧渔服务业产值44.8亿元，农林牧渔服务业增加值21.54亿元。农作物总播种面积53.61万公顷，其中粮食作物播种面积36.63万公顷，总产量246.77万吨；蔬菜及食用菌种植面积10.71万公顷，总产量616.54万吨；油料作物播种面积4.87万公顷，总产量20.7万吨。2020年，农业总产值578.58亿元，其中农业产值336.4亿元、林业产值10.27亿元、牧业产值159亿元、渔业产值17.16亿元、农林牧渔服务业产值55.75亿元，农林牧渔服务业增加值27.18亿元。农作物总播种面积53.25万公顷，其中粮食作物播种面积37.17万公顷，总产量257.07万吨；蔬菜及食用菌种植面积10.21万公顷，总产量575.08万吨；油料作物播种面积4.62万公顷，总产量19.66万吨。规模以上农业龙头企业331家，农民专业合作社1.02万家，家庭农场6704家。农机总动力541万千瓦，农作物耕种收综合机械化率89.5%。

**工　业**　2016年，工业增加值579.7亿元，比上年增长8.9%。2018年，工业增加值596.91亿元，缴纳税金107.37亿元。2020年，工业增加值677.7亿元，比上年增长3.6%，缴纳税金103.9亿元；规模以上工业企业1097家，总产值1974.07亿元，实现利润95.8亿元；国家级制造业单项冠军企业15家、绿色工厂19家。2016—2020年，平均工业增加值增长5.5%。

**建筑业**　2016年，建筑业总产值552亿元，增加值159亿元，实缴税金15.8亿元，利润总额30.2亿元，出国出省施工产值195亿元；收缴建筑企业劳保金1.97亿元；获山东省建筑工程“泰山杯”奖7项，获评省级安全文明小区21个、省级安全文明标准化示范工地6个、省级安全文明标准化优良工地19个。2018年，建筑业产值过亿元企业85家，过10亿元企业11家，过100亿元企业1家；实现增加值359.2亿元，实缴税金31.7亿元，利润35.9亿元，出国出省施工产值401.5亿元。2020年，资质以上建筑业企业403家，其中一级资质企业43家、二级资质企业151家；实现总产值1056亿元，增加值408.6亿元，缴纳税金43.19亿元。

**商贸服务业**　2016年，社会消费品零售总额1462.8亿元，比上年增长9.9%，其中按地域分，城镇1293.1亿元、乡村169.7亿元；按行业分，批发业、零售业、住宿业、餐饮业分别实现零售额397.5亿元、895.4亿元、31.9亿元、138亿元。电子商务交易额727亿元，其中电子商务网络零售额193亿元。外贸进出口总额134.6亿元，其中出口108.8亿元、进口25.8亿元。2018年，社会消费品零售总额1593.8亿元，比上年增长8.8%，其中按地域分，城镇1218.6亿元、乡村375.2亿元；按行业分，批发业、零售业、住宿业、餐饮业分别实现零售额366.6亿元、1027.5亿元、32.3亿元、167.4亿元。电子商务交易额1213亿元。外贸进出口总额160.8亿元，其中出口127.6亿元、进口33.2亿元。2020年，社会消费品零售总额1022.4亿元，其中按地域分，城镇848.2亿元、乡村174.1亿元；按行业分，批发和零售贸易业922.2亿元、住宿和餐饮业100亿元。电商企业3264家、网商店铺6.24万家，实现网络零售额89.82亿元。外贸进出口总额211.9亿元，其中出口145.9亿元、进口66亿元。

**旅游业**　2016年，有重要景区景点120多处，国家A级旅游景区45家，工农业旅游示范点59家，省级旅游强乡镇、特色村107个，采摘园31个，开心农场7个；接待境内外游客6278.2万人次，旅游消费总额661.64亿元，分别比上年增长8.4%和13.6%。2018年，有国家A级旅游景区78家，其中国家AAAAA级旅游景区1家、国家AAAA级旅游景区13家；省级旅游度假区4家；国家级和省级工农业旅游示范点74家，国家级休闲农业与乡村旅游示范县2个（东平县、岱岳区）。接待国内外游客7589万人次，旅游消费总额847.67亿元。2020年，国家A级旅游景区81家，其中国家AAAAA级旅游景区1家、国家AAAA级旅游景区13家；省级旅游度假区4家；全国乡村旅游重点村3个；省乡村旅游重点村（精品旅游特色村）4个。接待国内外游客5040万人次，旅游总收入482.1亿元。泰安市被中国互联网新闻中心评为2021美丽中国首选旅游目的地。

## 财税金融

**财　政**　2016年，一般公共预算收入206.7亿元，比上年增长3.6%，一般预算支出330.6亿元，比上年增长1.1%。2020年，一般公共预算收入229.2亿元，比上年增长2%，一般公共预算支出434.8亿元，比上年增长4.9%。

**税　收**　2016年，国税系统管理纳税人10.94万户，各项国税收入104.71亿元；地税系统管理纳税人15.34万户，各项地税收入128.89亿元。2018年，登记纳税人12.44万户，其中企业5.96万家、个体6.48万户，各项税收收入276亿元（不含海关代征增值税）。2020年，登记纳税人16.43万户，其中企业8.67万家、个体7.76万户，各项税收收入364.96亿元。

**金　融**　2016年，金融机构和金融组织160家，其中银行业机构22家，存款余额3056.2亿元，贷款余额1936.7亿元；保险业机构53家，保费收入93.7亿元；证券机构5家，实现收入2.26亿元；小额贷款公司15家；融资性担保公司6家；民间资本管理公司30家；民间融资登记服务公司1家；典当行24家；融资租赁公司4家。2020年，金融机构和地方金融组织193家，其中银行业机构30家，存款余额4559.6亿元，贷款余额3136.3亿元；保险业机构59家，保费收入142.9亿元；证券机构13家，实现利润9175万元；小额贷款公司13家；融资性担保公司9家；民间资本管理公司18家；民间融资登记服务公司1家；介于现货和期货之间的大宗商品交易市场1家；典当行27家；融资租赁公司16家；商业保理公司6家。

**保　险**　2016年，保险公司53家，实现保费收入93.7亿元，保险赔付32.2亿元。2018年，保险公司57家，县级以下分支机构292家，保险专业中介法人机构4家，中介分支机构167家；实现保费收入123.41亿元，赔款和给付支出32.6亿元。2020年，市级保险机构59家，县级以下分支机构319家，保险专业中介法人机构4家，中介分支机构126家；实现保费收入142.89亿元，赔款和给付支出39.87亿元。

## 社会事业

**科　技**　2016年，企事业单位主持或参与完成的科研成果获国家科技进步奖二等奖2项，省科技进步奖13项（一等奖2项、二等奖8项、三等奖3项），省技术发明奖2项（一等奖1项、二等奖1项），省自然科学三等奖1项，市科技进步奖99项（一等奖9项、二等奖30项、三等奖60项），市技术发明奖1项，市专利奖40项；发明专利申请量2000件，其中授权国内发明专利407件；科技型中小企业652家，高新技术企业119家，全市规模以上工业企业实现高新技术产业产值占规模以上工业总产值的28.3%。2020年，获省科技进步奖20项（一等奖5项、二等奖8项、三等奖7项），省自然科学奖4项（一等奖1项、二等奖2项、三等奖1项），市科技进步奖100项（一等奖10项、二等奖30项、三等奖60项）；国内发明专利申请2063件，其中发明专利授权500件；高新技术企业368家，全市规模以上工业企业实现高新技术产业产值占规模以上工业总产值的51.12%。

**教　育**　2016年，各级各类学校（含幼儿园）1885所，在校生97.66万人，其中幼儿园1143所，在园幼儿16.14万人，教职工1.5万人，专任教师1.12万人；小学517所，在校生26.91万人，教职工1.91万人，专任教师1.83万人；初中150所，在校生23.42万人，教职工1.69万人，专任教师1.57万人；普通高中30所，在校生10.58万人，教职工8495人，专任教师7617人；特殊教育学校7所，在校生1117人，教职工289人，专任教师249人；中等职业学校20所，在校生4.72万人，教职工3037人，专任教师2219人；技工学校9所，在校生2.69万人，教职工2125人，专任教师178人；高校9所，在校生13.09万人，教职工8808人，专任教师6415人。2020年，各级各类学校（含幼儿园）2170所，在校生107.32万人，其中幼儿园1419所，在园幼儿20.23万人，教职工2.05万人，专任教师1.53万人；小学504所，在校生30.84万人，教职工2.13万人，专任教师2.08万人；初中171所，在校生20.35万人，教职工2.05万人，专任教师1.75万人；普通高中40所，在校生10.37万人，教职工1.06万人，专任教师8981人；特殊教育学校5所，在校生1148人，教职工286人，专任教师261人；中等职业学校14所，在校生3.81万人，教职工2846人，专任教师2334人；技工学校8所，在校生2.3万人，教职工1815人，专任教师1348人；普通高等学校9所，在校生19.27万人，教职工1.18万人，专任教师6802人。

**文　化**　2016年，公共图书馆7个、文化馆7个、美术馆9个、博物馆32家；全市乡镇（街道）全部建成综合文化站，其中国家一级站5个，70%以上村（社区）建成基层综合性文化服务中心；省级以上文化产业示范园区（基地）12家，其中国家级文化产业示范基地1家、省级文化产业示范园区1家、省级文化产业示范基地10家；世界文化遗产3处；市级以上文物保护单位202处，其中国家级14处、省级78处、市级110处；市级以上非物质文化遗产221项，其中国家级11项、省级31项、市级179项；开展各类群众文化艺术活动1.6万多场次，各类送戏下乡演出3100余场次，放映公益电影5.95万场。2020年，公共图书馆7个、藏书196万册，文化馆7个，文化站88个，艺术展览创作机构7个，博物馆44家，艺术表演团体4个、人员100人，剧场、影剧院5个；村（社区）全部建成基础综合性文化服务中心；省级以上文化产业示范基地14家，其中国家级1家；市级以上非物质文化遗产489项，其中国家级11项、省级31项、市级447项；开展群众文化演出活动1.5万场次、公益电影放映5.7万场次。

**卫　生**　2016年，各级各类医疗卫生机构4213家，床位3.07万张，卫生人员3.59万人。医院96家，其中综合医院70家、中医医院7家、专科医院18家、护理院1家；基层医疗卫生机构3982家，其中社区卫生服务中心（站）186家、卫生院72家、村卫生室2897家、门诊部22家、诊所（卫生所和医务室）805家；专业公共卫生机构129家，其中疾病预防控制机构9家、专科疾病防治院（所、站）9家、妇幼保健院（所、站）8家、采供血机构1家、卫生监督所（中心）7家、计划生育技术服务机构95家；其他卫生机构6家，其中疗养院2家、医学科学研究机构1家、其他3家。2018年，各级各类医疗卫生机构4423家，床位3.26万张，卫生人员3.87万人。医院105家，其中综合医院72家、中医医院9家、专科医院21家、护理院3家；基层医疗卫生机构4242家，其中社区卫生服务中心（站）200家、卫生院69家、村卫生室2955家、门诊部57家、诊所（卫生所和医务室）961家；专业公共卫生机构67家；其他卫生机构9家。2020年，各级各类医疗卫生机构4573家，床位3.4万张，卫生人员5.42万人。医院108家，其中综合医院69家、中医医院9家、专科医院26家、护理院4家；基层医疗卫生机构4410家，其中社区卫生服务中心（站）186家、卫生院67家、村卫生室2984家、门诊部54家、诊所（卫生所和医务室）1119家；专业公共卫生机构46家，其中疾病预防控制机构8家、专科疾病防治院（所、站）5家、妇幼保健院（所、站）7家、采供血机构2家、卫生监督所（中心）3家、计划生育技术服务机构21家；其他卫生机构9家。泰安市连续25年保持“国家卫生城市”称号，连续13届获“全国无偿献血先进市”称号。

**体　育**　2016年，市级体育协会41家、俱乐部107家，获全国比赛金牌6枚、银牌14枚、铜牌11枚，省比赛金牌51枚、银牌39枚、铜牌46枚，向省以上专业队输送运动员18人，举办全国跆拳道精英赛、中国网球协会少儿发展联盟地区赛、山东省田径锦标赛、“郑洁杯”青少年网球巡回赛等大型赛事活动。2020年，市级体育协会56家、俱乐部119家，全市人均体育场地面积2.19平方米，获省锦标赛金牌72枚，泰山国际马拉松被国家体育总局体育文化发展中心评为2020年中国体育旅游十佳项目，泰山国际登山节登山比赛暨全国全民健身登泰山比赛被国家体育总局体育文化发展中心评为2020年中国体育旅游精品项目。

## 居民收入

2016年，居民人均可支配收入2.32万元，比上年增长8.5%，其中城镇居民人均可支配收入3.03万元，增长7.7%；农村居民人均可支配收入1.44万元，增长8.3%。2018年，居民人均可支配收入2.74万元，比上年增长8.5%，其中城镇居民人均可支配收入3.52万元，增长7.5%；农村居民人均可支配收入1.7万元，增长8.2%。2020年，居民人均可支配收入3.09万元，比上年增长4.2%，其中城镇居民人均可支配收入3.89万元，增长3.2%；农村居民人均可支配收入1.97万元，增长5.7%。

## 社会保障

**医疗保险**　2016年，基本医疗保险参保人数528.5万人，其中职工基本医疗保险参保104.7万人，居民基本医疗保险参保423.8万人；收缴医疗保险费54.3亿元。2020年，基本医疗保险参保人数535.9万人，其中职工基本医疗保险参保111.7万人，居民基本医疗保险参保424.2万人；收缴医疗保险费74.5亿元。

**养老保险**　2016年，职工基本养老保险参保人数132.8万人，收缴保费75亿元；居民基本养老保险参保人数295.2万人，收缴保费18.1亿元。2018年，职工基本养老保险参保人数138.55万人，收缴保费91.03亿元；居民基本养老保险参保人数278.51万人，收缴保费26.48亿元。2020年，职工基本养老保险参保人数147.1万人，收缴保费66.7亿元；居民基本养老保险参保人数276.5万人，收缴保费22.8亿元。

**低保救助**　2016年，城镇居民最低生活保障人数1.49万人，发放最低生活保障金6257万元；农村居民最低生活保障人数10.13万人，发放最低生活保障金2.49亿元；救助困难群众10万余人次；社会福利收养性单位120家，床位2.24万张，收养人数1.42万人。2020年，城镇居民最低生活保障人数8664人，发放最低生活保障金4919万元；农村居民最低生活保障人数8.13万人，发放最低生活保障金2.97亿元；开展临时救助3952人次，发放临时救助金1016.8万元；社会福利收养性单位119家，床位2.24万张，收养人数1.4万人。

## 名胜古迹

2020年，除世界文化与自然遗产泰山外，自然遗产方面，主要有国家森林公园徂徕山、腊山、金牛山，省级森林公园莲花山，省级风景名胜区东平湖，被列入《吉尼斯世界纪录大全》的肥城十万亩桃园，被誉为“天下斗蟋第一虫”的宁阳蟋蟀园等；文化遗产方面，有县级以上文物保护单位458处，其中国家级15处、省级77处、市级144处、县级222处。

（刘　倩）

泰安市

乡镇概览 | （2016—2020）

# 泰山区

泰城一角　（张 捷　摄）

2020 年 9 月 5 日，第三十四届泰山国际登山节·第六届泰山艺术节暨第 10 届泰山石敢当文化节开幕式
（泰山区文旅局　提供）

◀ 2021 年 5 月 21 日，泰安吾悦广场开业　　（陈　阳　摄）

▶ 泰山区芝田河枕流桥
（许　坤　2023 年提供）

# 概　述

## 地理环境

**位置面积**　泰山区为泰安市辖区，位于泰安市中部，北依泰山。地理坐标为北纬36°05′～36°20′，东经117°03′～117°13′。东、西、南三面与泰安市岱岳区搭界，北部与济南市历城区、长清区毗连。南北长28千米，东西长24千米，总面积336.97平方千米。占泰安市总面积的4.34%。泰山区人民政府距泰安市人民政府3.5千米。公路通车里程676.3千米，其中高速公路通车里程46.3千米。

**建置区划**　泰山区因境内泰山而得名。2016年，全区辖财源、岱庙、泰前、上高、徐家楼5个街道，省庄、邱家店2个镇，大津口1个乡，全区村（社区）198个，其中行政村126个、社区72个（不含大津口乡）。2019年，新建岱庙街道东郡社区、省庄镇岳麓社区。泰山区村（社区）189个，其中行政村115个、社区74个（不含2017年4月，省庄镇3个村和邱家店镇8个村划归泰安高新区管辖，不含大津口乡9个村、泰山风景名胜区管理委员会泰前社区、迎胜社区）。至2020年末，区划未发生改变。各乡镇（街道）中，邱家店镇面积最大，54平方千米；岱庙街道面积最小，9.01平方千米。

**地形地貌**　地处泰（安）莱（芜）向斜盆地的西部边缘，北依泰山，南濒大汶河，地势北高南低。北部为泰山风景名胜区，山峦起伏，海拔200米以上，最高海拔1545米（泰山玉皇顶，为山东省第一高峰）。西南部为低山丘陵，海拔170～200米。东南部为大汶河冲积平原，地形较为平坦，海拔约130米。中部为泰山山前冲洪积平原，海拔约200米。

**气候特征**　属暖温带大陆性半湿润季风气候。四季分明，春季干旱少雨，夏季炎热多雨，秋季凉爽干燥，冬季寒冷少雪。2016年，年平均气温14.5℃，比历年偏高1.2℃。最高气温36.0℃，最低气温-17.6℃。年降水量789.3毫米，日照时数2111.6小时。2020年，年平均气温14.5℃，比历年偏高1.2℃。最高气温38.7℃，最低气温-13.3℃。年降水量1035.3毫米，日照时数3247.9小时。

**土地资源**　土地总面积336.97平方千米，其中耕地7506.88公顷，占全区总面积的22.28%；园地3341.68公顷，占全区总面积的9.91%；林地9507.72公顷，占全区总面积的28.21%；草地288.88公顷，占全区总面积的0.86%；城镇村及工矿用地9822.61公顷，占全区总面积的29.15%；交通运输用地1283.09公顷，占全区总面积的3.81%；水域及水利设施用地1195.9公顷，占全区总面积的3.55%；其他土地750.61公顷，占全区总面积的2.23%。全区境内土壤有棕壤土、褐土、砂姜黑土和山地草甸土4种类型，分别占全区总面积的60.6%、26.1%、4.3%、9%。

**矿产资源**　全区矿产资源较丰富，查明的矿种有11种，矿产资源总储量200亿吨。主要矿产有泰山花岗石、辉绿岩、蛭石、滑石、河砂、砖瓦黏土、石灰石、矿泉水、地热、油页岩、金等。

**水资源**　2016—2020年，年平均降水量772.72毫米。年平均水资源总量0.94亿立方米，其中地表水资源量0.59亿立方米、地下水资源总量0.48亿立方米。泰山区境内河流为雨源型山溪性河流，属黄河流域大汶河水系。主要河流有牟汶河、芝田河、柴草河、涂河、泮河、三里庄河等。泰山主峰以北、大津口一带是石汶河西支流至麻塔河的上源控制面积。

**生物资源** 境内共有植物133科、550属、1037种（含68变种、3亚种、8变型、20栽培变种），其中野生种814个。植物中木本68科、167属、439种。兽类有20余种，鸟类有140余种，昆虫类有1000余种，鱼类有50种。

**人口民族** **人口** 2016年，常住人口76.3万人，其中城镇人口67.36万人，农村人口8.94万人；出生人口9367人，人口出生率14.4‰；死亡1938人，死亡率3‰；人口自然增长率11.4‰。2018年，常住人口77.95万人，其中城镇人口69.85万人，农村人口8.1万人；出生人口6176人，人口出生率9.65‰；死亡1817人，死亡率2.8‰；人口自然增长率6.81‰。2020年，常住人口80.25万人，其中城镇人口72.01万人，农村人口8.24万人；出生人口3680人，人口出生率5.67‰；死亡917人，死亡率1.41‰，人口自然增长率4.25‰。各乡镇（街道）中，财源街道人口最多，25.1万人；徐家楼街道人口最少，3.7万人。

**民族** 泰山区是山东省24个民族工作重点县（市、区）之一。2016年，有回族、满族、壮族、蒙古族等29个少数民族，1.88万人，占总人口的2.53%。2020年，少数民族35个，2.18万人，其中回族人口1.94万人，占少数民族总人口的89.03%，主要分布在3个乡镇（街道）、9个行政村及城区、高校、企业。至2020年末，少数民族1000人以上的乡镇（街道）3个（财源街道、岱庙街道、省庄镇），百人以上的社区村14个，其中人口超过50%的民族社区（村）9个（清真寺社区、市场社区、北新社区、东孙村、岳庄村、岗上村、芝田村、刘家庄村、二十里埠村）。

## 经济状况

2016年，泰山区生产总值381.07亿元，其中第一产业增加值9.84亿元；第二产业增加值108.82亿元，增长5.8%；第三产业增加值262.41亿元，增长5.2%。2018年，生产总值417.81亿元，按可比价格计算，比上年增长5.49%，其中第一产业增加值7.64亿元，增长1.06%；第二产业增加值118.68亿元，增长2.2%；第三产业增加值290.96亿元，增长7%。2020年，地区生产总值473.7亿元，按可比价格计算，比上年增长3.1%，其中第一产业增加值8.63亿元，增长4.2%；第二产业增加值128.81亿元，增长4%；第三产业增加值336.26亿元，增长2.7%。

**农　业** 2016年，农业总产值14.65亿元，粮食作物播种面积4500公顷，粮食总产量3.3万吨；肉类总产量5812吨，禽蛋产量1786吨，猪、羊、家禽存栏量分别为2.17万头、1.12万只、107.52万只，生猪和家禽出栏量分别为3.54万头和218.34万只；奶牛存栏量达0.63万头，牛奶产量1.51万吨。拥有农业机械总动力16.27亿千瓦，农机化综合水平90.29%。森林覆盖率44.16%。农民专业合作社12家，家庭农场2家。2018年，农业总产值16.92亿元，其中种植业产值9.22亿元，林业产值0.41亿元，畜牧业产值3.25亿元，渔业产值0.15亿元，农林牧渔服务业产值3.89亿元、增加值1.88亿元。2020年，农业总产值19.83亿元，其中农业产值12.98亿元，林业产值0.31亿元，畜牧业产值1.53亿元，渔业产值0.12亿元，农林牧渔服务业产值4.89亿元、增加值2.59亿元。粮食作物播种面积（含大津口乡及徂汶景区部分村）2106.67公顷，粮食总产量1.53万吨；蔬菜种植面积253.13公顷，总产量1.04万吨。肉类总产量0.56万吨，禽蛋产量0.4万吨，猪、牛、羊、家禽存栏量分别为0.79万头、0.5万头、0.95万只、62.2万只，出栏量分别为1.12万头、0.35万头、1.44万只、

166.16万只，牛奶产量0.82万吨。拥有农业机械总动力18.92万千瓦，农机化综合水平92.15%。

**工　业**　2016年，海天智能纯意念控制人工神经康复机器人研发制造项目列入省企业重点技术改造导向计划项目，山东泽诚数控机械有限公司被泰安市人民政府表彰为泰安市级创新型企业。工业增加值69.3亿元，同比增长7%。2018年，工业增加值71.1亿元，同比增长3.1%。2020年，普瑞特机械制造股份有限公司入围中国轻工业装备制造50强。实施工业技改项目61个，列入省技术创新项目计划49个，其中达到国际先进水平项目13个、国内先进项目36个。工业总产值164.3亿元，工业增加值77.78亿元，规模以上工业企业98家。实现主营业务收入188.1亿元，利润10.6亿元，营业收入过亿元的企业41家。

**建筑业**　2016年，有建筑企业98家，其中施工总承包企业52家、专业承包企业46家。建筑企业总产值57.5亿元，增加值39.52亿元，实缴税金1.52亿元，实施“住房城乡建设行业农民工再温暖工程”特色培训，培训建筑业职业技能人员1012人。强化对建筑企业和项目经理的管理，18家企业被区政府表彰为泰山区建筑业和谐企业，14家企业分别被市住建局表彰为泰安市建筑业先进企业、泰安市建筑业外拓市场先进企业，25位项目经理被评为泰安市建筑施工企业优秀项目经理（建造师）。1项专利产品“节能型高性能单扇推拉窗”获得全国建筑装饰行业科技创新成果奖，2项工程获得山东省工程建设“泰山杯”奖，3项工程获评山东省优质结构工程，4项工程获评山东省施工安全文明工地。2018年，有建筑企业158家，其中施工总承包企业84家、专业承包企业66家、施工劳务企业8家。建筑企业总产值74.8亿元，增加值46.09亿元，建筑业从业平均人数2.02万人，房屋建筑竣工面积109.8万平方米。16家企业被区政府表彰为泰山区建筑业和谐企业，10家企业被泰山区住建局表彰为泰山区建筑业外拓市场先进企业，10位项目经理被评为泰山区建筑业十佳项目经理。1家企业获评国家AAA级信用企业，2家企业获评省市守合同重信用企业，11项工程获得山东省工程建设“泰山杯”奖，2项工程获评山东省优质结构工程，2项工程获评山东省施工安全文明工地。2020年，有建筑业企业290家，其中总承包企业149家（建筑工程施工总承包企业96家）、专业承包企业102家、施工劳务企业39家。建筑企业总产值97.3亿元，增加值51.03亿元，实缴税金3.35亿元，建筑业从业平均人数2.33万人。山东泰安建筑工程集团有限公司获国家优质工程1项，获全国建设工程项目施工安全生产标准化工地1项。山东泰山普惠建工有限公司创“泰山杯”工程2项、省优质结构工程6项，顺利通过全国工程建设AAA级信用企业复审。

财源街道万达广场金街外景　　（金利民　2023年提供）

**商贸服务业**　2016年，社会消费品零售总额354.73亿元，增长12.7%。限额以上单位社会消费品零售总额181.97亿元，增长7.6%，占全社会消费品零售总额的51.3%。其中批发业零售额0.5亿元，零售业零售额155.84亿元、增长8.9%，两者占社零总额的85.9%。住宿业营业额7.64亿元，餐饮业营业额17.98亿元，分别增长4.3%和5.7%。外贸进口总额10.38亿元、比上年增长13.8%，外贸出口总额39.66亿元、比上年增长9.5%。2018年，社会消费品零售总额376.29亿元，增长8.5%。限额以上社会消费品零售总额148亿元，增长2.1%，占全社会消费品零售总额的39.32%。其中批发业零售额75.8亿元、增长1.9%，零售业实现零售额126.6亿元、增长2.8%，两者占社零总额的53.79%。住宿业营业额8.26亿元，餐饮业营业额25.28亿元。外贸进口总额10.17亿元，外贸出口总额39.15亿元。2020年，全区社会消费品零售总额221.29亿元。限额以上批发业实现销售额87.63亿元，零售业销售额79.01亿元。住宿业营业额2.26亿元，餐饮业营业额2.17亿元。外贸进口总额14.5亿元、比上年增长40.5%；外贸出口总额34.2亿元、比上年增长1.5%；实际外商直接投资1.16亿美元、比上年增长93.75%。

泰山方特欢乐世界　　（泰山方特欢乐世界　2023年提供）

**旅游业**　2016年，全区省级旅游度假区1家，国家A级以上旅游景区6家，其中国家AAAA级旅游景区3家、国家AAA级旅游景区2家、AA级旅游景区1家；省级旅游强乡镇6家，省级旅游特色村11家，省级工农业旅游示范点6家。接待游客1669万人次，旅游总收入108亿元。2018年，国家A级以上旅游景区9家，省级旅游特色村13家，工农业旅游示范点8家，全省中小学生研学实践教育基地1家。接待游客2165万人次，旅游总收入141.7亿元。2020年，国家A级以上旅游景区8家，省级景区化村庄1个，接待游客429.62万人次，旅游总收入27.93亿元。

## 财税金融

**财　政**　2016年，一般公共预算收入31.39亿元，一般公共预算支出21.55亿元。2018年，一般公共预算收入32.75亿元，一般公共预算支出21.76亿元。2020年，一般公共预算收入33.79亿元，增长0.6%；一般公共预算支出27.57亿元，增长6.5%。

**税　收**　2016年，税收收入27.5亿元，增长4.94%；非税收入3.89亿元，增长33.09%。税收收入占一般公共预算收入的比重为87.6%。2018年，税收收入30.27亿元，增长8.26%；非税收入2.48亿元。税收收入占一般公共预算收入的比重为92.41%。2020年，税收收入30.33亿元；非税收入3.46亿元，增长27.72%。税收收入占一般公共预算收入的比重为89.76%。

**金　融**　2016年，金融机构和金融组织92家，其中银行业机构17家，存款余额667.84亿元，驻泰山区银行业机构贷款余额493.7亿元；

证券机构分支10家；小额贷款公司9家；民间资本管理公司12家；典当行4家；全国中小企业股份转让系统挂牌企业8家；区域性股权交易系统挂牌企业16家。2020年，金融机构和金融组织96家，其中银行业区级机构17家、营业网点186个，存、贷款余额分别为797.65亿元、467.83亿元；证券机构分支14家，小额贷款公11家，民间资本管理公司13家；全国中小企业股份转让系统挂牌企业10家，区域性股权交易系统挂牌企业17家。

**保　险**　2016年，保险业机构53家，实现保费收入18.4亿元。2018年，保险业机构55家，保费收入21.9亿元。2020年，保险业机构55家，累计赔付支出8.14亿元，同比增加0.85亿元，提供风险保障金7639.6亿元。

## 社会事业

**科　技**　2016年，泰山区获县（市、区）级及以上科学技术奖10项，其中山东省科技进步奖1项、泰安市科技进步奖9项（一等奖2项、二等奖3项、三等奖4项）；专利申请量705件，其中授权专利208件；成功争创全国科普示范区（2016—2020）；新增国家级高新技术企业2家，共计22家。高新技术产业产值299亿元，占规模以上工业产值的49.47%。2018年，泰山区获县（市、区）级及以上科学技术奖7项，其中国家科技进步奖1项、山东省科技进步奖1项、泰安市科技进步奖5项（一等奖2项、二等奖1项、三等奖2项）；专利申请量877件，其中授权专利266件；新增国家级高新技术企业14家，共计38家。高新技术产业产值占规模以上工业比重的26.72%。获得科技成果7项。实现科技计划立项47项，争取无偿资金1956万元（其中省级立项35项，争取资金1892万元；市级立项12项，争取资金64万元）。2020年，泰山区获县（市、区）级及以上科学技术奖8项，其中国家科技进步奖二等奖1项、山东省科技进步奖二等奖1项、泰安市科技进步奖6项（一等奖2项、二等奖2项、三等奖2项）；新增国家级高新技术企业14家，总数达到64家。成功入选国家级人才工程1人，泰山产业领军人才2人，“外专双百”计划1人。山东泰开电力电子有限公司参与完成的“高比例新能源电力系统电能净化关键控制技术及应用”项目荣获2020年度国家科技进步奖二等奖。海天智能“脑机接口康复训练系统”项目荣获山东省科技市场协会金桥奖一等奖。高新技术产业产值占规模以上工业产值的51.88%。

**教　育**　2016年，各级各类学校（含幼儿园）251所，在校生10.1万人。其中幼儿园173所，在园幼儿2.12万人，专任教师1989人；小学56所，在校学生40386人，专任教师1468人；初中21所，在校学生3.79万人，专任教师1585人；中等职业学校1所，在校学生1597人，专任教师79人。学龄儿童入学率100%，初中毕业生升入高中段的升学率98%。全区省级规范化学校21处，市级规范化学校34处。2020年，各级各类学校（含幼儿园）316所，在校生10.5万人，专任教师3000余人，其中幼儿园239所，在园幼儿3.19万人，专任教师2809人；小学54所，在校学生5.09万人，专任教师1859人；初中24所，在校学生3.39万人，专任教师3103人。学龄儿童入学率100%，初中毕业生升入高中段的升学率99.8%。全区省级规范化学校21处，市级规范化学校34处。

**文　化**　2016年，全区共有国家一级图书馆1个，国家一级文化馆1个，艺术表演场馆1个，非国有博物馆8个，街道（镇）综合文化站7处，文体小广场197个，农家书屋126家，村（社区）综合性文化服务中心覆盖率100%；举办各类群众性文化活动200余项，送文化下乡演出100余场，公益电影放映600余场次；泰山民族乐团应邀参加在英国伦敦举行的“首届全英华侨华人新春团拜会”，区文化馆被评为全国县级一级馆，区图书馆被授予山东服务名牌。区级及以上非物质文化遗产30项（省级3项、市级19项、区级8项），传承人10人。2020年，泰山区全区有国家一级图书馆1个，国家一级文化馆1个，艺术表演场馆1个，非国有博物馆8个，街道（镇）综合文化站7处，社区（村）综合文化服务中心187处，农家书屋117家；举办各类群众性文化活动350余项；区图书馆被授予山东优质品牌，音乐快板《扶贫日记》获百姓宣讲比赛省级三等奖。区级及以上非物质文化遗产87项（省级4项、市级27项、区级56项），传承人23人。

**卫　生**　2016年，各级各类医疗卫生机构595家，有病床9055张，卫生技术人员1.15万人，其中乡村医生、卫生员356人；医院34家，其中综合医院17家、中医医院3家、专科医院14家；基层医疗卫生机构541家，其中社区卫生服务中心（站）66家、卫生院5家、村卫生室121家、诊所（卫生所、医务室）349家；专业公共卫生机构6家，其中疾病预防控制中心3家；妇幼保健院1家、卫生监督所2家；其他卫生机构14家；泰山区被授予“全国基层中医药工作先进单位”“全国优秀社区卫生培训基地”等称号。2020年，各级各类医疗卫生机构750家，有病床1.21万张，卫生技术人员1.42万人；医院33家，其中综合医院16家、中医医院3家、专科医院14家；基层医疗卫生机构703家，其中社区卫生服务中心（站）67家、卫生院5家、村卫生室169家、诊所（卫生所、医务室）462家；专业公共卫生机构8家，其中疾病预防控制中心3家；妇幼保健院2家、卫生监督所1家；其他卫生机构6家；泰山区获评全国计划生育优质服务先进区、全国基层中医药工作先进区等。

**体　育**　2016年，体育馆1座，新建公共健身工程41个，参加市级及以上体育比赛获金牌65枚；相继举办2016“乐在社区　有你精彩”全民健身社区安全公益行、第六届全民健身运动会健身球操比赛、全民健身运动会（门球、台球）项目、全民健身运动会（羽毛球比赛）项目、全民健身第二届泰山足球联赛、2016年山东省全民健身志愿宣讲活动等项目。2020年，有体育馆1座、标准滑冰馆1座，新建公共健身工程39个；参加市级及以上体育比赛获金牌23枚，相继组织开展山东省第十届全民健身运动会“云走齐鲁　乐享健康”线上万人健步走活动举办全民健身赛事活动、2020年“全民健身日”主题活动暨全国第五届“万步有约”健步走激励大奖赛泰山区赛区启动仪式、2020年山东省“中国体育彩票杯”短道速滑锦标赛等项目40余项。

## 居民收入

2016年，居民人均可支配收入3.27万元，其中城镇居民人均可支配收入3.52万元，农村居民人均可支配收入1.53万元。2018年，居民人均可支配收入3.82万元，增长8%。其中城镇居民人均可支配收入4.07万元，增长7.2%；农村居民人均可支配收入1.81万元，增长8.2%。2020年，居民人均可支配收入4.3万元，增长4%。其中城镇居民人均可支配收入4.49万元，增长3.1%；农村居民人均可支配收入2.08万元，增长5.4%。

## 社会保障

**医疗保险**　2016年，职工医保基金征缴2.16亿元，支付职工医疗保险费2.03亿元，职工医保待遇享受2.4万人，支付居民医疗保险费2.13亿元。2020年，职工医保参保人数10.83万人，基金征缴3.86亿元；居民基本医保参保38.19万人，基金征缴3.16亿元，其中个人征缴1.07亿元、财政补助2.09亿元。支出职工医保基金2.79亿元，支出居民医保基金2.7亿元。

**养老保险**　2016年，城镇职工养老保险参保人数达到10.9万人，收缴保险费5.7亿元。调整提高各项社会保险待遇水平，企业离退休人员养老金社会化发放率保持100%。城乡居民养老保险有效参保达10.7万人，收缴保险费0.2亿元，发放0.7亿元。2020年，城镇职工养老保险参保人数11.7万人，收缴保险费7.3亿元。企业离退休人员养老金社会化

发放率保持100%。城乡居民养老保险参保人数9.13万人，收缴保险费0.2亿元，发放0.87亿元。

**低保救助** 2016年，城乡低保对象4465户、8201人，发放低保金2978万元；救助低保家庭大学新生23人，发放救助金9.2万元；保障特困人员120人，发放五保供养金69.3万元。对低保和五保对象中患病住院困难人员实施医疗救助，共救助262人、发放医疗救助金66.6万元。制定出台《关于建立健全临时救助制度的意见》，对遭遇突发事件、意外伤害、重大疾病或其他特殊原因导致生活陷入困境的家庭给予3000元、4000元、5000元、8000元4个等级的救助。共救助困难群众7060人，发放救助金63.78万元。2020年，城乡低保对象2821户、4837人，其中城市低保1590户、2681人，农村低保1231户、2156人，发放低保金2250.4万元；救助低保大学本科新生12人，发放救助金6万元；救助困难群众492人，发放临时救助金154.77万元。

## 名胜古迹

2020年，全区有县级以上文物保护单位19处，其中国家级3处（岱庙、冯玉祥墓、泰安灵应宫）、省级8处（泰山区清真西大寺、泰安火车站站房、萃英中学建筑群、育英中学旧址、省庄镇清真寺建筑群、汉明堂遗址、上高施氏牌坊、杨家庄七圣堂）、市级7处（邱家店古石桥、三官庙、卐字会泰安分会旧址、中华圣公会教堂、柳行遗址、泰安孤贫院旧址、吴家庄范氏祠堂）、县级2处（山东农业大学早期建筑、姚家坡村碑刻群）。

（吕 超 杨 扬）

# 财源街道

## 地理环境

**位置面积** 财源街道地处泰山区西部，东隔渿河与岱庙街道相望，南至泮河与徐家楼街道相接，西与岱岳区粥店街道相邻，北邻泰前街道，辖区东西最大距离4.6千米，南北最大距离3.8千米，总面积9.9平方千米。街道机关驻望岳东路，距泰山区人民政府4.1千米。

**建置区划** 1958年9月，属泰安县泰山公社。1982年3月，析泰山公社，分置财源办事处、岱庙办事处、泰前办事处。1984年，七里管理区和徐家楼乡划入财源办事处。1985年7月，徐家楼乡又划出。1985年11月，改设财源街道。2020年6月，财源街道辖三里社区、灵山社区、更新社区、青山新村社区、财源新村社区、王庄社区、东七里社区、西七里社区、后七里社区、中七里社区、旧镇社区、三联社区、财西社区、青山社区、车站社区、东更道社区、财东社区、铁路新村社区、财源社区、教场社区、清真寺社区、南湖社区、松园社区、英雄山社区、西更道社区、大桥社区、乐园社区、科山社区、望岳社区29个社区。至2020年，建置区划未变。

**自然状况** 境内大部分为泰山山麓平原，地势西高东低、北高南低，海拔约153米。属温带大陆性半湿润季风气候，四季分明，寒暑适宜，春季干燥多风，夏季炎热多雨，秋季晴和气爽，冬季寒冷少雪。泮河、七里河从辖区内穿流而过。

**人口民族** 2016年，常住总户数4.25万户，常住总人口10.9万人，其中男性5.59万人、女性5.31万人。2020年，常住总户数7.83万户，常住总人口25.1万人，其中男性12.7万人、女性12.4万人。有汉族、回族、维吾尔族、撒拉族、蒙古族、锡伯族、满族、水族、黎族、布依族、苗族、侗族、朝鲜族、彝族、白族、畲族、蒙古族、土家族、达斡尔族、瑶族20个民族。

## 经济状况

**工　业** 2016年，规模以上工业企业6家，工业总产值12.1亿元，实现利税1.59亿元，其中利润1.35亿元。2018年，规模以上工业企业5家，工业总产值15.1亿元，规模以上工业企业实现主营业务收入13亿元，实现利税0.7亿元，其中利润0.33亿元。2020年，引进落地项目8个，招商引资资金16.4亿元，上级拨款项目资金1.22亿元，进出口总额4.07亿元。工业企业420家，其中规模以上工业企业6家，规模以上工业企业实现主营业务收入18.86亿元，实现利税1.9亿元，其中利润1.17亿元。

**服务业** 2016年，规模以上服务业企业22家，营业收入8.39亿元，利润0.48亿元。2018年，规模以上服务业企业25家，营业收入34.78亿元，利润5.46亿元。2020年，规模以上服务业企业27家，营业收入38.12亿元，利润6.37亿元。

## 财政税收

**财　政** 2016年，一般公共预算收入9.08亿元，一般公共预算支出9.08亿元。2018年，一般公共预算收入8.85亿元，一般公共预算支出8.85亿元。2020年，一般公共预算收入7.85亿元，一般公共预算支出7.85亿元。

**税　收** 2016年，登记各类纳税人4799户，其中年纳税额在10万元以上的企业238户；各项税收收入8.82亿元，其中增值税2.09亿元。2018年，登记各类纳税人6846户，其中年纳税额在10万元以上的企业478户；税收收入8.47亿元，其中增值税3.48亿元。2020年，登记各类纳税人9450户，其中年纳税额在10万元以上的企业627户；税收收入7.85亿元，其中增值税3.14亿元。重点税源为房地产业、金融业。

## 社会事业

**教　育** 2016年，幼儿园26所，专任教师368人，在园幼儿3855人；小学8所，专任教师216人，在校学生5221人；县级以上规范化中小学8所，其中省级规范化学校1所、市级规范化学校4所、县级规范化学校3所。2020年，幼儿园37所，专任教师512人，在园幼儿5000人；小学8所，专任教师240人，在校学生5562人。县级以上规范化中小学8所，其中省级规范化学校1所、市级规范化学校4所、县级规范化学校3所。

**文　化** 2016年，综合文化站1个，文化活动中心29个；各类图书室29个，藏书6万余册，音乐、美术、书法、摄影及文学业余创作人员达403人；文体广场76个，文艺宣传（表演）队7支。2020年，综合文化站1个，文化活动中心29个；各类图书室29个，藏书10万余册，音乐、美术、书法、摄影及文学业余创作人员达729人；文体广场76个，文艺宣传（表演）队16支。县级以上文物保护单位3处，其中全国重点文物保护单位1处（泰山灵应宫）、省级文物保护单位2处（泰山区清真西大寺、泰安火车站站房）。

**卫　生** 2016年，医疗卫生机构28家、床位185张，其中街道卫生院1家、村卫生室（社区门诊）27家；卫生技术人员170名，其中执业医师61名、执业助理医师18名。2020年，医疗卫生机构26家、床位200张，其中街道卫生院1家、村卫生室（社区门诊）25家；卫生技术人员166名，其中执业医师74名、执业助理医师17名。

## 社会保障

**医疗保险**　2016年，居民基本医疗保险参保人数3.1万人。2020年，居民基本医疗保险参保人数3万人。

**养老保险**　2016年，居民参加养老保险4168人。2020年，居民参加养老保险4946人。

**低保救助**　2016年，城镇最低生活保障户数789户、1378人，发放最低生活保障金44.73万元；医疗救助33人次，发放医疗救助金8.78万元。2020年，城镇最低生活保障户数543户、871人，发放最低生活保障金0.42万元；医疗救助57人次，发放医疗救助金15.2万元。

## 名胜古迹

**泰山灵应宫**　全国重点文物保护单位。原名天仙圣母祠，是泰山老奶奶碧霞元君的下庙，位于灵山大街中段，与校场街交会处东北角。南北长150余米，东西长40余米，占地面积6000余平方米，是泰山碧霞元君上、中、下三庙中规模最大的一组建筑群。山门南邻灵山大街，单檐卷棚歇山顶，砖石结构，拱形门，面阔5.25米，进深7米，通高6.9米。山门内东西两侧原有钟鼓楼，今仅存东侧钟楼，为单间方形2层，卷棚硬山顶，边长4.6米，东西两面各开一门，木制楼板，东有石阶。《岱史》载，宋真宗东封时所建。明永乐年间，道士周思德奉敕拓建泰安灵应宫。明正德年间，泰安城西南再次拓建天仙圣母祠。明万历三十一年（1603）神宗生母慈圣李太后发愿重修。右赞善张邦纪撰《重修泰山灵应宫碑记》。神宗赐额“敕建护国灵应宫”，大殿敕曰“护国灵圣宝殿”，后大殿敕曰“景明万寿宝殿”，又御颁《道藏》供奉宫内。灵应宫作为碧霞元君的祖庭之一，此次拓建，成为华北地区主祀碧霞元君的最大皇家道场。1916年，灵应宫部分建筑焚毁，此后没落。2002年，灵应宫进行第一次复建，后经过不断修复完善，今为中外游客参观游览的重要景点。

**泰山区清真西大寺**　省级文物保护单位。坐落于清真寺街中段，俗称西大寺。建于元末明初，明代至今多次重修。清真寺坐西朝东，是典型的中国宫殿式建筑，二进院落，主要由礼拜殿、北讲堂、南讲堂、大门、二门、后窑殿等建筑组成。占地面积6174.19平方米，建筑面积6394.5平方米。大殿高18米，长42.3米，宽16.95米。北讲堂长17.5米，宽8.1米。南讲堂长14.4米，宽8.7米。水屋长17米，宽6.7米。拥有众多附属建筑，东大门、北院会议室、殡仪馆、架子屋、西门西侧2层小楼、沿街房。寺内今存碑刻4通，分别为明万历元年（1573）的《清真寺碑》残碑、明天启四年（1624）的《来复铭碑》、清乾隆二十四年（1759）的《捐献碑》、1944年的《重修清真寺碑》。其中《来复铭碑》是山东穆斯林以儒释伊的重要写照，具有重要的历史文化价值。

**泰安火车站站房**　省级文物保护单位。位于泰山火车站广场东南，原名泰安府站钟楼。该建筑物共6层，高约25米，为石块构筑、木质地板结构。上原置有大钟，故名。站房位于钟楼下，为上下2层建筑，每层8间，长约40米，宽约20米，高约12米，占地面积800平方米。此建筑是德式风格，拱形门窗，在屋檐下雕刻有石斗拱，有中西合璧之特色。该火车站建于清宣统元年（1909）。清宣统二年（1910）津浦路通车，在泰安设泰安府站。泰安府站钟楼和站房是今存津浦线上最古老、最大的站房。

**中共泰安支部成立旧址**　位于财源街道蒿里山东麓。1921年中国共产党成立以后，在党组织发展过程中，泰安地区一些在外求学、做工的进步青年马守愚、王仲修等先后加入中共党组织。1925年8月，上级党组织委派马守愚到泰安开展建党工作，委派王仲修到泰安火车站开展工运工作。他们在泰安火车站铁路工人中秘密宣传革命，组织泰安铁路地下工会，王仲修任常务委员，并发展工会会员秦少祥、孙建林入党。1926年3月，他们和省委派来的于赞之在蒿里山秘密开会，成立了泰安第一个党支部——中共泰安支部，马守愚任支部书记，于赞之任组织委员，王仲修任宣传委员。中共泰安支部的创建，点燃了中国共产党领导泰安人民革命的星火。2018年11月，中共泰安第一支部展室在蒿里山山脚下建成。与山上的旧址遥相呼应，为开展新时代党史党性教育提供了生动教材。

## 古今名人

**王仲修（1899—1933）** 清光绪二十五年（1899）三月出生，泰安县灵山庄（今财源街道）人。1924年8月加入中国共产党。1925年8月受中共山东执行委员会派遣到泰安开展工作、发展党员，并于1926年3月成立泰安第一个党组织——中共泰安支部。1928年春，代理泰莱中心县县委书记。1928年4月，根据上级指示，组建津浦铁路泰安职工筹委会。济南惨案发生后，组织成立泰城各界反日会，进行反日大游行，查禁、拍卖日货。1928年10月，任中共泰安特支书记。1933年6月去世。

**张俊法（1903—1994）** 清光绪二十九年（1903）十二月出生，泰安县七里埠村（今财源街道）人。1927年5月加入中国共产党。1927年7月任中共泰安火车站支部书记。因泰安中心县县委书记曹福广叛变投敌，1933年12月被国民党抓捕入狱，1937年获释。1938年参加抗日游击队，同年恢复党组织生活，历任鲁西军分区第一（泰西）军分区械弹所所长、冀鲁豫军区第一军分区军械科长、鲁中军区第一（泰山）军分区司令部招待所所长等职务。1948年，因公致残（一等荣誉残疾军人）。同年10月退休。1956年任七西村（今财源街道西七里社区）农业合作社社长，1986年10月由退休改为离休，1989年6月由省委组织部批准享受厅局级待遇。1994年6月去世。

**李惠东** 1962年9月出生，回族，财源街道清真寺社区人。研究生学历，工学博士，教授。1996年1月加入中国国民党革命委员会。历任山东矿业学院科研处副处长，民革泰安市委副主委、泰安市政府副市长，民革泰安市委主委，民革山东省委副主委，民革中央常委、秘书长兼办公厅主任等。山东省第八届政协委员、第九届全国青联委员、第十届全国政协委员、第十一届全国人大代表、全国人大内务司法委员会委员。

## 典型选介

**全国文明单位——财源街道** 财源街道坚持以党建工作为引领，打造全市首个商圈党委，积极构建区域统筹、条块协同、上下联动、共建共享的城市基层党建新格局，制定日常联系、协商议事、项目推进、考核评价等制度，推进联合体实体化有效运行。组织成员单位党员志愿者下沉社区，做实做细做亮文明城市创建、环境综合整治、社区基层治理、校园安全维护等共建项目48个。成立志愿服务队55支，参与疫情防控信息排查、创城志愿服务320余次，捐款60余万元。推进红色物业全覆盖，做优“红领益家”党建品牌。完成老旧小区改造4个，修补、铺设破损道路27万余平方米，粉刷墙面约9700万平方米，整理凌乱架空线2万余米，施划车位约1.5万个，维修、更换路灯、楼道玻璃投入100余万元，居民生活环境得到极大改善，城市整体面貌焕然一新。聘请4支高水平剧团开展送文化进社区活动，组织街道文艺骨干到各社区进行“体泰心安”全民健身巡回展演，组织各社区举办文体活动200余场；街道共获评省级文明家庭1个、市级文明家庭3个、区级文明家庭95个；评选“最美财源人”20余人，评选“山东好人”“泰安好人”“泰山好人”30余人。

2020年11月，财源街道被中央精神文明建设委员会评为第六届全国文明单位。

## 街道党政主要负责人

**党工委书记** 刘广博（2014.1—2017.9）

周团结（副县级，2017.9—2019.10）

侯世民（2020.5—2021.4）

**办事处主任** 侯世民（2014.1—2016.12）

谢慧清（2016.12—2020.5）

徐　庆（2020.5—　）

（白承德　夏　婷）

# 岱庙街道

## 地理环境

**位置面积**　岱庙街道位于泰山区中部，东与上高街道接壤，南与徐家楼街道相邻，西以泮河为界与财源街道相望，北与泰前街道毗邻，辖区东西最大距离3.78千米，南北最大距离4.59千米，总面积9.01平方千米。街道机关驻东岳大街，距泰山区人民政府1.3千米。

**建置区划**　1958年9月，属泰安县泰山公社。1982年3月，析泰山公社，分置财源办事处、岱庙办事处、泰前办事处。1985年11月，改设岱庙街道。2020年6月，岱庙街道辖南关社区、三友社区、五马社区、金星社区、灌庄社区、市场社区、岱东社区、岱西社区、北关社区、洼子社区、通天社区、元宝社区、北新社区、迎暄社区、升平社区、花园社区、迎春社区、东湖社区、丽景社区、东郡社区20个社区和东关村1个行政村。至2020年末，建置区划未变。

**自然状况**　地处泰山南麓平原地带，地势北高南低，海拔153米。气候属暖温带半湿润季风气候。四季分明，冷热适中。春季干燥多风，夏季高温多雨，秋季天高气爽，冬季寒冷少雪。棕壤、褐土为地带性土壤，境内河道属大汶河流域，泮河、梳洗河等河流从辖区内穿流而过。

**人口民族**　2016年，常住总户数6.43万户，常住总人口14.3万人，其中男性7.12万人、女性7.18万人。2018年，常住总户数6.63万户，常住总人口14.8万人，其中男性7.38万人、女性7.42万人。2020年，常住总户数6.83万户，常住总人口15.85万人，其中男性7.79万人、女性8.06万人。民族以汉族、回族为主，另有满族、壮族、蒙古族、朝鲜族等少数民族，其中回族4927人、满族11人、朝鲜族5人、傣族3人、蒙古族4人。

## 经济状况

**工　业**　2018年，工业企业11家，其中规模以上工业企业5家；工业总产值11.99亿元，实现利税0.32亿元。2020年，引进落地项目4个，招商引资到位资金6.8亿元，上级拨款项目资金1.55亿元，进出口总额1.9亿元。工业企业13家，其中规模以上工业企业7家；规模以上工业企业实现主营业务收入12.24亿元。

## 财政税收

**财　政**　2016年，一般公共预算收入5.31亿元，一般公共预算支出0.94亿元。2018年，一般公共预算收入5.93亿元，一般公共预算支出1.58亿元。2020年，一般公共预算收入6.54亿元，一般公共预算支出0.72亿元。

**税　收**　2016年，登记各类纳税人1.84万户，其中年纳税额在10万元以上的企业193户；各项税收收入5.31亿元。2018年，登记各类纳税人2.54万户，其中年纳税额在10万元以上的企业265户；税收收入5.91亿元，其中增值税2.08亿元。2020年，登记各类纳税人3.47万户，其中年纳税额在10万元以上的企业269户；税收收入6.54亿元，其中增值税1.81亿元。重点税源为房地产业、建筑业、金融业、服务业、制造业等。

## 社会事业

**教　育**　2016年，幼儿园28所，专任教师385人，在园幼儿3808人；小学5所，专任教师153人，在校学生3230人。2018年，幼儿园30所，专任教师408人，在园幼儿4663人；小学5所，专任教师161人，在校学生3587人。2020年，幼儿园36所，专任教师496人，在园幼儿5587人；小学5所，专任教师176人，在校生3867人。

**文　化**　2016年，街道综合文化站1个，村级文化活动中心20个，各类文化专业户200户；各类图书室20个，藏书4万余册，音乐、美术、书法、摄影及文学业余创作人员680余人；农家书屋1个，农村文化大院1个，文体广场30个，文艺宣传（表演）队65支。2018年，综合文化站1个，村级文化活动中心20个；各类图书室21个，藏书4万余册，音乐、美术、书法、摄影及文学业余创作人员680余人；农家书屋1个，农村文化大院1个，文体广场30个，文艺宣传（表演）队65支。2020年，街道综合文化站1个，村级文化活动中心21个，各类文化专业户230余户；各类图书室21个，藏书4.5万余册，音乐、美术、书法、摄影及文学业余创作人员700余人；农家书屋1个，农村文化大院1个，文体广场30个，文艺宣传（表演）队68支。县级以上文物保护单位6处，其中国家级1处（岱庙）、省级2处（萃英中学建筑群、育英中学旧址）、市级3处（中华圣公会教堂配楼、泰安孤贫院旧址、卐字会泰安分会旧址）。县级以上非物质文化遗产4项，其中市级4项（泰山粥、全形拓、泰山皮影、面塑馆）。

**卫　生**　2016年，医疗卫生机构20家，其中社区卫生服务中心1家、村卫生室（社区门诊）19家；卫生技术人员128名，其中执业医师8名、执业助理医师34名。2018年，医疗卫生机构20家，其中社区卫生服务中心1家、村卫生室（社区门诊）

岱庙街道学生在体验人工智能　（蒋惠庆　摄　2023年提供）

19家；卫生技术人员135名，其中执业医师8名、执业助理医师36名。2020年，医疗卫生机构20家，其中街道社区卫生服务中心1家、村卫生室（社区门诊）19家；卫生技术人员144名，其中执业医师16名、执业助理医师36名。

## 社会保障

**医疗保险** 2016年，居民基本医疗保险参保人数2.54万人。2018年，居民基本医疗保险参保人数2.88万人。2020年，居民基本医疗保险参保人数2.98万人。

**养老保险** 2016年，居民参加养老保险89人。2018年，居民参加养老保险109人。2020年，居民参加养老保险257人。

**低保救助** 2016年，城镇最低生活保障户数1351户、2653人，发放最低生活保障金826.48万元。2018年，城镇最低生活保障户数853户、1505人，发放最低生活保障金636.32万元。2020年，城镇最低生活保障户数754户、1272人，发放最低生活保障金583.99万元。

## 名胜古迹

**岱　庙** 全国重点文物保护单位。又名东岳庙、泰岳庙、岱岳庙，俗称泰庙，为道教神府。始建于汉代，是中国古代帝王供奉泰山神灵、举行祭祀大典的场所。位于朝阳街。岱庙南北长405.7米，东西长236.7米，呈长方形，总面积10万平方米，是泰山今存规模最大的古建筑群。主体建筑天贶殿，创建于宋代，采用中国古代建筑最高规格营造，为中国古代三大宫殿式建筑之一。殿内大型壁画《泰山神启跸回銮图》是中国今存道教壁画的上乘之作，堪称泰山文化的瑰宝。岱庙碑碣林立，今存秦汉以来的历代碑碣石刻211通，素有“岱庙碑林”之称。岱庙内古木参天，有古树名木200余株，其中“汉柏”“唐槐”最为著名。岱庙堪称泰山历史文化的缩影，具有重要的历史、艺术、科学价值。

**萃英中学建筑群** 省级文物保护单位。建于清光绪三十一年（1905），是晚清、中华民国时期的建筑。由博济楼、德贞楼、萃英楼三座建筑组成。该建筑群由泰安私立萃英中学教学楼旧址而得名。今位于青年路泰安一中院内。博济楼原为美以美会创办的妇婴医院，清宣统三年（1911）成为博济医院的门诊楼；德贞楼原为泰安私立女子德贞中学办公及住宿场所，砖石木瓦结构，石砌墙体，均为地下一层、地上二层，地下室为方石块砌墙，条石地板；萃英楼建于1917年，是三座楼中占地面积最大的建筑。1926年冬，中共泰安支部书记马守愚、组织委员于赞之到萃英中学开展党的活动并成立中共泰安萃英中学支部。1948年，萃英中学建筑群由泰安中学（今泰安一中）接管，后一直作为学校办公、教学场所和图书楼使用。2014年，经泰安市文物局报山东省文物局批准、山东省文物科技保护中心设计、曲阜三孔古建筑管理处施工，按照“修旧如旧”的原则对萃英中学建筑群进行了维修、保护。该建筑群是近代西学东渐的代表性建筑，具有重要的文物价值。

**育英中学旧址** 省级文物保护单位。位于灵芝街、财源街交会处路西偏北方向，俗称大小红楼。占地面积约为1200平方米。据记载，清光绪十二年（1886）中华圣公会在此开办育英中学。此建筑原为清光绪三十一年（1905）英国圣公会传教士所建，罗马式建筑风格。今存传教士宿舍楼与教学楼2座，共有大小房间30间，均为2层建筑，设有地下室，建筑总面积为936.5平方米。其中教学楼（大红楼）平面呈凸字形，面阔7间，东西长27.6米，进深8.65米，通高13.5米。南北两山墙顶部成山字形，中间5间为平顶，两端为红瓦4坡顶。传教士宿舍楼（小红楼）平面呈十字形，红砖砌筑墙体，木构建筑，主体为灰瓦4坡顶，南北两侧凸出部分为红瓦2坡顶。抗日战争期间，此处为泰安侵华日军司令部和新民会旧址。新中国成立后，为灵芝街小学和泰安地委办公地点。今为泰山区基督教堂教产。该建筑是近代著名宗教建筑，有较高文物价值。

**中华圣公会教堂** 市级文物保护单位。俗称大白楼，位于财源大街路北、灵芝街西侧。占地面积约2200平方米，共有两座建筑，为地上二层、地下一层砖木结构。该教堂是中华圣公会英国传教士于清光绪十年（1884）在泰城灵芝街设立教会时建立的辅助设施，新中国成立后，该教堂曾为泰安市水利局办公室和宿舍。2016年9月，因失火被烧毁。

**泰山孤贫院旧址** 市级文物保护单位。位于今泰安市社会福利院内，今存古井1眼。是美国基督教牧师勒里斯•姆•安格林（Lmanglin，汉名安临来）夫妇于1916年5月创办的慈善机构，原名阿尼色弗山东泰安孤贫院。近代名人冯玉祥、马鸿逵等多次捐款资助，20世纪30年代发展成为颇具声望的教会慈善机构。因教会色彩太浓，1935年改名为泰山教养院。1951年9月，泰安专署接管泰山教养院，后更名为泰安市社会福利院，今为占地面积4.28万平方米、楼房11栋、建筑面积2.41万平方米的花园式单位，被民政部评为全国百家窗口式社会福利单位之一。泰山孤贫院旧址是中国近现代重要史迹及代表性建筑，对研究近代泰安社会救助、慈善与教育事业乃至中外文化交流有重要历史价值。

**卍字会泰安分会旧址** 市级文物保护单位。亦称泰安道院，位于财源街与青年路交会处路南、洼子街西首北侧、运舟街东侧，原泰山区机关幼儿园内。创建于1934年，为济南卍字会母院的分支院，是宗教组织和慈善机构。该建筑是民国时期仿古建筑的杰作，具有重要的历史价值。

## 古今名人

**贾鹤斋（生卒年不详）** 字友仙，岱庙街道人，生于清同治年间，泰安名家大儒，清光绪年间为“候选训导岁贡生”，主管教育，正八品。清光绪十二年（1886）撰写“重修谷山寺记”碑，今存岱阴玉泉寺内。清光绪二十六年（1900）撰写“重修上书院记”碑，今存泰山普照寺内。南关准提庵“重修准提庵记”碑、“重修准提庵绣像”碑都是贾鹤斋撰写。贾鹤斋的诗集《贾友仙诗草》今仍有存世。

**赵国麟（1673—1750）** 字仁圃，号拙庵。清康熙十二年（1673）出生，岱庙街道人，原籍浙江上虞，后随父亲定居泰安。清康熙四十八年（1709），考中进士，后以开馆办学为职业，创办“青岩义社”办学讲学，人称“青岩先生”。康熙五十八年（1719），赵国麟走上仕途道路，曾任长垣知县，永平知府，福建、河南布政使，福建、安徽巡抚，刑部、礼部尚书，文渊阁大学士等职。清乾隆七年（1742），因事罢职，后隐居读书。乾隆十五年（1750）去世。赵国麟学识渊博，著述丰富，乾隆皇帝曾赐以御书“集思广益”匾。著有《云月砚轩古体诗稿》《居岱渊源》《文类统编》等，有篆刻集《仁圃印谱》传世。清道光九年（1829），知县徐宗干奉赵入五贤祠，为泰山五贤之一。

**范明枢（1866—1947）** 清同治五年（1866）一月出生，岱庙街道人。清光绪三十一年（1905）八月留学日本并加入同盟会。五四运动期间，任济南省立第一师范学监，积极支持并参加青年学生爱国运动。1920—1928年任曲阜省立第二师范校长期间，参加了蔡元培组织的中华教育改革会并任委员，支持校内中共党组织的活动。1931年九一八事变后，积极宣传抗日救国主张，次年春被国民党当局诬以“共产党嫌疑”逮捕入狱，后经冯玉祥营救获释。回到泰安后，协助冯玉祥办泰山武训小学15处。卢沟桥事变后，组织泰安县各界抗敌后援会、泰安县民众抗敌总动员委员会并任主任。1938年秋，赴鲁南呼吁抗日。1940年7月，被推选为山东省临时参议会参议长，长期致力于山东抗战。1945年7月加入中国共产党。

1947年，国民党大举进攻山东解放区，他奋笔疾书《为内战告全国同胞书》《致司徒雷登的一封公开信》，严斥美蒋内战罪行，呼吁人民粉碎反革命战争。1947年10月2日去世。范明枢深受爱戴，有“抗战老寿星”“泰山青松”等美誉。

**赵笃生（1899—1964）** 曾用名赵培祥、赵斌。清光绪二十五年（1899）七月出生，岱庙街道东关村人。1923—1937年，先后在昌乐、沾化、济南、掖县（今莱州）、济宁、益都（今青州）等地任教员。抗日战争全面爆发后，出任泰安县各界抗敌后援会副主任。1938年1月参加徂徕山抗日武装起义，从事统战和供给工作。1938年2月加入中国共产党。1938—1939年，任八路军驻山东国民党省政府办事处主任兼国民党第六十九军中共工委委员。历任泰山专署专员，沂蒙地委常委兼市长，济南市人民政府市长、市委委员，泰山地委常委兼专署专员，山东省救济分会副主任，中共昌潍地委常委、统战部部长兼专署专员，中共山东分局统战部部长，山东省民族事务委员会主任，山东省政协副主席。1957年在反右派斗争中，因坚决抵制反右派斗争扩大化和残酷斗争，被错划为“右派分子”。1964年1月去世。1982年4月，中共山东省委为其平反。

**鲁宝琪（1913—1943）** 曾用名鲁自嘉。1913年出生，岱庙街道人。1931年3月，加入中国共产党。1932年7月，受中共山东省委派遣，到胶东海阳、牟平一带开展党的工作，任牟海县委宣传委员；1933年7月，中共山东临时省委和各地党组织遭到严重破坏，他回到泰安城秘密寻找党组织；1937年8月，与中共山东省委书记黎玉取得联系，随即被派回泰安，建立中共泰安临时县委并任书记；1937年10月，任泰安县委组织部部长；同年12月，按照省委指示为徂徕山武装起义做了大量组织准备工作；1938年1月，参加山东省委领导的徂徕山抗日武装起义，任八路军山东人民抗日游击第四支队第一中队指导员；1938年5月，发展组建了第四支队泰安独立营，并任教导员；1938年底至1942年8月，任山东纵队政治部锄奸部审讯科科长；1942年秋，调鲁中军区敌工部工作，任泰安交通情报负责人。1943年11月18日，在执行任务时与敌人遭遇受重伤被捕，在狱中保持革命气节，直至壮烈牺牲。

**范天恩（1922—2001）** 1922年出生，岱庙街道东关村人。1938年7月加入中国共产党。历任八路军山东人民抗日游击队第四支队新兵连指导员、第一营连指导员、蒙南支队第二营连指导员。1942年4月进入山东抗大一分校学习。1943年1月调东北军新111师工作，历任警卫营二连指导员、第666团一连连长、团部政治指导员、第662团七连连长等职。1945年8月任东北挺进纵队第二支队第二大队政治教导员，1946年1—8月任明城修械厂政委兼第20旅教导队政委，1947年8月至1948年4月任东北野战军第一纵队警卫营营长、作教参谋、作教科副科长。1949年6月至1968年4月在解放军第38军历任作教科科长、团长、师参谋长、副师长、代师长、师长、军参谋长、副军长等职，其间参加过抗美援朝战争，组织指挥了著名的飞虎山战斗、松骨峰阻击战等战斗。1968年5月任总参谋部作战部副部长，1975年任总参谋部防化部副部长，1976年任总参谋部军务部副部长。1980年起，任烟（台）威（海）警备区司令员。2001年12月去世。

**徐叶彤（1935—2018）** 1935年出生，岱庙街道升平社区人。1951年进入解放军军委工程学校无线电机务专业学习，1952年被分配到军委总参谋部工作，1963年转隶到新疆军区工作。历任技术员、组长、副科长、副处长、局总工程师、研究员、高级工程师等。1978年，主持研制的某型新产品填补全军装备空白，获全国科学大会先进集体奖状。1985年，负责研制的应用微电子技术改造装备，获1988年全军科技进步奖二等奖。1989年，组织设计的某项阵地技术改造工程，获1992年全军科技进步奖二等奖。1992年享受国务院政府特殊津贴，

1995年荣立二等功1次，1997年晋升专业技术三级技术职务（副军职）、大校军衔。1999年退休，2018年11月28日去世。

**安海军** 1946年出生，岱庙街道东关街人。党校本科学历，工程师。1968年11月参加工作，1973年5月加入中国共产党。历任泰安地区（市）第二轻工业公司党委副书记、党委书记；泰安市第二轻工业公司经理、党委书记；新泰市市政府市长，新泰市市委书记；泰安市委常委、市政府副市长、党组副书记；2001年2月，任泰安市政协副主席、党组副书记。

## 典型选介

**智慧健康养老示范街道——岱庙街道** 岱庙街道辖20个社区、1个行政村，197个属地单位，辖区内有6条市区主干道，三纵三横交通便利，一南一北两大公园，占地面积30万平方米，环境优美。岱庙街道高度重视老年群体的养老工作，以智慧健康养老建设为切入点，不断探索完善社会资本参与智慧健康养老服务体系建设的新路子、新模式，在全街道范围内实施“智慧健康养老惠民”工程，扩大养老覆盖面，满足广大社区老年人生活需求。2016年，街道以创建全省社区治理暨养老服务创新实验区为契机，将花园、元宝、五马、丽景社区定为试点社区并委托专业社会组织运营，助力辖区内医养结合养老机构（泰安泰山慈恩老年颐养中心）和各社区老年人日间照料中心建设，逐步形成全方位、宽领域、高质量的“系统+服务+老人+中心”智慧养老模式。2019年12月，岱庙街道被中华人民共和国工业和信息化部、中华人民共和国民政部、中华人民共和国国家卫生健康委员会联合授予第三批智慧健康养老示范街道称号。

## 街道党政主要负责人

**党工委书记** 黄　涛（2011.11—2016.12）
马云峰（2016.12—　）

**办事处主任** 马云峰（2011.11—2016.12）
黄　新（2016.12—　）

（范秀青　董　莹）

# 泰前街道

## 地理环境

**位置面积** 泰前街道位于泰山区中西部，东邻省庄镇，南接上高、岱庙、财源街道，西连岱岳区粥店街道，北倚泰山主峰，辖区东西最大距离15千米，南北最大距离8千米，总面积70.2平方千米。街道机关驻环山路，距泰山区人民政府2.5千米。

**建置区划** 清末属泰安县城厢，1912年后属泰安县城区。1949年属泰安县城关区。1954年属泰安县第一区。1955年属泰安县城关区。1958年9月属泰安县泰山公社。1982年3月析泰山公社，分置财源办事处、岱庙办事处、泰前办事处。1985年11月，改设泰前街道。2016年，辖王家庄、御碑楼、圣华、国华、擂鼓石、傲徕峰、农大、金山、广生泉、科大、向阳、岱道庵、嘉德、三合14个社区，辖白马石、上峪、下峪、安家林、东城、西城、

泰前街道水牛埠村村居一角　　　　　　　　（刘　建　摄　2023年提供）

水牛埠、黄山头、下梨园、杏园10个行政村。至2020年末，建置区划未变。

**自然状况**　境内有山地、丘陵及小流域平原，其中山地占总面积的70%，多分布在北部，丘陵占总面积的25%，平原占总面积的5%，海拔200～800米。土壤以山地棕壤土为主，次为山地灌丛草甸土。境内最高峰泰山主峰玉皇顶海拔1545米，为山东第一高峰。水资源充沛，境内有大小河流20余条，多源于泰山沟壑，北有柴草河，西有七里河、淙河，东有梳洗河、明堂河流过。矿产资源丰富，境内已查明的矿种有11种，主要有泰山碧玉、滑石、花岗石等，总储量200亿吨。

**人口民族**　2016年，常住总户数5.2万户，常住总人口15.11万人，其中男性7.49万人、女性7.62万人。2018年，常住总户数5.2万户，常住总人口15.25万人，其中男性7.56万人、女性7.69万人。2020年，常住总户数5.3万户，常住总人口15.37万人，其中男性7.62万人、女性7.75万人。有汉族、蒙古族、回族、藏族、维吾尔族、苗族、彝族、壮族、布依族、朝鲜族、满族、侗族、瑶族、白族、土家族、哈尼族、哈萨克族、傣族、黎族、傈僳族、佤族、水族、景颇族、柯尔克孜族、土族、达斡尔族、羌族、毛南族、仡佬族、锡伯族、鄂温克族31个民族。

## 经济状况

**农　业**　以种植小麦、林果业为主。2016年，全街道耕地面积46.2公顷，均为水浇地，农业总产值3920万元，其中农业610万元、林业2400万元、牧业700万元、渔业130万元，农林牧渔服务业产值80万元；农民合作社6个，种植大户19户，土地流转面积36.67公顷。2018年，全街道耕地面积39.1公顷，均为水浇地，街道农业总产值3435万元，其中农业735万元、林业2460万元、渔业140万元，农林牧渔服务业总产值100万元；农民专业合作社8个，土地流转面积28.33公顷。2020年，全街道耕地面积33.87公顷，均为水浇地，街道农业总产值3704万元，其中农业554万元、林业2860万元、渔业140万元，农林牧渔服务业产值150万元；农民专业合作社14个，农业企业3个，土地流转面积11.27公顷。

**工　业**　2016年，工业企业87家，从业人员2200人，其中规模以上工业企业1家；工业总产值10.57亿元，实现利税2.12亿元，其中利润1.79亿元；规模以上工业企业实现主营业务收入0.28亿元，实现利税0.11亿元，其中利润0.09亿元。2018年，工业企业91家；工业总产值11.99亿元，实现利税1.89亿元，其中利润1.62亿元。2020年，引进落地项目13个，招商引资到位资金35.46亿元，上级拨款项目资金2955亿元，进出口总额3.78亿元。工业企业93家，规模以上工业企业1家；工业总产值10.06亿元，实现利税2.03亿元，其中利润1.73亿元；规模以上工业企业实现主营业务收入0.24亿元，实现利税0.09亿元，其中利润0.07亿元。

## 财政税收

**财　政**　2016年，一般公共预算收入6.17亿元，一般公共预算支出6.17亿元。2018年，一般公共预算收入6.32亿元，一般公共预算支出6.32亿元。2020年，一般公共预算收入5.47亿元，一般公共预算支出5.47亿元。

**税　收**　2016年，登记各类正常纳税人4196户，其中年纳税额在10万元以上的企业148户；各项税收收入5.47亿元，其中增值税1.32亿元。2018年，登记各类正常纳税人5193户，其中年纳税额在10万元以上的企业175户；税收收入6.23亿元，其中增值税2.12亿元。2020年，登记各类正常纳税人6316户，其中年纳税额在10万元以上的企业212户；税收收入5.47亿元，其中增值税2.23亿元。重点税源为批发零售业、房地产、金融业。

泰前街道岱峰红色纪事馆　（刘 建 摄 2023年提供）

## 社会事业

**教　育**　2016年，幼儿园19所，专任教师220人，在园幼儿2057人；小学7所，专任教师256人，在校学生5159人；普通初中（九年一贯制）1所，专任教师49人，在校学生650人；县级以上规范化中小学6所，其中省级规范化学校2所、市级规范化学校4所。2020年，幼儿园27所，专任教师389人，在园幼儿3250人；小学6所，专任教师239人，在校学生6472人；普通初中（九年一贯制）1所，专任教师44人，在校学生563人；县级以上规范化中小学6所，其中省级规范化学校2所、市级规范化学校4所。

**文　化**　2016年，综合文化站1个，文化活动中心29个；各类图书室29个，藏书6万余册，音乐、美术、书法、摄影及文学业余创作人员达403人；文体广场76个，文艺宣传（表演）队7支。2020年，综合文化站1个，文化活动中心29个；各类图书室29个，藏书10万余册，音乐、美术、书法、摄影及文学业余创作人员达729人；文体广场76个，文艺宣传（表演）队16支。县级以上文物保护单位1处，汉明堂遗址为省级文物保护单位。

**卫　生**　2016年，医疗卫生机构24家、床位20张，其中街道社区卫生服务中心1家、村卫生室（社区门诊）10家；卫生技术人员51名，其中执业医师8名、执业助理医师13名。2018年，医疗卫生机构24家，其中街道社区卫生服务中心1家；卫生技术人员53名，其中执业医师13名、执业助理医师3名。2020年，医疗卫生机构21家、床位30张，其中街道社区卫生服务中心1家、村卫生室（社区门诊）10家；卫生技术人员82名，其中执业医师25名、执业助理医师6名。

## 社会保障

**医疗保险**　2016年，居民基本医疗保险参保人数2.87万人。2020年，居民基本医疗保险参保人数为2.68万人。

**养老保险**　2016年，居民养老保险参保7908人。2020年，居民养老保险参保8515人。

**低保救助** 2016年，城镇最低生活保障户数290户、617人，发放最低生活保障金277.27万元；农村最低生活保障户数108户、213人，发放最低生活保障金49.65万元；医疗救助23人次，发放医疗救助金5.58万元。2020年，城镇最低生活保障户数162户、301人，发放最低生活保障金138.53万元；农村最低生活保障户数39户、69人，发放最低生活保障金22.43万元。

## 名胜古迹

**汉明堂遗址** 省级文物保护单位。位于泰山主峰东南麓西城村东，东有明堂河，西有明堂泉。遗址东西长180米，南北宽80米，高17.6米，文化层堆积厚1～3米，东北侧是石壁，其余三面剖面上均能看到红烧土、灰坑等痕迹。曾出土周及汉代遗物，传为汉明堂故址，整体建筑风格为汉代建筑。古色古香，精巧别致，气势宏伟，既有大汉遗风，又有明清古韵。汉明堂又叫谢过城，鲁定公十年（前500），鲁定公和齐景公在泰山脚下举行轰动一时的夹谷会盟，由于孔子以理服人，迫使齐景公在此向鲁定公谢过。汉武帝东封泰山时，又在这必经之路的风水宝地设明堂。古人认为，明堂可通天象，下统万物，天子在此既可听察天下，又可宣明政教，是体现天人合一的神圣之地。

## 古今名人

**谢纯才（1919—1943）** 1919年出生，泰前街道人。1939年参加革命，在山东人民抗日救国军第五军任太行行署排长。1943年在黑铁山战斗中光荣牺牲。

**艾庆岳（1921—1939）** 1921年出生，泰前街道人。1938年参加革命，八路军山东人民抗日游击队第四支队泰安独立营战士，1939年从徂徕山到佛爷寺执行任务时，在与日伪军战斗中牺牲。

## 土特名产

**泰山大红石榴** 又叫“泰山神仙果”，主产于泰前街道白马石村，种植历史有500余年。白马石村地处山区，因地形高低差大，山涧形成多处瀑布水潭。今存最古老的石榴树有300多年树龄。百年以上的石榴树有数棵，素有“天下石榴第一”美誉。白马石村今栽种泰山大红石榴33.33公顷，植株万余株，年产量50吨以上。单果一般重400～800克，最重达980克。品种有胭脂红、金红、大白甜等，石榴个大皮薄，色泽鲜艳光洁，籽粒晶莹饱满，分甜、酸、半口三味，甜者食之甘若冰糖，酸者食之味酸似莓，半口者介乎二者之间。泰山大红石榴在清代为贡品，是历代帝王封禅时的必备果品。

**泰山螭霖鱼** 又名时鳞鱼、斑纹鱼，被喻为泰山名产、泰山一绝，为中国国家地理标志产品。产于泰山山涧溪流中，成鱼不足20厘米，重不过百克，鳞细密集，头青尾红，肉质细嫩，味道鲜美。《泰山药物志》记载：螭霖鱼方头巨口，龙须龙目，全首似龙而无角，因得“螭”字，以其性喜雨而得“霖”字。著名诗人李白、杜甫等游泰山时，都品尝过螭霖鱼的美味。李白诗曰：“鲁酒若琥珀，汶鱼紫锦鳞……双鳃呀呷鳍鬣张，蹳刺银盘欲飞去。呼儿拂几霜刃挥，红肌花落白雪霏”，其中紫锦鳞就是指泰山螭霖鱼。在明清时代，泰山螭霖鱼为皇室贡品。

## 典型选介

**山东省“四型”就业社区——广生泉社区**

泰前街道广生泉社区成立于2002年7月，面积约4平方千米，南起岱宗大街，北至金山东西巷，东起红门路，西至普照寺路。社区严格按照省、市关于开展创建“四型”就业社区工作的要求，把创建“四型”就业社区作为服务群众“最后一公里”，提升劳动者就业创业质量，实现就业创业服务“全覆盖”“全天候”“无缝隙”和“实用性”的一项重要“民生工程”来抓，把就业创业服务做到群众家里、群众心里，促进了“四型”就业社区工作的有效开展。广生泉社区以亲民为抓手，打造“服务型社区”；以富民为抓手，打造“就业型社区”；以爱民为抓手，打造“仁爱型社区”；以安民为抓手，打造“和谐型社区”，使辖区居民在各项活动中相互熟悉、相互了解，加深友情、增进团结，融合了邻里关系，形成了健康向上的生活理念，增强了居民的归属感和责任感，满足了社区居民多元化服务需求。2018年，广生泉社区被山东省人力资源和社会保障厅评为山东省“四型”就业社区。

## 街道党政主要负责人

党工委书记　吴　杰（2011.11—2016.12）
侯世民（2016.12—2020.5）
张明强（2020.5—　）

办事处主任　陈学刚（2011.11—2016.12）
武永明（2016.12—2020.5）
张永智（2020.5—　）

（张　楠）

# 上高街道

## 地理环境

**位置面积**　上高街道位于泰山区中部，北与泰前街道相连，南与徐家楼街道相连，西与岱庙街道相邻，东与省庄镇相邻。东西长约7.5千米，南北宽约4.02千米，总面积30.18平方千米。街道机关驻上高镇村以北，距泰山区人民政府3.8千米。

**建置区划**　1955年9月，泰安县二区改称上高区。1958年3月，撤销上高区建立上高乡，同年9月，撤销上高乡成立东岳人民公社。1959年1月，东岳人民公社改称上高人民公社。1960年1月，上高人民公社并入邱家店人民公社。1962年3月，邱家店人民公社的上高管理区、桑家疃管理区划入省庄人民公社。1985年建区时，上高管理区、桑家疃管理区分别改为上高乡、桑家疃乡。1985年11月，上高乡和桑家疃乡合并建立上高乡。2002年6月，撤乡建上高街道。2016年，辖施家结庄村、韩家结庄村、宁家结庄村、黄家庄村、范家灌庄村、南上高村、中上高村、上高镇村、訾家灌庄村、郭家灌庄村、魏家庄村、小井村、凤台村、北上高村、桑家疃村、岔河村、大沟头村、北沟头村、西张店村、西张庄村20个行政村，华新社区、东岳社区、利民社区、双龙社区、凤凰社区5个社区。至2020年，建置区划未变。

**自然状况**　地势北高南低，地貌以平原为主，占全街道面积的96%。辖区内河流众多，梳洗河、唐王河、双龙河、明堂河、芝田河流入境内。属暖温带大陆性半湿润季风气候，四季分明，寒暑相宜，光温同步，雨热同季。土壤以褐土和砂礓黑土为主，资源主要有石灰石、花岗石等。

**人口民族**　2016年，常住总户数3.59万户，常住总人口12.16万人，其中男性6.13万人、女性6.03万人。2020年，常住总户数4.76万户，常住

总人口15.98万人，其中男性7.91万人、女性8.07万人。有汉族、回族2个民族。

## 经济状况

**农　业**　以种植小麦、玉米、有机蔬菜、苗木花卉为主。2016年，全街道耕地面积388.95公顷，均为水浇地，农业总产值547万元，其中农业产值247万元、牧业产值300万元；农民合作社5个，农业企业6个，土地流转面积192.27公顷。2018年，全街道耕地面积371.71公顷，均为水浇地，农业总产值1103万元，其中农业产值803万元、牧业产值300万元；农民专业合作社13个，农业企业7个，土地流转面积97.87公顷。2020年，全街道耕地面积125.87公顷，均为水浇地，农业总产值759万元，其中农业产值499万元、牧业产值260万元；专业合作社6个，农业企业7个，土地流转面积21.33公顷。

**工　业**　2016年，工业企业86家，其中规模以上工业企业11家；工业总产值41.57亿元，营业收入41.66亿元，利润总额1.25亿元；规模以上工业企业实现利润1.04亿元。2018年，规模以上工业企业8家，工业总产值26.12亿元，营业收入28.17亿元，利润总额1.1亿元。2020年，引进落地项目21个，招商引资到位资金15.1亿元，上级拨款项目资金7830万元，进出口总额16.25亿元。工业企业98家，其中规模以上工业企业21家；规模以上工业企业实现主营业务收入59.09亿元，实现利税5.97亿元，其中利润1.63亿元。

## 财政税收

**财　政**　2016年，一般公共预算收入2.14亿元，一般公共预算支出0.79亿元。2018年，一般公共预算收入3.23亿元，一般公共预算支出0.32亿元。2020年，一般公共预算收入4.34亿元，一般公共预算支出0.47亿元。

**税　收**　2016年，登记各类纳税人5988户，其中年纳税额在10万元以上的企业2109户；各项税收收入2.15亿元，其中增值税1.8亿元。2018年，登记各类纳税人8531户，其中年纳税额在10万元以上的企业3965户；税收收入3.23亿元，其中增值税1.4亿元。2020年，登记各类纳税人1.11万户，其中年纳税额在10万元以上的企业5360户；各项税收收入4.34亿元，其中增值税4.07亿元。重点税源为房地产、建筑安装、机械加工等。

鲁普耐特集团有限公司生产车间　　（张　利　摄　2023年提供）

## 社会事业

**教　育**　2016年，有幼儿园34所，在园幼儿3562人，教职工620人，专任教师418人；小学7所，在校学生2756人，教职工158人，专任教师138人；初中2所，在校学生2056人，教职工138人，专任教师101人。2020年，幼儿园51所，在园幼儿6570人，教职工1168人，专任教师783人；小学7所，在校学生

4945人，教职工197人，专任教师167人；初中2所，在校学生1532人，教职工130人，专任教师103人。

**文　化**　2016年，有街道综合文化站1个，村、社区文化活动中心24个；图书阅览室24个，藏书20万余册，全街道共有舞蹈、戏曲、书画、乐器、合唱等文艺队伍72支，文化带头人110余人；农家书屋20个，农村文化大院20个，社区服务中心4个，文体广场50个，文艺宣传（表演）队40支。2020年，街道综合文化站1个，村、社区文化活动中心25个；图书阅览室25个，藏书40万余册，全街道共有舞蹈、戏曲、书画、乐器、合唱等文艺队伍200支，文化带头人500人；农家书屋20个，农村文化大院20个，社区服务中心7个，文体广场55个，文艺宣传（表演）队50支。街道共有县级以上文物保护单位2处，其中省级2处（上高施氏牌坊、杨家庄七圣堂）。县级及以上非物质文化遗产3项，其中省级1项（泰安豆腐制作技艺）、市级2项（泰安市福喜酒业李教头糯米酒非遗工坊、泰安市泰山豆腐文化非遗工坊）。

**卫　生**　2016年，医疗卫生机构24家、床位10张，其中街道卫生院1家、村卫生室（社区门诊）23家；卫生技术人员57名，其中执业医师13名、执业助理医师10名。2020年，医疗卫生机构24家、床位10张，其中街道卫生院1家、村卫生室（社区门诊）23家；卫生技术人员64名，其中执业医师14名、执业助理医师13名。

## 社会保障

**医疗保险**　2016年，居民基本医疗保险参保人数3.2万人。2020年，居民基本医疗保险参保人数3.5万人。

**养老保险**　2016年，居民养老保险参保1.16万人。2020年，居民养老保险参保1.3万人。

**低保救助**　2016年，城镇最低生活保障户数93户、193人，发放城市最低生活保障金76.95万元；农村最低生活保障户数385户、717人，发放最低生活保障金156.4万元；医疗救助67人次，发放医疗救助金16.79万元；敬老院1家，床位100张，收养农村“五保”老人2人。2020年，城镇最低生活保障户数62户、108人，发放最低生活保障金65.95万元；农村最低生活保障户数298户、527人，全年发放最低生活保障金220.66万元；医疗救助38人次，发放医疗救助金10.58万元；敬老院1家，床位100张。

## 名胜古迹

**杨家庄七圣堂**　省级文物保护单位。位于上高街道桑家疃村杨家庄，为明末清初建筑。大殿面阔三间，前出厦，硬山，青砖灰瓦，殿内为四柱四梁五檩木结构建筑，前月台两侧的砖雕极其精美，为古代建筑雕刻的精品。建筑面积61.1平方米。今存观音堂大殿（已重修）1座、碑刻7通、钟楼石构框架1座、前门楼1座、石人老爷和石婆婆造像各1方，占地面积1188.45平方米。其中，石人老爷和石婆婆造像为古代泰山石敢当人物造像，是研究泰山周边地区民俗和泰山石敢当习俗的重要佐证。大殿内墙有清初壁画《观音经变图》，人物栩栩如生，色彩鲜艳，保存尚完整。根据庙内碑刻记载，最初原为观音堂，后改为七圣堂（因殿内供奉观音、关圣公、文昌帝、赵公明、药王爷、马王爷、二郎神七尊神像而得名）。该建筑和壁画对研究泰安地区的观音信仰有重要价值，为研究山东省彩塑壁画提供了珍贵的实物资料。

**上高施氏牌坊**　省级文物保护单位。位于上高街道施家结庄利民社区中心花园西南、居委会东侧。此地原为清康熙年间山东布政使司布政使施天裔祖林，其祖父施所学、施可兴墓地，该墓地在“文化大革命”时期被破坏。今存的施氏牌坊建于清康熙六年（1667），是皇帝为诰赠通奉大夫山东布政使司布政使施所学、施可兴而修。

整座牌坊通体有龙凤浮雕，高7.25米，宽6.7米，占地面积约15平方米。牌坊四柱三门三楼，三架皇梁、庑殿式结构，牌坊前立有4只石狮子。牌坊下额题刻“诰赠通奉大夫山东布政使司布政使施所学、施可兴”，中额题刻“龙章褒赠”四字，上额题刻“恩荣”二字。上高施氏牌坊造型雄伟，雕工精细，为清代石雕建筑精品。作为泰安城区唯一的一座墓地牌坊，有较高文物价值。

## 古今名人

**王永坚（1924—2019）** 曾用名刘逢暄、刘琦，1924年11月出生，上高街道桑家疃村人。1938年加入青年抗日先锋队，发动组织抗日武装；同年10月，加入中国共产党。1939年初，任中共泰安县冯家庄支部书记。1940年，任泰安县第一区区委组织委员、代理书记。1941年，任泰北县岱东区区委书记；1942年，任岱峰区区委书记；1945年，任泰历县黄山区委书记。同年参加解放战争，历任独立营党总支书记、副政委、基干营教导员，军分区政治部组织科科长，鲁中军区警备团政治部主任等职。参加过莱芜、泰蒙、孟良崮、解放泰安、济南及淮海等战役。新中国成立后，先后任铁道兵直属医院政委，铁道兵学校干部部长、校务部政委，铁道兵学院训练部副政委、院务部部长、政委等职。1955年，被授予三级独立自由勋章、三级解放勋章，上校军衔。1988年，被授予独立功勋荣誉章。著作有《风雨八十春》。1983年副军职离休，2019年3月去世。

**陈湘安** 1959年4月出生，上高街道桑家疃村人。1976年7月参加工作，1984年4月加入中国共产党，大学本科学历。历任莱芜市（县级）城关镇党委宣传干事，共青团莱芜市委（县级）宣传部部长，泰安市委组织部党政科干事，泰安市委组织部党政科副科级干事，泰安市委组织员办公室组织员（正科级），泰安市委组织员办公室副主任，市委组织部组织科科长，宁阳县委常委、组织部部长，宁阳县委副书记、组织部部长，宁阳县委副书记、县长，东平县委副书记、县长，东平县委书记、党校校长、县人大常委会主任，泰安市政府副市长、党组成员。2017年3月起任泰安市委农村工作领导小组副组长。

**张庆明** 1961年7月出生，上高街道北上高村人。1989年2月加入中国民主建国会，研究生学历。1983年7月起，在莱芜师范、泰安师专、泰安市工商联等单位工作。1992年9月起历任民建泰安市委驻会秘书（副科级），新泰市翟镇副镇长（正科级），新泰市人民政府副市长。2001年2月起历任泰安市政协副主席（不驻会）、市工商联副会长（市总商会会长），山东省工商业联合会常委、市工商联（主席）会长、民建市委副主委、泰安市政府

2016年10月11日，旧村改造后的北上高新家园 （王文正 摄）

特邀咨询。2017年2月起任泰安市政协副主席、泰安市一级巡视员、民建泰安市委主委、山东省政协常委、民建山东省委常委。

## 典型选介

**国家卫生乡镇——上高街道** 上高街道以改善人居环境，提高人民生活质量为目标，以环境整治、健康教育、卫生设施、防害防病为抓手，扎实推进国家卫生乡镇创建工作。2018年8月，街道印发《上高街道办事处创建国家卫生乡镇工作实施方案》，成立领导小组，明确部门职责，形成了“街道主体、部门联动、村社区合力”的工作格局。围绕背街小巷、农贸市场等重点部位开展专项整治行动，全面开展“九小”专项治理，不断提升行业卫生管理水平；实施公厕改造提升工程，开展病媒生物防制工作，全面提升人居环境，抓好“关键小事”落实。投入资金800万余元，动用人工2万余人次，动用机械1万余台（辆）次，整改清理市容秩序“六乱”1万余处，清理河道面积20万余平方米，清理各类垃圾杂物约5万吨，清理乱贴乱画10万余处，清理僵尸车100余辆，更换垃圾桶2000余个，清理违规棚厦、乱搭乱建800余处；提升基础设施建设，翻修硬化道路19条、6300余平方米；改造提升公厕12处，清除病媒生物孳生地8000余处，开展病媒生物消杀2000余次，新增和规范毒饵站6000余处，发放鼠药6吨；开展健康教育讲座等活动，印发各类卫生防病资料、宣传资料5万余份，为街道创建工作打下坚实的基础。2020年7月，上高街道被全国爱国卫生运动委员会命名为2017—2019周期国家卫生乡镇。

**山东省“干事创业好班子”——上高街道党工委** 上高街道围绕“打造产业发展新高地，建设宜商宜居新上高”总体目标，全面落实民主集中制，每周召开1次党工委会议调度情况，重大问题及时召开党委会研究讨论，在班子成员中提倡齐步走，形成了团结一致、干事创业的良好氛围。在博阳路、明堂河、灵山大街拆迁工作中，街道主要负责人带头深入被拆迁户家做工作，高效完成服务市区项目建设。助推东部新城核心快速崛起，形成了天烛峰路文商旅特色组团和泮河大街现代服务业产业组团。重点项目重点抓，2020年列入省级重点项目1个、市级重点项目3个、市级绿卡项目2个、区级重点项目14个。强化联防联控机制，确保了辖区新冠疫情防控形势平稳。协助2家企业申请贷款资金2000万元，新建农贸市场3处，完成学校及老旧小区改造提升工程，加大背街小巷整治力度，提高了人民群众获得感和幸福感。2020年12月，上高街道党工委被中共山东省委组织部授予“干事创业好班子”称号。

**专精特新“小巨人”企业——山东宝来利来生物工程股份有限公司** 1996年8月，泰安宝来利来生物工程有限公司成立，是中国最早专业进行动物微生态制剂研发、生产的制造商和提供生态养殖技术解决方案的科技型民营企业。2001年8月，经股份制改造成立山东宝来利来生物工程股份有限公司，注册资本4000万元。2016年，公司资产总额3.38亿元，利润总额1023.4万元。2020年，资产总额4.27亿元，利润总额5751万元。截至2020年末，职工人数627人。公司是国家高新技术企业，高度重视科技创新和知识产权工作，通过了知识产权管理体系认证，申请并被授权多项发明专利。建有实验室3600平方米，拥有博士后科研工作站、山东省动物微生态制剂重点实验室等省级以上科研平台（基地）8个，配有国内外领先的试验仪器近600台（套），库存菌株2.7万株。2020年被工信部评为国家专精特新“小巨人”企业。

**全国先进物流企业——速恒物流股份有限公司** 位于泮河大街东首速恒现代物流园区内。2007年，速恒物流有限公司成立，2014年速恒物

流股份有限公司注册成立并承接原公司所有业务，同年建成泰安规模最大的速恒现代物流园区，吸引顺丰速运、京东商城、苏宁易购、中国电信、安能物流、德邦物流等物流、电商企业入驻。公司主要业务为现代物流综合园区经营、第三方物流服务、配送服务（包含B2C仓储拆零、B2B及C2C定制、配送服务）等。业务范围延伸至全国20多个省、市，客户涵盖大型机械、汽车、化工、医疗、电力设备、快消品等行业。2016年公司注册资本5000万元，占地面积8万平方米，职工168人，营业收入448万元，利润67万元。2018年11月，速恒物流股份有限公司被中国交通运输协会评为全国先进物流企业。

### 街道党政主要负责人

**党工委书记** 李　文（2011.11—2016.12）
倪海亮（2016.12—2020.05）
房宝玉（2020.05—　）

**办事处主任** 倪海亮（2011.11—2016.12）
李　进（2016.12—　）

（古　力　罗文莹）

# 徐家楼街道

## 地理环境

**位置面积**　徐家楼街道位于泰山区南部，北接泰安城区，南临泰安市高新技术开发区，东邻温泉路南段，西连高铁新区。南北长2.83千米，东西长7.2千米，总面积18.85平方千米。街道机关驻龙潭路，距泰山区人民政府3.7千米。泰新高速穿境而过，104国道横贯南北。

**建置区划**　清末，境域属泰安县中正乡，1912年后，属泰安县中正区。1949年，属泰安县赵庄区。1954年，属泰安县第十区。1955年，属泰安县篦子店区。1958年9月，属泰安县篦子店公社。1960年1月，属北集坡公社。1985年6月，设徐家楼乡。根据泰城新规划，经山东省民政厅批准，于2002年6月撤乡建街道，设立徐家楼街道办事处。辖11个行政村，分别为宅子村、万家庄村、夏家庄村、王家店村、琵琶湾村、栗家庄村、尚家寨村、小白峪村、白峪店子村、下水泉村、大官庄村；5个社区，分别为徐家楼社区、前灌社区、大白峪社区、灵芝社区、新峪社区。至2020年末，建置区划未变。

**自然状况**　街道地势北高南低、西高东低。东部、中部为平原，西部为丘陵，地貌以平原为主，境内土壤类型多为黄土。属于暖温带大陆性半湿润季风气候。四季分明，寒暑相宜，光温同步，雨热同季。

**人口民族**　2016年，常住总户数1.23万户，常住总人口3.41万人，其中男性1.8万人、女性1.61万人。2018年，常住总户数1.29万户，常住总人口3.56万人，其中男性1.77万人、女性1.79万人。2020年，常住总户数1.33万户，常住总人口3.7万人，其中男性1.82万人、女性1.88万人。有汉族、蒙古族、回族、藏族、维吾尔族、苗族、彝族、壮族、布依族、朝鲜族、满族、侗族、白族、土家族、哈尼族、黎族、佤族、畲族、拉祜族、仡佬族、锡伯族、土族、达斡尔族23个民族。

## 经济状况

**农　业**　以种植小麦、玉米、有机蔬菜、苗木花卉为主。2016年，全街道耕地面积345.5公顷，均为水浇地，农业总产值1.4亿元，其中农业0.4亿元、林业1240万元、牧业0.6亿元、渔业810万元，农林牧渔服务业产值1460万元，增加值0.1亿元；农民合作社32个。2018年，全街道耕地面积347公顷，农业总产值1.3亿元，其中农业0.6亿元、林业1650万元、牧业0.2亿元、渔业760万元，农林牧渔服务业总产值0.32亿元；农民专业合作社30个，家庭农场2个。2020年，全街道耕地面积250.5公顷，农业总产值1.2亿元，其中农业0.5亿元、林业1270万元、牧业0.1亿元、渔业770万元，农林牧渔服务业产值0.37亿元；农民专业合作社26个，农业企业16个，家庭农场2个。

**工　业**　2016年，企业54家，规模以上工业企业19家；工业总产值62.67亿元，规模以上工业企业实现主营业务收入50.01亿元。2018年，企业53家，规模以上工业企业18家；工业总产值18.62亿元，规模以上工业企业实现主营业务收入18.69亿元。2020年，引进落地项目3个，招商引资到位资金13.8亿元，上级拨款项目资金1.055亿元，进出口总额1.18亿元，同比增长29%。企业60家，规模以上工业企业10家；工业总产值7.98亿元，规模以上工业企业实现主营业务收入9.27亿元，其中利润0.68亿元。

## 财政税收

**财　政**　2016年，一般公共预算收入2575万元，一般公共预算支出2575万元。2018年，一般公共预算收入2340万元，一般公共预算支出2340万元。2020年，一般公共预算收入2067万元，一般公共预算支出2067万元。

**税　收**　2016年，登记各类纳税人776户。2018年，登记各类纳税人486户，其中年纳税额在10万元以上的企业137户；税收收入2.39亿元，其中增值税0.88亿元。2020年，登记各类纳税人638户，其中年纳税额在10万元以上的企业152户；税收收入2.11亿元，其中增值税0.91亿元。重点税源为房地产、制造业等。

## 社会事业

**教　育**　2016年，各级各类学校（含幼儿园）28所，在校生0.8万人，教职工1048人，专任教师180人。其中幼儿园21所，在园幼儿4661人，教职工548人，专任教师4人；小学6所，在校学生3651人，教职工445人，专任教师126人；初中1所，在校学生536人，教职工55人，专任教师50人。2020年，各级各类学校（含幼儿园）29所，在校生1.08万人，教职工1055人，专任教师770人，其中幼儿园21所，在园幼儿3727人，教职工555人，专任教师320人；小学6所，在校学生4580

山东首批省级夜间文旅消费集聚区——徐家楼街道梦泰山啤酒城
（张　捷　摄　2023年提供）

徐家楼街道王家店村举办端午节文艺汇演活动

（展 翔 摄 2023年提供）

人，教职工364人，专任教师286人；初中2所，在校学生2535人，教职工136人，专任教师86人。

**文　化**　2016年，综合文化站1个，村级文化活动中心16个；各类图书室16个，藏书20万余册，音乐、美术、书法、摄影及文学业余创作人员500余人；农家书屋11个，农村文化大院11个，文体广场16个，文艺宣传（表演）队16个。2018年，综合文化站1个，村级文化活动中心11个；各类图书室16个，藏书25万余册，音乐、美术、书法、摄影及文学业余创作人员500人；农家书屋11个，农村文化大院11个，文体广场16个，文艺宣传（表演）队16支。2020年，综合文化站1个，村级文化活动中心11个；各类图书室16个，藏书28万册，音乐、美术、书法、摄影及文学业余创作人员达500人；农家书屋11个，农村文化大院11个，文体广场16个，文艺宣传（表演）队16支。

**卫　生**　2016年，医疗卫生机构20家、床位20张，其中街道社区卫生服务中心1家、村卫生室（社区门诊）10家、个体诊所9家；卫生技术人员36名，其中执业助理医师11名。2018年，医疗卫生机构18家、床位23张，其中街道社区卫生服务中心1家，卫生技术人员42名，其中执业医师6名、执业助理医师8名。2020年，医疗卫生机构25家、床位20张。其中街道社区卫生服务中心1家、村卫生室（社区门诊）10家、个体诊所14家；卫生技术人员50名，其中执业助理医师17名。

## 社会保障

**医疗保险**　2016年，居民基本医疗保险参保人数1.77万人。2018年，居民基本医疗保险参保人数1.81万人。2020年，居民基本医疗保险参保人数1.8万人。

**养老保险**　2016年，居民参加养老保险4971人。2018年，居民参加养老保险4598人。2020年，居民参加养老保险4382人。

**低保救助**　2016年，城镇最低生活保障户数112户、226人，发放最低生活保障金130.83万元；农村最低生活保障户数146户、280人，发放最低生活保障金80.65万元；医疗救助328人次，发放医疗救助金40万元；敬老院1家，床位6张，供养农村“五保”老人5人。2020年，城镇最低生活保障户数87户、165人，发放最低生活保障金79.59万元；农村最低生活保障户数123户、236人，发放最低生活保障金73.64万元；医疗救助150人次，发放医疗救助金20万元，供养农村“五保”老人13人。

## 古今名人

**尚士濂（1893—1970）**　又名世廉，清光绪十九年（1893）出生，徐家楼街道尚家寨村人。清光绪二十九年（1903）在岱庙出家。他聪慧过人，苦读儒书和道家经书。酷爱写字，书法独具风格。1928—1937年任泰山古物董事会（1929年改称保管委员会）事务员（委员）。在看守岱庙和岱顶古迹期间，他团结道众，保护文物。日军侵占泰安时，他把岱庙珍贵文物封存在雨花道院妥善保存。他联络各界知名人士上书伪山东省公署有关单位，阻止了日军将灵应宫铜亭、铜像运往日本。1946年5月，出面制止了国民党宁春霖部砍伐岱庙柏树的行为，并拒绝了伪山东省政府将岱庙文物南迁的动议。1947年，任泰安县民主政府文物保管委员会委员，出资重新刊印《泰山道里记》。1948年任岱庙及岱顶祠庙住持。新中国成立后，任泰山古物管委会委员，并当选为省、县人民代表大会代表，省政协委员、县政协常委和全国道教协会常务理事等职。1970年去世。

**徐毅民（1922—2003）** 曾用名徐永谟、徐宏、刘一民。1922年出生，山东省泰安县栗家庄（今属泰山区徐家楼街道）人。1938年加入中国共产党。曾任中共泰安县第三区区委青年委员，1939年在泰安萃英中学秘密组建泰安城中心支部，并任书记，此后历任区委书记、县委敌工部部长、泰城工委委员等职。1946年国共谈判期间，他以少校参谋名义在济南军调执行小组工作，先后参加了解放泰安城的三次战役、莱芜战役、济南战役、淮海战役、渡江战役等。1949年底，调至中央军委，被派驻缅甸大使馆任副武官、代武官，之后又被派驻伊拉克、叙利亚大使馆任武官，驻联合国军事参谋团任中国代表团团长。中美建交后，为首任驻美大使馆国防武官兼陆军武官。1988年离休，任中国国际战略学会副会长。2003年12月去世。

## 土特名产

**有机蔬菜** 泰安泰山亚细亚食品有限公司有机蔬菜自1994年开始发展种植、生产加工，已有近30年历史。蔬菜主产区主要分布在岱岳区、肥城市、宁阳县及东平县，这些地区地处大汶河两岸，水源充足、土壤肥沃、远离城区、环境优美，周边农户有种植蔬菜的历史传统，从源头上保证了有机蔬菜质量。主要种植绿花菜、毛豆、青刀豆、白花菜等适合出口加工的有机蔬菜品种，经过精心栽种的有机蔬菜品质好、营养价值高，全程有机控制，并通过了中国GB、日本JAS、美国农业部NOP、欧盟EOS有机产品认证。这些蔬菜经过速冻加工后出口到日本、美国等国家和欧盟地区，并销往北京、上海、杭州等一、二线城市，受到了国内外消费者的一致认可。

## 典型选介

**山东省级文明村——万家庄村** 万家庄村位于泰山区南部，万官大街东首。村庄以实现农村高质量发展为主线，以增加农民收入为核心，以壮大村级集体经济为突破口，以推进农村环境综合整治为着力点，全面打造新时代新农村。投入22万元与云泰物业签约，做到村组各区域卫生专人负责，倡导“人人讲卫生，家家爱清洁”，道路硬化、下水道清淤、自来水管道更新、绿化带修剪、路灯安装，不断提升村容村貌和居住环境，切实增加村民的获得感、幸福感。2020年，万家庄村被山东省精神文明建设委员会授予山东省级文明村称号。

## 街道党政主要负责人

**党工委书记** 玄冬梅（2011.11—2019.5）
黄　新（2020.1—　）

**办事处主任** 房宝玉（2010.4—2016.11）
周　涛（2016.11—2020.5）
徐　刚（2020.5—　）

（王　栋　刘　政）

# 省庄镇

## 地理环境

**位置面积**　省庄镇位于泰山区东部城乡接合处，东与邱家店镇、岱岳区山口镇接壤，南临泰安高新区北集坡街道，西接泰前、上高街道，北邻泰山景区。南北长7千米，东西长11.9千米，总面积65平方千米。镇政府驻后省庄村，距泰山区人民政府6.5千米。泰莱、泰新、泰良公路及京沪高速公路和辛泰铁路横穿全境。

**建置区划**　相传春秋时曾子在此路过，提倡君子要每天“三省吾身”，因此有了省庄之称；又传东汉时，汉光武帝封禅泰山，在此宴请百官，省事议事，故名省庄。镇境内，1912年，分属泰安县晋化区和中正区。1929年，改属泰安县第一区，部分隶属第三区。1941年分属泰北行署岱东区、岱峰区、栗林区。新中国成立后，分别属中共泰安县第二区、第九区。1958年，撤区并乡，分别建立上高、刘家庄、岗上3个乡，同年在桑家疃村建立东岳公社。1960年，撤销东岳公社，西部建为泰山公社，南上高、后省庄、许家埠以东属邱家店公社。1962年，析建省庄公社。1983年末，更名为省庄办事处。1985年，将桑家疃、黄山头、上高3个乡划归泰山区，撤销办事处，组建省庄镇，隶属郊区（今岱岳区）。1999年，划归泰山区。镇以机关驻地村而名。2016年，省庄镇辖后省庄、前省庄、宋疃、红庙、指挥庄、南河东、南河西、北河东、北河西、东羊楼、羊东、羊西、羊南、东苑庄、西苑庄、岗上、柳杭、岳庄、孛家店、东孙、于辛、二十里埠、芝田、宦家峪、海洼、小津口、北孙、安家庄、刘家庄、蚕子峪、亓家滩、大河峪、张家庄、付家庄、兴隆、叶家庄、贝家庄、南许家埠、北许家埠、圣元官庄40个行政村。2017年3月，与泰安高新区北集坡街道完成了对南许家埠、北许家埠、圣元官庄的交接。2019年，新建岳麓社区。至2020年，省庄镇下辖37个行政村、1个社区，建置区划未变。

**自然状况**　境内北部为山区、丘陵，中部为平原，南部为涝洼，海拔200～863米。地势北高南低，南北狭长，地下水资源充足。省庄镇属暖温带半湿润季风气候，四季分明，光温同步，雨热同季。土壤以褐土和砂礓黑土为主，主要矿藏有石灰石、油页岩、花岗石、磷矿等。境内属黄河流域大汶河水系，芝田河自北向南流过。

**人口民族**　2016年，常住总户数1.82万户，常住总人口6.01万人，其中男性2.94万人、女性3.07万人。2018年，常住总户数1.81万户，常住总人口6.03万人，其中男性2.95万人、女性3.08万人。2020年，常住总户数1.79万户，常住总人口6.06万人，其中男性2.97万人、女性3.09万人。有汉族和回族2个民族。

## 经济状况

**农　业**　以种植花卉苗木、茶叶为主。2016年，全镇耕地面积2833.33公顷，均为水浇地，农业总产值8亿元，其中农业2.5亿元、林业3亿元、牧业2.2亿元，农林牧服务业产值3000万元，增加值1亿元；农民专业合作社72个，种植大户

320户，农业企业62个，土地流转面积600公顷。2018年，全镇耕地面积4400公顷，均为水浇地，农业总产值9.2亿元，其中农业4.5亿元、林业3.2亿元、牧业1亿元，农林牧服务业总产值5000万元，增加值0.7亿元；农民专业合作社112个，种植大户380户，农业企业93个，土地流转面积1000公顷。2020年，全镇耕地面积2666.67公顷，均为水浇地，农业总产值11亿元，其中农业5.4亿元、林业4.1亿元、牧业1亿元，农林牧服务业产值5000万元，增加值1亿元。农民专业合作社124个，种植大户82户，农业企业93个，土地流转面积1533.33公顷。

**工　业**　2016年，企业1000家，从业人员5600人，其中，工业企业236家，规模以上工业企业11家；工业总产值9.07亿元，实现利税6505.2万元，其中利润2147.7万元。2018年，企业948家，从业人员5980人，其中，工业企业792家，规模以上工业企业10家；工业总产值7.11亿元，实现利税5509万元，其中利润总额3382万元。2020年，引进落地项目5个，招商引资到位资金2.13亿元，进出口总额1.8亿元。企业256家，从业人员6240人，其中，工业企业195家，规模以上工业企业12家；工业总产值10.47亿元，实现利税6735.4万元，其中利润总额4610.2万元。

## 财政税收

**财　政**　2016年，一般公共预算收入4969万元，一般公共预算支出4969万元。2018年，一般公共预算收入2035万元，一般公共预算支出2035万元。2020年，一般公共预算收入6269万元，一般公共预算支出6269万元。

**税　收**　2016年，登记各类纳税人1451户，其中年纳税额在10万元以上的企业142户；各项税收收入1.77亿元，其中增值税8606万元。2018年，登记各类纳税人2518户，其中年纳税额在10万元以上的企业44户；税收收入1.02亿元，其中增值税2743万元。2020年，登记各类纳税人3038户，其中年纳税额在10万元以上的企业76户；税收收入1.65亿元，其中增值税9803万元。重点税源为工业。

## 社会事业

**教　育**　2016年，幼儿园21所，专任教师90人，在园幼儿1402人；小学8所，专任教师145人，在校学生2661人；普通初中2所，专任教师192人，在校学生1792人；县级以上规范化学校9所，其中省级规范化学校3所、市级规范化学校2所、县级规范化学校4所。2020年，幼儿园29所，专任教师92人，在园幼儿2176人；小学7所，专任教师156人，在校学生2668人；普通初中2所，专任教师182人，在校学生1942人；县级以上规范化学校9所，其中省级规范化学校3所、市级规范化学校2所、县级规范化学校4所。

**文　化**　2016年，综合文化站1个，村级文化活动中心40个，各类文化专业户12户；各类图书室40个，藏书13万余册，音乐、美术、书法、摄影及文学业余创作人员50人；农家书屋40个，农村文化大院40个，文体广场50个，文艺宣传（表演）队42个。2020年，综合文化站1个，村级文化活动中心33个，各类文化专业户12户；各类图书室33个，藏书15万余册，音乐、美术、书法、摄影及文学业余创作人员50人；农家书屋33个，农村文化大院33个，文体广场45个，文艺宣传（表演）队42个。县级以上文物保护单位2处，其中省级1处（省庄清真寺建筑群：芝田村清真寺、岗上村清真寺、二十里埠村清真寺、东孙村清真寺、岳庄村清真寺、刘家庄清真寺）、市级文物保护单位1处（柳杭遗址）。县级以上非物质文化遗产3项，其中市级1项（津口女儿茶）、县级2项（岳庄村牛舌饼、油香）。

**卫　生**　2016年，医疗卫生机构33所、床位60张，其中镇卫生院1所、村卫生室（社区门诊）

32所；卫生技术人员97名，其中，执业医师28名、执业助理医师23名、注册护士36名、药剂师3名、技师（含检验师）2名、其他（含见习师）5名。2020年，医疗卫生机构36所，床位70张。其中镇卫生院1所、村卫生室（社区门诊）35所；卫生技术人员115名，其中，执业医师27名、执业助理医师18名、注册护士48名、药剂师6名、技师（含检验师）4名、其他（见习师）12名。

## 社会保障

**医疗保险**　2016年，居民基本医疗保险参保人数4.41万人。2020年，居民基本医疗保险参保人数3.88万人。

**养老保险**　2016年，居民参加养老保险2.16万人。2020年，居民参加养老保险2.29万人。

**低保救助**　2016年，城镇最低生活保障户数33户、59人，发放最低生活保障金1.93万元；农村最低生活保障户数626户、1161人，发放最低生活保障金21.4万元；敬老院1家，床位35张，收养农村“五保”老人78人。2020年，城镇最低生活保障户数17户、31人，发放最低生活保障金1.54万元；农村最低生活保障户数407户、713人，发放最低生活保障金24.6万元；敬老院1家，床位35张，收养农村“五保”老人114人。

## 名胜古迹

**柳杭遗址**　市级文物保护单位。位于省庄镇柳杭村西南800米处，北靠泰莱公路，南邻辛泰铁路，东为芝田河。遗址东西长500米，南北宽200米，面积10万平方米。曾出土磨制的石斧、石锛、夹沙红陶鼎、灰陶纺轮、灰陶罐以及商周时期的陶鬲等。为新石器时期至战国时期遗址。

**芝田村清真寺**　省级文物保护单位。位于省庄镇芝田村西南部，建于明代，坐西朝东，为庙宇式建筑。殿前建有1亭，寺院分大门、二门、前亭、礼拜殿、南北讲堂、水房等，占地面积783.65平方米。该寺重修于清朝初期，清乾隆五十六年（1791）重修碑1通，清咸丰、清光绪等年间历代重修碑5通。寺中保存完好的古代《可兰经》手抄本十分珍贵。该寺是泰安市古老清真寺之一，也是泰山区八大清真寺之一。古建筑保护状况良好，今为该村村民重要的礼拜场所。

## 古今名人

**金茂岳（1906—1987）**　回族，清光绪三十二年（1906）五月出生，省庄镇岗上村人。1935年齐鲁大学毕业后，留校任附属医院妇产科医师。抗日战争时期，曾在延安边区医院、中央医院等单位从事医疗工作，先后担任过医师、妇产科主任、医务部主任等职。1940年被延安中国医科大学聘为妇产科教授，担任该校和延安卫生学校的临床教学工作，为延安女子大学妇幼卫生教育授课，并任延安自然科学研究会医药分会副会长。在中央医院开办医师班、护理班，培养技术人才和医务干部。因医术精湛，中共中央领导对他的工作给予高度评价并赠送题词。1942年3月加入中国共产党。1949年4月始，先后任北京医院妇产科主任、医务部主任、副院长等职。1952年4月，任中直二院和北京平安医院院长，其间任卫生部医学科委员、妇产科委员、中华医学总会编委委员、北京市科协委员。1958年4月任宁夏回族自治区卫生厅副厅长。1959年当选宁夏回族自治区人民代表大会代表、自治区科协副主席。1972年任北京市卫生局副局长、北京市政协常委。1983年离休。1987年7月去世。

**金　光（1913—1990）**　回族，1913年12月出生，省庄镇岳庄村人。1940年加入中国共产党。曾在冀鲁豫地区一分区组织回族抗日武装部队，任大队长兼二中队队长。1942年组建“回族抗日救国会”并任主任。解放战争时期，曾任中共泰西县委委员、泰西回协主任、冀鲁豫一分区回协主任。新中国成立后，调入中央人民政府民族事务委员会。1990年11月去世。

**张树禹** 1944年1月出生，省庄镇东苑庄村人。1966年1月加入中国共产党。大专学历。历任章丘县明水小学教师，章丘县团委干事，章丘县革委组织部、政治部干事，章丘县委组织部副部长，泰安地委组织部组织科副科长，泰安地（市）委组织部副部长，泰安市委组织部部长，泰安市委常委、组织部部长，泰安市委副书记兼泰山学院党委书记；2002年12月至2003年2月，任泰安市委副书记（正厅级）；2003年2月，任泰安市政协主席、党组书记。曾任中国共产党山东省第五、六、八次代表大会代表。

**白玉翠** 女，1954年10月出生，省庄镇指挥庄村人。1975年5月加入中国共产党，在职大学本科学历。1976年2月参加工作，历任泰安县省庄公社党委常委、省庄公社党委副书记，泰安市（县级）政府副市长，泰安市郊区副区长、郊区区委副书记，泰安市卫生局党委副书记、泰安市卫生局局长及党委副书记、泰安市卫生局局长及党委书记，泰安市政府副市长及党组成员、泰安市政府副市长及党组副书记，市红十字会会长，泰安市委常委、宣传部部长，泰安市人大常委会党组书记、第一副主任；2012年2月，任泰安市政协主席；2015年2月，卸任泰安市政协主席。

**米培莲** 女，回族，1959年7月出生，省庄镇东孙村人。1998年7月加入中国共产党。2001年9月，任省庄镇东孙村党支部书记、村委会主任。先后获得“全国劳动模范”“全国三八红旗手”“全省优秀共产党员”等称号。中国共产党第十八次、第十九次全国代表大会代表。

**金　晶** 女，回族，1978年1月出生，省庄镇岳庄村人。2008年6月加入中国共产党。2014年11月，任省庄镇岳庄村党支部书记、村委会主任。2018年2月，当选为第十三届全国人民代表大会代表。

## 土特名产

**“泰山一号”猕猴桃** 主产于省庄镇亓家滩村。亓家滩村自1991年引种猕猴桃，种植历史已有30多年，主要品种为“泰山一号”。“泰山一号”猕猴桃，果实呈椭圆形，光皮无毛、皮薄肉厚、香甜多汁，维生素C含量高。猕猴桃对土质环境要求高，亓家滩村地处泰山东麓，独特的地理位置孕育了优良的土质，是培植优质猕猴桃的理想之地。2020年，种植面积33.33公顷，年总产量在200吨以上，年产值突破300万元。2020年8月30日，首届猕猴桃采摘节在亓家滩村举办。

**津口女儿茶** 主产于省庄镇小津口村。小津口村位于泰山东麓的山坳里，东、北两侧靠着大

2018年7月，小津口村茶农在茶园采茶　　（田延勇　提供）

青山，西迎泰山主峰，南邻女儿湖，光照充足、空气湿润，为茶叶生长创造了得天独厚的条件。小津口原名谷苍口，传说乾隆皇帝祭祀泰山时，闻得谷苍口的谷子很有名气，便来到这里，热情的村民采下树上的叶子煮茶，乾隆皇帝饮茶后，顿觉心情舒畅，称此茶碧绿晶莹，津味无穷，为“天下第一奇茶”。谷苍口由此改名小津口，女儿茶又得名“津口女儿茶”。津口女儿茶肥厚坚洁，茶色碧绿、清澈晶莹，香高味浓。饮之回味醇美沁人心脾。2016年，种植面积53.33公顷，年产量6吨，为村集体收入增加20余万元；2020年，种植面积133.33公顷，年产量20吨，为村集体收入增加40余万元。

**泰山赤灵芝** 主产于省庄镇安家庄村。是泰山四宝之一、中国医药宝库中的珍品。传说，神农尝百草，在泰山发现此药，因称“神药”。据史书记载，宋真宗到泰山，“王钦若献芝草三万八千余本”。泰山赤灵芝全株皆可入药，有治耳聋、利关节、保神、益精气、坚盘骨、疗虚劳、滋补强壮等功能。泰山赤灵芝属多孔菌科，是一种药用真菌。外形颇似一株五彩蘑菇，“蘑菇盖”呈不规则云朵形，有环纹与辐射状的皱纹相穿插。“盖”的下面有众多的细密菌管孔洞，梗侧生于“盖”下，光泽如漆。安家庄村夏季气温高，林间相对湿度逐渐增大，阳光散射，形成泰山赤灵芝迅速生长的有利条件。秋末，可在柞、枫朽木桩旁采到。近年来，安家庄村积极探索“合作社+科研院所+公司”发展模式，投资40余万元建成6座泰山赤灵芝种植大棚，并与药业公司签订回购协议，将种植的泰山赤灵芝送往企业进行深加工，带动农业高效发展。

## 典型选介

**山东特色产业镇“乡村振兴示范镇”——省庄镇** 省庄镇位于泰城东部城乡接合处，是山东省重点镇、省级文明镇，总面积65平方千米，辖37个行政村、1个社区。境内包含国家级农业高新技术开发区、省级碧霞湖旅游度假区、泰山经济开发区等功能区，有泰安方特欢乐世界、花样年华国家AAAA级旅游景区2处，泰山乡村文化博物馆国家AAA级旅游景区1处，叶家庄生态休闲景区1处国家AA级旅游景区。省庄镇紧紧围绕区委发展思路，明确“当标杆、作表率，综合考核争第一”总目标，聚焦全镇新型工业化、项目建设、双招双引、城市更新、乡村振兴、民生保障等重点任务，凝心聚力、奋力争先，加快建设“党旗红、山水绿、产业兴、百姓富”的现代省庄，各项工作稳中有进、跨越提升。2018年1月，省庄镇被山东省工业和信息化厅评为山东特色产业镇“乡村振兴示范镇”。

**全国“一村一品”示范村——小津口村** 小津口村位于省庄镇北部山区，全村共有345户、1151人，总面积5733.33公顷。三面环山，南面邻湖，光照充足，空气湿润，土壤肥沃，昼夜温差大，非常适合茶树种植。1993年以来，小津口村大面积发展茶园，已形成“农户种茶，集体加工、销售”的生产模式。全村年产干茶10吨左右，产值300万元以上，仅此项全村人均增收2600元。1994年3月，津口女儿茶种植专业合作社正式成立，为茶产业的发展奠定了良好的基础。2000年，注册“津口女儿茶”商标，2002年，被泰安市人民政府命名为“茶叶加工专业村”。2004年，津口女儿茶被农业部认定为绿色食品。2017年，正式建立泰山区第一淘宝村，利用泰山打造国际品牌，让泰山津口女儿茶走向世界。2018年7月，小津口村入选农业部第八批全国“一村一品”示范村名单。

**国家森林乡村——安家庄村** 安家庄村位于省庄镇北部山区，有山林面积101.67公顷，生态旅游资源丰富，以特色乡村田园休闲、农家乐、乡村文化、生态农业等特色产品为资源基础，加上地理区位优势和独特的气候条件，开发了康体、养生、体验各种文化和徒步探险的生态旅游。安家庄村把生态文明建设放在突出地位，融入经济建设、政治建设、文化建设、社会建设各方面，建设美丽新农村。围绕治山、安山、稳山、养山、用山，开荒山、架梯田、修山路、上产业，通过党建引领乡村振兴高质量发展，安家庄村绘出了一幅春有花、夏有绿、秋有果、冬有景的新时代美丽山村画卷。2019年12月，安家庄村入选国家林业和草原局公布的第二批国家森林乡村名单。

## 镇党政主要负责人

党委书记　李　峥（2011.11—2016.12）
　　　　　孙清华（2016.12—2020.1）
　　　　　谢慧清（2020.5—　）
镇　　长　孙清华（2014.11—2016.12）
　　　　　张明强（2016.12—2020.5）
　　　　　丁大伟（2020.5—　）

（黄志源　张目方）

# 邱家店镇

## 地理环境

**位置面积**　邱家店镇地处泰莱平原腹地，位于泰山区东部汶水河畔，北望泰山，南依徂徕山。北与山口镇相连，南与北集坡街道、徂徕镇相连，西与省庄镇相邻，东与范镇相邻。南北长约6千米，东西长约8千米，总面积54平方千米。镇政府驻梨园村，莱泰高速、济泰高速、国道G341、省道S237交叉纵横，辛泰铁路线过境，设燕庄站。

**建置区划**　邱家店镇自古商贸服务业发达。北宋初年，有邱氏在此开店，故名邱家店，而得镇名。1949年，邱家店镇属泰安县栗林区。1954年，属泰安县第九区。1955年9月，第九区改为邱家店区。1958年3月，分设邱家店乡、渐汶河乡。1958年9月，成立东风公社。1960年，属泰安县邱家店公社。1982年3月，改为邱家店办事处。1985年12月，改建邱家店镇，属泰安郊区。1999年6月，划归泰山区。2016年，辖邱家店、李家庄、徐家庄、居岭庄、孙家庄、吴家庄、后店、前店、官庄、迓庄、栗林、梨园、刘家庄、崔家庄、郝家庄、渐汶河、刘家疃、石碑、逯家庄、埠阳庄、宋官、南王庄、五里井、温辛庄、东郭庄、西郭庄、中郭庄、前燕家庄、后燕家庄、东燕家庄、侯家店、王林坡、黄沟港、中王庄、北王庄、姚家坡、前旧县、中旧县、后旧县、东旧县、东颜张、西颜张、北颜张、桂林44个行政村。2017年2月27日，原属邱家店管理的前旧县、中旧县、后旧县、东旧县、东颜张、西颜张、北颜张、桂林8个行政村划归泰安高新技术产业开发区代管。至2020年末，建置区划未变。

**自然状况**　境内属于大汶河冲积平原，海拔118～140米，地势东北高西南低，境内无山，只有东西走向的丘陵。土壤类型为褐土，土层较厚，适合农作物生长。水资源充沛，有多条河流穿过，省级河流大汶河全长10千米，市级河流卸甲河、芝田河总长9.5千米，镇级河流泉沟河全长2.5千米。属暖温带半湿润季风气候，四季分明，夏季高温炎热，雨量充足，秋季天高气爽，

冬季干冷少雪。境内矿资源主要有河沙、石灰石等。

人口民族　2016年，常住总户数2.11万户，常住总人口7.17万人，其中男性3.47万人、女性3.7万人。2018年，常住总户数1.65万户，常住总人口5.57万人，其中男性2.7万人、女性2.87万人。2020年，常住总户数1.64万户，常住总人口5.59万人，其中男性2.71万人、女性2.88万人。民族以汉族、回族为主，另外还有满族、藏族、苗族、壮族、蒙古族、朝鲜族等少数民族。

## 经济状况

农　业　以种植生姜、大蒜、瓜菜、苗木花卉为主。2016年，全镇耕地面积3833.33公顷，均为水浇地。2018年，全镇耕地面积3833.33公顷，均为水浇地；农民专业合作社38个，农业企业3个，土地流转面积1269.4公顷。2020年，全镇耕地面积2972.39公顷，均为水浇地；专业合作社42个，农业企业14个，土地流转面积1237.87公顷。

工　业　2016年，工业企业83家，从业人员1245人，其中规模以上工业企业4家；工业总产值4.15亿元，实现利税954万元，其中利润320万元；规模以上工业企业实现主营业务收入1.1亿元，实现利税350万元，其中利润130万元。2018年，工业企业95家，从业人员1921人，其中规模以上工业企业6家；工业总产值7.6亿元，实现利税1401万元，其中利润401万元；规模以上工业企业实现主营业务收入1.5亿元，实现利税300万元。2020年，引进落地项目3个，招商引资到位资金0.11亿元，进出口总额1.7亿元。工业企业116家，从业人员2318人，其中规模以上工业企业8家；工业总产值17.2亿元，实现利税3720万元，其中利润1140万元；规模以上工业企业实现主营业务收入7.1亿元，实现利税1893万元，其中利润473万元。

## 财政税收

财　政　2016年，一般公共预算收入1亿元，其中税收收入0.4亿元，一般公共预算支出0.41亿元。2018年，一般公共预算收入0.5亿元，一般公共预算支出0.2亿元。2020年，一般公共预算收入0.67亿元，一般公共预算支出0.58亿元。

税　收　2016年，登记各类纳税人318户，其中年纳税额在10万元以上的企业298户；税收收入4285万元，其中增值税3257万元。2018年，登记各类纳税人327户，其中年纳税额在10万元以上的企业306户；税收收入5019万元，其中增值税3566万元。2020年，登记各类纳税人798户，其中年纳税额在10万元以上的企业480户；各项税收收入5653万元，其中增值税4114万元。重点税源为建筑建材、机械制造行业。

2020年10月17日，第十六届泰山苗木花卉交易会开幕式在邱家店镇举办

（张　敏　提供）

## 社会事业

**教　育**　2016年，幼儿园22所，专任教师115人，在园幼儿1931人；完全小学10所，教学点3所，专任教师135人，在校学生2276人；普通初中2所，专任教师170人，在校学生2559人；县级以上规范化学校13所，其中省级规范化学校3所、市级规范化学校6所、县级规范化学校4所。2018年，幼儿园19所，专任教师116人，在园幼儿1554人；完全小学8所，教学点2所，专任教师102人，在校学生2026人；普通初中2所，专任教师174人，在校学生2114人；县级以上规范化学校10所，其中省级规范化学校2所、市级规范化学校6所、县级规范化学校2所。2020年，幼儿园19所，专任教师112人，在园幼儿1743人；完全小学8所，教学点2所，专任教师104人，在校学生1992人；普通初中2所，专任教师179人，在校学生1701人；县级以上规范化学校10所，其中省级规范化学校2所、市级规范化学校6所、县级规范化学校2所。

**文　化**　2016年，综合文化站1个，村级综合文化服务中心44个，各类文化专业户20户；各类图书室44个，藏书3万余册，音乐、美术、书法、摄影及文学业余创作人员50人；农家书屋44个，农村文化大院44个，文体广场44个，文艺宣传（表演）队7个。2018年，综合文化站1个，村级文化活动中心36个，各类文化专业户30户；各类图书室36个，藏书6万余册，音乐、美术、书法、摄影及文学业余创作人员120人；农家书屋36个，农村文化大院36个，文体广场36个，文艺宣传（表演）队12支。2020年，综合文化站1个，村级文化活动中心36个，各类文化专业户36户；各类图书室36个，藏书10万余册，音乐、美术、书法、摄影及文学业余创作人员200人；农家书屋36个，农村文化大院36个，文体广场36个，文艺宣传（表演）队15支。县级以上文物保护单位4处，其中市级3处（吴家庄范氏祠堂、三官庙、邱家店古石桥）、县级1处（姚家坡村碑刻群）。县级及以上非物质文化遗产3项，均为市级（徐家庄木版年画、泰山吴氏烙画、泰山刘氏玻璃画）。

**卫　生**　2016年，医疗卫生机构35所，床位50张，其中镇卫生院1所，村卫生室34所；卫生技术人员75名，其中执业医师15名、执业助理医师8名。2020年，医疗卫生机构35所，床位50张，其中镇卫生院1所，村卫生室34所；卫生技术人员77名，其中执业医师15名、执业助理医师10名。

## 社会保障

**医疗保险**　2016年，居民基本医疗保险参保人数5.05万人。2018年，居民基本医疗保险参保人数3.87万人。2020年，居民基本医疗保险参保人数3.75万人。

**养老保险**　2016年，居民参加养老保险2.93万人。2020年，居民参加养老保险3.07万人。

**低保救助**　2016年，城镇最低生活保障户数18户、27人，发放最低生活保障金1万元；农村最低生活保障户数804户、1350人，发放最低生活保障金24.9万元；医疗救助12人次，发放医疗救助金2.7万元；敬老院1家，床位45张，收养农村“五保”老人27人。2020年，城镇最低生活保障户数16户、23人，发放最低生活保障金1.2万元；农村最低生活保障户数364户、611人，发放最低生活保障金21.3万元；医疗救助76人次，发放医疗救助金12.5万元；敬老院1家，床位45张，收养农村“五保”老人26人。

## 名胜古迹

**吴家庄范氏祠堂**　市级文物保护单位。位于泰山区邱家店镇吴家庄村，始建于清康熙初年，吴家庄村范氏族人为八世祖范惟粹所建。范惟粹为明天启七年（1627）举人，清朝顺治丁亥科进士，

曾任福建政和县知县、江西新城县知县，病逝于新城县任内。康熙初年，其长子范万甲申报朝廷准建祠堂，清乾隆年间进行了第二次修缮。“文化大革命”期间部分祠堂建筑遭到破坏，2005年由范氏族人进行第三次修缮。今存主室3间，有清顺治年间所绘范惟悴画像1幅、清乾隆四十九年（1784）修缮的记事石碑1座、明代舂米石臼1个、旗杆台石帽1个、明朝成化年间至1931年4次编修的范氏族谱1套。每年重大节日，范氏祠堂作为泰安范氏家族唯一留存至今的祠堂都要举行祭祀活动。该祠堂是凝聚泰安范氏家族、弘扬传统文化的重要载体。

**三官庙** 市级文物保护单位。位于邱家店镇后燕庄村，占地面积800平方米，今存大殿2座，前殿为三官殿，面阔3间，宽12米，进深5米，小瓦硬山，庙脊设有正吻及飞禽走兽；殿内栋梁绘五彩花纹，龙凤呈祥，殿内有尧、舜、禹像，另有西配房2间。后殿西边2间为玉皇殿，供奉玉皇大帝，中间3间为元君殿，祭祀碧霞元君，东边1间为观音殿，供奉观音。三官庙始建于明正德十二年（1517），今存明万历十五年（1587）名臣萧大亨撰文的重修三官庙碑。清康熙二十年（1681）、清乾隆五十四年（1789）、清道光二十九年（1849）等历次重修碑。该庙是泰山东部著名道观，对研究泰山一带宗教的发展和传播有重要意义。

**邱家店古石桥** 市级文物保护单位。位于芝田河和卸甲河交汇口下游、泰新路与卸甲河交汇口北侧。整个桥面由长约3米、宽0.8米的石条铺设而成，石桥有5排石条，每排有11块。全长30余米、桥洞11孔。专家证实在邱家店镇邱家店村的石桥建造结构和选材等与大汶口汶河明石桥相似，推测邱家店古石桥修建时间为300年以上，比明石桥更坚固。清乾隆年间的《泰安县志》有记载“邱家店桥”。

**姚家坡村碑刻群** 县级文物保护单位。位于邱家店镇姚家坡村西北，今存清代至民国时期碑刻7通，分别是清乾隆五十四年（1789）所立“清处士杨公讳大成字泽如配程氏之墓碑”1通，清嘉庆十年（1805）所立“白云深处张氏碣志碑记”1通，清道光二十年（1840）所立“孝思维则碑记黄清张公讳起宝字傅原配卞氏合葬之墓”1通，清宣统元年（1908）所立“永垂不朽碑”1通，清同治九年（1870）所立“姚氏族谱碑记”1通，清同治十年（1871）所立“张氏族谱碑记”1通，1946年所立“万善同归——老君堂香舍碑记”1通。此碑林史料价值高，对认识和研究不同历史时期该地经济文化发展、居民迁徙、民俗事象等有重要意义。

## 古今名人

**刘殿长** 1950年11月出生，邱家店镇刘家疃村人。1973年4月加入中国共产党，少将军衔。历任中央军委办公厅政治部干事，总参谋部管理局军需助理员、副局长、局长，中央军委办公厅直属工作局局长，武警水电指挥部副主任、副政委。著有散文集《汶河情》、诗词集《紫藤花》《重彩龙湾屯》，创作歌曲有《我爱美丽的汶河》等。

**吴化军** 1952年8月出生，邱家店镇逯家庄村人。1970年入伍，1972年加入中国共产党。曾任总参管理局运输队副队长、总参管理局西山管理处处长，2002年担任解放军炮兵学院副院长，2004年7月被中央军委授予少将军衔。

**李际山** 1956年11月出生，邱家店镇居岭庄村人。大学本科学历，高级工程师。1971年1月在青海省一建公司参加工作，1978年6月加入中国共产党。历任青海省一建公司团总支书记，青海省建委纪委干事、政治处副主任，泰安市一建公司副经理兼四处处长，泰安市委接待办副主任、主任，泰安市建设委员会副主任、党委委员（正县级），泰安市建设局局长、党委书记，泰安市住房和城乡建设委员会主任、党委书记，泰安市泰山风景名胜区管委会主任、党工委副书记。2013年12月，担任泰安市政府特邀咨询。多次获部、省、市级殊荣，先后被人事部、建设部评为“全国建设系统先进工作者”，被山东省建设厅评为“全省建设系统先进工作者”“全省建设工作先进个人”“全省建设系统优秀思想政治工作者”，被泰安市委、市政府评为“优秀公仆”“全市城乡环境综合整治先进个人”“创建园林城市先进个人”等。

## 土特名产

**徐家庄木板年画** 因泰山区徐家庄为主要发源地之一，故得名。始创于明朝中叶，2006年被泰安市人民政府列入市级非物质文化遗产保护名录。木板年画题材内容多以祭祀、保佑平安和喜庆发财为主，主要有“家堂”“保家客”“全神”“财神”“泰山奶奶”“灶马”“门神”“牛马王”等题材，又被称为“吉利画”“祥瑞符”。大多张贴在墙上和灶头，具有保护家宅平安的意愿。年画的印制至少要经12道工序，按照着色顺序层层渲染再对画面进行整体细节处理，然后配上对联、横批，最后装裱完成。色彩处理上多以黑、红、黄、绿、蓝等纯度较高的对比色作画，画面表现单纯而艳丽、浓重而明快，喜庆气氛浓厚，具有较强的视觉冲击力和平面装饰效果。画中形象质朴、自然、简练单纯，体现了泰安老百姓的生存状态、思想情感，具有鲜明的泰山文化特色。

**泰山刘氏玻璃画** 是一种在玻璃上用油彩、水粉、国画、颜料等作画的艺术形式。主要用于室内装饰，题材多取自风景、花鸟、人物等，具有较高的艺术欣赏和收藏价值。玻璃画制作程序烦琐，制作人须具有一定的国画功底。须“背面反画、正面欣赏”，具有颜色鲜艳、色彩经久不掉，画面先浓后淡、先实后虚、先上而下、不易修改等特点。玻璃画传承人刘均为邱家店镇刘家疃村人。刘家疃村大力实施乡村文化振兴，发掘和保护文化艺术资源，创建玻璃画展厅，使玻璃画艺术得到了有效保护和传承。

## 典型选介

**山东省森林乡镇——邱家店镇** 邱家店镇北仰泰山，南望徂徕，大汶河顺境而过，花海沙洲，沃野平畴，被誉为“两山一水之福地”。镇域面积54平方千米，乔木林面积930公顷，其中，防护林49公顷、用材林662公顷、经济林219公顷。全镇人均绿地面积11平方米，森林覆盖率49.5%。邱家店镇编制五年《森林乡镇建设总体规划》，制定《邱家店林地绿地管护制度》，将造林绿化工作纳入各村年度星级考核，每村设2～3名管护人员，全镇适龄公民义务植树尽责率达到96%，累计植树200万株。建有森林生态科普知识教育基地1处、中心花园1处、休闲健身场所1处，建设镇驻地绿化景观带5.3千米，总面积达1.2万平方米，镇驻地绿化率达到41%，人均公共绿地面积20平方米。实施“四化”工程，栽植绿化苗木1700万株，绿化面积20万平方米，绿化率达到51%。加快建设农田林网，林网覆盖面积3333.33公顷，林网控制率达到91%，形成“田成方、树成行、稳产高产、节水增效、优质安全、生态环保、旱涝保收、林网环绕”的新格局。2017年12月，邱家店镇被山东省林业厅评为山东省森林乡镇。

## 镇党政主要负责人

**党委书记** 杨　波（2013.03—2019.06）
方增勇（2020.01—　）

**镇　　长** 方增勇（2015.07—2020.01）
尹　凯（2020.01—　）

（刘广普　牛树泰　田中凯）

泰安市
乡镇概览 |（2016—2020）

# 岱岳区

九女峰乡村度假区 （岱岳区文化和旅游局 提供）

2018 年 8 月，泰山玻纤 AGV 自动引导运输车　　（王　军　摄）

2021 年，泰山黄精智能工厂　　（岱岳区农业局　提供）

2018 年 10 月，泰山花海　　（王　军　摄）

2020 年 4 月 17 日，天颐湖全景图　　（王长民　摄）

# 概 述

## 地理环境

**位置面积** 岱岳区为泰安市辖区，位于山东省泰安市中部偏北。处北纬35° 52′ ～36° 28′ ，东经116° 50′ ～117° 28′ 。北依泰山，与泰山区和济南市长清区、历城区、章丘区毗邻，南与新泰市、宁阳县隔汶河相望，东与济南市莱芜区接壤，西与肥城市连接。总面积1750平方千米（含划归泰山景区管辖的黄前镇、下港镇，划归泰安高新区管辖的房村镇、良庄镇、北集坡街道；划归徂汶景区管辖的化马湾乡、徂徕镇），实际管理面积917.2平方千米。区政府驻地泰城泰山大街西段，北距济南市政府66.8千米，南至曲阜市政府74.6千米，处于山东省“一山、一水、一圣人”旅游热线中间。岱岳区是古文明“大汶口文化”发祥地，在春秋战国时期就有“自古文明膏腴地，齐鲁必争汶阳田”的美誉。

**建置区划** 因泰山古时称岱岳而得名。1985年3月，撤销泰安地区建置，原县级泰安市升格为地级市，实行市管县体制，原县级泰安市区域分为泰山区、郊区两个县级行政区，均隶属泰安市。原县级泰安市市区的3个街道办事处和近郊的5个乡镇划归泰山区，其余16个办事处的10个镇、71个乡划归郊区。1985年11月，郊区所辖的81个乡镇调整为11个镇、8个乡，分别为祝阳乡、道朗乡、房村乡、夏张乡、马庄乡、化马湾乡、下港乡、范镇、北集坡镇、邱家店镇、大汶口镇、角峪镇、满庄镇、黄前镇、山口镇、后省庄镇（后改名为省庄镇）、南上庄镇（后改名为徂徕镇），新建良庄镇、天平店乡。1999年6月，省庄、邱家店2个镇划归泰山区；泰山区粥店办事处划归郊区。2000年4月，郊区更名为岱岳区。2001年5月，区政府驻地由泰城升平街迁至泰城泰山大街西段。2002年4月，北集坡镇整建制划归泰安高新区管理。2017年2月，黄前镇、下港镇划归泰山景区管理，化马湾乡、徂徕镇、房村镇、良庄镇划归泰安高新区管理。岱岳区管理粥店、天平2个街道，山口、大汶口、祝阳、范镇、角峪、马庄、满庄、夏张、道朗9个镇，共11个镇街、478个村（居）。至2020年，建置区划未变。

**地形地貌** 地质构造具有以断裂活动为特征的断块构造性质。区域内地质构造属于鲁西旋卷构造体系，有4条（泰莱断裂弧、新泰断裂弧、南留断裂弧和肥城断裂弧）晚近期地质时代多次构造活动形成的弧形大断裂从区境内穿过。区域性断裂活动的影响使地貌发育更加复杂，从而形成地势起伏较大，山、丘、平原俱全的复杂地形。又由于山区长期被侵蚀和河流的贯穿分割作用，从而形成山区陡峭高峻的孤峰深谷和周围起伏如波的群山。境域总体地势北高南低，东高西低，山地、丘陵、平原各占全境面积三分之一，地貌类型有山地、丘陵、平原、洼地、河流等。大汶口镇、马庄镇地处平原，角峪镇、道朗镇地处山区，其余镇街兼有山地、丘陵、平原。

**气候特征** 地处鲁中山区，属于温带大陆性半湿润季风气候，四季分明，寒暑适宜，光温同步，雨热同季。春季干燥多风，夏季炎热多雨，秋季晴和气爽，冬季寒冷少雪。2016年，平均气温14.5℃，日照时数2111.6小时，总降水量789.3毫米。年极端最高气温36℃，出现在7月30日；年极端最低气温-17.6℃，出现在1月24日。2020年，平均气温14.5℃，日照时数2247.9小时，总降水量1035.3毫米。年极端最高气温38.7℃，出现在6月4日；年极端最低气温-13.3℃，出现在12月30日。

**土地资源** 土地总面积8.73万公顷，其中农业用地面积6.44万公顷（耕地4.3万公顷、园地0.6万公顷、林地0.8万公顷、农村道路0.24万公顷、坑塘水面0.08万公顷、沟渠0.07万公顷、设施农用地0.05万公顷、田坎0.3万公顷），约占土地总面积的73.77%；建设用地面积1.88万公顷，约占土地总面积的21.53%；其他土地面积0.41万公顷，约占土地总面积的4.7%。人均耕地面积0.072公顷。

**矿产资源** 境内发现矿产资源45种。其中，已查明储量矿产15种。在已查明资源储量矿产中，金属矿产有铁、金、钴、铌钽；非金属矿产有岩盐、钾盐、石膏、自然硫、泰山玉、石灰岩、灰岩、脉石英、花岗岩、页岩、地下水等。其中，石膏储量247.77亿吨，占全市资源储量的78%，居全国第一，主要分布在2个盆地、4个矿区（汶口盆地北西遥矿区、临汶矿区，大汶口矿区盐矿共生膏矿区和汶东盆地朱家庄矿区），总面积137.73平方千米，平均品位65.54%；岩盐储量31.9亿吨，占全市资源储量的47%，居全国第三，是山东省食用盐和工业用盐的重要生产基地，主要分布在大汶口盆地中部，总面积约13平方千米，平均品位85.97%；泰山玉矿石量599.2万吨，主要分布在泰山西麓；花岗石、石灰岩、建筑用砂全区分布广泛。

**沙资源** 全区（含划入泰山景区的黄前镇、下港镇，划入泰安高新区的房村镇、良庄镇、北集坡街道，划入徂汶景区的徂徕镇、化马湾乡）沙资源总储量2.2亿立方米，可总开采储量1.2亿立方米。主要分布于大汶河及其主要支流牟汶河、柴汶河、瀛汶河、石汶河、泮河等河床地带。其中，大汶河干流及牟汶河、柴汶河储量较大。大汶河主河道沙层厚度一般为2～5米。区域内（新区划）沙资源主要分布在山口、大汶口、祝阳、范镇、角峪、马庄6个镇。

**水资源** 水资源总量2.46亿立方米，其中地表水资源量1.99亿立方米，地下水资源量1.34亿立方米（重复水量0.87亿立方米），人均水资源量402立方米。境内流域面积5平方千米以上的河流24条，其中流域面积50平方千米以上的河流12条。拥有胜利水库（天颐湖）、角峪水库、小安门水库等水库86座，其中中型水库3座、小（1）型水库9座、小（2）型水库74座，总库容量1.35亿立方米。

**水文** 境内河道属黄河流域，主要河道有一级河大汶河，除西边边境有流域面积5.5平方千米的1条小河流入济南市长清区北大沙河外，其余河流均属汶河水系。

**生物资源** 境内植物资源共有植物133科，550属，1037种，68个变种，3个亚种，8个变型；20个栽培变种，其中野生种814个；常见木本植物有51种，草本植物有55种，药用植物有110科、448种，栽培作物有62种。动物资源兽类有20余种，鸟类有140余种，昆虫类有1000余种，鱼类有50种。

**人口民族** **人口** 2016年，常住人口89.8万人；出生人口1.34万人，人口出生率14.92‰；死亡7134人，死亡率7.94‰；人口自然增长率6.98‰。2018年，常住人口59.72万人；出生人口5906人，人口出生率9.89‰；死亡4509人，死亡率7.55‰；人口自然增长率2.34‰。2020年，常住人口60.4万人；出生人口3877人，人口出生率6.41‰；死亡7620人，死亡率12.62‰；人口自然增长率-6.21‰。

**民族** 2016年，有回族、藏族、满族、蒙古族、彝族、壮族等32个少数民族，总人口2.24万人。少数民族中回族有2.16万人，占全区少数民

族总人口的98%。2020年，全区有回族、藏族、满族、蒙古族、彝族、壮族等32个少数民族，总人口2.24万人。其中回族人口最多，共2.16万人，占全区少数民族总人口的98%。少数民族人口在全区呈大分散、小集中分布。少数民族居住较集中的有6个镇街的20个村（居），少数民族人口占全村人口40%以上的民族村（居）18个，少数民族人口1000人以上的镇街6个。

2021年5月，岱岳区夏张镇樱桃种植园一角　（岱岳区农业局　提供）

## 经济状况

2016年，实现地区生产总值356.8亿元，其中第一产业增加值59.1亿元，增长4.8%；第二产业增加值123.3亿元，增长6.5%；第三产业增加值174.4亿元，增长8.7%。2018年，实现地区生产总值297.03亿元，按可比价格计算，比上年增长7%，其中第一产业增加值38.8亿元，增长3%；第二产业增加值95.04亿元，增长7.5%；第三产业增加值163.8亿元，增长7.5%。2020年，实现地区生产总值341.64亿元，按可比价格计算，比上年增长3.69%，其中第一产业增加值44.35亿元，增长2.85%；第二产业增加值113亿元，增长3.28%；第三产业增加值184.29亿元，增长4.17%。

**农　业**　2016年，实现农业增加值43.3亿元，林业增加值0.2亿元，畜牧业增加值15.3亿元，渔业增加值0.2亿元。粮食作物播种面积6.53万公顷，粮食总产量48万吨。水果总产量20.7万吨，肉类总产量6.8万吨，禽蛋类总产量4.8万吨，水面养殖面积1756公顷，农机化水平达到83%。新增农民专业合作社145家，新增家庭农场126家，新增规模龙头企业10家。2018年，实现农业增加值30.6亿元，林业增加值0.2亿元，畜牧业增加值7.6亿元，渔业增加值0.4亿元。全区粮食作物播种面积6.07万公顷，粮食总产量42.11万吨，油料作物播种面积2318.87公顷，总产量8176吨，棉花播种面积227.27公顷，总产量257.5吨，蔬菜及食用菌种植面积2万公顷，总产量106.22万吨。全区新增农业龙头企业9家，新增农民专业合作社49家，在工商部门登记注册农民合作社总数1000家，其中国家级示范社1家、省级示范社11家、市级示范社56家，新增家庭农场112家，农机化水平达到86.4%。2020年，实现农业增加值57.2亿元，林业增加值0.22亿元，牧业增加值35.7亿元，渔业增加值0.19亿元。粮食作物播种面积6.14万公顷，粮食总产量45.49万吨。登记注册各类农民专业合作社1163家，其中国家级示范社3家、省级示范社21家、市级示范社87家。家庭农场785家，其中省级家庭农场示范场7家、市级家庭农场示范场47家。农业科技化水平提高。新增节水灌溉面积2666.67公顷。小麦良种繁育基地面积3333.33公顷。农作物耕种收综合机械化率达到86.5%。

**工　业**　2016年，工业增加值79.3亿元，同比增长7%。2018年，工业增加值61.3亿元，同比增长8.4%。33家区级培植的“三强”企业实现主营业务收入188.2亿元，利润32亿元。全区在建工业新技术扩展项目38个，完成技改投资47.98亿元。2020年，新签约项目51个，意向投资额470.5亿元，进出口总额38.3亿元。规模以上工业企业128家，实现主营业务收入254.8亿元，利税33.1亿元，其中利润25.8亿元。全区规模以上工业22个工业行业大类中，15个行业增加值正增长，增速超过全区平均水平的行业有12个。其中，食品制造业增长28.3%，黑色金属冶炼和压延加工业增长76.7%；通用设备制造业增长24.8%；农副食品加工业增长23.5%。高新技术产业产值占比达到55.31%。主要产品中，石膏板11亿平方米，下降9.5%；水泥96.3万吨，下降8.5%；玻璃纤维纱72万吨，下降5.6%。

**建筑业** 2016年，三级以上资质建筑企业42家，完成总产值112.3亿元。建筑业从业人员3.7万人，其中工程技术人员6268人，一级建造师229人。房地产开发企业38家，完成投资42.4亿元，增长50.4%。全区商品房施工面积381万平方米，房屋建筑竣工面积31.8万平方米。2018年，资质以上建筑企业40家，完成总产值107亿元。建筑业从业人员2.2万人，其中工程技术人员4494人。全区43家房地产开发企业商品房施工面积401.8万平方米，房屋竣工面积113万平方米。2020年，资质以上建筑企业183家，房地产企业61家，完成建筑业总产值123.7亿元。房地产开发企业商品房施工面积636.9万平方米，房屋竣工面积18万平方米。建筑业、房地产业实现税收13.66亿元。

**商贸服务业** 2016年，社会消费品零售总额179.7亿元。限额以上批零住宿餐饮企业213家，其中批发零售企业202家。全区实现电子商务交易额148亿元。累计建设阿里巴巴农村淘宝运营服务站69家，网上交易额4020万元，99家规模以上服务企业实现营业收入28.6亿元，营业利润3.2亿元。有个体工商户3.32万户，私营企业8034家。对外经济完成进出口13.5亿元，实际利用外资4.47亿元。2020年，社会消费品零售总额110.1亿元。34家规上服务企业营业收入23.9亿元。服务业实现增加值184.29亿元。其中，批发和零售业增加值48.97亿元，交通运输、仓储和邮政业增加值5.66亿元，住宿和餐饮业增加值2.91亿元，金融业增加值23.62亿元，房地产业增加值41.9亿元，其他服务业实现增加值57.64亿元。进出口总额完成38.3亿元。为19家企业提供网上平台，出口额2000万元人民币。全区实际利用外资1.06亿美元。

**旅游业** 2016年，全区共接待游客1961万人次，实现旅游收入27.76亿元，分别同比增长22.7%和33.2%；共有国家AAAA级旅游景区4家。2020年，共接待游客1290.75万人次，实现旅游收入31.31亿元；共有国家AAAA级旅游景区3家，全国乡村旅游重点村2家，分别是道朗镇东西门村和里峪村。道朗镇泰山九女峰乡村旅游度假区创新发展，形成了春天里峪、氧心八楼、花田北张等特色乡村旅游品牌。

## 财税金融

**财　政** 2016年，一般公共预算收入16.5亿元，一般公共预算支出36.5亿元。2018年，一般公共预算收入23.3亿元，一般公共预算支出36.7亿元。2020年，一般公共预算收入26.1亿元，一般公共预算支出38.4亿元。

**税　收** 2016年，登记各类纳税人1.76万户，年纳税额在10万元以上的企业713家；各项税收收入14.56亿元，其中增值税3.31亿元。2018年，登记各类纳税人1.38万户，年纳税额在10万元以上的企业1833家；各项税收收入19.8亿元，其中增值税7.36亿元。2020年，登记各类纳税人1.93万户，年纳税额在10万元以上的企业1547家；各项税收收入23.80亿元，其中增值税9.81亿元。重点税源为城市建设、房地产行业。

**金　融** 2016年，金融机构和地方金融组织47家，其中银行机构15家，存款余额524.8亿元，贷款余额312.4亿元；证券机构1家，开户数

1.74万户，累计交易额320亿元；小额贷款公司2家及分公司2家，资产总额4.48亿元；民间融资机构13家，资产总额13.3亿元；典当行7家，资产总额1.85亿元；金融业实现税收1.7亿元。2020年，金融企业62家，其中银行机构16家，存款余额786亿元，贷款余额517亿元；证券机构4家，证券交易额790亿元，新增开户数7110户；小额贷款公司1家，资产总额1.02亿元，民间融资机构8家，资产总额9.95亿元，典当行5家，融资租赁公司3家，基金管理公司5家，应急转贷运营机构1家。金融业实现地方税收1.97亿元。为各类项目发放贷款113亿元，解决实体经济融资需求9.37亿元，向企业提供融资担保22亿元，为24家企业提供应急转贷资金5.48亿元。

**保　险**　2016年，驻区保险机构9家，其中财产保险机构8家、人寿保险机构1家，从业人员309人，保费收入3.2亿元，理赔支出1.19亿元，保险业实现税收3299万元。2018年，驻区保险机构17家，其中财产保险机构13家、人寿保险机构3家、农业保险机构1家，保费收入6.7亿元，理赔支出2.8亿元，保险业实现税收4494万元。2020年，驻区保险机构19家，其中财产保险机构14家、人寿保险机构4家、农业保险机构1家，保费收入12.7亿元，理赔支出4亿元，保险业实现税收4897.1万元。

## 社会事业

**科　技**　2016年，获市级及以上科学技术奖3项，其中泰安市科技进步奖3项（均为一等奖）；专利申请量268件，其中授权专利70件；高新技术产业产值实现103.5亿元，占规模以上工业比重的27.17%。2018年，获市级及以上科学技术奖2项，其中国家科技进步奖二等奖1项、泰安市科技进步奖1项（二等奖）；专利申请量399件，其中授权专利94件；高新技术产业产值实现115.13亿元，占规模以上工业比重的43.06%。2020年，获市级及以上科学技术奖7项，其中山东省科技进步奖2项、泰安市科技进步奖5项（二等奖2项、三等奖3项）；有效发明专利拥有量197件；高新技术产业产值实现140.93亿元，占规模以上工业比重的55.31%。科技型中小企业、高新技术企业分别为46家、40家。

**教　育**　2016年，各级各类学校（含幼儿园）376所，在校学生10.49万人，其中幼儿园251所，在园幼儿2.04万人，教职工1955人，专任教师1629人；小学91所，在校学生3.05万人，教职工2217人，专任教师2181人；初中28所，在校学生3.75万人，教职工2485人，专任教师2390人；普通高中5所，在校学生1.52万人，教职工1055人，专任教师1010人；职教中心1所，在校学生1298人，教职工364人，专任教师301人。2020年，各级各类学校（含幼儿园）284所，在校学生9.28万人，其中幼儿园180所，在园幼儿2.34万人，教职工2344人，专任教师1870人；小学60所，在校学生3.08万人，教职工2500人，专任教师2481人；初中28所，在校学生2.09万人，教职工2067人，专任教师1996人；普通高中4所，在校学生1.26万人，教职工1082人，专任教师1057人；成教中心11所，教职工37人；职教中心1所，在校学生5137人，教职工358人，专任教师307人。

**文　化**　2016年，区文化馆1个，图书馆1个，档案馆1个，博物馆4个。464个村文化大院改造提升为综合性文化服务中心。71个文体广场建有电子屏，有线电视发展新用户1.3万户。举办乡镇文化站长及文艺骨干培训班12期，培训1000人次，扶持成立广场舞队伍500支，庄户剧团23家。开展各类文化活动300余场，服务群众50万余人次。区馆藏文物650余件（套），国家级传统村落1个，省级传统村落4个。县级及以上非物质文化遗产56项，其中省级2项（泰山泥塑、泰山玉习俗）、市级39项、县级15项。2020年，区文化馆1个，图书馆1个，档案馆1个。组织举办岱岳区第八届广场舞大赛、第五届乐器大赛等文化活动16场。“一村一年两场戏”实现二次覆盖，各镇街组织庄户剧团共演出686场。农村公益电影放映2665场。国家传统村落2个，省级传统村落5个，国家历史文化名镇1个，非国有博物馆5家。各博物馆累计免费参观人数5.6万余人次。县级及以上非物质文化遗产142项，其中省级2项（泰山泥塑、泰山玉习俗），市级90项，县级50项。

**卫　生**　2016年，医疗卫生机构635家、床位2050张，其中，区直医疗机构4家、镇卫生院14家、街道卫生服务中心2家、村卫生室（社区门诊）615家；卫生技术人员2429名，其中执业医师、执业助理医师939名，注册护士888名。2020年，医疗卫生机构443家，其中镇卫生院9家、街道卫生服务中心2家、村卫生室（社区门诊）432家；执业医师61名，执业助理医师175名。全区11家镇卫生院（街道社区卫生服务中心）全部通过一级甲等乡镇卫生院市级评审。创建省级、市级、区级示范标准卫生室分别达到2家、22家、77家。国家级卫生镇3家，省级卫生镇全覆盖，省级卫生村132个。投资1.29亿元建设的区妇幼保健院新院区和满庄镇卫生院病房综合楼投入使用。

**体　育**　2016年，在全国中学生田径锦标赛中，获得100米金牌1枚。在全省柔道锦标赛和冠军赛中，获得3个第一名、2个第二名、3个第三名。体育彩票销售额4956万元，全区农村体育健身工程达标696个，农村设施覆盖率达100%。全区社会体育指导员2278名，开展国民体质检测活动10次。成立区体育总会，共有协会8家，成立俱乐部15家。利用上级专项资金78万元，为13个省级贫困村配套健身工程。2020年，全区体育单位107家，其中注册成立体育协会11家。共有社会体育指导员3054名，体育场地916处，公共体育场地面积248.36万平方米。开展10项全民健身活动，17项区级赛事。新建全民健身中心1处，占地面积2400平方米。承接2020年“中国体育彩票杯”山东省跆拳道冠军赛、空手道冠军赛和拳击冠军赛3项省级赛事，组队参加全国青少年柔道锦标赛、山东省柔道锦标赛和山东举重锦标赛，分别获得3个第一名、2个第二名、2个第三名。有全国青少年校园足球特色学校21所，全国足球特色幼儿园5所，有社会足球场地13块，注册成立足球运动协会1家、俱乐部2家。全年体育彩票累计销量5550万元。

## 居民收入

2016年，居民人均可支配收入2.27万元，其中城镇居民人均可支配收入2.99万元，农村居民人均可支配收入1.38万元。2018年，居民人均可支配收入2.68万元，其中城镇居民人均可支配收入3.48万元，农村居民人均可支配收入1.62万元。2020年，居民人均可支配收入3.02万元，其中城镇居民人均可支配收入3.85万元，农村居民人均可支配收入1.88万元。

## 社会保障

**医疗保险**　2016年，参加职工医疗保险8.86万人，收缴保险费2.34亿元，参加居民医疗保险67.77万人，收缴保险费4.1亿元。2020年，参加保险58.68万人，保险收入13.87亿元。

**养老保险**　2016年，参加城镇职工养老保险10.6万人，收缴保险费5.7亿元。参加居民养老保险48.77万人，收缴保险费2.97亿元。发放机关企事业单位离退休人员养老金8.51亿元，发放17.43万名居民养老金2.07亿元。2020年，养老保险新增1.48万人，其中企业职工养老保险7601人、居民养老保险7265人。养老保险收缴11.87亿元，养老金支出12.74亿元。领取养老金人数15.6万人。

**低保救助**　2016年，发放低保金4016.2万元，农村“五保”集中供养和分散供养标准每人每年提高1000元，大病医疗救助966人，发放救助资金239.9万元。救助困难群众8817户，发放救

助金352.68万元。发放各类养老项目建设补助资金770万元。享受困难残疾人生活补贴2926人，发放资金291.46万元，享受重度残疾人护理补贴3307人，发放资金158.74万元。2020年，共有城乡低保户3489户、5446人，发放低保金1980万元。城市低保由年初的每人每月580元提高到709元，农村低保由年初的每人每月430元提高到537元，城市特困由年初的每人每月825元提高到1007元，农村特困由年初的每人每月570元提高到760元。

## 名胜古迹

岱岳区名胜古迹众多，文物古迹荟萃，有被誉为中华文明发祥地之一的大汶口文化遗址，有萧大亨墓地石刻、泰山西御道遗址、无梁殿、齐长城遗址等古迹。有县级以上文物保护单位80处，其中国家级4处、省级17处、市级17处、县级42处。

（张洪谱　程建民）

# 粥店街道

## 地理环境

**位置面积**　粥店街道位于泰城西部新区，是岱岳区政府驻地。北依泰山桃花源风景区与济南市长清区接壤，南与泰山区徐家楼街道毗连，东与泰山区财源街道、泰前街道为邻，西与天平街道搭界。总面积96平方千米。

**建置区划**　清康熙四十二年（1703），康熙皇帝第二次登泰山祈福。看到泰安闹饥荒，康熙皇帝亲自办理救灾事宜，并叮嘱各级官吏不得克扣。泮河东岸驿道旁的村庄竹店，是皇帝南巡和登泰山的必经之处，于是康熙皇帝下令在此设粥店施粥，与民同喝粥御寒，救活了大批难民。粥店遂成为小山庄的代名词，粥店名称由此而来。1954年为泰安县十四区，1955年为六郎坟乡，后改为粥店区。1958年设立粥店乡、辛庄乡。6月改为群英（粥店）、火花（辛庄）公社。1960年分属道朗公社。1984年4月改为粥店办事处，并建立三乡一镇（北黄乡、小辛庄乡、卧牛石乡，粥店镇），辖49个行政村。1985年5月，泰安市建市划区，粥店办事处划归泰山区。1999年6月，划归泰安市郊区。2005年3月，曹家村、马套两个行政村划归泰山景区。至2020年底，辖高王寺、枣行、堰北、司家庄、杜家庄、粥店、过驾院、大佛寺、常家庄、曹家村、堰东、大河、老王府、马湾、李家庄、石蜡、长城、岱前、六郎坟、堰西、小堰堤、光彩、高铁、泮河、堰岭、凤凰、上旺、樱桃园、岳峰29个社区，小辛庄、黄草岭、下旺、大官庄、小官庄、大辛庄、二十里埠、董家庄、后陡山9个行政村。

**自然状况**　境内西北部为丘陵山区，中、南部为平原，土壤以黄土为主，次为沙土。海拔150～595米，年平均降水618毫米。境内有泰山桃花峪、樱桃园、天平湖等自然景观，泰山天平湖、天平湖水上公园、泮河公园等游乐场所。矿藏主要有泰山墨玉、碧玉、花斑玉、石英石、蛇纹石、滑石、花岗岩等。

**人口民族**　2016年，常住总户数4.35万户，常住人口15.40万人，其中男性7.56万人、女性

7.84万人。2018年，常住总户数5.80万户，常住人口17.12万人，其中男性8.27万人、女性8.85万人。2020年，常住总户数7.41万户，常住人口20.73万人，其中男性10.15万人、女性10.58万人。共有回族、黎族、满族、蒙古族、壮族、彝族、土家族、哈尼族、侗族、仡佬族、苗族、朝鲜族、锡伯族、仫佬族等少数民族14个，总人口6460人。

## 经济状况

**农　业**　以种植小麦、玉米为主。2016年，耕地面积456.6公顷，农业总产值1650万元，其中农业产值980万元，林业产值670万元。2018年，耕地面积232公顷，农业总产值136万元，其中农业产值136万元。2020年，耕地面积156公顷，农业总产值56万元，其中农业产值56万元。

**工　业**　2016年，工业企业143家，规模以上工业企业7家；工业总产值19.96亿元，实现利税2亿元，其中利润1.8亿元；规模以上工业企业实现主营业务收入8.4亿元，实现利税1.2亿元，其中利润0.93亿元。2018年，工业企业65家，规模以上工业企业8家；工业总产值10.2亿元，实现利税1.1亿元，其中利润0.9亿元；规模以上工业企业实现主营业务收入6.5亿元，实现利税0.7亿元，其中利润0.5亿元。2020年，引进落地项目16个，招商引资到位资金16.6亿元，上级拨款项目资金0.5亿元，进出口总额1.78亿元。工业企业20家，规模以上工业企业6家；工业总产值6.72亿元，实现利税0.8亿元，其中利润0.6亿元；规模以上工业企业实现主营业务收入5.22亿元，实现利税0.31亿元，其中利润0.12亿元。

## 财政税收

**财　政**　2016年，一般公共预算收入6.39亿元，一般公共预算支出1.28亿元。2018年，一般公共预算收入10.05亿元，一般公共预算支出1.48亿元。2020年，一般公共预算收入10.04亿元，一般公共预算支出0.79亿元。一般公共预算收入增长主要原因是高铁片区带动房地产业迅速发展，财政收入增长明显。

**税　收**　2016年，登记各类纳税人5617户，年纳税额在10万元以上的企业410家；各项税收收入8.74亿元，其中增值税2.51亿元。2018年，登记各类纳税人4166户，年纳税额在10万元以上的企业351家；各项税收收入6.82亿元，其中增值税5.97亿元。2020年，登记各类纳税人2.02万户，年纳税额在10万元以上的企业625家；各项税收收入15.70亿元，其中增值税6.16亿元。重点税源为金融、保险、房地产、建筑行业。

## 社会事业

**教　育**　2016年，幼儿园23所，专任教师295人，在园幼儿3351人；小学10所（马套小学和常家庄小学分别是小辛小学和杜家庄小学的教学点），专任教师235人，在校学生2689人；普通初中1所，专任教师143人，在校学生2596人。区级以上规范化学校7所，其中省级2所、市级4所、区级1所。2020年，幼儿园50所，专任教师819人，在园幼儿9589人；小学6所，专任教师205人，在校学生2545人；普通初中1所，专任教师151人，在校学生2356人。区级以上规范化学校7所，其中省级2所、市级4所、区级1所。2016—2020年，投资1700万余元完成了司家庄小学二期建设，投资3200万元启动粥店中学教学楼的升级改造工程。

**文　化**　2016年，街道综合文化站1个，村级文化活动中心32个，各类文化专业户45户；各类图书室46个，藏书13.8万册，音乐、美术、书法、摄影及文学业余创作人员256人；农家书屋32个，农村文化大院32个，文体广场312个，文艺宣传队43个。2020年，街道综合文化站1个，村级文

2020年，粥店街道司家庄小学　（李振强　摄）

化活动中心39个，各类图书室62个，藏书18.2万册，音乐、美术、书法、摄影及文学业余创作人员365人；农家书屋39个，农村文化大院39个，文体广场462个，文艺宣传队50个。县级以上文物保护单位4处，其中省级2处（下旺清真寺、堰北崇兴寺），市级1处（粥店古石桥），县级1处（大佛寺）。县级以上非物质文化遗产6项，其中市级5项（泰山玉、泰山茶、粥店粥粉、岱岳剪纸、六郎坟的故事），县级1项（赵氏喜泰绳编技艺）。

**卫　生**　2016年，医疗卫生机构42家、床位50张，其中社区卫生服务中心1家，村卫生室（社区门诊）41家；卫生技术人员211名，其中执业医师24名，执业助理医师19名。2020年，医疗卫生机构42家、床位50张，其中社区卫生服务中心1家，村卫生室（社区门诊）41家；卫生技术人员228名，其中执业医师32名，执业助理医师18名。

## 社会保障

**医疗保险**　2016年，居民基本医疗保险参保人数3.90万人。2020年，居民基本医疗保险参保人数3.99万人。

**养老保险**　2016年，居民参加养老保险5832人。2020年，居民参加养老保险6200人。

**低保救助**　2016年，享受城镇最低生活保障156户、255人，发放最低生活保障金131.73万元；享受农村最低生活保障308户、474人，发放最低生活保障金152.45万元。医疗救助31人次，发放医疗救助金7.1万元。敬老院1家，床位10张，收养农村“五保”老人6人。2020年，享受城镇最低生活保障78户、125人，发放最低生活保障金60.23万元；享受农村最低生活保障150户、259人，发放最低生活保障金87.5万元。敬老院1家，床位6张，收养农村“五保”老人4人。

## 名胜古迹

**下旺清真寺**　省级文物保护单位。位于粥店街道下旺村。始建年代不详。该寺坐西面东，占地2900平方米。主体建筑有正殿、后窑殿，共计248平方米。正殿前有卷棚，南北各有讲堂。后窑殿为明式歇山斗拱三重檐，十二挑角，优美壮观。阿訇居室、水房等一应俱全。总建筑面积2100平方米，另有天井院225平方米。整个建筑具有宫殿式伊斯兰教建筑风格。寺内现存石碑记载：明天启六年（1626），善人李茂友乏嗣，遂将其房产、土地捐入寺内。清雍正十二年（1734）重修大殿。同治三年（1864）在战火中遭到破坏，十一年（1872）重修。原寺内古柏参天，清净幽雅，古色古香。“文化大革命”时期将寺改作村革委会办公室，院内古柏被伐，文物或丢失或遭破坏。寺内原有清朝阁老赵国麟赠送的“清净乾坤”匾额也不知去向。现保存完整的尚有明、清、民国时代碑刻11通，断碑1块。

**粥店崇兴寺**　省级文物保护单位。位于粥店街道原堰堤中心小学院内。寺庙坐北朝南，东西长9.52米，南北宽7.96米，高约7.6米。寺房四柱三间硬山式，前出厦1.33米，墙厚40.5厘米。门前有两柱，墙里各有一柱。厦门西头，有“万古流芳”碑一通，坐西朝东，形制覆顶，额题“万古流芳”，年代为大清“年岁次丁酉九月五日”。碑高1.55米，宽0.65米，厚0.18米，斜长0.23米，顶长0.39米。厦门东头，有“崇兴寺”碑一通，坐东朝西，体制覆顶，额题是“崇兴寺”。年代为“雍正十三年二月十九日”。碑高1.49米，宽0.56米，厚0.22米，斜长0.17米，顶长0.35米。解放前后，寺庙均成为学校教室或办公室。

**粥店古石桥** 市级文物保护单位。位于粥店街道粥店社区西泮河之上。现桥宽3米，全长109米（不包括两边引桥），共26孔，每孔空由5块巨石构成，巨石分为3.8米长和5米长两种，均宽0.60米，厚0.40米，桥墩高1.3米，桥石上车辙痕迹明显。该桥由本村姜公桂松，出资修建。粥店社区现存通西桥碑帽（无碑身）一块，重修碑一块。碑帽（无碑身）为清雍正十三年（1735）五月立，在粥店通西桥东桥头，记修通西桥始末。重修碑为乾隆五十七年（1792）立，在粥店通西桥东桥头，记重修通西桥始末。2005年夏，古石桥被洪水冲垮6孔，经文管部门批准，及时进行了修缮。2007年，泮河展宽时西加9孔，加长36米。

**大佛寺** 县级文物保护单位。位于粥店街道北大佛寺社区内，北临泰安迎宾大道。据现有碑文记载，重修于清康熙年间。现遗存大佛寺大殿主体，砖石木结构。东西长16.20米，南北宽8米，高8米，面积129.6平方米。内有圆木柱18根、大梁6架、椽子420根、檩25根、重梁7架。大殿内原供奉铜铸“丈八佛”一尊，“文化大革命”初期佛像遭到破坏。2008年9月17日，省、市宗教事务局同意恢复修建大佛寺佛教活动场所，寺庙内供奉三尊佛像，每月初一、十五和各佛教节日都会开设法会，众多居士和佛教信徒纷纷到寺庙祈福。

## 古今名人

**姜桂松（生卒年不详）** 字兰如，粥店街道粥店村人。清雍正八年（1730），大汶口漫水石桥被水冲毁。因河面过宽，工程量大，重修工作被搁置。他看到行人受阻，立誓日后如有可能，必重修此桥。朝廷派丁皂保重修泰山盘路并重建岱宗坊。岱宗坊主梁过重，数次抬升不成。他献计策起升获得成功，深得丁皂保赏识，遂将重修泰山盘道事宜委任给姜桂松。工程竣工后，获得工值颇为丰厚。为实现夙愿，于乾隆六年（1741）捐资倡修大汶口石桥。姜桂松亲临工地勘测设计，监督下料施工，不到一年，65孔桥竣工。为表彰姜的功绩，曾一度称此桥为姜公桥，并立碑纪念（碑原立于大汶口西南门里，已毁）。此后，他又捐资修泮河通西桥、司家庄广济桥，皆有碑文记载其事迹。修桥石料均出自粥店村枣行，其地今仍称姜公石窝。

**刘承钊（1900—1976）** 粥店街道大堰堤村人。1913年入萃英小学，后转入萃英中学，因家贫两次辍学。1922年完成中学学业后赴京入汇文大学预科。1924年考入燕京大学心理系，第二年转入生物系。1927年毕业后被遴选为助教同时读研究生，从事两栖类动物研究。1929年获硕士学位，并得到“金钥匙”奖，受聘北京大学生物系，任讲师。1932年获美国洛氏奖学金。1934年获博士学位。1946—1947年，刘承钊受美国国务院聘请赴美讲学，其间撰写《华西两栖类》。1947年回国，1954年当选第一届全国人大代表。1955年选任中科院学部委员。1961年出版专著《中国无尾两栖类》。1973年酝酿撰写《中国角蟾亚科分类讨论》。

**刘恒泉（1920—2010）** 粥店街道粥店村人。1939年7月参加革命，历任战士、班长、区队长、副团长、副军长、参谋长，广东省军区副司令员等。先后参加过抗日战争、解放战争、抗

美援朝、云南边防保卫战等。1955年被授予上校军衔。1964年晋升为大校军衔。曾荣获三级独立自由勋章、三级解放勋章、朝鲜三级国旗勋章，1983年离职修养。

**宋广吉（1941—2007）** 粥店街道人。1966年6月加入中国共产党，1967年9月参加工作。1963年9月至1967年9月，在山东师范学院化学系学习化工专业；1967年9月至1969年9月，在宁阳县化肥厂工作；1969年9月至1974年10月，泰安化工厂车间负责人；1974年10月至1978年7月，泰安地区化工局干部；1978年7月至1980年4月，任泰安地区化工局副科长；1980年4月至1983年10月，泰安地区经委生产科副科长、企业管理科科长（1983年5月至1983年7月，在山东省经济干部管理学院学习）；1983年10月至1984年4月，泰安地委委员，负责筹建地委企业政治部；1984年4月至1985年5月，任泰安地委委员、企业政治部部长；1985年5月至1985年8月，任泰安市人民政府筹备组副组长；1985年8月至1992年9月，任泰安市人民政府副市长、党组成员；1992年9月至1993年12月，任中共泰安市委常委、市纪委书记；1993年12月至1995年12月，任中共泰安市委副书记兼市委政法委书记；1995年12月至1997年12月，任中共泰安市委副书记；1997年12月至1998年3月，任泰安市委副书记、市政协党组书记；1998年3月，在政协泰安市九届一次会议上，当选为泰安市政协主席。

**岳喜翠** 女，少将，粥店街道人。1948年12月出生，广州军区空军副参谋长。1965年，16岁的岳喜翠踏入人民空军女飞行员的行列。23岁时就当了机长，成为同批女飞行员中的首批机长。她先后试飞改装过的5种机型，100多次出色地完成军事演习、科研试飞、人工降雨等重大任务，成功地进行首次用飞机大面积人工降雪、人工消雨，填补了我国航空气象史上的空白。岳喜翠是中国第一位女飞行员将军，十个“第一”广东杰出女性人物。

**杨忠海** 粥店街道二十里埠村人。1968年3月参加工作，1970年5月加入中国共产党。1968年3月至1969年12月，泰安汽车制配厂工人；1969年12月至1975年3月，部队服役；1975年3月至1977年3月，泰安汽车制配厂工人、工具车间党支部副书记、党委常委；1977年3月至1981年7月，泰安汽车制配厂党委副书记；1981年7月至1983年7月，山东大学干部专修科学员；1983年7月至1989年11月，泰安汽车制造厂党委副书记、书记；1989年11月至1990年10月，泰安汽车起重机总厂党委书记兼泰安专用汽车制造厂厂长；1990年10月至1992年12月，泰安市一轻局党委副书记；1992年12月至1995年8月，肥城市委副书记、副市长（正县级）；1995年8月至1997年12月，泰安市交通局局长、党委书记；1997年12月至2001年1月，泰安市泰山区委书记；2001年1月至2003年1月，泰安市委常委、泰山区委书记；2003年1月至3月，泰安市委常委；2003年3月至2010年12月，泰安市委常委、政法委书记。

## 土特名产

**粥店粥粉** 粥店粥粉制作技艺是市级非物质文化遗产。地处泮河东岸驿道旁的村庄竹店，是康熙皇帝南巡必经之处，饥荒时期康熙皇帝下令在此建起粥店施粥，与民同喝粥御寒。粥店遂成为小山庄的代名词。10年后，康熙皇帝在上次施粥之处品尝了粥店在御粥基础上发展而来的粥，随后徒步登上泰山，无劳累之感，高兴地说“此乃上乘粥也”。乘兴在岱顶平顶峰北亲书“果然”二字，保存至今。于是粥店之粥粉成为贡品，越来越受人们青睐。俗语称，登泰山，喝粥店粥粉，平安长寿，日子越过越红火。

**泰山茶** 泰山茶制作技艺是市级非物质文化遗产。泰山“第一店”女儿茶基地位于泰山脚下的粥店街道，是1952年“南茶北引”泰安引种茶树的第一个落脚点。“第一店”茶园位于山清水秀的泰山西麓，青山环抱，云雾缭绕，土质肥沃，空气清新，无污染，生态环境极其优越。茶园光照时间长、昼夜温差大，茶树休眠期长，采摘期短，所产茶叶叶片肥厚坚结，茶色清澈剔透、碧绿娇嫩、清澈晶莹，饮之回味醇美，沁人心脾，留香悠长。

**泰山玉** 泰山玉习俗是市级非物质文化遗产。成立的泰山玉产业协会申请了泰山玉地理标志证明商标。注册成立了山东东岳泰山玉文化传媒公司，采用传统玉石文化与现代玉石设计相结合的工艺，凭借过硬的产品质量、良好的信用及优良的服务，与国内多家企业建立了长期的合作关系，也取得了一些商业荣誉与奖项，公司为2014年在珠海举行的第十届中国航空航天月桂奖设计制作奖牌，在2014年长沙举行的第十届中国金鹰电视艺术暨第二十七届中国金鹰奖颁奖晚会中参与奖杯的制作。

**岱岳剪纸** 市级非物质文化遗产。岱岳剪纸是鲁中派剪纸的代表，以其巧妙的构思、稚拙的造型、刚劲的线条、盎然的意趣，以及独特的艺术风格，展现了泰山民间文化的博大精深。岱岳剪纸题材广泛，内容丰富，山水人物、吉祥图案、花鸟鱼虫、飞禽走兽等均能妙剪生花，栩栩如生。剪品造型朴实，构思新颖，粗犷中见清秀，拙朴中藏精巧。传承人薛国美从事剪纸教学和创作20多年，作品风格立足传统，兼容鲁中派和胶东高密派，在剪纸种类上和工具上做了改革和创新，作品内容涉猎广泛，表现手法多样，能剪能刻，富有禅意。

## 街道党政主要负责人

**党工委书记** 孙启龙（副县级，2012.10—2016.12）
李成勇（2016.12—2020.3）
刘　峰（2020.3—　）

**办事处主任** 李成勇（2012.10—2016.12）
刘　峰（2016.12—2018.9）
白　雪（女，2018.9—　）

（贾书祺）

# 天平街道

## 地理环境

**位置面积** 天平街道位于岱岳区西部，岱岳区中心腹地，北部与粥店街道为邻，西部与道朗镇相依，南部与夏张镇、满庄镇接壤，东部与粥店街道、北集坡街道毗邻。总面积64.35平方千米。

**建置区划** 原名“天明店”，清光绪八年（1882）易名为“天平店”，取天下太平之意。1912年属泰安县乐利区。1928年属第二区。抗日战争时期属泰西县黄山区。1953年属泰安县第十四区。1958年建立泰山公社。1962年改为粥店公社。1984年设立粥店办事处。1985年从粥店办事处划出，建立泰安市郊区天平店乡。辖北黄、南黄等19个村，1.79万人。2000年5月改称天平街道。2008年5月，道朗镇下辖的池子崖等13个行政村划归天平街道。至2020年底，辖西黄、马家园、大陡山、重河、姜庄、南王庄、孙家沟、送驾庄、河东、大桥、西北、西南、三峪、耿庄、北大圈、黑水湾、周家庄、大坦地、板大山、法家岭、田家峪、南大圈、邱庄、玄黄、起驾店25个行政村，南黄、北黄、天平店、岩庄、韩刘冯、

井家庄、池子崖、永安、开元、金牛山、卧虎山、九女山12个社区。

**自然状况** 全境地势北高南低，属山地丘陵地区，丘陵面积占总面积的80%。土层浅薄，土壤肥力低。水资源较差，主要河流3条，都属于泮河支流。一条自办事处北部由西向东流入天平湖，天平河、卧牛河从境中部、南部穿流而过。土壤类型为粽壤，质地以砂壤土为主，次为轻壤土。未发现矿物资源，地下水资源稍差。

**人口民族** 2016年，常住总户数1.68万户，常住总人口5.24万人，其中男性2.37万人、女性2.87万人。2018年，常住总户数1.81万户，常住总人口5.96万人，其中男性2.69万人、女性3.27万人。2020年末，常住总户数2.22万户，常住总人口7.13万人，其中男性3.22万人、女性3.91万人。共有回族、藏族、黎族、满族、蒙古族、苗族、土家族、瑶族、彝族、壮族、白族、朝鲜族、哈尼族等13个少数民族，总人口1010人，主要分布在法家岭村、西黄村、北大圈村、黑水湾村、永安社区、起驾店村、孙家沟村、开元社区。

## 经济状况

**农 业** 以种植小麦、玉米、地瓜、花生为主。2016年，耕地面积1110.53公顷，水浇地面积163.16公顷。农业总产值2.19亿元，其中农业产值0.15亿元、林业产值2.04亿元。农民专业合作社30个，土地流转面积42.27公顷。2018年，耕地面积1070.4公顷，水浇地面积97.87公顷，农业总产值2.04亿元，其中农业产值0.15亿元、林业产值1.88亿元、牧业产值0.01亿元。农民专业合作社33个，家庭农场4个，土地流转面积42.27公顷。2020年，耕地面积987公顷，农业总产值1.26亿元，其中农业产值0.15亿元、林业产值1.10亿元、牧业产值0.01亿元，农民专业合作社34个，家庭农场6个，土地流转面积39.47公顷。小麦种植面积0.48公顷，玉米种植面积0.48公顷，生产粮食2.52吨，经济作物花生20.28吨，农副产品肉类4504吨。

2021年8月，泰山仙草谷黄精文化产业园（耿庄村 提供）

**工 业** 2016年，工业企业236家，从业人员1505人。其中规模以上工业企业54家，工业总产值95亿元，实现主营业务收入88.58亿元，实现利税5.65亿元，利润4.24亿元。2018年，工业企业265家，从业人员1890人。其中规模以上工业企业47家，工业总产值32亿元，实现主营业务收入120.8亿元，实现利税4.92亿元，利润2.98亿元。2020年，引进落地项目19个，招商引资到位资金19.6亿元，上级拨款项目资金7.03亿元，进出口总额4.85亿元。工业企业298家，从业人员2080人。其中规模以上工业企业28家，工业总产值27.17亿元，实现主营业务收入26.14亿元，实现利税4.02亿元，利润1.07亿元。

**服务业** 2016年，有9家重点服务业企业，完成年营业额1.67亿元，实现利税1859.32万元。2020年，有6家重点服务业企业，完成年营业额4.3亿元，实现利税9770万元。

**建筑业** 2016年，有规模以上建筑企业5家，实现建筑业总产值9.61亿元。2020年，有规模以上建筑企业10家，实现建筑业总产值31.38亿元。

## 财政税收

**财　政**　2016年，一般公共预算收入6588万元，其中工商税收6437万元，一般公共预算支出4672万元。2018年，一般公共预算收入9709万元，一般公共预算支出2680万元。2020年，一般公共预算收入4.11亿元，一般公共预算支出3.52亿元。2016—2020年，收入增长主要是工商业和房地产业的快速发展；支出变化主要是城市社区支出从无到有且快速蹿升到第一位，一般公共服务支出降至第二位，住房保障支出上升较快。

**税　收**　2016年，登记各类纳税人812户，年纳税额在10万元以上的企业206家；各项税收收入0.66亿元，其中增值税0.19亿元。2018年，登记各类纳税人2251户，年纳税额在100万元以上的企业72家；各项税收收入2.83亿元，其中增值税1.28亿元。2020年，年纳税额在10万元以上的企业936家；各项税收收入4.02亿元，其中增值税1.98亿元。重点税源为房地产、物流、制造行业。

## 社会事业

**教　育**　2016年，幼儿园14所，专任教师142人，在园幼儿1538人；小学9所，专任教师105人，在校学生1342人。市级规范化学校7所。2020年，幼儿园19所，专任教师269人，在园幼儿2694人；小学7所，专任教师211人，在校学生1915人。市级规范化学校7所。2016—2020年，天平一中累计投入6000万余元，天平中心小学累计投入5000万余元，先后完成学校大班额化解工作。

**文　化**　2016年，街道综合文化站1个，村级文化活动中心10个；各类图书室12个，藏书1.37万册。音乐、美术、书法、摄影及文学业余创作人员17人；农家书屋13个，农村文化大院25个，文体广场33个，文艺宣传队2个。2020年，街道综合文化站1个，村级文化活动中心14个，各类图书室16处，藏书1.94万册。音乐、美术、书法、摄影及文学业余创作人员20人；农家书屋14个，农村文化大院27个，文体广场37个。文艺宣传队3个，村史馆6个。每年送戏下乡70余场、书画下乡20余次。县级文物保护单位1处（赵国麟墓地石刻）。

**卫　生**　2016年，医疗卫生机构26家、床位28张，其中街道卫生服务中心1家、村卫生室（社区门诊）25家；卫生技术人员44名，其中执业医师5名、执业助理医师9名。2020年，医疗卫生机构29家、床位38张，其中街道卫生服务中心1家、村卫生室（社区门诊）28家；卫生技术人员55名，其中执业医师8名、执业助理医师11名。

## 社会保障

**医疗保险**　2016年，居民基本医疗保险参保人数2.24万人。2020年，居民基本医疗保险参保人数2.46万人。

**养老保险**　2016年，居民参加养老保险342人。2020年，居民参加养老保险1536人。

**低保救助**　2016年，享受城镇最低生活保障24户、35人，发放最低生活保障金14.64万元；享受农村最低生活保障382户、664人，发放最低生活保障金163.25万元。医疗救助313人次，发放医疗救助金1.57万元。敬老院1家，床位15张，收养“五保”老人10人。2020年，享受城镇最低生活保障8户、8人，发放最低生活保障金8.92万元；享受农村最低生活保障119户、185人，发放最低生活保障金85.35万元。“五保”供养111人，供养标准每人每月620元，敬老院1所，床位19张，工作人员3人。落实困难救助、医疗补助等民生保障方面的专项支出7.21万元。

## 名胜古迹

**赵国麟墓地石刻**　位于天平街道岩庄社区，为清代石窟寺及石刻。他晚年告老还乡，回到原

籍泰安，其死后安葬在泰安城西的赵家林。该林地东、北、西三面环山，其墓地就在盆地中间位置，该墓坐北朝南，墓墙由石炭与混凝土拍打制成，墓中共有5个墓池，赵国麟4个夫人分列两边，他在中间，墓前有雕刻的石制供台桌，供台桌后与墓前有一空地，地下埋着1米见方的一对合字石碑，研制雕刻精湛，石碑上部书写文渊阁大学仕礼部尚书，下部书写赵国麟个人简历。2005年5月，被岱岳区人民政府公布为第五批县级文物保护单位。

## 古今名人

**苏庆亮（1970—2016）** 天平街道大陡山村人，1970年4月生，1994年2月加入中国共产党。曾任原郊区天平店乡大陡山村团支部书记，天平店乡农广校班主任、乡团委书记、党政办副主任。1994年10月至2015年8月，任大陡山村党支部书记，其间，于2009年8月至2009年12月担任道朗镇科员，2009年12月至2016年3月先后担任天平街道办事处科员、副主任。2016年3月，任岱岳区扶贫办公室副主任。在他的带领下，2015年大陡山村集体总资产过1亿元，集体经营性年收入突破500万元，村民年人均可支配收入1.4万元。大陡山村先后获得全国文明村、全国绿色小康村等15项省级以上荣誉。其个人先后获全国农村青年创业致富带头人、全国绿化奖章、全国劳动模范、全国科普惠农兴村带头人、全国孝亲敬老之星、山东经济腾飞“青春立功”活动二等功、山东省农村青年创业致富带头人标兵、山东省优秀共产党员、山东省十大杰出青年农民、山东省青年五四奖章、山东省劳动模范等荣誉。

## 街道党政主要负责人

**党工委书记** 张　强（2016.12—2020.5）
朱　涛（2020.5—　）

**办事处主任** 张　强（2014.1—2016.12）
朱　涛（2016.12—2020.5）
孙丽丽（女，2020.6—　）

（霍广乐）

# 山口镇

## 地理环境

**位置面积** 山口镇位于泰山东麓，岱岳区境东北部，北与黄前镇相连，南与泰山区邱家店镇为邻，东与祝阳镇隔石汶河相望，西与泰山区省庄镇接壤。镇机关驻山口村。境内泰莱高速公路、济临公路贯穿东西南北。总面积56平方千米。

**建置区划** 地处泰山余脉与平原接合部，扼守交通要塞，因东、西、北三面环山，向南为出山之口，故名山口。1912年属泰安县兴仁区。1931年称山口镇，隶属泰安县第四区。1941年属泰山行署黄山区。1945年属泰安县山口区。1948年属第三区，后改为山口区。1958年3月至9月撤区并乡，成立山口乡。1958年9月至1959年1月，山口乡、黄前乡合并为八一人民公社，公社驻地山口村。1959年1月，八一人民公社改称山口人民公社。1960年，山口人民公社与祝阳人民公社合并为山口人民公社。1962年3月，山口、祝阳分设。1984年3月，山口公社改为山口办事处。1985年12月，撤销山口办事处改为山口镇。2000年4月，改称岱岳区山口镇。2020年，辖吴家庄、新庄、山口北、小马庄、洼里、油坊、杨石汶、东碾疃、山口西、山口东、周王庄、禹石汶、山口南、卞石汶、大兰窝、向水涯、前梁林、康石汶、东太平、西迓庄、后迓庄、冶庄、小兰窝、王家庄、大马庄、西官庄、西碾疃、西太平、东迓庄、赵石汶、朱官庄、后梁林、佟家庄、卜官庄、夹河、户栗、下欢庄、春杨沟、北庄、上欢庄、张家户、辛水崖、石门43个行政村。

**自然状况** 境内地势北高南低，北部是山区丘陵，南部是泰莱平原。境内的山均属泰山山脉，自东向西共有大小山头7座。大青山最高，海拔460米。海拔200～300米的丘陵10个。石汶河自北向南穿境而过，卸甲河起源于大青山，于境南出境。属温带半湿润大陆性季风气候，年平均气温13.2℃，累计年平均降水量为703毫米，受泰山、徂徕山影响，主导风向为东北、西南风。资源丰富，土地肥沃，矿产资源有花岗岩、玄武岩、滑石、云母、磷矿、油页岩、石灰岩、河沙等。

**人口民族** 2016年，常住总户数1.7万户，常住总人口5.2万人，其中男性2.7万人、女性2.5万人。2018年，常住总户数1.72万户，常住总人口5.21万人，其中男性2.7万人、女性2.51万人。2020年，常住总户数1.7万户，常住总人口5.3万人，其中男性2.76万人、女性2.54万人。全镇共有回族、满族、蒙古族、彝族、朝鲜族、壮族、傣族、土家族、布依族等9个少数民族，总人口54人。

## 经济状况

**农　业** 以种植小麦、玉米、茶叶、苗木为主。2016年，全镇耕地面积3183.8公顷，农业总产值5000万元，其中农业产值3000万元、林业产值2000万元。农机总动力2.5万千瓦，粮食产量6850吨，肉类2514.8吨，牛奶2463.8吨，农业专业合作社66家，市级农业龙头企业5家，泰山碧霞春经贸有限公司被评为“省级农业标准化生产基地”。2018年，全镇耕地面积2850.68公顷，农业总产值5000万元，其中农业产值3000万元、林业产值2000万元。粮食产量1.51万吨，肉类1787.89吨，牛奶4243.2吨，新增农业专业合作6家，总数达到147家，注册资本6.06亿元。茶叶种植面积186.67公顷。2020年，全镇耕地面积2813.9公顷，农业总产值4600万元，其中农业产值2000万元、林业2600产值万元。村党组织领办合作社14家。

**工　业** 2016年，企业150家，规模以上工业企业12家；工业总产值21.53亿元，实现利税1.1亿元，其中利润8400万元；规模以上工业企业实现主营业务收入20.12亿元，实现利税9400万元，其中利润8400万元。外贸进出口总值1200万美元。工业实现特色产业集群发展，入选“山东省特色产业镇创新发展20强”，为泰安市唯一入选乡镇。2018年，企业164家，规模以上工业企业11家；工业总产值16亿元，实现利税3亿元，其中利润1534.8万元；规模以上工业企业实现主营业务收入10.23亿元，实现利税4738万元，其中利润2900万元。外贸进出口总额1.1亿元，外资利用完成800万美元。新签约项目6个，实现合同引资额20亿元。2020年，引进落地项目12个，招商引资到位资金254亿元。企业180家，规模以上工业企业14家；工业总产值9.95亿元，实现利税917万元；规模以上工业企业实现主营业务收入10.39亿元。投资1.2亿元的山东鲁怡集团有限公司新技术染整项目竣工投产，实现年新增利税1200万元。

## 财政税收

**财　政** 2016年，一般公共预算收入2496万元，一般公共预算支出1877万元。2018年，一般公共预算收入4520万元，一般公共预算支出2403万元。2020年，一般公共预算收入5776万元，一般公共预算支出1974万元。

**税　收**　2016年，登记各类纳税人734户。2018年，登记各类纳税人995户。2020年，登记各类纳税人1336户，年纳税额在10万元以上的企业131家；各项税收收入7321万元，其中增值税5063万元。重点税源为建筑、工业制造业。

## 社会事业

**教　育**　2016年，幼儿园15所，专任教师211人，在园幼儿1669人；小学5所，专任教师126人，在校学生2087人；普通初中2所，专任教师150人，在校学生1058人。区级以上规范化学校7所，其中省级1所、市级3所、区级3所。2018年，幼儿园13所，专任教师126人，在园幼儿1589人；小学5所，专任教师115人，在校学生2286人；普通初中2所，专任教师147人，在校学生1794人。区级以上规范化学校7所，其中省级1所、市级5所、区级1所。2020年，幼儿园13所，专任教师142人，在园幼儿1854人；小学5所，专任教师138人，在校学生2388人；普通初中2所，专任教师127人，在校学生1405人。区级以上规范化学校7所，其中省级1所、市级3所、区级3所。2016—2020年，累计投入5450万余元，完成中心小学、东碾疃小学、西太平小学的新建、改扩建等项目。

**文　化**　2016年，镇综合文化站1个，村级文化活动中心20个，各类文化专业户10户；各类图书室6个，藏书1.5万册，音乐、美术、书法、摄影及文学业余创作人员10人，农家书屋20个，农村文化大院10个，文体广场20个。2020年，镇综合文化站1个，村级文化活动中心40个，各类文化专业户16户，各类图书室10个，藏书2.6万册。音乐、美术、书法、摄影及文学业余创作人员16人，农家书屋43个，农村文化大院40个，文体广场40个，文艺宣传队1个；8月，成立“今山口群众艺术团”，至年底演出260余场。县级文物保护单位1处（窦建德墓）。市级非物质文化遗产1项（西碾疃豆腐皮）。2016—2020年，40个行政村绘制了文化墙，建立了文体广场、综合性文化服务中心。

**卫　生**　2016年，医疗卫生机构35家、床位99张，其中镇卫生院1家、村卫生室34家；卫生技术人员87名，其中执业医师34名。2020年，医疗

2021年夏，山口镇中心小学　　（张继溪　摄）

卫生机构35家、床位180张，其中镇卫生院1家、村卫生室34家；卫生技术人员95名，其中执业医师37名。

## 社会保障

**医疗保险** 2016年，居民基本医疗保险参保人数3.4万人。2020年，居民基本医疗保险参保人数3.3万人。

**养老保险** 2016年，居民参加养老保险9086人。2020年，居民参加养老保险1.13万人。2016—2020年，累计收缴保费2038.82万元，发放养老金1.32万人，发放金额7630.04万元。

**低保救助** 2016年，享受城乡低保483人，发放低保救助金209.62万元。2018年，享受城乡低保344人，发放低保救助金101.54万元。2020年，享受城乡低保346人，发放低保救助金117.86万元。“五保”供养236人，供养标准每人每月760元，敬老院1所，床位31张，工作人员6人。落实困难求助、医疗补助等民生保障方面的专项支出23.6万元。

## 名胜古迹

**广福寺** 位于山口村北，旧时寺院古木参天，大殿雄伟辉煌，红漆圆柱，雕龙绘凤，墙上壁画栩栩如生，殿内塑像形象逼真。创建年代无考，明清重修。抗日战争爆发后，广福寺成为中共山口区委驻地，广福寺抗日学校、中共四区第一个乡村支部、泰安县第一个民主乡村政权组织山口民主村政权均在此建立。新中国成立后，广福寺成为粮食管理所，古建筑被拆除，树木伐尽，于旧址建起粮仓、住房，古遗址无存。

**冶铁遗址** 位于冶庄村以西，至村外2.5万平方米的农田地下，埋有大量炉渣和铁渣，农民挖土曾挖到过冶铁的模具，村西低洼地出土过数量较多的绳纹瓦片。冶庄原名冶荣庄，据传明代初期，山西有一姓赵的到此地经营冶铁铸造生意，故起名冶荣庄。在1982年文物普查时，定为明代冶铁遗址。

**城子崖遗址** 位于山口村东1千米的石汶河西岸的陡坡上。据测，该遗址东西宽10米，南北长20米，总面积200平方米。城子崖因多年河水冲刷，已成陡峭悬崖，遗址早已不存。1968年，吴家庄村民徐荣富在城子崖遗址整地时，挖出青铜戈1件。人们多次发现铜箭头和陶片等器物，同时也发现旧石器石斧1个。以上器物经泰安市文物局技术人员鉴定，认定为城子崖遗迹、遗物属商周类型，为商周时期村落遗址。

**山口王坟** 位于山口镇驻地西北2.5千米，西官庄村北。王坟坐落于山坳，因连年用土，破坏严重，残高7.5米，占地513平方米，系黄黏土堆积，质地坚硬，内含泥质红陶片，饰粗绳纹，灰褐陶片，商周类型的粗绳鬲足，汉代的灰布纹瓦，属商周至汉代文化遗存。据传说是窦建德的坟墓。

## 古今名人

**张瑞轩（1919—1990）** 山口镇山口南村人。1937年11月加入中国共产党。1938年参与组建泰安独立营，曾任泰安独立营特务班战士、连指导员、徂徕山工委委员、泰宁县副县长、泰安一中副校长、新泰一中副校长、泰安师专党委副书记、泰安地委宣传部副部长兼文化局局长。抗日战争胜利后，在泰宁一带参与领导了反奸诉苦、土地改革斗争，发动群众，支援解放战争。新中国成立后，在教育、文化、宣传等方面都做了大量工作。

## 土特名产

**石汶大白菜** 属于泰安“三美”之一的泰安黄芽白菜，种植区域主要集中在石汶管区，历史

悠久，因其帮薄、水分少而倍受人们青睐。新中国成立后石汶大白菜有了新的发展，品种增多，产品质量进一步提高，多次进京参加农业展览。

**油坊旱烟** 品质优良，它与泰安境内的朱家庄、李家上章、南白楼、新庄的旱烟一起被称为“泰安五大名烟”。自清乾隆年间开始种植，畅销泰莱平原各地。油坊烟叶的特点是叶大、肥厚、油性高、香味浓、劲大、不截火。

2021年夏，油坊村一角　　（王景晓　摄）

**泰山板栗** 种植区域主要集中在北部山区，以大兰沃村为代表，小兰沃、石门、户栗等村也普遍种植。山口的板栗是正宗的泰山板栗品种，果实均匀，色泽光亮，壳薄，内衣易剥，肉质细，水分少，糯性大，适宜制作糖炒栗子，主要出口日本等国及欧美、东南亚地区。

## 典型选介

**山东省乡村振兴“十百千”示范村——油坊村** 油坊村构建起“管区党总支—村网格党支部—楼栋党小组”的“金字塔”形党组织架构，推动党的组织和工作触角进楼入户。投资320余万元用于村庄基础设施建设，路面硬化率实现100%；投入76万元进行环境整治，粉刷墙壁1.7万平方米，栽种玉兰、樱花等绿化苗木5万余棵，更换宣传栏、地插、道旗、景观小品45处。每年为60岁以上老人安排体检，发放养老金及面粉、花生油等生活必需品。通过盘活土地资源，流转土地53.33公顷。将闲置厂房租赁，帮助本村村民成立小型服装加工厂、面条厂，消化村内40余名剩余劳动力，每年村集体收入60万元。2020年全村人均收入2.2万元。被评为山东省乡村振兴“十百千”示范村。

**泰安鲁怡针织印染有限公司** 泰安鲁怡针织印染有限公司隶属于山东鲁怡集团有限公司，始建于1994年9月，是一家集织、印、染、整为一体的专业针织面料生产企业。公司拥有员工280人，总投资1.5亿元，年产坯布9000余吨，年销售收入超过3.8亿元。该公司有进口针织圆机、提花罗纹等编织设备80余台，高温高压染色机、水洗机、烧毛机、预缩机、抓绒机、磨毛机、开幅定型机等80余台（套）。具有织造、漂染、起绒、磨毛、定型等生产流水线。主要生产纯棉、麻/棉混纺及各种棉纱交织的提花罗纹、毛巾布、毛巾绒布等各种针织坯布，可以增加吸湿排汗、防静电、防紫外线、防火、抗菌防臭等各种功能。产品出口到日本、韩国、美国等国家和西欧地区。

## 镇党政主要负责人

**党委书记** 赵传星（副县级，2013.12—2020.12）
**镇　　长** 杨中军（2014.12—2016.12）
王建斌（2016.12—2020.6）
陈思亮（2020.6—　）

（米恒坤）

# 大汶口镇

## 地理环境

**位置面积** 大汶口镇位于岱岳区南部，东、南两面紧濒大汶河，隔河与高新区房村镇相望，向南与宁阳县华丰镇、磁窑镇遥相呼应，西南与肥城市汶阳镇、边院镇接壤，西北面同岱岳区满庄镇、高新区北集坡街道毗邻。总面积90.74平方千米。

**建置区划** 因大汶口处于大汶河、柴汶河二河交叉口，过渡人称汶河渡口，因有人前来落居渐成村庄。并建简易石桥名大汶桥。从此将汶河渡口沿称为大汶口。约1300年前，大汶口扩至100户左右，升为大汶口社。明隆庆五年（1571）始见大汶口有据之名。1912年，属泰安县汶阳区。1928年，废旧制，建区、乡、镇，原汶阳区大汶口地方，独村升为大汶口镇。1938年，将第八区京沪铁路以东的七乡与第三区、第六区的部分乡、村合建汶口区（亦名东八区）隶泰安县。1951年秋，废除铁路界限。以铁路东、西连片重整建置。外析汶口区大汶河南岸的东梁父、西梁父、阳关三乡（原属第八区）与第三区、第六区划入的乡村。复归大汶河北岸的大吴、柏子、申村、颜谢与西旺、官庄（上二乡原属第三区）六乡，与临汶区（原名新五区于1948年改名）合并分建两区，第六区后改名临汶区，第七区后改名西遥区。1958年1月，撤销临汶、西遥两区，建立五乡。8月，五乡与大汶口镇6个单位，分别建成人民公社（兴华、建国、红光、幸福、汶阳）。至1960年1月，5处人民公社先后合并为1处，命名汶口人民公社。自人民公社建立以后，公社以下先建营、连，又建组设点，分合多变。1981年8月，车家洼村与北大吴大队分开。1983年趋于稳定，全社共建汶口、柏子、大吴、西遥、石墙、程杨、西界、马庄共8处管理区。下属96个自然村。汶口公社隶泰安县。1984年4月1日，撤销人民公社，建立大汶口办事处。1985年，复建泰安市郊区大汶口镇。2000年4月，更名为岱岳区大汶口镇。2020年，辖山西街、兴华街、和平街、太平街、卫驾庄、曹家庄、王家院、送驾庄、东武、土门、颜谢东、颜谢西、颜谢南、颜谢北、申村东、申村西、柏子、东大吴、西大吴、马家大吴、北大吴、车家洼、北西遥、南西遥、前周家院、后周家院、焦家庄、彭徐店、石家庄、尚家院、杨家庄、双杨店、孙家庙、王庄、大侯、程家庄、岳家庄、东庄、郭家楼、陈家石墙、扈家石墙、杭家石墙、郝家石墙、庞家庄、南臭泉45个行政村。

**自然状况** 全境地势东高西低，东部海拔110.3米，西部海拔84.6米。东北部约15%的面积是沙丘、山岭，西南部约85%的面积是平原。属温带半湿润大陆性季风气候。全年光照充足，年平均气温13℃，年平均降水量770毫米，年平均日照时数2635.7小时，适宜多种农作物生长。土壤层均系冲积、洪积、坡积、沉积为风沙搬运所形成的不同土壤。矿藏主要有钾盐、钠盐、硫黄、河砂等。

**人口民族** 2016年，常住总户数1.93万户，常住总人口6.3万人，其中男性3.17万人、女性

3.13万人。2018年，常住总户数1.94万户，常住总人口6.61万人，其中男性3.27万人、女性3.34万人。2020年，常住总户数2.03万户，常住总人口6.36万人，其中男性3.22万人、女性3.14万人。境内居住有汉族、回族2个民族。

## 经济状况

**农　业**　以种植小麦、玉米为主。2016年，耕地面积6100公顷，农机总动力7.12万千瓦，小麦种植面积4200公顷，玉米种植4373公顷，生产粮食8.4万吨，生产肉类7493吨，牛奶1.22万吨。2018年，耕地面积6059公顷，生产粮食7.72万吨，肉类1302吨，牛奶5052吨。2020年，耕地面积6058公顷，农机总动力8.1万千瓦，小麦种植面积4213公顷，玉米种植面积4382公顷，生产粮食7.68万吨，生产地瓜140吨、花生575吨、肉类1.31万吨、牛奶3920吨、蔬菜13.05万吨，累计回收集体资金1249.51万元。

**工　业**　2016年，工业企业40家，规模以上工业企业14家，工业总产值26.2亿元，实现利税1.34亿元，其中规模以上工业企业实现主营业务收入39亿元，利润10.3亿元。形成机械电子、服装加工、新型建材、新能源等四大主导产业。2018年，工业企业41家，规模以上工业企业9家，工业总产值4.6亿元。其中规模以上工业企业实现主营业务收入23.58亿元。2020年，工业企业45家，规模以上工业企业9家，工业总产值10.8亿元，实现利税1390.5万元，其中规模以上工业企业实现主营业务收入12.6亿元，利润0.19亿元。泰山石膏有限公司总投资34亿元的40万吨护面纸主体项目及50兆瓦热电联产、2.5万吨污水处理厂和水质净化工程3个配套项目，泰安宏健机械科技有限公司二期项目等7个项目全部投产运行。泰山石膏有限公司营业收入连续3年破百亿，企业获评第三批全省制造行业单项冠军企业。

## 财政税收

**财　政**　2016年，一般公共预算收入9966.21万元，一般公共预算支出9966.21万元。2018年，一般公共预算收入6205.17万元，一般公共预算支出6205.17万元。2020年，一般公共预算收入1.12亿元，一般公共预算支出1.12亿元。

**税　收**　2016年，主体税种占比87%。2020年，登记各类纳税人821户，年纳税额在10万元以上的企业60家；各项税收收入10817万元，其中增值税3138万元，所得税5448万元，主体税种占比83%。重点税源为建筑、制造行业。2016—2020年，税源由绝对依靠龙头企业，变为镇所有企业带动共同发展；财政收入税收占比越来越大，非税收入越来越少。

## 社会事业

**教　育**　2016年，幼儿园21所，专任教师128人，在园幼儿1322人；小学12所，专任教师143人，在校学生1780人；普通初中2所，专任教师148人，在校学生2848人；社区教育中心学校1所。区级以上规范化学校12所，其中省级2所、市级5所、区级5所。2020年，幼儿园14所，专任教师112人，在园幼儿1218人；小学7所，专任教师124人，在校学生1550人；普通初中1所，专任教师119人，在校学生1189人。九年一贯制学校1所，在校学生462人；社区教育中心学校1所。区级以上规范化学校11所，其中省级2所、市级5所、区级4所。2016—2020年，累计投资3500万元用于改善办学条件。

**文　化**　2016年，镇综合文化站1个，村级文化活动中心29个，各类文化专业户2户；各类图书室29个，藏书4.5万册；音乐、美术、书法、摄影及文学业余创作人员10人；农家书屋29个，农村文化大院45个，文体广场45个，文艺宣传队3个。2020年，镇综合文化站1个，村级文化活动中心74个，各类文化专业户2户；各类图书室46个，藏书8万册，音乐、美术、书法、摄影及文学业余创作人员10人；农家书屋45个，农村文化大院45个，文体广场45个，文艺宣传队3个。县级以上文物保护单位11处，其中国家级2处（大汶口遗址、大汶口古石桥）、省级3处（山西会馆、山西街建筑群、文姜城遗址）、市级4处（云亭山遗址、云亭山烈士陵园、西大吴墓地、黄营遗址）、县级2处（彭宿店遗址、送驾庄遗址）。县级以上非物质文化遗产6项，其中市级5项（大汶口百代丽花边技艺、裴氏玻璃反画、大汶口文化古陶、泰山日出酒传统酿造技艺、泰山北斗酒传统酿造技艺）、县级1项（泰山民间锔艺）。

**卫　生**　2016年，医疗卫生机构47家、床位99张，其中镇卫生院1家、村卫生室46家；卫生技术人员71名，其中执业医师29名、执业助理医师6名。2020年，医疗卫生机构45家、床位99张，其中镇卫生院1家、村卫生室44家；卫生技术人员81名，其中执业医师31名、执业助理医师7名。

## 社会保障

**医疗保险**　2016年，居民基本医疗保险参保人数5.4万人。2020年，居民基本医疗保险参保人数4.3万人。

**养老保险**　2016年，居民养老保险参保人数3.59万人。2020年，居民养老保险参保人数3.76万人。

**低保救助**　2016年，享受城镇最低生活保障77户、98人，发放最低生活保障金37.85万元；享受农村最低生活保障744户、898人，发放最低生活保障金30.89万元。敬老院1家，床位22张，收养农村“五保”老人6人。2020年，享受城镇最低生活保障26户、32人，发放最低生活保障金14.71万元；享受农村最低生活保障438户、612人，发放最低生活保障金192.35万元。医疗救助21人次，发放医疗救助金4.31万元。敬老院1家，床位58张，收养农村“五保”老人14人。

## 名胜古迹

**大汶口遗址**　大汶口遗址是大汶口文化的命名地，位于大汶口镇西南，1982年2月23日立碑保护。1959年5月修筑津沪铁路时发现，今已进行3次挖掘，共揭露面积1800平方米，发掘墓葬56座、古坑120余个、房址14座，进一步证实了大汶口是集中的新石器时期氏族公共墓地。大汶口遗址地下遗存非常丰富，现已出土文物1万余件。出土大批墓葬和石、陶、玉骨器物等随葬品，对研究原始社会的私有制产生、阶级的萌发等有重要历史意义。其中，具有典型意义的彩陶豆已被中国国家博物馆保存。2010年，大汶口遗址列入国家“十二五”大遗址保护规划和首批23处国家考古遗址公园立项名单。2011年，大汶口遗址被国家列为中华文明探源工程重要实施地和中华文化标志城重要组成部分。大汶口遗址，为研究中国母系氏族晚期的社会状况、中国母系氏族公社向父系氏族公社的过渡、中国父系氏族社会及原始社会的解体等提供了宝贵资料。1982年2月，被国务院公布为全国重点文物保护单位。

**大汶口古石桥**　始建于明代隆庆年间，北起大汶口西南门，南至宁阳县茶棚村，横跨大汶河，全长570.95米，全桥共65孔，其中，桥面长238米。这座历经400余年的古桥，由简易到坚固，从分段到整体，数百年中不断改变着面貌。该石桥是一个整体石板桥，桥板每块长3.5米，宽52厘米，厚30厘米，用5块桥板并排组成一孔桥面，桥面宽2.5米。板桥的纵横相接处均用铁锤形扒据相钳接，十分坚固，每孔长度3.3米，桥墩均用大理石磨制。后人曾多次维修，均保持了石桥原貌。站在明石桥上，往西分别看到京浦铁路大桥、京浦铁路复线大桥、104国道大桥、京福高速公路大桥，往东可以看到京沪高铁大桥、北藤村

2023年，大汶口古石桥　　（李春荣　提供）

旧址。古迹四周堆积有近2米厚的文化层，有盆、罐、板瓦、瓮豆、壶、碎陶器片。据此可证，该古迹为春秋到战国时期的遗址。当时修建的文姜城都是宫殿式建筑，雕梁画栋，富丽堂皇。行宫大小及毁于何时已无从考证。2015年6月，被山东省人民政府公布为省级文物保护单位。

**皇营遗址**　位于大汶口镇卫驾庄西200米处，是清康熙南巡时修建的一座行宫。南北长200米，东西宽120米，总面积为2.4万平方米，四周环有宽1.2米、高6米多的红色围墙，殿堂、宫室近百间，三进三出，前后3个院落。皇营始建于康熙十八年（1679），至康熙二十三年（1684），康熙第一次南巡之前竣工。到康熙四十六年（1707）第六次南巡，历时23年，每次南巡均在此处落脚休息。其间留有数十名下僚、奴仆看守，清理护卫宫室，而后几代皇帝除乾隆皇帝到过2次外，其行宫再未使用。据记载，约在咸丰十年（1860）该行宫被人为破坏殆尽，只剩下隆起的地面和废墟。2016年1月，被泰安市人民政府公布为市级文物保护单位。

**云亭山遗址**　位于大汶口镇马家大吴村北，距大汶口镇政府驻地3千米处。云亭山海拔141.5米，周围面积4平方千米，此山虽不属于“三山、五岳”，却是当年三皇五帝、七十二君以及后来历代帝王的禅地场所。并与岱庙、南天门在同一中轴线上南北相望。封禅包含封山（封天）和禅地（祭地）两个动作，先从云亭山禅地（祭地），然后沿云亭山直线向北，通过岱庙，到泰山封山（封天），完成整个封禅大典。2006年12月，被泰安市人民政府公布为市级文物保护单位。

大桥。2013年3月，被国务院公布为全国重点文物保护单位。

**山西会馆**　据修山西会馆碑文记载，该馆是清乾隆二十四年（1759）在关帝庙基础上扩建而成。明清时期，晋商遍布全国，大汶口是商业重镇，明石桥扼南北交通，精于商业的山西商人看好这个黄金地段，在此建设会馆，或招待山西过往官员、商贾，或兑换银票，或同乡聚会，“山西会馆”因此得名。山西会馆坐落于大汶河明石桥北桥头，包括关帝庙和戏楼两部分，总面积2283平方米，南院为戏楼，坐南朝北，面积1540.5米，能容观众3000余人；北院为关帝庙，坐北朝南，面积742.5平方米，庙门居正中朝南，山平门式样，东有钟楼，西有鼓楼。进庙门，过厅即是关帝大殿，供奉关夫子，东殿为财神，西殿为火神，内有精美壁画。整个建筑雄伟壮观，重檐叠瓦，雕梁画栋，成为大汶口镇生意兴隆商贾云集的记证。2006年12月，被山东省人民政府公布为省级文物保护单位。

**文姜城**　位于大汶口镇政府驻地东北约500米处，高出地面1.8米，面积2.25万平方米。文姜城是战国时期齐僖公之次女文姜嫁给了鲁国鲁桓公，在齐鲁两国交界处大汶河北岸修建的行宫

## 古今名人

**刘振华（1921—2018）** 曾用名刘培一。大汶口镇东大吴村人，1938年加入中国共产党。卢沟桥事变后参加革命，先后任连政治指导员、营政治教导员、团政委、副师长。抗美援朝战争结束后，被朝鲜民主主义人民共和国授予二级国旗勋章和二级独立自由勋章。1955年被授予大校军衔，荣获二级独立自由勋章和二级解放勋章。1957年任中国人民解放军第40军副军长。1964年晋升少将军衔。1969年8月，任沈阳军区副政委兼旅大警备区第一政委。1970年，出任中国驻阿尔巴尼亚人民共和国特命全权大使。1976年任外交部副部长。1979年3月，任沈阳军区副政委，1982年10月任该军区政委。1987年11月，任北京军区政委、党委书记。1988年9月，被中央军委授予上将军衔。1993年当选为全国人大华侨委员会副主任。1998年7月离休。

## 土特名产

**土门村黄芽白菜** 大汶口以西至肥城市界，是大白菜的主要产地。大白菜品类繁多，主要种植的品种有黄芽白、狮子头、包头白。黄芽白桩细高，顶端周围有绿叶外张，中间是嫩黄的心，有如黄菊花。狮子头桩粗高顶大，顶端有皱纹的叶和白心蓬松着，像狮子的头而得名。包头白桩较矮而粗大，叶片一层一层的由四下向中间包着，有的能长到几十片。泰安大白菜历史悠久，古药书记载：大白菜“齐鲁之地遍产之，惟产岱岳镇者为最上”。泰安黄芽白菜的主产区是岱岳区，以品质优良著称，2014年获得地理标志认证，是全国地方名优特产品。大汶口镇土门村黄芽白菜口感好，生吃也脆甜脆甜的；营养高，其胡萝卜素含量比普通大白菜高出十几倍；叶多帮少。黄芽白菜品质优佳，用来煮菜，出水少且快熟易烂，菜汤则浑如奶，并有异于其他白菜的特殊鲜味。

**汶香附** 在古镇大汶口大汶河岸边的田地里和大汶河滩上生长着一种草药——香附，因在汶河流域生长所以叫汶香附，别名莎草根、三棱草根、三棱草。多年生草本，高达尺许，茎单一，直立，三棱形无毛，叶生长在茎的基部约与茎等长，小穗线形扁，紫褐色或红褐色呈不规则的伞形，排列于茎顶。地下根茎的先端有枣核形块茎，常数个相连，长约一寸，暗紫色，有明显的节，多生于河边，有的别处地方也能见到。药用块茎，春、秋两季刨采，去净秧苗，根茎泥土，晒至须茎稍干，用火燎净，撞去须茬，放入开水锅内，煮至内无白碴，晒干即为成品。

## 典型选介

**山东省旅游特色村——山西街村** 山西街村党支部坚持党建引领，依托历史资源，创新工作思路，狠抓产业兴村，着力构建村集体、合作社、村民多方共赢、科学长效的利益联结机制，走出了一条村强民富之路。按照“经营村庄，发展旅游”的思路，充分挖掘“中国传统村落”优势历史文化资源，积极引入工商资本，聘请国内知名建筑设计师，整合打造明石桥、山西会馆及沿街裕丰银号、当铺、酒铺、茶馆等古代建筑群，建设“乡奢”艺术酒店，利用村内闲置院落，完善院落式客房、文化中心展厅、中西餐厅及咖啡厅等配套服务设施，联合大汶口国家考古遗址公园，吸引游客重温传统商业和本地文化，满足不同人群的个性化需求，打造乡村“周末游”。2017年1月，被山东省旅游发展委员会评为山东省旅游特色村。

**山东省干事创业好班子——南西遥村党支部** 南西遥村抢抓机遇，大胆探索，以“三资”清理为突破口，以党建引领为着力点，强班子夯基础，

清“三资”补短板，谋政策强保障，发展壮大村级集体经济，实现经济发展的有效提升。2019年，南西遥村村级经营性收入达到27.5万元，在大汶口镇45个行政村综合排名中，从第40位跃升至第2位，并获评“2019年度泰安市发展集体经济进步村”“岱岳先锋先进基层党组织”，实现了由“空壳村”到“先进村”的华丽蜕变。2019年以来，南西遥村摸索形成了突出一个统领、激活一批队伍、壮大一批产业、做优一方环境“四个一”的工作思路，实现了班子转化，激活了发展活力，彻底改变了“软弱涣散村”的历史。把打造一支“创业发展”的村级班子放在突出位置，激发党员队伍活力，不断增强能打善战、强村富民的“内动力”。借助“三资”清理有利契机，协调土地6.67公顷，建设农业大棚，年增加村集体收入7万元。全面提升村庄的人居环境，修建三横四纵道路网。2020年12月，村党支部被山东省委表彰为山东省干事创业好班子。

## 镇党政主要负责人

**党委书记** 金　飞（副县级，2011.1—2016.12）
赵永东（副县级，2016.12—　）

**镇　　长** 张化军（2014.1—2016.12）
裴敦友（2016.12—2020.6）
张义强（2020.6—　）

（高大玉）

# 祝阳镇

## 地理环境

**位置面积**　祝阳镇位于岱岳区东部，北与下港镇接壤，南与范镇相连，东与济南市莱芜区毗邻，西与山口镇隔河相望。总面积88.8平方千米。

**建置区划**　祝阳明初建村，原名凤阳寨，因该村北有祝山，地处祝山之阳，清更名为祝阳。1912年属泰安县兴仁区。1928年属第四区。1941年属祝山区。1949年设祝阳区。1950年改为第五区。1958年建卫星公社。1959年改称祝阳公社。1960年9月并入山口公社。1962年3月从山口公社划出，复建祝阳公社。1984年4月撤销祝阳公社建立祝阳办事处。1985年5月撤销祝阳办事处建立祝阳乡。1995年撤乡建镇。2000年4月改称岱岳区祝阳镇。2016年，辖6个管理区，有祝阳、西大官、穆家庄、陈良、东大官、吴家庄、大路官庄、北高北、南高北、井家洼、谢官、姚官、公家汶、保全、下太和、徐家楼、金井、安乐庄、上太和、秋林、徐家汶、东张、赵家汶、二王安、泉林、李胡、石龙头、小南峪、大南峪、横岭、东石汶、桐花沟、周家庄、西张、西石汶、南张、北乔、下乔、东乔、姚东、姚西、姚中、焦北、永宁、陡沟、焦南、磨石沟、蒲台、宋庄、麻峪、小梭庄、梭东、梭西、梭北、后上、前上56个行政村。至2020年，建置区划未变。

**自然状况**　全境地势呈明显的南低北高之势，地貌类型复杂，平原、丘陵地居多，山地相对较少。属温带半湿润大陆性季风气候，年平均气温12.8℃，平均风速2.7米/秒，日照时数2639.3小时，最高气温40℃，最低气温-22℃。

四季分明，光热资源充足，春季干燥多风，夏季高温多雨，秋季清和高爽，冬季寒冷少雪，风向多偏北风和西南风。河流年内降雨时空分布不均，年平均降雨量678.22毫米，且多集中于汛期（6—9月），占全年降雨量的65.7%。平均陆面蒸发量491.4毫米，水面蒸发量为1092毫米。无霜期平均190天，最大冻土深46厘米。主要自然灾害有冰雹、旱涝、风灾、低温、霜冻、雷击等。

**人口民族**　2016年，常住总户数1.58万户，常住总人口4.69万人，其中男性2.65万人、女性2.04万人。2018年，常住总户数1.57万户，常住总人口4.60万人，其中男性2.58万人、女性2.02万人。2020年，常住总户数1.55万户，常住总人口3.94万人，其中男性2.00万人、女性1.94万人。有回族1个少数民族，总人口4500余人，少数民族村3个（梭西、梭东、梭北）。

## 经济状况

**农　业**　以种植小麦、玉米、大蒜、生姜、蔬菜为主。2016年，耕地面积4000公顷，农业总产值1.8亿元，其中农业产值1.2亿元、林业产值0.3亿元、牧业产值0.3亿元。生产粮食4.8万吨，棉花82.12吨，肉类3056.67吨，牛奶4195.11吨。小麦种植面积533.33公顷，单产512公斤。玉米种植面积3333.33公顷，单产615公斤。大蒜、生姜种植面积1666.67公顷。农业合作社30家。2018年，耕地面积4373.3公顷，农业总产值1.9亿元，其中农业产值1.3亿元、林业产值0.3亿元、牧业产值0.3亿元。生产粮食1.45万吨，棉花58.3吨，肉类9790吨，牛奶2700吨，大蒜种植面积1333.33公顷，生姜种植面积133.33公顷，桑园面积200公顷，蚕茧产量75万斤，产值1875万元。农民合作社133家，家庭农场32家。2020年，耕地面积4373.3公顷，农业总产值2.1亿元，其中农业产值1.4亿元、林业产值0.4亿元、牧业产值0.3亿元。生产粮食2.85万吨，棉花产量56.5吨，肉类总产3532.88吨，牛奶产量721.5吨，中青松石葡萄产业园种植面积100公顷，发展黄精种植133.33公顷，有机茶产业园新建大棚12个，产量增加4000斤。新增“三品一标”农业产品3个。荣获省级经济林标准化示范园奖牌。永乐食用菌现代农业产业园5000平方米电商科研楼和智能农业物联网设备投入使用，被评为市级工程实验室，研究项目荣获全市第二届国际高层次人才创新创业大赛二等奖。

**工　业**　2016年，规模以上工业企业5家，实现主营业务收入5.8亿元，利润870万元。山东岱银集团金辉制衣有限公司、泰安市力华液压设备有限公司等一批骨干企业相继建成投产。2018年，规模以上工业企业4家，实现主营业务收入2.8亿元，利润929万元。新签约项目4个，总投资额3.5亿元。2020年，规模以上工业企业5家，实现主营业务收入6.9亿元，利润25万元。4个重点建设项目全部投产。泰安市四季丰利经贸有限公司在青岛蓝海股权交易中心挂牌上市。新签约项目4个。

## 财政税收

**财　政**　2016年，一般公共预算收入1169.12万元，一般公共预算支出3282.34万元。2018年，一般公共预算收入1598.78万元，一般公共预算支出3206.03万元。2020年，一般公共预算收入2205.79万元，一般公共预算支出2068.28万元。

**税　收**　2016年，各项税收收入1101万元。2018年，各项税收收入1467.29万元，其中增值税933.06万元。2020年，各项税收收入2205.79万元，其中增值税1611.08万元。重点税源为建材行业。

## 社会事业

**教　育**　2016年，幼儿园12所，专任教师76人，在园幼儿849人；小学4所，专任教师141人，

在校学生1398人；普通初中2所，专任教师156人，在校学生1682人；区级以上规范化学校6所，其中省级2所、市级4所。2020年，幼儿园9所，专任教师86人，在园幼儿795人；小学4所，专任教师119人，在校学生1348人；普通初中2所，专任教师144人，在校学生1019人；区级以上规范化学校6所，其中省级2所、市级4所。2016—2020年，累计投入3000万余元用于学校标准化建设，先后建成镇中心幼儿园、姚庄小学、镇第二中学综合楼、第十五中学学生公寓等一大批教育基础设施，开通东路、南路、北路3路校车。

**文　化**　2016年，镇综合文化站1个，村级文化活动中心56个，各类文化专业户60户；各类图书室56个，藏书1.68万册，音乐、美术、书法、摄影及文学业余创作人员60人；农家书屋56个，农村文化大院56个，文体广场56个，文艺宣传队1个。2020年，镇综合文化站1个，村级文化活动中心56个，各类文化专业户70户；各类图书室56个，藏书2.24万册，音乐、美术、书法、摄影及文学业余创作人员90人；农家书屋56个，农村文化大院56个，文体广场56个，文艺宣传队1个。县级以上文物保护单位7处，其中省级2处（姚庄遗址、泰安抗日烈士公墓）、市级2处（祝山遗址、总司庙）、县级4处（姚中村古墓群、徐家楼古楼、大梭庄清真寺、吴家庄遗址）。县级以上非物质文化遗产5项，其中市级1项（金井渔鼓）、县级4项（汶河梆子、徐家楼奇案传说、赵家老干鸭、石敢当传说）。

**卫　生**　2016年，医疗卫生机构48家、床位99张，其中镇卫生院1家、村卫生室47家；卫生技术人员89名，其中执业医师20名、执业助理医师6名。2020年，医疗卫生机构48家、床位99张，其中镇卫生院1家、村卫生室47家；卫生技术人员93名，其中执业医师22名、执业助理医师7名。2016—2020年，累计投资1000万余元，用于医疗卫生基础建设及购买设备。

## 社会保障

**医疗保险**　2016年，居民基本医疗保险参保人数3.73万人。2020年，居民基本医疗保险参保人数3.96万人。

**养老保险**　2016年，居民参加养老保险1.06万人。2020年，居民参加养老保险1.26万人。

**低保救助**　2016年，享受城镇最低生活保障11户、16人，发放最低生活保障金5.3万元；享受农村最低生活保障707户、939人，发放最低生活保障金207万元。医疗救助41人次，发放医疗救助金10万元。敬老院1家，床位130张，收养农村“五保”老人17人。2020年，享受城镇最低生活保障13户、16人，发放最低生活保障金7.6万元；享受农村最低生活保障370户、549人，发放最低生活保障金190万元。医疗救助43人次，发放医疗救助金8.3万元。敬老院1家，床位130张，收养农村“五保”老人10人。至2020年，全镇共有221名老人领取高龄补贴。40名贫困群众全部落实基本医疗财政定额补贴政策。建档立卡贫困户中，新办理低保户31户、特困供养26人、残疾人证38人，对431户享受脱贫政策贫困户进行房屋逐户鉴定，并完成改造验收。

## 名胜古迹

**姚庄遗址**　省级文物保护单位。位于祝阳镇东北姚东村西、石汶河东畔，泰莱公路穿过遗址中心。为汉代古遗址。遗址东西宽1000米，南北长1500米，地形稍呈北高南低。文化层堆积80～100厘米，出土器物有鬲、罐、豆、瓦当、板瓦等。其中有商周鬲和战国陶豆、汉代瓦当，为商末至汉代遗存。

**泰安抗日烈士公墓**　省级文物保护单位。位于祝阳镇陈良村，占地面积9000平方米，始建于1946年7月，1978年扩修，是当时中共泰安县委、

2021年夏，泰安抗日烈士公墓　　（市退役军人事务局　提供）

县政府为纪念泰山地区在抗日战争中牺牲的烈士而建，也是泰山地区唯一一处抗日烈士公墓。2015年8月，该烈士陵园入选国务院公布的“第二批国家级抗战纪念设施、遗址名录”。

**祝山遗址**　市级文物保护单位。位于祝阳镇永宁村祝山上。《泰山道里记》记载：“小卢山东八里为祝山，单椒圆麓。”山势环拱，状若圆锥形，海拔312米。祝山翠柏掩映，榆槐葱茏，风景幽美。山南麓有石大夫庙，毁于近代，今唯存《石大夫庙叙》碑，碑文对“石大夫”的庙祀由来与信仰传布作了记述。东侧有朝阳寺古址，有1919年碑。上为寨墙遗迹，高约3米，绕山约500米，系清末民国初为防御土匪所建。山顶原有石庙，正中有甘露玉菩萨泥塑像，庙门前有清康熙二十二年（1683）及道光三年（1823）《重修甘露堂碑记》。

**总司庙**　市级文物保护单位。位于祝阳镇祝阳村，创建何时已无据可考，仅知1933年是第三次复修。总司庙是山东省境内唯一一座供奉总司大帝的庙宇。传说总司大帝是阴间最高权威的总司神，主生录死，惩恶扬善，威灵显赫，是权力与正义的化身。据古碑记载“总司大帝”原型是北宋抗辽民族英雄寇准。总司庙坐北向南，地基用条石垒砌，绕以围墙，庙门前台阶13层，登上台阶有平台，正中5幢石碑并列，平台东是文昌阁，西是钟鼓楼。大殿高约6米，青瓦筒瓴覆盖，重檐翘角，禽兽形状卧山，前厦突出，绘梁画栋，装饰精致。院内古柏参天，勒碑100余座。

**徐家楼古楼**　县级文物保护单位。位于祝阳镇徐家楼村，为清初富商徐文诰所建，徐文诰鼎盛时期，拥有土地千顷，北至瓦屋、芹村一带，西到山口、柳杭，南联高北，东临瀛汶河。徐文诰很注重农商并举，在各地经营商店、当铺、钱庄、药房，并建宅院前三后四7处3座大楼。楼、榭、台、庭房、配房、前后大门一应俱全，仅纹银就装满一座楼，堪称泰莱豪门巨富。

**黄巢坟**　位于祝阳镇金井村以南，墓高约6米，南北长约30米，东西宽约20米，因为黄巢曾登基称帝的缘故，当地村民称之为“皇上坟”。在此墓西南三四百米处还有一个金井村的自然村“拉马沟”，据介绍，此处就是当年黄巢突围出来后驱马至此但人疲马乏，最终遇难的地方。唐末农民起义军领袖，“冲天大将军”黄巢即殉难于西金井，并埋身于此。

## 古今名人

**孙传芳（1885—1935）**　字馨远。今祝阳镇下乔庄人。孙传芳15岁时附读于王家。清光绪二十八年（1902）入保定陆军练官营当学兵，后被保送陆军速成武备学堂就读。光绪三十年（1904）留学日本，先入东京振武学校，后考入东京陆军士官学校。宣统元年（1909）回国。1913年任团长，后历任旅长、混成旅旅长。1917年，调任湖北第一师师长。1921年湘鄂战争起，

两湖巡阅使吴佩孚任命孙传芳为长江上游警备总司令兼第二师师长。直奉战争爆发后，曹锟命孙发兵援闽，任命为福建军务督理。1924年8月，江浙战争爆发，孙传芳以闽浙总司令的名义挥师北上，攻占浙江，进驻杭州，被曹锟政府任命为闽浙巡阅使兼浙江军务督理，并授予恪威上将军勋位。12月25日，孙传芳在南京正式宣布成立浙闽苏皖赣省联军，自任总司令，成为直系后期最大军阀。1926年冬，孙军在南昌、九江被北伐军击败，退据江苏。1927年8月，率部渡江与国民革命军作战，在南京龙潭惨败。1928年春，任鲁西南前线总指挥，后被冯玉祥部击溃；4月底，在泰安西部至肥城一线被国民革命军彻底打垮。“九一八”事变后，迁居天津。1935年11月13日午后，施从滨的女儿施剑翘化名董惠，将其刺杀于天津紫竹林清修院。

公丕炎　1946年出生，祝阳镇公家汶村人，山东泰山国画院副院长。国家一级美术师。中国美术家协会会员、中国版画家协会会员、文化部中外文化交流中心国韵文华书画院特聘画家，中国画院特聘画家，第四届山东省美术家协会理事、副秘书长，第二届泰安市美术家协会主席。作品多次入选国内外美展，出版多种大型画集。

## 土特名产

灵　芝　在祝阳镇北部山区有很多名贵中药材，野生灵芝就是其中一种。灵芝民间称灵芝草。多孔菌科，是一种药用真菌。外形颇似一株五彩蘑菇，“蘑菇盖”呈不规则云朵形，有环纹与辐射状的皱纹相穿插；“盖”的下面有众多的细密菌管孔洞；梗侧生于“盖”下，光泽如漆。每逢夏季，泰山气温渐高，林间相对湿度逐渐增大，阳光散射，形成泰山灵芝迅速生长的有利条件。秋末，可在柞、枫朽木桩旁采到。

黄　芩　黄芩为唇形科植物，别名山茶根、土金茶根。野生于山顶、山坡、林缘、路旁等向阳较干燥的地方。黄芩，以根入药。

鹿角菜　又名天花菜，珊瑚菌科。8—9月生于山阴枯木丛中，或老板栗树背阴处，季节性强，不易采寻。其高15厘米，米黄色，基部白色。主枝粗壮，顶端不规则分枝，形似鹿角。小枝顶端钝，有2～3个小齿。菌肉白色，内实，孢子囊黄色，孢子无色。是上等滋补佳品。

葡　萄　葡萄科属高大缠绕藤本，叶片为纸质，圆卵形或圆形；花序大而长；浆果为卵圆形至卵状长圆形，成熟后为紫黑色或红而带青色；花期6月；果期为9—10月。葡萄被誉为四大水果之首，既可鲜食又可酿制葡萄酒，而且果实、根、叶皆可入药，全身都是宝。祝阳镇企业泰安中青松石农业科技有限公司产业园区种植了多种葡萄，其中包括鲜食葡萄品种：夏黑、阳光玫瑰、玫瑰香；酿酒葡萄品种：赤霞珠、蛇龙珠、霞多丽、贵人香等。

桑叶茶　祝阳镇桑叶种植历史悠久，桑叶内含有叫做1-脱氧野尻霉素（DNJ）的仅存在于桑叶中的生物碱，这种生物碱是α-葡萄糖苷酶的抑制剂，含量约100毫克/100克。桑叶中不仅含有DNJ，而且含有丰富的γ氨基丁酸和植物淳，其含量是绿茶的3～4倍。

双孢菇　又名洋菇、白蘑菇、纽扣菇、口蘑等，是蘑菇科、蘑菇属的一种真菌。它富含维生素、膳食纤维、蛋白质，同时双孢菇也是为数不多的可以生食的蘑菇之一。双孢菇还富含生物活性物质凝集素、α和β-葡聚糖、酚类物质、精氨酸等。

## 镇党政主要负责人

党委书记　张和江（2014.12—2018.9）
　　　　　王　翠（女，2018.9—　）
镇　　长　李新卫（2013.6—2016.12）
　　　　　王　翠（女，2016.12—2018.9）
　　　　　朱荣斌（2018.9—　）

（吴慧杰）

# 范　镇

## 地理环境

**位置面积**　范镇地属岱岳区东部，处泰莱平原腹地。东与济南市莱芜区杨庄镇接壤，南与角峪镇、徂徕镇隔牟汶河相望，西、北与祝阳镇和济南市莱芜区寨里镇拥瀛汶河相对。总面积68.68平方千米。

**建置区划**　始建于明，以范氏得名范家庄，后逐渐形成集镇，遂为范镇。1912年分属泰安县好义区、兴仁区。1928年分属第四区、第五区。抗日战争时期属泰北行署祝北区。1945年分属祝山区、栗林区、角峪区。1946年建范镇区。1957年建范镇乡。1958年建范镇公社。1984年建范镇办事处。1985年建范镇。2020年，辖范东、范西、唐北壃、贠北壃、田庄、谷庄、东岔河、孟庄、大沟头、大王、临溪、付庄、前杨、后杨、吴庄、店子、马庄、倪庄、杨梭、东张、张梭、谢台、王台、戚台、施庄、江庄、崔官、上埠东、孙埠东、刘埠东、兴隆、郑寨子、贾寨子、张寨子、刘寨子、于官、东辛、大辛、籽粒39个行政村。

**自然状况**　属于平原乡镇，境内南部、西部、北部为平原，面积占三分之二；东部为丘陵，面积占三分之一。地势明显呈北高南低，东高西低。土壤类型东面为亚黏土，北面、西面、南面均为壤土。三面环河，属汶河水系。三条河在范镇总长21千米，径流量3.2亿立方米，年排泄量3.2亿立方米，最大排泄量5.3亿立方米。年平均地表水资源量4983.4万立方米，砂资源储藏总量10万立方米。

**人口民族**　2016年，常住人口总户数1.5万户，常住总人口4.4万人，其中男性2.22万人、女性2.18万人。2018年，常住人口总户数1.5万户，常住总人口4.38万人，其中男性2.19万人、女性2.19万人。2020年，常住人口总户数1.5万户，常住总人口4.32万人，其中男性2.15万人、女性2.17万人。共有回族、朝鲜族、满族、蒙古族等15个少数民族，总人口50人，均属外地迁入人口。

## 经济状况

**农　业**　2016年，耕地面积4300公顷，农业总产值6.6亿元，其中农业产值5亿元、林业产值0.16亿元、牧业产值1.44亿元，农民合作社109个，种植大户65户，土地流转面积880公顷。2018年，耕地面积3820公顷，农业总产值7.3亿元，其中农业产值5.5亿元、林业产值0.18亿元、牧业产值1.62亿元，农民专业合作社125个，家庭农场97个，土地流转面积980公顷。2020年，耕地面积3718公顷，农业总产值8亿元，其中农业产值6亿元、林业产值0.2亿元、牧业产值1.8亿元，农民专业合作社132个，农业企业5家，家庭农场100个，土地流转面积1000公顷。农业机械总动力2.1万千瓦，小麦种植面积180公顷，玉米种植面积540公顷，生产粮食3.62万吨，肉类产量7000吨，牛奶产量1500吨。蔬菜主要是生姜、大蒜、韭菜、莴苣、茄子、西红柿、黄瓜、菠菜等，年产30万吨左右。生姜、大蒜是范镇多年来的种植品种，产品销往全国各地。

**工　业**　2016年，工业企业46家，规模以上工业企业12家；工业总产值12.87亿元，实现利税2.2亿元，其中利润1.7亿元；规模以上工业企业实现主营业务收入10.3亿元，实现利税1.8亿元，其中利润1.3亿元。2018年，工业企业53家，规模以上工业企业13家；工业总产值15.3亿元，实现利税2.4亿元，其中利润1.9亿元；规模以上工业企业实现主营业务收入13.8亿元，实现利税2.1亿元，其中利润1.7亿元。2020年，工业企业55家，规模以上工业企业13家；工业总产值16.99亿元，实现利税2.7亿元，其中利润2.1亿元；规模以上工业企业实现主营业务收入15亿元，实现利税2.6亿元，其中利润2亿元。2016—2020年，先后引进建设了投资31亿元的中石油天然气LNG、投资17亿元的中农联合生物科技产业园扩规、投资6亿元的新华数码印务、投资3亿元的岱东泰燃天然气、投资2亿元的泰宠产业园、投资1.5亿元的亚圣食品和投资1.06亿元的特新环保等11个过亿元项目，均已投产。

## 财政税收

**财　政**　2016年，一般公共预算收入2753万元，一般公共预算支出2032万元。2018年，一般公共预算收入3595万元，一般公共预算支出2320万元。2020年，一般公共预算收入4606万元，一般公共预算支出1987万元。支出重点是道路建设、土地整理项目、河道防洪治理和胜利渠改造工程。

**税　收**　2016年，登记各类纳税人646户，年纳税额在10万元以上的企业35家；各项税收收入2923万元，其中增值税1569万元。2018年，登记各类纳税人789户，年纳税额在10万元以上的企业42家；各项税收收入3595万元，其中增值税2565万元。2020年，登记各类纳税人877户，年纳税额在10万元以上的企业50家；各项税收收入4526万元，其中增值税3771万元。重点税源为化工、农产品加工、宠物食品、纺织等行业。

**金　融**　2016年，金融机构4家，人民币存款余额12.3亿元，贷款余额1.3亿元。2020年，金融机构4家，人民币存款余额17.7亿元，贷款余额2.6亿元。

**保　险**　2016年，保险机构5家，保费收入2500万元。2020年，保险机构5家，保费收入3000万元。

## 社会事业

**教　育**　2016年，幼儿园13所，专任教师82人，在园幼儿913人；小学5所，专任教师116人，在校学生1646人；普通初中2所，专任教师151人，在校学生2095人。区级以上规范化学校7所，其中省级2所、市级5所。2020年，幼儿园10所，专任教师69人，在园幼儿846人；小学5所，专任

2023年8月25日，范镇第一中学办公楼　（吕继东　摄）

教师106人，在校学生1330人；普通初中2所，专任教师130人，在校学生1177人。区级以上规范化学校9所，其中省级5所、市级4所。

**文　化**　2016年，镇综合文化站1个，村级文化活动中心39个，各类文化专业户160户，各类图书室1个，藏书2万册。音乐、美术、书法、摄影及文学创作队伍50人；农家书屋39个，农村文化大院39个，文体广场39个，文艺宣传队3个。2020年，镇综合文化站1个，村级文化活动中心39个，各类文化专业户300户，各类图书室1个，藏书5万册。音乐、美术、书法、摄影及文学创作队伍90人；农家书屋39个，农村文化大院39个，文体广场50个，文艺宣传队6个。县级以上文物保护单位6处，其中市级1处（付家庄观音阁）、县级5处（沟头村遗址、瀛县故城遗址、洪福寺遗址、增福寺、埠东岭扬水站）。市级非物质文化遗产5项（范镇油酥火烧制作技艺、王家面塑、孟氏瓦罐煲汤技艺、贠氏中药熏蒸泻血疗法、庞香斋卤蛋制作技艺）。

**卫　生**　2016年，医疗卫生机构39家、床位110张，其中镇卫生院1家、村卫生室38家；卫生技术人员171名，其中执业医师17名、执业助理医师11名。2020年，医疗卫生机构40家、床位111张，其中镇卫生院1家、村卫生室39家；卫生技术人员173名，其中执业医师24名、执业助理医师17名。

## 社会保障

**医疗保险**　2016年，居民基本医疗保险参保人数3.51万人。2020年，居民基本医疗保险参保人数3.80万人。

**养老保险**　2016年，居民参加养老保险2.50万人。2020年，居民参加养老保险2.71万人。

**低保救助**　2016年，享受城镇最低生活保障13户、22人，发放最低生活保障金9.13万元；享受农村最低生活保障760户、1025人，发放最低生活保障金229.97万元。医疗救助48人次，发放医疗救助金16.28万元。敬老院1家，床位22张，收养农村“五保”老人20人。2020年，享受城镇最低生活保障6户、10人，发放最低生活保障金4.63万元；享受农村最低生活保障288户、412人，发放最低生活保障金142.19万元。医疗救助30人次，发放医疗救助金6.34万元。敬老院1家，床位22张，收养农村“五保”老人20人。

## 名胜古迹

**付家庄观音阁**　市级文物保护单位。位于范镇付家庄南，南紧邻牟汶河。始建于宋代，明、清重修，现为清代建筑。此阁为跨道门楼式建筑，分底座、大殿两部分。底座东西长9米，南北宽6米，高4.5米，全部用石灰岩砌成。底座中央有石旋门，宽2.5米，高3.5米。底座之上建大殿1座。大殿长宽与底座相同，高8.5米。大殿西面有一石梯，可从地面攀登而上。大殿坐北面南，前有阁台、火池。南门上悬一横匾，上书“南海大士”。大殿系典型的宫殿式建筑，四梁八柱，上盖筒瓦，檐头筑有蛟龙和飞禽走兽。进殿门有木制隔扇，梁、檩彩绘，四周壁画。“哼哈二将”东西相对，中央供奉观音，两旁有阎王奶奶、送子娘娘。神像皆为泥塑。观音阁前有戏台1座，遗存清建阁石碑数十通，总占地面积650平方米。

**洪福寺遗址**　县级文物保护单位。位于范镇张梭村，北临瀛汶河。1956年文物普查时发现，遗址占地面积1900平方米。据传为唐代天宝年间建修，元、明及清重修。坐北向南，为四合院，四面环以3米高的围墙。寺内灰柏几十棵，高数丈，寺门两旁各有银杏树1棵，寺前为大道。洪福寺建筑宏伟，遐迩闻名。开寺门，经天井，直通前殿。前殿5大间，殿中央供如来佛像，东西对坐四大金刚；前殿左右各有配房3间。经前殿至后殿有“斑疹奶奶庙”1座，东有草亭。天井东西各有廊房3间，分供“关二爷”“阎王爷”塑像。

廊房前为钟楼，内有铁钟1尊，高1.5米，直径1.1米，1958年秋，铁钟被运往泰城。天井南为排房、右边3间，供二大金刚；左为戏楼，为一般寺庙所无。寺内曾有七代和尚执事，分别是安年、佛渊、佛运、灵岩、永增、永刚、故起。大殿于1962年秋倒塌。1968年10月，张梭村在寺旧址建起西张小学。1984年春，寺内出土铜盆1件，直径42厘米。

**增福寺**　县级文物保护单位。位于范镇马庄村。据寺内石碑记载，增福寺创建于宋代，清道光七年（1827）三月重修。该寺坐北向南。正中大殿东西长18.5米，南北宽7.3米，高4米，分为5间。门前有阅台门。殿内上悬“觉悟群生”匾，供释迦牟尼、南海观音等像。大殿内佛爷东西两侧为十八罗汉，各具形态。出殿北门又有一阅台。后院栽有银杏、侧柏近百株。西南方向与寺相连，建有土地庙1座。大门至二门间，东西各列有一排建寺石碑。东南角置钟楼。二门系砖砌圆形拱门，分东西两个。进二门配有东西廊房，东廊房共五间，南头两间系寺院道士所住，北头三间供奉“刘关张”三义神。西廊房3间，供奉“赵君娘娘”等神像3座。20世纪50年代，寺内佛像全部拆除，改作学校，后树亦伐光。“文化大革命”期间，寺内多数碑刻被毁，仅存大殿。

**沟头村遗址**　县级文物保护单位。位于范镇大沟头村西南500米处，北紧靠瀛汶支流。遗址面积25万平方米，四面皆环壕沟。距地表2米以下为文化层，堆积厚度30～40厘米，内含相当数量的灰陶片、红烧土、灰陶瓮、陶罐、青瓷壶、铁釜、汉代铁鼎、隋代瓷罐。经文物部门考证，为汉代至隋代遗址。

**瀛县故城遗址**　县级文物保护单位。位于范镇东岔河村的故县自然村。遗址东西长800米，南北宽600米，面积48公顷。为商周时代遗址。明《泰山志》记载：“嬴城：在岳东址，距州城东南五十里。汉置县，属泰山郡……后省入博城。”光绪《山东通志》记载：“奉高县城：在（泰安）县东五十里，汉置县，为泰山郡治。今为东故县村。”泰山郡从西汉建立，一直延续到北齐，奉高作为郡治也延续至北魏。南北朝时，战乱频发，奉高屡遭战火而衰落。大业元年，隋炀帝废奉高入博。新中国成立后，奉高遗址曾出土部分文物，现仅存石门砧2个，南北相距2.4米，其东西长68厘米、南北宽35厘米、厚78厘米。

## 古今名人

**赵弘文（1591—1673）**　字渊，号朴庵，范镇谷庄村人。明朝万历四十六年（1618）举人，崇祯十年（1637）进士。清顺治二年（1645），授广东道监察御史、巡按，苏松常镇等处兼沿海综核将领，辞官回故里后，三聘不出，潜心道学，有著述行世，对泰山文化建设颇有贡献。

**苗富元**　1956年生，范镇戚台村人，山东第一山集团公司董事长，山东省第十届人大代表，泰安市第十四届、十五届、十六届人大代表。获山东省新长征突击手、省明星企业家称号。他所管理的山东第一山毛纺织有限公司属国家中型二级企业，被誉为全国、全省纺织行业先进单位。他研发的“第一山”牌精纺呢绒，被科技部等五部委评为国家级重点新产品，荣获全国同行业十大名牌。2002年，公司员工达到1800人，产值超过8000万元，上缴税收280余万元。

**唐昭林**　泰安市范镇人，1969年4月加入中国共产党，1968年3月参加工作，在职大专学历。1968年3月至1973年1月，济军守备二十四团、三团战士、班长、排长；1973年1月至1975年5月，济军守备一师宣传科干事；1975年5月至1980年5月，四十六军政治部干部处副营职干事；1980年5月至1983年8月，泰安县（市）人武部政工科副营职干事（其间：1982年9月至1983年7月，南京政治学院学习）；1983年8月至1985年1月，宁阳县人武部副部长；1985年1月至1986年10月，泰安市泰山区人武部副部长；1984年1月至1987年1月，山东大学自考党政干部基础科学习；1986年10月至1987年5月，泰安市政府研究室经济工作科副科长；1987年5月至1988年12月，泰安市政府办公室综合科副科长；1988年12月至1990年12月，泰安市政府办公室综合法规科科长；1990年12月至1992年5月泰安市政府法制处处长；1992年5月至1996年4月，泰安市政府副秘书长、办公室党组成员，市行政管理学会办公室（市政府研究室）主任；1996年4月至2000年11月，泰安市政府副秘书长、办公室党组成员、调研室主任；2001年3月任市政府秘书长；2006年2月任市人大常委会副主任。

## 土特名产

**范镇油酥火烧**　范镇油酥火烧制作技艺是泰安市级非物质文化遗产。清乾隆年间，范镇村民徐畅创制。范镇油酥火烧用精制面粉、盐、驴油、花椒，芝麻等材料混合烤制而成。其加工讲究“三合面”，即发面、生面、老面，按一定的比例配制，运用祖传发酵工艺，采用独特老面兑碱技法，经过选面、发酵面、化碱、面碱混合、烤制、凉透装箱10多道工序，完全手工制作。火烧外酥内软，层次分明，外形圆润美观，满口香酥，回味悠长。1965年，徐氏第六代传人徐太国在山东省供销系统食品表演大赛中，获一等奖和特别荣誉奖。20世纪90年代后，范镇火烧已传遍全国数百个大中城市。

**泰山火烧**　李家泰山火烧系传统手工技艺，以家传方式进行传承，有据可考的传承自先祖李大用至今，已传承七代，第七代嫡脉传承人李鹏，为发掘、传承、保护和发展这一技艺，注册了以“泰山火烧”为主打产品的泰安红豆开元贸易有限公司。制作泰山火烧的材料有花生油、面粉、酵面、老面、芝麻、佐料等，制作工艺复杂，传统工艺是用陶炉烤制。泰山火烧，外形呈螺旋状，酷似太极图，色泽呈酱色透黄，外层酥脆可口，内层松软宜人，层多而分明，面筋道，味极美。2007—2009年，连续3年被山东省旅游局评为“山东省旅游休闲购物十佳品牌”。2007年、2008年，连续2年获“山东省旅游商品创新设计大赛优秀奖”。2010年，被省工商联评为“山东历史名吃”。

## 典型选介

**中国百强农药生产企业——山东省联合农药工业有限公司**　公司位于岱岳区范镇经济开发区，是国家定点农药生产企业、山东省第一批化工重点监控点企业。公司成立于1995年，是山东中农联合生物科技有限公司的全资子公司，隶属中华全国供销合作总社。产品主要有哒螨灵、吡虫啉、啶虫脒、烯啶虫胺等原药产品，以及杀虫剂、杀螨剂、杀菌剂三大系列百余个制剂产品。已申请国内发明专利122项，获得国内发明专利授

2023年8月25日，范镇郑寨子村牌坊　（李勇　摄）

权49项，3个发明专利在13个国家获得授权。公司是国家高新技术企业，并被山东省环保厅认定为省级清洁生产企业，先后被评为诚信经营单位、山东农民最信赖的农资品牌企业、中国百强农药生产企业。

**全国文明村——郑寨子村** 郑寨子村有265户、912人，耕地面积106.67公顷。2000年后，该村进行土地调整、土地流转，大幅度提高了集体收入。开发并整平河滩荒地5.33公顷，发展特色产业，使集体收入和群众收入持续增加。2016—2020年，该村利用牟汶河水域、扬水站旧址等资源，发展反季节大棚水果，成为当地采摘旅游胜地，年吸引游客逾万人，每年村集体收入80万余元，村民人均收入超过2万元。该村先后被授予“省级生态文明村”“泰山先锋党支部”“市级党政廉洁示范村”“岱岳先锋红旗党支部”等称号。2017年11月，被中央精神文明建设指导委员会授予“全国文明村”称号。

## 镇党政主要负责人

**党委书记** 史　伟（2011.12—2016.12）
燕　光（2016.12—2019.03）
庞林星（2019.03—　）

**镇　　长** 夏　芳（女，2014.1—2016.12）
朱荣斌（2016.12—2018.10）
刘明坤（2018.10—　）

（刘振明）

# 角峪镇

## 地理环境

**位置面积** 角峪镇位于岱岳区东部，东与济南市莱芜区牛泉镇接壤，南与化马湾乡毗邻，西与徂徕镇相连，北隔牟汶河与范镇相望。总面积63.67平方千米。

**建置区划** 相传周朝时，此地为山地、丘陵地带，四周被水环绕，在几个山谷之间住着几户人家，此地被称为“峅谷里”。以后随着地形演化，水越来越少，陆地越来越多，到明朝时因该地为丘陵地带，并且气候环境宜人，水资源丰富，居住人口逐渐增多，境内有一山脉为“九龙山”以后此地逐渐改名为“峅峪”。现代人为书写方便，把“峅”改为“角”，故名“角峪”。1928—1937年，属泰安县第五区。1937年5月，泰安县建立临时县委，全县划为10个区，属五区。1938年1月，属二区，也叫玉山区。1945年10月，建角峪区。1950年8月，角峪区改称为泰安县第七区。1955年9月，改为角峪区。1958年3月，撤销角峪区，建立角峪和茌家庄两个区级乡。1959年1月，改称角峪人民公社，辖54个生产大队。1963年，增加刘家埠、磨石埠、辛店、殷家林、北崖5个大队。1984年，撤销角峪人民公社，建立角峪办事处。1985年12月，撤销角峪办事处，建立角峪镇，同时，将茌家庄乡、土山河乡、王家庄乡、化马湾乡从角峪镇划出。2020年，辖角东、角西、河西、鲁东、鲁西、岳家庄、泉坡、柴庄、牛角、纸房、南角峪、洪河、先锋、西南峪、北冶、南冶、二虎、杨官庄、郗官庄、唐庄、安乐、鹿角、泉上、苏庄、磨石埠、刘家埠、兴隆、亓家庄、埠上29个行政村。

**自然状况** 境内大部分为丘陵地，地势东南高西北低。水资源充沛，境内主要河流有牟汶河、汇河、淘河，属黄河流域大汶河水系牟汶河支流，境内全长25千米，总流域面积44.57平方千米，角峪水库为泰安境内第二大水库。海拔134～314.4米。境内矿产资源主要有铁矿石、页岩、石灰岩、砂岩、菱镁矿、河沙等矿藏，其中铁矿石探明储量320万吨，可采储量为240万吨，集中分布在242省道以北。

**人口民族** 2016年，常住总户数1.24万户，常住总人口3.5万人，其中男性1.74万人、女性1.76万人。2018年，常住总户数1.2万户，常住总人口3.39万人，其中男性1.68万人、女性1.71万人。2020年，常住总户数1.16万户，常住总人口3.32万人，其中男性1.65万人、女性1.67万人。共有少数民族14个，总人口40人，其中彝族7人、壮族3人、满族1人、傣族5人、蒙古族5人、朝鲜族3人、土家族1人、傈僳族1人、布朗族1人、回族6人、哈尼族1人、苗族3人、仡佬族2人、拉祜族1人。

## 经济状况

**农　业** 以种植小麦、玉米、花生、草莓、葡萄为主。2016年，耕地面积3700.63公顷，农业总产值1.65亿元，其中农业产值0.3亿元、林业产值0.7亿元、牧业产值0.65亿元。农民合作社12个，种植大户11个，土地流转面积5公顷。2018年，耕地面积3700.63公顷，农业总产值1.72亿元，其中农业产值0.2亿元、林业产值0.8亿元、牧业产值0.72亿元。农民专业合作社31个，家庭农场21个，土地流转面积8公顷。2020年，耕地面积3700.63公顷，农业总产值1.93亿元，其中农业产值0.22亿元、林业产值0.9亿元、牧业产值0.81亿元。农民专业合作社36个，家庭农场29个，土地流转面积12公顷。农业机械总动力2.52万千瓦。小麦种植面积335公顷，玉米种植面积663.3公顷。生产粮食6493吨，生产棉花29.30吨，花生1300吨，肉类3142吨。2016—2020年，完成1566.67公顷高标准农田建设，土地复垦项目顺利实施，增加耕地指标14.54公顷，新建维修农田水利设施51处，惠及2.3万名群众。培植市级现代农业产业园1处，升级乡土产业名品村3个，科技示范园10处，注册农产品商标2个。

**工　业** 2016年，工业企业15家，工业总产值2.17亿元，实现利税715万元，利润326万元。其中规模以上工业企业2家，实现主营业收入1.76亿元，实现利税572万元，利润281万元。2018年，工业企业15家，工业总产值3560万元，实现利税285万元，利润156万元。其中规模以上工业企业1家，实现主营业收入2167万元，实现利税275万元，利润136万元。2020年，工业企业15家，工业总产值3687万元，实现利税373万元，利润218万元。其中规模以上工业企业1家，实现主营业收入2018万元，实现利税290万元，利润186万元。引进落地项目2个，招商引资到位资金1亿元，上级拨款项目资金7000万元，进出口总额1023.06万元。投资5000万元的泰安市金地机械有限公司的机械加工项目、投资3000万元的泰安市奥尼熊服饰有限公司的服装加工项目先后落地，实现年产值9000万元，利税1500万元，安排就业220余人。

## 财政税收

**财　政** 2016年，一般公共预算收入438.45万元，一般公共预算支出2128.79万元。2018年，一般公共预算收入736.73万元，一般公共预算支出2645.35万元。2020年，一般公共预算收入1408.93万元，一般公共预算支出2116.71万元。支出重点和变化主要是向农村人居环境改善、民生产业、扶贫产业、农村道路等生产生活条件改善和疫情防控倾斜。

**税　收** 2016年，登记各类纳税人84户，年纳税额在10万元以上的企业5家；各项税收收入797万元，其中增值税632万元。2018年，登记各

类纳税人122户，年纳税额在10万元以上的企业7家；各项税收收入736.73万元，其中增值税584万元。2020年，登记各类纳税人283户，年纳税额在10万元以上的企业10家；各项税收收入2663.8万元，其中增值税2111.6万元。重点税源为工业、建筑和服务行业。

## 社会事业

**教　育**　2016年，幼儿园9所，专任教师56人，在园幼儿535人；小学6所，专任教师89人，在校学生856人；普通初中1所，专任教师91人，在校学生1004人。区级以上规范化学校4所，其中省级1所、市级3所。2020年，幼儿园7所，专任教师43人，在园幼儿320人；小学3所，专任教师72人，在校学生535人；普通初中1所，专任教师91人，在校学生517人。区级以上规范化学校3所，其中省级1所、市级2所。

**文　化**　2016年，镇综合文化站1个，村级文化活动中心15个，庄户剧团1个，各类图书室15个，藏书2万余册，音乐、美术、书法、摄影及文学业余创作人员12人，农家书屋15个，农村文化大院15个，文体广场15个，文艺宣传队15个。2020年，镇综合文化站1个，村级文化活动中心29个，庄户剧团1个，各类图书室30个，藏书5万余册，音乐、美术、书法、摄影及文学业余创作人员30人，农家书屋29个，农村文化大院29个，文体广场29个，文艺宣传队30个。县级以上文物保护单位7处，其中省级2处（十字穿心阁、阴佛寺石窟造像）、市级2处（苏庄玉皇山山寨遗址、泉上古楼）、县级3处（南角峪冶铁遗址、鲁西村冶铁遗址、安乐庄王坟）。县级以上非物质文化遗产6项，其中市级1项（郭疙瘩咸菜）、县级5项（李氏枯根断痔音、李氏佰容音、李氏透骨膏、李氏扁利针疗法、李氏鼻咽膏）。

**卫　生**　2016年，医疗卫生机构27家、床位50张，其中镇卫生院1家、村卫生室26家；卫生技术人员41名，其中执业医师22名、执业助理医师6名。2020年，医疗卫生机构27家、床位50张，其中镇卫生院1家、村卫生室26家；卫生技术人员46名，其中执业医师21名、执业助理医师8名。

## 社会保障

**医疗保险**　2016年，居民基本医疗保险参保人数2.29万人。2020年，居民基本医疗保险参保人数2.27万人。

**养老保险**　2016年，居民参加养老保险1.73万人，参保缴费2046万元。2020年，居民参加养老保险1.86万人，参保缴费4016万元。

**低保救助**　2016年，享受城镇最低生活保障11户、17人，发放最低生活保障金6.14万元；享受农村最低生活保障256户、402人，发放最低生活保障金82.33万元。医疗救助32人次，发放医疗救助金8万元；敬老院1家，床位30张，供养“五保”老人11人。2020年，享受城镇最低生活保障7户、11人，发放最低生活保障金5.59万元；享受农村最低生活保障239户、384人，发放最低生活保障金133.57万元。敬老院1所，床位32张，工作人员7人，供养“五保”老人236人，供养标准每人每月620元。落实困难救助、医疗补助等民生保障方面专项支出3.34万元。

## 名胜古迹

**鹿角村十字穿心阁**　省级文物保护单位。位于角峪镇鹿角村。清康熙年间乡民张太芬募资创建，乾隆五十六年（1791）建成。阁楼通高12米，分上下两层，上层为观音阁，下层为底台。底台全石砌筑，高5米，平面为正方形，占地面积177平方米，正中心有一块“十”字形券石，四面各有高4.3米、宽2.3米样式等同的发券拱门，行人穿行其下。阁壁间嵌有清代张艾如撰写的《穿心阁碑记》。保存有清代、民国时期碑刻

2021年9月，鹿角村十字穿心阁 （陈西红 摄）

十余通。建筑独具特色，为泰安仅存的十字穿心式阁楼。

**阴佛寺造像** 省级文物保护单位。位于角峪镇苏庄村西南玉皇山下。属唐代古建筑。原有阴佛寺一座，始建于隋代，历代皆有重修，毁于“文化大革命”时期。寺附近石壁上雕有石窟造像，窟高2.5米，宽1米，弧顶龛形，内有高浮雕释迦牟尼坐像一尊，高1.5米，螺髻，双耳下垂，表情慈祥；内著僧袛支，外披袈裟，作施无畏印（已残缺）和与愿印。双膝下垂，跣足踩莲座。窟外峭壁上有小佛坐像数十尊。

**苏庄玉皇山古山寨** 市级文物保护单位。位于角峪镇苏庄村西南玉皇山顶。始建于明代，清同治年间重修。古山寨平面呈“8”字形，四周保存有山寨围墙，青石砌筑，南北长约1000米，东西宽约500米。寨内残存寨墙高1.5米、宽0.8米，房基70余间。寨顶原有玉皇庙等建筑（多已不存）。尚存无梁殿1座，创建于明正德年间，清代重修。殿拱券顶，单间，前柱厦，全石结构。保存有明、清时代碑刻数通，记修建雷神殿、无梁殿之经过。

**泉上村古楼** 市级文物保护单位。位于角峪镇泉上村，当地称石门框庄园。始建于清嘉庆年间，光绪年间已成为由4处四合院组成的小型庄园，共计房屋50余间。20世纪50年代初期至80年代中期，曾作为国家粮站，后作为泉上大队部、泉上村民委员会及其工副业厂房；90年代初，由于村庄规划，3处四合院被拆除改为民房。今尚存古楼1座，坐西朝东，建筑面积72平方米，上下两层，砖木结构，二楼面阔5间。

**鲁西村冶铁遗址** 县级文物保护单位。位于角峪镇鲁西村西南200米处，又称冶西冶铁遗址，为隋、唐时代遗址。东北距村委约500米，面积约2万平方米，文化堆积厚约1.50米。地表散布大量炼渣等。采集有隋、唐时期青瓷碗、瓶等残片。该遗址对研究泰安地区冶金史提供了重要资料。

**安乐庄王坟** 县级文物保护单位。位于角峪镇安乐庄村，汉代古墓葬。王坟封土呈圆丘形，高约2米，直径约20米，占地面积300平方米。墓周边散布有汉代绳纹瓦、陶器残片等。据传，很早以前，一个开创江山的君王，路过此地遇见一个心地善良的女子并收为义女。君王打下江山重返故里看望义女，只因义女思念君王忧郁而死。事已至此，君王将义女埋于此地，得以厚葬。今墓葬基本完好。

**南角峪冶铁遗址** 县级文物保护单位。位于角峪镇南角峪村委南侧，为汉代古遗址。遗址东西长223米，南北宽80米，面积约1.78万平方米。文化堆积厚1.5～4.5米。曾发现有十分坚硬的炉底，炉底出土较多的黑碗、鹿角化石、石斧。地表散布有陶片、铁渣、汉代太阳纹残砖等，采集有铁铧、瓷器、铁片等。该遗址对研究汉代泰安地区冶金史提供了重要资料。

## 古今名人

**马忠臣（1936—2021）** 1936年9月出生，角峪镇鹿角村人。1952年7月参加工作，1956年1月加入中国共产党。曾任泰安地委副书记兼泰安县委书记、泰安县革委会主任。1983年10月任泰安市委书记（县级），1985年3月起历任泰安市委书记（地级），山东省人民政府副秘书长、山东省人民政府办公厅党组副书记，山东省人民政府副省长兼秘书长、山东省委副书记，农业部副部长、党组副书记，河南省委副书记、副省长、省长、省委书记等。2000年9月，任中央财经领导小组副秘书长、中央农村工作领导小组副组长。2003年3月，当选政协第十届全国委员会常务委员。

**张品一** 角峪镇纸房村人。1965年5月加入中国共产党，1967年8月参加工作。1963年9月至1968年7月，山东师范学院化学系化工专业学习；1968年8月至1973年1月，宁阳县化肥厂技术员、车间主任；1973年1月至1974年4月，山东省化工厅生产处干部；1974年4月至1980年11月，泰安地区化工局干部；1980年11月至1984年3月，泰安地区化工局副局长；1984年3月至1990年6月，泰安地区（市）科委主任、党组书记；1990年6月至1993年12月，泰安师专党委书记；1993年12月至1994年4月，泰安市委常委、泰安旅游经济开发区党工委书记；1994年4月至1995年6月，泰安市委常委、泰安旅游经济开发区党工委书记、管委主任；1995年6月至2001年1月，任泰安市委常委、组织部部长；2001年1至2月，泰安市人大常委会党组副书记；2001年2月以后，泰安市人大常委副主任、党组副书记。

## 土特名产

**“岱欣绿”葡萄** 1999年起，岳家庄村引种大粒葡萄藤稔。2012年注册“岱欣绿”产品专用商标，并实施了无公害认证。2014年取得了“绿色食品”认证，提高了产品知名度和附加值。2016年种植面积12公顷，品种主要有藤稔、巨玫瑰；2020年种植面积17.33公顷，品种扩展到夏黑、阳光玫瑰、金手指、沪太八号、金田手指等7个品种。岳家庄带动周边亓家庄、河西等多个村进行葡萄大棚种植，葡萄不仅上市早，而且粒大、汁多、色艳、味美，2020年实现农超对接50吨。

## 典型选介

**山东省级文明村——先锋村** 先锋村辖2个自然村，有“博士村”的美誉。先锋村积极发挥战斗堡垒作用，立足村级生态环境、历史人文等资源优势，抓产业、促增收，优环境、助和谐，强服务、惠民生，实现了发展出彩、振兴增色，逐渐打造成为村街秀美、环境优美、生活甜美、社会和美的和谐美丽乡村。深入开展新时代文明实践活动，积极开展星级文明户、文明信用户、“好公婆”“好媳妇”等活动。修建文化广场，组建村内文体队，成立红白理事会，以“村规民约”“家风家训”为抓手，稳步推进“移风易俗”工作，2017年荣获“山东省级文明村”称号。推进道路硬化、村庄绿化、卫生洁化、环境美化、村庄亮化“五化”建设，积极开展美丽乡村示范创建工作，借助人居环境整治、垃圾分类、秸秆禁烧等工作，实现了村庄整洁、环境优美、生态良好。2018年获“省级卫生村”“省级美丽乡村示范村”等称号。

## 镇党政主要负责人

**党委书记** 燕　光（2016.1—2016.12）
王宝元（2016.12—　）

**镇　　长** 王宝元（2016.1—2016.12）
马　林（2016.12—2019.1）
董加军（2020.6—　）

（高文旭）

# 马庄镇

## 地理环境

**位置面积** 马庄镇位于岱岳区西南部，南临大汶河与宁阳县隔河相望，西与肥城市汶阳镇相邻，北与满庄镇相接，东与大汶口镇接壤。总面积57.24平方千米。

**建置区划** 古时赵王河流经此地，人们在此建码头，故称码头庄，后演变为马庄。另一说法为此地古代曾是水乡泽国，域内河道纵横，是古代的码头和官方驿站，称码庄，后演化为马庄。1912年隶属泰安县和平区。1928年属第九区。1938年属第八区。1950年属宁阳县第六区。1953年，第六区改为临汶区、西遥区，建立五乡（马庄、大坡、西界、西遥、柏子）。9月，建立六处人民公社，即兴华（大汶口镇）、建国（柏子乡）、红光（西遥乡）、幸福（西界乡）、汶阳（马庄乡）、大坡（大坡乡）。1956年复归泰安县。1958年建立西界公社。1960年并入大汶口人民公社。1984年4月，撤销大汶口人民公社，设立大汶口办事处，建立5乡1镇（柏子乡、西遥乡、杨家庄乡、董家庄乡、马庄乡、大汶口镇）。1985年，撤销大汶口办事处，将原大汶口办事处的董庄乡、马庄乡和满庄办事处的大坡乡组建为马庄乡，辖董家庄、马庄、大坡3个管区，36个行政村。1995年1月，撤乡建镇，改为马庄镇。2020年，辖北苏、双庙、洼口、徐官、泉头、马庄、薛家庄、吴家新庄、老宫官庄、夏马、顺河、坊子、苏家大坡、肖家官庄、漕河、王家大坡、陶家大坡、萨家庄、刘家大坡、李家大坡、王家官庄、河口、后营、东隅、平家庄、前营、南隅、西隅、董家庄、南王、大寺、南李、朱家寨、北李、南苏、西张36个行政村。

**自然状况** 境内地形以平原为主，地势东南高西北低，属温带半湿润大陆性季风气候。海拔73.1～84.8米。灌溉条件良好，地下水源丰富。主要河流有大汶河及其支流大漕河、小漕河，大汶河沿镇南部自东向西流，漕河、浊河从境北部穿流而过。矿藏资源以石膏、岩盐为主，其中石膏储量354亿吨，占山东省储量的94.6%，是中国石膏第一镇，岩盐矿区面积36.44平方千米，已探明储量75亿吨，是全国特大岩盐矿之一。全镇有较为丰富的植物资源，常见木本植物是黑松、刺槐、杨树、柳树、苹果、桃树、核桃、花椒等，常见草本植物有狗尾草、蓟草等，药材主要有黄精。全年平均气温14.6℃，1月平均气温最低为-0.6℃，7月平均气温最高为27.4℃，极端最高气温38.7℃，出现在2020年6月4日。极端最低气温-17.6℃，出现在2016年1月24日。境内年平均降水量726.8毫米，境内年平均日照时数2454.8小时，年平均地温17.0℃。

**人口民族** 2016年，常住总户数1.39万户，常住总人口4.76万人，其中男性2.4万人、女性2.36万人。2018年，常住总户数1.4万户，常住总人口4.84万人，其中男性2.44万人、女性2.4万人。2020年，常住总户数1.34万户，常住总人口4.96万人，其中男性2.5万人、女性是2.46万人。共有少数民族1个，为回族，总人口4866人，主要分布在西隅村、前营村、后营村、东隅村、南隅村。

## 经济状况

**农　业**　以种植小麦、玉米、蔬菜为主。2016年，耕地面积3350公顷，农业总产值1.1亿元，其中农业产值1亿元、林业产值0.025亿元、牧业产值0.075亿元。农民合作社81个，种植大户67个，土地流转面积1600公顷。2018年，耕地面积3500公顷，农业总产值1.18亿元，其中农业产值1.064亿元、林业产值0.035亿元、牧业产值0.081亿元。专业合作社83个，家庭农场3个，土地流转面积1600公顷。2020年，耕地面积3500公顷，农业总产值1.38亿元，其中农业产值1.104亿元、林业产值0.069亿元、牧业产值0.207亿元。农民专业合作社83个，农业企业2家，家庭农场4个，土地流转面积2133.33公顷。农业机械总动力29.11万千瓦。生产粮食5.44亿吨。小麦种植面积3066.67公顷，玉米种植面积3133.33公顷。

**工　业**　2016年，工业企业21家，工业总产值5.8亿元，实现利税1.05亿元。其中规模以上工业企业5家，实现主营业务收入3.6亿元，实现利税5656万元。2018年，工业企业23家，工业总产值6亿元，实现利税1.23亿元。其中规模以上工业企业3家，实现主营业务收入3.7亿元，实现利税6125万元。2020年，工业企业25家，工业总产值7.2亿元，实现利税1.5亿元。其中规模以上工业企业3家，实现主营业务收入5.3亿元，实现利税1.01亿元。引进落地项目1个，招商引资到位资金6000万元，对上争取到位资金6862万元，进出口总额6000万元。

## 财政税收

**财　政**　2016年，一般公共预算收入2320万元，其中工商税收2027万元，一般公共预算支出1951万元。2018年，一般公共预算收入3079万元，一般公共预算支出2249万元。2020年，一般公共预算收入3943万元，一般公共预算支出1706万元。

**税　收**　2016年，登记各类纳税人76家，年纳税额在10万元以上的企业26家；各项税收收入1981万元，其中增值税1138万元。2018年，登记各类纳税人123户，年纳税额在10万元以上的企业34家；各项税收收入2734万元，其中增值税1343万元。2020年，登记各类纳税人145户，年纳税额在10万元以上的企业45家；各项税收收入2989万元，其中增值税1761万元。重点税源为盐业、矿业、岩盐等行业。

2020年4月，马庄镇高标准农田　　（李　宁　摄）

## 社会事业

**教　育**　2016年，幼儿园15所，专任教师116人，在园幼儿1420人；小学4所，专任教师94人，在校学生1292人；普通初中2所，专任教师123人，在校学生1765人。区级以上规范化学校6所，其中省级1所、市级5所。2020年，幼儿园9所，专任教师

112人，在园幼儿1052人；小学4所，专任教师98人，在校学生1057人；普通初中2所，专任教师114人，在校学生789人。区级以上规范化学校6所，其中省级1所、市级5所。2016—2020年，先后投入470万余元进行办学条件改善。

**文　化**　2016年，镇综合文化站1个，村级文化活动中心36个；各类图书室37个，藏书1万册，音乐、美术、书法、摄影及文学业余创作人员15人；农家书屋36个，农村文化大院36个，文体广场30个，文艺宣传队1个。2020年，镇综合文化站1个，村级文化活动中心37个；各类图书室37个，藏书1.8万册，音乐、美术、书法、摄影及文学业余创作人员30人；农家书屋36个，农村文化大院36个，文体广场42个，文艺宣传队2个。县级以上文物保护单位4处，其中省级2处（西界清真寺、马庄村裴氏宗祠）、县级2处（李家大坡烈士陵园、夏家马庄村夏氏宗祠）。市级非物质文化遗产1项（夏氏俊德堂中药贴）。马庄镇书画曾入选山东省文旅厅公示的第四批“山东省民间文化艺术之乡”命名名单。

**卫　生**　2016年，医疗卫生机构34家、床位50张，其中镇卫生院1家、村卫生室33家；卫生技术人员52名，其中执业医师6名、执业助理医师5名。2020年，医疗卫生机构34家、床位99张，其中镇卫生院1家、村卫生室33家；卫生技术人员62名，其中执业医师9名、执业助理医师6名。

## 社会保障

**医疗保险**　2016年，居民基本医疗保险参保人数3.5万人。2020年，居民基本医疗保险参保人数3.2万人。

**养老保险**　2016年，居民参加养老保险0.93万人。2020年，居民参加养老保险1万人。

**低保救助**　2016年，享受城镇最低生活保障20户、27人，发放最低生活保障金10.28万元；享受农村最低生活保障779户、971人，发放最低生活保障金208.3万元。医疗救助70人次，发放医疗救助金15.97万元，敬老院1家，收养“五保”老人17人。2020年，享受城镇最低生活保障14户、20人，发放最低生活保障金23.41万元；享受农村最低生活保障363户、514人。发放最低生活保障金152.94万元。敬老院1家，床位20张，供养农村“五保”老人356人，供养金300万元。

## 名胜古迹

**西界清真寺**　位于马庄镇前营村内。始建于元代，经历代拓建与修葺，形成现有规模。建筑总面积6080平方米，分为南寺、西寺。两座清真寺都是坐西朝东，由低到高，拾级而上，主体建筑，大门、二门、前殿、中殿、窑殿排列在一条东西中轴线上，左右对称和配列，三进院落。经历代修添形成如今格局，是既具有中国宫殿式的建筑特征也不逊阿拉伯建筑艺术特色的古建筑。2013年10月，被山东省人民政府公布为第四批省级文物保护单位。

**马庄村裴氏宗祠**　位于马庄镇马庄村。始建于清康熙年间，坐北朝南，前后两进院落。前殿建于清康熙初年，后殿（正堂）建于咸丰十年（1860），东厢房建于光绪二十年（1894）。保存有清代碑刻3通、抗日战争时期建修教室记碑刻1通。宗祠大门外有道光五年（1825）“重修桥记”碑1通。2022年1月，被山东省人民政府公布为第六批省级文物保护单位。

**李家大坡烈士陵园**　位于马庄镇李家大坡村。坐北朝南，占地面积约1550平方米。1973年4月5日，李家大坡村将散埋在各处的革命烈士墓集中移至村北。今共有烈士墓10座，每座墓体南北长1.8米，东西宽1米，高1米，墓前均有墓碑，碑上刻有烈士生平，陵园四周建有围墙，是岱岳区爱国主义教育基地。2010年1月，被岱岳区人民政府公布为第五批县级文物保护单位。

**夏家马庄村夏氏宗祠**　位于马庄镇夏马村内，始建于明洪武年间。坐北朝南，院落东西宽15米，南北长20米，平面呈方形，占地面积300平方米，砖木结构，高屋脊和垂脊，脊饰吻兽，砖刻图案纹饰。单院，有大门和正殿，正殿建于明洪武年间，东西长6米，南北宽3米，前门出前厦，厦柱2根，石质，福碑碑文铭记尚存完好，夏氏宗谱今悬挂祠堂正中。2010年1月，被岱岳区人民政府公布为第五批县级文物保护单位。

## 古今名人

**唐立信（1925—1967）**　马庄镇前营村人，回族。1945年参加村民兵联防队。1946年5月加入中国共产党，同年9月在中共泰西县五区联合会工作。1947年底，因其作战勇敢、指挥果断、在战斗中表现出色，被中共泰安县委记战斗特等功。1949年2月，响应党的号召随军渡江南下到浙江省建德县，历任泰安（西）县五区武工队分队长、南下干部纵队某部班长、浙江建德县三都区区长、三都区区委书记、中国人民解放军建德县武装部副部长、金华军分区副科长、科长、江山县人民武装部政治委员、中共江山县委常委、浙江省金华军分区党委委员等职。

**公信亮**　1947年6月出生，马庄镇人。1964年12月入伍，1966年2月加入中国共产党。曾任陆军第67军199师炮兵团卫生员、营部书记，团政治处书记、组织干事，政治部组织科干事，济南军区政治部群工部干事、正营职干事、副团职干事、群工处副处长、正团职干事、处长、副部长等职。在军区17年机关工作中，注重加强对部队和平时期群众工作的研究，指导部队大力开展拥政爱民工作，为密切军政军民关系做出了自己的努力；撰写了大量文字材料，有些被中央及总部报刊所采用。1990年9月18日，由济南军区群工部副部长改任泰安军分区政治部主任、分区党委常委、分区党委纪委副书记。

## 土特名产

**绿小麦**　马庄镇大规模种植绿色小麦有机农产品，产量大、品质高、绿色健康。绿小麦加工成面粉后，颜色淡绿色，口感好，适宜进行面条、水饺等面食的加工。2012年通过农业部农产品质量监督检测。2013年12月，绿小麦通过认证，取得绿色食品证书，2020年种植面积6公顷。

**萨家庄山药**　1996年7月，经泰安市郊区农业局批准，萨家庄村成立萨家庄粮菜合作社，主要种植产品有山药、黄瓜、生姜等绿色蔬菜。2006年12月21日，经山东联合商标事务所有限公司注册“萨家庄山药”商标，种植面积40公顷，产量1500吨。该产品与其他产品相比，具有耐储存、香脆可口等特点。

## 典型选介

**农民专业合作社国家级示范社——泰安市岳洋农作物专业合作社**　泰安市岳洋农作物专业合作社由薛丽娜、李宁夫妇于2008年创立，注册资金503.76万元，入股社员268人，固定资产632万元，建有粮食烘干仓储基地4500平方米、其他各类仓库3500平方米、晒场2500平方米。2019年2月，被农业农村部等9部委评选为“农民专业合作社国家级示范社”。2020年5月，被评选为“泰安市第三批市级农业标准化基地”。合作社发展到社员500户，经营土地130余公顷。合作社主要开展小麦育种、繁种、新品种和新技术示范及土地规模化经营等工作。合作社自成立以来先后多次迎接农业部对病虫害统防统治、多种形式适度规模经营等情况的调研。岳洋农作物专业合作社的创办者薛丽娜夫妇典型事迹先后被央视新闻频道、央视《经济半小时》、央视农业农村频道、《山东新闻联播》等平台，《农民日报》头版进行报道。

**全市第一家家庭农场——张来广创新家庭农场** 2013年，全市第一家家庭农场——创新家庭农场成立，是集种植+养殖+农产品加工为一体的现代化农场。经营土地面积11公顷，主要种植绿小麦及泰山旱稻。农场利用汶阳田优势，探索开发了两种搭配旱稻的轮作模式，第一种为两菜一粮模式（菠菜、菜花、旱稻），年亩产值7000多元。第二种为稻麦模式，小麦收完种旱稻，收完旱稻种小麦。小麦产量不减，同时，稻子的秸秆喂羊，羊粪回田。农场每年培训农民技术工1200余人次。先后组织开展“新型职业农民培训”“种植技术大比拼”“新品种研发推广交流”等一系列创新创优竞赛活动，提升农民种粮专业化水平。2020年，农场有经营场所2处，房屋36间，仓库1200平方米，晒场1600平方米，储存能力3000吨，整个生产流程全部实现机械化。

## 镇党政主要负责人

**党委书记** 钱振华（2014.1—2016.12）
秦　晓（女，2016.12—2020.1）
张保卫（2020.5—　）

**镇　　长** 秦　晓（女，2013.6—2016.12）
李　东（2016.12—　）

（桑腾飞）

# 满庄镇

## 地理环境

**位置面积** 满庄镇位于岱岳区南部，北邻泰安高新技术开发区，南连大汶口镇、马庄镇，东与北集坡街道接壤，西与夏张镇毗邻。总面积113平方千米。

**建置区划** 相传春秋战国时期，这一带连年争战，再加上不断的灾荒，以致遍地都是墓冢。所以那时满庄得名“满冢”。一直到了清朝，康熙皇帝下江南路过此地，康熙嫌“冢”这个字不吉利，便御赐为“满家庄”。随着时间推移，简称作“满庄”，并一直沿用。1912年属泰安市中正区，后改为第三区。1938年属泰西县第九区。1945年属泰西县第六区。1949年6月属龙山区。1950年属第十一区。1958年划为满庄与洪沟2个乡，同年建满庄公社。1984年更名满庄办事处。1985年撤处建镇。2001年9月，将东河北、东湖、泉河、兴隆庄4个村划归高新区。2009年，为开发大汶口工业园，将大汶口镇的上泉村、纸坊村、北臭泉村划归满庄镇。2020年，辖北留、南留北、南留中、南留南、北迎、田家山、西河北、西湖、泉水湾、王庄、满北、满南、曹家寨、新庄、上泉、北臭泉、纸坊、灌庄、姜家园、南淳于、中淳于、宋家庄、滩清湾、龙山、泥沟、黄家林、东林、西林、龙门洞、宿家庄、华家岭、东牛北、东牛中、东牛南、王家园、老虎官庄、孙家安阜、樊家安阜、林家安阜、吴家官庄、黄家庄41个行政村，南迎1个社区。

**自然状况** 耕地面积45.33平方千米，林地面积44.5平方千米。年平均地表水资源量1.6亿立方米，平均地下水资源量2.2亿立方米。至2020年，矿藏资源主要是石膏、自然硫、石灰石、钾盐、石英、云母、磷、滑石、花岗岩、陶土等，

石膏储量为361亿吨。砂资源储藏总量7100万立方米，可开采储量为2400万立方米。境内共有植物101科、633属、3833种、5630变种。有兽类6种，鸟类33种，昆虫65种，鱼类45种。药材主要有桔梗、党参、金银花、山药、黄精、紫苏、何首乌等。

**人口民族** 2016年，常住总户数3.48万户，常住人口8.15万人，其中男性4.09万人、女性4.06万人。2018年，常住总户数3.52万户，常住人口8.23人，其中男性4.13万人、女性4.1万人。2020年，常住总户数3.56万户，常住人口8.36万人，其中男性4.19万人、女性4.17万人。人口自然增长率为-0.94‰。全镇共有少数民族12个，分别是回族、藏族、苗族、彝族、壮族、满族、蒙古族、布依族、朝鲜族、哈尼族、达斡尔族、侗族，总人口2407人。

## 经济状况

**农　业** 以种植粮食、蔬菜、林果为主。2016年，耕地面积4605公顷，农业总产值9.2亿元，其中农业产值4.6亿元、林业产值0.68亿元、牧业产值3.8亿元、渔业产值0.12亿元。农业合作社38个，种植大户76个，土地流转330公顷。2018年，耕地面积4592公顷，农业总产值9.52亿元，其中农业产值4.8亿元、林业产值0.72亿元、牧业产值3.9亿元、渔业产值0.1亿元。农业合作社42个，家庭农场83个，土地流转350公顷。2020年，耕地面积4533公顷，农业总产值10.31亿元，其中农业产值5.1亿元、林业产值0.77亿元、牧业产值4.3亿元、渔业产值0.14亿元。农业合作社46个，农业企业102个，家庭农场93个，土地流转380公顷。农业机械总动力4.2万千瓦，生产粮食4.85万吨，棉花38吨，地瓜480吨，花生2100吨，肉类5810吨，牛奶8430吨，蔬菜3.88万吨。

**工　业** 2016年，工业企业452家，从业人员1.12万人。工业增加值51亿元，实现主营业务收入226亿元，实现利税4.4亿元。其中规模以上工业企业35家。2018年，工业企业477家，从业人员1.16万人。工业增加值62亿元，实现利税4.8亿元、利润3.2亿元。其中规模以上工业企业45家。2020年，引进落地项目21个，招商引资到位资金46.5亿元，上级拨款项目资金17亿元，进出口总额12.8亿元。工业企业586家，从业人员8652人。工业增加值69亿元，实现主营业务收入312亿元，实现利税5.6亿元。其中规模以上工业企业52家，规模以上工业实现主营业务收入126亿元。

## 财政税收

**财　政** 2016年，一般公共预算收入3.10亿元，一般公共预算支出0.93亿元。2018年，一般公共预算收入4.96亿元，一般公共预算支出1.51亿元。2020年，一般公共预算收入6.21亿元，一般公共预算支出0.79亿元。

**税　收** 2016年，登记各类纳税人3265户，年纳税额在10万元以上的企业963家，各项税收收入3.05亿元，其中增值税2.35亿元。2018年，登记各类纳税人3811户，年纳税额在10万元以上的企业1142家，各项税收收入4.53亿元，同比增长26%，其中增值税3.67亿元，纳税过千万元的企业15家。2020年，登记各类纳税人4023户，年纳税额在10万元以上的企业1326家，各项税收收入6.03亿元，其中增值税4.96亿元，非税收入1854万元。重点税源为工业化工、建材制造、机械制造、食品加工、钢材批发、服装制造等行业。

**金　融** 2016年，金融机构7家，人民币存款余额22.2亿元，贷款余额17.3亿元。2020年，金融机构9家，人民币存款余额31.5亿元，贷款余额18.4亿元。

**保　险** 2016年，保险机构3家，保费收入6400万元，实现税金6.9万元。2020年，保险机构3家，保费收入8500万元，实现税金8.2万元。

## 社会事业

**教　育**　2016年，幼儿园21所，专任教师185人，在园幼儿2400人；小学7所，专任教师149人，在校学生3416人；普通初中2所，专任教师220人，在校学生2696人。区级以上规范化学校9所，其中省级1所、市级4所、区级4所。2020年，幼儿园20所，专任教师198人，在园幼儿2700人；小学7所，专任教师276人，在校学生3868人；普通初中2所，专任教师220人，在校学生2696人。区级以上规范化学校8所，其中省级2所、市级6所。2016—2020年，投资1.07亿元对满庄二中原旧校舍整体拆除，进行原址新建；投资800万余元完成对满庄中心小学校园提升改造。

**文　化**　2016年，镇综合文化站1个，村级文化中心42个，各类文化专业户10户；各类图书室43个，藏书4万册。音乐、美术、书法、摄影及文学业余创作人员20人。农家书屋42个，农村文化大院42个，文体广场68个，文艺宣传队1个。2020年，镇综合文化站1个，村级文化活动中心43个，各类文化专业户6户，各类图书室42个，藏书4万册，音乐、美术、书法、摄影及文学业余创作人员30人。农家书屋42个，农村文化大院42个，文体广场68个，文艺宣传队1个。县级以上文物保护单位12处，其中国家级1处（萧大亨墓地石刻）、省级2处（中淳于磁窑遗址、淳于意墓）、市级4处（中淳于遗址、西萧家林古石桥、西萧家林烈士纪念碑、上泉古泉群）、县级5处（新庄鼓楼、王庄天主教堂、武顶寺遗址、樊家安阜村清真寺、孙家安阜村七圣堂）。县级以上非物质文化遗产6项，其中市级4项（段家唢呐、米家不翻、索氏酱菜、上泉咸鸭蛋）、县级2项（索氏细石雕刻、聚福园自然拍打法）。

**卫　生**　2016年，医疗卫生机构45家、床位350张，其中镇卫生院1家、村卫生室（社区门诊）44家；卫生技术人员260名，其中执业助理医师58名。2020年，医疗卫生机构47家、床位400张，其中镇卫生院2家、村卫生室（社区门诊）45家；卫生技术人员292名，其中执业助理医师65名。

## 社会保障

**医疗保险**　2016年，居民基本医疗保险参保人数5.86万人。2020年，居民基本医疗保险参保人数4.7万人。

**养老保险**　2016年，居民养老参保3.03万人，居民养老保险征缴669.24万元，养老金每月发放人数1.43万人。2018年，居民养老参保3.12万人，居民养老保险征缴663.06万元，养老金每月发放人数1.50万人。2020年，居民养老参保3.22万人，居民养老保险征缴696.59万元，养老金每月发放人数1.60万人。

**低保救助**　2016年，享受最低生活保障金500人，发放最低生活保障金9.19万元。2018年，享受最低生活保障金400人，发放最低生活保障金7.54万元。2020年，享受最低生活保障金343人，发放最低生活保障金9.92万元，供养“五保”老人368人，供养标准每人每月620元。敬老院1所，床位168张，供养老人22人，有工作人员19人。落实困难救助、临时救助等民生保障方面的专项支出，困难救助2.34万元，临时救助16万元。

## 名胜古迹

**萧大亨墓地石刻**　全国重点文物保护单位。位于满庄镇西林村，明万历四十年（1612）修建，万历四十五年（1617）竣工。墓地布局由北向南依次是萧大亨墓、四柱三间式石牌坊、石文官、石马、石羊、石虎、石武官、华表、四柱三间式石牌坊。南北两石牌坊相对称，其他石刻均东西相称。

**中淳于瓷窑址** 省级文物保护单位。位于满庄镇中淳于村东南，南为南淳于村，西靠淳于河，时代隋至明代。遗址面积约12万平方米，文化堆积距地表深约0.35米。从采集、出土的遗物看，中淳于古代窑业烧造瓷器的年代早，时间延续长，文化层丰富，优点突出，同时也说明素瓷早在隋唐已有，这样的窑址在北方地区难得一见。

**淳于意墓** 省级文物保护单位。又称“救女坟”，位于满庄镇中淳于村西南。原墓方12步，高8尺，清光绪年间植柏树7株，颇为壮观，今已无存。现墓葬呈圆形，直径约20.27米，封土高约5.26米。

**中淳于遗址** 市级文物保护单位。位于满庄镇中淳于村西北，时代新石器至东周。遗址面积约10万平方米。文化层厚1～7米。断崖上暴露有灰坑和龙山文化土坑墓等遗迹。采集有龙山文化夹砂褐陶鼎足、捺窝纹瓮口，岳石文化泥质褐陶器盖、饰凸棱尊形器腹，东周时期泥质灰陶绳纹鬲足、泥质灰陶绳纹罐口、豆盘等。

**西萧家林古石桥** 市级文物保护单位。位于满庄镇西萧家林村，传闻又称“迎封桥”也叫“迎仙桥”，始建于明代。单孔石桥，南北长8.03米，桥宽3.46米，高4.93米。桥孔与桥身均使用青石砌筑，桥上两侧各有精美护栏，其西护栏两首凸雕镇水，龙头活灵活现（今已无存），护栏东立面石浮雕栩栩如生，其东护栏西立面，凹镌唐、宋诗词字文并茂，桥南数米处有古槐为建桥时所栽。此桥设计科学，施工精细，承载量大、严谨大方，虽经几百年风雨，仍岿然坚固。

**西萧家林烈士纪念碑** 市级文物保护单位。位于满庄镇西萧家林村西北部，于1974年修建，坐落于金牛山前怀路东半山腰处，总占地面积约33平方米，建筑面积120平方米；主碑体碑身高约7米，宽3米，碑座呈正方形，约36平方米；碑身南侧正面刻有“革命烈士永垂不朽”八个鎏金大字；外围墙高1.5米，青砖覆盖，墙外缘线向四周各外扩10米的区域为保护范围，内有柏树28棵，一年四季苍绿挺拔。

**上泉古泉群** 市级文物保护单位。位于满庄镇上泉村。该泉群形成于第四纪早期，距今300万年左右，为上升泉，平均日出水量3万立方米，水质清澈，水温常年保持18℃左右。上泉古泉群由5大主泉组成，大致呈五角星状分布，当地群众分别称之为驴带泉、灵应泉、郑家泉、荆枣泉、龙泉。其他小泉星罗棋布，随处可见。几百万年来，泉水奔流不息。

## 古今名人

**淳于意（生卒年不详）** 西汉临淄（今淄博东北）人。曾拜公孙光、公乘阳庆为师，学黄帝、扁鹊的脉书、药论等书，于望、闻、问、切四诊，尤以望诊和切脉著称。他将典型病例进行整理，写出了中国医学史上第一部医案—《诊籍》。淳于意医术精湛，因此被世人尊为神医。因行医至此，满庄镇中淳于村有他的衣冠冢，这也是淳于村的村名由来。

**黄云谷（1896—1977）** 名湘珩，字冠瑛，又字筱鹤、云鹤子，笔名皆空和尚。满庄镇黄家庄人，泰安著名画家。黄云谷自幼爱好书画，18岁即与宋继昌、尚士廉师徒二人开办岱宗书画坊。先工花鸟翎毛，后专攻山水，以泰山风景为主题，并喜作巨幅。作画别具风格，除采取范宽的皴法和沈石田披麻、兼斧劈皴法外，还根据泰山山石纹理间杂的特点，采取折带皴或乱麻皴，形成了自己的独特艺术风格。他曾给泰山管理处画过泰山全景和分段图，有四套泰山全景图传世。

**张敬茂** 1938年出生，满庄镇宋家庄村人。1962年10月参加工作。1975年7月加入中国共产党。曾任泰山林场技术员，泰安专署林业局技术员，泰安地区计委办事员、副科长。1983年—1991年，先后任泰安地区行署副专员，泰安市人民政府副市长、党组成员，泰安市委副书记。

1991年7月16日至1992年12月，任中共泰安市委副书记、泰安市政府代市长、市长。1992年12月至1993年1月，任中共莱芜市委书记。1993年1月至1997年12月，任中共山东省委委员、中共莱芜市委书记、莱芜市人大常委会主任、莱芜军分区第一书记。1998年4月至2003年4月，任山东省人大常委、财政经济委员会副主任。2004年5月退休。

## 土特名产

**索氏酱菜** 创始于明末清初，为世代嫡传。索氏酱菜色泽鲜亮、脆嫩清香、酱味浓郁、咸甜适度，加之储存持久，历经300多年仍畅销不衰。酱菜主要原料为萝卜、白菜、青椒、大蒜、西瓜、黄瓜等。制作配料主要有香辛料、八角、花椒、小茴香、良姜、丁香、辣椒、食用盐、酱色等。精选新鲜蔬菜，洗净挑选后，加入食盐腌制成半成品，然后加入香辛料、辣椒制出成品。酱的制作配料主要是面粉、大豆、玉米面、食盐、曲种和季节蔬菜。制作工序要蒸、煮、拌曲、发酵，磨制、杀菌后储存备用。经过300多年的研发创新，索氏酱菜已有多个系列上百个品种，主要产品有酱豆、青蒿酱、西瓜酱豆、五香萝卜条、五香疙瘩、百工皮等。

**上泉咸鸭蛋** 上泉村泉水众多，形成53.33公顷水面，村民在这里自然放养鸭子，鸭苗主要为福建金定鸭，绍兴麻鸭等上好品种。养鸭的方式为分散型、各户养殖。上泉咸鸭蛋，利用传统工艺进行腌制，蛋蕊金黄，油光四溢，蛋清雪白，质地细腻，营养丰富，看之垂涎欲滴，食之沁香宜人，味道纯正。乾隆年间奉为贡品，代赋税费。上泉咸鸭蛋作为地方特产，被泰安市旅游局列为“旅游商品”，获杨凌中国农产品博览会一等奖。

**米家不翻** 为泰安市非物质文化遗产，传承人为满庄镇满北村米振华。米家不翻类似于烙饼，是一种以粗粮为主要食材的大众化主食，多种粗粮混合后进行烙制，山东仅此一家。它外形美观，上面松软可口，底面酥脆，灿如黄金，口味鲜美醇正。口味可分为咸、甜、辣等几个品种，不翻的加工是在封闭的模具中制作的，能充分利用热能。食材来源广泛，制作工艺简单，成熟快，可用于家庭、饭店、旅游等批量生产，每人可同时操作2—3套模具，先后不停地轮流生产制作。

## 典型选介

**省级优秀党组织——南留北村党支部** 南留北村位于满庄镇东南部，东临天颐湖和太阳部落景区，处于大汶口工业园腹地，全村共有1083户、4096人。村委抓住濒临大汶口工业园区的区位优势，大力发展村集体经济，引进蔬菜净菜加工项目，提升农产品附加值。2017年村集体收入165万元，农民人均纯收入达到1.5万元。村集体投资近60万元，新修路面1500米，实现了商砼路环柘山一圈与大村连接。从2018年1月1日起，对60岁以上老人每人每月发放90元养老金。每年为群众垫付60%以上的城镇居民医疗保险。先后被评为省级优秀党组织、省级卫生村，泰安市农村基层党风廉政建设示范点、市绿化示范村、市级红旗党支部等。

## 镇党政主要负责人

**党委书记** 高传波（2014.12—2018.10）
朱英文（2018.10— ）
**镇　　长** 杜传军（2016.1— ）

（韩秀梅）

# 夏张镇

## 地理环境

**位置面积** 夏张镇位于岱岳区西南部，北隔青龙山与天平街道相邻，南与马庄镇毗连，东与满庄镇接壤，西与肥城市仪阳镇相望。系泰城的西南门户，自古以来就有“九省御道”之称，又称“泰山西御道”。总面积122平方千米。

**建置区划** 夏张古称嶅阳里，相传因处敖山（凤凰山古名）之阳而名，后因夏、张两姓逐渐繁荣，清宣统二年（1910）更名夏张。1912年属泰安县亲贤区。1931年属第二区。抗日战争时期属第四区。1949年9月属第十二区。后改为夏张区。1954年，北白楼、庞家庄、王家庄、展家庄、解家庄、徐家庄、杨家庄、大胡家庄、小胡家庄、尹家庄、耿家涝滩、东南岭、西山套13个村划归道朗区。1957年撤区并乡后分为玄家楼、夏张2个乡。1958年9月，成立“火花”（夏张）、“东方红”（玄家楼）2个人民公社。1959年春，火花、东方红两个公社合并为夏张人民公社。1984年3月改为夏张办事处。1985年12月改为夏张乡。1994年10月改为夏张镇。2020年，辖8个管区，贾家桥、孔家庄、史家庄、杜家岗、韩家岗、贾家岗、马家店、马家岗、刘家庄、杨家坡、赵家店、前后牛、大西牛、东城、张家庄、南寨、温家岭、次章、王家小庄、肖家庄、任家小庄、夏南、夏北、峦湾崖、梨园、北庄、宁家庄、郭家小庄、裴家庄、王士店、鸡鸣返、陈家山头、律家庄、张家山头、河西上章、平家官庄、朱家庄、李家山头、车家上章、李家上章、孙家上章、故县店、新河西、安子石、下官庄、郑家杭、周家坡、尹家庄、志坊、江水河、蒯沟、东桃园、郝家宅、赵家庄、西桃园、南故县、关王庙、罗家堂、南白楼一、南白楼二、南白楼三、南白楼四、南白楼五、荣华、上王庄、于官庄、高家院、李家况洞、玄楼、河洼、孙家况洞71个行政村。

**自然状况** 地表水资源量2963立方米，地下水资源量2181立方米。境内三面环山一面坡，地势北高南低，山区、丘陵、平原各占全境面积三分之一。有卧龙山、小泰山、金牛山、青龙山、五龙山、凤凰山、盘龙山等蜿蜒起伏于夏张东、北、西部，正南方是汶阳田。境内常见食用菌有平菇、双孢菇，鱼类有鲤鱼、草鱼、鲫鱼等。药材主要有黄精、丹参。全年平均气温12.8℃，1月平均气温最低为-8℃，8月平均气温最高为36℃。极端最高气温42.5℃，出现在2020年8月10日。极端最低气温-13℃，出现在2017年1月17日。境内年平均降水量626.8毫米，年平均日照时数2374.6小时。

**人口民族** 2016年，常住总户数1.74万户，常住总人口5.83万人，其中男性3.02万人、女性2.81万人。2018年，常住总户数1.75万户，常住总人口5.85万人，其中男性3.03万人、女性2.82万人。2020年，常住总户数1.67万户，常住总人口6.30万人，其中男性3.17万人、女性3.13万人。有少数民族1个，为回族，总人口3298人，分布在周家坡村、郑家杭村、南白楼五村、贾家岗村。

## 经济状况

**农　业**　主要以种植小麦、玉米为主。2016年，耕地面积4876公顷，农业总产值7500万元，其中农业产值3600万元、林业产值2000万元、牧业产值900万元，其他1000万元。农民合作社20个，种植大户24个，土地流转面积570公顷。2018年，耕地面积4750公顷，农业总产值7800万元，其中农业产值3600万元、林业产值3300万元、牧业产值900万元；农民专业合作社50个，家庭农场102个，土地流转面积2000公顷。2020年，耕地面积6800公顷，农业总产值8000万元，其中农业产值3800万元、林业产值2000万元、牧业产值1000万元、其他1200万元。小麦种植面积2973.43公顷，玉米种植面积3173.43公顷。生产粮食5.3万吨，生产棉花89.63吨，地瓜2400吨，花生175吨，大豆15吨，谷子55吨。种植大樱桃1333.33公顷，年产量1900吨，草莓6.67公顷，年产量350吨，金坠子梨100公顷，年产量3000吨，红心萝卜133.33公顷，年产量600吨，芹菜13.33公顷，年产量450吨，金丝绞瓜3.33公顷，年产量50吨。

**工　业**　2016年，工业企业75家，从业人员1160人，工业总产值3.19亿元，实现利税2800万元，其中利润2700万元。其中规模以上工业企业5家，实现主营业务收入3.16亿元，实现利税2700万元。其中利润2600万元。2018年，工业企业75家，从业人员1280人，工业总产值1.52亿元，实现利税1780万元，其中利润1300万元。其中规模以上工业企业5家，实现主营业务收入2.1亿元，实现利税2100万元，其中利润1800万元。2020年，工业企业112家，从业人员1360人，工业总产值3.8亿元，实现利税6400万元，其中利润3600万元。其中规模以上工业企业5家，实现主营业务收入3.8亿元，实现利税6300万元，其中利润3800万元。引进落地项目4个，招商引资到位资金1.8亿元，上级拨款项目资金5800万元，进出口总额1.1亿元。

## 财政税收

**财　政**　2016年，一般公共预算收入1661.65万元，一般公共预算支出2559.1万元。2018年，一般公共预算收入3009.63万元，一般公共预算支出3815万元。2020年，一般公共预算收入3793.14万元，一般公共预算支出2757.39万元。支出重点是卫生健康支出和农林水支出。

**税　收**　2016年，各项税收收入1551.65万元。2018年，各项税收收入2663万元，其中增值税641万元。2020年，各项税收收入3683.75万元，其中增值税2188万元。

## 社会事业

**教　育**　2016年，幼儿园15所，专任教师78人，在园幼儿860人；小学7所，专任教师102人，在校学生1761人；普通初中1所，专任教师142人，在校学生2122人。区级以上规范化学校22所，其中省级1所、市级12所、区级9所。2020年，幼儿园15所，专任教师93人，在园幼儿653人；小学6所，专任教师117人，在校学生1576人；普通初中学校1所，专任教师116人，在校学生1585人。区级以上规范化学校15所，其中省级1所、市级5所、区级9所。2016—2020年，先后投资8800万余元用于教育基础设施的配备和办学条件的改善。

**文　化**　2016年，镇综合文化站1个，村级文化活动中心71个；各类图书室72个，藏书3万余册，音乐、美术、书法、摄影及文学业余创作人员100人；农家书屋71个，农村文化大院71个，文体广场71个，文艺宣传队2个。2020年，镇综合文化站1个，村级文化活动中心71个，各类文化专业户1户（岱岳区西御道文化艺术工作室）；各类图

书室72个，藏书3.5万余册，音乐、美术、书法、摄影及文学业余创作人员200人；农家书屋71个，农村文化大院71个，文体广场76个，文艺宣传队2个、剧团1个。县级以上文物保护单位14处，其中省级2处（无梁殿、夏张抗日武装起义纪念碑）、市级1处（香水寺遗址）、县级11处（东城子遗址、王士店冶铁遗址、碧霞行宫遗址、玄家楼郡马府遗址、金牛山赤犊寨、刘家庄帝王堂、柿子峪山青龙寨、三官阁、周家坡抗日学校旧址、五龙山山寨遗址、河洼村通真寺）。县级以上非物质文化遗产6项，其中省级1项（西御道老汤鸡制作技艺）、市级3项（岱岳夏张律家陶笛、泰安红心萝卜、御道渔鼓）、县级2项（百年萧家酒坊古法酿酒技艺、泰山石磨煎饼）。

**卫　生**　2016年，医疗卫生机构51家、床位99张，其中镇卫生院1家、村卫生室50家；卫生技术人员65名，其中执业助理医师29名。2020年，医疗卫生机构57家、床位99张，其中镇卫生院1家、村卫生室56家；卫生技术人员74名，其中执业助理医师32名。

## 社会保障

**医疗保险**　2016年，居民基本医疗保险参保人数4.5万人。2020年，居民基本医疗保险参保人数4.38万人。

**养老保险**　2016年，居民参加养老保险1.11万人。2020年，居民参加养老保险1.29万人。

**低保救助**　2016年，享受城镇最低生活保障19户、30人，发放最低生活保障金16.52万元；享受农村最低生活保障580户、2360人，发放最低生活保障金826.54万元。敬老院1家，床位50张，收养农村“五保”老人30人。2020年，享受城镇最低生活保障10户、14人，发放最低生活保障金13.23万元；享受农村最低生活保障640户、1226人，发放最低生活保障金786.23万元。“五保”分散供养464人，集中供养66人。敬老院1家，床位50张。2016—2020年，共为4类人员（特困户、低保户、建档立卡贫困户、困难残疾人户）改造房屋252户，共计投入资金524万元。

## 名胜古迹

**无梁殿**　省级文物保护单位。位于夏张镇梨园村，始建于元朝元年（1271），距今已有700多年历史。无梁殿近似蒙古包式结构，殿内正面塑有千手千眼佛像。整个大殿无一根横梁，而是由八根高丈余的圆木立柱支撑。

**夏张抗日武装起义纪念碑**　省级文物保护单位。位于夏张镇夏北村，1997年经中共中央办公厅和国务院办公厅批准建设，1998年底建成。以青石为主体材料，碑高30米，碑形设计以当年起义10人携11支枪为造型，即像阿拉伯数字11，又像是1杆步枪的造型，碑名由中国人民解放军原代总参谋长、全国政协原副主席杨成武题写，碑身刻有大型浮雕，生动展现了当年武装起义的全过程。

**东城子遗址**　县级文物保护单位。位于夏张镇东城村，为西汉时代遗址，高出地面1.5米左右，面积16.2万平方米，东北部分压在东城村下，东北方向靠近东城村处有一块高地，面积9600平方米，当地群众称之为内城，其他部分称为外城，此处传说是“界丘城”。遗址发现墙基夯土痕迹、炼渣等，出土陶器侈口圆腹高圈足壶、宽沿深腹壶、高领罐等。文化堆积情况不详。遗址的东北部压在东城村下，其他部分地上为农田。随着时代变迁，遗址无存。

**碧霞行宫遗址**　县级文物保护单位。明正德年间，在夏张镇王士店村太平山前怀坐东向西建古庙1所，名曰碧霞行宫，4层庙院，前院4间奎星楼，内有奎星、文昌等塑像。中院6间为三皇殿，内有天皇、地皇、人皇、十八罗汉等塑像。三院6间奶奶殿，内有泰山奶奶、眼王奶奶、痘疹奶奶3尊塑像。四院3间大殿曰“观音堂”，内有南海大士及其弟子塑像。建道房16间，系道人住宅。2006年仅复建碧霞行宫，清心观仅存遗址。

**玄家楼郡马府遗址** 县级文物保护单位。位于夏张镇玄家楼村，为明末仪宾玄大任府第遗址，明代亲王郡王的女婿称仪宾，玄大任为德王府之婿故其居称仪宾府。其府院落原为长方形，南北宽100多米，东西长150多米，南面有3门，地面全部由每块重达千斤的条石铺成。正中为正阳门，上有牌匾，“文化大革命”时期被毁。至今院西还保存有一段较为完整的府墙，地下、墙面还存有大量碑刻和精美石雕，其府第为研究明朝皇室婚姻制度的实物资料。

**金牛山赤犊寨** 县级文物保护单位。金牛山位于夏张镇政府驻地东北方向6千米处。山上有一处金牛洞，深不可测，金牛洞旁有饮马池一座，长1.5米，宽0.5米，池内清水见底，旱时池内水满池，涝时池内水不溢。史料记载：东汉初期更始元年（23），郅君章聚兵于此，章绿林起义之属，但由于实力逊于赤眉，时称“青犊”。郅君章聚兵于金牛山，创建赤窦寨，面积4公顷，寨墙现基本完好，俗称‘泰山第一古寨’。其意是郅君章继赤眉、绿林起义军传统，建寨后，故名‘赤犊’。

**三官阁** 县级文物保护单位。位于夏张镇夏南村，是夏张古驿站的标志性建筑之一。始建于宋大中祥符五年（1012），清康熙三十三年（1694）重修。整个建筑共分两层，上层是木质阁楼，下层是驿站信道，全部用青石砌成，用料考究，做工精细，建筑庄重大方，青石板铺就的地面上，车辆轧出的痕迹深十几厘米，至今清晰可见。

## 古今名人

**王耀武（1904—1968）** 字佐民，夏张镇上王庄人。先后参加北伐战争、中原大战。1932年，升任少将旅长，51师师长。1937年，七七事变后，率部参加“八一三”淞沪抗战和南京保卫战，重创日本侵略军，随后多次率部参加抗日会战。1944年，任第二十四集团军总司令、第四方面军司令官。1945年，任第二绥靖区司令官、山东省党政军统一指挥部主任、山东省政府主席兼全省保安司令、山东军管区司令等职。新中国成立后，历任全国政协文史资料研究委员会专员、全国政协委员等。

**崔子明（1903—1986）** 夏张镇人，中共党员，泰西抗日武装起义主要领导人之一。1948年11月，率部参加淮海战役。1949年2月，任中国人民解放军第二野战军五兵团17军51师政委。1952年10月后，历任西南建工局副局长兼四川省重庆市建设局党委书记、西南地质局局长兼党委书记、云南省地质局局长兼党委书记等职。后任云南省委组织部常务副部长，兼任省委直属机关党委书记。1980年11月，任河南省政协副主席。

**崔建文** 1929年10月出生，夏张镇夏张村人。1945年2月参加革命工作，同年加入中国共产党。1944—1949年在冀鲁豫第四中学学习。历任聊城二区工作员、泰西地委赴宁阳工作队工作员、泰西公学干事、冀鲁豫卫生局招待所所长、泰西地委农村工作队队员、中央团校第一期学员、泰西地委青委秘书。新中国成立后，历任共青团泰安地工委组织部干事，共青团历城县团委书记，中共历城县委委员，历城县委巡视组组长，中共历城县仲宫区委书记，历城县委办公室副主任，济南市委农委秘书科副科长，泰安地委农村工作部秘书科科长，泰安地委农林政治部副主任。1967—1969年到“五七”干校学习。1969年起，历任泰安地区学习班学员，泰安地区农林局局长，泰安地区农委主任，中共泰安地委常委、地区行署副专员。1985—1988年任中共泰安市委常委、副书记，泰安市人民政府副市长、代市长、市长。1988年起任政协第七届泰安市委员会主席、党组书记。

**高庆臣** 1934年8月出生，夏张镇人。高中文化，1949年6月参加工作，1952年10月加入中国

共产党。曾任鲁中南贸易公司肥城演马庄商店出纳、肥城贸易公司记账员，泰安百货支公司副股长、股长，泰安百货分公司副科长，泰安地区药材公司副科长、泰安县多种经营办公室资料员、县畜牧水产局副局长、县委办公室秘书、县委办公室副主任，泰安县革委生产指挥部办事员，县革委办公室负责人，中共泰安县革委核心领导小组成员、县委常委、办公室主任，中共泰安县委副书记、县革委副主任，中共泰安县委副书记（主持工作），泰安县委（市委）副书记，泰安地区（市）农牧局局长、党委书记。1986年3月至1993年3月，被选为十届、十一届人大常委会委员，先后任市人大常委会城乡建设工委主任、财经工委主任、市人大常委会党组成员。1993年3月3日，被选为泰安市十二届人大常委会副主任。

**马纯勇**　泰安市夏张镇人。1982年8月考入泰安化工技校。1985年7月在泰安市化肥厂参加工作。1988年5月加入中国共产党。历任市化肥厂财务会计、审计科副科长；1986—1988年，在泰安市财政干校财会专业学习；1989年10月，调任泰安国际经济技术合作公司，任财务审计部副经理、经理；1988—1991年，在沈阳工业大学企业管理专业学习；1993年4月，任泰安国际经济技术合作公司副总经理；1994年2月，任泰安国际经济技术合作公司总经理、党总支书记；1995—1998年，在山东经济学院企业管理专业学习；1996—1999年，在山东农业大学经贸学院研究生班学习；1998年7月，调任泰安市外经委副主任、外经贸局副局长、党委委员兼泰安国际经济技术合作公司总经理、党总支书记；2000年12月，调任泰安市商贸国资公司任董事、总经理、党委委员；2004年6月，任泰安市商贸国资公司党委书记、董事长、总经理；2006年1月，调任泰安市审计局党组书记、局长。是中共泰安市第九届委员会代表、纪委委员、泰安市第十五届人大代表、泰安市第十届政协委员。

## 土特名产

**红心萝卜**　种植历史悠久，具体年代已无可考证，据传宋大中祥符元年（1008）宋真宗封禅泰山，行至泰安州夏张驿站小憩，品尝到红心萝卜后，脱口而出“京城苹果宫中梨，难比夏张萝卜皮”，从此夏张的红心萝卜名闻遐迩。另据传，明、清年间夏张红心萝卜仍为皇宫贡品。红心萝卜产于夏张镇郝家宅村，后逐步发展到任家小庄、东城等十几个村。“夏张红”红心萝卜在夏张镇栽培食用历史悠久，其特点是青皮红心、脆而无渣、甘甜爽口，可用于炒、煎、凉拌等制作菜肴，又可当水果吃，味道鲜美，还可用作泡菜、酱菜腌制等。

**“金坠子”梨**　夏张镇梨园村，三面环山一面临坡，山上绿树葱茏，山下沃野千顷，河流纵横，旅游资源丰富。该村种植的金坠子梨，是全国规模最大的山地古梨园之一。“金坠子”梨为传统老品种，果实9月中下旬成熟，呈纺锤形或倒长卵形，外皮金黄或暗黄色，有腊脂，平均果重186克，最大果重400克，果肉通亮白色、鲜嫩多汁、口味甘甜、核味微酸、清甜爽口、解油腻，可溶性固形物含量9.5%～11.5%，品质上乘、耐贮藏。夏张梨树树龄多在两三百年以上，有的达400余年，单株产量可达1000千克以上，梨子味甘微酸。

**金丝绞瓜**　主产于夏张镇杨家坡村、上王庄村等，因其天然成丝似鱼翅，故得名鱼翅瓜。金丝绞瓜外形长圆，有金黄色的外壳，表皮光滑美观，有微棱沟浅，瓜丝是天然形成的，多以成熟的老瓜供食。食用金丝绞瓜时用力拍砸瓜周围，割开后搅拌或放锅内煮几分钟，用筷子搅拌便成金黄色的缕缕长丝，形如“粉丝”、味同“海蜇”。金丝绞瓜色泽金黄、酥脆、酸甜、清香，是色、香、味俱佳的蔬菜。清代乾隆皇帝下江南时，曾品尝过此瓜，并赞之“清心止渴，脆嫩爽口”。

**罗家堂芹菜**　夏张镇罗家堂村水资源充足，环境良好，芹菜种植历史悠久。罗家堂芹菜茎粗如指，根毛多，实心脆嫩，羽状复叶，小叶卵形，碧绿，吃来无渣，且味辛、甘。

**大樱桃**　全镇有大樱桃种植面积1000公顷左右，主要集中在凤凰山及其周边，品种主要有红灯、美早、黄蜜等品种。大樱桃成熟期早，有“早春第一果”美誉。大樱桃外表色泽鲜艳、晶莹美丽、红如玛瑙、黄如凝脂，因其具有丰富的营养价值，被誉为“水果中的钻石”。

## 镇党政主要负责人

**党委书记**　白安东（2016.1—2018.9）
张和江（2018.9—　）

**镇　　长**　王　翠（女，2016.1—2016.12）
张清华（2016.12—2019.1）
赵　磊（2020.1—　）

（仲玉洁）

# 道朗镇

## 地理环境

**位置面积**　道朗镇地处岱岳区西部，南与夏张镇连壤，北与济南市长清区为邻，西与肥城市潮泉镇相接，东与天平街道相依。南北最大纵距13.3千米，东西横距13.65千米，总面积105平方千米。

**建置区划**　相传隋唐建道朗村。因历史上有齐鲁通往晋、豫的官道穿越其间，故名道廊，后衍为道朗。1912年属泰安亲贤区，1928年属第二区。1941年7月划归泰安县十区，1945年9月划归泰西县七区，1949年2月划归泰西县黄山区，10月划归泰安县十三区。1954年改为泰安县道朗区。1958年3月改称道朗乡，9月改称道朗人民公社，1984年5月改称道朗办事处，1985年12月改为道朗乡，1995年1月改称道朗镇。2020年，辖道朗、玄庄、大王、丰山、康家庄、北张、朱家峪、大马、夏家庄、鱼东、鱼中、鱼西、下洼、城子寨、西孙、西张家庄、边县、朱康、李马、北白楼、薛家岭、大胡、李马沟、三合、西山、庞伍、高家庄、馍馍山、搬到井、拉马洼、二起楼、房庄、王家堂、朱家庄、里峪、朱家洼、八楼、东西门、合顺、榴石、莲花池、李家庄、东孙43个行政村。

**自然状况**　山地面积47.4平方千米，占总面积的45.1%；丘陵面积31.6平方千米，占总面积的30.1%；平原面积26平方千米，占总面积的24.8%。最高海拔629米。境内西南部偏西地质属石灰岩构成，占总面积的14.6%，北部东部偏南部地质属火成岩（沙石）构成，占总面积的6.7%。共有矿产资源30余种，分布相对集中，储量大，埋藏浅。最具代表性和储量最大、最广泛的是建筑用石灰岩和花岗岩。已探明12种矿产资源，北部沙石山区富藏花岗石、钾、长石、重晶石、蛭石，其中花岗石具有储量大、易开发、质地坚硬、色泽光亮、花纹清晰的特点。南部青石山区主要以青石、石灰石为主，盛产水泥、石子等建材产品，素有“建材之乡”的美誉。

**人口民族**　2016年，常住总户数9239户，常住总人口2.33万人，其中男性1.16万人、女性

1.17万人。2018年，常住总户数9101户，常住总人口1.82万人，其中男性1.11万人、女性0.71万人。2020年，常住总户数8919户，常住总人口2.21万人，其中男性1.09万人、女性1.12万人。有汉族1个民族，姓氏196个。

## 经济状况

**农　业**　以种植小麦、玉米、花生等为主。2016年，耕地面积4693.39公顷，农业总产值1.84亿元，其中农业产值1.20亿元、牧业产值0.64亿元，农民合作社12个，土地流转1.02公顷。2018年，耕地面积4693.39公顷，农业总产值1.91亿元，其中农业产值1.26亿元、牧业产值0.65亿元，农民专业合作社17个，家庭农场55个，土地流转面积42.15公顷。2020年，耕地面积4693.39公顷。农业总产值2.10亿元，其中农业产值1.33亿元、牧业产值0.77亿元，农民专业合作社17个，农业企业45家，家庭农场70个，土地流转面积14.47公顷。农业机械总动力1.47万千瓦，小麦种植面积650公顷，玉米种植面积650公顷。生产粮食8769吨，生产肉类2280吨，牛奶77.3吨，羊奶84吨。

**工　业**　2016年，工业企业22家，总产值8.7亿元，实现利税1.1亿元，利润0.8亿元。其中规模以上工业企业2家，实现主营业务收入6亿元，实现利税0.9亿元，利润0.6亿元。2018年，工业企业22家，工业总产值12亿元，实现利税2.4亿元，利润1.7亿元。其中规模以上工业企业2家，实现主营业务收入8.2亿元，实现利税2.4亿元，利润1.7亿元。2020年，工业企业42家，工业总产值14.4亿元，实现利税1.8亿元，利润0.6亿元。其中规模以上工业企业6家，实现主营业务收入11.73亿元，实现利税1.2亿元，利润0.5亿元。引进落地项目6个，招商引资到位资金1.5亿元，上级拨款项目资金0.5亿元，进出口总额1000万元。

**旅游业**　道朗镇历史悠久，文物古迹众多，其中尤以“三寺三水二村一街一谷”最为著名，即白马寺、龙驹寺、黄山寺，龙门湖、五一水库、房庄水库，二奇楼古村落、里峪民俗村，鱼池古街，神龙大峡谷。

## 财政税收

**财　政**　2016年，一般公共预算收入4342万元，一般公共预算支出6491万元。2018年，一般公共预算收入5359万元，一般公共预算支出6527万元。2020年，一般公共预算收入7530万元，一般公共预算支出8698万元。

**税　收**　2016年，登记各类纳税人98户，年纳税额在10万元以上的企业56家。各项税收收入6800万元，其中增值税4111.2万元。2018年，登记各类纳税人105户，年纳税额在10万元以上的企业78家。各项税收收入8930万元，其中增值税5358万元。2020年，登记各类纳税人102户，年纳税额在10万元以上的企业78家。各项税收收入1.4亿元，其中增值税8400万元。重点税源为建材、种植行业。

## 社会事业

**教　育**　2016年，幼儿园8所，专任教师54人，在园幼儿547人；小学7所，专任教师97人，在校学生970人；普通初中2所，专任教师116人，在校学生1439人。区级以上规范化学校9所，其中省级2所、市级6所、区级1所。2020年，幼儿园7所，其中省级示范园2所、市级示范园5所，专任教师51人，在园幼儿456人；小学3所，专任教师96人，在校学生841人；普通初中2所，专任教师112人，在校学生944人。区级以上规范化学校8所，其中省级2所、市级5所、区级1所。2016—2020年，投资319万元建设鱼池小学综合楼，投资320万元对镇一中、镇中心小学校舍进行维修改造，投资234万元对镇中心幼儿园校舍进行装修改造。

文　化　2016年，镇综合文化站1个，村级文化活动中心26个，各类文化专业户4个，各类图书室26个，藏书6万册，音乐、美术、书法、摄影及文学业余创作人员9人，农家书屋26个，农村文化大院26个，文体广场29个，文艺宣传队3个。2020年，镇综合文化站1个，村级文化活动中心43个，各类文化专业户40个，各类图书室43个，藏书1.5万册，音乐、美术、书法、摄影及文学业余创作人员40人，农家书屋43个，农村文化大院43个，文体广场53个，文艺宣传队6个。县级以上文物保护单位11处，其中国家级1处（齐长城遗址岱岳区道朗镇段）、省级1处（石坞洞山山寨遗址）、市级2处（黄巢寨山山寨遗址、二奇楼）、县级7处（白马寺遗址、龙门口遗址、穆英台山穆英台、蟠龙山古山寨、魁星阁遗址、珂楼山古山寨、城子寨抗日学校旧址）。县级以上非物质文化遗产6项，其中省级2项（西御道老汤鸡、泰山茶制作技艺）、市级1项（岱岳城子寨茶汤制作技艺）、县级3项（鱼池龙灯、李氏铁艺、刘氏1857美香蛋）。

卫　生　2016年，医疗卫生机构39家、床位65张，其中镇卫生院1家、村卫生室38家；卫生技术人员45名，其中执业医师16名、执业助理医师16名。2020年，医疗卫生机构38家、床位65张，其中镇卫生院1家、村卫生室37家；卫生技术人员56名，其中执业医师18名、执业助理医师14名。

## 社会保障

医疗保险　2016年，居民基本医疗保险参保人数2.2万人。2020年，居民基本医疗保险参保人数2.1万人。

养老保险　2016年，居民养老参保人数8291人，收缴保费321万元。居民养老发放人数7941人，发放金额918万元。2018年，居民养老参保人数7565人，收缴保费296万元。居民养老发放人数8225人，发放金额1219万元。2020年，居民养老参保人数7183人，收缴保费337万元。居民养老发放人数8439人，发放金额1435万元。

低保救助　2016年，享受农村最低生活保障205户、382人，发放最低生活保障金84.51万元。落实困难救助专项资金3万元。敬老院1家，床位28张，收养“五保”老人28人。2020年，享受农村最低生活保障216户、350人，发放最低生活保障金125.9万元。落实困难救助专项资金13万元。敬老院1所，床位20张，收养“五保”老人13人。

## 名胜古迹

齐长城遗址岱岳区道朗镇段　全国重点文物保护单位。位于道朗镇朱家庄村、里峪村、黄巢寨山，在莲花盆山、五花岩、犁铧尖子山上。建于东周（春秋、战国）时代，齐国为争霸天下而修建的军事防线，全长约5千米。其中有一段在道朗镇境内，历经2500多年的硝烟烽火，风雨沧桑，大部分已被毁坏，但城墙地基至今依稀可见，两侧到处是从城墙上滚落下的石头，唯有黄巢寨东侧一段近百米的城墙完好无损。

黄巢寨山山寨遗址　市级文物保护单位。坐落在泰山西麓，曾是一市一县一区（肥城市、长清县、岱岳区）的交会点，是重要的战略要地。主峰在道朗镇境内，位于道朗镇西北5千米的朱家庄村、里峪村、黄巢寨山，与肥城、长清接壤。山势高峻，易守难攻。相传唐末黄巢起义时，曾据守此山，故得名黄巢寨。山寨中今存元帅府、旗杆孔、屯兵房、大石臼、点将台、跑马场、一座龙头无字碑，仅成边框，未刻文字，俗呼为“无字碑”，相传为黄巢所制。黄巢寨北侧还有上营、下营（原兵营称呼）两个村庄。还有纪念“天补平均大将军”王仙芝的村庄——王仙庄。

二奇楼　市级文物保护单位。建在明代，道朗镇二奇楼村位于道朗镇的西南方向，称为古村。

石头房、石头墙、石碾、石磨，原始古朴的自然风貌在这里体现得淋漓尽致，这就是地处泰山西麓的灵石部落。最有代表性的标志是二奇楼，全用石头砌成，分上下两层，顶部中间有一图腾。

**白马寺遗址** 县级文物保护单位。位于道朗镇境内的三官山之阳。据民国《重修泰安县志》载：“北白马寺，在三绾山前西偏，明弘治间敕建，颇有岩壑之胜。”据传，古代洛阳白马寺僧人路经此地，在此建寺取名白马；另说因寺后有巨石状若白马，故名白马寺。寺旧有大殿3间及东西厢房，奉弥勒等佛。现寺已废，遗址现存有生长茂盛的古树和清代、民国时期的重修碑。

**龙门口遗址** 县级文物保护单位。位于道朗镇龙门水库附近。春秋时期文化遗址，1960年2月被发现，遗址面积3.5万平方米，文化堆积约3米。遗址中发现窑坑一处，出土文物有大汶口文化红陶鼎足，商代晚期至周代的鬲足、豆盘片、器物口沿以及汉代陶盘、盒残片等。

## 古今名人

**王彦章（约863—924）** 字子明，泰安道朗人，五代梁太祖朱温时曾任水军大都督，官至招讨使。少为军卒，骁勇有力，曾率兵卒不足千人，破敌于南城。后兵败被俘，拒降被杀。其后代曾在道朗立庙奉祀。

**王　度（约1614—1698）** 字平子，泰安道朗人，清顺治三年（1646）进士，官至户部右侍郎、总督仓场。王度所创“阳春班”是今莱芜梆子起源。

**史峻峰（1932—1990）** 曾用名史培山，道朗镇拉马洼村人。1939年2月参加革命，同年3月加入中国共产党。历任儿童团团长、青年团团长，原泰西县七区情报站站长、区武委会主任、区委书记。新中国成立后，历任泰安县农委秘书、县法院院长，泰安地区中级人民法院刑庭庭长，济南市中级人民法院庭长，泰安地区中级人民法院副院长、院长。1984年离休后，担任山东省高级人民法院咨询委员会委员。

**高淑源（1929—2009）** 道朗镇搬倒井村人。1945年3月参加革命工作，1947年1月加入中国共产党。曾任共青团泰安县委青委委员、组织部部长，鲁中南团校党总支委员、团支部书记，中共桐北县六区区委委员，共青团平阴县团委书记，中共平阴县委委员、县武装部副政委，共青团泰安地委青委委员、常委、宣传部部长、组织部部长，共青团济南市委青委委员、常委、农青部部长、团校主任等职。1960年起，历任济南市历下区农委副书记、中共市中区区委常委，共青团泰安地委副书记，泰安地区革命委员会直属政治部领导小组副组长，泰安徒骇河工程指挥部政工组组长、泰安地区革命委员会粮食局负责人，中共章丘县委副书记，中共平阴县委书记、县革命委员会主任，中共平阴县委书记，中共泰安地（市）委农工部部长。1986年起，任泰安市政协第六、七届委员会副主席、党组成员。1993年离休。

**张书盈** 道朗镇薛家岭村人。1980年10月参加工作，1984年12月加入中国共产党。1980年7月毕业于山东财政学校财税专业。曾任泰安县夏张公社税务所征收员、泰安县（市）财税局预算会计、泰安市泰山区财政局预算科科长，泰安市泰山区财政局副局长，泰安市财政局预算外资金管理科副科长，泰安市财政局行财科科长，泰安市财政局副局长、市国有资产管理局局长，泰安市财政局副局长、企业管理处主任，泰安市审计局局长、党组书记，泰山区委副书记、区长，泰安市委副秘书长，泰安市委组织部副部长、市人事局局长、编办主任，泰安市政府党组成员、秘书长、市政府办公室党组书记等职。2012年3月任市政协副主席、党组成员，市总工会主席、党组书记；2017年3月任泰安市人大常委会副主任、党组副书记，市总工会主席、党组书记。

## 土特名产

**泰山茶** 泰山茶溪谷农业发展有限公司实施泰山绿茶品牌化战略，积极推动特色产业与旅游休闲产业融合发展。种植上以栽植适应泰安气候与土壤特性的国内优良茶种为主，先后引进优质茶品种，有黄金芽、御金香、福鼎大白、安吉白茶、龙井长叶、黄观音、金观音、金牡丹、梅占等16个品种。在2018年第十二届国际名茶评比中，泰山茶溪谷绿茶获金奖、茶溪谷红茶获银奖。2020年10月，泰山茶制作技艺被评为第五批省级非物质文化遗产代表性项目。

## 典型选介

**九女峰乡村旅游聚集区** 总面积40平方千米，项目内包含10个村、4500多人，25千米环山公路连通各村。沿途有3个在建项目，分别是泰山茶溪谷、泰山白马禅寺文化产业园、芝峰葡萄酒庄园。聚集区内现保留着古朴完整的民俗村落和历史文化底蕴。

**二奇楼村落保护区** 位于道朗镇西南，项目涉及104户、396人，村民以农业生产和林业生产为主。此处民风淳朴，环境幽静，是群山之中的石头城，石头房、石头墙、石头大门、石质水流子、石铺巷路，石碾、石磨、石质地下水窖等均为古人创造，被称为“灵石部落”。区内有二奇楼村标、石坞洞山寨、朝阳沟、牛仙洞、狐仙山贞女石、送子石、凤凰山、八卦兵营、神仙九龙谷、成仙处、谢觉哉植树处、四清池、二奇楼山区吃水工程、150米的山洞、环山路等。当地特产丰富，主要盛产红壤地瓜、小米、核桃、花椒、香椿等。

**山东巴富洛农文旅产业园** 位于道朗镇九女峰乡村振兴齐鲁样板省级示范区内，集果蔬育苗、种植、采摘、加工、销售、研学、观光旅游于一体，作为核心示范基地，辐射带动周边村镇，运用企业+乡镇+农户的模式，打造可以带领乡村+农户增收、致富、脱贫的“一二三产业联合体”。产业园现有在职员工35人，另外聘请专家教授等高级科研顾问10人。示范种植园年产各类水果1200吨，销售收入3000万元，实现利润1500万元。同时，实现一二三产融合发展，新建红酒酒庄1处，注册自主品牌东岳•九女峰、巴富洛农业、巍岳干红葡萄酒，可年产葡萄酒500吨，销售收入5.6亿元，实现利润1.8亿元，税收7000万余元。产业园与中国科学院武汉植物园、中国农业大学等保持密切交流及技术往来，先后成立国家苹果工程中心试验示范基地、国家重点研发项目试验示范基地、国家现代农业产业核心示范基地等。产业园还规划发展文旅和康养项目。

**全国文明村、全国乡村旅游重点村——里峪村** 位于九女峰乡村振兴示范片区内，常住户数186户、人口435人。有丰富的林果资源、旅游资源。近年来，通过大力发展乡村旅游，成功走出一条生态立村、品牌兴村、产业强村的发展之路，打响了“春天里峪”旅游品牌。2020年，接待游客12.12万人次，旅游收入695.2万元。2017年，被山东省林业厅、山东旅游发展委员会、山东广播电视台等评为最美绿色乡村、山东省森林村居。2019年7月，被文化和旅游部授予全国乡村旅游重点村称号，被山东省精神文明建设委员会评为山东省级文明村。2020年11月，被中央精神文明建设指导委员会授予“全国文明村”称号。

## 镇党政主要负责人

**党委书记** 姚学理（女，2014.1—2016.12）
朱英文（2016.12—2018.9）
刘　峰（2018.9—2020.3）
王建斌（2020.6—　）

**镇　　长** 张　猛（2013.1—2016.12）
李安军（2016.12—　）

（刘金焕）

泰安市

乡镇概览 |（2016—2020）

# 泰安高新区

泰安高新区一角　（司 刚　摄）

2018年，泰安高新区政务服务中心建成并投入使用
（张力辉　摄）

2018年9月，国家级高新技术创业服务中心建成并投入使用
（李泽民　摄）

房村镇鲁里汶河大桥　　（李泽民　摄　2023年提供）

# 概　述

## 地理环境

**位置面积**　高新技术产业开发区（简称高新区）位于山东省中部，泰山南麓、汶水河畔。地理坐标为北纬35°53′～36°06′，东经117°03′～117°19′。东西最长19千米，南北最长32千米，总面积277平方千米。2020年，高新区建成区面积为53平方千米。京沪铁路、京沪高铁纵贯南北，济枣、青兰、京台干线公路纵横全境，公路通车里程720.74千米，其中高速公路通车里程5.7千米。

**建置区划**　1992年6月，筹建高新技术开发区，傍依泰莱一级高速公路，与泰安市内岱宗、东岳大街贯通，规划面积2平方千米。1994年，高新技术产业开发区成立，规划范围为西起凤台村，东至芝田河，北到黄前水库引水干渠，南到泰莱一级公路，管辖区域面积16平方千米。1995年8月，省政府批准泰安高新区为省级高新区，规划范围仍为16平方千米，起步区2平方千米。2002年，确定东区范围为西起凤台东路，东至冯家庄河，南至老泰莱路，北至富城路，面积约6平方千米。同年，启动建设高新区，位于泰安市区南部，东起京沪铁路，西至京沪高速铁路，北起京沪高速公路，南至胜利水库南坝线，总管辖面积50平方千米。2017年2月，市委、市政府调整高新区管辖范围后，管辖面积增至748平方千米，代管良庄、房村、徂徕、化马湾、天宝5个镇，北集坡1个街道，共242个行政村、7个社区居委会。2019年9月，市委、市政府再次调整高新区管辖范围，辖区面积调整为277平方千米，下辖北集坡1个街道，代管房村、良庄2个镇，共104个行政村、12个社区居委会。至2020年末，区划未发生变化。

**地形地貌**　属平原地貌，境内东高西低、北高南低，缓坡平地、浅平洼地相间。北部、西南部为大汶河形成的冲积平原，平均海拔120米。东南部隆起与徂徕山接壤，平均海拔200米以上，沟壑纵横，形成山地、丘陵等多种地形。

**气候特征**　属暖温带大陆性半湿润季风气候，四季分明，春季干旱少雨，夏季炎热多雨，秋季凉爽干燥，冬季寒冷少雪。2016年，年平均气温14.8℃，比历年偏高0.2℃。最高气温36.9℃，最低气温-16.9℃。年降水量631.8毫米，日照时数2111.6小时。2020年，年平均气温16℃，比历年同期平均气温偏高1.4℃。最高气温39.3℃，最低气温-12.3℃。年降水总量931.7毫米，日照时数3247.9小时。

**土地资源**　山地面积3961公顷，占全区总面积的14.3%。海拔高度在200米以上，地面坡度小于20°，主要由石灰岩、中粒长石石英砂岩组成，土壤以褐土、棕壤土为主。丘陵面积5971公顷，占全区总面积的21.6%，海拔高度100～150米，主要由石灰岩、花岗岩组成，以褐土为主。平原面积1.77万公顷，占全区总面积的64.1%，土壤多为洪水冲积物形成，以褐土为主，土层较厚，土质肥沃。区境南部属平原，为全区主要粮食产区。

**矿产资源**　已发现各类矿产10种，其中能源矿产3种，矿种为煤炭、石油、地热；金属矿产1种，

泰安高新区凤凰湖公园　　（王　军　摄　2023年提供）

矿种为铁；非金属矿产4种，矿种为自然硫、石膏、麦饭石、建筑石英砂；水气矿产2种，矿种为矿泉水、页岩气。开发利用2种，分别为建筑石料用灰岩、建筑石料用花岗岩。

**水资源**　2016—2020年，年平均降水量662.64毫米，其中汛期6—9月降水量占全年的88.3%，年平均水面蒸发量909.6毫米，年平均水资源总量8146.29万立方米，其中地表水资源量5531.87万立方米，地下水资源总量3661.52万立方米，地表水与地下水重复计算量为222.81万立方米。有大小河流30条，总长度154.5千米，多为行洪河道，流域面积在200平方千米以上的河道有大汶河、柴汶河2条，总长度41.86千米，均为季节性河流。

**生物资源**　区内房村镇、良庄镇与徂徕山林场相接，生态环境良好。有植物797种，其中木本植物234种、草本植物563种。野生陆生脊椎动物144种，其中鸟类134种、兽类7种、两栖类3种。昆虫多达700余种。

**人口民族**　**人口**　2016年，常住人口9万人，其中城镇人口5.9万人，农村人口3.1万人；出生人口1200人，人口出生率16.42‰；死亡533人，死亡率7.28‰；人口自然增长率9.14‰。2018年，常住人口46.57万人，其中城镇人口17.75万人，农村人口28.82万人；出生人口4600人，出生率11.25‰；死亡3500人，死亡率8.58‰；人口自然增长率2.67‰。2020年，常住人口22.5万人，其中城镇人口14.7万人，农村人口7.8万人；出生人口2101人，人口出生率8.9‰；死亡2189人，死亡率9.2‰；人口自然增长率-0.3‰。

**民族**　2020年，有回族、蒙古族、满族、彝族等25个少数民族，349人。呈散杂居分布、无聚居区域，其中回族人口185人，占全区少数民族总人口的53%，大多在北集坡街道。

## 经济状况

2016年，地区生产总值87.41亿元，其中第一产业增加值9500万元，第二产业增加值54.82亿元，第三产业增加值31.64亿元。2018年，实现地区生产总值176.77亿元，按可比价格计算，比上年增长10.7%，其中第一产业增加值18.2亿元，增长17.2%；第二产业增加值94.27亿元，增长8.9%；第三产业增加值64.3亿元，增长11.5%。2020年，实现地区生产总值191.23亿元，同比增长5.54%，其中第一产业增加值11.59亿元，增长0.83%；第二产业增加值104.09亿元，增长7.4%；第三产业增加值75.55亿元，增长3.6%。

**农　业**　2016年，农业总产值2.6亿元，其中农业产值6000万元，林业产值1.2亿元，畜牧业产值8000万元；农作物总播种面积4226.41公顷，其中粮食作物播种面积3604.14公顷，粮食总产量2.7万吨；蔬菜种植面积622.27公顷，总产量1.4

万吨；肉、蛋、奶总产量7500吨。2020年，实现农业总产值21.99亿元，实现农林牧渔业增加值12.48亿元，其中农业产值16亿元，林业产值1100万元，畜牧业产值4.1亿元，渔业产值230万元，农林牧渔服务业产值1.76亿元，农林牧渔服务业增加值8900万元。全区农作物种植面积2.31万公顷，其中粮食作物播种面积8000公顷，粮食总产量5.94万吨；经济作物播种面积1.51万公顷，其中蔬菜种植面积1.1万公顷，总产量64.11万吨；油料作物播种面积2100公顷，总产量8700吨；园林水果面积2000公顷，总产量9200吨；肉、蛋、奶总产量2.76万吨；拥有农业机械总动力30万千瓦，农机化综合水平87%，林木绿化率19.62%。新建高标准农田666.67公顷。新发展种植面积3.33公顷以上经营主体18家。“三品一标”（无公害农产品、绿色食品、有机农产品和农产品地理标志）认证面积4000公顷。规模以上农业龙头企业29家，省级2家、市级27家。

**工　业**　2016年，新竣工投产投运泰开核电智能开关、普瑞特太阳能、路德新材料等项目27个，总投资263.5亿元，其中过10亿元项目6个。工业实现增加值52.87亿元，规模以上工业企业62家，主营业务收入313.2亿元、利税25.6亿元、利润16.4亿元。2018年，工业增加值69.72亿元，规模以上工业企业实现主营业务收入300.8亿元，同比增长9.1%；利润总额19.1亿元，同比下降14.5%；纳税过亿元企业总数达95家。2020年，国家级专精特新“小巨人”企业达到3家，国家级、省级制造业单项冠军企业达到9家，“瞪羚”企业达到15家。工业增加值74.6亿元，规模以上工业企业103家，规模以上工业增加值同比增长13.2%；实现营业收入386.6亿元，同比增长9.9%；利润总额28.2亿元。

**建筑业**　2016年，资质建筑安装企业15家，其中一级资质企业1家、二级资质企业7家、三级资质企业7家，在册职工2000余人。建筑企业总产值27.5亿元，增加值4.9亿元，房屋竣工工程面积14.28万平方米。2018年，资质建筑安装企业36家，建筑安装业总产值68.3亿元、增加值13.1亿元。2020年，建筑安装企业48家，其中华通建设发展集团有限公司、泰安市正兴建筑安装有限公司、泰安市隆鑫建筑安装工程有限公司、泰安恒源建筑工程有限公司为区内建筑业支柱企业。2020年，实现建筑业总产值390亿元。

**商贸服务业**　2016年，社会消费品零售总额2.9亿元；外贸进口总额11.2亿元，比上年下降17.3%；外贸出口总额9.2亿元，比上年增长0.3%。2018年，限额以上单位实现批发和零售营业收入29.1亿元，主营业务收入29亿元，营业利

泰开集团有限公司一角　　（于　龙　2023年提供）

润亏损5900元；限额以上单位实现批发额26.1亿元、零售额7.2亿元；住宿、餐饮业营业收入3000万元，营业利润293.9万元；外贸进口总额9000万元，比上年下降48.6%；外贸出口总额11.6亿元，比上年增长6.2%。2020年，社会消费品零售总额27亿元，比上年下降0.8%。限额以上单位实现批发和零售营业收入11.4亿元，营业利润2000万元；限额以上单位实现批发额111.9亿元、零售额12.8亿元。住宿、餐饮业全年营业收入1000万元，营业利润亏损100元；外贸进口总额29.4亿元，比上年增长47.6%；外贸出口总额16.8亿元，比上年增长1.7%；实际外商直接投资1.23亿美元，比上年增长22.7%。

旅游业　2016年，省级工农业旅游示范点1个、旅游特色村2个，山东省“好客人家”三星级农家乐1家，全省红色文化特色村2处、市级文物保护单位1处、抗战纪念设施1处，接待游客10万人次。2018年，接待旅游人数12万人次。2020年，有博物馆3家，接待旅游人数14万人次。

## 财税金融

财　政　2016年，一般公共预算收入20.55亿元，一般公共预算支出19.11亿元。2018年，一般公共预算收入20.68亿元，一般公共预算支出22.84亿元。2020年，一般公共预算收入21.13亿元，同比下降2.78%；一般公共预算支出19.21亿元，同比下降24.73%。

税　收　2016年，税收收入16.1亿元，非税收入4.45亿元。2018年，税收收入18.32亿元，非税收入2.36亿元。税收收入、主体税收收入分别增长9.44%、14.6%。2020年，税收收入18.39亿元，主体税收12.56亿元，分别下降1.25%和0.19%；非税收入2.74亿元，下降11.91%。

金　融　2016年，金融机构和金融组织28家，其中银行业机构12家，存款余额78.98亿元，贷款余额35.22亿元；保险业机构1家，证券分支机构1家，小额贷款公司3家，民间资本管理公司5家，融资担保公司2家，融资租赁公司3家，商业保理公司1家；美国纳斯达克上市企业1家，创业板上市企业1家，全国中小企业股份转让系统挂牌企业3家，区域性股权交易系统挂牌企业6家。2020年，金融机构和金融组织35家，其中银行业机构16家，存款余额132.68亿元，贷款余额120.78亿元；保险业机构2家，证券分支机构1家，小额贷款公司3家，民间资本管理公司5家，融资担保公司2家，融资租赁公司5家，商业保理公司1家；美国纳斯达克上市企业1家，创业板上市企业1家，全国中小企业股份转让系统挂牌企业3家，区域性股权交易系统挂牌企业15家。

保　险　2016年，保险业机构1家，实现保费收入1500万元。2018年，保险业机构2家，保费收入6400万元。2020年，保险业机构2家，保费收入7900万元，累计赔付支出5100万元，同比增加1200万元，提供风险保障金349.3亿元。

## 社会事业

科　技　2016年，高新区获市级及以上科学技术奖5项，其中泰安市科技进步奖5项（一等奖1项、二等奖3项）；专利申请量662件，其中授权专利489件；高新区高新技术产业产值占规模以上工业产值的42.08%。2018年，获市级及以上科学技术奖7项，其中山东省科技奖励1项、泰安市科技奖6项（一等奖1项、二等奖3项）；专利申请量675件，其中授权专利544件。高新技术产业产值占规模以上工业产值的45.6%。2020年，获市级及以上科学技术奖6项，其中泰安市科技进步奖5项（二等奖2项）；专利申请量1168件，其中授权专利837件。科技型中小企业、高新技术企业分别为113家、100家，高企新增数量和总量均位居泰安市县（市、区）第1位。高新区高新技术产业产值

占比76.12%，居泰安市县（市、区）第1位，高于全省31.02个百分点。

**教　育**　2016年，各级各类学校（含幼儿园）42所，在校生1.18万人，其中幼儿园30所，在园幼儿3923人，教职工490人，专任教师330人；小学8所，在校学生3785人，教职工430人，专任教师402人；初中2所，在校学生3421人，教职工220人，专任教师215人；民办九年一贯制学校1所，在校生565人；普通高中1所，在校学生61人，教职工16人，专任教师16人。2020年，各级各类学校（含幼儿园）103所，在校生2.73万人，其中幼儿园72所，在园幼儿9431人，教职工1136人，专任教师761人；小学24所，在校学生1.08万人，教职工657人，专任教师652人；初中5所，在校学生5630人，教职工553人，专任教师548人；民办九年一贯制学校1所，在校生529人；普通高中1所，在校学生951人，教职工70人，专任教师70人。

**文　化**　2016年，博物馆1个，公共图书馆1个，农村文化大院31个，设有综合文化站1处，村级文化活动中心40处，各类文化专业队伍45支，农家书屋71个，藏书7000余册，音乐、美术、书法、摄影及文学创作人员达34人；开展群众文化活动200余场次，送戏下乡150场，公益电影放映300多场次。2020年，有公共图书馆1个、农村文化大院31个，有综合文化站3处，村级综合文化服务中心83处，各类文化专业队伍48支，农家书屋40个，藏书1万余册；广场舞、太极拳、音乐、美术、书法、摄影等带头人达1000人，组织开展精品惠民主题活动2600余场次，放映公益电影1000余场次，广播、电视人口综合覆盖率均为100%。市级以上非物质文化遗产保护项目16项、传承人10人，其中省级1项、市级1项、县级4项。

**卫　生**　2016年，各级各类医疗卫生机构65所，其中有二级专科医院1所，社区卫生服务中心2所，社区卫生服务站3所，村卫生室44所，个体诊所、企业厂矿医务室15所。有住院床位190张。2020年，各级各类医疗机构138所，其中二级医院2所，镇卫生院2所，一级中医医院1所，社区卫生服务中心2所，社区卫生服务站5所，村卫生室98所，门诊部、个体诊所、企业厂矿医务室28所。有住院床位610张。执业（助理）医师76名，执业护士193名。

**体　育**　2016年，新建全民健身工程10个，举办全民健身活动2个。2019年，新建社会足球场2处，参加泰安市第二十一届运动会田径比赛获得金牌2枚。2020年，新建健身工程15个，有山东省竞技体育传统项目学校1所、泰安市传统项目学校2所、全国足球特色学校1所、市级足球特色学校1所。

## 社会保障

**医疗保险**　2018年，职工医保基金征缴2292万元，支付职工医疗保险费1645万元，涉及职工1.52万人，居民医保参保人数38.74万人，基金征缴2.76亿元，支付居民医疗保险费1.62亿元。2020年，职工医保参保人数1.89万人，基金征缴5423万元；居民基本医保参保32.78万人，基金征缴2.65亿元，其中个人征缴8552万元，财政补助1.8亿元。支出职工医保基金5126万元，支出居民医保基金2.43亿元。

**养老保险**　2018年，参加城镇职工基本养老保险9453人，收缴保险费3871万元；参加居民基本养老保险17.08万人，收缴保险费3906万元；为1866名机关事业单位离退休人员发放养老金1.09亿元，企业离退休人员养老金社会化发放率保持100%，为7.96万名城乡居民发放养老金1.24亿元。2020年，参加企业职工基本养老保险在职1.61万人，退休2688人；参加机关事业单位基本养老保险在职1011人，退休702人，参加居民保险7.84万人。

**低保救助**　2016年，城乡低保对象813户、1545人，其中城市低保14户、16人，农村低保

799户、1529人，发放低保金379.32万元；救助重特大疾病困难群众172户，发放救助金17.2万元。2020年，城乡低保对象1574户、2425人，其中城市低保54户、68人，农村低保1520户、2357人，发放低保金1141.25万元；救助低保大学本科新生3人，发放救助金1.2万元；救助各种突发困难家庭74户，发放临时救助金20.81万元。

## 名胜古迹

2020年，名胜古迹主要有徂徕山抗日武装起义磨山峪旧址、青云寺、西西住遗址、茅茨东村遗址、演武厅遗址、茅茨西村古墓群等。县级以上文物保护单位13处，其中县级13处。

（玄富华　孙小飞）

# 北集坡街道

## 地理环境

**位置面积**　北集坡位于泰安市高新技术产业开发区西北部，北靠徐家楼街道、省庄镇，南与徂汶景区滨河片区毗连，东与徂汶景区滨河片区接壤，西与满庄镇为邻。南北最长距离14千米，东西最长距离11千米，总面积73.3平方千米。街道办事处驻北集坡村，距泰安市人民政府16千米。有京沪、京台高速公路、104国道、京沪铁路、京沪高速铁路等交通干道纵贯全境。

**建置区划**　相传唐末建村，因周围集水成泊，故名北集泊，后演化为北集坡。北集坡街道境内，1912年属泰安县中正区。1929年属第三区。抗日战争时期先后分属赵庄区、白峪区、泰宁县。1948年分别属龙山区、西遥区、赵庄区。1958年组建红星、共产主义2个公社。1959年并入篦子店公社。1960年更名北集坡公社。1984年建北集坡办事处。1985年建镇。2002年4月，划由高新区管理。2004年6月，满庄镇泉河村、东湖村、兴隆庄、东河北村4个村划归北集坡镇。2010年6月，撤镇设立街道。2017年2月，泰山区邱家店镇前旧县村、后旧县村、东旧县村、中旧县村、北颜张村、东颜张村、西颜张村、桂林官庄村，省庄镇圣元官庄村、北许村、南许村11个村划归北集坡街道。2019年11月，原泰山区邱家店镇划入的11个村，以及原北集坡

2020年10月，北集坡街道办事处全景　　（任小雨　提供）

街道赵庄村、东夏村、西夏村、中夏村、南夏村、北店子村、南店子村、泉林庄村、西旺村、张庄村、南官庄村、阳泉村12个村划入徂汶景区。2020年，辖龙泉、奥园、石灰官庄、凤凰、对臼、河滨、嘉和、金水泉8个社区；泉河村、西对旧村、东对旧村、小官庄村、东湖家峪村、朱家埠村、水泉村、西百子坡村、东河北村、兴龙庄村、梁家小庄村、邢家寨村、篦子店村、兴隆庄村、窦家村、洪沟店村、泉上村、庵上村、格子村、季家庄村、北集坡村、道凹村、利家庄村、曹庄村、石灰官庄村、沙家洪沟村、丁家洪沟村、魏家洪沟村、王家洪沟村、陈家洪沟村、凤凰庄村、驼凹村、徐家官庄村33个行政村。至2020年，建置区划未变。

**自然状况** 地势南高北低，丘陵占街道总面积的60%，地势及土质适宜苗木生长，海拔40～62.5米。年平均降水量530毫米，资源有紫页岩、麦饭石、石灰石等。

**人口民族** 2016年，常住总户数1.84万户，常住总人口5.96万人。2018年，常住总户数1.8万户，常住总人口6.03万人。2020年，常住总户数4.37万户，常住人口12.8万人，其中男性6.1万人、女性6.7万人。有汉族、回族、满族、蒙古族、苗族、拉祜族、哈尼族、朝鲜族、藏族、壮族、彝族、佤族、畲族、俄罗斯族、白族、达斡尔族16个民族。

## 经济状况

**农　业** 以种植苗木为主，蔬菜、水果等经济作物为辅。2016年，街道耕地面积1700公顷，乡镇农业总产值2.37亿元，其中农业产值7200万元、林业产值8000万元、牧业产值7900万元，农林牧渔服务业产值600万元，农业增加值4700万元。2018年，街道耕地面积2400公顷，乡镇农业总产值2.96亿元，其中农业产值1亿元、林业产值8900万元、牧业产值9900万元，农林牧渔服务业总产值800万元，农业增加值6500万元。2020年，街道耕地面积545公顷，乡镇农业总产值1.54亿元，其中农业产值3200万元、林业产值8700万元、牧业产值2500万元，农林牧渔服务业产值1000万元，农业增加值2100万元。农民专业合作社50个，农业企业5个，家庭农场10个。

**工　业** 2016年，工业企业10家，从业人员122人，其中规模以上工业企业1家；工业总产值3100万元，实现利税91万元，其中利润34万元；规模以上工业企业实现主营业收入2100万元，实现利税33万元，其中利润19万元。2018年，工业企业13家，从业人员261人，其中规模以上工业企业1家；工业总产值5900万元，实现利税169万元，其中利润62万元；规模以上工业企业实现主营业收入2600万元，实现利税34万元，其中利润20万元。2020年，工业企业20家，从业人员351人，其中规模以上工业企业1家；工业总产值7400万元，实现利税234万元，其中利润101万元；规模以上工业企业实现主营业收入3900万元，实现利税59万元，其中利润21万元。

## 财税税收

**财　政** 2016年，一般公共预算收入5286万元，一般公共预算支出5312万元。2018年，一般公共预算收入5775万元，一般公共预算支出5775万元。2020年，一般公共预算收入5802万元，一般公共预算支出5802万元。

**税　收** 2016年，登记各类纳税人206户，年纳税额在10万元以上的企业52户，各项税收收入4570万元，其中增值税2567万元。2018年，登记各类纳税人220户，年纳税额在10万元以上的企业60户，税收收入5517万元，其中增值税2867万元。2020年，登记各类纳税人232户，年纳税额在10万元以上的企业75户，各项税收收入5536万元，其中增值税3207万元。重点税源为建筑安装、建材、机械制造、电力设备、苗木种植等行业。

## 社会事业

**教　育**　2016年，幼儿园30所，专任教师379人，在园幼儿4128人；小学8所，专任教师221人，在校学生3892人；普通初中2所，专任教师232人，在校学生3886人；县级以上规范化中小学11所，其中省级规范化学校1所、市级规范化学校4所。2020年，幼儿园30所，专任教师634人，在园幼儿6128人；小学8所，专任教师352人，在校生7531人；普通初中2所，专任教师301人，在校学生4378人。

**文　化**　2016年，有综合文化站1个，村级文化活动中心25个；综合图书室1个，总藏书量10万余册；农家书屋25个，农家文化大院25个，文体广场36处，民间演出团体1个。2020年，综合文化站1个，村级文化活动中心17个，书法、绘画专业队伍3个；各类图书室20个，藏书15万余册，音乐、美术、书法、摄影及文学业余创作人员237人。县级文物保护单位1处（泉河汉代诸侯墓）。

**卫　生**　2016年，医疗卫生机构46所，床位40张。其中社区卫生服务中心1所，村卫生室（社区门诊）45所，专业卫生人员66人，执业助理医师11人。2018年，医疗卫生机构60所，床位40张。其中社区卫生服务中心1所，村卫生室（社区门诊）59所，专业卫生技术人员76人，执业助理医师11人。2020年，医疗卫生机构36所，床位40张。其中社区卫生服务中心1所，村卫生室（社区门诊）35所，专业卫生技术人员74人，执业助理医师12人。

## 社会保障

**医疗保险**　2016年，居民医疗保险参保人数5.63万人。2018年，居民医疗保险参保人数5.1万人。2020年，居民医疗保险参保人数3.9万人。

**养老保险**　2016年，居民基本养老保险参保人数2.84万人。2018年，居民基本养老保险参保人数2.53万人。2020年，居民基本养老保险参保人数1.17万人。

**低保救助**　2016年，城镇最低生活保障户数464户、827人，发放最低生活保障金199.2万元；农村最低生活保障户数451户、812人，发放最低生活保障金192万元；医疗救助109人次，发放医疗救助金22.1万元；敬老院1家，床位30张，收养农村“五保”老人20人。2020年，城镇最低生活保障户数14户、18人，发放最低生活保障金9.95万元；农村最低生活保障户数353户、618人，发放最低生活保障金428.34万元；敬老院1家，床位30张，收养农村“五保”老人12人。

2018年11月，九六〇医院医护人员到北集坡街道沙家洪沟村健康义诊
（任小雨　提供）

## 名胜古迹

**泉河汉墓（诸侯墓）**　县级文物保护单位。建于汉朝，位于北集坡街道泉河村，长城路南首路东，与高新区一天门大街交会处，北邻泰安金驰汽车销售服务有限公司，南邻世纪温泉大酒店，占地约2000平方米，今墓高约3米，当地人俗称“侯子山”“双侯王”，古墓未被挖掘过，所以墓主无考，相传为汉代王侯墓。

## 土特名产

**香　油**　北集坡街道出产的香油有浓郁的炒芝麻香味，其味醇正而耐回味，颜色呈红铜色。在生产工艺上，北集坡香油在原料投料前，先将芝麻培育成对人体有益的芝麻酚、芝麻素、芝麻酚林素等营养物质，再进行低温处置，不破坏香油中的芳香味及功能性营养成分。香油产品远销国内大中城市。

**苗　木**　北集坡街道地势平坦广阔，气候湿润温暖，土层深厚，利于植物根部呼吸生长，土壤酸碱度适宜，适合苗木培育。盛产草莓、樱桃、苹果、梨树等果树苗，北集坡苗木市场以种植销售为一体，品种全、品类多、苗木质量好、价格合理，是山东省具有较大影响力的苗木销售基地。北集坡街道辖区苗木基地占地面积300余公顷。2016—2020年，年种植面积约267公顷，年平均销售3000多万株苗木，年均收入6000万元左右。

## 古今名人

**邢西彬**　原名邢锡彬，1925年生，山东省泰安市城南邢家寨村人。1938年1月参加徂徕山抗日武装起义，任八路军四支队二团通信员，1939年5月加入中国共产党。历任八路军山东纵队四支队二团三营通讯员，华东野战军南下中原支队新闻大队三中队副政治指导员，华中（中南）新华印刷厂厂长，中南军政委员会（中南行政委员会）新闻出版局出版处印刷管理科科长，湖北省文化局电影处处长，湖北省革命委员会文化教育局副局长，湖北省文化厅副厅长、党组副书记，第一届湖北省电影家协会主席等。1990年5月离休。

**张金涛**　1966年生，北集坡街道沙家洪沟村人。1990年7月入伍。1984年3月，加入中国共产党。2009年12月晋升专业技术军官大校军衔。2007年10月，任解放军第八十八医院神经内科主任、党支部书记。2018年11月，任中国人民解放军联勤保障部队第九六〇医院泰安医疗区神经内科主任。2019年12月，晋升主任医师、教授。2015年11月，任中国老年医学学会认知障碍分会常务委员。2016年7月，任第九届全军神经内科学专业委员会常务委员。2018年5月，任全军神经康复学组组长。2020年12月，任山东省老年医学学会神经损伤与修复专业委员会主任委员。

## 典型选介

**山东省级文明村镇——洪沟店村**　北集坡街道洪沟店村以“山青水绿的美丽生态、绿色优质的特色农产品”为发展理念，气候湿润、植被茂盛、地势平坦、环境优越。主要以种植小麦、玉米为主。在改善民生环境上，先后实施通水、通路、改厕、雨污分离、集市扩大等民生工程，村庄面貌大幅提升，村民幸福指数显著提升。2020年12月，被山东省精神文明建设指导委员会评为山东省级文明村。

**山东省基层社会治理优秀网格——窦家村**　北集坡街道窦家村地理位置优越、生态环境优美，以观光农业、采摘特色农业、农作物种植、机械制造等为主导产业，是山东省级文明村、泰安市民主法制示范村、泰安市乡村振兴工作先进组织。2020年1月，被中共山东省委政法委员会评为基层社会治理优秀网格。

## 街道党政主要负责人

**党工委书记**　李　劲（2011.11—2016.7）
颜内洪（2016.7—2018.9）
王　卫（2018.9—　）

**主　　任**　颜丙洪（2014.9—2016.7）
王　卫（2016.7—2018.9）
王　勇（2018.10—　）

（任小雨）

# 房村镇

## 地理环境

**位置面积** 房村镇地处泰安南部，东接良庄镇，南靠柴汶河与宁阳县华丰镇接壤，西与大汶口镇隔河相望，北依徂徕山与徂徕镇相邻。东西平均距离4.6千米，南北平均距离21.5千米，总面积96平方千米。镇政府驻房村村，距泰安市人民政府28千米。东临103省道。

**建置区划** 房村明立村，因地靠汶河，常有土匪猛兽侵袭，为防敌盗，故名防村，后演化为房村。房村镇境内，西汉时期为巨平县。民国时期属于泰安县大汶口第八区。1912年属泰安县梁父区。1928年分属第三、六、七区。抗日战争时期属第八区。1945年划为宁阳县第八区。1949年冬改为西西住第八分区委员会，1950年改为第七区。1953年复归泰安县改为西住区。1958年9月实行“政社合一”体制，改为乐园公社。1959年6月，建立西住人民公社。1984年4月，人民公社撤销，改为房村办事处。1985年12月，改为房村乡人民政府。1994年12月，房村撤乡建镇。2016年，辖房村、东西住、西西住、东杨庄、西杨庄、新杨庄、南滕、北滕、乡城北、乡城南、西良甫、邹家庄、鲁里、东良甫一、东良甫二、埠东、埠西、金庄、肖庄、周全、朱家庄、韩家寨、董白塔、程白塔、南阳关、北阳关、涝坡、磨山峪、黑石埠、东南望、西南望31个行政村。至2020年，建置区划未变。

**自然状况** 地势北高南低，北部为山区丘陵，南部为平原。海平面较低，土层深厚，土质肥沃，林网环绕。现有耕地4066.67公顷，山岭地666.67公顷，滩涂1333.33公顷。地下水源充足，矿产资源丰富，有自然硫黄、石油、石膏、河沙、花岗岩石、长石、石英等，分布在徂徕山周围，质地优良，其中自然硫储量达39.43亿吨。河沙储量大，沿汶河岸长达43千米，河床宽1.2千米，沙层厚，质量高。

**人口民族** 2016年，常住总户数1.76万户，常住总人口5.65万人，其中男性2.87万人、女性2.78万人。2018年常住总户数1.86万户，常住总人口5.98万人，其中男性3万人、女性2.98万人。2020年，常住总户数1.79万户，常住总人口5.81万人，其中男性2.91万人、女性2.90万人。有汉族、回族、彝族、壮族、满族、黎族、佤族、蒙古族、布依族、朝鲜族、土家族、哈尼族、傈僳族、水族14个民族。

## 经济状况

**农　业** 以种植小麦、玉米、有机蔬菜、苗木花卉为主。2016年，全镇耕地面积4320公顷，均为水浇地，乡镇农业总产值8.53亿元，其中农业产值7.3亿元、林业产值2000万元、牧业产值8000万元，农林牧渔服务业产值2356万元，增加值3500万元；农民合作社90个，种植大户11户，土地流转面积363.13公顷。2018年，全镇耕地面积4587.1公顷，均为水浇地，乡镇农业总产值9.35亿元，其中农业产值7.8亿元、林业产值2000万元、牧业产值1.1亿元，农林牧渔服务业总产值2572万元，增加值4500万元；农民专业合作

房村镇蔬菜大棚 （李泽民　摄　2023年提供）

社99个，家庭农场4个，土地流转面积367.53公顷。2020年，全镇耕地面积4587.1公顷，均为水浇地，乡镇农业总产值10.17亿元，其中农业产值8.3亿元、林业产值2000万元、牧业产值1.4亿元，农林牧渔服务业产值2700万元，增加值4700万元。农民专业合作社89个，农业企业6个，家庭农场4个，土地流转面积254.34公顷。

**工　业**　2016年，工业企业35家，从业人员1497人，其中规模以上工业企业4家；工业总产值6.22亿元，实现利税3130万元，其中利润950万元；规模以上工业企业实现主营业收入5.1亿元，实现利税2574.67万元，其中利润781万元。2018年，工业企业36家，从业人员1502人，其中规模以上工业企业3家；工业总产值8.01亿元，实现利税2170万元，其中利润1220万元；规模以上工业企业实现主营业收入5.61亿元，实现利税1519万元，其中利润854万元。2020年，进出口总额3860万元；工业企业20家，从业人员1451人，其中规模以上工业企业3家；工业总产值7.1亿元，实现利税3080万元，其中利润830万元；规模以上工业企业实现主营业收入6.07亿元，实现利税2900万元，其中利润720万元。

## 财税金融

**财　政**　2016年，一般公共预算收入1694万元，其中工商税收885万元，一般公共预算支出2183万元。2018年，一般公共预算收入2105万元，一般公共预算支出3315万元。2020年，一般公共预算收入3065万元，一般公共预算支出6809万元。

**税　收**　2016年，登记各类纳税人175户，年纳税额在10万元以上的企业8户，各项税收收入1480万元，其中增值税950万元。2018年，登记各类纳税人270户，年纳税额在10万元以上的企业10户，各项税收收入1765万元，其中增值税844万元。2020年，登记各类纳税人284户，年纳税额在10万元以上的企业10户，各项税收收入2319万元，其中增值税1502万元。重点税源为纺织业。

## 社会事业

**教　育**　2016年，幼儿园16所，专任教师102人，在园幼儿1284人；小学8所，专任教师177人，在校学生1967人；普通初中1所，专任教师100人，在校学生1725人；县级以上规范化中小学9所，其中省级规范化学校2所，市级规范化学校7所。2020年，幼儿园16所，专任教师107人，在园幼儿1368人；小学7所，专任教师162人，在校学生1701人；普通初中1所，专任教师102人，在校学生805人。

**文　化**　2016年，综合文化站1个，村级文化活动中心31个，各类文化专业户16户；各类图

2020年6月，房村镇南滕村紫藤花园群众文化生活　　（张　芃　摄）

书室32个，藏书10余万册，音乐、美术、书法、摄影及文学业余创作队伍55人；农家书屋32个，农村文化大院31个，文体广场44个，文艺宣传（表演）队12个。2020年，镇综合文化站1个，村级文化活动中心31个，各类文化专业户22户；各类图书室32个，藏书12万余册，音乐、美术、书法、摄影及文学业余创作队伍150人；农家书屋31个，农村文化大院31个，文体广场49个，文艺宣传（表演）队25支。县级以上文物保护单位8处，其中国家级1处（徂徕山抗日武装起义旧址），市级2处（青云寺、西西住遗址），县级5处（西西住李氏祠堂、灵阳宫遗址、乡城遗址、梁父城遗址、阳关城遗址）。县级以上非物质文化遗产8项，其中泰安市级5项（金庄杨氏拓片、南口山东落子、周全李家土陶、房村鼓吹、汶河大鼓），县级3项（西良甫乔家条编、李氏烧烫伤清热解毒化腐生肌膏、评书）。

**卫　生**　2016年，医疗卫生机构27所，有床位80张。其中镇卫生院1所，村卫生室26所，专业卫生人员39名，执业助理医师14名。2020年，医疗卫生机构29所，有床位80张。其中镇卫生院1所，村卫生室28所，专业卫生人员50名，执业助理医师14名。

## 社会保障

**医疗保险**　2016年，居民基本医疗保险参保人数4.14万人。2020年，居民基本医疗保险参保人数为4.33万人。

**养老保险**　2016年，居民参加基本养老保险2.08万人。2020年，居民参加基本养老保险2.47万人。

**低保救助**　2016年，城镇最低生活保障户数27户、35人，发放最低生活保障金13.27万元；农村最低生活保障户数1032户、1511人，发放最低生活保障金356.75万元；敬老院1家，床位60张，收养农村“五保”老人32人。2020年，城镇最低生活保障户数27户、35人，发放最低生活保障金20.70万元；农村最低生活保障户数587户、909人，发放最低生活保障金576.27万元；敬老院1家，床位41张，收养农村“五保”老人19人。

## 名胜古迹

**青云寺**　市级文物保护单位。位于黑石埠村北，前称作旧寺，历史悠久，创建年代无考，观塔楼风格的山门、影壁墙、观音殿等古建筑保存完好。青云寺的山门为楼阁式二层建筑，门旁有一断为数块的残碑，依稀可辨为清弘治十六年（1504）时重修寺庙的《重修旧寺观音堂记》碑。进山门前面一座影壁墙，青砖垒成。上书唐朝岑参《登总持阁》古诗一首：“高阁逼诸天，登临近日边。晴开万井树，愁看五陵烟。槛外低秦岭，窗中小渭川。早知清净理，常愿奉金仙。”影壁上最后两句未书写。2005年6月黑石埠村重修青云寺，所立的石碑高1.4米，宽60

厘米，厚10厘米。另外3块石碑为1933年重修时所立。

**西西住遗址** 市级文物保护单位。位于西西住村西北，北临大汶河。20世纪70年代当地农民搞农田基本建设时发现，为新石器时代至商周时代遗址。曾建有柱亭，是周代鲁齐两诸侯国往来交通要道上的歇息之处。遗址面积约2.4万平方米，当时在距离地面10米深处发现新石器时代的石斧和商周时代的陶豆柄器皿、瓦块等。文化层堆积1至6米，耕土层下即文化层，采集标本有石斧、陶豆柄等。

**西西住李氏祠堂** 县级文物保护单位。位于西西住村，该村为大汶口文化发祥地之一，明洪武三年（1370）始祖李通从山西太原府洪洞县迁徙途中经过此地，看到西西住村水光潋滟、枝繁叶茂，于是定居。清康熙四十八年（1709），第十代孙捐钱买地、重新建祠立碑，已有300年历史。

**灵阳宫遗址** 县级文物保护单位。位于北滕村西北700米处。据民国《泰安县志》载："灵阳宫，在大汶口南滕村，距城六十三里，久废，有元代至元二年碑。"元世祖至元二十六年（1289），全真道士袁道彝主持此观宫，重建观宇，先后建成三清殿等，总计百十余楹。明清渐废。"文化大革命"期间挖沙时发现，当时灵阳宫基全部被埋在沙土中，遗址面积约6000平方米，现存元惠宗至元二年（1336）重修灵阳宫碑一通及石柱、石臼、龟趺、"万胜灵阳宫碑"碑冒等物，还有八棱石柱7根，每根长2.9米、周长2米。

**乡城遗址** 县级文物保护单位。位于乡城村正北约500米处，西距柴汶河约400米。龙乡城创始于春秋成公二年（前589）。古时，城北有个乡城岭，原叫古龙岭。岭上有个古龙城，故名龙乡城。此村为春秋时期龙乡城遗址，遗址面积为1万平方米。20世纪60年代初，"农业学大寨"搞农田基本建设时发现汉代城墙墙基遗址。城墙墙基长数十米，底宽约8米，顶宽约6米，文化层2～3.5米。遗址面积为16万平方米，发现有红烧土、汉代灰绳纹陶片、盆、罐口等。

**梁父城遗址** 县级文物保护单位。位于邹家庄村和鲁里村之间。1958年搞农田基本建设时发现，为汉代遗址。城遗址面积25万平方米，文化层堆积厚约2.2米。发现有汉代罐口沿、太阳纹饰砖、汉代大瓦、布纹瓦、釉陶瓶、黑陶瓶、瓷碗底等。相传周朝时梁王建都于此，又因梁王之父在此，故名梁父城。后梁父城东、西、南建有村落，分别叫东良父、西良父、南良父。梁父城南百米许临柴汶河，河南有梁父山。

**徂徕山抗日武装起义旧址** 全国重点文物保护单位。位于房村镇黑石埠村大寺，地处泰山东南徂徕山麓。1937年10月初，日军进逼鲁境，局势严重。1938年1月1日，中共山东省委组织发动泰安、新泰、莱芜、泗水等地群众和平津沦陷

黑石埠村徂徕山抗日武装起义纪念碑　　（周丽娟　摄　2023年提供）

区的学生，在此誓师起义，成立八路军山东人民抗日游击队第四支队。洪涛任司令员，黎玉任政治委员，赵杰任副司令员，林浩任政治部主任，马馥塘任经理部主任。徂徕山抗日武装起义，是中共山东省委直接领导的一次起义，是中国共产党领导山东人民奋起抵抗日本侵略的一大历史壮举，它和全省各地党组织领导的抗日武装起义相呼应，奠定了山东党组织创建敌后山东抗日根据地的基础。

**阳关城遗址** 县级文物保护单位。位于南阳关村北，南0.5千米许有茅茨河，西1千米为牟汶河。1956年政府文物普查时发现，为汉代遗址。阳关城遗址面积6万平方米，文化层堆积厚2～3.4米。采集标本有汉代绳纹陶片、汉代太阳纹饰砖块、汉代石碑等。“文化大革命”时期，汉代石碑被毁坏。20世纪70年代，曾出土宋代战袍、盔甲、铜箭头、铜锤等文物。相传刘秀走南阳指的就是此城。

## 土特名产

**西　瓜** 房村镇西瓜种植历史悠久，产量较高。西瓜个大皮薄，甜脆可口，含糖量为13%～17%。1986年获岱岳区人民政府西瓜评选第一名。

**番　茄** 房村镇所产西红柿注册“泰山珍珠”著名商标。珍珠西红柿呈椭圆形，单果重10～30克，其外皮鲜红光亮，果肉皮层厚，为粉红色，种子呈黄绿色；其腔室饱满，汁液较多、味清甜、无核、口感好，耐挤压，便于贮藏和长途运输。2020年，户均大棚个数1.76个，户均种植面积1513.33平方米，年总产量1.76万千克。

**秫秸席** 秫秸席的主要原料是高粱秸秆，主产于东杨庄、西杨庄、新杨庄。编席时要用提前准备好的合格的原料，将秫秸去瓤刮成弥子，进行编织。为增加编席用的秫秸长度，秋季收割高粱时要紧贴地面收割，顶穗贴脖将高粱穗掐下来，编制工艺复杂，编织速度慢，但耐用性极强。已有500年的制作历史。

## 古今名人

**周　松（1912—1942）** 曾用名周庆玲。山东省泰安县（今泰安高新区）房村人。1936年在泰安师范求学期间加入中国共产党。毕业后在范镇、石碑、赵庄、房村等村以教学的身份，做党的地下工作。1940年2月，任泰安县第八区区委副书记，4月任泰安（南）县委宣传部副部长，1942年7月任旧县区区长。同年8月26日，数千日伪军扫荡合击莲花山区，转移到这里的泰安（南）县委、县政府机关全体人员、县独立营及部分区乡人员500余人被敌包围，在8月29日的激战中，他身中数弹，壮烈牺牲。

**杜庆亮（1909—1943）** 曾用名杜圣明、杜名。山东省泰安县（今泰安高新区）良父村人。1922年考入泰安桑蚕学校（今泰山学院），1924年升入泰安省立第三中学。在校期间，开始阅读进步书刊，思想倾向革命，毕业后在禹城县政府当文书。1936年参加革命，1937年卢沟桥事变后，积极开展抗日宣传，1938年参加徂徕山起义，同年加入中国共产党。1942年任泰泗宁县财粮科科长。1943年3月，在宁阳县东庄乡西直界村被捕。在狱中，他面对敌人严刑拷打，坚贞不屈，惨遭杀害。

**高明鉴（1918—1945）** 山东省泰安县（今泰安高新区）朱家庄人。1938年2月加入中国共产党。卢沟桥事变后回乡以教书为名，积极组织抗日自卫团，宣传抗日救国。同年秋建立朱家庄党支部，并任支部书记，1939年11月任朱家庄乡党总支书记，同年冬任泰安县社会部秘书，1942年3月任泰安县公安局局长，1943年7月至1944年3月任中共徂徕山（泰安）工委敌工部部长，1945年春，在东良父执行任务返回朱家庄后，被华丰、汶口之敌200余人包围，在突围中不幸中弹，壮烈牺牲。

**李介民（1909—1981）** 曾用名李升虎、李升。泰安县（今泰安高新区）西住村人。1940年1月参加革命，不久加入中国共产党。同年4月任中共泰安县第八区区委副书记兼第八区中队指导员。1941年3月至1942年8月，任泰安（南）县汶口区区委书记。1942年8月至1943年7月，任泰安（南）县委徂阳区区委书记兼角峪区中队指导员，1945年冬任中共黑龙江省北安县县委书记。中华人民共和国成立后，历任黑龙江省人民检察院副检察长、松花江专署专员。1961年任安达市市长。1964年任伊春特委副书记、伊春地委副书记。1977年任黑龙江省人民检察院顾问。1981年3月病逝。

## 典型选介

**山东省级文明村——西南望村** 西南望村以建设农村美好幸福家园为目标，以乡村文明行动为契机，深化文化特色建设、改善村容村貌。投入125万元，硬化道路，安装太阳能路灯，栽植绿化苗木，大幅提升全村形象；投入150万元，建设望园广场，安装路灯，增设体育设施和音响设备，整体提升村容村貌和居住环境。开展“好婆婆”“好媳妇”“优秀党员”“诚信经营户”“环境优美庭院”等评比活动，倡树文明之风。2017年12月，被山东省精神文明建设委员会评为山东省级文明村。

## 镇党政主要负责人

**党委书记** 鲁瑞森（2010.2—2016.12）
公维刚（2016.12— ）
**镇　　长** 公维刚（2014.1—2016.12）
彭　彬（2016.12— ）

（武　敏）

# 良庄镇

## 地理环境

**位置面积** 良庄镇位于泰安市高新技术产业开发区东南部，东与天宝镇、楼德接壤，南连宁阳县东庄镇、华丰镇，西邻房村镇，北靠徂徕山。南北最大距离30千米，东西最大距离9.9千米，总面积141平方千米。镇政府驻良庄西村，距泰安市人民政府30.5千米。泰楼公路纵贯全境。

**建置区划** 相传良庄汉代建村，因山环水绕、土地肥沃，自然条件良好，名良庄。良庄镇历史悠久，紧邻大汶口遗址，新石器时代早期，境内既有以农业为主的安居村落出现。春秋战国时代属鲁国，清朝属泰安州。1912年属泰安县梁父区。1928年分属第六、第七区。1945—1953年先后隶属泰宁县、徂阳县。1953年后复归泰宁县。1957年分别建茅茨乡、延东乡。1958年分别组建为徂阳公社、五一公社。1959年合为良庄人民公社。1984年改建良庄办事处。1985年改镇。2017年3月，由岱岳区划入高新区，辖良庄南村、良庄北村、良庄西村、良庄东村、西良庄村、南官庄村、八里庄村、南良庄村、薛庄南村、茅茨东村、茅茨南村、茅茨北村、茅茨西村、黄石崖村、薛庄北村、山阳北村、山阳南村、山阳东村、山阳西村、高胡庄村、石楼村、旺泉村、保安庄村、白庙村、演武厅村、员外庄村、凤凰村、新庄村、大延东村、北宋村、南宋村、西庄村、延北村、东延东村、孙宣洛村、侯宣洛村、刘宣洛村、查宣洛村、房宣洛村、陈宣洛村40个行政村。至2020年，建置区划未变。

**自然状况**　境内自北向南呈山地、丘陵、平原三级分布，面积约各占三分之一。境内河道系大汶河支流。柴汶河由石楼村入镜，流经北宋村、南宋村等13个村庄，境内河道长12千米，汇入大汶河。境内矿产资源主要为自然硫、石膏、砂资源。有1座中型水库、1座小（1）型水库，5座小（2）型水库，12座塘坝，水资源丰富。

**人口民族**　2016年，常住总户数2.1万户，常住总人口6.9万人，其中男性3.4万人、女性3.5万人。2018年，常住总户数2.3万户，常住总人口7.3万人，其中男性3.65万人、女性3.65万人。2020年，常住总户数2.5万户，常住总人口7.45人，其中男性3.72万人、女性3.73万人。有汉族、回族、苗族、满族、壮族、朝鲜族、傈僳族、俄罗斯族、侗族、傣族10个民族。

## 经济状况

**农　业**　以种植小麦、玉米、蔬菜为主。2016年，全镇耕地面积8113.93公顷，乡镇农业总产值9.78亿元，其中农业产值7.4亿元（蔬菜产值7.3亿元、粮食产值1000万元）、林业产值4500万元、牧业产值1.67亿元，农林牧服务业产值2600万元。农民合作社22个，家庭农场23个。2018年，全镇耕地面积8348.6公顷，乡镇农业总产值11.57亿元，其中农业产值9.01亿元（蔬菜产值8.9亿元、粮食产值1100万元）、林业产值4600万元、牧业产值1.83亿元，农林牧服务业总产值2650万元。农民专业合作社144个，家庭农场33个。2020年，全镇耕地面积6678.8公顷，乡镇农业总产值13.27亿元，其中农业产值10.63亿元（蔬菜产值10.5亿元、粮食产值1300万元）、林业产值4600万元、牧业产值1.9亿元，农林牧服务业产值2800万元。农民专业合作社191个，家庭农场51个。

**工　业**　2016年，工业企业21家，规模以上工业企业2家；工业总产值2.5亿元，实现利税183.3万元，其中利润139.9万元。2018年，工业企业24家，规模以上工业企业2家；工业总产值1.6亿元，实现利税171.2万元，其中利润5.7万元。2020年，进出口总额5000万元。工业企业24家，其中规模以上工业企业2家；工业总产值3.4亿元，规模以上工业企业实现主营业务收入3.33亿元，实现利税767.8万元，其中利润563.5万元。

2020年3月2日，良庄镇北宋蔬菜批发市场　（马真真　提供）

## 财政税收

**财　政**　2016年，一般公共预算收入938万元，一般公共预算支出2314万元。2018年，一般公共预算收入689万元，一般公共预算支出3019万元。2020年，一般公共预算收入1136万元，一般公共预算支出4560万元。

**税　收**　2016年，各项税收收入917万元，其中增值税265万元。2018年，各项税收收入653万元，其中增值税479万元。2020年，各项税收收入889万元，其中增值税491万元。重点税源为建筑安装行业。

## 社会事业

**教　育**　2016年，幼儿园22所，教职工112人，在园幼儿1333人；小学10所，教职工172人，在校学生2485名；普通初中2所，教职工164人，在校学生2644人。县级以上规范化中小学12所，其中省级规范化学校2所、市级规范化学校8所、县级规范化学校2所。2020年，幼儿园22所，教职工116人，在园幼儿1788人；小学10所，教职工148人，在校学生1860人；普通初中2所，教职工147人，在校学生1446人。县级以上规范化中小学12所，其中省级规范化学校2所、市级规范化学校8所、县级规范化学校2所。

**文　化**　2016年，综合文化站1处，村级文化活动中心40处，各类文化专业队伍30支；农家书屋40个，藏书6万余册，音乐、美术、书法、摄影及文学创作带头人34人；农家文化大院40个，文体广场40个。2020年，综合文化站1处，村级综合文化服务中心40处，各类文化专业队伍48支；农家书屋40个，藏书10万余册，广场舞、太极拳、音乐、美术、书法、摄影等带头人100人；农家文化大院40个，文体广场60个。县级以上文物保护单位7处，其中市级4处（茅茨东村遗址、演武厅遗址、茅茨西村古墓群、二圣宫，其中二圣宫于2020年11月移交泰安市徂徕山汶河风景名胜区管理委员会管理），县级3处（凤凰村墓群、凤凰村烈士墓群、山阳北大庙）。县级以上非物质文化遗产9项，其中省级1项（良庄王氏正骨），市级8项（徂徕山民间文学、二鬼摔跤、四页竹板山东快书、李氏菠菜饼、良庄王殿木膏药制作技艺、良庄王氏烫药技术、马氏膏药、王氏静脉曲张膏药传承）。

**卫　生**　2016年，医疗卫生机构35所，床位50张，其中镇卫生院1所、村卫生室（社区门诊）34所；卫生技术人员62名，执业医师25名、执业助理医师25名。2020年，医疗卫生机构39所，床位50张，其中镇卫生院1所、村卫生室（社区门诊）38所；卫生技术人员78名，执业医师20名，执业助理医师8名。

## 社会保障

**医疗保险**　2016年，居民基本医疗保险参保人数5.29万人。2020年，居民基本医疗保险参保人数5.48万人。

**养老保险**　2016年，居民参加基本养老保险1.65万人。2020年，居民参加基本养老保险3.23万人。

**低保救助**　2016年，城镇最低生活保障户数22户、27人；农村最低生活保障户数448户、499人。敬老院1家，床位40张，收养农村“五保”老人19人。2020年，城镇最低生活保障户数13户、15人；农村最低生活保障户数578户、825人。敬老院1家，床位42张，收养农村“五保”老人20人。

## 名胜古迹

**茅茨东村遗址**　市级文物保护单位。位于茅茨东村北1.6千米处，商至汉代城址。遗址长宽各

300米，面积约9万平方米，文化层堆积约0.5米，遗址上有一高约6米土台，散布有较多陶片、砖块等遗物。

**演武厅遗址** 市级文物保护单位。位于演武厅村村委北50米，东周至汉代聚落址。遗址东西宽170米，南北长200米，面积3.4万平方米，文化堆积厚约1米。采集有春秋时代的豆柄、豆盘口沿、钵口沿、泥质灰陶豆把足等。

**茅茨西村古墓群** 市级文物保护单位。位于茅茨西村，汉代墓葬。墓群南北长约380米，东西宽70米，面积2万多平方米。曾发现土坑墓和石椁墓。出土遗物有战国时期浅盘高柄灰陶豆、小口鼓腹灰陶罐和汉代灰陶盆等。

**凤凰村墓群** 县级文物保护单位。位于凤凰村村委正北约2500米处凤凰台，汉代墓葬群。墓群南北长约300米，东西宽约200米，分布面积6万平方米。在墓群周边断崖处，残存有石室墓2座和雕刻精美的墓石板。

**山阳北大庙** 县级文物保护单位。又称三官庙，位于山阳北村村委后，清代建筑。坐北朝南，原建筑规模较大，三进院落，有正殿、西大殿、东配殿、关王殿、前后殿等。2016年重修完成。

**凤凰村烈士墓群** 县级文物保护单位。位于凤凰村，近现代重要史迹及代表性建筑。墓群呈长方形，分布面积196平方米，葬有抗日战争时期牺牲的18名烈士。

## 土特名产

**石楼菠菜** 良庄镇南部为汶河冲积平原，土地肥沃，利于蔬菜种植且种植历史悠久，其中石楼菠菜曾在明清两朝作为贡品。石楼村位于良庄镇东南部，柴汶河北岸，此地井水又苦又咸，不可饮用，却能长好菠菜，很早就有“天下菠菜属石楼”之说。千百年来，石楼人家家种菠菜，人人吃菠菜，年年卖菠菜。菠菜是石楼人一宝，方圆百里，久负盛名。石楼菠菜清香浓郁，醇厚绵长，口感甚佳，尤其是菠菜饼，可谓一大美食。2016年良庄菠菜饼被评为市级非物质文化遗产。石楼菠菜的代表为红根菠菜，于2017年成功申报认证泰安红根菠菜地理标志商标。2020年，累计种植2273.33公顷，产量8.3万吨。

**良庄四大名吃** 俗称“鸡给给、小鲜鱼、果果豆、豆腐皮”，即山区柴公鸡、山溪里小鲜鱼、花生米和豆腐皮。良庄镇山区柴公鸡采取满山放养的形式饲养，钻行于绿草野花间，松柏荆莽之下，或栖息于巨松古柏之上，或飞于高山巨石，或戏于山溪细流，啄百虫，食百草，饮山泉，因此极富营养价值，肉质极美。小鲜鱼是指生活于山间溪水、水塘、水库之中的野生小鱼，肉质美，营养高，口感好。良庄花生米又脆又香，百吃不厌。良庄豆腐皮有干皮、湿皮之分，均使用传统工艺制作，有“检豆、泡豆、磨糊、摇包、烧煮、泼皮、压榨”等诸多工序，成品口感咸香细腻，营养价值高，耐储存，或凉拌，或配菜，或直接食用，卷葱、蘸酱均可。

**红根韭菜** 主要分布在八里庄村及周边地带，上市时间集中在每年5月下旬至11月下旬，红根韭菜营养丰富，口味独特，于2017年12月21日成功申报认证泰安红根韭菜地理标志商标。2016年，种植26.67公顷，产量140万千克。2020年，种植30公顷，产量157.5万千克。

## 古今名人

**薛　浩（1903—1944）** 曾用名薛其浩。山东省泰安县薛庄村（今泰安高新区良庄镇薛庄南村）人。1924年，毕业于曲阜省立第二师范学校。1926年，加入中国共产党。九一八事变后，回泰安与张伯祥等人以教书为名开展党的工作。1932年，为营救共产党员程照轩，与隐居泰山的冯玉祥多次联系。1938年1月1日，参加徂徕山起义，参与动员泰安县第六区区长程子源参加抗日。

7月随中共苏鲁豫皖边区省委书记郭洪涛南下，留在临（沂）郯（城）一带坚持武装斗争，12月任临郯独立团团长，后任鲁南军区第一军分区司令员。1944年病逝。

**张炳信（1909—1945）** 良庄镇山阳东村人，1938年参加徂徕山抗日武装起义。1939年2月加入中国共产党。1944年，任鲁中军区二团供给部部长。1945年惨遭日军杀害，年仅36岁。

**侯　英（1922—1947）** 曾用名侯安礼。山东省泰安县山阳村（今泰安高新区良庄镇山阳北村）人。1940年参加抗日救国运动，任本村青年抗日先锋队队长。1942年7月，任泰安县抗日民主政府公安局侦察员。1943年加入中国共产党。1944年11月任旧县区公安员。1947年春代理旧县区区长。是年冬，为掩护同志们转移在郑家庄被捕。面对敌人的严刑拷打，宁死不屈，严守党的秘密。最后被敌人用铡刀砍断了双腿，又连中数枪，英勇就义。

**程照轩（1908—1966）** 曾用名程金鉴。山东省泰安县山阳村（今泰安高新区良庄镇山阳南村）人。1927年考入曲阜省立第二师范，1931年6月加入中国共产党，回校重建曲阜第二师范党支部，并任书记，11月二师支部扩大为曲阜特支，任书记兼学生会主席。1932年5月被国民党军警逮捕，在狱中组织临时党支部，任宣传委员，开展对敌斗争。1937年卢沟桥事变后，经党组织营救出狱。同年10月联络共产党员和进步人士成立山东人民抗敌自卫团，任主席。12月任中共泰安县六区区委书记，1938年1月参加徂徕山抗日武装起义。4月任山东人民抗日联军独立第一师第二团政委，7月任苏鲁豫皖边区省委民运部部长，不久任组织部部长，12月任山东分局组织部部长。1945年10月，任鲁中行政公署副主任，1947年2月任鲁中支前委员会副主任兼前方办事处主任。1948年7月任鲁中南行政公署第二副主任，9月任鲁中南支前委员会委员，10月任华东支前委员会委员兼财政部部长、华东军区支前司令部财粮部副部长，1949年任支前司令部财粮部部长。中华人民共和国成立后，先后任华东军政委员会农林水利部副部长、农业部部长助理、副部长等职。于1966年7月23日病逝。

**王凤谦（1885—1971）** 良庄镇山阳村（今泰安高新区良庄镇山阳南村）人，山东四大正骨先生之一。抗日战争期间，救治了许多八路军指战员，1940年被乡里评为“开明人士”。王凤谦正骨多年，经验丰富，1955年入联合诊所，1956年被选为泰安县人民代表大会代表，任泰安中医医院骨科主治医师。其接骨名方“虎骨救济膏”无私贡献国家。同年7月，《大众日报》刊登《山东四大正骨先生——王凤谦》，由《大众日报》记者张发泉整理。1971年3月病故于山阳，享年86岁。

**程金泉（1899—1983）** 又名程子源，后改名程鹏。1924年参加冯玉祥部队任连长，1927年退役回家，发动本村104户农民成立“农民协会”，被选为会长。1936年任国民党泰安县六区区长兼民团团长。1937年9月参加革命工作，1938年1月参加徂徕山起义，任八路军山东人民抗日游击队第四支队第二大队副大队长兼第八中队队长，后任八路军山东纵队第四支队第二团副团长，10月任泰安独立团团长，同年加入中国共产党。1940年2月任泰安县抗日民主政府县长。1943年至抗战结束，任泰南专员公署专员。1947年任沂蒙专员公署专员兼支前司令，发动群众支援莱芜、孟良崮、南麻、临朐等战役。1948年随军南下，任浙江省临安专署专员、地委委员。中华人民共和国成立后，先后任浙江省民政厅厅长、党组书记，浙江省人民委员会视察室副主任，中国人民政治协商会议第四届委员会常委等职。1983年3月在浙江病逝。

**陈　善（1897—1993）** 良庄镇山阳村人。1938年1月1日，参加徂徕山抗日武装起义。1942年，日军扫荡徂徕山，陈善带领一个班的队伍，在羊拦沟前山与敌遭遇，除陈善重伤外，其余全部牺牲。陈善困于徂徕山，凭借群众偷偷送给他的一小罐黄豆，在深山之中坚持40多天，被鲁中军区评为模范党员、“硬骨头”。中华人民共和国成立后，在良庄镇山阳村组织领导农业合作社，1954年当选山东省人大代表，1993年去世。

**顾廷臣（1913—1999）** 良庄镇茅茨村人。1938年10月参加工作，同年加入中国共产党，历任泰安县委组织部部长、潍坊市委组织部组织科长、新汶煤矿矿长、新汶矿务局局长、济南市煤炭局局长、济南市工业生产委员会副主任、泰安地区行政公署副专员、泰安地革委生产指挥部负责人、泰安地革委副主任、泰安地区行政公署副专员、泰安地区行政公署顾问。1983年12月离职休养，1999年2月去世。

**张甲太** 1954年8月生，良庄镇人，1974年4月加入中国共产党。1974年10月进入清华大学机械系汽车专业学习。1978年1月，在泰安机床维修站任技术员。历任泰山区委副书记、副区长、代区长、区长。1997年7月—2001年1月，任泰安市委组织部常务副部长（正县级）；2001年1月—2010年9月，任德州市委常委、组织部部长；2010年9月—2011年12月，任德州市政协副主席，党组副书记；2011年12月，任泰安市政协特邀咨询。

**尹衍祥** 1957年2月出生，良庄镇人，1976年8月加入中国共产党，1980年7月参加工作，在泰安地区人事局任职。历任泰山区委常委、组织部部长、区委副书记，泰安市民政局局长、党委书记，泰安市委组织部副部长，市人事局局长、党组书记、编办主任；2008年1月—2012年2月，任泰安市委组织部常务副部长（正县级）；2012年2—5月，任泰安市人大常委会副主任；2012年5月，任泰安市人大常委会副主任、党组成员。

## 典型选介

**山东省级文明村——薛庄南村** 良庄镇薛庄南村以党建引领带动村集体经济发展，走出一条“调结构，兴产业，促发展”的新路子。加强党组织建设，夯实基层党建工作基础，党支部坚持“三会一课”、党员联系群众、民主评议党员等制度常态化，定期组织开展党员培训教育活动，提升支部战斗力。壮大村集体经济，投资2000余万元，成立泰安市其闯养殖有限公司，年增加村集体收入40余万元。改善乡村环境，建立村内卫生长效管护机制，打井、建扬水站，建设水上公园、新时代文明实践站和文体广场，建设生产路、村户户通沥青路，栽种绿化苗木，创造美丽、便捷、舒适的村居环境。2016年12月，被山东省精神文明建设委员会评为山东省省级文明村。

**山东省级文明村——高胡庄村** 良庄镇高胡庄村利用山区环境优美、空气新鲜、民房依山而建、沿路而居的特色，发展山村休闲旅游，注册了“小花民宿”等农家乐品牌，开发樱桃采摘、农家乐餐饮、民宿生活体验等山区民宿休闲旅游项目。成立樱桃合作社和农家乐旅游休闲基地，规模打造133.33公顷大樱桃精品采摘园。借助抗日战争时期泰安县老县委旧址、陈善洞遗址建立红色教育基地，建成“团青干部培训基地”，可同时接纳80人培训，年增加村集体收入4万元。举办高胡庄村大樱桃节暨乡村旅游节，以樱桃为媒，以节庆会友，实现生产、销售、旅游的有效衔接，将丰富的资源优势转变为经济增长地良好态势，带动农民快速、持续增收。2018年12月，被山东省精神文明建设委员会评为山东省级文明村。

## 镇党政主要负责人

党委书记　刘建新（2011.12—2016.12）
　　　　　李新卫（2016.12—　）
镇　　长　王建斌（2014.12—2016.12）
　　　　　王文强（2016.12—　）

（马真真　王心雨）

**泰安市**

乡镇概览 |（2016—2020）

# 泰山景区

泰山十八盘　（陈爱国　摄）

2017 年 4 月 17 日，东岳庙会　　（王丹丹　摄）

2018 年 10 月 13 日，泰山 100 国际越野赛
（陈阳　摄）

2019 年 9 月 7 日，天外村千人太极展演　　（王长民　摄）

2017 年 7 月，黄前水库库区　　（徐熙发　摄）

# 概　述

## 地理环境

**位置面积**　泰山风景名胜区位于山东省中部，隶属于泰安市。绵亘于泰安、济南、淄博三市之间，东西长约200千米，南北宽约50千米，总面积242平方千米。主峰玉皇峰，在泰安市城区北，地理坐标为北纬36°16′、东经117°6′。2020年，泰山景区管辖面积452平方千米，规划面积125平方千米。

**建置区划**　1985年，泰山首创风景、文物、林场“三位一体”的管理体制。1996年，形成风景、文物、林业、旅游“四位一体”的管理体制。2001年，泰安市委、市政府将泰山景区管委会由市政府工作部门调整为派出机构。2004年，泰安市委、市政府对泰山管理体制进行重大调整，成立泰山景区党工委。泰山景区党工委、管委会作为市委、市政府双派出机构，代表市委、市政府对泰山景区范围内的经济、行政、社会事务实行统一领导和管理，行使市委、市政府及市直有关职能部门赋予或委托的管理权；将原由泰山景区管委会代管的泰山门票管理处交由泰山景区直接管理；实行一级财政管理，统管景区内的财政、税收征管和国有资产管理工作；实行相对集中行政处罚权，泰山管理行政执法局集中行使风景名胜、文物、林业园林、旅游等14大类538项行政处罚权；管辖1个乡镇（大津口乡）、1个村街管理中心及所属13个行政村（居），管理乡村人口2万余人。2009年10月14日，泰山景区管委会升格为泰安市政府直属副厅级行政支持类事业单位。2017年2月，市委、市政府将黄前镇、下港镇2个乡镇成建制划归景区管理。同年，泰山景区村街管理中心经泰安市编办批准成立，下辖泰前居委会、迎胜居委会、马套村、曹家庄村4个村（居）。2018年9月25日，市委、市政府向泰山景区一次性委托市级行政权力3676项；同日，省政府批准在景区管理范围内实施综合执法，组建泰山景区综合行政执法局，集中行使林业、旅游、城乡规划建设、国土、教育、民政、交通、水利渔业、农业等22大类行政处罚职权。2019年，市委、市政府启动了开发区体制机制改革创新试点工作，泰山景区党工委、管委会为市委、市政府派出机构，保留泰山林场、泰山林业管理局、泰山自然保护区管理局牌子，不明确机构规格，实行“党工委（管委会）+公司”管理架构。2020年，景区管辖3个乡镇（大津口乡、黄前镇、下港镇）、1个街道管理中心及所属76个行政村（居）。至2020年末，建置区划未发生变化。各镇（街道）中，下港镇面积最大，155平方千米；街道管理中心所辖村（居）最小，总面积21平方千米。

**地形地貌**　境内为山地、丘陵和山城结合部地带，总体呈现北高南低、西高东低的特征，地质资源丰富，主要为花岗岩。泰山地质构造十分复杂，褶皱和断裂比较发育，既有太古代的构造，又有中生代的构造，新构造运动相当强烈。主峰玉皇顶海拔1545米，是鲁中南丘陵区的最高峰，老平台、黄石崖和黄崖山一带海拔高度在1000～1500米，组成山体的岩性主要是变质岩和花岗岩，是区域内地势最高、抬升幅度最大、侵蚀切割最强的山地，切割的最大深度达500～800米。泰山地势差异显著，地形起伏大，南陡北缓，南坡因受北东向3条正断层的影响，形成了南天门、中天门和一天门十分明显的三大台阶式的地貌景观。

**气候特征** 境内属暖温带大陆性半湿润季风气候，四季分明，寒暑相宜，光温同步，雨热同季。其中泰山属北暖温带大陆季风气候。泰山受特定的自然地理环境的相互作用，垂直梯度、水平分布、气候特点亦有较大差异。泰山山顶无明显的四季变化，只有冬夏之分，雨量偏多，属于半高山型湿润气候。泰山年平均气温为5.8℃，山顶盛行西南风，年平均风速6.8米/秒。

**土地资源** 境内土壤类型以棕壤为主，质地多为中壤和沙壤。其中泰山土壤类型主要有棕壤、褐土和山地草甸土3种，以棕壤为主，占94.7%，土壤覆盖率为85.2%。在海拔1300米以上发育有小量的山地草甸土类，在石灰岩和页岩的风化物之上发育为褐土类。

**水资源** 境内水量随季节变化比较突出，水资源较丰富，密布大小河流和水库。其中泰山水资源主要来源于大气降水，地表水受季节影响较大，年平均降水量为1077毫米，年平均降水量差值为373.7毫米。水资源总储量达30.43亿立方米。

**植物资源** 泰山有高等植物191科、775属、1614种及变种、亚种、变型，约占中国高等植物种类的5.3%，其中维管植物153科、670属、1403种。中国种子植物区系30%的科在泰山均有分布，还广布着许多白垩纪和早第三纪就已形成的古老科，以及大量在分类科学上表现孤立性和演化进程上表现原始性的世界性单型属和世界性少型属植物。泰山生态系统内还蕴藏着22科27种珍稀濒危植物。泰山的28种特有植物，很多都是以泰山命名的，如泰山花楸、泰山柳、泰山椴、泰山盐肤木、泰山韭、泰山堇菜等，数量极其稀少，基本属于濒危保护级别；其中6种为国家Ⅱ级重点保护野生植物，列入《濒危野生动植物种国际贸易公约》8种，列入《中国珍稀濒危植物红皮书》5种。

**动物资源** 泰山动物区系属古北界，以古北界动物为主，也含有东洋界成分。在中国动物地理区划中，属华北区黄淮亚区的山东丘陵亚区。动物群落属于暖温带森林——森林草原、农田动物群。在山东省陆栖脊椎动物地理小区区划中，属于鲁中南山地丘陵动物地理小区，为典型代表性种群，且多为华北地区常见种。昆虫已调查收集2000余种，其中已鉴定的有13目、150科、1152种，是山东省森林昆虫资源最丰富的地区，其中以鳞翅目、鞘翅目和膜翅目昆虫种数最多，种数合计达869种。哺乳类动物有37种，分属5个目、7个科，主要有狼、獾、狐狸、花面狸、刺猬、草兔、黄鼬、普通蝙蝠等。食虫类动物有猬科的刺猬和鼩鼱科的普通

大津口乡沙岭村集养殖繁育、休闲餐饮、旅游观光于一体的虹霖鱼养殖示范园区
（隋翔 摄 2022年提供）

鼩鼱，栖息于树林草丛中。食肉类动物有狼、赤狐、獾以及黄鼬，多栖于山洞、树林及草丛中。翼手类动物有菊头蝠科的大菊头蝠、伏翼在山区活动。兔形类中有草兔栖于山间洞穴中，杂食植物种实。泰山是鸟类的重要栖息地和迁徙中转站，是国内鸟类研究的重点区域。泰山鸟类属古北界、华北区，多系华北广泛分布的种类，繁殖期有南方的鸟类筑巢育雏，冬季有东北区的鸟类越冬。2016年，泰山成功申报成为“全国生物多样性监测项目鸟类示范观测样区”。2020年，泰山野生鸟类记录达到19目、64科、367种，其中国家一级保护野生动物12种，国家二级保护野生动物65种，中国特有鸟类5种。泰山爬行类归属3目、5科、14种，主要有中华鳖、无蹼壁虎、山地麻蜥等。两栖类归属1目、3科、6种，主要有中华大蟾蜍、黑斑蛙等。鱼类有22种，隶属鲤科、鳅科、鲇科等6科。泰山螭霖鱼是泰山珍贵的鱼类特产。

**人口民族** **人口** 2016年，常住人口9.64万人，其中男性4.84万人、女性4.8万人。2018年，常住人口9.73万人，其中男性4.86万人、女性4.87万人。2020年，常住人口9.24万人，其中男性4.62万人、女性4.62万人。下港镇人口最多，3.74万人；街道管理中心人口最少，8607人。

**民族** 2020年，有回族、壮族、苗族、彝族、傣族、满族、侗族、哈尼族、傈僳族、布朗族、土家族、蒙古族、朝鲜族、纳西族、达斡尔族15个少数民族，其中回族人口占全区少数民族总人口的50.3%，主要分布在黄前镇、下港镇、大津口乡、街道管理中心4个乡镇（街道）。

## 经济状况

2016年，地区生产总值25.61亿元，其中第一产业增加值7.7亿元，第二产业增加值4.32亿元，第三产业增加值13.59亿元。2018年，地区生产总值24.94亿元，其中第一产业增加值7.57亿元，下降5.85%；第二产业增加值3.46亿元，下降8.47%；第三产业增加值13.91亿元，下降9.2%。2020年，地区生产总值27.35亿元，按可比价格计算，比上年增长5.66%，其中第一产业增加值3.59亿元，下降5.56%；第二产业增加值7.28亿元，增长13.59%；第三产业增加值16.48亿元，增长5.13%。

**农　业** 2016年，农业总产值3.38亿元，其中农业产值4522.16万元、林业产值2.63亿元、畜牧业产值1136.2万元、渔业产值1307.45万元。2018年，农业总产值3.28亿元，其中农业产值4666.03万元、林业产值2.57亿元、畜牧业产值775.16万元、渔业产值1400.43万元。2020年，农业总产值3.22亿元，其中农业产值3824.04万元、林业产值2.6亿元、畜牧业产值481.84万元、渔业产值1343.31万元。种植作物以林果、粮食、蔬菜为主。2020年，泰山板栗集中连片种植面积1.46万公顷，是省级特色农产品优势区，年产3万吨、年产值16亿元，产品畅销20多个国家和地区；核桃连片种植面积666.67公顷，年产量1000吨，年产值2000万元；大樱桃种植面积1333.33公顷，年产量9000吨，产值2亿元；泰山四大名药等土特产畅销中外、备受赞誉。泰山景区依托地理和资源优势，大力发展休闲农业，推进乡村旅游，基本形成了以泰山板栗、泰山茶、干鲜果、泰山螭霖鱼、花卉苗木、生姜为主的六大主导产业，泰山四大名药逐步培植壮大。2020年，有泰山板栗现代农业产业园、大津口现代农业产业园2个市级产业园；省、市级农业龙头企业17家，其中省级2家、市级15家。5家省、市级龙头企业建有研发中心。

**工　业** 2016年，规模以上工业企业4家，规上工业企业营业收入1.83亿元，工业增加值2.43亿元。2018年，规模以上工业企业4家，规上工业企业营业收入2.21亿元，增速45.94%，利润总额下降1462.8万元，工业增加值1.83亿元，下降14.3%。2020年，规模以上工业企业2家，规模以上工业企业营业收入2.54亿元，增速42.71%，利润总额下降278.4万元，工业增加值3亿元，增速11.23%。

**旅游业** 2016年，接待进山进景点游客573万人次，实现门票、客运、索道等收入11.3亿元。2018年，接待进山进景点游客562.1万人次，实现门票、客运、索道等收入11.1亿元。2020年，接待进山进景点游客251万人次，实现门票、客运、索道等收入5.57亿元。

## 财税金融

**财　政** 2016年（1个乡镇），一般公共预算收入2400万元，一般公共预算支出3000万元。2018年（3个乡镇），一般公共预算收入4100万元，一般公共预算支出7100万元。2020年，一般公共预算收入1.07亿元，增长80%；一般公共预算支出1.05亿元，增长5%。

**税　收** 2016年，税收收入2200万元，非税收入200万元。2018年，税收收入3800万元，非税收入300万元。税收收入、主体税收收入分别增长19%、22%。2020年，税收收入1亿元，主体税收4000万元，分别增长74%和56%；非税收入700万元。

## 社会事业

**教　育** 2016年，各级各类学校（含幼儿园）7所，在校生1255人，其中幼儿园3所，在园幼儿290人，教职工24人，专任教师24人；小学3所，在校学生484人，教职工60人，专任教师60人；初中1所，在校学生481人，教职工48人，专任教师48人。2020年，各级各类学校（含幼儿园）31所，在校生4980人，教职工613人，专任教师613人，其中幼儿园18所，在园幼儿1423人，教职工147人，专任教师147人；小学10所，在校学生2018人，教职工244人，专任教师244人；初中3所，在校学生1539人，教职工222人，专任教师222人。

**文　化** 2016年，农村文化大院9个、文化广场12个、文化活动中心4个，广播、电视人口综合覆盖率均为100%，举办精品惠民演出6场，开展送戏下乡巡演20余场。村级文化书屋13个、基层综合性文化服务中心1个，行政村覆盖率100%，开展群众文化活动50余场次，送戏下乡20场，公益电影放映156场次。2020年，农村文化书屋76个，提升改造村级基层综合性文化服务中心66个，组织开展“四下乡”文艺小分队新春巡演、广场舞大赛、全民才艺大赛、“七进”文化惠民活动、送戏下乡巡演等惠民主题活动400余场次，放映公益电影900余场次。文体生活满意度考核测评在泰安市功能区中排名第一。县级以上非物质文化遗产保护项目21项，传承人2人，其中省级1项、市级18项。

**卫　生** 2016年，医疗卫生机构13家、床位123张，其中乡卫生院1家、村卫生室（社区门诊）12家；卫生技术人员50名，其中执业医师11名、执业助理医师9名。2020年，医疗卫生机构72家、床位333张，其中乡（镇）卫生院3家、村卫生室（社区门诊）69家；卫生技术人员209名，其中执业医师48名、执业助理医师41名。2017年，下港镇卫生院成功创建全国群众满意的乡镇卫生院，同年获得“山东省卫生系统先进集体”称号。2019年，下港镇卫生院外科成功创建“泰安市基层医疗卫生机构特色科室建设单位”。2020年，黄前镇及大津口乡卫生院通过“一级甲等乡镇卫生院”及国家“优质服务基层行基本标准”审核验收。

**体　育** 2016年，村级公共健身广场13个，有广场舞、太极拳等健身队伍。2020年，新建村级公共健身广场80个；参加市级老年体育比赛获奖牌4枚。举办乡镇全民健身赛事活动2项，配合市体育局举办泰山国际登山节活动。

2020年9月6日，第三十四届泰山国际登山比赛暨第二十五届全国全民健身登泰山比赛起跑仪式在岱庙广场举行　　（司 刚　摄）

学新生23人，发放救助金8.9万元；临时救助困难群众41人，发放救助金10.22万元；救助重特大疾病困难群众51人，发放救助金18.62万元。2020年，城乡低保对象817户、1322人，其中城市低保34户、64人，农村低保783户、1258人，发放低保金526.48万元；救助低保大学本科新生1人，发放救助金4000元；救助突发疾病、火灾、车祸、意外摔伤等“急难”家庭121户，发放临时救助金30.87万元。

## 社会保障

**医疗保险**　2016年，居民基本医保参保人数1.59万人，基金征缴967.39万元，其中个人征缴289.92万元，财政补助665.74万元，资助困难群众参保11.73万元；支出职工、居民医保基金1078.03万元。2020年，居民基本医保参保7.44万人，基金征缴6332万元，其中个人征缴2016万元，财政补助4316万元；支出职工医保基金1279万元，支出居民医保基金5110万元。

**养老保险**　2016年，参加企业职工基本养老保险在职人员9400人。2020年，参加企业职工基本养老保险在职人员2114人，退休658人；参加机关事业单位基本养老保险在职人员626人，退休299人；参加居民基本养老保险4.49万人。城镇职工基本养老保险收缴保险费1592万元，居民基本养老保险收缴保险费972万元，为658名机关事业单位离退休人员发放养老金4093万元，企业离退休人员养老金社会化发放率保持100%，为2.26万名城乡居民发放养老金3534万元。

**低保救助**　2016年，城乡低保对象240户、477人，发放低保金114.58万元；救助困难家庭大

## 名胜古迹

泰山文物资源禀赋突出，具有极高的历史、文化、科学、书法、美学等价值。根据第三次全国文物普查统计，有野外不可移动文物点（组）60处，其中最具特色的泰山古建筑31处；石窟寺及石刻1568处（包括造像、摩崖画像、碑刻、亭坊题额、对联），古遗址12处，古墓葬2处。馆藏文物20848件（套），其中一级藏品139件（套）、二级藏品473件（套）、三级藏品3025件（套），博物馆古籍库保存古籍善本5111部、共39815册，2010年被列为全国古籍重点保护单位，明《道藏》被列入国家珍贵古籍名录，43种古籍被列入省级珍贵古籍名录。这些文物中，一部分为出土、征集，一部分则为古代帝王拜祭泰山神灵的祭器。县级以上文物保护单位21处，其中国家级重点文物保护单位5处、省级文物保护单位12处、市级1处、县级3处。街道管理中心县级以上文物保护单位5处，其中省级文物保护单位5处（泰山老君堂、无极庙、元始天尊庙、乐善桥、藏峰寺遗址）。

（刘　涛）

# 大津口乡

## 地理环境

**位置面积** 大津口乡位于泰安市泰山风景名胜区东北部，北与济南市高尔街道、柳埠街道相邻毗连，南与泰山区泰前街道相邻，东与泰山景区黄前镇接壤，西与泰山主景区接壤。南北最大纵距9千米，东西最大横距6千米，全乡总面积64平方千米。乡政府驻大津口村，距泰安市人民政府12千米，省道103穿乡而过，东邻济泰高速。

**建置区划** 玉泉河、南港河、西沟河汇入天津河主流，自然形成一个篆体的“大”字；津河，源出天井湾，曰天津河；山口，河口，四面群山环抱，四条水系汇集，由东南方低洼山口流出。故此，得名大津口。大津口乡境内，1958年设大津口管区，属泰安县麻塔人民公社。1984成立大津口乡，辖范家庄村、李家泉村、栗杭村、大津口村、沙岭村、藕池村、牛山口村7个行政村，大津口乡由麻塔办事处管辖。1985年3月，由泰前办事处代管。1985年11月，泰山区行政区划调整后，成为泰山区下辖乡镇。2005年，泰前街道上梨园村、艾洼村划归大津口乡管辖，大津口乡由泰山区划归泰山景区管理。2016年，辖上梨园村、艾洼村、范家庄村、李家泉村、栗杭村、大津口村、沙岭村、藕池村、牛山口村9个行政村。至2020年，建置区划未变。

**自然状况** 境内为山地，地形复杂，地势起伏较大，沟壑密布，有藕池、大津口、范家庄3个山间小盆地及艾洼山峪，地势呈西北高、东南低的走向，海拔263.2～1479米。境内属温带大陆性半湿润季风气候，冬季寒冷少雨雪，春季干旱多风，夏季炎热多雨，秋季天高气爽，年平均降水量800毫米，全年平均气温在11℃～13℃，无霜期204天。境内水量随季节变化比较突出，有麻塔河、柴草河、芝田河3条主要河流，且是这3条河的发源地。境内土壤类型为棕壤、褐土两大类，质地多为中壤和沙壤，有机质平均含量0.97%，土层较厚。境内植被为阔叶、落叶林和针叶林为主。

2020年5月18日，大津口乡远景 （徐熙发 摄）

境内特色物产丰富，独具特色，有泰山螭霖鱼、泰山女儿茶、泰山四大名药、核桃、板栗、樱桃、淡竹林、景观松等，同时也是泰山苗木经营的重要集散地。

**人口民族** 2016年，常住总户数4232户，常住总人口1.2万人，其中男性5962人、女性6038人。2018年，常住总户数4186户，常住总人口1.27万人，其中男性6255人、女性6445人。2020年，常住总户数4400户，常住总人口1.23万人，其中男性6027人、女性6273人。有汉族、哈尼族、苗族、回族4个民族。

## 经济状况

**农　业** 以种植茶叶、苗木、大樱桃为主。2016年，全乡耕地面积204.2公顷，乡农业总产值7251万元，其中农业产值1046万元、林业产值5277万元、牧业产值302万元、渔业产值523万元，农林牧渔服务业产值103万元，增加值2859万元；农民合作社30个，土地流转面积2.13公顷。2018年，全乡耕地面积204.2公顷，乡农业总产值9155万元，其中农业产值1178万元、林业产值6947万元、牧业产值300万元、渔业产值612万元，农林牧渔服务业产值118万元，增加值3614万元；农民专业合作社36个，土地流转面积2.13公顷。2020年，全乡耕地面积204.2公顷，乡农业总产值9063万元，其中农业产值1415万元、林业产值6888万元、牧业产值80万元、渔业产值556万元，农林牧渔服务业产值124万元，增加值3576万元。农民专业合作社44个，家庭农场3个，土地流转面积2.13公顷。

**工　业** 2016年，工业企业5家，从业人员37人，无规模以上工业企业；工业总产值612万元，实现利税83.6万元，其中利润60.2万元。2018年，工业企业5家，从业人员41人，无规模以上工业企业；工业总产值713万元，实现利税93.4万元，其中利润65.6万元。2020年，引进落地项目6家，招商引资到位资金4.04亿元，上级拨款项目资金7000万元。工业企业6家，从业人员74人，无规模以上工业企业；工业总产值623万元，实现利税79.8万元，其中利润61.1万元。

**建筑业** 2016年，有规模以上建筑企业1家，为泰安市大金口建筑发展有限责任公司，注册资金680万元，主要经营园林绿化工程、钢结构工程、土木工程等。2016年总产值1100万元，利税65万元。2020年总产值820万元，利税49.2万元。

## 财政税收

**财　政** 2016年，一般公共预算收入2374万元，一般公共预算支出2970万元。2018年，一般公共预算收入2590万元，一般公共预算支出3849万元。2020年，一般公共预算收入4227万元，一般公共预算支出5411万元。

**税　收** 2016年，登记各类纳税人222户，年纳税额在10万元以上的企业1户；各项税收收入2184万元，其中增值税497万元。2018年，登记各类纳税人55户，年纳税额在10万元以上的企业21户；各项税收收入2387万元，其中增值税760万元。2020年，登记各类纳税人80户，年纳税额在10万元以上的企业38户；各项税收收入3801万元，其中增值税1207万元。重点税源为劳务派遣、人力资源。

## 社会事业

**教　育** 2016年，幼儿园3所，专任教师29人，在园幼儿260人；小学3所，专任教师48人，在校学生412人；普通初中1所，专任教师42人，在校学生507人；区级以上规范化中小学4所，其中市级规范化学校3所。2020年，幼儿园3所，专任教师33人，在园幼儿292人；小学3所，专任教师42人，在校学生374人；普通初中1所，专任教师41人，在校学生361人。

**文　化**　2016年，综合文化站1个，各类文化专业户10户；各类图书室10个，藏书2.7万余册，音乐、美术、书法、摄影及文学业余创作人员60余人，农家书屋10个，农村文化大院9个，文体广场8个，文艺宣传（表演）队伍9支。2020年，乡综合文化站1个，各类文化专业户30余户；各类图书室14个，藏书6.5万余册，音乐、美术、书法、摄影及文学业余创作人员100余人，农家书屋10个，老年体育总会10个，村综合文化服务中心9个，文体广场9个，文艺宣传（表演）队伍14支，每年组织开展广场舞大赛、全民才艺比赛、“七进”文化惠民活动、送戏下乡巡演、公益电影放映等惠民文化活动。县级以上文物保护单位1处，其中省级1处（周明堂遗址）。县级以上非物质文化遗产2项，其中市级2项（泰山郭氏沉雕、泰山郭氏乌金拓）。

**卫　生**　2016年，医疗卫生机构9家，床位23张，其中乡卫生院1家、村卫生室8家；卫生专业技术人员36名，其中执业医师7名、执业助理医师8名。2020年，医疗卫生机构9家，床位50张，其中乡卫生院1家、村卫生室8家；卫生专业技术人员52名，其中执业医师10名、执业助理医师15名。大津口乡中心卫生院创建为一级甲等医院，达到“山东省优质服务基层行”基本标准；辖区1所村卫生室达到市级标准化，5所村卫生室达到区级标准化。

## 社会保障

**医疗保险**　2016年，居民基本医疗保险参保人数9310人。2020年，居民基本医疗保险参保人数为9942人。

**养老保险**　2016年，居民参加基本养老保险6197人。2020年，居民参加基本养老保险6727人。

**低保救助**　2016年，城镇最低生活保障户数11户、18人，发放最低生活保障金7.2万元；农村最低生活保障户数158户、340人，发放最低生活保障金77.04万元；困难群众大病救助36人次，发放大病救助金13.15万元；敬老院1家，床位22张，收养农村“五保”老人10人。2020年，城镇最低生活保障户数6户、9人，发放最低生活保障金4.67万元；农村最低生活保障户数137户、277人，发放最低生活保障金84.64万元；临时救助20人次，发放临时救助金6.26万元；困难群众大病救助3人次，发放大病救助金8200元；敬老院1家，床位22张，收养农村“五保”老人15人。

## 名胜古迹

**周明堂遗址**　省级文物保护单位。位于大津口乡沙岭村庄西的七亩地，地势平坦开阔，东有玉泉河、天津河交汇，南有明堂泉、崮顶山相邻，北有玉泉寺、长城岭相映，乃风水极佳之地。遗址东西长80米，南北宽120米，文化层堆积厚达1～3米，现为村民耕地。中部一条水沟自西向东至沙岭庄，蜿蜒500余米，水沟两侧及土堰剖面泥土中均能看到残破的砖瓦陶片。山东省文物局、泰安市文物局、泰山景区文宗局曾对周明堂遗址进行考古发掘，出土瓦当等大量建筑构件。

**黄伯阳洞**　泰安市第三次全国文物普查不可移动文物。位于大津口乡栗杭村西北部山区，南邻泰山锦绣谷风景区，西与药乡国家森林公园接壤。此处林木苍郁，峰峦叠翠，泉水潺潺，背山面水，环境优雅。早在战国时期，方士黄伯阳曾在此修炼，《岱览》云：东北为鹿町山，距龙门山五里。山腰有平旷地，为町疃鹿场。山阳一洞，传战国时黄伯阳隐此，故名。现在仅存直径2米、高2.5米的馒头状石构建筑，建筑材料为石板夹杂少量青砖，中空，上部已残，外部为淤泥所没。

**东上土门避乱记碑**　泰安市第三次全国文物普查不可移动文物。位于泰山东麓大津口乡艾洼

村上土门村东路旁，立于清同治三年（1864）二月。通碑由三石并成，中石高128厘米，宽50厘米，厚20厘米；左右二石高101厘米，宽40厘米。碑正书，阳文25行，满行21字，凡469字，字径3.5厘米。额篆书“皇图永固”2行4字，字径9.5厘米，刻于中碑之首。此碑虽是避乱记碑，但对历史事件记录翔实，是研究太平天国和捻军在山东及泰山周边地区活动情况的珍贵历史资料。

**九圣堂** 泰安市第三次全国文物普查不可移动文物。位于范家庄村南部泰明路西侧，原址东西长17米，南北宽10.5米。大殿为三开间，硬山民居式建筑，前有影壁及山门，均为现代建筑。创建于清末，民国、解放后皆曾重修。面阔7.4米，进深5.5米，高6米，保存较为完整。曾作为学校、保管库，后为村明堂。

**泰山碧霞元君行宫遗址** 泰安市第三次全国文物普查不可移动文物。位于上梨园村柴草河庄东御道旁，东西长17米、南北宽18米，行宫的始建年代无从考证。民国前就已有草房结构的庙宇，1923年毁于火灾，民国1924年重修，1958年被拆除。1966年前，庙四周有银杏树2棵、柏树4棵。2棵银杏树高十五六米，直径1米左右，后被砍伐。现存柏树2棵、香炉1个、创修泰山行宫记碑两通。

**徐氏祖林** 泰安市第三次全国文物普查不可移动文物。坐落于范家庄村徐家滩庄南部，坐西面东，背靠泰山，面对大青山，右面山峦连绵，左侧溪水潺潺，水流长年不断，蜿蜒连绵直入汶河。林地面积不大，但地势平坦，土层深厚，红质土壤，当地俗称福地，至今已有300余年。祖林占地3600余平方米。现有保存完整的墓碑四通，为宣统元年（1909）后人所立。

**玉泉寺** 坐落于泰山北麓海拔700余米的深山处。它南距岱顶直线距离6千米，北距齐长城3千米，西靠桃花源风景区，东邻药乡国家森林公园。玉泉寺为北魏创建，金代重建，元代在东北侧创建七佛阁，后屡兴屡废。自清道光二十三年（1843）至光绪十年（1884）4次重修。明清两代达到鼎盛时期，居僧百名，为泰山名刹之一。院内两株苍劲挺拔的银杏树，相传为唐代僧人所栽，距今已有1300多年的历史。它高近40米，周长7米有余，是泰山银杏树之最，也是玉泉寺的标志性景观之一。寺东不远处是玉泉，又称八角琉璃井，侧立党怀英隶书“玉泉”碑，字体苍劲有力，至今石刻保存完整。泉水长年不断，大旱不涸，水质纯净、清冽甘甜。

## 土特名产

**大津口板栗** 大津口乡栽培板栗已有1000多年的历史，是山东板栗中的优良品种，早在明清时期就被定为“贡品”。糖炒栗子、栗子糕、栗子饼和栗子炖鸡等，风味独特，很受消费者的欢迎。

**大津口核桃** 大津口乡地理条件优越，已有800多年的核桃栽培历史。大津口核桃果型椭圆、光滑，表面有美观朴雅的褐色大花纹，个大均匀，皮薄肉厚，被人们称为进补的三大干果之一。

**泰山女儿茶** 大津口乡种植茶树已有50余年的历史。从1966年起至今，大津口乡已成为泰安最大的茶叶种植基地。这里土质松软、土壤有机质含量高，茶叶自然品质好。大津口乡境内生产的泰山女儿茶有“泰顶青”“雷震”“土门”“玉泉”“天烛峰”等品牌。远销北京、天津、沈阳、西安等地。

**泰山四大名药** 自古名山出名药，泰山四大名药白首乌、四叶参、紫草和黄精一直享誉全国。大津口乡位于泰山东北麓，优越的生态环境为泰山四大名药的种植提供了沃土。2018年以来，大津口乡依托泰山无恙堂，传承古法技艺，结合现代先进技术，推陈出新，无恙堂九制泰山黄精产品被山东省文化和旅游厅授予

“好客山东·乡村好时节”优秀案例“乡村好物”，成为山东省文化和旅游厅重点推介的旅游商品。

**泰山螭霖鱼** 螭霖鱼是中国五大名鱼之一，肉质细嫩，为名贵肴馔，亦可药用。泰山螭霖鱼主原产地在大津口乡境内的天井湾，主要分布在周边270～800米山溪中，为大津口乡独有特产。自20世纪90年代起，大津口乡沙岭村村民就开始养殖泰山螭霖鱼。2020年，沙岭村有81户家庭养殖泰山螭霖鱼，年存养量达到180万尾，销售区域辐射北京、河南、江苏等地区，成为远近闻名的泰山螭霖鱼养殖专业村。

## 古今名人

**吴明玉（1964—1985）** 泰山景区大津口乡藕池村人，1981年1月参军，1985年12月在越南老山战场牺牲，时任济南军区67军296团“双大功七连”副班长，战后，吴明玉被部队追认为“革命烈士”，并追授“二等功功臣”。

**陈广武** 1943年5月出生，泰山景区大津口乡沙岭村人，泰山挑山工带头人。1981年3月泰山中天门索道开工建设，陈广武组织挑山工400余人抬运索道所需设备大件、各种配件及砂石、钢筋、水泥等材料，1990年起抬运桃花源、后石坞索道所需各种设备、材料。面对3吨重大件、人工抬运上山的诸多困难，陈广武精心钻研创造了64人大架，100余人抬运安全上山的辉煌纪录，被誉为“轮盘上的将军”。2019年，徐锦庚先生以“轮盘上的将军”为原型，创作了报告文学《行走的脊梁——泰山挑山工纪事》，刊登在《人民日报》上。

## 典型选介

**山东省级文明村——艾洼村** 大津口乡艾洼村位于泰山东麓，村庄与泰山主景区接壤，是泰山东路天烛峰景区的进山口，也是泰山东街和封禅大典实景演出现场。艾洼村以“绿色、生态、环保、可持续”的发展理念为指引，集体投资150万元，利用闲置荒地建起“艾洼欣欣农场”，实现年收入近20万元。并以农场为中心向外拓展，以村集体领导，先进党员群众入股的形式，成立股份制公司，投资70万元将已腾空的旧民居进行整理修缮，建成与艾洼农场配套特色餐饮等项目；艾洼村先后被授予省级文明村、乡村治理示范村、省级平安家庭示范村、全市基层党建示范点、市级交通安全示范村、泰山景区红旗党支部等荣誉称号。

**山东省旅游特色村——沙岭村** 沙岭村位于大津口乡西1.5千米，是国家AAAAA级旅游景区泰山风景名胜区的重要组成部分。三面环山，其沟壑纵横，山泉众多，河水四季长流，植被良好，森林覆盖率达95%，植被覆盖率97%，空气负氧离子年平均值达6000个/立方厘米。盛产板栗、核桃、山楂等，泰山螭霖鱼养殖是该村的“一村一品”支柱产业。沙岭村恪守“绿色发展”理念，以保护生态资源为基础，深度挖掘泰山螭霖鱼这一优势资源，建设全国首家螭霖鱼养殖示范基地，做大做强螭霖鱼特色产业，通过特色产业引领带动，在“党支部+合作社+农户”的经营模式下，以鱼富农、以渔促旅、以旅带村，促进资源综合高效和可持续开发，实现经济效益、生态效益和社会效益有机统一、互促共赢。先后被评为泰安市新农村建设先进村、山东省旅游特色村、山东省美丽休闲乡村。

## 乡党政主要负责人

**党委书记** 宋洪兵（副县级，2011.11—2020.5）
（注：2020年5月起，乡长张继亮主持工作）

**乡　　长** 张继亮（2013.8—　）

（袁　双）

# 黄前镇

## 地理环境

**位置面积** 黄前镇位于岱岳区东北部，坐落于“五岳之尊”的泰山东部，西邻泰山区大津口乡，北与济南市历城区搭界，南边和岱岳区山口镇、祝阳镇相邻，东部与泰山景区下港镇接壤。南北最长距离14.25千米，东西最长距离11.21千米，总面积104.4平方千米。镇政府驻黄前村，距泰安市人民政府13.5千米。辖区内有济泰高速、103省道等多条干线，环山路东延，与济泰高速互通相连。

**建置区划** 据《重修泰安县志•舆地志》记载为：“兴仁区黄前地方•黄前”。相传明朝初，刘姓由骆驼庄迁此建村，因村址位于一片黄坂土前故名叫“黄坂前”，约在清光绪年间简化为“黄前”，黄前镇以村名为镇名，即为黄前镇。黄前镇境内，1912年至1928年属泰安县兴仁区。1929年至1940年属泰安县第四区。1941年至1944年属泰北行署黄山区。1944年至1945年10月属泰历县。1945年泰安县区划变动，属下港区。1954年6月泰安县政府区划调整，属泰安县十五区。1958年9月，撤乡建社，属泰安县五星人民公社。1959年1月五星人民公社改名泰安县麻塔人民公社，属麻塔人民公社。1984年6月，政区改革时，麻塔人民公社改为麻塔办事处。1985年5月改麻塔办事处为郊区黄前镇。2000年8月泰安市郊区改为泰安市岱岳区，为泰安市岱岳区黄前镇。

2017年3月，根据中共泰安市委《关于调整泰安高新技术开发区和泰山风景名胜区管辖范围有关事宜的通知》，岱岳区黄前镇由泰山景区代管。至2020年，建置区划未变。

**自然状况** 境内地势北高南低，平均海拔523.4米，镇内大小山头143座，库容水量7000万立方米的黄前水库位居中心。属于暖温带大陆性半湿润季风气候区，四季分明，寒暑相宜，光温同步，雨热同季，年平均降水量753毫米。土壤以棕壤性为主，少部分为潮棕壤。矿产资源丰富，主要是泰山花岗岩、泰山青、泰山红石等。林地面积7666.7公顷，森林覆盖率75.1%。

2017年7月，黄前镇景色　　（袁建昱　摄）

**人口民族** 2016年，常住总户数1.01万户，常住总人口3.4万人，其中男性1.72万人、女性1.68万人。2018年，常住总户数1.02万户，常住总人口3.4万人，其中男性1.71万人、女性1.69万人。2020年，常住总户数1.19万户，常住总人口3.41万人，其中男性1.72万人、女性1.69万人。有汉族、回族、达斡尔族3个民族。

## 经济状况

**农　业** 以种植苗木、大樱桃为主，2016年，全镇耕地面积707公顷，均为水浇地，乡镇农业总产值6581万元，其中农业产值432万元、林业产值5250万元、牧业产值215万元、渔业产值563万元，农林牧渔服务业产值121万元；农民合作社69个，土地流转面积4.2公顷。2018年，全镇耕地面积1369.5公顷，均为水浇地，乡镇农业总产值8322万元，其中农业产值485万元、林业产值7130万元、牧业产值25万元、渔业产值565万元，农林牧渔服务业产值117万元；农民专业合作社57个，土地流转面积2.1公顷。2020年，全镇耕地面积1363公顷，均为水浇地，乡镇农业总产值8313万元，其中农业产值415元、林业产值7230元、渔业产值565万元，农林牧渔服务业产值103万元；农民专业合作社82个，家庭农场2个。

**工　业** 2016年，工业企业18家，从业人员1100余人，其中规模以上工业企业5家；工业总产值2.3亿元，实现利税7214万元，其中利润1214万元。2018年，工业企业13家，从业人员870余人，其中规模以上工业企业2家；工业总产值3.8亿元，实现利税7161万元，其中利润1161万元。2020年，引进落地项目4个（泰山金谷热带风情乐园、绿地溪山境、山高怡馨园、山高泰山金谷桃源里），上级拨款项目资金7000万元，进出口总额4800万元。工业企业13家，从业人员860人，其中规模以上工业企业2家；规模以上工业企业实现主营业收入1.1亿元，实现利税397.2万元，其中利润331万元。

## 财政税收

**财　政** 2016年，一般公共预算收入1183万元，其中工商税收1081万元，一般公共预算支出1552万元。2018年，一般公共预算收入1661万元，一般公共预算支出1689万元。2020年，一般公共预算收入8056万元，一般公共预算支出5002万元。

**税　收** 2016年，登记各类纳税人413户，其中年纳税额在10万元以上的企业18户；各项税收收入1081万元，其中增值税510万元。2018年，登记各类纳税人247户，其中年纳税额在10万元以上的企业15户；税收收入1597万元，其中增值税620万元。2020年，登记各类纳税人256户，其中年纳税额在10万元以上的企业12户；各项税收收入7825万元，其中增值税4074万元。重点税源为丝织品加工、建筑安装、石膏建材行业。

2018年6月，黄前镇村民收麦子　（赵　红　摄）

## 社会事业

**教　育**　2016年，幼儿园7所，专任教师12人，在园幼儿470人；小学3所，专任教师56人，在校学生1402人；普通初中1所，专任教师78人，在校学生929人；县级以上规范化中小学4所，其中省级规范化学校1所、泰安市级规范化学校2所、市级规范化幼儿园3所。省级文明校园1所，区级文明校园3所。2020年，幼儿园4所，专任教师6人，在园幼儿320人；小学4所，专任教师90人，在校学生732人；普通初中1所，专任教师66人，在校学生518人。

**文　化**　2016年，综合文化站1个，村级文化活动中心29个；各类图书室22个，藏书2.9万册，音乐、美术、书法、摄影及文学业余创作人员15人；农家书屋29个，农村文化大院29个，文体广场29个，文艺宣传（表演）队5个。2020年，镇综合文化站1个，村级文化活动中心29个；各类图书室38个，藏书7.8万册，音乐、美术、书法、摄影及文学业余创作人员达50人；农家书屋29个，农村文化大院29个，文体广场40个，文艺宣传（表演）队29支。县级以上文物保护单位1处，其中县级1处（孟家庄民居建筑群）。县级以上非物质文化遗产2项，其中泰安市级2项（张氏泥人、八色果子）。

**卫　生**　2016年，医疗卫生机构27所、床位55张，其中镇卫生院1所、村卫生室（社区门诊）26所；卫生技术人员49名，其中执业医师8名、执业助理医师9名。2020年，医疗机构卫生机构26所、床位93张，其中镇卫生院1所、村卫生室（社区门诊）25所；卫生技术人员60名，其中执业医师7名、执业助理医师13名。

## 社会保障

**医疗保险**　2016年，居民基本医疗保险参保人数2.02万人。2020年，居民基本医疗保险参保人数为2.52万人。

**养老保险**　2016年，居民参加基本养老保险8200人。2020年，居民参加基本养老保险1.02万人。

**低保救助**　2016年，城镇最低生活保障户数7户、8人，发放最低生活保障金约4.8万元；农村最低生活保障户数213户、309人，发放最低生活保障金132.7万元；医疗救助17人次，发放医疗救助金5.1万元；敬老院1家，床位25张，收养农村“五保”老人18人。2020年，城镇最低生活保障户数5户、5人，发放最低生活保障金3.2万元；农村最低生活保障户数213户、360人，发放最低生活保障金155.3万元；敬老院1家，床位42张，收养农村“五保”老人21人。

## 名胜古迹

**孟家庄民居建筑群**　1975年至1982年间，孟家庄村响应“农业学大寨”号召，发扬自力更生、艰苦奋斗的精神，在村子公路两旁盖起了12栋2～3层的楼房。这些楼建筑样式规整，楼的墙体用石块、石灰、混凝土垒砌，楼顶用石条封顶。每栋楼自成一排，每户楼自成一体，楼内都自带楼梯，上下贯通。有的楼是双面的，一户朝南，一户朝北，各自一体，很有特点。孟家庄村修筑的这12栋居民楼，建筑面积2000多平方米，动用土石方2万多立方米，水泥、石灰8000多吨，钢材1000多吨，用工25万个，从孟家庄河两旁搬迁安置287户、861人。搬迁后，在孟家庄河上建造隧道，修建地下河200米，通过治山整地，修造梯田，共建造大寨田53公顷，仅搬迁土地就建造大寨田13.3公顷，其经济效益非常可观，第一年就解决了全村人的粮食需求，并且家家户户都有了余粮。因此，孟家庄村成为全省“农业学大寨”的先进典型，被誉为泰山脚下的“大寨村”。

**喇嘛塔**　位于西麻塔村，塔里供奉着“人祖”和四大天王。东有玉皇殿，西有麻姑庙。

东殿上下两层，上层供着黄飞虎、张飞、刘备，下层供奉玉皇大帝，两边有站班，分别是托塔王、哪吒、杨二郎。殿内有壁画四幅同岱庙相同；两殿供奉着关公、周仓、关平等神像。正殿院内20余棵古柏、侧柏粗壮高大，每棵需3人合围。生长茂盛，树高20余米，遮天蔽日。庙前白杨、腊梅、倒柳树错落有致，常年鲜花盛开，四季常青。古建筑占地1.3公顷，建筑风格独特，建筑艺术十分考究，气势宏伟。

## 土特名产

**黄前板栗** 黄前镇栽培板栗已有1000多年的历史。黄前出产的板栗，个大、色泽鲜亮、呈深褐色、营养丰富，素有“千果之王”的美称，是山东板栗中的优良品种，早在明清时期就被定为“贡品”。2020年，板栗种植面积60公顷，产量2520吨。

**黄前核桃** 黄前出产的核桃，个大、皮薄、出油率高、营养丰富。2020年，核桃种植面积4.87公顷，年产核桃180吨，远销全国各地。

**黄前山楂** 主要品种以“大金星”为主，单果重量15～22克，颜色红亮，口感软绵适中，易于存放，山楂具有较高的医用价值。

## 古今名人

**范惟粹（1598—1657）** 字完白，明清之际泰安州人。少年时与同里赵弘文同受教于乡儒吴时庭之门，又与王度共读于泰山东北麓石屋寨（今黄前镇石屋志村），《泰山道里记》记载：“（黄前）西北十三里为转山、为石屋寨，国初侍郎王度、范惟粹故居也。”自是文名渐起，噪于词坛。由廪生中天启丁卯科（1627年）举人。入清，中顺治丁亥（1647年）科进士。己丑年（1649年）殿试后，选授福建政和县知县。旋因母卒去职。服除，再补江西新城县（今江西黎川）知县。时新城县境素多“积猾”（不法豪强），向称难治，惟粹到任后，清廉自守，厉行律法，宽严得宜，于是境内“毫右敛迹，四境帖然”（《重修泰安县志》卷八）。在任更提倡文教，“士靡然向风，骎骎近于邹鲁文学矣。”时人杨日升为作《范邑候德政序》，称其“政未报而颂声已作，与公家莱芜（范丹），并堪千古!”（《范邑候德政序》）顺治十四年（1657年），卒于江西任上，终年六十岁。后归葬于泰安东郊黄山（今泰前黄山头）。

**张西绍** 1942年1月出生，黄前镇扈家庄村人。1960年7月入伍，在东海舰队服役。1960年8月至1962年8月，在青岛舰艇学校学习。1962年9月至1998年8月，在东海舰队历任班长、军士长、副艇长、副参谋长、副师长、东海舰队副参谋长。1995年，被中央军委授予少将军衔。1998年9月至2001年12月在东海舰队上海基地任副司令员。2002年1月，离休。

## 典型选介

**山东省级文明村——砚池河村** 黄前镇砚池河村位于泰山东麓，沿黄前水库东岸分布，毗邻103省道，距离济泰高速泰山东收费站车程15分钟。土地总面积196.47公顷，其中耕地面积34公顷、林地面积130公顷，森林覆盖率81%，属于以林为主的山区村。全村依山傍水，绿化率高，风景优美，民风淳朴，交通便利，适宜发展乡村旅游业。全村共有6个自然村，分别为石窝村、大兰峪村、砚池河村、南茴菜峪村、北茴菜峪村、西茴菜峪村，共有村民230户、681人，党员39名，是一个典型的小山村。这个村乡风淳厚，群众生活富裕。砚池河村牢固树立“抓好党建促经济，抓好经济促发展”的理念，在栽植果树及老资源改造嫁接的同时，坚持以山兴果，以果致富，大力增植“绿色银行”，营造了杂果、板栗和核桃

种植“三大基地”。为更好发展林果优势，做大做强“绿色银行”，由村集体牵头，成立了林果合作社，合作社采取统一采购农药化肥，统一管理，统一销售的方式，增加果树管理科技含量，提高了果品产量、质量，为林果业健康发展和农民增收奠定了良好基础，推动了村集体经济的发展。

### 镇党政主要负责人

党委书记　刘灿军（正科级，2014.01—　）

镇　　长　齐洪淼（2014.12—2016.12）

李德胜（2016.12—　）

（苏　靖）

# 下港镇

## 地理环境

**位置面积**　下港镇地处岱岳区东北部、泰山东麓，东与济南市莱芜区大槐树乡相接，南与祝阳镇为邻，西与黄前镇接壤，北与济南市历城区西营镇、章丘市垛庄镇相连。南北最长距离33.3千米，东西最长距离20.3千米，总面积155平方千米。镇政府驻下港村，距泰安市人民政府22.5千米。

**建置区划**　下港远古时期是一片汪洋大海，如今高耸的山峰，在那时只是一座座露出水面的岛屿。有岛屿就有人口居住和船只停泊，于是有港口两座，北港称为“上港”，南港则被称为“下港”。至今上港西望的高山上仍有一块巨石被称作“链船石”（时为码头上系船所用），与此传说遥相呼应。下港镇境内，春秋战国时期处于齐鲁之交。秦时属于济北郡嬴县。汉、魏晋时期属泰山郡奉高县。唐时属乾封县。宋金属奉符县，明、清分属泰安州、泰安县。清代开始设置行政机构。清道光年间，泰安县署全上港、下港、下里三片，置兴仁乡下辖地方。1912年下港乡辖区属泰安县兴仁区下辖地方。1928年春，泰安县改地方为区，下港乡属第四区所辖。1941年1月，中共领导的抗日民主政府，建立政权，原上港、下港、下里三片属泰北行署祝山区。1943年3月底上港、下港、下里三片属泰历县，第五区称下港区。1946年底泰历县撤销，下港改属泰安县第四区。1949年改称为泰安县第十三区，后改为泰安县下港区。1958年春撤区并乡将下港区划分为下港乡、下里乡、池河乡，

2019年11月13日，下港镇杨家庄村远景　（王长民　摄）

同年10月三乡合并成立为前进人民公社，后改为泰安市下港人民公社。1984年6月政区改革，下港人民公社改为下港办事处，下辖了4个乡（下港乡、上港乡、盘坡乡、下里乡）。

1985年5月撤销泰安行署，泰安市升为地级市，原泰安市划为泰山区、郊区。下港乡办事处改为泰安市郊区下港乡，2000年4月，泰安市郊区下港乡改为泰安市岱岳区下港乡，2013年12月更名为泰安市岱岳区下港镇，辖谷山、木营、黄芹、过马滩、盘坡、石槽、陈寺峪、上港、大林、石河、西圈、勤村、彭家庄、东祥沟、西祥沟、开山、杨台、下港、东峪、赵峪、马蹄峪、茅茨舍、八亩地、上里、下里、杨家庄、保家庄、新庄、朝阳、胡家峪、周家庄、黄峪、小安门、水泉峪34个行政村、1个居委会。

2017年3月，根据中共泰安市委《关于调整泰安高新技术开发区和泰山风景名胜区管辖范围有关事宜的通知》，岱岳区下港镇由泰山景区代管。至2020年建置区划未改变。

**自然状况** 境内六成以上为山区丘陵，有大小山峰200多座，平均海拔700多米。属暖温带大陆性气候，四季分明，年平均降水量850毫米，年平均气温11.8℃，最热月平均温度23.1℃，最冷月平均气温-3.5℃。全年日照平均为2678小时，无霜期200天。土壤以片麻岩为主，物产资源丰富。

**人口民族** 2016年，常住总户数1.32万户，常住总人口4.2万人，其中男性2.13万人、女性2.07万人。2018年，常住总户数1.31万户，常住总人口4.2万人，其中男性2.12人、女性2.08万人。2020年，常住总户数1.18户，常住总人口3.74万人，其中男性1.89万人、女性1.85万人。有汉族、回族2个民族。

## 经济状况

**农　业** 农业以种植小麦、玉米、有机蔬菜为主。2016年，全镇耕地面积2181.4公顷。乡镇农业总产值1.89亿元，其中农业产值1944.16万元、林业产值1.58亿元、牧业产值619.2万元、渔业产值221.45万元，农林牧渔服务业产值348.48万元。2018年，全镇耕地面积2266.7公顷。乡镇农业总产值1.38亿元，其中农业产值1503.03万元、林业产值1.16亿元、牧业产值450.16万元、渔业产值223.43万元。2020年，全镇耕地面积1863公顷，乡镇农业总产值1.36亿元，其中农业产值814.04万元、林业产值1.19亿元、牧业产值

2019年11月27日，下港镇九曲水库风景　　(王长民　摄)

401.84万元、渔业产值222.31万元，农业企业2个，家庭农场2个。

**工　业**　2016年，工业企业5家，从业人员150人，其中规模以上工业企业2家；规模以上工业企业实现主营业收入9874万元，实现利税457万元，其中利润432万元。2018年，工业企业4家，从业人员45人，其中规模以上工业企业1家；规模以上工业企业实现主营业收入9075万元，实现利税582万元，其中利润555万元。2020年，引进落地项目1个，招商引资到位资金1000万元，进出口总额8656万元。工业企业4家，从业人员50人，其中规模以上工业企业1家；规模以上工业企业实现主营业收入1.17亿元，实现利税604万元，其中利润580万元。

## 财政税收

**财　政**　2016年，一般公共预算收入707万元，一般公共预算支出2753万元。2018年，一般公共预算收入488万元，一般公共预算支出3242万元。2020年，一般公共预算收入701万元，一般公共预算支出3398万元。

**税　收**　2016年，登记各类纳税人20户，年纳税额在10万元以上的企业2户；各项税收收入1825万元，其中增值税1118万元。2018年，登记各类纳税人18户，年纳税额在10万元以上的企业2户；税收收入566万元，其中增值税494万元。2020年，登记各类纳税人16户，年纳税额在10万元以上的企业4户；各项税收收入720万元，其中增值税632万元。重点税源为建筑安装、农产品加工、灌浆工程。

## 社会事业

**教　育**　2016年，幼儿园22所，专任教师167人，在园幼儿618人；小学4所，专任教师117人，在校学生1173人；普通初中1所，专任教师92人，在校学生1394人；县级以上规范化中小学5所，其中省级规范化学校1所、市级规范化学校4所。2020年，幼儿园10所，专任教师59人，在园幼儿649人；小学4所，专任教师112人，在校学生893人；普通初中1所，专任教师73人，在校学生660人。

**文　化**　2016年，综合文化站1处，村级综合文化服务中心34个，各类图书室35个，藏书3000余册，音乐、美术、书法、摄影及文学业余创作人员15人；农家书屋34个，农村文化大院34个，文体广场40个，文艺宣传（表演）队4个。2020年，镇综合文化站1个，村级文化活动中心34个，各类文化专业户1户；各类图书室36个，藏书6万余册，音乐、美术、书法、摄影及文学业余创作人员达40人；农家书屋34个，农村文化大院34个，文体广场74个，文艺宣传（表演）队35支。县级以上文物保护单位4处，其中国家级1处（齐长城遗址）、市级1处（木营村抗日旧址）、县级2处（黄巢坟、小安门黄巢点将台遗址）。

**卫　生**　2016年，医疗卫生机构33所、床位70张，其中镇卫生院1所、村卫生室（社区门诊）32所；卫生技术人员72名，其中执业医师22名、执业助理医师12名。2022年，医疗卫生机构33所、床位90张，其中镇卫生院1所、村卫生室（社区门诊）32所；卫生技术人员82名，其中执业医师26名、执业助理医师12名。

## 社会保障

**医疗保险**　2016年，居民基本医疗保险参保人数3.06万人。2020年，居民基本医疗保险参保人数为3.41万人。

**养老保险**　2016年，居民参加基本养老保险1.06万人。2020年，居民参加基本养老保险9779人。

**低保救助**　2016年，城镇最低生活保障户数13户、20人，发放最低生活保障金10.25万元；

农村最低生活保障户数498户、657人，发放最低生活保障金152.34万元；大病救助47人，救助金额约17.21万元；敬老院1家，床位63张，收养农村“五保”老人17人。2020年，城镇最低生活保障户数9户、13人，发放最低生活保障金7.54万元；农村最低生活保障户数402户、601人，发放最低生活保障金187.2万元；敬老院1家，床位63张，收养农村“五保”老人33人。

## 名胜古迹

**齐长城遗址** 全国重点文物保护单位。下港境内齐长城遗址，其线路系沿与历城的交界线东北行，到大高尖山而后东折，至与历城、章丘交界的四界首山，又沿与章丘的交界线东南行，最后到与章丘、莱芜交界的蒿滩东山结束，全长23.12千米，历经52座山头。下港镇境内的齐长城遗址，是齐长城现存最为完好的地段之一，其中蒿滩北长城岭上的窄体墙，为今天所见最简单、最原始、最古老、最独特、保存最完整的一段长城，墙高1～1.5米，底宽1.5～1.8米，长610米，其城墙结构非常简单，块石干垒，单面墙，充分体现了“因地造型、因险制塞”的筑防原则。

**黄巢坟** 县级文物保护单位。黄巢陵遗址位于八亩地村东南，是泰安地区现存唯一的皇帝陵，具有重大的历史价值。陵墓南北长30米，东西宽16米，高6.8米。据北宋所修《新定九域志》载兖州泰山有黄巢墓。清人聂剑光《泰山道里记》载“（狼虎谷）东北三里为九顶山，南有大冢，俗称为黄巢墓”。1929年重修《泰安县志》卷三《舆地志古墓疑墓》的记载反映了当时该墓地的情况：“又金井庄西一坟周十余丈高俞五丈，土人呼为黄巢坟。按《新五代史》：巢为尚让所逼，死于狼虎谷。此去狼虎谷仅三里余死葬于此理或然欤？”

**木营村抗日旧址** 市级文物保护单位。所在地为下港镇木营村蒿滩自然村北。1940年春，八路军泰山军分区第三兵工厂迁来蒿滩，主要制造手榴弹、地雷、修理枪械。为防不测，80余名工人在村北山根修建石洞1处，该洞长10米，宽2米，高2.5米。洞口平时用乱石堆堵，所造弹药尽藏于此，上覆种植农作物，观其外貌与其他地块无异。1941年兵工厂迁往莱芜安子庄，后被叛徒告密遭破坏。1944年秋泰山军分区被服厂迁到蒿滩，60个工人分4个班，20台缝纫机，主要制作被服、军帽兼做裹腿、枪套，1947年秋迁往章丘县下柳庄。

下港镇齐长城 （下港镇党政办 2023年提供）

## 土特名产

**泰山板栗** 下港镇土壤种类多为棕壤，母岩为火成岩，母质状况疏松，适合板栗生长，为板栗种植产业的发展提供了得天独厚的环境条件。泰山板栗在长期的栽培和自然条件下，形成了独特的产品特征，产品外形玲珑，果实中等大小，单果重9克左右，果实均匀整齐，

坚果棕褐色，明亮，肉质细腻，糯性好，甘甜芳香，口感佳。泰山板栗成为全镇群众赖以生存的农业支柱产业，栽培面积由1990年初的2133.33公顷逐步扩大到2020年的5466.67公顷，占全镇经济林总面积的72%以上，占“泰山板栗”总面积的四分之一以上，下港作为“泰山板栗”的主产区的地位日益稳固。2020年11月，下港镇（板栗）被农业农村部认定为第十批全国“一村一品”示范村镇。

**大樱桃**　“泰山大樱桃”是中国北方落叶果树中继中国樱桃之后果实成熟最早的果树，素有“春果第一枝”的美誉，樱桃不仅颜色艳丽，而且味道甘美、营养丰富。“泰山大樱桃”含铁量位于各种水果之首，下港镇处于饮用水源地黄前水库上游，属纯山区乡镇，四季分明，雨热同季，平均海拔700米，独特优渥的环境气候条件为大樱桃的种植生长提供了得天独厚的自然环境。所产“泰山大樱桃”归依天然，果实硕大，味道甜美，香气浓郁，品质优良，晶莹剔透，形似玛瑙，又因果皮柔韧度强、弹性高、富抗压性，易于远途运输，行销东三省、京津冀及大江南北。全镇樱桃栽培面积由2010年前的200公顷左右扩大到2020年的1000公顷，成为除板栗之外的第二大主栽果树树种。栽植品种主要以红灯、美早、布鲁克斯、拉宾斯、萨米脱、齐早、艳红、早大果为主。

## 典型选介

**山东省级文明村——保家庄村**　下港镇保家庄村位于镇政府东部7.5千米。耕地总面积46.67公顷，主要农作物为大蒜、玉米，主导产业为生姜种植和深加工。村内建有800余平方米的新时代文明实践站，2018年以来累计投入建设资金160余万元，设有党员活动室、普法教育室、图书室、电子阅览室、未成年人活动室、书画室、音乐室、舞蹈室等功能室。在完善基础设施建设、阵地建设、大力发展经济的基础上，保家庄村坚持以常绿常青和厚重的“牛王山”民俗精神为引领，依托新时代文明实践站，广泛开展文明创建活动，有效助推以“美丽庭院、五好家庭、致富能手”为主要内容的文明评选活动，有力借助“我们的节日”，扎实开展“好婆婆、好媳妇、好青年、致富能手、优秀党员、幸福家庭”，评定表彰挂牌匾、提升获得感荣誉感，成为助推全村智富+致富的“输氧机”和“加油站”。保家庄村围绕乡村振兴战略，投资210万元，建姜芽扶贫基地和污水配套设施。修建村内中心河和南水北调配套工程，修建路边花坛和栽植绿化树苗，投资20万元打深水井1口，加固水库1座，硬化防洪路面800米，清理路边垃圾2000多立方米，架设太阳能路灯60盏，建便民服务大厅，硬化环山路4.5千米，全村硬化小巷道1500余米。投资200万元建蔬菜温室大棚12个，投资50万元建300吨冷

2021年5月21日，下港镇村民采摘大樱桃　（王长民　摄）

库1个。投资186万元建设保家庄幼儿园，为村民提供更加优质的幼儿管育服务，惠及周围7个行政村。

**山东省级文明村——茅茨舍村** 下港镇茅茨舍村总面积6平方千米，村民460多户，人口1500人。耕地面积60公顷，主要农作物有小麦、玉米、地瓜、花生等，特产板栗、核桃、苹果、山楂等。围绕建设“美丽乡村、绿色村庄”总体目标，全村累计投资550余万元，先后栽植冬青、樱花、金叶女贞、黄杨等各类绿化苗木110多万株，扩建绿化带4900平方米，浆砌绿化墙3200米，铺筑硬化村内混凝土连村路16.3千米，户户通道路2千米多，垒砌加固河道护堰1600米，安置铁质护栏1100米，建设固防1200米；安装太阳能路灯186盏，全村5个自然村实现全覆盖；落实改水改厕350户，投放垃圾桶139个，投资120万元修建景观拦河坝和景观下沉广场各1处、5名保洁员全天候上岗，垃圾清理日产日清，全村基本实现“绿化、美化、硬化、亮化、净化”目标。

**山东省级文明村——大林村** 下港镇大林村位于镇政府东北部10千米。全村版图面积630.92公顷，其中耕地面积45.01公顷，林地面积585.91公顷。主要农作物玉米，主导产业为林果业、蔬菜制种。大林村立足山区实际，按照“乡村振兴战略”要求，紧紧围绕经济建设这个中心，抓住机遇，加大种植结构调整，林果生产和蔬菜制种力度，不断培植新的经济增长点，壮大村集体经济，旅游规划，招商引资，增加村民收入，村各项事业得到全面发展。2019年完善各组林果合同342份，收取承包费22万多元，2020年通过三资清理盘活闲散面积、四荒地，共建立合同192份，收取承包费1.6万元，增加集体收入。除林果产业，还发展蔬菜制种，增加村民收入，同时为村集体增收劳务费9000元。2020年，以综合文化服务中心为依托，开展党员培训、普法教育培训、专业技能以及伦理道德、亲子教育等新农村新生活培训。通过开展各项培训活动，使村民掌握知识和技能。有业余广场舞队和太极拳演练队30余人。设有学雷锋志愿服务站，开展关爱孤寡老人、留守儿童、残疾人等志愿服务活动。宣传栏和文化一条街应用，提高村民集体主义思想和公益心，全村物质文明提高，精神文明面貌焕然一新。

## 镇党政主要负责人

**党委书记** 朱英文（2013.12—2016.12）
齐洪淼（2016.12— ）

**镇　　长** 李怀涛（2013.6—2016.12）
边立峰（2016.12— ）

（蒋　桐）

泰安市

乡镇概览 | （2016—2020）

# 徂汶景区

徂徕山汶河风光 （王延民 摄）

2020 年 6 月 28 日，泮河（天泽湖）人工湿地
（司 刚　摄）

2021 年 5 月 30 日，徂汶景区环徂徕山路
（王成柏　提供）

徂汶景区美景

（王成柏　提供）

# 概 述

## 地理环境

**位置面积** 徂汶景区位于山东省中部、泰安东南部。地理坐标为北纬35°83′～36°52′，东经117°16′～117°38′。东与泰安市新泰市接壤，西与泰安市岱岳区、泰安高新区为邻，南与泰安市宁阳县相邻，北与泰安市泰山区、泰安市岱岳区毗邻。东西最长30.5千米，南北最长28千米，全区总面积443.28平方千米。其中，滨河片区位于徂汶景区沿河发展经济带，北部靠近京沪高速泰安东出口。辖区内有铁路线1条，高速公路2条，省道3条；县道15条，通车里程141千米；乡道15条，通车里程258千米；村道总里程454.4千米；各类大小桥梁88座。

**建置区划** 2019年9月，泰安市启动开发区体制机制改革创新试点工作，依托泰安市徂徕山汶河景区建设发展中心，组建成立泰安市徂徕山汶河风景名胜区管理委员会。辖徂徕镇、天宝镇、化马湾乡3个乡镇及滨河片区，共138个行政村，其中滨河片区成立于2019年12月，负责原北集坡街道12个村、省庄镇3个村、邱家店镇8个村的基层组织建设、村居管理、信访、计划生育、社会保障、就业安置等社会事务管理工作，是徂汶景区办公所在地、项目建设和经济发展的主要区域。各乡镇（片区）中，天宝镇面积最大，147.32平方千米；滨河片区面积最小，63.11平方千米。至2020年，建置区划未变。

**地形地貌** 境内地势以徂徕山为最高点向四周扩展，形成中间高、四周低的倾斜地形。徂徕山太平顶海拔1028米，为徂汶景区最高点；徂徕镇桥沟、北望一带海拔115米，为徂汶景区最低点。徂徕山有大小山峰97个，主峰为太平顶。境内以山地、丘陵为主，中部为山地，东部多丘陵，地形较复杂。中部有无影山，海拔200米；东北部有猪山，海拔267米。主要丘陵有长埠岭、堡子岭、兰家岭、乱马团岭、水沟岭。

**气候特征** 属暖温带大陆性半湿润季风气候，四季分明，春季干旱少雨，夏季炎热多雨，秋季凉爽干燥，冬季寒冷少雪。2020年，年均气

徂徕山风光　　（张会东　摄　2023年提供）

温11.4℃，最高气温37.8℃，最低气温-15.7℃。年降水总量875.4毫米。

**土地资源** 地带性土壤受母质与气候条件的共同影响，酸性岩区基本发育为棕壤，石灰岩及黄土分布区基本发育为褐土，且因降水量较多，淋溶褐土的比重较大。平原及低洼地区，有潮土和砂姜黑土的分布。徂徕山周围为广大低山、丘陵和山前平原环绕，河谷平原穿插其间，交接洼地面积较大。成土母岩除片麻岩、花岗岩外，还有大面积的石灰岩和钙质砂页岩，黄土母质集中分布在北部，红土亦有广泛出露。土区内地带性土类除棕壤外，还有大面积褐土，二者并存，交错分布。普通褐土在北部较多，淋溶褐土多分布于南部。河谷平原和盆地土壤以潮棕壤、潮褐土以及无石灰性与石灰性潮土为主。交接洼地主要为石灰性砂姜黑土与普通砂姜黑土。中山区有山地暗棕壤、山地草甸土。

**矿产资源** 境内分布有金、铁、石灰岩、花岗岩、地热、钾长石、油页岩等资源。2020年，区内有液体矿产开发1处，为徂徕镇桥沟地热矿区。

**水资源** 2020年，总降水量875.4毫米，其中汛期6—9月降水量占全年的76.8%，年平均水面蒸发量1224.5毫米。年平均水资源总量1.56亿立方米，其中地表水资源总量1.36亿立方米，地下水资源总量6849万立方米，地表水与地下水资源量重复计算量4819万立方米。有大小河流（沟渠）92条，其中4条县级以上河流、88条农村河流，流域面积最大、水量最大的河流为大汶河，景区流域内有3座橡胶坝，形成回水长度22.4千米、蓄水量4271万立方米的景观。

**生物资源** 辖区内有植物198种，其中有国家二级重点保护植物3种（莲、中华结缕草、野大豆）；有脊椎动物178种，国家一级保护鸟类2种（青头潜鸭、东方白鹳），国家二级保护鸟类3种（鸳鸯、游隼和灰背隼）。

**人口民族** **人口** 2020年，常住人口17万人，其中男性8.49万人、女性8.51万人，城镇人口3.42万人，农村人口13.58万人；出生人口1285人。天宝镇人口最多，6.56万人，化马湾乡人口最少，2.64万人。

**民族** 民族以汉族、回族为主。2020年，少数民族21个，人口1236人，占全区总人口的0.73%。

2018年，大汶河湿地风光　　（胡立东　摄）

## 经济状况

2020年，实现地区生产总值20.2亿元，按可比价格计算，比上年增长4%，其中第一产业增加值9.31亿元，第二产业增加值5.55亿元，第三产业增加值5.33亿元。

汶河国家湿地公园 （王飞飞 2023年提供）

**农　业**　2020年，农业总产值17.54亿元，农林牧渔业增加值10亿元，其中农业产值12.58亿元，林业产值863万元，畜牧业产值3.53亿元，渔业产值668万元；农林牧渔服务业产值1.28亿元，农林牧渔服务业增加值6439万元。全区农作物种植面积2.4万公顷，其中粮食作物播种面积9700公顷；果园面积5065公顷；经济作物播种面积8373.3公顷，其中蔬菜播种面积5520.2公顷，大拱棚1.86万个，冬暖式大棚300个，年产值2亿元，油料作物播种面积2706.3公顷。优势产业总面积达到6547公顷，产值8.35亿元，其中泰山茶47公顷，干茶产量15.24吨，产值500万元；泰山板栗1400公顷，产量1800吨，产值1.25亿元；泰山大樱桃5100公顷，产量3.2万吨，产值5.1亿元；生态奶业产量达到7000吨，产值达到3500万元；生猪生产出栏达到4.6万头，产值达到1.6亿元。

**工　业**　2020年，新增入库规模以上工业企业5家，全部入库后，2021年规模以上工业企业达到11家，同比增长83.3%。规模以上工业增加值同比增长6.6%，列全市第3位，高于全市平均增幅1.2个百分点。实现营业收入3.98亿元，同比增长1.7%；中国农学会特产经济专业委员会利润730万元。其中，滨河片区利润87.6万元。

**商贸服务业**　2020年，社会消费品零售总额16.9亿元。外贸进口总额5116万元；外贸出口总额5904万元。实际外商直接投资8741.8万美元。

**旅游业**　2020年，国家AAAA级旅游景区2处，为徂徕山国家森林公园、泰山温泉城。开发“古汶古韵乐水之旅”“星火传承红色之旅”“情雪韵休闲之旅”“自然山乡生态之旅”“赏石观松深氧之旅”“风情原乡体验之旅”“观星赏月露营之旅”7大旅游线路。

## 财税金融

**财　政**　2020年5月，设立徂汶景区国库，6月1日正式运行，2020年1—5月，财政收入0.21亿元缴入高新区国库；同年6—12月，财政收入0.37亿元缴入徂汶景区国库。一般公共预算收入0.58亿元，同口径增长19.1%。

**税　收**　2020年，税收收入0.51亿元，增长17.6%，税收收入占一般公共预算收入的比重为88.7%。

**金　融**　2020年，金融机构和金融组织7家，全部为乡镇营业网点，存贷款余额分别为34.06亿元、3.89亿元。

## 社会事业

**教　育**　2020年，各级各类学校（含幼儿园）92所，在校学生1.4万人，其中幼儿园58所，在园幼儿4249人，教职工344人，专任教师288人；小学29所，在校学生5164人，教职工480人，专任教师464人；初中4所，在校学生3792人，教职工402人，专任教师398人；普通高中1所，在校学生830人，教职工82人，专任教师79人。

**文　化**　2020年，有乡镇文化站4个，村级文化活动中心138个；组织开展广场舞大赛、送戏下乡巡演等惠民主题活动200余场次，放映公益电影600余场次。市级非物质文化遗产2项（木板年画、高氏烘炉锻造技艺）。

**卫　生**　2020年，各级各类医疗卫生机构148所，乡镇卫生院3家（徂徕镇卫生院、天宝镇卫生院、化马湾乡卫生院），民营医疗机构2家（泰安颐博康复医院、昌永中医医院）；村卫生室138家，个体诊所5家。住院床位每千人1.6张，卫生技术人员327人，其中执业医师47人、执业助理医师23人、注册护士104人、药剂师17人、剂师（含检验师）51人、其他（含见习师）85人。

**体　育**　2020年，有体育公园1处，新建公共健身工程10个；先后承办中国•泰山国际山地户外运动挑战赛（徂徕山站）、“中国体育彩票”山东省第六届冬季全民健身运动会、“徂汶杯”万人自行车骑行（泰安站）、山东省垂钓比赛、“泰晟杯”徂汶景区游骑健身活动等一系列体育赛事。

## 居民收入

2020年，居民人均可支配收入23482元，同比增长4.8%，其中城镇居民人均可支配收入38490元，同比增长3.3%；农村居民人均可支配收入18773元，同比增长5.5%。

## 社会保障

**医疗保险**　2020年，职工医保参保人数1502人，基金征缴409万元；居民基本医疗保险参保人数15.3万人，基金征缴1.25亿元，其中个人征缴40.85万元，财政补助84.15万元。

**养老保险**　2020年，参加企业职工基本养老保险在职人员1935人，退休人员135人；参加机关事业单位基本养老保险在职人员1240人，退休人员18人；参加居民基本养老保险12.06万人，发放基础养老金5400万元，高龄补贴193.3万元。发放3481名去世人员丧葬补助金80.86万元。

**低保救助**　2020年，发放到位各类民生资金3011.85万元，其中城乡低保对象1872户、2604人，发放1089万元；特困供养936人，发放929万元；享受残疾人两项补贴4372人，发放558.57万元；享受经济困难老年人补贴1182人，发放149.84万元；享受价格临时补贴29226人次，发放285.44万元。

## 名胜古迹

2020年，名胜古迹主要有天宝镇的徂徕夕照、徂徕山摩崖刻经、光化寺、柳下惠墓等，徂徕镇的作书房、中军帐、桥沟温泉遗址，化马湾乡的龙湾地质公园、燕语城遗址等，滨河片区的博城故城、汶河湿地公园、天封寺遗址等。全区共有县级以上文物保护单位24处，其中省级4处、市级16处、县级4处。

（王飞飞）

# 徂徕镇

## 地理环境

**位置面积** 徂徕镇位于泰山之阳，徂徕山中段北麓，大汶河南岸。南以徂徕山中线为界与房村、良庄两镇接壤，北以汶河中心为界与邱家店镇、范镇为邻，西以汶河中心为界与滨河片区隔河相望，东以猪山、白石岭一带丘陵为界与角峪镇、化马湾乡毗连。南北最大纵距14.86千米，东西最大横距20.34千米，总面积133.15平方千米。镇政府驻南上庄村，距泰安市人民政府15.8千米。泰楼、泰新、青兰、泰新高速公路穿镇而过。

**建置区划** 2016年，徂徕镇隶属岱岳区，辖上庄、桥沟、邓家庄、李家峪、崔家庄5个管区，辖孙家疃村、桥沟村、北望村、郑家庄村、宽店村、曹庄村、姬家庄村、邓家庄村、徂徕村、许家庄村、新庄村、南上庄村、北上庄村、下庄村、鲁家庄村、寺河村、杜家庄村、向阳村、官路村、河西村、崔家庄村、兴隆村、边家庄村、东埠前村、西埠前村、小埠前村、留送村、李家峪村、水泉村、南黄崖村、北黄崖村、石崖村、樱桃园村、土门村34个行政村。2017年2月，泰安市调整区划，徂徕镇从岱岳区划出，归属泰安高新技术产业开发区。2019年9月，划归泰安市徂徕山汶河景区。至2020年，建置区划未变。

**自然状况** 境内山地、丘陵、平原各占三分之一，中部、东部多丘陵，地形较复杂。以徂徕山为最高点呈扇形向东、西、北三面扩展，形成南高北低、东高西低的倾斜地形。海拔最高360米（樱桃园村石门一带），海拔最低115米（桥沟、北望一带），近山区海拔165米（李家峪、土门一带），中部海拔135米（上庄一带）。徂徕山有大小山峰97个，主峰太平顶海拔1027米；境内中部有无影山，海拔200米；东北部有猪山，海拔267米。主要丘陵有长埠岭、堡子岭、兰家岭、乱马团岭、水沟岭。境内矿产旅游资源丰富，主要矿产有花岗岩石、石灰石、河砂、深层纯净地下水、温泉等。水资源丰富。

**人口民族** 2016年常住总户数1.77万户，常住人口数5.68万人，其中男性2.85万人、女性2.83万人。2018年总户数1.8万户，常住人口数5.73万人，其中男性2.87万人、女性2.86万人。2020年总户数1.79万户，常住人口数5.72万人，其中男性2.85万人、女性2.87万人。有汉族、回族、傣族、彝族等少数民族。

## 经济状况

**农　业** 以种植小麦、玉米、有机蔬菜、水果为主。2016年，全镇耕地面积3866公顷，均为水浇地，农业总产值4.44亿元，其中农业产值1.81亿元、林业产值1.62亿元、渔业产值100万元，农林牧渔服务业总产值1亿元；农民专业合作社36个，家庭农场10个。2020年，全镇耕地面积4066.7公顷，农业总产值5.35亿元，其中农业产值2.42亿元、林业产值1.71亿元、渔业产值100万元，农林牧渔服务业总产值1.21亿元；农民专业合作社48个，家庭农场13个，土地流转面积1394公顷。

**工　业**　2016年，工业企业16家，从业人员421人，其中规模以上工业企业3家；工业总产值3.6亿元，实现利税9800万元，其中利润5800万元；规模以上工业企业实现主营业收入3.2亿元，实现利税7980万元，其中利润4000万元。2018年，工业企业22家，从业人员456人，其中规模以上工业企业2家；工业总产值3.8亿元，实现利税1亿元；规模以上工业企业实现主营业收入3.6亿元，实现利税8842万元，其中利润5000万元。2020年，引进落地项目4家，进出口总额2100万元。工业企业28家，从业人员651人，其中规模以上工业企业2家；工业总产值5亿元，实现利税1.3亿元；规模以上工业企业实现主营业收入4.2亿元，实现利税8302万元，其中利润5600万元。

**旅游业**　2020年拥有国家AAAA级旅游景区泰山温泉城。徂徕镇境内主要景点有龙湾景区、徂徕山滑雪场、徂徕村写生基地、六逸峰、空空洞、独秀峰、望月台、鹦哥嘴、作书房、秀全亭、徂徕书院等。

## 财政税收

**财　政**　2016年，一般公共预算收入2756.44万元，其中工商税收2126.44万元，一般公共预算支出2737.59万元。2018年，一般公共预算收入3542万元，一般公共预算支出3937万元。2020年，一般公共预算收入3384万元，一般公共预算支出3023万元。

**税　收**　2016年，年纳税额在10万元以上的企业10户；各项税收收入2293万元，其中增值税1051万元。2018年，年纳税额在20万元以上的企业40户；税收收入6303万元，其中增值税5374万元。2020年，年纳税额在10万元以上的企业50户；各项税收收入5482.7万元，其中增值税3617万元。重点税源为制造、建筑行业。

## 社会事业

**教　育**　2016年，幼儿园13所，专任教师55人，在园幼儿782人；小学9所，专任教师127人，在校学生1312人；普通初中2所，专任教师139人，在校学生1644人；区级以上规范化中小学11所，其中省级规范化学校1所、市级规范化学校4所。2018年，幼儿园13所，专任教师53人，在园幼儿648人；小学5所，专任教师123人，在校学生1248人；普通初中2所，专任教师133人，在校学生819人；区级以上规范化中小学7所，其中省级规范化学校1所、市级规范化学校5所。2020年，幼儿园13所，专任教师57人，在园幼儿655人；小学5所，专任教师130人，在校学生1135人；普通初中2所，专任教师116人，在校学生736人；区级以上规范化中小学7所，其中省级规范化学校1所、市级规范化学校5所。

**文　化**　2016年，综合文化站1个，村级文化活动中心34个；各类图书室42个，藏书2万余册；农家书屋34个，农村文化大院34个，文体广场14个，文艺宣传（表演）队1个。2020年，镇综合文化站1个，村级文化活动中心34个，各类文化专业户1户；各类图书室42个，藏书3万余册；农家书屋34个，农村文化大院34个，文体广场34个，文艺宣传（表演）队1支。县级以上文物保护单位5处，其中市级3处（东埠前刘氏谱牒碑、空空山空空洞——泰安县委办公旧址、作书房遗址），县级2处（石介墓、桥沟遗址）。县级以上非物质文化遗产1项，其中泰安市级1项（木版年画）。

**卫　生**　2016年，医疗卫生机构38家、床位100张，其中镇卫生院1家，村卫生室37家；卫生技术人员158名，其中执业医师26名、执业助理医师10名。2020年，医疗卫生机构35家、床位100张，其中镇卫生院1家，村卫生室34家；卫生技术人员175名，其中执业医师30名、执业助理医师12名。

## 社会保障

**医疗保险** 2016年，居民基本医疗保险参保人数4.2万人。2020年，居民基本医疗保险参保人数4.3万人。

**养老保险** 2016年，居民参加基本养老保险2.99万人。2020年，居民参加基本养老保险2.94万人。

**低保救助** 2016年，城镇最低生活保障户数17户、20人，发放最低生活保障金7.6万元；农村最低生活保障户数445户、572人，发放最低生活保障金276.3万元；医疗救助77人次，发放医疗救助金15.4万元；敬老院1家，床位40张，收养农村“五保”老人31人。2020年，城镇最低生活保障户数14户、19人，发放最低生活保障金9.29万元；农村最低生活保障户数557户、835人，发放最低生活保障金317.82万元；敬老院1家，床位23张，收养农村“五保”老人21人。

## 名胜古迹

**作书房遗址** 即“竹溪庵”，位于徂徕村境内，唐代著名大诗人李白曾携五友隐居于此，创“竹溪六逸堂”（竹溪庵）。自隋唐以来，历代名流隐士不断至此隐居著书立说。

**空空山空空洞——泰安县委办公旧址** 又称走神洞、野人洞，位于作书房东山顶。野人洞洞门西向，洞内开阔，能容纳几十人。唐代王希夷曾在此隐居，人称“王野人”。抗日战争时期曾作为泰安县委临时办公地，现刻有“泰安县委遗址”。洞口石壁上有一纪念碑，刻有“共产党革命老人于秀泉同志之墓”字样。抗日战争时期，日本侵略者为围剿当时革命者，释放毒气，因洞能上下贯通，故革命火种得以保存。山谷下集中种植部分山杏，春赏花，夏摘果；野人洞处多种植火炬树，在洞上刻大红字“野人洞”。

**东埠前刘氏谱牒碑** 此碑亭现存东埠前村。碑亭为石构，前后各有楹柱四条，内嵌碑石九方。碑亭长7.3米，高2.2米；碑身长6.26米，高1.76米。碑阳镌刘氏重修谱碑序，乙卯科举人成武县训导梁馀亭撰文，增广生宗汉龙书丹，记刘氏家族源流；其规制之宏阔、保存之完好，在现存泰安碑石中罕有可比者，属今见泰山周边最大的碑亭。

## 土特名产

**王氏木板年画** 始于明朝中叶。清朝咸丰年间，王氏祖人就在泰城洼子街一带干画匠，从事年画创作。画家堂、财神、门神，并搞套版的木板年画。到清末民国初，王松岩开创了王氏木板年画的辉煌时期。王传远（1921—1990），将王氏木板年画推向了巅盛时期。据王氏家谱记载，这一时期，每年都招收十几个雇工，各种版画年

2017年9月1日，许家庄徂徕黄金梨采摘现场　　（曹久武　摄）

销售20余万张。版画畅销新泰、莱芜、沂源、肥城、济南等地及河北、河南、安徽等省。

**徂徕黄金梨** 徂徕黄金梨是山东省泰安市徂徕镇的特产。黄金梨果皮金黄而皮稍厚，果肉硬而脆，石细胞较多，食之清脆、香甜，口感适中，后味浓香绵长。2020年，徂徕镇辖区内共有黄金梨种植面积158.67公顷。

**徂徕大樱桃** 徂徕镇已有1000多年的樱桃种植历史，是中华樱桃的正宗产地。徂徕樱桃以个大、皮薄、味美、营养丰富闻名于世，被誉为“果之珍品”，是古代宫廷的特级贡品，号称“北方鲜果第一枝”，与南方荔枝齐名。2020年，徂徕镇辖区内共有徂徕大樱桃种植面积884.27公顷。

## 古今名人

**石　介（1004—1045）** 字守道，北宋学者，文学家。宋兖州奉符（今泰安）人。其祖居今泰安市徂徕镇桥沟村。曾在徂徕山之长春岭筑徂徕书院并讲学，史称徂徕先生。石介之为官，堪称一身正气、两袖清风；之为文，则博辩雄伟、清丽俊雅。现存《徂徕石先生文集》二十卷。

**党怀英（1133—1211）** 字世杰，号竹溪，文学家、书法家，金泰安人。其故居在今泰安徂徕镇邓家庄与许家庄之间的“城子”（现已淹没）。父纯睦，冯翊（今陕西大荔）人，金时任泰安军录事参军，遂落籍泰安。存碑刻如岱庙“金重修东岳庙碑”的篆书题额以及谷山寺碑、天封寺碑皆为怀英手迹，著有《竹溪集》《钟鼎集韵》。

**朱毓淦（1909—1941）** 又名朱国栋，泰安县徂徕镇人。其故居为今泰安市徂徕镇北望村。1926年10月，由马守愚介绍加入中国共产党。1937年8月，任泰安临时县委成员。1938年1月，积极筹备并参加徂徕山抗日武装起义，5月任中共泰安县委组织部部长，10月任县委书记兼组织部部长，12月调任鲁中区党委社会部部长。1941年11月牺牲。

**于秀泉（1890—1978）** 女，徂徕镇徂徕村人，1937年参加革命。1938年3月加入中国共产党，任村妇女救国会会长。抗战期间，夜以继日为抗日队伍筹措军粮、补洗军衣，给伤病员喂汤喂药。在自己生活艰难的境况下，对过往抗日工作人员常常留宿留饭，被人们称为“战士之家”。新中国成立后，她积极带领群众参加社会主义建设，经常对青少年进行革命传统教育。1978年8月病逝，葬于抗战时期泰安县委办公地点空空山洞口石壁中，并刻碑纪念，被报刊载文《悬在山崖上的墓碑》。同年上级政府拨出专款，在她当年站岗放哨的山岗上修建“秀泉亭”，以示纪念。

**朱绪忠（1953—2007）** 徂徕镇邓家庄村人。1972年12月参军入伍，1975年5月加入中国共产党。主持完成了所在单位的办公大楼综合布线系统，安全监控和消防系统，多媒体、电视电话会议系统，大型会议室和网络机房的布局规划及装修设计等工程。2003年晋升专业技术6级，被中央军事委员会授予大校军衔（正师级）。2007年去世。

**赵一民** 1943年9月出生，徂徕镇北望村人。1962年8月参加工作，1976年2月加入共产党。山东省第七届人大代表，山东省第六次党代会代表。1962年8月，在徂徕公社北望大队任民办教师。历任宁阳县城关公社党委副书记、鹤山公社党委副书记、鹤山区党委书记，宁阳县委副书记、县长、县委书记、武装部第一书记。1993年12月至1996年3月，任泰安师范专科学校党委书记；1996年3月至2003年3月，任泰安市政府副市长、党组成员；2003年3月，任泰安市政协委员。2008年5月退休。

**李金明** 1945年9月出生，徂徕镇寺河村人。1965年10月参加工作，1966年4月加入中国

共产党。1965年10月，在泰安县徂徕公社邓家庄管区工作。历任泰山区副区长、区委常委、区委副书记、代区长、区长、区委书记。1997年12月至1998年3月，任泰安市政府市长助理、党组成员；1998年3月至2003年2月，任泰安市政府副市长、党组成员；2003年2月，任泰安市人大常委会副主任、党组成员。2006年3月离岗，2012年2月退休。

**刘玉浦** 1949年8月出生，徂徕镇许家庄人。1968年9月参加工作，1971年10月加入中国共产党，中央党校研究生（中央党校研究生院世界经济专业），高级工程师。1972年3月至1982年6月，任辽宁省西丰县革委会干事、冶金部北京钢铁设计院技术员、冶金部企业办公室助理工程师、部机关团委书记等职。1982年6月至1995年10月，任共青团中央常委、中央国家机关团委书记（正局级）；中央国家机关工作委员会委员、办公室主任等职。1995年10月至2000年11月，任陕西省省长助理、省计委主任、省委常委、组织部部长等职。2000年11月至2010年5月，任广东省委常委、组织部部长、省委副书记、省委党校（广东行政学院）校（院）长、省委政法委书记、深圳市委书记、深圳市人大常委会主任等职。2010年5月，深圳市人大常委会主任中共十七届中央候补委员、广东省委委员省人大代表、五届市委委员。

**齐承芳** 1953年8月出生，徂徕镇西埠村人。1974年8月加入中国共产党，1977年9月参加工作，高级经济师。1977年9月，在泰安地区明水浅井粘土矿任技术员。历任泰安市多种经营乡镇企业局副局长、党组成员，泰安市建材工业公司（局）副经理（副局长）、党委委员，泰安市复合材料工程筹建处主任、党支部副书记（正县级），肥城市委副书记、代市长、市长、市委书记。2001年1—2月，任泰安市政府党组成员；2001年2月至2008年1月，任泰安市政府副市长、党组成员；2008年1月至2012年2月，任泰安市人大常委会副主任、党组副书记；2012年2月，任泰安市人大常委会特邀咨询；2013年11月退休。

**刘汉玲** 女，1956年3月出生，山东泰安徂徕镇南上庄村人。1976年11月加入中国共产党，1978年12月参加工作。山东省八次党代会代表。1978年12月，任泰安地委驻平阴县城关镇工作队秘书。历任泰安市郊区区委常委、妇联主席、宣传部长，山东省妇联执委，泰安市计生委副主任、党组副书记、主任、党组书记，泰安市岱岳区委书记、党校校长、区人武部党委第一书记。2003年2月至2005年5月，任泰安市政府副市长、党组成员；2005年5月至2006年2月，任泰安市政府副市长、党组成员，市慈善总会会长；2006年2月至2008年12月，任泰安市人大常委会副主任、党组成员，市慈善总会会长；2008年12月至2012年2月，任泰安市人大常委会副主任、党组成员；2012年2月至2017年2月，任泰安市人大常委会党组副书记、副主任。2017年5月退休。

## 典型选介

**山东省旅游强乡镇——徂徕镇** 徂徕镇山地、丘陵、平原各占三分之一，境内四季分明，植被茂盛，植被面积占全镇土地总面积的85%；龙湾景区、银龙湾景区和六逸峰景区自然风光引人入胜，景点众多；4座小（1）型水库，10座小（2）型水库和63座塘坝点缀其中，形成了山水交融的独特风光。建成生态林3000公顷，全镇森林覆盖率达41.1%；该镇对沿山村实施“山、水、林、田、路”综合小流域治理，加大水资源管理保护力度，完成曹庄、邓家庄等13个村饮用水源地保护工程；以创城为抓手，开展美丽乡村建设，对镇驻地和34个行政村彻底进行环境整治，在硬化、绿化、美化、亮化上下功夫，打造“一村一景、一景一品”人居环境，突出生态文明建设，强化环境保护，坚持协调发展绿色发展，营建了和美宜居、水清天蓝的人居环境，连续保持

“省级文明镇”荣誉称号，被山东省旅游局评为“山东省旅游强乡镇”。

**山东省级文明村——向阳村** 向阳村因地制宜、创新实干，以强化组织振兴为总抓手，着力提升党支部组织力、战斗力、服务力，示范带动组织、产业、人才、生态、文化“五大振兴”协同推进，乡村振兴工作取得积极成效。投资300万元打造多功能党群服务中心，按照“1+8”功能布局建设党性体验室、服务大厅等功能室，实现村级办公和群众办事无缝衔接，年均为民办事1400人次。投资1000万元打造“休闲园”“宝葫芦湾”等村内景点，完成巷道硬化2000平方米，栽植绿化苗木16万余棵，做到“四季常青、美景长存”。挖掘村内“水”文化，以“水”育人、以“水”治村，开展好媳妇、好婆婆评选，举办村级春晚。2020年10月，被山东省精神文明建设委员会授予“省级文明村”荣誉称号。

**山东省先进基层党组织——许家庄村** 徂徕镇许家庄村党支部以发展壮大黄金梨产业为抓手，通过支部领办合作社，探索以果农梨园、土地作为“绿色股份”入股，村集体资金、资产作为“红色股份”入股，将党支部的政治引领、合作社的抱团发展、群众的能动作用等要素有效融合，实现了“支部有作为、党员起作用、群众得实惠、集体增收入”，走出了一条“富民强村”的好路子。2020年，徂徕镇许家庄村集体经济收入达到72万元，人均增收3000余元，村党支部先后荣获山东省先进基层党组织、泰安市先进基层党组织、泰安市基层党建示范点等荣誉称号。

## 镇党政主要负责人

**党委书记** 赵永东（2011.11—2016.12）
杨中军（2016.12— ）
**镇　　长** 孔祥国（2014.1—2020.5）
王妍华（2020.5— ）

（徐　昊　谢忠琴）

# 天宝镇

## 地理环境

**位置面积** 天宝镇位于徂汶景区东南部，北倚徂徕山，南邻牟汶河支流柴汶河，北部山区风光秀丽，南部平原土质肥沃，素有“小泰山”“汶阳田”和“物华天宝，人杰地灵”之称。北与化马湾乡相连，南与新泰市宫里镇、楼德镇相连，西与泰安高新区良庄镇相邻，东与新泰市羊流镇、果都镇相邻。全镇东西最大距离11.5千米，南北最大距离14.3千米，总面积158平方千米。地理位置优越，枣徐公路（S237）、四坡公路穿境而过。镇政府驻天宝村，距泰安市人民政府40千米。与泰新高速公路（S31）化马湾出口相距6千米、新泰西出口相距7千米。

**建置区划** 天宝于隋开皇建村，因北有徂徕山为屏障，灾害稀少，民称“天生宝地”，故名天宝，又称天宝寨。天宝镇境内，1952年天宝区改属徂阳县。1956年3月，徂阳县撤销，划归新泰县，设天宝区，下辖6个乡。1958年3月，区改为乡公所。1958年9月，乡公所改为人民公社管理委员会。1967年，改为红旗人民公社。1979年，

改为天宝人民公社。1984年4月，撤销天宝人民公社，改为天宝办事处，辖6个乡。1985年12月，天宝办事处改为天宝镇，同时东庄、杨庄、大西峪3乡划出，设立新泰市大东庄乡。1994年，大东庄乡改为大东庄镇。1999年，辖31个行政村。2001年2月，天宝镇与大东庄镇合并为天宝镇。2017年2月，天宝镇整建制划归泰安高新区。2019年9月，天宝镇整建制划归泰安市徂汶景区。下辖50个行政村：天宝一村、天宝二村、天宝三村、天宝四村、天宝五村、天宝六村、夏疃村、苏家庄村、陈汶西村、杨汶西村、郭家庄村、北汶西村、南汶西村、高山崖村、黄道沟村、小东庄村、大西庄村、西朴里村、小西庄村、河西村、大东庄村、松棚村、大西峪村、小西峪村、东峪村、魏家沟村、黄花岭村、年家峪村、寨山前村、豪山前村、颜前村、颜后村、后寺村、庄庄村、赵庄村、前寺村、杨庄村、寨山东村、槐林村、城东村、下官庄村、东羊舍村、古城村、花拉湾村、涝洼村、西羊舍村、寇家庄村、时家庄村、上官庄村、彭家庄村。至2020年，建置区划未变。

**自然状况**　境内地势北高南低，阶梯状特征明显。北部是徂徕山地，中部是丘陵，南部是柴汶河平原。境内主要山脉有炮楼顶、乳山、松山、梁父山、贵人峰、独秀峰等，最高峰是炮楼顶，位于徂徕山东部，海拔732米；最低点位于西羊舍村，海拔110米。年平均降水量750毫米。土壤以棕壤土为主。山地面积65.5平方千米，丘陵面积37.9平方千米，平原面积54.6平方千米。可利用土地面积151.8平方千米，占全镇总面积的96.08%；农田面积57.5平方千米，占全镇总面积的36.39%；林地面积73.8平方千米，占全镇总面积的46.71%。

**人口民族**　2016年，全镇总户数2.39万户，总人口8.03万人，其中男性4.08万人、女性3.95万人；农业人口7.67万人（含镇直部门、单位），非农业人口0.36万人。汉族7.87万人，回族1600人。2018年，全镇总户数2.66万户，总人口8.21万人，其中男性4.86万人、女性3.35万人；农业户数2.65万户，农业人口7.93万人（含镇直部门、单位），非农业人口2837人。汉族8万人，回族2149人。2020年，全镇总户数2.76万户，总人口8.17万人，其中男性4.24万人、女性3.93万人，农业户数2.75万户，农业人口7.82万人（含镇直部门、单位），非农业人口3498人。汉族7.93万人，回族2422人。

## 经济状况

**农　业**　以种植小麦、玉米、有机蔬菜、苗木花卉为主。2016年，全镇耕地面积5746公顷，均为水浇地，乡镇农业总产值40亿元，其中农业21亿元、林业10亿元、牧业5亿元，农林牧渔服务业产值4亿元；农民合作社117个，种植大户4户，土地流转面积1026公顷。2018年，全镇耕地面积5784公顷，均为水浇地，乡镇农业总产值48亿元，其中农业产值24亿元、林业产值11.5亿元、牧业产值7亿元，农林牧渔服务业产值5.5亿元；农民合作社146个，种植大户6户，土地流转面积1065公顷。2020年，全镇耕地面积6135.5公顷，均为水浇地，乡镇农业总产值55亿元，其中农业产值25.5亿元、林业产值13亿元、牧业产值9亿元，农林牧渔服务业产值7.5亿元；农民合作社180个，种植大户9户，土地流转面积1132公顷。

**工　业**　2016年，企业3家，从业人员163人，无规模以上工业企业；工业总产值768.25万元，实现利税89.83万元。2018年，企业3家，从业人员152人，无规模以上工业企业；工业总产值997.72万元，实现利税107.16万元，其中利润13.93万元。2020年，企业3家，从业人员159人，无规模以上工业企业；工业总产值1568.09万元，实现利税67.85万元，其中利润17.69万元。

## 财政税收

**财　政**　2016年，一般公共预算收入3584.10万元，一般公共预算支出3584.10万元。2018年，一般公共预算收入4046万元，一般公共预算支出4046万元。2020年，一般公共预算收入3510万元，一般公共预算支出3510万元。

**税　收**　2016年，税收收入401.22万元。2018年，税收收入305万元。2020年，登记各类纳税人10户，年纳税额在10万元以上的企业6户；各项税收收入361万元，其中增值税295.49万元。重点税源为保险行业。

## 社会事业

**教　育**　2016年，幼儿园19所，专任教师98人，在园幼儿1836人；小学10所，专任教师151人，在校学生2828人；普通初中2所，专任教师169人，在校学生2278人；县级以上规范化中小学12所，其中市级规范化学校12所。2018年，幼儿园18所，专任教师96人，在园幼儿1814人；小学10所，专任教师185人，在校学生2826人；普通初中2所，专任教师189人，在校学生2935人；县级以上规范化中小学12所，其中市级规范化学校12所。2020年，幼儿园20所，专任教师105人，在园幼儿1645人；小学10所，专任教师165人，在校学生2584人；普通初中2所，专任教师206人，在校学生2572人；县级以上规范化中小学12所，其中市级规范化学校12所。

**文　化**　2016年，综合文化站1个，村级文化活动中心42个，各类文化专业户12户；各类图书室65个，藏书3.5万册，音乐、美术、书法、摄影及文学业余创作人员10人；农家书屋50个，农村文化大院42个，文体广场43个，文艺宣传（表演）队17个。2020年，综合文化站1个，村级文化活动中心50个，各类文化专业户17户；各类图书室63个，藏书3.8万册，音乐、美术、书法、摄影及文学业余创作人员18人；农家书屋50个，农村文化大院50个，文体广场63个，文艺宣传（表演）队16个。县级以上文物保护单位13处，其中省级3处（光化寺、新泰羊氏墓地、徂徕山摩崖石刻），市级10处（庄庄周氏祠堂、柳下惠墓、郭家庄关帝庙石刻、城东扬水站、羊祜城遗址、时氏墓地、黄花岭古墓群、年家峪古樱桃种植园、隐仙观、寨山前石刻）。县级以上非物质文化遗产5项，其中县级5项（柳下惠传说、诸葛亮和梁父吟传说、天宝烧饼卷、付氏根雕、徂徕传拓）。

**卫　生**　2016年，医疗卫生机构48家、床位40张，其中镇卫生院1家、村卫生室47家；卫生技术人员91名，其中执业医师25名、执业助理医师6名。2018年，医疗卫生机构48家、床位40张，其中镇卫生院1家、村卫生室47家；卫生技术人员79名，其中执业医师19名、执业助理医师4名。2020年，医疗卫生机构48家、床位40张，其中镇卫生院1家、村卫生室47家；卫生技术人员66名，其中执业医师17名、执业助理医师4名。

## 社会保障

**医疗保险**　2016年，居民基本医疗保险参保人数6.6万人。2018年，居民基本医疗保险参保人数6.4万人。2020年，居民基本医疗保险参保人数6.3万人。

**养老保险**　2016年，居民基本养老保险参保人数5.5万人。2018年，居民基本养老保险参保人数5.3人。2020年，居民基本养老保险参保人数5.2万人。

**低保救助**　2016年，城镇最低生活保障户数14户、20人；农村最低生活保障户数1290户、1548人，发放最低生活保障金28.49万元；敬老院1家，床位150张，入住特困老人15人。2018年，城镇最低生活保障户数14户、20人，发放救助金6579.66元；农村最低生活保障户数468户、543人，发放最低生活保障金23.42万元；敬老院1家，床位150张，入住老人12人。2020年城镇最低生活保障户数14户、19人，发放救助金9959.8元；农村最低生活保障户数445户、572人，发放最低生活保障金23.64万元；敬老院1家，床位150张，入住老人10人。

## 名胜古迹

**山东省委旧址暨八路军山东抗日游击第四支队司令部旧址（光化寺）** 省级文物保护单位。光化寺初建于隋代，依山傍水，坐落于山之坳区，周围群山起伏，似群龙舞动，被称为宝地。徂徕山抗日武装起义誓师后，中共山东省委和八路军山东人民抗日游击队第四支队司令部就设立在这里，四支队也在此与新泰、莱芜等地参加起义的队伍会师，这使光化寺成为当时山东省委独立领导全省抗日武装起义的中心，是中共在山东省的重要纪念地之一。

**羊氏墓地** 省级文物保护单位。位于天宝镇颜前村东350米，已经出土的墓地，分布在南北300米左右，东西（两石羊之间）300米左右的空间里。1964年，墓地出土了《魏镇军将军兖州刺史羊祉墓志铭》和《魏镇军将军兖州刺史羊使君夫人崔氏墓志铭》，1973年出土了《羊令君妻崔夫人墓志铭》。2012年，又在墓地东南部出土隋唐以前、晋代以后的墓葬3座，但没有文物面世。

**徂徕山摩崖石刻** 省级文物保护单位。般若经石刻位于光化寺南百余米处，为北齐石刻，长2.5米，宽2米，共89个字。石刻八分书，文多剥蚀，仅存“曰空有无”十余字，隐隐可辨。后书“冠军将军、梁父县令王子椿”等字。东侧书“武平元年，中正胡宾”。据考证，全国此类石刻共4处，其中包括泰山经石峪、邹县四山摩崖石刻等。由新泰市文化局建石亭保护。

**隐仙观** 市级文物保护单位。位于礤石峪西北1千米。东西两侧溪水潺潺，前沿山涧，后倚断崖，松摩飞檐，云挂兽背。游人入观，有乱石可渡，有断桥可通。据清《泰安县志》记载，隐仙观为明万历年间道士于蚖虚所创建，于蚖虚为汶上人，年八十羽化，又称蝉蜕真人，隐仙之名由此而来，故名“隐仙观”。整个古建筑群除玉皇阁、月门和隔尘桥保存完好外，其他都已经颓塌，部分建筑为礤石峪林区重修，多数建筑尚能看到基址。

**柳下惠墓** 市级文物保护单位。该墓又称和圣墓，位于柴汶河北岸天宝镇郭家庄。墓呈方形，占地400平方米，四周石基高3米。春秋时代古墓葬。和圣墓历代多有有识之士修葺之举，1992年，台湾“中国统一联盟”主席毛铸伦捐资将“和圣墓”修葺一新。建有石坊1座、石碑亭2座。与和圣墓隔柴汶河相望，有和圣故里，柳下祠堂遗址、柳下书堂碑刻。

**时珍墓** 市级文物保护单位。位于新泰市天宝镇时家庄时氏祖茔地，北靠时家庄村，南邻柴汶河。元代墓葬。至1973年，时珍墓封土仍高2～3米，墓前有石牌坊和龟趺螭首碑多座。神道

2020年8月，徂徕山摩崖刻经　　（杨　倩　摄）

两旁，列有石人、石羊、石虎、石马。墓区内石坊神道碑巍峨，林木深秀，古柏蔚然。“文化大革命”后期，墓区被夷为平地。墓碑幸存，高2.63米，宽1.08米，方形抹角，龟趺座，篆额：“泰定军节度使左副元帅时侯神道碑”，为元皇庆二年（1313）立，碑文阴刻隶书。

**寨山前石刻** 市级文物保护单位。位于徂徕之阳寨山之上（新泰市天宝镇寨山前村西北500米处）。镌刻于北宋熙宁元年（1068）。石高约1米，宽约2米，阴刻楷书5行36字，该刻石为研究徂徕山东南麓同时期乡约、结社等民间社会组织提供了实物资料。

**黄花岭春秋古墓** 市级文物保护单位。黄花岭村南曾出土古墓，内有铜剑等文物，保存在泰安博物馆。1955年，在女智崮前的黄花岭村南的“土场”，村民取土时发现一批青铜器和陶器。泰安市博物馆共收集铭文青铜器2件，其中盨1件，爵1件；无铭文青铜器16件，其中鼎1件、盘1件、匜1件、钅和1件、车饰2件、马衔2件、串珠1组、矛1件、剑1件、戈5件。经鉴定，这些文物的年代上自商末周初，下至战国。因为破坏严重，考古人员没有进行深入发掘，根据村民回忆出土时伴有人骨，推断为春秋古墓。

## 土特名产

**天宝樱桃** 明朝时期被列入贡品，因其独特的品种和生长条件，号称“江北鲜果第一枝”。自20世纪90年代开始引进大樱桃，年家峪樱桃沟培植了正宗中华樱桃，引进了矮化樱桃龙冠、乌克兰大樱桃、艳红等十多个系列。1998年被农业部农业特产委员会命名为“中国樱桃第一镇”，2016年3月荣获农业部地理标志认证，2018年获评泰安市首届农产品区域公用品牌，2019年4月获国家林业局非木质林产品森林认证证书。

**梁父山板栗** 色泽深红，口味纯正，营养丰富，有“泰山甜栗”之称。2020年，全镇板栗种植总面积1000公顷，年产量150万千克，被称为“鲁中板栗”之乡，出口日本、韩国、新加坡等国家或地区。

**天宝茗海青茶** 属茶中珍品，香气浓、叶片厚、无污染、营养丰富，被誉为“江北第一茶”，被山东省农业厅认定为“无公害产品”。2020年，全镇茶叶种植面积670公顷，年产茶叶10万千克。

## 古今名人

**羊　祉（458—516）** 字灵佑，泰山梁父（据《羊祉墓志铭》，即今属新泰）人，北魏名臣。他是晋初护国大将军羊琇（羊祜从弟）七世孙，其父羊规之，曾任南齐任城（今济宁）令，后仕于北朝。羊祉在父卒后，袭爵钜平子，曾任辅国长史、梁州军司等职，后为梁、秦二州刺史。羊祉的重要功绩是重开褒斜道。

**羊　深（？—535）** 字文渊，北魏泰山梁父（今天宝镇）人。他是梁州刺史羊祉的第二子。羊深在弱冠之年便开始其仕途生涯，一直担任武职。在孝庄帝建义元年（528年）八月，羊侃据郡南叛，羊深作为徐兖行台，毅然杀掉羊侃的使者，上表请罪，因此被迁升为散骑常侍、右光禄大夫、侍中，并被封为新泰县男。出帝即位后，他被拜为中书令、左光禄大夫，并出任御史中尉、东道军司。永熙三年，孝武帝元修为权臣高欢所迫，西奔关中。在这关键时刻，羊深招引“三齐之民”，在泰山郡结垒扎寨，对抗高欢的统治。天平二年，在博县商王屯的大战中，羊深战败身亡，他的英勇和忠诚赢得了后世的高度评价。

**羊　侃（495—548）** 字祖忻，羊续9世孙，其父羊祉为北魏名臣。自幼喜好文史，博涉史籍，尤好《左氏春秋》及孙吴兵法，20岁即随父在梁州立功，被授尚书令。梁武帝大通三年（公元529年），羊侃率军到达梁朝首都建康，被授使持节散骑常侍，都督瑕邱征讨诸军事、安北

将军、徐州刺史。太清二年（公元548年），羊侃复任都官尚书。8月，侯景反叛，攻陷历阳，直逼京师建康。京师全赖羊侃指挥军旅，与敌对抗。两军旷日相持，侯景派遣仪同傅士哲与羊侃谈判。羊侃义正词严，说得傅士哲无言以对，由于羊侃奋力坚守，叛军始终未能攻陷建康。是年12月，羊侃积劳成疾，病逝城中，终年54岁。梁帝追赠他为侍中、护军将军。羊侃不仅是一位著名武将，而且极有文采，精通音律。

**时　珍（1182—1252）**　字国宝，新泰市天宝镇时家庄人，是元初才能卓异的名将。时珍生活的时代，适逢金国衰败，蒙元兴起的大动乱时期。由于蒙古屡屡入侵，金廷仓皇南迁，山东陷入一片混乱。时珍把家乡一带的青壮年组织起来，踞守天宝寨，维持一方治安。蒙古成吉思汗二十年（1225），元兵南下。蒙古大将严实镇守在东平州，时珍率领部众归附严实，被授予昭勇大将军、泰定军节度使、兖州营内观察使、元帅左监军。这一年，时珍率领部队参与对红袄军李全的战争，攻下益都，被授予镇国上将军、右副元帅，镇守兖州。窝阔台五年（1233）改封左副元帅，陇西郡开国侯，食邑千户。窝阔台十年（1238），54岁的时珍致仕还乡。

**孙圣常（1910—1982）**　天宝镇黄花岭村人。1947年加入中国共产党。黄花岭村第一任党支部书记。1949年，黄花岭乡党总支书记兼乡长。1952年，他组织林业生产合作社，造林33.33公顷、育林8万株、收割山草180吨。1956年，当选为山东省人大代表。1958年，参加全国农业社会主义建设先进单位代表会议。1959年，任天宝公社副社长。曾组织400多名社员，利用春季和雨季开展植树造林，造林333.33公顷，种植果树20公顷。1978年退休，1982年病逝。

**时亨起（1920—2013）**　天宝镇时家庄村人。1945年7月参加工作，1948年12月加入中国共产党。曾任宁波市人委副市长兼计委主任，1979年5月任宁波市革委会副主任，1982年3月任宁波市副市长。1983年12月离休。2013年3月14日，在宁波市逝世。

**武学法（1951—2011）**　天宝镇天宝六村人，1969年应征入伍，1973年加入中国共产党，曾任中国人民解放军87048部队部队长（师级）。2000年转业到广东省轻工业品进出口集团公司（副厅级单位）任总经理、党委书记、董事长。2011年去世。

**刘锡祥**　1937年2月出生，天宝镇黄道沟村人。1958年9月参加工作，1959年6月加入中国共产党。曾任临沂市人大常委会副主任、党组成员，第七届山东省政协委员。

## 典型选介

**山东省级文明镇——天宝镇**　天宝镇坐落于被誉为“五岳独尊”“天下第一山”的泰山脚下，北倚国家森林公园徂徕山，南邻黄河支流柴汶河，北部山区风光秀丽，南部平原土质肥沃，素有“小泰山”“汶阳田”和“物华天宝，人杰地灵”之称，是中国樱桃第一镇、国家地理标志产品保护地、好客山东最美村镇、山东省旅游下乡示范镇、泰安市历史文化名镇。2019年，被山东省精神文明建设委员会评为山东省级文明镇。

**山东省森林村居——年家峪村**　年家峪村地处徂徕山前，该村三面环山，层峦叠嶂，植被茂盛，水源丰富，以樱桃、核桃、板栗种植为主。年家峪村地处徂徕山国家森林公园，是国家AAA级旅游风景区，樱桃成熟时节适值暮春，游人如织，品赏樱桃，放情山水，别有一番风情。先后获“山东省荒山绿化先进单位”“中国特色村”“产业发展跨越奖”“泰安市党风廉政建设先进单位”等荣誉。2018年12月，被山东省自然资源厅评为山东省森林村居。

**新时代泰山“挑山工”先进集体——前寺村**　前寺村以紧抓“红”色主线为发展理念，统筹谋划，大干苦干，创新思路，深挖红色文化，融入红色资源，聘请专家量身定做，打造红色乡村旅游模式。多方筹集资金500万元建设天宝镇党史馆，打造红色教育基地，新建廉政广场、党建广场和中国精神广场，与原有的文化广场“四场”合一，开设拓展训练，实行“党史馆+教育广场+拓展基地+配套服务”发展思路。先后获得省级绿化示范村、省级卫生村、泰安市五星级党支部等荣誉称号。2020年6月，被中共泰安市委评为新时代泰山“挑山工”先进集体。

**新时代泰山“挑山工”先进集体——天宝一村** 天宝一村着力民族团结进步工作，不断强化民族团结意识，在村两委班子的带领下，紧抓党风廉政建设，提升过硬党支部素质。投资20万元建成一处占地1440平方米的集贸市场钢结构大棚，不断强化产业发展。深化农村“七改、五化”工程。投入资金60余万元完成全村路面硬化，完成改厕400余套，栽种乔灌木200余株，安装路灯50余盏，绘制特色文化版面100余幅，修建1200平方米的篮球场地、健身场地1400平方米、休息长廊2处，安装建设器材15件。

## 镇党政主要负责人

**党委书记** 毛松竹（2011.11—2016.12）
郭吉永（2016.12— ）

**镇　　长** 王怀起（2014.2—2016.12）
陈爱鹏（2017.1— ）

（崔惠茹）

# 化马湾乡

## 地理环境

**位置面积** 化马湾乡位于泰安市徂汶景区东部，徂徕山东北麓。北与角峪镇毗邻，南与天宝镇接壤，东与新泰市羊流镇相接，西与徂徕镇相连。南北纵距12.76千米，东西横距13.65千米，总面积109平方千米。境内辖4个管理区，31个行政村。乡政府驻北崖村，距泰安市人民政府33.1千米。

**建置区划** 化马湾名称由来，有两种版本。其一，泥马渡康王的传说。春秋战国时期康王被官家追杀，骑着泥马逃难，康王怜惜泥马，在化马湾一池塘内饮马，泥马化而为泥，留下化马湾。其二，化马湾是古代南北通道的大枢纽，明清是“九州通衢”的御道，明清设驿站于化马湾，在此换马。化马湾村西有大水湾，故称换马湾，后演化为化马湾。政府在此地辟驿站，来往差役在此定点换马，“换”与“化”谐音，后演化为化马湾。化马湾乡境内，秦始皇元年（前221），秦扫六合、统一中国，废分封，立郡县，为济北郡属地。汉高祖元年（前206）项羽封故齐王田安为济北王，建都博阳。汉高祖六年（前201）封齐王刘肥为齐王，分济北郡东南地置博阳郡，治旧县。元狩元年（前122）汉武帝析置泰山郡，治旧县。元封元年（前110）析嬴、博置奉高，置博县。北魏时期，博县改为博平县，泰山郡治由奉高迁至博平。北齐时期，博平复改为博县，泰山郡废，设东平郡，郡治设在博县。隋开皇十六年（596）博县改为汶阳县，后又改为博城县。唐乾封元年（666），唐高宗封禅泰山后，将博城县改为乾封县。唐总章元年（668），乾封县复改为博城县。唐神龙元年（705），博城县又改为乾封县。化马湾随之。宋开宝五年（972），宋太祖赵匡胤下诏将乾封县迁往岱岳镇（今泰安城）。化马湾隶岱岳镇。自宋至清泰安虽经多次变化，化马湾一直属于泰安。1941年1月，泰北行署成立后，泰安县重新划分为9个区，设置角峪区，化马湾属角峪区。1950年8月至1954年5月，地名区改为数字区，角峪区改为第七区，化马湾隶属七区。1985年调整区划时，调整为化马湾乡，辖化马湾、北崖、东掌、想家峪、洪河、石湾、周家庄、殷家林、土山河、枣杭、董家庄、南韩、水峪、牛山、新店、茌家庄、洼里、西庄、双泉、双河、草茨、洪山、彩山、王家庄、贾家庄、沙沟、刘家沟、河东、肖家庄、长安、城前31个行政村，属泰安市郊区。2000年4月郊区更名为岱岳区，化马湾乡属岱岳区管理。2017年2月管理权属变更，化马湾乡划归泰安高新区管理。2019年9月再次发生管理权属变更，化马湾乡划归泰安市徂徕山汶河风景名胜区管理。

**自然状况**　境内地势南高北低，南部为徂徕山麓，东部、北部、西部为丘陵，中部为平原。土壤类型有棕壤、褐壤、砂黏土。以徂徕山为源头的淘河干流，由东南向西北贯穿化马湾乡境，至贾庄村出化马湾境。境内最高峰为太平顶，海拔1028米，最低为贾庄村东淘河床底，海拔145米。年平均降水720毫米。矿藏主要有石灰石、石英石、铁矿石、花岗石、黄金、砂等。周家庄金矿属国家后备资源，南北长10千米，东西宽3千米。花岗岩分布在乡南部，东西长达5千米，南北宽约3千米，石灰岩遍布淘河以北。

2022年9月，化马湾乡政府　　（韩　旭　摄）

**人口民族**　2016年，常住总户数1.14万户，常住总人口3.79万人，其中男性1.92万人、女性1.87万人。2018年，常住总户数1.15万户，常住总人口3.78万人，其中男性1.91万人、女性1.87万人。2020年，常住总户数1.06万户，常住总人口2.65万人，其中男性1.32万人、女性1.33万人。有汉族和回族，回民人数181人，主要分布在新店村、化马湾村、南韩村。

## 经济状况

**农　业**　农业以种植业为主。2016年，全乡耕地面积2932公顷，均为水浇地，乡镇农业总产值1.76亿元，其中农业产值7000万元、林业产值9012万元、牧业产值600万元、渔业产值564万元，农林牧渔服务业产值415万元，增加值400万元；2020年，全乡耕地面积2793.8公顷，农业总产值2.03亿元，其中农业产值8300万元、林业产值1.02亿元、牧业产值1000万元、渔业产值310万元、农林牧渔服务业产值500万元，增加值810万元。农民专业合作社18个，农民合作社成员75人，家庭农场10个。

**工　业**　2016年，企业15家，从业人员240人，其中工业企业8家、规模以上工业企业3家；工业总产值4.6亿元，实现利税7000万元，其中利润2300万元；规模以上工业企业实现主营业，实现利税1700万元。2018年，企业15家，从业人员256人，其中工业企业8家、规模以上工业企业3家；工业总产值5.2亿元，实现利税7800万元，其中利润5200万元；规模以上工业企业实现主营业收入实现利润753万元。2020年，引进落地项目3个，招商引资到位资金1亿元，工业企业9家，规模以上工业企业3家；工业总产值4.9亿元，实现利税7300万元，其中利润4700万元；规模以上工业企业实现主营业收入2000万元，实现利润1000万元。

## 财政税收

**财　政**　2016年，一般公共预算收入1824.45万元，一般公共预算支出1824.45万元。2018年，一般公共预算收入4010万元，一般公共预算支出4010万元。2020年，一般公共预算收入1657万元，一般公共预算支出1657万元。

**税　收**　2016年，登记各类纳税人1120户，年纳税额在10万元以上的企业9户；各项税收收入1512.5万元，其中增值税1484万元。2018年，登记各类纳税人1427户，年纳税额在10万元以上的企业11户；各项税收收入1862.5万元，其中增值税1484万元。2020年，登记各类纳税人1916户，年纳税额在10万元以上的企业18户；各项税收收入3224万元，其中增值税2453万元。重点税源为纺织、建筑建材、木材加工行业。

## 社会事业

**教　育**　2016年，幼儿园12所，专任教师49人，在园幼儿487人；小学5所，专任教师74人，在校学生967人；普通初中1所，专任教师92人，在校学生1205人；县级以上规范化中小学6所，其中市级规范化学校6所。2020年，幼儿园10所，专任教师42人，在园幼儿639人；小学8所，专任教师107人，在校学生965人；普通初中1所，专任教师72人，在校学生780人。

**文　化**　2016年，综合文化站1个，村级文化活动中心31个，各类文化专业户520户；各类图书室32个，藏书10余万册，音乐、美术、书法、摄影及文学业余创作人员560人；农家书屋31个，农村文化大院31个，文体广场100个，文艺宣传（表演）队32个。2020年，乡综合文化站1个，村级文化活动中心31个，各类文化专业户520户；音乐、美术、书法、摄影及文学业余创作人员达600人。县级以上文物保护单位2处，其中市级1处（燕语城遗址），县级1处（牛角山侵华日军炮楼旧址）。县级及以上非物质文化遗产1项，其中市级1项（高氏烘炉）。

**卫　生**　2016年，医疗卫生机构32家、床位40张，其中乡卫生院1所、村卫生室28家；卫生技术人员123名，其中执业医师7名、执业助理医师16名。2020年，医疗卫生机构32家、床位50张，其中乡卫生院1所、村卫生室31家；卫生技术人员116名，其中执业医师8名、执业助理医师16名。

## 社会保障

**医疗保险**　2016年，居民基本医疗保险参保人数2.79万人。2020年，居民基本医疗保险参保人数为2.76万人。

**养老保险**　2016年，居民参加基本养老保险1.89万人。2020年，居民参加基本养老保险2.11万人。

**低保救助**　2016年，城镇最低生活保障户数7户、7人，发放最低生活保障金3.1万元；农村最低生活保障户数218户、244人，发放最低生活保障金137.79万元；敬老院1家，床位30张，收养农村“五保”老人25人。2020年，城镇最低生活保障户数6户、6人，发放最低生活保障金2.65万元；农村最低生活保障户数347户、451人，发放最低生活保障金140.62万元；敬老院1家，床位35张，收养农村“五保”老人10人。

## 名胜古迹

**燕语城遗址**　市级文物保护单位。又称为“古城”“怨女城”，位于徂徕山东北麓化马湾

乡城前村北。为商周至汉代遗址，因城里有不少人能说几句“燕语”，故称此城堡为“燕语城”。燕语城遗址，南面靠近彩山水库，北靠泰新公路。东300米处为城子河，东南依徂徕山东北麓山丘，西北500米有源出徂徕山的沙沟河，自南向北流入牟汶河。遗址为高出地面约10米的土层高台地，大致为长方形，南北长约300米、东西宽约240米，遗址面积7.2公顷，文化层堆积厚4.5米。遗址区现残存有5个高土台。地面遗物有汉代的布纹瓦、陶豆、盆、罐的残口沿、饰粗绳纹的直口大瓮、小筒瓦、青釉残豆柄、太阳纹砖等。土台剖面还能看到灰坑、红烧土遗迹。遗址东侧剖面上可见到夯土层，每层10厘米，内含少量灰陶片。

**牛角山侵华日军炮楼旧址** 市级文物保护单位。1939年前后，侵华日军驻扎望饭岭，镇压剥削当地人民，日军与汉奸队强征当地劳苦人民在周围制高点牛角山山顶修建炮楼，在山脊东西两侧修建了壕沟。山顶炮楼为土石结构，平面呈圆形，上下两层，直径约6米，占地面积约36平方米。炮楼顶层可以瞭望四周及山下，配有小窗式射击孔。壕沟修建为东西走向，东起牛山村南楼，西至南韩村界，两侧壕沟为石块结构，长约400米，高约1.2米。泰安地区解放后炮楼被损毁拆除，壕沟虽损毁但还存有旧址残样。

**龙湾地质公园** 位于化马湾乡的南部山区，面积110平方千米，属国家AAA级旅游景区。是一处典型地层剖面，花岗岩地貌形态为背景，以徂徕山区独特的自然风光、民俗文化为底蕴的风景区。徂徕山特有的气候和优越的地理养育了众多的动植物资源。以鸟类最为突出，共有99种。园区内地质遗迹极为丰富，具有国内外著名的太古宙绿岩带—泰山岩群柳杭组层型剖面；有新太古代阜平期蒙山单元片麻状英云闪长岩、片麻奥长花岗岩等TTG岩系；五台期峄山单元二长花岗岩类等。

## 土特名产

**化马湾藕** 藕的品种一般有两种，即七孔藕与九孔藕，而在化马湾村西藕湾里的藕为十一孔，因“泥马渡康王”传说中康王历经11难而得。该品种质地优良，根茎粗壮，肉质细嫩，鲜脆甘甜，洁白无瑕，有肉无渣，受人们所喜爱。2020年，化马湾乡藕种植面积20公顷。

**泰山仙子女儿茶** 是北方茶叶的代表。产于北崖山岭之阳，这里光照充足，水汽浓厚，空气清新，非常适合叶类生长。泰山仙子女儿茶经过精细加工后，色泽清亮，形状美观，味道醇厚，耐冲泡。依托千润田园综合体种植茶叶6.67公顷建成智慧茶园，配套建设了600平方米的标准化加工车间，配备了标准化的红茶和绿茶加工设备，取得了食品生产许可，所生产的谷雨绿茶和夏至红茶取得了国家绿色认证，红茶及绿茶年生产量在2000斤左右，年产效益100余万元。

**黄鲴鱼** 又名黄姑鱼。属于稀有鱼种，肉鲜嫩清香，产于化马湾乡境内的彩山水库。体形长而侧扁，腹部圆，在肛门前有一不明显的腹棱，头呈圆锥形，颇小。吻圆钝，口下位，成一横裂，下颌有较发达的软骨质的薄边缘，眼位于头侧近吻端。体长20厘米左右，一般每尾体重300克。2020年产量达9500千克。

**板　栗** 化马湾板栗肉质金黄而饱满，细腻而不黏，香甜而少糖。化马湾板栗作为泰山板栗的重要组成部分，以其色泽光鲜、品质独特、质量上乘，取得客商的一致赞誉。2020年，化马湾板栗种植面积350公顷，产量53.6万千克，产值397.8万元。

## 古今名人

**吴凤林（1854—1905）** 又名吴文林。化马湾乡洪山村（原劝礼村）人，大约清末光绪三年（1877）中举。吴凤林是吴氏家族十二世孙。吴凤林7岁受启蒙教育，16岁为童生，19岁为秀才，23岁秋闱中举。中举后，吴凤林在泰安府为官，后来提为山西巡抚，因病未上任，不久病故，终年51岁。

**张乐岭（1942—2011）** 化马湾乡王家庄村人。1972年1月加入中国共产党。1961年7月进入山东大学政治系学习，毕业后留校任教。1980年8月起，先后担任山东大学党委宣传部副部长、部长，山东大学党委副书记兼宣传部部长，山东大学副校长、党委副书记，山东大学常务副校长、山东大学党委书记等职。1989年和1996年，先后两次被评为全国优秀党务工作者，受到中共中央组织部表彰、奖励。1998年，当选为第九届全国人民代表大会代表、中国共产党山东省第七次代表大会代表。2002年3月起，担任第八届山东省政协常委。2011年去世。

**胡化泉** 1939年9月出生，化马湾乡双泉村人。1957年4月参加工作，1960年8月加入中国共产党。1957年4月至1958年12月，泰安县角峪公社双泉村民办教师。1958年12月至1963年5月，任596团一营一连观察员、统计员、后勤处粮秣助理员。1963年5月至1970年3月，任泰安县角峪公社双泉大队大队长、党支部书记、角峪公社武装部干事。1970年3月至1971年4月，任泰安县夏张公社党委副书记、武装部部长。1971年4月至1981年1月，任泰安县委常委、政治部副主任、生产指挥部副指挥、宣传部长。1981年1月至1986年7月，任泰安县（市）委常委、县（市）政府副县（市）长。1986年7月至1992年11月，任泰安市泰山区区委副书记、区政府代区长、区政府区长、区委书记。1992年11月至1998年3月，任泰安市人民政府市长助理、党组成员、泰安市人大常委会副主任、党组副书记。市十三届人大代表。

**刘方惠** 1947年9月27日生，化马湾乡北崖村人，1971年1月10日加入中国共产党，1974年在山东省教育局工作，历任山东省职教处副处长、处长、山东省党办综合组副组长、职教处机关党委书记、山东省广播电视大学副校长（副厅级），1999年8月退休。

## 典型选介

**山东省脱贫攻坚先进集体——化马湾乡** 化马湾乡历史悠久，境内燕语城昭示，早在5000年前此地就是东夷人的祖居地。明清时为九州通衢，为北上京都，南下苏杭的交通要道。迁客骚人咸至，商贾达人俱往，既是一方文化经济中心，也是兵家必争之地，既是古代鏖战曾经发生之地，又有众多红色教育资源。先后荣获山东省文明单位、山东省脱贫攻坚先进集体等称号。2019年2月被山东省精神文明建设委员会授予“山东省文明单位”称号，2021年6月被中共山东省委、山东省人民政府授予“山东省脱贫攻坚先进集体”称号。

**山东省社会科学普及示范村——土山河村** 土山河村以开展“五星级文明户”“五好家庭”“好媳妇”“好婆婆”“美丽庭院”示范户等特色活动为抓手，不断塑造良好村风民风。投资40万元建设美丽一条街，开办党支部领办合作社，承包100公顷土地种植地瓜，积极开展村内信用体系建设，给志愿者、作出贡献的村民加分，鼓励群众投身乡村建设事业中。2020年11月，被山东省社会科学界联合会评为山东省社会科学普及示范村。

## 乡党政主要负责人

党委书记　刘　灏（2014.1—2018.9）
　　　　　张延龙（2018.9—2020.2）
　　　　　孔祥国（2020.2—　）
乡　　长　王　勇（2014.1—2018.10）
　　　　　刘　淼（2018.10—2020.6）
　　　　　安增顺（2020.6—　）

（张洋洋）

泰安市

乡镇概览 |（2016—2020）

# 新泰市

新泰市清音大桥　（李增强　摄）

# 新泰市行政区划图

审图号：泰安SG(2020)003号

山东省地图院 编制 2020年8月

# 概　述

## 地理环境

**位置面积**　新泰地处泰山东麓，泰安市东南部，地理坐标为北纬35°37′～36°07′，东经117°16′～118°。东连临沂市蒙阴县、淄博市沂源县，西接泰安市岱岳区、徂徕山汶河风景名胜区、宁阳县，南邻临沂市平邑县、济宁市泗水县，北靠济南市莱芜区、钢城区。南北长54.7千米，东西长68.7千米，总面积1946平方千米（含天宝镇），占泰安市总面积的25.1%，实际管辖面积1787平方千米（不含天宝镇）。2016年，新泰市城市建成区面积43.6平方千米。2020年，新泰市城市建成区面积69.88平方千米。新泰市人民政府西北距离泰安市人民政府约64千米。京沪、泰新、董梁、新台高速公路穿越全境。公路通车里程3546.1千米，其中高速公路通车里程124.4千米。

**建置区划**　2016年，新泰市辖青云、新汶、新甫3个街道，翟镇、泉沟、羊流、果都、西张庄、天宝、宫里、谷里、楼德、禹村、石莱、放城、刘杜、小协、东都、汶南、龙廷17个镇和岳家庄1个乡。2017年3月，天宝镇划归泰安国家高新技术产业开发区代管。2019年10月，天宝镇划归泰安市徂徕山汶河风景名胜区管理委员会代管。2020年，新泰市辖乡镇（街道）20个、省级高新技术开发区1个、省级旅游度假区1个，行政村840个、社区40个。各乡镇（街道）中，汶南镇面积最大，189平方千米；小协镇面积最小，39平方千米。

**地形地貌**　境内地势北部高山凸起，东部、南部山岭绵延起伏，中部、西部为河洼平原，状若坐东向西的簸箕。海拔250米左右，最高点为北部莲花山主峰天台峰，海拔999米；最低点为西部楼德镇的赤板村，海拔110米。柴汶河自东向西横贯全境，把新泰市分为南、北山丘与中间平原三个部分。有大小山头396个，其中海拔250米以上的75个，北部山脉属泰山支脉，以莲花山为主体，东部、中部、南部山脉为蒙山余脉，中部以黄山为主体，南部以白马山为主体。

**气候特征**　属暖温带大陆性季风气候，四季分明，春季气候多变，干旱少雨，夏季炎热多雨，秋季多晴少雨，冬季寒冷干旱，多西北风。2016年，年平均气温13.6℃，最高气温42℃，最低气温-19.8℃，年平均降水量730.2毫米，无霜期198天。2020年，年平均气温13.6℃，最高气温38.4℃，最低气温-14℃，年平均降水量730.2毫米，无霜期198天，日照时数2427.3小时。

**土地资源**　境内土地总面积19.34万公顷，其中农用地14.6万公顷，有山地、丘陵、平原3种基本类型，其中山地面积占新泰市土地总面积15.8%，丘陵面积占新泰市土地总面积56.2%，平原面积占新泰市土地总面积28%。土壤以棕壤土壤、褐土土壤、砂姜黑土壤为主，其中棕壤土壤主要分布于徂徕山、莲花山、太平山等山体及周围的岩浆岩山丘，褐土土壤主要分布于石灰岩山丘区及其下部的近山阶地倾斜平地，砂姜黑土壤主要分布于羊流、果都、楼德等地的洪积扇之间洼地。

**矿产资源**　境内发现矿产28种，主要为金属矿产和非金属矿产。金属矿产主要有铁、铅、锌、铝等，其中铁矿以贫铁矿为主，储量约400万吨，主要分布在汶南镇、羊流镇、青云街道、龙廷镇、小协镇、刘杜镇等地。非金属矿产主要有煤炭、水泥用灰岩、建筑用灰岩、建筑用花岗岩、长石、黏土等，其中煤炭储量13.12亿吨，水泥用灰岩储量约5400万吨，建筑用灰岩储量1.07亿吨，建筑用花岗岩储量约744万立方米，陶瓷用长石储量约1445万吨。

**水资源** 2016—2020年，年平均降水量798.5毫米，其中汛期6—9月年均降水量602.5毫米，年平均水资源总量4.67亿立方米，其中地表水资源量4.45亿立方米，地下水资源量3.49亿立方米，地表水与地下水重复计算量为3.27亿立方米。境内有河流109条，总长843.24千米，其中流域面积大于10平方千米的30条，大于30平方千米的22条，大于50平方千米的15条，大于100平方千米的8条，大于1000平方千米的有柴汶河1条，全长84.22千米，横贯全境。有光明水库、东周水库（青云湖）、金斗水库、苇池水库、田村水库等大中小型水库179座，总库容3.542亿立方米；塘坝1678座，蓄水量4260万立方米。

**生物资源** 有维管植物116科、415属、780种（含48变种、4变型、4亚种），其中国家I级重点保护植物2种（银杏、水杉），国家Ⅱ级重点保护植物2种（野大豆、中华结缕草），中国特有植物6种，山东特有植物4种，列入《濒危野生动植物种国际贸易公约》植物3种，山东省稀有濒危植物16种。常见于林业生产的木本植物210余种（含变种），其中用材防护林树种40余种、经济树种30余种。野生陆生脊椎动物约194种，其中鸟类156种、两栖类6种、爬行类11种、兽类21种，其中国家重点保护动物9种（东方白鹳、黑鹳、白鹤、鸳鸯、灰鹤、猫头鹰、鹞鹰、红隼、赤腹鹰），省重点保护动物约30种。

**人口民族** **人口** 2016年，常住人口135.24万人，同比增长7.8‰，其中城镇人口80.93万人，同比增长43.9‰；农村人口54.31万人，同比下降41.5‰；出生2.39万人，人口出生率16.86‰；死亡5611人，死亡率3.95‰；人口自然增长率12.91‰。2018年，常住人口127.31万人（不含天宝镇），同比下降0.9‰，其中城镇人口82.84万人，同比增长14.7‰；农村人口44.47万人，同比下降28.6‰；出生2.47万人，人口出生率17.38‰；死亡9287人，死亡率6.21‰；人口自然增长率11.17‰。2020年，常住人口127.27万人（不含天宝镇），同比增长0.39‰，其中城镇人口75.67万人，同比下降56.96‰；农村人口51.60万人，同比增长57.35‰；出生1.33万人，人口出生率9.24‰；死亡1.36万人，死亡率9.4‰；人口自然增长率-0.16‰。

**民族** 2016年，有回族、藏族、苗族、彝族等25个少数民族，1.67万人，占总人口1.2%。2020年，少数民族25个，1.57万人，占总人口的1.1%，其中回族人数1.5万，占少数民族总人口的96%。

新泰市青云湖公园 （王成谟 摄 2023年提供）

少数民族人口较集中居住在新泰市的6个乡镇、16个村（社区），其中少数民族人口占全村人口50%以上的民族村（社区）10个，少数民族人口1000人以上的乡镇3个（禹村镇、放城镇、谷里镇），少数民族人口分布总体上呈大分散、小集中特点。

## 经济状况

2016年，生产总值423.2亿元，其中第一产业增加值（不含农林牧渔服务业）56.8亿元，第二产业增加值176.3亿元，第三产业增加值190.2亿元。2018年，生产总值465.9亿元，其中第一产业增加值（不含农林牧渔服务业）57.5亿元，第二产业增加值186.4亿元，第三产业增加值222亿元。2020年，生产总值522.1亿元，其中第一产业增加值（不含农林牧渔服务业）57.7亿元，第二产业增加值202.4亿元，第三产业增加值262亿元。

**农　业**　2016年，农业总产值110.61亿元，其中农业产值48.5亿元、林业产值2.13亿元、牧业产值54.67亿元、农林牧渔服务业产值5.09亿元，农林牧渔服务业增加值2.5亿元；农作物总播种面积11.9万公顷，其中粮食作物播种面积7.1万公顷、油料作物播种面积2.1万公顷、棉花播种面积226公顷、蔬菜及食用菌种植面积1.8万公顷；粮食总产量39.8万吨；农用机械总动力93.4万千瓦，农用拖拉机2.18万台；农用化肥（折纯）施用量3.1万吨。2018年，农业总产值113.99亿元，其中农业产值57.16亿元、林业产值2.72亿元、牧业产值45.76亿元、渔业产值0.23亿元、农林牧渔服务业产值8.12亿元，农林牧渔服务业增加值3.9亿元；农作物总播种面积9.1万公顷，其中粮食作物播种面积5.1万公顷、油料作物播种面积2.1万公顷、棉花播种面积134.7公顷、蔬菜及食用菌种植面积1.8万公顷；粮食总产量36.1万吨。2020年，农业总产值113.43亿元，其中农业产值60.95亿元、林业产值2.5亿元、牧业产值40.05亿元、渔业产值0.18亿元、农林牧渔服务业产值9.75亿元；农作物总播种面积9.4万公顷，其中粮食作物播种面积5.2万公顷、油料作物播种面积1.9万公顷、棉花播种面积232.2公顷、蔬菜及食用菌种植面积1.8万公顷；粮食总产量38.1万吨；植树造林面积1390公顷，其中经济林830公顷；农用机械总动力101.5万千瓦，农用拖拉机2.16万台；全年农用化肥（折纯）施用量3.2万吨；国家级农业产业融合发展示范园、省级田园综合体各2家；规模以上农业龙头企业218家，其中国家级2家、省级5家；农民专业合作社2261家，其中国家级示范社6家、省级示范社42家；家庭农场2302家；国家地理标志农产品、国家地理标志证明商标16件；新泰市被山东省农业农村厅确定为山东省农业“新六产”示范县。

**工　业**　2016年，工业增加值139.4亿元，利税过千万元企业149家。2018年，工业增加值140.6亿元，利税过千万元企业33家，规模以上工业产销率为98.9%。山东润德生物科技有限公司被工业和信息化部、中国工业经济联合会认定为第三批制造业单项冠军示范企业。2020年，规模以上工业企业221家，规模以上工业产销率为99%，主营业务收入451.8亿元，营业收入过亿元企业75家、过10亿元企业6家，利润过千万元企业38家。新建正大新能源产业园、华能光纤光棒、同益中高强高模聚乙烯纤维等项目，建成煤电一体化、输变电设备、汽车制造、起重机械、新型包材、生物医药、光电科技等特色优势产业集群，拥有金斗山、润德生物、春潮等中国驰名商标27件、马德里国际注册商标15件，获评“山东名牌产品”企业32家、泰安工业领军50强8家。

**建筑业**　2016年，三级及以上（新资质）建筑企业72家，其中一级资质企业4家；实现总产值90.8亿元，其中国有及国有控股企业实现总产值12.5亿元。2018年，三级及以上（新资质）建筑企业66家，实现总产值56.7亿元。2020年，三级及以上（新资质）建筑企业66家，实现总产值

51.2亿元，其中国有及国有控股企业实现总产值24.4亿元。

**商贸服务业** 2016年，社会消费品零售总额315.5亿元，比上年增长7.9%。城乡集贸市场117个，其中消费品综合市场103个、农副产品专业市场8个、工业品消费市场2个、工业生产资料市场4个；个体工商户6.16万户，从业人员13.34万人，注册资金35.1亿元；对外贸易实现进出口总值15.76亿元，其中出口12.65亿元、进口3.11亿元；服务业实现增加值360.7亿元，按可比价计算，同比增长9.9%；实现税收收入20.1亿元，占全部税收的45.7%。2018年，社会消费品零售总额333.8亿元，比上年增长7.7%；个体工商户7.71万户，从业人员17.24万人，注册资金57.9亿元；对外贸易实现进出口17.01亿元，其中进口4.99亿元。2020年，社会消费品零售总额210.7亿元，其中限额以上社会消费品零售额16.8亿元、限额以下社会消费品零售额193.9亿元；城乡集贸市场117个，其中消费品综合市场103个、农副产品专业市场8个、工业品消费市场2个、工业生产资料市场4个；个体工商户9.27万户，从业人员20.84万人，注册资金99.3亿元。

**旅游业** 2016年，新泰市有自然景观130余处，人文景观200余处，国家A级旅游景区7家，其中国家AAAA级旅游景区1家、国家AAA级旅游景区3家、国家AA级旅游景区3家，省级工农业旅游示范点4个，旅游强乡镇4个，旅游特色村7个，山东省“好客人家”三星级及以上农家乐7家，接待游客576万人次，旅游总收入20.7亿元。2018年，国家A级旅游景区9家，接待游客796万人次，旅游总收入27.6亿元。2020年，国家A级旅游景区10家，接待游客769万人次，旅游总收入23.6亿元，被评为中国县域旅游品牌百强县。

## 财税金融

**财　政** 2016年，公共财政预算收入实现42.3亿元，增长1.22%；公共财政预算支出实现65.3亿元，增长0.1%。2018年，公共财政预算收入实现40.7亿元，增长0.1%；公共财政预算支出62.8亿元，下降2.9%。2020年，公共财政预算收入实现40.9亿元，增长0.6%；公共财政预算支出72.1亿元，增长0.7%。

**税　收** 2016年，税收收入44亿元，同比增长2.1%，其中国税收入15.3亿元、地税收入28.7亿元。2018年，税收收入46.9亿元，同比增长3.5%，其中国税收入23亿元、地税收入23.9亿元。2020年，税收收入39.4亿元。

2018年8月，新泰市嶅山映碧（新泰新八景之一）　　（武传勇　摄）

**金　融**　2016年，地方金融组织13家，银行业机构13家，保险业机构65家，小微贷款公司2家。金融机构各项存款余额本外币合计593亿元，比上年初增加86.8亿元，其中人民币各项存款余额590亿元、住户存款余额416.3亿元；金融机构各项贷款余额本外币合计381亿元，其中人民币各项贷款余额381亿元。2018年，地方金融组织14家，银行业机构13家，保险业机构84家，小微贷款公司2家。金融机构各项存款余额本外币合计687.8亿元，其中人民币各项存款余额685.4亿元、住户存款余额498亿元；金融机构各项贷款余额本外币合计410.1亿元，其中人民币各项贷款余额409.7亿元。2020年，金融机构66家，银行业机构14家，保险业机构64家，小微贷款公司2家。金融机构各项存款余额本外币合计835.4亿元，其中人民币各项存款余额832.2亿元、住户存款余额643.6亿元；金融机构各项贷款余额本外币合计506.1亿元，其中人民币各项贷款余额506.1亿元。

**保　险**　2016年，保险机构65家，实现保费收入16.8亿元。2018年，保险机构84家，实现保费收入22.8亿元。2020年，保险机构64家，实现保费收入21.2亿元。

## 社会事业

**科　技**　2016年，新泰市获县（市、区）级及以上科技进步奖58项，其中泰安市科技进步奖18项（一等奖1项、二等奖4项、三等奖13项）、新泰市科技进步奖40项；发明专利申请量439件，其中授权专利35件；高新技术产业产值实现276.85亿元，同比增长11.21%，占新泰市规模以上工业产值的20.71%，比上年提高0.42%。2018年，新泰市获县（市、区）级及以上科技进步奖42项，其中山东省科技进步奖二等奖1项、泰安市科技进步奖11项（一等奖3项、二等奖3项、三等奖5项）、新泰市科技进步奖30项；专利申请量428件，其中授权专利36件。2020年，新泰市获县（市、区）级及以上科技进步奖55项，其中山东省科技进步奖三等奖2项、泰安市科技进步奖17项（一等奖1项、二等奖6项、三等奖10项）、新泰市科技进步奖36项；授权专利64件；科技型中小企业、高新技术企业分别为62家、64家，高新技术产业产值占新泰市规模以上工业产值的42.32%。

**教　育**　2016年，各级各类学校（含幼儿园）458所，在校生19.58万人，其中幼儿园275所，在园幼儿3.62万人，教职工3641人，专任教师2635人；小学144所，在校学生7.36万人，教职工5532人，专任教师4990人；初中30所，在校学生6.03万人，教职工4291人，专任教师4175人；普通高中6所，在校学生2.43万人，教职工1858人，专任教师1636人；中等职业学校2所，在校学生1313人，教职工480人，专任教师287人；特殊教育学校1所，专任教师38人，在校学生90人。2020年，各级各类学校（含幼儿园）556所，在校生21.65万人，其中幼儿园374所，在园幼儿4.99万人，教职工4977人，专任教师3698人；小学138所，在校学生7.92万人，教职工5265人，专任教师5132人；初中31所，在校学生5.55万人，教职工4478人，专任教师4346人；普通高中9所，在校学生2.4万人，教职工2139人，专任教师2073人；中等职业学校3所，在校学生7680人，教职工568人，专任教师453人；特殊教育学校1所，专任教师40人，在校学生207人。

**文　化**　2016年，档案馆1个，剧场、影剧院12个，文化馆1个，公共图书馆1个；广播电台1个，节目2套，日播音时间36小时；电视台1座，转播节目35套；艺术表演场所2处；县级以上非物质文化遗产155项。2020年，新建城乡书房20家，数字影院9个；乡镇（街道）综合文化站及村文化大院、农家书屋、文体小广场实现全覆盖；开展数字电影进社区、“同创文明城”志愿服务演出、“百姓大舞台•欢乐乡村行”广场舞及才艺大赛等活动200多场次；建成毛泽东文献博物馆、新泰市历史文化展览馆、新泰科技馆、城市书房等文化设施；县级以上非物质文化遗产288项，其中国家级3项、省级7项、市级33项。

**卫　生**　2016年，各级各类医疗卫生机构980家、床位6535张，其中三级综合医院2家、三级中医院1家、二级医院5家、精神病医院1家、社区卫生服务中心2家、乡镇卫生院18家、村（社区）卫生室810家、社区卫生服务站21家、厂矿企事业卫生室38家、个体诊所53家、新矿集团医疗卫生机构11家、民营医院11家、疾病预防控制中心1家、专科疾病防治所3家、妇幼保健院2家、红十字会血站1家；卫生技术人员7157人，其中执业医师2262人、执业助理医师398人、注册护士3146人、药剂员342人，其他技术人员1009人。2020年，各级各类医疗卫生机构961家、床位6560张，其中医院26家、基层医疗卫生机构929家、专业公共卫生机构6家；卫生技术人员7951人，其中执业医师2456人、执业助理医师799人、注册护士3573人、药剂员369人。

**体　育**　2016年，体育场馆7座，新建公共健身场所18处；在国家级比赛中，获全国奖牌12枚，其中金牌2枚。2020年，体育场馆10座，新建公共健身场所45处；在国家级比赛中，获奖牌8枚，其中金牌4枚；在省级比赛中，获奖牌99枚，其中金牌27枚；举办全民健身活动23场次，参加人数2.9万人。

## 居民收入

2016年，居民人均可支配收入2.37万元，增长8.4%，其中城镇居民人均可支配收入3.11万元，增长7.6%；农村居民人均可支配收入1.44万元，增长8.2%。2018年，居民人均可支配收入2.8万元，增长8.4%，其中城镇居民人均可支配收入3.63万元，增长7.7%；农村居民人均可支配收入1.7万元，增长8.1%。2020年，居民人均可支配收入3.16万元，增长4.3%，其中城镇居民人均可支配收入4.01万元，增长3.2%；农村居民人均可支配收入1.96万元，增长5.6%。

## 社会保障

**医疗保险**　2016年，职工医保基金征缴3.7亿元，支付职工医疗保险费2.4亿元，涉及职工2.27万人；居民基本医疗保险参保人数109万人，征缴保费5.9亿元，支付保费5.9亿元。2020年，职工医保基金征缴3.9亿元，支付职工医疗保险费2.5亿元，涉及职工2.47万人；居民基本医疗保险参保人数101万人，征缴保费8.1亿元，支付保费7.5亿元。

**养老保险**　2016年，参加职工基本养老保险20.6万人，收缴保险费7.8亿元，发放养老金14.3亿元；参加居民基本养老保险75.2万人，收缴保险费1亿元，发放养老金2.36亿元。2020年，参加职工基本养老保险15.7万人，收缴保险费9.87亿元，发放养老金25.84亿元；参加居民基本养老保险65.7万人，收缴保险费4.57亿元，发放养老金3.5亿元。

**低保救助**　2016年，低保对象1.65万户（含新汶矿业集团）、2.61万人，发放保障金7280.9万元；各种社会福利收养单位（含敬老院）27家，床位4600张；社会福利企业19家，安置残疾职工456人。2018年，低保对象1.06万户（含新汶矿业集团）、1.75万人，发放保障金4873.1万元；社会救济总人数（含新汶矿业集团）3.36万人；各种社会福利收养单位（含敬老院）27家，床位3779张。2020年，低保对象1.26万户、2.1万人，发放保障金7093.35万元；各种社会福利收养单位（含敬老院）26家，床位4441张。

## 名胜古迹

2020年，名胜古迹主要有“新泰智人”化石出土遗址、周家庄东周墓群、师旷墓、徐琛墓等

不可移动文物315处，县级以上文物保护单位37处，其中省级18处、市级6处、县级13处；陈毅指挥所旧址、新泰革命烈士陵园等沂蒙革命老区红色革命遗址179处；新甫山风景区、和圣园、朝阳洞、寺山森林公园、羊祜公园、东周河滨河湿地公园等集自然景观、人文景观于一体的景区62处。

（张鹏岳　刘　晓）

# 青云街道

## 地理环境

**位置面积**　青云街道地处新泰市东部，是新泰市政府驻地，东与龙廷镇相邻，南邻新汶街道、东都镇，西连新甫街道、翟镇，北与济南市钢城区、淄博市沂源县相接。南北长14.3千米，东西长15千米，总面积124.57平方千米。街道办事处驻青云社区，距新泰市人民政府500米。京沪高速穿境而过。

**建置区划**　因地处青云山下而得名。青云街道境内，古属平阳。西晋泰始年间，改县名为新泰县后，街道境域一直是新泰县政府驻地。明嘉靖年间，属坊廓保。清乾隆年间，属上保城里保。清光绪年间，分属城里保、果园保、栗行保、东周保、名公保、西关保、南师保、周全保等。1914年，属平乐区。1921年，属新泰县一区（城关区）。1939年10月，属新泰县抗日民主政府一区。1941年9月，属新蒙县城关区、北师区。1943年8月，属新泰县城关区、北师区。1945年6月，属新泰县新城办事处。1946年1月，撤销新城办事处，重建城关区。1950年11月，城关区改为新泰县一分区。1955年10月，一分区改为城关区。1957年3月，撤销城关区，改为城关镇。1958年9月，属新泰县城关人民公社。1981年11月，城关人民公社改为城关镇。1984年4月，城关镇改为新泰办事处。1985年12月，西周乡、北师店乡自新泰办事处析出，新泰办事处改为市中办事处。2001年2月，市中办事处、西周镇、北师店乡合并，成立青云街道。2014年1月，东西周村等37个行政村自青云街道析出，设立新甫街道管辖。2016年，青云街道辖青云、福田、银河、朝阳、新甫、明珠、金马、金斗、东关、西关、城阳、新安、何李、东杏山、行宫、平阳、冯家栗行、东城、田园、秀水、清华园、大洼、高崖、金光、管家洼、甘露堂、胡家沟、刘家庄、北园、娄家庄、殷家庄、果园、尹家庄、南赵庄、林前、林后、陈家庄、丁家庄、名公东、名公南、名公西、名公北、通济、南黄、北黄、新前、新后、北师店、郝家庄、高峪铺、狄家沟、瑞山后、黄山沟、南师店、漫子、大驻马、小驻马、兴隆、龙埠、三仙、袁家庄、上军寨、下军寨、望驾山、郑家庄、围屏庄、马庄前、马庄后、稠蒲河、外峪、前孤山、后孤山、小泉沟、花峪、路踏泉、旋崮河、三岔河77个行政村（社区）。至2020年，建置区划未变。

**自然状况**　境内地势东高西低，东北部为低山丘陵，西部为低矮丘陵，南部为柴汶河冲积平原，海拔180～729米。境内河流主要有平阳河、北师河、白杨河等，最大水库为金斗水库，库容3250万立方米。土壤以轻壤土为主，次为重壤土、砂壤土。矿产资源主要有煤炭、铁、地热、矿泉水、饰面用花岗岩、建筑用花岗岩、建筑石料用灰岩等，其中饰面用花岗岩储量486.6万立方米，年产优质矿泉水4300立方米。

**人口民族** 2016年，常住总户数6.54万户，常住总人口19.6万人，其中男性10.7万人、女性8.9万人。2018年，常住总户数6.96万户，常住总人口20.8万人，其中男性11.4万人、女性9.4万人。2020年，常住总户数9.2万户，常住总人口28.01万人，其中男性15.2万人、女性12.81万人。有汉族、回族、满族、朝鲜族、蒙古族、藏族6个民族。

## 经济状况

**农　业** 以种植小麦、玉米、有机蔬菜、苗木花卉为主。2016年，耕地面积3626.6公顷，大部分属于旱地；粮食总产量6610吨；农业总产值30.1亿元，其中农业产值6.9亿元、林业产值4亿元、牧业产值18亿元、渔业产值1亿元、农林牧渔服务业产值2000万元，农林牧渔服务业增加值8亿元。农民专业合作社133家，种植大户4户，土地流转面积180公顷。2018年，耕地面积3636.6公顷，粮食总产量6652吨，农业总产值34亿元，其中农业产值7.7亿元、林业产值4.6亿元、牧业产值21亿元、渔业产值4000万元、农林牧渔服务业产值3000万元，农林牧渔服务业增加值9.01亿元。农民专业合作社133家，家庭农场73个，土地流转面积124.4公顷。2020年，耕地面积3602.7公顷，粮食总产量6600吨，农业总产值34.9亿元，其中农业产值8.1亿元、林业产值4.7亿元、牧业产值21.4亿元、渔业产值4000万元、农林牧渔服务业产值3000万元，农林牧渔服务业增加值9.4亿元。农民专业合作社79家，农业企业1家，家庭农场82个。

**工　业** 2016年，工业企业45家，从业人员1620人，其中规模以上工业企业19家；工业总产值24亿元，实现利税9700万元，其中利润7000万元；规模以上工业企业实现主营业务收入18亿元，实现利税7500万元，其中利润5000万元。2018年，工业企业51家，从业人员1736人，其中规模以上工业企业19家；工业总产值23.6亿元，实现利税9100万元，其中利润6300万元；规模以上工业企业实现主营业务收入18.9亿元，实现利税7100万元，其中利润5100万元。2020年，引进落地项目27个，招商引资到位资金12亿元，上级拨款项目资金2000万元，进出口总额1.5亿元。工业企业48家，从业人员1680人，其中规模以上工业企业7家；工业总产值6.75亿元，实现利税900万元，其中利润400万元；规模以上工业企业实现主营业务收入5.45亿元，实现利税700万元，其中利润340万元。

## 财政税收

**财　政** 2016年，一般公共预算收入3.7亿元，一般公共预算支出1.8亿元。2018年，一般公共预算收入3.13亿元，一般公共预算支出0.85亿元。2020年，一般公共预算收入4.24亿元，一般公共预算支出1.03亿元。

**税　收** 2016年，登记各类纳税人1.2万户，年纳税额在10万元以上的企业116户；各项税收收入5.43亿元，其中增值税2.29亿元。2018年，登记各类纳税人1.77万户，年纳税额在10万元以上的企业36户；各项税收收入6.46亿元，其中增值税3.89亿元。2020年，登记各类纳税人2.5万户，年纳税额在10万元以上的企业147户；各项税收收入11.31亿元，其中增值税5.19亿元。

## 社会事业

**教　育** 2016年，幼儿园28所，专任教师531人，在园幼儿6887人；小学12所，专任教师1099人，在校学生1.66万人；普通初中2所，专任教师667人，在校学生1.02万人。县级以上规

2023年1月，新泰市2023年非遗月启动仪式　（王梓欣　摄）

范化中小学4所，其中省级规范化学校1所、泰安市级规范化学校3所。2020年，幼儿园60所，专任教师1037人，在园幼儿1.05万人；小学7所（不含新泰市直小学），专任教师366人，在校学生4900人。

**文　化**　2016年，综合文化站1个，村级文化活动中心53个，音乐、美术、书法、摄影及文学业余创作人员62人；农家书屋53个，农村文化大院53个，文体广场53个，文艺宣传（表演）队7支。2020年，综合文化站1个，村级文化活动中心77个，音乐、美术、书法、摄影及文学业余创作人员90人；农家书屋77个，农村文化大院77个，文体广场77个，文艺宣传（表演）队61支。县级以上文物保护单位7处，其中省级3处（周家庄东周墓群、师旷墓、八蜡庙）、市级1处（金果村泰山行宫遗址）、县级3处（甘露堂村甘露庙、围屏庄关帝庙、陈家庄陈氏祠堂）。县级以上非物质文化遗产24项，其中国家级1项（徐家拳）、市级8项（刘方红剪纸、新泰芹菜种植技艺、乐圣师旷的传说、龙灯会、玉春香肠加工技艺、游龙戏凤的传说、王氏蛋雕、狗头帽制作技艺）、县级15项（金斗山的传说、灵槐复荣的传说、二月二打簸箕、展家泥塑、旋崮山庙会、五圣堂庙会、吉祥石的传说、西阳掌、珍珠油杏、橄榄核雕刻、王氏木雕技艺、传统古典木工制作技艺、农家女花馍制作技艺、李氏“从德堂”妇科回春丸、李氏“从德堂”烧烫伤膏）。

**卫　生**　2016年，医疗卫生机构109家、床位80张，其中街道社区卫生服务中心1家、村卫生室（社区门诊）108家；卫生技术人员168名，其中执业医师57名、执业助理医师14名。2020年，医疗卫生机构109家、床位80张，其中街道社区卫生服务中心1家、村卫生室（社区门诊）108家；卫生技术人员162名，其中执业医师52名、执业助理医师16名。

## 社会保障

**医疗保险**　2016年，居民基本医疗保险参保人数8.5万人。2020年，居民基本医疗保险参保人数10.2万人。

**养老保险**　2016年，居民参加养老保险2.8万人。2020年，居民参加养老保险3万人。

**低保救助**　2016年，城镇最低生活保障户数95户、162人，发放最低生活保障金8.02万元；农村最低生活保障户数844户、1434人，发放最低生活保障金26.79万元；医疗救助156人次，发放医疗救助金33.25万元；敬老院1家，床位210张，收养农村“五保”老人36人。2020年，城镇最低生活保障户数114户、188人，发放最低生活保障金9.97万元；农村最低生活保障户数905户、1616人，发放最低生活保障金57.16万元；敬老院1家，床位210张，收养农村“五保”老人32人。

## 名胜古迹

**周家庄东周墓群** 省级文物保护单位。位于青云街道周家庄村（今福田社区），约为春秋晚期至战国中晚期的齐国墓葬。2001年，周家庄村旧房改造施工时发现。墓群地势西北高东南低，南北长300多米、东西宽150多米，占地面积约5公顷，共发掘墓葬78座，出土随葬器有青铜器、陶器、骨器、玉器、蚌器、石器、铁器、漆木器等，其中吴国兵器的大量出土，属省内重大发现。2006年12月，被山东省人民政府公布为第三批省级文物保护单位。

**师旷墓** 省级文物保护单位。位于青云街道北师店村，春秋时代古墓葬。汉代重修，元代在墓前建师旷庙，清顺治年间知县卢綋重修，并立师旷墓表碑1通，后废圮。墓区南北长50米，东西长50米，占地面积约2500平方米。墓前原有方柱形石阙，阙身有平面浮雕和阴刻车马人物、动物图案，存于泰山岱庙。1996年7月，师旷墓被新泰市人民政府公布为第三批县级文物保护单位。1997年，新泰市政府重修师旷墓，坟墓为圆锥形，坐落于方形平台上，墓前石碑阴刻“师旷墓”3个镏金大字，平台右前方复立卢綋撰写的师旷墓表碑，并立重修碑2通，增培封土高2米，直径7米。2022年，被山东省人民政府公布为第六批省级文物保护单位。

**八蜡庙** 又称奶奶庙，省级文物保护单位。位于青云街道朝阳社区西街南首，建于明崇祯年间，清顺治九年（1652）重修，晚清和民国初年庙内神祇被销毁，今存大殿3间，单檐硬山式建筑，面阔15.4米，宽8.7米，小瓦铺顶。因地处偏僻，1932年成为新泰党组织的秘密联络点。1937年11月下旬，中共新泰县委在此秘密召开会议，部署发动群众参加徂徕山抗日武装起义。1978年，八蜡庙以古迹兼革命遗址的双重身份被新泰县人民政府认定为县级文物保护单位。2013年7月，重修。2022年，被山东省人民政府公布为第六批省级文物保护单位。

**甘露堂村甘露庙** 县级文物保护单位。位于青云街道甘露堂村西北，北邻新甫路，西距平阳河1500米，为明代建筑。有正殿3间，主供甘露菩萨。正殿前左有灵官庙，内供灵官王善元帅站像，护卫甘露菩萨。2022年，被新泰市人民政府公布为县级文物保护单位。

**围屏庄关帝庙** 县级文物保护单位。位于青云街道围屏庄村，系清代建筑。东西长14米，南北长12米，占地面积168平方米。大殿3间，面阔8.65米，进深6.55米，砖石结构，前廊进深1.5米，前有四根廊柱，五架抬梁式木构，木椽扒砖铺项，硬山式，顶覆灰瓦。院内碑刻埋入土中，可见大清光绪二十九年（1903）重修等字样。2022年，被新泰市人民政府公布为县级文物保护单位。

## 古今名人

**牛基修（1736—1796）** 清乾隆元年（1736）出生，青云街道马庄村（今金马社区）人。乾隆年间庠生，以编修地方史志为己任，乾隆四十九年（1784），知县江乾达主持《新泰县志》的第七次编修，牛基修是主纂者之一，为县志编修尽心竭力，废寝忘食。

**赵传钵（1912—1939）** 字涤云，曾用名川波，1912年出生，青云街道西关村人，新泰早期党组织主要创建者。1929年，在曲阜省立二师加入中国共产党。1931年2月，建立中共新泰第一个党小组，任组长，8月组织建立新泰第一个党支部，任书记。1932年1月，任中共新泰特别支部书记。1933年2月，在济南被捕。1937年11月，获释出狱，参加滕县人民抗日义勇队，任大队教导员。1939年5月，在峄县垮庄反“扫荡”战斗中牺牲。经山东省人民政府批准，被追认为革命烈士。

**董林汉（1914—1958）** 曾用名董毓举，1914年6月出生，青云街道瑞山后村人。1935年，在济南乡师加入中国共产党，从事党的地下斗争。1938年1月，参加徂徕山抗日武装起义，历任泰历县委宣传部部长、县委书记，泰北县委书记，泰山地委宣传部部长，沂蒙地委宣传部部长、组织部部长等职。新中国成立后，历任华东局驻山东检察组组长、中共山东省委纪委书记等职。1958年6月去世。

**王焕宇（1912—1963）** 1912年6月出生，青云街道西赵家庄村（今新安社区）人。1938年，参加革命工作。1939年3月，加入中国共产党。抗日战争时期，历任新泰县抗日民众动员委员会副主任、新蒙县县长、泰南专署副专员等职。解放战争时期，历任沂蒙专署副专员、鲁中行署交通局局长等职。新中国成立后，历任中南军政委员会办公厅副主任、主任，国家建筑工程部人事司司长等职。1963年去世。

**董　琰（1914—1968）** 1914年8月出生，青云街道东南关村（今青云社区）人。1929年，加入反帝大同盟。1932年2月，在新泰城关一小建立共青团新泰特别支部，同年加入中国共产党。1938年1月，组织领导新泰人员参加徂徕山抗日武装起义。同年6月起，历任中共新泰县委书记，中共泰山特委委员兼宣传部部长，中共泰南地委书记兼泰南军分区政委，鲁中区宣传部部长，沂蒙地委书记兼军分区政委，鲁中南区党委常委兼秘书长、副书记等职。1950年6月起，历任中共济南市委副书记、书记，中共山东省委副书记兼组织部部长等职。1963年，任中共江西省副省长。1968年去世。第一届全国人大代表。

**杜文泉（1915—1974）** 曾用名继富，1915年6月出生，青云街道城里村（今新甫社区）人。1936年11月，参加中华民族解放先锋队。1938年1月，参加徂徕山抗日武装起义。1938年12月，加入中国共产党。历任新泰县独立营募集主任、泰宁办事处文教科科长、泰南办事处秘书等职。解放战争时期，历任益都县粮食局局长、华东野战军第一纵队第二师财经队队长、豫皖苏行署科长、华东财办科长等职。新中国成立后，历任华东粮食局处长、华东财政部副处长、中央财政部农业税司处长、中央财贸部一级巡视员、东北局财委办公室副主任、吉林省财委副主任等职。1974年去世。

**王迫悟（1914—1977）** 1914年1月出生，青云街道西南关村（今朝阳社区）人，新泰早期党组织创建人之一。1931年9月，加入中国共产党，11月组建中共新泰城关支部，任书记。1938年1月，参加徂徕山抗日武装起义，历任中队指导员、县独立营长、副团长等职。新中国成立后，历任南京市公安局二分局局长、交通局局长等职。1977年2月去世。

**王寅轩（1902—1981）** 清光绪二十八年（1902）八月出生，青云街道西赵家庄村（今新安社区）人。1932年加入中国共产党，后失去联系。抗日战争时期，历任新泰县县长、鲁中行署建设科长等职。1949年重新入党。新中国成立后，历任青岛一中校长、山东省林业学校副校长等职。1981年12月去世。

**刘泗滨（1902—1987）** 曾用名刘兴沛，清光绪二十八年（1902）二月出生，青云街道瑞山后村人。1938年2月，参加山东抗日游击第四支队，8月加入中国共产党，1943年起，历任泰南专署秘书、鲁中南军区军政联络部副科长、华东军区解放军官兵训练团团长、济南军区司令部管理处副处长等职。1959年起，历任山东大学工会副主席、军体部部长、武装部部长等职。1987年1月去世。

**朱礼泉（1916—1988）** 1916年10月出生，青云街道西赵家庄村（今新安社区）人。1938年10月，在沂水县岸堤村山东抗日军政干部学校学习，12月加入中国共产党。1943年起，历任山东泰南区公安局局长，鲁中第二专区公安局局长，华北建大二校鲁中大队党总支书记，兖州市公安局局长，新海连特区新海市公安局局长，新海连市公安局局长、市委社会部部长，山东省公安厅处长、副厅长。1954年起，历任国务院法制局行政法规组副组长、组长，国务院秘书厅法律室主任、办公室主任，秘书厅副主任、党组成员。1973年，任国务院办公厅党的核心领导小组成员，信访室主任。1977年，任国务院办公厅副主任、党组成员兼政治部主任。1981年，任国务院办公厅顾问。1988年9月去世。

**王宪廷（1910—1991）** 清宣统二年（1910）三月出生，青云街道西南关村（今朝阳社区）人。1930年10月，加入中国共产党。1932年11月，任中共新泰县委第一任书记。1933年，领导发动龙须崮农民暴动。1938年1月，参加徂徕山抗日武装起义，历任中队长、营教导员、敌工科长、县抗联主任等职。新中国成立后，历任中央复员委员会师职参谋、中央军委气象台台长、中央气象局副局长、甘肃省气象局局长、甘肃省政协专职常委等职。1991年6月去世。

**郅润清（1916—1995）** 曾用名云清，1916年1月出生，青云街道西关村人。1936年11月，加入中国共产党。1938年1月，参加徂徕山抗日武装起义，3月护送山东省委书记黎玉赴延安向党中央汇报工作。新中国成立后，历任上海警备区直政处主任、羊山守备区副政委、江苏省六合军分区政委等职。1955年，被授予中校军衔。1995年去世。获三级独立自由勋章、三级解放勋章，二级红星功勋荣誉章。

**戴　克（1919—2003）** 女，曾用名伯英，1919年7月出生，青云街道名公庄村（今名公村）人。1938年5月，加入中国共产党，并参加革命工作。抗日战争时期，历任中共新泰县、滨海特委、博山县、新蒙县妇救会会长等职。解放战争时期，历任山东北海银行印刷厂政治指导员、辽南行署医院政治协理员等职。新中国成立后，历任财政部监察司科长、监察部监察员，北京市朝阳区教育局副局长，内蒙古自治区党委信访组副组长、办公厅政治处主任等职。2003年去世。

**管　戈（1913—2005）** 曾用名管毓筠、管竹溪，1913年9月出生，青云街道西关村人。1936年11月，加入中国共产党。1938年1月，参加徂徕山抗日武装起义，历任中队指导员、山东抗日军政大学政治教员、华东局土改工作团团长等职。新中国成立后，历任山东省总工会副主席，省劳动厅厅长、党组书记，省计委副主任、党组副书记，省政协常委，省统计局局长、党组书记等职。1985年7月离休。2005年去世。

**李天军（1948—2008）** 1948年10月出生，青云街道前孤山村人。1968年，应征入伍。1969年，加入中国共产党。1986年起，历任山东省委秘书一室主任，省委办公厅副主任、机关党委书记，省委政研室主任等职。2006年，任山东省委副秘书长、办公厅主任。2008年5月去世。十一届全国人大代表。

**戴　彬（1923—2011）** 女，1923年10月出生，青云街道名公庄村（今名公村）人。1938年8月，参加革命工作，12月加入中国共产党。抗日战争时期，历任中共新泰县妇救会干事、楚北县妇救会会长等职。解放战争时期，历任新泰县、历城县、莱芜县妇救会会长等职。新中国成立后，历任泰安地区妇联主任、山东省妇联副主任、泰山医学院副院长等职。1983年10月离休。2011年7月去世。

**刘平源（1936—2020）** 1936年1月出生，青云街道北马庄村（今马庄村）人。1953年6月，参加工作。1954年4月，加入中国共产党。1972年起，历任邮电部外事局国际关系处负责人、外事局副局长，北京市邮政局局长、党委书记，邮电部副部长、党组成员，第22届万国邮联大会中国组委会副主席兼秘书长等职。2000—2007年，任中华全国集邮联合会会长。2020年10月去世。政协第九届全国委员会委员。

**商振永** 1941年8月出生，青云街道大驻马村人。1961年，参加工作。1963年，加入中国共产党。1975年起，历任中国驻美国大使馆二等秘书、驻洛杉矶总领事馆参赞、驻旧金山总领事馆领事，山东省经济技术合作公司合资部经理，省外事办副主任，省侨办主任、党组书记等职。第八、九届山东省政协常委。

**王立群** 1945年3月出生，安徽省六安市霍山县人，祖籍为青云街道朝阳社区人，河南大学文学院教授、博士生导师、中国古代文学学科带头人，国务院政府特殊津贴专家，教育部高等学校教学名师。2006年起，在中央电视台《百家讲坛》担任主讲人，被誉为百家讲坛最佳学术主讲人。2019年9月，被河南省委宣传部、河南省教育厅评选为新中国成立70周年河南省突出贡献教育人物。发表学术论文50余篇，出版学术专著5部、普及读物20余部，主持国家级课题3个。河南省政协第十届委员会委员。

**王　强** 1963年6月出生，青云街道明珠社区人，明珠社区党委书记、居委会主任。1998年，在城关水利站参加工作。2010年，被党中央、国务院授予全国劳动模范称号。2010年，被中华全国总工会授予全国五一劳动奖章。

**马明强** 1965年1月出生，青云街道朝阳社区人。1986年，在英国威尔士大学学习。1987年起，历任中华人民共和国驻马来西亚使馆随员、三等秘书，外交部亚洲司三等秘书、二等秘书、副处长，驻阿富汗使馆参赞，外交部亚洲司副司长，中国—东盟中心秘书长等职。2015—2018年，任中华人民共和国驻孟加拉人民共和国特命全权大使。

**王　峰** 1979年4月出生，青云街道城阳社区人。1985年，在新泰市体操学校训练。1988年，入选山东省跳水队。1992年，进入国家跳水队。2008年，在北京奥运会上，获男子双人3米板跳水金牌。

**毕文静** 女，1981年7月出生，青云街道通济庄人，北京体育大学硕士研究生学历。1997年，在瑞士洛桑体操世锦赛中，获世界冠军，高低杠动作“扭臂倒立转体360度成反握大倒立”被国际体联命名为“毕氏转体”。1996年8月，被国家体育运动委员会授予体育运动一级奖章。2008年，为北京奥运会火炬手。

## 土特名产

**新泰芹菜** 有300多年的栽培历史，清朝时曾被选为贡品。正宗产地在平阳河西岸的名公南、名公东、果园、尹家庄、南赵庄、林前、林后村一带，此处土壤多为壤土，pH值呈中性，且处于平阳河岸边，水源充足，是芹菜生长的良好环境。新泰芹菜叶柄细长，高可及胸，长势旺、分杈少，茎秆实心，色如碧玉，脆似嚼冰，细嫩无渣，每公顷产量97.5吨。2013年，新泰芹菜被国家工商总局认证为国家地理标志证明商标。2016年，全镇种植面积约213公顷。2020年，全镇种植面积约173公顷。

**平阳莴苣** 主产区为青云街道林后、名公北等村，20世纪90年代，该主产区开始规模种植平阳莴苣。此处为平阳河淤积平原，水质良好，土壤肥厚，生产的莴苣个大、皮薄、肉嫩、富含营养，2016年，全镇种植面积约400公顷。2020年，全镇种植面积约533公顷，每公顷产量105～127.5吨。

**新泰珍珠油杏** 为青云街道外峪村自主培育的全国良种。外峪村山地众多，属典型砂壤土，昼夜温差较大，适合杏树的生长。20世纪80年代，村民方立章在野杏树的基础上，培育出一种树势生长快、结果早、产量高、果实品质极佳的杏树新品种。2004年，经山东省林科所、新泰市农林部门的专家鉴定，被命名为新泰珍珠油杏。新泰珍珠油杏口感脆爽、酸度低、甜度高、果肉离核、表面光滑无毛。2006年12月，被山东省林木品种审定委员会审定为林木良种。2018年，被国家工商总局商标局认证为国家地理标志证明商标。

在2019年国际商标品牌节中，新泰珍珠油杏获中华商标品牌博览会金奖。

## 典型选介

**山东省“干事创业好班子”——青云街道银河社区党委** 青云街道银河社区党委坚持“围绕发展抓党建、抓好党建促发展”的理念，积极探索新形势下党建、发展、服务一体化新路子，构建党建引领网格化治理新格局，开创地产开发、商贸经济、文化教育、旅游养生“四位一体”的综合发展新局面，建设社区便民服务代办站，实行党员自愿结对帮扶孤、残、困家庭，成立文娱团体，不断提升群众的幸福感和获得感。2018年9月，被省委组织部授予山东省“干事创业好班子”称号。

## 街道党政主要负责人

**党工委书记** 周京文（2014.1—2016.12）
吕熙伟（2016.12—2018.9）
史新国（2018.9— ）

**办事处主任** 朱　峰（2015.2—2016.12）
季　伟（2016.12—2019.9）
马桂前（2019.09— ）

（李　涛　康雪瑞）

# 新汶街道

## 地理环境

**位置面积** 新汶街道位于新泰城西南，柴汶河南岸，东邻东都镇，西连小协镇，南接刘杜镇，北与青云街道相接，南北长8千米，东西长9千米，总面积35.79平方千米。街道机关驻孙村社区，距新泰市人民政府9.5千米。磁莱铁路、蒙馆路横贯东西，泰新高速、342国道、241省道穿境而过，并与董梁高速交会于此，泰新高速新泰南出口设在新汶境内。

**建置区划** 新汶街道境内，明嘉靖三十五年（1556）属果元保。清顺治年间属云山保。清乾隆四十九年（1784），属新泰县上保（城里保）南乡云山保。1912年，属新泰县安德区。1930年，属新泰县六区。1939年10月，属新泰县抗日民主政府六区。1941年9月，属泰宁县岔河区。1945年10月，岔河区划回新泰县。1949年10月，设孙村区。1950年11月，孙村区改为新泰县八区。1955年10月，又改为孙村区。1957年3月，孙村区改为孙村镇。1958年9月，撤销孙村镇成立孙村人民公社。1959年11月，撤销孙村人民公社，成立新汶市，孙村公社和城关、汶南、宫里3个公社的16个村析出划归新汶市，名称源自取“新泰”之“新”与“柴汶河”之“汶”命名的“新汶煤矿”。1962年4月，重建孙村人民公社。1965年6月，新汶市改为新汶县，属新汶县。1982年10月，撤销新汶县，恢复新汶市，属新汶市。1983年10月，新泰县、新汶市合并成立新泰市，仍为孙村公社，属新泰市。1984年4月，撤销公社，改设新汶办事处。1985年12月，小协镇、东都镇析出，重置新汶办事处，属新泰市政府派出机构。1993年，为泰安市计划单列镇，副县级单位。2008年1月，更名为新汶街道。2016年，新汶街道

辖孙村、东良、西良、张庄、大洛沟、新街6个社区，良村、北寺山、大寺山、黄山、云山、黑峪、程家楼、中合寨、大河、汶河、中洛沟、东洛沟12个行政村。至2020年，建置区划未变。

**自然状况** 境内主要有平原、丘陵、半丘陵三种地形，海拔213～470米，整体地势北低南高，呈阶梯状分布。北部为平原，土地肥沃；中部丘陵，城区覆盖；南部属半丘陵地带，云山、黄山、黑山、寺山自东而西依次排列。自然资源主要有煤、矿泉水、黏土、沙、硫化铁、铝石、瓷石、地热等，其中煤炭、硫化铁、铝石、瓷石、地热储量丰富，煤炭主要为气煤和肥煤。有大小水库5座，总蓄水量155万立方米；柴汶河于城区北部东西横穿境内3.6千米。

**人口民族** 2016年，常住户数4.12万户，常住人口10.97万人，其中男性5.78万人、女性5.19万人。2018年，常住户数3.69万户，常住人口10.48万人，其中男性5.36万人、女性5.12万人。2020年，常住户数3.89万户，常住人口为9.27万人，其中男性4.63万人、女性4.64万人。有汉族、回族2个民族。

## 经济状况

**农　业** 农作物以小麦、玉米、蔬菜为主。2016年，耕地面积403.59公顷；农作物播种面积583.5公顷，其中粮食作物播种面积553.6公顷，粮食总产量3133吨；农业总产值5.05亿元，其中农业产值3.44亿元、林业产值820万元、牧业产值1.09亿元、渔业产值77万元、农林牧渔服务业产值4300万元，农林牧渔服务业增加值2.46亿元。农业技术服务机构5个，从业人员254人；农民专业合作社13家，成员176人；畜禽养殖大户19户。2018年，耕地面积402.85公顷，粮食总产量3063吨，农业总产值5.2亿元，其中农业产值3.52亿元、林业产值860万元、牧业产值1.14亿元、渔业产值81万元、农林牧渔服务业产值4476万元，农林牧渔服务业增加值2.58亿元。农业技术服务机构5个，从业人员282人；农民专业合作社13家，成员745人。2020年，耕地面积397.38公顷，粮食总产量4506吨，农业总产值5.55亿元，其中农业产值3.79亿元、林业产值900万元、牧业产值1.19亿元、渔业产值85万元、农林牧渔服务业产值4700万元，农林牧渔服务业增加值2.71亿元。农业技术服务机构5个，从业人员17人；农业企业14家；农民专业合作社10家，成员759人。

**工　业** 2016年，工业企业395家，从业人员8.36万人，其中规模以上工业企业50家；工业总产值335亿元，实现利税5.08亿元；规模以上工业企业实现主营业务收入351亿元。2018年，工业企业378家，从业人员8.1万人，其中规模以上工业企业47家；工业总产值102亿元，实现利税1.5亿元；规模以上工业企业实现主营业务收入107亿元。2020年，引进落地项目10个，招商引资到位资金8亿元，进出口总额7.4亿元。工业企业378家，从业人员8.5万人，其中规模以上工业企业30家；工业总产值80.1亿元，规模以上工业企业实现主营业务收入81.5亿元。

**建筑业** 2016年，建筑业企业8家，从业人员6651人，实现总产值11.83亿元。2018年，建筑业企业9家，实现总产值30.55亿元。2020年，建筑业企业7家，实现总产值9.2亿元。

## 财政税收

**财　政** 2016年，地方财政实现收入3.69亿元，支出4.36亿元。2018年，地方财政实现收入5.09亿元，支出3.81亿元。2020年，地方财政实现收入3.83亿元，支出2.4亿元。

**税　收** 2016年，登记各类纳税人3041户，年纳税额在10万元以上的企业189户；各项税收收入6.02亿元，其中增值税3.31亿元。2018年，登记各类纳税人3639户，年纳税额在10万元以上的企业298户；各项税收收入11.2亿元，其中增值税

5.04亿元。2020年，登记各类纳税人4347户，年纳税额在10万元以上的企业203户；各项税收收入6.05亿元，其中增值税2.86亿元。重点税源是煤炭、电气电缆、机械制造、交通运输、建筑安装等行业。

## 社会事业

**教　育**　2016年，幼儿园13所，专任教师122人，在园幼儿1353人；小学7所，专任教师203人，在校学生2311人；普通初中1所，专任教师118人，在校学生1634人；县级以上规范化中小学6所，其中省级规范化学校4所、泰安市级规范化学校2所。2020年，幼儿园21所，专任教师252人，在园幼儿2393人；小学7所，专任教师185人，在校学生2139人；普通初中1所，专任教师118人，在校学生1578人；县级以上规范化中小学6所，其中省级规范化学校4所、泰安市级规范化学校2所。

**文　化**　2016年，影剧院5家，新建百姓大舞台3个、文体广场7个，培养文化带头人40余名，开办道德讲堂、送戏下乡、送电影下乡等活动38场次，参与群众2万余人次，入选“新泰好人”5人。新汶街道被文化部评为全国首批社会文化先进县（区）之重点社会文化先进乡镇。2020年，影剧院1家、体育运动俱乐部4家、农家书屋18个、文化大院9个。县级以上文物保护单位2处，其中省级1处（寺山上清宫）、市级1处（张庄社区高氏宗祠）。县级文物点9处（大寺山村泰山行宫、良村龙王庙、良村关帝庙、东洛沟村刘氏祖茔、云山村玉皇庙遗址、云山村重修玄帝庙碑刻、成家楼村古寨址、黄山村文昌庙、新汶龙柏园广场毛泽东塑像）。县级以上非物质文化遗产13项，其中省级1项（玉氏鸿叶旗袍制作技艺）、市级2项（柳毅传书的传说，酱油、食醋固态发酵酿造技艺）、县级10项（黄山香椿，黄山酱油麸子，三月三文昌庙会，龙女庙九九重阳节庙会，孙村泉的传说，大力士王华的传说，朱氏五彩火笔烙艺，摩崖、汉画传拓技艺，京东大鼓，新汶秀峰锔艺）。

**卫　生**　2016年，医疗卫生机构58家、床位1100张，其中街道卫生院1家、村卫生室（社区门诊）18家、个体诊所39家；卫生技术人员672名，其中执业医师298名、执业助理医师39名。2020年，医疗卫生机构63家、床位1630张，其中街道卫生院1家、村卫生室（社区门诊）23家、医务室5家、颐养集团诊所9家、个体诊所30家；卫生技术人员1253名，其中执业医师523名、执业助理医师65名。

## 社会保障

**医疗保险**　2016年，城乡居民基本医疗保险参保1.78万人，缴纳保费653.4万元。2020年，城乡居民基本医疗保险参保4.56万人，为2.2万人次的参保群众报销金额110多万元。

**养老保险**　2016年，城乡居民养老保险参保1.5万人。2020年，城乡居民养老保险参保1.7万人。

**低保救助**　2016年，城镇最低生活保障户数272户、401人，发放最低生活保障金245.41万元；农村最低生活保障户数286户、343人，发放最低生活保障金156.41万元；敬老院1家，床位120张，收养农村“五保”老人26人。2020年，城镇最低生活保障户数260户、364人，发放最低生活保障金253.34万元；农村最低生活保障户数237户、308人，发放最低生活保障金158.98万元；医疗救助801人次，发放医疗救助金7.99万元；敬老院1家，床位120张，收养农村“五保”老人27人。

## 名胜古迹

**寺山景区**　位于新汶街道大寺山村，是集自然景观、人文景观于一体的综合性旅游区。景区

2016年10月15日，新汶街道寺山景区一角　　（刘　骆　摄）

山秀、林密、石奇、水清，山中汉柏穿石而出，生长茂密，在卫星航拍中可以明显看到由植被汇成的“寿”字，山内遍布羊蹄迹石，是距今3亿多年的孟家老岩，具有地质学参考价值。山中有龙女庙，当地百姓可根据庙内泉水水位的变化，得知天气的变化。寺山历史悠久，据碑文记载龙女牧羊、柳毅传书故事出自此山，唐代的龙女庙、明代的上清宫等古建筑风格独特、保存完整。景区内建有窑神庙、观音庙、女娲殿、柳毅传书、和合二仙、迎旭门、系牛柏、龙女牧羊、醉柳石、望柳墩等人文景点，以及迷宫、儿童游乐场等游乐设施，是周边居民感受民族文化、休闲娱乐的场所。2012年11月，被山东省国土资源厅批准为省级地质公园。

**寺山上清宫**　又称上清观，省级文物保护单位。位于新汶街道大寺山村，明天启六年（1626）建，明崇祯八年（1635）竣工。主要建筑有三清殿、天齐殿、泰山行宫、玉皇殿等。据明代肇建碑记载，上清宫与崂山太清宫同为宫廷太监主修设计，参与创修者既有乾清宫掌印，又有带刀近侍、管事太监及地方人士等。寺山有太监冢、太监母墓等古迹。2022年，被山东省人民政府认定为省级文物保护单位。

## 古今名人

**牛元复（生卒年不详）**　名牛德贞，字元复，清朝文学家，孙村（今新汶街道孙村社区）人。牛元复系泰山牛氏聪祖系第七世，自幼聪慧，满腹经纶，但无意科举，即兴吟诗作赋，常语惊四座，有“天下第七才子”之称，故世人多称其为“才子牛元复”。至今孙村社区仍流传其大量的奇闻轶事，以及以叙事诗《过河》为代表的许多诗篇佳作。

**牛光普**　1950年7月出生，新汶街道孙村社区人，中央党校党政专业函授班毕业。1966年8月入伍。1969年8月，加入中国共产党。1992年4月，任济南军区空军司令部作战处处长。1994年，被授予空军大校军衔。2001年8月，任济南军区空军参谋长助理。2005年10月退休。立三等功2次，被林业部、民航总局等单位联合评为全国飞播造林先进个人。

**牛宝伟**　1956年8月出生，新汶街道孙村社区人，大专学历，经济师。1979年10月，任孙村第三生产队队长。1983年2月，任孙村林场场长。1985年5月，加入中国共产党。1988年12月起，历任孙村党总支副书记、村委主任，大寺山村党支部书记，孙村党委副书记，孙村党委书记、孙村社区居委会主任、新汶实业公司总经理等职。2000年，被国务院授予全国劳动模范称号。2020年，任孙村党委书记、孙村社区居委会主任。第十一届全国人民代表大会代表。

## 土特名产

**黄山小米**　主产区位于新汶街道黄山村，栽种历史可追溯到清朝末年。此处土壤为丘陵褐土，加上农家土杂肥，符合谷物的自然生长习性，所产小米色泽金黄、米香醇厚。2016—2020年，全村年种植面积5.33公顷，年平均产量12吨，年均收入19万元。

**黄山香椿** 栽种历史可追溯到清朝末年，主要种植区为新汶街道南部山区半阳坡，2008年，栽种面积26.67公顷，年产量约60吨。半阳坡特殊的小范围气候环境和土壤，使黄山香椿的味色纯正，深受当地人的喜爱。2010年，被新泰市人民政府列入第二批县级非物质文化遗产名录。

## 典型选介

**特变电工山东鲁能泰山电缆有限公司** 位于新汶街道工业园区莲汶路88号。1950年建厂，前身为山东电缆厂。特变电工山东鲁能泰山电缆有限公司具备750千伏及以下电力电缆、电缆附件、大截面架空导线、特种电缆、民用布电线等全系列电线电缆产品的研发、制造和试验能力，拥有世界领先水平的750千伏超高压电缆、±1100千伏特高压交直流大截面导线制造设备，拥有国家专利43项、核心发明专利5项，先后参与制定国家标准、行业标准22项，是国家大型电线电缆研发制造出口基地。2016年，注册资本12.66亿元，占地面积64.48公顷，职工1353人。2019年，被工业和信息化部、中国工业经济联合会认定为国家级制造业单项冠军示范企业。2020年，注册资本8.18亿元，占地面积64.47公顷，职工1200人，实现工业总产值35.2亿元，主营业务收入37.3亿元，利税1.34亿元，主要产品有高压电缆、中压电缆、低压电缆、布电线、导线、橡套电缆等，被亚太线缆产业协会、线缆信息研究院评为2020年全球线缆产业最具竞争力企业20强。

**国家级绿色工厂——山东润通齿轮集团有限公司** 位于新汶街道工业园区莲汶路87号。2006年10月成立，注册资本1.31亿元，占地面积约18.5公顷，职工936人，专业研发、制造重型卡车精密锻件、变速箱齿轮、车桥减速器齿轮、差速器齿轮等产品。2016年，成立泰安市汽车齿轮工程技术研发中心，被山东省安全监督管理局认定为安全生产标准化二级企业，“中润通”商标被山东省质量强省及名牌战略推进工作领导小组认定为山东名牌，获得国家工商行政管理总局颁发的守合同重信用企业称号。2020年，注册资本1.2亿元，占地面积18.5公顷，职工1067人，实现工业总产值10.8亿元，主营业务收入10.6亿元，利税1.7亿元，被工业和信息化部确定为国家级绿色工厂，被山东省工业和信息化厅认定为山东省第三批“瞪羚”企业。

**全省民主法治示范社区——孙村社区** 唐光化年间建村，名三合寨。2003年7月，孙村社区

2019年6月9日，特变电工山东鲁能泰山电缆有限公司 （王汉卿 摄）

成立，有居民1760户、4076人。社区发挥区域优势，以“树立新形象，创建新业绩，建设新孙村”为目标，不断深化文明社区创建工作，高标准建设网格党群服务驿站，打造“红色家园•五心驿站”品牌，构建“10分钟党群服务圈”，印发《孙村文明公约》《十大不文明陋习》《新二十四孝标准》等，开展道德讲堂开讲、身边好人评选表彰和学习宣传等活动，注重法律宣传，引导社区党员干部群众增强法治观念，依法表达利益诉求，成立平安协会，安装平安灯200余盏，组建保安中队，24小时不间断治安巡逻，各种防范机制、民事纠纷调解网络健全。2005年，被中央文明委表彰为全国文明村。2018年，被山东省司法厅、山东省民政厅授予第七批全省民主法治示范村（社区）称号。

## 街道党政主要负责人

**党工委书记**　朱致义（副县级，2011.11—2016.12）
李　彬（副县级，2016.12—2020.3）
李建军（副县级，2020.3—　）

**办事处主任**　李　彬（副县级，2011.11—2016.12）
李建军（副县级，2016.12—2020.3）
泥德润（副县级，2020.3—　）

（王志强）

# 新甫街道

## 地理环境

**位置面积**　新甫街道地处新泰市区西郊，东与青云街道相接，西与翟镇毗邻，北与济南市钢城区艾山街道交界，南与新汶街道隔路相望，西北角与泉沟镇短边相连。街道南北长14千米，东西长8.5千米，总面积约52.29平方千米。街道机关驻新泰市新安路895号，距新泰市人民政府3.2千米。205国道纵贯南北，103省道横贯东西。

**建置区划**　新甫街道境内，清末属新泰一区。1914年，属新泰县平乐区。1930年，属新泰县一区。1941年9月，划归新蒙县。1943年8月，重归新泰县。新中国成立前后，分别属新泰县城关分区和岙山区。1958年9月，属新泰县城关人民公社的南公管理区和上庄管理区。1980年1月，城关公社将南公管理区西部10个村析出设立周全管理区，同年12月将东部2个村与明公管理区西部5个村组建为万家庄管理区。1982年6月，城关人民公社改为城关镇。1984年4月，城关镇改为新泰市新泰办事处。1985年12月，撤处并乡，新泰办事处划分为西周乡、北师乡和市中办事处，原北公、辉城和后上庄3个乡从新泰办事处分出后，合并建立新泰市西周乡。1994年1月，改为西周镇。2001年2月，西周镇与市中办事处、北师乡合并为青云街道。2013年12月，原属西周镇的37个行政村从青云街道析出，组建新甫街道。2016年，新甫街道辖东西周、南西周、公岭、西西周南、泉北、泉南、南公北、南公东、南公南、南公西、万家庄、龙山、西西周北、辉城、泉西、周全、孔家岭、安全、西洛、葛沟河、西杏山、耿家洼、前上庄、董家街、水浒、后上庄、渭河、桃花、小河西、上西峪、下西峪、上马场、下马场、上松山、中松山、下松山和东窑沟37个行政村。至2020年，建置区划未变。

**自然状况** 新甫街道地处西周河两岸，东西较窄，南北狭长，呈扁舟形。地势北高南低，北部山林丘陵，为花岗岩石质；南部地势平坦，为碱性黄土。海拔200～470米。西周河纵贯南北，沿河是长廊式冲积平原，两边是丘陵地块，形成以西周河为底的槽形地势。矿产资源主要有铁矿石、长石、花岗岩、河沙、陶土等。

**人口民族** 2016年，常住总户数1.29万户，常住总人口4.45万人，其中男性2.51万人、女性1.94万人。2020年，常住总户数1.85万户，常住总人口5.26万人，其中男性2.67万人、女性2.59万人。有汉族、回族2个民族。

## 经济状况

**农　业** 以种植小麦、玉米、花生、有机蔬菜、苗木花卉为主。2016年，耕地面积1200公顷，其中三分之一为水浇地，三分之二为旱地；农业总产值2.2亿元，其中农业产值1.1亿元、林业产值4000万元、牧业产值3000万元、渔业产值3000万元、农林牧渔服务业产值1000万元，农林牧渔服务业增加值3000万元；粮食总产量5000吨。农民专业合作社14家，种植大户1户，土地流转面积100公顷。2018年，耕地面积1200公顷；农业总产值3亿元，其中农业产值1.2亿元、林业产值5000万元、牧业产值3000万元、渔业产值5000万元、农林牧渔服务业产值5000万元，农林牧渔服务业增加值4000万元；粮食总产量4780吨。农民专业合作社15家，家庭农场22个，土地流转面积200公顷。2020年，耕地面积1200公顷；农业总产值3.2亿元，其中农业产值1.3亿元、林业产值5000万元、牧业产值4000万元、渔业产值5000万元、农林牧渔服务业产值5000万元；粮食总产量4000吨。农民专业合作社15家，农业企业7家，家庭农场23个，土地流转面积260公顷。

**工　业** 2016年，工业企业364家，从业人员5569人，其中规模以上工业企业75家；工业总产值171亿元，实现利税15.8亿元，其中利润3.21亿元；规模以上工业企业实现主营业务收入108亿元，实现利税10.1亿元，其中利润2.3亿元。2018年，工业企业271家，从业人员7211人，其中规模以上工业企业39家；工业总产值49.5亿元，实现利税5.2亿元，其中利润1.4亿元；规模以上工业企业实现主营业务收入2.3亿元，实现利税2000万元，其中利润1000万元。2020年，引进落地项目2个，招商引资到位资金1.5亿元，上级拨款项目资金5000万元，进出口总额805万元。工业企业385家，从业人员8533人，其中规模以上工业企业51家；工业总产值106亿元，实现利税11.1亿元，其中利润3.2亿元；规模以上工业企业实现主营业务收入72.6亿元，实现利税8.1亿元，其中利润2.5亿元。

## 财政税收

**财　政** 2016年，一般公共预算收入7656万元，一般公共预算支出7656万元。2018年，一般公共预算收入7809万元，一般公共预算支出7809万元。2020年，一般公共预算收入7388万元，一般公共预算支出7388万元。

**税　收** 2016年，各项税收收入4448万元，其中增值税2216万元。2018年，各项税收收入5974万元，其中增值税2665万元。2020年，各项税收收入6015万元，其中增值税2492万元。重点税源为金融保险、房地产开发、机械加工等行业，其中金融保险业税收收入占总税收收入的80%。

## 社会事业

**教　育** 2016年，幼儿园5所，专职幼师57人，在园幼儿587人；小学4所，专职教师113人，在校生1298人。有泰安市规范化学校3所，新泰市规范化学校1所，新泰市示范幼儿园4所。2018年，幼儿园7所，专职幼师78人，在园幼儿

896人；小学4所，专职教师117人，在校生1519人。2020年，幼儿园9所，专职幼师107人，在园幼儿1035人；小学3所，专职教师129人，在校生2081人。

**文　化**　2016年，街道综合文化站1个，村级文化活动中心37个、文化大院37个、文体广场37个。农家书屋37个，藏书10万余册。新泰市级文化艺术团1个，文艺宣传队10支，书法、美术、音乐、摄影及文学创作人员200余人。2020年，街道综合文化站1个，村级文化活动中心37个、文化大院37个、文体广场47个。城乡书房1处，藏书1万余册；农家书屋36个，藏书15万余册。新泰市级文化艺术团2个，文艺宣传队15支，书法、美术、音乐、摄影及文学创作人员280余人。县级文物保护单位2处（前上庄保聚庵、渭河庄村利和山寨）。县级非物质文化遗产3项（任氏脉诊疗法、刘氏古方膏药、徐氏华艺木雕）。

**卫　生**　2016年，村卫生室38家、床位116张；卫生技术人员75名，其中执业医师8名、执业助理医师16名。2020年，医疗卫生机构39家、床位130张，其中街道卫生院1家、村卫生室38家；卫生技术人员97名，其中执业医师14名、执业助理医师20名。

## 社会保障

**医疗保险**　2016年，居民基本医疗保险参保人数3.27万人。2020年，居民基本医疗保险参保人数3.48万人。

**养老保险**　2016年，居民参加养老保险1.36万人。2020年，居民参加养老保险1.15万人。

**低保救助**　2016年，农村最低生活保障户数381户、684人，发放最低生活保障金162万元；“五保”保障人数76人，其中分散供养50人、集中供养26人；敬老院1家，床位150张。2020年，城镇最低生活保障户数2户、3人，发放最低生活保障金1.53万元；农村最低生活保障户数343户、632人，发放最低生活保障金255.6万元；救助“特困”人员115人，发放基本生活费、照料护理费等107.28万元；敬老院1家，床位240张，收养老人41人；临时救助8人次，发放救助金3.05万元。

## 名胜古迹

**渭河庄村利和山寨**　县级文物保护单位。位于新甫街道渭河庄村墨石山脊顶上，1913年，当地百姓为抵御周边土匪而建。山寨依托险要地形，易守难攻，寨内外有天然石洞，能防身，也能御敌，当时寨内有土枪、土炮、二人抬等武器，因将陈团司令打的高喊“借路走”，至今流传“能过九江口，不把渭河走”。山寨主体轮廓尤在，战壕、射击孔等保存较为完整，许多天然石洞内仍可见大量使用痕迹。2022年，渭河庄村利和山寨被新泰市人民政府认定为县级文物保护单位。

**前上庄保聚庵**　县级文物保护单位。位于新甫街道前上庄村，建于唐代武德年间，今存大殿3间，历代重修碑3通，分别是明重修保聚庵记碑、清嘉庆八年（1803）重修保聚庵碑记碑、1921年保聚庵碑记碑。寺内有千年银杏树1株，植于唐初建寺时。2022年，前上庄保聚庵被新泰市人民政府认定为县级文物保护单位。

## 古今名人

**徐光前（1573—1613）**　字裕伯，号匪莪，又号养充，明万历元年（1573）出生，新甫街道西西周南村人。万历三十五年（1607），中进士，任河北交河县令。他一到任便颁布了一系列法律条文，使社会秩序好转，同时采取措施减轻人民负担，兴除利弊，发展生产。万历三十八年（1610），任密云县令，在任期间，他效仿羊续，公正廉明，政绩卓异，表现了卓越的政治才能和军事才能。万历四十一年（1613），徐光前去世，密云县民无比悲痛，朝廷在新泰城通天街县衙前建造“解元进士坊”以表彰其功绩。今龙山村西解元林内有徐光前遗冢。

**董毓湘（1918—1989）** 1918年出生，新甫街道董家街村人。1938年8月，参加革命。1939年，加入中国共产党。1945年8月起，历任团参谋长、副团长、师参谋长等职。参与指挥沂城、碾庄、刘集大张庄、上海北大场、江湾等战斗。1950年11月，赴朝鲜参加抗美援朝，任26军77师副师长，参加第二、四、五次战役和汉江、长津湖、金化北战斗。回国后，任中国人民解放军军事学院合成军队指挥系主任。1963年7月起，历任20军某师师长、副军长，浙江省军区参谋长，安徽省军区副司令员兼参谋长，江苏省军区顾问（正军级）等职。1989年去世。

**范梅圃（1916—2000）** 曾用名范昭修，1916年出生，新甫街道南公西村人。1938年2月参加革命工作，3月加入中国共产党。1952—1956年，历任中央组织部巡视员，鞍山钢铁厂大型烧结厂党委书记，鞍山市委监委副书记、市纪委书记等职。1982年10月离休。2000年12月去世。

**曹丙花** 女，1964年出生，新甫街道后上庄村人，博士，副教授，博士生导师。2009年6月，浙江大学控制科学与工程专业毕业后，在中国矿业大学任教。2015年，赴英国纽卡斯尔大学做访问学者1年。主要研究方向为人工智能及应用、先进检测与成像、嵌入式系统及仪器开发、机器人开发。在本领域国内外重要期刊及国际学术会议上发表论文50余篇，其中SCI收录论文近40篇、EI收录7篇；申请国家发明专利30余件，其中授权发明专利20余件。

## 土特名产

**南公东大樱桃** 南公东村土质为中性沙土，松软、深厚、排水良好，非常适宜樱桃的生长。2015年，该村种植大樱桃13.33公顷、1.2万余株，品种主要有美早、红灯、俄罗斯8号等。2016年，建有温室大棚11个、2.67公顷，樱桃喜温、喜光、不耐寒，凭借大棚的温度、光照优势，樱桃可提前1～2个月上市，利润比普通露地樱桃高2倍有余。2020年，种植大樱桃13公顷、1万余株，年产值100万元。

**前上庄村花卉** 2000年，前上庄村把苗木产业作为全村经济发展的支柱产业，成立前上庄村苗木专业合作社，投资1000万元建成上庄花卉苗木基地。2015年，该基地占地面积20公顷，主要种植白蜡、银杏、海棠等绿化苗木，苗木质量上乘，年销量15万株，收入180余万元，提供就业岗位186个。2020年，基地占地面积20公顷，年销量16万株，收入200余万元，提供就业岗位150个。

**前上庄村汶香附** 汶香附是泰山药材十二大特产之一，前上庄村位于西周河畔，境内湿地为汶香附提供了良好的生长环境。其所产汶香附呈纺锤形，长2～3.5厘米，直径0.5～1厘米；表面棕褐色或黑褐色，有纵皱纹，并有6～10个略隆起的环节，节上有棕色的毛须，并残留根痕，去净毛须者较为光滑，环节不明显；质硬，经蒸煮者断面黄棕色或红棕色，生晒者断面色白而显粉性，内皮层环纹明显，中柱色较深，点状维管束散在；气香；味微苦。村民在长期实践中积累了采集和炮制汶香附的独特方法，汶香附成为部分村民的重要收入来源之一。

## 典型选介

**中国淘宝镇——新甫街道** 2014年，新甫街道结合当时电商发展形势以及街道城乡结合部优势，决定发展电子商务。街道每年列支专项资金不少于100万元，用于电子商务产业的扶持、奖励、培训以及相关服务体系建设，鼓励有创业梦想的有志之士参与电商事业。2018年，新甫街道有电子商务村24个，电商企业100余家，从业人员3000人，年交易额超过2亿元，利润率10%～50%，在第六届中国淘宝村高峰论坛上，新甫街道被阿里研究院授予2018年度中国淘宝镇称号。

**国家卫生乡镇——新甫街道** 2020年，新甫街道推进城乡环卫一体化建设，开展环境综合整治行动，提升乡村综合治理水平。街道成立以主要负责人为组长，各管区负责人为成员的城乡环卫一体化工作领导小组，同时，各村划分责任区，成立专职小组，确保每100户居民配备1名保洁员，对责任区挂牌公示，村支部书记每天巡查村内卫生情况，发现问题及时整改。聘请第三方每月3次对各村进行检查，每季度进行评比，根据结果严格奖惩。同年7月，新甫街道被全国爱国卫生运动委员会命名为2017—2019周期国家卫生乡镇。

## 街道党政主要负责人

**党工委书记** 刘祥军（2014.1—2020.5）
孔　雨（2020.5—　）

**办事处主任** 郭吉永（2014.1—2016.12）
葛翔千（女，2016.12—　）

（陈申雨　李洪宝　李　建　肖　磊）

# 翟　镇

## 地理环境

**位置面积** 翟镇位于新泰市中部偏北，东邻新甫街道，南与新汶街道、小协镇隔柴汶河相望，西连西张庄镇，北与泉沟镇相接。南北长9千米，东西长12千米，总面积63.59平方千米。镇政府驻史家庄，距新泰市人民政府9.5千米。泰新公路横贯东西。

**建置区划** 翟镇境内，1911年属新泰县上南保。1930年，属新泰县第二区。1938年8月，属中共新泰县委二分区委。1939年3月，属中共泰山特委直属县，10月撤销直属县，复归新泰县。1941年9月，属新甫县。1942年12月，属新西办事处。1952年，属新泰县二区。1953年6月，二区改为翟镇区。1958年8月，成立翟镇人民公社。1967年2月，成立翟镇公社革命委员会。1981年1月，建立公社管委会。1984年4月，改为翟镇办事处。1985年12月，建翟镇。

2018年4月11日，翟镇大港村一角　（娄民焕　提供）

2016年，翟镇辖翟北、翟南、翟东、史家庄、赵家庄、董家庄、富泉庄、石灰峪、后羊、前羊、小湖、刘官庄、唐立庄、唐立沟、玥庄、侯家庄、大港、红石板、汶河北、保安庄、近格庄、兴隆屯、春阳庄、于家庄、古河、黄泥庄、高家店、穆家店、李家庄、葛沟、柳家庄、葛沟桥、平家庄、井家庄、榆山、古子山、王家寨、东梁庄、肖家上汪、李家上汪、陈家上汪、王家园、牛家庄、崖头、小港、黑石山子46个行政村。至2020年，建置区划未变。

**自然状况** 境内地势东北高西南低，山地、丘陵、平原相间分布。海拔高度182～210米，最高点位于白虎子山，海拔358.2米；最低点位于唐立沟村，海拔149.5米。境内多低山丘陵，从西向东依次为黑石山、柴山、古子山、白虎子山、老猫山、九顶皇山。河流主要有柴汶河及其支流广宁河（迈莱河）、翟庄河（羊村河）、夔龙河（馗龙河）、葛沟河、蛤蚧沟河等。资源主要有煤炭、铝土、花岗岩、石灰石、河沙、矿泉水等，除黑石山子村、古子山村外的44个行政村均有煤炭分布。

**人口民族** 2016年，常住总户数2.55万户，常住总人口7.39万人，其中男性3.88万人、女性3.51万人。2018年，常住总户数2.6万户，常住总人口7.52万人，其中男性3.92万人、女性3.6万人。2020年，常住总户数2.63万户，常住总人口7.5万人，其中男性3.91万人、女性3.59万人，有汉族、回族、满族、壮族、拉祜族、维吾尔族、蒙古族7个民族。

## 经济状况

**农　业** 以种植小麦、玉米为主。2016年，耕地面积2666.6公顷，农业总产值2.8亿元，小麦、玉米种植面积1520公顷，粮食总产量2.8万吨。农民专业合作社78家，家庭农场73个，规模化养殖场57个，农业企业5家，现代农业产业园4个，土地流转面积1000公顷。2020年，耕地面积2500公顷，农业总产值2.7亿元，小麦、玉米播种面积1293公顷，粮食总产量1.1万吨。农民专业合作社78家，家庭农场73个，规模化养殖场57个，农业企业5家，现代农业产业园4个，土地流转面积1333公顷。

**工　业** 2016年，工业企业115家，从业人员1060人，其中规模以上工业企业28家；工业总产值41.9亿元，实现利税1.75亿元，其中利润5300万元；规模以上工业企业实现主营业务收入10.15亿元，实现利税1.2亿元，其中利润4700万元。2018年，工业企业120家，从业人员1110人，其中规模以上企业21家；工业总产值50.39亿元，实现利税2.2亿元，其中利润6000万元；规模以上工业企业实现主营业务收入13.87亿元，实现利税1.9亿元，其中利润5700万元。2020年，引进落地项目8个，招商引资到位资金3.6亿元，上级拨款项目资金1.2亿元，进出口总额600万元。工业企业127家，从业人员1110人，其中规模以上工业企业17家；工业总产值47.5亿元，实现利税2亿元，其中利润5700万元；规模以上工业企业实现主营业务收入12.76亿元，实现利税1.6亿元，其中利润5000万元。

## 财政税收

**财　政** 2016年，一般公共财政预算收入2.32亿元，一般公共财政预算支出1.12亿元。2018年，一般公共财政预算收入1.72亿元，一般公共财政预算支出7300万元。2020年，一般公共财政预算收入1.42亿元，一般公共财政预算支出3900万元。

**税　收** 2016年，登记各类纳税人435户，年纳税额在10万元以上的企业178户；各项税收收入4.44亿元，其中增值税1.93亿元。2018年，登记各类纳税人664户，年纳税额在10万元以上的企业337户；各项税收收入5.83亿元，其中增值税

3.13亿元。2020年，登记各类纳税人953户，年纳税额在10万元以上的企业176户；各项税收收入2.65亿元，其中增值税1.51亿元。重点税源为煤炭、建筑安装、农产品加工、石膏建材等行业。

## 社会事业

**教　育**　2016年，幼儿园12所，专任教师203人，在园幼儿2939人；小学5所，专任教师175人，在校学生3027人；普通初中1所，专任教师187人，在校学生2865人；县级以上规范化中小学6所，其中省级规范化学校1所、泰安市级规范化学校5所。2020年，幼儿园13所，专任教师185人，在园幼儿园3110人；小学5所，专任教师202人，在校学生2982人；普通初中2所，专任教师185人，在校学生2860人。

**文　化**　2016年，镇综合文化站1个，村级文化活动中心46个，各类文化专业户10户，音乐、美术、书法、摄影及文学业余创作人员30人；农家书屋46个，农村文化大院46个，文体广场47个，文艺宣传（表演）队1支。2020年，镇综合文化站1个，村级文化活动中心46个，各类文化专业户20户，音乐、美术、书法、摄影及文学业余创作人员120人；城乡书房3个；农家书屋46个，农村文化大院46个，文体广场47个，文艺宣传（表演）队1支。县级文物保护单位3处（翟南史氏祠堂、后羊村关帝庙、玥庄村范式民居）。县级以上非物质文化遗产16项，其中省级1项（翟氏正骨）、市级3项（通明堂中医脉针疗、追风卫手拳、瑞乐堂膏药）、县级12项（打铁花、黄瓜岭的传说、长春寺与夔龙河、玉皇辇、珍珠桥的传说、小湖豆腐皮、张仙人的传说、太祖拳、得胜盘鼓、鲁派玉石雕刻、陈氏民间烧烫伤疗法、新泰煎饼食俗）。

**卫　生**　2016年，医疗卫生机构42家、床位60张，其中镇卫生院1家、村卫生室41家；卫生技术人员112名，其中执业医师44名、执业助理医师6名。2020年，医疗卫生机构43家、床位80张，其中镇卫生院1家、村卫生室42家；卫生技术人员101名，其中执业医师30名、执业助理医师5名。

## 社会保障

**医疗保险**　2016年，居民基本医疗保险参保人数4.36万人。2018年，居民基本医疗保险参保人数5.3万人。2020年，居民基本医疗保险参保人数5.1万人。

**养老保险**　2016年，居民参加养老保险3.85万人。2018年，居民参加养老保险3.87万人。2020年，居民参加养老保险3.97万人。

**低保救助**　2016年，农村最低生活保障816户、1515人，发放最低生活保障金311.64万元；医疗及其他救助117人，发放救助金26.91万元；敬老院1家，床位100张，收养农村“五保”老人34人。2018年，农村最低生活保障

2020年8月6日，翟镇新时代文明实践广场　（娄民焕　提供）

359户、666人，发放最低生活保障金190.92万元；医疗救助58人，发放救助金9.29万元；临时救助52人，发放救助金9.63万元；敬老院1家，床位100张，收养农村“五保”老人25人。2020年，城镇最低生活保障户10户、14人，发放最低生活保障金7.08万元；农村最低生活保障441户、797人，发放最低生活保障金336.96万元；临时救助21人，发放救助金6.68万元；敬老院1家，床位100张，收养农村“五保”老人22人。

## 名胜古迹

**九顶皇山旅游景区** 位于翟镇王家寨村西北。2004年建成，投资8400万元，占地面积133.33公顷。九顶皇山原名九顶黄山，清乾隆皇帝南巡时在此地设行营驻跸，并赋诗赞颂，据此，改为九顶皇山。景区以九省御道和新泰历史文化为主线，建有宗教朝拜殿堂、新泰历史文化博物馆、御道文化等景点，是人们娱乐、休闲的好场所。

## 古今名人

**李树德（1917—1980）** 曾用名容善，1917年出生，翟镇前羊村人。1937年11月，参加革命工作。1938年7月，加入中国共产党。1938年起，历任山东省人民政府粮食局科长、华东前线支前办事处粮食部副部长等职。1947年9月起，历任辽南公署粮食局局长、辽宁省粮食局局长、东北行政委员会粮食总局副局长等职。新中国成立后，历任广东省粮食局局长、中南行政委员会财政局副局长等职。1955年起，历任国务院财政部农税司副司长、司长，华北局财办主任等职。1966年起，任内蒙古自治区党委常委、秘书长，自治区革命委员会副主任等职。1980年9月去世。

**董　超（1915—1990）** 1915年12月出生，翟镇董家庄人。1937年9月加入中国共产党。1938年1月，参加徂徕山抗日武装起义，历任八路军山东纵队连指导员、营副教导员、团政治处主任、团政委等职。1945年8月起，历任师政治部主任、政委，鲁中南军区政治部主任。1950年起，历任中国人民解放军南京军事学院基本系政委、高级系政委、政治部主任等职。1955年，被授予大校军衔。1961年，晋升为少将军衔。1990年去世。获二级独立自由勋章、一级解放勋章。

**朱国平（1917—1999）** 原名朱钦范，1917年出生，翟镇柳家庄人。1936年5月，参加中国共产党领导的民族解放先锋队。1938年3月，加入中国共产党。抗日战争时期，历任八路军山东纵队四支队排长、连长、干事，八路军总部参谋处科员、参谋等职。抗日战争胜利后，历任中共四平市委代书记，四平市政府秘书处处长，辽吉二地委秘书长，梨树县副县长，怀德县宣传部部长，四平市公安局局长，西安县县长、县委书记等职。新中国成立后，历任东北工业部、重工业部设计公司经理，成都地质学院院长，中国有色金属工业总公司常务董事等职。1985年离休。1999年3月去世。

## 土特名产

**小湖豆腐皮** 产于翟镇小湖村，有100多年的生产历史。小湖豆腐皮采用本地优质大豆为原料，经浸泡、磨浆、过滤、结膜、捞膜、压干等多道工序精制而成，其皮柔内嫩，色泽金黄，清爽筋道，富有弹性，易贮藏，便携带，是访亲送友的佳品。2014年11月，被新泰市人民政府列入第四批县级非物质文化遗产代表性项目名录。2020年，小湖村有正宗生产作坊及厂家8家。

## 典型选介

**全国综合实力千强镇——翟镇** 2019年，翟镇围绕亮点工作，完成固定资产投资28.5亿元，

其中5000万元以上项目9个、500万～5000万元项目53个；新培育规模以上工业企业6家，省外投资到位资金8500万元；一般公共财政预算收入1.05亿元，城镇、农村居民人均可支配收入分别增长7%和9.6%，居2019年全国综合实力千强镇榜单第483名，较上年提升3个名次。2020年，全镇地方财政收入实现1.42亿元，固定资产投资完成12.03亿元，11个项目列入泰安市新旧动能转换项目库，9家企业纳入小升规企业培育库。

## 镇党政主要负责人

党委书记　贾夫军（2011.11—2016.12）
　　　　　刘焕校（2016.12—2020.5）
　　　　　刘渊东（2020.6—　）
镇　　长　刘焕校（2011.12—2017.1）
　　　　　耿　燕（女，2017.1—　）

（娄民焕）

# 泉沟镇

## 地理环境

**位置面积**　泉沟镇位于新泰市西北部，东接新甫街道和翟镇，西连羊流镇，南与西张庄镇相交，北与济南市钢城区相接。东西长13.8千米，南北长10.5千米，总面积92.6平方千米。镇政府驻泉沟村，距新泰市人民政府14千米。南靠241省道。

**建置区划**　清中期建村，四周多沟，沟内有泉，故名。泉沟镇境内，1914年属新泰县宣化区。1939年，属新泰县第二区。1941年，分属新甫县上北乡、新甫乡。1947年，分属果都区及翟镇区。1958年，属翟镇人民公社。1984年，属翟镇办事处。1985年，建泉沟镇。2016年，泉沟镇辖盛泉社区以及东刘家上江、小良庄、徐家塘、泉沟、高崖头、大沟桥、运舟湖、王家庄、西刘家上江、宫山前、麻峪、张家兰子、周家泉、赵家峪、圈里、甫阳、曹家坪、魏家峪、河山子、邓家庄、康乐庄、上河、孙家庄、曹家庄、西尧沟、小官庄、刘家牌、新官庄、杨家牌、黄崖、袜子铺、靳家牌、庙子牌33个行政村。至2020年，建置区划未变。

**自然状况**　境内地势东北高，西南低，主要有山地、丘陵、平原、涝洼4种地形，海拔

2016年8月，新泰市莲花山远景　　（徐成林　摄）

176～210米。境内莲花山东西绵延15千米，总面积100平方千米，主峰天台峰海拔999米；平顶山海拔474米；白虎子山、团山子海拔300米以上。主要河流为迈莱河，由北向南穿境入柴汶河，地下水资源丰富，泉水较多，其中名泉有周家泉、栒沟泉、尹家庄泉等。土壤主要有砂土、黄土、红土、黄黏土、石渣土、壤砂土等。矿产资源主要有煤、花岗岩、石灰岩、长石、独巨石、铝土等，其中花岗岩储量36.2万立方米。

**人口民族** 2016年，常住总户数1.3万户，常住总人口4.96万人，其中男性2.12万人、女性2.84万人。2018年，常住总户数1.68万户，常住总人口4.76万人，其中男性1.95万人、女性2.81万人。2020年，常住总户数1.1万户，常住总人口3.2万人，其中男性1.7万人、女性1.5万人。有汉族、回族2个民族。

## 经济状况

**农　业** 以种植小麦、玉米、花生为主。2016年，耕地面积2238公顷，农作物播种面积3025公顷，粮食总产量1.97万吨，农业总产值3.12亿元，其中农业产值2.36亿元、林业产值5300万元、牧业产值1000万元、渔业产值200万元、农林牧渔服务业产值1100万元，农林牧渔服务业增加值200万元。发展经济林600公顷，绿化荒山800公顷，实施农田水利工程15项，建成农业示范园12个、标准化生态养殖场38个。农民专业合作社31家，家庭农场18个。2020年，耕地面积3054.6公顷，其中设施农业占地面积501.3公顷、高标准农田面积333.3公顷，农作物播种面积3025公顷，粮食总产量2.04万吨，农业总产值1.54亿元，其中农业产值1.15亿元、林业产值3100万元、牧业产值400万元、渔业产值100万元、农林牧渔服务业产值300万元，农林牧渔服务业增加值100万元。农民专业合作社16家，农业企业18家，家庭农场55个，土地流转面积232公顷。

**工　业** 2016年，工业企业18家，从业人员7143人，其中规模以上工业企业5家；工业总产值28.1亿元，实现利税3.65亿元，其中利润3.09亿元；规模以上工业企业实现主营业务收入5.64亿元，实现利税7300万元，其中利润6200万元。2018年，工业企业23家，从业人员7465人，其中规模以上工业企业7家；工业总产值17.6亿元，实现利税2.28亿元，其中利润1.93亿元；规模以上工业企业实现主营业务收入3.52亿元，实现利税4600万元，其中利润3800万元。2020年，工业企业17家，其中规模以上工业企业6家；工业总产值1.74亿元，实现利税2251.2万元，其中利润1905.6万元；规模以上工业企业实现主营业务收入4324.8万元，实现利税562万元，其中利润475.7万元。

## 财政税收

**财　政** 2016年，一般公共预算收入1.27亿元，一般公共预算支出6894万元。2020年，一般公共预算收入6166万元，一般公共预算支出6166万元。

**税　收** 2016年，登记各类纳税人118户，年纳税额在10万元以上的企业39户；各项税收收入8002万元，其中增值税4237万元。2018年，登记各类纳税人188户，年纳税额在10万元以上的企业107户；各项税收收入1.06亿元，其中增值税7554万元。2020年，登记各类纳税人191户，年纳税额在10万元以上的企业89户；各项税收收入6166万元，其中增值税4708万元。重点税源为勘探、机械制造、农产品加工、旅游等行业。

## 社会事业

**教　育** 2016年，幼儿园9所，专任教师65人，在园幼儿1005人；小学6所，专任教师154人，在校学生2814人；普通初中1所，专任教师179人，在校学生2502人。县级以上规范化中小

学7所，其中省级规范化学校1所、泰安市级规范化学校6所。2020年，幼儿园13所，专任教师114人，在园幼儿1650人；小学7所，专任教师154人，在校学生2829人；普通初中1所，专任教师157人，在校学生2112人。

**文　化**　2016年，镇综合文化站1个，村级文化活动中心20个，各类图书室2个，藏书1.2万册，农家书屋20个。2020年，镇综合文化站1个，村级文化活动中心32个，各类图书室3个，藏书1.5万册，农家书屋32个，农村文化大院32个，文体广场35个，文艺宣传（表演）队1支，新时代文明实践广场2处，村村成立红白理事会、新乡才理事会，开展送戏下乡、公益电影放映等文化活动400余场次。县级以上文物保护单位4处，其中省级1处（莲花山云谷寺）、市级1处（莲花山行宫）、县级2处（周家泉村五圣堂、高崖头村扬水站）。县级以上非物质文化遗产4项，其中市级1项（飨德酿酒坊固态酿酒技艺）、县级3项（莲花山庙会、莲花山遇仙记、许氏骨科膏药）。

**卫　生**　2016年，医疗卫生机构30家、床位50张，其中镇卫生院1家、村卫生室（社区门诊）29家；卫生技术人员44名，其中执业医师10名、执业助理医师9名。2020年，医疗卫生机构31家、床位50张，其中镇卫生院1家、村卫生室（社区门诊）30家；卫生技术人员44名，其中执业医师10名、执业助理医师9名。

## 社会保障

**医疗保险**　2016年，居民基本医疗保险参保2.86万人。2020年，居民基本医疗保险参保3.28万人。

**养老保险**　2016年，居民养老保险参保1.45万人。2020年，居民养老保险参保1.88万人。

**低保救助**　2016年，农村最低生活保障户数513户、781人，发放最低生活保障金142.8万元；医疗救助39人次；敬老院1家，床位50张，收养农村“五保”老人43人。2020年，农村最低生活保障户数346户、598人，发放最低生活保障金197.23万元；医疗救助34人次，发放医疗救助金11.87万元；敬老院1家，床位100张，收养农村“五保”老人20人。

## 名胜古迹

**周家泉村五圣堂**　县级文物保护单位。位于周家泉村，建于清乾隆四十四年（1779），占地面积约290平方米，今存主要建筑有大堂、东配房、西配房、大门，主要供奉有普贤菩萨、文昌帝君、关帝、文殊菩萨、送子观音。2022年，被新泰市人民政府公布为县级文物保护单位。

**高崖头村扬水站**　县级文物保护单位。位于高崖头村东，1975年由翟镇人民公社负责修建，1976年12月竣工。扬水站最高处18米，机井直径近30米，深10米，配有泵房、高架渡槽等设施，为新泰县十大扬水站之一，与羊流扬水站合称泰安地区万亩扬水站。今扬水站虽已失去提水灌溉等基本功能，但主体建筑保存完好，高崖头村将其作为地标性建筑，依托扬水站建成泉沟镇党员干部教育示范基地。2022年，高崖头村扬水站被新泰市人民政府公布为县级文物保护单位。

## 古今名人

**尹序伦（1856—1943）**　字宝常，清咸丰六年（1856）出生，泉沟镇魏家峪村人。他饱读诗书，参加乡试受挫后便放弃科举之路回到家乡。在家乡，尹序伦扶持贫困乡民，并热衷地方公益事业，如种植义树，创办义塾，重修莲花山寺庙、古迹并撰书碑刻、楹联多处等，得到乡民的称颂。清宣统年间，因带领乡民消灭匪乱，被赏加六品顶戴。著有《诗文杂录》数卷。

**肖光元（1907—1983）**　清光绪三十三年（1907）七月出生，泉沟镇赵家峪村人。1953年起，在村东太平顶山上担任护林员，30年间，他以山为家，采种、育苗、栽树，修建闸山沟、拦沙坝100多条，鱼鳞坑3000多个，石阶盘山道1500多米。在其感召下，赵家峪村多次组织村民在山上成片造林，将约133公顷的荒山全部绿化完毕。1964年，肖光元加入中国共产党。1969年，被评为山东省林业劳动模范。1983年去世。2019年，新泰市委组织部将其事迹拍摄成微视频《初心成林》。山东省第五届人大代表。

**刘　萍（1917—2002）**　女，曾用名灿玉，1917年出生，泉沟镇东刘家上汪村人。1938年7月，参加革命工作，11月加入中国共产党。抗日战争时期，历任沂水县岸堤区妇救会会长，尼山特委妇女队长，新泰县、莱芜县妇救会会长等职。解放战争时期，历任泰山地委妇救会会长、济南市妇联生产部部长等职。新中国成立后，历任济南市历下区委书记，山东省科委政治处处长，省科协副主席、党组成员等职。1982年4月离休。2002年3月去世。

**曹礼琴（1919—2011）**　曾用名文卿，1919年出生，泉沟镇曹家庄村人。1936年11月，参加革命工作。1938年4月，加入中国共产党。抗日战争时期，历任八路军山东人民抗日游击队第四支队第二团副指导员、新泰县独立营教导员、新（泰）西办事处主任、新泰县委敌工部部长等职。解放战争时期，历任鲁中军区警备第七团政治处主任，滨海一团政治处主任、副政委、政委，第99师第295团政委等职。新中国成立后，历任泰安军分区政治部主任、副政委，泰安地委副书记、代理书记，泰安地革委会副主任、地委副书记、行署专员，山东省人大常委会委员等职。1990年11月离休。2011年去世。

## 土特名产

**陈氏飨德酿酒坊白酒**　泉沟镇张家兰子村陈氏飨德酿酒坊所产。据家谱记载，陈家祖上从陕西来时就有酿酒传统，到清朝盛世，形成一整套独特、先进的固态酿酒工艺，晚清时期，建飨德酿酒坊，年产白酒几万斤。2015年，第六代传承人陈洪民在搜集、整理祖上留下的工艺资料的同时，重建陈氏飨德酿酒坊。传承固态酿酒技艺，采用高粱加酒曲，卧酒窖发酵46天而成，无任何添加剂，酒质达到国家标准，酒色微黄而透明，口味绵甜醇厚，余香优雅悠长。2019年，飨德酿酒坊固态酿酒技艺被泰安市人民政府列入第八批市级非物质文化遗产代表性项目名录。

**魏家峪柳编**　魏家峪村历来有用柳条编织各种工艺品的传统，起初主要是自编自用，以实用为主，欣赏为次，种类主要有篮、筐等器具，1972年开始批量出口，种类不断增加，款式逐年变化，在讲究实用的同时更注重欣赏价值。魏家峪柳编全部采用手工工艺，根据柳编的不同部位选择使用材料，经选料、上色、浸泡、编织、熏蒸、晾晒、刷漆等多道工序而成，产品既坚固耐用，又美观大方，有簸箕笎子、箔篮、蒸笼等数十个品种、式样，涵盖了百姓生产生活所需的全部柳编产品，受到人们的普遍喜爱。

**黄崖村绣花鞋**　产于泉沟镇黄崖村，纯手工制作，鞋面绣有华丽纹饰，穿着舒适、美观，今多作为一种文化旅游产品推出。绣花鞋制作工艺烦琐，首先选取边角布料，用糨糊糊在板子上，晾干后剪成鞋帮和鞋底式样，然后用麻线纳鞋底，用漂亮的布铺在鞋帮上，绣出莲生贵子、榴开百子、龙飞凤舞等吉祥图案，最后将鞋底和鞋面缝合在一起。

## 典型选介

**全国乡村治理示范村——高崖头村**　位于莲花山前，迈莱河西岸。全村546户、1960人，党员88人，村“两委”成员7人。高崖头村历史悠久，汉武帝东巡驻跸，曾在此设候城一座，村东仍留有候城寨墙遗迹。2017年，开始实施乡村

振兴战略，高崖头村坚持党建引领，推进党组织领导的自治、法治、德治相结合的乡村治理体系建设，乡村治理能力和水平显著提高。筹资320万元硬化道路4万平方米，安装路灯52盏，铺设自来水管网2.6千米，投资300万元实施雨污分流工程，实现道路、自来水、污水管网户户通。党员带头拆除围墙1200米，利用废弃地、闲置院落建农家小院、亭台廊架，重塑青砖黛瓦老街道，争取上级资金建设广宁河湿地公园，把废水坑变成生态园，打造水清景美的人居环境。将8个生产组调整为3个网格，建立“党支部—网格党小组—党员中心户”组织架构，开展网格议事、走访入户活动，做到知民意、解民忧。开展“文明家庭”“好婆婆”“好媳妇”等评选活动，树立标杆，传承好家风、村风、民风。2021年，高崖头村被中央农村工作领导小组办公室、农业农村部、中央宣传部、民政部、司法部、国家乡村振兴局认定为第二批全国乡村治理示范村。

### 镇党政主要负责人

**党委书记** 史新国（2012.11—2018.9）

陈　凯（2018.9—　）

**镇　　长** 陈　凯（2015.2—2018.9）

陈　涛（2018.10—　）

（丁大康）

# 羊流镇

## 地理环境

**位置面积** 羊流镇位于新泰市西北部，东接泉沟镇，南与果都镇为邻，西与岱岳区相连，北与济南市莱城区相接。南北长15.23千米，东西长16.81千米，总面积172.22平方千米。镇政府驻小河南村，东距新泰市人民政府24千米。泰新高速公路斜穿西南，泰新公路和济临公路平行横贯，牛石公路贯穿南北。

**建置区划** 羊流境内秦时名秃丘，西晋称羊留，后演变为羊流，意为“地有羊氏之流风”。明清时设羊流保，并于境内官桥庄设巡检司，是“九省通衢”必经地，有“南京到北京，羊流居正中”之说。1912年，属新泰县永宁区。1930年，设羊流区，属新泰县三区。1939年10月，属新泰县抗日民主政府三区。1941年9月，属新甫县。1942年12月，属八路军新西办事处。1958年3月，撤销羊流区，建立羊流乡、旧关乡。1958年9月，撤乡建立羊流人民公社。1967年3月，建立羊流人民公社革命委员会。1984年4月，撤销公社、管理区，建立羊流办事处。1985年12月，将羊流办事处重新划分为羊流镇和旧关乡。2001年2月，撤销旧关乡并入羊流镇。2016年，羊流镇辖羊流、南羊流、小河南、大兴庄、二洼、三洼、立新庄、沟西、北庄、程家庄、吴家庄、东张庄、官路、小和庄、大和庄、西梁庄、东王庄、西王庄、徐家庄、吴家泉、苏庄、河东、丁李庄、魏家庄、高家沙沟、杨家沙沟、徐家沙沟、张家沙沟、长兴庄、安乐庄、石河庄、东官庄、梨园沟、桃花峪、陡沟、西天井峪、北天井峪、东天井峪、坦里、云河、乐山、新张庄、单家峪、黄土崖、凤凰村、王家林、芦家庄、永丰、旧关、东岭、新赵庄、傅庄、北王村、大涝峪、二涝峪、上裴家庄、西万家庄、上刘庄、邢家庄、朝阳、龙石崖、上柳杭、大柳杭、秦家庄、北单家庄、义和、乐义庄、官桥、西安、李官庄、泉河、闫家庄、红旗、黄草、北董家庄、下裴家庄、下刘家庄、杨家洼、贾庄、北刘家庄、松树林、西石棚、东石棚、雁翎关、北张家庄、东山草峪、西山草峪、崖山、香水河、苇池90个行政村。2020年，大兴庄更名为大洼，立新庄更名为羊家庄，凤凰村更名为李家庄，下刘家庄更名为刘家庄，其他建置区划未变。

**自然状况** 地势北高南低，北部山区，中部丘陵，南部为东西狭长平原，呈阶梯式分布，平均海拔154.6米。土地肥沃，水资源充沛，境内最大的河为羊流河，发源于新甫山南麓，由苇池河、石河庄河、坦里河、苏庄河四条支流汇集而成。矿产资源主要有科马提岩、玉石、长石、硫铁等，其中科马提岩具有较高的科研价值。

**人口民族** 2016年，常住总户数4.03万户，常住总人口10.26万人，其中男性5.24万人、女性5.02万人。2018年，常住总户数4万户，常住总人口10.64万人，其中男性5.44万人、女性5.2万人。2020年，常住总户数4.08万户，常住总人口10.72万人，其中男性5.48万人、女性5.24万人。有汉族、回族2个民族。

## 经济状况

**农　业** 以种植小麦、玉米、猕猴桃、花椒、有机蔬菜为主。2016年，耕地面积7585公顷，以水浇地为主；农业总产值55.2亿元，其中农业产值8.76亿元、林业产值4.67亿元、牧业产值40.22亿元、渔业产值0.73亿元、农林牧渔服务业产值0.82亿元；粮食总产量6万吨。农民专业合作社42家，种植大户6户，家庭农场23个。2018年，耕地面积7820公顷，以水浇地为主；粮食总产量4.5万吨。农业企业11家，农民专业合作社67家，种植大户2户，家庭农场32个。2020年，耕地面积7985公顷，粮食总产量2.88万吨。农业企业11家，农民专业合作社66家，种植大户36户，家庭农场192个，土地流转面积943.93公顷。

**工　业** 2016年，工业企业356家，其中规模以上工业企业11家；工业总产值30亿元，实现利税3亿元，其中利润2.1亿元；规模以上工业企业实现主营业务收入1100万元。引进落地项目16个，招商引资到位资金3亿元，上级拨款项目资金0.5亿元，进出口总额1900万元。2018年，工业企业375家，其中规模以上工业企业16家；工业总产值35.2亿元，实现利税3.6亿元，其中利润2.5亿元；规模以上工业企业实现主营业务收入1600万元。引进落地项目18个，招商引资到位资金3.5亿元，上级拨款项目资金1.5亿元，进出口总额2100万元。2020年，工业企业460家，其中规模以上工业企业36家；工业总产值40亿元，实现利税4亿元，其中利润2.8亿元；规模以上工业企业实现主营业务收入1700万元。引进落地项目25个，招商引资到位资金5亿元，上级拨款项目资金2.1亿元，进出口总额3200万元。

## 财政税收

**财　政** 2016年，一般公共预算收入1.2亿元，一般公共预算支出1.21亿元。2018年，一般公共预算收入6405万元，一般公共预算支出6944万元。2020年，一般公共预算收入3670万元，一般公共预算支出4854万元。

**税　收** 2016年，登记各类纳税人2449户，年纳税额在10万元以上的企业132户；各项税收收入1.24亿元，其中增值税4995万元。2018年，登记各类纳税人3121户，年纳税额在10万元以上的企业153户；税收收入1.46亿元，其中增值税7129万元。2020年，登记各类纳税人4080户，年纳税额在10万元以上的企业178户；各项税收收入1.16亿元，其中增值税8344万元。重点税源为起重机械、发电等行业。

## 社会事业

**教　育**　2016年，幼儿园27所，专任教师277人，在园幼儿3389人；小学13所，专任教师273人，在校学生6270人；普通初中2所，专任教师228人，在校学生3605人；县级以上规范化中小学3所，其中省级规范化学校1所、泰安市级规范化学校2所。2020年，幼儿园33所，专任教师328人，在园幼儿4142人；小学13所，专任教师260人，在校学生5389人；普通初中2所，专任教师199人，在校学生4794人；县级以上规范化中小学4所，其中省级规范化学校1所、泰安市级规范化学校3所。

**文　化**　2016年，镇综合文化站1个，村级文化活动中心20个，文化专业户1户；图书室3个，藏书1.08万册，音乐、美术、书法、摄影及文学业余创作人员8人；农家书屋90个，农村文化大院90个，文体广场82个，文艺宣传（表演）队1支。2020年，镇综合文化站1个，村级文化活动中心90个，文化专业户1户；图书室8个，藏书2.46万册，音乐、美术、书法、摄影及文学业余创作人员12人；农家书屋90个，农村文化大院90个，文体广场90个，文艺宣传（表演）队2支。县级以上文物保护单位7处，其中省级3处（新泰羊氏墓地、北单家庄遗址、徐琛墓）、县级4处（东张庄张氏祠堂、西王庄七圣祠堂、羊流村东大寺、秦家庄崇福寺遗址）。县级以上非物质文化遗产16项，其中国家级1项（独杆跷）、省级1项（百兽图）、市级5项（岱宗梅花拳、麦秆扇制作技艺、羊流中医点穴疗法、羊流羊祜大将军、泰盛堂中医疗法）、县级9项（九女寺的传说、付氏梅花拳、大柳杭梅花拳、德馨堂正骨推拿疗法、德馨堂老黑膏、祖传秘方妇宁丸、羊流豆腐皮、羊流肘子制作技艺、痔疮消）。

**卫　生**　2016年，医疗卫生机构63家、床位40张，其中镇卫生院1家、村卫生室62家；卫生技术人员95名，其中执业医师40名、执业助理医师46名。2020年，医疗卫生机构66家、床位40张，其中镇卫生院1家、村卫生室65家；卫生技术人员95名，其中执业医师43名、执业助理医师49名。

## 社会保障

**医疗保险**　2016年，居民基本医疗保险参保人数8.81万人。2018年，居民基本医疗保险参保人数9.03万人。2020年，居民基本医疗保险参保人数8.92万人。

**养老保险**　2016年，居民参加养老保险5.4万人。2018年，居民参加养老保险5.46万人。2020年，居民参加养老保险5.61万人。

**低保救助**　2016年，农村最低生活保障户数1196户、1926人，发放最低生活保障金401.61万元；大病救助26人次，发放救助金15万元；临时救助27人次，发放救助金4.48万元；敬老院1家，床位200张；有“五保”老人278人，其中集中供养43人。2018年，农村最低生活保障户数566户、929人，发放最低生活保障金146.3万元；大病救助9人次，发放救助金2.99万元；临时救助35人次，发放救助金6.74万元；慈善救助17人次，发放慈善救助金2.82万元；敬老院1家，床位200张；有“五保”老人244人，其中集中供养32人。2020年，城镇最低生活保障户数8户、16人，发放最低生活保障金9.94万元；农村最低生活保障户数516户、873人，发放最低生活保障金271.83万元；临时救助31人次，发放救助金10.26万元；慈善救助5人次，发放慈善救助金1万元；敬老院1家，床位200张；有“五保”老人288人，其中集中供养30人。

## 名胜古迹

**羊氏墓地**　省级文物保护单位。位于羊流镇程家庄村东南200米，是羊氏家族墓群，因墓群中有封土比较明显的三座大坟墓，所以被称为

"三羊墓"。清顺治年间新泰知县卢紘《羊太傅祖墓表》"羊流店北里许，有羊太傅祖墓三冢。碑表圮，莫辨所葬谁何。询诸土人，参稽志传，咸称其一为太傅祖南阳太守续，其一为太傅父上党太守衜，其一为太傅兄孙暨之少子曼"。因记载中有羊祜祖、父之墓的存在，也称为"羊氏先茔"。2015年，被山东省人民政府公布为山东省第五批省级文物保护单位。

**徐琛墓** 省级文物保护单位。元代墓葬，位于羊流镇徐家庄村，占地面积3.2公顷，墓封土高1.5米，直径12米。墓前左侧有清康熙七年（1668）立徐氏宗谱碑1通。墓前右侧有元朝至治三年（1323）刻立的螭首龟趺"太守徐公神道之碑"1通，高2.76米、宽1米，碑文因风化严重，字迹模糊不清。碑前有高2.5米的石翁仲分左右相对而立，文官双手持笏，武官双手按剑。石人前有石坊1座，高2.4米、宽2.4米，上阴刻楷书"徐公祖茔之门。至治七年三月十七日"。坊前石羊2个，高1.1米、长1.25米；石羊前石虎2个。2007年秋，徐氏族人重修徐琛墓，新建园墙700米，大门1座、牌坊1座、九龙壁1处、华表1对、碑亭2处等。2013年，被山东省人民政府公布为山东省第四批省级文物保护单位。

**北单家庄遗址** 省级文物保护单位。羊流镇北单家庄东南，有一高台子俗称"佛掌台子"，是汉代冶铁遗址。遗址主要有采矿点、木炭烧制点、陶烘范窑等部分，呈长方形，南北长80米，东西宽23米，占地面积1160平方米。文化层堆积厚约1米，断崖暴露有灰坑和窑炉8座，窑炉平面呈圆形与长方形，直径3.5米，残高约2米，地表散布有木炭灰、矿渣等。曾出土西汉末期至东汉早期的铁鼎陶范。此处，初步确定为汉代山东十二铁官之一泰山郡铁官管辖的一处冶铁作坊。2022年，被山东省人民政府公布为山东省第六批省级文物保护单位。

**崇福寺遗址** 县级文物保护单位。位于秦家庄村西北。崇福寺坐北朝南，占地面积约4000平方米，有大殿、东西配殿、钟楼、鼓楼、山门等建筑，大殿周围，松柏参天拔地，碑碣林立，大殿东有佛塔1座，砖木结构，直径约8米，高9层，每层约2米。仅存元明时期螭首龟趺碑刻4通，年代最早的为元延祐七年（1320）十月初四日立的重修崇福禅院之记碑，碑前为《重修崇福禅院之记》，背面是《祖师宗派之图》，碑帽与碑身为一体，为双龙戏珠团，雕工精美，下有赑屃，高逾2米，无头。1996年，被新泰市人民政府公布为第三批县级文物保护单位。

## 古今名人

**羊　续（142—189）** 字兴祖，东汉末年泰山平阳（今羊流镇羊流村）人，著名廉吏，曾任庐江、南阳两郡太守。羊续为官清廉，对当时的奢侈之风非常反感，为矫正世风，他以身作则，"常敝衣薄食，车马羸败"，汉灵帝欲任其为位列三公的太尉，他却手举破袍而拒之，"羊续悬鱼""羊续拒妻"等典故更是流传千古。

**羊　祜（221—278）** 字叔子，西晋泰山平阳羊流（今羊流镇羊流村）人，著名战略家、军事家、政治家和文学家。羊祜在曹魏时代历任中书侍郎、秘书监、相国从事中郎等职。司马炎称帝后，羊祜深得司马家信任，升任尚书左仆射、车骑将军，官至镇南将军。去世后被追认为太傅。

**羊　欣（370—442）** 字敬元，泰山郡南城（今新泰市羊流镇）人，东晋、南朝宋时期的书法家。祖父羊权任黄门郎、父羊不疑任桂阳太守。羊欣擅行草，尤工隶书，书法艺术水平较高，有墨迹《笔精帖》传世。唐人张怀瓘在《书断》中称誉"羊欣之书，戚若严霜之林，婉似流风之雪，惊禽走兽，络绎飞驰"。其编撰的《古来能书人名录》是中国较早的书法家评传。

**徐　琛（1230—1303）** 字国宝，元代泰安州新泰徐家庄村（今羊流镇徐家庄村）人，

军事家、著名良吏。历任绍兴路总管判官、广德路总管府判官，拜奉训大夫、宁海州知州，奉直大夫、归德府亳州知州，中宪大夫、归德府总管太守，沂郯万户府知府等职。曾随蒙古脱脱元帅南征，任三路副元帅。致仕后曾重修新甫山汉武帝庙。

**王建青（1911—1991）** 字铭坤，羊流镇官桥村人。1931年，加入中国共产党。1938年1月，参加徂徕山抗日武装起义。抗日战争时期，历任山东莒县县委书记、滨海军区二军分区司令员等职。解放战争时期，历任豫皖苏五军分区司令员、三野26军77师师长等职。新中国成立后，历任解放军空军陆战第一旅旅长、华东军区人民武装部第一副部长、20军副军长兼参谋长、南京军区工程兵政委、南京军区政治部顾问等职。1955年，被授予少将军衔。1982年7月离休。1991年9月去世。获二级独立自由勋章、一级解放勋章，一级红星功勋荣誉章。第四届全国人民代表大会代表。

**刘树坤** 1940年出生，羊流镇羊家庄村人，水利专家。1991年，毕业于日本京都大学，获博士学位。曾任中国水利水电科学研究院灾害与环境研究中心主任、水力学所所长等职。是中国水利水电科学研究院水力学研究所总工、灾害与环境研究中心总工、教授级高级工程师、博士生导师。组织完成国家“八五”攻关课题“黄河下游滩区减灾对策研究”、国家自然科学基金主任项目“淮河防洪决策支持系统”、国家自然科学基金重大项目“城市洪涝灾害对策研究”以及其他省、部重大项目，发表论文80余篇。

**王洪光** 1949年8月出生，羊流镇官桥村人。1968年3月，参加中国人民解放军。1988年，晋升少将军衔。1998年起，历任装甲兵工程学院院长、总装备部通用装备保障部部长。2005年12月，任南京军区副司令员。2007年7月，晋升中将军衔。著有《绝战——追思金门战役》。第十届全国人民代表大会代表。

**单传海** 1963年10月出生，羊流镇人。1983年7月，在新泰楼德化肥厂参加工作。1994年3月，加入中国共产党。1999年起，历任泰安市委办公室副主任，市委副秘书长、办公室副主任，肥城市委副书记、代市长、市长、市委书记、市人大常委会主任等职。2014年起，历任德州市委常委、宣传部部长、德州经济技术开发区党工委书记、市纪委书记、市监察委员会主任，山东省委巡视组组长等职。

**高洪雷** 1964年出生，羊流镇人。历任共青团新泰市委书记，共青团山东省泰安市委书记，泰安市委宣传部副部长、市文明办主任等职。2016年起，历任山东省煤田地质局局长，山东省商业集团有限公司党委书记、董事长，山东省文化旅游发展集团有限公司董事长，山东省国欣文化旅游发展集团有限公司党委书记、董事长，山东省政协经济委员会委员，政协第十三届山东省委员会常委委员等职。系中国作家协会会员、中国人类学民族学研究会会员、中国民族史学会会员，代表作有《另一半中国史》《另一种文明》《大写西域》等。

## 土特名产

**麦秆扇** 羊流镇一带历代素有掐辫子的习俗，每年农历五月小麦收割后，挑选细长麦草项节整理成束，农村闺姑妇孺，无不腋莛掐辫，成为麦秆扇发展的基础。麦秆扇用麦秆编织、绳线捆扎、最后人工缝制而成，外形简单大方、样式多，与蒲扇相比重量轻、手摇不累，而且风力柔和，带有一股麦子清香，全扇无胶、无油漆、无任何化学处理，绿色健康环保，是一种即实用又精致的民间艺术品。2019年，麦秆扇制作技艺被泰安市人民政府列入第八批市级非物质文化遗产代表性项目名录。

**羊流豆腐皮** 有500年加工历史，相传明太祖朱元璋曾题写“乐陵小枣莱阳梨，不及羊流豆腐皮”，一度成为朝中贡品。羊流豆腐皮以优质黄豆为原料，经泡涨、磨糊、过滤、熬煮、下膏、压汁、煮熟等多道独特工艺而成，所产豆腐皮薄如白纸、清爽劲道、口感独特、营养丰富，携带和食用都很方便，是民间馈赠亲朋好友的佳品。2010年，被新泰市人民政府列入第二批县级非物质文化遗产名录。

2023年，泰山百合和园航拍图　　（新泰市航拍协会　摄）

**羊流肘子**　羊流镇特色名菜。羊流肘子个大，用料考究，其味甘咸、肥而不腻、松嫩爽口。其制作程序严格，要精选猪前腿，经过火烤去毛、漂洗、沥水，蜂蜜均匀涂抹表面后过油，用八角等十多种材料焖煮，文火慢蒸至熟透等步骤，最后浇汁，配醋1碟。2012年，羊流肘子制作技艺被新泰市人民政府列入第三批县级非物质文化遗产代表性项目名录。

## 典型选介

**全国农村创业创新园区——泰山百合和园**　位于蟠龙山下，占地面积1733.33公顷，总投资3.7亿元。园区主要种植无磷百合、有机茶、藜麦、四叶参等特色高效农产品，散养优质黑猪，有百合加工厂、炒茶厂、藜麦啤酒生产线等精深加工项目及游客接待中心、紫藤长廊、竹林风情园、观景台、婚庆广场、百合体验馆等特色景点，是集种养殖、加工销售、乡村旅游、农事体验于一体的田园综合体。2017年，被农业部认定为全国农村创业创新园区。2018年，举办百合文化艺术节系列活动，吸纳游客13万余人。园区无磷鲜百合，被青岛上合峰会选为指定果蔬产品。2020年，带动周边20个村种植百合1333公顷，村集体年均增收5万元，辐射发展千亩农业示范园4个（官桥樱桃园、刘家庄猕猴桃园、李家庄榛子园、黄草鸵鸟园）。

**省级特色小镇——羊流智能起重小镇**　位于新泰市羊流镇工业园区。2018年，完成整体规划，规划占地面积3.4平方千米，总投资46亿元，主导产业为智能化起重机、高端链条和精密铸造等。同年，推进总投资额23亿元的特色小镇综合功能区建设项目，搭建小镇内电子商务平台，建立国际与国内贸易部，实现线上研发设计、生产服务、产品交易，互联网起重产品销售额8000万元。2021年，有起重机械企业62家、链条企业76家，其中国家级高新技术企业12家、规模以上企业33家，起重机械产业实现总产值40.56亿元，占全镇工业产值70%左右，是全国第二大起重机智能制造产业基地，被山东省人民政府命名为第一批省级特色小镇。

## 镇党政主要负责人

**党委书记**　李兴胜（2014.1—2020.3）
　　　　　李希刚（2020.5—　）
**镇　　长**　高　涛（2012.11—2016.9）
　　　　　白宗成（2017.1—　）

（王文娟）

# 果都镇

## 地理环境

**位置面积** 果都镇位于新泰市中西部，柴汶河北，东接西张庄镇，西邻天宝镇，南与谷里镇隔河相望，北与羊流镇相连。南北长9.7千米，东西长10.8千米，总面积48.13平方千米，其中陆地面积43.3平方千米，水域面积5平方千米。镇政府驻果都村，距新泰市人民政府23.8千米。泰新高速贯穿全境。

**建置区划** 果都原名德性庄，相传为迎接汉武帝封泰山禅梁父山时驻跸而建城，汉武帝在此宿息期间簪冠学道，故名裹头城，后演变为果都城。果都镇境内，明嘉靖年间属新泰县永宁乡。清乾隆四十九年（1784），属新泰县西南乡。1912年，设永绥区。1921年，属新泰县第四区。1939年10月，属新泰县抗日民主政府四区。1941年9月，属新甫县果都区。1942年12月，属八路军新西办事处果都区。1943年8月，属新泰县四区。新中国成立后，属新泰县第四区。1958年3月，成立果都乡，同年9月，撤乡，成立果都人民公社。1984年4月，成立果都办事处。1985年12月，建果都镇。2016年，果都镇辖果都、段孟李、桥西头、瑞谷庄、坡里、蒋石沟、北石沟、东石沟、南石沟、杨莫庄、明义庄、洪路庄、杜莫庄、王莫庄、田莫庄、马赵、大霞雾、东霞雾、王官屯、张官屯、杨家楼、毛家庄、大萝芙峪、小萝芙峪、大谭、小谭、中坦、梁家庄、杨官庄、马家庄、陈家庄、王家庄、谢家庄、杜家庄34个行政村。至2020年，建置区划未变。

**自然状况** 境内地势平坦，整体西北高、东南低，最高点海拔278米，最低点海拔136.8米。地形以平原为主，占果都镇总面积的70%，号称新泰小平原。土壤为潮褐土和潮棕土，肥力高，利耕作。柴汶河横贯东西，羊流河穿越南北，地下水资源丰富。自然资源主要有石英、石灰岩、河沙等。

**人口民族** 2016年，常住总户数1万户，常住总人口3.83万人，其中男性1.92万人、女性1.91万人。2020年，常住总户数1.16万户，常住总人口4.12万人，其中男性2.09万人、女性2.03万人。有汉族、回族2个民族。

## 经济状况

**农　业** 境内土质肥沃，有“新泰粮仓”的美誉，西北部多丘陵，适宜种植花生、地瓜、果树等；东南部多平原，适宜种植小麦、玉米、蔬菜等。2016年，耕地面积2448公顷；粮食总产量2.8万吨，油料总产量1143吨，水果总产量221吨；农业总产值3.6亿元，其中农业产值1.8亿元、林业产值1300万元、牧业产值1.5亿元、渔业产值55万元、农林牧渔服务业产值1600万元，农林牧渔服务业增加值150万元。农民专业合作社117家，家庭农场187个，规模化养殖场5家，农业企业17家。2020年，耕地面积2425.6公顷，农业总产值3.6亿元，其中农业产值2.1亿元、林业产值1300万元、牧业产值1.1亿元、渔业产值67.7万元、农林牧渔服务业产值2600万元，农林牧渔服务业增加值153万元。粮食作物播种面积1366.67公顷，总产量2.5万吨；经济作物种植面积866.67公顷，其中油料作物播种面积349公顷、蔬菜种植面积294公顷、果树种植面积187.1公顷。设施农业大棚500余个；农民专业合作社97家，其中省级示范社3家、泰安市级示范社10家；家庭农场174个，其中省级示范农场1个、泰安市级示范农场8个、新泰市级示范农场16个。

**工　业**　2016年，工业企业82家，从业人员982人，其中规模以上工业企业11家；工业总产值82.3亿元，实现利税8.9亿元，其中利润6.45亿元；规模以上工业总产值61.75亿元，主营业务收入56.3亿元，实现利税6.69亿元，其中利润4.84亿元。2018年，工业企业132家，从业人员1187人，其中规模以上工业企业9家；工业总产值7.01亿元，实现利税3000万元，其中利润993万元；规模以上工业总产值5.26亿元，主营业务收入5.22亿元，实现利税2300万元，其中利润745万元。2020年，工业企业120家，从业人员1738人，其中规模以上工业企业7家；工业总产值13.52亿元，实现利税8500万元，其中利润4500万元；规模以上工业总产值10.14亿元，主营业务收入10.16亿元，实现利税6400万元，其中利润3400万元。

## 财政税收

**财　政**　2016年，地方财政实现收入3098万元，支出2722万元。2020年，地方财政实现收入6171万元，支出5620万元。

**税　收**　2016年，登记各类纳税人345户，年纳税额在10万元以上的企业13户；各项税收收入1829万元，其中增值税644万元。2018年，登记各类纳税人463户，年纳税额在10万元以上的企业47户；各项税收收入3038万元，其中增值税1096万元。2020年，登记各类纳税人644户，年纳税额在10万元以上的企业53户；各项税收收入5215万元，其中增值税2576万元。重点税源为煤炭、机械制造、农副产品加工等行业。

## 社会事业

**教　育**　2016年，幼儿园14所，专任教师51人，在园幼儿1034人；小学5所，专任教师95人，在校学生1895人；普通初中1所，专任教师103人，在校学生1123人。2020年，幼儿园11所，专任教师74人，在园幼儿943人；小学7所，专任教师115人，在校学生1876人；普通初中1所，专任教师76人，在校学生1187人。

**文　化**　2016年，镇综合文化站1个，村文化服务中心34个；农家书屋34个，藏书1.37万册。2020年，综合文化站1个，村文化服务中心34个，各类文化专业户10户；各类图书室38个，藏书2.5万册，音乐、美术、书法、摄影及文学业余创作人员20人；农家书屋34个，农村文化大院34个，文体广场35个，文艺宣传（表演）队5支。

2020年9月15日，果都镇东霞雾村文娱广场　（杨富芬　摄）

县级文物保护单位2处（裹头城遗址、瑞谷庄遗址）。县级文物点10处（果都遗址、大潭遗址、果都村陈氏祠堂、毛家庄氨水池、中坦村中疃井、果都村重修玉皇庙碑刻、东石沟创建龙神庙碑刻、北石沟重修关帝庙碑刻、杨家楼观音堂碑刻、杜家庄观音庙碑刻）。县级以上非物质文化遗产4项，其中省级1项（陈氏指画）、市级1项（果都咸菜腌制技艺）、县级2项（裹头城的传说、鸣玉堂膏药）。

**卫　生**　2016年，医疗卫生机构41家、床位60张，其中镇卫生院1家、村级卫生室40家；卫生技术人员244名，其中执业医师8人、执业助理医师33人。2020年，医疗卫生机构32家、床位50张，其中镇卫生院1家、村级卫生室30家、中医诊所1家；卫生技术人员123名，其中执业医师21人、执业助理医师35人。

## 社会保障

**医疗保险**　2016年，居民基本医疗保险参保人数3.24万人。2020年，居民基本医疗保险参保人数3.28万人。

**养老保险**　2016年，居民参加养老保险2.99万人。2020年，居民参加养老保险3.03万人。

**低保救助**　2016年，城镇最低生活保障户数5户、8人，发放最低生活保障金3.5万元；农村最低生活保障户数358户、531人，发放最低生活保障金114.67万元；医疗救助24人次，发放医疗救助金5.8万元。敬老院1家，床位96张，收养农村“五保”老人31人。2018年，城镇最低生活保障户数7户、10人，发放最低生活保障金4.4万元；农村最低生活保障户数198户、301人，发放最低生活保障金72.44万元；医疗救助8人次，发放医疗救助金4.3万元。2020年，城镇最低生活保障户数8户、11人，发放最低生活保障金7.9万元；农村最低生活保障户数248户、383人，发放最低生活保障金160.55万元；医疗救助15人次，发放医疗救助金5.36万元。敬老院1家，床位96张，收养农村“五保”老人16人。

## 名胜古迹

**裹头城遗址**　县级文物保护单位。位于果都村西南，汉代遗址，占地面积1.3公顷，为高台地，原高约4米，后因取土降低，今高约2米，底部可见夯土层。遗址上原有许多古代石碑，后被毁，仅存龟趺座2个，地面上可见瓦当、筒瓦残片，地下曾发现有陶井圈及较大面积的墓坑。

**瑞谷庄遗址**　县级文物保护单位。位于果都镇瑞谷庄村东500米，新石器时代遗址。遗址长、宽各500米，西靠羊流河，大部分被淤泥覆盖。1982年，在地表50～70厘米以下发现50厘米左右的文化层，内含少量陶片，出土背壶、陶杯、陶纺轮、高柄杯、陶鼎、石斧等标本，陶器主要为黑陶，均为轮制。从器物特征上分析，为大汶口文化晚期至龙山文化时期的遗址。

**九顶凤凰山**　位于果都镇瑞谷庄村。自南向北有大小九个山头，远观如凤凰。山前有一座古庙，庙前古树参天，庙西有著名景观——八步琉璃井，泉水清冽甘甜，池中两块石头上刻“王母灵池”，无论旱涝，泉中水位不变。泉水旁是松岩洞，被水库淹没。

**广福寺遗址**　位于果都村西南。西汉征和四年（前89），为迎接汉武帝到德性庄巡视，在此兴建行宫。汉武帝东巡后，在行宫的基础上，扩建而成广福寺。遗址坐北向南，比周围高4米左右，占地面积2667平方米，建筑面积约800平方米。

## 古今名人

**张秉玉（1919—1989）**　1919年9月出生，果都镇马家庄村人。1936年，加入中华民族解放先锋队。1938年1月，参加徂徕山抗日武装起义，

3月加入中国共产党。1950年7月起，历任驻匈牙利使馆武官，保加利亚、法国大使馆武官，解放军总参谋部外事局副局长、顾问等职。1955年，被授予上校军衔。1960年，晋升为大校军衔。1989年5月去世。获二级独立自由勋章、二级解放勋章和二级红星功勋荣誉章。

刘少傥（1916—1996） 原名刘士倜，1916年9月出生，果都镇坡里村人。1932年4月，加入中国共产党。1938年1月，参加徂徕山抗日武装起义。1952年起，历任江苏省公安厅副厅长、江苏省委政法部副部长、省民政厅厅长、省高级人民法院院长等职。1979年3月，任华东政法大学党委书记。1996年去世。江苏省第一届、第五届人民代表大会代表。著有革命回忆录《八十回首》。

刘玉芹 女，1950年10月出生，果都镇坡里村人。1968年，参加工作。1971年，加入中国共产党。2001年，任山东省卫生厅党组成员、副厅长。2009年，任山东省卫生厅巡视员。

朱玉合 1953年3月出生，果都镇段孟李村人。1975年8月，参加工作。1976年8月，加入中国共产党。1996年起，历任泰安市委副秘书长、办公室主任，市接待处处长，东平县委书记，肥城市委书记，泰安市委常务副秘书长等职。2003年2月，任泰安市委常委、市委常务副秘书长。2003年3月，任泰安市委常委、秘书长。2012年2月，任泰安市委特邀咨询。2013年4月退休。

范　真 1964年5月出生，果都镇梁家庄人，研究生学历。1991年7月，参加工作。1987年5月，加入中国共产党。2009年起，历任莱芜市副市长、党组成员，日照市委常委、纪委书记等职。2017年1月，任泰山学院党委书记。

刘　得 1965年4月出生，果都镇坡里村人。1984年7月参加工作。1986年11月，加入中国共产党。2015年3月，任山东省森林公安局局长（山东省公安厅森林警察总队总队长）。

## 土特名产

果都咸菜 始于清嘉庆年间。其上品——五香疙瘩咸菜是采用祖传配方精心腌制而成的地方名吃，以清香清脆、风味独特而驰名，曾被选为贡品。2003年，在泰安市企业家协会、市消费者协会联合举办的首届泰山特产评选活动中，果都咸菜被组委会评为泰山名优特产。2004年，在第二届家+乐泰山名优特产评选中，被组委会评定为金奖。2010年，果都咸菜腌制技艺被泰安市人民政府列入第三批市级非物质文化遗产名录。2020年，果都镇有咸菜腌制作坊10家，从业人员500多人，有酱什锦、糖醋大蒜、酱黄瓜、酱胡萝卜等系列酱菜，年销售量约600吨，远销全国20多个省、自治区、直辖市。

果都草辫 有300余年的历史。选取细长、洁白光亮、硬而不脆的麦梗，精细掐制而成，成品质地优良，坚实不变形。清朝时期，果都城是“浮邱白”草辫的重要生产基地，境内辫庄林立，最高年产量450吨。新中国成立后，政府对辫庄进行合并改造，发展草辫产业，“村村织草辫，户户无闲女”，其中坡里辫庄最为有名。1978年改革开放后，草辫事业得到长足的发展，产品以精致轻巧、美观高雅、样式新颖、柔软挺括闻名中外，畅销日本、韩国、美国、德国等国家及东南亚地区。2020年，年产量5吨，产值10万元。

果都芹菜 集中产区位于果都镇大霞雾村，有300余年栽培历史，具有梗实柄高、质地细嫩、清脆无渣、叶美爽口、营养丰富的特点，清朝时曾被选为贡品。霞雾地处柴汶河岸边，水源充足，土壤肥沃且多为壤土，pH值呈中性，具备芹菜生长的良好环境。新中国成立后，政府注重对蔬菜品种的改良，从桓台、天津引入实秸黄苗品种，与本地品种天然杂交培育出柄厚中实、质地脆嫩、不易抽苔、适应性强、烹调时能吸水、

易入佐料的优良品种，不但质量提高，而且产量增加。

**果都花生** 主产区为果都镇大萝芙峪村，清初曾大量种植，有300多年的栽培历史，曾被选为贡品。大萝芙峪村土壤瘠薄，适宜花生生长，所产花生颗粒饱满，果型最长7厘米，百果重252克，百粒仁重97.6克，出米率78%以上。花生米色泽红润、质地细腻、味香可口，且耐贮藏，含较多挥发醛，含糖5%以上，出油率45%以上，且榨出的油久放不宜变质，生、熟食均宜，营养价值高，与海米合称“神州二米”。2020年，全村种植面积37公顷，总产量3.5吨。

## 典型选介

**山东省级文明村镇——杨家楼村** 果都镇杨家楼村按照“生产发展、生活宽裕、乡风文明、村容整洁、管理民主”的新农村建设发展理念，健全组织机构，细化工作职责，各项工作有序推进。村委领办合作社，增加集体和村民收入；村内主要街道全部实现硬化美化，自来水实现“户户通”，生产生活条件方便快捷，村居环境美丽怡人；建有文化广场、健身广场各1处，配置健身器材10余种，建有标准篮球场、乒乓球场；定期开展“文明幸福家庭”“好媳妇、好婆婆”评选等活动，营造孝老爱亲良好氛围；建有市长指挥田、科技试验示范基地等试验田地，承担上级的高产攻关、品种展示、配方施肥等实验项目，提高了土地产出效益。2018年，被山东省文明委表彰为省级文明村镇。

## 镇党政主要负责人

**党委书记** 李建军（2011.11—2016.12）
郭仕峰（2016.12— ）

**镇　　长** 徐继刚（2016.1—2020.5）
李　元（2020.5— ）

（毕　杰）

# 西张庄镇

## 地理环境

**位置面积** 西张庄镇位于新泰市中西部，东邻翟镇，西交果都镇，南与谷里镇、小协镇隔河相望，北与羊流镇、泉沟镇相接。东西长8.5千米，南北长8.4千米，总面积42.96平方千米。镇政府驻西张庄村，距新泰市人民政府16.3千米。泰新高速于镇西南部穿境而过。

**建置区划** 西张庄明洪武建村。西张庄镇境内，民国时期属新泰县永绥区。1938年1月，属新泰县第四区。1939年10月，属新泰县抗日民主政府四区。1941年9月，属新甫县果都区。1942年12月，属新西办事处果都区。1943年8月，属新泰县四区。1958年，属果都人民公社。1984年4月，属新泰市果都办事处。1985年12月，建西张庄乡。1994年1月，设立西张庄镇。2016年，西张庄镇辖西张庄、东张庄、司家庄、明德庄、圣德庄、马岭庄、车庄、太平庄、泉头、回龙庄、肖家庄、前高佐、后高佐、东韩庄、西韩庄、中兴官庄、东白沙、西白沙、马白沙、小白沙、杨家庄、高孟、浮邱、三义庄、唐家庄、四槐树、尚义庄、棘针沟28个行政村。至2020年，建置区划未变。

**自然状况** 镇域属山前冲积平原，地势平缓，整体地势东北高西南低，东北部为丘陵，其余大部分为平原，平均海拔150米。主要河流有柴汶河、迈莱河。土壤多为潮褐土和潮棕土，次为砂壤土。矿产资源以煤炭和石膏为主，有高佐、韩庄、双高和四槐树煤矿4家。

**人口民族** 2016年，常住总户数1.59万户，常住总人口4.37万人，其中城镇人口2.59万人、农村人口1.78万人。2020年，常住总户数1.6万户，常住总人口4.51万人，其中城镇人口2.66万人、农村人口1.85万人。有汉族、回族、满族3个民族。

## 经济状况

**农　业** 粮食作物以小麦、玉米、地瓜为主，经济作物以林果、蔬菜为主。2016年，耕地面积2133公顷；农业总产值4.59亿元，其中农业产值3.1亿元、林业产值4600万元、牧业产值5300万元、渔业产值2600万元、农林牧渔服务业产值2400万元，农林牧渔服务业增加值3.66亿元；农作物总播种面积4962.07公顷，其中粮食作物播种面积19.72公顷，粮食总产量3.24万吨。农民专业合作社50家，家庭农场37个，标准化养殖场15个，农业企业9家，现代农业产业园6个。合理确权土地面积2425.6公顷。2020年，耕地面积1933公顷；农业总产值5.2亿元，其中农业产值3.6亿元、林业产值5200万元、牧业产值6200万元、渔业产值3000万元、农林牧渔服务业产值1600万元，农林牧渔服务业增加值4.33亿元；粮食总产量3.26万吨。农民专业合作社64家，家庭农场45个，标准化养殖场21个，农业企业11家，现代农业产业园6个，农光互补大棚2062个。

**工　业** 2016年，工业企业120家，从业人员6100人，其中规模以上工业企业13家；工业总产值19.55亿元，实现利税3.6亿元，其中利润1.2亿元；规模以上工业企业实现主营业务收入3亿元，实现利税1.7亿元，其中利润6000万元。2018年，工业企业126家，从业人员6570人，其中规模以上工业企业11家；工业总产值19.85亿元，实现利税3.2亿元，其中利润1.3亿元；规模以上工业企业实现主营业务收入3.6亿元，实现利税1.9亿元，其中利润8500万元。2020年，工业企业123家，从业人员6052人，其中规模以上工业企业14家；工业总产值20.47亿元，实现利税3.5亿元，其中利润1.45亿元；规模以上工业企业实现主营业务收入3.2亿元，实现利税1.87亿元，其中利润5500万元。

## 财政税收

**财　政** 2016年，一般公共预算收入3.25亿元，一般公共预算支出1.95亿元。2020年，一般公共预算收入9616万元，一般公共预算支出8771万元。

**税　收** 2016年，登记各类纳税人2560户，年纳税额在10万元以上的企业85户；各项税收收入2.53亿元，其中增值税914万元。2018年，登记各类纳税人2850户，年纳税额在10万元以上的企业106户；各项税收收入3.75亿元，其中增值税4666万元。2020年，登记各类纳税人3158户，年纳税额在10万元以上的企业108户；各项税收收入1.27亿元，其中增值税2770万元。重点税源为煤炭煤粉、交通运输、机械制造、纺织等行业。

## 社会事业

**教　育** 2016年，幼儿园7所，专任教师76人，在园幼儿1016人；小学6所，专任教师135人，在校学生2061人；初中1所，专任教师85人，在校学生1427人。县级以上规范化中小学6所，其中泰安市级规范化学校4所、新泰市级规范化学校

2020 年，西张庄镇新时代文明实践广场　　　　(孙　明　摄)

2所。2020年，幼儿园12所，专任教师118人，在园幼儿1725人；小学5所，专任教师123人，在校学生2603人；初中1所，专任教师105人，在校学生1649人。

**文　化**　2016年，镇综合文化站1个，村级文化活动中心28个；农家书屋、农村文化大院各28个，文体广场30个，庄户剧团29个，村级文化带头人216人。2020年，镇综合文化站1个，村级文化活动中心28个；农家书屋29个，农村文化大院28个，文体广场34个，新建乡村体验馆1处、乡村记忆馆3处。县级以上文物保护单位3处，其中省级1处（西韩庄村王氏宗祠）、县级2处（高兴店泰山奶奶庙、东韩庄李氏宗祠）。县级以上非物质文化遗产15项，其中国家级1项（孟氏正骨疗法）、省级1项（孟氏接骨膏制作技艺）、市级2项（新泰根书、新泰梆子）、县级11项（浮邱白草帽辫、神医李浮邱的传说、神手李樵云的传说、中兴官庄粉条制作技艺、老袁家驴肉制作技艺、西韩“八顶八”筵席、高孟密刺黄瓜、韩庄猪胰子、泰山白草帽辫技艺、东韩老李荷叶豆腐、西张庄粉皮制作技艺）。

**卫　生**　2016年，医疗卫生机构27家、床位195张，其中镇卫生院1家、新泰孟氏医院1家、村卫生室25家；卫生技术人员223名，其中执业医师46名、执业助理医师20名。2020年，医疗卫生机构26家、床位222张，其中镇卫生院1家、新泰孟氏医院1家、村卫生室24家；卫生技术人员221名，其中执业医师51名、执业助理医师16名。

## 社会保障

**医疗保险**　2016年，居民基本医疗保险参保人数3.32万人。2020年，居民基本医疗保险参保人数3.5万人。

**养老保险**　2016年，居民参加养老保险人数2.32万人。2020年，居民参加养老保险人数2.38万人。

**低保救助**　2016年，城镇最低生活保障户数19户、33人，发放最低生活保障金24.4万元；农村最低生活保障户数690户、1209人，发放最低生活保障金252.1万元；敬老院1家，床位90张，集中收养农村“五保”老人33人。2020年，城镇最低生活保障户数25户、46人，发放最低生活保障金35.2万元；农村最低生活保障户数517户、902人，发放最低生活保障金366.2万元；敬老院1家，床位30张，集中收养农村“五保”老人15人。

## 名胜古迹

**西韩庄村王氏宗祠**　省级文物保护单位。位于西张庄镇西韩庄村内，建于清乾隆十五年（1750），原为王青藜的故居，工青藜中举后，捐宅为祠。清朝末年，成为西韩庄村王氏族人最早的启蒙学堂。该祠为独立四合院落，占地面积707平方米，建筑面积186平方米，由祠堂、东西廊房、大门及照壁组成。祠堂坐北面南，面阔9.8米，进深6.4米，前廊式砖木结构，顶覆灰瓦，正脊饰牡丹纹，顶饰二龙戏珠，两端饰鸥吻。东西廊房形制相同，东廊房面阔10.7米，进深4.5米；西廊房面阔10.7米，进深5.5米，皆为砖木结构，四梁八柱，三架梁式木构。2022年1月，被山东省人民政府公布为省级文物保护单位。

**高兴店泰山奶奶庙** 又称碧霞元君行宫、东岳庙，县级文物保护单位。位于西张庄镇肖家庄村委会西北角。北宋天圣二年（1024）建，有正殿3间及灵官殿、山门、道房等。明永乐十二年（1414），增建十帝阎罗殿10间及鼓楼、钟楼。1933年，大规模重修，占地数百亩，正殿供碧霞元君、眼光圣母、送子娘娘，东西配殿供十帝阎罗，灵官殿供王灵官，山门内塑哼哈二将，法器俱全，存历代石碑40余通，后被毁坏。2013年4月，村民捐款重修，2014年建成。大殿长14.6米，宽9.75米，通高11.3米。2022年，被新泰市人民政府公布为县级文物保护单位。

## 古今名人

**王来说（1571—1639）** 字汝霖，别号传严，明隆庆五年（1571）出生。西张庄镇东张庄村人。万历四十三年（1615），以明经岁选贡士，历任夏邑县丞，平陆、永和县代理县令，赞皇县令。赞皇任上，他治田畴、除奸恶、修学宫、周贫民，政声斐然。受明廷旌表褒奖，在新泰县邑为其建造“制锦坊”。参与明代天启增补版《新泰县志》修纂，并收录其记文两篇。

**王青藜（1808—1881）** 字仲向，西张庄镇西韩庄村人。清道光十五年（1835），中恩科举人，历任邹县（今邹城）、滕县（今滕州）教谕。清咸丰三年（1853），以大挑二等授以宁海州（今牟平区宁海街道）学正。工书法，善诗文，著有诗集《见山书屋诗钞》。

**马希圣（1918—1977）** 1918年出生，西张庄镇东张庄村人。1938年9月，在抗日军政大学第四期学习，10月加入中国共产党。1945年8月起，历任团政治处主任、副政委、政委等职。1949年起，历任第16军团政委，师政治部主任、副政委、政委，军政治部主任、副政委、政委等职。1977年6月去世。

**韩大娘（1904—1987）** 女，本名张明月，因丈夫姓韩，故称韩大娘，西张庄镇东张庄村人，新泰著名红嫂，拥军、支前、送子参军模范。抗日战争期间，她接待来往干部、战士数千人次，被同志们誉为“安全堡垒”，送长女、次女及侄女参军，动员本村女青年参加抗日工作。1944年，出席鲁中区英雄模范大会。1949年起，多次作拥军、动参、支前事迹报告，对广大群众和青少年进行革命传统教育。1987年去世。获“革命老妈妈”称号。

**韩顾三（1914—1990）** 原名韩富隆，1914年出生，西张庄镇东张庄村人。1938年1月，参加徂徕山抗日武装起义，2月加入中国共产党。1945年8月起，历任鲁中第三军分区第10团团长、鲁中第二军分区参谋长、七兵团第32军第105师副师长等职。1950年起，历任浙江军区六军分区司令员，空军第七师师长，空军第三军参谋长、副军长，沈阳军区空军司令部副参谋长，国防部第六研究院副院长，广州军区空军参谋长等职。1955年，被授予大校军衔。1990年11月去世。获中华人民共和国二级独立自由勋章、二级解放勋章、独立功勋荣誉章。

**李春之（1915—1993）** 1915年出生，西张庄镇东张庄村人。1933年参加革命，6月加入中国共产党。抗日战争时期，历任中共新泰县委书记兼独立营政委、中共泰宁县委书记兼独立营政委等职。解放战争时期，历任中共新泰县委书记，华东建大大队长兼党总支书记，济南成通纱厂工会主任、党支部书记，济南市纺织业党委书记等职。新中国成立后，历任济南市轻工业局党委书记，山东省化工厅厅长兼党组书记，山东省经委副主任兼国防工业办公室主任、党组副书记等职。1993年1月去世。

**徐　健（1918—2004）**　曾用名徐庆业，1918年出生，西张庄镇前高佐村人。1938年4月参加革命，9月加入中国共产党。抗日战争时期，历任新泰县委宣传部部长、鲁中三地委宣传科科长等职。解放战争时期，历任华东野战军第八纵队新兵团政委、沂水县委书记兼政委等职。1949年起，历任沂水县委书记、共青团沂水地委书记、上海市东昌区委书记、上海造船厂党委书记、上海海运学院副院长、上海第二工业大学轻工分校副校长等职。1984年1月离休。2004年去世。

**和廉尚（1916—2007）**　1916年出生，西张庄镇东张庄村人。1936年，考入南京中央陆军军官学校。1940年，加入中国共产党。历任团长、师副参谋长，南京军事学院办公室秘书（兼刘伯承院长军事秘书），铁道兵学院副院长、党委副书记、纪委书记，解放军干部文化学校党委书记等职。1982年，正军职离休。2007年去世。

**范宏轩（1923—2014）**　曾用名范清广，1923年出生，西张庄镇前高佐村人。1938年7月，在山东抗日军政干部学校学习并入伍，12月加入中国共产党。解放战争时期，任辽宁省委警卫连指导员、中国人民解放军第42军第125师教导员等职。新中国成立后，历任第125师司令部军务科科长、团政治委员，第125师干部部部长，解放军政治学院学员队队长，阿坝军分区、温江军分区政治委员等。1955年，被授予中校军衔。1963年，晋升为上校。1981年离休。2014年去世。获中华人民共和国三级独立自由勋章、三级解放勋章，朝鲜民主主义人民共和国三级勋章。

**杨玉文**　1955年出生，西张庄镇前高佐村人。1972年12月，参加中国人民解放军，历任旅政治部副主任、团政委、师政委，集团军政治部主任、政委，济南军区政治部副主任，广州军区政治部副主任等职。2006年7月，晋升少将军衔。2014年7月，晋升中将军衔。2016年4月，任南部战区副政委兼政治部主任。

## 土特名产

**高孟密刺黄瓜**　为西张庄镇高孟村村民张连方、张凤明父子选育出的黄瓜新品种。高孟密刺黄瓜株型匀称，茎粗节短，叶片较小，有棱有刺，且密度较大，刺瘤白色，果皮薄，果肉晶莹，顶花带刺的嫩肉与瓤不分离，脆嫩适口，具有丰产性、早熟性、耐低温、高抗性、品质好等突出特点。2016年，全镇种植面积约27公顷，年产量60吨，产值60万元。2020年，全镇种植面积约33公顷，年产量75吨，产值75万元。2010年，被新泰市人民政府列入第二批县级非物质文化遗产名录。

**弓家酱菜**　产于西张庄镇西张庄村，民国年间由本村弓家创制。弓家酱菜以肉质芜菁甘蓝为主料，以八角、茴香、桂皮、丁香、花椒等30余种名贵中药材为配料，经传统工艺腌制而成，有酱色浓重、口感清脆、五香味浓的特点。1984年，建新泰市西张庄弓家酱菜厂，主要产品有弓家酱菜、酱油麸子。2016年，产量300吨，产值100万元。2020年，产量240吨，产值80万元。

**白沙芹菜**　产于西张庄镇小白沙村、东白沙村和西白沙村。此处临近柴汶河，土质属砂土、地肥疏松，产出的芹菜根小皮薄、梗空茎长、质地细嫩、清脆无渣、味美爽口。2016年，种植面积约4.6公顷，年产量600余吨，年产值220余万元；2020年，种植面积约4.1公顷，年产量500余吨，年产值200余万元。

**孟氏接骨膏**　由西张庄镇高孟村孟衍文创制，至今有200余年，用于骨折固定后的血脉瘀滞证。孟氏接骨膏精选乳香、没药、马钱子、自然铜、骨碎补、大黄、牛膝、桔梗、冰片、麝香等30多味中草药，经炮制、火熬、凝固、去火毒、摊涂、储存等多道工序而成，用药分明，下药有序，对时间火候、时令节气均有严格的要求。2016年，孟氏接骨膏制作技艺被省政府列入第四批省级非物质文化遗产代表性项目名录。

2020年10月8日，泰山多彩毛呢小镇客厅

（西张庄镇党政办　摄）

**浮邱白草帽辫**　产于西张庄镇浮邱村，始于清乾隆年间，由胶东掖县人传授，因所产的草帽辫色白光亮、平整光滑、无杂色、手感柔软，故命名为“浮邱白”。1934年、1935年，草辫最盛，当时农村闺姑妇孺大多从事掐辫业。抗日战争时期，私营辫庄大都停业。新中国成立后，当地辫庄复业。1978年改革开放后，实现机械化加工，所产草辫质地洁白，硬而不脆，掐工精细。2010年，被新泰市人民政府列入第二批县级非物质文化遗产名录。2016年，全镇有草帽辫厂3家。

## 典型选介

**中国特色小镇——西张庄镇**　西张庄镇以毛呢产业为特色亮点，培强产业集群，实施技改升级工程，优化产业结构，形成梳毛、纺纱、染整、织布一体化产业链。2016年，全镇有较大规模毛纺织企业25家，拥有具有国际领先水平的棉纺锭近300万枚，棉织机10万余台，服装成形设备1万台（套），年产能1000万米，产品远销日本、韩国、俄罗斯、乌克兰等20个国家和地区。建成近6万平方米的泰山多彩毛呢小镇客厅和9座孵化车间，配套建设水电气等基础设施，实现企业拎包入驻。同年10月，西张庄镇以“泰山多彩毛呢小镇”参评，被住房和城乡建设部、国家发展改革委、财政部认定为第一批中国特色小镇。

**中国幸福村——西白沙村**　西白沙村位于西张庄镇区西南部，柴汶河自村南横贯东西，水浇条件便利，土地平坦肥沃。村党支部按照“支部领航、党员领头、产业领先”思路，发展蔬菜种植、淡水鱼养殖等产业，带动村集体增收致富；培育美丽庭院，推广绿化角、庭院花圃，实现庭院美、居室美、家风美、生活美，村庄面貌焕然一新。2017年，投资40万元，建立西白沙村幸福食堂，为本村老人提供休闲娱乐场所，并免费供应午餐，解决留守老人多、生活不便等难题。2020年，被中国村社发展促进会授予2020年中国幸福村称号。

**山东鲁新起重设备有限公司**　位于西张庄镇正阳西路北首。2004年成立，注册资本1亿元，主要从事“鲁新”牌电动葫芦、桥式起重机等7大系列60个品种的设计、制造、销售、安装、改造、维修等。2020年，公司占地面积6万余平方米，员工300余人，其中中级、高级工程技术人员20余人，年销售额2亿元；拥有发明专利2项，实用新型专利30余项，自主研发的多功能起重机、欧标系列产品（电动葫芦、单双梁起重机、门式起重机）以及路桥搬运设备等广泛应用于装备制造、造纸、能源电力、机械加工等多个领域。2021年，被省科学技术厅、省财政厅、国家税务总局山东省税务局联合认定为高新技术企业。

## 镇党政主要负责人

| | |
|---|---|
| 党委书记 | 何　涛（2011.11—2016.12） |
| | 泥德润（2016.12—2020.2） |
| | 李怀爱（女，2020.5—　） |
| 镇　　长 | 泥德润（2014.1—2016.12） |
| | 孙法伟（2016.12—　） |

（梁梦琦）

# 宫里镇

## 地理环境

**位置面积** 宫里镇地处新泰市西部，柴汶河以南，东邻谷里镇，南与石莱镇相接，西连楼德镇，北与果都镇、天宝镇隔河相望。南北长15.6千米，东西长11.5千米，总面积85.13平方千米。镇政府驻宫北村，距新泰市人民政府37千米。董梁高速、蒙馆公路与磁莱铁路贯通全境。

**建置区划** 相传，汉武帝刘彻东巡封禅曾驻足于此，并建行宫，后演化为宫里。宫里镇境内，东汉属梁父县。三国属兖州泰山郡。南北朝属梁父县。隋朝属兖州。唐朝属河南道沂州琅琊郡。北宋属奉符（泰安）管辖。金元隶泰安州。明朝，属山东布政司济南府泰安州。清雍正十三年（1735），属泰安县崇礼乡。1914年8月至1929年12月，属泰安县天宝区上下宫乡。1930年，属泰安县西柳区上下宫乡。1938年6月，属泰宁边区人民自治区。1940年7月，属抗日民主政权八路军驻泰宁办事处。1941年9月，属泰宁县高平区。1952年9月，泰宁县改为徂阳县，属徂阳县薛家庄区。1956年3月，属新泰县西柳区。1958年9月，成立宫里人民公社。1966年9月，改为建新人民公社。1979年11月，恢复宫里人民公社。1984年4月，改为宫里办事处。1985年12月，撤处并乡，设立宫里镇。2016年，宫里镇辖宫北、宫西、宫南、双河、白家庄、王家庄、马家庄、高泉、马泉、石泉、李灵、中灵、王灵、安庄、汶城、泉里、金马、镇里、北宅、西李、岳家庄、杨家隅、王家隅、上宫隅、夏家隅、夏家庄、贺一村、贺二村、贺三村、于家沟、桃园、东柳、大桥、北吕、南吕、常家庄、郭家沟、苏泉、南李、高峰、绳家峪、大徐庄、胡树顶43个行政村。至2020年，建置区划未变。

**自然状况** 境内地势南高北低，以磁莱铁路为界，南部为丘陵，北部为平原。平均海拔140米，最高点是大徐庄村南罩虎山，海拔276米；最低点为西柳柴汶河，海拔28.1米。土壤以棕壤、褐土为主。水资源丰富，境内主要河流有柴汶河、东柳河、宫里河（高平河）、泉河、岱家庄河。小（2）型水库9座，塘坝25座，重点水利工程1座（柴汶河城东大桥橡胶坝），拦河截流工程15座，重要桥涵22座，水漫桥9座。主要矿产资源有铁、石英、长石、石灰石等。

**人口民族** 2016年，常住总户数1.99万户，总人口6.39万人，其中男性3.19万人、女性3.2万人。2020年，常住总户数1.99万户，总人口6.18万人，其中男性3.07万人、女性3.11万人。有汉族、回族2个民族。

## 经济状况

**农　业** 以种植小麦、玉米、蔬菜、花生、地瓜、瓜果为主。2016年，宫里镇耕地面积4125公顷；农业总产值4.2亿元，其农业产值2.94亿元、林业产值2100万元、牧业产值6300万元、渔业产值3360万元、农林牧渔服务业产值840万元，农林牧渔服务业增加值1.1亿元；粮食总产量5.9万吨。农民专业合作社65家，种植大户1户。2018年，耕地面积4501公顷；农业总产值5.1亿元，其中农业产值3.57亿元、林业产值2550万元、牧业产值7650万元、渔业产值4080万元、农林牧渔服务业产值1020万元，农林牧渔服务业增加值1.3亿元；粮食总产量6.6万吨。农民专业合作社65家，种植大户1户，家庭农场32个。2020年，耕地面积4461公顷；农业总产值6.2亿元，其中农业产值4.34亿元、林业产值3100万元、牧业产值9300万元、渔业产值4960万元、农林牧渔服务业产值1240万元，农林牧渔服务业增加值1.5亿元；粮食总产量7.5万吨。农民专业合作社35家，种植大户21户，家庭农场50个，农业企业1家。

**工　业**　2016年，工业企业90家，其中规模以上工业企业19家；工业总产值13.5亿元，实现利税4.5亿元，其中利润2.5亿元；规模以上工业企业实现主营业务收入4亿元，实现利税1.2亿元，其中利润0.8亿元。2018年，工业企业75家，其中规模以上工业企业18家；工业总产值15.6亿元，实现利税4.5亿元，其中利润3亿元；规模以上工业企业实现主营业务收入5.7亿元，实现利税1.9亿元，其中利润1.1亿元。2020年，引进落地项目1个，招商引资到位资金1800万元，上级拨款项目资金600万元，进出口总额400万元。工业企业75家，其中规模以上工业企业3家；工业总产值34.5亿元，实现利税11.6亿元，其中利润6.5亿元；规模以上工业企业实现主营业务收入6亿元，实现利税2.2亿元，其中利润1.4亿元。

## 财政税收

**财　政**　2016年，一般公共预算收入5597万元，一般公共预算支出3894万元。2018年，一般公共预算收入1524万元，一般公共预算支出4543万元。2020年，一般公共预算收入3297万元，一般公共预算支出5107万元。

**税　收**　2016年，登记各类纳税人593户，年纳税额在10万元以上的企业2户；各项税收收入3417万元，其中增值税820万元。2018年，登记各类纳税人727户，年纳税额在10万元以上的企业3户；各项税收收入2064万元，其中增值税1110万元。2020年，登记各类纳税人1156户，年纳税额在10万元以上的企业7户；各项税收收入4488万元，其中增值税1792万元。重点税源为玻璃纤维制造业。

## 社会事业

**教　育**　2016年，幼儿园13所，专任教师86人，在园幼儿1658人；小学9所（含教学点1所），专任教师173人，在校学生2712人；初中1所，专任教师98人，在校学生1386人。2020年，幼儿园15所，专任教师88人，在园幼儿1587人；小学9所（含教学点1所），专任教师176人，在校学生2677人；初中1所，专任教师104人，在校学生1328人。

**文　化**　2016年，镇综合文化站1个，村级文化活动中心43个；各类文化专业户200户，文学业余创作人员60人；各类图书室44个，藏书3万余册；农家书屋43个，农村文化大院43个，文体广场43个，文艺宣传（表演）队3支。2020年，镇综合文化站1个，村级文化活动中心43个；各类文化专业户220户，文学业余创作人员80人；各类图书室44个，藏书4万余册；农家书屋43个，农村文化大院43个，文体广场44个，文艺宣传（表演）队3支。县级文物保护单位2处（杨家隅杨氏厅房、杨家隅真武庙）。县级以上非物质文化遗产9项，其中市级2项（泰和张氏扣制宫灯、泉里鸭蛋）、县级7项（拔不倒子、田氏剪纸、抬芯子、唐香酥鸭制作技艺、宫南正骨膏药、神灵湾的传说、雨点釉陶瓷制作技艺）。

**卫　生**　2016年，医疗卫生机构43家、床位30张，其中镇卫生院1家、村卫生室42家；卫生技术人员161名，其中执业医师15名、执业助理医师19名。2020年，医疗卫生机构42家、床位50张，其中镇卫生院1家、村卫生室41家；卫生技术人员

167名，其中执业医师28名、执业助理医师9名。

## 社会保障

**医疗保险** 2016年，居民基本医疗保险参保人数4.5万人。2020年，居民基本医疗保险参保人数4.7万人。

**养老保险** 2016年，居民参加养老保险1.84万人。2020年，居民参加养老保险1.46万人。

2021年4月24日，宫里镇和圣湖景色 （张丽 摄）

**低保救助** 2016年，城镇最低生活保障户数12户、36人，发放最低生活保障金17万元；农村最低生活保障户数550户、846人，发放最低生活保障金194.59万元；医疗救助17人次，发放医疗救助金3.5万元；敬老院1家，床位42张，收养农村“五保”老人39人。2020年，城镇最低生活保障户数8户、24人，发放最低生活保障金12万元；农村最低生活保障户数518户、829人，发放最低生活保障金352.92万元；医疗救助23人次，发放医疗救助金7.99万元；敬老院1家，床位42张，收养农村“五保”老人24人。

## 名胜古迹

**和圣园** 国家AAA级旅游景区。位于新泰市宫里镇西柳村——和圣柳下惠故里，是一座以和圣庙为中心的集旅游观光、文化交流、度假休闲于一体的大型“和”文化主题公园。占地面积7.2公顷，分南北两园，南园建有魁星阁、状元门、百果园等景观；北园建有和圣坊、和圣像、和圣庙、和圣祠、和圣湖、凤凰山、碧霞元君庙等景观。2005年8月开放营业，年接待游客量10万余人次。

**杨家隅真武庙** 又名镇武庙，县级文物保护单位。位于宫里镇杨家隅村，建于清朝。新中国成立后，曾作为西柳联中的校舍。今东配房倒塌，仅存主体建筑。2022年，被新泰市人民政府认定为第四批县级文物保护单位。

**杨家隅杨氏厅房** 县级文物保护单位。位于宫里镇杨家隅村委西邻，清代古建筑。清道光年间，徂徕山前、汶河两岸瘟疫横行，杨氏六世祖贵珍精通医道，施医放陈，救治黎民百姓，被泰安县授“德照徂阳”匾，后又授“绳墨闾里”匾。为悬挂两匾，清道光十七年（1837）杨贵珍建此厅房。房屋建筑为清代木质砖瓦结构，雕刻精美，保存较好。2022年，被新泰市人民政府认定为第四批县级文物保护单位。

## 古今名人

**柳下惠（生卒年不详）** 展氏，名获，字禽，一字季，春秋鲁国大夫无骇之后，宫里镇夏家隅村（俗称柳里）人，早于孔子约百年，因其食邑柳下，死后谥号“惠”，故后人称其为柳下惠。柳下惠为鲁国大夫，以礼治邦，以信修身，又任鲁国士师，掌管刑罚狱讼之事，执法以平，治国以德。孔子誉其言中伦、行中虑，孟子把他与伯夷、伊尹、孔子相提并论，称赞他是“圣之和者”，故后世尊之为“和圣”。

**李烈炎（1914—2003）** 曾用名学儒，1914年3月出生，宫里镇李灵村人。1934年秋，参加中共地下党组织。1935年5月，加入中国共产党。参加过莱芜、济南、淮海、渡江等战役。1946年10月，任山东鲁中南第一军分区供给处政委。1950年起，历任南京市第五区区委书记，南京市人民检察院检察长，南京市委常委、组织部部长等职。1962年11月，任南京市委常委、监察委员会书记。1982年12月离休。2003年去世。

**万会标** 1957年6月出生，宫里镇镇里村人，在职研究生学历。1974年12月，参军入伍。1977年8月，加入中国共产党。1996年1月，任67集团军高炮旅政治部主任。2009年起，任东营市委常委、东营军分区政委。2020年退休。

**何树山** 1964年3月出生，宫里镇马家庄村人，工学博士，教授级高级工程师。1984年7月，在大庆石油管理局钻井一公司工作。1986年12月，加入中国共产党。2009年起，历任天津市滨海新区区委常委，天津经济技术开发区管委会主任、党组书记，天津市人民政府副市长、党组成员等职。2017年12月，任安徽省人民政府副省长、党组成员。

**于洪征** 1970年出生，宫里镇金马村人，中国人民解放军国防大学毕业。1987年8月，参军入伍。1992年7月，加入中国共产党。2016年7月，任中国武警部队参谋部作战中队长。2022年6月，任中国武警部队参谋部作战大队大队长。

**胡宝洋** 1973年4月出生，宫里镇石泉村人。2004年，在复旦大学获博士学位。2005年，赴美国威斯康星大学从事博士后研究。2009年，任该校助理科学家。2011年1月，在中国科学院动物研究所工作，组建干细胞与神经再生研究组，中国科学院“百人计划”入选者、中国科学技术大学生命科学学院博士研究生导师，美国神经科学学会会员、美国眼科与视觉学会会员。

## 土特名产

**泉里鸭蛋** 宫里镇泉里村位于泉河岸边，村民历来有散养鸭子的传统，鸭子以河里鱼、虾、螺、苲草等为食，所产鸭蛋风味独特，经传统腌制方法腌制，具有松、沙、细、油、鲜、嫩的特点，味道鲜美，自古被视为上乘佳肴。2003年，泉里村建鸭蛋加工厂。2014年，泉里鸭蛋被山东省畜牧局评为双黄蛋金奖。2016年，生产鸭蛋100吨。2020年，生产鸭蛋130吨，被泰安市人民政府列入第九批市级非物质文化遗产代表性项目名录。

**泰和张氏扣制宫灯** 产于宫里镇夏家隅村，祖传技艺有100余年的历史，主要制作原料为高粱秸秆，经过选材、焙烘、开锯、拉花、雕刻、刮磨、上漆等20多道工艺，以榫卯结构形式穿插扣制而成，有鸳鸯宫灯、花轿宫灯、二郎宫灯、迷宫灯、塔灯等几十余种类型。2020年，泰和张氏扣制宫灯制作技艺被泰安市人民政府列入第九批市级非物质文化遗产代表性项目名录。

## 典型选介

**山东省服务业特色小镇——和融文化创意小镇** 位于宫里镇夏家隅村北。小镇依托和圣园景区，分南、北两区，南区为“和”文化综合服务区，北区为“和”文化主题园区，是集生态、研学、休闲、度假、养老于一体的文化创意园区。1998年开始修建，总投资23亿元，规划占地总面积333.33公顷，完成投资6.5亿元，完成建设用地面积104.33公顷。2017年，被省发展和改革委员会确定为山东省首批服务业特色小镇试点单位。

**山东省级文明村镇——宫里镇** 宫里镇为满足群众的精神文化需求，弘扬传统文化，建设高

标准综合文化站1处，内设有道德讲堂、老干部活动中心、健身和娱乐中心等。以传统节日为载体，每年开展一系列丰富多彩的文化娱乐活动，所辖行政村全部建有农家书屋、党员活动室、文化大院等文化阵地；按照城镇化建设与产业融合发展的思路，发展现代农业、现代旅游业等主导产业；以美丽乡村建设为重点，加强农村精神文明建设，成立由“村干部+党员志愿者+保洁”组成的治理队伍，并动员村民参与到人居环境治理行动中，从根本上解决农村乱堆乱丢乱倒乱排的陋习；完善群防群治网络，发挥镇、村两级调解组织作用，及时化解各类矛盾，加强社会治安防控体系建设，强化社会治安综合治理工作，人民的文明素养和道德水平日益提升。2019年，被省文明委评为2019年度省级文明村镇。

## 镇党政主要负责人

党委书记　张　新（2013.6—2016.12）
　　　　　范纯学（2016.12—2018.9）
　　　　　范育民（2018.9—　）
镇　　长　李希刚（2013.6—2017.1）
　　　　　张永珍（女，2017.1—　）

（张德利）

# 谷里镇

## 地理环境

**位置面积**　谷里镇位于新泰市中部，柴汶河南岸，东邻小协镇，西连宫里镇，南接石莱镇、刘杜镇，北与果都镇、西张庄镇隔柴汶河相望。东西长12.7千米，南北长11.9千米，面积94.8平方千米。镇政府驻北谷里村，距新泰市人民政府25千米。342国道、泰新高速公路、董梁高速公路、磁新铁路穿境而过。

**建置区划**　公元前500年，鲁定公与齐景公在此会盟，史称“夹谷会盟”，后称此地为谷里。谷里镇境内，春秋时属平阳邑。秦汉属东平阳县。晋属新泰县。明嘉靖三十五年（1556），属横山保。明万历元年（1573），属谷里保。清乾隆四十九年（1784），属新泰县下保西南乡。1912年，为谷里约，属新泰县永和区。1921年，改为谷里镇，属新泰县五区。1939年10月，属新泰县抗日民主政府五区。1941年9月，属泰宁县高平区。1945年10月，属新泰县高平区。新中国成立后，谷里设分区委。1950年11月，改称五分区委。1955年10月，改为谷里区委。1958年3月，建谷里乡，9月，撤销谷里、宫里、高平3个乡，建宫里人民公社。1984年，撤销人民公社，为新泰市宫里办事处谷里乡。1985年12月，设谷里乡。1993年，改为谷里镇。2016年，谷里镇辖北谷里、南谷里、大窑沟、小窑沟、大新兴、小新兴、山后、银河圈、徐家庄、东蒲、单家庄、宝泉、老牛沟、高平东、东高平、北高平、高平西、高平南、高平北、西高平、秦岭、小徐庄、胡家庄、大车峪、南王庄、河东、泉子山、西蒲、后麻峪、龟山店、柘子沟、白杨沟、立庄、牛枣林、于枣林、前麻峪、华荣、杏山峪、前北佐、后北佐、岱家庄、东朱、西朱、南朱、东南佐、西南佐、华石桥、幸福庄、鲍家泉、五龙、桂花庄51个行政村。至2020年，建置区划未变。

**自然状况** 境内地势南高北低，南部为山地、丘陵，占全镇总面积的三分之二，北部为平原，占全镇总面积的三分之一。海拔200～400米，最高峰玉皇山，海拔390.4米；最低点柴汶河宝泉段，海拔144.1米。土壤以黄土为主，次为沙土。山峰主要有玉皇山、龟山。境内柴汶河自东沿镇北部西流，月牙河北流汇入柴汶河，光明水库干渠东西穿过，有小（2）型水库10座，总蓄水量282.5万立方米，塘坝50座。矿产资源主要有煤炭、石英、长石等。

**人口民族** 2016年，常住总户数2.11万户，常住总人口5.81万人，其中男性3.01万人、女性2.8万人。2018年，常住总户数2.08万户，常住总人口5.85万人，其中男性3.02万人、女性2.83万人。2020年，常住总户数2.1万户，常住总人口5.81万人，其中男性3万人、女性2.81万人。有汉族、回族2个民族。

## 经济状况

**农　业** 以种植小麦、玉米、花生、地瓜、食用菌为主，同时注重发展大樱桃、火龙果、葡萄等特色林果业。2016年，耕地面积4263公顷，粮食总产量9900吨，农业总产值14.82亿元，其中农业产值10.8亿元、林业产值1200万元、牧业产值3.1亿元、农林牧服务业产值8000万元。农民专业合作社26家，种植大户9户，家庭农场24个，土地流转面积610公顷。2018年，耕地面积4262公顷，粮食总产量1.04万吨，农业总产值15.08亿元，其中农业产值10.63亿元、林业产值2400万元、牧业产值3.4亿元、农林牧服务业产值8100万元。农民专业合作社63家，家庭农场42个，土地流转面积870公顷。2020年，耕地面积4262公顷，粮食总产量1.06万吨，农业总产值15.34亿元，其中农业产值11亿元、林业产值2000万元、牧业产值3.3亿元、农林牧服务业产值8400万元。农民专业合作社104家，家庭农场69个，土地流转面积1230公顷。

**工　业** 2016年，工业企业98家，从业人员7128人，其中规模以上工业企业15家；工业总产值13.52亿元，实现利税1.68亿元，其中利润7150万元。2018年，工业企业110家，从业人员7458人，其中规模以上工业企业14家；工业总产值9.5亿元，实现利税1.04亿元，其中利润5600万元。2020年，引进落地项目2个，招商引资到位资金1亿元，上级拨款项目资金1200万元，进出口总额6500万元。工业企业116家，从业人员7653人，其中规模以上工业企业10家；工业总产值11亿元，实现利税1.01亿元，其中利润5300万元。

## 财政税收

**财　政** 2016年，一般公共预算收入9562万元，一般公共预算支出4997万元。2018年，一般公共预算收入6291万元，一般公共预算支出6291万元。2020年，一般公共预算收入4142万元，一般公共预算支出4142万元。

**税　收** 2016年，登记各类纳税人102户，年纳税额在10万元以上的企业11户；各项税收收入1.13亿元，其中增值税5260万元。2018年，登记各类纳税人108户，年纳税额在10万元以上的企业14户；各项税收收入6738.6万元，其中增值税2260万元。2020年，登记各类纳税人118户，年纳税额在10万元以上的企业20户；各项税收收入5216.6万元，其中增值税2340万元。重点税源为日用玻璃制造、机械制造、板材制造、建筑、物流等行业。

## 社会事业

**教　育** 2016年，幼儿园8所，专任教师96人，在园幼儿1546人；小学6所，专任教师168人，在校学生2156人；普通初中1所，专任教师142人，在校生2187人；县级以上规范化中小学7所，其中省级规范化学校3所、泰安市级规范化学

校4所。2020年，幼儿园13所，专任教师126人，在园幼儿1819人；小学6所，专任教师147人，在校学生2179人；普通初中1所，专任教师138人，在校学生2213人。

**文 化** 2016年，镇综合文化站1个，村级文化活动中心51个；农家书屋51个，农村文化大院51个，文体广场51个。2020年，镇综合文化站1个，村级文化活动中心51个；各类文化专业户10户，音乐、美术、书法业余创作人员22人；各类图书室55个，藏书5万余册；农家书屋51个，农村文化大院51个，文体广场52个，文艺宣传、表演队4支。县级以上文物保护单位2处，其中市级1处（大窑沟瓷窑址）、县级1处（前北佐村桃花女庙）。县级以上非物质文化遗产6项，其中省级1项（逛荡灯）、市级2项（八顶八宴席、扑蝴蝶）、县级3项（桃花女文化、红陶技艺、范氏烧烫伤诊疗）。

**卫 生** 2016年，医疗卫生机构37家、床位40张，其中镇卫生院1家、村卫生室36家；卫生技术人员62名，其中执业医师17名、执业助理医师6名。2020年，医疗卫生机构37家、床位50张，其中镇卫生院1家，村卫生室36家、卫生技术人员68名，其中执业医师16名、执业助理医师6名。

## 社会保障

**医疗保险** 2016年，居民基本医疗保险参保人数4.93万人。2020年，居民基本医疗保险参保人数5.03万人。

**养老保险** 2016年，居民参加养老保险9800人。2020年，居民参加养老保险2.1万人。

**低保救助** 2016年，城镇最低生活保障户数11户、14人，发放最低生活保障金5.27万元；农村最低生活保障户数355户、521人，发放最低生活保障金112.6万元；医疗救助25人次，发放医疗救助金9.44万元；敬老院1家，床位110张，收养农村“五保”老人46人。2020年，城镇最低生活保障户数13户、16人，发放最低生活保障金7.89万元；农村最低生活保障户数413户、645人，发放最低生活保障金197万元；医疗救助10人次，发放医疗救助金2.77万元；敬老院1家，床位110张，收养农村“五保”老人45人。

## 名胜古迹

**龟 山** 位于谷里镇南部，东西走向，占地面积约1.2平方千米，最高峰海拔339.9米。山体花岗岩质，酷似龟形，故名龟山，民间又称为长寿之山。有蘑菇石、石将军、鬼风口、龟鼻峰等景观。龟山历史文化悠久，是黄帝轩辕氏部族的地理标志，孔子望鲁而作的《龟山操》、李白《寄东鲁二稚子》、韩愈《龟山操》等都与龟山有关。

**大窑沟瓷窑址** 市级文物保护单位。位于谷里镇大窑沟村西南，南北长150米，东西长180米，占地面积2.7万平方米。大窑沟瓷窑创烧于隋唐时期，北宋达到鼎盛，持续到金元时期。出土窑炉平面呈椭圆形，为馒头窑，由窑门、火膛、窑室、烟囱等部分组成，在生土层掏挖修造而成，底部及四周烧结面硬度较高。出土瓷器主要是碗、罐、盘等生活用具，釉色主要是青釉，少量白釉、黑釉，多是外施半釉，内施全釉，均有细碎的冰裂纹；纹饰多采用印花、减底刻画等工艺。出土窑具有三角形支垫、垫圈、垫饼、窑棒等，垫具刻画“物勒工名”印记。2016年，被泰安市人民政府认定为市级文物保护单位。

**桃花女庙** 县级文物保护单位。位于谷里镇前北佐村。当地村民为祭祀鲁公伯禽夫人而建，原大殿等主建筑已毁，仅存少量遗迹及明万历重修周公庙记碑、清乾隆桃花砎记碑等碑刻。2008年，前北佐村民在原址重建桃花女庙，并成立桃花女文化发展研究中心，每年农历三月初三举行庙会。2022年，被新泰市人民政府认定为县级文物保护单位。

**明光寺** 俗称西大寺，位于北谷里村西。建于唐开元七年（719），集释道两教于一体，分东西两个院落，东院主要有王灵公殿、碧霞祠、药王殿等建筑，西院主要有天王殿、如来大殿、土地庙等建筑，今存碧霞祠遗迹。明光寺的台基是高出地面的方形土台，相传为夹谷会盟坛。抗日战争时期，国民党军队曾在此伏击日本侵略军。解放战争时期，曾作为人民解放军后方医院，收治伤员。

## 古今名人

**鲍升春（1940—1989）** 1940年8月出生，谷里镇南王庄村人。1965年5月，加入中国共产党。1966年8月，参加工作。历任中共新泰县龙廷公社党委秘书、革委会副主任、党委常委、团委书记、党委副书记，新泰县汶南公社党委书记、革委会主任，新泰县委常委、副县长、党组副书记，中共新泰县（市）委副书记，肥城县委书记等职。1988年1月，任泰安市副市长。1989年2月去世。

**单　洪（1913—2002）** 曾用名昭洪，1913年出生，谷里镇东蒲村人。1930年，考入青州省立第四师范。1932年6月，加入中国共产党。1933年，参加龙须崮农民暴动。1935年，创办县委秘密联络点新华医院。1938年1月，参加徂徕山抗日武装起义。抗日战争时期，历任八路军山东纵队第四支队中队长、连长、营长、团长，四大队大队长、团长，鲁中军区第三军分区参谋长、副司令员，沂山军分区司令员等职。解放战争时期，历任华东野战军后备兵团独立二师师长、济南特别市警备司令部参谋长等职。1952年，任中央军委后勤学院指挥系教授、战史教授委员会主任。1955年，被授予大校军衔。1962年，任北京林学院副院长、党委副书记。1986年离休。2002年7月去世。获二级独立自由勋章、一级解放勋章、独立功勋荣誉章。

**董玉康** 1931年出生，谷里镇南王庄村人。1945年8月，参加革命工作。1947年4月，加入中国共产党。新中国成立后，历任上海气象局观测科科长、气象研究室主任，气象学会常务理事等职。1978年4月，任上海市气象局副局长兼中心气象台台长、局党组成员。1991年6月离休。

**孔　伟** 1973年2月出生，谷里镇南谷里村人，中共中央党校哲学博士，复旦大学公共管理学博士后。1993年，加入中国共产党。1995年7月，参加工作。2013年12月，任全国老龄办事业发展部副主任。2022年7月，任国家卫生健康委中国老龄协会政策研究部主任。

## 典型选介

**山东泰山生力源玻璃有限公司** 位于谷里镇北谷里村。前身是泰安市谷里灯泡厂，建于1969年。1984年，开始生产日用玻璃瓶罐。2013年，更名为山东泰山生力源玻璃有限公司，注册资本3430万元，产品主要有各类色料及用途玻璃瓶。2017年，被中国轻工业联合会评为中国轻工业百强企业。2019年，有员工2300余名，窑炉12座，生产线29条，年产成品玻璃70万吨。公司参与起草多种瓶罐玻璃标准，所产“谷”牌产品不仅享誉国内，还远销美国、韩国、加纳等国家和地区，有合作伙伴220余家。至2022年，连续10年被中国轻工业协会、中国日用玻璃协会评为中国轻工业日用玻璃行业（包装容器）十强企业。

## 镇党政主要负责人

**党委书记** 李　玲（女，2011.12—2016.12）
李绪涛（2016.12—2019.10）
井梓童（2019.10—　）

**镇　　长** 范育民（2015.3—2019.1）
高慎波（2019.9—　）

（毛炳乾）

# 楼德镇

## 地理环境

**位置面积** 楼德镇位于新泰市西部，柴汶河下游，东邻禹村镇、宫里镇，南与济宁市泗水县相邻，西连宁阳县，北与徂徕山汶河风景名胜区天宝镇、岱岳区良庄镇相接。南北长14.2千米，东西长13.2千米，总面积93.84平方千米。镇政府驻东村，东距新泰市人民政府50千米。蒙馆公路、09公路、泰楼公路、磁莱铁路交会于此，董梁高速贯通全境。

**建置区划** 楼德春秋建村，时名菟裘城，明万历年间名楼底，后因本地民风品德高尚演化为楼德。楼德镇境内，西汉属柴县。东汉属梁父县。唐贞观年间属博城县，博城县后改为乾封县。北宋，属奉符县。金元明，属泰安州。清代，属泰安县崇礼乡，清康熙六十年（1721），泰安府在楼德设立派出机构——巡检司，清雍正十三年（1735）驻楼德巡检司升格为通判衙门。1913年，属泰安县徂阳区。1928年，徂阳区改为泰安县第七区。1938年6月，属泰宁边区自治区。1940年7月，属八路军驻泰宁办事处。1942年2月，属泰宁县抗日民主政府。1945年10月，为泰宁县委、县政府驻地，属鲁中二分区（沂蒙区）。1949年6月，属鲁中南一分区（泰山区）。1952年9月，泰宁县改称徂阳县，楼德为县政府驻地。1956年3月，属新泰县。1958年9月，建立新泰县楼德人民公社。1984年3月，建立楼德办事处。1985年12月，撤处并乡，分设楼德镇和禹村镇。1993年，楼德镇成为泰安市计划单列乡镇。2016年，楼德镇辖赤坂、东村、苗庄、南泉、水坡、寺岭、西村、新庄、兴隆庄、颜庄、东安门、甘露、后柴城、前柴城、仁义庄、西安门、西柴城、霄岚、燕家庄、杨家庄、东城前、东封家庄、东王、力里、西城前、西封家庄、西王、薛家庄、埠前、东岭、东营、后泗沟涧、黄泉沟、前泗沟涧、营东、营西36个行政村。至2020年，建置区划未变。

**自然状况** 境内地势南高北低，山区、丘陵、平原各占全镇总面积的三分之一，海拔110～168米。土壤类型以棕壤和褐土为主，pH值中性。主要河流有柴汶河、南泉河、泥沟河、禹村河、新庄河、水坡河等。地下水资源主要分布在镇北部和镇中部，其中镇北部是柴汶河古河道浅层地下富水区，是境内老井灌区，机井深度8～12米；镇中部是深层地下富水区，含水层最大厚度为1200米，有楼德南泉泉群。矿产资源主要有煤炭、花岗片麻岩、寒武纪页岩、石灰岩等。

**人口民族** 2016年，常住总户数1.96万户，常住总人口6.76万人，其中男性3.41万人、女性3.35万人。2018年，常住总户数2.55万户，常住总人口7.72万人，其中男性3.98万人、女性3.74万人。2020年，常住总户数2.51万户，常住总人口7.63万人，其中男性3.91万人、女性3.72万人。有汉族、回族2个民族。

## 经济状况

**农　业** 以种植小麦、玉米、蔬菜、花生为主。2016年，耕地面积5200公顷，粮食总产量

4.52万吨，农业总产值10.5亿元。农民专业合作社110家，家庭农场310个，土地流转面积124.3公顷。2018年，耕地面积4000公顷，粮食总产量4.5万吨，农业总产值11.2亿元。农民专业合作社161家，家庭农场385个。土地流转面积175公顷。2020年，耕地面积4979公顷，粮食总产量4.6万吨，农业总产值12.1亿元。农民专业合作社138家，家庭农场405个，土地流转面积190公顷。

**工　业**　2016年，工业企业56家，从业人员2200人，其中规模以上工业企业5家；工业总产值13.4亿元，实现利税1.3亿元；规模以上工业企业实现主营业务收入12.5亿元，实现利税1.2亿元。2018年，工业企业89家，从业人员3600人，其中规模以上工业企业8家；工业总产值38.5亿元，实现利税2.65亿元；规模以上工业企业实现主营业务收入37亿元，实现利税2.7亿元。2020年，工业企业92家，从业人员4200人，其中规模以上工业企业10家；工业总产值41.3亿元，实现利税3.2亿元；规模以上工业企业实现主营业务收入40.8亿元，实现利税3.1亿元。

2018年11月28日，正大焦化迁建项目6.78米捣固焦炉烘炉点火仪式
（张乐礼　摄）

## 财政税收

**财　政**　2016年，一般公共预算收入2058.19万元，一般公共预算支出3540.95万元。2020年，一般公共预算收入2394.15万元，一般公共预算支出3541.26万元。

**税　收**　2016年，登记各类纳税人2276户，年纳税额在10万元以上的企业15户；各项税收收入4454万元，其中增值税2393万元。2018年，登记各类纳税人2534户，年纳税额在10万元以上的企业17户；各项税收收入6074万元，其中增值税3516万元。2020年，登记各类纳税人2913户，年纳税额在10万元以上的企业21户；各项税收收入4910万元，其中增值税1292万元。

## 社会事业

**教　育**　2016年，幼儿园15所，专任教师119人，在园幼儿1804人；小学9所，专任教师198人，在校学生3985人；普通初中1所，专任教师257人，在校学生2136人。县级以上规范化中小学11所，其中省级规范化学校2所。2020年，幼儿园16所，专任教师245人，在园幼儿2792人；小学9所，专任教师206人，在校学生4219人；普通初中1所，专任教师248人，在校学生2549人。

**文　化**　2016年，镇综合文化站1个，村级文化活动中心36个，各类图书室38个，藏书10万余册，农家书屋36个，农村文化大院36个，文体广场37个。2020年，镇综合文化站1个，村级

文化活动中心36个，各类图书室38个，藏书10万余册，农家书屋36个，农村文化大院36个，文体广场37个。县级以上文物保护单位6处，其中省级1处（怀德书院北学堂）、县级5处（柴县故城、菟裘城遗址、云云山遗址、力里村张氏民居、甘露村关帝庙）。县级以上非物质文化遗产28项，其中市级8项（轱辘担子、打花棍、封氏正风膏药、楼德煎饼制作技艺、孟老虎观灯、王氏正骨、王氏正骨膏、皮筋顶灯）、县级20项（柴城与高柴的传说、捏面人、泰山行宫的传说、通判衙门的传说、柴氏黄家豆腐皮加工技艺、怀德书院的传说、石氏中医正骨、二郎通背拳、海眼的传说、楼德地名起源及演变传说、楼德浴佛会、楼德王业蔓菁丸子加工技艺、神龙湾葫芦套的传说、神泉的传说、云云山封禅传说、汶龙村来历的传说、健身气功、时家卤水鹅制作技艺、杨氏中医割治疗法、柴城韩氏黑膏药）。

**卫　生**　2016年，医疗卫生机构26家、床位305张，其中镇卫生院1家、村卫生室25家；卫生技术人员358名，其中执业医师109名、执业助理医师39名。2020年，医疗卫生机构38家、床位508张，其中镇卫生院1家、村卫生室37家；卫生技术人员382名，其中执业医师130名、执业助理医师25名。

## 社会保障

**医疗保险**　2016年，居民基本医疗保险参保人数6.02万人。2018年，居民基本医疗保险参保人数6.24万人。2020年，居民基本医疗保险参保人数6.19万人。

**养老保险**　2016年，居民参加养老保险4.62万人。2018年，居民参加养老保险4.79万人。2020年，居民参加养老保险4.48万人。

**低保救助**　2016年，农村最低生活保障户数623户、1088人，发放最低生活保障金224.99万元；敬老院1家，床位80张，收养农村“五保”老人54人。2020年，农村最低生活保障户数469户、826人，发放最低生活保障金275.12万元；敬老院1家，床位80张，收养农村“五保”老人36人。

## 名胜古迹

**怀德书院北学堂**　省级文物保护单位。位于楼德镇东村建筑公司院内，清代学堂书院类建筑。清咸丰三年（1853），由泰安府通判自出俸银及所属官吏、泰安二十六地方商民捐资创建，招收学生也以当时二十六地方为限，选聘绅董管理，延请名师执教，一时间特别兴盛，后因时局动荡，将捐银移交官府管理，从而利息渐无，书院日渐衰败。清光绪十五年（1889），山东巡抚张曜罚泰安府出钱1000缗津贴书院，并责令重新选派绅董管理院务，书院由废转兴。清光绪三十一年（1905），改为楼德高等小学堂。今存北屋3间，面阔8.9米，进深7.2米，前厦1.3米，砖木结构，前后有门，后墙窗呈外圆内方形，前墙窗为上圆下方形，五架抬梁式木构，四柱八梁，硬山顶，灰筒瓦覆顶，房屋保存较好，结构稳固，室内西墙嵌有宋代孙觌墓志1方。2022年，被省政府公布为省级文物保护单位。

**菟裘城遗址**　县级文物保护单位。位于楼德镇西村村西，地处平原，南邻柳溪河，为河旁高台地，是东周时期城址类遗址。菟裘城，古嬴姓国，大约西周前期建国，春秋之际被鲁国吞并。遗址东西长200米，南北长150米，面积约3万平方米，文化层堆积厚1米左右，曾发现灰坑、窑址等遗迹。1978年2月，该遗址被新泰县革命委员会公布为第一批县级文物保护单位。发现和确定文物保护单位时，遗址大部分被砖厂取土时破坏，今其余部分保护完好，由西村村委会管理。

**柴县故城遗址**　县级文物保护单位。位于楼德镇前柴城村东，西邻09公路，是春秋至汉代的故城址。柴城，得名于古帝王到此燃柴祭天地的祀典，汉武帝时曾于此设立柴县。城址平面呈长方形，东西长250米，南北宽200米，面积约5万平方米。20世纪60年代初，出土战国时期的“柴内右”铜戈。1978年2月，被新泰县革命委员会公布为第一批县级文物保护单位。今地表种植农作物，保存较好，属柴城村村委管理。

**寺岭伏击战遗址** 位于楼德镇寺岭村东丘陵。1938年1月，八路军山东人民抗日游击队第四支队到泰安县的东、西良庄一带活动时，得到日本侵略军部队将于26日从大汶口去新泰城的消息，为打击日本侵略军的嚣张气焰，四支队挑选精干人员和武器，由赵杰、封振武率领在楼德镇寺岭村设伏。26日下午，日本侵略军进入伏击圈，经过半小时激战，日本侵略军死伤数人，突击队中杨桂芳牺牲。2005年8月，中共新泰市委、新泰市人民政府立抗日战争——寺岭伏击战遗址碑，以示纪念。

## 古今名人

**吴钦平（1919—1948）** 1919年出生，楼德镇西城前村人。1943年，参加八路军鲁中军区新泰县大队。1944年，加入中国共产党。1948年，在华东野战军第八纵队23师69团任连指导员，同年3月在洛阳战役抢渡洛河的战斗中，他率尖刀连奋勇抢渡，率先登岸，中央军委授予吴钦平等“抢渡洛河七勇士”称号。在淮海战役中，吴钦平胳膊被炸断，仍继续指挥战斗，连续打退敌人20多次进攻，壮烈牺牲。

**范安良（1925—1952）** 1925年出生，楼德西城前村人，抗美援朝一等功臣。1948年10月，参加解放军。1949年3月，加入中国共产党。在解放上海战役中立三等功。1950年，参加抗美援朝战争。1951年2月，与战友配合活捉6名美军，4月在朝鲜铁源金鹤山遭遇战中，所在班出色完成阻击敌人、保护主峰的任务，被上级授予“金鹤山阻击英雄班”称号，范安良记一等功，并被任命为金鹤山阻击英雄班班长。1952年2月去世。

**张希春（1926—1979）** 原名张云春，1926年出生，楼德镇前柴城村人。1941年1月，参加八路军。1944年，加入中国共产党。1949年5月，被第三野战军授予“一级人民英雄”称号。1950年9月，参加抗美援朝战争，任营长。1959年起，历任中国人民海军长山要塞区团长、北长山守备区副司令等职。1979年2月去世。

**冯　平（1903—1986）** 曾用名冯广智、冯诺愚，清光绪二十九年（1903）出生，楼德镇东村人。1938年2月，参加徂徕山抗日武装起义，同月加入中国共产党。1945年起，历任山东省财政厅副厅长、省接管委员会生产部部长、省工业厅厅长，淄博市市长，山东省委统战部部长等职。1978年起，任政协山东省委员会副主席、党组成员。1986年去世。中共山东省委员会第一届候补委员、第二届委员，山东省第一、二、三届人大代表，政协第四届全国委员会委员。

**冯　文（1917—1986）** 原名冯广文，1917年出生，楼德镇东村人。1938年4月，参加革命，9月加入中国共产党。抗日战争时期，任赵博县战时邮电局局长。解放战争时期，历任鲁南战区邮局督察员、滨海支前司令部军邮局局长、粮食总站副站长、西南服务一团交通科副科长等职。新中国成立后，历任川东军区军邮局局长、四川军区军邮局局长、四川省邮电管理局副局长等职。1986年去世。

**赵耀中（1920—1994）** 1920年出生，楼德镇东村人。1937年入伍。1938年5月加入中国共产党。1948年起，历任东北野战军司令部第四处协理员、副处长，东北军区司令部管理处处长等职。新中国成立后，历任东北军区军械部副部长、沈阳军区后勤部第二分部部长、沈阳军区后勤部副部长、昆明军区后勤部部长等职。1955年，被授予上校军衔。1961年，晋为大校军衔。1983年11月离职休养。1994年9月去世。获三级独立自由勋章、二级解放勋章，独立功勋荣誉章。中共第十二次全国代表大会代表。

**封振武（1904—1997）** 清光绪三十年（1904）出生，楼德镇东封家庄村人。1933年8月，参加察哈尔民众抗日同盟军。1937年12月，加入中国共产党。1938年1月，参加徂徕山抗日武装起义。抗日战争时期，历任鲁南七县游击队司令员、尼山军分区司令员、山东省第一军区（大鲁南）第二军分区司令员、鲁中军区第三军分区司令员等职。解放战争时期，历任鲁中南军区第二军分区司令员兼兖济警备区司令员等职。新中国成立后，历任泰安军分区司令员，泰泗宁地区剿匪总指挥，中国人民解放军山东省公安总队总队长，济南军区公安军副司令员兼参谋长，山东省公安厅副厅长兼中国人民公安部队山东省总队总队长、党委书记等职。1955年，被授予大校军衔。1997年3月去世。获二级独立自由勋章、二级解放勋章。

**黄 兴（1922—1999）** 曾用名黄兴纯、黄兴泉、黄河，1922年出生，楼德镇人。1939年9月，加入中国共产党，并参加八路军。抗日战争和解放战争时期，历任鲁中军区侦察科参谋，第18军第54师侦察科科长、作战科代科长、第162团参谋长等职。新中国成立后，历任西藏军区后方司令部军训科科长，第18军54师162团团长，第31师参谋长，南昌市委常委、市公安局局长，南昌警备区副司令员等职。1999年去世。获三级独立自由勋章、三级解放勋章，独立功勋荣誉章等。

**冯 恺（1921—2006）** 1921年出生，楼德镇东城前村人。1938年9月参加八路军，10月加入中国共产党。抗日战争时期，历任山东纵队独立支队政治教导员、山东军区第三师营政治教导员等职。解放战争时期，历任中国人民解放军东北军区第三纵队营政治教导员、团政治处主任等职。新中国成立后，历任第四野战军第40军政治部青年部副部长、军政治部组织科科长、团政治委员、师政治部主任、副政委，第120师政委，第40军副政委、政委，沈阳军区军政干校政委，大连陆军学校政委，沈阳军区后勤部顾问等职。1983年离休。2006年去世。获朝鲜民主主义人民共和国三级国旗勋章、二级独立自由勋章，中华人民共和国三级独立自由勋章、三级解放勋章，中国人民解放军独立功勋荣誉章。

**丁凤岐** 1935年7月出生，楼德镇东村人。1951年3月参加工作，历任徂阳县税务局、泰安专署税务局征收员、监察员，泰安地区革命委员会政治部、地区民政局、行署办公室秘书，行署办公室党组成员、秘书科科长，行署办公室副主任、党组副书记等职。1988年5月，任市政府党组成员、秘书长，办公室党组书记，市委委员。1992年3月，任泰安市中级人民法院院长、党组书记。

## 土特名产

**楼德煎饼** 楼德传统特色面食。将小米、玉米、高粱、大豆、地瓜、花生、芝麻、核桃、胡萝卜等原料磨成细糊，摊在鏊子上，边烙边刮而成。楼德煎饼柔脆适中，味香爽口，色泽诱人，贮存期长，食用方便，价格低廉，而且含有人体所需要的多种营养物质。2016年，楼德煎饼制作技艺被泰安市人民政府列入第六批市级非物质文化遗产代表性项目名录。2020年，全镇有煎饼加工企业25家，从业人员1.5万人，产品有方便型、普通型、营养型、保健型、礼品型等花色品种50多个，年产量8.5万吨，产值2亿元。

**时家卤水鹅** 产于楼德镇黄泉沟村。选用饲养一年半以上，重3.4～4千克的健康、鲜活老鹅，宰杀后，放入用老鸡、老鸭、畜类大骨及秘制配方熬制的老汤中，再配以八角、花椒等30多味材料，卤制3～5个小时而成。加工好的卤水鹅每只重3千克左右，鲜香滑嫩，老少皆宜。2021年，时家卤水鹅制作技艺被新泰市人民政府列入第八批县级非物质文化遗产代表性项目名录。

**楼德香肠** 楼德镇地方特色美食，有百余年的生产历史。楼德香肠既传承了传统加工工艺，又在配料、蒸煮等方面进行了技术创新，瘦肉不柴，肥肉不腻，口感醇厚有嚼劲儿。2020年，全镇有香肠加工户80户，年产香肠160吨，远销北京、上海、湖北等省、市，实现销售收入1600万元。

## 典型选介

**全国综合实力千强镇——楼德镇** 2016年，全镇工农业生产总值实现10.6亿元，固定资产投资完成12亿元，城镇居民、农村居民人均纯收入分别为4.2万元、2.9万元。2018年，全镇按照新泰市“十三五”发展规划，工农业生产总值实现53.4亿元，固定资产投资同比增长13.2%，城镇居民、农村居民人均纯收入分别为5万元、3.6万元，财政收入实现3.2亿元；搭建“百亿”产值省级循环园区，投资60亿元，占地面积3.6公顷；招商引资签约落地项目2个，投资过亿元项目2个；推进高效生态农业发展，以长兴百汇庄园为龙头，引领柴汶河17千米蔬菜产业带，打造集观光、旅游、采摘体验为一体的休闲主题长廊。同年10月，楼德镇上榜2018年度全国综合实力千强镇，位列551名。

## 镇党政主要负责人

**党委书记** 苏永涛（副县级，2011.11—2016.12）
何　涛（副县级，2016.12—2020.2）
李兴胜（副县级，2020.2—　）
**镇　　长** 夏恩东（2014.1—2017.1）
王道梅（女，2017.1—　）

（张乐礼　李　娣）

# 禹村镇

## 地理环境

**位置面积** 禹村镇位于新泰市西南部，东邻石莱镇，南与济宁市泗水县相接，西交楼德镇，北与宫里镇相连。南北长12千米，东西长12.8千米，总面积89.19平方千米。镇政府驻大寨村，距新泰市人民政府50千米。董梁高速、磁莱铁路贯通全境，北邻蒙馆公路。

**建置区划** 因传说大禹治水时曾在此安营扎寨，休养生息，故名。1958年，属新泰县楼德人民公社。1984年，属新泰市楼德办事处。1985年12月，楼德办事处划分为禹村镇和楼德镇。2016年，禹村镇辖山东东、山东西、山东南、西山东、安家庄、朱家沟、卢家沟、垤路、西白家沟、伍埠、琵琶庵、韩山、李家庄、东杜、中杜、车阳、东白家沟、西杜、宋家庄、大寨、后寨、西寨、东沈东、东沈西、东沈北、西沈、汤家禹、赵家禹、田村、工峪、朱家庄、南峪、北峪、北泉头、程家峪、大路山、南泉头、徐家岭、北清泥沟、南清泥沟40个行政村。至2020年，建置区划未变。

**自然状况** 境内东南西三面环山，地势南高北低，南部为山区，北部为平原、丘陵。海拔119～168米，最高点位于老寨山主峰，海拔473.7米。土壤以棕壤土为主。有低山丘陵15座，其中海拔250米以上的8座。小（1）型水库2座、小（2）型水库1座及大小塘坝80余个，总储水量

1000万立方米。矿产资源主要有煤炭、石灰石、长石、陶瓷土、页岩、硅酸盐等，其中煤炭储量约750万吨，可采储量550万吨，煤质好，分布集中。

**人口民族** 2016年，常住总户数1.82万户，常住总人口5.72万人，其中男性2.93万人、女性2.79万人。2020年，常住总户数1.83万户，常住总人口5.79万人，其中男性2.95万人、女性2.84万人。有汉族、回族2个民族。

## 经济状况

**农　业** 以种植小麦、玉米、花生、地瓜为主。2016年，耕地面积3223公顷，粮食总产量2.59万吨，农业总产值3.06亿元，其中农业产值1亿元、林业产值200万元、牧业产值2亿元、农林牧渔服务业产值400万元。农民专业合作社40家，种植大户10户，土地流转面积266.67公顷。2020年，耕地总面积3266.67公顷，粮食总产量2.55万吨，农业总产值3.1亿元，其中农业产值1.02亿元、林业产值200万元、牧业产值2.02亿元、农林牧渔服务业产值400万元。农民专业合作社45家，种植大户10户，土地流转面积266.67公顷。

**工　业** 2016年，工业企业20余家，从业人员1000余人，其中规模以上工业企业1家；工业总产值4000万元，实现利税2000万元，其中利润1000万元；规模以上工业企业实现主营业务收入1000余万元。2018年，工业企业20余家，从业人员1000余人，其中规模以上工业企业1家；工业总产值5000万元，实现利税2000余万元，其中利润1000万元；规模以上工业企业实现主营业务收入1200余万元。2020年，工业企业30余家，从业人员1200余人，其中规模以上工业企业2家；工业总产值6000万元，实现利税2000万元，其中利润1000万元；规模以上工业企业实现主营业务收入1000万元。

## 财政税收

**财　政** 2016年，一般公共预算收入4198万元，一般公共预算支出624万元。2020年，一般公共预算收入9140万元，一般公共预算支出1300万元。

**税　收** 2016年，登记各类纳税人约300户，年纳税额在10万元以上的企业约50户；各项税收收入1048万元，其中增值税600余万元。2018年，登记各类纳税人约200户，年纳税额在10万元以上的企业1户；各项税收收入1111万元，其中增值税600余万元。2020年，登记各类纳税人约220户，年纳税额在10万元以上的企业15户；各项税收收入1248万元，其中增值税700余万元。重点税源为煤炭加工、建筑等行业。

## 社会事业

**教　育** 2016年，幼儿园17所，专任教师108人，在园幼儿1008人；小学8所，专任教师148人，在校学生2156人；普通初中1所，专任教师128人，在校学生2274人；县级以上规范化中小学7所，其中省级规范化学校2所、新泰市级规范化学校5所。2020年，幼儿园12所，专任教师126人，在园幼儿1162人；小学6所，专任教师157人，在校学生2396人；普通初中1所，专任教师138人，在校学生2087人；县级以上规范化中小学7所，其中省级规范化学校2所、新泰市级规范化学校5所。

**文　化** 2016年，镇综合文化站1个，村级文化活动中心36个、文体广场16个；音乐、美术、书法、摄影及文学业余创作人员2人；农家书屋36个。2020年，镇综合文化站1个，村级文化活动中心36个、文体广场36个；文化专业户1户，文艺宣传（表演）队1支，音乐、美术、书法、摄影及文学业余创作人员6人；图书室1个，藏书10万余册，农家书屋36个。县级以上文物保护单位6处，其中省级1处（老寨山战斗遗址）、县级5处

(田村遗址、大寨村关帝庙、后寨村玄帝庙、程家峪村青云观、琵琶庵朝阳洞)。县级以上非物质文化遗产4项，其中市级2项（米廪居清真糕点制作技艺、老寨山红脉香椿）、县级2项（立通鼻炎膏、大禹治水的传说）。

**卫　生**　2016年，医疗卫生机构36家、床位20张，其中镇卫生院1家、村卫生室35家；卫生技术人员18名，其中执业助理医师2名。2020年，医疗卫生机构40家、床位20张，其中镇卫生院1家、村卫生室39家；卫生技术人员24名，其中执业助理医师1名。

## 社会保障

**医疗保险**　2016年，居民基本医疗保险参保人数2.8万人。2018年，居民基本医疗保险参保人数3万人。2020年，居民基本医疗保险参保人数3.5万人。

**养老保险**　2016年，居民参加养老保险2.2万人。2018年，居民参加养老保险2.3万人。2020年，居民参加养老保险3万人。

**低保救助**　2016年，城镇最低生活保障户数70户、116人，发放最低生活保障金92万元；农村最低生活保障户数952户、1375人，发放最低生活保障金282万元；医疗救助4人次，发放医疗救助金1万元；敬老院1家，床位50张，收养农村“五保”老人28人。2020年，城镇最低生活保障户数76户、122人，发放最低生活保障金98万元；农村最低生活保障户数629户、1118人，发放最低生活保障金351万元；医疗救助11人次，发放医疗救助金4万元；敬老院1家，床位50张，收养农村“五保”老人23人。

## 名胜古迹

**老寨山革命遗址**　省级文物保护单位。位于禹村镇南泉头村南的老寨山上。老寨山东西长3.4千米，南北宽2.9千米，占地面积4.7平方千米，山体由石灰岩构成，主峰海拔473.7米，为禹村镇境内海拔最高峰。1947年，国民党军队及还乡团将泰宁县武工队的26名队员围困在老寨山，队员们利用易守难攻的有利地形，顽强阻击，但终因寡不敌众，在弹尽粮绝的情况下英勇跳崖。2005年8月，中共新泰市委、新泰市人民政府在老寨山立老寨山战斗遗址碑。2022年，老寨山革命遗址被山东省人民政府认定为省级文物保护单位。

**程家峪村青云观**　县级文物保护单位。位于禹村镇程家峪村，宋末元初建，清康熙、乾隆和光绪年间三次重修，占地面积660余平方米，坐北向南，主建筑有大殿、西殿和前殿，东有钟楼，今存大殿和碑廊。大殿原供奉观音菩萨1尊，端坐莲花宝座，4小童侍旁，观音两侧各有女神像1尊，东、西山墙前各塑武将1尊，分持狼牙棒和钢鞭，“文化大革命”期间被毁。院内有侧柏2棵，树龄约800年，树高、冠幅均10余米，树胸围2米有余。2022年7月，程家峪村青云观被新泰市人民政府认定为县级文物保护单位。

**琵琶庵朝阳洞**　县级文物保护单位。位于禹村镇琵琶庵村，北依影山，明代肇建，建有上下两层石室，今仅存下层。正面山门有“朝阳洞”3个大字榜书的匾额，长88厘米，高32厘米，单字高22～25厘米。今存朝阳古洞藏经碑记碑1通，高240厘米，宽97厘米，厚36厘米。2022年7月，琵琶庵朝阳洞被新泰市人民政府认定为县级文物保护单位。

**后寨村玄帝庙**　县级文物保护单位。位于禹村镇后寨村，明成祖时期建，今存清代碑刻3通。抗日战争时期，玄帝庙是徂徕山抗日武装的重要联络点，后寨村的第一名党员藤衍文在这里发展，后寨村第一个党小组也在此成立。在老寨山战斗中跳崖受伤的楼德区长朱凤仁，曾在此进行紧急救治。新中国成立后，曾作为扫盲班、学校、村委会的办公场所。2022年7月，被新泰市人民政府认定为县级文物保护单位。

**大寨村关帝庙**　县级文物保护单位。位于禹村镇大寨村，也叫村大庙，明崇祯年间建，清道光四年（1824）重修，占地面积600平方米，建筑面积200平方米，分前后两院，前院供奉关帝，后院供奉观世音菩萨。今存大门楼、前殿和后殿。1960—2002年为村委会办公场所。2022年7月，被新泰市人民政府认定为县级文物保护单位。

## 古今名人

**袁久亮**　1963年4月出生，禹村镇山东西村人，高级记者，中央党校函授学院本科班政法专业毕业。1986年7月参加工作，历任泰安市广播电视局副局长、局长，市文化广电新闻出版局（市文物局）局长，市委组织部副部长，市人力资源和社会保障局局长、党委书记，市委机构编制委员会办公室主任，市委宣传部常务副部长，泰安技师学院党委书记等职。2023年退休。

**袁久党**　1967年1月出生，禹村镇山东西村人。1989年7月，毕业于山东矿业学院采矿工程系采矿工程专业。2001年3月，加入中国民主建国会。历任新泰市工家寨煤矿技术员、副矿长，新泰市副市长，泰安市煤炭工业管理局副局长、局长等职。2017年起，历任泰安市副市长、市安全生产监督管理局局长、民建市委会主委等职。2022年2月起，任泰安市政协副主席、民建市委会主委。

## 土特名产

**新泰米廪居清真糕点**　唐末，米姓回族由济南迁到禹村镇居住。明洪武年间开始制作清真糕点，到清朝中后期技艺趋于成熟，清咸丰年间，传人米申太创立米廪居清真糕点。当代传人米云与妻子在原配方的基础上，融合西方烘烤技巧，研发出营养健康、美味可口、携带方便的新派糕点，分烤制类、炸制类、蒸煮类等品种，其中烤制类有长寿糕、月饼、寿桃、菊花饼等，炸制类有蜜三刀、芙蓉枣、千层酥等，蒸煮类有绿豆糕、蒸蛋等。2019年，新泰米廪居清真糕点制作技艺被泰安市人民政府列入第八批市级非物质文化遗产代表性项目名录。

**老寨山红脉香椿**　主产区位于禹村镇南泉头村一带，明朝开始种植，曾为贡品。此处多为山地，昼夜温差大，所产红脉香椿品种独特、香味浓郁、营养丰富。镇政府依托香椿产业和老寨山革命遗址，打造红色旅游、生态农业观光带，促进一、二、三产业的综合发展。2016年，全镇种植面积约53公顷，年产量约600吨。2020年，全镇种植面积约333公顷，年产量约5000吨。同年，老寨山红脉香椿被泰安市人民政府列入非物质文化遗产代表性项目名录。

## 典型选介

**全国民族团结进步模范集体——禹村镇**　禹村镇是全省回族人口较多的乡镇，也是全省民族

2020年9月，禹村镇全国民族团结进步模范集体标识牌　（苏　凯　摄）

工作重点镇。党的十八大以来，全镇立足区域特色，坚持以交往促共处，推行一村一主题、一智囊、一载体、一活动、一产业的“五个一”党建工作法，如民族村山东西村主题是头雁效应，载体是民族文化，卢家沟村的主题是志愿服务，载体是孝善文化，通过树典型、学榜样，推动民族团结一家亲；坚持以交流促共信，挖掘各村民族文化、红色文化，建成民族文化馆、初心窑洞、孝善文化广场、民族大舞台，推进文化交流，打牢民族团结进步的思想基础；坚持以交融促共享，积极发展民族经济和特色产业，通过与青山牧业、富禹畜牧循环产业园等农牧龙头企业合作，各族群众实现务工、分红双收益，文化上兼收并蓄、经济上相互依存、情感上相互亲近，全镇干部群众像石榴籽一样紧紧抱在一起。2019年，禹村镇被国务院表彰为全国民族团结进步模范集体。

## 镇党政主要负责人

党委书记　李绪涛（2013.6—2016.12）
　　　　　李希刚（2016.12—2020.5）
　　　　　张　鲁（2020.6—　）
镇　　长　朱文静（女，2011.12—2017.1）
　　　　　张　鲁（2017.1—2020.6）
　　　　　朱衍博（2020.6—　）

（刘浩运）

# 石莱镇

## 地理环境

**位置面积**　石莱镇位于新泰市西南部，地处新泰市、泗水县交界处，东邻放城镇，东北接岳家庄乡、刘杜镇，北接谷里镇，西与禹村镇相连，南邻泗水县。东西长17千米，南北长17.3千米，总面积163.14平方千米。镇政府驻东石莱三村，距新泰市人民政府27千米。北邻泰新高速，东邻241省道，董梁高速东西向穿境而过，省道牛石路纵贯南北，交通便利。

**建置区划**　唐朝建村，因地处山区，石头、莱蒿遍地，故名。石莱镇境内，唐代属河南道兖州乾封县。宋代属奉符县。金、元、明代属泰安州。清代属泰安县崇礼乡。1928年，属泰安县第七区。1941年10月，为石华区，属泰宁县。1945年10月，属新泰县石放区。1950年11月，石放区改为新泰县六区。1958年9月，建立石莱人民公社。1984年4月，改为石莱办事处。1985年12月，撤石莱办事处，划分为石莱乡、木厂峪乡、放城乡。1994年1月，石莱乡改为石莱镇。2001年2月，撤木厂峪乡，并入石莱镇。2016年，石莱镇辖东石莱一、东石莱二、东石莱三、东石莱四、东石莱五、西石莱一、西石莱二、西石莱三、西石莱四、上马峪、下马峪、张家峪、刘志园、西高家庄、卢家庄、胡家泉、西刘家山、饮马泉、西搬倒井、东搬倒井、南孙家泉、北孙家泉、贾家庄、西张庄、洪沟、唐家庄、小张庄、向阳、大李庄、齐家庄、管家山、东峰、西峰、郑家泉、左家沟、西碾子峪、东碾子峪、北高家庄、苏家庄、赵家沟、朱家庄、三山、木厂峪、安子沟、北官庄、南官庄、观音堂、小王庄、北桥、南桥、东山、西山、路良山、崔家庄、南王庄、东刘家山、小李家庄、西班家庄、东班家庄、

道泉峪、韩家河、北王庄、东万峪、西万峪、宋家庄、小西岭、琵琶庄、东马林、西马林等69个行政村。至2020年，建置区划未变。

**自然状况** 境内为丘陵山区，山岭众多，沟壑纵横，总体地势东北高西南低。平均海拔230米，最高点为老寨山主峰，海拔473.7米；最低点为东马家林南大桥，海拔143米。土壤类型主要有棕壤土、褐土、砂姜土等3类。境内有大小河流13条，分为黄河和淮河两大水系，其中石莱河支流众多，全长20余千米。矿产资源主要有麦饭石、大理石、长石、石英石、砭石、铁粉、滑石、石灰岩、页岩等。

**人口民族** 2016年，常住总户数2.35万户，常住总人口6.87万人，其中男性3.55万人、女性3.32万人。2018年，常住总户数2.29万户，常住总人口6.99万人，其中男性3.61万人、女性3.38万人。2020年，常住总户数2.33万户，常住总人口7万人，其中男性3.61万人、女性3.39万人。民族均为汉族。

## 经济状况

**农　业** 石莱镇是典型的农业乡镇，以传统种植业为主，同时注重发展有机茶叶、菊花、中草药、富硒水果等特色种植和高效农业，农作物主要有花生、地瓜、小麦、玉米及桃、梨、核桃、苹果、山楂等林果。2016年，耕地面积8756.8公顷，多为山岭地；农业总产值18.64亿元，其中农业产值14.85亿元、林业产值1.12亿元、牧业产值1.5亿元、渔业产值100万元、农林牧渔服务业产值1.16亿元；粮食总产量1.47万吨。农民专业合作社126家，种植大户16户，土地流转面积1897.33公顷。2018年，耕地面积8756.8公顷；农业总产值20.95亿元，其中农业产值17.52亿元、林业产值1.13亿元、牧业产值1.1亿元、渔业产值200万元、农林牧渔服务业产值1.18亿元；粮食总产量1.53万吨。农民专业合作社130家，种植大户10户，土地流转面积2210.67公顷。2020年，耕地面积8756.8公顷；农业总产值23.47亿元，其中农业产值19.89亿元、林业产值1.15亿元、牧业产值1.2亿元、渔业产值300万元、农林牧渔服务业产值1.2亿元；粮食总产量1.57万吨，棉花43.8吨，油料1.58万吨，水果130吨。农民专业合作社135家，种植大户16户，土地流转面积2876公顷。

**工　业** 2016年，工业企业12家，从业人员2987人，其中规模以上工业企业2家；工业总产值3.4亿元，实现利税3300万元，其中利润2600万元；规模以上工业企业实现主营业务收入2.1亿元，实现利税2000万元，其中利润1500万元。2018年，工业企业13家，从业人员3011人，其中规模以上工业企业2家；工业总产值3.8亿元，实现利税3400万元，其中利润2700万元；规模以上工业企业实现主营业务收入2.2亿元，实现利税2200万元，其中利润1700万元。2020年，引进落地项目8个，招商引资2.74亿元，上级拨款项目资金3000万元。工业企业14家，从业人员3062人，其中规模以上工业企业3家；工业总产值4.1亿元，实现利税3600万元，其中利润2700万元；规模以上工业企业实现主营业务收入2.3亿元，实现利税2300万元，其中利润1800万元。

## 财政税收

**财　政** 2016年，一般公共预算收入3852万元，一般公共预算支出3852万元。2018年，一般公共预算收入4083万元，一般公共预算支出4083万元。2020年，一般公共预算收入3345万元，一般公共预算支出3345万元。

**税　收** 2016年，登记各类纳税人2678户，年纳税额在10万元以上的企业6户；各项税收收入1014万元，其中营业税317万元。2018年，登记各类纳税人3160户，年纳税额在10万元以上的企业9户；各项税收收入786万元，其中增值税633

万元。2020年，登记各类纳税人3620户，年纳税额在10万元以上的企业12户；各项税收收入703万元，其中增值税462万元。重点税源为光伏、风电、矿石资源等行业。

## 社会事业

**教　育**　2016年，幼儿园12所，专任教师26人，在园幼儿2164人；联办小学10所，专任教师263人，在校学生3607人；初中1所，专任教师105人，在校学生3100人；成人技校1所，专任教师2人，在校学生56人。县级以上示范幼儿园12所，其中省级示范幼儿园2所、泰安市级示范幼儿园10所；县级以上规范化中小学11所，其中省级规范化学校2所、泰安市级规范化学校9所。2020年，幼儿园16所，专任教师30人，在园幼儿2138人；联办小学10所，专任教师196人，在校生3590人；初中1所，专任教师128人，在校生3306人。县级以上示范幼儿园16所，其中省级示范幼儿园2所、泰安市级示范幼儿园10所、新泰市级示范幼儿园4所；县级以上规范化中小学11所，其中省级规范化学校2所、泰安市级规范化学校9所。

**文　化**　2016年，镇综合文化站1个，村级文化活动中心69个，综合文化艺术团2个；图书室1个、农家书屋69个，藏书10万余册；文体广场70个。2020年，镇综合文化站1个，村级文化活动中心69个，综合文化艺术团2个；图书室1个、农家书屋69个，藏书10万余册；文体广场70个；镇文明实践所1个，村文明实践站69个。县级文物保护单位1处（石城寺）。县级以上非物质文化遗产4项，其中市级1项（泥巴魏泥塑）、县级3项（白马寺的传说、二龙山的传说、道泉峪的传说）。

**卫　生**　2016年，医疗卫生机构62家、床位50张，其中镇卫生院1家、村级卫生室61家；卫生技术人员170名，其中执业医师28名、执业助理医师138名。2020年，医疗卫生机构64家、床位50张，其中镇卫生院1家、村级卫生室63家；卫生技术人员166名，其中执业医师22名、执业助理医师140名。

## 社会保障

**医疗保险**　2016年，居民基本医疗保险参保人数5.5万人。2018年，居民基本医疗保险参保人数5.6万人。2020年，居民基本医疗保险参保人数5.77万人。

**养老保险**　2016年，居民参加养老保险2.2万人。2018年，居民参加养老保险2.3万人。2020年，居民参加养老保险2.66万人。

**低保救助**　2016年，农村最低生活保障户数359户、558人，发放最低生活保障金114.57万元；医疗救助人26次，发放医疗救助金5.9万元；临时救助55户，发放救助金10.58万元；敬老院1家，床位160张，收养农村“五保”老人75人。2020年，农村最低生活保障户数717户、1141人，发放最低生活保障金344.71万元；医疗救助30人次，发放医疗救助金6.6万元；临时救助54户，发放救助金18.59万元；敬老院1家，床位160张，收养农村“五保”老人43人。

## 名胜古迹

**华胥山**　以伏羲之母的名字命名，又称黄粟山、黄山、黄山寨，位于石莱镇机关驻地东南9千米，占地面积2.87平方千米，最高处海拔440米，山势南部险峻，北部缓落。山顶保存有完整的氏族部落山寨城防布局，东西两面连接南北断崖，西面有两道寨墙，寨墙内有石屋、石墙、石臼等遗迹，是寻根旅游和寻古探险的去处。据考古学家王献唐考证，此山是中华人文始祖伏羲的诞生地。

**白马山景区**　位于石莱镇东石莱三村南2千米，占地面积4平方千米，主峰黄牛顶海拔438.3米。整个山体呈西北、东南走向，似骏马奔腾，

石莱镇白马山景区内银杏树　　(巩玉龙　摄　2022年提供)

故名白马山；又因远望似少女仰卧，俗称玉女峰；面部端详，恰如佛祖仰面醉卧酣睡，又称“天下第一睡佛”。山中白马寺，唐初建，因“寺据山中，山如寺城”又称为石城寺，为县级文物保护单位。寺内有古银杏树3棵，其中中间1株树龄近3000年，高39米，树围9.62米，树冠覆盖面积853.33平方米，被誉为银杏之王，有“七搂八拃一媳妇”的美丽传说，圣人孔子曾在此品茗、乘凉。

## 古今名人

**常润山（1908—1991）**　又名常秀岚，清光绪三十四年（1908）四月出生，石莱镇西搬倒井村人，山东省曲阜第二师范学校毕业。1932年3月，加入中国共产党。1938年，参加徂徕山抗日武装起义。抗日战争时期，历任中共泗水县委组织部部长，中共泰宁县委敌工部部长等职。解放战争时期，历任中共济南市委敌工站分站站长、国军部内线组织科科长、济南特别市九区区委书记等职。1949年10月起，历任济南市统计局局长、工商管理局局长、纺织印染局局长、劳动局局长等职。1962年5月起，历任政协济南市第三、四届委员会常委，第五届委员会常委、副秘书长，第六届委员会驻会常委。1982年12月离休。1991年1月去世。

**常　诚**　1950年出生，石莱镇东搬倒井村人，中国书法家协会会员，中国一级书法师。1969年12月入伍。1971年，加入中国共产党。历任广州军区空军大队政委、党委书记、政治处主任等职。1989年12月转业。1992年9月起，历任胶南市公安局政委，即墨市公安局局长、党委书记等职。2000年8月，任青岛市公安局李沧分局局长、党委书记。2010年退休。

**田　辉**　1967年1月出生，石莱镇崔家庄村人，医学博士，医学分子生物学博士后，山东大学齐鲁医院胸外科主任、教授、主任医师、博士生导师。1992年，加入中国共产党。自参加工作起，一直从事胸外科的临床、教学和科研工作，先后在国内外刊物发表学术论文90余篇，主要专著2部，参编著作10部，获山东省科技进步奖二等奖1项、三等奖1项，山东省高等院校优秀科研成果一等奖1项，山东省医学科技创新成果三等奖3项，主持承担国家自然科学基金课题1项，山东省科技攻关课题1项，山东省自然科学基金课题2项。

## 土特名产

**石莱核桃**　石莱境内多山岭，适宜栽种核桃，主要分布于白马山、华胥山、老寨山、太平山、岚山等周边。核桃品种既有传统品种，又有新品种，传统品种多为实生苗木，树木高大，一棵树结果数百斤，多在庭院里栽植；新品种主要有香菱、元丰等薄皮核桃，多为嫁接苗木，树形矮小，结果早。注册商标有山旮旯、白马山等。2016年，全镇栽植面积400余公顷，年产核桃300余吨。2020年，全镇栽植面积670余公顷，年产核桃600余吨。

**新莱特仔猪** 为石莱镇兽医站培育出的优良猪种，具有瘦肉率高、耐粗饲、生长快、抗病能力强、经济效益高等特点。1997年，注册新莱特商标，并成立仔猪批发市场，被新泰市政府列为十大农副产品基地之一。1999年，石莱镇被农业部命名为“中国仔猪之乡”。2016年，全镇有畜牧养殖专业村20多个，存栏母猪4504头、仔猪3.78万头，销往山东各地及北京、上海、江苏、安徽等省市，实现产值1200多万元。

**石莱花鸡** 又称草鸡，属肉、蛋兼用型地方品种，主要产于山区，以其抗病能力强、觅食性好、适宜放养、肉质鲜美而深受民众喜爱。20世纪60年代，境内引进济南花鸡，与当地土种鸡混养，进行杂交，形成当地花鸡地方品种。石莱花鸡体形适中，呈椭圆形，结构紧凑，秀气，颈部长短适中灵活，前躯稍窄，背长而平直，后躯较丰满，腿较长，尾羽高翘，全身羽毛以黑白相间的横斑羽为基本特征，也有的大片白羽、黑羽、红羽相间，形成大花图案。2016年，全镇养殖石莱花鸡12万余只。2020年，全镇养殖石莱花鸡15万余只。

**石莱草鸡蛋** 境内居民有饲养草鸡的传统，采取自然放养，朝出暮归，以五谷杂粮、嫩叶、草籽、昆虫等为食，不吃配制饲料，直接摄取水分较少，加之自然环境良好，生产周期比养鸡场的鸡长20多天，产蛋数量也少，所产鸡蛋个头小、蛋皮厚，蛋黄比重大，颜色鲜艳，蛋清滑嫩。2016年，石莱镇年产草鸡蛋260余吨，产值50余万元。2020年，石莱镇年产草鸡蛋300余吨，产值60余万元。

## 典型选介

**山东省级文明村镇——石莱镇** 石莱历史悠久，地处山区，山峦起伏，植被茂盛，山清水秀，气候适宜。中华人文始祖伏羲及尧、舜、鲧、禹曾在此繁衍生息，并创造出古代文明。是中国仔猪之乡、国家标准化气象灾害防御乡镇、山东省旅游强乡镇。2017年，全镇围绕“富民强镇”总目标，高度重视精神文明建设，实施“四德”（社会公德、职业道德、家庭美德、个人品德）工程，营造积极向上的良好社会氛围；开展连心服务文化惠民送戏下乡文艺演出，丰富群众文化生活；开展农村环境整治，建设美丽乡村；实施乡村振兴工程，打造示范片区，全镇上下形成风清、气正、人和、干事、文明、和谐的良好氛围。同年12月，被山东省文明委评为省级文明村镇。

**良心谷有机生态示范园** 位于石莱镇东部与岳家庄乡、放城镇交界处，涵盖3镇19村，是集有

2018年11月14日，良心谷有机生态示范园有机菊花加工车间

（巩玉龙　摄）

机茶、粮食、中草药等种植加工、技术研发及生态养殖、休闲旅游于一体的现代生态农业示范基地。总投资4.7亿元，园区占地面积2300余公顷。公司采用“公司+基地+农户”的利益联结机制，通过产业带动农民创业、农民就业，解决了农村闲散劳动力的问题。土地整村流转连片发展，把茶园交给农户划区管理，农民收取土地租金、茶园管理费，每公顷土地年收入约3.9万元，受惠农户5000余户。收获季时，雇用临时工2400余人，人均增收近5000元。年接待游客20余万人，促进了当地经济及旅游业的发展。2018年，被泰安市旅游区点质量等级评定委员会评为国家AAA级旅游景区。2020年9月，被国家发展和改革委员会认定为国家农村产业融合发展示范园。

## 镇党政主要负责人

党委书记　吕熙伟（2011.11—2016.12）
　　　　　李怀爱（女，2016.12—2020.5）
　　　　　马　强（2020.5—　）
镇　　长　李怀爱（女，2011.11—2017.1）
　　　　　马　强（2017.1—2020.5）
　　　　　张　凯（2020.5—　）

（巩玉龙）

# 放城镇

## 地理环境

**位置面积**　放城镇位于新泰市最南端，泰安、临沂、济宁三市的交界处，东接平邑县仲村镇，南与泗水县泉林镇毗邻，西连石莱镇，北接岳家庄乡。东西长13.6千米，南北长13.8千米，总面积68.96平方千米。镇政府驻东街村，距新泰市人民政府41千米。新枣公路、新平铁路南北穿越镇域，北邻董梁高速、泰新高速，南靠327国道、兖石铁路。

**建置区划**　因孔子弟子林放故里而得名。放城镇境内，唐昭宗年间属河南道兖州乾封县。宋朝属奉符县。金元明时期，属泰安州。清朝，属泰安县东南崇礼乡。1912年，属泰安县第七区。1939年，为泰宁县放城区。1945年10月，属新泰县石放区。1950年11月，石放区改称新泰县六区。1953年1月，为新泰县十一区。1955年10月，十一区改为放城区。1958年3月，建立放城乡。同年9月属石莱人民公社。1984年4月，属石莱办事处。1985年12月，成立放城乡。1994年，放城乡改为放城镇。2016年，放城镇辖放城一、放城二、河北、郗家峪、马家寨子、阚家庄、东埠、东街、邱子峪、放城三、东石井、西石井、上庄、南涝坡、营家峪、下峪、西店子、东店子、中原、太平、丁家庄、上峪、三小庄23个行政村。至2020年，建置区划未变。

**自然状况**　境内大部为丘陵山地，地势周围高中间低，北部以丘陵为主，南部为丘陵山区，海拔160～200米，最高点太平顶，海拔813.6米；最低点为放城镇镇街，海拔154米。土壤类型以沙质棕壤土为主。矿产资源主要有河沙、麦饭石、大理石、长石、石英石、铁粉、滑石、石灰岩、页岩等，其中河沙、石灰岩、页岩分布广泛。

**人口民族**　2016年，常住总户数1.02万户，常住总人口2.35万人，其中男性1.23万人、女性

1.12万人。2020年，常住总户数1.24万户，常住总人口2.81万人，其中，其中男性1.54万人、女性1.27万人。有汉族、回族2个民族。

## 经济状况

**农　业**　以种植小麦、小米、玉米、花生、地瓜、香椿为主。2016年，耕地面积1933.3公顷，以丘陵为主，农业总产值6.1亿元，粮食总产量1.52万吨。农民专业合作社90家，种植大户15户，土地流转面积466公顷。2020年，耕地面积1933.3公顷，以丘陵为主，农业总产值3.5亿元，粮食总产量1.33万吨。农民专业合作社70家，农业企业15家，家庭农场50个，土地流转面积956公顷。

**工　业**　2016年，工业企业3家，从业人员120人；工业总产值6600万元，实现利税1000万元，其中利润800万元。2020年，引进落地项目5个，招商引资到位资金5000万元。工业企业7家，从业人员230人，其中规模以上工业企业3家；工业总产值4.2亿元，实现利税4500万元，其中利润4000万元；规模以上工业企业实现主营业务收入7亿元，实现利税4500万元，其中利润4000万元。

## 财政税收

**财　政**　2016年，一般公共预算收入2322万元，一般公共预算支出2322万元。2020年，一般公共预算收入2697万元，一般公共预算支出2697万元。

**税　收**　2016年，登记各类纳税人40户，年纳税额在10万元以上的企业5户；各项税收收入817万元，其中增值税49万元。2018年，登记各类纳税人80户，年纳税额在10万元以上的企业8户；各项税收收入646万元，其中增值税228万元。2020年，登记各类纳税人100户，年纳税额在10万元以上的企业10户；各项税收收入1577万元，其中增值税452万元。重点税源为矿产、机械加工等行业。

## 社会事业

**教　育**　2016年，幼儿园9所，专任教师83人，在园幼儿756人；小学5所，专任教师125人，在校学生1544人；普通初中1所，专任教师110人，在校学生1030人；县级以上规范化中小学5所，其中省级规范化学校1所、泰安市级规范化学校4所。2020年，幼儿园10所，专任教师96人，在园幼儿956人；小学5所，专任教师121人，在校学生1820人；普通初中1所、专任教师88人，在校学生1190人。

**文　化**　2016年，镇综合文化站1个，村文化活动中心23个，各类文化专业户5户；各类图书室8个，藏书6万余册；农家书屋23个，农村文化大院23个，文体广场15个，庄户剧团3个。2020年，镇综合文化站1个，村文化活动中心23个，各类文化专业户7户；各类图书室23个，藏书13万余册；农家书屋23个，农村文化大院23个，文体广场25个，庄户剧团3个。省级文物保护单位2处（东街清真寺、阁老顶观音造像）。县级非物质文化遗产4项（马家寨子香椿、东石井贡米、儒家学者林放的传说、萧大亨的传说）。

**卫　生**　2016年，医疗卫生机构21家、床位20张，其中镇卫生院1家、村卫生室20家；卫生技术人员38人，其中执业医师15人、执业助理医师20人。2020年，医疗卫生机构23家、床位20张，其中镇卫生院1家、村卫生室22家；卫生技术人员40人，其中执业医师15人、执业助理医师22人。

## 社会保障

**医疗保险**　2016年，居民基本医疗保险参保人数3万人。2020年，居民基本医疗保险参保人数2.85万人。

**养老保险**　2016年，居民参加养老保险8600人。2020年，居民参加养老保险8800人。

**低保救助**　2016年，农村最低生活保障户数616户、935人，发放最低生活保障金205.75万元；敬老院1家，床位160张，收养农村“五保”老人32人。2020年，农村最低生活保障户数458户、744人，发放最低生活保障金228.68万元；医疗救助26人次，发放医疗救助金10.3万元；敬老院1家，床位160张，收养农村“五保”老人18人。

## 名胜古迹

**阁老顶观音造像**　省级文物保护单位。位于放城镇郗家峪村青龙山阁老顶，为宋至金代遗址。观世音像刻于阁老顶山岩，着浓靛色，色泽斑驳，高1.04米，阔0.28米，面向东北方，以浅浮雕手法，径自凿出像龛和菩萨。刻像观世音头着宝冠，有背光，背光内饰花纹，像尊面形圆润，阔鼻大耳，樱口细目，目光仰视作遥望状；袒胸饰以璎珞，露臂，肩着帔帛，衣摆覆于座；右腕着钏，左手垂放，右手置于曲起之右膝上；趺座为仰莲式，莲台以卜有纹饰。观世音像右胁侍高0.25米，作合掌礼拜状，左胁侍高0.35米，似为侍立。观音像与右胁侍之间还残存线刻纹饰，纹样难以辨识。2013年，阁老顶观音造像被山东省人民政府认定为省级文物保护单位。

**东街清真寺**　省级文物保护单位。位于放城镇东街村，始建年代不详，距今500～600年历史。寺内今存有清雍正、乾隆、道光、光绪年间维修和重建碑刻4座，《古兰经》《维斯也斯》《古兰经讲义》《而木伐》等经典抄本11种。孔子第75代衍圣公孔令贻曾赠匾一块，已被毁坏，后由泰安书法家王延文、放城镇党委宣传委员邵锐复制。2013年，根据新泰市宗教局、新泰市文物局的要求，按修旧如旧的原则，投资260万元对清真寺进行全面修缮。2013年，东街清真寺被山东省人民政府认定为省级文物保护单位。

**小三峡**　位于放城镇东石井村，是泗河上游因贺庄水库拦截，与两侧石灰岩地貌、沟谷形成的类似三峡的特色风景旅游区，长约1千米。据专家考证，孔子在川上曰“逝者如斯夫，不舍昼夜”即在此处。小三峡保持了生态自然的原始风貌，有孔子观川处、钓鱼台、铁角寺、神仙府悬崖洞等景点。

**春秋古道**　位于放城镇西石井村。相传为春秋时由鲁入齐之要道，孔子登临小三峡，便是由此路自曲阜而来。今局部保存良好，路面由大块青石铺成，长约80米、宽约2.6米。

**洙河石林**　位于放城镇放城二村洙河河道西侧，由10余块大小不同、形态各异的奇石交错排列而成，占地面积300余平方米。石林原被泥沙掩埋，只露出头部，如馒头状，被当地人称为“馍馍石”，后洙河水位整体下降，石林逐渐显现。据说，无论水流多大，都不曾淹没最高处的石头。古时，当地百姓认为石林庇佑着两岸风调雨顺、五谷丰登，称其为镇河石林。

## 古今名人

**林　放（生卒年不详）**　字子邱（一作子丘），春秋鲁国（今放城镇）人，著名学者，殷代忠臣比干的后裔，孔子弟子。林放一生致力于礼的研究，他曾向孔子问“礼之本”，受到孔子称赞，今曲阜城外有“林放问礼处”等遗迹。相传他终生不仕，隐居泰山，向进山香客宣传孔子的学说，并给当地山民传授礼、乐、书、数等文化知识，做了很多有益于人民的事情，受到历代帝王、文人的敬仰，汉代的文翁为其绘制肖像，唐代曾在放城修建林放祠。

**郭璞山（1854—1900）**　字一峰，号介勿，放城镇人，清末地方教育家。少年天资聪敏，以泰安县第一名的成绩考中秀才，后因学识声望卓异，获选为乙酉（清光绪十一年）科拔贡，候补直隶州州判，光绪帝钦赐“选进士”匾额。

此后，郭璞山“学益邃，志益励”，但不求仕进，一心治学从教，他主张因材施教，学以致用，强调思想教化，注重教师的自身表率作用，弟子达千人。著有《求是堂诗文集》、《语录》若干卷、《说文摘字》四卷、《敬仪录》三卷。清光绪二十六年（1900）去世。

**林范洪（1930—2023）** 女，1930年12月生，放城镇放城二村人。1946年1月参军入伍。1946年2月加入中国共产党。1950年，参加抗美援朝战争，记一等功2次、二等功3次。1951年，被华东军区授予“二级人民英雄”称号。1952年12月，被朝鲜民主主义人民共和国授予“二级模范”称号，获二级战士勋章和军功章各1枚。回国后，先后13次受到党和国家主要领导人接见，被毛泽东主席称为“不让须眉的白衣战士”。1981年，由军队转业到地方工作，曾任烟台市政协住会常委、副秘书长等职。1990年11月离休。2023年1月去世。第二、三、四、五届全国政协委员。

## 土特名产

**东石井贡米** 东石井村地处梅鹿山北，二龙山和泗河以东。自古就有种植小米的传统，此处的山岭、青石、红壤土、甜水和适宜的气候条件，使产出的小米粒圆而大、色泽金黄晶亮、出米率高，用其煮成的稀饭，呈金黄色，汤汁黏稠，表面一层米油，香味浓郁，营养丰富。明朝初期朱元璋带兵打仗，路过此地，当地百姓便用米粥招待，朱元璋喝后，赞不绝口，遂封为贡米。2012年10月，东石井贡米被新泰市人民政府列入第三批县级非物质文化遗产代表性项目名录。2018年2月，其注册商标“梅鹿山小米”被国家工商行政管理总局商标局认证为国家地理标志证明商标。

**马家寨子香椿** 主产于放城镇马家寨子村一带，有千余年栽植历史。明朝时，被明太祖朱元璋封为“天下香椿之冠”，是皇室贡品。马家寨子香椿种植区地处山区，土层较薄，为沙质棕壤土，早春气温回升快，香椿芽比其他地方早上市七八天，具有香脆可口、色泽紫红、口味鲜美纯正、香气浓郁等特点。2016年，全镇种植面积530余公顷，产量1100吨，实现效益1900万元。2017年2月，马家寨子香椿芽被国家工商行政管理总局商标局认证为国家地理标志证明商标。2020年，全镇种植面积570余公顷，产量1200吨，实现效益2000万元。

2018年9月，放城镇东石井贡米丰收　　（刘　霞　摄）

## 典型选介

**中国美丽休闲乡村——东石井村** 唐贞观年间建村，因村西有一天然水井，井水清澈，引为村名。东石井村位于新泰市最南端，自然环境优美、历史底蕴丰厚，著名景点小三峡两岸峭崖巍巍，峻拔伟岸，峡内常年流水，波光粼粼，有孔子观川处、春秋古道、鲁公洞、康茂才墓、白鼋庙、钓鱼台、

2020年7月21日，放城镇东石井村石井古镇旅游景区　（刘　霞　摄）

铁角寺、神仙府等文物古迹及相关神话传说。2019年，东石井村对小三峡进行修复，恢复其历史原貌，修建石井大桥，提升改造鲁公洞，并依托小三峡和村里的古石房子重点开发乡村旅游项目。2020年8月，东石井村被农业农村部评为中国美丽休闲乡村。

**“守味放城”区域公共品牌**　放城镇山清水秀，文物古迹众多，农业产业资源丰富且极具特色，镇域马家寨子香椿、石井贡米、榛子等特色农产品品质出众，深受消费者喜爱。“守味放城”是以放城农产品产业为主题，将守护与传承悠久的历史及丰盈鲜美的物产联结在一起，以区域概念为基准，打造放城区域品牌名片。2019年8月，放城镇人民政府联合中农（德州）农业研究院开展品牌调研策划工作，历时6个月推出，是新泰市首个农产品区域公用品牌。今“守味放城”已成为放城名特优产品产业集群馆，通过整体打造放城区域公用品牌知名度，为本地名特优产品提升附加值，实现经济效益5000万元。

## 镇党政主要负责人

| | |
|---|---|
| 党委书记 | 公维贞（2011.12—2016.12） |
| | 高　飞（2016.12—　） |
| 镇　　长 | 李恒统（2011.12—2017.1） |
| | 陈　涛（2017.1—2018.10） |
| | 朱德学（2018.10—　） |

（杨海洋）

# 刘杜镇

## 地理环境

**位置面积**　刘杜镇位于新泰市南部，北与新汶街道毗连，南与岳家庄乡、石莱镇相接，东与东都镇隔山相望，西与谷里镇为邻。南北7千米，东西12.1千米，总面积51.58平方千米。镇政府驻刘杜村，距新泰市人民政府21千米。董梁高速公路横贯全镇东西，241省道贯穿南北。

**建置区划**　明洪武年间，刘、杜二姓从山西洪洞县迁此建村，故名。刘杜镇境内，明嘉靖三十五年（1556）属横山保。清朝，属新泰县上保南乡。1914年，属新泰县安德区。1930年，属新泰县六区（刘杜区）。1939年10月，属新泰县抗日民主政府六区。1941年9月，属泰宁县六区。1942年2月，属泰宁县围山区。1950年1月，属新泰县岔围区。1952年，属新泰县第七区。1958年3月，设刘杜乡。同年9月，成立刘杜人民公社。1984年，成立刘杜办事处。1985年12月，设立刘杜镇。2016年，刘杜镇辖刘杜、东刘杜、联盟、光明东、北流泉、南流泉、北寨、黄义、兴龙泉、闫家沟、高家圈、围山、邓家沟、清河、魏家河、新华、光明北、光明中、光明南、迪子峪、龙华、门家庄、上盐店、下盐店、楼台、东赵、西赵、山泉28个行政村。至2020年，建置区划未变。

**自然状况**　境内以丘陵为主，三面环山，地势中间低，四周高，主要山脉有封山、龟山和法云山。一般海拔200米，最高点在镇北部封山，海拔454.9米；最低点在光明河河底，海拔176.5米。土壤以红沙壤为主。光明水库纵贯镇域南北，总库容1.04亿立方米，是一座集防洪、灌溉、供水和养殖等综合利用的大（2）型水库，河流主要有光明河、龙华河等。矿产资源主要有铁矿石、石英石、钾长石、钠长石、燕子石等。

**人口民族**　2016年，常住总户数1.16万户，常住总人口3.11万人，其中男性1.58万人、女性1.53万人。2018年，常住总户数1.22万户，常住总人口3.26万人，其中男性1.65万人、女性1.61万人。2020年，常住总户数1.23万户，常住总人口3.29万人，其中男性1.67万人、女性1.62万人。有汉族、回族、壮族、拉祜族4个民族。

## 经济状况

**农　业**　刘杜是典型的农业乡镇，以传统种植业为主，粮食作物主要有小麦、玉米、谷子、高粱、地瓜、荞麦、粘谷、绿豆、红小豆等；经济作物主要有花生（油料）、大豆（油料）、棉花、山楂、有机蔬菜等。2016年，耕地面积2729.1公顷，粮食总产量5713吨，农业总产值1.83亿元，其中农业产值5960万元、林业产值8740万元、牧业产值2420万元、渔业产值270万元、农林牧渔服务业产值912万元，农林牧渔服务业增加值4358万元。农民专业合作社55家，种植大户3户，土地流转面积170.7公顷。2018年，农业总产值2.16亿元，其中农业产值7466万元、林业产值1.13亿元、牧业产值1217万元、渔业产值368万元、农林牧渔服务业产值1224万元，农林牧

2020年9月20日，刘杜镇北流泉社区一角　　　　（新泰航拍协会　摄）

渔服务业增加值2048万元；粮食总产量2906吨。农民专业合作社43家，家庭农场26个，土地流转面积192.6公顷。2020年，农业总产值2.78亿元，其中农业产值8567万元、林业产值1.55亿元、牧业产值1872万元、渔业产值384万元、农林牧渔服务业产值1463万元，农林牧渔服务业增加值2458万元。农民专业合作社57家，农业企业3家，家庭农场48个，土地流转面积231.8公顷。

**工　业**　2016年，工业企业27家，从业人员2000人，其中规模以上工业企业1家；工业总产值1.6亿元，实现利税2520万元，其中利润1495万元；规模以上工业企业实现主营业务收入9503万元，实现利税834万元，其中利润623万元。2018年，工业企业28家，从业人员2300人，其中规模以上工业企业1家；工业总产值1.1亿元，实现利税1600万元，其中利润510万元；规模以上工业企业实现主营业务收入7536万元，实现利税740万元，其中利润487万元。2020年，引进落地项目5个，招商引资到位资金2.2亿元，上级拨款项目资金5200万元，进出口总额6100万元。工业企业29家，从业人员3000人，其中规模以上工业企业3家；工业总产值2.2亿元，实现利税2350万元；规模以上工业企业实现主营业务收入8200万元，实现利税859万元。

## 财政税收

**财　政**　2016年，一般公共预算收入3124万元，一般公共预算支出3124万元。2018年，一般公共预算收入3100万元，一般公共预算支出3100万元。2020年，一般公共预算收入3193万元，一般公共预算支出3193万元。

**税　收**　2016年，登记各类纳税人42户，年纳税额在10万元以上的企业6户；各项税收收入759万元，其中增值税286万元。2018年，登记各类纳税人47户，年纳税额在10万元以上的企业7户；各项税收收入975万元，其中增值税118万元。2020年，登记各类纳税人56户，年纳税额在10万元以上的企业9户；各项税收收入1273万元，其中增值税518万元。重点税源为建筑安装、食品加工、机械制造、医药制造等行业。

## 社会事业

**教　育**　2016年，幼儿园8所，专任教师70人，在园幼儿961人；小学6所，专任教师106人，在校学生1154人；普通初中1所，专任教师65人，在校学生975人。2020年，幼儿园12所，专任教师109人，在园幼儿1269人；小学6所，专任教师100人，在校学生1395人；普通初中1所，专任教师73人，在校学生844人；县级以上示范幼儿园12所，其中省级示范幼儿园1所、泰安市级示范幼儿园（一类幼儿园）3所、新泰市级示范幼儿园（二类幼儿园）8所，泰安市级规范化学校7所。

**文　化**　2016年，镇综合文化站1个，村级文化活动中心28个，各类文化专业户80户，音乐、美术、书法、摄影及文学业余创作人员120人；各类图书室28个，藏书10万余册；农家书屋28个，农村文化大院28个，文体广场28个，文艺宣传（表演）队28支。2020年，镇综合文化站1个，村级文化活动中心28个，各类文化专业户100户，音乐、美术、书法、摄影及文学业余创作人员156人；各类图书室28个，藏书12万余册；农家书屋28个，农村文化大院28个，文体广场28个，文艺宣传（表演）队30支。省级文物保护单位1处（光明东村正觉寺）。县级非物质文化遗产6项（曲氏的传说、祈雨、神仙王傲与甜红子的故事、三月三醉到六月六、刘杜老粗布制作技艺、将水坊五粮古法酿酒技艺）。

**卫　生**　2016年，医疗卫生机构28家、床位30张，其中镇卫生院1家、村卫生室27家；卫生技术人员48名，其中执业医师24名、执业助理医师6名。2020年，医疗卫生机构28家、床位100张，其中镇卫生院1家、村卫生室27家；卫生技术人员49名，其中执业医师26名、执业助理医师16名。

## 社会保障

**医疗保险** 2016年，居民基本医疗保险参保人数7200人。2020年，居民基本医疗保险参保人数2.6万人。

**养老保险** 2016年，居民参加养老保险6800人。2020年，居民参加养老保险2.8万人。

**低保救助** 2016年，城镇最低生活保障户数7户、9人，发放最低生活保障金4.68万元；农村最低生活保障户数463户、661人，发放最低生活保障金138万元；敬老院1家，床位90张，收养农村“五保”老人17人。2020年，城镇最低生活保障户数5户、7人，发放最低生活保障金4.34万元；农村最低生活保障户数371户、594人，发放最低生活保障金251.64万元；敬老院1家，床位90张，收养农村“五保”老人9人。

## 名胜古迹

**光明东村正觉寺** 省级文物保护单位。位于刘杜镇光明东村西北的法云山上，东汉时建，是远近闻名的千年古刹。正觉寺主体建筑为两殿一祠，即金刚殿、大雄宝殿、关岳合位祠，皆因山势而起屋。前庭为金刚殿，起脊前出厦，单檐石明柱，东西各有侧门；中为大雄宝殿，高10余米，供祀释迦牟尼，飞檐彩绘，殿脊正面雕有双龙戏珠，流云火焰等图案；后为关岳合位祠，奉祀名将关羽、岳飞。2004年，按“修旧如旧”的原则重修，并重树明成化七年（1471）知县高凤立重修正觉寺碑、明正德元年（1506）知县黄锦立正觉寺重修殿宇佛像记碑、清康熙五十年（1711）知县吴阶玉立重修正觉寺记碑及民国时期碑刻20余通。2013年10月，光明东村正觉寺被山东省人民政府认定为省级文物保护单位。

## 古今名人

**高玉章** 1946年2月出生，刘杜镇高家圈村人，高级经济师。1965年8月，中国人民解放军海军潜艇学院通科部门长专业学生。1970年12月，任平阴标准件厂政工科负责人。1972年4月，加入中国共产党。1988年起，历任泰安市经济体改委主任、党组书记，泰安市机械电子公司（局）经理（局长）、党委书记，泰安市发展计划委员会主任、党组书记，市信托投资公司党委书记，泰安市人大常委会党组成员，市发展计划委员会主任等职。2001年2月，任泰安市人大常委会副主任、党组成员。

**张士荣** 1953年3月出生，刘杜镇刘杜村人，西安空军工程学院外语系（二期）毕业。1971年2月，加入中国共产党。1974年起，从事情报校译整编工作。1999年3月，获空军专业技术大校军衔。2007年12月，为空军专业技术五级。1987—1993年，获个人三等功3次、集体三等功2次。2013年3月退休。

**安　凯** 1972年8月出生，刘杜镇门家庄村人，高级工程师。1992年4月，加入中国共产党。2010年7月起，历任中央党校办公厅地方党校办公室副主任、保卫处处长等职。2016年12月起，历任中国大唐集团技术经济研究院有限责任公司（中国大唐党校）副院长、副总经理等职。

**田兰富** 1973年11月出生，刘杜镇楼台村人，毕业于解放军南京政治学院，研究生学历，资深媒体人，军旅词作家。1990年入伍。1993年4月，加入中国共产党。2021年，任陆军政治工作部宣传文化中心《陆军文艺》杂志副主编兼主任编辑，正师级，大校军衔。创作发表歌曲200余首，代表作有《回家》《等待》《重回红旗渠》《请党放心》《这条路》《春暖中国》《扎根中国大地》等。

## 土特名产

2020 年 9 月 14 日，刘杜镇南流泉村葫芦套甜红子山楂树（郭英战　摄）

**甜红子山楂**　为刘杜镇地域特色山楂品种，原产地为刘杜镇南流泉村。该村依山傍水，泉水经年不涸，地方小气候独特，有230余年的山楂栽培历史，经过长期自然选择和人工培育，形成甜红子山楂。甜红子山楂具有小一号、红两度、甜三分的特点，色泽红艳，食之绵柔顺滑，香气四溢。2016年，全镇种植面积1300余公顷，年产量1.25万吨。2019年，甜红子山楂被国家市场监管总局认证为国家地理标志产品，新泰市甜红子山楂示范园区通过专家评审，获生态原产地产品保护证书。2020年，举办2020年新泰丰收节暨第一届山楂节，新泰甜红子山楂成为新泰市第一个对外发布的区域公用品牌，全镇种植面积1500余公顷，年产量1.5万吨。

**新泰大花生**　刘杜镇是新泰大花生的主产地，所产花生具有粒大、色红、皮薄、香、脆、甜和出油率高的特点。新中国成立后，经3年对原品种提纯复壮，培育出具有原品种特点的半蔓大花生，果型最长7厘米，百果重252克，出米率70.2%，含油率51.2%，具有丰富的营养价值，榨出的油久放不易变质。2016年，全镇种植面积653公顷，年产花生米145吨。2020年，全镇种植面积867公顷，年产花生米187.5吨。

**大银鱼**　光明水库稀有鱼类品种。光明水库库容1.04亿立方米，常年养殖水面面积800公顷，水库流域内无水质污染源，水体富营养化，为大银鱼生长提供了充足的天然饵料。大银鱼个体小、吻状、身体透明，营养价值高。2015年，山东省海洋与渔业厅批准设立光明水库大银鱼种质资源省级保护区，加强对大银鱼的种质资源保护。

## 典型选介

**全国一村一品示范村镇——刘杜镇**　刘杜镇自然条件优越，生态环境良好，文化底蕴深厚，自然、人文景观众多，孔子登临并赋《龟山操》之龟山居镇境西邻，千年古刹正觉寺位于境内，有平阳古八景法云山之“法云涌润”和新泰新八景“长虹卧波”的光明湖跨湖大桥。良好的自然环境使刘杜镇天然绿色食品资源丰富，农产品品种多、品质优、品相好，是甜红子山楂、历史名品“横山丝”桑蚕丝等产品的原产地和新泰大花生的主产地。2021年11月，刘杜镇被农业农村部评为第十一批全国一村一品示范村镇。

## 镇党政主要负责人

**党委书记**　李锋祥（2011.11—2016.12）
　　　　　　肖　娟（女，2016.12—　）
**镇　　长**　肖　娟（女，2011.11—2017.1）
　　　　　　马桂前（2017.1—2019.9）
　　　　　　栾玉国（2019.9—　）

（陈建华　谷增亿）

# 岳家庄乡

## 地理环境

**位置面积** 岳家庄乡位于新泰市南部山区，东接东都镇，南连放城镇，西与石莱镇、刘杜镇相邻，北靠新汶街道。东西长11.5千米，南北长9.3千米，总面积68.1平方千米。乡政府驻辉德村，距新泰市人民政府22千米。新枣路（241省道）纵贯南北，董梁高速横贯全境，北靠泰新高速公路，境内设董梁高速岳家庄出口。

**建置区划** 元朝天历年间，抗金名将岳飞后人迁居此处建村，遂名岳家庄。岳家庄乡境内，明嘉靖三十五年（1556）属横山保。清朝时，属新泰县上保南乡刘杜保。1914年，属新泰县安德区刘杜约。1921年，属新泰县六区刘杜镇。1930年，属新泰县六区岔河乡。1939年10月，属新泰县抗日民主政府六区。1941年9月，属泰宁县六区。1942年2月，属泰宁县岔河区。1950年1月，属新泰县岔围区。1952年，属新泰县第七区。1958年3月，撤区并乡，属岔河乡，同年9月，撤销乡镇，成立岔河人民公社。1962年2月，改为刘杜人民公社。1984年4月，属刘杜办事处。1985年12月，建岳家庄乡。2016年，岳家庄乡辖辉德、岳家庄、张家、涝北、涝南、山头、车辋峪、涝西、孟家屯、西堂峪、东堂峪、冯家、田家庄、椹子沟、岔河、马头、婆婆峪、角山、南杨庄、良义、聂家庄、东邱、西邱、石棚、北邱25个行政村。至2020年，建置区划未变。

**自然状况** 境内为山区丘陵地带，东西狭长，南北较窄，地势东高西低，一般海拔为181～536米。光明河的两大支流河纵贯东西南北，河两岸为冲击形成的平原，土地肥沃。土壤类型主要有沙质土、黏质土、壤土。矿产资源主要有石灰岩、石英、河沙等。

**人口民族** 2016年，常住总户数1.51万户，常住总人口3.87万人，其中男性2.05万人、女性1.82万人。2020年，常住总户数1.51万户，常住总人口4.03万人，其中男性2.13万人、女性1.9万人。民族均为汉族。

## 经济状况

**农　业** 以种植土豆、红薯、苹果、蟠桃、山楂为主。2016年，耕地面积2719.4公顷，均为

2018年1月6日，新泰市岳家庄供销合作社成立暨岳家庄为民服务中心落成仪式 （许长红　摄）

水浇地；农业总产值5.93亿元，其中农业产值2.73亿元、林业产值1800万元、牧业产值2.38亿元、渔业产值3300万元、农林牧渔服务业产值3100万元，农林牧渔服务业增加值5800万元；粮食总产量1.2万吨，棉花总产量2.5吨，水果总产量3758吨。农民专业合作社84家，种植大户184户，土地流转面积203.28公顷。2020年，耕地面积2719.4公顷；农业总产值7.38亿元，其中农业产值3.41亿元、林业产值2300万元、牧业产值2.96亿元、渔业产值4000万元、农林牧渔服务业产值3800万元，农林牧渔服务业增加值1.45亿元；粮食总产量1.5万吨。农民专业合作社104家，家庭农场45个，农业企业6家，土地流转面积239.15公顷。

**工　业**　2016年，工业企业10家，从业人员1573人；工业总产值8000万元，实现利税1200万元，其中利润640万元。2018年，工业企业12家，从业人员1887人；工业总产值8800万元，实现利税1320万元，其中利润704万元。2020年，引进落地项目4个，招商引资到位资金8000万元。工业企业16家，从业人员2516人；工业总产值9056万元，实现利税1358万元，其中利润724万元。

## 财政税收

**财　政**　2016年，一般公共预算收入1271.34万元，一般公共预算支出1271.34万元。2020年，一般公共预算收入2246.61万元，一般公共预算支出2246.61万元。

**税　收**　2016年，登记各类纳税人432户，年纳税额在10万元以上的企业22户；各项税收收入582.85万元，其中增值税483.76万元。2020年，登记各类纳税人598户，年纳税额在10万元以上的企业34户；各项税收收入1147.53万元，其中增值税929.49万元。重点税源为食品加工、新型建材等行业。

## 社会事业

**教　育**　2016年，幼儿园8所，专任教师33人，在园幼儿1376人；小学5所，专任教师86人，在校学生1877人；普通初中1所，专任教师79人，在校学生1355人；县级以上规范化中小学5所，其中省级规范化学校1所、泰安市级规范化学校4所。2020年，幼儿园16所，专任教师81人，在园幼儿1384人；小学5所，专任教师89人，在校学生2431人；普通初中1所，专任教师78人，在校学生1421人。

**文　化**　2016年，乡综合文化站1个，村级文化活动中心25个，各类文化专业户13户，音乐、美术、书法、摄影及文学业余创作人员47人；各类图书室25个，藏书5700余册；农家书屋25个，农村文化大院25个，文体广场25个，文艺宣传（表演）队3支。2020年，乡综合文化站1个，村级文化活动中心26个，各类文化专业户17户，音乐、美术、书法、摄影及文学业余创作人员56人；各类图书室26个，藏书1.3万余册；农家书屋26个，农村文化大院26个，文体广场26个，文艺宣传（表演）队26支。县级非物质文化遗产1项（北邱苹果）。

**卫　生**　2016年，医疗卫生机构22家、床位30张，其中镇卫生院1家、村卫生室21家；卫生技术人员42名，其中执业医师16名、执业助理医师5名。2020年，医疗卫生机构22家、床位50张，其中镇卫生院1家、村卫生室21家；卫生技术人员50人，其中执业医师19名、执业助理医师6名。

## 社会保障

**医疗保险**　2016年，居民基本医疗保险参保人数3.02万人。2020年，居民基本医疗保险参保人数3.21万人。

**养老保险**　2016年，居民参加养老保险2.04万人。2020年，居民参加养老保险2.24万人。

**低保救助** 2016年，农村最低生活保障户数578户、807人，发放最低生活保障金225.74万元；医疗救助38人次，发放医疗救助金7.25万元；敬老院1家，床位54张，收养农村“五保”老人23人。2020年，城镇最低生活保障户数1户、1人，发放最低生活保障金8600元；农村最低生活保障户数652户、901人，发放最低生活保障金370.35万元；医疗救助14人次，发放医疗救助金3.2万元；敬老院1家，床位54张，收养农村“五保”老人12人。

## 名胜古迹

**角山保安楼** 位于岳家庄乡角山村。1930年，村民路际春、路文元、路文绍等19家集资修建，建有寨墙和炮楼5座，用以抵抗土匪和日本侵略军，后寨墙和其余4座炮楼陆续被拆除，今仅存保安楼。保安楼坐北朝南，南北长6.6米，东西宽5.2米，高约12米，全部用石头垒成，共3层，每层四面都有瞭望窗口和射击孔。楼南墙下立有保安楼记石碑1通。2005年，角山保安楼被新泰市人民政府确定为新泰市革命遗址。

**朝阳寺** 位于岳家庄乡南杨庄村南。汉末建，明、清两朝多次重修，每次重修均有石碑记载，“文化大革命”期间被破坏。2009年，村民自愿捐资重建。整体建筑依山势而建，主建筑大佛殿气势宏伟，顶附琉璃瓦，东西配殿回廊与大殿相连，供奉活佛、观音、十八罗汉等佛教神祇。

## 古今名人

**薛次箫（1907—1942）** 曾用名薛峨、继韶、加轮，清光绪三十三年（1907）出生，岳家庄乡角山庄人，新泰早期革命启蒙者。1925年，考入省立第二师范。1928年，加入共青团。1930年，转为中共党员。1933年，考入北平中国大学。1937年卢沟桥事变后，参加中华民族解放先锋队，后到烟台从事党的工作。1938年1月，参与创建山东人民抗日救国军第三军，历任总特务队政委、福山战区指挥部政治特派员、山东纵队第五支队政治部锄奸科科长等职。1942年去世。

**马佃友（1916—1997）** 1916年出生，岳家庄乡东邱村人。1938年5月参加革命，7月加入中国共产党。抗日战争时期，历任岔河分区区委副书记、书记等职。解放战争时期，历任中共新泰县围山分区区委书记，新泰县人民武装力量指挥部副部长、县委副书记、书记等职。1947年，在新泰坚持敌后斗争，立特等功1次。新中国成立后，历任新泰县委书记、福建省上杭县委书记、龙岩地委组织部部长、漳龙矿务局党委书记、福建省林业厅基建局局长、省林业厅副厅长等职。1983年离休。1997年去世。

## 土特名产

**岳香苹果** 为新泰市唯特果树研究所培育而成的具有富士口味的中晚熟苹果新品种。2012年12月，通过山东省林业厅苹果新品种审定。岳香苹果成熟期佳，上市期正值中秋、国庆双节，市场需求量大，价格高，效益好；品质优，果实近圆球形，平均单果重325克，最大果重650克，果实底为黄绿色，全面着鲜红色，鲜艳美观，酸甜可口。不仅在岳家庄乡及周边乡镇广泛种植，还被山东省其他苹果主产区以及陕西、河南等省引进种植，扩大了“新泰苹果”区域品牌的影响力。2017年12月，岳香苹果被山东省林业厅评为齐鲁放心果品。

## 典型选介

**省级“绿水青山就是金山银山”实践创新基地——岳家庄乡** 岳家庄乡被绿水青山环绕，环境清新怡人，乡党委、政府围绕“建设生态绿

色宜居家园，打造幸福和谐富美之乡”的总体目标，发展生态农业、循环农业、乡村旅游，推进“绿水青山就是金山银山”实践创新基地创建工作，加强生态环境保护，打造生态文明建设示范样板，取得良好的经济效益和社会效益。2018年，六顺生态农业示范园完成餐饮、垂钓、民宿等项目建设，民俗旅游区接待游客1.2万余人次。2020年，投资200余万元，改造提升241省道、镇区路域环境，铺设人行道花砖1.3万余平方米，路缘石1200余米，规划停车位150余个；实施山头村、涝南村、涝北村、张家村美丽乡村建设项目，栽植绿化植物1万余株，美化墙面1.2万平方米，并配套垃圾箱等基础设施；全乡“户户通”道路硬化240千米；美丽庭院创建率15%以上。2020年12月，被山东省生态环境厅评为省级“绿水青山就是金山银山”实践创新基地。

### 乡党政主要负责人

党委书记　周典红（女，2014.1—2016.12）
　　　　　刘西涛（2016.12—2020.1）
　　　　　张　彦（2020.1—　）
乡　　长　刘西涛（2011.12—2017.1）
　　　　　李怀坤（2017.1—2020.5）
　　　　　刘文华（2020.5—　）

（赵文港）

# 小协镇

## 地理环境

**位置面积**　小协镇位于新泰市中部，柴汶河南岸，北与翟镇、西张庄镇隔河相望，南与刘杜镇相连，东与新汶街道相接，西与谷里镇相邻。南北长7千米，东西长9.5千米，总面积39.07平方千米。镇政府驻小协社区，距新泰市人民政府16千米。磁莱铁路、泰新高速公路、蒙馆公路横贯全境。

**建置区划**　北宋建隆年间，谢氏迁此建村，因村西有大谢家庄，故名小谢家庄，后演变为小协。小协镇境内，宋元明清时期属新泰县横山保。1914年，设小协保，属新泰县永和区。1939年10月，属新泰县抗日民主政府五区。1941年9月，属泰宁县刘杜区。1942年2月，属泰宁县围山区。1957年3月，属孙村镇。1958年9月，属孙村人民公社。1959年11月，属新汶市。1962年4月，成立小协人民公社。1983年10月，属新泰市。1984年4月，设小协镇，属新泰市新汶办事处。1985年12月，小协镇从新汶

2018年5月，小协镇小协社区一角　（安　利　摄）

办事处析出，属新泰市。2016年，小协镇辖小协社区及郭家泉、陈家庄、陈角峪、柏角峪、李家庄、云明、卧龙、大协、碗窑头、大沟、躲庄、横山、安家庄、西牛、龙泉、南岭、雷明17个行政村。2020年，新矿集团协庄煤矿宿舍区移交小协镇，成立协庄社区。

**自然状况**　境内地势南高北低，南部为山区，中部为丘陵，东西两侧为平原，海拔154～390米。土壤以黏土为主，次为中壤土。光明水库位于境域南部，蓄水量1.04亿立方米；柴汶河横贯东西，境内长度7.2千米。矿产资源主要有煤炭、石膏、白云石、石英石等14种。

**人口民族**　2016年，常住总户数2.6万户，常住总人口5.2万人，其中男性2.7万人、女性2.5万人。2020年，常住总户数2.4万户，常住总人口4.9万人，其中男性2.6万人、女性2.3万人。均为汉族。

## 经济状况

**农　业**　粮食作物以小麦、玉米、地瓜为主，经济作物以桃、车厘子、核桃等林果为主。2016年，耕地面积1165.2公顷，其中基本农田790.13公顷；农业总产值1.9亿元，其中农业产值1.4亿元、林业产值1000万元、牧业产值3000万元、农林牧渔服务业产值1000万元，农林牧渔服务业增加值1000万元；粮食总产量5801吨。农民专业合作社25家，种植大户6户，土地流转面积102.27公顷。2018年，耕地面积1228.9公顷，其中基本农田790.13公顷；农业总产值2.1亿元，农业产值1.5亿元、林业产值1000万元、牧业产值3000万元、农林牧渔服务业产值2000万元，农林牧渔服务业增加值1000万元；粮食总产量5801吨。农民专业合作社48家，家庭农场33个，土地流转面积105.2公顷。2020年，耕地面积1506.2公顷，其中基本农田705.54公顷；农业总产值2.2亿元，其中农业产值1.7亿元、林业产值1000万元、牧业产值1000万元、农林牧渔服务业产值3000万元，农林牧渔服务业增加值1000万元；粮食总产量2100吨。农民专业合作社51家，家庭农场40个，土地流转面积115.41公顷。

**工　业**　2016年，工业企业247家，从业人员2560人，其中规模以上工业企业8家；工业总产值86.36亿元，实现利税16.4亿元，其中利润11亿元；规模以上工业企业工业总产值48.58亿元，主营业务收入47亿元，实现利税8.1亿元，其中利润6亿元。2018年，工业企业256家，从业人员2658人，其中规模以上工业企业12家；工业总产值92.21亿元，实现利税17.5亿元，其中利润12亿元；规模以上工业企业工业总产值53.76亿元，主营业务收入48.38亿元，实现利税9.19亿元，其中利润6.29亿元。2020年，引进落地项目4家，招商引资到位资金1.52亿元，上级拨款项目资金1772万元，进出口总额2.32亿元。工业企业198家，从业人员2019人，其中规模以上工业企业10家；工业总产值72.5亿元，实现利税13.79亿元，其中利润9.5亿元；规模以上工业企业工业总产值42.69亿元，主营业务收入38.42亿元，实现利税7.3亿元，其中利润4.85亿元。

## 财政税收

**财　政**　2016年，一般公共预算收入4817万元，一般公共预算支出2149万元。2018年，一般公共预算收入8109万元，一般公共预算支出6247万元。2020年，一般公共预算收入6900万元，一般公共预算支出4413万元。

**税　收**　2016年，登记各类纳税人82户，年纳税额在10万元以上的企业48户；各项税收收入2.64亿元，其中增值税1.66亿元。2018年，登记各类纳税人130户，年纳税额在10万元以上的企业54户；各项税收收入3.09亿元，其中增值税1.53亿元。2020年，登记各类纳税人166户，年纳税额在10万元以上的企业54户；各项税收收入2.27亿元，

其中增值税1.13亿元。重点税源为煤炭、造纸、纺织等行业。

## 社会事业

2020年5月，小协镇南岭村南岭幼儿园　　（安　利　摄）

**教　育**　2016年，幼儿园9所，专任教师60人，在园幼儿820人；小学5所，专任教师117人，在校学生1020人；普通初中1所，专任教师102人，在校学生785人。县级以上规范化中小学5所，其中省级规范化学校2所、泰安市级规范化学校3所。2020年，幼儿园10所，专任教师65人，在园幼儿890人；小学5所，专任教师93人，在校学生1012人；普通初中1所，专任教师84人，在校学生815人。

**文　化**　2016年，镇综合文化站1个，村级文化活动中心18个，音乐、美术、书法、摄影及文学业余创作人员100余人；各类图书室5个，藏书2万余册；农村文化大院18个，文体广场19个，文艺宣传（表演）队1支。2020年，镇综合文化站1个，村级文化活动中心19个，音乐、美术、书法、摄影及文学业余创作人员240余人；各类图书室5个，藏书3万余册；农村文化大院19个，文体广场20个，文艺宣传（表演）队3支。县级以上文物保护单位3处，其中省级1处（大协炮楼）、县级2处（碗窑头遗址、陈家庄引水渡槽）。新泰市级文物点4处（柏角峪古民居群、大协遗址、李家庄遗址、郭家泉墓群）。县级以上非物质文化遗产3项，其中市级1项（横山蚕丝传统技艺）、县级2项（神医奶奶庙庙会、泰山麦秆工艺制作）。

**卫　生**　2016年，医疗卫生机构20家、床位315张，其中镇卫生院1家、二级甲等综合性医院（协庄煤矿医院）1家、村卫生室（社区门诊）18家；卫生技术人员117名，其中执业医师42名、执业助理医师37名。2020年，医疗卫生机构20家、床位415张，其中镇卫生院1家、二级甲等综合性医院（协庄煤矿医院）1家、村卫生室（社区门诊）18家；卫生技术人员415名，其中执业医师143名、执业助理医师97名。

## 社会保障

**医疗保险**　2016年，居民基本医疗保险参保人数6.6万人。2020年，居民基本医疗保险参保人数5.6万人。

**养老保险**　2016年，居民参加养老保险6.6万人。2020年，居民参加养老保险4.1万人。

**低保救助**　2016年，城镇最低生活保障户数18户、25人，发放最低生活保障金11万元；农村最低生活保障户数99户、184人，发放最低生活保障金84万元；医疗救助1人次，发放医疗救助金1000元；敬老院1家，床位56张，收养农村“五保”老人11人。2020年，城镇最低生活保障户数19户、26人，发放最低生活保障金13.29万元；农村最低生活保障户数92户、151人，发放最低生活保障金50.5万元；敬老院1家，床位117张，收养农村“五保”老人27人。

## 名胜古迹

**大协炮楼** 省级文物保护单位。位于小协镇大协村北，是日本侵略军侵华遗迹。1938年，日本侵略军为保护其所修磁窑至东都段铁路和桥所建。炮楼为方形抹角，长6.8米、宽5.95米、高9.6米，墙壁厚0.58米，用水泥预制件构筑，分上中下三层，有方形射击枪口、方形观察窗口各17个，除顶部被烧毁外，其余部分保存完整。2013年，被山东省人民政府公布为省级文物保护单位。

## 古今名人

**高　杰（1918—1988）** 曾用名于学冉，1918年出生，小协镇大沟村人。1936年，加入中华民族解放先锋队。1938年，加入中国共产党。解放战争时期，历任新泰县委组织部部长、代理县委书记等职。新中国成立后，历任山东省财政厅党委书记、副厅长，中央组织部二科科长，四平市委副书记、第一书记，四平地委常委、副专员、副书记等职。1984年2月离休。1988年去世。

**郭温庭（1921—1994）** 曾用名郭信，1921年出生，小协镇大协村人。1937年12月，参加中华民族解放先锋队。1939年1月，加入中国共产党。抗日战争时期，历任泰宁县岔河区委书记、高平区委书记等职。解放战争时期，历任中共松江省东兴县委书记、中共长春县委书记等职。新中国成立后，历任吉林省商业厅厅长，省革委会财办主任，省财贸学院副院长、顾问等职。1985年12月离休。1994年去世。

**史怀君** 1940年1月出生，小协镇丁家庄村（今云明村）人，大专学历。1955年10月参加工作。1960年7月加入中国共产党。1957年起，历任排长、副连长、教导队队长、军务股长等职。1974年起，历任新泰县人武部作训科副科长，泰安军分区司令部作训科副科长、科长，肥城县人武部部长，惠民军分区参谋长，泰安市直机关党委书记，泰安市委副秘书长、市直机关工委书记等职。1993年3月起，任泰安市人大常委会副主任、党组成员。1998年3月，在泰安市第十三届人民代表大会第一次会议上，再次当选为泰安市人大常委会副主任。2001年退休。

**尹成富** 1942年出生，小协镇陈角峪村人，少将警衔，书法家。1961年入伍，历任武警湖北总队副总队长、总队长（副军职少将），武警西安工程学院院长（正军职），武警森林指挥部政委等职。自创劲根笔法，为中国书法家协会会员、中国将军书画院副院长、中国林业书法家协会常务副主席、中国根艺学会名誉主席。

**翟　墨** 1968年出生，小协镇郭家泉村人，航海家。2007年1月至2009年8月，完成自驾无动力帆船环球航海，被中国帆船帆板运动协会授予“单人无动力帆船环球航海中国第一人”称号。2009年9月，被国家海洋局聘请为海洋公益形象大使。2010年2月，当选为2009年度“感动中国”十大人物。

## 土特名产

**新泰横山丝** 因产于小协镇横山村而得名。据史书记载，横山村一带先秦时期便植桑养蚕，明万历年间桑麻遍地、户户缫丝，清康熙年间村民十户中有九户养蚕。此处所产蚕茧个头大、茧色好、茧层厚，解舒率高；蚕丝白且细，色泽光亮，弹性好，质地柔软。2017年，新泰横山丝被国家工商总局商标局认证为地理标志证明商标。2020年，全镇有桑园200公顷，收购鲜茧5吨，蚕农蚕款收入40万元。

## 典型选介

**智慧健康养老示范镇——小协镇** 2017年，小协镇进一步完善智慧养老体系建设，投资70余

万元改扩建村级幸福院8家，新建卧龙村、雷明村幸福院2家，投资40余万元对镇敬老院进行室内改造，设施升级。建立居民健康档案4.56万份，其中65岁以上老年人健康档案6431份。采用云健康管理平台，利用大数据、互联网等技术，实现老年人健康检查信息、健康档案信息等健康管理数据与养老院、医疗卫生机构间数据的互联互通，并且通过简单方便的检测仪器，可以随时随地进行检测，检测结果传输到数据库后，平台会根据检查结果给予分析、评估、提醒和建议，实现老年人疾病早发现、早治疗的目标。同年11月，小协镇通过工业和信息化部、国家卫生健康委员会、民政部三部委的联合验收，被评为智慧健康养老示范镇。

### 镇党政主要负责人

党委书记　鲁　涛（2014.1—2016.12）
　　　　　张　新（2016.12—　）
镇　　长　刘其鹏（2011.11—2017.1）
　　　　　孔　雨（2017.1—2020.6）
　　　　　周　燕（女，2020.6—　）

（翟志强）

# 东都镇

## 地理环境

**位置面积**　东都镇位于新泰市东南部，东邻汶南镇，西靠新汶街道，南与岳家庄乡为邻，北与青云街道相接。南北长12.2千米，东西长9.3千米，总面积63.39平方千米。镇政府驻东一社区，距新泰市人民政府11千米。磁莱铁路、蒙馆公路、泰新高速公路横穿全境。

**建置区划**　明代以前，东都、西都之间有湖水相隔，来往需乘渡船，故称东渡、西渡，后演变为东都、西都。东都镇境内，清乾隆四十九年（1784）属新泰县上保南乡沈村保。1914年，设东都保，属新泰县安德区。1921年，设东都镇。

2016年6月2日，东都镇酒台村全景图　（王云龙　摄）

1930年，改为东都乡。1939年10月，属新泰县抗日民主政府六区。1941年9月，属泰宁县岔河区。1945年10月，属新泰县岔河区东都乡。1950年11月，属新泰县八区。1957年3月，属新泰县孙村镇。1958年9月，属孙村人民公社。1959年11月，成立新汶市，属新汶市。1962年4月，成立东都人民公社。1984年4月，设东都镇，属新泰市新汶办事处。1985年12月，撤乡并处，原新泰市刘社办事处栾庄乡并入东都镇。2016年，东都镇辖东一社区、西都社区、东都二村、凤凰泉、王家庄、新庄、余粮庄、大峪、小峪、东桥庄、西桥庄、南桥庄、圣泉庄、石泉庄、沈村、杨家庄、尚庄、尚陵庄、南鲍、祝福庄、黄崖、羊蹄庄、上炭峪、下炭峪、东牛家庄、徐庄、酒台、马庄、栾家庄、谢家庄、乌珠台、平陵庄、燕家庄33个行政村（社区）。至2020年，建置区划未变。

**自然状况** 境内大部为丘陵和山前平原相结合的地形，地势南高北低。最高点为玉皇顶，海拔493.8米；最低点为凤凰泉村北，海拔174米。境内柴汶河自东向西贯穿全境，全长7.8千米，沿岸为冲积平原，地势平坦，土质肥沃。矿产资源主要有煤炭、石灰石、花岗岩、陶土、高岭土、黄沙、矿泉水等，其中煤炭储量超亿吨，煤层多、埋藏浅、质量优；石灰石、花岗岩矿藏面积40多平方千米；黄沙资源遍布柴汶河两岸及其支流地区。

**人口民族** 2016年，常住总户数2.64万户，常住总人口7.31万人，其中男性3.84万人、女性3.47万人。2020年，常住总户数1.7万户，常住总人口4.78万人，其中男性2.51万人、女性2.27万人。有汉族、回族2个民族。

## 经济状况

**农　业** 以种植小麦、玉米、有机蔬菜、林果、药材为主。2016年，耕地面积1866.6公顷，粮食总产量1.65万吨，农业总产值2540万元，其中农业产值1500万元、林业产值500万元、牧业产值400万元、渔业产值20万元、农林牧渔服务业产值120万元，农林牧渔服务业增加值110万元。农民专业合作社36家，家庭农场12个，农业龙头企业8家，新泰市级高效农业示范园区3个，新建规模养殖场35处，改扩建养殖场10处。土地流转213.33公顷，中低产田改造1000公顷。2020年，耕地面积2000公顷，粮食总产量1.74万吨，农业总产值2090万元，其中农业产值1200万元、林业产值400万元、牧业产值300万元、渔业产值40万元、农林牧渔服务业产值150万元，农林牧渔服务业增加值130万元。农民专业合作社86家，家庭农场66家。土地流转面积213.33公顷。

**工　业** 2016年，工业企业86家，从业人员1548人，其中规模以上工业企业19家；工业总产值30.9亿元，实现利税4.08亿元，其中利润2.15亿元；规模以上工业企业实现主营业务收入22.5亿元，实现利税3.7亿元，其中利润2.1亿元。2018年，工业企业72家，从业人员1234人，其中规模以上工业企业13家；工业总产值18.7亿元，实现利税2.25亿元，其中利润1.4亿元；规模以上工业企业实现主营业务收入11.3亿元，实现利税1.84亿元，其中利润1.1亿元。2020年，引进落地项目6个，招商引资到位资金1.7亿元，上级拨款项目资金4000万元，进出口总额1.18亿元。工业企业69家，从业人员879人，其中规模以上工业企业24家；工业总产值16.4亿元，实现利税2.21亿元，其中利润1.43亿元；规模以上工业企业实现主营业务收入11.2亿元，实现利税1.74亿元，其中利润1.12亿元。

## 财政税收

**财　政** 2016年，一般公共预算收入1.93亿元，一般公共预算支出2.06亿元。2020年，一般公共预算收入7881万元，一般公共预算支出7881万元。

2019 年，东都镇酒台村村史馆　（王云龙　摄）

**税　收**　2016年，登记各类纳税人349户，年纳税额在10万元以上的企业18户；各项税收收入1.93亿元，其中增值税9421万元。2018年，登记各类纳税人313户，年纳税额在10万元以上的企业15户；各项税收收入8496万元，其中增值税4231万元。2020年，登记各类纳税人297户，年纳税额在10万元以上的企业14户；各项税收收入7881万元，其中增值税3754万元。重点税源为机械制造、化工等行业。

## 社会事业

**教　育**　2016年，幼儿园11所，专任教师108人，在园幼儿1215人，其中省级示范园2所、泰安市级示范园7所、新泰市级示范园2所；小学6所，教学点2所，专任教师229人，在校学生2282人；普通初中1所，专任教师129人，在校学生1712人；县级以上规范化中小学7所，其中省级规范化学校3所、泰安市级规范化学校4所。2020年，幼儿园12所，专任教师120人，在园幼儿1533人，其中省级示范园2所、泰安市级示范园7所、新泰市级示范园3所；小学6所，教学点2所，专任教师202人，在校学生1987人；普通初中1所，专任教师107人，在校学生1575人；县级以上规范化中小学7所，其中省级规范化学校3所、泰安市规范化学校4所。

**文　化**　2016年，镇综合文化站1个，村文化服务中心33个，文艺表演队5支；图书室1个，藏书0.8万余册；农家书屋33个，农村文化大院33个，文体广场33个。2020年，镇综合文化站1个，村级文化服务中心33个，文艺表演队3支；图书室1个，藏书1.2万余册；农家书屋33个，农村文化大院33个，文体广场37个。县级以上文物保护单位6处，其中省级1处（新泰智人化石地点）、市级1处（酒台遗址）、县级4处（南鲍村老君庙、西都社区玉皇庙、王芳故居、西都社区王克传烈士墓）。县级非物质文化遗产12项（羊蹄山康王寨的传说、饮酒台的传说、老子的传说、东牛山东梆子剧团表演艺术、罗汉拳、扎笤帚制作技艺、上炭粉皮制作技艺、老君庙庙会、尚氏中医外科、瑞通烧伤膏、潘二妮儿手撕盐焗鸡、新泰医馨堂膏药）。

**卫　生**　2016年，医疗卫生机构29家、床位20张，其中镇卫生院1家、村卫生室（社区门诊）28家；卫生技术人员150名，其中执业医师19名、执业助理医师40名。2020年，医疗卫生机构28家、床位10张，其中镇卫生院1家、村卫生室（社区门诊）27家；卫生技术人员150名，其中执业医师13名、执业助理医师30名。

## 社会保障

**医疗保险**　2016年，居民基本医疗保险参保人数3.9万人。2020年，居民基本医疗保险参保人数4.15万人。

**养老保险** 2016年，居民参加养老保险1.3万人。2020年，居民参加养老保险1.3万人。

**低保救助** 2016年，城镇最低生活保障户数2户、2人，发放最低生活保障金1.56万元；农村最低生活保障户数632户、952人，发放最低生活保障金145.54万元；医疗救助71人次，发放医疗救助金17.03万元；敬老院1家，床位48张，收养农村“五保”老人26人。2020年，城镇最低生活保障户数9户、12人，发放最低生活保障金8.93万元；农村最低生活保障户数617户、976人，发放最低生活保障金307.95万元；医疗救助28人次，发放医疗救助金7.54万元；敬老院1家，床位68张，收养农村“五保”老人20人。

## 名胜古迹

**新泰智人化石地点（乌珠台智人化石地点）** 省级文物保护单位。位于东都镇乌珠台村南1千米处的中寒武纪石灰岩溶洞内。乌珠台智人化石发现于距地表5米处，地层时代为晚更新世晚期，即考古学的旧石器时代晚期。1966年4月，中国科学院古脊椎动物与古人类研究所、山东省博物馆对现场进行清理，获近于“智人”的牙齿1枚和一批哺乳动物化石。据考证，智人牙齿属于一个少女的下颌左侧下臼齿，咬合面有5个齿尖，呈“丫”行排列，磨蚀一度，远中面无接触痕迹，较北京猿人下臼齿进步，与其共存的哺乳动物化石有虎、马、披毛犀、野猪、葛氏斑鹿、牛等，除披毛犀生活在更新世外，其余种类均可能延续到全新世。1992年6月，被山东省人民政府认定为省级文物保护单位。

**酒台遗址** 市级文物保护单位。位于东都镇酒台村东南。经中国先秦史学会专家初步断定，酒台遗址是一处原始先民祭祀遗址，该遗址自旧石器时代直至商周时期一直使用，当中无断代。今存酒台为人工夯筑的圆形土台，台面直径20余米，北侧高约25米，南部高约4米，台间土层呈现分层夯筑迹象，每层厚度28厘米左右，层间有灰层，并伴有各类兽骨。在该台夯土层间陆续发现有石铲、石斧等新旧石器及磨制的石环等装饰物品，在该台周围还有数量众多的夹砂陶器、多个陶窑和埋藏坑等。2016年，被泰安市人民政府认定为市级文物保护单位。

**玉皇山景区** 位于东都镇西都社区南部，依托玉皇山而建，集古、绿、红等自然、人文景观于一体。玉皇山亦称玉皇顶、平固山、平顶山、云山等，占地面积3.5平方千米，森林覆盖率80%以上。玉皇山是2万～5万年前“新泰人”的繁衍生息之地，山巅曾设雷雨坛，建有玉皇庙、山寨及日本侵略军炮楼等，今存玉皇庙、古寨墙、石碑多通以及被炸毁的日本侵略军炮楼遗址，每年正月初九，举行玉皇圣诞庙会。山间存雷神、山神庙址。南麓有春秋侧柏1株，树围近5米，北京林业专家称之为“汉柏的爷爷”。2011年，西都社区多方筹措资金，建山门、铺盘道、复庙观、壮景色，为广大游客提供了良好的生态休闲环境。

**南鲍村老君庙** 县级文物保护单位。位于东都镇南鲍村，宋代建，历代重修，1995年重建，2017年村民集资扩建。庙宇坐北朝南，占地面积6000余平方米，三开间，砖瓦结构，前出厦，雕梁画栋，檐稍琉璃瓦上嵌龙脊、禽兽，屋内中间塑老君像，东西药童侍女，四壁彩绘唐僧取经图。庙前立一玲珑石，千奇百怪。每年农历三月初三举行老君庙会。2022年7月，被新泰市人民政府认定为县级文物保护单位。

**王芳故居** 省级不可移动革命文物。位于东都镇东都一村（今东一社区），清咸丰年间建，四合式院落，南北长22.5米，东西宽18.4米，占地面积414平方米，其中北屋3间是王芳从出生到参加革命前期主要居住的地方，曾作为敌工工作者的秘密联络点。2020年起，新泰市委、市政府对故居进行修缮保护，并作为红色教育基地对外开放，通过实物陈列、图片及文字介绍、多媒体回放等方式系统展示了王芳的一生。同年，王芳

故居被山东省文化和旅游厅列为山东省第一批不可移动革命文物。2022年，被新泰市人民政府认定为县级文物保护单位。

## 古今名人

**王克传（1922—1956）** 1922年出生，东都镇西都村人（今西都社区人）。1945年8月，参加革命工作，10月加入中国共产党。1947年2月，参加莱芜战役支前工作，立一等功。先后参加开封、淮海、渡江、淞沪等战役，立一等功1次、二等功3次、三等功4次。1950年，参加抗美援朝战争。1952年9月，在北京抗美援朝第二次英模大会上，被授予抗美援朝模范班长、一等功臣、二级人民英雄等称号。1956年5月去世。获朝鲜民主主义人民共和国军功勋章1枚。

**杨第然（1919—1994）** 1919年出生，东都镇圣泉庄村人。1943年参加革命。1950年7月，加入中国共产党。新中国成立后，任沈村生产大队党总支书记，带领群众自力更生，发展生产。1963年，被评为华东地区劳动模范，受到党和国家领导人的接见。1971年6月22日，《大众日报》发表长篇通讯《永葆革命青春的先锋战士》，专题报道他的事迹。1994年去世。

**周兴礼（1929—1997）** 1929年出生，东都镇石泉庄村人。1945年8月，参加革命工作。1946年8月，加入中国共产党。1948年7月起，历任宁阳县十里区委书记、县委组织部部长、县委书记处书记、监委书记、县委副书记等职。1966年9月起，历任中共莱芜县委副书记、书记、县革委主任、县委书记，中共泰安地委组织部部长等职。1985年5月起，历任中共泰安市委副书记、市人大常委会副主任（未到职）、市老龄委主任等职。1992年9月离休。1997年4月去世。

**杨梦浦（1914—2009）** 曾用名增芹，1914年出生，新泰县刘杜（今东都镇尚庄村）人。1938年3月，参加革命工作，10月加入中国共产党。抗日战争和解放战争时期，历任新泰县职工会会长、县民运部部长、县委组织部部长等职。新中国成立后，历任凫山县委副书记，蒙山县委书记，中共中央组织部组织员，中央财贸部巡视员，西安市人事局副局长、领导小组副组长，西安市劳动局领导小组组长、顾问、副局长，西安市人大常委会政法委副主任等职。1982年12月离休。2009年去世。

**王　芳（1920—2009）** 曾用名王春芳，1920年出生，新泰县东都镇东都一村（今东一社区）人。1937年10月，参加革命。1938年4月，加入中国共产党。抗日战争时期，历任鲁中军区政治部敌工科科长兼三地委敌工部副部长、旅政治部主任等职。解放战争时期，历任鲁中军区保卫部部长，杭州军管会公安部副部长、市公安局副局长，中共杭州市委委员等职。新中国成立后，历任杭州市公安局局长，浙江省公安厅厅长、省政法委副主任，浙江省副省长，宁波地委书记、宁波地区革委会主任兼宁波市委第一书记，浙江省委副书记、省人大常委会副主任兼秘书长（主持人大常委会工作）、省委政法委员会书记、省委书记兼省军区第一政治委员等职。1987年3月，任公安部党组书记，4月任公安部部长，5月兼武警部队第一政治委员、党委书记，中共中央政法委员会委员。1988年4月，任国务委员兼公安部党组书记、部长。1990年12月，兼任国家禁毒委员会主任。1991年3月，任中央社会治安综合治理委员会副主任。1993年8月，退居二线。2009年11月去世。中共第十二届中央委员会委员，中央顾问委员会委员，中共十二大、十三大、十四大代表，十五大特邀代表。

**周星夫（1918—2010）** 1918年4月出生，新泰市东都镇石泉庄村人。1936年3月参加革命，同年12月加入中国共产党。1938年1月，参加徂徕山抗日武装起义。1939年3月起，历任新泰县委书记、新蒙县委书记兼独立营政委、泰宁县委书记兼独立营政委、蒙阴县委书记兼独立营政委、沂蒙地委副书记等职。解放战争时期，历任沂蒙地委组织部部长，鲁中区党委组织部组织科长、党校教育长等职。1953年8月起，历任越南劳动党顾问团土改顾问，山东省委监察委员会副书记，济南市委书记处书记、代理第一书记、市革委会副主任、市委副书记，淄博市委副书记、市革委会副主任，山东省委统战部副部长、部长。1979年12月起，任政协第四、五届山东省委员会副主席、党组副书记。1988年3月离职休养。2010年12月去世。政协第五、六届全国政协委员，第五、六、七届省人大代表。

**戴　光（1921—2021）**　曾用名孔昭，1921年出生，新泰市东都镇谢家庄村人。1939年4月，加入中国共产党。1940年3月，参加工作。抗日战争时期，历任六分区委宣传委员、区委书记，鲁中区三地委组织部干事，泰宁县围山区委书记等职。解放战争时期，历任鲁中二分区警备第二团政治处副主任兼党总支书记、鲁中工商局沂蒙分局监委、泰宁县委宣传部部长等职。1949年3月，随军南下，历任南下干部中队党支部书记，浙江省东阳县委书记，金华地委农委书记、地委副秘书长、地委副书记、代理地委书记、书记处书记，杭州大学革委会副主任、党委副书记，温州地委副书记、地区革委会副主任、地委书记、地区革委会主任，浙江省教育学院党委书记兼院长，冶金经济专科学校党委书记兼校长，浙江省政协常委、提案委员会主任等职。1993年12月离休。2021年去世。

## 土特名产

**软盖螃**　产于酒台村饮酒台下的一处水沟。软盖螃如其名，螃蟹壳是软的，通体透亮，油炸后橙黄酥脆，口味鲜美。传说，此处的螃蟹本是硬壳，北宋末年康王赵构在酒台饮酒观景时，见士兵端上了一盘螃蟹，香气四溢但螃蟹壳却硬邦邦的，便说“这螃蟹好是好，就是盖太硬了，要是软盖螃蟹就好了。”此后，酒台周围螃蟹都成了软盖的。事实上是因为此处为花岗岩和石灰岩交会处，泉水中含有可使螃蟹壳软化的物质。

**酒台村香椿**　酒台村四面环山，村内一年四季几乎不刮北风，在周围村庄天寒地冻之时，酒台村已是温暖如春，露天生长的香椿比周围村庄提前一个节气（15天）上市，而且酒台村水质特殊、生态环境良好，所产香椿香气浓郁、色泽紫红、脆嫩无渣、营养丰富、风味独特，受到人们的青睐。

## 典型选介

**山东能源重型装备制造集团有限责任公司新汶分公司**　位于东都镇西都村新都路与国贸路交会处。2015年1月成立，主要产品为各类规格型号刮板输送设备及成套煤机设备再制造。2019年，有主要生产设备300余台（套），具有为槽宽1200毫米及以下各类型刮板输送机提供从产品选型、方案制作、产品配套、产品设计一体化技术服务的能力；自主研发的SZZ1000系列交叉侧卸式转载机，为山东省首台（套）交叉侧卸刮板输送机；自主研发的SGZ730系列90°直角拐弯刮板输送机，为国内唯一拥有自主知识产权的拐弯刮板输送机。2020年，被中国煤炭机械工业协会评为2019年度中国煤炭机械工业50强企业，公司申报的《中部槽智能焊接生产线的应用》被中国企业联合会、中国企业家协会遴选为2020年全国智慧企业建设最佳实践案例。

## 镇党政主要负责人

**党委书记**　王茂宁（2014.9—2019.2）
徐继刚（2020.5—　）

**镇　　长**　刘忠文（2015.3—2017.1）
张　鑫（2017.1—2020.5）
周和永（2020.6—　）

（汲高扬）

# 汶南镇

## 地理环境

**位置面积** 汶南镇位于新泰市东南部，地处新泰、蒙阴、平邑三县交界地带，东邻蒙阴县常路镇，西接东都镇，北靠青云街道，南连平邑县。南北长21.3千米，东西长17.4千米，总面积185.22平方千米。镇政府驻汶南西村，距新泰市人民政府10.8千米。蒙馆路、205国道、磁莱铁路贯穿全境，京沪高速、滨台高速、泰新高速在境内交会。

**建置区划** 因在柴汶河南，故名。汶南镇境内，1912年，北部属新泰县平乐区，南部属蒙阴县西一区。1921年，北部划为新泰县七区（龙廷区），南部为蒙阴县的汶南区、盘车沟区。1937年，属蒙阴县汶南乡。1941年9月，南部属泰宁县蒙边区，北部属新泰县鳌山区。1945年10月，南部属蒙阴县汶南区（五区）。1954年5月，划属新泰县十二区。1958年3月，建立汶南乡，9月成立汶南人民公社。1984年4月，设立汶南办事处。1985年12月，建汶南镇。2016年，汶南镇辖汶南西、汶南东、汶南北、汶南下、吴山、公家庄、小河东、大河东、鲍庄、青沙、盘古、仙人桥、李家楼、东鲁、西鲁、国家庄、李家庄、纸坊、南西官、类王庄、重兴、果庄、曹家庄、甄家庄、朝阳、两桥、尹家屋、下峪、北安、鲍音、盘车沟、薛家庄、光明、鲁家沟、东洪河、上峪、南洪河、东官庄、杨庄、柳沟、山口、赵家庄、许庄村、岩庄、庄家庄、周家沟、分水岭、沈家庄、张家庄、陈粮、北西官、杨家洼、单家庄、太平、东周、借庄、李仙、中南辰、东南辰、韩家庄、北鲍、刘家庄、向阳、西南辰、小张庄、水家庄、洼子、涝坡、双山、南鳌阳、德营、小辛、大辛、英家庄、白家庄、鳌山东、北鳌阳、柳子沟、杨家河、青云山、黄崖圈、大官庄、王石山、付石山、崔石山85个行政村。至2020年，建置区划未变。

2018年10月，汶南镇政府办公楼航拍图 （张 宁 提供）

**自然状况** 境内山地、丘陵、平原相间分布，北部有青云山、大鸡山等山脉，南部有太平山，东部为丘陵，中西部为平原，海拔高度200～270米。河流主要有汶阳河、东周河、鲍庄河、果庄河、柳沟河等。境内有大型水库青云湖，蓄水量8600多万立方米。矿产资源有煤、铁、耐火黏土、石灰石、三叶虫化石、恐龙化石、长石等10余种，其中煤炭、黏土、石灰石储量过亿吨。

**人口民族** 2016年，常住总户数3.69万户，常住总人口10.56万人，其中男性5.38万人、女性5.18万人。2018年，常住总户数3.77万户，常住总人口10.94万人，其中男性5.56万人、女性5.38万人。2020年，常住总户数3.79万户，常住总人口10.98万人，其中男性5.58万人、女性5.4万人。有汉族、回族、藏族、苗族、彝族、壮族、满族、蒙古族、布依族、朝鲜族等10个民族。

## 经济状况

**农　业** 以种植小麦、玉米、花生、有机蔬菜、苗木花卉为主。2016年，耕地面积7000.89公顷，粮食总产量3.66万吨，农业总产值5.2亿元，其中农业产值2.2亿元、林业产值1.39亿元、牧业产值1.5亿元、渔业产值800万元、农林牧渔服务业产值300万元。农民专业合作社85家，标准化养殖场60处，民营林场16处。土地流转面积5048.65公顷。2020年，耕地面积7001公顷，粮食总产量3.05万吨，农业总产值8.93亿元，其中农业产值2.3亿元、林业产值1.48亿元、牧业5亿元、渔业产值0.1亿元、农林牧渔服务业产值500万元，农林牧渔服务业增加值3.73亿元。农民专业合作社117家，家庭农场52个。

**工　业** 2016年，工业企业123家，从业人员2065人，其中规模以上工业企业15家；工业总产值65.8亿元，规模以上工业企业实现主营业务收入46.5亿元。2018年，工业企业165家，从业人员2994人，规模以上工业企业16家；工业总产值68.3亿元，规模以上工业企业实现主营业务收入47.2亿元。2020年，工业企业204家，从业人员3867人，规模以上工业企业18家；工业总产值72.5亿元，规模以上工业企业实现主营业务收入52.8亿元。

## 财政税收

**财　政** 2016年，一般公共预算收入1.72亿元，一般公共预算支出9289万元。2018年，一般公共预算收入1.21亿元，一般公共预算支出7857万元。2020年，一般公共预算收入9954万元，一般公共预算支出1.27亿元。

**税　收** 2016年，登记各类纳税人420户，年纳税额在100万元以上的企业12户；各项税收收入1.72亿元，其中增值税6654万元。2018年，登记各类纳税人560户，年纳税额在100万元以上的企业20户；税收收入1.23亿元，其中增值税8338万元。2020年，登记各类纳税人630户，年纳税额在100万元以上的企业24户；各项税收收入9735万元，其中增值税7388万元。重点税源为新型包材、建筑安装、食品加工、石膏建材等行业。

## 社会事业

**教　育** 2016年，幼儿园16所，专任教师160人，在园幼儿2320人；小学15所，专任教师431人，在校学生5299人；普通初中2所，专任教师289人，在校学生4406人；县级以上规范化中小学15所，其中省级规范化学校2所、泰安市级规范化学校13所。2020年，幼儿园30所，专任教师249人，在园幼儿4330人；小学14所，专任教师332人，在校学生5477人；普通初中2所，专任教师288人，在校学生3988人。

**文　化** 2016年，镇综合文化站1个，村级文化活动中心85个，农家书屋85个，农村文化大院85个，文体广场85个，文艺宣传（表演）队12支。2020年，镇综合文化站1个，村级文化活动中

2020年4月，汶南镇城乡书房一角　　　　（张　宁　摄）

心85个，各类文化专业团队21个，音乐、美术、书法、摄影及文学业余创作人员802人；各类图书室5个，藏书10万余册；农家书屋85个，农村文化大院85个，文体广场116个。县级以上文物保护单位7处，其中省级2处（青云山三官庙、抬头寺遗址）、市级1处（宁家沟遗址）、县级4处（东周村化石出土点，李通、李成家族墓地，重兴村萃华桥，汶南东村观音庙）。县级以上非物质文化遗产19项，其中市级3项（付家拳、鲁氏硬气功、汶南虎头鞋帽）、县级16项（管鲍遗风的传说，鲍叔牙的传说，朝阳洞与樊梨花、穆桂英的传说，重兴村消息汪的传说，汶南龙泉观道家罗门笺，洪河山药，泉运五粮固态酿酒技艺，汶河土陶制作技艺，汶南六月六节，德善堂付氏除痹膏，同济鼻炎膏，程派韩氏龙形游身八卦掌，御盛堂膏药，御盛堂中医正骨，新泰螯山擦拓技艺，素华堂民间中医脉诊）。

**卫　生**　2016年，医疗卫生机构77家、床位25张，其中镇卫生院1家、村卫生室76家；卫生技术人员54名，其中执业医师23名。2020年，医疗卫生机构77家、床位60张，其中镇卫生院1家、村卫生室76家；卫生技术人员64名，其中执业医师34名。

## 社会保障

**医疗保险**　2016年，居民基本医疗保险参保人数8.6万人。2020年，居民基本医疗保险参保人数9.6万人。

**养老保险**　2016年，居民参加养老保险6.3万人。2020年，居民参加养老保险5.9万人。

**低保救助**　2016年，城镇最低生活保障户数42户、63人，发放最低生活保障金47.29万元；农村最低生活保障户数1598户、2643人，发放最低生活保障金592.17万元；敬老院1家，床位140张，收养农村“五保”老人54人。2020年，城镇最低生活保障户数47户、70人，发放最低生活保障金52.4万元；农村最低生活保障户数1395户、2386人，发放最低生活保障金1007.39万元；医疗救助71人次，发放医疗救助金25.9万元；敬老院1家，床位120张，收养农村“五保”老人39人。

## 名胜古迹

**青云山三官庙**　省级文物保护单位。位于汶南镇青云山南坡半山腰的绝壁之上，建造时间不详，明朝时被毁。清初行僧方于在山中盖草房，化缘重修殿宇，得到当时勋臣蔡士英家族的资助。清康熙年间，当地乡绅和村民对三官庙进行了修缮，新泰县知事孙玹及教谕孙善述分别撰有碑记。重修后的三官庙建筑面积780平方米，主要建筑有正殿三元殿、东西配殿、钟鼓楼、山门等。正殿三元殿面阔11米、宽5米，系砖、石、木结构，顶覆绿瓦，横梁由4根石柱支撑，上雕2条盘龙，殿中奉祀三元大帝（上元天官、中元地官、下元水官）。山门台阶共有53级，故称“五十三参”，远远望去，石路台阶犹如一道天梯，三元殿正殿悬于半空，拾级而上，给人一种渐入仙境的感觉。2002年，本着修旧如旧的原则对三官庙进行全面修复。2013年，青云山三官庙被省政府公布为第四批省级文物保护单位。

**抬头寺遗址** 省级文物保护单位。位于汶南镇汶南西村南、果庄村北。遗址呈高台地形，高出四周农田地面3～5米，东西长180米，南北宽120～150米，文化层厚1.5～2.5米，断剖面和遗址地表暴露有陶器残片、灰坑、白灰层等。有烧制陶器的窑、半地下式房基，房基的中心部分有火膛，房壁均用火烧用以防潮。遗址内出土大量石斧、石铲、石锛、石球、石环等磨制石器，骨镞、骨笄、骨锥等骨器，鬶、鬲、鼎、罐、钵、盘、杯等陶器残片，以及陶纺轮、陶网坠等。从出土遗物的特点分析，该处是龙山文化至商周时期的遗址，距今4000年左右。从社会形态上说，大致是从父系氏族社会至奴隶制社会，是研究东夷文化的重要资料。2015年，抬头寺遗址被省政府公布为第五批省级文物保护单位。

**宁家沟化石遗址** 市级文物保护单位。位于汶南镇公家庄村。据1923年《地质界报》载，一名瑞典传教士从宁家沟挖走一具完整恐龙化石，被瑞典国家博物馆收藏。1981年，当地群众在遗址处发现丰富的古脊椎动物化石，主要有师氏盘足龙化石，圆镜中国龟化石，中华弓鳍鱼化石，以及瓣鳃类、介形类、叶肢类等无脊椎动物化石。化石属中生代，所处地层为中生代陆相地层——蒙阴系。1994年，宁家沟化石遗址被泰安市人民政府公布为市级文物保护单位，并立碑予以保护。

**东周村化石出土点** 县级文物保护单位。位于汶南镇东周村北部，为更新世中期化石遗址。占地面积约225平方米，今被青云湖水库淹没。1966年，中国社会科学院古脊椎动物与古人类研究所和山东省博物馆现场调查，并进行试掘，试掘面积15米×15米，出土犀牛、马、驴、熊牙根、鬣狗门牙等化石。1986年8月，东周村化石出土点被新泰市人民政府公布为县级文物保护单位。

**重兴村萃华桥** 县级文物保护单位。位于汶南镇重兴村，明万历三十四年（1606）建，清乾隆二十六年（1761）重修，为单孔石拱桥。1978年4月，修文李路时，在保持萃华桥原貌不变的情况下，将高度提高2米，桥面加宽4米。在其西侧村文化广场上，有清乾隆年间立大清重修萃华桥碑记碑、清同治年间立小桥碑、清光绪年间立消息汪纪事——禁渔禁牧碑。2022年，重兴村萃华桥被新泰市人民政府公布为县级文物保护单位。

**岙阳文化遗址** 位于汶南镇南嶅阳村。发现于20世纪80年代。遗址东西宽50米，南北长80米，占地面积4200平方米，文化堆积层约0.6米，暴露有灰坑。出土文物主要有大汶口文化时期的泥质陶纺轮、夹砂红陶鼎足、夹砂白陶鬶腹残片、夹砂灰褐陶鬲足及石斧、石刀、石锛，龙山文化时期的夹砂黑陶碗，岳石文化时期的器盖残片、折腹盆及双孔石刀等，汉代泥质灰陶豆、壶等残片。根据文物特点，被文物专家鉴定为具有新石器时期大汶口文化、龙山文化、岳石文化及汉代文化特征的遗址。

**朝阳洞** 国家AAA级旅游景区。位于汶南镇盘车沟村北洞山顶部，是集溶洞探险、游憩、休闲于一体的景区。洞窟长3000余米，平均高5米，最高10米，洞中有洞，连环相套，主洞厅东西200余米，南北100余米，洞内流水潺潺，钟乳石、石笋、石花、石云、石钟、石剑等千姿百态，有雅丹泥洞、水帘洞、九曲回肠洞、九龙溪、叠云瀑、飞云渡、“中国地图”、“山东半岛”、“南极冰川”、黎山圣母榻、宝马送贵（龟）、独占鳌头等景观。朝阳洞相传为黎山圣母授徒传道之所，明清时建有道观。

## 古今名人

**鲍叔牙（？—前644）** 姒姓，鲍氏，名叔牙，亦称鲍叔、鲍子，杞国鲍邑（今汶南镇鲍庄村）人，春秋时代齐国大夫，以知人荐贤著称。鲍叔牙青年时期与管仲相交，二人一起在南阳做生意，分配利润的时候，管仲经常从中多取，鲍叔牙知道管仲家境清贫，确实急需用钱，从不计较也不认为管仲贪心，这便是“管鲍分金”的故事。后来管仲侍奉齐襄公的儿子公子纠，鲍叔牙侍奉公子纠的弟弟公子小白，齐襄公死后，公子纠和公子小白争夺君位，公子小白夺位成功，想拜鲍叔牙为相，鲍叔牙却推荐管仲当宰相，自己做管仲的助手，被时人誉为“管鲍之交”。鲍叔牙去世后，埋葬在鲍庄村北的土岭上，今墓址难以辨认，仅存管鲍分金处遗址。

**李　通（生卒年不详）** 祖籍南宋京西北路滑州白马县（今河南省滑县），晚年迁居汶南镇李家楼村，南宋军事家、著名抗金将领，其妹为岳飞妻。金兵大举南侵时，李通和弟弟李成在家乡，广募乡勇，号“忠义社”，奋起抗金。后加入岳飞抗金大军，冲锋陷阵，在抗金斗争中屡立战功。南宋绍兴十九年（1149）到李家楼安家，去世后，葬于李家楼东园，今存李通墓，为县级文物保护单位。

**秦士文（1569—1628）** 字质之，号彬予，明隆庆三年（1569）出生，汶南镇人，明末著名政治家和军事家。历万历、泰昌、天启、崇祯4朝。万历三十二年（1604）举进士。历任天津宝坻知县，北京密云知县，山西长治知县，礼部祠祭司主事、祠祭司员外郎、主客司郎中，陕西承宣布政使司右参政兼提刑按察使司佥事，山西提刑按察使司按察使，都察院右佥都御史、宣府巡抚，兵部右侍郎、左侍郎，兵部尚书协理京营戎政等职。明崇祯元年（1628）去世。著有《宣府奏议》九卷、诗文各两卷。

**公　鼐（1558—1626）** 字孝与，号周庭，明嘉靖三十七年（1558）出生，汶南镇果庄村人，明代著名文学家、诗人。万历二十九年（1601）中进士，选为翰林院庶吉士，授编修一职，后历任国子监祭酒、礼部右侍郎、詹事府詹事等职。天启六年（1626）去世。明思宗继位后，追封其为礼部尚书，谥文介。著有《问次斋集》一百卷。

**张种玉（1908—1980）** 清光绪三十四年（1908）出生，汶南镇杨家洼村人。1931年，在省立第一师范毕业后回新泰任教，秘密参加革命工作。1939年，加入中国共产党。同年10月，任新泰县抗日民主政府县长。1945年起，历任鲁中行署民政处处长、华东支前委员会秘书处处长、西南服务团一团三大队大队长等职。1949年起，历任重庆市北碚区区长、区委书记，重庆市农林办公室主任，市委农工部部长，市农委副书记等职。1977年，任重庆市委党校党委书记兼副校长。1980年5月去世。

**梁竹航（1905—1985）** 曾用名茂修，清光绪三十一年（1905）出生，新泰县南阳村（今汶南镇南敖阳村）人。1923年，考入省立第一师范。1925年，加入国民党。1926年，考入北京大学。1937年，在蒙阴县大庄村创办鲁南抗战自救青年学校。1938年7月，任莱芜县抗日民主政府县长。1940年2月，组建鲁南国民抗敌自卫军，任司令。同年7月编入八路军115师。1945年5月，加入中国共产党，8月任山东省政府民政厅厅长。解放战争期间，历任山东省支援前线委员会副主任、山东省政府支前委员会秘书长、华东支前委员会秘书长等职。新中国成立后，历任华东粮食总局局长、中央财政部粮食总局局长等职。1985年去世。编写出版《商业常用辞典》《经济史料》等书刊。

**公丕汉** 1944年7月出生，汶南镇曹家庄村人。1963年8月参加工作。1969年5月，加入中国共产党。1974年1月，转业到新泰县委组织部任干事。1979年起，历任新泰县纪委副书记，新泰市委副书记，新泰市委书记，泰安市人民检察院副检察长、党组副书记，泰安市人民检察院检察长、党组书记，中共泰安市委常委、政法委书记等职。1998年1月，任山东省司法厅党组副书记、副厅长。2000年11月，任山东省司法厅巡视员。2004年9月退休。

**王光锋**　1960年6月出生，汶南镇中南辰村人。1978年2月参加工作。1984年12月，加入中国共产党。历任新泰县汶南公社中南辰小学民办教师，新泰县汶南公社联中教师，新汶市教育局干部，新泰市政府研究室主任，新泰市谷里乡（镇）党委书记，宁阳县委常委、县政府副县长，泰安市乡镇企业管理局局长、党组书记，泰安市中小企业局局长、党组书记，泰安市经贸委副主任、党委副书记兼中小企业办主任、党总支书记，泰安市政府副秘书长、市经贸委副主任、党委副书记，泰安市经贸委主任、党委书记，泰安市经济和信息化委员会主任、党委书记等职。2016年12月至2017年1月，任泰安市经济和信息化委员会主任、泰山景区管委会主任。2017年1月，任泰山景区管委会主任、党工委副书记。

## 土特名产

**洪河山药**　产于汶南镇南洪河村，有300多年的种植历史。清乾隆皇帝南巡回京时曾驻跸该村，将其封为朝廷贡品。洪河山药肉质嫩白、香脆可口，断裂时黏性物溢出，呈透明丝状。2007年，洪河山药被新泰市人民政府列入第一批县级非物质文化遗产名录。2012年，南洪河村山药协会成立，引导菜农科学种植山药，在保护和传承洪河山药品种及独特品质的同时，实现一年栽植二茬，提高了产量。2020年，全村种植山药6.67公顷，年产量1000吨，总收入150万元。

**黄花菜**　汶南镇特产，栽培历史悠久，200年前，青云山、太平山山下的农民开始引种栽植黄花菜，用于护堰和水土保持，后以大田种植为主，又经过选优后实施设施栽培。1998年，汶南镇被中国农学会特产经济专业委员会命名为中国黄花菜第一镇。1999年，在中国国际农业博览会上，被组委会认定为优质名牌产品。2020年，全镇黄花菜种植面积266.67公顷，其中保护地栽培面积80余公顷，主要有鲁1号、浙2号、荆州花、大乌嘴、高笼花灯等品种，从业人员1500多人，其中初级职称以上技术人员85人，年产黄花菜4000吨，总收入1800万元。

## 典型选介

**全国文明村镇——双山村**　位于汶南镇东北部，有居民286户、829人，耕地面积73.5公顷。2017年起，在实施乡村振兴战略过程中，双山村逐步完善公共基础设施，创办新时代文明实践站，通过实施门前“三包”（包卫生、包秩序、包设施）责任制、上门收垃圾等实现乡村面貌大改善；组织开展好党员、好婆婆、好媳妇及“五星级”文明户评选活动，提升村民文明素质；创办村集体经济益民核桃加工合作社，年收入10万元以上，成立电商销售中心，运用直播电商新业态新模式，打通线上营销渠道，提升村民收入；发挥村民议事会、道德评议会等群众组织的作用，推进移风易俗工作。2017年，双山村被中央文明委评选为全国文明村镇。

## 镇党政主要负责人

**党委书记**　周鹏飞（2016.1—2016.12）
潘吉民（2017.1—2020.1）
朱　峰（2020.5—　）

**镇　　长**　高　飞（2016.1—2017.1）
井梓童（2017.1—2020.1）
刘昌利（2020.1—　）

（吴　玫　范　勇）

# 龙廷镇

## 地理环境

**位置面积** 龙廷镇位于新泰市东部，东与淄博市沂源县相接，南与临沂市蒙阴县为邻，西、北与青云街道相连。东西长18.3千米，南北长13千米，总面积152.16平方千米。镇政府驻龙廷村，距新泰市人民政府13.7千米。京沪高速贯穿全境。

**建置区划** 因民间传说西汉初年有龙在此停留，故名龙停，后演化为龙廷。龙廷镇境内，明朝设保，属新泰县平乐乡。清乾隆四十九年（1784），属新泰县上保城里保东乡。1914年，属新泰县平乐区。1921年，属新泰县七区。1939年10月，属新泰县抗日民主政府七区。1941年9月，属新蒙县龙廷区。1943年8月，属新泰县龙廷区。1944年7月，龙廷区划归蒙阴县。1945年10月，龙廷区复归新泰县，与北师区合并为青龙区（十区）。1958年3月，青龙区分为龙廷乡、马庄乡。同年9月，成立龙廷人民公社。1966年9月，龙廷人民公社改为东风公社。1978年11月，改为龙廷公社。1984年4月，撤销公社，设龙廷办事处。1985年12月，龙廷办事处分为龙廷乡、岙阴乡及北师店乡一部分。1994年，龙廷撤乡建镇。2001年2月，撤销岙阴乡，所属村庄划归龙廷镇。2016年，龙廷镇辖龙廷、苗东、苗西、大沙坡、小沙坡、北山、老莫旺、程家峪、尚志庄、掌平洼、太公峪、龙西庄、东枣林、西枣林、山根、土门、两县、龙池庙、老瓜峪、大河东、野猪旺、上豹峪、下豹峪、大连沟、官庄、黑沟、安子、山后、黄山坡、杨庄子、岙阴、北河庄、南站、北站、榆山前村、平子、赵家庄、宝泉庄、大上庄、小上庄、上演马、下演马、将军堂、崇本庄、迎丰庄、大栗峪、小栗峪、黄崖、胡家庄、百座窑、石山子、南河庄东村、南河庄西村53个行政村。至2020年，建置区划未变。

**自然状况** 境内地势东北高西南低，中部为丘陵，西部为平原，南部为低山丘陵区，间有洼地。海拔200～400米，最高为太公峪村的金螺顶，海拔653米。土壤以沙土为主。境内主要河流有柴汶河、车桑河、栗峪河、尚庄河、野猪旺河等，其中柴汶河沿镇中部自东向西流，全长35千米；塘坝142个，水库18个。矿产资源主要有花岗石、石灰石、长石、石英石等，其中花岗石储量1亿立方米。

**人口民族** 2016年，常住总户数2.28万户，常住总人口6.3万人，其中男性3.19万人、女性3.11万人。2020年，常住总户数2.3万户，常住总人口6.45万人，其中男性3.45万人、女性3万人。有汉族、回族、蒙古族、傣族、朝鲜族5个民族。

## 经济状况

**农　业** 2016年，耕地面积4855公顷，粮食产量5646吨，农业总产值3.85亿元，其中农业产值1.17亿元、林业产值1.36亿元、牧业产值1.3亿元、渔业产值92万元、农林牧渔服务业产值103万元，农林牧渔服务业增加值6000万元。农民专业合作社30家，种植大户38户，土地流转面积1194公顷。2018年，耕地面积4891公顷，农业总产值

4.06亿元，其中农业产值1.24亿元、林业产值1.8亿元、牧业产值1亿元、渔业产值100万元、农林牧渔服务业产值120万元，农林牧渔服务业增加值2100万元。农民专业合作社40家，种植大户40户，土地流转面积1211公顷。2020年，耕地面积4891公顷，粮食产量9835吨，农业总产值4.8亿元，其中农业产值1.28亿元、林业产值2.3亿元、牧业产值1.2亿元、渔业产值103万元、农林牧渔服务业产值126万元，农林牧渔服务业增加值7400万元。农民专业合作社40家，种植大户46户，土地流转面积1245公顷。

**工　业**　2016年，工业企业45家，从业人员1200人，其中规模以上工业企业2家；工业总产值4.1亿元，实现利税4000万元，其中利润2800万元；规模以上工业企业实现主营业务收入3.6亿元，实现利税3000万元，其中利润2600万元。2018年，工业企业48家，从业人员1500人，其中规模以上工业企业2家；工业总产值3.5亿元，实现利税3400万元，其中利润2400万元；规模以上工业企业实现主营业务收入2.7亿元，实现利税1200万元，其中利润1000万元。2020年，引进落地项目6个，招商引资到位资金5000万元，进出口总额2000万元。工业企业52家，从业人员1800人，其中规模以上工业企业3家；工业总产值4.5亿元，实现利税4200万元，其中利润3000万元；规模以上工业企业实现主营业务收入2.9亿元，实现利税1900万元，其中利润1700万元。

## 财政税收

**财　政**　2016年，一般公共预算收入6462万元，一般公共预算支出6462万元。2018年，一般公共预算收入6270万元，一般公共预算支出6270万元。2020年，一般公共预算收入5784万元，一般公共预算支出5784万元。

**税　收**　2016年，登记各类纳税人96户，年纳税额在10万元以上的企业18户；各项税收收入1111万元，其中增值税143万元。2018年，登记各类纳税人103户，年纳税额在10万元以上的企业26户；税收收入1898万元，其中增值税307万元。2020年，登记各类纳税人128户，年纳税额在10万元以上的企业30户；各项税收收入1702万元，其中增值税954万元。重点税源为药品、消防科技、建筑工程、兔毛等行业。

## 社会事业

**教　育**　2016年，幼儿园14所，专任教师130人，在园幼儿1426人；小学13所，专任教师186人，在校学生2131人；普通初中2所，专任教师163人，在校学生2082人；泰安市级规范化中小学9所。2020年，幼儿园20所，专任教师163人，在园幼儿1793人；小学13所，专任教师177人，在校学生2287人；普通初中2所，专任教师148人，在校学生1745人。

**文　化**　2016年，镇综合文化站1个，村级文化活动中心40个，农家书屋41个，文体广场32个，文艺宣传（表演）队5支。2020年，镇综合文化站1个，村级文化活动中心53个，农家书屋53个，文体广场53个，文艺宣传（表演）队10支。县级文物保护单位4处（新泰县第一次党代会会址、新泰县抗日民主政府成立旧址、掌平洼螺旋井、两峪三清观）。县级非物质文化遗产19项（龙廷豆腐制作技艺、龙廷杏梅、秃尾巴老李的传说、乡村草编技艺、刘氏妇科特色疗法、健民堂通络膏、痔疮清、济善堂清风膏药、苗庄月饼制作技艺、南山古琴制作技艺、“三矾九染”佛像工笔画工艺、大自然根艺美术、亢氏萬生堂膏药、美人康刘氏清宫丸、曹氏中医推拿、河庄民间烧烫伤疗法、骨仙堂膏药、古石山观音庙庙会、亮峪庙会）。

**卫　生**　2016年，医疗卫生机构54家、床位35张，其中镇卫生院1家、村卫生室53家；卫生技术人员178名，其中执业医师12名、执业助理医师

15名。2020年，医疗卫生机构54家、床位55张，其中镇卫生院1家、村卫生室53家；卫生技术人员179名，其中执业医师21名、执业助理医师29名。

## 社会保障

**医疗保险** 2016年，居民基本医疗保险参保人数4.83万人。2020年，居民基本医疗保险参保人数5.94万人。

**养老保险** 2016年，居民参加养老保险3.73万人。2020年，居民参加养老保险4.06万人。

**低保救助** 2016年，城镇最低生活保障户数3户、3人，发放最低生活保障金1.56万元；农村最低生活保障户数1368户、1865人，发放最低生活保障金412.33万元；医疗救助99人次，发放医疗救助金19.25万元；敬老院1家，床位100张，收养农村“五保”老人32人。2020年，城镇最低生活保障户数3户、3人，发放最低生活保障金1.86万元，农村最低生活保障户数1013户、1620人，发放最低生活保障金497.94万元；医疗救助77人次，发放医疗救助金24.3万元；敬老院1家，床位100张，收养农村“五保”老人34人。

## 名胜古迹

**新泰县第一次党代会会址** 县级文物保护单位。位于龙廷镇老瓜峪村。1939年10月20日，中国共产党新泰县第一次代表大会在老瓜峪村召开，与会代表60多人，代表全县党员1500余名，会址设在任玉泉、胡京训家中，会议选举高启云、延春城、周星夫、韩顾三、杨梦浦为新泰县委委员，高启云任县委书记。1993年，新泰县第一次党代会会址被新泰市人民政府列为县级文物保护单位。2007年10月，新泰市委、市政府在老瓜峪村设立中国共产党新泰县第一次代表大会纪念地碑1通。2020年，龙廷镇在老瓜峪村建立“一馆、一址、一广场”（中共新泰县第一次代表大会纪念馆、高启云故居遗址、初心广场）。

**掌平洼螺旋井** 县级文物保护单位。位于龙廷镇掌平洼村中央。20世纪60年代修建，直径18米，井深28米。该井用石头砌成，有108级台阶沿井壁盘旋而下通往井底，台阶分两级，一级至10米时，过隧洞进入二级台阶，离井底10米处，有一平台可以站人取水。开掘此井用工4万余个，挖掘

2020年8月27日，龙廷镇掌平洼螺旋井一角　（徐西军　摄）

石料3000多立方米，损耗铁钎近4吨，解决了掌平洼村农田灌溉和村民饮水问题。2014年，为开发乡村旅游，沿井石阶塑蟠龙一条，龙头在上，龙尾盘旋而下，环井壁建走廊过道。2022年，被新泰市人民政府公布为县级文物保护单位。

**新泰县抗日民主政府成立旧址** 县级文物保护单位。位于龙廷镇太公峪村。1939年10月28日至30日，中共新泰县委在太公峪召开各界人士代表会议，选举产生新泰县抗日民主政府，张种玉当选为县长。该遗址为四合院，土草结构，因年久失修，大部分已坍塌，地基尚存，南屋基本完好。2005年8月，新泰市委、市政府在遗址处立新泰县抗日民主政府成立地址碑1通。2022年，被新泰市人民政府公布为县级文物保护单位。

**龙廷镇两峪三清观** 县级文物保护单位。位于龙廷镇将军堂村。明朝弘治年间建成，占地面积约1.3公顷。三清观背靠悬崖，崖上有普陀胜境、最玄、望师台等摩崖石刻9处，今存建筑有玉皇殿、三清殿、菩萨殿、三关殿、娃娃殿、石大夫老爷庙等，院内有千年银杏树2棵。每年农历三月初六举行庙会。2022年，被新泰市人民政府公布为县级文物保护单位。

## 古今名人

**高堂生（生卒年不详）** 姓高堂，名伯，春秋齐卿高傒之后，西汉鲁平阳（今龙廷镇）人，汉礼经博士，今文礼学的最早传授者。秦始皇焚书后，《礼》经文散失，只有高堂生能心记口诵。西汉初年，他凭记忆写下《仪礼》17篇，对人们日常生活的婚丧嫁娶以及社会生活各个方面的礼仪作了系统规范，被称为今文《礼记》。高堂生对礼的传述，为中华文化的保存和传承作出了重要贡献，被后人尊称为“礼圣”。

**崔文奎（1450—1536）** 字应宿，号松溪，明景泰元年（1450）出生，龙廷镇苗庄（今龙廷镇苗东村）人。成化二十年（1484）进士，授刑部主事。弘治十一年（1498）起，历任河南按察司副使、山西布使司左参政、南京都察院右都御史、仓场总督兼工部右侍郎、南京工部尚书等职。因与权臣张璁、桂萼意见不合，嘉靖四年（1525），辞官归里，赐五时朝服，晋阶为一品。嘉靖十五年（1536）去世，谥康简，新泰城敕建司空坊，旌表褒扬。著有《康简公文集》。

**苗培芝（1903—1939）** 清光绪二十九年（1903）三月出生，龙廷镇土门村人。1931年冬，加入中国共产党。1933年9月，中共新泰县委领导龙须崮暴动时，苗培芝是领导骨干之一。他积极发动群众，筹备武器，募集给养，将自家开办的药铺，当做县委组织暴动的联络点。龙须崮暴动失败后，苗培芝受县委指示去烟台做地下党的工作。1937年七七事变后，他回到新泰，开展抗日救国的宣传工作。1938年6月，任新泰县委交通站站长，主要负责徂徕山到沂蒙山一带的联络工作。他利用家族在群众中的威望，发动群众捐款献粮，支援八路军，为创建龙廷抗日根据地作出重要贡献。1939年被捕，受尽酷刑，始终坚贞不屈，被摧残致死。

**李阳谷（1907—1940）** 曾用名寅彬，清光绪三十三年（1907）出生，龙廷镇两县村人。1931年，加入中国共产党。1932年11月，任中共新泰县委委员。1933年，组织新泰、蒙阴一带农民成立“贫农会”。同年9月5日，领导龙须崮农民暴动。1938年秋，在蒙阴县组建抗日队伍，任蒙阴县独立营营长。1940年，被国民党抓捕入狱，受尽折磨，惨死狱中。经山东省人民政府批准，被追认为革命烈士。

**崔传友（1921—1986）** 1921年出生，龙廷镇下豹峪村人。1939年，参加革命工作，并加入中国共产党。参加过孟良崮、淮海等战役。新中国成立后，历任四川省永川地区检察院检察长、重庆市检察院副检察长等职。1986年去世。

**刘圣清（1918—1999）** 曾用名绍廉，1918年出生，龙廷镇北山村人。1938年2月，

参加八路军山东抗日游击四支队，历任排长、指导员。1940年12月，加入中国共产党。1947年起，历任新泰县副县长，昌乐县副县长、县长，昌潍地委统战部副部长、部长，中共山东省委统战部工商处副处长、办公室主任，山东省委即墨工作组副组长、即墨县委书记处书记兼县长，潍坊市委副书记兼市长，昌潍专区行政专员公署副专员等职。1972年8月，任山东畜牧兽医学校党委书记。1981年9月离休。1999年去世。

**张玉梅（1928—2015）** 女，1928年2月出生，龙廷镇黄崖村人，13岁时随父迁到蒙阴县烟庄村，著名支前模范、沂蒙六姐妹之一。1941年7月，加入中国共产党。1947年，任蒙阴县烟庄村村长。解放战争时期，她组织发动群众推碾子摊煎饼，做军鞋，送弹药，踊跃支前，被山东省妇联、省民政厅、省军区表彰为山东红嫂、山东省十佳兵妈妈。2015年去世。

**杨在春** 1927年1月生，龙廷镇掌平洼村人。1940年参加八路军，同年加入中国共产党。参加过孟良崮、济南、淮海、渡江等战役。新中国成立后，历任中国人民解放军411医院院长，南京海军医学高等专科学校训练部部长、副校长、专家组组长、主任医师等职。1990年6月离休。

## 土特名产

**毛　刷** 龙廷镇毛刷生产起于20世纪90年代初期，经过近30年的发展，已形成完整的产业链条，逐步实现由手工向机械化、由板刷向异型刷、由内销向外贸出口、由线下销售向线上销售、由生产基地向生产销售集散地五大转型。2018年，全镇毛刷生产经营户200余家，涉及20多个村，其中南站村、北站村有毛刷企业50余家，带动制柄厂、掺丝厂、铁壳厂、设备制造厂、毛刷辅料厂、线上线下销售点等上下游企业110多家，相关从业人员近万人，年产毛刷3亿多把，产值4亿余元，外贸出口3000万元，辐射青云、楼德、宫里、谷里、禹村等5个乡镇（街道）。2020年，全镇毛刷生产经营户122家，涉及23个村，从业人员1.2万余人，年产毛刷4亿把，产值5亿余元，外贸出口6000万元。

**兔　毛** 龙廷镇传统优质农产品。20世纪90年代，龙廷镇依托山区资源优势，开始发展兔类养殖、兔毛收购等产业。2020年，全镇有兔毛加工经营户80余家，主要集中在土门、龙廷、尚志庄等3个村，其中梳绒机10台以上加工企业20余家、个体户60余家，兔毛梳绒机500余台，兔绒年产量约1500吨，占全国兔绒总产量的30%，占全省兔绒总产量的60%，年产值3亿元，形成养殖、购销、加工完整的产业链。

**龙廷丹参** 龙廷镇多低山丘陵，土壤酸碱度、气候条件等非常适合丹参生长。清朝时期，当地居民便开始种植丹参，并作为上等药材进入京城大药铺。龙廷丹参外观形状好，分枝均匀，成分含量高，品质纯正，民间素有“全国丹参看山东，山东丹参看龙廷”之说。2016年，全镇种植面积600公顷，产量4200吨，实现产值1.2亿元。2020年，全镇种植面积667公顷，产量4500吨，实现产值1.4亿元，龙廷丹参被国家知识产权局认证为国家地理标志证明商标。

## 典型选介

**山东省红色研学基地——掌平洼革命历史纪念馆** 位于龙廷镇掌平洼村，建筑面积2000平方米，共3层，一层为放映厅，二层为革命展厅，三层为办公场所及会议室。展厅分革命星火燃龙廷、龙须崮暴动策源地、功绩特殊的龙廷会议、创建龙廷中心抗日根据地、军民浴血坚持抗战、陈毅元帅三驻龙廷、英模辈出红色龙廷等7个部分，以丰富的历史人物，翔实的文史资料，以及多媒体表现形式，集中展现新民主主义革命时期党在龙廷地区团结带领人民进行革命斗争的光辉历程，成为弘扬红色文化、传承党的优良传统、加强党史宣传教育的重要阵地。2021年，被山东省文化和旅游厅确定为山东省红色研学基地。

2020年9月8日，山东龙成消防科技股份有限公司办公楼
（徐西军　摄）

**全国乡村旅游重点村——掌平洼村**　位于龙廷镇东北部，明洪武年间建村，因村子四面环山，中间洼地形似手掌，而得名。2017年起，掌平洼村实施乡村振兴战略，以杏梅、油杏等特色产业为依托，老井、石屋等资源为基础，按照“以花为媒，以果迎客”的农旅融合发展模式，投资4000万元，建成掌平洼革命历史纪念馆、凤凰山观光区、杏梅采摘园、古村落石头老屋、特色小吃街等景点，并配套建有精品民宿、农家乐、生态停车场、可容纳400人同时就餐的大食堂等设施，形成集赏花采摘、高端民宿、休闲度假、红色教育、民俗游乐于一体的乡村旅游度假区。2017年、2018年中央电视台农业频道分别对掌平洼村作专题报道。2020年，实现旅游综合收入600万元，村集体增收22万元。2022年，被文化和旅游部、国家发展和改革委员会选定为全国乡村旅游重点村。

**山东龙成消防科技股份有限公司**　位于龙廷镇苗东村。1964年成立，前身为新泰市福利消防器材厂，2008年改制为民营企业，注册资本4257万元，主要生产各种型号的灭火器、消防水带、灭火剂、消火栓、防火门窗、烟雾报警器、智能疏散标志等系列产品，通过中国国家强制性产品认证、ISO 9001质量体系认证、法国国际检验局BV认证、ISO 14001:2015环境管理体系认证，是应急管理部定点的消防器材专业生产厂家。2017年，挂牌新三板，实现销售收入1.9亿元。2018年，建成国内首条灭火器智能生产线，成立越南分公司，实现收入2.35亿元。同年，“薪薪”及图商标被国家工商总局商标局认定为中国驰名商标。2020年，生产各类灭火器800万具、消防水带1000万米，年销售额2.65亿元，被山东省工业和信息化厅认定为山东省制造业单项冠军企业。

## 镇党政主要负责人

| | |
|---|---|
| **党委书记** | 潘吉民（2011.11—2016.12） |
| | 朱　峰（2016.12—2020.5） |
| | 张仕峰（2020.5—　） |
| **镇　　长** | 李秀新（2011.12—2017.1） |
| | 张仕峰（2017.1—2020.5） |
| | 刘苗苗（女，2020.6—　） |

（张　宇　王艺凯）

泰安市

乡镇概览 | （2016—2020）

# 肥城市

心动桃都　（姜世杰　摄）

# 肥城市行政区划图

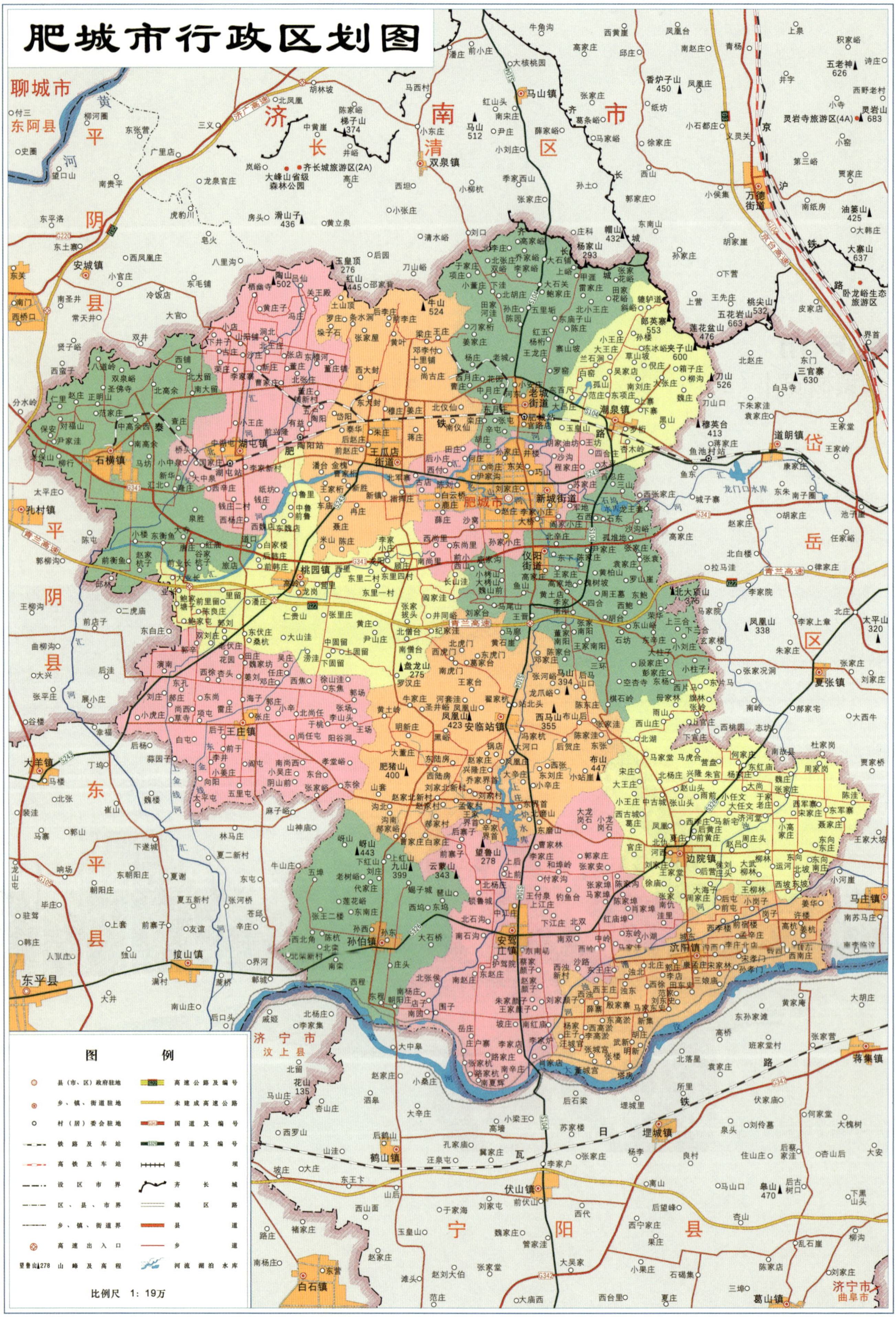


审图号：肥城 SG（2020）001 号



山东天元信息技术集团有限公司 编制
地址：济南市历城区历城金融大厦／东营市东营区软件园

# 概 述

## 地理环境

**位置面积** 肥城市位于山东省中部偏西，泰安市境西部，泰山西麓，汶河北岸。地理坐标为北纬35°53′～36°19′，东经116°28′～116°59′。东与泰安市岱岳区接壤，西与济南市平阴县、泰安市东平县为邻，南隔大汶河与泰安市宁阳县、济宁市汶上县相望，北与济南市长清区相邻。东西长37.5千米，南北长48千米，总面积1277.3平方千米，占泰安市总面积的16.45%。2016年，肥城市城市建成区面积44.3平方千米。2020年，肥城市城市建成区面积49平方千米。肥城市人民政府距泰安市人民政府35千米。泰肥铁路横贯北部，济微、泰临、泰东、肥梁干线公路纵横全境。公路通车里程2853.84千米，其中高速公路通车里程34.5千米。

**建置区划** 晋昭公二年（前530），由今河北藁城境内的肥族人建立的肥子国被晋国所灭后，遗民流徙四方。其中一支辗转来到齐鲁交界处（今肥城市北部），在齐国的扶持下建立肥子国，肥城因此而得名。2016年1月，撤销仪阳镇，设立仪阳街道办事处。至年末，全市辖潮泉、湖屯、石横、桃园、王庄、安临站、孙伯、安驾庄、边院、汶阳10个镇，新城、老城、王瓜店、仪阳4个街道，高新技术产业开发区1个、经济开发区1个，行政村（居）605个。汶阳镇、石横镇为泰安市计划单列镇。至2020年末，区划未发生变化。各镇（街道）中，安驾庄镇面积最大，134.6平方千米；潮泉镇面积最小，52.88平方千米。

**地形地貌** 境内地势东高西低，北高南低，由东北向西南倾斜。东北部潮泉镇境内的翦云山主峰海拔607米，为肥城市最高点；西南部王庄

2021年4月5日，肥城古城夜景 （杨洪雷 摄）

镇太平屯海拔57.7米，为肥城市最低点。中部隆起，北部形成以肥城盆地为特征的康汇平原，南部形成以大汶河为特征的汶阳平原。肥城市较大的山头96座，山山相接，脉脉相连，沟壑纵横，形成山地、丘陵、平原、涝洼等多种地形。

**气候特征** 属暖温带大陆性半湿润季风气候，四季分明，春季干旱少雨，夏季炎热多雨，秋季凉爽干燥，冬季寒冷少雪。2016年，年平均气温14.3℃，比历年同期平均气温偏高0.7℃，最高气温36.5℃，最低气温-17.7℃；年降水量782.6毫米，日照时数2248.4小时。2020年，年均气温14.3℃，最高气温39.7℃，最低气温-15.2℃；年降水量768.4毫米，日照时数2874.4小时。

**土地资源** 山地面积4.29万公顷，占肥城市总面积的33.6%。海拔高度在150米以上，地面坡度小于25°，青石山、砂石山约各占二分之一，土壤多属褐土性土，土层厚度30厘米左右。丘陵面积2.54万公顷，占肥城市总面积的19.9%，海拔高度100～150米，主要由石灰岩、花岗岩组成，多为褐土性土、褐土和淋溶褐土，质地为壤质和砂壤质。平原面积5.94万公顷，占肥城市总面积的46.5%，土壤多为洪水冲积物形成，属褐土和潮褐土，土层厚，较肥沃。肥城市北部有康汇平原，南部有“汶阳田”，为肥城市主要粮食产区。

**矿产资源** 境内发现矿产29种，其中探明储量矿产17种，开发利用7种，主要为煤、岩盐、石膏、建筑石料用灰岩、水泥用灰岩、地热、钾长石等。

**水资源** 2016—2020年，年平均降水量645.7毫米，其中汛期6—9月降水量占全年降水量的74.2%，年平均水面蒸发量1224.5毫米，年平均水资源总量2.6亿立方米，其中地表水资源量1.5亿立方米，地下水资源总量2.1亿立方米，地表水与地下水重复计算量1亿立方米。有大小河流43条，多为行洪河道，流域面积在200平方千米以上的河道有大汶河、康王河、汇河、漕河、浊河、小汇河、上金线河7条，总长度196千米，均为季节性河流。

**生物资源** 境内植物300余种，其中木本植物45个科、87个属、190个种和变种，观赏树种有30余种，果树30余种。野生陆生脊椎动物199种，其中鸟类166种、两栖类7种、爬行类10种、兽类16种，国家重点保护动物21种，省重点保护动物31种，人工养殖野生动物6种。

**人口民族** **人口** 2016年，常住人口96.78万人，其中城镇人口57.28万人、农村人口39.5万人；出生人口1.36万人，人口出生率13.73‰；死亡6097人，死亡率6.15‰；人口自然增长率7.58‰。2018年，常住人口96.81万人，其中城镇人口59.31万人、农村人口37.5万人；出生人口1.04万人，出生率10.45‰，自然增长率4.47‰。2020年，常住人口89.41万人，其中城镇人口60.09万人、农村人口29.32万人；出生人口6157人，出生率6.19‰，自然增长率0.43‰。各镇（街道）中，新城街道人口最多，14.03万人；潮泉镇人口最少，2.18万人。

**民族** 肥城市是山东省24个民族工作重点县（市、区）之一。2016年，有回族、壮族、朝鲜族、满族、蒙古族等26个少数民族，1.17万人。2020年，少数民族26个、1.17万人，其中回族人口占少数民族总人口的99%，主要分布在边院、安驾庄、王庄、汶阳4个镇，21个行政村及肥城市城区、矿区。少数民族1000人以上的镇3个（边院镇、安驾庄镇、新城街道），百人以上的村17个，其中人口超过50%的民族村7个（凤凰、前黄、后黄、马新、肖家埠、陈家埠、升家庄）。

## 经济状况

2016年，肥城市实现生产总值730.04亿元，其中第一产业增加值52.2亿元、第二产业增加值353.98亿元、第三产业增加值323.86亿元。2018年，

生产总值823.54亿元，按可比价格计算，比上年增长6.88%，其中第一产业增加值54.38亿元，增长2.84%；第二产业增加值388.27亿元，增长8.42%；第三产业增加值380.89亿元，增长5.83%。2020年，生产总值721.49亿元，按可比价格计算，比上年增长3.49%，其中第一产业增加值56.62亿元，增长1.05%；第二产业增加值360.92亿元，增长3.32%；第三产业增加值303.95亿元，增长4.18%。

**农　业**　2016年，农业总产值97.57亿元，农林牧渔业增加值56.05亿元，其中农业产值54.15亿元、林业产值2.22亿元、畜牧业产值32.89亿元、渔业产值0.46亿元；农林牧渔服务业产值7.85亿元，农林牧渔服务业增加值3.97亿元；农作物总播种面积11.36万公顷，其中粮食作物播种面积7.41万公顷，粮食总产53.85万吨；蔬菜播种面积3.02万公顷，总产量187.58万吨；油料作物播种面积0.26万公顷，总产量1万吨；棉花播种面积780公顷，总产量1000吨；园林水果产量11.4万吨，肉、蛋、奶总产量20.9万吨；拥有农业机械总动力92.84万千瓦，农机化综合水平89.2%，森林覆盖率41%。“三品一标”（无公害农产品、绿色食品、有机农产品和农产品地理标志）认证面积6.51万公顷，规模饲养比重87%。规模以上农业龙头企业165家，其中国家级1家、省级7家；农民专业合作社1216家，家庭农场521家；肥城桃产业总产值70亿元，品牌价值16.17亿元。2018年，农业总产值106.91亿元，农林牧渔业增加值59.96亿元，其中农业产值63.98亿元、林业产值2.59亿元、畜牧业产值27.89亿元、渔业产值0.62亿元，农林牧渔服务业产值11.83亿元，农林牧渔服务业增加值5.58亿元。2020年，农业总产值110.42亿元，农林牧渔业增加值62.9亿元，其中农业产值66.06亿元、林业产值2.47亿元、畜牧业产值28.14亿元、渔业产值0.5亿元，农林牧渔服务业产值13.25亿元，农林牧渔服务业增加值6.33亿元。肥城市农作物种植面积10.39万公顷，其中粮食作物播种面积7.1万公顷，粮食总产49.03万吨；经济作物播种面积2.53万公顷，其中蔬菜播种面积2.12万公顷，总产量117.27万吨；油料作物播种面积0.24万公顷，总产8935吨；棉花播种面积780公顷，总产量971.65吨。园林水果产量7.83万吨，肉、蛋、奶总产量17.4万吨；拥有农业机械总动力110万千瓦，农机化综合水平90%，林木绿化率27.1%。新建高标准农田3666.67公顷，新增有机农业种植面积400公顷，新发展种植面积3.33公顷以上经营主体225家，33.33公顷以上21家，肥城桃品牌价值21亿元，并创建为省级高新区技术产业开发区。

**工　业**　2016年，列入省重点技改导向计划项目13个，山东一滕新材料股份有限公司、肥城金塔机械科技有限公司、山东傲饰集团有限公司3家企业被泰安市人民政府表彰为泰安市级创新型企业。工业实现增加值157亿元，规模以上工业企业327家，规模以上工业主营业务收入1041.8亿元，实现利税100亿元，其中利润61.9亿元。2018年，工业增加值157.3亿元，规模以上工业企业实现主营业务收入483.33亿元，同比增长10.7%；利润总额60.24亿元，同比增长41.6%。新增纳税过亿元企业5家，总数达12家。2020年，石横特钢集团有限公司入围中国企业500强，金塔集团入围中国轻工业装备制造50强。实施工业技改项目87个，列入省技术创新项目计划44个，其中达到国际先进水平项目14个，国内先进项目30个。工业实现增加值174.6亿元，规模以上工业企业202家，增加值增长3.6%，实现营业收入485.2亿元，同比增长1.1%；利润总额27.2亿元，营业收入过亿元的企业66家。

**建筑业**　建筑安装业是肥城的传统优势和经济支柱产业，肥城素有“建安之乡”的美誉。2016年，资质建筑安装企业112家，其中一级资质企业12家、二级资质企业51家、三级资质企业32家、劳务企业7家，在册职工10.72万人。建筑企业实现总产值231亿元，增加值57.6亿元，外出施工产值190亿元，年创利润总额18.6亿元，全员劳动生产率22.24万元/人，房屋竣工工程面积455.13万平方米。2018年，资质建筑安装企业129家，建筑安装业总产值279.7亿元、增加值67.1亿元，分别比上年增长12.1%、11.3%；实现税收13亿元，比上年增长1.45倍，财政贡献率由上年的11.6%提高到19.86%。2020年，建筑安装企业162家，其中兴润建设集团有限公司、信邦建设集团有限公司跨入中国建筑业500强，兴润建设集团有限公司、山东军辉建设集团有限公司、山东益通安装有限公司、信邦建设集团有限公司进入山东省建筑业30强企行列，兴润建设集团有限公司、山东军辉建设集团有限公司上榜全省民营企业百强。实现建筑业总产值724亿元、增长6.8%；实现税收24.9亿元、比上年增长38%；产值、税收分别为2016年的3.1倍和6.4倍，居全省建筑"十强县"首位，为地方财政贡献9.08亿元，同比增长36.02%。2020年1月，肥城市被中国石油和化学工业联合会中小企业工作委员会认定为中国石油和化工安装之乡。

**商贸服务业** 2016年，肥城市实现社会消费品零售总额290.6亿元，比上年增长10.8%。限额以上单位实现批发和零售营业收入295.27亿元，主营业务收入251.29亿元，营业利润28.65亿元；限额以上单位实现批发额170.27亿元、零售额146.85亿元。住宿、餐饮业营业额5.35亿元，营业利润5331.6万元；外贸进口总额6.79亿元，同比下降15.5%。外贸出口总额22.09亿元，同比下降20.4%。2018年，社会消费品零售总额320.5亿元，同比增长9.8%。限额以上单位实现批发和零售营业收入57.62亿元，主营业务收入57.43亿元，营业利润8794.4万元；限额以上单位实现批发额47.14亿元、零售额21.11亿元；住宿、餐饮业营业收入1.59亿元，营业利润653.3万元；外贸进口总额11.9亿元，同比下降10.7%；外贸出口总额22.61亿元，比上年增长16.4%。2020年，社会消费品零售总额186.4亿元，同比下降2.7%。限额以上单位实现批发和零售营业收入226.63亿元，主营业务收入226.18亿元，营业利润22.77亿元；限额以上单位实现批发额233.83亿元、零售额19.31亿元，住宿、餐饮业营业收入1.63亿元；外贸进口总额37.04亿元，比上年增长7.1%；外贸出口总额24.2亿元，比上年增长5.3%；实际外商直接投资6108万美元，同比下降13.8%。

**旅游业** 2016年，国家AAA级旅游景区6家，国家AA级旅游景区3家，国家级工农业旅游示范点2个，全国乡村旅游模范村1个，省级工农业旅游示范点14个，旅游强乡镇6个，旅游特色村11个，山东省"好客人家"三星级农家乐39家，接待游客180万人次，旅游总收入23.5亿元。2018年，国家A级及以上旅游景区22家，接待游客246万人次，旅游总收入28.1亿元。2020年，国家A级及以上旅游景区25家，接待游客140万人次，旅游总收入14.1亿元。

2021年9月8日，肥城市水街一角　（顾　浩　摄）

## 财税金融

**财　政**　2016年，一般公共预算收入42.2亿元，一般公共预算支出59.5亿元。2018年，一般公共预算收入40.42亿元，一般公共预算支出59.44亿元。2020年，一般公共预算收入40.86亿元，比上年增长1.1%；一般公共预算支出60.65亿元，比上年增长1.2%。

**税　收**　2016年，税收收入31.7亿元，非税收入10.5亿元。2018年，税收收入34.1亿元，非税收入6.32亿元。税收收入、主体税收收入分别增长4.4%、49.1%；税收收入占一般公共预算收入的比重84.4%、主体税收占税收收入的比重62.5%，分别比上年提高3.5和18.7个百分点。2020年，税收收入35.2亿元，主体税收25.13亿元，分别比上年增长1.96%和4.68%；非税收入5.66亿元，比上年下降3.91%。税收收入占一般公共预算收入的比重86.15%，主体税收绝对额和主体税收占一般公共预算收入的比重均居泰安市第一位。

**金　融**　2016年，金融机构和金融组织53家，其中银行业机构12家，存款余额461.86亿元，驻泰银行业机构贷款余额286.8亿元；保险业机构34家，实现保费收入12.9亿元；证券机构分支2家，小额贷款公司2家，民间资本管理公司2家，典当行1家；全国中小企业股份转让系统挂牌企业5家，区域性股权交易系统挂牌企业12家。2020年，金融机构和金融组织58家，其中银行业县级机构14家、营业网点126个，存贷款余额分别为737.81亿元、359.32亿元；保险业机构38家、证券机构分支2家、小额贷款公司2家，民间资本管理公司2家；全国中小企业股份转让系统挂牌企业11家，区域性股权交易系统挂牌企业28家。

**保　险**　2016年，保险业机构34家，保费收入12.9亿元。2018年，保险业机构34家，保费收入17.08亿元。2020年，保险业机构38家，赔付支出4.14亿元，同比增加0.35亿元，提供风险保障金5429.6亿元。

## 社会事业

**科　技**　2016年，肥城市获泰安市级及以上科学技术奖6项，其中山东省科技进步奖1项、泰安市科技进步奖5项；专利申请量822件，其中授权专利369件；肥城市高新技术产业产值实现344.59亿元，同比增长11.67%，占肥城市规模以上工业产值的32.18%，比上年提高3.04%。2018年，肥城市获泰安市科技进步奖8项，专利申请量836件，其中授权专利413件；高新技术产业产值占肥城市规模以上工业产值的49.3%。2020年，肥城市获泰安市级及以上科学技术奖7项，其中山东省科技进步奖1项、泰安市科技进步奖6项；专利申请量1550件，其中授权专利1024件。科技型中小企业、高新技术企业分别为73家、66家，高企新增数量和总量均位居泰安市县（市、区）第一位。高新技术产业产值占肥城市规模以上工业比重的62.27%，居泰安市县（市、区）第一位，高于全省17.16个百分点。

**教　育**　2016年，各级各类学校（含幼儿园）238所，在校生13.56万人，其中幼儿园129所，在园幼儿3.12万人，教职工2553人，专任教师2204人；小学71所，在校学生5.12万人，教职工3800人，专任教师3608人；初中28所，在校学生3.21万人，教职工2885人，专任教师2524人；普通高中6所，在校学生1.94万人，教职工1611人，专任教师1369人；中等职业学校3所，在校学生1400人，教职工490人，专任教师394人；特殊教育学校1所，教职工58人，在校学生280人。2020年，各级各类学校（含幼儿园）260所，在校生13.18万人，其中幼儿园155所，在园幼儿3.03万人，教职工2914人，专任教师2399人；小学61所，在校学生4.76万人，教职工3720人，专任教师3598人；初中32所，在校学生3.08万人，教职工3088人，专任教师2808人；普通高中10所，在校学生1.9万人，教职工1907人，专任教师1634人；中等职业学校1所，在校学生3828人，教职工420人，专任教师379人；特殊教育学校1所，教职工58人，在校学生280人。

**文　化**　2016年，博物馆1个，档案馆1个，公共图书馆1所，文化馆1个，农村文化大院605个，广播、电视人口综合覆盖率均为100%；举办精品惠民演出200余场次，开展送戏下乡巡演800余场次，新建社区图书馆5家；基层综合性文化服务中心461个，行政村覆盖率76%，开展群众文化活动650余场次，送戏下乡605场次，公益电影放映7200余场次；县（市、区）级以上非物质文化遗产112项、传承人44人，其中省级5项、市级29项、县级78项；肥城市被山东省新闻出版广电局评为全省全民阅读活动示范县，仪阳街道被评为全省首届书香之乡，新城街道沙窝社区被评为省级示范农家书屋。2020年，档案馆1个，公共图书馆1所，文化馆1个，农村文化大院605个；提升改造村级基层综合性文化服务中心101个，组织开展"四下乡"（文化、科技、卫生、法律）文艺小分队新春巡演、广场舞大赛、全民才艺大赛、戏曲票友大奖赛、"七进"（进企业、进农村、进机关、进校园、进社区、进网站、进军营）文化惠民活动、送戏下乡巡演等惠民主题活动1300余场次，放映公益电影5000余场次。县（市、区）级以上非物质文化遗产保护项目134项、传承人63人，其中省级8项、市级71项、县级55项。五埠岭乡愁记忆特色小镇项目列入第六批山东省重点文化产业项目，文创产品获国家级大奖5项、省级大奖13项。文体生活满意度考核测评在泰安市排名第一。

**卫　生**　2016年，各级各类医疗卫生机构558家，有病床4550张，卫生人员7310人，其中乡村医生、卫生员1128人；医院18家，其中综合医院15家、中医医院1家、专科医院2家；基层医疗卫生机构520家，其中社区卫生服务中心（站）41家、卫生院13家、村卫生室413所、诊所（卫生所、医务室）53家；专业公共卫生机构3家，其中疾病预防控制中心1家、专科疾病防治院（所、站）2家；妇幼保健院1家、卫生监督所1家，其他卫生机构15家；新城街道社区卫生服务中心创建为全省星级（示范）社区卫生服务中心，石横镇、汶阳镇卫生院创建为全国群众满意的乡镇卫生院。2020年，各级各类医疗卫生机构618家，公立医疗机构525家，其中二级甲等综合医院1家、三级甲等中医医院1家、一级妇幼保健院1家、疾病预防控制中心1家、镇街卫生院（社区卫生服务中心）14家、村卫生室418家；民营医疗机构93家，其中三级乙等综合医院1家，一级综合医院13家，眼科医院、康复医院、护理院、单采血浆站各1家。住院床位每千人5.16张，县（市、区）办医院每千人2张，执业（助理）医师每千人2.64名，执业护士每千人3.3名。肥城市被国家卫生健康委员会授予全国计划生育优质服务先进单位称号，被山东省卫生健康委员会评为全省医养结合先行县。

**体　育**　2016年，竞技体育省级传统项目学校5所、泰安市级9所、后备人才基地3处，体育馆1座，新建公共健身工程82个，举办"康王河杯"

2021年9月16日，肥城市新城街道吾悦书吧　（吴琨　摄）

第六届全民健身运动会、全民健身月启动仪式暨“十里画廊”健步走活动、山东省第八届“万人象棋”泰安市第六届全民健身运动会暨首届“肥城白云书院杯”首届全国象棋邀请赛、山东省第六届全民健身运动会万人太极拳比赛等，参加泰安市级及以上体育比赛获奖牌63枚。2020年，体育馆2座，新建公共健身工程32个；参加泰安市级及以上体育比赛获奖牌8枚，举办全民健身赛事活动100余项，其中大型赛事活动有山东省第三届冬季全民健身运动会雪上场地高尔夫球比赛、山东省第三届冬季全民健身运动会雪地迷你马拉松比赛、全国老年人健步走大联动肥城分会场活动等，肥城市被中国老年人体育协会评为全国老年太极拳之乡。

## 居民收入

2016年，居民人均可支配收入2.42万元，其中城镇居民人均可支配收入3.17万元，农村居民人均可支配收入1.51万元。2018年，居民人均可支配收入2.86万元，同比增长8.5%，其中城镇居民人均可支配收入3.7万元，同比增长7.7%；农村居民人均可支配收入1.78万元，同比增长8.3%。2020年，居民人均可支配收入3.23万元，同比增长4.2%，其中城镇居民人均可支配收入4.09万元，同比增长3.1%；农村居民人均可支配收入2.06万元，同比增长5.6%。

## 社会保障

**医疗保险** 2016年，肥城市职工医保基金征缴3.53亿元，支付职工医疗保险费3.74亿元，涉及职工2.79万人，支付居民医疗保险费4.21亿元。2020年，职工医保参保人数14.53万人，基金征缴4.34亿元；居民基本医保参保71.47万人，基金征缴5.85亿元，其中个人征缴1.92亿元、财政补助3.93亿元。支付职工医保基金4.28亿元，支付居民医保基金5.24亿元。

**养老保险** 2016年，肥城市参加城镇职工养老保险13.2万人，收缴保险费10.2亿元；参加居民养老保险56.63万人，收缴保险费8374万元；为9224名机关事业单位离退休人员发放养老金4.6亿元，企业离退休人员养老金社会化发放率保持100%，为15.3万名城乡居民发放养老金2.02亿元。2020年，参加企业职工养老保险14.05万人，参加机关事业单位养老保险1.8万人，参加居民养老保险51.07万人，收缴保险费18.16亿元；发放养老保险金21.33亿元，其中发放企业职工养老金12.14亿元、机关事业单位养老金6.06亿元、居民养老金3.13亿元。

**低保救助** 2016年，城乡低保对象1.27万户、2.2万人，发放低保金5717.32万元；救助低保家庭大学新生45人，发放救助金16.4万元；临时救助困难群众40人，发放救助金19.3万元；救助重特大疾病困难群众1424人，发放救助金801.3万元。2020年，城乡低保对象8336户、1.47万人，其中城市低保849户、1456人，农村低保7487户、1.32万人，发放低保金5616.64万元；救助低保家庭大学新生16人，发放救助金6.4万元；救助突发疾病、火灾、车祸、意外摔伤等“急难”家庭214户，发放临时救助金74.7万元。

## 名胜古迹

2020年，名胜古迹主要有新城办事处的龙山公园、玉都观，王瓜店镇的牛山国家森林公园，湖屯镇的陶山名胜区，石横镇的左丘明墓，老城和潮泉镇的齐长城遗址，老城镇的北坛遗址等。县级以上文物保护单位119处，其中国家级2处（齐长城遗址——肥城段、陶山朝阳洞石刻造像）、省级8处（泰西抗日武装起义旧址、新城群力放水洞、圭山石刻、泰山显灵宫、小中泉天主教堂、东向北阁、陆房战斗遗址、护鲁山泰山行宫），泰安市级34处、县级75处。

（庄惠丽　郝　航）

# 新城街道

## 地理环境

**位置面积** 新城街道位于肥城市城区，是肥城市委、市政府驻地，东、南与潮泉镇、仪阳街道交界，西南和西北分别与桃园镇和王瓜店街道接壤，北与老城街道为邻。东西长11.9千米，南北长7千米，总面积55.32平方千米。街道机关驻凤山大街与新城路交会处。东临潮汶公路，西靠孙牛公路。

**建置区划** 新城街道境内，清末属肥城县榆城乡。1912年，属肥城县二区、五区。1952年，属肥城县二区、五区、十一区。1957年，属仪阳乡、巧山店乡、桃园乡、王瓜店乡、新镇乡。1959年，分属仪阳公社、王瓜店公社、桃园公社。1982年2月，仪阳人民公社的13个生产大队，桃园人民公社的1个生产大队，王瓜店人民公社的2个生产大队组建刘家庄镇。1984年1月，肥城县撤社改区，刘家庄镇改称新城镇，为区级镇。1992年9月，肥城县改市后撤销新城镇，设立新城街道。2003年12月，新城街道迁至凤山大街与新城路交会处。至2020年底，辖孙家庄、伊家沟、东付、尚庄、古店、白云桥、陈刘、刘庄居、大桥、李家小庄、闫家小庄、军地、苏庄、巧山、井楼、沙沟、王坊、四合、程庄、西付、孙家小庄、赵庄、马连、沙窝、东尚里、西尚里、南尚里27个行政村（居）和同圆社区、兴润社区、贵和社区、丰园社区、龙山社区、阳光社区、桃花源社区、河西社区、向阳社区、桃都社区、特钢社区、赵庄社区12个城市社区。

**自然状况** 位于肥城盆地南部，为丘陵地带，东、西、南三面为丘陵，中间为沟谷，西北部为平原，丘陵面积占新城街道总面积的三分之一，平原面积占新城街道总面积的三分之二，整体地势东高西低，地形向西北倾斜，赵庄村以北地势平坦。海拔最高点为西南部的白云山，海拔180米；最低点在赵庄村北，海拔50米。土壤以棕色褐土为主，分为轻壤、中壤、砂壤三种类型。有白云山、长山、尚里山、丛山等大小山峰10余座，呈东南—西北走向。矿产资源有石灰石、石英砂、红土等。石灰石矿床位于东山（神山）、龙山、栗子山等处，总储量8000万吨，其中B级储量3000万吨。

**人口民族** 2016年，常住总户数5.17万户，常住总人口15.95万人，其中男性7.87万人、女性8.08万人。2018年，常住总户数8.14万户，常住总人口25.1万人，其中男性12.38万人、女性12.72万人。2020年，常住总户数9.6万户，常住总人口29.6万人，其中男性14.6万人、女性15万人。有汉族、回族、满族、蒙古族、朝鲜族、水族、壮族、苗族8个民族。

## 经济状况

**农　业** 以种植小麦、玉米、有机蔬菜、苗木花卉为主。2016年，耕地面积1565.53公顷，均为水浇地，农业总产值3.13亿元，其中农业产值1.04亿元、林业产值1068万元、牧业产值1.37亿元、渔业产值117万元，农林牧渔服务业产值6038万元、增加值1.71亿元；农民合作社63个，种植

2019年5月7日，肥城市兴润生态园俯瞰 （孙慧敏 摄）

上级拨款项目资金1.31亿元，进出口总额10亿元。工业企业341家，从业人员1.02万人，其中规模以上工业企业19家；工业总产值17.1亿元，实现利税0.48亿元，其中利润0.45亿元；规模以上工业企业实现主营业务收入15.03亿元，实现利税0.42亿元，其中利润0.39亿元。

大户1户，土地流转面积189.8公顷。2018年，耕地面积1337.9公顷，农业总产值2.67亿元，其中农业产值0.95亿元、林业产值1297万元、牧业产值0.48亿元、渔业产值156万元，农林牧渔服务业总产值1.09亿元、增加值1.43亿元；农民专业合作社15个，家庭农场47个，土地流转面积214.1公顷。2020年，耕地面积1344.3公顷，农业总产值2.44亿元，其中农业产值0.95亿元、林业产值1234万元、牧业产值0.12亿元、渔业产值127万元，农林牧渔服务业产值1.23亿元、增加值1.34亿元。农民专业合作社20个，农业企业3家，家庭农场64个，土地流转面积316.6公顷。

**工　业**　2016年，工业企业328家，从业人员9840人，其中规模以上工业企业30家；工业总产值11.7亿元，实现利税0.34亿元，其中利润0.29亿元；规模以上工业企业实现主营业务收入10.3亿元，实现利税0.31亿元，其中利润0.26亿元。2018年，工业企业332家，从业人员9981人，其中规模以上工业企业20家；工业总产值15.7亿元，实现利税0.57亿元，其中利润0.41亿元；规模以上工业企业实现主营业务收入13.6亿元，实现利税0.37亿元，其中利润0.32亿元。2020年，引进落地项目11个，招商引资到位资金14.99亿元，

## 财政税收

**财　政**　2016年，一般公共预算收入2.99亿元，其中工商税收1.47亿元，一般公共预算支出3.56亿元。2018年，一般公共预算收入9742万元，一般公共预算支出1.59亿元。2020年，一般公共预算收入2.11亿元，一般公共预算支出1.14亿元。

**税　收**　2016年，登记各类纳税人4690户，其中年纳税额在10万元以上的企业859户；各项税收收入2.38亿元，其中增值税5822万元。2018年，登记各类纳税人4168户，其中年纳税额在10万元以上的企业645户；税收收入0.97亿元，其中增值税6659.95万元。2020年，登记各类纳税人4947户，年纳税额在10万元以上的企业1021户；各项税收收入2.11亿元，其中增值税1.01亿元。重点税源为建筑安装、房地产、三产服务业。

## 社会事业

**教　育**　2016年，幼儿园19所，专任教师392人，在园幼儿4598人。2020年，幼儿园42所，专任教师707人，在园幼儿9826人。

**文　化**　2016年，综合文化站1个，村级文化活动中心26个；各类图书室27个，藏书6.75万余册，音乐、美术、书法、摄影及文学业余创

2021年9月12日，新城街道吾悦广场夜景　　　　（牟　山　摄）

**养老保险**　2016年，新城街道居民参加养老保险1.5万人。2020年，居民参加养老保险7.45万人。

**低保救助**　2016年，农村最低生活保障户数435户、837人，发放最低生活保障金30.57万元；医疗救助94人次，发放医疗救助金32.1万元；敬老院2家，床位177张，收养农村“五保”老人18人。2020年，农村最低生活保障户数172户、296人，发放最低生活保障金111.74万元；敬老院3家，床位266张，收养农村“五保”老人32人。

作人员360人；农家书屋26个，农村文化大院27个，文体广场42个，文艺宣传（表演）队39支。2020年，综合文化站1个，村级文化活动中心27个；各类图书室42个，藏书21.4万余册，音乐、美术、书法、摄影及文学业余创作人员800人；农家书屋27个，农村文化大院27个，文体广场232个，文艺宣传（表演）队130支。县级及以上文物保护单位6处，其中省级1处（群力放水洞）、泰安市级2处（玉都观、伊家沟玄武庙石钟楼）、县级3处（孙家庄村孙氏祠堂、孙家小庄村掳日劳工蒙难地旧址、凿井碑）。省级非物质文化遗产2项（肥城聂氏铜器铸造技艺、桃木雕刻）。

**卫　生**　2016年，医疗卫生机构49家、床位120张，其中街道卫生院1家、村卫生室（不含社区门诊）48家；卫生技术人员166名，其中执业医师32名、执业助理医师9名。2020年，医疗卫生机构142家、床位2251张，其中街道卫生院1家、村卫生室（社区门诊）141家；卫生技术人员182名，其中执业医师47名、执业助理医师15名。

## 社会保障

**医疗保险**　2016年，居民基本医疗保险参保人数3.19万人。2020年，居民基本医疗保险参保人数10.5万人。

## 名胜古迹

**群力放水洞**　山东省级文物保护单位。位于新城街道东尚里村北白云山下，原工程名为五级扬水站，为20世纪60年代初开山引水工程。该工程总投资40万元，设计灌溉面积333.33公顷，干渠全长1340米，其中穿山隧洞410米，总扬程59.8米。1960年1月，开工建设。8个公社、8000余人参与建设，用工90万个，同年5月，竣工放水。将康王河河水引至山南，结束了“尚里自古缺水，众人皆以为忧”的历史。群力放水洞口由雕刻着精美图案的块石砌成拱形，洞口两侧砌有高6米、宽8米的石墙，洞口正上方的石墙上镶嵌着著名石刻艺人杜春生刻制的山东省委原第一书记、著名书法家舒同题写的“群力放水洞”5个大字，洞旁2通石碑上刻有打油诗《群力赞》《英雄颂》。洞口正前方建有长约30米的渠道，两旁建有整齐的石阶。1969年，尚里村打出岩心井，五级扬水站停用。2015年，被山东省人民政府公布为第五批省级文物保护单位。2018年，新城街道争取省级文物保护专项资金100万元，对群力放水洞等

洞外建筑进行维修、加固，并对洞内进行清淤。2020年12月31日，被山东省文化和旅游厅公布为山东省第一批革命文物。

**玉都观** 俗称吕祖庙或吕祖坛，泰安市文物保护单位，为肥城市规模较大，建筑雄伟的道观之一。位于肥城市新城肥桃路与长山街交会处。前大殿五脊顶，单飞檐，环廊式，20根石立柱支撑檐面。石柱刻有多副真、草、隶、篆体楹联，各具风采，利落遒劲。大殿建在高1米、长14.3米、宽11米的莲花石砌成的台座上，周围饰花鸟虫兽浮雕；外墙雕画《西游记》神话故事图案，构图新颖，变化万千，刀法细腻，工艺精湛，独具特色。

**伊家沟玄武庙石钟楼** 泰安市文物保护单位。位于肥城市新城街道伊家沟村，建于明崇祯十二年（1639）仲夏，玄武庙坐北朝南，正堂3间，前廊式硬山单起脊，脊有二龙戏珠深浮雕，砖石结构，重梁起架，为取直街道庙被拆除，今仅存石钟楼。玄武庙右旁有石钟楼，面东，楼檐下横石梁，石块底座，4根方形立柱起架，8根石梁嵌入立柱上方，石檐厦出，歇山式楼顶，二龙尾盘旋于楼顶两端。

**孙家小庄村掳日劳工蒙难地旧址** 肥城市文物保护单位。位于新城街道孙家小庄村东山西侧，占地面积约1000平方米，建筑面积约400平方米，建有劳工纪念碑、抗战胜利70周年“铭记历史、勿忘国耻”碑等。1945年3月29日，日本侵略军强掳孙家小庄村民31人到日本服苦役。同年11月初，31名村民几经辗转返回故里。逢蒙难之日，劳工聚会，回首往事，悲愤不已，成立劳工社，以示纪念。

**孙家庄村孙氏祠堂** 肥城市文物保护单位。位于肥城市新城街道孙家庄村小区内。清代祠堂，坐北朝南，面阔3间，进深2间，面阔15米，进深9米，建筑面积135平方米，原建筑前有檐廊，硬山灰瓦顶，高浮雕正脊，有荷花、卷草等。据当地村民回忆，祠堂原有院落，有一定规模，石碑很多，均在20世纪70年代毁坏。据族谱记载，清兵部右侍郎孙光祀多次到祠堂祭祖，曾题写“孙氏祠堂”匾额，并撰写孙氏族谱碑志铭。2017年9月，对孙氏祠堂进行修缮，同年11月修缮完成。

**凿井碑** 肥城市文物保护单位。位于新城街道东尚里村北的白云山半山腰。清代碑刻，石碑原在东尚里村内，断为两截后，经修补今立于群力放水洞东南处，高1.3米、宽0.6米、厚0.16米，上刻“尚里自古缺水，众人皆以为忧”的楷体字，右侧刻凿井碑记：“大清咸丰九年春当事李恩高李曰厚等会集合庄公议捐钱输夫，凿井于庄西，供庄人食水，为此特誌以示于后”。今石碑左上角残，中间断裂处已粘合。

## 古今名人

**孙子源（1919—1984）** 原名孙培全，新城街道孙家小庄村人。1936年任小学教师。1938年初，参加山东西区人民抗敌自卫团，并加入中国共产党，任自卫团组织部干事。新中国成立后，历任黑龙江省人事局副局长、民政厅副厅长、省委组织部副部长、省人事厅厅长、嫩江地委第一书记兼嫩江军分区第一政委、黑龙江省革命委员会副主任等职。1976年起，历任黑龙江省人大常委会副主任兼合江地委书记、省顾问委员会常委等职。1984年3月去世。

**孙远玺（1940—2012）** 1940年5月出生，新城街道古店村人。1966年大学毕业后，分配到江苏省煤田勘探地质公司工作。1978年7月，任江苏省煤田勘探地质公司党委书记。2012年10月去世。

**李志武** 1925年3月出生，新城街道西尚里村人，中共党员，大学本科学历。1938年6月参加革命工作。1958年，军委后勤学院毕业后，分配到汽车团任团长。1982年，任总后勤部车船部副部长、党委书记。

**陈　兴** 1926年1月出生，新城街道刘庄居人。1939年4月参加革命。1944年1月加入中国共产党。1964年，被授予大校军衔。1966年，负责中国人民解放军第542工厂建厂，并任书记、厂长。1981年离休。

## 土特名产

**肥城聂氏铜器铸造技艺** 至今有170余年的历史，为省级非物质文化遗产项目。该工艺主要经塑模—灌蜡模—精修蜡模—蜡模上底—沾水泥浆—反复粘沙—反复晾晒—脱蜡—铜水浇铸—脱壳—打磨—精修抛光—去沙—焊接—清洗—再次抛光—烘烤上色17个步骤、60多道复杂严谨的工序最终形成工艺品。2006年，第六代传承人聂强创立铜器铸造研发公司，将铜工艺品从线下转移到线上，利用互联网发展铜工艺品营销。2015年，在原公司基础上成立泰安市龙藏深泉商贸有限公司，成为肥城市最大的电子商务企业，产品销往多个国家和地区。同时，开办龙藏大学，开展传承人群培训、文化研究等工作，建设龙藏铜器博物馆，形成线上销售、线下展会并存的发展模式。

**桃木雕刻** 以独有的佛桃木为原材料，木体清香、色泽金黄，呈八卦螺旋形花纹，并以传统平面浮雕为基本雕刻技法，包括浅浮雕、深浮雕、高浮雕、多层叠雕等手法，采用散点透视构图、线面结合、保留平面，以构图饱满、层次丰富见长。雕刻题材广泛，主要包括吉祥动物、神话传说、寄情花木、风流人物等。代表作品有桃木剑、桃木如意、桃印、桃符、桃木梳、桃木摆件及各种桃木小饰品，主要分为平安类、吉祥类、福寿类和实用类四大类。2009年，肥城鸿熹桃木文化用品有限公司创办人王来新被确定为山东省非物质文化遗产——肥城桃木雕刻民俗代表性传承人。

**大棚油桃** 产于新城街道王坊村，种植历史有500余年。1998年，中国科学院植物研究所在王坊村开始推广大棚油桃种植。王坊村油桃具有上市早、个大、色好、味甜、耐储藏、无污染、少虫害等优点，富含人体所需的多种矿物质。该村通过长期种植，发明“傻瓜修剪法”，即“一根棍”修剪，节约大量劳动力，增加大棚的利用效率，每公顷产量约4.5万千克，利润约60万元。2018年4月，王坊村大棚油桃获2018中国设施桃产业发展论坛暨“果庄杯”全国设施桃大赛优秀奖。同年8月，获德国BCS有机食品认证。2019年4月，在中国农业工程学会设施园艺委员会主办的第二届全国设施园艺技术交流会上，作了经验交流。“王坊”牌油桃注册商标被山东省自然资源厅评为“齐鲁放心果品”品牌。2020年，王坊村有冬暖式大棚、春暖式大棚、大拱棚153个，种植面积34.67公顷，主栽品种为鲁油2号、未来1号，为泰安市最大的设施油桃栽培基地，泰安市唯一的油桃专营市场。

## 典型选介

**中国淘宝镇——新城街道** 新城街道坚持“三抓三强三提升”（抓培育强基础，提升网店总数量；抓营销强服务，提升网上销售额；抓产业强支撑，提升网商集聚度）带动战略，打造建设淘宝镇。组织人员全面摸排村居电商从业人员、特色产业等信息，建立翔实数据库，根据淘宝村标准，结合当地实际，筛选确定东尚、西尚、沙沟等5个村为重点打造村居；把营销作为网店的生命线，坚持“老店做诊断、新店学技巧、线下到线上、微商转淘宝”，做大做强网上销售；重点打造西尚肥桃产业、东尚休闲产业、沙沟桃木工艺品产业，夯实淘宝村建设基础。2016—2020年，新城街道连续被阿里研究院认定为中国淘宝镇，并先后获山东省创业型街道、山东省“幸福进家”活动先进集体、山东省森林乡镇、山东省社会科学普及示范乡镇、山东省卫生乡镇、山东省级文明村镇等称号。

**国家地震安全示范社区——伊家沟社区** 2010年起，新城街道伊家沟社区把防震减灾和安全应急工作作为社区发展的前提和保障，按照“开拓创新，打牢基础，贴近实际，注重实效”

的原则，组织开展防震减灾学习宣传、防震减灾培训、应急疏散演练等活动，形成了防震减灾宣教工作日常化、制度化，社区居民防震减灾意识普遍增强，社区应急处置能力明显提高。先后被评为山东省地震安全示范社区、山东省城市社区建设示范社区、泰安市级防震减灾示范社区、泰安市文明社区、泰安市绿色社区、健康山东卫生示范社区等。2017年8月，被中国地震局认定为国家地震安全示范社区。

**全国科普示范社区——巧山社区** 2008年起，新城街道巧山社区以提高居民的科学文化素质为目的，以加强科普阵地设施建设、队伍建设为重点，以开展形式多样的科普活动为载体，组织开展科普示范社区工作，充分调动和发挥科普志愿者及社区居民的积极性，创造了科普工作良好的环境，先后被评为全国创建文明村镇工作先进单位、全国农家书屋示范站点、全国妇女基层组织建设示范社区、全国老龄工作先进单位、山东省文明社区、省级卫生社区等。2016年3月，新城街道巧山社区被中国科协、财政部表彰为全国科普示范社区。

## 街道党政主要负责人

**党工委书记** 贾同国（副县级，2011.11—2016.12）
李宝军（2016.12—2018.12）
崔绪昌（2018.12— ）

**办事处主任** 肖海霞（女，2014.2—2017.4）
孟宪栋（2017.4— ）

（郭　程）

# 老城街道

## 地理环境

**位置面积** 老城街道位于肥城市境东北部，北与长清区毗连，南与新城街道隔康王河相望，东与潮泉镇接壤，西与高新区为邻。东西长11.71千米，南北长11.77千米，总面积78.63平方千米。街道机关驻河东村，距肥城市人民政府7千米。泰肥铁路由街道境南部穿过，济微路南北贯穿全境，泰临路由境中部东西穿过。

**建置区划** 原名城关，为肥城县机关驻地。因县城南迁，为纪念老城旧址，故名老城。老城街道境内，秦朝属齐郡，西汉时期属鲁郡，历史上为济北郡治、东济北郡治、肥城县治、辛寨镇治等。清光绪十七年（1891），大部属榆城乡的坊廓社和沙沟社。1928年，分属肥城县第一、二区。1949年，为城关区和第一区。1950年，撤城关区合并为第一区。1956年，第一区改为城关区。1957年，撤区并乡，分属城关镇和潮泉乡。1958年，城关镇、潮泉乡合并成立城关人民公社。1980年，更名为老城人民公社。1984年1月，改称老城区。1985年，撤老城区建老城镇和潮泉乡。2010年，撤镇设立老城街道。2016年，辖老城居、东关居、西关居、南关居、北关居、尚质居、较场屯居、国屯村、月庄村、李屯村、张屯村、辛屯村、河东村、百尺村、东百尺村、毛小庄村、官路店村、罗窑村、小窑村、杨庄村、曹庄村、栾庄村、孙庄村、乔庄村、大石关村、大石铺村、双峪村、李庄村、河口村、陈庄村、红五村、张家花峪村、田家花峪村33个行政村（居）。至2020年，建置区划未变。

**自然状况** 境内北隅为山区，南部为康汇河平原，地势北高南低，百尺河、城东河、月庄河、曹庄河4条河流均发源于北部山谷，向南流入康王河。地理条件差异较大，分为低山、丘陵、平原三大地形地貌。境内大小山峰30余座，其中牛山海拔527米，为境内海拔最高点，最低点海拔60米。康汇平原地势平坦，土层深厚，质地良好，肥力较高，多为一至三级地。水资源受季节影响，极不稳定。康王河、月庄河、城东河从境北部绕济微路东西穿流而过。土壤为轻壤土、中壤土、壤质土。资源主要有煤炭、钾长石、重晶石。

**人口民族** 2016年，常住总户数3.06万户，常住总人口8.18万人，其中男性4.17万人、女性4.01万人。2020年，常住总户数3.05万户，常住总人口7.92万人，其中男性3.97万人、女性3.95万人。有汉族、回族、苗族、彝族、满族、佤族、水族、蒙古族、土家族、朝鲜族、哈尼族11个民族。

## 经济状况

**农　业** 以种植小麦、玉米、有机蔬菜、水果、苗木为主。2016年，耕地面积3万公顷，多为水浇地，农业总产值13.28亿元，其中农业产值9.17亿元、林业产值1124万元、牧业产值3.15亿元、渔业产值312万元，农林牧渔服务业产值8129万元、增加值7.85亿元；农业合作社100个，种植大户11户，土地流转面积374公顷。2018年，耕地面积3.04万公顷，农业总产值4.74亿元，其中农业产值2.83亿元、林业产值3069万元、牧业产值1.58亿元、渔业产值252万元，农林牧渔服务业总产值8561万元、增加值2.38亿元；农民专业合作社121个，家庭农场63个，土地流转面积1345公顷。2020年，耕地面积3.17万公顷，农业总产值3.9亿元，其中农业产值2.1亿元、林业产值2922万元、牧业产值1.07亿元、渔业产值105万元，农林牧渔服务业产值4273万元、增加值2.49亿元。农民专业合作社107个，农业企业16家，家庭农场40个，土地流转面积2462.27公顷。

**工　业** 2016年，工业企业89家，从业人员7806人，其中规模以上工业企业15家；工业总产值62.9亿元，实现利税6.84亿元，其中利润6.12亿元；规模以上工业企业实现主营业务收入40.71亿元，实现利税5.3亿元，其中利润4.72亿元。2018年，工业企业76家，从业人员1.5万人，其中规模以上工业企业20家；工业总产值68.4亿元，实现利税8.06亿元，其中利润5.78亿元；规模以上工业企业实现主营业务收入51.1亿元，实现利税7.7亿元，其中利润4.78亿元。2020年，引进落地项目26个，招商引资到位资金35.6亿元，上级拨款项目资金2亿元，进出口总额2.4亿元。工业企业118家，从业人员1.52万人，其中规模以上工业企业26家；工业总产值83.5亿元，实现利税10.3亿元，其中利润9.9亿元；规模以上工业企业实现主营业务收入60.8亿元，实现利税6.8亿元，其中利润6.78亿元。

## 财政税收

**财　政** 2016年，一般公共预算收入1.09亿元，其中工商税收8836万元，一般公共预算支出1.26亿元。2020年，一般公共预算收入3081万元，一般公共预算支出1086万元。

**税　收** 2016年，登记各类纳税人136户，其中年纳税额在10万元以上的企业22户；各项税收收入2850万元，其中增值税1163万元。2018年，登记各类纳税人100户，其中年纳税额在10万元以上的企业110户；各项税收收入3578万元，其中增值税2487万元。2020年，登记各类纳税人212户，其中年纳税额在10万元以上的企业93户；各项税收收入5830万元，其中增值税2380万元。重点税源为瑞福锂业、建筑安装、环保建材行业。

## 社会事业

**教　育**　2016年，幼儿园5所，专任教师127人，在园幼儿1665人；小学3所，专任教师218人，在校学生3136人；普通初中1所，专任教师154人，在校学生1229人；县级以上规范化中小学4所，其中省级规范化学校1所、市级规范化学校3所。2020年，幼儿园7所，专任教师91人，在园幼儿1133人；小学3所，专任教师165人，在校学生1002人；普通初中1所，专任教师112人，在校学生783人，九年一贯制学校1所，专任教师62人，在校学生102人。

**文　化**　2016年，综合文化站1个，村级文化活动中心33个，各类文化专业户12户；各类图书室38个，藏书26万余册，音乐、美术、书法、摄影及文学业余创作人员92人；农家书屋33个，农村文化大院33个，文体广场38个，文艺宣传（表演）队8支。2020年，综合文化站1个，村级文化活动中心33个，各类文化专业户12户；各类图书室38个，藏书38万余册，音乐、美术、书法、摄影及文学业余创作人员186人；农家书屋33个，农村文化大院33个，文体广场38个，文艺宣传（表演）队18支。有县级文物保护单位3处（北坛大汶口文化遗址、李氏家谱碑、乔庄烈士陵园）。县级及以上非物质文化遗产9项，其中泰安市级2项（肥子茶传统制茶技艺、罗窑土陶制作技艺）、县级7项（李邦珍与“胡氏”之墓、栾家林与老县城、卧虎城传说、百尺龙灯扎制、李氏装裱技艺、武家烧鸡制作技艺、鸿仁堂王氏膏方）。

**卫　生**　2016年，医疗卫生机构家29家、床位60张，其中街道卫生院1家、村卫生室（社区门诊）28家；卫生技术人员99名，其中执业医师36名、执业助理医师11名。2020年，卫生医疗机构31家、床位70张，其中街道卫生院1家、村卫生室（社区门诊）30家；卫生技术人员101名，其中执业医师35名、执业助理医师10名。

## 社会保障

**医疗保险**　2016年，居民基本医疗保险参保人数6.8万人。2020年，居民基本医疗保险参保人数7.6万人。

**养老保险**　2016年，居民参加养老保险6.5万人。2020年，居民参加养老保险6.7万人。

**低保救助**　2016年，城镇最低生活保障户数17户、32人，发放最低生活保障金10.7万元；农村最低生活保障户数816户、1451人，发放最低生活保障金313.3万元；医疗救助97人次，发放医疗救助金60.3万元；敬老院1家，床位88张，收养农村“五保”老人34人。2020年，城镇最低生活保障户数17户、33人，发放最低生活保障金11.8万元；农村最低生活保障户数712户、1224人，发放最低生活保障金401.3万元；敬老院1家，床位88张，收养农村“五保”老人35人。

老城街道君子文化园大门　　（老城街道史志办　2022年提供）

## 名胜古迹

**北坛大汶口文化遗址** 肥城市文物保护单位。位于老城街道北坛村（今北关居）旧址南，南北长约400米，东西宽约300米，占地面积约12万平方米，由一条南北大道将遗址分成东西两段。1974年，西段于整地运动时期被清理。20世纪90年代后期东段被整平，今仅存遗迹。遗址处原文化层堆积1～3米。1973年，在整地运动中，陆续出土大量的石器、陶器、骨器、玉器及青铜器、铁器等。陶器以夹砂红陶和泥质红陶为主，另有白陶、黑陶和灰陶，三足器、圈足器、平底器、袋足器较多，有夹砂红陶鼎、红陶罐、红陶壶及泥质红陶鼎、红陶鬶、红陶豆、双耳背壶等。石器多为磨制，有石铲、石斧、石凿、石镰、石刀、石纺轮等，通体光滑，形制规整。还有战国至西汉时期的灰陶鼎、杯、豆、青铜剑、铜镞、铜镜、铜戈、铁剑等各种器物300余件。

**李氏家谱碑** 肥城市文物保护单位。位于老城镇曹庄村南。碑整体用石块砌成，分为4层。第一层为一长方形石座，四周饰有云纹。第二层是碑身，宽1.52米、高1.31米。碑阳刻有始祖名讳及李氏家谱谱序，落款为“大清光绪三十二年花月上浣榖旦”。碑身两边有边条石，上刻楹联，上联“螽斯振振祖功宗德”，下联“瓜瓞绵绵子孝孙贤”。第三层是上边条石，上书“李氏家谱”。碑阴刻有李氏家谱分支图，边条石上刻对联，上联“世序昭穆逮儿孙”，下联“本抱春秋追鼻祖”，上边条石书“木本水源”。第四层为碑帽，悬山顶，正脊有浮雕花纹，两端为鸱吻，正中立一麒麟驮葫芦石雕。因李氏家谱碑位于曹庄煤矿煤层塌陷区，碑身严重倾斜。2008年开始申请迁移保护。2009年7月，迁移保护完成。

**文　庙** 位于肥城市老城街道驻地北2千米处。清嘉庆二十年（1815）《肥城县志》卷九《学校志》载：“文庙在县治东，大成殿五楹，东西庑各十一楹，门左名宦祠三楹。中为泮池，池上有桥，池东斋宿所三楹，池南为棂星门三楹。前为东西外门，门外有下马牌二，南有屏壁一座。崇圣祠三楹，在大成殿后东为礼器库，西为乐器库今圮。奎文阁在大成殿东，明伦堂在奎文阁北，教谕署在大成殿东北，训导署在大成殿西北。忠义孝弟祠、节孝祠在文庙东南。肇建于元至元十二年，监肥城县尹赵珪，二十八年知县张绳继修。”肥城文庙大成殿面阔5间，通面阔20米，进深3间，通深12.4米，通高12.2米，内有明柱8根。歇山黄色琉璃瓦顶，四角单飞檐，斗拱为三下昂六铺座。建筑规模宏大，气势威严，是肥城老县城境内规格最高的建筑。据史料记载，明洪武四年（1371）至清光绪八年（1882），对文庙重修13次。1995年，由于老城镇（今老城街道）挖煤塌陷，文庙大成殿被保护性拆除，原建筑部分构件和石刻运至肥城市博物馆保护。后壁李邦珍书写的“魁”字移至新城街道玉都观院内。

**乔庄烈士陵园** 肥城市文物保护单位。位于老城镇乔庄村西200米，坐西朝东，建于20世纪60年代。纪念碑通高6米，碑身为圭形，高4米，上窄下宽，正面行书“革命烈士永垂不朽”。下为须弥形底座，高1.72米。碑后为烈士墓14座，每座墓前均有砖垒的墓碑，上书其生平事迹。墓地分三层，第一层有墓3座，自南向北依次为：乔明谦墓、乔学芳墓、乔明成墓；第二层有墓5座，自南向北依次为：李怀英墓、曹夫兰墓、乔明增墓、乔圣其墓、乔盛汉墓；第三层有墓6座，自南向北依次为：胡炳荣墓、乔荣圣墓、王秀英墓、付兰英墓、乔洪兰墓、乔洪明墓。

## 古今名人

**有　子（前508—？）** 名有若，字子若。为孔子之弟子，曾提出“礼之用，和为贵”等学说。因状如孔子，弟子相与并立为师，师子如夫

子时也。唐赠卞伯，宋追封平阴侯。原县城曾建有有子祠。

**尹　庭（1513—？）**　字子绍，号金峰，肥城县城东尹庄（今肥城市老城街道）人。明嘉靖二十九年（1550）中进士。初任郏县知县，体恤民情，廉洁奉公，政绩卓著。后升任湖广道监察御史。奏刻严嵩父子七疏，廷仗回籍。与李邦珍捐资兴建“四牌楼”。嘉靖三十三年（1554），撰写《重修贺家寺、福建寺碑文》，嘉靖三十七年（1558），撰写《重修肥城北门迎恩桥记》。

**乔明增（1913—1940）**　老城街道乔庄村人。1928年，加入冯玉祥部国民革命军第二方面军第五路军。1931年12月，参加红军，参加宁都起义、第四次和第五次反围剿，湘江战役后任收容师师长。1936年，返回山东寻找党组织。1938年，任八路军大峰山独立营指导员。1940年夏，在吴桥战斗中壮烈牺牲，年仅27岁，为肥城市已知的唯一红军战士。

**刘　钊（1919—1970）**　原名刘振武，字右斌，肥城县城（今肥城市老城街道）人。七七事变后，考入南京中央大学的刘钊毅然回乡参加革命。1938年加入中国共产党，历任中共肥城县委宣传部副部长、部长等。1945年，任中共泰安县委书记。1949年2月，随军南下贵州，任中共平坝县委书记。1952年起，历任贵州省委宣传部部长、省委秘书长。1955年，下放劳动。1970年因病去世。1984年，贵州省委为其平反，《贵州日报》发表《一个党性坚强的共产党员》的文章，褒扬刘钊的一生。

**王曼硕（1905—1985）**　原名王文溥，号万石，肥城县城（今肥城市老城街道）人。1923年考入北平美术专科图案系。1927年东渡日本，考入东京美术学校油画系。回国后，受聘于京华美术学院和国立艺术专科学校，历任讲师、副教授、教授，并拜齐白石为师，学习书画、篆刻。1937年起，历任东北鲁迅艺术学院教授、副院长、党组书记，中央美术学院副院长、党委书记兼任民族美术研究所所长，中国艺术研究院顾问等。出版作品有《简明艺用人体解剖图》《王曼硕印存》《王曼硕作品选》。1985年1月，因病在北京逝世。

**赵惠卿（1914—1987）**　老城街道尚质村（今尚质居）人。1936年，参加抗日救亡运动并组织抗日游击队。1938年7月，加入中国共产党，历任山东西区人民抗敌自卫团第十一大队党支部书记、中共肥城县委组织部部长、冀鲁豫抗联秘书长。1949年，历任平原省财政厅副厅长、税务局局长。1952年起，历任中央第二机械工业部行政司司长，第一、二、三、五机械工业部办公厅主任等职。1987年3月在北京去世。

**张维之（1907—1988）**　原名张振刚，老城街道胡家楼村（今孙庄村）人。1931年考入青岛大学，因参与抗日救亡运动被校方开除。1932年考入上海大厦大学，同年加入中国共产党。1937年，开办抗日救国训练班，有进步青年知识分子300人。1938年1月，参与组织山东西区人民抗敌自卫团。1939年5月，任肥城县九区联合办事处主任兼抗日独立营营长。1941年，任冀鲁豫黄河北指挥部政委。1950年起，在林业部、农垦部、农业部从事天然橡胶生产的领导工作。1988年12月在北京去世。

**赵　阳（1918—1994）**　老城街道赵家河洼（今杨庄村）人。1938年参加山东西区人民抗敌自卫团，同年加入中国共产党。历任八路军山东纵队组织干事、连指导员、锄奸股股长、武工队政委兼队长、团政治处主任、团政委、师政治部主任。参加刘（伯承）邓（小平）大军挺进大别山战略行动，率团在淮河岸边掩护刘邓首长和野战军指挥部转出大别山。在渡江战役中，任136团团长，率先锋团强渡长江，歼灭南岸守敌。1964年起，历任军事工程学院政治部副主任、国防科委某基地政治委员、军事医学科学院政治委员等职。1988年，被授予独立功勋荣誉章。1994年1月在北京去世。

**张国骏** 1929年出生，山东省肥城县（今肥城市）老城镇（今老城镇街道）人。1941年7月，在冀鲁豫行署工商管理总局参加工作。1945年5月，加入中国共产党。1971—1987年，历任贵州省委办公厅政策研究室工交组组长，省委农村工作部副部长兼省政府农林委员会副主任。1987年，任中共泰安市政协党组成员。1988年，任政协第七届泰安市委员会副主席。1993年离休。

**彭　华** 1954年2月生，老城街道老城村（今老城居）人。1984年3月，加入中国共产党。1971年2月至1973年8月，任肥城县城关学校民办教师。1990年3月至1992年12月，任肥城县新城镇党委书记、肥城市新城办事处党委书记。2003年1月，任泰安市政府市长助理、党组成员。2003年2月至2011年1月，任泰安市政府副市长、党组成员。2011年1月至2012年2月，任泰安市政协副主席、党组副书记。2012年2月至2014年3月，任泰安市政协特邀咨询。

**于吉红** 女，1967年1月出生于辽宁省鞍山市，籍贯老城街道双峪村人，无机化学家，中国科学院院士、发展中国家科学院院士，瑞典皇家科学院外籍院士，欧洲科学院外籍院士，吉林大学无机合成与制备化学国家重点实验室教授、博士生导师，吉林大学未来科学国际合作联合实验室主任。2019年9月，被人力资源社会保障部、教育部授予全国模范教师称号。2023年4月，任第九届国家自然科学基金委员会党组成员、副主任。第二十届中央候补委员。

## 土特名产

**尚质鲍肉鸡** 明万历四年（1576），李邦珍致仕故里，将原读书处改为同川书院，聚集亲戚及子孙授业讲学。有一天，李邦珍去肥城县西门尚质村桃林处，到桃林处后，感到疲惫饥饿，看到桃林下面，公鸡嘴尖锐利，眼睛又黑又亮像珍珠一样，鸡冠像火一样红，羽毛像展开的锦绣，体态匀称。正在叨取桃林下面的蚕豆为食。然后，他走入桃林旁边的旅舍，让店主烹食公鸡，他吃了以后，感到鲜嫩、爽口，有弹性，像吃鲍鱼的感觉。边吃边称赞这是鲍肉鸡。后人传颂为当地食之美品，至今有400余年。

**泰山君子茶** 山东老字号产品，肥子茶传统制茶技艺被列入泰安市第七批非物质文化遗产代表性项目名录。在制茶方面，沿用传统技艺，经过12道工序，用时16～22个小时，环环相扣，研制出的泰山君子茶茶汤清澈剔透，叶底碧绿娇嫩，饮之回味纯美，沁人心脾，留香悠长。2017年，泰山君子茶产品获第三十一届泰山国际登山节指定用茶。2021年10月，在2021中国泰山茶博

2021年8月10日，老城街道东兴茶园采茶现场　　（张绪凤　摄）

览会暨第六届泰山茶手工炒茶技能大赛中，“泰山君子”牌红茶被评为2021年中国泰山茶博览会金奖产品，并获泰山茶手工炒茶技能大赛铜奖。同年，被农业部评为全国名优特新农产品。

**老城武家烧鸡** 肥城市传统名吃，色、香、味、形俱佳。新中国成立初期，由创始人武玉法创立，声名渐起，赢得“岱下名吃”的美称。武家烧鸡历经传承，经过数代人精心研制，加工工艺不断创新，在祖传秘方20多种地道中药调味基础上，添加十几种强身保健的药材加以充实，色泽金黄，香味浓郁、咸淡适口、肉烂脱骨。武家烧鸡全部选用农户散养鸡，选料考究，加工精细，以其精湛的传统工艺、科学的现代配方、独特的口感风味著称。

**小窑瓜蒌** 老城街道特产，有100余年种植历史。主要种植区域在老城街道境内。老城街道地处丘陵与平原交界处，康王河平原土壤肥沃，水资源充沛，独特的地理环境为小窑瓜蒌提供了良好的生长环境。小窑瓜蒌果实表面橙黄色，皱缩或较光滑，顶端有圆形的花柱残基，具残存果梗，含皂苷、有机酸、树脂、脂肪油、糖类、色素等，以个头整齐、皮厚柔初、皱缩、色杏黄或红黄、糖性足、不破者为佳品，倍受药材商青睐。

## 典型选介

**肥城市老城革命纪念馆** 肥城市老城革命纪念馆暨主题党日活动中心位于肥城老城街道北坦村（今北关居）。2018年6月，该工程开始规划、设计、施工，9月底竣工，同年10月3日揭牌开馆。占地面积2.72万平方米，建筑面积1800平方米，由老城革命纪念馆、抗日志士罹难遗址碑及抗战胜利纪念广场、主题党日活动中心暨党员誓词广场、老城历史展室、国防教育广场5部分组成。该展馆占地面积500余平方米，分为古城沿革、革命萌芽、抗日烽火、解放风云、英名永存、建设探索、百年辉煌、古城新貌等6大展区，依次展示了民主革命、抗日战争、解放战争和和平建设时期肥城老城的辉煌革命史，并集中展出曾在老城工作战斗过的泰西地区和肥城县各个时期的领导人、革命烈士、著名民主人士，以及不同时期的革命英雄人物等革命志士的主要事迹、历史照片、图片幅、实物、书籍、烈士遗物等612件（套）。至2020年12月，接待各级部门单位（团体）1168个、18.6万人，培训党员干部12期、6850人，先后被列入山东省关心下一代教育基地，山东省农业大学大学生思想政治教育实践基地，山东省第一医科大学思政课实践教学基地，山东省第一医科大学医药管理学院社会实践基地，山东省劳动职业技术学院思政课实践教学基地，泰安市关心下一代教育基地，泰安市直机关党员干部党性教育点，泰安市党史教育基地，泰山金秋离退休干部主题党日活动共享基地，泰安市委组织部党员教育教学基地等。

**山东省“干事创业好班子”——老城街道党工委** 老城街道党工委树立区域化党建理念，全域建立农村区域化党群服务中心5个，构建起乡村治理新模式。2018年起，建设肥城市老城革命纪念馆红色教育基地，成立联合党委；整合资源，集中力量“双招双引”（指招商引资、招才引智），成方连片“消薄攻坚”，引进重点项目5个，引入种植大户30家，返乡大学生6人，全面消除了集体收入10万元以下村。引资落地中节能生物质发电、垃圾发电、泰安固废处理中心等项目15个，形成千亿级循环产业集群。推进“贴心代办、一次办好”服务，实施招商落地一贯制负责，共创优质营商环境。修建高标准道路100余千米，高质量完成老旧小区“三有六化”（小区治理有业委会、有物业服务企业、有维修基金；城市管理绿化、亮化、硬化、净化、美化、秩序化）改造11处。上级拨款项目资金3700万元，实施省级生态清洁小流域水土保持综合治理工程、拾屯河流域生态保护修复工程，建成美丽乡村示范村13个，其中省级2个、泰安市级6个。先后投入资金600多万元，对农村生活污水进行治理7个村；筹措资金8600多万元，改善办学条件；投入900多万元高标准完成初级中学、中心小学、百尺小学塑胶操场改造提升工程及电子围栏工程；成立乡村振兴片区指挥部4个，编制北部山区发展规划，打造“东部特色种植产业园区、中部种养游田园综合体和西部一、二、三产融合区”三大乡村振兴片区和城郊美丽乡村组团，并设立“扶贫励志基金”，建好扶贫“爱心超市”。2018年7月，老城街道党工委被山东省委组织部评为山东省“干事创业好班子”称号。

**省级文明村镇——东关居委会**　老城街道东关居属压煤搬迁社区。2018年，有636户、1701人，耕地面积8公顷，党支部成员5人，党支部下设党小组3个，党员61名。党支部严格落实“三会一课”（支部党员大会、支部委员会、党小组会，党课）制度，实施社区党建区域化、管理网格化、服务常态化，全面落实“四议两公开”（党支部提议、“两委”商议、党员大会审议、居民代表大会决议，决议公开、实施结果公开）制度，同时以东关居爱心慈善•生育关怀基金会、红白理事会和便民服务队为载体，推进五个文明建设，制定符合居情、民情的双向约定和评选文明户、“五好家庭”标准，引导广大居民争做“四有”新人。实施文明建设“细胞工程”，投资300万元，硬化街巷、生产道路，栽植常绿植物、安装路灯、粉刷墙面，提升居容居貌和居住环境，提升居民整体素质。2019年12月，老城街道东关居被山东省精神文明建设委员会评为省级文明社区。

**省级精神文明村（居）示范点——栾庄村**　老城街道栾庄村是压煤搬迁村，村“两委”始终坚持两个文明（社会主义精神文明和物质文明）一起抓，将文明村创建工作同农村基层组织建设、农业产业结构调整、壮大集体经济实力、增加农民收入、维护社会治安、创造优美生活环境相结合，开展移风易俗宣传活动，并通过评选道德模范、身边好人、好媳妇好婆婆、四德（德行、礼仪、诚信、勤奋）模范人物等，培育文明村风和民风。加强公共服务设施建设，打造办公服务场所1处、公共活动场所5处，为村民提供健身及娱乐场地；建设卫生健康设施1处，为村民提供基础卫生医疗服务。重点打造“党建+美丽乡村建设”，以党建为引领、以新时代文明实践站为载体，发挥党员、青年志愿者优势，抓好村居环境和文化生活建设，开展“美丽乡村、美丽庭院”创建工作，创建“美丽庭院”100户，并加强文化队伍培育，丰富群众业余文化生活。2018年12月，栾庄村被山东省精神文明建设委员会评为省级精神文明村（居）示范点。

**山东省科普示范村——杨庄村**　老城街道杨庄村在坚持高标准推进美丽乡村提档升级的同时，高标准规划建设党群文体活动广场、三味书屋、青少年复兴宫、科普文化普及园，打造党群服务中心。设立科普专项保障资金，制定相应社科普及制度，建有专职人员及志愿服务队伍，定期向村民宣传和培训社会科学，社区内建有科普专栏18个，并聘请专业人员到村现场授课，传授社会科学普及方面的知识和经验，村民受益匪浅，提高了群众满意度。2015年起，杨庄村先后被评为山东省卫生示范村、泰安市生态文明建设示范村、肥城市文明村、肥城市健康村、肥城市桃都美丽乡村精品村。2022年12月，老城街道杨庄村被山东省社会科学界联合会评为山东省社会科学普及示范村。

## 街道党政主要负责人

**党工委书记**　付　玲（女，2010.4—2016.12）
孙　栋（2016.12—　）

**办事处主任**　韩　鹏（2011.11—2016.12）
冉祥银（2016.12—　）

（袁明金）

# 潮泉镇

## 地理环境

**位置面积** 潮泉镇位于肥城市东北隅，北与长清区接壤、东与岱岳区相邻、西与老城街道毗连，南邻新城街道、仪阳街道。南北长10.08千米，东西长8.45千米，总面积52.88平方千米。镇机关驻潮泉村，距肥城市人民政府10千米。省道济微公路、泰临公路和津浦铁路支线、泰湖路横穿全境。

**建置区划** 明万历年间，吴、王、赵氏自山西洪洞县迁此建村，因地势低洼潮湿，故名潮泉村。潮泉镇境内，清末民初分属榆城乡、沙沟社、潮泉集。1928年，改属肥城县二区所辖的穆陵镇、平等乡、建国乡。1942年，穆陵镇划归肥城县一区。1949年平等乡、建国乡归属肥城县一区；四合庄仍归肥城县二区。1951年，东北部的上营、小王庄、戴家河、杨庄、侯家庄划归长清县。1957年1月，撤区建乡镇，建立潮泉乡、大王乡（今潮泉镇范围），归肥城县所辖。1958年4月，将大王乡、潮泉乡、百尺乡合并为潮泉乡，归肥城县所辖。1958年9月，与城关镇合并成立城关人民公社。1980年1月，改称老城人民公社，1984年改称老城区，下设大王乡、潮泉乡归老城区所辖。1985年11月，将大王乡、潮泉乡和百尺乡的百福图村合并为潮泉乡，下辖11个行政村、41个自然村。1993年9月，撤潮泉乡，改设潮泉镇。2016年，辖潮泉、下寨、百福图、柳沟、大张庄、上寨、黑山、大王、孙楼、孤山、白窑11个行政村。至2020年，建置区划未变。

**自然状况** 境内为山区丘陵地貌，系泰山山脉之延伸，地势东高西低。土壤为粗砂土、轻壤土、壤土。有大小山头55个，海拔最高点翦云山607.7米，最低点玉皇山东洼，海拔110米。潮泉河、孤山河、郭家河流经境内，有小（①）型水库2座、小（②）型水库5座。石灰石储量35万立方米，滑石储量2亿立方米，花岗石储量1.2亿立方米，页岩储量12亿立方米，钾长石储量约8000万立方米。

**人口民族** 2016年，常住总户数0.6万户，常住总人口1.9万人，其中男性0.96万人、女性0.94万人。2018年，常住总户数0.6万户，常住总

2021 年 4 月 28 日，潮泉镇柳沟社区一角　　（潮泉镇宣传室　提供）

人口1.9万人，其中男性0.99万人、女性0.91万人。2020年，常住总户数0.6万户，常住总人口1.9万人，其中男性0.97万人、女性0.93万人。有汉族、回族、苗族、蒙古族、傣族、维吾尔族等12个民族。

## 经济状况

**农　业**　以种植大樱桃、核桃、苹果、板栗、小麦、玉米、蔬菜、苗木为主。2016年，全镇耕地面积2452.13公顷，农业总产值2.95亿元，其中农业产值0.9亿元、林果业产值0.15亿元、牧业产值1.5亿元、渔业产值0.1亿元，农林牧渔服务业产值0.3亿元、增加值1.6亿元。农民合作社68个，种植大户14户，土地流转面积390.28公顷。2018年，全镇耕地面积2452.13公顷，农业总产值3.8亿元，其中农业产值1.4亿元、林业产值0.2亿元、牧业产值1.7亿元、渔业产值0.1亿元，农林牧渔服务业总产值0.4亿元、增加值2.1亿元；农民专业合作社73个，家庭农场2个，土地流转面积403.98公顷。2020年，全镇耕地面积2452.13公顷，农业总产值3.9亿元，其中农业产值1.4亿元、林业产值0.3亿元、牧业产值1.7亿元，农林牧渔服务业产值0.5亿元、增加值2亿元。农民专业合作社80个，农业企业11家，家庭农场4个，土地流转面积542.54公顷。

**工　业**　2016年，工业企业89家，从业人员1152人，其中规模以上工业企业14家；工业总产值8.2亿元，实现利税1.2亿元，其中利润0.8亿元；规模以上工业企业实现主营业务收入5.3亿元，实现利税0.82亿元，其中利润0.5亿元。2018年，工业企业93家，从业人员1260人，其中规模以上工业企业9家；工业总产值8.4亿元，实现利税1.4亿元，其中利润0.82亿元；规模以上工业企业实现主营业务收入4.5亿元，实现利税0.66亿元，其中利润0.42亿元。2020年，引进落地项目12个，招商引资到位资金15.6亿元，上级拨款项目资金0.78亿元，进出口总额0.82亿元。工业企业94家，从业人员1892人，其中规模以上工业企业8家；工业总产值10.4亿元，实现利税2.02亿元，其中利润1.46亿元；规模以上工业企业实现主营业务收入4.6亿元，实现利税1.3亿元，其中利润0.68亿元。

## 财政税收

**财　政**　2016年，一般公共预算收入3666万元，其中工商税收1421万元，一般公共预算支出3857万元。2018年，一般公共预算收入468万元，一般公共预算支出1209万元。2020年，一般公共预算收入1164万元，一般公共预算支出1770万元。

**税　收**　2016年，登记各类纳税人40户，其中年纳税额在10万元以上的企业19户；各项税收收入2616万元。2018年，登记各类纳税人45户，其中年纳税额在10万元以上的企业15户；税收收入934万元，其中增值税401万元。2020年，登记各类纳税人51户，其中年纳税额在10万元以上的企业25户；各项税收收入1936万元，其中增值税1305万元。

## 社会事业

**教　育**　2016年，幼儿园1所，专任教师30人，在园幼儿437人；小学1所，专任教师61人，在校学生748人；普通初中1所，专任教师47人，在校学生544人；县级以上规范化学校3所，其中省级规范化学校3所。2020年，幼儿园1所，专任教师17人，在园幼儿257人；小学1所，专任教师58人，在校学生549人；普通初中1所，专任教师44人，在校学生358人。

**文　化**　2016年，镇综合文化站1个，村级文化活动中心11个，各类文化专业户10户；各类图书室12个，藏书4万余册，音乐、美术、书法、摄影及文学业余创作人员30余人；农家书屋11个，

农村文化大院11个，文体广场43个，文艺宣传（表演）队12支。2020年，镇综合文化站1个，村级文化活动中心11个，各类文化专业户12户；各类图书室11个，藏书4万余册，音乐、美术、书法、摄影及文学业余创作人员40人；农家书屋11个，农村文化大院11个，文体广场45个，文艺宣传（表演）队16支。县级及以上文物保护单位4处，其中国家级1处（齐长城遗址）、省级1处（小王庄遗址）、泰安市级2处（塔山玉皇庙、孙楼八卦楼）。县级及以上非物质文化遗产6项，其中县级6项（夏氏石刻、白窑土陶烧制、范氏治疗咽炎、四大件宴席习俗、翦云山的传说、柳沟茶栽培与制作技艺）。

**卫　生**　2016年，医疗卫生机构11家、床位20张，其中镇卫生院1家、村卫生室（社区门诊）10家；卫生技术人员37名，其中执业医师8名、执业助理医师6名。2020年，医疗卫生机构11家、床位20张，其中镇卫生院1家、村卫生室（社区门诊）10家；卫生技术人员40名，其中执业医师8名、执业助理医师4名。

## 社会保障

**医疗保险**　2016年，居民基本医疗保险参保人数1.63万人。2020年，居民基本医疗保险参保人数1.54万人。

**养老保险**　2016年，居民参加养老保险1.04万人。2020年，居民参加养老保险1.16万人。

**低保救助**　2016年，城镇最低生活保障户数8户、17人，发放最低生活保障金6.8万元；农村最低生活保障户数384户、614人，发放最低生活保障金154.05万元；敬老院1家，床位23张，收养农村“五保”老人19人。2020年，城镇最低生活保障户数10户、12人，发放最低生活保障金6.62万元；农村最低生活保障户数205户、327人，发放最低生活保障金113.86万元；敬老院1家，床位40张，收养农村“五保”老人26人。

## 名胜古迹

**齐长城遗址**　国家重点文物保护单位。齐长城在战国时期为齐、鲁两国分界线，始建于春秋初期，是齐国争霸天下的军事设施，也是最古老的长城之一，距今约2500年，具有重要的军事价值、珍贵的历史文化价值和旅游观赏价值。齐长城西起长清广里店村，途径肥城、泰安等，东至黄岛区入海，延绵千余里。潮泉镇境内遗址途经22个山头，最完整处在柳沟段小窗户岭东北约100米。境内全长8千米，斜峪北岭一段约1.5千米，遗迹依稀可辨。斜峪至槐树口约3千米，槐树口至翦云山约2.5千米，遗迹明显。窗户岭一段约1千米，自此进入岱岳区境内。1996年，山东华夏文化促进会、泰山文化研究促进会齐长城考察团对潮泉镇境内齐长城遗址进行考察，认为齐长城经肥城市一段曲折盘旋，遗迹清楚，尤其潮泉镇东北山岭，山势雄伟险峻，植被茂盛，是肥城市可开发利用的重要历史文化与自然资源。

**小王庄遗址**　省级文物保护单位。位于潮泉镇孙楼村小王庄（今孙楼村）南的一块土台上，距今约2600年。遗址范围西起寨山岭、东到孙楼村、南至大王水库、北到小王庄北500米，为西周时期的土陶器制造厂。有一个大面积的墓葬群，其中有西周晚期陈侯之女妫鲁的墓葬。陈国是舜的后裔建立的妫姓国。1965年冬，出土西周晚期青铜器13件，经中国科学院考古研究所确认，“这是一座较大的贵族墓葬，是国家宝贵的文化遗产，为研究西周文化提供了宝贵的材料”，并指出传世陈国铜器不少，但确知出土地点的成组陈器是第一次发现，有相当重要的历史价值。

**孙楼八卦楼**　泰安市级文物保护单位，位于潮泉镇孙楼村。据嘉庆二十年（1815）《肥城县志》记载：县城东北7.5千米，有南极阁，俗名寿星庵，由明道士李教材建，距今400余年，明万历进士李邦珍碑记。1936年，寿星庵最后一次修复彩画。1958年起，庙宇几经毁坏，今仅存八卦楼即寿星庵的主要建筑，其他玉皇庙、三佛殿、钟楼等被毁。八卦楼，八角形，攒角顶，重檐，建在1米高的台基上，内径3.1米，墙厚1米，高7米。上为琉璃瓦，门卷石上有浮雕二龙戏珠，8条小垂脊均塑小龙头，砖石结构。东、北、西、南檐下分别有“龙汉”“开皇”“延康”“赤明”字样；正南面有“三宝云城”4个大字。8个面的下檐依次为乾☰坤☷震☳艮☶离☲坎☵兑☱巽☴（乾三连、坤六断、震仰盂、艮覆碗、离中虚、坎中满、兑上缺、巽下断）。

**塔山玉皇庙** 又名小塔山，泰安市级文物保护单位。位于潮泉镇百福图村玉皇山上。清光绪十七年（1891）《肥城县志》载：“塔山，上有玉皇庙，中有石塔名白浮图。建自唐时，祷雨辄应。”玉皇庙占地面积3000平方米，分东西跨院，东院由玉皇庙、真武殿、石塔和山门组成，西院为关帝庙、东西耳房。宋熙宁八年（1075）侯斌修白浮图，石塔隶书碑记。石塔立于玉皇庙与真武殿之间，“文化大革命”期间被毁。玉皇庙今存真武殿、关帝庙、后寝宫。2021年底，肥城市文物局利用上级专项资金40万元，重新进行修缮。

**玄帝庙** 原称老庙，位于潮泉镇大张庄北。建于清康熙年间，坐北朝南，占地面积0.6公顷，山门居中，周有围墙，门前立有建庙石碑。为双层楼式，下层为砖砌拱作顶，上层重梁起架，硬山单脊，琉璃瓦，脊上有浮雕吻兽。殿内塑玄帝神像，四壁诗画。下殿塑真武帝神像。殿门上刻“玄天上帝”，右联“手擎宝剑威镇四方”，左联“脚踏风云擒降妖魔”。20世纪70年代初被拆除，今存古柏60余株。

## 古今名人

**石应龙（1478—1549）** 原籍山西洪洞县，明洪武年间迁至白浮土村（今百福图村）定居。明弘治二十年（1503）中举人，即任山西平阳府洪洞县知县，后任四川成都府象州知州。明嘉靖十三年（1534），任南直隶淮庆府知府。莅任二载，上书告老还乡（今潮泉镇百福图村）。明嘉靖二十七年（1549）去世。

**石巍然（1628—1721）** 潮泉镇百福图村人，字蒿公，出身耕读人家，乐施济于人。清嘉庆年间，收留因灾荒落难的有子（皇上幼年读书时的老师）妻儿。后朝廷下皇榜，寻封有子后人。石巍然历时三载，耗尽家产，帮助有氏母子与冒充者打赢了官司。皇上追封有子之子有守业为圣人，有子后裔世袭翰林院五经博士，重修有府、有庙、有家牌坊（今肥城老县城旧址）；石巍然恩授九品职衔，赠登侍郎。人送雅号“石不然”，卒年93岁。

**张锡命（1835—1916）** 字晋三，潮泉镇兰石涧村（今大王村）人，20岁科中秀才。其先祖张曰岩于明朝嘉靖十三年（1534）考中进士，其子张淑中18岁考中秀才。被人们誉为张氏“三才”，称兰石涧为“文化村”。后张锡命家设私塾，命名“前学”，授业弟子颇多。谢世后，弟子孙赓虞为其撰写碑文，并岁岁祭扫茔墓。

**孙鸿业（1874—1928）** 字渐庆，潮泉镇孙楼村人。自幼聪慧，苦读经书。后习学中医，精研《黄帝内经》《伤寒杂病论》等中医药学著作，有比较深厚的医学理论和临床治疗经验。对中医内科诸症，几乎达到“手到病除”的程度。对急性霍乱症，一般是一剂缓解，二剂痊愈。其医德高尚，无论贫富贵贱，一视同仁，无钱也给药，人称“好医生”“大善人”。1928年4月去世。

**孙赓虞（1845—1931）** 字陶卿，号吟轩，又号研农，晚年自号燕谷老人，潮泉镇孙楼村人。清光绪十六年（1890）纂修《孙氏家谱》。曾在济南、青岛等地开馆授徒。民国初年，肥城县政府曾邀孙赓虞到县供职，被其谢绝，居家著书，直至去世，享年86岁。

**王庚午（1842—1933）** 潮泉镇潮泉村人，自幼习练武艺。40岁科中武举。清光绪十一

年（1885），在济南府张老尧部下任参将。任职期间带领军队维护社会治安，功绩卓著，军队所到之处秋毫无犯，并帮助农民抢收庄稼。后告老还乡，卒年91岁。

**范长良（1874—1962）** 清穆宗同治十三年（1874）九月出生，潮泉镇范庄村（今百福图村）人，对咽喉炎治疗有独到之处。其大胆创新，博采众长，研制出治疗“咽炎症”的最佳药方——纯中药制剂的“咽喉散”和“穴位针法”，为久治不愈的“咽炎症”患者解除病痛。他研制的“辰砂散”“牛黄丸”等验方，在清《医方集解》中均有所载。新中国成立后，他把几十年心血研制的“咽症丸”等配方献给国家。1962年去世。

**王拯民（1917—1985）** 原名王本祥，1917年3月出生，潮泉镇大王村人。1937年，参加济南学生抗日救亡运动。1938年加入中国共产党，参加山东西区人民抗敌自卫团独立中队。新中国成立后，历任浙江省分水县县长、县委书记，金华市市长，浙江省煤炭工业厅厅长，浙江省计划委员会党委书记。1985年去世。

**张熙农（1924—1993）** 原名张鹅丁，1924年8月出生，潮泉镇小王庄（今孙楼村）人。1944年6月，加入中国共产党。1948年，在肥城县一区、二区参加抗日活动。1952年2月起，历任华东工业部轻工业处食品科代科长，上海益民食品厂副厂长、党委副书记，上海县委常委、组织部部长，上海市监察委员会副处长，上海市委组织部干部一处处长、巡视员等职。1983年8月，任上海市人大常委会人事工作委员会办公室主任。1993年9月去世。

**赵庆夫（1926—2010）** 1926年10月出生，潮泉镇罗桁村（今潮泉村）人。1947年9月，在吉林蛟河发电厂工作，1948年8加入中国共产党。1975—1980年，任吉林省电力工业局副局长、党组副书记。1980—1982年，历任华中电业管理局副局长、党组副书记兼葛洲坝水力发电厂厂长、党委书记。1982—1986年，历任中华人民共和国水利电力部副部长、党组成员、党组副书记。1986年11月至1998年9月，历任中华人民共和国水利电力部中国水利电力对外公司董事长、中国电力多种经营协会会长、中国电力企业联合会顾问、中国电力信托投资有限公司董事长、名誉董事长。1998年8月离休。2010年8月去世。第一届全国人大代表、党的第八次全国代表大会代表、政协第八届全国委员会常务委员。

**孙连捷** 又名孙业旺，1924年3月出生，潮泉镇玉皇山村（今百福图村）人。1937年，参加中华民族解放先锋队，11月参加抗日游击队，任战士、文书。1938年8月，加入中国共产党。1950年1月，任进藏部队（运输司令部）参谋长。1952年起，历任重庆铁路管理局副局长、代理局长，兰州铁路管理局副局长，柳州铁路局第一副局长、代局长等。1978年2月，任铁道部机车车辆工业总局总局长、党委副书记。1979年6月起，历任广州铁路局党委第二书记、书记。1984年，任广州铁路局顾问。1986年1月离休。

**赵林山** 曾用名赵彦岐。1933年2月出生，潮泉镇下寨村人。1948年11月，参加革命工作。1956年2月，加入中国共产党。历任德州电厂技术员、工程师、厂长、书记，德州市机械局副局长、德州经委副主任等职。1983年，任中共德州地委副书记、行署专员。1988年，任中共德州地委书记。1993年，任山东省第八届人大常委会秘书长、党组成员。1994年，任山东省第八届人大常委会副主任、党组成员。1998年离休。全国第七届人大代表、中共十四大代表。

**刘玉昌** 1939年9月出生，潮泉镇南刘村（今大张庄）人。1958年12月参军入伍。1960年9月，加入中国共产党。历任空军航空兵第一师政治委员、空军第一军政治委员等。少将军衔。

**石允蒲** 1946年12月出生，潮泉镇百福图村人。1970年10月参加工作，1973年9月，加入中国共产党。1983年起，历任酒泉地区行署公安处副处长、处长。1992年3月，任甘肃省公安厅副厅长、党委委员。1998年4月，任甘肃省国家安全厅厅长、党委书记。同年，获一级警监警衔。

## 土特名产

**“潮泉”牌苹果**　栽植于潮泉镇境内翦云山上。由于此处生产环境优越，土壤为深厚肥沃的轻壤土，含多种微量元素，旱能浇，涝能排，风光条件优越，春季气温回升快，秋季昼夜温差大，形成独特的小气候，十分有利于苹果生产。潮泉苹果其色泽艳丽，果形端正，甜酸适中，爽口芳香。1997年，注册“潮泉”牌商标，在全省名优特果品评优鉴评中获金奖。1998年，在全国林副产品展销会上，获优质产品推荐奖。2000年，通过无公害和有机果品认证，成为地方名产。全镇苹果种植面积300公顷，年产量1万吨。

**孙楼樱桃**　生长于潮泉镇北部山区孙楼村樱桃园。据该镇《孙氏族谱》记载：清雍正年间，孙氏见此处有一片樱桃树，便从本镇孟庄迁此建村，并起村名樱桃园。此处地处山腰沟坡地带，土层深厚、气候湿润、水质好，极适宜大樱桃生长，早春气温回升快，灾害天气少，成熟期比其他地区提前10天。所产樱桃果实个大、色艳、浆浓、味鲜，口感好，营养丰富。由于成熟早、耐贮运、经济价值高，被山东省果科所定为优质樱桃生产基地。主要品种有红灯、早大果、早红宝石、拉宾斯、美早、红蜜等。2020年，全镇种植樱桃面积1000公顷，并在孙楼、柳沟建设专门的樱桃市场。

**“孙楼”牌核桃**　潮泉镇是泰安市核桃主产区之一，各村山坡地皆有栽植。1987年，孙楼村开始引进核桃种植，主要品种有香玲、清香、强特、元丰、丰辉等。1991年，注册“孙楼”牌商标。所产核桃，果大壳薄、核仁饱满，滋味香醇，产仁率高，皮薄易剥，富含不饱和脂肪酸，无苦涩，蛋白质含量高，营养丰富，备受消费者青睐。2020年，在孙楼村带动下，全镇核桃种植面积发展到800公顷，年总产量5000吨。

**柳沟茶**　1970年，潮泉镇柳沟村从南方引进种植，逐渐适应北方的土质、气候，形成独具特色的柳沟茶。经相关部门检测，柳沟茶叶子肥厚、耐冲泡，气味芬芳，栗香浓郁，顺滑可口，颇受人们青睐。茶树分布在翦云山前，群山环抱之中，为北方纬度最高的茶园。生态环境得天独厚，光照长，昼夜温差大，茶叶的生产期长，有利于茶叶内含物质的积累。生产中，采用纯人工管理，勤浅耕，勤除草，物理杀虫灭菌，保持着传统的有机农业耕作方式。2010年，注册“泰山柳沟茶”商标。2020年，柳沟村茶园种植面积100余公顷。

**大王庄四大件**　据《潮泉镇志》《王氏家谱》记载，清光绪年间，潮泉村王氏御厨，技艺高超。潮泉镇大王村王德于师承王氏厨御，潜心学艺，研究出四大件菜肴。经第二代传人王善祥、第三代传人王开利对原料选择，滋味调配，文武火候，进一步研究提炼，使之特色愈加突出。第四代传人王辉，创新厨艺，使菜肴形成色泽悦目、肥而不腻，瘦而不柴，鲜香可口，风味独特的特色。主要菜肴有四喜丸子、肘子（扣肉）、糖醋鲤鱼、清蒸鸡。

## 典型选介

**国家卫生乡镇、国家级世上桃源森林生态康养小镇——潮泉镇**　潮泉镇历史文化深厚，有小王庄遗址、齐长城遗址、肥子古国遗址等历史遗迹20余处。自然资源丰富，境内北部翦云山是肥城市第一峰，森林覆盖率98%，气候温暖湿润，空气清新怡人。潮泉镇有投资50亿元的泰山•桃花源景区项目、中国模板脚手架（肥城）产业园、投资15亿元的北京新世纪教育产业园、投资3.2亿元的花海景观旅游等项目，有国家AAA级旅游景区翦云山旅游度假区、泰山•桃花源康养旅居产业、

2021年4月28日，潮泉镇泰山·桃花源景区大门　（潮泉镇宣传室　提供）

花海景区，有集现代农业、生态旅游、民宿餐饮于一体的田园综合体，大樱桃、核桃、苹果等经济林面积2000公顷。2018年12月，被全国爱国运动委员会命名为国家卫生乡镇。2019年3月，潮泉镇被国家林业和草原局评为国家级世上桃源森林生态康养小镇。2020年，接待游客10万人次，旅游收入1000万元。

**全国美丽宜居示范村、美丽乡村示范村——柳沟村**　位于肥城市东北部潮泉镇境内翦云山下，总面积6.24平方千米，其中耕地面积173公顷，山林面积400公顷，以林果和旅游为主要产业，种植大樱桃、核桃、板栗等果园面积200公顷。依托翦云山、齐长城等历史古迹，与傲饰集团合作，投资5.5亿元建设开发国家AAA级旅游景区——翦云山景区，投资1.2亿元建成翦云山青少年实践活动中心。2017年1月，柳沟村被住房和城乡建设部评为全国第四批美丽宜居示范村。同年12月，该村被国家住房和城乡建设部评为美丽乡村示范村。2020年，接待游客3万余人次，旅游收入300万元。

## 镇党政主要负责人

党委书记　于　芳（女，2014.2—　）
镇　　长　朱建国（2014.2—2019.3）
　　　　　李　娟（女，2019.3—　）

（滕兴哲　孙凤芹）

# 王瓜店街道

## 地理环境

**位置面积**　王瓜店街道位于肥城市境西北部，北与济南市长清区以牛山、云山为界，南与桃园镇为邻，东与老城街道、新城街道接壤，西与湖屯镇相连。南北长13.2千米，东西长7.4千米，总面积92.1平方千米。街道机关驻王东村，距肥城市人民政府6.2千米。泰肥铁路、泰平、肥梁公路横贯全境。

**建置区划**　王瓜店明洪武建年间建村，曾名众家村、御史村等，清初以种植黄瓜盛名，名黄瓜店。清同治年间，以王姓旺族命名为王瓜店。王瓜店街道境内，元朝至清朝分属云山社、大封社、颜村社、东礼社和仪仙社。清光绪三十四年（1908）属榆城乡。1928年撤乡设区，为肥城县第五区。1956年1月，第五区改为王瓜店区。1958年4月，撤销王瓜店区，建立王瓜店、大封、新镇三个区级乡，1958年9月改称王瓜店公社。1984年1月，王瓜店公社改称王瓜店区。1985年11月，撤销王瓜店区建立王瓜店镇，下辖32个行政村。2003年7月，肥城市高新技术产业开发区中心西移，与王瓜店镇实行区镇合一，合署办公。2010年7月，撤销王瓜店镇设立王瓜店街道，与肥城市高新技术产业开发区实行区处合一。2011年3月，王瓜店街道与肥城市高新技术产业开发区调整为划定区域、独立设置的管理机构，职能、机构、人员实行三分开。2017年3月，肥城市高新技术产业开发区与王瓜店街道实现深度融合，辖王西、王东、朱庄、穆庄、蒋庄、姜庄、马庄、北仪仙、南仪仙、尚古庄、潘台、金槐、南军寨、指挥庄、新胜、冉庄、聂庄、新镇、米山、曹杭、车庙、十里铺、姜家庄、梁庄、邓李付、东大封、西大封、黄叶、张家屋、罗庄、条水涧、垛子石32个行政村。至2020年，建置区划未变。

**自然状况**　境内山脉呈东西走向，主要分布在南部和北部，南部为青石山，北部为沙石山。中部为康王河平原，山地面积占王瓜店街道总面积的11.6%，丘陵面积占王瓜店街道总面积的29.1%，平原面积占王瓜店街道总面积的47.7%，水洼河滩面积占王瓜店街道总面积的11.6%。土壤大部分为褐土类，少部分为棕壤土类，土地肥沃。大小山头18个，穆柯寨为最高峰，海拔524米，最低点海拔81.3米。矿产资源有煤炭、石灰岩、钾长石、云母、大理石等，其中煤炭储量4.2亿吨，大理石储量6.4亿吨，石灰岩储量2.6亿吨，红土储量近亿吨。河沙储量1800万立方米。

**人口民族**　2016年，常住乡村总户数1.79万户，常住农业总人口5.99万人，其中男性2.97万人、女性3.02万人。2018年，常住乡村总户数1.83万户，常住农业总人口6.37万人，其中男性3.28万人、女性3.09万人。2020年，常住乡村总户数1.8万户，常住农业总人口6.1万人，其中男性3.02万人、女性3.08万人。有汉族、回族、藏族、满族、回族、朝鲜族等民族。

## 经济状况

**农　业**　以种植小麦、玉米、有机蔬菜、园林果树为主。2016年，全镇播种面积5206.06公顷，农业总产值5.72亿元，其中农业产值1.34亿元、林业产值1096万元、牧业产值3.67亿元、渔业产值154万元，农林牧渔服务业产值5832万元、增加值2.99亿元；农民合作社70个，种植大户85户，土地流转面积763.6公顷。2018年，播种面积5123.2公顷，农业总产值5.08亿元，其中农业产值1.76亿元、林业产值1331万元、牧业产值3.04亿元、渔业产值205万元，

2021年10月10日，王瓜店街道康王河一角　（袁文浩　摄）

肥城联谊工程塑料有限公司全景　　（王瓜店街道史志办　2021 年提供）

农林牧渔服务业总产值0.87亿元、增加值3.04亿元；农民专业合作社89个，家庭农场45个，土地流转面积1027公顷。2020年，全镇播种面积5136.7公顷，农业总产值6.02亿元，其中农业产值1.85亿元、林业产值1267万元、牧业产值3.07亿元，农林牧渔服务业产值0.97亿元、增加值3.13亿元。农业企业12家，农民专业合作社、家庭农场173家，土地流转面积1310.8公顷。

**工　业**　2016年，工业企业239家，从业人员1.4万人，其中规模以上工业企业42家；工业总产值145亿元，实现利税19.7亿元，其中利润17.7亿元；规模以上工业企业实现主营业务收入15.7亿元，实现利税1.57亿元，其中利润1.1亿元。2018年，工业企业252家，从业人员1.6万人，规模以上工业企业40家；工业总产值165亿元，实现利税21.2亿元，其中利润18亿元；规模以上工业企业实现主营业务收入29.4亿元，实现利税2.94亿元，其中利润2亿元。2020年，引进落地项目28个，招商引资到位资金143.3亿元，上级拨款项目资金1.8亿元，进出口总额7.08亿元。工业企业275家，从业人员1.8万人，其中规模以上工业企业79家；工业总产值187亿元，实现利税23.6亿元，其中利润20亿元；规模以上工业企业实现主营业务收入105.6亿元，实现利税10.56亿元，其中利润10亿元。

## 财政税收

**财　政**　2016年，一般公共预算收入1.23亿元，其中工商税收1.23亿元，一般公共预算支出1.23亿元。2018年，一般公共预算收入1.55亿元，一般公共预算支出1.4亿元。2020年，一般公共预算收入1.34亿元，一般公共预算支出5755万元。

**税　收**　2016年，登记各类纳税人981户，其中年纳税额在10万元以上的企业89户；各项税收收入4.33亿元，其中增值税8945.58万元。2018年，登记各类纳税人1666户，其中年纳税额在10万元以上的企业109户；各项税收收入3.18亿元，其中增值税1.24亿元。2020年，登记各类纳税人2243户，其中年纳税额在10万元以上的企业141户；各项税收收入3.28亿元，其中增值税1.71亿元。重点税源为制造、化工、建材、纺织、食品等行业。

## 社会事业

**教　育**　2016年，幼儿园13所，专任教师226人，在园幼儿2964人；小学9所，专任教师369人，在校学生3648人；普通初中1所，专任教师178人，在校学生2680人；县级以上规范化中小学7所，其中省级规范化学校3所、市级规范化学校4所。2020年，幼儿园17所，专任教师309人，在园幼儿2324人；小学7所，专任教师257人，在校学生3408人；普通初中2所，专任教师194人，在校学生1857人。

**文　化**　2016年，综合文化站1个，村级文化活动中心32个，各类文化专业户10户；各类图

书室32个，藏书20万余册，音乐、美术、书法、摄影及文学业余创作人员62人；农家书屋32个，农村文化大院32个，文体广场32个，文艺宣传（表演）队10支。2020年，综合文化站1个，村级文化活动中心32个，各类文化专业户17户；各类图书室32个，藏书40万余册，音乐、美术、书法、摄影及文学业余创作人员608人；农家书屋32个，农村文化大院32个，文体广场32个，文艺宣传（表演）队20支。县级及以上文物保护单位8处，其中省级1处（圭山石刻）、泰安市级2处（牛山八角琉璃井、群将湖扬水站）、县级5处（穆柯寨遗址、西付村李传煦旧宅、姜庄三皇庙、牛山寺、金槐风雨竹石刻、邓李付文昌阁）。县级及以上非物质文化遗产7项，其中泰安市级6项（洪德堂于氏皮肤疗法、张氏陶泥彩塑、王氏中医推拿按摩、肥城王氏糖画技艺、肥城李氏面瘫疗法、肥城泰山艺术剪纸）、县级1项（王西水塔豆腐皮）。

**卫　生**　2016年，医疗卫生机构28家、床位89张，其中镇卫生院1家、村卫生室（社区门诊）27家；卫生技术人员78名，其中执业医师26名、执业助理医师5名。2020年，医疗卫生机构28家、床位100张，其中镇卫生院1家、村卫生室（社区门诊）27家；卫生技术人员99名，其中执业医师30名、执业助理医师11名。

## 社会保障

**医疗保险**　2016年，居民基本医疗保险参保人数5.8万人。2020年，居民基本医疗保险参保人数5.4万人。

**养老保险**　2016年，居民参加养老保险4.92万人。2020年，居民参加养老保险3.6万人。

**低保救助**　2016年，城镇最低生活保障户数15户、25人，发放最低生活保障金9.04万元；农村最低生活保障户数520户、1079人，发放最低生活保障金145.64万元；有敬老院1家，床位60张，收养农村“五保”老人52人。2020年，城镇最低生活保障人135人，发放最低生活保障金94.5万元；农村最低生活保障户数460户、942人，发放最低生活保障金392.2万元；敬老院1家，床位60张，收养农村“五保”老人50人。

## 名胜古迹

**牛山森林公园**　位于王瓜店街道牛山景区，主峰穆柯寨海拔524米。据《山东通志》记载，宋真宗封禅泰山时，曾驻跸于此，并赐名郁葱山。牛山有建于明代的文昌阁。北行不远为圭山，有明朝御史李邦珍手书的圭山刻石。牛山脚下有资

牛山国家森林公园远景　　（王瓜店街道史志办　2022年提供）

王瓜店街道穆柯寨遗址　　（王瓜店街道史志办　2022年提供）

圣院、关王庙、牛山寺、龙神庙、同川书院五组建筑，佛道儒三位一体。登山，沿途经过老鹰石、老母石、卧牛石、獐猴崖、十八盘、跑马岭。山顶为穆柯寨，相传为北宋时穆桂英及其父穆羽早期屯兵避祸之处。今存石砌寨墙、石拱寨门，墙顶外沿筑有掩体，内侧设通道、排水口以及上下墙的斜坡道，属于典型的冷兵器时代军事防御工程，堪称“山东第一寨”。2016年12月，牛山森林公园被评为国家AAA级旅游景区。

**牛山寺**　肥城市文物保护单位。牛山寺包括王母大殿、资圣院和同川书院，占地面积15公顷，房屋50余间，建筑面积600多平方米。庙地范围南至卧牛石，北至牛山北大岭，东至金牛蹄，西至穆柯寨山顶，占地面积20平方千米。

**同川书院**　位于王瓜店街道牛山资圣院西，为明进士、督察御史李邦珍少时读书处。明万历三年（1575），61岁的李邦珍致仕故里到此处，从牛山寺禅师手里买下此处进行整修，建有聚乐堂、悠然台、泻玉瀑、栖兰谷等。建成后，李邦珍聚集子孙及亲戚在书院授业讲学，凡在同川书院读书者大多成名。

**王母大殿**　肥城市文物保护单位。位于王瓜店街道牛山之阳，建于明嘉靖年间，历代重修。王母大殿长11.9米，宽7.2米，高7米，硬山式建筑形式。殿前有抱厦，殿内8根立柱，上有浮雕二龙戏珠等。殿内原有王母娘娘塑像，殿前有池，称为小瑶池。泉水清冽，自中外泻，与院外小溪汇流。王母殿造型美观，气势雄伟。周围古松翠柏，荫翳蔽日，藤萝缠绕，景致万千。

**穆柯寨遗址**　肥城市文物保护单位。位于肥城北部牛山主峰上，遗址占地面积254公顷，寨墙随山势蜿蜒而建，今寨墙长3600米，高约6米。据清光绪十七年（1891）《肥城县志》记载：“西岭为木阁砦，又名木头塔。”山寨南侧和西侧各有一拱形石砌的寨门，刻有“穆柯寨”3个字。寨北有跑马岭，东西长2000米，是乘骑训练之地；寨南有演武场、点将台、拴马台、饮马池及残存屋基等遗迹100余处。山前有擒将湖、火连沟等古迹。相传北宋时期，穆桂英及其父穆羽因不堪忍受枢密使王强的迫害，在此处构筑山寨，挂冠归隐。今穆柯寨山上山下树木茂密，郁郁葱葱，山间泉水涓涓，鸟语花香，令人陶醉，成为牛山重要的旅游景点之一。

**文昌阁**　肥城市文物保护单位。位于王瓜店街道邓李付村北石岗上，北面紧靠牛山，建于明代末年，建筑呈八角形，顶部无檀梁，全部用青砖而成。文昌是神话中主宰功名、禄位之神，为历代文人崇拜之地。宋真宗赵恒东封泰山，途径牛山，赐牛山为郁葱山之后，文昌阁更负盛名。1958年，在文昌阁北面修建水库1座，库岸杨柳垂青，库内碧波荡漾，成为牛山佳境。

**金槐村关帝庙**　建于清代，位于王瓜店街道金槐村中心大街，坐北朝南，有庙堂平房3间，墙体用青石块砌成，石拱形门窗过梁，青砖房檐。

屋内有关公塑像，四壁墙上画有关公过五关斩六将场面的彩色图案。关帝庙门前有清末宣统三年（1911）的风雨竹石碑1座，该碑一米见方，四角刻“超群绝伦”四字，中为风雨竹。风雨竹石刻画面似2株在风雨中飘摇的竹子。风竹和雨竹高度约占石刻的一半。风竹叶横斜，似随风而动；雨竹叶似雨水顺叶而流。风雨竹组成四句诗为：“不谢东君意，丹青独立名。莫嫌孤叶淡，终久不凋零”。

**金槐村古槐** 位于王瓜店街道金槐村关帝庙内，距今有500余年的历史。虽树中已空，但仍枝繁叶茂。古槐最长的树枝有10余米，由街北伸向街南。树上虬枝交错，造型美观。为保护古槐，村民自发用一通石碑将一长枝顶住，防治坠下。据说，20世纪70年代前，槐树冠很大，每当夏天茂密的树冠像一把硕大的伞，罩起一片很大的树荫，很多人在树下纳凉。1981年，因此古槐，该村由原来的张庄村更名为金槐村。

## 古今名人

**冉　子（前546—？）** 名耕，字伯牛。王瓜店街道冉家庄（春秋时期鲁国）人，孔子弟子中的“七十二贤人”之一。清光绪十七年（1891）《肥城县志》载：“冉子故里在县西南冉家庄，有明知县王惟精书冉子故里碑。”冉子在孔门中以德行著称，有很高的威望。因冉耕为政有道、治理有方，所治中都成其他诸侯国学习的榜样，并受到孔子的高度赞赏。在孔子弟子中，以德行与颜渊、闵子骞并称。

**徐麟村（1914—1996）** 1914年出生，王瓜店街道马庄村人。1933年4月加入中国共产主义青年团，同年8月转为中共党员。1938年1月，任山东西区人民抗敌自卫团总务部部长兼十七大队教导员。1938年6月起，历任中共肥城县委书记、冀鲁豫抗日联合总会宣传部部长等职。1952年10月起，历任广西壮族自治区农林厅厅长，农村工作部副部长、部长，区党委调查研究室主任。1979年3月起，历任广西壮族自治区农委副主任、党组副书记，农村发展中心主任、党组书记，农业区划委员会主任等职。1987年10月离休，1996年3月在南宁去世。

**张立信（1916—2003）** 1916年9月出生，曾用名徐刚，王瓜店街道马庄村人。1938年6月，加入中国共产党。1980年，任黑龙江省政府文教办公室主任、党组书记。1983年起，历任黑龙江省高教局、省教委顾问，中共黑龙江省顾问委员会常委。1986年12月离休。2003年5月去世。第五届全国人大代表。

**张甲玉（1937—2014）** 1937年11月出生，王瓜店街道西大封村人，中共党员。1954年7月，高小毕业回村后创办西大封村第一个农业生产互助组，并任组长。1955—1956年，创办初级、高级农业生产合作社，任社长、党支部书记。1958年起，任大队党支部书记。1976年6月，任肥城县农业局副局长兼西大封大队党支部书记。1964年10月，被评为山东省学习毛主席著作积极分子。1978年3月，主动辞去农业局副局长职务，回村任村党支部书记。中共十一届三中全会后，他推行农村经济体制改革，带头实行家庭联产承包责任制，发展村办工副业，壮大集体经济。1986年6月，被授予山东省优秀共产党员称号，同年9月评为山东省农业劳动模范。1988年，当选为第七届全国人大代表。1989年，被评为全国劳动模范。1993年，当选为泰安市人大代表、市人大常委会委员，山东省人大代表。1995年退休。2014年7月去世。

**冉砚农（1920—2022）** 1920年1月出生，原名冉祥麟，字书田，王瓜店街道新镇村人。1936年，任肥城县一区张家峪小学教师。1939年加入中国共产党。1953年起，历任湖北省孝感地委秘书长、农村工作部部长、地委副书记等职。1960年起，历任武汉市委农委副书记、书记，武汉市委委员。1970年8月起，历任贵州省农办副主任、主任，贵州省计划委员会主任、省革命委员会副主任、副省长。1983年，任贵州省人大常委会副主任。1989年离休。2022年1月去世。第七届全国人大代表。

**傅家让** 1931年10月出生，王瓜店街道麒麟庄（今新胜）村人。1950年12月参军入伍，空军第六预科总队学员。1953年8月，加入中国共产党。1954年8月，在空军第三航空学院飞行专业学习。1957年4月起，历任某师航空兵飞行员、中队长、大队长、副团长。1971年起，历任某航空兵团长、副师长。1981年12月，历任某军区空军副参谋长、副军长。立二等功1次、三等功5次。1993年1月退休。

**张振宗** 1940年9月出生，王瓜店街道十里铺村人，大学本科学历。1960年8月参加工作，1981年12月加入中国共产党。1960年8月至1961年11月，海军高级专科学校学员、团支部宣传委员。1984年5月至1986年5月，任肥城县人民政府副县长。1987年7月至1988年8月，任泰安市财政局局长、党委副书记。1988年8月至1993年3月，任泰安市财政局局长、党委书记。1993年3月至1998年3月，任泰安市人民政府副市长、党组成员。1998年3月，任泰安市人大常委会副主任。

**张武宗** 1946年11月出生，王瓜店街道十里铺村人。1969年12月参加工作，1973年4月加入中国共产党，大专学历，高级经济师。历任山东石横特钢集团有限公司董事长、济钢集团石横特殊钢厂厂长，泰安市企业联合会、民营企业家协会副会长。山东省劳动模范、山东省优秀企业家、山东省优秀民营企业家，第十三届全国人大代表。

**王培铭** 1952年6月出生，王瓜店街道车庙村人，工学博士，同济大学教授、博士生导师、同济大学材料科学与工程学院院长、中国硅酸盐学会理事、中国硅酸盐学会水泥分会副理事长、中国硅酸盐学会房建材料分会副理事长、中国建筑学会分会副理事长、上海市硅酸盐学会副理事长、上海市新材料协会理事、《建筑材料学报》主编、《机械工程材料》和《混凝土与水泥制品》编委。长期从事材料学专业的教学和科研工作，主编本科生教材《无机非金属材料学》和《材料研究方法》。

**张甲军** 1959年1月出生，王瓜店街道十里铺村人，大学本科学历。1976年8月参加工作，1982年12月加入中国共产党。1976年8月至1979年7月，任肥城王瓜店十里铺小学民办教师（兼村团支部书记）。1998年6月至2003年4月，历任泰安市政府办公室副主任、市政府副秘书长、办公室党组成员。2003年4月至2012年2月，历任泰安市劳动和社会保障局局长、党委书记，市人力资源和社会保障局局长、党委书记（2007年1月，被人事部、劳动和社会保障部表彰为全国劳动保障系统先进工作者，享受省部级劳动模范待遇）。2012年2月至2015年2月，任泰安市委组织部常务副部长。2015年2月，任泰安市政协副主席、党组成员。2019年4月退休。省十次党代会代表，被山东省人民政府记一等功1次。

## 土特名产

**宝聚鼎系列食品** 2006年，泰安宝聚鼎食品有限公司成立，为民营企业，位于肥城市高新技术产业开发区创业路西首。2008年，注册变更为山东宝聚鼎王西食品有限公司。公司先后通过ISO 9001质量管理体系认证、ISO 14001环境管理体系认证、GB/T 28001职业健康安全管理体系认证。2020年，该公司生产的主要产品有宝聚鼎烧鸡、烤鸭、牛肉、驴肉、乡巴佬系列及高档酱油、食醋等品种80多个，产品畅销全国。

**大　葱** 肥城市著名土特产，有360余年的栽培历史。据传，清朝初年，王瓜店村陈氏从祖籍江苏海安引进葱种，开始种植。至康熙年间，大葱成为王瓜店平原重要的农作物。当地有“家有一亩葱，开销一春冬”的说法。王瓜店中部平原属轻壤土，地下水源丰富，灌溉条件好，适宜大葱的栽植。生吃稍辣而不呛，熟吃面而香甜，凉拌菜肴清口去腥味道鲜美。

**王西水塔豆制品** 20世纪60年代，王瓜店街道王西村村民罗丁朝整合全村豆制品加工点，改进加工工艺，开始规模化生产。1998年，第三代传承人罗光华建设王西水塔豆制品厂，建筑面积650平方米，有员工18人。至2019年，每年生产豆腐皮、豆腐用大豆约120吨，年实现营业收入约260万元，利润约80万元。2020年，投资2600万元，建设占地面积5841平方米的高标准豆制品加工生产车间，引进高端生产设备，进行产品深加工，研发生产豆腐皮、豆腐丝、豆腐干、内酯豆腐、豆浆等新产品，延长产业链条，年产豆腐皮约219吨，年产值约5000万元。王瓜店街道王西水塔豆制品采用传统绿色工艺，选用黄河流域特有纯天然无污染、非转基因大豆，用纯净深井水浸泡，历经11道传统工序制作而成。生产的豆腐、豆腐皮产品色泽晶莹，柔韧耐煮，富含氨基酸，营养价值高，市场口碑好，深受各地食客喜爱。

**米山西瓜** 王瓜店街道米山村一带西瓜种植历史悠久，并以其独特的土质和水质使西瓜享负盛名。米山西瓜一般重约5千克，皮薄如铜钱，沙质瓜瓤，细嫩甘美，脆而多汁，瓜瓤有胀性，用刀打开三寸小口，瓜自然胀开成两瓣，瓜瓤突起。清朝乾隆至光绪年间，曾为朝廷贡品。清朝中末期，米山一带农民均以种植西瓜为业。2018年起，米山村充分利用地质优越条件，不断引进优良品种，加之甜度增加，质量提高，成为肥城市著名的土特名产。

## 典型选介

**山东特色产业镇动能转换20强——王瓜店街道** 2016年，王瓜店街道有玻纤复合材料企业26家、山东省级名牌产品5个、著名商标3个，产品出口到日本、俄罗斯等国家、“一带一路”沿线等20多个国家。以山东联谊工程塑料有限公司和山东大庚玻纤有限公司为龙头，拥有各类生产线78条，生产的产品有12大类、46个品种，年产玻纤格栅、短切毡、纤维织物等30亿平方米，为江北地区最大的玻纤复合材料基地，占全国总产量的60%～70%，形成以玻纤复合材料为主的完整产业链，带动周边居民的就业及三产的发展。2017年12月，王瓜店街道被山东省中小企业局评为山东特色产业镇动能转换20强。至2020年，依托玻纤服务平台，产品科技含量高，获发明专利15项、实用新型专利20余项、外观设计专利16项；企业申报国家高新技术企业2家、山东省企业技术中心3家，获山东省企业技术创新奖2项、泰安市科技进步奖3项，拥有山东省“一企一技术”研发中心5家，山东省著名商标3件。

**国家级充分就业社区——南军寨社区** 王瓜店街道南军寨社区以创建充分就业社区为载体，挖掘开发就业岗位，扶持更多的社区居民走上工作岗位，使社区就业工作实现制度化、社会化、规范化，为社区建设发展、提高居民生活质量，创造了良好环境。2018年，社区入驻创业实体个体经营户82户，安置就业人员745人，转移农村劳动力986人，社区劳动年龄内人员均以就地就业、外出转移就业和自主创业、灵活就业等方式实现稳定就业，零就业家庭、农村零转移就业家庭全部实现彻底清零和动态消零。2021年12月，人力资源社会保障部对审查合格的国家级充分就业社区名单予以公示，南军寨社区是肥城市唯一入选“第五批国家级充分就业社区”的社区。

## 街道党政主要负责人

**党工委书记** 董　军（2011.11—2016.12）
宋　毅（2016.12—2017.2）
肖海霞（女，2017.4—2019.1）
杜　辉（2019.3—　）

**办事处主任** 杜　辉（2014.12—2019.3）
朱建国（2019.3—2020.4）
杨仁峰（2020.4—　）

（尹　静）

# 湖屯镇

## 地理环境

**位置面积** 湖屯镇位于肥城市西北部，北与长清区依山相连，西与平阴县、石横镇接壤，南隔康王河与桃园镇相望，东与王瓜店街道为邻。南北长14.7千米，东西长7千米，总面积84.92平方千米。镇机关驻东湖东村，距肥城市人民政府17千米。泰临路、泰肥铁路横穿全境。

**建置区划** “湖屯”意为湖中之屯（庄），因镇机关驻“湖屯”的东湖东村得名。湖屯镇境内，元朝至清代分属鸾翔乡书城社、北申社、衡鱼社。清宣统二年（1910），划为安集乡，辖44个村。宣统三年（1911），肥城县改划为九个区，湖屯为肥城县六区，辖6镇、45村。1956年秋，石横区的小中泉、国庄、桥头3个村划归西湖屯区。1958年春，康王河以南的南王、北王、前鲁里、中鲁里、后鲁里、东魏店、西魏店、白家楼8个行政村划归屯头乡。同年9月，成立湖屯人民公社。1984年1月，湖屯人民公社改为湖屯区。1985年11月，湖屯区改为湖屯镇，辖1镇（湖屯镇）、4乡（董庄铺乡、张店乡、沙庄乡、钱庄乡）。2016年，湖屯镇辖东湖东、东湖西、中湖屯、西湖东、西湖西、桥头、国家庄、小中泉、大中泉、西辛庄、前兴隆、后兴隆、董庄铺一、董庄铺二、董庄铺三、董庄铺四、董庄铺五、东穆河、西穆河、贾庄、北张庄、陶阳、有益、小王庄、李家寨、荣庄、古庄、小店、山阳铺、沙庄、白庄、涧北、栖幽寺、张店、赵家庄、董庄、北王庄、冯庄、吕仙村、关王殿、钱庄一、钱庄二、钱庄三、西杨庄、纸坊、南王庄、钱二新村、曹家庄48个行政村（居）。至2020年，建置区划未变。

**自然状况** 境内地势北高南低，北部是山区丘陵，中部是涝洼，南部是康王河冲积平原。山区丘陵面积7.5平方千米，占全镇总面积的8.8%；平原面积76.94平方千米，占全镇总面积的91.1%。主要河流有康王河、汇河、响水河、栖幽寺河、大金河5条，河流总长43.7千米，除康王河、汇河常年有水外，其他为季节河。北部有“1030”引黄灌渠，从石横镇北大留村后沿凤凰山南麓入境、经小店、山阳铺村北向东延伸至本镇陶阳村东，长约9.5千米，为二级干渠。小店村西北设三级扬水站，三级灌渠经牧牛山、陶山前经董庄铺四村东入王瓜店街道境内擒将湖，长约7.8千米。境内土壤主要分三类，一类为黄褐土，分布在陶山前至老泰临路。第二类黑褐土，分布在汇河流域。第三类砂壤土，分布在新泰临路南康王河以北。陶山主峰为最高峰，海拔502.2米，海拔最低点为54米。资源有煤炭、黏土、花岗石、石灰石、沙等，地下水资源丰富。

**人口民族** 2016年，常住总户数3.06万户，常住总人口8.21万人，其中男性4.26万人、女性3.95万人。2018年，常住总户数3.05万户，常住总人口8.06万人，其中男性4.15万人、女性3.91万人。2020年，常住总户数3.04万户，常住总人口7.97万人，其中男性4.1万人、女性3.87万人。有汉族、回族、蒙古族、苗族、满族、水族、傈僳族7个民族。

## 经济状况

**农　业**　以种植小麦、玉米、有机蔬菜、苗木花卉为主。2016年，全镇耕地面积4965公顷，其中水浇地3250公顷，农业总产值5.47亿元，其中农业产值2.31亿元、林业产值2324万元、牧业产值1.85亿元、渔业产值2688万元，农林牧渔服务业产值0.81亿元、增加值0.35亿元；农民合作社50个，种植大户45户，土地流转面积1000公顷。2018年，全镇耕地面积4952公顷，其中水浇地3218公顷，农业总产值6.2亿元，其中农业产值2.15亿元、林业产值1261万元、牧业产值2.92亿元、渔业产值2795万元，农林牧渔服务业总产值0.72亿元、增加值0.3亿元；农民专业合作社80个，家庭农场30个，土地流转面积1200公顷。2020年，全镇耕地面积4459公顷，其中水浇地2895公顷。农业总产值6.85亿元，其中农业产值2.62亿元、林业产值2465万元、牧业产值2.3亿元、渔业产值2700万元，农林牧渔服务业产值1.41亿元、增加值0.35亿元。农民专业合作社108个，农业企业4家，家庭农场46个，土地流转面积1900公顷。

**工　业**　2016年，工业企业51家，从业人员659人，其中规模以上工业企业25家；工业总产值35.59亿元，实现利税4.07亿元，其中利润3.17亿元；规模以上工业企业实现主营业务收入28.5亿元，实现利税2.1亿元，其中利润1.5亿元。2018年，工业企业65家，从业人员985人，其中规模以上工业企业19家；工业总产值30.55亿元，实现利税3.8亿元，其中利润2.6亿元；规模以上工业企业实现主营业务收入18.9亿元，实现利税1.65亿元，其中利润1.22亿元。2020年，引进落地项目7个，招商引资到位资金6.3亿元，上级拨款项目资金1.3亿元，进出口总额0.45亿元。工业企业79家，从业人员1120人，其中规模以上工业企业9家；工业总产值32.7亿元，实现利税3.56亿元，其中利润1.92亿元；规模以上工业企业实现主营业务收入7.77亿元，实现利税0.82亿元，其中利润0.61亿元。

## 财政税收

**财　政**　2016年，一般公共预算收入1.14亿元，其中工商税收9724万元，一般公共预算支出1.03亿元。2018年，一般公共预算收入1084万元，一般公共预算支出754万元。2020年，一般公共预算收入2904万元，一般公共预算支出1640万元。

**税　收**　2016年，登记各类纳税人190户，其中年纳税额在10万元以上的企业36户；各项税收收入9724万元，其中增值税508万元。2018年，登记各类纳税人277户，年纳税额在10万元以上的企业22户；税收收入2797万元，其中增值税1602万元。2020年，登记各类纳税人210户，其中年纳税额在10万元以上的企业42户；各项税收收入5391万元，其中增值税4647万元。重点税源为建筑安装、物流、制造业、服务业等行业。

## 社会事业

**教　育**　2016年，幼儿园10所，专任教师98人，在园幼儿1303人；小学5所，专任教师89人，在校学生1787人；普通初中1所，专任教师116人，在校学生1258人；县级以上规范化中小学6所，其中省级规范化学校1所、市级规范化学校5所。2020年，幼儿园9所，专任教师47人，在园幼儿1074人；小学5所，专任教师292人，在校学生1374人；普通初中1所，专任教师121人，在校学生921人。

**文　化**　2016年，湖屯镇有综合文化站1个，村级文化活动中心48个，各类文化专业户240户；各类图书室36个，藏书4万余册，音乐、美术、书法、摄影及文学业余创作人员280人；农家书屋35个，农村文化大院48个，文体广场35个，

文艺宣传（表演）队52支。2020年，镇综合文化站1个，村级文化活动中心48个，各类文化专业户260户；各类图书室49个，藏书5万余册，音乐、美术、书法、摄影及文学业余创作人员300余人；农家书屋48个，农村文化大院48个，文体广场48个，文艺宣传（表演）队59支。县级以上文物保护单位25处，其中国家级1处（陶山朝阳洞石佛造像）、省级3处（小中泉天主教堂、幽栖寺遗址、关王殿小泰山古建筑群）、泰安市级8处（小店遗址、洞灵观遗址、唐仲冕母墓、冯庄岱南书院、吕仙村吕祖团瓢、小泰山玉皇洞石刻、肥城1030引黄灌渠、幽栖寺墓塔林遗址）、县级13处（竹林寺遗址、八仙洞、小泰山摩崖碑、三尖洞造像与石刻、棒槌洞石佛造像、观音洞造像与石刻、黄华洞、涧北烈士墓、吕仙村战地医院、陶山寨堡遗址、小泰山寨堡遗址、张店天齐庙、吕仙村古村居）。县级以上非物质文化遗产5项，其中省级1项（范蠡与陶山的故事）、泰安市级3项（湖屯豆腐皮加工技艺、“刘大姐”叉子火烧、湖屯孟氏推拿按摩术）、县级1项（小泰山庙会）。

**卫　生**　2016年，医疗卫生机构39家、床位40张，其中镇卫生院1家、村卫生室（社区门诊）38家；卫生技术人员68名，其中执业医师12名、执业助理医师8名。2020年，医疗卫生机构37家、床位60张，其中镇卫生院1家、村卫生室（社区门诊）36家；卫生技术人员67名，其中执业医师12名、执业助理医师10名。

## 社会保障

**医疗保险**　2016年，居民基本医疗保险参保人数4.61万人。2020年，居民基本医疗保险参保人数4.04万人。

**养老保险**　2016年，居民参加养老保险1.8万人。2020年，居民参加养老保险1.85万人。

**低保救助**　2016年，城镇最低生活保障户数有13户、19人，发放最低生活保障金7.92万元；农村最低生活保障户数524户、944人，发放最低生活保障金204万元；医疗救助116人次，发放医疗救助金52.4万元；敬老院1家，床位94张，收养农村“五保”老人44人。2020年，城镇最低生活保障户数6户、8人，发放最低生活保障金4.44万元；农村最低生活保障户数238户、413人，发放最低生活保障金141.24万元；敬老院1家，床位94张，收养农村“五保”老人48人。

## 名胜古迹

**朝阳洞**　国家级重点文物保护单位。位于湖屯镇陶山主峰南侧山崖上，是远古时期地壳变化形成的石灰岩溶洞，因洞口朝南故称朝阳洞。由于洞内冬暖夏凉，游人走进洞内快活舒服，又名“快哉洞”。清嘉庆二十二年（1817）定名为朝阳洞。朝阳洞是陶山七十二洞中较大者，也是洞壁造像最多的一个。洞分初洞、中洞、上洞三部分。初洞、中洞高8米、宽8米，东壁刻有佛像24尊。顺台阶进入朝阳上洞，上洞深8米、宽15米、高30米，洞内北壁、西壁有洞壁造像34尊，正中为如来佛，左边是十八罗汉，普贤、文殊；西边是观音菩萨等。据考，洞内佛像为北魏以来历代所刻。此洞内还有深不可探的无底洞2个，原有供奉三教鼻祖的神台1座，毁于20世纪60年代，1994年恢复塑像，分别是道教老子、儒教孔子、佛教如来。左上方洞壁刻有清宣统元年（1909）“三教渊源”四个大字。

**幽栖寺**　山东省级文物保护单位。位于湖屯镇陶山西侧、栖幽寺旧村南约250米处。据史料记载“秦代创建幽栖祠，汉代改为幽栖寺。”范蠡葬于此后，人们为纪念他，秦代创建陶公幽栖祠。由于到此凭吊、拜谒者络绎不绝，至汉代创建幽栖寺，占地面积20公顷。遗址地面上裸露着殿宇的房基、八棱石柱、柱础。有“宣和三年”文字的八棱石柱1根，上面为浅线阴刻的凤凰牡丹图案。2003年，仁才法师主持重修大雄宝殿。

2005年10月，为缅甸佛教协会捐赠殿内的十几尊玉佛举行了开光仪式。同年，山东省人民政府批准幽栖寺为佛教活动场所。

**小泰山古建筑群** 山东省级文物保护单位。位于湖屯镇关王殿村北的小泰山顶部周围，由碧霞宫、灵官庙和娲皇殿等建筑组成。今完整保存的建筑有3座，剩余全部坍塌，其中碧霞宫和娲皇宫独成一院落，灵官庙为一单独建筑。进入小泰山所有建筑皆整体保留着清朝建筑的风貌格局，承载着厚重的历史信息，具有较高历史文物价值。2006年1月，小泰山古建筑群被泰安市人民政府公布为第二批市级文物保护单位。2022年1月，被山东省人民政府公布为第六批省级文物保护单位。

**塔　林** 泰安市级文物保护单位。2008年，陶山山前出土和尚墓塔20多座，均为整石凿制而成。塔体大都刻有精美塔铭和图案花纹，记载墓主法号、嗣法传承、纪年以及立塔人。有铭文记载的年号有：元大德二年、大德三年、大明弘治、嘉靖，其中元大德二年、三年2座，大明弘治、嘉靖年间6座，还有几座塔体二层石鼓四面有雕刻精美似龟、麒麟等神兽图案，年代不详。但从其精美做工、独特造型以及墓主法号来推断，应较早于其他墓塔。经专家初步鉴定此塔林是唐、宋、元、明几个时代的古幽栖寺历代方丈、主持的墓地。

**玉皇洞石刻** 泰安市级文物保护单位。玉皇洞位于湖屯镇吕仙村东北，小泰山北侧的悬崖上。洞口上方刻着“鬼斧神工”四个大字，洞口下方有明朝万历二十九年（1601）紧依摩崖凿出的一通蟠龙首龟趺碑，碑文风化严重残剥不清，只隐约看出年月。洞深约20米，主室宽约4米、高约3米。洞内石壁造像大小6尊，其中1尊为宋建炎元年（1127）造像。在洞的西壁上，有一篇文字，用隶书体刻写，字体圆润深厚，落款是明万历三年（1575）。洞内还有刻石1通，宽1.1米、高0.8米，有“大明万历三年七月吉日立”字样。

**竹林寺** 又名无影寺、悬云寺，肥城市文物保护单位。位于陶山主峰北边的山隅。因原寺周围翠竹成林，而得名竹林寺。此处三面环山，一处临溪，始建于汉代，历史上多次重修，今遗址尚存庙宇墙壁和清乾隆三十一年（1707）、1919年重修碑。遗址东有一硕大的飞来石，上刻徐茂莘所书“竹林寺”和赵广湖所书“三宝”正楷大字。寺址旁有一块长宽各1米多的唐经幢座，四周浮雕忍冬花图案和以托扶姿态各异的四个罗汉，其做工细密精致，巧夺天工。在遗址后方有一口深3米的水井，名天仙井，又名无影洞。遗址西北山崖上刻有“爱陶泉”三字。右边是北宋宣和二年（1120）浅线阳刻的弥勒佛画像，文字残缺不全，可辨认者一半以上，所刻像身着伽裟袍，后有佛光圈。寺址北向，谓瀑布崖。竹林寺南向，攀援百米就是棒槌洞、朝天洞、三仙洞等。

2021年8月25日，湖屯镇小泰山景观　　（陈祖俊　摄）

**黄华洞** 俗称黄花洞，肥城市文物保护单位。位于陶山主峰东侧的悬崖绝壁上。因神话传说黄花鹰降妖追至山洞，妖藏匿洞内，黄花鹰化为巨石守住洞口，俗称黄花洞。该洞深16米、高4米、宽5米。洞内左边有天然石几、石椅、石床。1947年3月，国民党军队纠集近千人包围陶山，肥城县六区区委书记刘建新率区队队员凭借黄华洞天险打退敌人十数次进攻，坚守两天三夜，无一伤亡。1978年，黄华洞被肥城县人民政府确定为县级革命保护单位。

**吕仙村古村落** 湖屯镇吕仙村位于陶山和小泰山形成的圈椅形山坳间，三面环山，景色秀美，自古为士人隐居读书之地。村内有泰安市级文物保护单位——吕祖团瓢，有吕仙村战地医院和吕仙村古村居县级文物保护单位2处。该村山清水秀，溪水潺潺，水资源丰富，有饮马泉、百鸟泉、陶朱泉等名泉，其地下水锶含量丰富，非常适宜健康养生居住。村内特产一种金黄色石头，质地坚硬色泽金黄，村民用其建造民居，冬暖夏凉，人们称之为“黄金屋”。吕仙村历史文化底蕴浓厚，北部山顶有春秋时期齐长城遗迹，周边分布有南北朝时期、隋唐宋时期的石窟造像、明摩崖石刻等。村内有唐代古槐1株，粗约数搂，内生榆树一株，人称槐包榆，谐音“怀抱玉”。吕仙村红色文化资源丰富，村北山腰峭壁间有抗战医院、抗战小学及黄华洞战斗遗址等抗战遗迹。2021年6月，肥城市湖屯镇吕仙村入选山东省红色文化特色村。

**纯阳宝殿** 泰安市文物保护单位。位于湖屯镇吕仙村内。殿呈方形，高约5米，全石结构，石块细錾打成，上下均有出墙10厘米宽的底座和出檐。底座至出檐高2.3米，8层石块砌成，接缝细密规矩，工艺精湛。殿顶呈四棱圆锥形，用九层石板缩垒而成。外顶端为石刻莲花，上面竖一石葫芦，作为尖顶。门口上刻“纯阳宝殿”四个正楷字，落款“大明崇祯五年（1632）刻”。殿内顶端，一方右上镌刻几朵浮云，中间一只口衔宝珠双翅展飞的凤凰。北墙和西墙上各镶嵌石碑一通，上刻“大明国直隶河间府景州东光县道人曲全善前来济南府肥城西北二郎宫主持，今有徒弟高真立，徒孙赵冲，同发心修盖团瓢，吕祖善人景州东光县仁德乡五甲人，杨可大室人潘氏，崇祯五年（1632）十一日二十六日安坐”。此殿保存完好。

**岱南书院** 泰安市文物保护单位。位于湖屯镇冯庄村北、小泰山西南。建于清道光十四年（1834），前身为修道书院，民国初年因坐落于陶山山脉以南，故改称岱南书院，清代著名学者唐仲冕早期曾在此读书。清道光十四年（1834），唐仲冕之子——芜湖道道台唐鉴因岱南书院前身为其父读书的修道书院，为造福一方，也为纪念父亲，同庠生罗维钟等捐资修葺一新。新校仍在原址，大门朝南，门内有唐鉴撰大石碑1通，记载创修的原因、过程以及捐资人姓名、年月日。石碑两端镶嵌在造型精致的石鼓槽中，石碑已毁，不知去向，一对石鼓尚存，今置冯庄小学大门两旁。大门内有迎门墙。院内古松数株，右侧是建筑宏伟的魁星阁，魁星阁主体建筑分两层，呈四方形，阁顶有神楼。进大门约20米，盖有堂屋6间，是塾师的办公室和宿舍。院东西两侧，分别盖有南北向教室6间，东排教室后是伙房，西排教室后是操场。岱南书院建校百年来培养大批立志于救国救民的栋梁之材。新中国成立后，岱南书院改为冯庄小学，1973年改为三山联中，1984年又改为冯庄小学。2001年，因校舍太破旧拆迁，镇政府在书院东北侧另建三山小学。今岱南书院旧址有专人管护。

**唐仲冕母墓** 泰安市文物保护单位。位于陶山之阳，占地面积约1000平方米，墓地布局严整，层次分明。从南往北第一层次，立有2根高2.9米、宽0.4米见方的巨石望柱，柱的基座0.8米见方，望柱刻磨棱边框。望柱中间立有石碑（已坏），碑的基座、碑帽尚存，碑帽石刻条纹。第二层次，有石羊一对。第三层次，有石虎一对。

第四层次，有石马一对，马高1.3米、长2.2米，刻有鞍辔，形象生动逼真。第五层次，有石人一对，身高2.6米，手握笏板，身着朝服，腰束玉带，端庄严肃，栩栩如生。石雕后，正面为石表、石碑、再往北为墓穴。石碑高2.2米、宽1.15米，边框上刻有花卉云纹图案，碑文隶书，为翰林院编修刑部郎中阳湖孙星衍手迹，书法工整秀韵。上刻“诰赠奉直大夫前山东昌邑县知县唐公继配谭太宜人墓”。下落“嘉庆八年岁次癸亥夏五月”。墓地西南300米处有一神道碑，赑屃碑座，长2.6米、宽1.1米，四周有基座。碑高3.5米，碑冠有麒麟图案，上面篆刻“皇清诰命妇人唐母谭太夫人之神道碑”。碑阳中刻“皇清诰赠夫人唐母谭太夫人之神道”。碑阴刻有“道光三年夏四月，陕西布政使唐君仲冕致事，侨居金陵，来谒曰：‘慈氏窀穸肥城之陶山，五十年矣，幸遇覃恩’”字样，碑阴记述赐同进士出身的三位官员撰写的铭并叙。

## 古今名人

**范　蠡（前536—前448）**　春秋战国时期的著名政治家、军事家、实业家，被誉为商业鼻祖，又名陶朱公。宋代《太平御览》载“齐地记曰，范蠡浮海出齐，间行止陶山，因号陶朱公，在今平阴县东。”范蠡认为陶山一带水陆交通方便，与燕国、赵国、鲁国、宋国等诸国交易畅通，便“与时逐而不责于人，择人而任时，十九年中三致千金，再分散与贫交疏昆弟，此所谓富好行其德也，故言富者皆称陶朱公”。范蠡在陶山一带经商能抓住时机，注重人才，十九年中三致千金，说明其经商有术，很有成就。他致富后又能将钱财分给贫苦之人及乡邻亲属，即富好行其德，后卒老死于陶（即今肥城市陶山）。

**唐仲冕（1753—1827）**　字云积，号陶山居士，世称唐陶山。原籍善化（今湖南省长沙市），后客居肥城湖屯涧北村，是清代著名的泰山学者和文史学家。清乾隆三十六年（1771），仲冕在陶山东麓修道书院潜心读书，自号陶山居士。寄情山水，遍游陶山、牛山，曾画《陶山望杏图》，著《牛出叠翠》诗。乾隆四十六年（1781）唐仲冕应泰安州官员之邀，赴泰安主持泰山书院。其间，泰安知县黄钤重修泰安县志，唐仲冕参与其事。经十数年，于乾隆五十八年（1793），完成《岱览》巨著，共32卷。除《岱览》外尚有《陶心文录》10卷，《陶山诗录》24卷。清乾隆五十八年（1793），唐仲冕中进士，历任荆溪（今江苏宜兴）、吴江知县，后升任海州（今江苏东海县）知州，又调任通州（今四川县）、苏州知府，清嘉庆十年（1805），官至陕西布政使，代理巡抚。任职期间，兴利除害，多有惠政，乡民为之建生祠辞官迁居金陵（南京）。清道光三年（1823），返陶山祭扫母墓，写下著名的《扫墓》诗。清宣宗为表彰他的功绩，特覃恩赠唐母亲为夫人，在其墓前立石人、石马及华表等，并刻立神道碑，遗迹至今尚存。清道光七年（1827），唐仲冕病卒金陵。

**朱　霄（1907—1931）**　原名朱桂生，又名朱啸、张子炎。湖屯镇西辛庄人。革命烈士。1922年入济南育英中学读书。1924年上半年加入中国共产党，同年6月，任共青团济南第三支部书记。1926年下半年，山东学生联合总会成立，朱霄为主要负责人之一。1927年7月大革命失败后，朱霄受省委委托，在津浦线和鲁南一带开展党的活动。1928年，任青岛市委组织部部长。1929年1月19日，由于叛徒出卖，在济南被捕。在狱中，他视死如归，坚贞不屈，利用机会向狱卒宣传革命道理，并两次协助邓恩铭等越狱。在越狱暴动中，朱霄被追回。1931年4月5日，朱霄与邓恩铭、刘谦初等22名党的重要干部，被国民党政府枪杀于济南纬八路侯家大院刑场，史称济南“四五烈士”。

**朱仲武（1884—1944）**　原名朱传义，又名朱仲五，湖屯镇西湖屯（今西湖东）村人。

1929—1930年，任民国肥城县六区（驻中湖屯）区长。1932年，被推举为肥城县商会会长，并当选为民国肥城县政府参议员。1938年1月，日本侵略军占领泰肥地区后，他积极投入抗日斗争，后按照肥城县党组织安排，打入伪政权内部，开展地下工作。由于汉奸告密，1944年4月3日，被驻泰安的日本侵略军宪兵队逮捕，当天下午4时，在肥城老县城（今老城街道）北门外被日本侵略军宪兵队队长滨野杀害。

## 典型选介

**山东省旅游强乡镇——湖屯镇** 湖屯镇旅游资源丰富，境内有陶山国家AAA级旅游景区1家，小泰山、吕仙国家AA级旅游景区2家。陶山山势险峻，方棱四削，峰顶平缓，负阴抱阳，遍身披翠，伟岸挺拔。山中奇石遍布，天然石洞星罗棋布，素有72洞、36峰之说，洞洞有神仙，洞洞有个美丽的传说。景区内有范蠡墓、范蠡祠、幽栖寺、塔林、朝阳洞、观音洞、西施洞、冰洞、齐长城等众多文物古迹。小泰山道教文化丰富浓厚，景区内主要有小泰山十八盘、碧霞宫、娲皇殿、魁星阁、纯阳宝殿、玉皇庙等名胜古迹。吕仙村黄金石屋造型优美各异、错落有序、树木成荫，鸟语花香，为闻名百里的古村落。2016年，湖屯镇被山东省旅游局评为山东省旅游强乡镇。2020年，全镇接待游客50余万人次，旅游收入600余万元，带动了当地饮食、住宿、运输、娱乐等相关产业的经济发展。

**山东省级文明村镇——湖屯镇** 湖屯镇是“商圣”范蠡归隐之地，文旅底蕴丰厚，有国家AAA级旅游景区陶山、全国重点文物保护单位朝阳洞、国家森林乡村吕仙，众多省、市、县级文物保护单位和小泰山、齐长城、岱南书院等旅游景点。主要产业有机械制造、现代物流、光伏农业、生态林果等。2017年，被山东省精神文明建设委员会表彰为山东省级文明村镇。

**国家森林乡村——吕仙村** 湖屯镇吕仙村为国家AA级旅游景区，三面环山，山清水秀，泉水潺潺，适宜健康养生。村内特产“黄金石”（金黄色石头），村民用其建造民居，冬暖夏凉，人们称之为“黄金屋”。吕仙村充分挖掘当地特色文化，立足红色文化、石刻文化资源优势，深入推进文旅融合，以文旅产业发展促进乡村振兴，先后被评为山东省景区化村庄、山东省红色文化特色村。2019年，吕仙村被国家林业和草原局认定为国家森林乡村。

湖屯镇吕仙村标志性建筑

（湖屯镇史志办 2022 年提供）

## 镇党政主要负责人

党委书记 于 辉（2014.2—2019.8）

王继荣（2019.9— ）

镇 长 卢 军（2015.10—2019.1）

欧阳光兵（2019.1— ）

（耿学生 张瑞霞）

# 石横镇

## 地理环境

**位置面积** 石横镇位于肥城市境西北部，西、北和西南部均与济南市平阴县接壤，东与湖屯镇相邻，东南与桃园镇毗连。南北长13.65千米，东西长13千米，总面积94.51平方千米。镇机关驻石横二街，距肥城市人民政府25千米。南临青兰高速，西靠济菏高速。

**建置区划** 石横之名，始于金朝。因传说曾有一陨石降落村北、横置于山坡上，故名“石横”。石横镇境内，秦朝属齐郡，西汉、东汉分属泰山郡、济北郡。唐、宋、元、明、清和民国时期，分别属博城、乾封、平阴、肥城县管辖。抗日战争和解放战争时期，分别在红庙、隆庄建立肥城县第七区民主政府。1955年11月，第七区改为石横区。1958年，撤区成立石横公社。1984年又改为石横区。1985年12月，撤销石横区，成立石横镇。2016年，石横镇辖石横一村、石横三村、石横四村、石横五村、石横六村、前衡鱼一村、前衡鱼二村、前衡鱼三村、前衡鱼四村、后衡鱼一村、后衡鱼二村、后衡鱼三村、中心、国华、幸福、南大留、北大留、北高余、西铺、查庄、双泉峪、新华、汇北、赵庄、保安、对福山、仁里、正明山、圣佛寺、八道岭、红庙、旅店、道口、泉胜、大寺、唐庄、四合37个行政村和石横二街、中东居、中西居、南高余居、马坊居、新胜居6个居委会。至2020年，建置区划未变。

**自然状况** 境内地形北高南低，北部为丘陵区、中部为平原、南部为涝洼地，各占全镇总面积的三分之一。中南部地势平坦、土层较厚、质地良好，产量较高，衡鱼田远近闻名。水资源充沛，康王河、汇河自东向西穿流而过，北部“1030引黄灌渠”为农业、生活、工业用水提供了有力保障。海拔60～250米。土壤以中壤土为主，次为轻壤土。矿物资源主要有煤、石灰石、黏土、铁矿石、沙等，其中煤田面积30平方千米，主要品种为肥煤和气煤。

石横镇牌坊　　（石横镇史志办　2022年提供）

**人口民族** 2016年，全镇农村常住总户数1.6万户，

常住总人口5.37万人，其中男性2.63万人、女性2.74万人。2018年，农村常住总户数1.55万户，常住总人口5.4万人，其中男性2.66万人、女性2.74万人。2020年，农村常住总户数1.64万户，常住总人口5.36万人，其中男性2.7万人、女性2.66万人。有汉族、回族、满族、蒙古族、傣族、傈僳族、朝鲜族7个民族。

## 经济状况

**农　业**　以种植小麦、玉米、有机蔬菜、林果为主。2016年，全镇耕地面积4665.3公顷，农业总产值5.99亿元，其中农业产值1.82亿元、林业产值1640万元、牧业产值3.54亿元，农林牧渔服务业产值4717万元、增加值3.22亿元；农民合作社100个，种植大户29户，土地流转面积797公顷。2018年，全镇耕地面积4638.9公顷，农业总产值6.02亿元，其中农业产值3.77亿元、林业产值2821万元、牧业产值0.98亿元、渔业产值707万元，农林牧渔服务业总产值0.91亿元、增加值3.47亿元；农民专业合作社103个，家庭农场31个，土地流转面积805公顷。2020年，全镇耕地面积4612.4公顷，农业总产值6.48亿元，其中农业产值3.9亿元、林业产值2686万元、牧业产值0.99亿元、渔业产值3065万元，农林牧渔服务业产值1.02亿元、增加值3.8亿元。农民专业合作社112个，农业企业14家，家庭农场89个，土地流转面积1501公顷。

**工　业**　2016年，工业企业169家，从业人员3.3万人，其中规模以上工业企业49家；工业总产值235.22亿元，实现利税17.4亿元，其中利润6.7亿元；规模以上工业企业实现主营业务收入79.64亿元，实现利税9.35亿元，其中利润4.37亿元。2018年，工业企业161家，从业人员4.04万人，其中规模以上工业企业33家；工业总产值240.17亿元，实现利润49.8亿元；规模以上工业企业实现主营业务收入355.1亿元，实现利税66.88亿元，其中利润51.18亿元。2020年，引进落地项目19个，招商引资到位资金86.58亿元，上级拨款项目资金1.7亿元，进出口总额16亿元。工业企业179家，其中规模以上工业企业29家；工业总产值224.4亿元，规模以上工业企业实现主营业务收入274.93亿元，实现利税38.6亿元，其中利润27亿元。

## 财政税收

**财　政**　2016年，一般公共预算收入9.17亿元，其中工商税收1.96亿元，一般公共预算支出4.25亿元。2018年，一般公共预算收入9.43亿元，一般公共预算支出1.72亿元。2020年，一般公共预算收入9.89亿元，一般公共预算支出1.83亿元。

**税　收**　2016年，登记各类纳税人205户，其中年纳税额在10万元以上的企业46户；各项税收收入8.24亿元，其中增值税3.09亿元。2018年，登记各类纳税人260户，其中年纳税额在10万元以上的企业51户；税收收入9.43亿元，其中增值税4.57亿元。2020年，登记各类纳税人334户，年纳税额在10万元以上的企业90户；各项税收收入9.89亿元，其中增值税4.97亿元。重点税源为冶金制造、能源电力、医药化工、物流建材、农产品加工行业。

## 社会事业

**教　育**　2016年，幼儿园12所，专任教师44人，在园幼儿2250人；小学6所，专任教师214人，在校学生3504人；普通初中1所，专任教师176人，在校学生1650人；县级以上规范化中小学7所，其中省级规范化学校3所、市级规范化学校4所。2020年，幼儿园11所，专任教师41人，在园幼儿1659人；小学6所，专任教师156人，在校学生2180人；普通初中1所，专任教师160人，在校学生1346人。

**文　化**　2016年，综合文化站1个，村级文化活动中心43个，各类文化专业户6户；各类图书室43个，藏书15万余册，音乐、美术、书法、摄影及文学业余创作人员42人；农家书屋43个，农村文化大院43个，文体广场54个，文艺宣传（表演）队45支。2020年，综合文化站1个，村级文化活动中心43个，各类文化专业户8户；各类图书室43个，藏书20万余册，音乐、美术、书法、摄影及文学业余创作人员52人；农家书屋43个，农村文化大院43个，文体广场58个，文艺宣传（表演）队48支。县级以上文物保护单位12处，其中省级3处（左丘明墓、泰山显灵宫、新胜耶稣帝王堂）、泰安市级1处（肥城“1030”引黄灌渠）、县级8处（道口帝王冢、福山寺遗址、四合关帝庙、旅店遗址、隆庄风雨竹石刻、四眼井、张家井、尹家老宅）。县级以上非物质文化遗产18项，其中省级1项（王氏膏方）、泰安市级14项（甲氏瓯鸡、王氏膏方、石横大枪、出山拳、秘宗拳、横笛梆、佛汉拳、秘祖拳、梅花拳、徐家拳、梅家拳、尹家吊炉烧饼、徐家枪、石横传统武术）、县级3项（“四月八”庙会、年粥的传说、胡家华剪纸）。

**卫　生**　2016年，医疗卫生机构38家、床位110张，其中镇卫生院1家、村卫生室（社区门诊）37家；卫生技术人员124名，其中执业医师25名、执业助理医师12名。2020年，医疗卫生机构45家、床位102张，其中镇卫生院1家、村卫生室（社区门诊）44家；卫生技术人员111名，其中执业医师28名、执业助理医师10名。

## 社会保障

**医疗保险**　2016年，居民基本医疗保险参保人数7.27万人。2020年，居民基本医疗保险参保人数6.15万人。

**养老保险**　2016年，居民参加养老保险4.8万人。2020年，居民参加养老保险4.46万人。

**低保救助**　2016年，城镇最低生活保障户数12户、19人，发放最低生活保障金9.26万元；农村最低生活保障户数714户、1104人，发放最低生活保障金277.83万元；医疗救助48人次，发放医疗救助金27.14万元；敬老院1家，床位72张，收养农村“五保”老人40人。2020年，城镇最低生活保障户数10户、13人，发放最低生活保障金5.51万元；农村最低生活保障户数482户、867人，发放最低生活保障金261.06万元；敬老院1家，床位72张，收养农村“五保”老人36人。

## 名胜古迹

**左丘明墓**　山东省级文物保护单位。位于石横镇东衡鱼村（今幸福村）东北。《魏书•地形志》、唐朝《元和郡县志》、明《左传精舍》、清康熙十一年（1672）《肥城县志》均有记载。因历经沧桑巨变、战乱灾荒，左丘明墓数次被毁，宋、金、明、清多次修缮重建。新中国成立初，墓有封土，墓前有唐贞观年间立的墓碑、墓门牌坊等，坊上书“左丘明墓”。后各种运动，特别是“文化大革命”运动，该墓毁坏严重、荡然无存。1998年起，石横镇党委、政府投资百万元重新修建。该墓占地面积2公顷，基台长为60米、宽40米，墓高8米、直径20米，墓碑高8米，墓门牌坊高10米，雄伟壮观。

**泰山显灵宫**　俗称西行宫、行宫庙，山东省级文物保护单位。位于石横镇石横四村。坐北朝南，建于明朝万历四十二年（1614），占地面积2815.2平方米，总建筑面积331.15平方米，今正殿、东西配殿、前过殿保存完整，为肥城市境内保存最完整的明代建筑。整体建筑为四合院样式，分前过殿、正殿、东西配殿、后楼。前过殿为穿堂式，面阔3间，砖石土木结构，硬山顶，四架梁，重梁起架，顶部为黄色琉璃瓦，大脊和垂脊为黄釉陶塑，通体彩塑龙纹，大脊两端有鸱吻，四条垂脊上均有戗兽和走兽各三。前门

居中，门上有石条横额，上刻“泰山显灵宫”五字，落款为“明万历肆拾贰年叁月创建”，门口有石狮1对，高1米，殿前为一月台。正殿为“碧霞元君祠”，面阔3间，东西长9.6米，进深8.7米，砖石土木结构，前廊式，硬山顶，顶部为黄色琉璃瓦。东西山墙外侧上部镶有彩色陶塑，西山墙上塑有“十八罗汉斗悟空”，东山墙上为“八仙过海”“鹭鸶戏荷花”“鲤鱼跳龙门”等。正殿后门有穿廊通后面的后楼，平顶，东西墙上有拱门，两墙底部各镶有清代重修碑3通。后楼为石砌弧顶建筑。东西配房为对称式建筑，均为3开间，前廊式，硬山顶，黄色琉璃瓦。东配殿南有灵官殿，面阔2间，硬山顶，建于明天启三年（1623）六月，另外还保留有多通创修重修碑。

**新胜耶稣帝王堂** 俗称天主教堂，山东省级文物保护单位。位于石横镇新胜居委会后邻。建于19世纪60年代，坐西朝东，占地面积0.12公顷，其中教堂120平方米，高20余米，东西10间，东西长30余米，南北宽12米，为哥特式建筑，另有配房数间，为肥城县最大的教堂。解放战争时期改为肥城县抗日第七区区部。1949年，新中国成立后停止活动。1957年，中国天主教爱国会成立后恢复活动。1966年改为学堂。1978年，中共十一届三中全会后恢复活动。

**肥城“1030”引黄灌渠** 泰安市文物保护单位。位于石横镇北部山区。为纪念毛泽东主席1952年10月30日发出的“一定要把黄河的事情办好”的指示，在纪念日1968年10月30日开工而得名。整个工程由肥城县、平阴县组织万余名群众进行施工、开山劈岭，历时近3年建成。西起平阴田山，东至肥城王瓜店，全长35千米，灌溉面积1.33万公顷，其中肥城段25千米，灌溉面积0.8万公顷。该引黄工程为平阴、肥城山区抗旱保收发挥了重要作用，被称为“泰安的红旗渠”。

**道口舜王冢** 肥城市文物保护单位。位于石横镇道口村西北500米处。墓径30米，高10余米。舜曾在衡鱼建都，故后葬于此处。今该冢仅存一角。

**福山寺遗址** 肥城市文物保护单位。位于石横村西北福山东侧，又名石佛寺。相传为七佛传灯处，原有明人李邦珍碑，建有文昌阁、春秋阁、奎星楼。今断壁残垣，遗迹尚存。庙前石碑多在“文化大革命”初期损坏，今存清乾隆二十三年（1758）肥城知县陶淑己所立石碑1通，庙西石壁有明崇祯九年（1636）肥城知县郑位题“七佛传灯”石刻。

**四合关帝庙** 肥城市文物保护单位。位于石横镇四合村南康王河北岸。清朝末年，当地村民为防止水患、祈求风调雨顺，自发筹资所建。该庙有正殿3间，东西配房4间，占地面积0.2公顷。正殿3间为砖石结构，保存完好。门前石柱楹联为：“文圣人武圣人两位圣人，写春秋读春秋一部春秋”。

**旅店遗址** 肥城市文物保护单位。位于石横镇旅店村北200米处。遗址处原为古河道，发掘于2008年3月，出土距今5000年的新石器时代的石铲、汉代的灰陶器物残片、唐宋元时期的瓷片以及明清时期的青花瓷器残片等，为肥城市发现的历史跨度最长、文化内涵最为丰富的古代遗址，对于研究古代聚落分布特征、人类生存环境提供了实物资料。2021年8月，肥城市政府邀请山东省考古队对旅店遗址进行了考古挖掘。

**隆庄风雨竹石刻** 肥城市文物保护单位。存于石横镇隆庄村（今汇北村）关帝庙内。相传为关羽从袁绍军寻先主刘备至此所作。“风雨竹”由一棵风竹一棵雨竹组成，竹叶组成四句诗：“不谢东君意，丹青独立名。莫嫌孤叶淡，终久不凋零”。

**四眼井** 肥城市文物保护单位。位于石横镇石横村（今石横二街）。相传为明初燕王朱棣所建，有清嘉庆七年（1802）重建碑。此井井台3米见方，2块长条巨石上开口4个，口径0.7米，4人可同时打水，互不干扰。棚石下口径2米，深20余米。数百年来，此井为解决附近村民吃水困难发挥了重要作用。村民饮用自来水后，该井成为历史遗迹。

**张家井** 肥城市文物保护单位。位于石横镇石横一村。井口直径0.9米，用一圆形巨石覆盖，井口以南1.6米处有一水槽，南北长1.4米、东西宽0.9米，北宽南窄。井台北侧墙上一米以上有一香龛，每年腊月三十、正月十五村民都前来烧香祈福，西侧墙壁上镶嵌两通重修石碑，君额题“万古流芳”，东侧一通正中竖刻“皇清雍正十一年重修张家井，三月初九日立”，西侧碑文上题“大清乾隆五十九年重修张家井碑记”。据传井前原有古槐2棵，1958年被砍。今井台上搭建凉棚，内置长椅和石桌石凳，供村民休闲娱乐，也起到保护古井的作用。

**尹家老宅** 肥城市文物保护单位。位于石横镇石横三村。因其为清光绪己丑年（1889）举人尹肇爽所建故名，距今有130余年的历史。原占地面积3644平方米，为前后两进院，每院又分两院落，房屋共80余间。今存房屋27间，自北向南依次为全石平房1幢，起脊房加东西配房小院落1处，二层砖石楼院落1处，其中最南面院落又称“松树院”，占地面积861平方米，建有藏书楼，为二层建筑，砖石土木结构，硬山灰瓦顶，正脊浮雕卷草纹。藏书楼悬挂牌匾长2米、宽1米，紫红底烫金凹槽字，上书“文魁”二个大字，两旁有小字，上首为“光绪己丑”，下首为“恩科第三十一名举人尹肇爽”。

## 古今名人

**左丘明（前556—前451）** 姓丘，名明，因其父任左史官，故称左丘明。东周春秋末期鲁国都君庄（今石横镇东衡鱼村）人。春秋末期史学家、文学家、思想家、散文家、军事家。曾任鲁国史官，为解析《春秋》而作《左传》（又称《左氏春秋》），又作《国语》，作《国语》时已双目失明，两书记录不少西周、春秋的重要史事，保存了具有很高价值的原始资料。左丘明是中国传统史学的创始人，史学界推左丘明为中国史学的开山鼻祖，被誉为“百家文字之宗、万世古文之祖”。

**刘海东（1088—1125）** 石横镇前衡鱼村人，北宋抗金英雄。成年之时，正值金兵入侵，因其武艺精湛、颇有谋略、处事谨慎，被招为平阴都统（当时衡鱼属平阴县），组织军队抗金军于黄龙岗一带，身经百战，屡建功劳。北宋宣和七年（1125），在一次激战中，杀敌数名，身受重伤，因寡不敌众、未能突围，牺牲于乱军之中。

**尹鸿揄（1790—1880）** 字扬廷，石横镇石横村人。幼敏而好学，性情厚重。20岁参加县试考取优等廪生。后考取贡生，任广东省徐闻县知县。因廉洁自持、不事奢华，深得民心，被知府举荐，升为知州。著有《粤游诗草随笔录》。

**邱光瀛（1859—1916）** 字仙舫，号幼芝，石横镇东衡鱼村人。出身于士大夫家庭，少时聪颖，8岁即能填词吟诗作文，12岁以泰安第一名考取庠生。清光绪二十三年（1897）考取贡生。清光绪二十六年（1900）中举人，任知县。因治理山东境内黄河功绩斐然，钦加五品衔，以知州试用。编修《河工案牍》一书。

**尹式瑑（1850—1924）** 字聘卿，石横镇石横村人。出生于官宦家庭，幼聪敏，受家庭熏陶，考入国子监读书。入仕后，因有政绩，被清廷封为花翎二品衔，候选道诰奉政大夫。归故里后，关心公益，捐资助教，被中华民国教育部授予“敬教劝学”匾额和“捐资助学”金质褒章。

**梅冠军（1850—1927）** 石横镇石横村人。出身武术世家，自幼习练武术，苦练不辍，力大无比，箭术高超，被誉为大力士、神箭手。清同治六年（1867）中武举。清光绪二年（1876），参加丙子科考试，中武进士。

**尹鹏武（1902—1940）** 原名尹振祚，又名尹飞，石横镇石横村（今石横三村）人。1919年，考入济南育英中学。1922年，加入中国社会主义青年团，不久转为中共党员。1926年北京燕

京大学毕业后，受党组织委派在烟台创办《时兆日报》。1928年，回乡成立肥城县第一个农民协会。1930年春，农民协会被迫解散后，先后到东平、平阴任教。七七事变后，回乡发展抗日武装，任山东第六区抗日游击司令部第十七营营长。1938年春，任山东西区人民抗敌自卫团十七大队大队长。1940年7月去世。1988年平反。

**刘兆峰（1907—1986）** 清光绪三十三年（1907）八月出生，石横镇旅店村人，民间雕塑艺术家。8岁入塾就读，15岁辍学务农，后跟外祖父学石匠。1958年，参加人民大会堂和军事博物馆的施工，专事石雕花纹图案的雕刻。他镌刻的“孙悟空三打白骨精”，形中寓神，栩栩如生，被收藏于泰安市博物馆。1986年10月去世。

**刘传声（1929—2018）** 石横镇中心村人，中共党员，初中文化。1949年春，考入村民校学习。1958年7月，任中心村高级社会计兼民师。任民师期间，推行环境识字法和以语代字教学法，创造了3个月内使百余青壮年文盲脱盲、达到能读书看报写作、及格率95%以上的奇迹。在他的努力下，中心村成为肥城县第一个无盲村。他主编的扫盲教材在全省推广。1960年1月被评为济南市优秀教师，5月被评为省先进工作者，6月被授予全国文教卫生系统先进工作者称号，并出席全国文教卫生系统工作会议，受到党和国家领导人接见。

**张兆明** 1937年3月出生，石横镇道口村人，中共党员。1955年2月，参军入伍。1983年5月，任南昌警备区副司令员。1984年9月，任南昌陆军预备役步兵师师长兼南昌军区副司令员。1985年因落实编制，任南昌陆军预备役步兵师副师长兼南昌军区副司令员。

**阴洪生** 1938年生，石横镇红庙村人，中共党员。1957年1月，参加中国人民解放军。1966年，参加援越抗美战争。1979年，参加云南边防保卫战。1990年，任炮兵第四师副师长、军炮兵指挥部副总指挥。1992年，任云南省军区司令部顾问。1993年退休。

**张肇芳** 1939年5月出生，石横镇泉胜村人，中共党员，大学本科学历。1966年，高中毕业被保送解放军军事工程学院海军工程系学习。1990年，被授予海军大校军衔，正师级。1996年退休。

**宋洪银** 1964年1月出生，石横镇北大留村人，研究生学历。1983年6月，加入中国共产党。1985年7月参加工作。2015年5月至2016年1月，任泰安市委常委，泰山区委书记、党校校长、区人大常委会主任。2016年4月，任泰安市委常委、秘书长。2019年12月，任泰安市委常委，市政府副市长、党组副书记。

**丁翊强** 1966年3月出生，石横镇南大留村人，大学本科学历。1988年7月参加工作，1987年12月加入中国共产党。2013年1月，任贵州省毕节市政府党组成员、副市长。2019年12月，任新疆生产建设兵团第十四师昆玉市党委书记、第十四师政委。2022年7月，任新疆生产建设兵团第一师阿拉尔市党委书记、政委。

## 土特名产

**石横牌韭菜** 石横镇南部平原村素有种植韭菜的传统。随着科学技术的推广应用，“石横”牌越冬式拱棚韭菜发展成为主要特色产业，远销全国各地。2000年，“石横”牌韭菜被山东省农业厅认证为无公害农产品。2016年，全镇韭菜种植面积260公顷，其中拱棚种植面积150公顷，亩产值2万元以上，成为农民增收致富的重要来源。2020年，全镇韭菜种植面积350公顷，其中拱棚种植面积200公顷。

**甲氏瓯鸡** 甲氏药膳瓯鸡起源于宋朝。甲氏第27代孙甲承强调整药方，增加药料，突出文火慢瓯，使之更趋于治病保健功效。“汤清骨化、美味可口”更堪称一绝。“八月初一瓯鸡吃，一年百病全没戏。初伏逢九一只鸡，来年有个好身体”。2015年12月，甲氏瓯鸡被山东省商务厅评为“美食山东·齐鲁名吃”。2016年8月，甲氏瓯鸡制作技艺被列入泰安市第六批非物质文化遗产代表性项目名录。

**福山之润牌核桃** 为石横镇北部山区的主导产业。实现微滴灌溉，遍施农家肥，生产的核桃个大、皮薄、可口，质优价廉，畅销泰安、聊城、济南等地区。2015年，注册为“福山之润”牌商标。2020年，种植面积突破万亩规模，亩产值4000余元。

**孙记桃木剑** 为石横镇前衡鱼一村工匠孙其辉继承祖业，结合现代市场需求独创的一种传统桃木工艺品。孙其辉祖上是木匠世家，木质工艺远近闻名。改革开放后，孙其辉远赴济南、义乌等地学习深造，研究开发新工艺，自家小作坊逐步发展成为规模较大的桃木工艺制品厂，主要产品有桃木剑、如意、挂件、摆件、装饰品等上百个品种，工艺细致精良，畅销全国各地。

## 典型选介

**全国综合实力千强镇——石横镇** 石横镇是左丘明故里、齐鲁工业重镇，文化底蕴丰厚，工业经济发达，是全国重点镇、全国文明村镇、国家优秀园林城镇、全国先进基层党组织、山东省中心镇等。2019年，石横镇经济发展进入跨越式发展的快车道，逐步形成以特钢冶炼、化工产业集聚、机械制造、石墨电极等特色产业竞相发展的良好格局，成为全国的特种钢产业基地和化工产业基地。2019年，全镇有工业企业166家，其中规模以上工业企业20家，实现主营业务收入287.16亿元、利润38.91亿元。同年10月，石横镇入选全国综合实力千强镇。2020年，全镇有工业企业179家，其中规模以上工业企业29家；工业总产值224.4亿元，规模以上工业企业实现主营业务收入274.93亿元，实现利税38.6亿元，其中利润27亿元。

**中国企业500强——石横特钢集团有限公司** 位于肥城市石横镇北部，是一家集焦化、炼铁、炼钢、轧钢、发电、机械制造、民间资本、钢铁物流于一体的大型钢铁联合企业。2016年起，石横特钢调结构转方式，以钢铁为主业，延伸至化工、金融等领域，走出了一条结构持续优化、实力持续增强、能耗持续下降、环境持续改善、效益持续提升的科学发展之路，实现主营业务收入141亿元，利税18亿元，其中利润14亿元。2017年，被中华人民共和国工业和信息化部评为第一批“绿色工厂”，被科技部评为高新技术企业。2018年，被山东省经济和信息化委员会、山东省财政厅评为山东省百年品牌重点培育企业，被山东省委、省政府确定为泰安特种建筑用钢产业集群。2020年，公司实现主营业务收入395亿元，利税39亿元，其中利润32亿元。至年末，公司连续五年被冶金工业规划研究院评为中国钢铁企业综

2021年9月22日，石横特钢集团有限公司全景图

（石横特钢集团办公室　提供）

合竞争力特强A级企业，综合经济实力连续五年跨入中国企业500强之列。

**中韩绿色园区——肥城化工产业园区** 位于肥城市石横镇，属于综合类化工园区。规划面积8.84平方千米，起步区面积4.53平方千米。2018年6月，经山东省人民政府认定公布为省级化工园区。2020年，利用中华人民共和国工业和信息化部支持建设中韩绿色园区试点的机遇，用绿色发展倒逼化工转型，用循环经济破解发展困局，借鉴吸收韩国在产业共生、绿色链接、智慧园区建设等方面的经验，走出了一条“一个蓝图牵引、一个链接贯通、一个平台承载、一个体系支撑”的化工园区绿色转型、开放合作之路，实现绿色发展活力有效释放，绿色产业链条集聚形成，绿色项目投资加快汇聚，绿色环境机制持续优化，加快了中韩合作、开放创新、高端高效、循环低碳的“智慧园区”“绿色园区”建设步伐。至年末，园区入驻企业27家，投产运行企业19家，在建企业8家，实现经营业务收入58.12亿元，利税6.36亿元。

## 镇党政主要负责人

**党委书记** 孙衍辉（副县级，2011.11—2018.12）
李宝军（副县级，2018.12— ）

**镇　　长** 李开磊（2014.2—2019.3）
王宜强（2019.7— ）

（李　涛）

# 桃园镇

## 地理环境

**位置面积** 桃园镇位于肥城市境西南部，东与新城街道、仪阳街道、安临站镇相邻，西与平阴县孝直镇接壤，南与王庄镇相连，北以米山为界，与王瓜店街道为邻，隔康王河与湖屯镇相望。东西长17.59千米，南北长12.57千米，总面积100.96平方千米。镇机关驻屯头村，距肥城市人民政府12.5千米。肥梁、肥桃、湖王、安桃公路纵横全境。

**建置区划** 桃园盛产肥桃，为肥城桃的正宗产地，故名桃园。桃园镇境内，西周时归肥子国，秦代属齐郡，西汉归肥城县。东汉章和二年（88）归东平国富城县，南北朝归兖州富城县。唐、宋、元、明、清和民国时期，分别属兖州、郓城、济宁、济南、泰安管辖。1928年，分属肥城县第三、四、五、六区。1937年，划归第六行政督察区。1947年，分属肥城县第三、四、五、六区。1952年6月，划归肥城县第十一区。1958年4月，撤区并乡划分为桃园、屯头2个乡。1958年，2乡合并成立桃园公社。1983年，改为桃园区。1985年，撤销桃园区，成立桃园镇。2016年，桃园镇辖屯头、高岭、龙岗、营里、仁贵、前韩、后韩、白楼、前鲁、中鲁、后鲁、南北王、东魏店、西魏店、潘庄、里留、三良、业长、郭刘、东伏、桑杭、上固留、中固留、涝洼、张里庄、西里、北僧台、南僧台、拔头、罗汉、黄庄、纪家洼、东里一村、东里二村、东里三村、东里四村、龙阳、李家小庄、顾庄、黑牛山40个行政村。至2020年，建置区划未变。

**自然状况** 境内主要有低山、丘陵、平原三种地形，平原土质肥沃。水资源充沛，康王河自东沿镇北部西流，金线河从境东南部穿流而过。海拔60.3～309米。土壤主要为褐土、砂壤土。资源主要有石灰石、黄沙和红土等，其中石灰石储量丰富，居肥城市首位。

**人口民族** 2016年，常住总户数1.56万户，常住总人口5.19万人，其中男性2.61万人、女性2.58万人。2018年，常住总户数1.68万户，常住总人口4.84万人，其中男性2.46万人、女性2.38万人。2020年，常住总户数1.48万户，常住总人口4.63万人，其中男性2.53万人、女性2.1万人。有汉族、回族、满族、彝族、壮族、傈僳族、蒙古族、景颇族、苗族9个民族。

## 经济状况

**农　业** 以种植肥桃、小麦、玉米、土豆、白菜为主。2016年，全镇耕地面积5660公顷，均为水浇地，农业总产值12.84亿元，其中农业产值9.44亿元、林业产值1110万元、牧业产值2.62亿元，农林牧渔服务业产值6733万元、增加值7.68亿元；农民合作社95个，种植大户162户，土地流转面积456.2公顷。2018年，全镇耕地面积5660公顷，农业总产值16.29亿元，其中农业产值12.33亿元、林业产值1342万元、牧业产值2.98亿元，农林牧渔服务业总产值8469万元、增加值9.49亿元；农民专业合作社107个，家庭农场223个，土地流转面积956公顷。2020年，全镇耕地面积5660公顷，农业总产值17.27亿元，其中农业产值12.73亿元、林业产值1278万元、牧业产值3.46亿元，农林牧渔服务业产值9491万元、增加值10.13亿元。农民专业合作社134个，农业企业223家，家庭农场343个，土地流转面积1318公顷。

**工　业** 2016年，工业企业20家，从业人员1026人，其中规模以上工业企业4家；工业总产值7.12亿元，实现利税9966万元，其中利润6865万元；规模以上工业企业实现主营业务收入7.03亿元，实现利税9016万元，其中利润6062万元。2018年，工业企业22家，从业人员1263人，其中规模以上工业企业6家；工业总产值8.56亿元，实现利税1.62亿元，其中利润1.22亿元；规模以上工业企业实现主营业务收入8.26亿元，实现利税1.43亿元，其中利润1.13亿元。2020年，引进落地项目12个，招商引资到位资金4.7亿元，上级拨款项目资金1.16亿元，进出口总额2.7亿元。工业企业31家，从业人员1656人，其中规模以上工业企业7家；工业总产值9.8亿元，实现利税1.98亿元，其中利润1.58亿元；规模以上工业企业实现主营业务收入9.57亿元，实现利税1.55亿元，其中利润1.16亿元。

## 财政税收

**财　政** 2016年，一般公共预算收入9063万元，其中工商税收5784万元，一般公共预算支出8963万元。2018年，一般公共预算收入762万元，一般公共预算支出1366万元。2020年，一般公共预算收入2078万元，一般公共预算支出2330万元。

**税　收** 2016年，登记各类纳税人336户，其中年纳税额在10万元以上的企业70户；各项税收收入7291万元，其中增值税6580万元。2018年，登记各类纳税人454户，其中年纳税额在10万元以上的企业31户；税收收入6756万元，其中增值税2236万元。2020年，登记各类纳税人611户，其中年纳税额在10万元以上的企业32户；各项税收收入9132万元，其中增值税1275万元。重点税源为机械制造、建筑建材、服装加工行业。

## 社会事业

**教　育** 2016年，幼儿园8所，专任教师89人，在园幼儿1062人；小学7所，专任教师150人，

在校学生1967人；普通初中1所，专任教师132人，在校学生1355人；县级以上规范化中小学7所，其中省级规范化学校1所、市级规范化学校6所。2020年，幼儿园8所，专任教师56人，在园幼儿490人；小学7所，专任教师146人，在校学生1091人；普通初中1所，专任教师107人，在校学生915人。

**文　化**　2016年，综合文化站1个，村级文化活动中心40个，各类文化专业户2户；各类图书室40个，藏书20万余册，音乐、美术、书法、摄影及文学业余创作人员52人；农家书屋40个，农村文化大院40个，文体广场68个，文艺宣传（表演）队5支。2020年，综合文化站1个，村级文化活动中心40个，各类文化专业户7户；各类图书室40个，藏书20万余册，音乐、美术、书法、摄影及文学业余创作人员463人；农家书屋40个，农村文化大院40个，文体广场68个，文艺宣传（表演）队42支。县级及以上文物保护单位3处，其中省级1处（晒书城遗址），泰安市级1处（桃园玉皇阁）、县级1处（李家小庄遗址）。县级及以上非物质文化遗产4项，其中泰安市级2项（晒书城传说、肥城桃栽培技艺）、县级2项（肥桃的来历、肥城桃木桃符制作民俗）。

**卫　生**　2016年，医疗卫生机构28家、床位80张，其中镇卫生院1家、村卫生室（社区门诊）27家；卫生技术人员68名，其中执业医师21名、执业助理医师8名。2020年，医疗卫生机构28家、床位80张，其中镇卫生院1家、村卫生室（社区门诊）27家；卫生技术人员71名，其中执业医师18名、执业助理医师9名。

## 社会保障

**医疗保险**　2016年，居民基本医疗保险参保人数4.11万人。2020年，居民基本医疗保险参保人数4.12万人。

**养老保险**　2016年，居民参加养老保险2.9万人。2020年，居民参加养老保险3.67万人。

**低保救助**　2016年，城镇最低生活保障户数15户、22人，发放最低生活保障金8.18万元；农村最低生活保障户数663户、1026人，发放最低生活保障金114.76万元；医疗救助131人次，发放医疗救助金42.84万元；敬老院1家，床位45张，收养农村“五保”老人30人。2020年，城镇最低生活保障户数6户、7人，发放最低生活保障金2.45万元；农村最低生活保障户数373户、567人，发放最低生活保障金184.41万元；敬老院1家，床位45张，收养农村“五保”老人32人。

## 名胜古迹

**晒书城汉代遗址**　山东省级文物保护单位。位于桃园镇西里村至龙阳一带。1966年，修建“杨顾李”水库时，发现断崖有文化堆积层。20世纪70年代，农田水利基本建设中，西里村东一带在整修“大寨田”时曾挖掘发现几座汉墓，出土汉明帝永平十六年（73）画像石，高0.73米，长1.34米，是东汉初年墓葬画代表作。此处还出土过东汉陶罐、铜戈、铁刀等。清光绪十七年（1891）《肥城县志》载：遗址以北为晒书城，城址已毁，大成殿和古碑已湮没。

**涝洼玉皇庙**　位于桃园镇涝洼村西玉皇山前。建于晚唐或宋初，占地面积约620平方米。玉皇庙大殿坐北朝南，面阔三间，硬山灰瓦顶，高浮雕正脊，前有檐廊，两根方形石质檐柱，上刻楹联：“玉座完精秉三无以居上帝，金阙现象乘六龙而御皇天”，落款为“崇祯八年仲春”。大殿面阔1.2米，进深总5.94米，廊深2.34米。大殿前面有月台，进深3.29米。大殿气势恢宏，玉皇大帝塑像逼真。殿内北、西、东三面壁画各路神仙栩栩如生，南面壁画为二十四孝图。2005年重新修缮。

**桃园玉皇阁**　泰安市级文物保护单位。位于桃园镇东里一村北凤凰山之巅。明嘉靖四十五年（1566）修建，明隆庆元年（1567）竣工。建筑

2016年7月20日，桃园镇桃园玉皇阁远景　　（孙启刚　摄）

总高度30.8米，三层房檐，莲花式柱础。大殿正中位供奉玉皇大帝神像，左右各置神像1尊，东为太白金星，西为托塔天王。玉皇阁左右各建配殿1座，西配殿供神像3尊：进殿门中莲花座之神台系斗母元君，左神台为慈航真人，右神台为九天玄女。东配殿供神像3尊，进殿门中之神台系碧霞元君，南神台为眼光娘娘，北神台为送子娘娘。2013年重修。

**李家小庄遗址**　肥城市文物保护单位。位于桃园镇李家小庄村北，顾庄社区南，为新石器、西周、汉代遗址。

**中固留皇姑坟遗址**　俗称皇姑坟，位于桃园镇中固留村北。1974年，整修“大寨田”时，在村北200米处挖掘出南北长50多米，东西宽100多米的土塚。遗址中心尚保留长约7米、宽约3米的一块封土堆。封土堆中埋藏着大量的灰陶纺轮、鼎足，以及汉灰陶豆、瓦片、陶罐、烧制陶器的窑坑等。经专家考证为周至汉代遗址。

**阴家祠堂**　又名阴氏家祠，俗称阴家家庙，位于桃园镇屯头村东。建于清嘉庆年间，祠堂原建筑分前后院，后院建有鱼池、花山。前院正殿面阔3间，穿堂式。殿内16根圆木柱支撑，4梁起架，前后出厦。大殿宽12米，进深8米。东西厢房各面阔3间，2梁起架、硬山，前出厦，鼓石柱础。大殿正门两侧隔山为木质，上部为透雕图案，墙体外镶青砖，内白灰抹皮。大起脊，卷棚，灰瓦有滴水瓦当。大殿垂脊，正脊雕有兽卉图案。祠堂大门起脊，“八字”墙，砖体结构，两边置石狮，门上匾额曰“阴氏祠堂”。今仅存大殿、西厢房及建祠石碑。建祠石碑上刻有“为祭祀阴家始祖而建”字句。

**韩庄阴进士旧宅**　位于桃园镇前韩庄村西。为清代进士阴秉渊的旧宅，始建于清代，是阴秉渊由武生累升为京城内外巡捕游击（位次参将）后所建。总建筑16幢，分为对称的东西两院，有楼殿、厢房。主体大殿宽15米，进深8米，过道为穿堂式，灰瓦有滴水瓦当，有的卷棚，有的平顶。石基础，砖墙体，均为硬山。清康熙十一年（1672）《肥城县志》载：阴进士，慷慨有侠风，胆量过人。任京城内外巡捕游击时，“不侮鳏寡，不畏强御”闻者莫不惊服。

**晒书城与大成书院**　位于桃园镇东里村（今东里一村）北凤凰山下。相传春秋时期，孔子游经于此，在凤凰山下遇雨晒书。世人因仰思圣德，建祠塑像祀之，匾曰：“晒书城”。元代，曾有僧侣住此处，改塑佛像于中，左塑老子，右塑孔子，遂更名为“三教堂”。明嘉靖年间，知县刘赞迁佛像移老子，扩建大成殿3间，殿内将孔子安放中间，旁配四贤哲（孟子、曾子、颜子、子思），匾曰“大成书院”。殿内横匾曰“万世师表”。后知县林成立任期，裁撙二祭者，书院渐衰败。明万历年间，同川公李邦珍将裁者复之，又镌碑以传永久。清康熙九年（1670），知县尹任又亲自修建，使之焕然一新。大成书院占

地面积42.67公顷，院外有柏树52棵，院内27棵，柏树枝繁叶茂，遮天盖地，郁郁葱葱。

**鲍家塘碧霞元君祠** 位于桃园镇鲍家塘子（今业长村）西50米。建于清代，为祀拜碧霞元君所建。建筑为5间4梁、宽12米、3梁起架，琉璃瓦，硬山顶，有垂脊、正脊、浮雕龙纹图案。垂脊塑有兽马荷花等，八角内柱均为石质。该建筑别致，具有地方特色和清代建筑的雕刻、装饰风格。

## 古今名人

**李文甫（1912—1987）** 1912年8月出生，桃园镇西里村人。1932年2月参加革命工作，11月加入中国共产党。1945年8月，任冀鲁豫第四军分区副政委兼政治部主任。1948年4月中旬，任洛阳市委书记。1957年夏，任中共本溪市委书记处书记。1980年至1983年4月，任辽宁省政协副主席。1987年6月去世。

**郭月斋（1914—2005）** 1914年1月出生，桃园镇桑杭村人。1937年8月参加革命，同年10月加入中国共产党。1975年起，历任全国供销合作总社办公厅主任，全国供销合作总社副主任、党组副书记、中国商业政策研究会首任会长等职。1982年12月离休。2005年5月在北京去世。

**白　泉（1928—2015）** 1928年12月出生，桃园镇白楼村人。1939年7月参加抗日游击队。1944年6月加入中国共产党。1985年，任成都军区昆明陆军学院院长。1988年9月，被授予中将军衔。2015年6月去世。

**阴法唐** 1922年1月出生，桃园镇张里庄人。1938年6月加入中国共产党。中国人民解放军高级指挥员、政治活动家、无产阶级革命家。1980年，任中共西藏自治区党委第一书记。1985年7月，任中国人民解放军第二炮兵副政委。1988年，被授予中将军衔。获二级独立自由勋章、二级解放勋章。中国共产党中央委员会第十二、十三届代表大会代表，第十二届中央委员，第七届、第八届全国人大常委会委员，第五届、第六届、第七届、第八届全国人大代表。

**曲格平** 1930年6月出生，桃园镇东里三村人，中共党员，大学本科学历，世界著名环境科学专家。1952年山东大学毕业后，分配至上海电影制片厂工作。1969年，任国务院计划起草小组处长。1976年起，历任中国常驻联合国环境规划署首席代表、国务院环境保护领导小组办公室副主任、城乡建设环境保护部环境保护局局长。1988年8月，任国家环境保护局局长。1993年3月至2013年3月，任第八届、第九届全国人大常务委员会委员，全国人大环境与资源保护委员会主任委员，中华环境保护基金会理事长。

**阴法舜** 1933年10月出生，桃园镇张里庄人。1950年12月参加中国人民解放军海军。1954年12月加入中国共产党。1988年，被授予海军少将军衔，1991年9月，任海军航空兵副政委。1994年离休。

**王文元** 1934年3月出生，桃园镇西里村人。1952年参加工作。1955年12月，加入中国共产党。历任肥城陆房完小教师，肥城城关完小教导主任，泰安师专干训班学员、肥城矿务局建井二处党委秘书，肥城矿务局党委秘书，矿务局团委书记，华东煤炭公司政治部秘书，杨庄矿、曹庄矿党委书记，肥城矿务局党委副书记，泰安地委煤炭部副部长，行署办公室副主任、主任，泰安市政府秘书长。1988年1月，任泰安市人大常委会副主任、党组成员，1997年4月退休。

**王宗春** 1935年2月出生，桃园镇屯头村人。1956年3月，在山东省林业学校任教。1962年加入中国共产党。1968年2月起，历任中共广州市委办公厅第一秘书处副处长、办公厅副主任。1983年5月，任广州市委副书记兼市委秘书长。1985年7月，任广东省委常委、省纪委书记。1985年9月，当选中国共产党全国代表大会代表，在中共全国代表大会上增选为中央候补委员。1998年1月，任广东省第八届政协常务副主席、党组副书记。中共十三大、十四大、十五大代表。

**尹承恕** 1944年12月出生，桃园镇黄庄村人。1965年12月加入中国共产党，大学本科学历。1991年12月，任辽宁省科协副主席兼党组副书记。1993年5月，任辽宁省科协副主席、党组副书记（正厅级）。

**阴继梅** 女，1945年10月出生，桃园镇张里庄人。1965年，在西藏自治区统战部工作。1980年，任中国人民政治协商会议全国委员会办公厅副主任。2000年3月，任全国政协秘书局副局长（副厅级）。2004年6月，任全国政协联络局副局长（正厅级）。2005年退休。

**杨宪金** 1947年6月出生，桃园镇高岭村人。1964年，任中南海警卫团战士。1980年，任中南海画册编辑委员会主任。1992年，任西苑出版社社长兼主编。

**桑新华** 女，1954年12月出生，桃园镇屯头村人，大学本科学历。1975年12月加入中国共产党。1980年1月参加工作。2009年5月至2011年10月，任泰山职业技术学院党委书记。2011年10月至2015年1月，任泰安市政协特邀咨询。

**赵小穗** 女，1956年11月出生，桃园镇东伏村人，经济学硕士。1973年8月参加工作，1978年4月加入中国共产党。2000年11月至2005年1月，历任广州市经济委员会副主任、工委委员，市国有资产监督管理委员会主任、党委委员，市国有资产监督管理委员会主任、党委副书记。2012年1月，任广州市人大常委会副主任（正厅级）。

## 土特名产

**肥城桃** 又名肥桃、佛桃、大桃。桃园镇种植肥城桃的历史源远流长。清嘉庆二十年（1815）《肥城县志》载："桃味美，他境莫能及，惟固留诸社出者尤佳。"明嘉靖皇帝时，下级官员曾把肥桃作为贡品敬献，明万历皇帝封其为"佛桃"，清朝时肥桃曾远销东南亚各国。肥城桃单果重一般在350克左右，最大900克以上。果形端正、美观，呈圆球形，成熟后果面底色米黄色（部分阳面有红晕），果实肥大，粘核，果肉乳白细嫩，汁多香甜，气味芬芳，以个大质优、营养丰富而驰名中外。2016年3月，农业部批准对肥城桃实施国家农产品地理标志登记保护。

**肥城桃木雕刻** 隋唐时期肥城境内就大面积种植佛桃树，民间的能工巧匠从桃木辟邪纳福的传说中得到启示，把佛桃木、佛桃核雕刻成小木人或小配件，佩戴在身上或放置家中，以示得到保佑。清末民国初，肥城民间艺人在继承前人雕刻技艺的基础上，创立平雕、浮雕、镂空雕等多种桃木雕刻技法。2013年6月，肥城桃木雕刻被国家工商总局批准为国家地理标志证明商标。2017年6月，肥城市正港木业工艺品厂作为地理标志品牌价值企业，代表山东省参加世界地理标志大会。2018年，肥城桃木雕刻获山东省优秀地理标志产品称号，并被认定为泰安市第七批非物质文化遗产。2019年7月，在第十一届中国国际商标品牌节上，获中华品牌商标博览会金奖。2020年1月，获山东省地理标志产业特别贡献奖。至年末，肥城桃木雕刻开发出桃木剑、如意、家具、挂件、摆件等30多个系列，4000多个品种。

## 典型选介

**省级耕地保护激励镇——桃园镇** 桃园镇通过对田、水、路、林、村进行综合整治，增加有效耕地面积，提高农业基础设施配套水平，改善农业生产条件和生态环境，提升基本农田建设质量和农业综合生产能力。2019年，桃园镇实施土地整理项目7个，涉及29个行政村，完成工程投资1.6亿元，整治土地面积1357.07公顷，新增耕地面积359.2公顷，为实现乡村振兴打下坚实基础。

2020年5月，桃园镇被山东省自然资源厅评为2019年度省级耕地保护激励镇。

**山东省农业产业强镇——桃园镇** 桃园镇聚焦农业资源优势，坚持绿色生态发展理念，大力发展“东果西菜”特色产业。镇西部平原为“两菜一粮”（春土豆、夏玉米、秋白菜）主产区，东部丘陵地带为肥城桃发展主产区。因种植规模大、种类多、品质优、产业全，素有“世上桃园”的美称。桃园镇坚持“工商资本带动、金融资本撬动、与民利益共享”的发展理念，投资10亿元，打造“一园八区”（“一园”：肥城桃现代农业产业园；“八区”：现代标准化种植片区、肥桃科技示范片区、产学研科技支撑片区、循环农业片区、二产融合发展片区、肥桃旅游开发片区、田园综合体文旅康养片区、桃木雕刻文化片区）现代农业产业园，实现肥桃产业振兴发展。冷储精选产业、肥桃原汁加工产业、桃木文化雕刻产业等一批深加工产业迅速崛起，带动肥桃产业向纵深发展。2020年，桃园镇肥桃种植面积600公顷，年产量1.8万吨。12月，桃园镇被山东省农业农村厅评为山东省农业产业强镇。

## 镇党政主要负责人

**党委书记** 刘灿玉（2011.11—2016.12）
王　涛（2016.12—　）

**镇　　长** 宋　毅（2011.11—2016.12）
赵　健（2016.12—　）

（张文芹）

# 王庄镇

## 地理环境

**位置面积** 王庄镇位于肥城市境西南部，北与桃园镇毗连，南与东平县接山镇、大羊镇接壤，东与肥城市安临站镇相连，西与济南市平阴县孝直镇为邻。南北长8.1千米，东西长13.6千米，总面积93.6平方千米。镇机关驻王庄村，距肥城市人民政府25千米。境内省道243、湖王路、王边路交叉过境。

**建置区划** 据该镇《王氏族谱》记载，明崇祯元年（1628）王氏从山西洪洞县迁来定居，村以姓氏命名王庄村。王庄镇境内，清康熙十一年（1672）归二乡（鸾翔乡、安乐乡）、四社（固留社、凤山社、旅店社、柳滩社）管辖。清光绪十七年（1891），分属鸾翔乡的固留社、凤山社、旅店社和安乐乡柳坦社。清宣统三年（1911），属肥城县第四区。1958年春，撤区并乡，属演马、王庄两个乡。同年秋，改乡成立王庄公社。1984年，改为王庄区。1985年，改为王庄乡。1993年8月，撤销王庄乡，设立王庄镇。2016年，王庄镇辖王庄、张庄、海子、雷庄、郭庄、演北、演南、郭辛、西孔、东孔、西刘庄、花园、西徐、杏头、姜刘、田庄、魏家坊、东尚、尚西、尚东、项屯、白屯、郝庄、草寺、阎屯、五里屯、太平、李井、小姜庄、前于、中于、后于、南尚西、南尚东、尚任屯、阴山前、东徐、孝堂峪、北尚任、小辛庄、邓庄、任庄、吴庄、小张、西焦、东焦、王场、张场、郭场、李山头、于桃、项山头、阳谷洞53个行政村。至2020年，建置区划未变。

**自然状况** 境内地势东高西低，群山环绕形成天然的镇边缘分界线。以镇东10千米为界，东部为山区丘陵，占全镇总面积的三分之一；中部和西部为平原，占全镇总面积的三分之二。境内上金线河、东金线河、项白河、五里屯河4条季节性河流均从东部、东北部的丘陵山区蜿蜒流向西南，流入东平县境内的汇河。海拔57.7～315米。土壤东部山区为石渣土，中部为中壤土，西部为轻壤土。

**人口民族** 2016年，常住总户数1.44万户，常住总人口5.08万人，其中男性2.56万人、女性2.52万人。2018年，常住总户数1.42万户，常住总人口5.15万人，其中男性2.63万人、女性2.52万人。2020年，常住总户数1.41万户，常住总人口5.06万人，其中男性2.47万人、女性2.59万人。有汉族、回族、壮族、满族、布依族、傈僳族、苗族、蒙古族、土家族9个民族。

## 经济状况

**农　业** 以种植小麦、玉米、马铃薯、大白菜为主。2016年，全镇耕地面积5881.5公顷，其中山坡地面积1050公顷，水浇地面积4831.5公顷；农业总产值15.74亿元，其中农业产值13.48亿元、林业产值1039万元、牧业产值1.53亿元、渔业产值522万元，农林牧渔服务业产值5805万元、增加值2.72亿元；农民合作社60个，种植大户96户，土地流转面积528公顷。2018年，全镇耕地面积5885公顷，农业总产值19.17亿元，其中农业产值15.08亿元、林业产值1348万元、牧业产值2.96亿元，农林牧渔服务业总产值1亿元、增加值11.27亿元；农民专业合作社86个，家庭农场51个，土地流转面积1186公顷。2020年，全镇耕地面积5820.6公顷，农业总产值22.63亿元，其中农业产值16.94亿元、林业产值1425万元、牧业产值4.31亿元，农林牧渔服务业产值1.24亿元、增加值12.83亿元；农民专业合作社113个，农业企业53家，家庭农场62个，土地流转面积1862.5公顷。

**工　业** 2016年，工业企业16家，从业人员1.6万人，其中规模以上工业企业8家；工业总产值20.5亿元，实现利税2.8亿元，其中利润1.9亿元；规模以上工业企业实现主营业务收入18.6亿元，实现利税1.9亿元，其中利润1.2亿元。2018年，工业企业26家，从业人员1.7万人，其中规模以上工业企业10家；工业总产值20.6亿元，实现利税2.9亿元，其中利润2.6亿元；规模以上工业企业实现主营业务收入17.3亿元，实现利税2.3亿元，其中利润1.2亿元。2020年，引进落地项目11个，招商引资到位资金7180万元，上级拨款项目资金1.15亿元，进出口总额3200万元。工业企业16家，从业人员2万人，其中规模以上工业企业13家；工业总产值24.6亿元，实现利税4.3亿元，其中利润2.6亿元；规模以上工业企业实现主营业务收入19.8亿元，实现利税2.8亿元，其中利润1.5亿元。

## 财政税收

**财　政** 2016年，一般公共预算收入9083万元，其中工商税收4163万元，一般公共预算支出9083万元。2018年，一般公共预算收入822.2万元，一般公共预算支出822.2万元。2020年，一般公共预算收入1195.5万元，一般公共预算支出1195.5万元。

**税　收** 2016年，登记各类纳税人70户，其中年纳税额在10万元以上的企业4户；各项税收收入786万元，其中增值税425万元。2018年，登记各类纳税人86户，其中年纳税额在10万元以上的企业6户；税收收入815万元，其中增值税497万元。2020年，登记各类纳税人105户，其中年纳税额在10万元以上的企业9户；各项税收收入989万元，其中增值税726万元。重点税源为机械加工、建筑安装、农产品加工、服装纺织行业。

## 社会事业

**教　育**　2016年，幼儿园5所，专任教师67人，在园幼儿1125人；小学6所，专任教师175人，在校学生1678人；普通初中1所，专任教师115人，在校学生869人；县级以上规范化中小学7所，其中省级规范化学校1所、市级规范化学校6所。2020年，幼儿园5所，专任教师23人，在园幼儿1150人；小学7所，专任教师167人，在校学生1482人；普通初中2所，专任教师116人，在校学生1250人。

**文　化**　2016年，镇综合文化站1个，村级文化活动中心30个，各类文化专业户33户；各类图书室32个，藏书15万余册，音乐、美术、书法、摄影及文学业余创作人员108人；农家书屋32个，农村文化大院53个，文体广场53个，文艺宣传（表演）队33支。2020年，镇综合文化站1个，村级文化活动中心54个，各类文化专业户19户；各类图书室54个，藏书32万余册，音乐、美术、书法、摄影及文学业余创作人员420余人；农家书屋54个，农村文化大院54个，文体广场55个，文艺宣传（表演）队45支。县级及以上文物保护单位10处，其中泰安市级3处（花园村陶南山馆、东焦村抗日民主政府旧址、东焦商周遗址）、县级7处（阎屯村西汉元遗址、任庄村西汉墓群、魏家坊关帝庙、阳谷洞村东石刻、孝堂峪日本侵略军碉堡遗址、项屯村刘氏老宅、项屯村项氏老宅）。县级及以上非物质文化遗产4项，其中泰安市级3项（孔庄粉皮制作技艺、演马牛肉、西徐锡具）、县级1项（竹清香鲜汁汤包）。

**卫　生**　2016年，医疗卫生机构29家、床位60张，其中镇卫生院1家、村卫生室（社区门诊）28家；卫生技术人员138名，其中执业医师12名、执业助理医师52名。2020年，医疗卫生机构29家、床位60张，其中镇卫生院1家、村卫生室（社区门诊）28家；卫生技术人员155名，其中执业医师18名、执业助理医师58名。

## 社会保障

**医疗保险**　2016年，居民基本医疗保险参保人数4.89万人。2020年，居民基本医疗保险参保人数4.67万人。

**养老保险**　2016年，居民参加养老保险1.87万人。2020年，居民参加养老保险1.56万人。

**低保救助**　2016年，城镇最低生活保障户数7户、13人，发放最低生活保障金3.05万元；农村最低生活保障户数607户、1098人，发放最低生活保障金127.59万元；医疗救助76人次，发放医疗救助金21.5万元；敬老院1家，床位50张，收养农村“五保”老人53人。2020年，城镇最低生活保障户数4户、8人，发放最低生活保障金0.25万元；农村最低生活保障户数568户、987人，发放最低生活保障金124.69万元；敬老院1家，床位66张，收养农村“五保”老人58人。

## 名胜古迹

**肥城县抗日民主政府旧址**　泰安市级文物保护单位。位于王庄镇东焦村内。1939年10月，肥城县抗日民主政府在四区东焦庄村成立，选举于会川为抗日民主政府县长。抗日民主政府驻地是借用当地富户的宅院，此宅为三进三出院落，布局讲究，房舍宽敞。有堂屋5间，南屋5间，东西厢房各3间，东西长16.5米，南北长30米。2015年，对旧址进行修缮。同年9月，该旧址被泰安市委宣传部列为泰安市级爱国主义教育基地。

**陶南山馆**　泰安市级文物保护单位。位于王庄镇花园村东北角，建于清咸丰四年（1854），为聊城海源阁第三代主人杨绍和构筑，第四代主人杨保彝扩建。因居陶山以南，故名陶南山馆，为清末四大私人藏书阁之一的聊城海源阁在肥城的藏书地，海源阁60%的藏书藏于陶南山馆。陶南山馆大门朝东，原占地面积5.2公顷，房舍138间，分东西二区，今占地面积约1.87公顷，房屋60余间，建筑格局基本保持原貌。原为五进院落，二进院后分东西两部分，东部为花园，西部为三到五进院。2020年，利用上级专项资金312万元，对陶南山馆主体建筑进行修缮。

**东焦商周文化遗址** 泰安市级文物保护单位。位于王庄镇东焦村东侧的高台地，黄褐土，高约2米，长宽各100米，文化层堆积2～3米。采集标本有商周时期的陶鬲足、陶豆柄等。1986年，农田基本建设时，村民卢承芳挖到一批汉代铁器，有扁足铁鼎、铁釜、铁链、铁马等。1993年，又出土一批战国青铜器，有鼎、豆、壶、盨、匜。

**阎屯汉元遗址** 肥城市文物保护单位。位于王庄镇阎屯村西，王五路西20米处。遗址南北长180米，东西长75米，占地面积1.3万平方米。原为瓦渣地，村民犁地时不断翻出一些灰陶碎片，有的甚至暴露在地表。整个遗址一年整地翻出的碎片，可装20多辆小推车。遗址出土有灰陶碎片、红陶碎片、瓷碎片，无完整器物出土。根据遗址出土的陶、瓷碎片推测，初步断定为元代遗址。

**任庄汉墓群遗址** 肥城市文物保护单位。位于王庄镇任庄村西南500米，墓群呈长方形，南北长100米，东西宽35米，占地面积3500平方米，有汉墓14座，全部暴露于地表以上，均为石室墓，墓葬周围为耕地。从墓葬的结构和材质看，均为汉代普通墓葬。20世纪70年代，在墓群内出土过灰陶罐等随葬品。

**魏家坊关帝庙** 肥城市文物保护单位。位于王庄镇魏家坊村。建于明代，坐北朝南，硬山灰瓦顶，高浮雕正脊，前檐出廊，面阔3间，通面阔8.66米，进深4.1米，高约4米，廊深1.1米，建筑面积35.5平方米。大殿内横梁绘有彩绘，并有浮雕龙饰，双梁结构。大殿墙面绘有壁画，东西墙面各10幅，描述的为三国演义的故事。北墙壁画毁坏较严重，东西墙壁画保存较好。大殿西南侧有重修关帝庙石碑1通，据碑文记载，关帝庙创建于明代，落款为“大清光绪六年岁在上章执徐且月上浣吉日”。2020年，进行修缮保护。

**阳谷洞石刻** 肥城市文物保护单位。位于王庄镇阳谷洞村东北角的东山上，距村1500米。原有一个小庙，庙在洞口西侧，已毁。洞口有石砌门，顶部呈拱形，宽0.67米、高1.96米。洞分三部分，主洞近似长方形，深约8米、宽约6米、高约4米，洞壁上刻有石雕佛像，高约0.8米，形象模糊。洞内东沿有天然形成的“奇石池”，池内泉水用而不尽，不盈不溢。洞东北角有1石峡门，进入石峡门又有1个洞，圆形，右侧有1石炕，传说为寺内和尚下榻处。主洞西南角也有1个小洞，洞底有1石窟，深不可测，传说直通陶山。洞口原有门楼，已毁，今存清乾隆四十四年（1779）、清咸丰九年（1859），碑2通，前者高1.73米、宽0.7米、厚0.23米；后者断为两截，高1.73米、宽0.72米、厚0.23米。1938年，陆房战斗时，此处是八路军阻击西路敌人的重要阵地。

**项屯项氏老宅** 肥城市文物保护单位。位于王庄镇项屯村北，亦称项屯后楼。楼院建于清乾隆年间，建筑格局为一楼两厢房。正房原为2层，抗日战争期间拆改为1层，面阔3间，通面阔10.04米，进深1间，通进深4.65米，建筑面积64.06平方米。东西配房各3间，进深1间。台基均为方正料石砌筑，其上为青砖淌白墙，外墙砌有拉结石。大门、院墙均被改造。老宅虽经几百年风雨，但其建筑仍保持着原有的形制，彰显着历史气息，有极高的历史价值。

**项屯刘氏老宅** 肥城市文物保护单位。位于王庄镇项屯村内。在建筑布局上和本村项氏老宅相似，两者相距500米。建于清乾隆年间，今有正房3间，平屋顶，通面阔10.36米，进深1间，建筑面积59.06平方米。东西配房各3间，通面阔均10.1米，进深1间。建筑台基为方正料石砌筑，其上为青砖淌白墙，外墙砌有拉结石，檐部砌有四层挑檐砖，中间两层做菱角造型，挑檐砖上砌

女儿墙，前后檐均有石排水槽2个，大门院落被改造，为肥城境内保存较完整的清代古建筑居民院落。

## 古今名人

**刘太东（1922—1975）** 1922年1月出生，王庄镇孝堂峪村人，中共党员。1944—1961年，先后在平阴、泰安、肥城担任领导职务。1961年，任泰安地委书记处书记兼组织部部长。1970年，任莱芜县委副书记兼莱芜钢铁厂第一副指挥。1973年春，任山东省委组织部副部长。1975年8月去世。被中共山东省委追认为优秀共产党员。

**杨延琮（1939—2008）** 1939年6月出生，王庄镇花园村人，中共党员。1966年，毕业于北京大学技术物理系。1968年，在四川“大三线”从事军工产品研制。1994年，任国家开发银行资产重组保全局局长。2000年退休后，被国家开发银行聘为专家委员会副主任。2008年10月去世。

**郭长灿（1921—2010）** 1921年出生，王庄镇阎屯村人。1936年参加革命。1937年8月加入中国共产党。历任国民革命军第八路军115师东进支队泰西地下情报总站站长，冀鲁豫军区独立师二团三营政治指导员，军区炸弹厂厂长，团参谋长、师政治部主任、独立旅副旅长、师情报处处长、敌工部部长、师参谋长、副师长，聊城军区安全局局长，德州地区商业局局长、政府财贸政治部主任、夏津县人民政府县长、地区专员等职。荣立特等功1次、二等功1次、三等功6次，被中央人民政府授予人民功臣称号。1985年离休。著有回忆录《枪林弹雨四平街》《泰西地下情报总站解密》等。2010年11月去世。

**吴立全** 曾用名陈明，1918年8月出生，肥城市王庄镇南尚西村人。1936年，任小学教员。1937年七七事变后，弃教从戎。1938年1月参加泰西武装起义，同年加入中国共产党。1940年起，历任中共肥城县委书记，昆山县、建东县、锦县县长，锦州市市长，辽宁省轻工业厅厅长，辽宁省经济委员会副主任、代主任等职。1979年，当选为中共辽宁省委委员。1983年离休。

**尚衍慎** 1944年11月出生，王庄镇尚西村人，中共党员。1970年北京大学毕业留校工作，其间，参加中国第一台百万次电子计算机的研制工作，该项目获全国科学大会奖。1992年起，历任国内贸易部中国新纪元物资流通中心副地级总经济师、党委副书记等职。2010年9月，任大恒新纪元科技股份有限公司副总裁。

**刘善友** 1945年4月出生，王庄镇演北村人。1971年3月，任平阴县城关公社团委副书记，同年10月加入中国共产党。1984年1月，任平阴县委副书记、县长。1986年2月，历任济南市农业委员会副主任、党组成员，市农业委员会副主任、党组副书记。1991年6月，任中共济南市委政法委副书记。1992年2月，任济南市粮食局局长、党委书记。1993年4月起，历任济南市政府秘书长、党组成员，办公厅党组书记兼中共济南市政府机关工委书记。1998年2月，任济南市副市长、市政府党组成员。2003年2月，任济南市政府特邀顾问。

## 土特名产

**孔庄粉皮** 起源于明朝末年，兴盛于康熙年间。创始人为王庄镇东孔村孔子第61代孙孔宏嗣，他根据本地盛产绿豆的特点，创制加工绿豆粉皮的技艺，并授徒多人，由此孔庄粉皮的加工逐渐兴盛。孔庄粉皮以优质绿豆为原料，天然晾干而成。2007年，孔庄绿豆粉皮被列入肥城市首批非物质文化遗产名录。2010年3月，被北京中合金诺认证中心认证为有机产品和绿色食品。2012年，“孔庄粉皮”被国家工商总局认定为地理标志证明商标。2016年，孔庄粉皮制作技艺被列入泰安市非物质文化遗产代表性项目名录。

**演马庄牛肉** 起源于清朝嘉庆年间。其特点是采用陈氏祖传药料配方，精心选用1～2岁上好鲁西黄牛之精肉做原料，巧用老汤及传统制作工艺，其色香味独具一格。演马庄牛肉微红透亮，味香爽口，咸淡适宜，营养丰富，色味俱佳，被人们作为待客、馈赠亲友的首选礼品。2015年，演马陈淑清牛肉制作技艺被列为泰安市非物质文化遗产代表性项目名录。2016年，演马庄牛肉获第四届中国非物质文化遗产博览会参展证书。

**徐氏锡具** 产于王庄镇西徐村，至今有150余年历史。因制作技艺娴熟精湛，制品独特新颖，美观实用，典雅大方，而名扬四方，深受收藏爱好者的青睐。徐氏制作的锡具制品有锡灯、蜡台、香案、茶壶、酒具等，其中酒壶有菊球瓶、龙胆、海棠、白莲、美人装、保温瓶等多种款式；茶壶有鸡心式、梨式、车头式、白莲式、一捧筌式、鱼龙逗宝式和提梁式，茶壶是选用江苏宜兴紫砂壶的壶头，多为酱紫色、红色，用含锡量96.5%的典铜锡为原料加工制作锡嘴锡盖，用此壶泡茶香味纯正，几天不酸不霉，受到世人的高度赞誉。2010年，西徐锡具工艺被列为泰安市非物质文化遗产代表性项目名录。

**孝堂峪有机小米** 王庄镇孝堂峪村是三面环山的山区村，受气候、土壤环境影响，有常年种植小米的习惯。本地生产的小米粒大、浓香、营养价值高。2018年，为使这一优势产业发扬光大，增加村民收入，孝堂峪村成立肥城市孝堂峪农业发展有限公司，引进优良品种，推进小米有机化和农业标准化种植基地建设。同年，孝堂峪26.67公顷小米种植基地获国际有机认证，并注册“双龙山”牌商标。2020年，孝堂峪小米种植基地种植小米面积53.33公顷。

**王场大樱桃** 王场村位于王庄镇东部山区，水源充足，生态优良，属暖温带季风性大陆半湿润气候，年温适中，雨量充沛，无霜期长，终霜期早，年平均气温12℃左右。年降水量700毫米左右，无霜期250天以上，十分适宜大樱桃栽植。20世纪90年代起，王场村村民开始种植大樱桃，先后引进红灯、美早、布鲁克斯等上市早、品质优、产量高、适应性强的新品种。2017年，成立肥城市王场大樱桃专业合作社，建设标准化冬暖式樱桃大棚，避开倒春寒并提前上市。在王场村的带动下，项山头、李山头、阳谷洞、张场、郭场等山区村相继发展大樱桃产业，种植大樱桃面积200余公顷，成为王庄镇东部山区村经济收入的支柱产业之一。2018年3月，王场大樱桃生产基地被泰安市农业局认定为泰安市首批大樱桃标准化生产基地。2019年1月，该基地被山东省农业农村厅认定为山东省省级农业标准化生产基地。

## 典型选介

2020年9月22日，王庄镇孝堂峪村小米种植基地一角

（路玉国　张文岩　摄）

**全国“一村一品”示范镇——王庄镇** 王庄镇是肥城市“两菜一粮”（春土豆+夏玉米+秋白菜）种植模式的发源地，有30余年历史，特别是在发展马铃薯产业上，规模持续扩大，实现了从种业研发、种苗繁育到设施基地标准化种植、高新技术种植、冷藏、深加工、物流配

送的全产业链服务。2018年12月，王庄镇被山东省农业农村厅命名为2018年度山东省省级农业标准化生产基地。2019年，全镇马铃薯产量17.82万吨，总产值5.39亿元，占全镇农业生产总值的59.2%。2020年，王庄镇发展各类新型农业经济主体90余个，其中国家级示范合作社1个、省级示范合作社3个、省级示范家庭农场1个，带动周边农户2.98万户实现增收致富。同年12月，王庄镇（马铃薯）被农业农村部授予第十批全国“一村一品”示范镇称号。

**山东省乡村振兴示范村——东孔村** 王庄镇东孔村在探索土地资源、传统产业和生产服务集约经营的增收路径上，使一二三产业深度融合，走出一条适合本村发展的富民强村之路。实施旧村改造，建设居民楼24栋，村民住上水电暖、天然气齐全的新楼房，村容村貌换新颜，村民文明程度不断提升。东孔村利用旧村址改建成孔庄粉皮加工文化产业园，成立粉皮协会和有机蔬菜专业合作社，种植的马铃薯、大白菜通过绿色蔬菜认证，蔬菜专业合作社被评为省级示范合作社。引进客商建设种鸭场、冷库，建设测土配方配肥站和山东省农科驿站。2016年，孙庄粉皮制作技艺被列入泰安市非物质文化遗产代表性项目名录。东孔村被农业农村部市场与信息化司确定为定点联系单位，被山东科技大学确定为大学生社会实践基地，先后被命名为山东省书香之村、山东省电商示范村、山东省文明社区、山东省卫生村、山东省乡土产业名村。2019年12月，被山东省农业农村厅命名为山东省乡村振兴示范村。

## 镇党政主要负责人

**党委书记** 和　强（2011.11—2018.9）
李　军（2018.9—　）

**镇　　长** 赵　伟（2011.11—2016.12）
李　军（2016.12—2018.9）
李晓磊（2018.9—　）

（杨鸿义　姜凤梅）

# 仪阳街道

## 地理环境

**位置面积** 仪阳街道位于肥城市境东南部，北与新城街道、潮泉镇毗连，南与安临站镇相邻，东与岱岳区道朗镇、夏张镇接壤，西与桃园镇为邻。南北长16.25千米，东西长11千米，总面积97.5平方千米。街道机关驻仪阳村，距肥城市人民政府5千米。

**建置区划** 据仪阳村《赵氏族谱》记载，明朝进士王纳谏在王晋定居后，为选择茔地，曾在此处举行过祭祀仪式，因处湖水北岸，取仪式之仪，水北为阳，故命名为仪阳。仪阳街道境内，清代分属榆城乡的沙沟社、巧山社、仪阳社。1928年，改为肥城县第二区，设9乡，区机关驻石坞村。1945年，划为5个小区。1950年，改划为18个乡。1955年，合并为6个乡。1958年9月，成立仪阳人民公社。1983年12月，撤销人民公社，建立仪阳区。1985年11月，撤销仪阳区，成立仪阳乡。2010年，撤销仪阳乡，设立仪阳镇。2016年1月，撤销仪阳镇，设立仪阳街道，辖仪阳、东下庄、北辛庄、高家庄、马堂、王家庄、陈家庄、

2019年5月8日，仪阳街道北辛社区全景　（仪阳街道宣传室　提供）

槐树坡、周王墓、罗山崖、山前、黄柏山、王家南阳、张家南阳、董家南阳、李家南阳、王晋、四合、胡台、三环、空杏寺、赵家庄、石坊、大柱子、小柱子、东鲍、西鲍、荣华、东辛、段家庄、东杨、彭家庄、上三合、下三合、石东、石西、石北、张袁、三山、沙沟峪、百忍、河洼、大栲山、小栲山、鹿家沟、刘家台、鱼山、马廊、黄石崖49个行政村。至2020年，建置区划未变。

**自然状况**　境内三分之二的地貌为山峦、丘陵、沟谷，地势南高北低，落差较大，地貌类型复杂，主要为丘陵地、台阶地和倾斜平地，中部、东北部为平原，石坞洞山、清凉山、柱顶山绵延于东部，大黑山、黄山、马山横跨南部，横岭山、九女寨山、周山分布于中部。有大小山峰144座，海拔168～417米，其中黄山海拔417米，为境内最高点。东北部的倾斜平原上康王河斜穿过境，肥河、太子河、柱子河、下庄河为境内较大河流。境内河道总长18.1千米，流域面积73.5平方千米。土壤以褐土为主，矿产资源有石英砂、黏土、铸铁砂等。

**人口民族**　2016年，常住总户数1.21万户，常住总人口4.2万人，其中男性2.09万人、女性2.11万人。2018年，常住总户数1.25万户，常住总人口4.31万人，其中男性2.14万人、女性2.17万人。2020年，常住总户数1.74万户，常住总人口4.9万人，其中男性2.43万人、女性2.47万人。有13个民族。

## 经济状况

**农　业**　以种植小麦、玉米、有机蔬菜、苗木花卉为主。2016年，仪阳街道耕地面积4060.4公顷，均为水浇地，农业总产值2.82亿元，其中农业产值0.87亿元、林业产值1548万元、牧业产值1.46亿元、渔业产值507万元，农林牧渔服务业产值0.28万元、增加值1.55亿元；农民合作社117个，种植大户4户，土地流转面积107.51公顷。2018年，耕地面积4060.4公顷，农业总产值4.4亿元，其中农业产值2.87亿元、林业产值1991万元、牧业产值0.62亿元，农林牧渔服务业总产值0.72亿元、增加值2.55亿元；农民专业合作社128个，家庭农场32个，土地流转面积75.65公顷。2020年，耕地面积4046.5公顷，农业总产值4.58亿元，其中农业产值2.98亿元、林业产值1896万元、牧业产值0.62亿元，农林牧渔服务业产值0.79亿元、增加值2.67亿元；农民专业合作社158个，农业企业5家，家庭农场62个，土地流转面积226.89公顷。

**工　业**　2016年，工业企业32家，从业人员200人，其中规模以上工业企业12家；工业总产值2亿元，实现利税400万元，其中利润300万元。2018年，工业企业48家，从业人员300人，其中规模以上工业企业6家；工业总产值2.6亿元，实现利税700万元，其中利润500万元。2020年，引进招商引资项目15个，到位资金7.5亿元，上级拨款

项目资金200万元，进出口总额1.2亿元；工业企业114家，从业人员500余人，其中规模以上工业企业7家；工业总产值42.3亿元，实现利税7.7亿元，其中利润0.9亿元；规模以上工业企业实现主营业务收入6.1亿元，实现利税0.18亿元，其中利润0.14亿元。

## 财政税收

**财　政**　2016年，一般公共预算收入1.61亿元，其中工商税收8057万元，一般公共预算支出1.61亿元。2018年，一般公共预算收入7368万元，一般公共预算支出7368万元。2020年，一般公共预算收入3.83亿元，一般公共预算支出3.83亿元。

**税　收**　2016年，登记各类纳税人535户，其中年纳税额在10万元以上的企业128户；各项税收收入9072万元，其中增值税1292万元。2018年，登记各类纳税人721户，年纳税额在10万元以上的企业93户；税收收入7354万元，其中增值税45万元。2020年，登记各类纳税人1027户，其中年纳税额在10万元以上的企业74户；各项税收收入3.83亿元，其中增值税3081万元。重点税源为建筑业。

## 社会事业

**教　育**　2016年，幼儿园6所，专任教师51人，在园幼儿591人；小学6所，专任教师134人，在校学生1615人；县级以上规范化小学5所，其中市级规范化学校4所。2020年，幼儿园7所，专任教师105人，在园幼儿946人；小学4所，专任教师134人，在校学生1525人。

**文　化**　2016年，综合文化站1个，村级文化活动中心50个，各类文化专业户120户；各类图书室42个，藏书2.8万余册，音乐、美术、书法、摄影及文学业余创作人员160人；农家书屋42个，农村文化大院49个，文体广场49个，文艺宣传（表演）队30支。2020年，街道综合文化站1个，村级文化活动中心50个，各类文化专业户180户；各类图书室52个，藏书3.6万余册，音乐、美术、书法、摄影及文学业余创作人员200余人；农家书屋50个，农村文化大院50个，文体广场62个，文艺宣传（表演）队36支。县级以上文物保护单位13处，其中省级2处（泰西抗日武装起义旧址、石坞山寨遗址）、县级11处（清凉山山寨遗址、谷山九女寨遗址、王南阳石棺遗址、庄坡地遗址、王晋龙山文化遗址、周王墓、空杏寺、石西天齐庙、大栲山石雕影壁、石屋洞石刻、石坞李氏族谱碑）。县级以上非物质文化遗产4项，其中泰安市级3项（坡西调、王晋甜瓜栽培技艺、“余庆堂”治疮秘方）、县级1项（古早味大鹏糖艺）。

**卫　生**　2016年，医疗卫生机构24家、床位80张，其中街道卫生院1家、村卫生室（社区门诊）23家；卫生技术人员96名，其中执业医师25名、执业助理医师10名。2020年，医疗卫生机构26家、床位180张，其中街道卫生院1家、村卫生室（社区门诊）25家；卫生技术人员165名，其中执业医师32名、执业助理医师17名。

## 社会保障

**医疗保险**　2016年，居民基本医疗保险参保人数2.88万人。2020年，居民基本医疗保险参保人数3.35万人。

**养老保险**　2016年，居民参加养老保险2.78万人。2020年，居民参加养老保险3.39万人。

**低保救助**　2016年，城镇最低生活保障户数17户、24人，发放最低生活保障金9.03万元；农村最低生活保障户数582户、970人，发放最低生活保障金21.02万元；医疗救助15人次，发放医疗救助金10万元；敬老院1家，床位50张，收养农村“五保”老人45人。2020年，城镇最低生活保障户数17户、25人，发放最低生活保障金10.35万元；

农村最低生活保障户数370户、670人，发放最低生活保障金27.94万元；敬老院1家，床位200张，收养农村“五保”老人53人。

## 名胜古迹

**空杏寺泰西抗日武装起义旧址** 山东省级文物保护单位。位于仪阳街道机关驻地东南9千米处的空杏寺村，是著名的泰西抗日武装起义发祥地。1938年1月，日本侵略军入侵肥城。肥城边院、安临站等地的2支抗日武装与张北华、远静沧等率领的夏张抗日武装，在空杏寺胜利会师，并在空杏寺西跨院成立山东西区人民抗敌自卫团，揭开了泰西人民武装抗击日本侵略军的序幕。2015年，泰西抗日武装起义旧址被认定为山东省级文物保护单位。2018年起，多次对起义旧址拨款重新修缮，今为山东省党史教育基地和泰安市爱国主义教育基地。

**石坞山寨** 山东省级文物保护单位。位于仪阳街道机关驻地东北4千米处。东北西南走向，占地面积0.5平方千米，海拔319米，属石灰岩。山寨呈东西走向，东西长约460米，南北宽约96米，山寨寨墙总长1100米，大体呈梭形，占地面积3.33公顷。山寨的东、南、北三面均是悬崖峭壁，西面山势较缓，地势险要。山寨东高西低，从西边寨门进入山寨，有石砌大小不一的数百间石屋，石屋墙体保存完好，顶部已坍塌。设西寨门1个和南寨门3个，除西寨门保存完整外，其余寨门皆残缺。古山寨占据整个山顶，今尚存房屋遗址260间。

**清凉山山寨遗址** 肥城市文物保护单位。清凉山位于荣华村的东南方向，东接岱岳区的蟠龙山，海拔339米，占地面积2平方千米。山寨遗址位于清凉山顶部，石墙相围，隐藏在悬崖峭壁之间，居高临下。山寨建于明朝万历年间，用大小不一的石块依山顺势而建，南、北两面均以悬崖峭壁代替寨墙。西寨墙中部有保存完整的拱形寨门，面朝西向，寨门高3米、宽2米、厚3米，山寨南北长约120米，南侧东西宽约150米，北侧宽约120米，占地面积约1.5万平方米。寨内有碧霞元君庙、玄天上帝阁、戏台、古井、石磨石碾和大小不一的住户石屋遗迹150余间。

**谷山九女寨遗址** 肥城市文物保护单位。位于仪阳街道山前村村后的小山顶上，当地人称之为九女寨或孤堆山。山寨方圆十余亩，分外寨和内寨，2道寨墙相隔十几米。寨墙宽约1.2米，外寨墙比内寨墙高大。山寨北临深渊而建，百尺悬崖，地势险固。寨门洞开3处，锁东扼西，虎视南斗。寨内断壁残垣，砾石碎瓦，杂草丛生，散落着大大小小的石质房屋上百间。

**空杏寺** 肥城市文物保护单位。位于仪阳街道空杏寺村。建于唐朝初年，曾名涌泉寺，又名空杏涌泉寺，占地面积6.67公顷，分东、西2院。主体建筑有山门、钟楼、天王殿、东西配殿、大雄宝殿和西跨院禅房等，今仅存山门、西跨院和天王殿遗址。寺内今存古墓志塔石40余块，古碑5通，其中元朝皇庆二年（1313）所立“宣赐涌泉寺圣旨碑”堪称群碑之首。此碑高2米，宽0.8米，厚0.25米，上有四龙斗宝深浮雕，下有立体精刻石龟座，碑首篆刻“宣赐涌泉寺圣旨碑”八个大字，碑心楷书成吉思汗、月古台、薛禅和完者蔫四位皇帝的御赐圣旨碑全文。此外，还有明弘治九年（1496）、嘉靖二十五年（1546）和清康熙十一年（1672）、嘉庆十二年（1807）重修空杏寺的古碑4通。

**天齐庙** 肥城市文物保护单位。位于仪阳街道石坞村（今石北村）。建于唐玄宗开元十三年（725），是一座道教庙。庙内有明弘治四年（1491）石香炉座题记，明万历六年（1578）李邦珍拟写的重修碑。庙内古碑古匾众多，记录了建庙历史和捐款名单，对研究地方宗教发展历史有参考价值。1960年，此庙大部分被拆除，剩下部分殿堂用作学校。1989年，被肥城市政府命名为县级文物保护单位。2019年，进行重新修缮。

## 古今名人

**李邦珍（1513—1593）** 字子怀，号同川，祖籍福建省兴化府莆田县（今福建省莆田市）。明洪武年间，其祖迁居山东省济南府肥城县（今肥城市）东南10千米的石坞村。明嘉靖二十五年（1546）中乡举，嘉靖二十九年（1550）中进士，任职于行人司。隆庆元年（1567），历任南京通政使司右通政（正四品）、大理寺左少卿（正四品）。隆庆二年（1568），任都察院右佥都御史（正四品），兼任河南巡抚，期间秉公执法，廉洁为官，百姓曾为其立生祠以示纪念。万历元年（1573），被明神宗任命为“提督操江”，后升任都察院右副都御史（正三品）。万历三年（1575），辞官回归故里。万历二十一年（1593）去世。为表其功绩，明神宗追封为正奉大夫，位列上卿。

**王纳谏（生卒年不详）** 仪阳街道王晋村人，明万历四十四年（1616）进士。据清光绪十七年（1891）《肥城县志•人物志》载：“王纳谏以进士，授雄县。天启初，魏珰用事，南京织造内监李，奉贡御衣，所过驿骚，至雄县不称意，因被劾。百姓合词申辩，巡抚胡思伸为之请，得旨镌一级调用。著有《史阁纪年》、《三国策删存疏草》、《诗稿》若干卷，祀乡贤祠。”

**李运昌（生卒年不详）** 字宸生，仪阳街道石北村人。系明代监察御史李邦珍后裔。李运昌继承祖辈遗志，勤奋好学，旁搜博采，将境内山川、土田、人物、风俗等方面的资料整理记述。清康熙十一年（1672）肥城再次集纂修县志，李运昌将书稿献出。经增删成为清代肥城第一部县志——康熙十一年（1672）《肥城县志》。

**王正南（1911—1965）** 清宣统三年（1911）出生，仪阳街道大柱子村人。1935年，考入黄埔军官学校。黄埔军官学校毕业后，在国民党部队历任排长、连长、营长等职。他赞同共产党抗日救国主张，反对卖国投降政策。1939年，他脱离国民党部队回到家乡，组织抗日武装，时称二区游击大队，任大队长。1940年，加入中国共产党，任八路军115师343旅政训股股长。1942年起，历任冀鲁豫八分区教导队大队长、七团参谋长等职。1947年9月，任晋察冀军政大学副大队长。1949年，任华北军政大学干训队大队长。1950年，任南京军事学院行政部副部长（军级）。1965年，在济南去世。

**张新村（1916—1986）** 1916年出生，仪阳街道张袁村人。1938年1月参加革命工作，7月加入中国共产党。1939年，历任中共肥城第二区区委副书记、书记。1940年起，历任中共肥城县委组织部副部长、部长。1952年6月，任聊城地委书记。1959年12月起，历任中共山东省委常委、农村工作部部长、山东省副省长。1973年，任菏泽地委副书记、菏泽地区革命委员会副主任。1974年12月，任中共菏泽地委书记、菏泽地区革命委员会主任。1977年8月，任中共辽宁省委副书记、辽宁省革命委员会副主任。1979年9月，任中共辽宁省委书记。1983年3月，任中共辽宁省顾问委员会副主任。1986年11月，在沈阳去世。

**周传贵（1932—1998）** 1932年出生，肥城县仪阳乡（今肥城市仪阳街道）人。1950年1月，加入中国共产党。1951年2月参加工作，历任肥城县十三区委组织干事、组织委员。1975年6月至1984年3月，任新泰县委副书记、县革命委员会副主任，县委副书记、县长。1984年3月，任泰安地区供销联社主任、党委书记。1991年3月，任泰安市第十一届人大常委会副主任。1998年3月去世。

**王汇川** 1927年12月出生，仪阳街道王晋村人，中共党员。1939年9月，参加八路军泰西游击队。1940年，参加朱德青年队，后编入第115师。1952年，转业地方工作，历任济南市文化局副局长、济南市文联副主席。1986年12月离休。2004

年10月，被中共中央组织部授予全国老干部先进个人称号。2015年，获中国人民抗日战争胜利70周年纪念勋章。

**刘广迎** 1953年11月出生，仪阳街道鹿家沟村人。军事学硕士、高级工程师、中共党员、大校军衔。长期在解放军总后勤部、总参谋部、总装备部工作，曾任军械研究所副所长，对诗书画印等有着深入研究，曾任中国书法家协会会员、中华诗词学会会员、中国楹联学会书法艺术委员会委员、中国书画家联谊会北京创作中心常务理事、北京中韩书画家联谊会理事、中央数字电视书画频道北方书画院客座教授、解放军总装备部美术书法院创作员等。

## 土特名产

**刘台佛桃** 肥城市特产，迄今有1000多年的栽培历史。仪阳街道刘台村三面环山，多沟壑，山地丘陵参差错落，土质多与黄土高坡土质相似，土壤利于佛桃生长，所产佛桃果实硕大、外形美观、果肉细嫩、汁多味甘（含糖量高）、营养丰富，被誉为“群桃之冠”。刘台村通过优化品种结构，以佛桃为主，先后引进培植莱山蜜、蟠桃、中华寿桃、寒露蜜等品种40多个，单果一般重250克左右，大果重500克以上，红里、白里佛桃成熟期在8月下旬至9月上旬。2010年3月，注册“刘台”牌商标。2020年，刘台村佛桃种植面积150公顷，是肥城丨万亩桃园的精品园。

**王晋甜瓜** 距今有1600多年的栽培历史。由于仪阳街道王晋村分布着红色沙土，是种植甜瓜的理想土壤，所产甜瓜皮色光亮，外形美观，不易裂果，含糖量高，肉质细腻，甜脆可口，口味郁香，富含多种维生素、氨基酸。清光绪三十四年（1908）《肥城县乡土志》载：“王晋甜瓜品种最优”。为巩固甜瓜的历史风味和优良品质，王晋村与省农科院、山农大等大专院校合作，探索实施王晋甜瓜的有机化种植，共同开发了王晋绿甜1号、2号、3号，王晋花甜1号、2号、4号，王晋香甜蜜1号等名优品种。王晋绿甜1号、2号，早熟，绿白色，单瓜重约500克以上，极甜，品质极佳；绿甜1号，中熟，绿色带深绿色花纹，甜中带面，单瓜重1000～1500克；王晋花甜1号早熟，极甜，单瓜重约400克，品质上乘。

**山前杏** 仪阳街道山前村三面环山，地势较高，多为山坡丘陵，水质好，无污染，空气清新，春季偏暖，光照时间充足，非常适宜杏树生长。山前村种植杏树迄今有300多年的历史。杏园主要品种有大水杏、金太阳等，杏果个大，色泽鲜艳，呈红黄色，食之清爽可口、美味香甜，含多种维生素，营养丰富。

## 典型选介

**国家AAA级旅游景区——泰山植物园** 位于仪阳街道三环村，占地面积约800公顷，园内拥有大量北方落叶果树的种质资源。2018年，泰山植物园转型发展农业+旅游项目，建成肥城市大型户外冰雪运动中心——泰西•雪山峪滑雪场，并成功运营，填补了肥城市冬季旅游项目的空白。2019年起，泰山植物园利用当地有利的交通和旅游资源优势，打造春赏花、夏漂流、秋采摘、冬滑雪的旅游发展项目，为肥城市及周边群众提供一年四季休闲度假目的地。2020年12月，被泰安市旅游区点质量等级评定委员会评为国家AAA级旅游景区。

**国家AAA级旅游景区——刘台桃花源景区** 位于仪阳街道刘台村。2003年，景区开始规划建设，规划占地面积1333.33公顷，其中桃园面积800公顷、山林面积533.33公顷。景区沟壑纵横，自然地貌奇特，桃林漫山遍野，花海层次分明，被誉为“人间仙境、世外桃源”，是肥城10万亩桃花的精品园。刘家台村以桃为媒，围绕“桃文化”打造旅游经济。村党支部、村委会通过招商引进泰西生态旅游有限公司，先后投资4000余万元，打造桃花谷、

2015年6月10日，仪阳街道鱼山古村落——宋家大院（仪阳街道史志办　提供）

民俗馆等景点20余处，建设国家AAA级旅游景区，完善餐饮、住宿、娱乐等配套设施，实现吃、住、游“一条龙”服务。肥城桃花节作为全国四大桃花节之一，在刘家台村连续举办19届，依托桃花节门票收入，村集体年增收30余万元。村“两委”（村党支部委员会、村民委员会）深入挖掘“桃文化”，组织全村65家桃木工艺加工户参加中国旅游商品大赛，进行产品推介，生产的桃木剑、如意等工艺品远销海内外。同时，整合鱼山古村落资源，引进北京唐乡公司打造精品民宿，与刘台桃花源风景区一体打造，构建起“赏桃花、品肥桃、游古村”的乡村旅游格局，年吸引游客80余万人。2011年12月，该景区被评为国家AAA级旅游景区。2015年8月，刘家台村被国家旅游局评为中国乡村旅游模范村。2018年10月，刘家台村被阿里研究院第六届中国淘宝村高峰论坛（睢宁）评为中国“淘宝村”。刘家台村不断做强肥桃产业，做活旅游经济，走出了一条产业强村的富民之路。2019年，村集体经济收入119万元。2020年，刘家台村有405户、1450人，新增肥桃种植面积133.33公顷。

**国家AA级旅游景区——鱼山桃花海景区**

仪阳街道鱼山村有600余年的历史。山村依鲤鱼山而建，村中房屋、院落、街巷均用石头建成，独具北方山村的建筑特点和建筑风格。2014年10月，鱼山村被山东省住房城乡建设厅列入第一批省级传统村落。2015年5月，被山东省文化厅列入全省第一批乡村记忆工程文化遗产传统文化村名录。近年来，鱼山村坚持党支部引领，盘活闲置资源，依托区位优势，引入工商资本，探索出“桃产业＋古村落＋民宿旅游”的发展新模式，打响了“鱼山古村”品牌。2018年，引进北京唐乡投资管理有限公司，对鱼山古村进行整体规划打造，建设景村一体化旅游度假村项目。项目总投资600万元，按照以传统村落为基、古老民居为体、肥桃文化为魂，坚持尊重自然、尊重原貌的基本原则，对闲置的20多套古院落进行创新利用和高标准打造，形成一院一主题、一房一文化的民宿院落，建成肥城市首个民宿旅游区。2019年2月，鱼山桃花海景区被泰安市旅游区点质量等级评定委员会评为国家AA级旅游景区。

## 街道党政主要负责人

**党工委书记**　张德奇（2010.4—2016.12）
崔绪昌（2016.12—2018.12）
韩　宁（2018.12—　）

**办事处主任**　王　涛（2011.11—2016.12）
王继荣（2016.12—2020.1）
马　杰（2020.1—　）

（李丽丽　李言忠）

# 安临站镇

## 地理环境

**位置面积** 安临站镇位于肥城市中部，东与边院镇为邻，南与安驾庄镇、孙伯镇毗邻，西与王庄镇、桃园镇接壤，北与仪阳街道相连，东西长15.7千米，南北长13.5千米，总面积131平方千米。镇机关驻安临站村，距肥城市人民政府14千米。省道济微公路纵贯南北，境内全长11.5千米；青兰高速公路东西过境，境内全长3.6千米。

**建置区划** 据明嘉靖十五年（1536）明朝御史李邦珍为布氏所撰《碑文》中记载为“安临站驿”，又据该镇《布氏族谱》载：“清初为安宁驿，清末改为安临站。”安临站由此而得名。安临站镇境内，清光绪十七年（1891）为鸾翔乡的安宁社、陆房社。清宣统二年（1910）为过化乡，1912年由乡建制改为区建制。1928年称第三区，1938年9月，建立第三区抗日区公所，均隶属肥城县。1941年5月，建立泰西实验区，隶属泰西专署，同时置新三区，隶属肥城县。1942年6月，实验区、新三区撤销，恢复第三区，归肥城县抗日民主政府所辖。1956年1月，改称安临站区。1958年4月，撤区建安临站、贺庄、陆房3个乡。1958年9月，建立安临站镇人民公社。1984年1月，撤公社建安临站区。1985年11月，撤区，分置为安临站乡、东陆房乡。1993年2月，安临站撤乡建镇。2001年2月，撤东陆房乡，将其并入安临站镇。2016年，安临站镇辖安临站、冯家杭、站北头、翟家杭、凤凰山、邓家庄、河套洼、王家台、东虎门、北虎门、西虎门、南虎门、葛家台、五凤、陈家楼、东刘庄、大辛庄、东界首、么山、西张、贺庄、布山后、张家洼、东陈庄、前马山口、后马山口、东张、东陆房、西陆房、大董庄、黄土岭、牛家庄、黑峪、刘家村、乔界首、西界首、孟家村、赵家村、李家村、郝家村、下庄、白家庄、郝家峪、沟南、沟北、山套、林家庄、明新庄48个行政村。至2020年，建置区划未变。

**自然状况** 境内群山环绕，沟壑纵横，东西两侧高，中部低而平缓，自北向南倾斜，形成多样地貌类型。山岭荒地、丘陵、倾斜平原、水面面积分别占全镇总面积的60.3%、24.9%、4.3%、10.5%。海拔85～447.9米，最高点在布金山顶，海拔447.9米，最低点在望鲁湖，海拔85米。山脉属泰山西支余脉，有大小山峰216座，较大的山头25座，主要是布金山、大顶山、长山、岈山、肥猪山。河流主要有小汇河、五虎河、万便河、九仙河、布金河、沙河6条，总长度32.3千米，总流域面积54平方千米，分别汇流注入望鲁湖。土壤以褐土、黄土为主，次为沙土。矿产资源有花岗石、石灰石、萤石、重晶石、铁矿等，其中优质花岗岩储量7000万立方米，品种有将军红、玫瑰红、黑白花等。

**人口民族** 2016年，全镇总户数1.54万户，总人口5.86万人，农业人口5.51万人，其中男性2.77万人、女性2.74万人。农村常住总人口2.96万人。2020年，全镇总户数1.53万户，总人口5.83万人，农业人口5.26万人，其中男性2.64万人、女性2.62万人。农村常住总人口2.46万人。少数民族有蒙古族、回族、藏族、苗族、彝族、

壮族、朝鲜族、满族、傈僳族、布依族、白族11个民族，占全镇总人口的0.1%。

## 经济状况

**农　业**　境内主产小麦、玉米、地瓜、大豆、小杂粮等。经济作物主要有生姜、土豆。2016年，农作物总播种面积7819.8公顷，其中粮食作物播种面积6552.9公顷，粮食总产量4.01万吨。农业总产值4.45亿元，其中农业产值2.47亿元、林业产值2399万元、畜牧业产值1.16亿元、渔业产值765万元，农林牧渔服务业产值4989万元。有农业设施521个，农业机械总动力5910万千瓦，规模较大的生态农业村6个，农业专业合作社16家。2020年，全镇粮食作物播种面积5037.9公顷，粮食总产量2.54万吨。农业总产值6.81亿元，其中农业产值2.3亿元、林业产值2772万元、畜牧业产值3.38亿元、渔业产值314万元，农林牧渔服务业产值8320万元。拥有农业机械570台（套），农机总动力8100万千瓦，农业专业合作社141家。

**工　业**　2016年，工业企业45家，从业人员986人，其中规模以上工业企业22家；工业总产值11.28亿元，实现利税4.59亿元，其中利润4.15亿元；规模以上工业企业实现主营业务收入8.5亿元，实现利税3.83亿元，其中利润3.74亿元。2018年，工业企业36家，从业人员975人，其中规模以上工业企业13家；工业总产值7.3亿元，实现利税2.57亿元，其中利润2.11亿元；规模以上工业企业实现主营业务收入7.35亿元，实现利税1.95亿元，其中利润1.71亿元。2020年，引进落地项目4个，招商引资到位资金7.5亿元，上级拨款项目资金2.3亿元，进出口总额0.2亿元。工业企业41家，从业人员967人，其中规模以上工业企业8家；工业总产值7.6亿元，实现利税1.57亿元，其中利润0.94亿元；规模以上工业企业实现主营业务收入5.48亿元，实现利税0.49亿元，其中利润0.38亿元。

## 财政税收

**财　政**　2016年，一般公共预算收入0.68亿元，其中工商税收4419万元，一般公共预算支出0.76亿元。2018年，一般公共预算收入1622万元，一般公共预算支出3478万元。2020年，一般公共预算收入6263万元，一般公共预算支出4765万元。

**税　收**　2016年，登记各类纳税人395户，其中年纳税额在10万元以上的企业12户；各项税收收入4419万元，其中增值税274万元。2018年，登记各类纳税人343户，其中年纳税额在10万元以上的企业16户；各项税收收入1622万元，其中增值税1575万元。2020年，登记各类纳税人323户，其中年纳税额在10万元以上的企业24户；各项税收收入6250万元，其中增值税3583万元。重点税源为建安和建材行业。

## 社会事业

**教　育**　2016年，幼儿园8所，专任教师132人，在园幼儿1349人；小学9所，专任教师161人，在校学生2085人；普通初中1所，专任教师176人，在校学生1041人；县级以上规范化中小学10所，其中省级规范化学校1所、市级规范化学校6所。2020年，幼儿园11所，专任教师123人，在园幼儿891人；小学7所，专任教师193人，在校学生1271人；普通初中1所，专任教师133人，在校学生872人。

**文　化**　2016年，综合文化站1个，综合性文化服务中心34个，老年活动中心2处，数字电影放映队2个，职工文体活动中心2处，新建社区文化及行政村文体活动广场78个，农家书屋41个；腰鼓队10个，广场舞队伍48支，故事班子2个，唢呐队2支，庄户剧团3个，皮影剧团1个，拉洋片剧团1个，艺术团2个。2020年，综合文化站1个，农家书屋41个，农村综合性文化服务中心48个，文体广场112个，文艺宣传（表演）队81支，新建公共健身工程3个。广播、电视人口综合覆盖率分别为96%、100%。县级及以上文物保护单位12处，其中省级1处（肥城市烈士陵园）、泰安市级1处（辛庄辛氏祠堂）、县级10处（云阳庵遗址、望鲁山观音堂遗址、山套村醴泉井、重修三里庄土地庙碑、刘庄石钟楼、大董庄万便桥、张德明烈士墓、陈举墓、肥猪山仙人洞石刻、么山八一水渠）。县级及以上非物质文化遗产12项，其中泰安市级5项（梁氏唢呐、望鲁山皮影、拉大画影子戏、泰和堂刘氏膏药、大辛庄犬肉）、县级7项（望鲁泉的传说、东虎门柿子、苏氏治疗面部神经麻痹、下庄“泰山极顶”生姜、安临站陈氏唢呐、安临站青龙山庙会、大辛庄“担山狗肉王”加工技艺）。

**卫　生**　2016年，医疗卫生机构28家、床位60张，其中镇卫生院1家、村卫生室（社区门诊）27家；卫生技术人员72名，其中执业医师23名、执业助理医师2名。2020年，医疗卫生机构28家、床位60张，其中镇卫生院1家、村卫生室（社区门诊）27家；卫生技术人员67名，其中执业医师25名、执业助理医师2名。

## 社会保障

**医疗保险**　2016年，居民基本医疗保险参保人数4.89万人。2020年，居民基本医疗保险参保人数4.42万人。

**养老保险**　2016年，居民参加养老保险2.91万人。2020年，居民参加养老保险4.45万人。

**低保救助**　2016年，城镇最低生活保障户数15户、21人，发放最低生活保障金7.47万元；农村最低生活保障户数912户、1386人，发放最低生活保障金1041.60万元；医疗救助99人次，发放医疗救助金19.25万元；敬老院1家，床位50张，收养农村“五保”老人39人。2020年，城镇最低生活保障户数13户、22人，发放城镇最低生活保障金9万元；农村最低生活保障户数715户、1237人，发放最低生活保障金514.8万元；敬老院1家，床位112张，收养农村“五保”老人90人。

## 名胜古迹

**陆房战斗遗址**　山东省级文物保护单位。位于安临站镇驻地西南4千米处的凤凰山前。战场以东陆房村和西陆房村为中心方圆10平方千米，四面环山，西面是肥猪山，南和西南是蛤蟆山及红山、九山，东面是凤凰山和狼山。1972年，在遗址上建烈士陵园、烈士纪念堂和烈士事迹展览室。1977年12月，山东省革命委员会立“陆房战斗遗址”石碑，被公布为省级文物保护单位。2015年，在烈士陵园原有建筑基础上，建设陆房突围胜利纪念馆、纪念碑广场、无名烈士纪念广场、武器装备陈列广场等设施，并对肥城市2549

陆房突围胜利纪念馆外景　　（安临站镇史志办　2022年提供）

座烈士墓进行集中建设。2019年初，肥城市陆房红色教育基地管理中心成立，挂肥城市烈士陵园牌子，成为集烈士褒扬、爱国主义教育、红色旅游等于一体的教育基地。

**大辛庄辛氏祠堂** 泰安市级文物保护单位。位于安临站镇大辛庄村中心东北处。祠堂建于清乾隆四十六年（1781），坐北朝南，由祠堂、卷棚、耳房、院落和大门组成，占地面积810平方米。祠堂位于院的最北端，面阔3间，进深2间，前有檐廊，硬山灰瓦顶，正脊由布瓦扣合而成，正脊两端有鱼吻。祠堂左前方有清同治八年（1869）重修祠堂碑志，碑阳额题“报本追远”，上题“重修祠堂碑志”，落款“大清同治八年岁次己巳中浣穀旦”。碑阴刻“乾隆四十六年创修；嘉庆十三年四月重修；同治八年六月重修及重序嗣后十辈排行”等。

**云阳庵遗址** 肥城市文物保护单位。位于安临站镇东马山之阳，依山而建。庵内地势平坦，今仅存大门楼、玉皇大帝殿和门楼东侧房屋遗迹以及创建、重修碑等。大殿前门东西两侧各有清道光三年（1823）重修碑1通，均高1.6米、宽0.7米、厚0.2米，方首。大殿西侧靠山崖处有创建、重修碑3通，面朝南，由西向东依次为清康熙三十二年（1685）重修云阳庵玉皇上帝庙记碑、明隆庆六年（1572）创建云阳庵玉帝庙记碑、清雍正六年（1728）重修碑。

**东陆房刘家库楼** 肥城市文物保护单位。位于安临站镇东陆房村村中偏东南。根据东陆房刘氏谱碑记载，此库楼与古宅建于清康熙二十一年（1682）。库楼面阔3间，砖石土木结构，坐北朝南。库楼西1间为两层，底层西墙有1扇窗户，窗檐两边，有青砖烧制浮雕的“库楼”二字，字体为隶书，库楼与西厢房相连，西厢房为平顶，最南1间为大门，大门上檐刻有牡丹纹，为古老的砖瓦式结构。库楼与东院原为一户，有小门相连。东院有古式起脊瓦房3间，长8.6米、宽3.8米、高3米，起脊1.9米，东院原分别有东门和南门。至2020年，此库楼与古宅保护完好，仍为刘氏老人居住。

**山套村醴泉井** 肥城市文物保护单位。位于安临站镇山套村南200米的南沟底。井深约20米，井口呈方形，井口边长1.2米，井体为圆柱形，直径约3米，全石砌筑。井口以下三层开始以正方形口、对称角叠压逐层内缩。井北侧5米处，有创建醴泉井碑1通，高1.23米、宽0.67米、厚0.16米。额题“万世永赖”，上题“创修泉井碑记”，落款“民国二十六年菊月中浣之吉，大清庠生王小卿撰文并书”。碑文共11行，每行满行35字，共334字。

**刘庄石钟楼** 肥城市文物保护单位。位于安临站镇东刘庄村委南临。坐西朝东，全石质结构，歇山式顶，通高5米，大脊上有龙饰纹，钟楼、楼顶、立柱、楼座，皆由青色巨石组成，楼顶是8块青石垒成的瓦式结构，四角由4根青石顶立，石柱长0.26米、宽0.23米、高2.1米，钟楼底座由4块青石垒成，厚0.5米。

**重修三里庄土地庙碑** 肥城市文物保护单位。位于安临站镇黄土岭村。碑为影壁式，坐北朝南，通高2.18米、宽1.92米、厚0.6米。上有硬山式碑帽，宽1.92米，高0.29米，原有大脊，今遗失。正中为碑身，高1.27米、宽1.01米。碑文上题“三里庄土地庙碑文”，落款为“大清道光五年岁次乙酉□夏上浣立”，碑文18行，每行满字17字，共298字。碑阴为捐款者姓名。碑两侧各有边条石1块，宽0.14米、厚0.43米，阴阳两面均刻有楹联，阳面刻“恩泽远施千古泰，威灵广被一方宁”，横批“万古流芳”。阴面刻“庙貌共青山不改，姓名与白壁常留”，横批“碑阴题名”。碑下有须弥座，高0.71米、宽1.91米、厚0.6米。

**望鲁山观音堂遗址** 肥城市文物保护单位。位于西界首村望鲁山顶部。大殿及道房断垣尚在。新中国成立初期，尚有老道士居住，后道人羽化，庙遂败废。庙院中碑石甚多，最早者为清雍正二年（1724）岁次甲辰碑记，此碑中又有光绪三十二年（1906）二月插补的题记一段。其次则为清乾隆二十一年（1757）泰安县廪生梁效忠所撰碑记。此二碑犹立旧址。另有仆碑数方，其中有清同治十一年（1873）七月《重修观音堂记》，碑中述及“咸丰辛酉岁南匪过境”之事；1923年《重修望鲁山观音堂碑》。据碑石所记，此庙之名为“观音堂”。而清雍正二年（1724）碑末，又有“住持僧人海静”题名。此庙宇本为释僧住持之佛堂，后改居道士，而庙名则袭用未改。

**大董庄“万便桥”** 肥城市文物保护单位。位于大董庄村西，肥猪山西侧稍北山脚下。建于清雍正年间，由大董庄“妈妈社”集资兴建，原为石墩木板桥，由于山洪冲击，时毁时修。清乾隆七年（1742），大董庄会首董克瑞联合西陆房、上庄、下庄、牛家庄等会首，协议集资重建。清嘉庆二年（1797），大董庄村董朝邑牵头再次重建，桥体为石砌拱形独孔桥，孔径4.5米，桥长27.8米、宽7.2米、高16.3米。桥两侧各立石柱9根，横有条石为栏。该桥地处东西要道，为泰安、平阴、东平、东阿等县来往必经之路，故名“万便桥”。因桥高沟深，俯瞰目眩，俗称“阎王桥”。

**么山八一水渠** 肥城市文物保护单位。1969年建，位于安临站镇么山村西南。水渠由西向东，从安临站镇么山村至安临站镇西张村，总长6千米、宽5米，最高处12米、最低处3米，建筑面积1.4万平方米，流域面积3万平方米，为石质结构，属典型的北方建筑风格。

## 古今名人

**吴克让（1918—1965）** 1918年6月出生，安临站镇葛家台村人。1937年10月，参加抗日游击队。1938年7月，加入中国共产党。1939年，任肥城县委组织部部长。1941年起，历任中共肥城县、茌平县、聊城县委书记，平原省人事厅副厅长兼副书记。1952年，任建筑工程部设计局办公室主任。1958年，任东北设计院党委书记。1962年，任辽宁省建筑厅厅长、党组书记。1965年去世。

**赵　丹（1915—1980）** 原名赵凤翱，1915年6月出生，安临站镇贺庄村人。著名电影、话剧表演艺术家。演出过世界名剧《娜拉》《大雷雨》，历史剧《屈原》《林则徐》以及大批抗日救亡剧目。1936年，他主演的《十字街头》《马路天使》轰动国内外影坛，被誉为“中国影坛上开放的一朵奇葩”。1968年起，开始从事文艺人才的培养工作。专著有《银幕形象塑造》《地狱之门》。1980年10月在北京去世。第一、二、三届全国人大代表，中国人民政治协商会议第五届委员。

**刘正文（1915—1980）** 曾用名刘庆宝，1915年9月出生，安临站翟家杭村人。1939年春，参加八路军抗日游击队。1941年12月，加入中国共产党。1955年，被授予中校军衔。1958年，任中国人民解放军第二炮兵某部副师长。1965年，转业到大连市（时称旅大市）任副市长。1978年离休。1980年去世。

**李润生（1925—2005）** 原名李庆常，1925年1月出生，安临站镇站北头村人。中共党员，中学文化。1943年6月，加入中国共产党。1945年夏，被分配到冀鲁豫第一专署办公室从事机要收发并负责通讯班的工作。1953年，任东平县委常委、纪委书记。1962年10月，历任新汶市长、县委副书记、县长等职。1972年，任山东矿业学院党委常委、政治部副主任、主任。1978年，任泰安地委纪委书记。1981年10月，任泰安行署副专员。1985年泰安行署改为泰安市，参加了泰安市的筹建工作。在改市后的首届人民代表大会上，被选为市人大常委会副主任、党组副书记。1990年12月离休。2005年去世。

**张延积（1921—2005）** 1921年12月出生，安临站镇东张村人。1937年10月，参加革命工作。1938年5月，加入中国共产党。1975—1978年，任河南省委组织部副部长。1980—1985年，任河南省委副秘书长。1995年离休。2005年11月，在北京去世。

乔学珩（1928—2006） 1928年11月出生，安临站镇西界首村人。1945年2月在山东省郓城县工作，9月加入中国共产党。1949年11月至1955年，历任贵州省安顺地委政策研究室主任、副秘书长。1955年8月至1980年2月，历任贵州省委办公厅党刊编辑室主任、秘书处处长、省委政策研究室副主任，省委办公厅副主任，省委副秘书长等职。1980年2月至1983年1月，历任贵州省兴义地委第二书记，安顺地委第一书记。1983年2月起，历任中共贵州省委常委、农村工作部部长，省政府党组成员、农村经济委员会主任。1988年，任贵州省第七届人民代表大会常务委员会副主任。2006年10月在贵阳去世。中共十二大代表，第八届全国人民代表大会代表。

乔学亭（1924—2011） 1924年1月出生，安临站镇西界首村人。1938年初，参加抗日救国会（东阿抗日游击队），同年7月参加山东西区人民抗敌自卫团。1950年，参加解放西藏的昌都战役。1955年，被授予中校军衔。1962年，被授予上校军衔。1982年10月，任成都军区政治部主任。1989年离休。2011年11月去世。获三级独立自由勋章、三级解放勋章和独立功勋荣誉章。中共十二届中央候补委员。

王传安 1925年7月出生，安临站镇北虎门村人。1940年初，加入中国共产党。1958年，任昆明军区政治部《国防杂志》副总编辑。1973年起，历任昆明军区政治部副主任、党委副书记、军区党委委员。1986年离休。

赵凤启 1931年出生，安临站镇人。中共党员，大学专科学历。1947年11月参加工作，任肥城公安局保卫队战士。1958—1965年，历任济南市银行人保科科长、泰安地委政法部副科长、泰安地区检察院办公室主任、泰安地委办公室秘书。1965—1984年，历任山东省农业办公室秘书，泰安地区中级人民法院办公室主任、法院副院长。1984年3月至1992年2月，任泰安地区（市）中级人民法院院长、党组书记。1992年3月，任政协第七届泰安市委员会副主席，党组成员。

张华清 原名张永和，曾用名张美玲，1932年5月出生，安临站镇牛家庄村人，中国著名油画家、美术教育家，江苏油画学会主席，南京艺术学院教授。1945年8月，参加冀鲁豫一分区抗日宣传队，后称中共泰西地委文工团。参加济南战役、淮海战役的战地宣传工作。1950年进大学深造，1952年大学毕业，任华东艺术专科学校助教。1962年起，历任南京艺术学院美术系主任，硕士研究生导师，南京艺术学院教授，中国美术家协会理事，江苏省美术家协会副主席等职。1993年，享受国务院政府特殊津贴。2000年，获俄罗斯普希金文化勋章，同时被聘为俄罗斯国家美术学院荣誉教授。出版有《张华清画选》《新疆油画写生选集》《张华清油画集》（日本版）等著作。

赵　青 女，别名赵露丹、赵青鸾。1936年11月出生，安临站镇贺庄村人。中国歌剧舞剧院主要演员，新中国第一代舞蹈表演艺术家，首批享受国务院政府特殊津贴专家。历任中国舞蹈家协会副主席、中国舞蹈家协会顾问等职。代表性的舞蹈作品有主演的《宝莲灯》《小刀会》《刚果河在怒吼》《八女颂》；编导和主演的有《梁祝》《刑场上的婚礼》《剑》等中、大型舞剧；著有《两代丹青》《我和爹爹赵丹》等书。第三届全国人大代表，第五、六、七、八、九、十届全国政协委员。

李正明 1948年1月出生，安临站镇布山后村人，中共党员。1969年参加工作，1971年入党。1992年10月，任泰安市副市长，1993年3月，任山东农业大学副校长。1998年3月，任泰安市政协副主席、党组成员。2008年退休。

张　瑜 女，1957年8月出生于上海，祖籍安临站镇站北头村人。著名电影演员、制作人，中国影协第五届理事。获首届中国电影金鸡奖最佳女主角奖和第四届电影百花奖最佳女演员奖。1981年，获金鸡奖、百花奖、文汇奖、政府奖4个奖项的最佳女主角奖，成为中国电影史上第一位同年连获四冠的演员。主演过《青春》《啊！摇篮》《庐山恋》《巴山夜雨》《知音》《小街》《小金鱼》《清水湾 淡水湾》《包青天》《李师师》《太阳有耳》《烟雨红尘》《危险游戏》《风云世家》等影片。

**辛显明** 1957年10月生，安临站镇大辛庄村人。1974年8月参加工作，1981年8月加入中国共产党，中央党校研究生学历，教育学学士。1974年7月至1978年10月，任平阴煤矿技术科测量员。2003年1月至2004年11月，任新泰市委书记、党校校长。2004年11月至2007年3月，任新泰市委书记、党校校长（副厅级）。2007年3月至2009年2月，任泰安市委常委，新泰市委书记、党校校长。2010年12月至2011年12月，任泰安市委常委、政法委书记。2013年12月至2015年2月，任泰安市委常委，市政府副市长、党组副书记。2015年2月至2017年2月，任泰安市政协主席、党组书记。2017年2—3月，任泰安市政协党组书记。

## 土特名产

**东虎门柿子** 清代早期，安临站镇东虎门村村民伊学丰引进柿子树苗枝，利用当地满山遍野的野生软枣树进行嫁接而培育成功。此后，经一代一代传承，至清末，东虎门柿子有“小红灯笼”之称。东虎门柿子成熟时颜色鲜红，为圆形或椭圆形或扁形，个大味美、气味芳香，可制作柿饼、柿酒、柿醋、柿粉等。东虎门村位于安临站镇驻地偏西北4千米处，四面环山，自然环境优美，年平均光照2654小时，年均无霜期185～191天，年均降水量689毫米左右，为柿子生长提供了良好的自然环境。2007年12月，东虎门柿子被列入肥城市第一批县级非物质文化遗产代表性项目名录。

**下庄村“泰山极顶”生姜** 明成化四年（1468），苏姓祖先从外地引进姜种，经连年栽培种植，延续至今。安临站镇下庄村的生姜以块大、肉嫩、皮薄、纤维少而闻名，具有辛辣芳香、气味浓郁、营养丰富、便于储藏等特点。相传，清乾隆年间，有一年给皇帝进贡，宰相刘庸派人到下庄购买过生姜。因此，下庄生姜名声大振。1989年，在全国农副产品博览会上，被评为金奖产品。1998年，在国家工商局注册商标“泰山极顶”。2001年，被农业部绿色食品发展中心认证为“绿色食品A级”产品，产品出口东南亚和东欧等国家。2004年12月，下庄村0.2万公顷“泰山极顶”牌生姜通过国家绿色食品认证中心认证。2007年12月，下庄村“泰山极顶”生姜被列入肥城市第一批县级非物质文化遗产代表性项目名录。

**大辛庄犬肉** 始创于清嘉庆年间。安临站镇大辛庄村犬肉因其加工独特，色泽褐红，肉香味浓，咸淡适口，故久负盛名。1999年，注册“大辛庄”牌商标。先后获2000年度泰安市消费者协会推荐产品、泰安市旅游产品生产单位、2004年泰安市第三届名优特产银奖、2004—2006年度泰安市消费者协会满意单位，泰安市、肥城市光彩之星等。2007年12月，大辛庄犬肉制作技艺被列入肥城市第一批非物质文化遗产名录项目。2016年8月，大辛庄犬肉制作技艺被列入泰安市第六批非物质文化遗产代表性项目名录。

## 典型选介

**山东省红色文化特色村——东陆房村** 安临站镇东陆房村是肥城陆房突围胜利纪念馆所在地、抗日战争时期革命根据地。村两委坚持把特色红色文化、民生改善紧密结合起来，突出红色文化资源的挖掘工作，整合优化红色资源，提升东陆房村红色特色旅游规模档次，丰富党性教育基地、爱国主义教育基地的红色故事。对村庄科

安临站镇圣井峪村古村落一角　　（刘晓　摄　2022年提供）

学规划布局，按照“宜居、宜业、宜游”的发展思路，通过新建道路硬化、亮化、主街巷道绿化、房屋粉刷美化等，村容村貌环境整洁、优美，居民生活品质得到提升。2020年，全村有729户、2000人，耕地面积180公顷，山地面积206.67公顷，村集体经济收入30.5万元。2021年12月，东陆房村被山东省文化和旅游厅评为第一批山东省红色文化特色村。

**山东省传统村落、景区化村庄——圣井峪村**　位于安临站镇牛家庄村东，为牛家庄村的一个自然村。该村建于明朝，有600余年的历史。村落房屋全部是石质结构，屋顶用石板覆盖。房前屋后石台、石凳、石磨、石碾随处可见。村庄东部半山腰处，有泉井7眼，按北斗七星式分布，故名七星泉。水井以北有水月寺和水月庵遗址。2015年5月，被山东省住建厅命名为山东省传统村落。2015年11月起，泰山四方集团先后投资1.2亿元，对圣井峪传统村落保护及旅游开发。2017年9月，圣井峪民宿度假村开园。2021年4月，被山东省文化和旅游厅命名为首批山东省景区化村庄（AAA景区村）。

### 镇党政主要负责人

**党委书记**　李宝军（2011.11—2016.12）
　　　　　　王开军（2016.12—　）
**镇　　长**　王开军（2011.11　2016.12）
　　　　　　梁乙胜（2016.12—　）

（赵学齐）

# 孙伯镇

### 地理环境

**位置面积**　孙伯镇位于肥城市南部，东与安驾庄镇接壤，南与济宁市汶上县、泰安市宁阳县隔河相望，西与东平县为邻，北与王庄镇、安临站镇相连。南北长10.25千米，东西长9.75千米，总面积70.97平方千米。镇机关驻孙东村，距肥城市人民政府26.5千米。泰东公路、牛孙公路横穿境内。

**建置区划**　因战国时期军事家孙膑（字伯龄）在此排兵布阵，后隐居于此，而得名孙伯。

孙伯镇境内，清代东程村、西程村、朝阳庄隶属肥城县，五埠村南北路西的半个村隶属东平县，其余各村隶属泰安县。1912年，属泰安县第十区。1939年10月，划归泰安县一区。1941年，属泰西县一小区。1949年6月，划归肥城县第八区。1957年春，设孙伯乡。1958年9月，撤乡改建孙伯人民公社。1960年1月，东坞、西坞、琶山三个大队划归孙伯公社。1983年12月，孙伯公社改称孙伯区。1985年11月，撤区建立孙伯乡。1996年1月，孙伯乡改为孙伯镇。2016年，孙伯镇辖孙东、孙西、刘庄、西坞、东坞、琶山、大石桥、庄头、东程、西程、南栾、北栾、陈杭、西北角、莲花峪、五埠、岈山17个行政村。至2020年，建置区划未变。

**自然状况** 境内地势北高南低，东高西低，北部、东部是山地丘陵，中南部为丘陵平原，南部和西南部为平原和洼地。地质属华北型地层沉积，地质构造属鲁西台背斜，北部为岈山断块凸起，南部为安孙断层凹陷。有大小山峰16座，岈山主峰443米，为海拔最高点，平均海拔85米。较大的河流有青龙河、九泉河、大汶河3条，青龙河、九泉河横贯中部，分别源于东北部山区，由东北向西南流入。土壤以褐土为主，次为棕土。矿产资源主要有河沙、石灰石、晶莹石、灰化岩、花岗岩。河沙主要分布于南部大汶河区域，花岗岩石材分布在刘庄村九山，并注册“泰九岩”商标。

**人口民族** 2016年，常住总户数9326户，常住总人口2.68万人，其中男性1.49万人、女性1.19万人。2018年，常住总户数8220户，常住人口2.81万人，其中男性1.4万人、女性1.41万人。2020年，常住总户数7659万户，常住总人口2.54万人，其中男性1.29万人、女性1.25万人。

## 经济状况

**农　业** 以种植小麦、玉米、有机蔬菜、苗木花卉为主。2016年，全镇耕地面积3251.29公顷，农业总产值6.86亿元，其中农业产值4.46亿元、林业产值1601万元、牧业产值1.76亿元、渔业产值213万元，农林牧渔服务业产值4574万元、增加值4.05亿元；土地流转面积200公顷。2018年，全镇耕地面积3251.29公顷，农业总产值5.83亿元，其中农业产值3.66亿元、林业产值1944万元、牧业产值1.27亿元、渔业产值284万元，农林牧渔服务业总产值6809万元、增加值3.32亿元；农民专业合作社36个，家庭农场68个，土地流转面积666.6公顷。2020年，全镇耕地面积3251.29公顷，均为水浇地，农业总产值5.99亿元，其中农业产值3.77亿元、林业产值1850万元、牧业产

孙伯镇机关驻地一角　　（孙伯镇史志办　2022年提供）

值1.24亿元、渔业产值230万元，农林牧渔服务业产值7631万元、增加值3.46亿元。农民专业合作社86个，家庭农场42个，土地流转面积1200公顷。

**工　业**　2016年，工业企业18家，从业人员320人，其中规模以上工业企业3家；工业总产值8亿元，实现利税0.8亿元，其中利润0.28亿元；规模以上工业企业实现主营业务收入7.05亿元，实现利税0.84亿元，其中利润0.55亿元。2018年，工业企业19家，从业人员349人，其中规模以上工业企业5家；工业总产值52.8亿元，实现利税5.7亿元，其中利润1.3亿元；规模以上工业企业实现主营业务收入2亿元，实现利税0.24亿元，其中利润0.12亿元。2020年，引进落地项目12个，招商引资到位资金8亿元，上级拨款项目资金1亿元，进出口总额13亿元；工业企业22家，从业人员753人，其中规模以上工业企业5家；工业总产值2.41亿元，实现利税0.76亿元，其中利润0.44亿元；规模以上工业企业实现主营业务收入2.77亿元，实现利税0.48亿元，其中利润0.17亿元。

## 财政税收

**财　政**　2016年，全镇一般公共预算收入3474万元，其中工商税收1997万元，一般公共预算支出4513万元。2018年，一般公共预算收入1399万元，一般公共预算支出6696万元。2020年，一般公共预算收入1.82亿元，一般公共预算支出1.41亿元。

**税　收**　2016年，孙伯镇登记各类纳税人22户，其中年纳税额在10万元以上的企业5户；各项税收收入1049万元，其中增值税676万元。2018年，登记各类纳税人25户，其中年纳税额在10万元以上的企业7户；税收收入6968万元，其中增值税5568万元。2020年，登记各类纳税人32户，其中年纳税额在10万元以上的企业10户；各项税收收入1.82亿元，其中增值税1.51亿元。

## 社会事业

**教　育**　2016年，幼儿园5所，专任教师49人，在园幼儿705人；小学6所，专任教师135人，在校学生1312人；普通初中1所，专任教师84人，在校学生837人；县级以上规范化中小学2所，其中省级规范化学校2所。2020年，幼儿园5所，专任教师44人，在园幼儿457人，其中1所幼儿园被评为省级规范幼儿园；小学4所，专任教师134人，在校学生1169人；普通初中1所，专任教师79人，在校学生565人。

**文　化**　2016年，综合文化站1个，村级文化活动中心17个；各类图书室14个，藏书2万余册；农家书屋17个，农村文化大院17个，文体广场17个，文艺宣传（表演）队13支。2020年，综合文化站1个，村级文化活动中心17个；

孙伯镇五埠村拐弯胡同　　（张　娜　摄　2022年提供）

各类图书室17个，藏书3万余册；农家书屋17个，农村文化大院17个，文体广场20个，文艺宣传（表演）队17支。县级及以上文物保护单位8处，其中省级1处（护鲁山泰山行宫）、泰安市级2处（武氏家庙、五埠村古民居）、县级5处（蝎子城遗址、琶山白衣庵遗址、南栾李氏碉楼、庄头扬水站、五埠主席台）。县级及以上非物质文化遗产13项（孙膑•孙伯•云蒙山、莲花峪传说、东坞花辊舞、葛氏捧瓷、倪氏面塑、南栾犬肉制作技艺、孙伯岈山豆腐丝制作技艺、孙伯西程金丝绞瓜栽培技艺、泰山手工石臼艾绒艾条制作技艺、青石干茬缝砌墙技艺、中和堂口腔溃疡及咽炎疗法、岱阳观庙会、五埠伙大门居住民俗）。

**卫　生**　2016年，医疗卫生机构18家、床位50张，其中镇卫生院1家、村卫生室（社区门诊）17家；卫生技术人员76名，其中执业医师13名、助理医师4人。2020年，医疗卫生机构18家、床位50张，其中镇卫生院1家、村卫生室（社区门诊）17家；卫生技术人员107名，其中执业医师17名、执业助理医师4名。

## 社会保障

**医疗保险**　2016年，居民基本医疗保险参保人数1.68万人。2020年，居民基本医疗保险参保人数2.03万人。

**养老保险**　2016年，居民参加养老保险6564人。2020年，居民参加养老保险6652人。

**低保救助**　2016年，农村最低生活保障703人，发放最低生活保障金157万元；敬老院1家，床位26张，收养农村“五保”老人20人。2020年，城镇最低生活保障户数7户、8人，发放最低生活保障金0.33万元；农村最低生活保障人数627人，发放最低生活保障金197.9万元；敬老院1家，床位26张，收养农村“五保”老人20人。

## 名胜古迹

**护鲁山泰山行宫**　又名岱阳观，山东省级文物保护单位。位于孙伯镇护鲁山脚下，邻近大石桥村。建于清康熙十二年（1673）四月五日，发起人有社首信女袁九江、赵氏等26人。清康熙三十年（1691）四月、清嘉庆八年（1803）六月，分别对行宫进行扩建和重修。行宫依山而建，坐北朝南，北高南低，分前、中、后3院，占地面积3500多平方米，建筑面积1200平方米，除碧霞元君祠、送子娘娘殿为砖石土木结构外，其余建筑均为石质结构。行宫门楼为2层，下层3间，宽13米，进深3米；中间有门洞，高2米、宽1.5米；上层1间，位于中间，宽4米，两侧东为钟楼，西为鼓楼。前院有东西配房，均为5间，2层式建筑，硬山单脊，俗称转楼。东为天罗楼，西为孝堂楼。向北拾级而上为送子娘娘殿，面阔3间，宽9米，进深6米，砖石土木结构，硬山单脊，前出厦，保存完整。殿后为中院，正中为碧霞元君祠，今仅存屋基及断壁。祠东为东跨院，门口南墙外为文昌阁，祠西为王母楼遗址。2013年10月，护鲁山泰山行宫被山东省人民政府公布为山东省第四批省级文物保护单位。

**武氏家庙**　俗称武氏家祠、武义将军庙，泰安市级文物保护单位。位于孙伯镇庄头村东200米处，是肥城市保存最完整的家庙之一，具有较高的历史、文化以及建筑艺术研究价值。有关专家实地考察后指出，其建筑考究，规格较高，为研究家庙文化提供了珍贵的实物资料。尤其是大殿两侧设立小室，在古建筑中极为少见。

**五埠村古民居**　泰安市级文物保护单位。位于孙伯镇五埠村，建于明洪武十四年（1381）。该村三面环山，依山而建，高矮错落有致，全部为石质结构，深巷、大院、高屋、地堡的古朴建筑风格，传递出不可多得的历史气息，演示出久远质朴的乡村记忆。村内古迹众多，其中保留完

整的有明、清、民国时期的院落200多套（间），古井18眼、古姓氏谱碑、古戏台、藏兵洞等。

**蝎子城遗址** 肥城市文物保护单位。位于孙伯镇机关驻地东北约4千米处，东邻琶山，西、北邻九山，南为西坞山，为一小盆地，面积2000平方米。在九山南麓俯视蝎子城，其地形恰似1只大蝎子，头朝西南，尾向东北，蝎头、蝎身、蝎尾连接紧凑，形象逼真。特别是由大小9块逐渐升高的地块形成的“蝎肚”更加逼真。蝎子城城西南角有一滴哒泉，滴哒滴哒恰似一乐曲，天再旱，泉水不断。据传战国时袁达据此为寇，筑围墙，架吊桥，故名“蝎子城”。

**琶山白衣庵遗址** 又名琶山庵、白衣大士庵，肥城市文物保护单位。位于孙伯镇东坞村琶山之阳山腰。据历史资料和碑文记述，此庵建于金太宝元年，先为三教堂，后为修真观，为“三教合一”的一方胜地。清朝年间改成白衣庵，建白衣大士殿，原有僧人十几人，庙产上千亩，是山东泰山西麓颇具信誉度的佛家场地，有较高知名度。

**南栾李氏碉楼** 肥城市文物保护单位。位于孙伯镇南栾村，为明代时期古建筑。相传明洪武初年（1368），李氏为躲避兵乱，迁此居住。李氏旧宅为四合院式结构，三进三出式院落，共计房屋27间，并建碉堡楼四座于宅院四角，以作防御之用。今仅存1座，坐北向南，面阔3间，进深1间，通面阔12米，进深6米，高16.5米。建筑共分3层，一层为条石垒砌，二、三层为青砖砌，卷棚灰瓦顶，顶部四周有女墙，约1米高。楼的正门在二楼，石块台阶上下，二层为宽木地板，有木质楼梯下到一层，二三层之间的楼板已损坏。东配房为二层建筑，坐东向西，面宽9.7米，进深5米，一层三开间，二层仅北首一间，门南向。今碉楼楼顶和东配房二层均坍塌。2009年，山东省建设厅专家来此考察，定名为碉楼，认为此类建筑省内少有，具有较高的历史文物价值。

## 古今名人

**朱缁衣（生卒年不详）** 字展宜，孙伯镇南栾村人。清康熙五十四年（1715），朱缁衣中乙未科进士。清雍正三年（1725），任富顺知县。著有名篇《沁心篇》《皇华观》等。

**马继孔（1914—2001）** 1914年10月出生，孙伯镇红山村（今刘庄村）人。1936年9月，在清华大学就读时参加中华民族解放先锋队。1937年7月，回到家乡肥城县，在青年中宣传共产党抗日救国的主张，10月建立抗日游击队并任队长。1938年11月加入中国共产党。1946年3月，任济宁市政府市长。1949年春，任安徽省委办公厅主任。1950年7月至1955年5月，历任云南省政府秘书长、昆明市委书记，中共云南省委第一副书记。1965年9月，任中共甘肃省委书记处书记。1972年，任甘肃工业大学党委书记、革委会主任。1977年8月，任中共甘肃省委书记。1978年12月，任中共江西省委书记。1982年12月，任江西省人大常委会主任。2001年2月在昆明去世。第二、六届全国人大代表，中共十一大代表。

**赵仲一（1917—2002）** 1917年出生，孙伯镇老树峪（今刘庄村）村人。1942年，参加抗日工作，1943年5月，加入中国共产党。1949年2月随军南下，历任浙江省建德县公安局局长，淳安县公安局局长、县委副书记、县长，武义县委书记等。1970年起，历任兰溪县委书记、金华地委副书记兼兰溪县委书记、金华地委书记、浙江省纪律检查委员会副书记、浙江省顾问委员会委员等职。1988年12月离休。2002年4月去世。

**许梅村（1911—2002）** 清宣统三年（1911）出生，孙伯镇大石桥村人。1937年8月参加革命工作，同年12月加入中国共产党。1939年10月至1949年2月，历任泰安县十区副区长、新三区区长，泰西县武委会主任、交通局局长，肥城县邮电局局长，淄川邮电局局长、南京市邮电局运输处处长等职。1956年5月起，历任新疆伊犁市、乌鲁木齐市邮电局党委书记，新疆维吾尔自治区邮电管理局党委书记等职。1976年离休。2002年8月去世。

**姬广文** 1933年11月出生，孙伯镇东程村人。1948年12月参加工作。1953年7月，加入中国共产党。1979年12月，任中共济南市委委员、长清县委书记。1984年1月，任济南市委委员、历城县委书记。1987年6月，任济南市委委员、历城区委书记。1990年1月，任山东省农业科学院副院长、党委委员。1994年11月离休。

**胡冰霜** 女，1958年2月出生，孙伯镇西程村人。四川大学教授、硕士生导师，著名医学家、画家，“尼诺艺术”特邀教师。2015年，与母亲闵传清合作出版《诗意书画》。

**姬 锋** 1970年8月出生。孙伯镇东程村人，中共党员，副师职，大校军衔。1987年11月入伍，先后在通信学院、运输工程学院、军事经济学院、后勤指挥学院学习。历任59005部队战士、班长、排长、军务参谋、指导员、组织干事，62030部队行政助理，62051部队管理处处长、副部队长、部队长等职。在党内历任营党委委员、团纪检干事、团级单位党委委员、纪委书记、党委副书记、党委书记和师级单位党委委员、纪委书记等职。

## 土特名产

**金丝绞瓜** 又名黄金绞瓜，明朝时由国外引进。孙伯镇金丝绞瓜比其他地方种植的绞瓜色泽更金黄，口感更好，存放时间达6个月以上，久藏不失鲜，常年供应市场。该瓜嫩瓜和老瓜均可食用，但以老瓜为佳。食用时轻拍瓜的周围，或放开水锅内煮3～5分钟，切开后用筷子用力搅拌瓜心，就会形成粗细2毫米左右的金黄色的细丝，晶莹好看，清脆爽口，味道鲜美，可热炒、凉拌，食用方便，被誉为“植物海蜇”“天然粉丝”。2018年11月，孙伯镇西程村金丝绞瓜被国家知识产权局认定为中国国家地理标志产品。

**岈山豆腐丝** 孙伯镇岈山村生产豆腐丝有几百年历史，是利用地下150米水源，选用上乘的大豆为原料加上特有的工艺制作而成。主要采用优质大豆，经过筛选、浸泡、磨浆、煮沸、去渣、凝固、压片、切丝8道工序制成风味独特的豆腐丝，薄而劲道，味道纯正独特，远近闻名，是老幼皆宜的佳品，有“素食之首”之美誉。

**南栾犬肉** 相传创制于汉代，距今有1000多年的历史。今以孙伯镇南栾村宋氏犬肉为正宗，在当地最负盛名。宋家煮制的犬肉色鲜味美，肉质细嫩，无腥味、异味，食之不腻，老少皆宜。宋氏犬肉工艺讲究，首先选料严格，宋家收狗，以散养家狗为最好。由于家狗狗源不足，宋家犬肉宁少毋滥，每天只煮1～2只，保证其风味不变。2016年，南栾犬肉被列入肥城市第四批非物质文化遗产代表性项目名录。

**岈山小米** 孙伯镇岈山村四面环山，水浇条件差，日照时间比平原少1～2个小时，土地瘠薄，适于谷子的种植。岈山小米一年一季，生长期长，约在150天。2015年1月注册“岈山牌”商标。

## 典型选介

**全国乡村旅游重点村——五埠村** 明洪武十四年（1381）建村，村内建筑均为石质结构，古迹众多，其中有保留完整的明、清、民国时期的院落300处，古井18眼、古姓氏谱碑、古戏台、藏兵洞等，其“门中套门、院中套院、巷中有巷”的伙大门特色建筑格局全国罕见，有“山东第一石头村，全国独特伙大门”的称号，被誉为泰西乡村发展的“活化石”。五埠村以古村落为依托，以“乡愁记忆”为主题，按照“一街四区”规划进行开发建设。景区设有非遗工坊、乡村记忆馆、精品民宿、五韵山庄、十亩荷塘、

孙伯镇五埠岭乡村记忆馆　　（孙伯镇史志办　2022年提供）

旅游商品中心等特色人文景观。2017年12月，五埠岭伙大门景区获国家AAA级旅游景区。2019年6月，五埠村被住房和城乡建设部、文化和旅游部、国家文物局、自然资源部、农业农村部列入第五批中国传统村落名录。2019年12月，被国家林业和草原局认定为第二批国家森林乡村名单。2020年8月，文化和旅游部、国家发展改革委将五埠村列入第二批全国乡村旅游重点村名单。

国家传统村落——岈山村　位于孙伯镇北部，属于典型的鲁中西部山村。境内多山，岈山和大顶山耸立在东、北两个方向，西、南是连贯的小丘陵，海拔略低，形成东北高、西南低、四面环山的小盆地地形，村庄坐落于盆地的中心，山峦、沟壑、梯田、村落和谐共存。岈山山峦起伏，悬崖陡壁，顶高500多米，有八大景观。有名的山峪31个，较大的山峪15个，胡关峪、冬爷哭峪均长2千米，山高谷深，深沟弯曲纵横衔接，长3千米。岈山村古村古落，文化底蕴丰厚，有地道、主席台、传统建筑、关帝庙、李氏大院等景点。2019年6月，岈山村被住房和城乡建设部、文化和旅游部、国家文物局、财政部、自然资源部、农业农村部列入第五批中国传统村落名录。

## 镇党政主要负责人

党委书记　崔绪昌（2011.11—2016.12）
　　　　　韩　宁（2016.12—2019.1）
　　　　　肖海霞（女，2019.1—　）
镇　　长　董　振（2015.10—　）

（武珊珊　郑　琨）

# 安驾庄镇

## 地理环境

位置面积　安驾庄镇位于肥城市南部，南、西南濒汶水与宁阳、汶上县隔河相望，东南与汶阳镇接壤，东邻边院镇，北与安临站镇以山为界，西和孙伯镇毗连。南北长17千米，东西长16千米，面积135.5平方千米，为肥城市面积最大的镇（街道）。镇机关驻安驾庄村，距肥城市人民政府25千米。济兖、泰（东）商公路在此交会。

**建置区划** 安驾庄村曾名袁家洼、王氏堡、永安寨，因北宋大中祥符元年（1008）宋真宗自汴京赴岱封禅，在此安驾驻跸，故将永安寨更名为“安驾庄”。安驾庄镇因镇机关驻安驾庄村而得名。安驾庄镇境内，秦汉为兖州郡，魏晋为泰山郡奉高地，隋朝时为梁父博城地，唐为乾封县地。北宋大中祥符元年（1008）称奉符县奉高乡，金元仍属奉符县，直隶泰安州地。清至民国年间属泰安县，1912年分属泰安县新安区、明德区。1928年属泰安县第十区。1939年10月，改称泰西县第十区。1941年7月，泰西县第十区撤销，改为泰西县一、二、三区。1946年7月，境内分属泰西县一、二区。1949年6月，泰西县撤销，分属肥城县八区、九区。1952年6月，九区以漕浊河为界划分为肥城县九区、十二区。1956年1月，肥城县八区更名为安驾庄区，十二区更名为马家埠区。1958年4月，撤区建乡，境内分属安驾庄乡、马家埠乡、坡庄乡。1958年9月，安驾庄乡、坡庄乡并为安驾庄人民公社。马家埠乡和北仇乡西部合并为马家埠人民公社。1960年1月，马家埠人民公社并入安驾庄人民公社。1984年1月，撤销安驾庄人民公社，成立安驾庄区。1985年11月，撤区成立安驾庄镇、马家埠乡。1996年1月，马家埠撤乡建镇。2001年2月，撤销马家埠镇并入安驾庄镇。2016年，安驾庄镇辖安驾庄、南石沟、北石沟、锁鲁城、北杨庄、前寨子、后寨子、上前、上后、曹家林、王付泉、上江庄、下江庄、中江庄、西江庄、护驾院、东赵庄、南赵庄、北赵庄、北张侯、南杨庄、店子、安刘、南园、围子、正东、坡庄、蔡家颜子、赵家颜子、朱家颜子、刘家颜子、王家颜子、南红庙、李家炉、三岔口、肖家店、李家店、岳庄、路家庄、庄户寨、张家杭、瓦屋、路家杭、南辛庄、南夏辉、马家埠、和埠岭、钓鱼台、大龙岗石、小龙岗石、郭家庄、张家安、冯家楼、张家埠、升家庄、陈家沟、陈家埠、肖家埠、门家埠、红庙埠、北双村、南双村、洼里、东岭、中岭、西岭、马家洼、沙路、东王家庄、西王庄、五祖庙71个行政村，至2020年未变。

**自然状况** 地势由西北向东南倾斜，平原、山地、丘陵各占总面积的三分之一。境内属大汶河水系，主要河道有大汶河、漕浊河、金线河、泉河和小汇河、安孙灌渠和上庄炉水库。土壤以黄土和黑土为主，其次为沙土。海拔72～447.9米。主要矿产资源有石灰岩、黏土、河沙，其中花岗石储量5000万立方米，地热资源22.6亿万卡。

**人口民族** 2016年，常住总户数2.26万户，常住总人口8.09万人，其中男性4.06万人、女性4.03万人。2018年，常住总户数2.17万户，常住总人口8.02万人，其中男性4.02万人、女性4万人。2020年，常住总户数2.13万户，常住总人口7.48万人，其中男性3.75万人、女性3.73万人。有回族、满族、壮族、傈僳族、瑶族、蒙古族、朝鲜族、土家族、拉祜族、苗族、侗族、彝族、达斡尔族、佤族、哈尼族、布依族16个少数民族。

## 经济状况

**农　业** 以种植小麦、玉米为主。2016年，全镇耕地7185公顷，水浇地面积6610公顷；农业总产值5.9亿元，其中农业产值4.1亿元、林业产值1752万元、牧业产值0.78亿元、渔业产值1046万元。农林牧渔服务业产值7610万元、增加值3.5亿元；农民合作社120个，种植大户136户，土地流转面积2035.2公顷。2018年，耕地面积7140公顷，农业总产值8.6亿元，其中农业产值4.8亿元、林业产值0.19亿元、牧业产值2.7亿元、渔业产值1060万元，农林牧渔服务业总产值0.86亿元、增加值4.7亿元；农民专业合作社182个，家庭农场25个，土地流转面积2762公顷。2020年，全镇耕地面积7597公顷，水浇地面积6610公顷，农业总产值9.3亿元，其中农业产值4.9亿元、林业产值1858万元、牧业产值3.2亿元、渔业产值561万元，农林牧渔服务业产值0.96亿元、增加

2021年6月5日，安驾庄镇乐汶智慧农业产业园全景　　（刘国强　摄）

值5.2亿元。全镇有农民专业合作社211个，农业企业10家，家庭农场68个，土地流转面积3580公顷。

**工　业**　2016年，工业企业18家，从业人员795人，其中规模以上工业企业3家；工业总产值3.89亿元，实现利税0.56亿元，其中利润0.45亿元；规模以上工业企业实现主营业务收入1.56亿元，实现利税0.24亿元，其中利润0.16亿元。2018年，工业企业20家，从业人员1087人，其中规模以上工业企业5家；工业总产值4.21亿元，实现利税0.63亿元，其中利润0.52亿元；规模以上工业企业实现主营业务收入2.51亿元，实现利税0.36亿元，其中利润0.24亿元。2020年，引进落地项目26个，招商引资到位资金4.1亿元，上级拨款项目资金1.4亿元，进出口总额0.67亿元。工业企业28家，从业人员1257人，其中规模以上工业企业7家；工业总产值5.04亿元，实现利税0.81亿元，其中利润0.57亿元；规模以上工业企业实现主营业务收入2.96亿元，实现利税0.41亿元，其中利润0.33亿元。

**建筑业**　建筑业是安驾庄镇的传统优势和经济支柱产业，素有“建安之乡”美誉。2016年，资质建筑安装企业4家，其中一级资质企业2家，劳务企业2家，在册职工1.87万人，建筑企业实现总产值56.33亿元，增加值11.81亿元，外出施工产值2.57亿元，利润0.69亿元。2018年，资质建筑安装企业5家，建筑安装企业实现总产值108.35亿元、增加值18.74亿元，分别比上年增长16.54%、9.68%；实现税收2.75亿元，比上年增长16.03%。2020年，建筑安装企业8家，建筑业实现总产值122.84亿元，比上年增长14.59%；实现税收4.39亿元，比上年增长18.95%；地方财政贡献1.5亿元，比上年增长12.54%。

**商贸服务业**　2016年，社会消费品零售总额0.21亿元，增长6.23%；住宿、餐饮业营业额0.36亿元，营业利润321万元；外贸进口总额410万元，外贸出口总额650万元；私营企业106家、个体工商户1009户，实现服务业增加值450万元。2018年，社会消费品零售总额0.3亿元，增长5.47%；住宿、餐饮业营业收入0.48亿元，利润485万元；外贸进口总额550万元，外贸出口总额720万元。2020年，社会消费品零售总额0.35亿元，同比增长5.85%；住宿、餐饮业营业收入0.59亿元，利润640万元；外贸进口总额610万元，外贸出口总额850万元；私营企业242家、个体工商户1353户，实现服务业增加值620万元。

## 财政税收

**财　政**　2016年，一般公共预算收入1.18亿元，其中工商税收3198万元，一般公共预算支出1.51亿元。2018年，一般公共预算收入2517万元，一般公共预算支出1.2亿元。2020年，一般公共预算收入1.92亿元，一般公共预算支出1.62亿元。

**税　收**　2016年，登记各类纳税人135户，其中年纳税额在50万元以上的企业4户；各项税收收入6780.92万元，其中增值税4766.88万元。2018年，登记各类纳税人142户，其中年纳税额在

50万元以上的企业9户；税收收入2.59亿元，其中增值税2.20亿元。2020年，登记各类纳税人107户，其中年纳税额在50万元以上的企业4户；各项税收收入4.69亿元，其中增值税4.09亿元。重点税源为建筑安装、纤维素化工、农产品加工。

安驾庄镇中心小学全貌　　（肖云龙　摄　2023年提供）

**金　融**　2016年，金融机构和金融组织8家，其中银行业机构5家，存款余额1.54亿元，驻泰银行业机构贷款余额0.19亿元，区域性股权交易系统挂牌企业1家。2020年，金融机构和金融组织11家，其中银行业营业网点6个，存贷款余额分别为3.28亿元、0.26亿元；保险业机构5家，全国中小企业股份转让系统挂牌企业1家，区域性股权交易系统挂牌企业1家。

## 社会事业

**教　育**　2016年，幼儿园17所，专任教师176人，在园幼儿2014人；小学11所，专任教师286人，在校学生3224人；普通初中2所，专任教师220人，在校学生1835人；县级以上规范化中小学11所，其中省级规范化学校2所、市级规范化学校4所。2020年，幼儿园7所，专任教师107人，在园幼儿1068人；小学6所，专任教师278人，在校学生1723人；普通初中2所，专任教师195人，在校学生1138人。

**文　化**　2016年，综合文化站1个，村级文化活动中心56个，各类图书室56个，藏书8万余册，音乐、美术、书法、摄影及文学业余创作人员5人；农家书屋42个，农村文化大院42个，文体广场71个，文艺宣传（表演）队60支。2020年，综合文化站1个，村级文化活动中心71个，各类文化专业户2户；各类图书室71个，藏书10万余册，音乐、美术、书法、摄影及文学业余创作人员10人；农家书屋71个，农村文化大院42个，文体广场104个，文艺宣传（表演）队80支。县级及以上文物保护单位9处，其中省级2处（马家埠丁家庙、南夏辉萧氏家祠）、泰安市级1处（安孙灌渠）、县级6处（大云寺遗址、精礼寺遗址、龙公墓、李家炉李家祠堂、张家安颠仙祠、肖家店钟楼）。县级及以上非物质文化遗产8项，其中省级2项（梁氏正骨、尚氏锔艺）、泰安市级6项（刘氏锡艺、梁氏膏药、赵氏面塑、张志纯传说、张氏印章、安味轩八字古卤法技艺）。

**卫　生**　2016年，医疗卫生机构45家、床位60张，其中镇卫生院1家、村卫生室（社区门诊）44家；卫生技术人员138名，其中执业医师42名、执业助理医师11名。2020年，医疗卫生机构46家、床位110张，其中镇卫生院1家、村卫生室（社区门诊）45家；卫生技术人员148名，其中执业医师40名、执业助理医师21名。

## 社会保障

**医疗保险**　2016年，居民基本医疗保险参保人数7.24万人。2020年，居民基本医疗保险参保人数6.28万人。

**养老保险** 2016年，居民参加养老保险5.65万人。2020年居民参加养老保险4.55万人。

**低保救助** 2016年，安驾庄镇有城镇最低生活保障户数16户、21人，发放最低生活保障金8.68万元；农村最低生活保障户数1376户、2431人，发放最低生活保障金475.76万元；医疗救助195人次，发放医疗救助金21.45万元；敬老院1家，床位60张，收养农村“五保”老人48人。2020年，城镇最低生活保障户数18户、21人，发放最低生活保障金9.66万元；农村最低生活保障户数946户、1654人，发放最低生活保障金440.02万元；敬老院1家，床位40张，收养农村“五保”老人36人。

## 名胜古迹

**萧大亨家祠** 省级文物保护单位。位于安驾庄镇南夏辉村中心，东西大街北侧，坐北朝南，占地面积1500平方米，建筑面积344平方米，房舍13间，四合院格局，古朴恢宏。门外两边为八字形照壁，门内有1个小院，迎面3间过厅。过中门楼，是主院落。迎面一大月台（乐台），占地面积48平方米，高0.6米，台面与大殿走廊地面齐平。月台北端，是供奉先祖牌位的大殿。大殿正中有萧大亨祖父萧宁坐姿塑像，两边塑有侍者，外罩佛龛，塑艺高超，观之如生人，殿内两旁安置列祖列宗牌位及萧氏祖谱。大殿前两侧有东西厢房各3间，厢房南有银杏树2株。

**马家埠丁家庙** 省级文物保护单位。位于安驾庄镇马家埠村，为明朝中期建筑，至今有500多年的历史。丁家庙大殿为上下两层，并有木楼梯相通。红墙黄瓦，飞檐斗拱，坐北朝南，正门为圆拱门，两侧窗户为圆形设计，内部雕梁画栋，至今保存完好。2012年，以丁家庙大殿为主体，扩建为马家埠民俗文化博物馆。

**安孙灌渠** 泰安市级文物保护单位。位于安驾庄镇机关驻地南9千米处，横跨安驾庄、孙伯两镇，东起安驾庄镇肖家店村，西至孙伯镇的西北角村，全长20.26千米。1966年3月建成，原名为肖家店引水干渠，后改为安孙灌渠。安孙灌渠除主干渠外，挖砌支干渠24条，长22.5千米；干渠排水沟5条，长8.6千米；支渠排水沟22条，长17.4千米。除自流灌渠外，还兴建扬水站38座。在全国第三次文物普查中，被国务院第二次全国文物普查领导小组确定为不可移动文物（近现代重要史迹及代表性建筑类）。

**颠仙祠** 又称张志纯庙、张老爷庙，肥城市文物保护单位。位于安驾庄镇张家安村内。建于元末明初，大殿于明清重修。1991年坍塌，只剩断墙残垣。1993年3月，张家安村村民自发募集资金重修。颠仙祠坐北朝南，东西长32米，南北宽24米，由大殿、围墙、大门组成。大殿为硬山式建筑，前出后厦，面宽11.5米，进深8.35米，高约9米。系先架后起，砖石结构，五顶脊，单飞檐，四组重梁，全系斗拱承托。殿内塑有张志纯坐像及左右站班，造型逼真，栩栩如生。四壁绘有张志纯生平、修道及升仙故事画幅，殿堂正门上书“南化真人”四个大字。

**陈家埠清真寺** 位于安驾庄镇陈家埠村西，占地面积0.33公顷，建于清乾隆四十五年（1780）。该寺肃穆庄严，极具阿拉伯清真寺院风格。其主体礼拜堂，建筑面积250平方米，顶高15米，大堂门口是卷棚。堂内分里外两层，外层为南北讲堂，里层为礼拜大殿，两侧各有厢房3间。另设浴室、厢房和宿舍等。

**耶稣教堂** 原名“福音堂”，位于安驾庄镇安驾庄村内。建筑大方宏伟，庄严肃穆，南北走向，长19米，宽9米，高6米，木石结构，墙面由黄色块石垒砌。堂内北端筑有讲台，教堂2门、9窗，西面5窗，东面4窗，东面北端有1便门。大门朝南，门上方有1石匾，上镌“耶稣教堂”4个大字。大字两旁镌刻着建修年代。右方为：一千八百七十四年建修，左方为：救主一千九百十五年建修会堂。

## 古今名人

**张志纯(1220—1316)** 字布山，号天倪子，安驾庄镇张家安村人。元朝著名道人，人称张炼师。据清乾隆年间《泰安县志》载：张志纯6岁诵五经，12岁学道，精通道务，居会真空，道行超群。元世祖忽必烈赠号“崇真保德大师”“天倪”，授紫服。蒙古中统三年（1262），授予东岳提点监督官，修建南天门。张志纯亲自构图设计，率匠施工，至中统五年（1264）竣工。张志纯酷爱诗词，为当时著名诗人。

**萧大亨(1532—1612)** 谱名应文，字夏卿，号岳峰，今安驾庄镇南夏辉村人。明代重臣，历经嘉靖、隆庆、万历三代朝廷，曾任兵部、刑部尚书13年。明末知名泰山学者，著有《夷俗记》《今古文钞》《文章正宗》等，并捐资修整泰山名胜古迹。明万历四十年（1612），卒于泰安。万历四十四年（1616），追赠太傅，明神宗敕令在泰安城西南金牛山之阳，为其营建陵墓，万历四十五年（1617）竣工，至今犹存。

**葛延瑛(1857—1928)** 字云庵，号云山主人，一号迦南，安驾庄镇下江庄村人。清光绪二十七年（1901），中举人第54名。清光绪三十四年（1908）夏，汶河大堤决口，民房倒塌、粮田被淹，数万人无家可归。他首倡募捐，加固堤防，消除水患。1916年，山东省首届参议员葛延瑛置身家性命于不顾，赴京状告泰安县长冯汝骥滥用职权、贪赃枉法，并使其受到应有惩罚。1919年，被举荐为泰安县财政管理处处长，任期内忠于职守、两袖清风。1926年，领衔重修《泰安县志》。1928年7月去世。泰安县人民追念其功，在泰安西城墙为他立碑，并请国民政府教育总长蔡元培题“泰安葛云庵先生纪念碑”，碑阴镌刻葛延瑛《行实际略》，立于东江庄村南，永志纪念。此碑“文化大革命”期间被毁。1987年复原，今立于肥城市文化馆院内。

**米英俊(1917—1943)** 1917年10月出生，安驾庄镇升家庄村人，回族。13岁参加山东省武术比赛获一等奖。1935年，被聘为泰安县国术馆教师。1937年七七事变后，组织18人的回民抗日游击小组，1938年底发展到100多人，后被泰西抗敌自卫团编为独立团“回民连”，任连长。1939年3月，加入中国共产党。1941年春，回民连被授予“夜老虎连”称号。1943年7月，任肥城县大队副大队长。同年10月，在长清县五峰山口不幸壮烈牺牲。1944年，他生前率领的回民支队被命名为“米英俊支队”。

**武圣域(1900—1952)** 原名武希贤，清光绪二十六年（1900）九月出生，北石沟村人。1924年，在北京朝阳大学学习。1927年回乡任乡长。1930年，任泰安县新安区区长。1937年七七事变后，建立500多人的抗日游击队。不久，编为山东西区人民抗敌自卫团十三、十四、十五大队，任总指挥兼十五大队队长。同年冬，改编为八路军山东纵队六支队独立团，任团长。1939年，加入中国共产党。1942年秋，任鲁西第一（泰西）专署副专员。1945年起，历任冀鲁豫第十六（泰运）专署财政科科长、冀鲁豫第一（泰西）专署副专员。新中国成立后，历任平原省人民政府财政厅秘书主任、财政部预算司秘书兼党组书记等。1952年12月去世，骨灰安放于北京八宝山革命公墓，经人民政府批准为革命烈士。

**王长平(1889—1962)** 字鸿猷，清光绪十五年（1889）出生，安驾庄镇安驾庄村人。宣统元年（1909）北京汇文大学堂毕业，同年考取清末首批庚子赔款留美学生，在美国密歇根大学教育系学习教育心理学。1914年获哲学博士学位。1915年回国，历任湖南商专、湖南第一师范、雅礼大学、南京金陵大学、山东第一师范、河北大学、北京大学、齐鲁大学等校教授。1953年，被聘为北京市文史研究馆馆员。1962年去世。

王照华（1921—2009）　曾用名王廷向，1921年8月出生，安驾庄镇洼里村人。1938年2月，参加山东西区人民抗敌自卫团。1938年5月，加入中国共产党。1954年起，历任共青团北京市委第一书记、团中央书记处书记、中华全国青年联合会副主席、中国人民对外友好协会副会长等。1975年，任第七机械工业部第五研究院党委书记兼院长。1979年起，历任中组部秘书长、副部长，中国老龄问题全国委员会主任，中国老年基金会会长，中国老年报社社长，中国关心下一代工作委员会常务副主任、执行主任等。2009年12月在北京去世。中共第十二次全国代表大会代表、中国人民政治协商会议第三、五、七届全国委员会委员，第四、八届全国政协委员会常务委员。

陈达之（1925—2020）　曾用名陈啟昌，1925年3月出生，安驾庄镇安驾庄村人。1938年10月，加入中国共产党，同年12月参加革命工作。1946年10月至1951年8月，历任冀鲁豫边区卫河县委书记、贵州省贵筑县委书记等。山西省清徐露酒厂、太原化工公司生产处科长等。1979年10月起，历任中共中央纪律检查委员会副局级检查员、第四纪律检查室主任、干部管理室主任。1987年11月，任中共中央纪律检查委员会专职委员。1990年12月，任中共中央纪律检查委员会常委。1991年2月，任中央机关副部长级干部。1999年1月离休。2020年12月，在北京去世。中共十二大、十三大代表，在党的十二大、十三大当选为中央纪律检查委员会委员。

## 土特名产

前寨子大樱桃　安驾庄镇前寨子村地处纯山区，背靠望鲁山，周围无污染源，土壤肥沃、气候宜人、光照充足，盛产樱桃。前寨子樱桃色泽鲜艳、个大皮薄、晶莹剔透、酸甜可口、营养丰富，蜚声全国。5月初上市，主要品种有红灯、大紫、拉宾斯、巨红、那翁、芝罘红、早红先锋、早大果等。该村先后被命名为全国造林绿化千佳村、泰安市果品培优先进单位。

大龙岗石苹果　安驾庄镇大龙岗石村位于布金山之阳，全村总面积666.33公顷。种植的苹果品种有新红星、短枝红富士、新乔纳金等，肉肥味美、色泽鲜艳。1991年，获山东省优质标准园称号，新品种红星、金帅、红富士曾连续3年获泰安市优质果品奖。

安驾汤泉　位于安驾庄镇东赵庄村，温泉资源为寒武系石灰岩岩溶区，经中国地质科学研究院、山东省地质矿务局等权威部门鉴定，各项指标均达医疗价值和矿泉水命名标准。根据山东省地质矿产局第一地质队《山东省肥城市安驾庄地热田详查地质报告》，探明C级可采储量为1.9亿万千卡，D级可采储量为7.6亿万千卡，E级可采储量为13.1亿万千卡，C、D、E级可采储量22.61亿万千卡，相当于1314.74万吨优质煤。按地热田规模分级划分，属一中型地热田，地热资源水温之高，储量之大实属罕见。东赵庄村温泉ZK1地热井井深340.45米，井底最高温度72.6℃，出水口温度61℃，出水量1949.85立方米/每天。根据山东省地质矿产勘查开发局第五地质大队《山东省肥城市安驾庄地热田ZK1单井地热资源储量核实报告》，其水温之高、矿物质之多、储量之大实属罕见，是采暖、温室、工业用水和水产养殖的宝贵资源，开发前景广阔。

## 典型选介

山东省级特色产业镇——安驾庄镇　安驾庄镇围绕肥城市产业集群发展规划，以发展建筑安装业为抓手，实施品牌战略，“一镇一业”特色产业格局形成并逐渐壮大，建筑安装业成为推动安驾庄镇经济社会转型发展、创新发展、跨越发展的支撑。2018年11月，安驾庄镇被山东省中小企业局认定为第七批山东省级特色产业镇。2020年，安驾庄镇有显通安装、四方安装、四方实业、华泰、龙岗等资质建筑安装企业7家，配套企业10家，从业人员2.8万人，其中技术专业人员1800余人，建筑安装企业实现总产值140亿元，税收贡献5.1亿元。

**山东省乡村振兴示范村——马家埠村** 位于安驾庄镇机关驻地东北7千米处，历史悠久，交通便利，区位优势明显。近年来，马家埠村挖掘特色乡村旅游资源，以元末明初具有600余年的古建筑“丁家庙”为主体，建成马家埠民俗博物馆，占地面积2600平方米，分7个展厅和1个传统民俗体验区，收藏陶瓷器、木雕家具、传统生产生活用具等各类藏品500余种、3000余件。此外，建成山水奇石博物馆和红色文化博物馆，与民俗馆、千亩樱花园构成马埠乡村旅游带，成为集“民俗—奇石—红色文化”为一体的乡村旅游景点。2019年12月，马家埠村被山东省发展和改革委员会评为山东省乡村振兴示范村。

## 镇党政主要负责人

**党委书记** 荆文忠（2011.11—2019.2）
李开磊（2019.3— ）
**镇　　长** 王继荣（2011.11—2016.12）
刘文涛（2016.12— ）

（李　敏　肖云龙　刘海峰）

# 边院镇

## 地理环境

**位置面积** 位于肥城东南部，大汶河北岸，东邻岱岳区，南接汶阳镇，西连安驾庄镇，北与仪阳街道为界，地理位置优越。东西长15.5千米，南北长13.5千米，总面积110.99平方千米。镇机关驻边院村，距肥城市人民政府25千米。泰东公路横贯全境。

**建置区划** 汉代边氏迁此建村，因打“响场”触犯国法被诛，仅院落残存，故取村名边家院，简称边院。边院镇境内，秦汉属兖州郡，魏晋属泰山郡奉高县，隋朝时属梁父博城县，唐属乾封县，宋、金、元时属奉符县，明属直隶泰安州，清隶属泰安府泰安县，清末属济南府泰安县。1912年，属泰安县明德区。1928年，改称泰安县第九区。1939年10月，改称泰安（西）县第九区。1941年7月，将九区划分为四区、五区。1946年，撤销四区、五区，改为泰西县第三区。1949年6月，改为肥城县第十区，区机关驻边院村。1952年6月，将十区的任文、朱官等9个乡和二区的大柱子等4个乡划出组建第十三区，区机关驻过村。同时，将十区的吴店等4个乡划归第九区。1956年1月，十区更名为边院区，十三区更名为过村区。1958年9月，边院乡和北仇乡合并设立边院人民公社，东向乡、过村乡和大柱子乡合并成立过村人民公社（砖舍乡划归汶阳人民公社）。1960年1月，撤销过村人民公社，其中35个行政村并入边院人民公社。1984年1月，撤销公社，成立边院区公所。1985年11月，撤区划分为边院镇、过村乡。2001年2月，撤销过村镇，并入边院镇。2016年，边院镇辖边院、北湖、马家堂、宋庄、大王庄、小王庄、北杨、东古城、西古城、中古城、葛庄、北仇、凤凰、北古店、西李庄、前黄、后黄、夏庄、河西、官庄、姜堂、唐车、赵吕、侯刘、韩庄头、周王、柳林、运河、

东向东村、东向西村、东向南村、东向北村、东向南庄、东向东庄、徐庙、王家堂、南仇、后营、张家桥、大海子、王柳林、大武、北坡、东坡、西坡、过村、东片马、西片马、旗林、母家林、雨山、上官庄、张岭、营盘、李家庄、何家庄、杨家庄、亓家庄、周家岗、兴隆、张山头、雨前、朱官、大尚、小尚、东红庙、魏庄、高庄、张家庄、济河、马新宅、大任文、小任文、济河堂、于老、宋台、东军寨、西军寨、岔河店、陈洼80个行政村，至2020年未变。

**自然状况** 地势由西北向东南倾斜。北部为丘陵，西北部为布金山断块凸起，为山区丘陵地带；东南部及南部受大汶口凹陷影响，为漕浊河冲积平原。境内主要有刘秀山、布金山、宝金山、大横山、雨山等，其中布金山主峰海拔447米，为全镇最高点，山石大多为花岗岩和石灰岩。平原区海拔在86～100米。土壤以轻壤土为主，次为砂壤土。主要矿藏有岩盐、钾盐、石油、花岗岩、石膏、木鱼石等，其中岩盐储量50.2亿吨，钾盐储量944万吨，石油储量3.5亿吨，花岗岩储量3亿立方米，石膏储量150亿吨，地下水资源丰富。

**人口民族** 2016年，常住总户数2.23万户，常住总人口7.4万人，其中男性3.9万人、女性3.5万人。2018年，常住总户数2.07万户，常住总人口6.82万人，其中男性3.8万人、女性3.02万人。2020年，常住总户数2.21万户，总人口6.62万人，其中男性3.7万人、女性2.92万人；城镇常住人口1.45万人。有汉族、回族、满族、壮族、蒙古族、朝鲜族6个民族，回族人口占肥城市回族总人口的80%。

## 经济状况

**农　业** 以种植小麦、玉米、有机蔬菜、苗木花卉为主。2016年，全镇耕地面积6772公顷，均为水浇地，农业总产值4.88亿元，其中农业产值3.18亿元、林业产值1166万元、牧业产值1亿元、渔业产值522万元，农林牧渔业服务产值5280万元、增加值2.89亿元；农民合作社103个，种植大户95户，土地流转面积1524公顷。2018年，全镇耕地面积6794公顷，农业总产值9.86亿元，其中农业产值7.32亿元、林业产值1416万元、牧业产值1.96亿元、渔业产值694万元，农林牧渔业服务产值3709万元、增加值5.94亿元；农民合作社154个，种植大户145户，土地流转面积2505公顷。2020年，全镇耕地面积6751.7公顷，农业总产值9.78亿元，其中农业产值7.51亿元、林业产值1347万元、牧业产值2.07亿元，农林牧渔业服务产值4205万元、增加值6.19亿元；农民合作社154个，种植大户151户，土地流转面积3149.8公顷。

**工　业** 2016年，工业企业75家，其中规模以上工业企业38家；规模以上工业实现总产值31.25亿元，主营业务收入31.19亿元，利税3.8亿元，

2021年8月24日，肥城经济开发区一角　（陈祖俊　摄）

其中利润2.7亿元。2018年，工业企业82家，其中规模以上工业企业10家；规模以上工业实现总产值10.81亿元，主营业务收入11.35亿元，利税2.41亿元，其中利润2.04亿元。2020年，引进落地项目23个，招商引资到位资金14.65亿元，上级拨款项目资金1.62亿元，进出口总额1亿元。工业企业36家，规模以上工业企业10家；规模以上工业实现工业总产值17.88亿元，主营业务收入18.78亿元，利税3.85亿元，其中利润2.52亿元。

**建筑业** 2016年，有山东宇兴建设有限公司建筑企业1家，实现总产值10.61亿元，增加值5265.42万元，利税2095.45万元。2018年，有建筑企业1家，实现总产值20.37亿元，增加值14.5亿元，利税6950.6万元。2020年，有山东宇兴建设有限公司建筑业企业1家，企业下设北京、天津、济南等分公司，有高级职称53人、中级职称416人，实现总产值31.83亿元，增加值21.97亿元，利税1亿元。

**旅游业** 2016年，境内有布金山、宝金山旅游景区2家，接待游客人数3.5万人次，旅游总收入14万元。2020年，布金山景区升级为国家AAA级旅游景区。边院镇共接待游客5000余人次，旅游总收入5万元。

## 财政税收

**财　政** 2016年，一般公共预算收入8190万元，其中工商税收5191万元，一般公共预算支出8190万元。2018年，一般公共预算收入1.94亿元，一般公共预算支出2.47亿元。2020年，一般公共预算收入1.46亿元，一般公共预算支出1.46亿元。

**税　收** 2016年，登记各类纳税人105户，其中年纳税额在10万元以上的企业10户；各项税收收入5191万元，其中增值税2244万元、资源税1876万元、企业所得税532万元、城建税425万元。2020年，登记各类纳税人113户，其中年纳税额在10万元以上的企业21户；各项税收收入1.29亿元，其中增值税5610万元、资源税3827万元、企业所得税1329万元、城建税1206万元。重点税源为岩盐资源、建筑安装、农产品加工等产业。

## 社会事业

**教　育** 2016年，幼儿园19所，专任教师159人，在园幼儿2522人；小学11所，专任教师212人，在校学生3328人；普通初中2所，专任教师165人，在校学生1943人；县级以上规范化中小学13所，其中省级规范化学校2所、市级规范化学校7所。2020年，幼儿园13所，专任教师151人，在园幼儿1615人；小学8所，专任教师178人，在校学生2408人；普通初中2所，专任教师152人，在校学生1647人。

**文　化** 2016年，综合文化站1个，村级文化活动中心25个，各类文化专业户145户；各类图书室60个，藏书20万余册；农家书屋55个，农村文化大院80个，文体广场80个，文艺宣传（表演）队20支。2020年，镇综合文化站1个，村级文化活动中心80个，各类图书室81个，藏书45万余册；农家书屋80个，农村文化大院80个，文体广场122个，文艺宣传（表演）队40支。县级及以上文物保护单位7处，其中省级1处（东向北极阁）、泰安市级3处（金山庙、宋庄清真寺、岔河店清真寺）、县级3处（边院小王庄遗址、石佛寺、三官庙石碑）。县级及以上非物质文化遗产7项，其中泰安市级2项（高跷牌坊、韩庄头豆腐皮制作技艺）、县级5项（扎龙灯、弭氏锡艺、鼓腔烧饼制作技艺、刘家小磨香油、宝金山庙会）。

**卫　生** 2016年，医疗卫生机构53家、床位145张，其中镇卫生院1家、村卫生室（社区门诊）52家；卫生技术人员143名，其中执业医师35名、执业助理医师20名。2020年，医疗卫生机构53家、床位145张，其中镇卫生院1家、村卫生室

（社区门诊）52家；卫生技术人员173名，其中执业医师48名、执业助理医师18名。

## 社会保障

**医疗保险** 2016年，居民基本医疗保险参保人数6.8万人。2020年，居民基本医疗保险参保人数6.2万人。

**养老保险** 2016年，居民参加养老保险3.6万人。2020年，居民参加养老保险3.3万人。

**低保救助** 2016年，城镇最低生活保障户数32户、54人，发放最低生活保障金18万元；农村最低生活保障户数1548户、2811人，发放最低生活保障金640万元；医疗救助1人次，发放医疗救助金0.5万元；敬老院1家，床位60张，收养农村“五保”老人52人。2020年，城镇最低生活保障户数4户、8人，发放最低生活保障金2.64万元；农村最低生活保障户数971户、1886人，发放最低生活保障金780万元；敬老院1家，床位60张，收养农村“五保”老人42人。

## 名胜古迹

**东向北极阁** 山东省级文物保护单位。位于边院镇东向东村南北大街北首，建于唐代，是肥城市境内唯一的阁楼式古建筑。1989年，被肥城县人民政府列为县级文物保护单位。2013年5月，市镇村三级投资，修旧如旧，恢复北极阁原貌。2015年6月23日，东向北极阁被山东省人民政府公布为山东省第五批省级文物保护单位。

**宝金山泰山行宫** 泰安市级文物保护单位。宝金山泰山行宫即碧霞元君行宫，俗称“奶奶庙”，位于宝金山南麓山坡上，大殿3间，硬山单脊，浮雕龙纹，重梁起架。前廊式砖墙立柱，木梁木椽，檐下有卡子彩绘。大殿宽15米、高9米，进深8米，建造年代不详。大殿前两侧有清代石碑6通、民国时期石碑2通。

**西古城汉遗址** 亦称羽父城遗址，肥城市文物保护单位。位于边院镇西古城村北的一块台地上，俗称“北寨”，长350米、宽300米。遗址出土的文物有春秋晚期的黑陶瓷器、汉砖瓦、五铢古钱币、铜剑头、灰陶豆等文物。

**小王庄商周遗址** 肥城市文物保护单位。位于边院镇小王庄西山坡（布金山东麓），长、宽各50米，文化层1～3米。出土器物以商代鬲最多，还有豆盘、豆柄、青铜剑等。

**石佛寺** 肥城市文物保护单位。位于边院镇大横山之阴山坳中。相传建于隋朝。石佛在寺北端石室中，依山雕凿而成。在摩崖中有石雕佛像3尊，中间1尊为释迦牟尼坐像，高1.6米。石佛寺前有明弘治十八年（1505）、清光绪二十年（1894）重修石佛寺石碑各1通。

**河西村王氏祠堂** 位于边院镇河西村东南角。建于清道光三十年（1850），坐北朝南，前廊式硬山单脊，砖石木结构，四梁八柱，四角单飞檐，彩梁画柱，主殿左右各有配房。今存主殿3间。

**南庄村古槐** 位于边院镇南庄村（今东向南庄村）中心（南北）大街北首路西。估测树龄300年，树高6.5米、胸（地）围3.2米、冠幅8.4米。2023年10月，此树被泰安市人民政府列入首批二级保护古树名录。

**济河村古皂荚树** 位于边院镇济河村村委大院内，树干挺拔，枝叶繁茂。估测树龄300年，树高8.7米、胸（地）围2.5米、冠幅11.5米。2023年10月，此树被泰安市人民政府列入首批二级保护古树名录。

**母家林村古井** 位于边院镇母家林村中心（东西）大街中段。井口由2块内侧呈半圆形的巨石对合而成，每块巨石重约千斤。井口直径0.65米，井壁上端直径1.2米，下端1.6米，井深12米，水深3米。井口周围有36道深浅不一的沟痕，系长年累月被井绳摩擦而成。该井挖建年代不详，相传有1900余年的历史。

## 古今名人

**李　穆（996—1075）**　北宋兖州奉符县奉高乡（今边院镇东军寨村）人，官至尚书司勋郎中，卒葬东军寨村。在东军寨西南4千米的东向南庄村南，出土了李穆墓志。李穆历官延州肤施（今陕西延安）知县、大理寺丞、庆州（今甘肃庆阳）通判（赐五品服）、果州知州、京西路（治所今河南洛阳）提点刑狱、相州（今河南安阳）知州、利州路（治所在今陕西汉中）水陆计度转运使、兖州知州等，故墓志称他"四领方州，三刺剧郡"。他一生光明磊落，政绩突出，为官期间"荐吏四百员无失举之累"，堪称一代循吏。

**李鹤年（1895—1969）**　原名李传龄，又名李茂三，清光绪二十一年（1895）二月出生，边院镇东向西村人。1916年，应募去法国。1923年，加入中国社会主义青年团。1924年12月，加入中国共产党。1927年7月，与共产党员武冠英、张克明建立肥城县第一个党支部——中共东向支部，并任党支部书记。1938年5月起，历任中共泰安县委组织委员、山东西区人民抗敌自卫团第五大队副队长。1946年2月，任聊城专署铁工厂经理。1952年5月，任华北妇联总务科副科长。1953年1月，任中央建工部技术司秘书科副科长等职。1966年因病离休。1969年12月去世。1987年9月，其骨灰安葬在北京八宝山革命公墓。

**武大党（1904—1979）**　原名武家鼎，曾用名武鸣家，清光绪三十年（1904）五月出生，边院镇前武家南仇村（今大海子村）人。1926年，回乡创办前武家南仇小学。1937年8月，加入中国共产党。同年，任山东西区人民抗敌自卫团第九大队指导员。1938年8月，任泰安县组织部部长。1942年7月，任峰山县抗日政府县长。1944年4月，任梁山第四区区长。1946年8月，任冀鲁豫区党委常委。1949年4月奉命南下，历任干部大队中队长、石阡县人民政府县长、铜仁专署人民监察处副处长、贵州省监察厅监察处处长等。1957年，任贵州省中医研究所党总支书记、副所长等职。1979年4月去世。

**王仲范（1914—1991）**　1914年1月出生，边院镇河西村人。1932年3月，加入中国共产党。同年秋，参与建立中共泰安县第九区委员会。1937年七七事变后，与张魁三、张韶三建立宋王庄党支部，并任党支部书记。1938年1月11日，率领游击队到空杏寺，参加泰西抗日武装起义，加入山东西区人民抗敌自卫团，任除奸科科长兼特务队队长。1938年5月，任泰西特委保卫部部长。1940年起，历任聊城行署警备队大队长、东阿县区长、公安局局长、副县长等职。1947年，参加淮海战役。1948—1951年，任河南省商水县副县长、县长。1960年3月，任中国科学院河南分院办公室主任。1963年，任中国科学院河南省科学院化学研究所副所长、党委副书记。1983年10月离休。1991年8月去世。

**武冠英（1904—1996）**　又名武之魁、武一民、王太乙，清光绪三十年（1904）九月出生，边院镇柳林村人。1926年12月，在济南军需学校加入中国共产党。1927年7月，与共产党员李鹤年、张克明建立肥城县第一个党支部——中共东向支部，任党支部委员。1937年起，历任中共泰安县委书记、中共泰西地委统战部部长等职。1939年1月起，历任泰安地委统战部部长、民运部部长、秘书长。1948年8月起，历任冀鲁豫人民干部学校，平原省行政干部学校副校长、党总支书记。1953年3月，任华北财经学校校长、党总支书记。1955年3月起，历任中央财政金融学院教务长、党委副书记、监委书记、顾问等。1982年12月离休。1996年2月去世。

**张魁三（1912—2008）**　1912年12月出生，边院镇大王村人。1933年3月，加入中国共产党。1935年，由党组织派往宋王庄小学任教员。

1938年1月，与泰西起义的张北华、远静沧、崔子明等在空杏寺会合，成立山东西区人民抗敌自卫团，被编为第一大队，任党支部书记。参加邯郸、济南、大羊湖、淮海等战役和抗美援朝战争，荣立二等功、三等功各1次。1966年10月，任中国科学院革命委员会常务、党的核心小组成员。1969年起，历任中央地震工作领导小组成员兼办公室主任、国家地震局副局长。1983年离休。2008年4月去世。

**宋　岭**　1943年8月出生，边院镇姜堂村人，原名宋绍润。中共党员，大学本科学历，曾任第四军医大学西京医院（附属一院）药剂科主任，党支部书记、副主任药师，文职三级，技术五级（副军级）。2000年退休。

**李景春**　1945年8月出生，边院镇东向南庄村人，大学本科学历，1964年12月参加中国人民解放军，1965年11月加入中国共产党。1968年5月，任兰州军区工程兵第二工区钻探队司务长。1988年8月，任兰州军区后勤部财务部副部长。1991年6月，任兰州军区后勤部财务部部长。1995年8月，任解放军总后勤部财务部副部长。1997年7月，晋升为少将军衔。1997年10月，任解放军审计署副审计长。2000年1月，任解放军审计署审计长。2005年11月退休。

**刘培庚**　1949年5月出生，边院镇王家堂村人。1969年2月入伍，大学本科学历。1970年1月，加入中国共产党。1974年1月，任某军炮兵团五连副指导员。1985年9月起，历任某集团军高炮旅政治部主任、旅党委委员、常委。1990年4月起，历任某集团军高炮旅政委、旅党委委员、常委、书记。1996年5月起，历任某军团摩托化步兵师政委、师党委委员、常委、书记。2002年6月起，历任陕西省军区政治部主任（副军职），省军区党委委员、常委，省军区政治部党委书记，少将军衔。

**韩延明**　1958年1月出生，边院镇东向南庄村人，中共党员，教育学博士。武汉大学、山东师范大学教授、博士生导师，山东省有突出贡献专家，山东省高等教育学重点学科带头人，山东省高等教育管理科学研究会学术委员会主任，国家级特色专业学术带头人，教育部高等学校本科教学评估专家。1987年3月至2000年1月，历任曲阜师范大学教育系主任，教育科学学院（教育科学研究所）副院长、院长（所长）。2000年1月至2010年12月，历任临沂师范学院副院长、院长。2010年12月至2013年3月，任临沂大学党委副书记、校长。2013—2018年，任中共山东省委党史研究室一级巡视员、山东省马克思主义群众观研究中心主任、《山东党史》主编。

## 土特名产

**大王村大樱桃**　边院镇大王村樱桃园位于雨山西麓，种植樱桃有30多年的历史。2011年，大王村樱桃园被山东省林业厅定为经济林示范园。樱桃园种植规模大、品种多，主要品种有大红灯、大紫、美早等。该园所产樱桃早熟（比普通樱桃早上市半月）、果大、鲜艳（红、紫、黄）、优质、皮薄、肉软、汁多、清香、味美、甘甜，含多种维生素，是边院镇著名土特名产。2020年，大王村樱桃种植面积400公顷，公顷产量约11.3吨。

**韩庄头豆腐皮**　起源于明崇祯年间。边院镇韩庄头村豆腐皮工艺独特，全系手工制作，具有黄中泛红、油光发亮、柔嫩爽口、味道鲜美、质地筋韧等特点。2016年，韩庄头豆腐皮制作技艺被列入泰安市非物质文化遗产代表性项目名录。

**刘家小磨香油**　边院村的刘家小磨香油是边院镇特产。刘家小磨香油经百年的发展，形成当地独有的手工工艺，其香味浓郁、醇厚、色亮透明，是馈赠的佳品，深受当地人青睐。2016年，刘家小磨香油被列入肥城市非物质文化遗产代表性项目名录。

## 典型选介

边院镇大海子村新农村建设一角　　（边院镇史志办　2022 年提供）

**肥城第一个党支部纪念馆**　2018年7月，中共肥城市边院镇委员会会同东向西村党支部，在肥城第一个党支部诞生地——东向西村，建立占地面积140余平方米的肥城第一个党支部纪念馆。2020年12月，该馆被中共山东省委党史研究院列为山东省党史教育基地。2021年4月，被泰安市委党史学习教育领导小组办公室列为泰安市首批党史教育基地。同年，在建党100周年之际，又对纪念馆进行扩容。扩容后纪念馆占地面积约1280平方米，其中院落占地面积710平方米，展馆占地面积约570平方米。纪念馆展区划分为星星之火、燎原之势、砥砺之行、未来之梦四个部分，通过文字、图片、实物及现代科技手段展现肥城境内第一个共产党支部诞生的历程。

**“双色村庄”——大海子村**　2016年，边院镇大海子村有600户、2093人，耕地面积187.8公顷，中共党员82人。同年起，村党支部通过实施党员分类管理，开展“我是党员，我在这里”活动，打造“党员红色驿站”，充分发挥基层党组织战斗堡垒作用。把发展壮大集体经济作为推动乡村振兴的基础性工程来抓，投资400余万元，硬化道路3万余平方米；投资60余万元，建成湿地公园，新建、拓宽桥涵5座；打造“党建一条街”和“孝善一条街”，修缮武氏祠堂和武氏学堂，建成“家风家训馆”，打造党建引领“红色海子”和美丽乡村“绿色海子”。2017年1月，被山东省新闻出版广电局评为省级“书香之村”。2018年12月，被山东省爱国卫生运动委员会命名为省级卫生村。

**“中国少数民族特色村寨”——凤凰村**　2012年起，边院镇凤凰村突出回族文化特色，每年“开斋节”均组织开展民族文化活动，讲解古兰经、圣训等；设立文化宣传栏、绘画文化墙，加强爱国、爱教教育；建设文化广场1处，并安装LED大屏幕；在村西，建设小公园1处，展现民族特色。同时，全村“六纵九横”道路及所有巷道，全部完成硬化、绿化、亮化、美化，并对全村排水系统进行改造升级，所有道路均建立排水沟，直接与镇污水处理厂的管网连接，保证村内水源不受污染；户户建有沼气池，并完成改灶、改厕。2016年，凤凰村有109户、530人，其中回族410人。同年，凤凰村被山东省精神文明建设委员会评为省级文明乡村。2020年11月，被国家民族事务委员会命名为第三批“中国少数民族特色村寨”。

## 镇党政主要负责人

党委书记　桑逢智（2011.11—2018.12）
　　　　　韩　鹏（2018.12—2020.1）
镇　　长　孙　栋（2011.11—2016.12）
　　　　　韩　鹏（2016.12—2019.1）
　　　　　许兴斌（2019.1—　）

（武　红）

# 汶阳镇

## 地理环境

**位置面积** 汶阳镇位于肥城市境东南部，北与边院镇毗连，南与宁阳县隔大汶河相望，东与岱岳区接壤，西与安驾庄镇为邻。东西长20千米，南北长4千米，总面积79.5平方千米。镇机关驻吴店村，距肥城市人民政府29千米。东临104国道，西靠济兖公路。

**建置区划** 汶阳之名，始于春秋。因在汶水（今大汶河）之北，故得名汶阳。汶阳镇境内，秦朝属薛郡，西汉时期属鲁国，并建立汶阳县，县城在汶阳镇城上村（今为城南、城东、城西三个村）。唐、宋、元、明、清和民国时期，分别属兖州和泰安管辖。1929年分属泰安县和平区、明德区、新安区。1937年，分属泰安县九区、十区。1939年，分属抗日民主政权泰西县一、二、三、四区。1949年，泰西县撤销，划归肥城县八、九、十区。1952年6月，分别划给高淤区、边院区。1957年，撤区并乡，划分为高淤、吴店、砖舍3个乡。1958年，三乡合并成立汶阳公社。1984年，改为汶阳区。1985年，汶阳区撤销，成立汶阳镇。2016年，汶阳镇辖姜华、张庙、许楼、岗子、姜杭、高杭、砖东、砖舍、西南庄、屯庄、李楼、宿楼、李庄、贾北、贾南、沟西、孙孝门、三娘庙、宋孝门、北店、张孝门、城东、城西、城南、吴店、康孟庄、田东史、马东史、范武、新刘、李店、西徐、北庄、郭店、董庙、河岔口、汪城宫、董城宫、张城宫、张楼、塔房、武新村、明新村、胡庄、新集、西高淤、东高淤、西浊、薛寨、袁寨、浊东、浊北、浊前53个行政村。至2020年，建置区划未变。

**自然状况** 境内为平原，地势平坦，土层较厚，质地良好，肥力较高，多为一至三级地，耕地统称汶阳田。水资源充沛，大汶河自东沿镇南部西流，漕河、浊河从境北部穿流而过。海拔73.1～84.8米。土壤以轻壤土为主，次为砂壤土。资源主要有石膏、岩盐、沙等，其中石膏矿床面积约120平方千米，储量120亿吨以上，占亚洲石膏储量的四分之一。

**人口民族** 2016年，常住总户数1.18万户，常住总人口6.26万人，其中男性3.25万人、女性3.01万人。2018年，常住总户数2.15万户，常住总人口7.17万人，其中男性3.7万人、女性3.47万人。2020年，常住总户数2.36万户，常住总人口7.26万人，其中男性3.62万人、女性3.64万人。有汉族、回族、壮族、京族、朝鲜族5个民族。

## 经济状况

**农　业** 以种植小麦、玉米、有机蔬菜、苗木花卉为主。2016年，全镇耕地面积4361.79公顷，均为水浇地，农业总产值13.28亿元，其中农业产值9.17亿元、林业产值1124万元、牧业产值3.15亿元、渔业产值312万元，农林牧渔服务业产值8129万元、增加值7.85亿元；农民合作社70个，种植大户11户，土地流转面积102.27公顷。2018年，耕地面积4359.6公顷，农业总产值6.56亿元，其中农业产值3.63亿元、林业产值1364万元、牧业产值1.54亿元、渔业产值412万元，农林

2019年4月，汶阳镇董庙村汶阳田小麦一角　（石仁平　摄）

牧渔服务业总产值1.21亿元、增加值3.63亿元；农民专业合作社19个，家庭农场63个，土地流转面积2125.87公顷。2020年，全镇耕地面积4359.6公顷，农业总产值6.78亿元，其中农业产值3.9亿元、林业产值1298万元、牧业产值1.36亿元、渔业产值336万元，农林牧渔服务业产值1.36亿元、增加值3.83亿元。农民专业合作社20个，农业企业16家，家庭农场40个，土地流转面积2462.27公顷。

**工　业**　2016年，工业企业76家，从业人员2801人，其中规模以上工业企业36家；规模以上工业企业实现工业总产值49.9亿元，主营业务收入48.84亿元，利税4.2亿元，其中利润1.57亿元。2018年，工业企业52家，从业人员1897人，其中规模以上工业企业18家；规模以上工业企业实现工业总产值8.6亿元，主营业务收入7.2亿元，利润亏损0.26亿元。2020年，引进落地项目8个，招商引资到位资金5.6亿元，上级拨款项目资金1.22亿元，进出口总额2.2亿元。工业企业24家，从业人员1294人，其中规模以上工业企业7家；规模以上工业企业实现工业总产值6.7亿元，主营业务收入8.6亿元，实现利润0.62亿元。

## 财政税收

**财　政**　2016年，一般公共预算收入2.03亿元，其中工商税收8836万元，一般公共预算支出5209万元。2018年，一般公共预算收入5744万元，一般公共预算支出5744万元。2020年，一般公共预算收入5209万元，一般公共预算支出5209万元。

**税　收**　2016年，登记各类纳税人91户，其中年纳税额在10万元以上的企业10户；各项税收收入2480万元，其中增值税1051万元。2018年，登记各类纳税人100户，其中年纳税额在10万元以上的企业11户；税收收入3578万元，其中增值税2487万元。2020年，登记各类纳税人120户，年纳税额在10万元以上的企业19户；各项税收收入5137万元，其中增值税3617万元。重点税源为纤维素化工、建筑安装、农产品加工、石膏建材行业。

## 社会事业

**教　育**　2016年，幼儿园5所，专任教师127人，在园幼儿1665人；小学3所，专任教师218人，在校学生3136人；普通初中1所，专任教师154人，在校学生1229人；县级以上规范化中小学4所，其中省级规范化学校1所、市级规范化学校3所。2020年，幼儿园3所，专任教师129人，在园幼儿970人；小学3所，专任教师168人，在校学生1990人；普通初中1所，专任教师129人，在校学生1560人。

**文　化**　2016年，综合文化站1个，村级文化活动中心53个，各类文化专业户10户；各类图

书室36个，藏书20万余册，音乐、美术、书法、摄影及文学业余创作人员62人；农家书屋53个，农村文化大院53个，文体广场76个，文艺宣传（表演）队7支。2020年，镇综合文化站1个，村级文化活动中心53个，各类文化专业户17户；各类图书室58个，藏书40万余册，音乐、美术、书法、摄影及文学业余创作人员608人；农家书屋53个，农村文化大院53个，文体广场82个，文艺宣传（表演）队61支。县级及以上文物保护单位14处，其中省级1处（新刘玉皇庙）、县级13处（贾北遗址、董城宫遗址、三娘庙遗址、孙孝门遗址、河岔口赵家祠堂、汪城宫汪家古楼、张孝门泰山行宫、浊北张氏祠堂、田东史村田纪云旧居、砖舍兴善寺、田东史村田氏祠堂、西徐古槐形石刻、赵子英烈士墓）。县级及以上非物质文化遗产10项，其中泰安市级4项（汶阳田传说、砖舍李氏唢呐、汶阳烙画、汶阳薛寨小磨香油传统制作技艺）、县级6项（大汶河的传说、汶阳镇俚言杂字、河岔口鸭蛋、袁寨武赵氏扎制技艺、河岔口“杨氏膏药”、张氏四大件）。

**卫　生**　2016年，医疗卫生机构38家、床位100张，其中镇卫生院1家、村卫生室（社区门诊）37家；卫生技术人员110名，其中执业医师37名、执业助理医师2名。2020年，医疗卫生机构35家、床位100张，其中镇卫生院1家、村卫生室（社区门诊）34家；卫生技术人员121名，其中执业医师43名、执业助理医师4名。

## 社会保障

**医疗保险**　2016年，居民基本医疗保险参保人数6.6万人。2020年，居民基本医疗保险参保人数5.6万人。

**养老保险**　2016年，居民参加养老保险6.6万人。2020年，居民参加养老保险4.1万人。

**低保救助**　2016年，城镇最低生活保障户数15户、25人，发放最低生活保障金9.04万元；农村最低生活保障户数986户、1879人，发放最低生活保障金218.34万元；医疗救助99人次，发放医疗救助金19.25万元；敬老院1家，床位200张，收养农村“五保”老人52人。2020年，城镇最低生活保障户数7户、13人，发放最低生活保障金0.42万元；农村最低生活保障户数831户、1551人，发放最低生活保障金53.82万元；敬老院1家，床位78张，收养农村“五保”老人46人。

2019年10月，汶阳镇初级中学孝善书苑一角　　（石仁平　摄）

## 名胜古迹

**新刘玉皇庙**　山东省级文物保护单位。位于汶阳镇新刘村，坐北朝南，占地面积1840平方米，由南至北依次为庙门、土地庙、天王殿、天地楼、玉皇大帝殿。据传创建于唐代。天王殿东山墙遗留下来的石刻记载：“大明国嘉靖四十五年（1566）二月二十日动工改建重修，施主杨立臣、杨冬善、敬忠礼、贾胜等共8人，庙内原供有观音菩萨一尊、玉帝一尊、观佛一尊、圣人一尊。”由于年久失修，玉皇庙残缺不全，神像、石碑、庙门、土地庙、天王殿、天地楼已不存在，玉皇大帝殿和仙女楼建筑保存基本完好。2010年重修。

**三娘庙遗址** 肥城市文物保护单位。位于汶阳镇三娘庙村东北部，大体呈梯形。遗址东边、南边是汶河大堤，村北1条水泥路和1条土路，分别从遗址南部和北部东西穿过，把遗址分成3块，地表采集有汉代陶片、豆柄、豆沿和宋、元时期的磁州窑瓷片等。

**贾北遗址** 肥城市文物保护单位。位于汶阳镇贾北村北侧，东西长100米，南北宽100米，呈正方形，占地面积约1万平方米，俗称“塚圪塔”，黄褐土，文化层1.5～3米，曾出土龙山文化的泥质黑陶盆、壶和石凿、斧、镞等，今为平地。

**董城宫遗址** 肥城市文物保护单位。位于汶阳镇董城宫村东南200米处。1980年5月，在全省文物普查中发现此遗址，遗址0.5米以下有大量的陶片出土，偶尔挖出过完整的陶器，还能在遗址上捡到陶片。遗址东西长1000米，南北宽200米，大体呈长方形，大汶河大堤从董城宫遗址中部东西穿过。普查人员在遗址上采集到战国至汉代的盆、板瓦、豆、缸、瓮等器物残片。

**田东史村田氏祠堂** 肥城市文物保护单位。位于汶阳镇田东史村中南部，建于清乾隆六年（1741）。祠堂建筑面积60平方米，建筑设计美观大方，屋脊重叠有序，有雕塑的哈巴狗、张嘴兽，大门两旁石狮蹲坐，院内有参天古槐1株、刺柏1株。祠堂正房5间，中间硬山单脊3间，砖石土木结构，东西宽11.44米，进深6米，高7米，重脊浮雕有缠枝花卉二方连续图案，大脊用布瓦扣合而成，顶部用黑色布瓦铺就。两边耳房2间，略低于正房，宽3.85米、深6米、高6米，卷棚顶，有重脊和戗脊，重脊用黑色布瓦扣合而成。正房东西两侧各有厢房3间。正殿前有1932年田氏续修缮碑，由3通宽0.54米、高1.7米的方形石楹拼合而成，碑阳为家谱。正殿西侧有清咸丰五年（1855）家谱碑。

**汪城宫汪家古楼** 肥城市文物保护单位。位于汶阳镇汪城宫村中心西200米，坐北朝南，建筑为2层，面阔3间，硬山灰瓦顶，通面阔11米，进深5米，高约11米，建筑面积55平方米。拱形门，圆形窗，一、二层之间由木楼梯相通。

**张孝门泰山行宫** 肥城市文物保护单位。位于汶阳镇张孝门村委院内，坐北朝南，面阔3间，进深2间，前有檐廊，硬山灰瓦顶，高浮雕正脊，有行龙、牡丹、团云、卷草等。通面阔8.34米，通进深5.82米，廊深1.13米，通高6.4米，建筑面积48.54平方米。行宫建设时间不详，保留有清光绪元年（1875）重修碑1通，上题“重修泰山行宫碑记”，碑文“孝门地方旧有泰山行宫，锡民福、护民生，远近祷者无不有求必应焉”，落款“皇清光绪元年岁次乙亥蒲月中浣之吉”。

**孙孝门遗址** 肥城市文物保护单位。位于汶阳镇孙孝门村南，南北东边长100米，西边长300米，东西宽100米，占地面积约2.4万平方米。地表采集有汉代豆柄、豆沿、罐口沿等陶器残片和唐代瓷片。

**砖舍兴善寺** 肥城市文物保护单位。位于汶阳镇砖东村内，殿宽15米，高8米，进深8米，面阔5间，斜山式，重梁起架，前后廊式，有正脊，垂脊，正脊龙纹浮雕图案，琉璃瓦，有滴水瓦当。院内挖出1柱础，周围浮雕9个佛面，为明代之物。

**西徐古槐形石刻** 肥城市文物保护单位。位于汶阳镇西徐村北，原有延庆寺，有龙槐树1株，因枝干蟠结矫如游龙，故名“龙槐”，已枯死多年，仅余主干部分。清乾隆二十三年（1758），授命画工绘其形，镌于石，以昭示后人。古槐石刻竖立树旁，石刻高1.2米、宽1.69米、厚0.16米，碑阳左上角刻古槐树形，高3.15米、宽5.45米，为减地浅浮雕刻法。古槐形石刻左侧刻有

“太白李先生一语谨题于图右，此槐□大明永乐元年，宁邑丹青许东野”字样，右侧刻有清乾隆二十三年（1758）古槐石刻碑记，碑阴刻有道光五年（1821）古槐石刻碑记。

## 古今名人

**宋　焘（1572—1614）**　字岱倪，号绎田，又号青岩。汶阳镇宋孝门村人。明代著名政治家和泰山学者，明万历年间进士，并选为庶吉士。后改任御史，巡抚江南，兼管学政。编著《泰山纪事》《青岩居草》。“泰山五贤”之一。

**马文源（1870—1935）**　字星泉，汶阳镇城上村人（今城东村），乡村启蒙教育家，属鲁家学派，善诗文。他以“治家勤俭为本，立身孝悌当先”。民国初年，他看到学校关闭，乡村子弟无处读书，编著《俚言杂字》，1.7万余字。1915年，先后在泰安、聊城出版。

**宋明顺（1941—1994）**　1941年出生，肥城县（今肥城市）汶阳镇北店村人。中共党员。1958年12月入伍，历任战士、班长、排长、连指导员。1961年6月，加入中国共产党。1968年9月，在中共中央办公厅秘书局工作。1973年8月起，历任军政治部组织处副处长、坦克团政委、炮兵师副政委、步兵师政委。1991年6月，任中共泰安市委常委、泰安军分区政委。1994年9月去世。

**汪明培（1945—1995）**　1945年出生，汶阳镇汪城宫村人。1971年2月，加入中国共产党。1976年5月，任肥城县汶阳公社党委副书记兼高淤管区党总支副书记。1976年10月，任中共肥城县委副书记、革命委员会副主任兼汶阳公社党委副书记。1986年8月，任中共泰安市委整党办公室副主任。1987年2月，任中共莱芜市委副书记、市长。1990年5月，任中共莱芜市委书记。1992年9月，任中共泰安市委常委、组织部部长。1995年3月去世。

**张海涛（1929—1998）**　1929年出生，汶阳镇胡庄村人。1945年，参加革命。1946年5月，加入中国共产党。1945年3月至1949年4月，在中共泰安（西）县委工作，历任县委组织干事、委员。1971年7月，任泰安地委常委、办公室主任、秘书长。1974年3月，历任泰安地委副书记、革命委员会副主任、行署副专员。1983年10月，任泰安地委副书记。1985年5月，任泰安人大筹备组组长，9月任泰安市人大常委会党组书记、主任。1993年12月离休。1998年8月去世。

**田　健（1932—2000）**　1932年8月出生，汶阳镇田东史村人。1947年秋，在东阿县九区工作。1949年5月，加入中国共产党。1955年8月起，历任中共贵州省委办公厅秘书、秘书科长、秘书处代处长。1975年，任贵州省委副秘书长。1984年1月起，历任山东省委副秘书长、省委统战部部长兼省社会主义学院院长等职。1992年3月，任山东省第六届政协副主席兼省委统战部部长。1993年4月，任山东省第七届政协副主席、党组副书记。2000年去世。第七、八届全国政协委员，中共第五届山东省委委员，第八届山东省人大代表。

**陈炳杰（1936—2007）**　1936年4月出生，汶阳镇西南庄村人，中共党员。1959年，参加工作，历任新汶矿务局孙村煤矿工人、技术员、调度室副主任等。1984年9月，被山东省政府授予山东省劳动模范称号。1985年11月，被煤炭工业部授予煤炭工业劳动模范，受到党和国家领导人接见。1987年4月，被中华全国总工会授予全国优秀经营管理者和五一劳动奖章。1987年8月，被河北省人民政府授予河北省劳动模范。1996年退休。2007年9月去世。

**王庆泗（1938—2017）**　1938年11月出生，汶阳镇吴店村人。1955年10月参加工作，任肥城县边院区教师。1972年4月，加入中国共产党。1987年3月至1988年5月，任泰安市人民政府副秘书长、办公室党组副书记。1992年9月至1997年3月，任泰安市人民政府秘书长、党组成员、办公室党组书记。1997年3月至1998年3月，任政协泰安市委员会副主席、党组成员。1998年3月，任泰安市十三届人大常委会副主任、党组成员。2008年3月退休。2017年10月去世。

**宿　华（1958—2020）**　1958年9月出生，汶阳镇宿楼村人。1976年2月入伍。1976年8月，加入中国共产党。2014—2020年，任中国国际贸易促进委员会山东省委员会党组书记、副会长（正厅级）。2020年去世。

**欧阳中石（1928—2020）**　1928年10月出生，汶阳镇西徐村人，大学本科学历。首都师范大学教授，博士研究生导师，当代杰出学者、中国著名书法家、教育家、书法理论家、京剧艺术家。2006年获第二届“中国书法兰亭奖——终身成就奖”。2007年，获中国文联第六届“造型表演艺术成就奖”“造型艺术成就奖”，是11位获奖者中唯一的书法工作者。著有《书学导论》《楷书浅鉴》《草书浅鉴》《隶书浅鉴》《篆书浅鉴》《学书概览》《学书杂识》《中国书法》《书法教程》《书法与中国文化》等。2020年11月去世。中国人民政治协商会议全国委员会第八、九、十、十一、十二届委员。

**田纪云**　1929年6月出生，汶阳镇田东史村人，中学文化。1941年秋，参加八路军。1945年5月，加入中国共产党。1969—1981年，历任四川省革委会财贸经营管理组副组长，省财政局副局长、局长、党组书记，省财政厅厅长、党组书记。1981—1983年，任国务院副秘书长、国务院机关党组成员。1983年，任国务院副总理兼国务院秘书长、机关党组书记。1985年9月，在中共十二届五中全会上，被增选为中央政治局委员、中央书记处书记。1987年，任国务院副总理。同年11月当选为中共第十三届中央政治局委员。1988年4月至1993年，任国务院副总理（1992年10月，当选为中共第十四届中央政治局委员）。1993年3月，当选为第八届全国人大常委会副委员长、全国人大常委会党组副书记。1997年9月，当选为中共第十五届中央政治局委员。1998年3月至2003年3月，任第九届全国人大常委会副委员长。中国共产党第十二至十五届委员会委员，十二届五中全会增选为中央政治局委员，十三、十四、十五届中央政治局委员。

**田纪震**　1932年9月出生，汶阳镇田东史村人。1949年3月参加工作，同年12月加入中国共产党。1984年4月，在河南省新乡市工作。历任市纪委副主任、市政府秘书长、市纪委书记、市委书记等职。1992—1994年，任河南省新乡市政协主席。1999年3月离休。

**张茂清**　1934年1月出生，汶阳镇胡庄村人，大学本科学历。1956年11月，加入中国共产党。1959年7月，在北京大学任教。1991年9月，任北京大学党校办公室副主任，主编党课教材《为党的事业而奋斗》一书。1994年退休。

**杨正泉**　1940年6月出生，汶阳镇城东村人，中共党员，高级总编辑，享受国务院政府特殊津贴。1964年7月，在中央人民广播电台工作。1975年7月，任中央电台副台长、党的核心小组副组长，分管中央电台的宣传工作。1980年1月起，历任中央电台国际部副主任、主任。1983年9月，任中央电台台长助理、分党组成员。1985年7月至1993年4月，任中央电台分党组书记、台长兼总编辑。1993年4月，任中央对外宣传办公室副主任、国务院新闻办公室副主任，兼任中国外文出版发行事业局局长、党组书记。2001年5月退休，7月任中国人权发展基金会常务副会长、中国人权研究会副会长。著有《我与广播》《书刊外宣散论》等书。中共十五大代表，第十届全国政协委员、政协外事委员会副主任。

**赵法有**　1945年出生，汶阳镇袁寨村人，中共党员。1964年11月，参加中国人民解放军。1978年起，历任中央办公厅信访局副处长、处长。1993年9月，任中共中央办公厅、国务院办公厅信访局副局长。2000年6月，任国家信访局副局长。2005年退休。

**张杰传** 1949年3月出生，汶阳镇张楼村人，大学本科学历。1965年12月，参加中国人民解放军。1968年8月，加入中国共产党。1975年2月起，历任空军航空兵某师飞行员、飞行中队长、副大队长、大队长。1979年，参加云南边防保卫战。1983年5月任副师长，同年9月兼任该师某团团长。1989年2月任师长。1994年8月，任济南军区空军副参谋长（副军职）。1996年7月被授予空军少将军衔。1998年8月任空军某军副军长。2000年8月任军长。2003年11月，任济南军区空军参谋长。2009年5月退休。第十届全国人民代表大会代表，荣立二等功1次、三等功2次。

**李凤明** 女，1950年10月出生，汶阳镇塔房村人，中共党员，大专文化。1969年12月，参加工作。1971年2月，加入中国共产党。1992年3月至1995年12月，任中共泰安市委委员，泰安市政协副主席、党组副书记兼市妇联主席、党组书记。1996年1月至2003年2月，任中共泰安市委委员，泰安市政协副主席、党组副书记。2003年3月，任泰安市政协副主席、党组副书记。2011年2月退休。

**宋　鲁** 1957年12月出生，汶阳镇宋孝门村人。1972年12月，在新泰县运输公司工作。1976年3月，加入中国共产党。2003年2月，任泰安市政府副市长、党组成员。2012年2月，任泰安市政协副主席、党组副书记。

**张新文** 1964年10月出生，汶阳镇张孝门村人，研究生学历，理学硕士学位，中共党员。1988年7月，任山东省计划委员会研究所干部。2012年2月至2013年7月起，历任济南高新技术产业开发区管委会主任、党工委书记，国家信息通信国际创新园管委会主任。2015年2月至2016年12月，任山东省政府国有资产监督管理委员会主任、党委书记。2016年12月至2019年7月，历任山东省发展和改革委员会党组书记兼省区域办主任、省委改革办副主任、山东省发展和改革委员会主任、山东省新旧动能转换重大工程推进办公室主任等。2019年7月，任菏泽市委书记、市委党校校长。

## 土特名产

**草　编** 汶阳镇盛产小麦、玉米，麦秸秆、玉米皮，旧时有用麦秸秆、玉米皮编织壶垫、蒲团的传统习惯。1964年起，麦秆草帽编织业发展起来，每年编织产品出口占肥城市编织总量的20%左右，创汇约8万美元。1969年起，草编提篮、坐垫、花样地毯等产品相继创制出来。1984年，汶阳镇成立草编工艺品厂，年产草编坐垫、提篮、地毯50余万套，柳编提篮、花筐、花篓10万余个，年创汇20余万美元。2020年，全镇有4000余人从事草编工艺品的制作，年收入8000万余元。

**汶阳人家手工布鞋** 汶阳手工布鞋鞋底用玉米面、小米面、纯棉布合成，纳鞋麻线用汶阳桑麻打成，做工精致、工艺烦琐，制作全程采用纯手工制作方式，需要经过剪裁底样、填底、糊底等30多道工序，生产一双鞋需用时2天左右，产品制作虽慢，但因“匠心”“舒适”深受欢迎。2020年，该公司生产布鞋5000余双，通过“线上+线下”模式销售，主要销往北京、上海、沈阳、泰安、济宁等地。

**香附子** 明代李时珍《本草纲目》记载：香附子虽广布全国各地唯汶香附最佳。《泰安县志》记载：“香附子，即莎草，根生於汶阳者佳。”在中草药中被誉为“地道药材”。汶阳镇土质疏松、土层深厚，土壤孔隙较大，利于根部呼吸，加速根茎膨大，利于块茎向下生长。该地所产香附多呈纺锤形，表面棕褐色或黑褐色，有纵皱纹，茎块肥大、瓤色洁白、冰碴、质优、味厚。2020年11月，“汶阳香附”（药用香附）被国家知识产权局核准注册为地理标志证明商标。

**大　麻** 早在600多年前的明朝时期，汶阳境内就已经开始种植大麻。人们在长期种植中总结出汶阳大麻“清明种、夏至收、九十天管理不丢松”的种植技巧。汶阳镇属于温带大陆季风气候，境内≥0℃的积温为4924℃，≥10℃的年积温在4510℃左右，高温时间较长，大麻能加速吸收土壤内的氮磷钾元素，促进汶阳大麻体内纤维细胞分裂，使其体内纤维质地洁白、纤维长、拉力强，皮质柔韧，用其生产的麻袋、麻布、纺绳、编渔网等产品销往全国各地，深受广大客户和消费者的青睐。大麻去皮后的麻秸是纤维板的好原料，大麻的种子可榨油，也可入药。

**河岔口鸭蛋**　产于汶阳镇河岔口村。该村处于漕河、浊河汇流处，河面宽广，水深流暖，河水多是从泉中涌出，常年流水不竭，沿河芦苇杂草丛生，是鱼蛙栖聚的好地方，无数幼鱼、蝌蚪、草虫浮游水面，蛤、螺遍布河底，是养鸭的天然优质场地。河岔口鸭蛋质优味美，每个重100克左右，通过用科学的方法腌制煮熟后，剖开，蛋清白色，有光泽，由于不同的腌制方法，蛋黄呈橘红色、橙红色、红色，沙瓤、溢油，吃起来蛋黄似沙沙作声，别具风味，自古被视为上乘佳肴。明永乐二年（1404），河岔口鸭蛋就在皇宫注册立户，“岁贡鸭蛋200枚，赏金钱一串”，贡例一直延续到清光绪三十四年（1908）。1999年，注册“河岔口鸭蛋”商标。2016年6月，“河岔口鸭蛋”被国家知识产权局核准注册为地理标志证明商标。2020年，该村养鸭5000余只，年产鸭蛋100万余枚，年收入约168万元。

## 典型选介

**山东省美丽宜居小镇——汶阳镇**　汶阳镇是资源丰富的鲁中宝地，有“自古文明膏腴地，齐鲁必争汶阳田”的佳话。气候湿润，四季分明，植被茂盛，绿树葱茏，光照充沛，地势平坦，环境优越，宜居宜游。主要产业有机蔬菜、苗木花卉、有机食品加工、机械铸造、精细化工等，是全国重点镇、全国环境优美乡镇、山东省中心镇、山东省明星乡镇、山东省小城镇建设示范镇、山东省花木名镇等。2017年4月，被山东省住房和城乡建设厅命名为山东省美丽宜居小镇。

**全国文明村镇——西徐村**　汶阳镇西徐村以“生态引领打造靓丽西徐、书香为魂打造文明西徐、产业支撑打造富裕西徐”为发展理念，发展苗木产业、改善农村环境、弘扬特色文化和吉祥文化产业。成立乡村文明和美丽乡村建设工作组，投入资金270万元，建设文体广场、书法文化特色广场、农民书院及民俗文化展室，弘扬“书香文化”；建设灵芝产业园，发展灵芝种植，推广灵芝主题餐饮，打造吉祥文化；组建欧阳中石农民书法协会，有农民书法家60余人，每年均举办书法大赛，弘扬耕读文化；硬化街巷、生产道路，栽植常绿植物，安装路灯，粉刷墙面，提升村容村貌和居住环境。2017年11月，被中央文明委表彰为全国文明村镇。

## 镇党政主要负责人

**党委书记**　宋玉革（副县级，2011.11—2019.8）
梁乙广（副县级，2019.8—　）

**镇　　长**　韩　宁（2011.11—2016.12）
姬建芳（女，2016.12—　）

（于　贞）

泰安市

乡镇概览 |（2016—2020）

# 宁阳县

宁阳县复圣公园秋景　（宁阳县委组织部　提供）

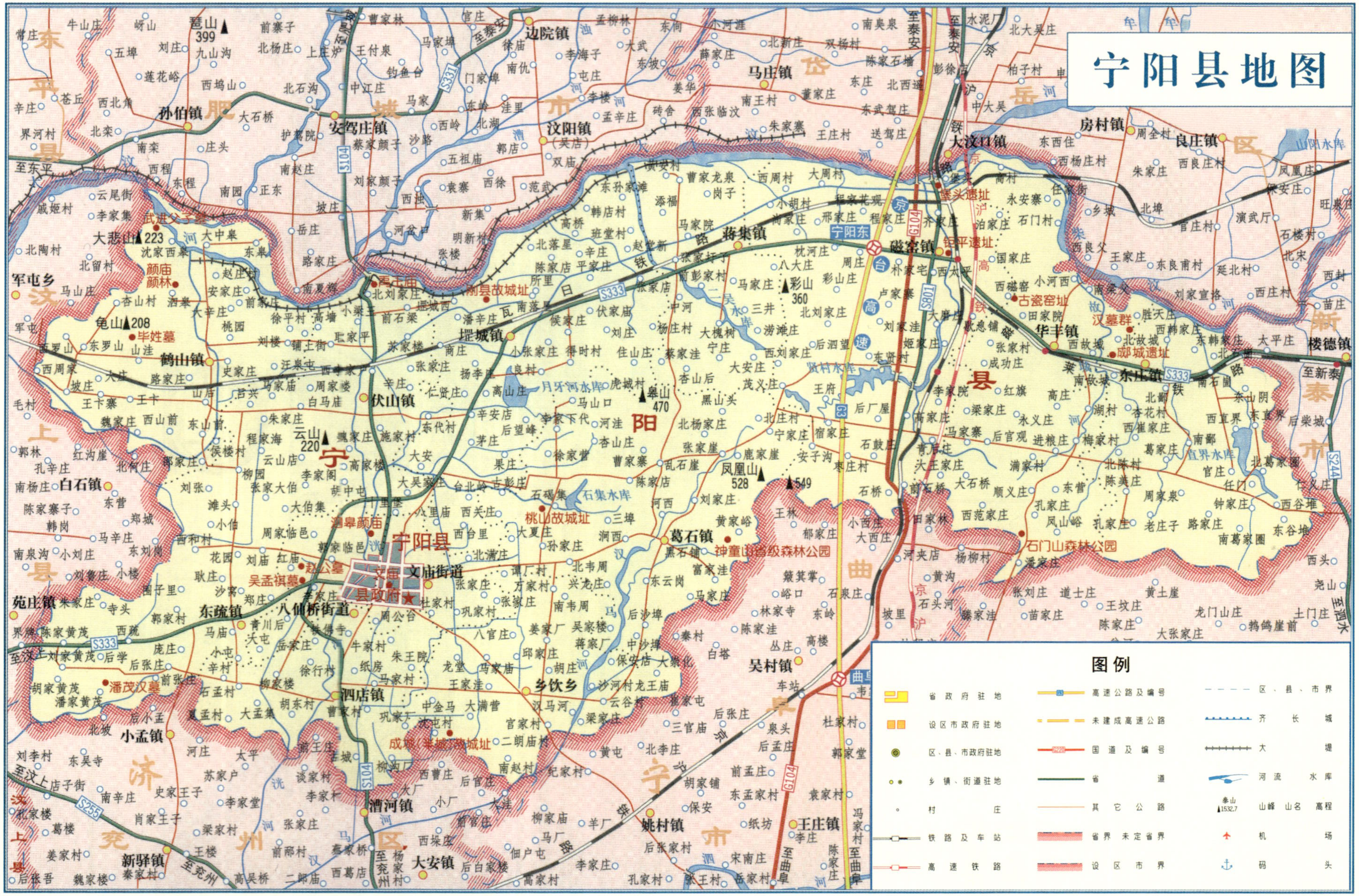


审图号：鲁SG(2019)034号

山东省地图院编制　2019年4月

# 概　述

## 地理环境

**位置面积**　位于山东省中部，泰安市西南，大汶河南岸。地理坐标为北纬35°40′～35°57′，东经116°36′～117°18′。东邻新泰市，南面自东向西与济宁市泗水县、曲阜市、兖州区接壤，西连汶上县，北隔大汶河与肥城市、泰安市岱岳区相望。县境东西长约63千米，南北长约31千米，总面积1125平方千米。县城位于境内偏西南部，北距济南101千米，东北距泰安56千米。

**建置区划**　春秋时期，有阐、郕、讙、桃、汶阳、遇、谢等城邑。战国时期，有成、汶阳、刚寿等城邑。秦代有刚、成，属薛郡。西汉高帝丁宁山之南置县，因山南为阳，故名宁阳。县境西部和东北部属于泰山郡，东部属于鲁国，境内有宁阳、刚、钜平、桃山、汶阳等。东汉光武复旧，宁阳属东平国。西晋撤县，刚改刚平属东平国，钜平属泰山郡，汶阳属鲁郡。南朝宋初，宁阳故地并入无盐县，宋元嘉二十九年（452）宁阳故地侨置平原县，北齐天保七年（556），治所由汉宁阳城北移17千米，即今宁阳城址。隋开皇十六年（596）改称龚邱县，钜平、刚、汶阳并入龚邱县。唐延隋制，仍称龚邱县。宋大观四年（1110），为避孔子讳而更名龚县，金大定二十九年（1189），复名宁阳。经元、明、清800余年，宁阳县建制未变，均属山东兖州府。中华民国初期，由属兖州府改属山东省岱南道，后又属济宁道。1939年9月，宁阳县抗日民主政府成立，隶属冀鲁豫第一专署。1948—1949年，先后隶属鲁中南第七专员公署、鲁中南泰西专员公署。中华人民共和国成立后，仍属鲁中南泰西专员公署。1950年，隶属泰安区专员公署。1958年10月，泰安专员公署撤销，划归济宁专员公署管辖，同年11月划归济南市管辖。1961年，恢复泰安专员公署，仍属泰安管辖。1985年5月，泰安地区专员公署改为泰安市人民政府，隶属未变。截至2020年，全县有10个镇1个乡2个街道（泗店镇、东疏镇、鹤山镇、伏山镇、堽城镇、蒋集镇、磁窑镇、华丰镇、葛石镇、东庄镇、乡饮乡、文庙街道、八仙桥街道），1个经济开发区，1个环城科技产业园。全县有行政村562个（自然村828个）。

**地形地貌**　主要地貌类型有低山、丘陵、平原和水面。地势东高西低，东部多为低山、丘陵，西部多为平原。最高峰为东部凤仙山，海拔608米；最低处为东疏镇胡茂村南洼，海拔46米。大小山峰146座，总面积138平方千米。丘陵多分布于低山周围，海拔70～200米，总面积432平方千米。

**气候特征**　属暖温带湿润季节性气候区，一年四季分明。春、夏季多东南风，秋、冬季东南风和北风较多。2016年，年平均气温14.6℃，年平均最高气温20.4℃，年降水总量637.4毫米，日照总时数1908小时。2020年，年平均气温20.3℃，年平均最高气温20.3℃，全年总降水量810.6毫米，全年日照总时数2108小时。

**土地资源**　土壤分为棕壤、褐土、潮土、砂姜黑土4个土类、10个亚类、15个土属、40个土种。东部酸性岩山区为棕壤，西部平原为褐土，沿汶一带为潮土，东南部洼地为砂姜黑土。2020年，国土面积1125平方千米，其中，耕地64061.36公顷，园地2267.90公顷，林地18883.95公顷，草地573.45公顷，城镇村及工矿用地14495.78公顷，交通运输用地5259.55公顷，水域及水利设施用地5289.47公顷，其他土地1536.54公顷。

**矿产资源** 已发现矿产27种，其中能源矿产1种、金属矿产5种、非金属矿产19种、水气矿产2种。发现矿产地111处，探明储量矿产14种。煤炭探明储量4.89亿吨，在国民经济中占有重要地位，其次是水泥用灰岩、建筑石料用灰岩、建筑用花岗岩和饰面用花岗岩。全县开发利用的矿种有8种，分别是煤、铁、建筑石料用灰岩、水泥用灰岩、饰面花岗岩、建筑用花岗岩、钾长石、矿泉水。西部主要分布煤、水泥用灰岩、建筑石料用灰岩、耐火黏土等。中部主要分布建筑石料用花岗岩、钾长石等。东部以煤、铁、水泥用灰岩、建筑石料用灰岩、建筑石料用花岗岩、矿泉水、铝土矿为主。

**水资源** 较大河流15条，总长204.6千米，流域面积1021.3平方千米，分属黄河流域和淮河流域。2016年，水资源总量3.45亿立方米，其中地表水资源量1.81亿立方米、地下水资源量1.64亿立方米。水库93座，塘坝643座，水闸132座。2020年，供水量1.61亿立方米，其中地表水供水量8099万立方米、地下水供水量6354万立方米、非常规水供水量1643万立方米。

**生物资源** 植被属于暖温带落叶阔叶林区域，植物320种，其中被子植物72科、206属、313种（双子叶植物56科、147属、219种，单子叶植物16科、59属、94种），苔藓植物1科、1属、1种，蕨类植物4科、4属、6种。家畜家禽类动物资源主要有马、牛、驴、骡、猪、羊、狗、猫、兔、水貂、鸡、鸭、鹅、鸵鸟等。野生动物资源主要有兽类、鸟类、爬行类、两栖类、节肢类、鱼类、昆虫类7种。兽类动物主要有刺猬、黄鼬、老鼠、野兔、蝙蝠等。鸟类共126种，隶属15目、52科、6亚科，主要有山斑鸠、猫头鹰、鹞子、老鹰等。爬行、两栖、节肢类动物主要有无蹼壁虎、蛇、鳖、青蛙、螃蟹、虾、蝎子、蜈蚣、土鳖（土元）、蜘蛛等。鱼类共有10科、63种，其中主要鱼类有青鱼、草鱼、鲢鱼等。浮游动物共有73种，主要有原生动物的沙壳虫、焰烛等。昆虫类共有48种，主要有蚊、蝇、瓢虫、叶蝉、介壳虫、金龟子、蚜虫等。观赏类昆虫有蟋蟀。

**人口民族** 2016年，常住人口77.33万人，其中农业常住人口44.93万人、城镇常住人口32.4万人。常住人口城镇化率41.9%。2020年，常住人口66.85万人，其中城镇常住人口34.06万人，占50.95%；居住在乡村人口32.79万人，占49.05%；男性人口33.09万人、女性人口33.76万人。出生人口6799人，出生率8.2‰。全县有汉族、回族、藏族、苗族、壮族、满族、水族、朝鲜族等34个民族，汉族人口占绝大多数。

## 经济状况

2016年，实现地区生产总值404.5亿元，其中三次产业分别实现增加值55.6亿元、170.3亿元和178.6亿元，三次产业结构调整为13.7∶42.1∶44.2。完成固定资产投资396.4亿元，其中三次产业分别完成投资8.1亿元、292.4亿元和95.8亿元。2020年，实现生产总值251.75亿元。分产业看，第一产业增加值57.51亿元；第二产业增加值88.52亿元，其中工业增加值60.96亿元；第三产业增加值105.72亿元。三次产业结构调整为22.8∶35.2∶42.0。全年固定资产投资完成182.7亿元，其中项目投资完成148.5亿元，房地产投资34.2亿元。

**农　业** 2016年，完成农业总产值96.8亿元，实现增加值58.1亿元。全年粮食总产量5.67亿千克，平均亩产478.77千克。生猪、牛、羊存栏分别为56.3万头、9.4万头和32.6万只，出栏分

别为91.7万头、4.9万头和62.4万只。养殖户发展到243户，养殖大棚发展到344个，家禽存栏200余万只（头），出栏995万只（头）。新增土地流转面积8.2万亩、农业龙头企业13家、合作组织114个、家庭农场62家，新建、改造标准化养殖场106个。2020年，粮食种植面积127.9万亩，其中小麦种植面积67.8万亩、玉米种植面积56.0万亩、大豆种植面积3.5万亩。粮食总产6.05亿千克，其中小麦总产3.2亿千克、玉米总产2.7亿千克。花生播种19.1万亩、总产量6.1万吨。蔬菜播种面积22.0万亩、总产量89.2万吨。果园面积8.9万亩，水果产量9.8万吨。中药材播种面积1万亩。全县“三品一标”农产品认证品种到证个数112个，认证面积78.23万亩。生猪存栏25.1万头，家禽存栏696.8万只，奶牛1.6万头，羊存栏12万只。全县现代高效农业完成产值19.8亿元，实现现代高效农业增加值10.7亿元。设施农业个数9700个，土地流转面积31.4万亩。

**工　业**　2016年，完成工业增加值145亿元，占地区生产总值比重35.8%，对地区生产总值增长贡献率44.2%。规模以上工业企业389家，主营业务收入1169.02亿元，企业实现利润69.21亿元、利税99.1亿元。全县26个有生产活动的行业中，18个行业增加值保持增长，纳入统计的31种产品中有9种产量增长，增长面为29%。原煤产量172.4万吨、小麦粉产量47.9万吨、白酒产量2077.9万升、棉纱产量3.6万吨、机制纸产量20万吨、水泥产量325.4万吨、农药产量1.4万吨。2020年，规模以上工业企业118家，主营业务收入256亿元。规模以上工业企业主营业务收入过1亿元企业51家，其中过5亿元13家、过10亿元8家；利润总额过1000万元企业22家、过5000万元10家。全县29个行业大类中，17个行业增加值保持增长，增长面55.2%。全年原煤产量170万吨、小麦粉产量6.9万吨、白酒产量151万升、棉纱产量8802吨、机制纸产量16.6万吨、化学农药产量9918吨、水泥产量313.2万吨。研究与试验发展经费支出4.7亿元。规模以上高新技术产业产值占规模以上工业总产值的43.22%。

**建筑业**　2016年，建筑业增加值25.3亿元。全县39家资质建筑企业完成建筑业总产值56.62亿元，实现利税6.68亿元。2018年，建筑业实现增加值27.98亿元。具有资质等级的总承包和专业承包建筑业企业53家，其中 级建筑企业1家。建筑业总产值19.9亿元，具体包括国有及国有控股企业6.18亿元、非国有企业13.72亿元。2020年，建筑业总产值20.2亿元。具有资质等级的总承包和专业承包建筑业企业48家，其中一级资质建筑企业1家。

**商贸服务业**　2016年，全年完成社会消费品零售总额163.8亿元，其中城镇实现社会消费品零售额127.5亿元、乡村实现社会消费品零售额36.3亿元，批发、零售、住宿和餐饮业分别实现

2017年8月24日，宁阳经济开发区园区全景

（宁阳县委党史研究中心　提供）

零售额34.5亿元、119.4亿元、1.9亿元和8亿元。完成进出口总值9亿元，其中进口完成2457万元、出口完成8.8亿元。全年完成实际到账外资6725万美元。2018年，社会消费品零售总额178.5亿元，其中城镇消费品零售额138.7亿元、乡村消费品零售额39.8亿元。批发业、零售业、住宿业、餐饮业分别实现零售额37亿元、130.5亿元、2.1亿元、8.9亿元。实现服务业增加值201.8亿元，实现税收5.7亿元。2020年，实现社会消费品零售总额123.9亿元。实现外贸进出口总额16.6亿元，其中出口15.8亿元、进口7767万元。外贸进出口实绩企业67家，其中生产型企业50家、贸易公司17家。全县11家规模以上服务企业，实现营业收入7.4亿元。营业收入过5000万元企业4家，过1亿元企业1家。

**旅游业** 2016年，有国家AAA级旅游景区2处、国家AA级旅游景区4处。全年共接待游客256.5万人次，实现旅游总收入5.8亿元，创建国家AA级旅游景区2处、省级旅游强乡镇1处、省级旅游特色村2个、省级农业旅游示范点2处、省级工业旅游示范点2处、省级好客人家农家乐4家、省级开心农场2处、新发展旅行社营业部5家。2018年，创建国家AAA级旅游景区1处。县域内有国家AAA级旅游景区3处、国家AA级旅游景区4处。国家A级旅游景区接待游客180万人次。2020年，有国家AAAA级旅游景区1处、国家AAA级旅游景区4处、国家AA级旅游景区4处。全年共接待游客187.5万人次，旅游总收入11.26亿元，创建国家AAA级旅游景区1处。

## 财税金融

**财　政** 2016年，一般公共预算收入12.7亿元，其中税收收入9.2亿元。地方一般公共预算支出35.2亿元，其中教育、科技、社保就业、医疗卫生、节能环保等8项支出合计25.3亿元。2018年，一般公共预算收入12.24亿元，其中主体税收收入5.7亿元。地方一般公共预算支出37亿元，其中一般公共服务、公共安全、教育支出分别为2.4亿元、1.7亿元、9.8亿元。2020年，一般公共预算收入13.2亿元，其中税收收入10.8亿元，地方一般公共预算支出42.3亿元，其中一般公共服务、教育、卫生、科技、节能环保、城乡社区等8项支出30.5亿元。

**税　收** 2016年，实现全口径税收14.3亿元，其中国税收入6.6亿元、地税收入7.7亿元。2018年，实现全口径税收18.5亿元，其中国税收入11.9亿元、地税收入6.6亿元。2020年，年纳税额过1亿元企业3家，5000万元至1亿元企业4家，4000万元至5000万元企业3家，3000万元至4000万元企业3家，1000万元至3000万元企业18家。实现全口径税收18.5亿元。增值税8.1亿元，其中工业增值税4.2亿元，非税收入8.2亿元。重点税源为煤炭行业、电气器材行业、专用设备制造业、化工行业等。

**金　融** 2016年，引进金融机构7家，累计42家。金融机构各项存款余额230.5亿元，其中住户存款178.6亿元、非金融企业存款余额21.5亿元。金融机构贷款余额101.3亿元，其中住户贷款39.3亿元、企业贷款62亿元。2018年，金融机构各项存款余额305.6亿元，其中住户存款223.3亿元、非金融企业存款41.5亿元。金融机构各项贷款余额为140.6亿元，贷款新增额28.3亿元，其中中长期贷款合计新增23.4亿元。2020年，金融机构各项存款余额370.8亿元，各项存款增加额39.8亿元。金融机构各项贷款余额207.4亿元，各项贷款增加额34.1亿元。

**保　险** 2016年，保险公司24家，全年保费收入7.54亿元，其中财险收入1.45亿元、寿险收入6.09亿元。2018年，保险公司27家，实现保费收入9.1亿元，其中财险保费收入1.8亿元、人身险保费收入7.3亿元。2020年，保险公司28家，保费收入10.56亿元，其中寿险保费收入8.24亿元、财险公司保费收入2.32亿元。支付各类赔款及

给付2.68亿元，其中寿险公司赔款及给付1.32亿元、财险公司赔款及给付1.36亿元。

## 社会事业

**科　技**　2016年，共申请专利436项。获市级以上科技奖励9项，其中市技术发明奖一等奖1项、市科技进步奖二等奖3项。全年新认定国家高新技术企业3家、市级科技型中小企业22家。新增市级以上科技创新平台20家，其中国家级星创天地1家、省级科技企业孵化器1家。2020年，共有5项成果获市科技进步奖，其中一等奖1项、二等奖2项、三等奖2项，评出县科技进步奖55项。获市以上科技计划项目立项30余项；争取省科技特派员行动计划1项、市农业科技特派员科技项目6项、基层服务科技人员7人。新增市级以上科技创新平台12家，其中省级以上5家。11家企业被新认定为国家高新技术企业，有国家高新技术企业24家、国家科技型中小企业28家。

**教　育**　2016年，有各级各类学校192所，其中幼儿园97所、小学71所（不含13处教学点）、初中18所（其中九年一贯制学校6所）、普通高中4所（其中完全中学2所）、职业学校1所、特殊教育学校1所。在校学生总人数10.7万人，其中幼儿园2.2万人、小学3.4万人、初中3.1万人、普通高中1.4万人、职业教育0.5万人、特殊教育144人（含随班就读90人）。2020年，有各级各类学校211所，其中幼儿园105所、小学68所（不含9处教学点）、初中18所（其中九年一贯制中学7所）、高中5所（含2所完全中学）、特殊教育学校和职业中学各1所、乡镇成人教育中心学校13所。在校学生数10.66万人，其中幼儿园2.4万人、小学3.95万人（含教学点400人）、初中2.4万人、高中1.4万人、特殊教育400人、职业中学0.47万人。各级各类学校在编教师7546人。

**文　化**　2016年，有博物馆、图书馆、文化馆、剧院、电影公司、数字化电影城各1个。13个乡镇（街道）综合文化站建成并通过省市验收，农家书屋、村级文化大院基本实现全覆盖。开展各类演出321场次，送戏下乡400场次，各类书画展、演讲、讲座等活动106场，受惠群众50多万人次。举办文化骨干培训班6次，培训1500多人次。放映爱国教育影片和农村公益电影6720场。开展精品文物巡展、文物保护法律普及下乡24场次。2020年，有博物馆、图书馆、文化馆、木偶曲艺剧团（剧院）、电影服务中心各1个，数字化电影城2个。优化升级基层综合性文化服务中心100个，开展各类群众文化活动200余场次、省市县三级联合购买文化惠民演出8场、送戏下乡630场次、农村公益电影6720场、公益电影进社区28场。编制完善文保单位保护规划及方案7个，启动文保单位建设项目4个。非物质文化遗产项目共120项，其中省级非遗项目4项（宁阳木偶戏、宁阳彩粽及送彩粽习俗、大禹治水的传说、宁阳斗蟋）、市级非遗项目71项（宁阳朱氏唢呐、宁阳拉魂腔、宁阳弦子戏、宁阳龟山砚制作技艺等）、县级非遗项目45项。

**卫　生**　2016年，全县拥有医疗卫生计生机构23家，其中县级医院3家、疾病预防控制机构2家、计划生育服务站1家、妇幼保健院1家、医疗集团1家、计划生育协会1家、社区卫生服务中心2家、乡镇卫生院11家、华丰矿医院1家。乡镇防保站13家、乡镇计划生育服务站13家、公共卫生综合监测点55家、村级卫生所495家、社区卫生服务站22家。拥有卫生技术人员4111人，其中执业医师1308人、执业助理医师424人、注册护士1740人。配备万元以上大中型医疗设备1860件（套），开放床位3113张。2020年，有医疗卫生机构23家，其中医院4家、乡镇卫生院10家、妇幼保健院1家、社区卫生服务中心2家、疾病预防控制机构1家、其他卫生（事业）机构5家；设村级卫生所538家。拥有卫生技术人员3689人，其中执业医师962人、执业助理医师292人、注册护

2020 年 12 月 19 日，中国体育彩票“城投杯”2020 山东省全民健身冬季越野长跑——宁阳站比赛在凤凰山景区举办　　（陈　慧　摄）

士1520人。配备万元以上大中型医疗设备2857件（套）。卫生机构配备床位3344张。

**体　育**　2016年，有体育社会组织32家。实施“健身广场千村扶贫”项目，为26个省级贫困村健身广场补贴并配备体育器材。国民体质监测累计1200余人。组织开展各级各类群众体育赛事活动198项次，参与群众6.5万余人次。举办三级社会体育指导员培训班4期，培训学员526人。新发展体育健身俱乐部、协会22家。2020年，实现基层体育组织全覆盖。实施体育惠民工程，投资49万元完成堽城镇西村、东疏镇冯张村、鹤山镇山后村3个全民健身示范广场建设；投资230万元完成9块足球场建设并投入使用；更新维护49个行政村的体育健身器材。举办全县第十届全民健身运动会、宁阳凤凰山徒步健身等活动30余次（项）。获首批“全国老年太极拳之乡”称号，被省体育局授予“山东省第十届全民健身运动会先进单位”称号。

## 居民收入

2016年，居民人均可支配收入1.98万元，其中城镇居民人均可支配收入2.98万元、农村居民人均可支配收入1.37万元。工资性收入1.46万元，转移性收入3072元，经营性收入1866元，财产性收入1186元。2018年，居民人均可支配收入2.34万元，其中城镇居民人均可支配收入3.47万元、农村居民人均可支配收入1.61万元。2020年，居民人均可支配收入2.64万元，其中城镇居民人均可支配收入3.84万元、农村居民人均可支配收入1.87万元。

## 社会保障

**医疗保险**　2016年，居民医保参保人数64.72万人，居民医保基金征缴3.66亿元。居民医保基金支出3.31亿元，受益223万人次。2020年，参保人数70.3万人，其中职工参保8.3万人、居民参保62万人。医保基金收入7.89亿元，其中职工医保收入2.99亿元、居民医保收入4.9亿元。医保支出7.68亿元，其中职工医保支出2.98亿元、居民医保支出4.7亿元。

**养老保险**　2016年，居民养老保险参保32万人，发放养老金12.9万人。2018年，居民社会养老保险参保35.72万人。城镇基本养老保险参保10.45万人，其中机关事业参保1.59万人、企业参保人数8.86万人。发放养老金10.63亿元，其中企业发放养老金6.33亿元。2020年，居民社会养老保险参保45.9万人。城镇基本养老保险参保10.9万人，其中机关事业参保1.6万人、企业参保9.3万人。发放养老金15.15亿元，其中企业发放养老金7.46亿元。

**低保救助**　2016年，农村低保标准每人3450元/年，城市低保标准每人470元/月。城市和农村最低生活保障救助户数分别为772户和

10768户，最低生活保障救助人数分别为1289人和16522人，分别累计发放最低生活保障金462.1万元和3794.9万元。全县有孤儿124人，生活补助标准720元/月。全县有敬老院12家，集中供养2074人。2020年，最低生活保障标准调整为农村居民537元/月，城镇居民719元/月。城市和农村最低生活保障救助户数分别为508户和10144户，覆盖救助人数分别为804人和15870人，分别累计发放最低生活保障金473.06万元和5665.49万元。城乡临时救助1359人，累计发放临时救助金270.12万元。全县12家敬老院总计集中供养人数583人，发放集中供养金474.86万元。分散供养3914人，发放分散供养金2704.26万元。

## 名胜古迹

2020年，有县级以上文物保护单位69处，其中国家级2处、省级14处、市级20处、县级33处。

（侯胜男　徐　莹）

# 文庙街道

## 地理环境

**位置面积**　位于宁阳县城区东部，东临葛石镇，南接泗店镇、乡饮乡，西连八仙桥街道，北临伏山镇、堽城镇，西部大致以七贤路为界，东部至张家庄东端干渠，东西最长距离7.93千米，南部以县农场为界，北至石桥界址，南北最长距离8.54千米，总面积28.3平方千米。街道办事处机关驻海力大道以东、宁阳大道以北，原宁阳镇政府驻地，距宁阳县政府1.8千米。

**建置区划**　辖区因建有1300余年的文庙，故得名。境域系周朝郕国故地。汉代，属宁阳侯国。清代，县城周围为坊廓社，西部为临邑社、青川社，东部为韦周社。抗日战争至解放初期，属第一区。1951年，属第八区，临邑、东和乡属第一区，青川乡部分村属第四区。1952年7月，八区并入一区。1955年，属十里区。1957年，改名城关镇。1958年9月，成立城关人民公社（城关镇）；11月，城关镇与泗店人民公社合并成立卫星人民公社。1959年2月，改为城关人民公社。1982年1月，城关人民公社改为城关镇。1983年，石桥管理区并入城关管理区。1984年9月，城关镇改为城关区，区辖一镇三乡。1985年11月，撤区建立宁阳镇。2010年9月，宁阳镇划分为文庙街道和八仙桥街道。2016年，辖东关社区、南关社区、北关社区、连桥社区、泥家村社区、文成园社区6个城市社区；吴村、关王庙村、石桥村、巩家堂村、廖家桥村、张家庄村、西满村、南满村、北满村、杜家村10个行政村。2019年，辖东关社区、南关社区、北关社区、连桥社区、泥家村社区、杜家村社区、文成园社区、金桥社区、锦绣城社区9个城市社区；吴村、关王庙村、石桥村、巩家堂村、廖家桥村、张家庄村、西满村、南满村、北满村9个行政村。至2020年，建置区划未变。

**自然状况**　境内为平原，地势平坦，无山阜，略呈东高西低、北高南低。海拔高程以北满村东最高，在70米左右，中部为县城，海拔60米左右。

**人口民族** 2016年，常住总户数28293户，常住总人口72716人，其中男性38085人、女性34631人。2018年，常住总户数28406户，常住总人口74415人，其中男性38666人、女性35749人。2020年，常住总户数28206户，常住总人口74597人，其中男性38558人、女性36039人。辖区内居住有汉族、藏族、朝鲜族、回族、达斡尔族、拉祜族、满族、蒙古族、苗族、仫佬族、撒拉族、土族、瑶族、仡佬族、壮族15个民族。

## 经济状况

**农　业** 以种植小麦、玉米为主，经济作物主要有高粱、棉花、花生、大豆、苗木、苹果等。2016年，农业总产值2.85亿元。全域耕地面积1923公顷，其中粮食播种面积1570公顷。粮食总产13099.76吨，蔬菜总产17247.07吨，肉、蛋、奶总产17937.02吨。2018年，全域耕地面积1034公顷，其中粮食播种面积460公顷。粮食总产6950吨，蔬菜总产7000吨。2020年，耕地面积667公顷。其中，粮食播种面积419公顷、中草药种植面积70公顷、蔬菜面积55公顷、林地面积25公顷、苗木花卉面积48公顷、经济林面积9.7公顷。蔬菜及食用菌产量12578吨、瓜果142吨、花生10吨。

**工　业** 2016年，工业企业20家，从业人员3000人，主营业务收入58.98亿元，实现利税11.58亿元，实现利润9.12亿元。其中，规模以上工业企业1家，主营业务收入48亿元。外贸进出口额1800万美元，外资到账额1200万美元。新培植市级“一企一技术”研发中心1个，新发展专精特新、服务业特色、科技创新企业2家。2020年，工业企业79家，主营业务收入6.5亿元。其中，规模以上工业企业1家，主营业务收入5.2亿元，实现利税1.3亿元，实现利润0.7亿元。引进落地项目4个，招商引资到位资金14.3亿元；上级拨款项目资金0.3亿元；进出口总额0.18亿元。

2020年6月，山东振挺精工活塞有限公司厂区车间一角

（王　刚　摄）

## 财政税收

**财　政** 2016年，一般公共预算收入1.04亿元，一般公共预算支出1.08亿元。2018年，一般公共预算收入1.07亿元，一般公共预算支出0.57亿元。2020年，一般公共预算收入1.41亿元，一般公共预算支出1.08亿元。

**税　收** 2016年，各项税收收入1.04亿元，其中增值税2681.97万元。2018年，登记各类纳税人806户，其中年纳税额在10万元以上的企业136家。各项税收收入1.07亿元，其中增值税5947.43万元。2020年，登记各类纳税人886户，其中年纳税额在10万元以上的企业146家。各项税收收入1.41亿元，其中增值税6697.55万元。

## 社会事业

**教　育**　2016年，有各级各类学校（含幼儿园）6所，在校学生2783人，专任教师283人。其中幼儿园3所，专任教师125人，在园幼儿1453人；小学3所，专任教师158人，在校学生1330人。辖区内普通初中为县属学校。2020年，有各级各类学校（含幼儿园）6所，在校学生3879人，专任教师265人。其中幼儿园3所，专任教师143人，在园幼儿1738人；小学3所，专任教师122人，在校学生2141人。辖区内普通初中为县属学校。

**文　化**　2016年，综合文化站1个，村级文化活动中心16个，各类文化专业户10户；各类图书室16个，农家书屋16个，农村文化大院16个，文体广场16个，文艺宣传（表演）队16支。2020年，综合文化站1个，村级文化活动中心11个；各类图书室11个，音乐、美术、书法、摄影及文学业余创作人员50余人；农家书屋11个，农村文化大院9个，文体广场11个，文艺宣传（表演）队7支。县级以上文物保护单位2处。其中，省级1处（宁阳文庙）、县级1处（许国烈士墓）。县级及以上非物质文化遗产12项，其中市级8项（廖桥御膳香油、宁氏木雕、文宝斋王氏装裱、刘三拐水煎包、周公嘉禾在宁阳的历史故事、许氏烧烫伤膏贴、鸿懿堂周氏小儿推拿、张氏针灸疗法）、县级4项（张氏修脚技艺、吴氏奇仪平衡理疗法、泥村佳肴、杜村豆腐）。

**卫　生**　2016年，宁阳县文庙街道有医疗卫生机构15家，均为村卫生室（社区门诊），有床位36张。卫生技术人员21名，其中执业医师15名。2020年，医疗卫生机构25家。其中，街道卫生服务中心1家，专业卫生人员72名，执业助理医师36名；村卫生室（社区门诊）24家；有床位131张。

## 社会保障

**医疗保险**　2016年，城乡居民基本医疗保险参保人数21447人。2020年，城乡居民基本医疗保险参保人数22899人。

**养老保险**　2016年，城乡居民基本养老保险参保人数9886人。2020年，城乡居民基本养老保险参保人数5806人。

**低保救助**　2016年，农村最低生活保障户数252户、496人，发放最低生活保障金107.4万元。为148名重度残疾人发放生活补贴11.53万元。2020年，农村最低生活保障户数192户、340人，发放最低生活保障金140.46万元。为23户贫困人员办理低保救助，为13户13人办理五保救助，发放贫困项目分红25.76万元。

## 名胜古迹

**许国烈士墓**　位于南许村（今廖家桥村），为近现代烈士墓。原址形成于1941年5月，1956年修缮，坐东朝西，直径3米，封土高1.5米，墓前塑烈士石雕半身像，墓周围植松柏环抱。后迁入文庙街道南许中心小学院内，占地面积36平方米。许国，原名许兴昆，文庙街道南许村人。1940年3月任县工委书记。1941年4月，在肥城县吴家店附近牺牲。1956年，将其遗骨迁葬家乡，修建烈士墓。2003年7月，被县政府公布为第二批县级文物保护单位。2013年6月，被公布为宁阳县第一批党史教育基地。

**文　庙**　位于文庙街道东街313号，为元至清代古建筑，占地面积3777.3平方米。今保存中院、前院主体建筑，从南至北依次为棂星门、泮池泮桥、东西廊、大成门、名宦祠、乡贤祠、东西庑、大成殿等建筑。内有元武宗追封孔子为“大成至圣文宣王”的圣旨碑，阴刻正楷。2000年5月，被省文化厅、省建设厅公布为山东省历史

2008 年 2 月，文庙棂星门图　　（文庙街道文体办　提供）

员等职。1982年11月，离职休养。

**马毓真**　1934年9月生。北街人，1954年到外交部工作。1956年2月加入中国共产党。历任外交部新闻司副处长、处长，中国驻加拿大大使馆一等秘书、参赞等职。1984年，任外交部新闻司司长。1988年，任中国驻美国洛杉矶总领事馆总领事（大使级）。1991年，任中国驻英国大使（1993年为副部级）。1996年，任国务院新闻办公室副主任。1997年7月，任外交部驻香港特派员公署第一任特派员。2001年4月离任回京。

**张广东**　1940年10月生，连桥社区郁家庄人。1958年入伍，1961年加入中国共产党。先后任排长、连长、兰州军区作战参谋、兰州军区11师军需处主任。1976年，转业到甘肃省五金公司任经理、党委副书记、书记。1980年，任甘肃省商业厅机密处处长。1985年，任甘肃省商业厅办公室主任。1988年，任甘肃省商业厅厅长。1992年，任甘肃省商贸总公司党组书记、董事长。

**陈师芹**　1942年生，连桥社区人。1966年参加工作，在平阴县第一中学任教。1968年加入中国共产党。1970年后，任平阴县教育局副局长、局长。1980年，任平阴县委副书记兼组织部部长。1992年，任济南市委党校副校长。

优秀建筑。2006年12月，被省政府公布为第三批省级文物保护单位。

**周公台遗址**　位于南关社区周公台村，面积约2万平方米。清乾隆八年（1743）《宁阳县志》记载："东台，在县南里许。相传周公居东，系《易》于此，故又名周公台。"相传此台为点将台，是周公东征时操练士兵的地方。村西北角曾有宋代始建的周公庙，新中国成立后拆除。1958年，建设水磨发电时曾挖掘出兵器铜箭头（铜镞）。其范围内局部区域陶片堆积厚0.5～3.5米，采集到新石器时代大汶口文化、龙山文化、岳石文化、商周等时期的文物标本。2012年6月，被公布列为宁阳县第一批不可移动文物名录。

## 古今名人

**宁洪儒（1924—2004）**　曾用名李洪儒，东关社区杏岗村人。1956年，转业到南京市公共交通公司任经理、南京汽车公司经理。1969年后，先后任南京市交通局南京701汽车会战组组长、南京市公交公司革委会主任兼党委副书记、南京市公用事业局副局长、国家城建部全国电车协作组组长、全国城市交通协作组领导成

## 土特名产

**廖桥小磨香油**　廖桥村位于宁阳县城东3千米处。廖桥香油至今已有300多年历史，曾一度供应清朝皇宫御膳房。该香油用芝麻为原料，用石磨磨制加工，其色泽清亮，味道浓香，营养丰富，为佐料油之佳品。1989年，获省"名优特产

品”称号。1993年，被列入齐鲁名食产品。1998年，以“御膳”香油注册，被纳入神童山食品开发系列。2004年，获“泰山十大名优特产”金奖。2006年，被评为“山东历史文化名吃”。2011年，被评为宁阳县“十大特色农产品”。

## 典型选介

**省级创业型街道——文庙街道** 文庙街道立足于“建设富裕文明和谐幸福新文庙”奋斗目标和“聚力城市高品质建设、加快文庙高质量发展”定位，全面落实新时代党的建设总要求，抓重点、补短板、强弱项，推动完善创业服务体系建设，提升创业培训质量和水平，全面落实创业扶持政策和就业优先政策，健全服务机制，创新工作举措，开展“一对一”创业服务。2020年，先后帮助46名创业者办理创业担保贷款，为10名创业者申请一次性创业补贴。是年10月，被山东省人力资源和社会保障厅评为“山东省省级创业型街道”。

## 街道党政主要负责人

**党工委书记** 孙　浩（2014.1—2020.5）
陈　军（2020.5—　）

**办事处主任** 鲍怀东（2013.9—2016.12）
赵丽娜（女，2016.12—2020.6）
马　宁（2020.6—　）

（郭笑丽　王宝田）

# 八仙桥街道

## 地理环境

**位置面积** 位于宁阳县城西部，东接文庙街道，南靠泗店镇，西邻东疏镇，北依伏山镇。总面积23.12平方千米，街道办事处位于宁阳县城西街路916号。省级干道济微路、342国道、104省道纵横交叉，穿境而过。

**建置区划** 因毗邻宁阳城区历史文化名桥“八仙桥”而得名，有“同舟共济、团结协作，八仙过海、各显神通”之意。境域属周朝郕国故地，汉代属宁阳县，清代分属坊廓、临邑、青川、韦周诸社。抗日战争时期属第一区。1951年分属第一、四、八区。1955年属十里区。1957年1月改城关镇。1958年建卫星人民公社，1959年改城关人民公社。1982年复建城关镇，1984年改为城关区。1985年11月建宁阳镇。2010年9月，撤销宁阳镇，划分为文庙、八仙桥2个街道。八仙桥街道辖西关、邢庄2个社区居民委员会；有大庙东、大庙西、周家临邑、王家临邑、郭家临邑、徐马高、张陈、路家临邑、沙岭店、花石桥、李家庄、吴家东和、红庙、任家、杨家集、许家庄、杨家庄、青川中、青川围子、青川寺、李家楼、大屯22个村民委员会。至2020年建置区划未变。

**自然状况** 辖区地势平坦。境内河流属淮河水系，主要河流有赵王河、洸河、马家沟。赵王河自沙岭村入境，由北向南，向东折后再由任村向南到大屯村出境入泗店镇，境内全长8.3千米（不包括东西段人工渠3.6千米）。洸河由庙东村入境，由北向南，在西关社区出境入泗店镇，境内全长5.3千米（其中双侧1.5千米，单侧3.8千米）。马家沟自庙西村入境，由北向南，在西关社区向东折流入洸河，境内全长4.2千米。

**人口民族** 2016年，常住总户数1.3万户，常住总人口3.83万人。获评第六次全国人口普查省级先进集体。2018年，常住总户数1.33万户，常住总人口3.86万人。2020年，常住总户数1.31万户，常住总人口3.83万人，其中男性1.9万人、女性1.93万人。主要有汉族、回族2个民族。

2021年9月，山东天和纸业有限公司厂区图 （胡 风 摄）

## 经济状况

**农　业** 2016年，农业总产值31876万元，其中农业18129万元、林业340万元、牧业10674万元、渔业14万元，农林牧渔服务业产值2719万元，增加值1336万元；土地流转面积723.7公顷。苗木花卉种植面积1.2万亩，有机蔬菜种植面积3000亩。是年，街道办事处被省林业厅命名为山东省花卉苗木百强镇。2018年，全域耕地面积1482.5公顷，均为水浇地。农业总产值30340万元，其中农业20996万元、林业394万元、牧业4527万元、渔业14万元，农林牧渔服务业总产值4409万元，增加值2128万元。农民专业合作社24个，家庭农场11个，种植大户28个，土地流转面积787.5公顷。2020年，全域耕地面积1395公顷，均为水浇地；农民专业合作社13个，农业企业3家，家庭农场14个，土地流转面积803.5公顷。

**工　业** 2016年，有工业企业52家，从业人员6800人，工业总产值5.2亿元。其中，规模以上工业企业4家，主营业务收入6.7亿元，实现利税8000万元。2018年，有工业企业63家，工业总产值13.2亿元。其中，规模以上工业企业7家，工业总产值9.6亿元。2020年，有工业企业70家，从业人员8400人，工业总产值18.6亿元。其中，规模以上工业企业9家，主营业务收入20.7亿元，实现利润6500万元，上缴税金5100万元。

## 财政税收

**财　政** 2016年，一般公共预算收入6525.99万元，一般公共预算支出6525.99万元。2018年，一般公共预算收入5840.52万元，一般公共预算支出5840.52万元。2020年，一般公共预算收入5103.26万元，一般公共预算支出5103.26万元。

**税　收** 2016年，登记各类纳税人214户，其中年纳税额10万元以上企业31家；各项税收收入5546.18万元，其中增值税1187.7万元。2018年，登记各类纳税人238户，其中年纳税额10万元以上企业38家；各项税收收入4952.19万元，其中增值税3185.3万元。2020年，登记各类纳税人503户，其中年纳税额10万元以上企业47家；各项税收收入4211.73万元，其中增值税2306.99万元。重点税源为房地产、建筑安装、造纸等行业。

## 社会事业

**教　育**　2016年，各级各类学校（含幼儿园）6所，在校学生3992人，专任教师277人。其中幼儿园3所，专任教师139人，在园幼儿1624人；小学3所，专任教师138人，在校学生2368人。2020年，各级各类学校（含幼儿园）4所，在校学生4876人，专任教师344人。其中幼儿园2所，专任教师177人，在园幼儿1885人；小学2所，专任教师167人，教学班64个，在校学生2991人。国家级校园足球特色学校1所，省级示范幼儿园1所，市级文明校园1所，市级规范化学校1所，市级文明单位1所，县级文明单位2所。

**文　化**　2016年，街道综合文化站1个，村级文化活动中心24个，各类文化专业户20人；各类图书室24个，藏书2万余册；农家书屋24个，农村文化大院24个，文体广场24个，文艺宣传（表演）队2支。2020年，街道综合文化站1个，村级文化活动中心24个，各类文化专业户30人；各类图书室25个，藏书5万余册；农家书屋24个，农村文化大院24个，文体广场26个，文艺宣传（表演）队6支。县级以上文物保护单位3处（许家庄遗址、赵公墓、吴孟祺墓）。县级及以上非物质文化遗产6项，其中市级1项（八仙桥邢庄板桥）、县级5项（彩山特曲传统酿造技艺、宁阳婚礼习俗文化、宁阳手工雕刻实木家具、宁阳老韩头传统制鞋、医武梅花拳）。

**卫　生**　2016年，宁阳县八仙桥街道有医疗卫生机构24家，其中社区卫生服务中心1家，专业卫生人员59名，其中执业（助理）医师15名；村卫生室（社区卫生服务站）23家；有床位20张。2020年，医疗卫生机构24家，其中社区卫生服务中心1家，专业卫生人员70名，执业（助理）医师22名；村卫生室（社区卫生服务站）23家；有床位49张。

## 社会保障

**医疗保险**　2016年，城乡居民基本医疗保险参保人数21616人。2020年，城乡居民基本医疗保险参保人数18718人。

**养老保险**　2016年，城乡居民养老保险参保人数12760人。2020年，城乡居民养老保险参保人数10836人。

**低保救助**　2016年，农村最低生活保障户264户、425人，发放最低生活保障金105.36万元；临时救助7人次，发放临时救助金3.6万元；敬老院1家，床位92张，供养农村“五保”老人46人。2020年，农村最低生活保障户241户、386人，发放最低生活保障金148.35万元；临时救助38人次，发放临时救助金8.3万元；敬老院1家，床位92张，供养农村“五保”老人42人。

## 名胜古迹

**许家庄遗址**　位于八仙桥街道许家庄村东南，东临县城西外环，北接许家庄通县城南外环与西外环的十字路口，为新石器时代至汉代文化遗存聚落址。该遗址地处城区边缘地带，南外环与西外环交界处的丁字路口为原遗址中心。由于城区改造开发，今仅存丁字路口西南方向部分遗址。遗址面积7.5万平方米，文化堆积层厚1.5米，曾暴露大汶口文化墓葬。采集有大汶口文化夹砂红褐陶鼎足、泥质红陶双耳罐、泥质黑陶觚形杯底及石铲，汉代泥质灰陶豆、罐、井圈、板瓦残片等文化遗存。1979年12月，被宁阳县政府公布为第一批县级文物保护单位。

**赵公墓**　位于八仙桥街道红庙村北，为元代墓葬。赵公，名讳及生平事迹不详。原封土高0.5米，直径1米。墓前有螭首龟趺神道碑，神道两侧有石羊、石虎、石翁仲，皆于1958年被毁。据清光绪十三年（1887）《宁阳县志•茔墓》载：“元元勋赵公墓，在副使吴孟祺北里许，尚有石兽四、石人二。碑高可三四尺，螭首、龟趺俱已断裂，盖砻其上半而重镌者。东亦赵氏茔，谱碑序云：茔西有先世墓一冢，不可考，碑断文字剥蚀殆尽，止余‘至正九年（1349）’‘武功元勋’数字云云。”1979年，被宁阳县政府公布为第一批县级文物保护单位。

吴孟祺墓　位于八仙桥街道吴家东和村西300米，为明代名人墓。清咸丰元年（1851）重修《宁阳县志•茔墓》记载：“潼关兵备副使吴孟祺墓，在县西五里东和村。”原有封土高约2米，直径约5米，墓地面积约1000平方米，1966年被夷平。墓室局部破坏，为砖砌筑券顶双室墓，曾出土石墓志1方。神道两侧存石虎、石马各1件，今移至县博物馆集中保存。1979年12月，被宁阳县政府公布为第一批县级文物保护单位。

## 古今名人

吴孟祺（1497—1568）　字元寿，宁阳县城西南巷人。明嘉靖八年（1529）进士，授江南五河县知县，后任洛阳县知事，又升刑部主事。嘉靖十三年（1534），因给外戚张延龄平反冤案，获罪皇帝而受廷杖，贬直隶州同知。期满迁西安知府。成绩显著而升任潼关兵备副使。后因朝廷腐败，罢政返回故里著书20余年，著有《义命箴规》《拙修迩言》《六泉漫稿》《警庵文集》等。

吴崇礼（1548—1626）　字彬卿，宁阳县城西街人。明万历十四年（1586）进士，授山西蒲县知事。万历三十五年（1607）任大理寺右侍丞。万历四十年（1612）升右副都御史，顺天巡抚。天启五年（1625）任兵部尚书，后任南京刑部尚书。天启六年（1626）卒，赠太子太保，谥定襄。著有《三边总图》《抚蓟奏略》。

王世敦　1951年9月生，任家村人，中共党员。曾任济南美术总厂、济南洗衣机厂厂长、书记。济南小鸭电器公司总经理，兼任济南家电总厂厂长、党委书记。济南市二轻局局长（1994年为副厅级）等职。2000年9月，任济南高新区管委会主任、党委书记，兼任山东泰山电器集团有限公司董事长、党委书记。2005年1月，任济南市政协副主席。1998年，被省政府授予“山东省劳动模范”称号。

## 典型选介

全国文明村镇——青川围子村　该村以“一约管理、三榜治村”工作模式，实现村居自治，带动民风转变。以苗木花卉种植股份合作社为龙头，发展特色产业；打造县城西南小微企业聚集区，盘活有效资源，增加集体收入，改善人居环境；建设民心广场、进村马头墙，设计粉刷徽派房屋、绘制文化墙，打造村内大街景观带。制定推行村规民约，让村规民约成为人人遵守的

2017年11月，全国文明村——青川围子村村景　（孙　杰　摄）

“小宪法”。每两年开展一次“最美青川围子人”“优秀共产党员”“道德模范”“优美庭院”“文明诚信家庭”等方面评选。利用村民闲置废旧院落建设室内实践点、乡村记忆馆各1处，内设国学堂、图书室、书画室等功能场所。成立以党支部书记为站长的文明实践领导小组，动员老干部、老党员、老教师、老模范组建乡村讲师志愿服务队，围绕理论宣讲、人居环境、移风易俗等重点工作，聚焦群众需求，提供有效服务。2020年11月，被中央文明委授予全国文明村镇称号。

**省级文明单位——八仙桥街道办事处** 八仙桥街道办事处以精神文明创建为抓手，以党的建设、城市建设、项目建设、生态文明建设为重点，建立文明创建责任领导机制，确立一把手负总责、分管领导靠上抓、各科室主任具体抓的工作模式，在全街道逐步形成人人参与创建、支持创建的浓厚氛围。创建以来，坚持党建与精神文明建设相结合的工作思路，形成以党建带创建、以创建促党建的良好局面。持续从规范化建设、软硬件设施、人员配备等方面着手，主动公开信息、规范办事流程，提升便民服务水平。将文明单位创建与新时代文明实践志愿服务活动有效结合，成立8支志愿服务队伍，每月开展新时代文明实践志愿服务。2016年12月，被山东省精神文明建设委员会评为省级文明单位。

## 街道党政主要负责人

**党工委书记** 侯妍妍（女，2011.11—2016.12）
鲍怀东（2016.12—2021.12）

**办事处主任** 杜焕军（2010.9—2016.12）
张　辉（2016.12—2021.12）

（陈连弟）

# 泗店镇

## 地理环境

**位置面积** 位于县境南部，距宁阳县城6千米。镇境东连乡饮乡，南邻兖州区漕河镇、小孟镇，西毗东疏镇，北接八仙桥街道。镇境南北最长8.2千米，东西最宽11.05千米，总面积56.06平方千米，占全县总面积的4.98%。

**建置区划** 明清时期隶属宁阳县。1952年7月，宁阳三区成立。由原宁阳一区花石桥、许家庄、杨家庄、李家庄4个村划出，设立杨李乡，由原古城乡曹家村、罗河厂、巩家厂、沙庄和原泗店乡马家村新组建的曹村乡与原宁阳二区古城乡、泗店乡、泗庄乡、胡村乡和原宁阳一区铁佛乡及原宁阳四区划出大孟乡、青川乡等9个乡合并组成，驻地肖家村（1952年冬，区驻地迁至泗店村）。1955年10月，宁阳三区改称宁阳县泗店区。1956年11月并乡，原区属8个乡（1956年1月，铁佛乡并入杨李乡）与西疏区划入的石孟乡共9个乡并为泗店、许桥、大孟3个乡。后经历次调整变化，至1985年12月建立泗店乡。1994年12月，泗店乡改为泗店镇，下辖泗店村、薛家村、南王村、纸房村、胡东村、胡西村、桃园村、肖家村、铁佛寺村、张行村、徐行村、泗庄村、岳庄村、前桥村、后桥村、杨家村、刘庄村、柳楼村、大孟村、海子村、石孟村、前辛村、后辛村、徐孟村、夏孟村、西孟村、曹家村、沙庄村、罗河厂村、柳厂村、古城村、佘庄村、王院村、马家村、高庄村、牛家村36个行政村。至2020年建置区划未变。

**自然状况** 地处鲁西平原，地势平坦，东西狭长，东宽西窄，呈楔形。地势东北至西南、北至南，由高及低，顺势而下。东北角高庄村海拔62.5米，为最高处；南边缘佘庄村海拔54米，为最低处。境内属淮河流域泗河水系，主要河流有洸河、宁阳沟、赵王河、汇罗河。洸河以西系赵王河、洸河冲积而成，以东系洪积而成。土壤共分轻壤表中层砂质冲积潮湿褐土、中壤表厚黏土心冲积潮湿黑土、中壤表均质冲积潮湿褐土、轻壤表均质冲积褐土、中壤表黏土心冲积潮湿褐土、砂姜黑土6种类型。水资源分布不平衡，宁阳沟以西，地下水丰富，开采条件较好，且矿化程度较低；宁阳沟以东属砂姜黑土，水资源贫乏，且属氟水区。

**人口民族** 2016年，总户数1.21万户，总人口4.39万人，其中男性2.08万人、女性2.31万人。2018年，总户数1.26万户，总人口4.42万人，其中男性2.11万人、女性2.31万人。2020年，总户数1.26万户，总人口4.39万人，其中男性2.11万人、女性2.28万人。境内居住汉族、回族、壮族、哈尼族、苗族、土家族、满族等9个民族。

## 经济状况

**农　业** 2016年，耕地面积3860公顷。农业生产值6.72亿元，其中农业3.89亿元、林业772万元、牧业2.36亿元、渔业30万元、农牧渔林服务业产值3933万元，农业增加值4.10亿元。农业合作社82个，种植大户81户，土地流转面积876公顷。2018年，耕地面积3994.70公顷，农业总产值6.07亿元，其中农业4.50亿元、林业896万元、牧业8309万元、渔业31万元、农牧渔林服务业总产值6428万元，增加值3.54亿元，农业合作社46个，家庭农场107个，土地流转面积1526公顷。2020年，耕地面积3994公顷，农业总产值6亿元，其中农业4.61亿元、林业681万元、牧业7658万元、渔业29万元、农牧渔林服务业总产值5238万元，增加值3.74亿元，农业合作社70个，家庭农场89个，土地流转面积1748公顷。

**工　业** 2016年，工业企业24家，从业人员687人，主营业务收入58.83亿元，实现利润1.5亿元、利税0.15亿元。其中，规模以上工业企业15家，主营业务收入48.4亿元，上缴税金0.8亿元。2018年，工业企业25家，其中规模以上工业企业16家，工业总产值35.53亿元，实现利润2亿元、利税0.2亿元。2020年，工业企业23家，从业人员905人，工业总产值23亿元，实现利润3亿元、利税0.3亿元。其中，规模以上工业企业11家，主营业务收入18.9亿元，上缴税金0.08亿元。

## 财政税收

**财　政** 2016年，一般公共预算收入2487.2万元，其中工商税收2487.2万元，一般公共预算支出3343万元。2018年，一般公共预算收入841.8万元，其中工商税收841.8万元，一般公共预算支出1522.71万元。2020年，一般公共预算收入1324.17万元，其中工商税收1324.17万元，一般公共预算支出1143.14万元。

**税　收** 2016年，各项税收地方级收入2487.2万元，其中增值税192.1万元，年纳税额10万元以上的企业9家。2018年，各项税收地方级收入841.8万元，其中增值税486.05万元，年纳税额10万元以上的企业12家。2020年，各项税收地方级收入1324.17万元，其中增值税805.5万元，年纳税额10万元以上的企业14家。

## 社会事业

**教　育** 2016年，全镇有各级各类学校（含幼儿园）11所，在校学生3334人，专任教师352人。

其中幼儿园5所，聘任教师65人，在园幼儿796人；小学5所，聘任教师153人，在校学生1206人；中学1所，聘任教师134人，在校学生1332人。县级以上规范化中小学11所，其中市级规范化学校8所、省级规范化学校3所。2020年，全镇有各级各类学校（含幼儿园）12所，在校学生2232人，聘任教师336人。其中幼儿园6所，聘任教师76人，在园幼儿554人；小学5所，聘任教师146人，在校学生987人；中学1所，聘任教师114人，在校学生691人。县级以上规范化中小学12所，其中市级规范化学校8所、省级规范化学校4所。

**文　化**　2016年，综合文化站1个，村级文化活动中心36个。各类图书室36个、藏书1.2万册；音乐、美术、书法、摄影及文学业余创作人员25人；农家书屋36个，农村文化大院36个，文体广场21个，文艺宣传队28支。2020年，综合文化站1个，村级文化活动中心36个，各类图书馆36个、藏书1.9万册；音乐、美术、书法、摄影及文学业余创作人员31人；农家书屋3个，农村文化大院36个，文体广场24个，文艺宣传队2支。县级以上文物保护单位3处，其中市级文物保护单位2处（古城遗址、泗店许家桥）、县级文物保护单位1处（西孟遗址）。县级以上非物质文化遗产10项，其中省级非物质文化遗产1项（宁阳斗蟋），市级非物质文化遗产7项（宁阳镶锡制作技艺、宁阳陈氏锡艺、宁阳孙氏古典戏法、宁阳许氏面塑、宁阳郭氏锡镶•锔技艺、宁阳手工蟋蟀罐制作工艺、宁阳古井桥酒酿造技艺），县级非物质文化遗产2项（宁阳泗店桥白、宁阳漆画）。

**卫　生**　2016年，医疗卫生机构30家，床位190张。其中镇卫生院1家，从业卫生人员163名，执业助理医师51名；村卫生室（社区门诊）29家。2020年，医疗卫生机构31家，床位306张。其中镇卫生院1家，从业卫生人员179名，执业助理医师47名；村卫生室（社区门诊）30家。

## 社会保障

**医疗保险**　2016年，城乡居民基本医疗保险参保人数2.91万人。2018年，城乡居民基本医疗保险参保人数3.02万人。2020年，城乡居民基本医疗保险参保人数3.09万人。

**养老保险**　2016年，城乡居民基本养老保险参保人数1.81万人。2018年，城乡居民基本养老保险参保人数1.93万人。2020年，城乡居民基本养老保险参保人数1.98万人。

**低保救助**　2016年，城镇最低生活保障户数5户、6人，发放最低生活保障金2.6万元；农村最低生活保障户数575户、982人，发放最低生活保障金193.6万元；医疗救助30人次，发放医疗救助金13.4万元；敬老院1家，床位198张，供养农村“五保”老人65人。2020年，城镇最低生活保障户数4户、4人，发放最低生活保障金2.3万元；农村最低生活保障户数329户、498人，发放最低生活保障金183.77万元；医疗救助14人次，发放医疗救助金9.42万元；敬老院1家，床位198张，供养农村“五保”老人66人。

## 名胜古迹

**古城遗址**　位于古城村东南，东临济兖公路、舍庄村，是新石器时代至汉代聚落址。该遗址地势平坦，宁阳沟南北方向穿过遗址中部，面积约1.4万平方米，文化堆积层厚约1.2米，曾暴露出灰坑、墓葬。1973年清理该坑墓，出土有夹砂红褐陶罐形鼎、泥质红陶钵形鼎、钵、泥质黄褐陶及灰陶觚形杯、泥质灰陶环；石铲、斧、锤、纺轮、环、耳坠，以及骨、角、牙器等器物。采集有汉代泥质灰陶板瓦残片、“五铢钱”铜范、五铢铜钱等文化遗存。2006年12月，被泰安市政府公布为第二批市级文物保护单位。

**泗店许家桥** 由明初许家建设，故名许家桥。位于后桥村西500米处洸河上。桥东西跨度51.4米、宽4米、高2.8米。共有95块石板组成，石板均长2.7米、宽0.8米、厚0.4米。整桥共有孔洞19个，每孔有并排5块石板铺设，彼此之间有铸铁扣件相连，形成一体。桥两侧原有栏杆，今已不存，仅有安装方孔58个，南北两侧各29个，大小为0.2米见方。桥墩由巨石砌成，两面迎水石各伸出桥面0.4～0.5米。桥墩呈无规则梯形，高约2.8米。东西桥头两侧雁翅各长15米，雁翅有4层石板，每层中间由圆柱形石碌碡组成。2010年12月，被泰安市政府公布为第三批市级文物保护单位。

**西孟遗址** 位于西孟村东北，北临赵王河故道，为新石器时代古遗址。该遗址耕土黄褐色，局部呈灰色，文化堆积距地表深0.3米。暴露有灰坑等。采集有大汶口文化夹砂灰褐陶鼎足、泥质灰陶钵口、泥质红陶、黑陶残片等，面积700平方米。因原徐孟村三队在此建砖窑场，遗址已消失，仅存取土后的大坑，2003年7月，被宁阳县政府公布为第二批县级文物保护单位。

## 古今名人

**刘　桢（179—217）** 字公干，东汉末年东平国宁阳（今古城村）人，东汉名士、诗人，建安七子之一。其文学成就主要表现在诗歌、五言诗创作方面。常与曹操、曹植吟诗作赋，后人以其与曹植并举，称为“曹刘”。钟仲伟称其为“五言之冠冕”“文章之圣”。著有《毛诗义问》十卷，文集四卷。后人将其作品精选集成《刘公干集》，传于后世。

**刘　虎（？—1704）** 字辅臣，大孟村人，其七世孙迁胡村居住。清代拱极城游击将军、蔚州参将、石匣副将。康熙十八年（1679），在攻克金门诸岛和海澄战斗中屡立战功。在夺取陈州、马州及观音、狮子二山战斗中，连拔19座山寨。康熙三十六年（1697），升至南部右翼总兵官，镇抚东粤。

**石茂喜（1945—2019）** 1945年5月生，1970年8月参加工作，1981年11月加入中国共产党。曾任汶上县二轻局副局长、经委党委书记、副县长、县长，鱼台县委书记。1997年12月，任济宁市市长助理。2001年2月至2006年3月，任济宁市政协副主席、党组成员。2012年12月退休。

**纪维俭** 1948年10月生，胡东村人，中共党员。1965年7月参军入伍。曾任排长、中队长、副大队长、团长等职。1993年，任空军第三飞行学院副参谋长、副师职飞行员，大校军衔。曾立二等功2次。

**薛爱国** 1958年4月生，铁佛寺村人。1976年3月参加工作，1979年4月加入中国共产党。曾任连长、参谋、旅副参谋长、师长等职。2007年3月，任某集团军参谋长。2010年8月，任某集团军副军长。2011年2月，任某集团军军长。少将军衔。

**柳　涛** 1969年7月生，柳楼村人，九三学社社员，硕士研究生。1992年7月参加工作。曾任山东农业大学助教，泰安农业学校助教、讲师，农艺科副科长，泰安市农业局生态农业科副科长，泰安市监察局副局长，吉林省农业委员会副主任。2014年10月，任吉林省政府发展研究中心副主任。

## 土特名产

**牛家村犬肉** 清雍正年间，牛家村犬肉因味道鲜美而名扬四方。加工分为六道工序。第一步是挑选壮狗宰杀洗净，将肉分三大块。第二步是把肉和辅料放入锅中，加清水至肉没入水中。第三步是大火快烧，开锅后改温火煮30分钟，再放适量盐、火硝。第四步是待20分钟，火硝溶化停止泛白沫时撤去明火。第五步是积死火再焖6～8小时后出锅。第六步是将出锅后犬肉置于高粱秫秸箔上晾透。牛家村犬肉不仅是佳肴名吃，并且

具有较高药用价值。2008年，牛家村犬肉成功申报山东名吃。2010年4月，被公布为第二批县级非物质文化遗产。

**“桥白”大白菜** 清康熙年间，曾被宫廷指定为御膳必备菜。栽培区域主要集中在泗店许家桥附近8个村庄，因此被称为“桥白”。许家桥地处洸河沿岸，土层深厚，土壤肥沃。“桥白”白菜，个头匀称、菜心厚实，富含多种维生素及矿物质，鲜嫩易熟，味道纯正。主要品种有“青狮子头”和“黄叶白”，单株5～10千克。2003年，注册“桥白”牌商标，并获“山东省无公害蔬菜产品”称号。2004年、2007年，被农业部农产品安全中心种植业分中心、中国绿色食品发展中心认证为无公害农产品和绿色食品A级产品。2020年，种植面积800多公顷，年产9万吨。

## 典型选介

**山东省级文明村镇——徐行村** 位于济兖路以西800米，镇驻地西北1千米。以农业专业合作社为引领，以农民增收壮大集体经济为目标，先后成立雪莲莲藕专业合作社和林果专业合作社，全村1108名群众全部加入合作社，入股股金73.6万元，投资120万元建设高标准藕池3.3公顷，实现藕虾混养。注重基础设施建设、道路硬化、污水处理、村庄照明、村庄绿化、垃圾分类、村民健身、文化娱乐、移风易俗，提升村容村貌和居住环境。2018年，被山东省精神文明建设委员会办公室评为省级文明村。2020年，雪莲莲藕专业合作社被评为省级农民专业合作社示范社。2020年，流转土地76.6公顷，用于粮食种植合作社、蔬菜种植、家庭农场养殖等。

**山东省乡村振兴“十百千”工程示范创建村——海子崖村** 位于镇域西南部。该村按照产业兴旺、生态宜居、乡风文明、治理有效、生活富裕总要求，深入推进新农村建设。发展现代林果业，全村种植苗木花卉24公顷。在兴海综合服务公司带动下，形成以副食经营、玩具加工、机械加工等为主的村办企业10余家。先后投入资金400万元，硬化道路8000米，修建花坛60个，安装路灯100盏。投资360余万元，建成以忠孝文化为主题的海子崖村公园。先后获评省级卫生村、山东省乡村振兴“十百千”工程示范创建村。

**蟋蟀文化产业** 泗店镇是宁阳蟋蟀的集中产地。宁阳斗蟋始于秦汉，兴于唐宋，盛于明清。宁阳蟋蟀被誉为“天下第一虫”，以个大性烈、弹跳力强、善斗凶狠而驰名中外。该镇认真做好蟋蟀文化资源的挖掘、整理和文化品牌的推树。2020年，全镇有蟋蟀从业人员2.3万人，每季人均纯收入1万余元，直接交易额2亿余元，间接交易额1.5亿元；蟋蟀用品专卖店发展到40余家；“天下第一虫”中华蟋蟀文化主题博物馆获“省历史文化展览馆”称号，被县文旅局、县教体局等联合命名为“宁阳县首批研学游基地”，举办第三届蟋蟀世界杯大赛、全球直播“2020中华宁阳蟋蟀文化节”。

2022年，泗店镇中华蟋蟀文化主题博物馆一角　（刘文秀　摄）

## 镇党政主要负责人

党委书记　刘　峰（2011.11—2016.12）
　　　　　杜焕军（2016.12—2020.5）
　　　　　赵丽娜（女，2020.5—2021.12）
镇　　长　徐　锋（2013.9—2020.6）
　　　　　宁　辉（2020.6—2021.12）

（许振川）

# 东疏镇

## 地理环境

**位置面积**　位于宁阳县西南部，东邻八仙桥街道，南连泗店镇和济宁市兖州区小孟镇，西与汶上县接壤，北依伏山镇和鹤山镇。镇域最大纵距12.3千米，最大横距14千米，总面积84平方千米。镇政府驻地东疏前村，东距宁阳县城8千米。

**建置区划**　因西汉名臣“宁邑二疏”（疏广、疏受）致仕归隐而得名。明清时期，境域属宁阳县青川乡东张社和西黄社。民国初期，属疏里乡（驻小伯村），保留社制。1932年，为宁阳县第四区。1945年10月，宁阳县民主政府建四区区公所。1955年10月，以驻地命名改为西疏区。1958年9月，西疏乡、大伯乡分别改建西疏人民公社（初为红旗人民公社）、大伯人民公社（初为红星人民公社）。1959年2月，成立东疏人民公社。1983年6月，改建东疏区。1985年11月，撤东疏区，分建东疏镇和西疏乡。2001年2月，撤西疏乡，并入东疏镇。2020年，辖东疏前村、东疏后村、马庙、小屯、沙沃、老王庄、花园、孙村集、西河、小伯、范家庄、刘家庙、王家庄、郑庄、耿庄、大伯集、胡家大伯、张家大伯、赵刘大伯、柳园、侯楼、滩头、前张村、刘张村、冯张村、疏里、疏外、西张庄、前张庄、后张庄、寺头、兴隆庄、前学、后学、潘家黄茂、杜家黄茂、赵家黄茂、胡家黄茂、刘家黄茂、朱家黄茂、吴家黄茂、陈家黄茂、好家黄茂、庞庄、小王庄、义和庄、郭家村、王楼集、围子里49个行政村（居）。

**自然状况**　地势东高西低，北高南低，大部分为冲积平原。土壤主要有褐土类、潮土类、沙土类和少部分砂姜黑土地，绝大部分为褐土类。境内最高点在寺头东岗，海拔67.7米，最低点在胡茂村南洼，海拔46米，亦为全县最低点。赵王河和南泉河为境内主要河流，均流入微山湖，域内总长21千米。主要有煤炭、花岗岩、地砂及少量水晶石等资源。煤炭资源蕴藏量大，主要分布在南部一带。锈石主要分布在西北部与汶上县白石镇交界处。

**人口民族**　2016年，常住总户数1.72万户，常住总人口6.1万人，其中男性3.06万人、女性3.04万人。2018年，常住总户数1.79万户，常住总人口6.06万人，其中男性3.04万人、女性3.02万人。2020年，常住总户数1.79万户，常住总人口5.97万人，其中男性3.0万人、女性2.97万人。除汉族外，居住有回族、壮族、蒙古族、满族、彝族、布依族、佤族、苗族、瑶族、仫佬族、黎族、拉祜族、侗族、土家族14个少数民族，分布于28个行政村，占总人口的0.1%。

## 经济状况

**农 业** 以种植小麦、玉米、花生、有机蔬菜和苗木花卉为主。2016年，全镇耕地面积6463.27公顷，农业总产值10.86亿元，粮食总产量7.07亿吨；农业产业化重点龙头企业7家，其中国家级1家、省级2家、市级4家；农民专业合作社65家，社员总数3200人，注册家庭农场16家，土地流转面积2094.4公顷；绿化苗木4.5万亩，奶牛存栏量1.1万头，种植蔬菜8000余亩。2020年，实有耕地面积5231.58公顷，农业总产值10.57亿元。粮食总产量7.25亿吨，蔬菜及食用菌产量3.55万吨，肉类产量1645.59吨。建立农民专业合作社96家、家庭农场64个，农业企业14家，土地流转面积2943.06公顷。

**工 业** 2016年，工业企业60家，工业总产值3.63亿元，从业人员1000人。其中，规模以上工业企业5家，从业人员200人，工业总产值2亿元，实现利税0.3亿元，利润0.2亿元。形成以劳保用品、机械制造、物流仓储为重点的加工型、物流型工业园区。2020年，工业企业80家，从业人员2000人，工业总产值4.5亿元。其中，规模以上工业企业5家，从业人员500人，总产值1.3亿元，实现利税0.4亿元，利润0.36亿元。推进高档装饰板材等11个在建项目，招商引资到位资金13亿元。签约中德绿色建材基地、新型环保建材加工等6个项目。

## 财政税收

**财 政** 2016年，实现财政总收入7328.04万元。一般公共预算收入3600万元，一般公共预算支出2600万元。固定资产投资12.5亿元。实现社会消费品零售总额11.3亿元。2020年，实现财政总收入8740.33万元。一般公共预算收入1489.04万元，一般公共预算支出2400万元。

**税 收** 2016年，登记各类纳税人466户，其中年纳税额在10万元以上的企业8家；各项税收收入3943.3万元。2020年，登记各类纳税人583户，其中年纳税额在10万元以上的企业22家；各项税收收入2378.6万元，其中增值税1350.22万元。

## 社会事业

**教 育** 2016年，幼儿园7所，专任教师80人，在园幼儿1070人；小学5所，专任教师222人，在校学生1663人；普通初中1所，专任教师167人，在校学生1765人。投资1800余万元建设的第二小学投入使用，西部3所小学、近700名师生搬入新校区。2020年，幼儿园5所，专任教师56人，在园幼儿785人；小学5所，专任教师161人，在校学生1418人；普通初中1所，专任教师143人，在校学生1151人。市级以上规范化中小学6所，其中省级规范化学校3所。镇第二中心幼儿园完成基建工程。

**文 化** 2016年，镇综合文化站1个，村级文化活动中心49个，各类文化专业户37户；音乐、美术、书法、摄影及文学业余创作人员36人；农家书屋28个，农村文化大院49个，文体广场41个，文艺宣传（表演）队12支。2020年，镇综合文化站1个，村级文化活动中心49个，各类文化专业户55户；音乐、美术、书法、摄影及文学业余创作人员82人；农家书屋44个，农村文化大院49个，文体广场59个，文艺宣传（表演）队54支。县级以上文物保护单位9处，其中省级2处（潘茂汉墓、关圣帝君庙碑）、市级4处（柳园遗址、前张庄遗址、华东野战军司令部指挥部旧址、泰伯祠）、县级3处（疏外遗址、至圣炳灵王庙碑、李超德行碑）。县级及以上非物质文化遗产6项，其中市级1项（郑庄弦子戏）、县级5项（前张庄佛手花糕、郑庄洪拳、展氏锔艺、郑庄锔艺、大力根养生酒）。

**卫　生**　2016年，医疗卫生机构43所，其中镇卫生院1所，专业卫生人员126名，执业助理医师38名；村卫生室（社区门诊）42所；有床位98张。2020年，医疗卫生机构43所，其中镇卫生院1所，专业卫生人员130名，执业助理医师54名；村卫生室（社区门诊）42所；有床位98张。

## 社会保障

**医疗保险**　2016年，城乡居民基本医疗保险参保人数5.17万人。2020年，城乡居民基本医疗保险参保人数4.58万人。

**养老保险**　2016年，城乡居民基本养老保险参保人数2.7万人。2020年，城乡居民基本养老保险参保人数2.8万人。

**低保救助**　2016年，农村最低生活保障户数1031户、1764人，发放最低生活保障金358.34万元；敬老院1家，床位200张，供养农村“五保”老人87人，其中镇老年服务中心集中供养72人。2020年，农村最低生活保障户数889户、1502人，发放最低生活保障金615.12万元。

## 名胜古迹

**潘茂汉墓**　位于潘家黄茂村北，为汉代古墓葬。封土高约6米，墓基直径约30米。1954年，在墓东北约27米处挖出2件长6.7厘米、外径6.1厘米的错金银铜车軎和3件错金银铜车饰，亦有铁器与大量子母砖、车軎及车饰，已收藏于北京中国历史博物馆。1997年12月，对墓葬进行抢救性发掘清理，出土文物有细陶壶、鼎、灶、鎏金铜件、残玉石杯，还有铜器、铁器等。1977年12月，被山东省革命委员会公布为第一批省级文物保护单位。

**关圣帝君庙碑**　位于马庙村中部，东西长街北侧，为明清时期重修关帝庙碑刻。碑为青石质，正方体，龟趺，四面透雕龙首，碑首上置宝顶。宝顶四角挑檐，錾刻勾头清水。此碑通高6.1米，碑身宽厚1.04～1.06米。碑东面额题“大明天启六年重修”。碑阳额题“关圣帝君庙碑”“顺治五年立石”，阴刻楷书，碑文内容为明崇祯至清顺治年间重修关圣帝君庙事宜。其余两面碑文字迹风化严重，不易辨认。2015年6月，被省政府公布为第五批省级文物保护单位。

**柳园遗址**　位于柳园村东南，分属柳园村和张大伯两村，为大汶口文化古遗址。地处平原，遗址处略高，土质黄褐色沙土，南北长350米，东西宽400米，面积约14万平方米。文化堆积层厚0.2～1米，暴露有窑址。该遗址出土有各种器物口沿、足、耳、陶环、陶片及石铲、石斧等，在遗址中部的南北生产路两侧有红烧土块、炉渣和陶片堆积。出土的陶器多为红陶和夹砂红褐陶，灰陶少见。器足为圆锥足和凿形足，属于新石器时代大汶口文化早期、中期文化遗存，1994年3月，被泰安市政府公布为第一批市级文物保护单位。

**前张庄遗址**　位于前张庄村东南，为旧石器时代至西周时期的文化遗存聚落址。该遗址为一条东西走向长约1千米的沙土岭，较周围地面高出3米，面积约20万平方米。距地表0.3米处为文化堆积层。该遗址除采集到旧石器时代晚期的细石器砸击石核、锤击石核、石块、石片等外，尚可见到大汶口文化早期和西周到战国时期文化遗物黄褐陶夹砂陶鼎、灰褐夹砂陶鬲、红褐夹砂陶罐、灰陶豆等，并多见饰有绳纹和素面的陶片。2006年12月，被泰安市政府公布为第二批市级文物保护单位。

**泰伯祠**　位于寺头村，为清代古建筑。该祠为两进两出，大门两边为方形柱石，正面有阴刻楹联“隐隐孤忠荆蛮三让高千古”“煌煌周礼端委一时留万年”。祠内有闫氏家乘碑记二块，一块立于明朝天顺元年（1457），为翰林学士、入直文渊阁许彬撰记；一块立于嘉靖四十四年（1565），宁阳知县（山西泽州人）闫承光撰文，今碑

2022 年 10 月，华东野战军攻济打援指挥部旧址　（宁桂冲　摄）

无存。2018年4月，被泰安市政府公布为第五批市级文物保护单位。

**华东野战军司令部指挥部旧址**　位于大伯集村，为近现代重要史迹及代表性建筑。1948年9月，华东野战军“攻济打援”指挥部由滕县界河迁至宁阳大伯集崔家大院，华野代司令、代政委粟裕，参谋长陈士榘、政治部主任唐亮、副参谋长张震、政治部副主任钟期光等率领华东野战军华野指挥部进驻大伯集崔家大院，设立华东野战军攻济打援指挥部。指挥部于是年10月1日转移至曲阜。2010年12月，被泰安市政府公布为第三批市级文物保护单位。2013年6月，被公布为宁阳县第一批中共党史教育基地。

## 古今名人

**疏　广（？—前45）**　字仲翁，祖籍东海兰陵，其曾祖迁于泰山郡钜平（东疏镇）。西汉名臣。少时好学，习惯用读、记、背、研的学习方法巩固知识，拓宽知识面，精于研究《论语》《春秋》。乐于创办私学，治学严谨，注重学生的德学兼优。本始元年（前73）初，汉宣帝征其为博士郎、太中大夫。地节三年（前67）时，疏广为太子太傅。

**疏　受（？—前48）**　字公子，是疏广兄长长子。少时跟其父和叔父疏广学习儒家经典，常效孔子演礼，至精至勤，为人恭谨。才思敏捷，言辞逻理缜密，且善演讲。天子每朝，都让其觐见与天子群臣策对应答。汉宣帝时，以贤良举为太子家令，旋拜为少傅。

**张克智（1941—2004）**　马庙村人，1964年1月加入中国共产党。先后在中央组织部、国务院办公厅工作。1986年7月起，历任国务院办公厅秘书局副局级政务专员、副局长。1988年5月，任国务院办公厅秘书二局局长。1993年6月，任国务院副秘书长、国务院机关党组成员。1998年3月，任国务院机关党组副书记。2001年4月，聘任为国务院参事。

**吴玉谦（1942—2016）**　西张庄村人，1961年7月参军入伍，1963年10月加入中国共产党。历任团司令部参谋、副营长、师作训参谋、副团长、团长等职。1976年起任副师长、师长。1983年5月，任某集团军副军长。1986年12月，任某集团军军长。1995年7月，任沈阳军区参谋长。1996年11月，任沈阳军区副司令员。1988年被授予少将军衔。1996年晋升为中将军衔。

**王传祯（1939—2020）**　老王庄村人，中共党员。曾任化工部北京有机化工厂车间副主任、核工业第二研究设计院研究室主任、北京核工程设计研究院比尼辐照技术研究所所长，教授级高级工程师。1998年，任北京三强核力辐射工程有限公司总经理、董事长，获国家科技进步三等奖一项、国防科学技术奖三等奖一项、省部级科技进步奖十余项。2011年6月，获国际辐射加工领域最高奖劳伦斯奖。2013年11月，任第17届国际辐射加工大会节目委员会副主席。

**赵成道**　1950年10月生，东疏镇赵家黄茂村人，1974年1月加入中国共产党，1969年1月参加工作，在职大学学历。曾任宁阳县教育局教研员、泰安地区教育局干事、泰安地（市）委组织部科长、泰安市委组织部副部长、泰安市委组织部常务副部长（正县级）。1997年6月至1998年3月，泰安市委统战部部长。1998年3月至2008年9月，泰安市政协副主席、党组成员，泰安市委统战部部长。2008年9月至2011年1月，泰安市政协副主席、党组成员。

**王昌元** 1962年4月生，东疏镇小屯村人，研究生学历。1983年7月参加工作，1997年12月加入民主促进会。曾任民进泰安市委副主委，泰山医学院教师、泰山医学院信息科学系副主任等。2007年5月至2008年1月，民进省委委员、泰安市委主委，泰山医学院信息工程学院副院长。2008年1月以后，泰安市政协副主席，民进省委委员、泰安市委主委，泰山医学院信息工程学院副院长。

## 土特名产

**牛蒡养生酒** 山东大力根酒业有限公司位于东疏镇，以生产白酒和以牛蒡为原料的养生酒为主。在台湾酸造工艺的基础上，结合现代生物科技，融入刺五加、红景天等养生药材，加工而成牛蒡养生酒。该酒口感好，汤色纯，产品主要销往马来西亚、日本、韩国等国家。

**宁阳红锈石** 分布在东疏镇寺头村、兴隆庄一带。锈石主要成分为花岗岩，型材具有类型多、结构统一、自然美观、光泽好、耐磨蚀、易拼接等特点，可用做磨光板、火烧板、薄板、台面板、环境石、地铺石、路延石、墙壁石、石制家具、石雕及各种建筑工程配套用石材，为理想的建筑、装饰材料，颇受国内外市场青睐。

## 典型选介

**东疏镇彩色苗木** 东疏镇把苗木花卉种植作为主导产业，成为当地农民增收的着力点之一。苗木花卉种植最初以刘茂村以及周边村为主，1994年10月，刘茂村创办第一家苗木花卉企业——芳菲园。2005年1月，东疏镇被国家标准委员会命名为“国家苗木花卉标准化示范区”；8月，被省林业局授予“山东省花木强镇”“山东省林木种苗示范基地”称号；10月，在第三届中国泰山国际苗木花卉交易会上，参展苗木获“优质苗木奖”。2011年7月，东疏镇被省林业厅授予“山东彩色苗木示范基地”称号。2013年，被省林业厅授予“山东省苗木花卉百强镇”称号。2014年3月，在第三届黄河三角洲绿化苗木博览会上获“山东省苗木十佳乡镇”称号。2020年，全镇彩色苗木种植面积2300多公顷，主要品种有红枫、海棠、樱花、木槿等200多个品种。

**国家森林乡村——胡茂村** 位于东疏镇西南10千米，处于宁阳、汶上、兖州三县交界处，

2023年10月，宁阳红锈石交易大厅 （朱修海 摄）

该村依托苗木资源发展乡村旅游，会同周边的刘茂、杜茂、赵茂、潘茂、后学等11个村联合开展园林观光、民俗文化等服务项目，打造“十八黄茂”古村落旅游品牌。2016年，注册成立宁阳县胡茂村乡村旅游合作社，建设游客服务中心1处、体能乐园1处、民俗馆2处、农家乐3家、民宿旅社5处，实现吃、住、行、游、购、娱一体化发展。2020年，投资150万元建设葡萄长廊、猕猴桃长廊，栽植大规格松柏树、大叶女贞等观赏苗木，形成集采摘、观光、休闲为一体的特色景区。

**博士村——花园村** 花园村始于明朝永乐年间，在400多年的历史中，向学的风尚得以延续，曾经出过很多秀才、举子，一度被称为“秀才村”。2020年，花园村全村人口1100多人，迄今已走出6名教授、18名博士、43名硕士，共100多名大学生，被誉为“博士村”。

## 镇党政主要负责人

党委书记　许　军（2009.10—2016.12）
　　　　　范长征（2016.12—2020.3）
　　　　　刘　站（2020.5—　）
镇　　长　范长征（2012.8—2016.12）
　　　　　刘　站（2016.12—2020.6）
　　　　　李　琳（女，2020.6—2021.12）

（朱修海）

# 鹤山镇

## 地理环境

**位置面积** 位于宁阳县城西北部，东部和东南部与伏山镇为邻，南部与东疏镇相交，西南部、西部以及西北部分别与汶上县白石镇和军屯乡接壤，北部和东北部分别与肥城市孙伯镇和安驾庄镇隔大汶河相望。镇境处于宁阳、汶上、肥城三县（市）交界地，东西宽16千米，南北长12千米，总面积99平方千米。镇政府驻地前鹤山村，距宁阳县城20千米。

**建置区划** 西周时期属铸国和遂国。春秋前期属鲁国。春秋后期，归齐。战国初期，属齐国无盐邑。至秦时，今境为刚，属薛郡。西汉时期，在铸国旧治置蛇丘县，属泰山郡。东汉时期，汉光武帝子东平王刘苍裔孙封侯于春城，今治在徐家平一带。今境为春城侯国，至汉和帝永元二年（90）废。三国时期，沿汉旧制，归于刚，属东平国。西晋刚改刚平仍属东平国。金元时期，镇境属奉符县。明清时期，县以下以乡社为建置，今境属西乡东王社、泗皋社和北乡平陆社。1932—1955年，为宁阳第五区。1955年10月，区名改王卞区。1956年区划调整，划为王卞、鹤山和泗皋3个乡。1957年11月至1958年2月，原王卞区鹤山、泗皋、王卞3个乡合并为王卞、鹤山2个乡。1958年9月，王卞乡、鹤山乡合并为鹤山人民公社。1983年8月改区建乡，鹤山人民公社改为鹤山区，划为泗皋乡、中皋乡、刘楼乡、路庄乡、王卞乡、大庄乡6个乡。1985年12月撤区并乡，泗皋乡、中皋乡、刘楼乡、路庄乡合并为鹤山乡；王卞乡、大庄乡合并为王卞乡。2001年2月，王卞乡、鹤山乡合并为鹤山乡。2016年撤乡建镇，成立鹤山镇，辖王卞社区、前鹤山、后鹤山、黄山庄、史家庄、桃园、山后、路家庄、东山前、西山前、邵家庄、鹅鸭厂、大庄、侯家庄、王卞寨、崔家河、周家庄、坡庄、前罗山、东罗山、西罗山、中罗山、西北、西南、东南、东北、杏山、赵庄、东皋、中皋、大辛、小辛、桑家庄、雷家庄、安家庄、刘家西皋、王家西皋、沈家西皋、徐平、郭平、王平、刘楼、白塔寺、牌坊街、汪泉屯、孔庙46个行政村（居）。至2020年，建置区划未变。

**自然状况** 有山地丘陵和汶河平原两种地形地貌。地势西高东低，北高南低，中西部隆起，多低山。地表海拔52～252.6米，最高点中部鹤山海拔252.6米，最低点南部周家庄南海拔52米。境内水系特色鲜明，以铁板沟北部铁板桥为界，其北之水北流至大汶河入黄河，其南之水经北泉河南流至南四湖与淮河相连接，跨黄河、淮河两个流域。境北、境南分别有大汶河、北泉河蜿蜒西流。矿产资源有金属矿产2种、非金属矿产8种（亚种15种）。动物资源13纲、127种，植物资源主要有被子植物，其次为裸子植物、蕨类植物、藻类植物和苔藓植物，共有132种，另有众多菌类生物。

**人口民族** 2016年，总户数1.56万户，总人口5.76万人。2018年，总户数1.89万户，总人口5.66万人。2020年，总户数1.86万户，总人口5.56万人，其中男性2.84万人、女性2.72万人。境内有汉族、回族、壮族、彝族、哈尼族、藏族、满族、土家族、瑶族、朝鲜族、达斡尔族、拉祜族、维吾尔族13个民族。

## 经济状况

**农　业** 以种植小麦、玉米、有机蔬菜为主。2016年，全镇耕地面积5867公顷，农业总产值7.58亿元，其中农业4.27亿元、林业782万元、牧业2.79亿元、渔业80万元，农林牧渔服务业产值4326万元，增加值4.6亿元，土地流转面积2678公顷，生猪存栏6.87万头，羊存栏2.38万只。2020年，全镇耕地面积5647公顷，耕地灌溉面积4624公顷，粮食总产量7.2万吨，农业总产值7.98亿元。农民专业合作社113个，涵盖土地、粮食、林果、养殖、苗木、花卉等种类，其中规模较大的有宁阳县金源薄皮核桃种植专业合作社、宁阳县丰沃粮食种植专业合作社、宁阳县优质花卉种植专业合作社、宁阳县麒麟山畜牧养殖专业合作社、宁阳县群发土地股份专业合作社等。农业企业2家，家庭农场53个，土地流转面积2996公顷。是年，被省农业农村厅认定为省级农业产业强镇。

2015年8月，鹤山镇琵琶湖景区　　（孙思华　摄）

**工　业** 2016年，工业企业15家，从业人员1300人，工业总产值39亿元，利税643万元。其中规上工业企业15家，主营业务收入35亿元。2020年，工业企业35家，从业人员1800人，工业总产值12亿元，实现利税873万元。其中规模以上工业企业5家，分别为泰安宏邦制衣有限公司、泰安市金麦香面粉制品厂、宁阳县现明石材

有限公司、山东纽能新能源科技有限公司、泰安虹盛食品有限公司；主营业务收入7亿元。引进落地项目3个，招商引资到位资金1.6亿元，进出口总额1200万元。

## 财政税收

**财　政**　2016年，实现地方财政预算收入2357.57万元，其中国税完成194.53万元、地税完成2161.46万元。公共财政预算支出5959.91万元。2020年，实现地方公共财政预算收入7064.76万元，公共财政预算支出7064.76万元。

**税　收**　2016年，各项税收收入649万元，其中增值税390万元。登记各类纳税人334户，年纳税额在10万元以上的企业3家。2020年，各项税收收入873万元，其中增值税456万元。登记各类纳税人454户，年纳税额在10万元以上的企业5家。

## 社会事业

**教　育**　2016年，幼儿园8所，在园幼儿1410人；小学7所，专任教师208人，在校学生1907人；普通初中1所，专任教师145人，在校学生1669人。2018年，幼儿园8所，在园幼儿1128人；小学7所，专任教师178人，在校学生2030人；普通初中1所，专任教师119人，在校学生1539人。2020年，幼儿园8所，在园幼儿1037人；小学7所，专任教师168人，在校学生1937人；普通初中1所，专任教师118人，在校学生1358人。县级以上规范化学校15所，其中省级7所、市级8所。

**文　化**　2016年，综合文化站1个，文化大院46个。11月10日，鹤山教育博物馆开馆。启动鹤山镇“村学工程”，成立学习小组11个。建立社区志愿服务基地7个，组建志愿服务队伍45支，注册志愿者3000余人。2020年，46个行政村全部设立新时代文明实践站，各村均建立健全红白理事会。农村书屋、村级文化广场实现全覆盖，文艺宣传（表演）队35支。开展广场舞大赛、送戏下乡、公益电影放映、“最美鹤山人物”评选等文化活动1430场次。县级以上文物保护单位10处，其中，国家级1处（颜子庙和颜林）、市级5处（沈西皋遗址、琵琶山石塔造像、三圣堂文昌阁、老虎洞造像、大佛寺古佛）、县级4处（毕津墓、两王坟、武进父子墓、桑安口遗址）。县级及以上非物质文化遗产3项，其中市级3项（宁阳龟山砚、宁阳绿豆粉皮、史庄村张厚德穴贴双联疗法）。

**卫　生**　2016年，医疗卫生机构42家，其中镇卫生院1家、村（社区）卫生室（服务中心）41家，卫生技术人员156名，床位59张。2018年，医疗卫生机构42家，其中镇卫生院1家、村（社区）卫生室（服务中心）41家，专业技术人员82名，床位90张。2020年，医疗卫生机构40家，其中镇卫生院1家、村（社区）卫生室（服务中心）39家，卫生技术人员84名，其中执业医师22名，执业助理医师37名，床位90张。

## 社会保障

**医疗保险**　2016年，新型农村合作医疗参合人数4.42万人。2018年，新型农村合作医疗参合人数4.49万人。2020年，居民基本医疗保险参保人数4.19万人。

**养老保险**　2016年，城乡居民基本养老保险参保人数1.61万人。2018年，城乡居民基本养老保险参保人数1.64万人。2020年，城乡居民基本养老保险参保人数1.71万人。

**低保救助**　2016年，城镇最低生活保障人数8人，农村最低生活保障人数1609人；敬老院1家，集中供养老人35人。2018年，城镇最低生活保障人数5人，农村最低生活保障人数1392人；敬老院1家，集中供养老人35人。2020年，全镇最低生活保障户数884户、1708人，累计发放差补保障金682.2万元；敬老院1家，床位50张，集中供养老人36人；分散供养“五保”老人338人，发放金额261.9万元。

## 名胜古迹

**颜子庙和颜林** 位于泗皋村中，亦称复圣祠，是祭祀颜回的庙宇。占地面积5000平方米。元至元十二年（1275），颜氏54代孙泰安州太平镇巡检颜伟修建。今存大殿和仪门，大殿坐北朝南，三开间，灰瓦悬山顶、饰吻兽。殿顶为木结构，4架弯曲大梁担负起6架弯曲材二梁（平梁），除两山墙内重梁外，其余4架平梁均错出大梁。2000年5月，被省建设厅、省文化厅公布为山东省历史优秀建筑。2013年3月，被国务院公布为第七批全国重点文物保护单位。

**沈西皋遗址（黄西皋遗址）** 位于琵琶山东麓大汶河南岸的台阶地上，属新石器时代遗址。该遗址高出大汶河河道6～7米，东南、西北狭长，面积约1.4万平方米。断崖暴露出直径1～15米的灰坑10多个，最深约5米。出土龙山文化的黑陶杯和灰褐陶纺轮，另有商周时期的灰褐陶、红褐陶鬲、灰陶盆、灰陶豆、灰褐夹砂陶鼎等。因濒临大汶河，已被河水侵蚀10多米，损毁比较严重。1994年3月，被泰安市政府公布为第一批市级文物保护单位。

**琵琶山石塔造像** 位于鹤山镇西北部，为唐代石窟寺及石刻。琵琶山石塔造像塔平面呈四方形，为单层塔式建筑。青石砌成，白石灰接合。塔身设一南门，门为方形，高1.6米。檐上用石板迭筑15层，成为攒尖方锥形塔顶，上置塔刹。石塔通高4.2米，宽3.4米。塔内后石壁有龛，龛内有3尊佛像，主佛居中，两侧为弟子像，3尊造像均造型逼真，雕刻精美，属于典型的唐代作品（今已被盗）。2006年12月，被泰安市政府公布为第二批市级文物保护单位。

**老虎洞石窟造像** 位于后鹤山村东北鹤山东麓，开凿于金元时期。洞口向内有长约5米的通道，正对石佛造像。石佛造像为莲花座佛像，造像底座长110厘米、高18厘米，龛高79厘米、宽73厘米。造像高63厘米、宽56厘米，为三头六臂形象，佛像面部因时日长久变得残缺、模糊不清。佛像衣纹线条流畅，造型古朴自然，极富金元时期造像特征。周围雕刻石龛，下有两层莲花石台座。2016年1月，被泰安市政府公布为第四批市级文物保护单位。

**三圣堂文昌阁** 位于前罗山村北部。三圣堂建于明万历二十六年（1598），现庙已废圮，仅存文昌阁。文昌阁建于清乾隆四十年（1775）九月，面阔8.70米，进深4.18米，通高9米，砖砌墙体，间夹条石稳定墙体结构，为三开间、二层灰瓦硬山顶、坛庙祠堂类建筑。底层为砖券折子檐门，门宽1米、高2米。门两旁为石质窗户，“卍”字形窗格。东西山墙各开砖券折子檐木质窗，山墙顶部饰砖花雕。二层室内北墙饰十二屏风彩绘。2016年1月，被泰安市政府公布为第四批市级文物保护单位。

**大佛寺古佛** 位于鹤山镇皋山社区文化广场西侧，占地1000平方米，采用“干插石”建筑工艺，建设庙房3间。寺内供奉千年古佛——佛祖释迦牟尼，石佛高2.2米，宝相庄严，呈盘坐传法状，佛像盘膝底座为二龙戏珠雕刻。古佛东侧为药师佛，西侧为阿弥陀佛。2013年6月，山东省文物鉴定委员会专家鉴定古佛为宋元时期石佛，属国家二级文物；出土的石兽、石座亦为宋元时期，属国家三级文物。2018年4月，被泰安市政府公布为第五批市级文物保护单位。

## 古今名人

**武　进（生卒年不详）** 字君光，沈西皋村人，以勇武闻名。蒙古至元六年（1269），元世祖忽必烈兴兵讨伐南宋，其跟随张宏范攻下襄阳，

担任管军百户。后升至忠显校尉、管军总把、昭信校尉。元至元二十年（1283），在占城战役中，中书省右丞相用海船运粮，其率领精锐部队护送，途中遇贼寇打劫，武进奋力迎战，贼寇败退。时值欧王叛乱，奉命征讨，武进率军直抵敌寨，所向披靡，欧王被斩首，武进被提拔为承信校尉，佩戴银符，升为管军千户。

**孙司林（1921—1989）** 中皋村人。1939年4月参加八路军，10月加入中国共产党。曾任华东野战军第三纵队第8师营长、解放军第22军教导大队大队长、第194团团长。1955年，任第65师副师长。1956年，任大衢守备区副司令员。1963—1969年，任岱山守备区副司令员、司令员。1973—1981年，任舟嵊要塞区副司令员、副军职顾问。1982年离休。1988年，获中央军委授予的独立功勋荣誉奖章。

**孙　甫（1921—1990）** 曾用名孙有经，大中皋村人，1938年加入中国共产党。曾任宁阳县委组织部部长、泰安地委组织部干部科科长、平阴县委书记。1957—1975年，历任新汶矿务局华丰工程处党委书记，新汶矿务局党委副书记，肥城矿务局副局长、副书记，枣庄矿务局副书记等职。1975年11月，任山东煤矿泰安疗养院党委书记。

**张显义（1949.7—2018.8）** 鹤山镇桃园村人，1971年2月加入中国共产党，1971年12月参加工作，大学本科学历。曾任宁阳县蒋集公社党委书记、管委会主任，泰安市农牧局副局长、党委副书记，泰安市农业综合开发办公室主任，泰安市委农村工作部部长、市农业委员会主任，泰安市岱岳区（郊区）区委书记。2001年1月至2月，泰安市人大常委会党组成员。2001年2月至2008年1月，泰安市人大常委会副主任、党组成员。

**刘理祥（1926—2019）** 曾用名刘凤伦，徐平村人。1939年参军入伍，1943年加入中国共产党。先后在鲁中军区三分区司令部、第三野战军22军某师政治部、中国人民志愿军第九兵团政治部、第六航空研究院第三研究所等单位工作。1965年3月，在原国防科工委第二十九基地工作，任指导员、保卫科科长、政治部主任、政治委员（师级）、巡视员（军级）等职。曾获中华人民共和国三级独立自由勋章、三级解放勋章和中央军委授予的独立功勋荣誉奖章。

## 土特名产

**龟山砚** 龟山砚所用砚石分布在鹤山镇龟山鹤山南麓。《九九砚谱》记载，龟山砚最早出现在南宋时期。砚石呈红色，储量极少。砚石软硬适中、温润细腻，适于制作砚台，做成的砚台易于发墨，研出的墨汁晶莹光亮，书写流畅，不易损毫，字迹颜色经久不变。2006年，龟山砚手工雕刻技艺被列入首批泰安市非物质文化遗产。2010年，被山东省旅游商品协会评为“好客山东”十佳品牌、“平安泰山”代言礼品。

2015年，鹤山镇名产——龟山砚产品展示图　　（徐翠如　摄）

**“周家吊桥”小粉皮** 又名“月亮皮”，产于鹤山镇，至今已有几百年的历史，为宁阳著名土特产之一。它以优质绿豆淀粉为原料，采用传统工艺提取淀粉加工而成，色泽透明，营养丰富，素有“一桌菜席均有剩，唯有粉皮吃个净”之赞语。粉皮在沸水中浸泡10分钟，然后用凉水浸泡可保持24小时不粘不碎。20世纪70年代，被山东省供销总社备案为地方特色产品，并载入《山东风物大全》。20世纪90年代，鹤山乡（今为鹤山镇）成立农工商公司，注册“周家吊桥”“丹鹤”2个商标，进行重点开发。

## 典型选介

**山东省森林乡镇——鹤山镇** 自2013年开始，鹤山镇实施公共绿地、公园绿地、防护绿地、生产绿地和风景林地建设，提出以绿化示范村为重点，以“三网”（道路林网、水系林网、农田防护林网）为基本面，以森林进镇、森林围镇为主体的森林乡镇创建战略布局，坚持点、线、面整体推进。2017年，全镇共有林地面积3600公顷，其中山林面积800公顷（其中荒山造林350公顷），经济林面积2100公顷，水系绿化700公顷。绿色通道及农田林网46千米。全镇共栽种各类树木26.15万株，林木绿化覆盖率35.6%，森林植被率90%。2017年，被山东省林业厅授予“山东省森林乡镇”称号。

**“还章于村”改革创新** 2019年，鹤山镇以“创新村级印章管理模式”为突破口，探索村级印章管理流程再造，出台严格村级印章管理的规定，把由镇经管站代管10余年的村级公章重新退回各个村居，方便村民公章使用。同时启用各村村民委员会合同专用章，合同专用章由镇经管站统一代管。各村在签订合同前，镇经管站对村级各类合同审查把关，审批通过后加盖合同专用章并进行备案。细化印章使用管理，“还章于村”与“智能公章”系统相结合，实现印章管理智能化，提高群众办事效率。其相关做法在《农村大众》刊发。

## 镇党政主要负责人

党委书记 纪维建（2010.2—2016.12）
孟令民（2016.12—2021.12）
镇　　长 孟令民（2011.11—2016.12）
赵世民（2016.12—2021.12）

（宿　燕　刘　鹏）

# 伏山镇

## 地理环境

**位置面积** 位于宁阳县境北部，东连堽城镇，南与文庙街道、八仙桥街道、东疏镇为邻，西接鹤山镇，北隔大汶河与肥城市相望。南北最长距离11千米，东西最长距离10千米，总面积84.32平方千米。镇政府驻前伏山村，距宁阳县城9千米。

**建置区划** 因镇政府驻伏山脚下而得名。汉代，境域南部属宁阳县，北部属春城侯国故地。明清时期，镇区为西乡、北乡境地。抗日战争时期分属三区、五区、六区。1956年设伏山区，1958年设伏山人民公社，1983年设区建乡，

属伏山区。1985年11月撤区并乡（镇），分设伏山镇、白马乡。1995年12月，白马乡改镇。2001年2月合并乡镇，原白马镇并入伏山镇。镇辖前伏山、后伏山、陶邵、施家村、陈家庙、李家户、西代、东代、北代、于庄、张家庄、杨家庄、邵家庄、王家庄、苏家楼、后洸河崖、前洸河崖、西场、山岭、前石梁、后石梁、堽城坝、北刘家庄、大梁王、小梁王、十里、陈家行、张家行、大吴家村、张徐、茂盛、开元寺、陶家平、耿家平、沈家平、桑家庄、白马庙、周家楼、毛家村、马家庙、吕兴、岗上、朱家庄、太平庄、曹家庄、云山店、双庙、纪刘庄、程家海、于家海、玉皇山、柏家村、高家楼、魏家庄、李家阁、黄冯、张家堂、路家楼、胡中屯59个行政村。至2020年建置区划未变。

2019 年 5 月，伏山镇农业产业园一角　　（杜晓丽　提供）

**自然状况**　境内主要为平原，地势平坦，土壤肥沃，为砂质土壤。地面海拔65～220.5米，间有少量山地，最高点云山顶，海拔220.5米，最低点在张行，海拔65米。年均降水646.9毫米。大汶河自东沿镇北部西流，洸（府）河、月牙河、堽城坝至李家户河3条大汶河支流从境北部、东部贯穿南流。自然资源主要有煤、黏土、石灰石等。地下水资源丰富。

**人口民族**　2016年，总户数2.13万户，总人口6.75万人。2018年，总户数2.13万户，总人口6.73万人。2020年，总户数2.12万户，总人口6.67万人。境内主要居住汉族、回族2个民族。

## 经济状况

**农　业**　以种植小麦、玉米、花生、有机蔬菜、苗木花卉为主。2016年，全镇耕地面积5988公顷，均为水浇地。农业总产值12.18亿元，其中农业7.13亿元、林业1104万元、牧业4.30亿元、渔业113万元，农林牧渔服务业产值6309万元。农民合作社117个，种植大户85户，土地流转面积1915.5公顷。2020年，全镇耕地面积5988公顷，均为水浇地。农业总产值15.2亿元，其中农业9.07亿元、林业1596万元、牧业4.7亿元、渔业143万元，农林牧渔服务业产值1.24亿元，增加值8.22亿元。农民专业合作社142个，农业企业16家，家庭农场182个，土地流转面积2941.4公顷。

**工　业**　2016年，工业企业30家，从业人员1840人，工业总产值10.2亿元，实现利润1.1亿元、利税330万元。其中，规模以上工业企业28家，主营业务收入10.1亿元。2018年，工业企业30家，工业总产值13.27亿元，实现利润1.65亿元、利税645万元。其中，规模以上工业企业9家。2020年，工业企业60家，工业总产值16.68亿元。其中，规模以上工业企业12家，主营业务收入15.88亿元，实现利润1.5亿元、利税1500万元。引进落地项目7个，招商引资到位资金7.9亿元，上级拨款项目资金3.6亿元，进出口总额1.8亿元。

## 财政税收

**财　政**　2016年，一般公共预算收入1399.79万元，其中工商税收1399.57万元，一般公共预算支出2219.42万元。2018年，一般公共预算收入3608.96万元，一般公共预算支出1938.66万元。2020年，一般公共预算收入4298.23万元，一般公共预算支出1958.19万元。

**税　收**　2016年，登记各类纳税人72户，年纳税额在10万元以上的企业7家。各项税收收入1399.79万元，其中增值税434.31万元。2018年，登记各类纳税人81户，年纳税额在10万元以上的企业8家。各项税收收入3608.96万元，其中增值税1365.35万元。2020年，登记各类纳税人95户，年纳税额在10万元以上的企业10家。各项税收收入4298.23万元，其中增值税1947.59万元。重点税源为新型建材、热传输新材料、精密机械、精密钢球、清洁能源、农产品加工等行业。

## 社会事业

**教　育**　2016年，幼儿园9所，专任教师100人，在园幼儿1864人；小学7所，专任教师272人，在校学生2302人；普通初中1所，专任教师160人，在校学生2296人。县级以上规范化中小学8所，其中省级规范化学校2所、市级规范化学校3所。2020年，幼儿园9所，专任教师83人，在园幼儿1160人；小学5所，专任教师168人，在校学生2294人；普通初中1所，专任教师127人，在校学生1760人。

**文　化**　2016年，综合文化站1个，村级文化活动中心20个；各类图书室20个，藏书6万余册，音乐、美术、书法、摄影及文学业余创作人员40人。农家书屋59个，农村文化大院59个，文体广场40个，文艺宣传（表演）队5支。2020年，综合文化站1个，村级文化活动中心59个，各类文化专业户2户；各类图书室59个，藏书10余万册，音乐、美术、书法、摄影及文学业余创作人员200人；农家书屋59个，农村文化大院59个，文体广场71个，文艺宣传（表演）队2支。县级以上文物保护单位6处，其中省级1处（宁阳禹王庙）、县级5处（云山店遗址、赵福基马淑贞烈士墓、白马庙清真寺、玉皇山墓群、伏山墓群）。县级以上非物质文化遗产10项，其中泰安市级7项（吴氏陶塑、伏山剪纸、苏家石刻、董家手搓面制作技艺、伏山条编制作技艺、伏山纪氏中医皮肤疮疡疗法、伏山李氏中医治疗面瘫法），县级3项（白家全猪佳肴、耿家杆秤、宁阳王氏膏药）。

**卫　生**　2016年，医疗卫生机构1所，其中镇卫生院1家，专业卫生人员93名，执业助理医师29名；村卫生室（社区门诊）49家。有床位110张。2020年，医疗卫生机构1家，其中镇卫生院1家，专业卫生人员109名，执业助理医师29名；村卫生室（社区门诊）48家，专业卫生人员89名。有床位110张。

## 社会保障

**医疗保险**　2016年，城乡居民基本医疗保险参保人数5.56万人。2020年，城乡居民基本医疗保险参保人数5.20万人。

**养老保险**　2016年，城乡居民基本养老保险参保人数3.24万人。2020年，城乡居民基本养老保险参保人数3.61万人。

**低保救助**　2016年，城镇最低生活保障11户、19人，发放最低生活保障金7.2万元。农村最低生活保障1009户、1794人，发放最低生活保障金390万元。敬老院1家，床位100张，供养农村“五保”老人51人。2020年，城镇最低生活保障9户、14人，发放最低生活保障金7.3万元；农村最低生活保障户数1180户、2088人，发放最低生活保障金924万元。敬老院1家，床位100张，供养农村“五保”老人53人。

## 名胜古迹

**云山店遗址** 位于宁阳县城西北，云山店村东南200米处。占地面积6万平方米，层厚约1米。该遗址曾出土磨光黑陶丕、夹砂红褐陶鼎足、磨光石斧、石铲、黑蛋壳陶片、陶纺轮、蘑菇状黑陶钮等。根据鉴定，遗址包含新石器时代晚期的岳石文化、龙山文化和大汶口文化遗物。挖坑时遗址全被破坏。1979年12月，被宁阳县政府公布为第一批县级文物保护单位。

**双庙村遗址** 位于双庙村南100米，周家庄村北50米，东临白马沟。是新石器时代至商代文化遗存聚落址。该遗址地势平整，面积约1.9万平方米，文化堆积层厚1～2米，为黄褐土质，暴露有灰坑。在此地采集有大汶口文化夹砂红陶鼎足、鼎口、泥质灰陶纺轮、泥质黑陶觚形杯把，龙山文化泥质黑陶杯口、石铲、斧、凿，岳石文化泥质黑陶蘑菇状盖钮等文化遗存。1979年12月，被宁阳县政府公布为第一批县级文物保护单位。

**宁阳禹王庙** 位于堽城坝村北、大汶河南岸200米处。明成化十一年（1475）建立。该庙坐北朝南，平面呈长方形，占地面积1.6万平方米。沿中轴线依次为大道、广场、庙门、神道、正殿、禹王台等建筑。庙内立有堽城堰碑两通，记载堽城堰易址、堰的结构、特点及堰所发挥的作用。2000年，被公布为山东省历史优秀建筑。2006年12月，被省政府公布为第三批省级文物保护单位。

**玉皇山古汉墓** 位于玉皇山村西玉皇山山顶，是东汉时期普通墓葬。汉墓为石室墓，南向，由墓门、前室、后室和前室的东耳室组成。后室由中隔墙分为东西两室。前室为覆斗式顶，后室、耳室平顶。汉墓通长4.25米，宽4.20米，高1.80米。部分石构件浅浮雕三角锯齿纹、垂帐纹等图案。曾出土有东汉时期铜镜、五铢钱和铁剑等文物。玉皇山汉墓经文物部门清理后，覆土封存。2003年7月，被宁阳县政府公布为第二批县级文物保护单位。

**伏山墓群** 位于后伏山村东北，伏山北面，砖厂南面的断崖上，是战国、汉代墓葬群。原有封土墓葬九座，封土均于1967—1972年平毁。墓群分布面积约1万平方米。墓群地表散落分布汉代筒瓦、板瓦等残片，暴露石室墓葬数座。曾在此发掘数座战国土坑竖穴墓葬和汉代石椁墓葬，出土战国时期泥质灰陶壶，汉代铜镜、铁剑等文物。该墓葬群破坏严重，现皆荡然无存。2003年7月，被宁阳县政府公布为第二批县级文物保护单位。

2017年7月，宁阳禹王庙　　（陈爱华　提供）

**白马庙清真寺** 位于白马庙村内，始建于明永乐年间，清光绪十六年（1890）重修，为青砖灰瓦古建筑。该寺坐西朝东，各种建筑采用东西轴线对称，大门位于东端，占地面积2000平方米。由大门、大殿、讲经堂、沐浴室等建筑组成。大殿位于寺院西端，由抱厦、前殿、后殿三部分组成，三开间，面阔13米，进深18米，后殿最高处10米。院内有3间沐浴室、3间南讲堂、4间北讲堂等清代建筑及碑刻2通。2003年7月，被宁阳县政府公布为第二批县级文物保护单位。

**赵福基、马淑贞夫妻烈士墓** 位于太平庄村，占地面积200平方米，1984年3月建成，为近现代烈士墓。墓地周围砖砌围墙，封土四周加砌石矮墙围护，立有纪念碑，栽植常青树。由伏山区全体少年捐款敬立，后由赵氏后人建院，烈士墓今处院内。2003年7月，被宁阳县政府公布为第二批县级文物保护单位。2013年6月，被公布为宁阳县第一批中共党史教育基地。

## 古今名人

**王　贤（1385—1467）** 字惟善，伏山镇东代村人，明代政治家。明永乐九年（1411）中举后任河南鄢陵县教谕。明成祖封其为天寿侯，授顺天府尹、光禄寺少卿。明英宗下诏封为中奉大夫，官秩一品。在东代村寿终正寝。

**汪兆信（1921—1974）** 字汉卿，伏山镇后石梁村人。师职，高干十三级。1939年4月参加革命，1939年11月加入中国共产党，参加过鲁南、孟良崮、淮海、抗美援朝等战役战斗100余起，历任突破班长、突击排长、指导员、教导员、团政委。被授予二级解放勋章、三级解放勋章、三级独立自由勋章。1969年12月进入济南军区福山干休所离休。1974年11月8日逝世，被追认为烈士。

**杜长武（1943—1995）** 伏山镇小梁土村人。先后在宁阳六中、四中、一中任教，先后总结出“点面教学法”“口诀记忆法”“批阅作业赠言法”等教学方法，编写《中学英语语法一览表》《运用心理学原理搞好高三外语教学》等。1986年9月，被评为山东省优秀教师。1989年，被国家教委授予“全国教育系统劳动模范”称号，获“人民教师奖章”。

**陶传存（1920—1996）** 伏山镇陶邵村人，1954年10月加入中国共产党。1955年8月，任伏山高级农业社社长。1955年、1956年两次被宁阳县委、县政府授予劳动模范称号。1957年8月，被省委、省政府授予劳动模范称号。1958年8月，任伏山公社陶邵村党支部书记。1959年，被国务院授予全国劳动模范称号。1985年9月退休。

**赵宗业（1920—1998）** 伏山镇后伏山村人。1948年10月加入中国共产党。1953年，带头将互助组发展成初级农业生产合作社。1954年冬，带领村民全部入社。1955年冬，任宁阳县第一个高级社——欣荣高级农业生产合作社主任。1957年春，被党中央、国务院授予“全国劳动模范”称号。

**夏　波（1974—2011）** 伏山镇胡中屯人。中共党员。曾任宁阳县公安局民警。2001年后，在泰山区公安局工作，曾任中队长。2011年1月4日，在协助德州警方到泰安某小区调查案情时，突遭室内嫌疑人枪击牺牲。2011年1月，被公安部追授为“全国公安系统一级英雄模范”。

**王绪爱（1928—2013）** 伏山镇十里村人。1945年9月参军入伍，1948年5月加入中国共产党。1947年后，先后任排长、副连长、连长，曾参加鲁南、新莱、孟良崮、开封、淮海等战役。1950年参加抗美援朝战争，荣立二等功2次、三等功1次，获朝鲜人民军勋章1枚、解放勋章1枚。1955年被授予中尉军衔，评为二等甲级伤残，1958年复员。

**王秀芹** 女，1940年2月生，伏山镇施家村人，中共党员。曾在伏山公社伏山管理区、伏山公社兽医站、宁阳县畜牧办公室、宁阳县工商联工作。1958年，被团中央评为全国青年社会主义建设积极分子。1960年2月，参加山东省委、省政府在济南召开的群英大会；同年3月，被全国妇联授予“三八红旗手”称号。

**刘洪善** 1940年12月生，伏山镇白马庙村人。中共党员，大校军衔，正师职，副军待遇，高级工程师。先后任空军15师台长、空军驻沪部队工程师。1976年调总参驻新疆部队，任科长、

处长。1991年调总参某部队，先后任处长、总工程师，2002年退休。多次获中国人民解放军科学技术进步奖，荣立三等功1次。

**董秀荣**　女，1943年生，伏山镇陶邵村人，中共党员。1974年1月参加工作，历任伏山管理区妇女主任、党总支委员，公社女机电营指导员、农业机械管理站副站长、站长，镇民政室主任。1979年、1983年，两次被全国妇联授予“三八红旗手”称号。1998年退休。

**刘焕立**　1955年生，伏山镇西代村人。1974年1月加入中国共产党。先后在宁阳县伏山公社、省地震局、宁阳县蒋集区工作。1987年2月，先后任新泰市委常委、副市长，共青团泰安市委书记，泰安市经委副主任等。1992年12月，先后任莱芜市钢城区委书记；莱芜市委常委、秘书长。2001年1月，任德州市委副书记。2008年11月，任山东省煤田地质局党委书记。2010年1月，任山东省煤田地质局党委书记、局长。

**玄绪友**　1955年生，伏山镇陶邵村人。1971年，高中毕业后回村参加农业生产。1972年，承担省农科院玉米所、作物所及山东农业大学、泰安地区农科所等单位的玉米、小麦研究试验项目，并获得成功。1976年被县委、县政府表彰为“劳动模范”。1979年，被共青团中央授予“全国新长征突击手”称号。

**朱红心**　1960年1月生，伏山镇堽城坝村人。1978年12月入伍，曾任指导员、教导员、团副政委。1984年5月14日，在探亲途中，列车起火，勇救旅客24人，被沈阳军区党委荣记一等功。1987年被中央军委授予“全军英模”称号。后转业到青岛市公安局任副调研员、一级警督。

**李怀胜**　1964年8月生，伏山镇耿家平村人。1981年5月入伍，1985年10月加入中国共产党。先后参加2004年北京军区信息化演示、2008年奥运安保、2010年北京军区基训比武等活动。先后荣立二等功、三等功各1次；获军队科技进步奖二等奖、三等奖各1次。2009年被授予大校军衔。2010年任第三十八集团军装备部部长。

**邵林勇**　1966年生，伏山镇陶邵村人。中共党员。任教于宁阳一中。省教研室“以学为主”课堂教学改革实验主持人，曾获市级优秀教师、教学能手、泰山名师、省级特级教师等称号。2007年9月，被教育部授予“全国优秀教师”称号。

**程洪良**　1966年5月生，伏山镇程家海村人。1989年7月参加工作，1993年7月加入中国共产党。曾任宁阳县保安煤矿技术员、副矿长；山东华宁矿业集团有限公司副董事长，党委书记、董事长、总经理；县政协副主席（不驻会）等职。高级工程师。曾当选山东省第十一届人大代表。先后获全国煤炭工业优秀矿长、全国企业改革十大杰出人物等称号30余项。2003年4月，被中华全国总工会授予“全国五一劳动奖章”。

## 典型选介

**山东省绿色能源示范村镇——伏山镇**　伏山镇先后发展起以生物质燃料发电、太阳能光伏发电、生产线余热发电、干渠水力发电以及屋顶太阳能源分布式发电等为主要依托的绿色能源产业链，建立起以畜禽养殖沼气、余热供暖为主的可持续能源消费新路径，相继建成国能生物发电30兆瓦生物质热电联产项目、北京京东方拜尔20兆瓦农光互补项目、鲁珠集团余热发电项目、桑家庄奶牛场沼气项目、宁阳西灌所0.45兆瓦水力发电项目等，成为汶水河畔的绿色能源小镇。2019年12月，获首批山东省绿色能源示范村镇称号，为全市唯一获选乡镇。

**山东省乡村振兴“十百千”工程示范创建村——桑家庄**　桑家庄积极发展有机蔬菜种植和奶牛养殖两大产业，毛豆、西兰花等有机蔬菜种植面积400公顷。2007年，获评泰安市十大“一村一品”示范村称号。2013年，投资300余万元，硬化路面近2万平方米，更换路灯75盏，粉刷墙面1.5万平方米，栽植苗木4万棵。2016年，投资400余万元建设1500立方米的沼气池，逐步形成有机蔬菜—农业龙头企业（下脚料）—奶牛场（牛粪）—沼气池（沼液、沼渣）—有机蔬菜“五环紧扣”的完整循环经济产业链条。2017年，投资3400万元建设标准化、生态化奶牛养殖小区。2018年，投资200余万元成立山东桑宇青食品有限公司。2019年，获评山东省乡村振兴“十百千”工程示范创建村。

## 镇党政主要负责人

党委书记　张　玮（2011.11—2016.12）
　　　　　马祥波（2016.12—2021.12）
镇　　长　高卫东（2013.9—2020.12）

（杜东升）

# 堽城镇

## 地理环境

**位置面积**　位于宁阳县境北部，北隔大汶河与肥城市相望，南与葛石镇、文庙街道接壤，东与蒋集镇为邻，西与伏山镇相连。南北最长距离18.8千米，东西最长距离13.67千米，总面积118.3平方千米。镇政府驻堽城屯，距宁阳县政府15千米。

**建置区划**　古称刚邑，后改“刚”为“堽”。唐末梁王朱温称帝后曾在此屯兵屯粮，而得名堽城屯。因镇驻地堽城屯得名。春秋至西周为鲁国属国，秦汉两代设刚县，均为县级治所。王莽改称柔，东汉光武帝复旧称。晋曰刚平，南朝宋省并，北魏复置，隋废。刚后改冈城，又改堽城。1950年为宁阳第三区，1952年改为第七区。1958年成立堽城人民公社。1983年8月，改堽城区，下设一镇六乡。1985年12月，堽城区分为堽城镇和茅庄乡。1995年12月，茅庄乡撤乡改为茅庄镇。2001年2月，茅庄镇并入堽城镇，全镇有堽城屯东村、堽城屯北村、堽城屯西村、堽城屯南村、杨李庄村、仁贤庄村、志强庄村、许家庄村、良村村、大孔家庄村、刘家庄村、大张家庄村、小张家庄村、殷官堂村、侯家庄村、得时村、天兵店村、樊家营村、伏家庙村、辛朱李村、杨家庄村、住山庄村、刘伶墓村、平家庄村、邵家庙村、东沙岗村、张家店村、赵家堂村、班家堂村、东孙家滩村、西孙家滩村、韩家店村、高桥村、北落星村、陈家店村、王家庄村、袁家庄村、堽城里村、堽城西村、潘辛庄村、商庄村、堽城南村、南落星村、所里村、星泉村、茅庄桥南村、茅庄桥北村、前茅庄村、保安村、大安村、东台里村、西台里村、苑家庄村、八里庙村、台北岭村、西宁家庄村、苏家庄村、前望峰村、后望峰村、小孔家庄村、果庄村、南宁家庄村、辛安店村63个行政村。2004年，小张村合并到得时村。至2020年，全镇共62个行政村。

**自然状况**　境内平原、山区、丘陵各占三分之一。地势东高西低，最高点皮山，海拔324米；最低点八里村，海拔64米。汶河南岸等平原水资源充沛，年均降水量697.42毫米。土壤以轻壤土为主，次为沙壤土。大汶河沿镇境北部自东向西，流经东孙家滩村、西孙家滩村、韩家店村、高桥村等，堽城段全长11.6千米。果庄河、月牙

河、洸府河（洸河）、石集河、果庄河、苗河、王家河等流经境内，地下水丰富。资源主要有煤、钾长石、河沙等。

**人口民族** 2016年，常住总户数2.82万户，常住总人口8.15万人，其中男性4.13万人、女性4.02万人。2018年，常住总户数2.78万户，常住总人口8.15万人，其中男性4.13万人、女性4.02万人。2020年，常住总户数2.75万户，常住总人口8.07万人，其中男性4.1万人、女性3.97万人。辖区内居住有汉族、回族、满族、苗族、壮族、佤族、朝鲜族、拉祜族、蒙古族、布依族。

## 经济状况

**农　业** 以种植小麦、玉米、花生为主。2016年，全镇耕地面积6338.7公顷，粮食总产量84590吨，棉花总产量52吨，油料总产量9326吨，蔬菜总产量7188吨，水果总产量50吨，水产品总产量10吨，肉、蛋、奶总产量16070吨。全年新增造林面积133公顷。2020年，实有耕地面积7118.5公顷，花生总产量9668吨，蔬菜总产量4万吨，水果总产量23吨。全年新增造林面积80公顷。农民专业合作社142家，家庭农场103家。

**工　业** 2016年，有工业企业150家，从业人员1.2万人，工业总产值144.2亿元。其中规模以上工业企业40家，主营业务收入141.1亿元，实现利税21.3亿元，实现利润15.7亿元。2018年，招商引资到位资金6.07亿元，上级拨款项目资金3.1亿元。2020年，工业企业70家，工业总产值14.8亿元。其中，规模以上工业企业11家，主营业务收入6.2亿元。完成固定资产投资7.5亿元。引进落地项目5个，实际到位资金7.66亿元。

## 财政税收

**财　政** 2016年，公共财政预算收入6968万元，公共财政预算支出4034万元。2018年，公共财政预算收入7397.15万元，公共财政预算支出3566.13万元。2020年，公共财政预算收入7320.55万元，公共财政预算支出2518.61万元，

**税　收** 2016年，登记各类纳税人85户，其中年纳税额在10万元以上的企业20家。各项税收收入7468万元。2018年，税收收入7394.16万元，其中增值税4213.8万元。2020年，登记各类纳税人148户，其中年纳税额在10万元以上的企业25家。各项税收收入7320.55万元，其中增值税4923.38万元。重点税源企业为山东超威电源有限公司、山东辰信矿业有限公司等。

## 社会事业

**教　育** 2016年，幼儿园10所，在园幼儿1712人；小学9所，教师280人，在校学生2366人；普通初中1所（宁阳县第三中学），教师114人，在校学生1740人。2018年，幼儿园9所，教师146人（其中公办28人），在园幼儿1373人；小学8所，教师245人，在校学生2469人；普通初中1所，教师106人，在校学生1255人；九年一贯制学校1所（宁阳县茅庄中心学校），教师25人，在校学生429人；成教中心（宁阳县堽城镇成教中心）1所，教师16人。2020年，幼儿园8所，教师141人，在园幼儿1373人；小学8所，教师276人，在校学生2018人；普通初中1所（含堽城镇第一小学初中部），教师105人，在校学生1365人；成教中心1所，教师5人。

**文　化** 2016年，新建农村文化服务中心45个，村文体小广场61个。2018年，有农村文化大院60个，文体小广场62个。2020年，有镇综合文化站1个，文艺宣传（表演）队3支；农家书屋62个，农村文化大院62个，文体广场76个，每村有文艺健身队伍1支。县级以上文物保护单位5处，其中省级2处［堽城坝（闸）遗址、大孔扬水站］、市级2处（刚邑古城址、西台里清真寺）、县级1处（孙滩遗址）。县级以上非物质文化遗产

7项，其中省级1项（宁阳木偶戏）、泰安市级6项（韩氏剪纸、朱氏唢呐、长安葫芦、宁阳福葫芦、李氏糖画、杜氏彩绘葫芦）。

**卫　生**　2016年，有卫生院1家，村（社区）卫生所（服务中心）58家，各类卫生机构床位160张，卫生技术人员211人（其中镇卫生院技术人员110人）；省规范卫生所33家，市规范卫生所25家，乡村医生101人。2018年，有卫生院1家，村（社区）卫生室（服务中心）58家，各类卫生机构床位126张，专业技术人员153人；省规范卫生所33家，市规范卫生所22家，乡村医生94人。2020年，有卫生院1家、卫生院下设茅庄分院1家，村（社区）卫生所（服务中心）57家，各类卫生机构床位126张，卫生技术人员106人。

## 社会保障

**医疗保险**　2016年，新型农村合作医疗参合人数6.6万人。2018年，新型农村合作医疗参合人数7.09万人。2020年，新型农村合作医疗参合人数6.5万人。

**养老保险**　2016年，城镇居民基本养老保险参保人数3.58万人。2018年，城镇居民基本养老保险参保人数2.16万人。2020年，城镇居民基本养老保险参保人数3.2万人。

**低保救助**　2016年，城镇最低生活保障10户、12人，发放最低保障金4.79万元；农村最低生活保障1445户、1858人，发放最低生活保障金355.52万元；医疗救助34人次，发放医疗救助金5.1万元；敬老院1家，床位60张，供养农村“五保老人”49人。2020年，城镇最低生活保障6户、6人，发放最低生活保障金4.23万元；农村最低生活保障1060户、1379人，发放最低生活保障金449.81万元；敬老院1家，床位100张，供养农村“五保”老人66人。

## 名胜古迹

**大孔扬水站**　位于大孔家庄村北，为20世纪70年代引水工程。1977年10月开始修建，1979年12月投入使用，总长2250米（地道井暗渠道1700米、扬水站高架渡槽550米），由引水明、暗渠及方堂井、站首、配楼、渡槽蓄水池组成，明渠为土坎结构，开口位于东西走向的东引汶干渠南坎体，暗渠为地下涵洞式砖石结构，在暗渠上方地表处留有5眼砖石结构的提水井，方堂井呈上大、

2014年4月，大孔扬水站局部图　　（林　腾　摄）

下小斗式形状，铺设上水管道至站首，站首向南建有石拱形渡槽550米，设计提水流量1立方米每秒。2015年6月，被省政府公布为第五批省级文物保护单位。

**堽城坝（闸）遗址** 位于堽城里村西北隅，大汶河河道南侧。为堤坝渠堰类古建筑，东西长1300米，由西向东依次为石堰、斗门、双虹悬门、东闸、东大闸和挡水墙等。元仁宗延祐五年（1318）五月，横跨汶河的石坝建成，六月被河水冲毁，被冲垮的石坝乱石堵塞了河道，河底增高，从此河水每年漫堤成灾。元顺帝至元四年（1338）七月，大水冲垮了东闸，河水流入洸河，两闸均遭受危害，洸河也被河沙堵塞，汶河的水再也不能流入洸河。是年九月，都水监马元公治理会通河，巡行到堽城，在原址建造了东大闸；元朝时期，堽城坝拦截汶河水，通过洸河，注入济宁，连接大运河，使南北运输变得畅通起来，并且灌溉了济宁、兖州一带的农田。明朝建都南京后，运河漕运量减少，堽城坝逐渐被废弃。2013年10月，被省政府公布为第四批省级文物保护单位。

**刚邑古城址** 位于堽城里村。刚邑故城为春秋鲁国阐邑，至北魏沿用1000余年，为宁阳时代最早、沿用时间最长、保存较好的古城址。城址东西长1300米，南北长1000米。城墙高3～10米，宽15～20米。为黄褐细砂土夯筑，夯层厚0.2米。东、西、南各有城门1座，东门外两侧原各有一夯筑土台，南台已平毁，北台残高5米，直径约10米，似为门阙。城内有一夯土台基，平面近似圆形，高约10米，直径约40米。城内文化堆积层厚1～2米，采集有战国泥质灰陶豆盘、齐国刀币，汉代泥质灰陶鼎、甑、筒瓦、板瓦等残片及五铢钱石范。2006年12月，被泰安市政府公布为第二批市级文物保护单位。

**西台里清真寺** 位于西台里村，明朝洪武三十一年（1398）修建，寺院面积1584平方米，建筑面积519平方米。大殿坐西朝东，院内设南、北讲堂，东部设水房，今保存较为完整。2006年12月，被泰安市政府公布为第二批市级文物保护单位。

**孙滩遗址** 位于西孙家滩村北100米，北接汶河大堤，是战国时期至汉代聚落址。遗址地势平坦，面积6.88万平方米。文化堆积层厚1.5米。暴露有汉代砖室墓葬。采集有战国时期夹砂红褐陶绳纹鬲足、夹砂灰褐陶罐口、泥质灰陶弦纹豆盘、篮纹盆口，汉代泥质灰陶板瓦、筒瓦残片以及铜镜等器物遗存。1979年12月，被宁阳县政府公布为第一批县级文物保护单位。

## 古今名人

**柳元善（生卒年不详）** 字统四，东台村人。少时习孙子兵法，精通骑马射箭。清康熙五十二年（1713）参加射试，中武举。康熙五十七年（1718）考中武进士。曾为正红旗汉军营教官，任期满后授官江南寿春营左军守备，驻防宿州，后因剿匪功绩得乾隆皇帝召见嘉奖，赐画戟一对、宝刀一口，升中营都司。

**张荣光（1921—1997）** 大安村人，中共党员，1939年1月参加革命。历任连政治指导员、分区政治部保卫干事、分区大队副政治委员、军分区政治部组织科科长等职。参加过泰西黑山、宁阳北落星、济南等战役。新中国成立后，历任浙江军区后勤部政治部主任、政治部直工部部长、志愿军后勤二分部政治部主任、后勤第十三分部政委、南京军区后勤部政治部副主任等职。曾获中国人民解放军独立功勋荣誉奖章。

## 典型选介

**堽城镇工业园区** 位于堽城镇驻地南部，占地面积约90公顷，为宁阳县五大传统产业——钢球产业聚集地。2001年，堽城镇政府投资建成工

2021年，山东超威电源有限公司厂区图　　(孙公正　提供)

业园区。园区立足钢球产业基础和资源特色，钢球产业得到快速发展。同时吸引超威电源、辰信矿业、正方轮胎、达兴玻璃、佳泽交通等一批规模企业入驻，逐渐发展成为一个以钢球产业为主导，兼有铅酸蓄电池、轮胎制造、玻璃制品、煤炭生产加工等产业为一体的综合性工业园区。钢球产品级别从G1000级发展至G5级，产品规格从43毫米发展至0.3毫米。主要产品种类有碳钢球、轴承钢球、不锈钢球等，打造出"泰狮""海湾""金龙""海狮""海鸥"等十几个支撑品牌。2020年，园区共有入驻企业260家，其中规模以上企业11家，产值3.97亿元，上缴税金0.4亿元。

## 镇党政主要负责人

党委书记　齐华东（2015.8—2020.1）
　　　　　贾德果（2020.5—2021.12）
镇　　长　马祥波（2011.2—2016.12）
　　　　　颜承根（2016.12—2020.6）
　　　　　孔建兵（2020.6—2021.12）

（孙公正）

# 将集镇

## 地理环境

**位置面积**　位于宁阳县中东部，东临磁窑镇，西以苗河为界与堽城镇毗邻，南与葛石镇、马庄镇接壤，北倚大汶河，与肥城市汶阳镇隔河相望。东西长5.86千米，南北长11.5千米，面积67.36平方千米，占全县总面积的6.6%。

**建置区划**　周归鲁邑，秦属薛郡，汉为宁阳侯国。晚清时期，为冯鱼社、周村社，西与南分别与韦周社、南驿社相邻，东与太平社接壤。抗日战争时期、解放战争时期，为第七区。1955年

改为彩山区。1958年4月，彩山区分为蒋集乡、花观乡；10月，成立蒋集人民公社，设蒋集管理区、花观管理区、吕何管理区、大槐管理区、添福管理区、守安管理区。1983年8月，撤销人民公社建制，改为蒋集区，原管理区改为乡。1985年11月，撤区设乡，改为蒋集乡，原花观乡划归磁窑镇。1994年，撤乡改为蒋集镇。2020年，辖马家庄、三井、肖付、宁家庄、大槐树、大安庄、栗家楼、东彭家庄、八大庄、赵家庄、大胡庄、蒋集、张家营、马家院、郭家庄、郑家龙泉、添福庄西南、张家龙泉、添福庄西北、岗子、黄家庵、添福庄东南、前蔡家洼、中河、张家圩子、前彭家庄、吕家庄、何家堂、西蔡家洼、杏山后、苏家龙泉、王家院、守安庄、西周村、小胡庄35个行政村。

**自然状况** 地势南高北低，主要地貌类型有低山、丘陵、平原和水面。南部为低山区，中南部为丘陵区，北部为大汶河冲积平原。境内低山从东南向西分别为彩山、笔架山、虎尾山、杏山，境内最高峰为彩山，海拔360.5米。主要河流有大汶河、苗河、顺河、龙泉河，属黄河流域大汶河水系，苗河、顺河为山洪河道，其中苗河流域面积大于50平方千米。水源分布不平衡，北部平原区地下水丰富，开采条件较好；南部山丘地区水资源贫乏，不易开采。主要矿产有石材、钾长石、金、铁、石英石、陶土、耐火土等。

**人口民族** 2016年，常住户数1.17万户，常住人口3.17万人。2020年，常住户数1.3万户，常住人口3.88万人，其中男性2.0万人、女性1.88万人；城镇常住人口8938人。居住有汉族、布依族、朝鲜族、回族、拉祜族、蒙古族、苗族、水族、土家族、彝族10个民族。

## 经济状况

**农　业** 以种植小麦、玉米、有机蔬菜为主。2016年，全镇耕地面积3200公顷，农业总产值5.62亿元。粮食产量3.3万吨，油料产量7656吨，蔬菜瓜果产量4.2万吨，肉类产量8076吨，禽蛋产量2066吨，羊存栏2.1万只。有农业龙头企业8家，其中市级农业龙头企业4家。2020年，全镇耕地面积3778.6公顷，农业总产值9.80亿元，其中农业4.00亿元、林业2.20亿元、牧业3.20亿元、渔业0.40亿元，农林牧渔服务业产值0.80亿元，增加值0.12亿元。粮食总产量3万吨，生猪、牛、羊存栏18万只，出栏2万只。农民专业合作社116个，家庭农场31个，土地流转面积534公顷。

**工　业** 2016年，有工业企业18家，从业人员1200人，实现工业总产值37.6亿元，主营业务收入34.8亿元，利税总额2.9亿元，利润总额1.4亿元。其中，规模以上工业企业8家，主营业务收入4.2亿元，上缴税金0.12亿元。省级企业技术中

2020年9月，蒋集镇小胡庄村灵芝种植生产基地一角

（蒋集镇宣传室　提供）

心2家，市级企业技术中心2家，市级工程技术研究中心1家。2020年，工业企业40家，实现工业总产值65.9亿元，主营业务收入62.3亿元，利税总额3.08亿元，利润总额1.12亿元。规模以上工业企业5家，主营业务收入5.12亿元，上缴税金0.16亿元。

## 财政税收

**财　政**　2016年，一般公共预算收入1976.05万元，其中工商税收1975.6万元，一般公共预算支出4494.63万元。2018年，一般公共预算收入908.25万元，其中工商税收907.89万元，一般公共预算支出2129.91万元。2020年，一般公共预算收入1230.92万元，其中工商税收1230.92万元，一般公共预算支出2236万元。

**税　收**　2016年，税收收入1976.05万元，其中增值税125.17万元。登记各类纳税人429户，年纳税额在100万元以上企业2家，50万～100万元企业3家，10万～50万元企业46家。2020年，税收收入1230.92万元，其中增值税789.6万元，登记各类纳税人320户，年纳税额在100万元以上3家，50万～100万元企业4家，10万～50万元企业13家。重点税源为工业制造、批发零售行业。

## 社会事业

**教　育**　2016年，幼儿园6所，专任教师101人，在园幼儿1311人；小学6所，专任教师140人，在校学生1667人；普通初中1所，专任教师112人，在校学生1182人。县级以上规范化中小学7所，其中省级规范化学校2所、市级规范化学校5所。2020年，幼儿园7所，专任教师103人，在园幼儿893人；小学5所，专任教师146人，在校学生1686人；普通初中1所，专任教师101人，在校学生857人。县级以上规范化中小学6所，其中省级规范化学校2所、市级规范化学校4所。

**文　化**　2016年，建设村级农家书屋15个、文化大院5个、文化小广场30个，20个村配备小音响，建成机关图书室，形成“综合文化站、文化广场、文化大院”三级共建局面。有“正大艺术团”“方刚梆子剧团”“汶河春艺术团”文艺团体3个，正大艺术团承接送戏下乡演出30场，成立舞蹈队25支。2020年，有农村文化大院35个、村文体小广场50个。组织马庄等10个村开展“千村万人载歌载舞、共唱新时代”活动。放映公益电影300余场次，举办广场舞比赛3次。组织文艺骨干培训2场80余人次。县级以上文物保护单位4处，其中市级3处（黄家庵遗址、黄氏祠堂、栗家楼）。县级及以上非物质文化遗产2项，其中市级1项（甜果子花生粘）、县级1项（甜果子老味炒糖）。

**卫　生**　2016年，镇级卫生院1家，专业技术人员68名；村级卫生室27家，乡村医生47名。卫生机构共有床位28张。2020年，镇级卫生院1家，村级卫生室33家，共有专业技术人员77名，其中执业医师13名、执业助理医师20名。共有床位67张。

## 社会保障

**医疗保险**　2016年，城乡居民基本医疗保险参保人数31417人。2018年，城乡居民基本医疗保险参保人数32258人。2020年，城乡居民基本医疗保险参保人数34679人。

**养老保险**　2016年，城乡居民基本养老保险参保人数11992人。2018年，城乡居民基本养老保险参保人数14951人。2020年，城乡居民基本养老保险参保人数23128人。

## 名胜古迹

**黄家庵遗址**　位于蒋集镇黄家庵村南，北濒泉河，为龙山文化至岳石文化及商周时期遗址。

遗址高1.5米，面积3000平方米。文化堆积层厚3米，地表及河旁暴露陶器碎片，以漆黑光亮的泥质黑陶为主，泥质灰陶次之，间有夹砂灰褐陶。陶器纹饰有粗绳纹、细绳纹、篮纹、刮纹、附加堆纹和弦纹。在遗址处采集到龙山文化黑陶杯、鼎足，岳石文化黑陶蘑菇状盖钮、器盖，商周时期鬲足、罐口沿、钵及砮、豆残片，另有石器和鹿角等。2006年12月，被泰安市政府公布为第二批市级文物保护单位。

**黄氏祠堂**　位于添福庄西南村老街路北。建于咸丰初年（1851），为黄恩彤致仕回乡后所建。祠堂大门上方横匾上书“黄氏宗祠”。前院原有立柱飞檐，半厦前挑二门，二门上有横匾书写“文魁”二字，为黄恩澍（黄恩彤胞兄）之子黄宝书题写。后院大殿檐下并排两匾，东为“兄弟进士”（黄恩澍、黄恩彤），西为“父子进士”（黄恩彤与其长子黄师誾）。祠堂大门外路南有一影壁，长6米、高4米，中心墙面有砖雕拼合的巨型瑞兽麒麟图。2016年1月，被泰安市政府公布为第四批市级文物保护单位。

**栗家楼**　位于栗家楼村，为清代古建筑。正面基本轮廓完整，大开三间，前后门一线贯通。楼门东西两侧，各有一窗，用厚重的方形石块打制而成，图案是典型的铜钱样式。楼内东西两套间房门关闭，内外间墙体上有木制窗棂。抬头可见四根粗壮的横梁搭建在两端墙上，横梁上面铺设木制楼板。古楼墙体厚约1.2米，粗黑古旧。古楼原为三层，三层上面有楼台及防卫设施，今二层以上全部拆除，为防漏雨采用起脊挂瓦设计。古楼四面墙壁的下半部分，由于年深日久，裸露砖块粉化脱落。2016年1月，被泰安市政府公布为第四批市级文物保护单位。

## 古今名人

**黄恩彤（1801—1883）**　原名丕范，字绮江，号石琴，别号南雪。添福庄人。清道光六年（1826）进士，授刑部主事。道光二十年（1840）任江南盐法道道员，后任江苏按察使，署理江宁布政使。道光二十三年（1843），任广东按察使，旋升布政使。道光二十五年（1845），升任广东巡抚。道光二十九年（1849），返故里归养。咸丰十年（1860），予三品封典。光绪八年（1882）赐鹿鸣宴，赏还二品衔。著有《知止堂集》《秋声词》《监评别录》等。

**王彦善**　1938年生，吕家庄人。1955年参加工作，同年加入中国共产党。曾任宁阳县委组织部副部长、泰安地委组织部副部长。1985年7月，泰安市委常委、组织部部长。1986年5月，泰安市委副书记兼组织部部长。1990年1月，山东省民政厅厅长、党组书记。1998年6月，山东省人民代表大会第九届委员会常委、民侨外委副主任。2003年12月退休，任山东省老年书画研究会常务副会长、省关心下一代工作委员会副主任、秘书长。

## 土特名产

**鸡爪姜**　蒋集镇素有“生姜大镇”美誉。鸡爪姜属地方性特优品种，是调味的上乘佳品。特点是个小、丝粗、味浓，形似鸡爪，根茎奶头略瘦扁，色泽鲜亮，肉实汁浓，辛辣味烈，清香浓郁，水分少，出干率高。据测定，鸡爪姜含有大量的姜辣素、姜油酮等营养物质，有抑制肠道异常发酵，增进血液循环，发汗等功效。年产量约2万吨。2002年6月，蒋集种植基地被省农业厅命名为“万亩无公害生姜种植基地”。

**花　生**　蒋集镇北邻汶河，沙质土壤，适宜种植花生，以色泽明亮、味醇可口、出油率高而闻名，素有“花生之乡”美誉。1998年，蒋集镇承担泰安市科协万亩花生高产开发试验课题。1999年，被省科协评为山东省花生科普示范基地。常年种植面积在1万亩左右，亩产花生400～600千克。主要种植小花生白沙、花育17、鲁花9号等。小胡村秦传银研究培育出具有本地特色的新品种——鲁资101，具有颗粒饱满、出油率高、抗病害等特点，在长江以北大面积推广。

甜果子花生粘 以优质花生为原料，从种植到收获全程人工模式。花生自然晒干，手工剥壳。挑选颗粒饱满的花生米，保留红衣，低温烘烤，使用一级白砂糖、蔗糖，配合独特的熬糖工艺制作而成。其口感香醇，是喜庆筵席，特别是“四八”家宴不可缺少的菜品之一。2018年，被市政府列为市级非物质文化遗产项目。

2020年11月，友邦田园综合体项目一角 （蒋集镇宣传室 提供）

## 典型选介

山东省乡村振兴“十百千”工程示范创建镇——蒋集镇 围绕“一园一体一带一镇”功能布局，突出“农旅蒋集、游学小镇、富美乡村”主线，以守安、小胡、大胡等10个村为重点，沿岗彭路、泉河路两侧延伸辐射，升级畜禽养殖、有机蔬菜两大主导产业，发展灵芝种植及加工等高端农业项目。打造“农旅蒋集、游学小镇”品牌特色。依托山东友邦肥业，在全镇推广应用测土配方施肥技术、无人机飞控作业、立体种植等先进技术。2019年，被评为山东省乡村振兴“十百千”工程示范创建镇。2020年，创建为泰安市第二批乡村振兴先行区。

友邦田园综合体 泰安友邦现代农业科技有限公司与浙江台州蓝之美农业科技有限公司签约建设友邦•彩山田园综合体项目，规划面积330公顷，总投资8.6亿元。该项目按照“农业+旅游+教育+文化”模式，一体化设计，分期建设。一期流转土地66.67公顷，建设现代农业科技示范园、亲子休闲旅游观光体验及大自然培训学校，实现一产、三产深度融合。二期建设“两心两馆两场”，扩大研学规模。三期整合彩山旅游资源，重点发展观光体验、森林休闲、康体娱乐、生态康养等。2018年一期项目开工建设，2019年10月1日正式运营。2019年12月，该项目纳入山东省乡村振兴重大项目库第一批入选项目。

## 镇党政主要负责人

党委书记 乔田海（2013.9—2016.12）
贾德果（2016.12—2020.5）
王艳苹（女，2020.5—2021.12）
镇　　长 贾德果（2013.9—2016.12）
王艳苹（女，2016.12—2020.6）
孙维方（2020.6—2021.12）

（赵　娟）

# 磁窑镇

## 地理环境

**位置面积**　位于宁阳县城东北，东邻华丰镇，西与葛石镇、蒋集镇接壤，南靠曲阜市，北隔大汶河与岱岳区相望。东西最长8.5千米，南北最长16千米，总面积128.1平方千米。镇政府驻磁窑，距宁阳县城32千米。境内设磁窑火车站，京台高速、京沪高铁、董梁高速、104国道、342国道、朝柴路贯穿境内。

**建置区划**　因唐宋时期古磁窑址而得名。汉高祖七年（前200），置钜平县，属泰山郡。隋开皇十六年（596），并入宁阳县，时称龚邱县。清代，境内北部置北乡太平社，南部设东乡贤义社、南驿社。抗日战争前为宁阳县第八区。1942年至1956年3月，划归泰宁县（后改为徂阳县），属南驿区。1956年4月，徂阳县撤销复归宁阳县，仍为南驿区。1958年成立南驿人民公社。1983年撤销南驿公社设立南驿区。1985年11月，北部为磁窑镇，南部为南驿镇。2001年2月，南驿镇、磁窑镇合并为磁窑镇。辖国家庄、西磁窑、郑家庄、前丁家庙、后丁家庙、西太平、齐家庄、堡头、磁窑东村、磁窑西村、磁窑南村、磁窑北村、河洼、高家店、贺家庄、后石桥、黄家庄、前石桥、青后庄、石鼓庄、石屋、水泉庄、兴隆庄、枣庄、赵家坝、北刘家庄、东泗望、东贤村、郭家庄、后泗望、金家岭、涝洼、前泗望、泗望集、西刘家庄、西贤村、周家庄、彩山庄、韩家庄、刘家洼、卢家寨、逯家楼、南王家庄、魏家庄、臧家庄、范家园、高家村、南贤村、近河庄、安子沟、红水湾、李家庄、茂义庄、宿家庄、王府、王家张庄、岳家庄、尹家洼、大磨庄、东磨庄、后李家村、姬家庄、孔家村、涝坡、李家院、南驿、前李家村、镇武庙、中李家村69个行政村。至2020年，建置区划未变。

**自然状况**　境内地势南高北低，南部多为山区丘陵，中北部为肥沃平原，土壤以砂壤土为主，次为褐土。最高点为凤凰山主峰，海拔548.1米，最低点为大周村西北处，海拔88米。自然资源有河沙、花岗岩、石灰岩、三叶虫化石（俗称燕子石）、石英石、钾长石、陶土、耐火土等。为补充境内水源，开渠引汶，年均引水10万立方米。海子河为境内较大河流，流域面积127平方千米，主河道长21千米。北部大汶河为该镇与岱岳区界河。

**人口民族**　2016年，常住总户数3.69万户，常住总人口11.53万人，其中男性5.90万人、女性5.63万人。2018年，常住总户数3.65万户，常住总人口11.63万人。2020年，常住总户数3.64万户，常住总人口11.52万人，其中男性5.88万人、女性5.64万人。境内有汉族、回族2个民族。

## 经济状况

**农　业**　以种植小麦、玉米、有机蔬菜、苗木花卉为主。2016年，全镇耕地面积8847公顷，均为水浇地。农业总产值7.78亿元，其中农业3.63亿元、林业1204万元、牧业3.59亿元、渔业456万元，农林牧渔服务业增加值3924万元。种植大户50户。土地流转面积615公顷。2018年，全镇

2022年8月9日，中央储备粮泰安直属库有限公司宁阳分公司粮食仓储项目开工奠基仪式在磁窑镇举行　　（郝昌洪　提供）

耕地面积8847公顷。农民专业合作社63个，家庭农场56个，土地流转面积173公顷。2020年，全镇耕地面积8547公顷，乡镇农业总产值87602万元，其中农业42183万元、林业1427万元、牧业36887万元、渔业579万元，农林牧渔服务业产值6526万元。农民专业合作社130个，农业企业1家，家庭农场63个，土地流转面积1145公顷。

**工　业**　2016年，工业企业8家，从业人员606人，工业总产值1.6亿元。其中，规模以上工业企业3家，主营业务收入1亿元，实现利润0.03亿元。2018年，工业企业14家，从业人员856人，工业总产值2.01亿元。其中，规模以上工业企业5家，主营业务收入1.91亿元，实现利润0.06亿元。2020年，工业企业15家，从业人员921人，工业总产值1.61亿元（上年滞销产品过多）。其中，规模以上工业企业5家，主营业务收入2.17亿元，实现利润0.07亿元。（以上不含磁窑镇经济开发区）

## 财政税收

**财　政**　2016年，一般公共预算收入25345.3万元，一般公共预算支出25345.3万元。2018年，一般公共预算收入29365.73万元，一般公共预算支出29365.73万元。2020年，一般公共预算收入33303.88万元，一般公共预算支出33303.88万元。

**税　收**　2016年，登记各类纳税人751户，其中年纳税额在10万元以上的企业30家。各项税收收入17698.99万元，其中增值税4098.78万元。2018年，登记各类纳税人1016户，其中年纳税额在10万元以上的企业41家。各项税收收入21323.21万元，其中增值税8474.27万元。2020年，登记各类纳税人1384户，其中年纳税额在10万元以上的企业33家。各项税收收入2.37亿元，其中增值税7583.82万元。

## 社会事业

**教　育**　2016年，幼儿园9所，专任教师58人，在园幼儿1677人；小学9所，专任教师274人，在校学生4334人；普通初中2所，专任教师165人，在校学生3758人。县级以上规范化中小学9所，其中省级规范化学校2所、市级规范化学校7所。2020年，幼儿园8所，专任教师134人，在园幼儿1160人；小学6所，专任教师268人，在校学生4057人；普通初中2所，专任教师152人，在校学生236人。

**文　化**　2016年，综合文化站1个，村级文化活动中心69个，各类文化专业户3户；各类图书室69个，藏书5万余册；农家书屋69个，农村文化大院69个，文体广场76个。2020年，综合文化站1个，村级文化活动中心69个，各类文化专业户

20户；各类图书室69个，藏书8万余册；农家书屋69个，农村文化大院69个，文体广场76个，文艺宣传（表演）队80支。县级及以上文物保护单位7个，其中国家级1个（大汶口文化遗址•宁阳部分）、省级2个（西太平窑址、义和寨寨墙）、市级1个（刘氏宗祠）、县级3个（钜平故城址、郑家庄墓群、城子遗址）。县级及以上非物质文化遗产2项，其中市级2项（秦氏羽粘画、王府拉魂腔）。

**卫　生**　2016年，镇卫生院1家，专业卫生人员106名，其中执业助理医师55名；村卫生室（社区门诊）57家，有床位555张。2020年，镇卫生院1家，专业卫生人员106名，执业助理医师56名；村卫生室（社区门诊）58家，有床位555张。

## 社会保障

**医疗保险**　2016年，城乡居民基本医疗保险参保人数7.06万人。2020年，城乡居民基本医疗保险参保人数6.30万人。

**养老保险**　2016年，城乡居民基本养老保险参保人数3.48万人。2020年，城乡居民基本养老保险参保人数3.2万人。

**低保救助**　2016年，城镇最低生活保障户19户、31人，发放最低生活保障金9254元；农村最低生活保障户944户、1584人，发放最低生活保障金30.42万元。医疗救助900人次，发放医疗救助金30万元；敬老院1家，床位114张，供养农村“五保”老人41人。2020年，城镇最低生活保障户13户、21人；敬老院1家，床位114张，供养农村“五保”老人41人。

## 名胜古迹

**大汶口文化遗址（宁阳部分）**　位于堡头村西，为大汶口遗址宁阳部分。该遗址是新石器时代至商周时期的文化遗址，属于古遗址中聚落址类别。今存面积约30万平方米，文化堆积层厚1～6米。1959年5月，暴露出部分遗物。是年6—8月，由山东省文物管理处和济南市博物馆主持发掘墓葬133座、陶窑1座，出土文物1800余件。墓葬形制为长方形竖穴土坟，除一座墓葬为南北向外，其余全部为东西向。最大墓长4米多、宽3米，小的仅长1米、宽不到0.5米。1982年2月，被国务院公布为第二批全国重点文物保护单位。

**西太平窑址**　位于西太平村附近，104国道以东，海子河西岸。为唐代、五代、北宋时期瓷窑址，分布面积15万平方米。瓷片主要分布在村东北“窑沟”、东南“瓦碴地”、村西“窑货顶子”3个地方。1985年局部发掘，清理出晚唐至北宋残半地穴式烧柴窑炉3座。窑址出土唐代青釉、个别饰弦纹瓷器，五代白釉、青釉瓷器，北宋白釉、黑釉、酱釉瓷器，出现刻花、模型装饰，器形有碗、盏、罐、盆、盘等瓷器，以及瓷方形垫板、三角支垫、窑柱、垫饼、垫圈等窑具。2013年10月，被省政府公布为第四批省级文物保护单位。

**义和寨寨墙**　位于贺家庄村南部，为第三次全国文物普查新发现。该寨墙是清代军事设施遗址，从凤凰山山下至峰顶有宽约1米、高约3米、长约数千米的寨墙。在山阴距山顶70米处，耸立数块巨石，其中一块面向东南，宽约1.9米、高2.95米、厚1.2米，从右向左竖刻“宁邑石桥村民、赵京纯、贺培贞、义和寨三年、大清同治二年（1863）五月立”等字，阴刻楷书，字径15厘米。山阴坡顶上有石质碾盘2件、石臼2件等遗存。2013年10月，被省政府公布为第四批省级文物保护单位。

**钜平故城址**　位于西太平、前丁家庙两村之间，为汉代古城址。故城址略呈正方形，南北长约580米，东西长约640米。城内曾出土丰富的汉代板、筒瓦片等建筑构件，城墙仅存东北、西北两角，用黄土夯筑。城东北角高6.5米，周长130米。西北城角残高3.3米，周长92米，显露出直径9～13厘米的夹棍眼。东南城角地面以下，夯层明显，夯筑坚实，夯层厚7～15厘米，夯窝圆形平底，窝径3.5厘米、深0.3厘米，窝距3～4厘米。1979年12月，被宁阳县公布为第一批县级文物保护单位。

**郑家庄墓群** 位于郑家庄村南500米，分布面积约4.5万平方米，为汉代普通墓葬群遗址。墓群处于郑家庄村与学校之间的耕地上，地势比周围略高。1993年11月抢救清理该墓。该墓为砖石混筑墓，由墓道、前室、甬道和后室组成，前室覆斗顶，甬道和后室为券顶。墓室长17米，宽2.9米，出土有汉代泥质灰陶灯、猪厩、仓和铜削、带钩、熏炉及铁剑等近百件文物。2003年7月，被宁阳县政府公布为第二批县级文物保护单位。

**城子遗址（汶阳故城址）** 位于磁窑镇石桥村西北1000米的黄家庄南，为汉代故城址。故城址南北长550米，东西宽330米，随地势起伏而建，呈不规则形状。险河绕东、北两面流过。城墙早年夷平。距地表深0.3米为城内文化堆积层。城中偏北有约2000平方米的平坦地，为中心建筑区，高出险河15米，为城址最高处，其上汉代瓦片散布丰富。采集有汉代云纹瓦当、盆、罐等器物残片。2003年7月，被宁阳县政府公布为第二批县级文物保护单位。

## 古今名人

**王　章（前61—前24）** 字仲卿，西汉泰山郡钜平（治今磁窑镇西太平村）人，官至京兆尹，以其刚正不阿彪炳史册。“牛衣对泣”典故的起源者。汉元帝时，为左曹中郎将。汉成帝时，任谏大夫、司隶校尉、京兆尹。

**于　禁（？—221）** 字文则，泰山郡钜平（今磁窑镇西太平村）人，是曹魏“五子良将”之一。于禁初为王朗部都伯，后任点军司马、平虏校尉、益寿亭侯。关羽围攻襄樊时，亲率七军前往救援。后全军覆没，被收押在南郡。黄初二年（221）辗转返还魏国，最终官拜安远将军。后被曹丕羞辱，惭恚而死，谥号为厉。

**秦子美（1906—2002）** 磁窑镇大磨庄村人。1938年1月参加徂徕山革命武装起义，同年5月加入中国共产党。先后任八路军山东人民抗日游击队第四支队第七中队副队长，八路军山东纵队第四支队第二团副连长、连长、营长。解放战争期间，参加了淮海战役、渡江战役。中华人民共和国成立后，任南京军政大学短训班处长、上海市虹口区检察院检察长等职。

**周　鲁（1917—2003）** 磁窑镇庙西村人。1939年6月加入中国共产党。曾任宁阳县委宣传部部长兼民运部部长、组织部部长、县委书记等职。1952—1984年，先后在青岛国棉一厂、山东分局工业部、山东省委工业部、济南柴油机厂、省纺织工业厅工作，历任厂党委书记，厅党组书记、副厅长等职。1984年11月离休。

**杜庆杰** 1941年生，中共党员，大学本科学历。1960年，先后在中国人民解放军哈尔滨军事工程学院、中国人民解放军装甲兵工程学院学习。曾在陕西宝鸡、山东潍坊、河北石家庄、西安等地军工厂从事武器装备研制及验收工作，其间，先后任军事代表、工程师、高级工程师等，大校军衔。参加多项国家军队重点武器研制项目并获奖。

**刘静海** 1943年5月生，磁窑镇后海子村人，大专学历。1975年10月参加工作，1965年5月加入中国共产党。曾任泰安地委常委、地区农办副主任、党组副书记，东平县委书记等。1990年3月至1993年12月，泰安市委常委、市委政法委书记。1993年12月至2001年1月，泰安市委常委、市纪委书记。2001年1—2月，泰安市人大常委会党组副书记。2001年2月至2003年2月，泰安市人大常委会副主任、党组副书记。

## 土特名产

2022年9月，磁窑镇有关企业生产的黑果花楸露酒及其饮料等产品图 （郗昌洪 提供）

**黑果花楸产品** 黑果花楸是集食用、药用、园林和生态等价值于一身的珍贵树种。花楸树形小而美观，春季花期长，夏季果实红绿相间，秋季有20天的彩叶期，冬季黑紫色的果实宿在枝头，一年四季皆宜观赏体验。2018年，泰安黑果花楸酒业有限公司和泰安鑫旺农业种植专业合作社先后建成1000余亩黑果花楸生产基地，并开发出黑果花楸酵素、叶黄素酸奶、黑果花楸饮料等产品。2019年9月，黑果花楸52度露酒和38度露酒，分别获第十六届中国林产品交易会金奖和银奖。

**生　姜** 磁窑镇生姜种植历史悠久，清道光年间，磁窑镇齐家庄监生齐沐清引种生姜，是全省种植生姜最早的乡镇之一。所产生姜呈鲜黄色或浅黄色，油光鲜亮、块大、皮薄、肉细、纤维少，辛辣中含着浓郁香味。镇村先后成立生姜种植合作社13家，生姜收购网站15家。2009年9月，磁窑生姜被农业部农产品质量检验检测中心认证为“无公害农产品”。2020年，磁窑镇新燕农副产品服务中心成功注册“宁阳黄姜”地理商标。

## 典型选介

**大磨庄村西岭家庭农场** 该农场养殖区占地面积4.5公顷，种植区面积5公顷，已形成15万只蛋鸡饲养规模。2013年，农场注册“西岭凤凰”牌鸡蛋商标。2016年，引进机械化、智能化设备，饲养过程精准把控，鸡蛋的品质极大提升。是年，通过农业农村部无公害农产品产地认证。2020年4月，宁阳县畜牧局为该农场颁发山东省智慧畜牧应用基地证书，为全市首家智慧畜牧应用基地。是年，产无公害鲜鸡蛋2000多吨，销售育成鸡120万只，经营性收入3800余万元。

**猕猴桃田园综合体** 该项目位于南王家庄村，地处南部山区延伸地带。通过“家在宁阳”桑梓英才计划牵线，由鹿庆辉回村投资创建，总投资2000余万元。该项目以农禾农业休闲观光公司为主体，村集体以土地及资金入股的方式进行合作发展。2018年，成立宁阳农禾休闲观光有限公司。上级拨款项目资金30万元，整理村集体用地40亩，聘用村民种植和管理，建成核桃采摘园370余亩、猕猴桃采摘园40余亩、水果蔬菜大棚3个、民宿7家，建设8400立方米恒温库1座。宁阳县磁窑镇通过流转土地、租赁、订单销售等方式每年可为村集体增收20余万元，为20余户贫困户提供就业机会，实现群众和集体的“双增收”。

## 镇党政主要负责人

**党委书记** 马新华（副县级，2011.11—2016.12）
张　玮（副县级，2016.12—2021.12）

**镇　　长** 韩树栋（2012.8—2016.12）
侯妍妍（女，副县级，2016.12—2020.5）
杜焕军（副县级，2020.5—2021.12）

（郗昌洪）

# 华丰镇

## 地理环境

**位置面积** 位于宁阳县东部，东与东庄镇毗连，南以凤仙山、石门山与济宁市泗水县、曲阜市相望，西与磁窑镇接壤，北依柴汶河。南北最长距离20.5千米，东西最长距离8.75千米，总面积108.09平方千米。镇政府驻东磁东村，342国道在镇驻地穿境而过。

**建置区划** 因临近华丰煤田而得名。境内故城称为郕城，为春秋时鲁国孟氏城邑。清代，南半部属宁阳县故城社，西半部属泰安县崔村地方、梁父地方。1938年，南半部属日伪宁阳县九区，北半部属日伪泰安县八区。1940年，隶属抗日民主政府泰宁县，南半部为东庄区，北半部为泰安县汶口区。1946年，泰宁县将东庄区57个自然村划归磁窑区。1947年，南半部属国民党宁阳县第九区，北半部属泰安县第八区。1948年8月，磁窑区并入东庄区，隶属泰宁县。1949年7月，泰宁县恢复磁窑区。1950年7月，磁窑区改称泰宁县第四区。1952年9月，泰宁县改为徂阳县，华丰隶属未变。1955年9月，第四区改名为磁窑区。1956年3月，徂阳县撤销，磁窑区划归宁阳县。1957年8月，磁窑区划归新泰县。1958年3月，磁窑区撤销，原磁窑乡、崔村乡合并为华丰乡，梅村乡、埠南乡、吕观乡合并为灵山乡；9月，华丰、灵山、东庄三乡联合成立华丰人民公社。1959年12月，华丰人民公社由新泰县复归宁阳县。1961年4月，华丰公社分成华丰、东庄两个公社。1983年8月，成立华丰区。1985年12月，撤区分乡，划为华丰镇、灵山乡。2001年2月，华丰镇、灵山乡合并为华丰镇。2020年7月，辖华丰、高村、崔村、良父、灵山、爵山、东营、梧桐峪、沈家庄、吕观10个社区和60个行政村。

**自然状况** 境内以磁莱铁路为界，南部为低山缓丘，北部为丘陵平原，最南部为山区。磁莱铁路以南的灵山、鲁姑山海拔200～290米。山区北侧多为丘陵区，岭地面积3000多公顷，约占总面积35%。磁莱铁路两侧，为丘陵平坦地块，磁莱铁路以北的圣姑堂岭周围为丘陵地，地表砾岩裸露，土层浅薄，缺水干旱。北部高村管理区、崔村管理区及梁父村周围，属平原地块。由东向西的柴汶河为主要河流，其次是境内由南向北的故城河，其他河流均属时令河，流量不均。山峰以石灰石为主。中药材资源60余种，动物资源90余种。

**人口民族** 2016年，总户数3.07万户、总人口8.9万人。2018年，总户数3.02万户、总人口8.85万人。2020年，总户数2.96万户、总人口8.68万人，其中男性4.7万人、女性3.98万人。人口出生率5.78‰，死亡率2.23‰。居住汉族、回族、彝族、满族、佤族、鄂温克族、黎族、东乡族8个民族。

## 经济状况

**农　业** 以种植小麦、玉米、花生、地瓜、大棚蔬菜为主。2016年，全镇农作物总播种面积11947公顷，农业总产值9.51亿元，其中农业4.28亿元、林业822万元、牧业4.63亿元、渔业189万元，农林牧渔服务业总产值5047万元，农林牧渔

2020年，泰山水泥集团有限公司场景图　　　　（华丰镇宣传室　提供）

业增加值5.55亿元。土地流转面积2687公顷。2020年，全镇农作物总播种面积11947公顷，乡镇农林牧渔业总产值10.19亿元，其中农业5.21亿元、林业1034.5万元、牧业4.01亿元、渔业307万元，农林牧渔服务业总产值9911万元，农林牧渔业增加值5.58亿元。全镇耕地面积5595公顷，农民专业合作社41个，家庭农场29个。土地流转面积1533公顷。

**工　业**　2016年，规模以上工业企业37家，主营业务收入12.8亿元。固定资产投资16亿元，招商引资到位资金6.8亿元，社会消费品零售额15亿元。2018年，规模以上工业企业16家，引进落地项目5个，总投资9亿元。工业总产值12亿元，实现利润0.99亿元、利税1.8亿元。2020年，工业企业75家，工业总产值15.65亿元。其中规模以上工业企业7家，主营业务收入14.83亿元，上缴税金1514.6万元。固定资产投资8.5亿元，研发投入6730.59万元。

## 财政税收

**财　政**　2016年，一般公共预算收入9592.58万元，一般公共预算支出2137.08万元。2018年，一般公共预算收入4709.88万元，一般公共预算支出2135.92万元。2020年，一般公共预算收入8162.43万元，一般公共预算支出2918.86万元。

**税　收**　2016年，各项税收收入1672万元。登记各类纳税人562户，其中企业148家，年纳税额在10万元以上的纳税人31户。2018年，各项税收收入1.77亿元，增值税5151万元。登记各类纳税人773户，其中企业214家，年纳税额在10万元以上的纳税人51户。2020年，各项税收收入1.74亿元，增值税6032万元。登记各类纳税人1129户，其中企业344家，年纳税额在10万元以上的纳税人52户。重点税源为水泥建材、汽车零部件、机械制造、煤炭经营等行业。

## 社会事业

**教　育**　2016年，幼儿园10所，专任教师137人，在园幼儿1820人；小学9所，专任教师233人，在校学生2318人；普通初中1所，专任教师170人，在校学生2137人。县级以上规范化中小学9所，其中省级规范化学校2所、市级7所。2020年，幼儿园9所，专任教师111人，在园幼儿1565人；小学8所，专任教师183人，在校学生1766人；普通初中1所，专任教师129人，在校学生1322人。县级以上规范化中小学9所，其中省级规范化学校1所、市级9所。

**文　化**　2016年，综合文化站1个，村级文化活动中心59个；各类图书室40个，藏书2万余册；农家书屋32个，农村文化大院59个，文体广场58个，文艺宣传（表演）队6支。2020年，综合文化站1个，村级文化活动中心60个；各类图书室46个，藏书4万余册；农家书屋45个，农村文化大院60个，文体广场62个，文艺宣传（表演）队18支。县级以上文物保护单位5处，其中省级文物保护单位2处（古磁窑址、宁阳灵山寺）、县级3处（永安寨墓群、湖村窑址、高庄窑址）。市级非物质文化遗产2项（崔氏唢呐、二鬼摔跤）。

**卫　生**　2016年，医疗卫生机构49家，其中镇卫生院1家、村卫生室48家。专业卫生人员280名，其中镇卫生院166名、村卫生室114名。执业医师23名，执业助理医师（含乡村全科执业助理医师）21名。床位126张，其中镇卫生院30张、村卫生室96张。2020年，医疗卫生机构55家，其中镇卫生院1家、村卫生室54家。专业卫生人员277名，其中镇卫生院167名、村卫生室110名。执业医师37名，执业助理医师（含乡村全科执业助理医师）54名。床位207张，其中镇卫生院99张、村卫生室108张。

## 社会保障

**医疗保险**　2016年，城乡居民基本医疗保险参保6.29万人。2020年，城乡居民基本医疗保险参保5.99万人。

**养老保险**　2016年，城乡居民基本养老保险参保1.58万人。2020年，城乡居民基本养老保险参保4.6万人。

**低保救助**　2016年，农村最低生活保障户数835户、1115人，发放最低生活保障金297.63万元。敬老院1家，床位140张，供养农村“五保”老人37人。2020年，农村最低生活保障772户、1036人，发放最低生活保障金397.77万元。城镇最低生活保障3户、4人，发放最低生活保障金2.18万元。敬老院1家，床位140张，供养农村“五保”老人34人。

## 名胜古迹

**古磁窑址**　位于西磁窑村东南，窑址始于唐代，元代废弃。西磁窑村东南部瓷片堆积厚度2米以上。出土的窑具有匣钵、支烧窑棒、垫板、垫饼、三角支垫；生产工具有模具、研磨器、碾槽、石臼等；生活用具以碗为主，其次是罐、盆及各种釉彩人物像、佛像和虎、马、狗等10多种动物器具；另有白瓷斜腹璧形足碗、饰绿点彩白瓷碗、白折腹圈足盘、白瓷瓜棱罐、白瓷双系罐、淡黄釉花沿罐等。釉色多为白、青、黄釉，次为黑、酱色、茶叶末釉等。瓷像有素烧喂乳妇女、骑兽佛、弥勒佛等，均为模制。1977年12月，被省政府公布为第一批省级文物保护单位。

**宁阳灵山寺**　位于梅家村灵山顶峰，为唐代寺观类古建筑。寺院呈椭圆形，南北长64.5米，东西宽49.5米。寺院分前、中、后三个部分。前院碑碣林立；中部为古建筑群，由主体建筑大雄正殿、东西两庑、四角亭式钟楼、鼓楼和大门组成；殿后是玉皇阁，清康熙十四年（1675）建，分上下两层，上层三开间，灰瓦硬山顶，下层为石结构拱形建筑。2000年5月，被公布为山东省历史优秀建筑。2006年12月，被省政府公布为第三批省级文物保护单位。

**永安寨墓群**　位于永安寨村北，为汉代墓葬群，分布面积约4万平方米。今已暴露出数座石室墓葬和砖室墓葬，石室墓由前、后室组成，前室附有耳室，主室叠涩式室顶；砖室墓有长方形单室和前后双室之分，皆券顶。部分墓砖的一个侧面模印环带纹，石构件刻有菱形纹、垂帐纹等图案。曾出土汉代泥质灰陶盆、耳杯和五铢钱等文物。2003年7月，被宁阳县政府公布为第二批县级文物保护单位。

**湖村窑址**　位于湖村东南，西临灵曲路，东至故城河，为隋唐时期至五代瓷窑址。该遗址地处洼地，面积约1.3万平方米，文化堆积层厚1.5米。窑址地表、地头暴露有大量瓷器残片、残窑炉，采集有隋唐时期青瓷豆、盘、罐、碗等瓷器残片，宋代白瓷碗、罐、盆、盘、杯等瓷器残片和瓷窑棒、三角支垫、垫圈、垫饼等窑具。2003年7月，被县政府公布为第二批省级文物保护单位。

**高庄窑址** 位于高庄村西南部，为唐宋时期瓷窑址。该窑址面积约1.4万平方米。距地表约0.6米为文化堆积层，厚约0.5米。地表瓷片散落分布，在窑址东南断层处瓷片集中分布。采集有唐代青瓷碗、罐、盆，宋代白瓷碗、盆、盘等瓷器残片及瓷三角支垫、垫板、窑棒等窑具。2003年7月，被宁阳县政府公布为第二批县级文物保护单位。

## 古今名人

**李季富（1921—1949）** 华丰镇北高村人。1949年6月加入中国共产党。1947年秋因生活所迫加入国民党部队。1949年1月加入中国人民解放军，因作战勇敢，被第二野战军14军授予战斗英雄称号，先后荣立特等功1次、一等功1次、二等功2次。1949年10月，在广东省高要县三水西南镇后小山战斗中牺牲。

**范炳章（1899—1984）** 华丰镇湖村人。1925年创办宁阳县第二小学，并任学董。1930年任宁阳县民众教育馆馆长，后任宁阳县立第一小学校长。1938年6月，任泰宁边区自治会常委、民政科科长。1941年，任泰南各县联合办事处科长。新中国成立后，任济南市中级人民法院民事审判庭庭长、济南市政协常委、湖北省人民政府参事室参事等职。

**范纬青（1916—1997）** 曾用名范锡武，华丰镇湖村人。1937年11月参加革命。1939年1月加入中国共产党。1940年秋，任泰宁县税务局局长。1948年9月，参与创建华东工商干部学校。1949年5月，任上海市军管会军代表，参与组建上海市华东区石油公司。1959年调上海市水产局工作，1961年任上海市水产局副局长。离休后，任上海市水产学会会长，上海市渔业经济研究会理事长、会长。

## 典型选介

**华丰镇红卫渠主题教育基地** 位于华丰镇崔村社区原红卫扬水站旧址，2019年12月建成，总面积2000余平方米，由主题展厅、党建课堂、功能展区三部分组成，整体外观保持原貌。北侧主题展厅分为时代在召唤、光辉岁月、基因传承、魅力华丰4个部分，以红卫渠建设、发展与传承为主线，展现20世纪60年代华丰人民建设红卫渠的革命历程。南侧新建400平方米的党建课堂，内设党建大课堂、新时代文明实践分中心等。院内有红卫渠模型、浮雕等功能展区。先后被命名为泰安市党员教育现场教学基地、泰安市关心下一代教育基地、宁阳县乡村振兴学院教育基地、宁阳县爱国主义教育基地等。

**全国重点镇——华丰镇** 华丰镇工业基础雄厚，建有年产原煤150万吨的华丰煤矿和年产300万吨的中联集团泰山水泥两大国有企业。建有总规划

2019年12月建成的华丰镇红卫渠主题教育基地。图为基地一角

（司文辉 提供）

面积9平方千米的华丰工业园区，是全省首批“循环经济示范园区”和省级“中小企业创业辅导基地”，初步形成煤炭、建筑建材、汽车配件、纺织、电线电缆、食品饮料、新能源7大产业。个体工商户3100余家，其中大中型批发零售商业网点6家、煤炭专业市场6个、物流企业8家；另有小型商业网点1800余个，形成以煤炭运输、餐饮、现代物流等为主的服务业发展格局。北部平原种植蔬菜大棚800公顷，南部山区种植核桃、苹果等经济林1400公顷，初步形成“北菜南果”的现代农业发展格局。先后获全国重点镇，省特色产业镇、省“百镇建设示范行动”镇等20余项市级以上称号。

**宁阳县润华家庭农场专业合作社** 位于华丰镇张家寨村，2013年7月合作社成立后，把以往散户种植模式打造成统一带动、统一采购服务、统一技术标准、统一监督管理、统一销售服务的生产管理模式。2014年，注册“华胜”牌西红柿商标，并成为拳头产品。2015年，与山东省网联肥业科技有限公司合作推广“测土套餐配方施肥技术”。2018年成功实施耕地质量保护提升技术示范项目。2020年，“华胜”牌西红柿被评为山东省知名农产品品牌，获中国绿色食品发展中心A级绿色食品认证。是年，有蔬菜大棚基地2处，种植面积40公顷，年产西红柿8000余吨，产值2160万元，产品远销北京、安徽、河南等地。

## 镇党政主要负责人

党委书记 徐彩虹（女，2014.1—2016.12）
乔田海（2016.12—2018.9）
潘洪勇（2018.10—2020.5）
周乾坤（2020.5—2023.5）
镇　　长 潘洪勇（2015.8—2018.10）
孔祥奎（2018.10—2021.6）

（司文辉）

# 东庄镇

## 地理环境

**位置面积** 位于宁阳县最东端，柴汶河南岸，凤仙山北麓，东与新泰市接壤，南与泗水县毗邻，西与华丰镇接壤，北与岱岳区为邻。南北最长12千米，东西最宽11千米，总面积100平方千米。国道342、朝柴路、磁莱铁路穿境而过，辖区内共有8条主要乡级公路，总里程98千米。

**建置区划** 上古属少皞，唐虞属徐州。西周初，周武王封其弟叔武于郕，称郕国。春秋属鲁，战国属齐。秦朝，刚、成属薛郡。汉朝建置东华镇，属泰山郡柴县。东汉，刚、成于汉和帝永元二年（90）俱改属济北国，废春城、柴县，入钜平县。三国沿用汉称，属魏地，钜平仍属泰山郡。南朝隋开皇十六年（596）钜平并入龚邱县。唐至五代，龚邱属兖州。蒙古宪宗二年（1252）故城等社并入奉符县（泰安县），明洪武五年（1372）奉符县所并故城4社复旧宁阳。明清时期，南部属于宁阳县，北部属泰安县。1932年，属宁阳县第九区。1942年2月，划归泰宁县。1955年9月，改为徂阳县东庄区公所。1957年8月，划归新泰县。1958年3月，撤销东庄区公所，建立新泰县东庄乡人民委员会。1958年

9月，华丰、灵山、东庄3个乡合并，建立新泰县华丰公社。1959年12月，随华丰公社划归宁阳县。1961年4月，建立东庄人民公社。1980年12月，东庄公社革命委员会改为管理委员会。1983年8月，撤销东庄公社管理委员会，建立东庄区公所。1985年12月，撤销东庄区，分别建立东庄乡和崔解乡。2001年2月，撤销崔解乡，并入东庄乡。2010年6月撤乡建镇，改称东庄镇。辖东庄村、北鄗村、南故城村、杏花村、大张家庄村、西张家庄村、东韩家庄村、中韩家庄村、西韩家庄村、坡里村、大石崮村、北石崮村、南石崮村、东山阴村、西山阴村、南山阴村、东直界村、西直界村、官庄村、北葛家圈村、仁门村、西谷堆村、中谷堆村、东谷堆村、钟家庄村、王家庄村、南葛家圈村、路家庄村、金家庄村、解家庄村、东崔家庄、葛家庄村、周家泉村、南鄗西村、南鄗南村、南鄗东村、南陈村、北陈村、西崔家庄村、老庄子村、孔家庄村、陈美庄村、满良村、石门村、刘家屋村45个行政村。至2020年，建置区划未变。

**自然状况**　境内地形复杂，地貌多样，地势南高北低，东高西低。主要地貌类型有低山、丘陵、平原和水面。南部多山，中部多丘陵，北部多平原。境内最高峰为南部凤仙山，海拔608米；最低海拔为直界水库，海拔2.28米。南部为凤仙山前震旦纪花岗片麻岩隆起，西北、西南两侧各具一组寒武、奥陶、石灰系沉积地层。峄山断裂纵贯南北，造成西部断陷，产生冲积平原，形成汶、泗向斜的北翼；北部沿柴汶河沉积层；西部则是煤田弧形向斜构造，煤系地层为第三系砾岩所覆盖，属于不整合接触。矿物资源有铁矿石、煤炭、花岗岩、石灰岩、钾长石等，已探明铁矿石储量在1亿吨以上、石灰石2亿吨以上、钾长石6000万吨以上。

**人口民族**　2016年，总户数2.02万户，总人口6.26万人。其中，男性3.2万人、女性3.06万人。2018年，总户数2万户，总人口6.33万人。其中，男性3.25万人、女性3.08万人。2020年，总户数1.99万户，总人口6.22万人。其中，男性3.2万人、女性3.02万人。有汉族、回族、苗族、彝族、满族、瑶族、白族、傣族、佤族、蒙古族、布依族、朝鲜族、哈尼族、拉祜族14个民族。

2020年5月，红旗水库景观图　　（东庄镇政府　提供）

## 经济状况

**农　业**　全镇以种植小麦、玉米、花生、林果为主。2016年，农业总产值3.96亿元，耕地面积5665公顷，粮食播种面积5126公顷，粮食总产量3.79万吨，棉花总产55.31吨，油料总产1.5万吨，蔬菜总产3.16万吨，水果总产511.34吨，水产品总产60万吨，肉、蛋、奶总产1.64万吨。2020年，耕地面积5420公顷，粮食总产2.58万吨，花生总产1.54万吨，蔬菜及食用菌总产3.54万吨，肉类产量2.3万吨，奶类产量1300吨。生猪（牛、羊）存栏6万头（只），出栏10.1万头（只）。农业合作社99家，家庭农场32家。

**工　业**　2016年，有工业企业73家，从业人员1100人。其中，规模以上工业企业22家，主营业务收入58.1万元。2020年，工业企业92家，从业人员1800人，实现总产值1.1亿元，主营业务收入1.1亿元，实现利润329万元，实现利税1662.93万元。其中，规模以上工业企业3家，主营业务收入8368万元。

## 财政税收

**财　政**　2016年，一般公共预算收入3709万元，一般公共预算支出2250万元。2018年，一般公共预算收入648万元，一般公共预算支出1660万元。2020年，一般公共预算收入1662万元，一般公共预算支出2048万元。

**税　收**　2016年，登记各类纳税人555户，其中年纳税额10万元以上企业13家。各项税收收入3708万元，其中增值税185万元、营业税2918万元。2020年，登记各类纳税人824户，其中年纳税额10万元以上企业22家。各项税收收入1662万元，其中增值税1067万元。重点税源为矿业、建材等行业。

## 社会事业

**教　育**　2016年，幼儿园7所，在园幼儿1377人；小学6所，专任教师211人，在校学生2295人；普通初中1所，专任教师76人，在校学生1467人。2020年，幼儿园7所，在园幼儿1234人；小学6所，专任教师164人，在校学生1757人；普通初中1所，专任教师89人，在校学生1179人。

**文　化**　2016年，各类村文体小广场43个，农村文化大院45个。2018年，农村文化大院45个，村文体小广场47个，广播、电视人口综合覆盖率均达100%。2020年，农家书屋45个，农村文化大院45个，文体广场55个，文艺宣传（表演）队45支，新建公共健身工程6个，举办各类体育活动80场次。县级以上文物保护单位6处。其中省级2处（南陈村北窑址、郕城故城）、市级1处（朱蓂阶烈士墓）、县级3处（泰宁边区自治会旧址、官庄窑址、南鄙窑址）。县级及以上非物质文化遗产13项，其中市级7项（槐抱椿的故事、宁阳钟庄豆腐皮制作技艺、宁阳骆驼蹄鞋制作技艺、宁阳绣花鞋垫技艺、宁阳许氏烧烫伤膏贴、宁阳安氏贴金、宁阳陈氏葫芦彩绘）、县级6项（九顶盘龙山的传说、饿狼山的传说、宁阳安氏贴金、宁阳陈氏葫芦彩绘、宁阳槐花珍珠丸子、宁阳水晶槐花包）。

**卫　生**　2016年，镇卫生院1家，专业技术人员56人，其中执业医师34名、执业助理医师22名，床位20张。村级卫生室34家，乡村医生128人。2020年，镇卫生院1家、社区卫生服务中心1家，农村卫生室36家。各类卫生机构有床位99张，卫生技术人员117名，其中执业医师35名、执业助理医师18名。

## 社会保障

**医疗保险**　2016年，城乡居民基本医疗保险参保4.9万人。2020年，城乡居民基本医疗保险参保4.6万人。

**养老保险**　2016年，城乡居民基本养老保险参保2.79万人。2018年，城乡居民基本养老保险参保1.5万人。2020年，城乡居民基本养老保险参保1.2万人。

**低保救助**　2016年，农村最低生活保障459户、810人，发放最低生活保障金172.93万元；城镇最低生活保障7户、7人，发放最低生活保障金3.3万元。敬老院1家，床位104张，供养农村“五保”老人73人。2020年，农村最低生活保障697户、1050人，发放最低生活保障金465.46万元；城镇最低生活保障户数2户、2人，发放最低生活

保障金1.43万元。敬老院1家，床位104张，供养农村“五保”老人51人。

## 名胜古迹

**南陈村北窑址**　位于东庄镇南陈村北500米，为隋、唐、宋时期窑址。窑址地处平坦耕地，略呈方形，东西长，南北窄，面积约5.7万平方米。西临故城河处为三层梯状断崖。距地表0.2米为文化堆积层，厚3～4米。地表零星分布瓷片，西部断崖处瓷片堆积丰富。采集青瓷碗、罐、盆、四系罐及瓷窑棒、窑板、三角支垫等器物及标本。2013年10月，被省政府公布为第四批省级文物保护单位。

**郕城故城**　位于东庄镇南故城村与华丰镇北故城村、西故城村之间。为东周至汉古遗址。呈长方形，东西长630米，南北长850米。四周城墙残高2～12米，宽10～20米，北墙、东墙残长100余米，西南角仅存转弯轮廓。城墙夯层厚约0.2米。西北角和西南角亦发现夯筑墙基。城内文化堆积层厚约2米，西北角有大汶口文化遗存。采集有春秋时期泥质灰陶豆盘、罐口、树木双兽纹半瓦当残片，汉代泥质灰陶云纹瓦当、几何纹方砖等遗存。2015年6月，被省政府公布为第五批省级文物保护单位。

**朱蓂阶烈士墓**　朱蓂阶，清光绪二十六年（1900）生，宁阳县人，毕业于北平大学史学系。先后任省立十中教务主任、八路军山东人民抗日游击队第四支队中队长、泰宁边区自治委员会主任、八路军泰宁边区办事处主任委员兼大队长等。1942年11月8日被日本侵略军杀害。烈士墓建于1990年11月，位于东庄镇政府北1千米山岭处，建筑面积50平方米。墓为其衣冠冢，坐北朝南，直径2.8米，通高2米。墓前为四角碑亭，南面立柱置挽联，内立烈士墓碑。2010年12月，被泰安市政府公布为第四批市级文物保护单位。2013年6月，被公布为宁阳县第一批中共党史教育基地。

**泰宁边区自治会旧址**　位于东庄镇中心幼儿园院内，为近现代重要史迹及代表性建筑。1938年6月，山东省委派朱蓂阶等在东庄一带创建“泰宁边区自治委员会”，自治会成立后，开展抗日工作。1940年10月，自治会暴露，按照上级指示人员迅速转移，并公开建立八路军泰宁办事处。该旧址建筑面积220平方米，办公室原来是三间旧房，由于多次校改，原有建筑大多不复存在，今仅存1株作为“标志树”的古槐树和1座1928年宁阳县县长邓质仪题赠的“望隆桑梓”纪念碑。2003年7月，被县政府公布为第二批县级文物保护单位。2013年6月，被公布为宁阳县第一批中共党史教育基地。

**官庄窑址**　位于东庄镇官庄村北750米，为隋唐至五代时期瓷窑址。遗址处于西高东低的丘陵山地，面积约7000平方米。文化堆积层厚0.6米。崖头、地表处瓷片丰富，采集有隋唐时期青瓷碗、罐、盆，五代时期白瓷碗、罐等瓷器残片，以及瓷窑棒、三角支垫等窑具。东部由于石崮河冲刷及村民在窑址上长年耕作，造成一定程度破坏。2003年7月，被宁阳县政府公布为第二批县级文物保护单位。

**南鄗窑址**　位于东庄镇南鄗村西，为隋、宋时期瓷窑址。遗址地处丘陵山地，面积约2万平方米。文化堆积层厚约1米，田间地头、边缘崖头处瓷片散落分布，暴露窑炉。采集有隋代青瓷豆、碗、盘、罐，宋代白瓷碗、杯等残片及瓷窑棒、三角支垫、垫钉等窑具。遗址今为农田，村民耕作对遗址有所破坏。2003年7月，被县政府公布为第二批县级文物保护单位。

## 古今名人

**许　彬（1392—1467）**　字道中，号养浩，又称东鲁先生。其上世隶砀山县，后迁至宁阳县城东杏冈村（今东庄镇东庄村）。明永乐十三年（1415）中进士，诏授翰林院庶吉士。

正统十二年（1447）任福建乡试同考官，累升大理寺少卿，太常寺卿兼翰林院待诏。天顺元年（1457），任礼部左侍郎兼翰林学士入值文渊阁，后外调南京礼部右侍郎。赴任途中又迁陕西参政。老年辞官返回故里，成化三年（1467）卒，诰赠礼部尚书，谥襄敏，入祀宁阳乡贤祠。其为明代台阁体代表作家之一，著有《东鲁先生文集》《东鲁先生诗集》。

朱靖宇（1911—1986）　东庄乡（今东庄镇）人。1938年10月加入中国共产党。曾任泰宁办事处代主任、县大队长、泰宁县县长、泰安县县长、鲁中南行署盐管局局长等职。中华人民共和国成立后，历任云南省盐管局局长，建工局副局长、代局长、建工厅厅长，测绘局局长等职务。1979年离休。

吴　昌（1914—1989）　曾用名吴运昌，东庄镇人。1939年1月加入中国共产党。曾任泰宁县宣传部部长，津浦铁路济兖段工委副书记、书记，省政府机关党委副书记、组织部部长兼纪委书记等职。1954—1982年，先后任黑龙江省哈尔滨锅炉厂党委书记，哈尔滨第一工具厂革委会主任，黑龙江省机械工业局局长、党组书记。1982年5月离休。

许仁安（1909—1993）　曾用名任安，东庄村人，1939年9月加入中国共产党。曾任泰宁工委社会部、军事部部长，泰宁办事处副主任兼泰宁县大队副大队长，河南豫西第五专员公署秘书主任，南下江南支队二大队队长、南下湖北大队副大队长等。新中国成立后，先后任湖北省民政厅民政处处长、办公室主任、副厅长，华中钢铁公司工会副主席等。1954年12月，任河南省民政厅党组副书记、副厅长。1983年6月离休。

武效周（1912—2003）　曾用名吴衍文、周向荣，北鄙村人。1937年12月参加革命，1938年8月加入中国共产党。曾任泰宁县委书记、鲁南区党委农会组织部部长、鲁中区泰吴段铁路工委书记。新中国成立后，任临邑县委副书记、淄博地委农委副书记。1952年8月后，任山东矿务局洪山煤矿党委副书记、淄博矿区工会主席、中国煤炭工会山东省工作委员会副主席、新汶矿务局副局长、华东煤炭工业公司工会筹委会主任、新汶矿务局革委会副主任等职。1984年8月离休。

高传杰　1929年10月生，西韩家庄人。1946年2月参军入伍，同年11月加入中国共产党。曾任德县（今陵县）东堂区委副书记，平原县、禹城县合作部部长、县委副书记、书记等职。1982年6月起，历任德州地委副书记，山东省林业厅党组书记、厅长，山东省人大常委会常委兼农经委副主任等职。1993年12月离休。

王东凤　1961年3月生，北鄙村人，硕士研究生，1982年1月参加工作，1995年5月加入中国共产党。曾任湖北省黄石市政府副市长，省科学技术厅副厅长、党组成员。2013年3月，任湖北省科学技术厅党组书记、副厅长，省知识产权局党组书记、局长。

## 土特名产

钟家庄豆腐皮　创始人为东庄镇钟家庄闫洪水，该制品为豆腐的深加工，采用传统工艺精制而成，薄如草纸，清爽劲道，口感独特，食用方便，系东庄名吃。以优质大豆、纯天然泉水为原料，不含任何添加剂，工艺独特，香气四溢，食品销往青岛、泰安、济宁等地。2010年，被评为“宁阳十大特产”之一。2011年，被列为“到山东不可不品尝的100种美食”之一。

周家泉烧鸡　所选用的鸡全部为1.5千克左右的蛋鸡。将鸡宰杀洗净后晾干水分，而后将香料及几滴高度白酒和少许乙基麦芽酚，用适量温水溶解并均匀地涂抹在鸡腔内和鸡外身，腌制4小时。将水煮沸后放入香料，再放进腌制好的鸡，煮滚后关火，浸20分钟即可出锅、晾干。成品烧鸡皮软肉嫩，香浓美味，色泽微黄，其口感爽滑、盐香味持久。

## 典型选介

2015年9月，东庄红红色文化爱国主义教育基地图（东庄镇政府 提供）

**东庄红红色文化爱国主义教育基地** 位于东庄村，在东庄人民公社旧址修缮建成的革命传统教育基地，于2015年9月1日揭牌，占地面积5000平方米。基地大门两侧刻有人民公社时期标语，左侧为“领导我们事业的核心力量是中国共产党”，右侧为“指导我们思想的理论基础是马克思列宁主义”，该标语书写于20世纪60年代初期，在大门两侧墙体上，用水泥抹成长2.14米、宽1.35米的平面，剔底平刻。基地主要分为革命历史展厅、民俗文化馆、党员活动教育中心、村庄简史展厅和道德讲堂5个部分。

**东庄民俗文化馆** 位于东庄红红色文化爱国主义教育基地内，2015年9月1日揭牌。长17.8米、宽17.5米，主要以农耕生产、食宿生活、交通运输、文墨娱乐、纺织印染、铁木匠艺、陶瓷石器、钱币证契、度量衡具等展品为主，将20世纪70年代以前农民生产生活方式及用具尽收眼底。2015年12月，东庄红红色文化爱国主义教育基地暨东庄民俗文化馆被市委宣传部命名为泰安市爱国主义教育基地。

## 镇党政主要负责人

**党委书记** 刘玉华（2014.1—2021.12）
**镇　　长** 郭怀锋（2011.11—2016.12）
褚　峰（2016.12—2021.12）

（刘　进　赵若含）

# 葛石镇

## 地理环境

**位置面积** 位于县境中部、凤凰山脚下，东连磁窑镇、济宁曲阜市，南临乡饮乡，西接文庙街道、堽城镇，北接蒋集镇。南北长12.5千米，东西宽10.6千米，总面积132.25平方千米。

**建置区划** 唐朝有“古葛盘石”之名，据传镇驻地村落旁老槐树沟里大石头上长满葛藤，因镇政府驻葛石店村得名。西周全境属鲁，境内有郕、桃山两个三等侯国。春秋时西部隶桃山，东部属郕。战国至秦时期西部建谢城县、北部隶刚，东部属郕。西汉元狩元年（前122）汉武帝在此增式县，亦即今葛石之由来之肇始，直到东汉光武帝建武六年（30）隶宁阳至今。清末全县设30社，葛石为葛石社。1930年至新中国成立初期均属第六区。1952年7月改为第九区，1956年11月改称葛石区。1957年撤区并乡，设葛石乡（北庄片8个村归皋山乡）。1958年9月成立葛石公社，下属4个管理区。1983年设葛石区，划为3乡1镇。1985年11月，撤区后由葛石、北庄、黑石、沙埠4个小乡和涧西村合为葛石镇；夏庄、石葛集、杏山、皋山为石集乡，后改镇。2001年2月，石集镇并入葛石镇。2016年，辖葛石店、官庄、东云岗、涧西、刘家庄、张家崖、柳沟、宁家庄、北庄、鹿家崖、黑石铺、沙埠、乱石崖、古树口、曹家寨、山前、陈家店、杏山、夏代堂、宝泉、徐营、虎城、石碣集、三埠、茌家庄、北韦、夏庄27个行政村。至2020年，建置区划未变。

**自然状况**　境内地形复杂，地貌多样，总地势为东北高，西南低，山丘、平原大体各半。地层属第四系松散沉积物地层，间有前震旦系隐伏地层。土壤类型有棕壤、褐壤、砂姜、黑土等10个亚系，土质以砂土壤、轻壤为主及小面积中壤。东面和北面属山丘地带。低山多、沟多、岭多。北部平均海拔280米，凤凰山老寨顶最高处海拔548.7米，沙埠片最低海拔85米。境内矿产资源主要有煤炭、花岗岩、铁矿石、陶土、黏土、石英、沙等。林果主要有大枣、黄梨、苹果、核桃、杏、山楂、桃、柿子。林木主要有杨树、槐树、柳树、松树、柏树等。畜禽主要有牛、马、羊、猪、鸡、鸭、鹅等。

**人口民族**　2016年，常住总户数19890户、常住总人口51187人。2018年，常住总户数16852户、常住总人口51138人。2020年，常住总户数15739户、常住总人口38073人。有汉族、回族、满族、布依族、蒙古族5个民族。

## 经济状况

**农　业**　以种植小麦、玉米、花生、林果为主。2016年，耕地面积6595.13公顷，农业总产值10.70亿元，其中农业5.19亿元、林业0.22亿元、牧业4.91亿元、渔业160万元，农林牧渔服务业产值0.37亿元，增加值6.35亿元。土地流转面积812.53公顷。2018年，耕地面积7732.3公顷，水浇地4732.2公顷，农业总产值10.15亿元，其中农业5.96亿元、林业0.32亿元、牧业3.27亿元、渔业268万元，农林牧渔服务业总产值0.58亿元，增加值5.72亿元。2020年，全镇耕地面积7730.3公顷，水浇地4732.2公顷。棉花总产17.6吨，油料总产4199吨，蔬菜及食用菌总产8376吨。农民专业合作社138个，家庭农场35个，土地流转面积1981.67公顷。

2022年，葛石镇枣花湖鸟瞰图　（葛石镇宣传室　提供）

**工　业**　2016年，工业企业45家，其中，规模以上

工业企业23家，工业总产值53.5亿元，实现利税8.19亿元、利润2.26亿元。2018年，工业企业40家，工业总产值2.07亿元，实现利税0.68亿元、利润0.38亿元。其中，规模以上工业企业13家，工业总产值2.07亿元。2020年，工业企业36家，规模以上工业企业3家，工业总产值3.14亿元，实现利税1.41亿元、利润1.02亿元。引进落地项目42个，招商引资到位资金34.6亿元；进出口总额2.2亿元。

## 财政税收

**财　政**　2016年，一般公共预算收入8931.78万元，一般公共预算支出8931.78万元。2018年，一般公共预算收入7871.94万元，一般公共预算支出7871.94万元。2020年，一般公共预算收入8543.41万元，一般公共预算支出8543.41万元。

**税　收**　2016年，登记各类纳税人119户，其中年纳税额在10万元以上的企业17家。各项税收收入3208.82万元，其中增值税933.20万元。2018年，登记各类纳税人201户，其中年纳税额在10万元以上的企业23家。各项税收收入2509.14万元，其中增值税1510.14万元。2020年，各项税收收入2321.84万元，其中增值税895.75万元。登记各类纳税人330户，其中年纳税额在10万元以上的企业23家。重点税源为煤矿、工程建材、建筑安装、混凝土行业。

## 社会事业

**教　育**　2016年，幼儿园8所，教师164人（其中公办65人），在园幼儿1413人；小学6所，专任教师207人，在校学生1890人；初级中学1所，专任教师88人，在校学生1302人；成教中心1所。省级规范化学校1所、市级规范化学校6所，省级规范化幼儿园5所、市级规范化幼儿园3所。2020年，幼儿园7所，幼儿教师103人（其中公办45人），在园幼儿1004人；小学8所，专任教师194人，在校学生1633人；初级中学1所，专任教师83人，在校学生934人；成教中心1所；黑石、杏山教学点2处。省级规范化学校1所、市级规范化学校6所，省级规范化幼儿园6所、市级规范化幼儿园1所。

**文　化**　2016年，综合文化站1个，20个村均成立广场舞队伍，农家书屋20个、藏书1万余册，文体广场26个，音乐、舞蹈、美术、书法、摄影及文学业余创作人员200余人。2020年，综合文化站1个，村级综合性文化服务中心27个，27个村均成立广场舞队伍，农家书屋27个、藏书1.5万余册，文体广场27个，艺术团体1个（谭厂村枣乡情艺术公司），音乐、舞蹈、美术、书法、摄影及文学业余创作人员300余人。县级以上文物保护单位6处，其中省级2处（凤凰山观音庵、凤凰山摩崖石刻）、市级2处（河洼遗址、宁家林）、县级2处（桃山故城址、大官庄遗址）。县级及以上非物质文化遗产3项，其中市级1项、县级2项。

**卫　生**　2016年，医疗卫生机构1家，专业技术人员114人，其中高级职称2人、中级职称27人、初级职称34人，开放床位40张；村卫生室（社区门诊）44家，在编在岗村医119人。2018年，医疗卫生机构1家，专业技术人员119人，其中高级职称2人、中级职称23人、初级职称30人，开放床位40张；村卫生室（社区门诊）44家，在编在岗村医113人。2020年，医疗卫生机构1家，专业技术人员120人，其中高级职称4人、中级职称25人、初级职称25人，开放床位70张；村卫生室（社区门诊）44家，在编在岗村医110人。

## 社会保障

**医疗保险**　2016年，城乡居民基本医疗保险参保5.9万人。2018年，城乡居民基本医疗保险参保5.7万人。2020年，城乡居民基本医疗保险参保5.2万人。

**养老保险** 2016年，城乡居民基本养老保险参保23561人。2018年，城乡居民基本养老保险参保27644人。2020年，城乡居民基本养老保险参保31052人。

**低保救助** 2016年，城镇最低生活保障户数3户、3人，发放最低生活保障金1.18万元；农村最低生活保障户数1045户、1318人，发放最低生活保障金272.09万元；医疗救助91人次，发放医疗救助金16.23万元；敬老院1家，床位200张，供养农村“五保”老人52人。2020年，城镇最低生活保障户数3户、5人，发放最低生活保障金2.79万元；农村最低生活保障户数866户、1112人，发放最低生活保障金451.95万元；敬老院1家，床位300张，供养农村“五保”老人46人。

## 名胜古迹

**凤凰山观音庵** 位于葛石镇程家庄村东100米，创建于明洪武初年（1368），历经多次重修，形成今清代庙宇院落建筑群。观音庵坐北朝南，顺山势而建，盘道引入，二进院落，由山门、观音堂、东西配殿组成，占地面积2.5万平方米。山门立于盘道顶部，青砖灰瓦硬山顶。观音堂面阔三间，硬山顶后落金前出厦结构，内塑观音、普贤、文殊三尊菩萨。庵内东西配殿各三间，西配殿后有紫藤恋（莲）子等古树名木，庵东100米有一座高基台，灰瓦硬山建筑，前开券门，内奉名医华佗。观音庵山门以下有青砖灰瓦围成的廊院——节孝廊，内有塑像及壁画。2013年10月，被省政府公布为第四批省级文物保护单位。

**凤凰山摩崖石刻** 位于葛石镇凤凰山顶部，海拔410米。为北朝、五代石窟寺及石刻。该摩崖石刻群，刊刻于南北长30米、东西宽20米范围内的花岗岩巨石或石坪上，共发现石刻8处。其中“大空王佛”“华光佛”“弥勒佛”石刻，是宁阳县境内唯一发现的北朝时期的书法作品。后梁龙德元年（921）的石刻，依山就势而书，字虽大小不一，但隶书古朴端庄、章法有度、自然流畅。2013年10月，被省政府公布为第四批省级文物保护单位。

**河洼遗址** 位于河洼村北，为商周时期文化遗存聚落址。遗址地处丘陵台地，四周边缘处为断崖，南北长200米，东西宽80米，面积1.6万平方米。文化堆积层厚1.5米，断崖暴露有陶片、灰坑。1975年后经常有文物出土，采集有夹砂灰陶绳纹鬲口、泥质灰陶罐口、豆盘、铜觚、爵、鼎、戈等遗存。出土铜器制作精细、庄重。在较小的范围内经常出土典型的商代后期和西周早期的铜器。2010年12月，被泰安市政府公布为第三批市级文物保护单位。

**宁家林** 位于凤凰山北麓宁家庄村，占地13公顷。清初全国十三布政使之一、封疆大吏、资政大夫甯（甯系宁）之凤及夫人合葬墓。林内有林门坊、墓表、御祭、翁仲，

2022年，凤凰山观音庵紫藤古木图　　（葛石镇宣传室　提供）

墓碑等石刻。据清乾隆八年（1743）《宁邑甯氏族谱》载：（甯氏先人）李唐肇造之年（初年）占籍于此，至今已有1400余年。2010年，甯氏族人修整甯家林，进行祭祖大典。甯家林以现有林地边缘线外缘30米为保护范围。2016年1月，被泰安市政府公布为第四批市级文物保护单位。

**桃山故城址** 位于石碣集村西南300米，为汉代古城址。城址平面呈长方形，东西宽约250米，南北长约300米。城墙大部分已被夷平，今存西北角和西南角两小段。西南角城墙残高2～4米，残长30米，宽10米；西北角残高3米，残长10米，宽10米。城址为黄褐土夯筑，夯层厚0.08～0.11米。城内文化堆积层厚约1米。曾出土汉代泥质灰陶盆、罐、筒瓦、板瓦等器物残片及五铢铜钱。1979年12月，被宁阳县政府公布为第一批县级文物保护单位。

**大官庄遗址** 位于大官庄村西南150米处，为新石器时代古遗址。南北狭长，总面积2万平方米，文化堆积层厚0.5～2米。1974年11月，挖掘时暴露文化遗址物有灰坑、红烧土块、半穴式住房数间，另有大批夹砂黄陶鬲，红、白、黑灰陶片，磨光石器中有石铲、石斧，陶纺轮、饰凸弦夹砂黄陶鬶、夹砂黄褐陶鼎，表里透黑的夹砂陶罐，漆黑光亮的泥质陶碗、盆。2004年4月，在全国第三次文物普查中，发现磨制精细的石锛1柄、陶片大宗、人股骨2根，属大汶口文化晚期向龙山文化过渡期文化遗存。1979年12月，被宁阳县政府公布为第一批县级文物保护单位。

## 古今名人

**张登云（1553—1639）** 字攀龙，别字宇浩，葛石店村人，明中期将领。万历九年（1581）中进士，先后任凤阳知府、辽海道台及辽东巡抚副使、汉中观察使、陕西参政使等。

**蒋连明（1910—1986）** 涧西村人，著名民间石雕艺人。其出身于雕刻世家，自幼随父学习石刻，20岁时即闻名乡里。尤其擅长雕刻龙、狮、梅、荷、竹、菊和草虫等。新中国成立前境内刻立的墓碑、德行碑、节孝碑等多出自其手。1958年，被推荐进京参加人民大会堂石料刻制，他雕刻的大白菜以及蝈蝈等栩栩如生，广受好评。

**张瑞东** 1959年2月生，葛石镇曹家寨村人，1978年12月加入中国共产党，1980年12月参加工作，省委党校研究生班毕业。曾任宁阳县宁阳镇党委书记，宁阳县委副书记，泰安市国有资产经营有限公司董事长、党委书记，肥城市委书记等。2010年12月后，任泰安市政府党组成员、市政府副市长，市委常委、市委宣传部部长等。2016年1月至2019年5月，任山东省扶贫办副主任、一级巡视员。

## 土特名产

**葛石大枣** 葛石镇是宁阳大枣的主产区，主要品种以圆铃（又名圆红）、长红为主，以果大核小、皮薄肉厚、细腻扯丝、清甜可口而驰名中外，被卫生部评为国家保健枣。1908年，宁阳大枣获巴拿马万国农产品博览会金奖。1996年，获上海名优商品展览会消费者名牌产品称号。2000年，获全国首届红枣博览会金奖。2003年5月，通过省无公害产品认证。2008年6月，被中国绿色食品发展中心认定为国家绿色食品。2011年4月，被认定为国家地理标志保护产品。

**葛石黄梨** 据镇鹿家崖村《鹿氏族谱•序言》记载，唐光启二年（886），鹿氏先人从陕西迁居此地，始于南寨（山）栽植黄梨等果树，后逐渐扩展到刘家庄、黄家峪、周家庄等20多个村。1987年，全镇调整农业结构，开始大批栽植梨树。1990年，葛石镇被列为山东省黄梨生产基地。葛石黄梨以金坠梨为主，还有黄金梨、太阳梨、砀山酥梨及专供药用的秋白梨等品种。因其果色金黄而得名，果皮厚，耐贮运，果肉乳白色，味甜多汁，香味浓郁。

## 典型选介

凤凰山梨花会　凤凰山梨花游活动最早可追溯至明初。山上的自然景观与山下的万亩梨园、千顷枣林融为一体，组成山水相依、珠联璧合的靓丽风景。1998年3月，举行首届宁阳凤凰山梨花会，会期10天，主要有梨花游、观音庵庙会、宗教人文景点游及物资交流大会四部分组成。凤凰山梨花会每年接待游客约25万人次。2002年3月，凤凰山民俗游被国家旅游局、省旅游局纳入华东省市民俗文化游。2008年8月，宁阳凤凰山梨花会被列入泰安市第二批非物质文化遗产名录。

## 镇党政主要负责人

党委书记　刘志强（2016.1—2020.1）
　　　　　李国卿（2020.1—2021.12）
镇　　长　王艳苹（女，2016.1—2016.12）
　　　　　宁　鹏（2016.12—2021.12）

（张　楠）

# 乡饮乡

## 地理环境

位置面积　地处宁阳县城东南9千米，东部与曲阜市姚村镇、南部与济宁市兖州区谷村镇接壤，西北部与文庙街道、西部与泗店镇、北部与葛石镇接壤，为宁阳县、曲阜市、济宁市兖州区三县、市、区交界处。乡政府驻乡饮村，总面积54.23平方千米。

建置区划　因乡饮举行鲁国盛行的西周礼制“乡饮酒礼”而得名。东周属鲁国。明清时西部属香寺社，东部属龙岗社，北部属韦周社，均归东乡。1932—1954年属第二区。1945年10月，建立二区区公所，辖3个分区、91个村。东分区驻大乡饮，辖30个村，中分区驻地中金马，辖21个村，西分区辖39个村。1955年10月，改称乡饮区。1958年，撤区并乡后改为乡饮乡；9月成立乡饮人民公社。1959年2月，并入葛石公社；8月从葛石公社划出，辖8个生产大队。1961年3月，以原生产大队为基础设立8个管理区、33个大队，1962年2月合并为4个管理区。1983年改为乡饮区。1985年12月，撤区并乡，改为乡饮乡。1987年7月，设4个管理区，辖46个行政村。2001年8月，撤销4个管理区，下辖乡饮村、常屯村、南赵庄村、蛮营村、金马村、龙堂村、郭家沟村、韦周村、柳云村、八官庄村、五厂村、沙河庄村、保安村、崇化村、汉马村15个行政村。至2020年建置区划未变。

自然状况　地貌东高西低，北高南低，海拔高度66～75米，属平原，少有洼地，地形简洁，水资源匮乏。辖区土壤类型有褐土、潮土、砂姜黑土3个类、3种土属。土质以沙壤、轻壤为主，其中沙壤主要分布在东、北部，轻壤主要分布在中、西部。南部南赵有部分淤潮地。境内属淮河水系，主要河流有汉马河、罗河、茅草河、北泥沟。

人口民族　2016年，常住总户数1.16万户，常住总人口3.55万人，其中男性1.81万人、女性

1.74万人。2018年，常住总户数1.19万户，常住总人口3.56万人，其中男性1.78万人、女性1.78万人。2020年，常住总户数1.18万户，常住总人口2.83万人，其中男性1.41万人、女性1.42万人。居住有汉族、回族、朝鲜族、满族、土族5个民族。

## 经济状况

**农　业**　以种植小麦、玉米、有机蔬菜、苗木花卉为主。2016年，耕地面积4729公顷，均为水浇地。农业总产值3.98亿元，其中农业2.2亿元、林业1717万元、牧业1.26亿元、渔业15万元，农林牧渔服务产值3423万元，增加值2.44亿元；农民合作社30个。2018年，耕地面积4729公顷，均为水浇地，农业总产值5.32亿元，其中农业2.53亿元、林业2057万元、牧业2.03亿元、渔业15万元，农林牧渔服务产值5453万元，增加值2.86亿元；农民合作社59个，家庭农场10个，土地流转面积478.91公顷。2020年，耕地面积4695.7公顷。粮食总产量7.8万吨，花生产量56.02万吨，棉花产量8.65万吨，瓜果产量756.68万吨，蔬菜及食用菌产量5897.79万吨。农民合作社83个，农业企业10家，家庭农场23个，土地流转面积455.33公顷。

**工　业**　2016年，有工业企业58家，从业人员810人，工业总产值5.07亿元。其中，规模以上工业企业22家，主营业务收入4.8亿元。2020年，工业企业16家，从业人员650人，工业总产值4.56亿元。其中规模以上工业企业4家，主营业务收入3.84亿元，实现利润0.22亿元。引进落地项目3个，招商引资到位资金16亿元，进出口总额182万美元。

## 财政税收

**财　政**　2016年，一般公共预算收入2585.62万元，其中工商税收1949.39万元，一般公共预算支出2585.52万元。2018年，一般公共预算收入1202.05万元，其中工商税收533.88万元，一般公共预算支出1202.05万元。2020年，一般公共预算收入1211.42万元，其中工商税收429.38万元，一般公共预算支出1211.42万元。

**税　收**　2016年，登记各类纳税人128户，年纳税额在10万元以上的企业7家。各项税收收入1449.29万元，其中增值税179.73万元。2018年，登记各类纳税人59户，年纳税额在10万元以上的企业12家。各项税收收入533.88万元，其中增值税206.17万元。2020年，登记各类纳税人53户，年纳税额在10万元以上的企业10家。各项税收收入429.38万元，其中增值税233.97万元。重点税源为建筑、陶瓷制品、水泥制品、小麦加工等行业。

2024年3月，山东巴夫绿色循环农业与生物产业示范园项目大棚种植图
（乡饮乡宣传室　提供）

## 社会事业

**教　育**　2016年，幼儿园4所，专任教师73人，在园幼儿909人；小学3所，专任教师110人，在校学生1241人；普通初中1所，专任教师73人，在校学生930人。县级以上规范化中小学3所，其中省级规范化学校1所、市级规范化学校2所。2020年，幼儿园4所，专任教师47人，在园幼儿662人；小学3所，专任教师194人，在校学生1367人；普通初中1所，专任教师92人，在校学生854人。

**文　化**　2016年，综合文化站1个，村级文化活动中心15个，农家书屋15个，农村文化大院15个，文体广场13个，文艺宣传（表演）队1支。2020年，综合文化站1个，村级文化活动中心15个，农家书屋15个，农村文化大院15个，文体广场29个，文艺宣传（表演）队3支。县级文物保护单位3处（半城故城址、郭沟遗址、沙河古瓷窑址）。县级以上非物质文化遗产5项，其中市级4项（宁阳四八宴席与酒礼、宁阳乡饮小凉席制作技艺、宁阳乡饮粉皮制作技艺、乡饮琉璃瓦制作技艺）、县级1项（宁阳文人紫砂锡壶）。

**卫　生**　2016年，医疗卫生机构29家，床位120张，其中镇卫生院1家、村卫生室（社区门诊）28家。专业卫生人员45名，其中执业医师11名、执业助理医师15名。2020年，医疗卫生机构34家，床位129张，其中镇卫生院1家、村卫生室（社区门诊）33家；专业卫生人员49名，其中执业医师12名、执业助理医师12名。

## 社会保障

**医疗保险**　2016年，城乡居民基本医疗保险参保2.5万人。2020年，城乡居民基本医疗保险参保2.7万人。

**养老保险**　2016年，城乡居民基本养老保险参保0.8万人。2020年，城乡居民基本养老保险参保0.9万人。

**低保救助**　2016年，城镇最低生活保障户数6户、11人，发放最低生活保障金0.33万元；农村最低生活保障户数864户、1200人，发放最低生活保障金20.68万元；敬老院1家，床位50张，供养农村“五保”老人22人。2020年，城镇最低生活保障户数5户、8人，发放最低生活保障金0.41万元；农村最低生活保障户数716户、1009人，发放最低生活保障金34.07万元；敬老院1家，床位50张，供养农村“五保”老人26人。

## 名胜古迹

**半城故城址**　位于沈家屯东500米，为战国至汉代古遗址。城址南北长约750米，东西宽约700米，面积52.5万平方米。城墙早年夷平，南城垣今有2座高大夯筑土堆，俗称“东、西龙眼”。城中部有1座高6米、长100米、宽32米的台基，夯层厚0.34米。城内文化堆积层厚0.4～0.6米。在城址采集有汉代泥质灰陶鼎、壶、豆、甑、板瓦、筒瓦等器物残片及铜镜。1979年12月，被宁阳县政府公布为第一批县级文物保护单位。

**郭沟遗址**　位于郭家沟村南100米，西临东龙堂村，为战国时期至汉代文化遗存聚落址。遗址地处高台，较周围高出1.5米，面积约2万平方米，文化堆积层厚1.5～2.5米，断层处暴露有夯土层、陶水管。采集有战国时期夹砂灰陶绳纹罐口、泥质灰陶鼎足、豆盘、盆口，汉代泥质灰陶罐口、板瓦、筒瓦残片等器物遗存。1979年12月，被宁阳县政府公布为第一批县级文物保护单位。

**沙河古瓷窑址**　位于沙河庄北300米，为汉代、隋唐时代聚落址。遗址原为台地，历经多年平整土地，地势逐渐平缓，面积约5万平方米。文化堆积层距地表深0.35米，黑粘土质，遗址边

缘断层处及地表包含物丰富，采集有汉代灰陶豆盘、豆柄、罐、盆、板瓦、筒瓦等残片，隋唐时代青绿釉、黄釉瓷碗、罐、盆、壶等残片及瓷三叉支垫、垫板、窑棒等窑具。1979年12月，被宁阳县政府公布为第一批县级文物保护单位。

## 古今名人

**苑举成** 1927年生，苑家庄村人，中共党员。1945年7月参军入伍，曾任某团炮连排长、副政治指导员、某师警卫连指导员、副教导员、海军潜艇某艇政委。1965年任海军潜艇某支队政治部副主任。1976年任海军潜艇某支队副政委。1977年任海军潜艇某支队政委，正师职待遇。1983年3月离休。

**刘秀胜** 1940年生，香寺村人，中共党员。曾任中国人民银行新泰县支行副行长，泰安地区中心支行副行长、党组副书记。1983年，任中国人民银行山东省分行副行长、党组副书记兼任国家外汇管理局山东外汇管理局山东分局副局长。1992—1998年，任中国人民银行山东省分行行长、党组书记兼任省外汇局长。1998年、2003年分别当选山东省第九届、第十届人大常委会委员和财经委员会副主任委员。

**张新明** 1948年生，万家村人，中共党员。曾任某部队汽车团政治教导员、空军后勤部北京物资站政治教导员、空军涞水军械仓库政治委员等职务。1992年12月，在中国航空港建设总公司（空军建设总局）任党委书记。大校军衔，师职。

## 土特名产

**乡饮小凉席** 已有1000余年历史，从宋代起即作为朝廷贡品，至今仍是备受青睐的民间手工艺佳品。小凉席编织工艺复杂，做工精细，需经过30多道工序。凉席分为细席子和粗席子，区别是用料不同。细席子用高粱秸顶端光滑圆润的莛子作原料，细席表面光滑明亮、纹理细密；粗席子用高粱秸作原料。2006年，被列入第一批市级非物质文化遗产代表性项目名录。

**乡饮粉皮** 清同治三年（1846），乡饮乡苑家庄村苑举和从梁山县引进粉皮制作工艺，不久传及附近各村，成为家庭传统生产加工项目。二十世纪五六十年代，粉皮加工由家庭作坊模式转为集体生产加工。70年代末，实行家庭联产承包经营制后，以家庭加工生产为主。近年来，形成以南赵庄村、汉马村、常屯村为中心的粉制品加工集散地，远销全国十几个省、自治区、直辖市。乡饮粉皮具有匀薄透明、食用方便、口感良好、耐煮不化等特点。2005年，注册“南赵”牌商标，并通过农业部认证。2008年8月，被列入泰安市第二批非物质文化遗产名录。

**沙河西瓜** 因汉马河在当地俗称“沙河”，故所产西瓜称为“沙河西瓜”。乡饮乡汉马河两岸土地透气性能好，适宜种植西瓜。1997年，乡饮乡投资48万元，创办早春大棚西瓜种植示范园。1998年，乡政府与济南鲁青园艺所合作，投资46.5万元，在西云岗村建成30亩的西瓜育苗工厂，培育优质无籽西瓜，西瓜种植面积迅速扩大。2002年，全乡有3个村成为西瓜专业村，年产西瓜2700余吨。2004年注册“西云岗”牌商标，2005年被国家食品安全中心认证为“无公害产品”。

## 典型选介

**“四八”宴席及酒礼** 已有2000多年历史，传统的“四八”宴席属于鲁菜系，具有“四红四喜、八方来财、四平八稳”的寓意。“四八”宴席每席以8人为限，以用餐具32件而得名。有24道菜，即四铺桌、四压桌、两大件、八大碗、四中碗、两糕点，又分“粉四八”“鸡四八”与“参四八”，以“参四八”为最好，其中用琼粉者为

2024年2月，宁阳乡饮“四八”宴席图　　（乡饮乡宣传室　提供）

“粉四八”，用鸡丝者为“鸡四八”，用海参者为“参四八”。上菜顺序常常是一鸡、二鱼、三丸子，再上整鸡、整鱼，接着是“八大碗”中的其余五碗和“四小碗”，“四小碗”中“拔丝山药”最后上，最后是两糕点。乡饮酒礼是古代嘉礼的一种，也是汉族的一种宴饮风俗，一般讲究单顺双喜。2006年12月，宁阳“四八”宴席及酒礼礼俗被列入泰安市第一批非物质文化遗产名录。2020年4月，中央科教频道《中国影像方志》宁阳篇专门讲解了乡饮“四八”宴席。

**全国乡村特色产业亿元村——南赵村**　南赵村位于乡饮乡南部，全村有650户、2520人，土地面积318公顷。该村突出特色产业发展，坚持“因地制宜、一村一品、一方一业”产业布局，聚焦天一食品和乡汇食品等重点基地建设，串点成线引导特色产业深度集聚。与山东农业大学食品科学与工程学院签订支部共建、产学融合协议，流转土地20公顷开展地瓜新品种种植，延长产业链，助推粉制品产业提档升级。通过农业部“无公害产品”和山东省农业厅“一村一品示范村镇”认证，扩大“天一”“和顺康”等商标品牌的市场影响力。村集体、群众流转土地5.8公顷入股企业，股民年可增加分红1.3万元，村集体年增收70余万元。2020年11月，获评全国乡村特色产业亿元村；12月，在2020美丽乡村博鳌国际峰会上，被评为2020年度中国最美乡村。

## 乡党政主要负责人

党委书记　徐　斌（2013.9—2016.12）
　　　　　郭怀锋（2016.12—2021.12）
乡　　长　颜承根（2011.11—2016.12）
　　　　　刘恒桥（2016.12—2021.12）

（孔祥举）

泰安市

乡镇概览 |（2016—2020）

# 东平县

戴村坝 （李玉建 摄）

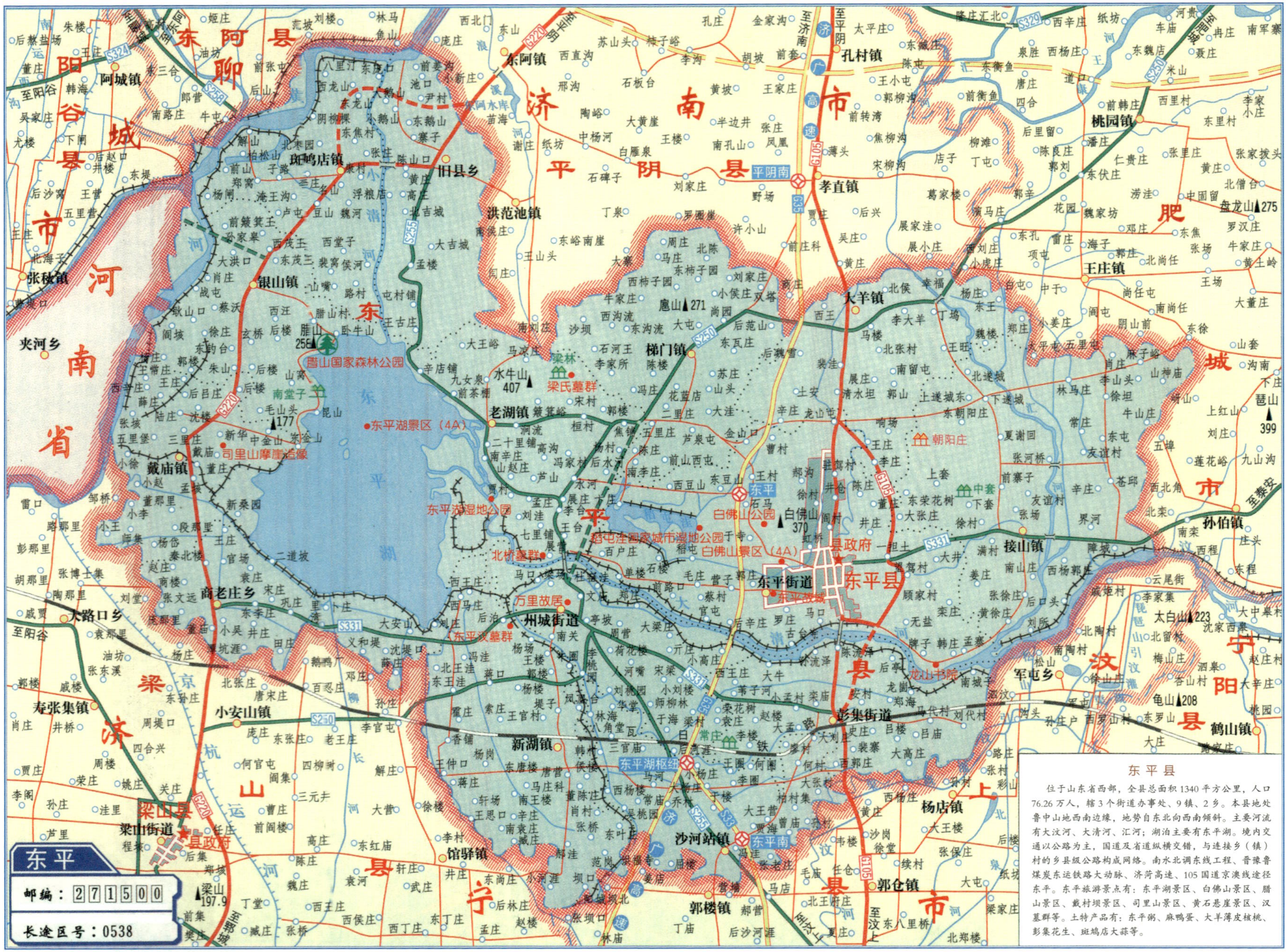


东平县

位于山东省西部，全县总面积1340平方公里，人口76.26万人，辖3个街道办事处、9镇、2乡。本县地处鲁中山地西南边缘，地势自东北向西南倾斜。主要河流有大汶河、大清河、汇河；湖泊主要有东平湖。境内交通以公路为主，国道及省道纵横交错，与连接乡（镇）村的乡县级公路构成网络。南水北调东线工程、晋豫鲁煤炭东运铁路大动脉、济菏高速、105国道京澳线途径东平。东平旅游景点有：东平湖景区、白佛山景区、腊山景区、戴村坝景区、司里山景区、黄石悬崖景区、汉墓群等。土特产品有：东平粥、麻鸭蛋、大羊薄皮核桃、彭集花生、斑鸠店大蒜等。

审图号：鲁SG(2019)034号

山东省地图院编制　2019年4月

# 概　述

## 地理环境

**位置面积**　东平县位于山东省泰安市西南部，东与肥城市毗邻，南与汶上县、梁山县接壤，西部隔黄河与东阿县、阳谷县、河南省台前县相望，北与济南市平阴县搭界，居大汶河下游，县东西长55.5千米，南北长45千米。总面积1340平方千米，占泰安市总面积的17.7%。

**建置区划**　东平古称东原，自周至清曾为国、郡、府、路、州。西汉，增置富城、章县，时五县先后属大河郡、东郡和东平国（国治宿城）。东晋，改东平国为东平郡（郡治宿城）。唐贞观元年（627），宿城县并入须昌县。景龙元年（707），复置宿城县。贞元四年（788），宿城县改名东平县。1945年5月，东平解放，属冀鲁豫第八专署。1947年7月，属冀鲁豫第七专署。1948年5月，复属泰西专署。1950年5月，属泰安专署。1958年12月，撤平阴县并入东平县。1959年10月，撤销东平县，恢复平阴县，其县境大部属平阴县。1962年1月，恢复东平县建制，复属泰安专署。1985年8月，泰安地区改为泰安市，东平县沿属。2020年，东平县辖乡镇（街道）14个、706个行政村、10个居委会。

**地形地貌**　东平县位于鲁西隆起区东平凸起之上，其东北部为肥城凹陷，南为汶上凹陷、拳铺凹陷，西为巨野凹陷。山地丘陵主要分布在东平县北部地区，属鲁中南低山丘陵边缘。最高点为梯门镇歪老婆顶，海拔451米。平原主要分布在南部地区，属大汶河冲积平原，多数土层深厚，土壤构型良好，适宜农业种植。洼地主要分布在东平湖区，该区西边是黄河，东边是东平湖滞洪区，属黄河冲积平原。除腊山、昆山、马山等少数孤山陵丘外，其余均为高程湖洼地，最低点在新湖镇轩场附近，海拔36.7米。全县有山头218个，其中海拔100米以上的189个，大部分一山多峰，少数山头拔地而起。

**气候特征**　属于暖温带大陆性半湿润季风气候。在山东省农业气候区划中，属于鲁西南半湿润温暖农业气候区，泥泽丘陵和沿湖农业气候区。主要特点是雨热同季，干湿季明显，冬季寒冷少雪，春季干燥多风，夏季炎热多雨，秋季天高气爽，冬夏长而春秋短，四季分明。

2020年1月，东平县城人民公园俯瞰图　　（李玉建　摄）

**土地资源** 全县土壤可分2个土类、6个亚类、12个土属、36个土种。轻壤均质褐土化潮土，俗称二合土，面积5189.13公顷，占土壤总面积的8.4%；轻壤表厚粘腰褐土化潮土（俗称蒙金土），分布在沙河站镇的东巴柳、张庄，占土壤总面积的0.18%；砂壤均质石灰性河潮土（俗称飞沙土），面积2221.13公顷，占全县土壤总面积的4.2%；中壤表厚粘心湖积湿潮土（俗称僵鸡粪土），面积1318.27公顷，占全县土壤面积的2.2%。

**矿产资源** 境内发现矿种（含亚矿种）15种，占全省已发现矿产总数150种的10%，其中能源矿产2种、金属矿产2种、非金属矿产10种、水气矿产1种。探明储量的主要有铁、煤、水泥用灰岩、页岩、白云岩、木鱼石、建筑用砂、矿泉水等。

**水资源** 2016—2020年，年降水总量平均678毫米，气温平均14.67℃，全年日照时数平均2319.6小时，年降水高度集中在6月至8月，占全年降水量的2/3。东平县境内有22条河流，主要有黄河、大汶河、汇河、金线河等，全县河流总水面3527.6公顷，折合35.28平方千米，占全县总面积的2.6%。

**生物资源** 全县有维管植物114科、379属、679种。其中蕨类植物11科、13属、15种；裸子植物4科、8属、16种；被子植物99科、358属、648种。被子植物中，双子叶植物81科、268属、480种，单子叶植物18科、90属、168种。全县野生动物共有788种，其中无脊椎动物510种，脊椎动物5纲、33目、80科、276种。兽类记录有5目、11科、18种；鸟类16目、46科、188种；爬行类动物2目、5科、9种；两栖类动物1目、3科、6种；鱼类9目、16科、57种。有国家一级重点保护野生鸟类4种，国家二级重点保护野生鸟类20种，山东省重点保护鸟类36种，人工养殖野生动物6种。

**人口民族** **人口** 2016年，常住人口76.21万人，其中城镇人口31.51万人、乡村人口44.70万人。出生人口1.20万人，出生率14.9‰；死亡人口4030人，死亡率5.0‰；自然增长率9.9‰。2020年，常住人口68.74万人，其中，城镇人口36.53万人、乡村人口32.21万人。出生人口5398人，出生率6.63‰；死亡人口5191人，死亡率6.38‰；自然增长率0.25‰。

**民族** 2016年，全县有回族、蒙古族、藏族、苗族、侗族等18个少数民族4300人，分布在14个乡镇，其中回族4100人。2020年，全县有回族、满族、蒙古族、壮族、苗族、朝鲜族、彝族等36个少数民族5160人，其中回族4351人，分布在14个乡镇。至2020年，全县有4个少数民族村，分别是东平街道马庄村、新湖镇西王庄村、老湖镇展庄村、州城街道北门村。

## 经济状况

2016年，东平县生产总值187.24亿元，同比增长5.9%。其中，第一产业增加值44.3亿元，增长1.7%；第二产业增加值65.21亿元，增长8%；第三产业增加值77.73亿元，增长9.3%。2018年，全县生产总值190.11亿元，同比增长5.5%。其中，第一产业增加值48.23亿元，增长2.45%；第二产业增加值62.88亿元，增长6%；第三产业增加值79亿元，增长7%。2020年，全县生产总值216.9亿元，同比增长3.5%。其中，第一产业增加值51.1亿元，增长4.0%；第二产业增加值69.4亿元，增长5.6%；第三产业增加值96.4亿元，增长1.6%。

**农　业** 2016年，农业总产值80.4亿元，农业增加值47.5亿元。其中，种植业增加值24.1亿元，林业增加值0.7亿元，牧业增加值10.3亿元，渔业增加值11.4亿元。粮食总产量60.5万吨。全县完成造林面积545公顷，其中经济林面积342公顷，防护林面积13公顷。森林面积2586公顷，木材产量7590万立方米。肉类总产量4.2万吨，禽蛋产量3.0万吨，牛奶产量1.1万吨，渔业生产稳中有升。全县水产养殖面积5600公顷，水产品总

产量7.83万吨，其中淡水养殖产品产量6.2万吨。机动渔船4550艘，总吨位3927吨。2018年，农业总产值84.1亿元，增长2.7%。农业增加值49.7亿元，同比增长2.8%。其中，种植业增加值27.1亿元，林业增加值9353万元，牧业增加值8.7亿元，渔业增加值11.5亿元。全县完成造林面积527公顷，其中经济林面积107公顷，防护林面积30公顷，木材产量7.49亿立方米。肉类总产量4万吨，禽蛋产量2.9万吨，牛奶产量1.3万吨，水产养殖面积3733.33公顷，水产品总产量7.1万吨，其中淡水养殖产品产量5.5万吨，捕捞产量1.6万吨。机动渔船4528艘，总吨位3782吨。2020年，农业总产值89.6亿元，增长4.4%。农业增加值53.4亿元，同比增长6.38%。其中种植业增加值28.3亿元，林业增加值1.2亿元，牧业增加值10.4亿元，渔业增加值11.1亿元。全县完成造林面积1000公顷（含人工更新421公顷），其中经济林面积125公顷，防护林面积300公顷，木材产量4.69亿立方米。肉类总产量3.4万吨，禽蛋产量2.7万吨，牛奶产量0.98万吨，水产养殖面积3733.33公顷，水产品总产量7.2万吨，其中淡水养殖产品产量5.4万吨，捕捞产量1.8万吨。

**工　业**　2016年，全县规模以上工业增加值同比增长6.9%。从产值及增幅来看，黑色金属矿采选业累计完成产值38.3亿元，同比增长12.6%；农副食品加工业完成产值171.1亿元，同比增长3.1%；酒、饮料和精制茶制造业累计完成产值12.0亿元，同比增长0.8%；纺织业完成产值88.0亿元，同比增长13.5%；纺织服装、服饰业累计完成产值69.2亿元，同比增长8.0%；造纸和纸制品业累计完成产值45.2亿元，同比增长3.0%；化学原料和化学用品制造业完成产值166.9亿元，同比增长2.9%；橡胶和塑料制品业累计完成产值46.4亿元，同比下降6.6%；电力、热力生产和供应业累计完成产值0.7亿元，同比下降22.2%。2018年，全县工业增加值38.5亿元，同比增长4.4%。从产值及增幅来看，农副食品加工业23.5亿元，增长25.0%；酒、饮料和精制茶制造业20.6亿元，下降40.0%；纺织业4.6亿元，增长17.9%；纺织服装、服饰业2.0亿元，下降9.1%；造纸和纸制品业32.6亿元，增长16.4%；化学原料和化学用品制造业47.9亿元，增长22.8%；橡胶和塑料制品业11.9亿元，增长7.2%；电力、热力生产和供应业1.0亿元，与上年持平。2020年，全县62家规模以上工业企业实现营业收入125.5亿元，同比增长2.5%。从产值及增幅来看，黑色金属矿采选业完成产值3.2亿元，增长75.2%；非金属矿采选业9.4亿元，增长30.6%；农副食品加工业16.5亿元，增长71.3%；造纸和纸制品业14.5亿元，增长24.0%；纺织业2.3亿元，下降31.0%；纺织服装服饰业0.7亿元，下降39.6%；化学原料和化学制品制造业41.6亿元，下降14.9%；非金属矿物制造业12.0亿元，下降2.8%。

**建筑业**　2016年，建筑业实现增加值29.86亿元，比上年增长2.8%。23家资质以上建筑企业完成总产值61.96亿元，其中6家二级资质以上企业完成26.1亿元。2018年，建筑业实现增加值33.1亿元，同比增长4.2%。31家资质以上建筑企业完成总产值42.8亿元，其中8家二级资质以上企业完成15.1亿元。2020年，资质建筑安装企业28家，完成总产值13.3亿元，同比增长6.8%。其中建筑工程产值11.9亿元，增长7.0%；安装工程产值0.8亿元，下降13.0%。

**商贸服务业**　2016年，社会消费品零售总额155.58亿元。其中，限额以上企业（网上直报）完成消费品零售额92.06亿元，同比增长3.31%。限额以上批发和零售业、住宿和餐饮业企业1882家，与上年同期持平；实现零售额92.06亿元，占零售总额的59.17%，比重下降3.32个百分点。2018年，社会消费品零售总额168亿元，同比增长9%。其中，限额以上单位完成消费品零售额93.6亿元，占零售总额的55.7%；限额以下单位完成消费品零售额74.4亿元，占零售总额的44.3%。2020年，全县完成社会消费品零售总额113.9亿元，与上年持平。其中，限额以上单位零售额15.4亿元，同比增长10.3%；限额以下单位98.5亿元，下降1.4%。从限上单位分行业销售额（营业额）来看，限上批发业56.7亿元，增长12.2%；零售业11亿元，下降0.2%；住宿业2278万元，下降19.4%；餐饮业2861万元，下降3.9%。从限上单位城乡零售额情况看，城镇15.3亿元，增长10.2%；乡村1047万元，增长10.4%。

**旅游业** 2016年，启动东平湖—白佛山国家AAAAA级旅游景区和山东省全域旅游示范区创建工作；上级拨款项目资金716.3万元；编制完成乡村旅游规划9个；东平县戴庙镇被评为省级旅游强乡镇；银山镇银通农业产业园和旧县乡吉城四村农业观光园被认定为省级农业旅游示范点；银山镇昆仑山生态采摘园和州城街道思泉农场被评为省级精品采摘园；东平街道稻蒲荷香休闲开心农场被评为省级开心农场；截至2016年末，国家A级旅游景区14家，其中新评国家AAA级旅游景区2家；省级旅游特色村24个，其中新增3个；发展好客山东星级农家乐186户，其中新增20户。全年共接待国内外游客610万人次，同比增长9%；实现旅游综合收入36.9亿元，同比增长10.1%。2018年，有国家A级旅游景区15家，接待游客743.7万人次，同比增长11%；实现旅游综合收入45.68亿元，同比增长14.2%。水泊系列食品获省旅游商品创新设计大奖赛铜奖，稻蒲荷香系列食品获省“后备箱工程”旅游商品银奖。2020年，全县加快创建省级全域旅游示范区，文旅产业和事业稳步回升、向好发展。但受疫情影响，旅游人数和收入出现双下降。全年旅游总人数508.9万人次，实现旅游综合收入29.23亿元，同比分别下降37.3%和41.7%。至2020年，东平县有东平湖、白佛山2个国家AAAA级旅游景区，戴村坝等12处国家AAA级旅游景区，22个旅游特色村，10个省级旅游强乡镇，唐坊村、南堂子村被评为“全国乡村旅游模范村”。全县有水浒影视城、腊山景区、六工山水浒大寨、聚义岛景区、戴村坝、清河公园、东原阁、滨湖生态园8个景区；水浒古镇中心码头、大安山码头、银兴码头、老湖码头4个码头。

## 财税金融

**财　政** 2016年，全县一般公共预算收入11.93亿元，增长2.2%；一般公共预算支出34.77亿元，增长2.9%。2018年，全县一般公共预算收入11.76亿元，同比增长2.4%；一般公共预算支出42.43亿元，同比增长11.7%。2020年，全县一般公共预算收入12.87亿元，增长8.5%；全县一般公共预算支出41.39亿元，同比增长4.8%。

**税　收** 2016年，税收收入7.89亿元，其中，国税部门完成1.67亿元，增长46.4%；地税部门完成6.57亿元；财政部门完成3.70亿元，增长83.5%。2018年，税收收入8.96亿元，增长11%，税收收入占财政收入的比重

2020年8月，东平县滨湖公园一角　　（张志刚　摄）

达到76.2%，高于全市4.2个百分点。2020年，税收收入9.6亿元，增长2.9%；全县本外币各项贷款余额277.72亿元，比年初增加17.34亿元，增长6.66%，余额存贷比74.06%，居全市第二位。

**金　融**　2016年，全县银行业金融机构10家，证券类金融机构1家，保险类金融机构22家，小额贷款公司2家，民间资本管理公司1家，融资性担保公司1家，典当行3家。2018年，全县银行业金融机构10家，证券类金融机构1家，保险类金融机构23家，小额贷款公司2家，融资性担保公司1家。2020年，金融机构和金融组织37家，其中银行业金融机构10家，营业网点78个；保险类金融机构23家；证券类金融机构1家；小额贷款公司1家，融资性担保公司1家，典当行1家。区域性股权交易系统挂牌企业2家。

**保　险**　2016年，保险业机构22家，保费收入6.5亿元。2018年，保险业机构23家，保费收入8.4亿元。2020年，保险业机构23家。

## 社会事业

**科　技**　2016年，东平县获市级及以上科学技术奖7项，其中山东省科技进步奖1项、泰安市科技进步奖6项，东平县科技进步奖35项；专利申请量428件，其中授权专利213件；东平县高新技术产业产值实现295.68亿元，占东平县规模以上工业产值的25.42%。2018年，东平县获泰安市科技进步奖3项（一等奖1项、二等奖2项）；专利申请量112件，其中授权专利23件。高新技术产业产值280亿元，占东平规模以上工业产值的25%。2020年，东平县获泰安市科技进步奖1项（一等奖），专利申请量572件，其中授权专利359件。科技型中小企业、高新技术企业分别为10家、30家。东平县高新技术产业产值占比57.26%。

**教　育**　2016年，各级各类学校（含幼儿园）284所，在校生8.35万人，专任教师5539人。其中幼儿园181所，在园幼儿3.12万人，专任教师2340人；小学73所（不含21处教学点），在校学生3.48万人，专任教师2340人；普通中学25所，在校学生4.42万人，专任教师2961人；中等职业学校2所，在校学生4354人，专任教师207人；特殊教育学校1所，在校学生128人，专任教师31人；体育学校1所，在校学生44人；教师进修学校1所，教职工23人。2020年，各级各类学校（含幼儿园）315所，在校生11.13万人，专任教师6149人。其中幼儿园218所，在园幼儿2.49万人，专任教师2399人；小学64所（不含21处教学点），在校学生4.18万人，专任教师2468人；普通中学28所，在校学生3.99万人，专任教师3431人；中等职业学校2所，在校学生4580人，专任教师218人；特殊教育学校1所，在校学生164人，专任教师32人；体育学校1所，在校学生48人；教师进修学校1所，教职工22人。

**文　化**　2016年，全县有博物馆1个，公共图书馆1个，文化馆1个，文化站14个，农村文化大院716个，文化经营单位132家，其中，互联网上网服务营业场所48家，印刷企业31家，文化娱乐场所8家，各类艺术协会8个，从业人员总计1000余人。组建提升庄户剧团60支，开展文化下乡演出60余场次，送书下乡5万册，公益电影放映8592场次。2020年，有博物馆1个，公共图书馆1个，群众艺术馆1个，文化馆1个，文化站14个，农村文化大院716个，开展文艺下乡演出22场，培训文艺骨干800人。线下二胡、古筝、舞蹈等15项免费艺术门类正常教学，培训学员1600人。开展文化公益课堂，培训文化站长及文化带头人80人。东平县文化馆在全国第五次文化馆定级评估中被评为国家一级文化馆。全县有国家级文化产业示范基地1个、全国重点文物保护单位4处、省级文物保护单位13处。县级以上非物质文化遗产保护项目87项，其中国家级2项、省级4项、市级17项、县级64项。腊山道教音乐、端鼓腔分别列入第二批、第三批国家级非物质文化遗产名录。

**卫　生**　2016年，各级各类医疗卫生机构534家，其中医院8家、疾病预防控制机构1家、妇幼保健机构1家、乡镇卫生院和街道社区卫生服务中心（站）13个、其他卫生机构511个。各类卫生机构有床位2697张，卫生技术人员3211人，其中执业医师及执业助理医师1134人、注册护士1294人。2020年，各级各类医疗卫生机构584家，其中医院13家、疾病预防控制机构1家、妇幼保健机构1家、卫生院10家、社区卫生服务中心（站）12个、诊所100家、村卫生室448个。各类卫生机构有床位数3274张，卫生技术人员3891人，其中执业医师及执业助理医师1560人、注册护士1612人。县胸痛中心代表泰安市参加国家胸痛中心总部上半年质控评比，在全国1372家胸痛中心中排名第26位。

**体　育**　2016年，全县有体育场馆1座，实施清河体育公园健身步道项目建设，完成110个行政村的健身广场建设，完成21个村“千村扶贫健身工程”场地硬化和验收，完成老湖移民社区凤凰家园B区场地器材配送安装。新成立体育协会2个、单项俱乐部3个。举办中国钓鱼大师巡回赛、“万博北京湾”杯山东省第二十五届钓鱼锦标赛、“职渔者钓线杯”竞技钓鱼比赛、“精鹜杯”全国竞技钓鱼比赛等大型垂钓比赛10余场。举办山东省第六届全民健身运动会自行车万人骑行活动。2020年，体育场馆1座，完成体育馆笼式足球场、环白佛山起步区健身步道等50余处健身场地健身设施建设任务。完成全县70个行政村健身器材配发工作，累计更换健身器材347件（套）。举办中华垂钓大赛山东“化氏杯”钓鱼邀请赛、中华垂钓大赛山东“东平钓协杯”钓鱼邀请赛、中国路亚黄金联赛等6场国家级赛事。

## 居民收入

2016年，城镇居民人均可支配收入2.61万元，比上年增长7.9%；人均消费性支出1.67万元，增长8.0%；城镇居民恩格尔系数（食品支出占人均消费性支出的比重）为25.0%。农村居民人均可支配收入1.32万元，增长8.5%；人均生活消费支出7995元，增长8.1%；农村居民恩格尔系数为31.0%。2018年，城镇居民人均可支配收入3.05万元，比上年增长7.8%；人均消费性支出1.95万元，增长7.9%；城镇居民恩格尔系数24.0%。农村居民人均可支配收入15517元，增长8.4%；人均生活消费支出9395元，增长8.4%；农村居民恩格尔系数30.3%。2020年，城镇居民人均可支配收入3.38万元，同比增长3.5%；人均消费支出2.18万元，增长3.4%；城镇居民恩格尔系数23.3%。农村居民人均可支配收入1.82万元，增长6.0%；人均消费支出1.09万元，增长4.9%；农村居民恩格尔系数29.6%。

## 社会保障

**医疗保险**　2016年，城镇职工基本医疗保险参保人数共7.35万人，比上年同期增加1100人，增长1.52%。征缴城镇职工医保基金2.00亿元，比上年同期增加816万元，增幅4.1%。支出医保基金1.90亿元。全县城乡居民医疗保险参保人数为62.23万人，征缴医疗保险费3.69亿元，支出3.67亿元。2020年，全县职工医保参保人数7.79万人，共征缴医保基金2.43亿元，其中，基本统筹医疗收入1.30亿元（其中大病保险收入134.8万元、长期护理保险收入202.2万元）、医疗个人账户收入1.06亿元、大额医疗救助金收入685.9万元。全年支出2.41亿元，当年结余189.25万元。居民医保参保人数62.36万人，个人缴费1.59亿元，省市县三级财政补助金额3.43亿元，合计筹集医保基金5.02亿元。全年支出4.94亿元，当年结余828.97万元。

**养老保险**　2016年，参加城镇职工养老保险人数达8.11万人，同比增加1241人。参加城乡居民养老保险人数43.84万人，同比增加7075

人。参加基本医疗保险人数70.3万人（含城镇居民），同比增加4048人。参加失业保险的4.92万人，同比减少0.1%。参加工伤保险的6.97万人，同比增长1.9%。2020年，参加城镇职工养老保险人数达11.49万人，参加城乡居民养老保险人数46.89万人，参加工伤保险的6.98万人，参加失业保险的3.74万人。全年实现企业、机关事业、城乡居民、失业、工伤、职业年金、被征地农民7项社会保险基金收入13.94亿元，比上年同期增长2.88%；发放离退人员待遇及各项社会保险基金支出12.77亿元，比上年同期增长10.47%，代发款项1.22亿元，合计13.99亿元，发放率100%。

**低保救助** 2016年，全县最低生活保障救助2.81万人，同比减少10.3%，其中城市1124人，同比减少11.8%；农村2.70万人，同比减少10.2%。发放最低生活保障金6703万元，同比减少2.5%，其中城市427万元，同比减少5.5%，农村6276万元，同比减少2.3%。2020年，全县最低生活保障救助2.09万人，同比减少10.5%，其中城市639人，同比减少21.3%；农村2.03万人，同比增加11.9%。发放最低生活保障金7614万元，同比增加40.6%，其中城市399.5万元，同比增加11%，农村7214.5万元，同比增加42.7%。敬老院15家，床位1718家，收养农村“五保”老人885人。

## 名胜古迹

2020年，有古遗址、古建筑、古墓群、石刻造像、摩崖刻经等150余处。最具特色的是石窟摩崖造像群和摩崖刻经。白佛山有佛教石刻造像138尊，被载入《中华名胜大典》，被誉为齐鲁第一大佛。在东平故城出土的东汉张迁碑（移存泰安岱庙内），其拓件被故宫博物院列为历代书法八件精品之一。东平湖畔的洪顶山摩崖刻经，与泰安经石峪刻经同为北齐高僧安道壹所刻，专家学者称其为北朝摩刻之精华、大字之鼻祖。东平湖是历史上“八百里水泊”的唯一遗存水域，1985年，被山东省人民政府列为风景名胜区。东平湖西岸的腊山，以奇、险、幽而有小泰山之称，融自然、人文景观于一体，是“全国十大森林公园标兵”之一。驰名中外的古运河（东平段），自靳口入境至戴庙出境，长35千米，在东平发展史上留下浓重的一笔。明永乐九年（1411）修筑的戴村坝，被誉为“江北都江堰”。

（李姗姗　赵　潇）

# 东平街道

## 地理环境

**位置面积** 东平街道，地处东平县中部，东邻接山镇，南接州城街道、彭集街道，西与老湖镇相连，北与梯门镇、大羊镇接壤，辖区东西长20.8千米，南北长13千米，总面积160.9平方千米。

**建置区划** 周时，为宿国。汉时，为东平国治。晋时，为东平郡。隋时，属宿城县。1931年后，为宿城镇，属东平县第三区。1958年，设立宿城公社。1983年，改为东平镇。2001年，撤销宿城镇，并入东平镇。2010年6月，改为东平街道。辖赤脸店、李范村、刘范村、尹范村、护驾村、闫村、后屯、虹桥、赵桥、高范村10个社区居民委员会，宿城、古台寺、罗庄、卜楼、焦村、焦园、一担土、董庄、井庄、大井、望村、顾村、栾庄、大陈庄、李泉子、井仓、驻村、赵村、韩庄、郝沟、徐村、东孟村、井峪、于寺、石马、王村、东豆山、西豆山、西孟村、河沟、卞庄、铁板桥、陈庄、单楼、百户庄、塘坊、史楼、小河、诵尧台、海子、张庄、西辛庄、刘庄、毛庄、蔡村、营子、东屯、后路口、西官屯、前路口、前辛庄、稻屯、马庄、无盐、牌子、吴庄、孟寨、北城子、龙山屯、前海子、曹村、金山口、东海子、尚庄村64个村民委员会。至2020年，建置区划未变。

**自然状况** 东平街道地势东高西低，东部、北部为山地，西部为洼地，南部为平原、最高点白佛山，海拔370米；最低点稻屯洼，海拔38米。街道属暖温带季风气候，四季分明，春季多东南风，气候干燥；夏季炎热，降雨量每年不等，干旱或洪涝灾害时有发生；秋季温度下降，天高气爽，日照充足；冬季盛行偏北风，温度低，气候干冷。街道境内有大清河自戴村坝入境，长20千米。白吉河发源于驻村东山地，长13.13千米，平均宽度18米。洪山河地处东部，长3800米，平均宽度15米。境内紫砂页岩、石灰岩、河砂总储量35亿立方米，铁矿地质储量502.99万吨。

**人口民族** 2016年，常住总户数2.52万户，常住总人口9.37万人，其中男性4.7万人、女性4.67万人。2018年，常住总户数5.92万户，常住总人口15.65万人。2020年，常住总户数5.74万户、常住总人口15.07万人。有汉族、回族2个民族。

## 经济状况

**农　业** 以种植小麦、玉米、有机蔬菜、苗木花卉为主。2016年，全镇耕地面积9616.06公顷，均为水浇地，全年农林牧实现总产值6.83亿元，其中，农业产值5.35亿元、林业产值91万元、牧业产值1.38亿元。发展农业龙头企业2家，发展专业合作社15家，新发展肉牛养殖家庭农场1家、规模饲养场户17家，新建农民专业合作社2家，形成了以发展生猪、肉羊、肉鸡为主业的畜牧业发展格局。2018年，全镇耕地面积4462公顷，均为水浇地，雨季荒山造林52.67公顷，实现农业总产值19.9亿元，增长9.5%。农作物总播种面积0.86万公顷，其中粮食作物播种面积0.77万公顷。粮食总产量5.86万吨，棉花产量1152吨，油料产量0.13万吨，蔬菜产量1.5万吨，园林水果产量0.2万吨，水产品产量0.50万吨。农业技术服务机构12个，农民专业合作社46个，家庭农场16个，种植大户13户。2020年，全镇耕地面积4462公顷，均为水浇地，农业总产值32.28亿元，增长2%，农业技术服务机构12个，农业企业8个，农民专业合作社48个，家庭农场4个。

**工　业** 2016年，工业企业316个，其中规模以上工业企业97个，工业总产值710.97亿元，规模以上工业产值669.36亿元，利润总额8.78亿元，利税总额3.84亿元。2018年，工业企业374家，其中规模以上工业企业68家，工业总产值367.9亿元，规模以上工业企业总产值62.76亿元。主营业务收入58.5亿元，利润8亿元，利税3.51亿元。2020年，工业企业364家，其中规模以上工业企业33家，工业总产值25.8亿元，主营业务收入25.4亿元，实现利润3.5亿元，利税1.54亿元。引进落地项目8个，招商引资到位资金3.2亿元，上级拨款项目资金1.5亿元，进出口总额3.2亿元；资质三级及以上建筑企业22家，建筑业产值55.2亿元，实现利税2.75亿元。

## 财政税收

**财　政** 2016年，一般公共预算收入1.55亿元，一般公共预算支出1.55亿元。2018年，一般公共预算收入1.08亿元，一般公共预算支出1.18亿元。2020年，一般公共预算收入1.19亿元，一般公共预算支出1.19亿元。

**税　收**　2016年，税收收入1亿元，其中增值税4295.31万元。2018年，税收收入1.08亿元，其中增值税6136.35万元。2020年，税收收入1.19亿元，其中增值税6947.35万元。

## 社会事业

**教　育**　2016年，幼儿园58所，专任教师329人，在园幼儿5077人；县级以上规范化幼儿园4所，市级以上规范化幼儿园1所。小学10所，专任教师149人，在校学生1678人；普通初中1所，专任教师163人，在校学生1571人。市级规范化中学1所；县级以上规范化小学5所，其中省级规范化学校1所、市级规范化学校1所。2020年，幼儿园66所，专任教师871人，在园幼儿7920人；县级规范化29所，其中市级规范化7所、省示范1处。小学7所，专任教师65人，在校学生562人；县级以上规范化小学4所，其中市级规范化学校1所。

**文　化**　2016年，综合文化站1个，村级文化活动中心30个，各类文化专业户6户；各类图书室30个，藏书10余万册，音乐、美术、书法、摄影及文学业余创作人员62人；农家书屋30个，农村文化大院30个，文体广场30个，文艺宣传（表演）队6支。2020年，镇综合文化站1个，村级文化活动中心74个，各类文化专业户23户；各类图书室74个，藏书50余万册，音乐、美术、书法、摄影及文学业余创作人员达2000余人；农家书屋74个，农村文化大院74个，文体广场74个，文艺宣传（表演）队35支。县级以上文物保护单位17处，其中国家级1处（白佛山石窟造像）、省级2处（东平故城、峅山汉墓群）、市级5处（王村墓群、一担土汉墓、龙山石窟造像、青峰山摩崖造像、清泉寺石刻）、县级10处（无盐故城、范村墓群、石马古墓、路口古墓、赵桥古墓、焦村古墓、于寺古墓、于寺石刻、长山石刻、毛庄教堂）。

**卫　生**　2016年，医疗卫生机构75所，床位1413张，其中镇卫生院2所，专业卫生人员115人，执业（助理）医师317人。2020年，医疗卫生机构75所，床位1608张，其中镇卫生院2所，专业卫生人员133人，执业（助理）医师693人。

## 社会保障

**医疗保险**　2016年，居民基本医疗保险参保人数为9.6万人。2020年，居民基本医疗保险参保人数为9.29万人。

**养老保险**　2016年，居民养老保险3.8万人。2020年，居民参加养老保险5.9万人。

**低保救助**　2016年，城镇最低生活保障23户、49人，发放最低生活保障金19.66万元；农村最低生活保障户数1011户、2103人，发放最低生活保障金419.59万元；社会福利收养性单位1个，床位811张，收养农村“五保”老人215人。2020年，城镇最低生活保障17户、27人，发放最低生活保障金15.32万元；农村最低生活保障户数829户、1637人，发放最低生活保障金500.82万元；敬老院1家，床位320张，收养农村“五保”老人123人。

## 名胜古迹

**白佛山石窟造像**　全国重点文物保护单位。位于东平街道西北侧。雕凿于隋开皇七年（587），有隋窟、宋窟、露天造像和清代窟像，今存138尊。其中隋窟内圆雕主佛像通高7.2米，结跏趺于束腰仰莲座上。螺纹肉髻低平，面相浑圆，手施无畏与愿印，著双领下垂式袈裟。其左右窟壁上又排列数十小龛，龛内造像1～9尊，其中“涅槃像”颇具地方特色，“十六王子”题铭造像也是国内罕见。唐窟内为华严三圣造像，阿弥陀佛上半身像高2.4米，两侧文殊、普贤菩萨像，璎珞繁缛，雕刻细腻。宋窟位于最东侧，有组合像、单身佛像和罗汉像等高浮雕造像12尊。造像区内还有摩崖题刻、碑刻以及三教堂、大雄宝殿、玉皇阁等文物。

**东平故城** 省级文物保护单位。位于东平街道，包括宿城、郭庄、焦园、营子新村、魏庄4个自然村。东平故城即宿城，最初是东夷族的一支宿（夙）夷所建的城邑，周代为宿国国治，两汉至三国时期为东平国国治，唐代为宿城县县治，有2000多年的历史。遗址占地面积200多万平方米，分布有宫殿区、皇城区、作坊区以及城门等，是保存较为完好的古代城邑遗址，尤其城址的西北角仍存北城墙中一段，高1～2.5米、长180米、宽15米，夯土层、柱洞明显。2004年，山东省考古研究所对东平故城进行局部发掘，解剖部分城墙，发掘部分生活区。2011年，山东省文物考古研究所对东平故城进行初探，编制保护规划。

**峗山汉墓群** 省级文物保护单位。位于山东省东平县东平街道。2015年6月23日，峗山汉墓群被山东省人民政府公布为山东省第五批省级文物保护单位。

**王村墓群** 市级文物保护单位。位于东平县东平镇王村村南、村北，为汉代封土堆墓葬。今存墓2座，村南1号墓封土堆高14米，直径40米；村北2号墓封土堆高12米，直径60米，土质为灰白淤积泥。两墓夯土层明显，保存基本完好，墓室结构及葬品不详。

**一担土汉墓** 市级文物保护单位。位于东平街道一担土村，为汉代古墓。有墓葬两座，东西相距90米，一号墓现存封土直径53米，高8米；二号墓现存封土直径60米，高10米。汉墓周围曾出土有画像石、陶壶、带钩、钱币等汉代遗物。

**龙山石窟造像** 市级文物保护单位。位于东平街道龙山之阳，造像居于摩崖上，下方为龙山寺和龙山书院遗址，属高浮雕造像，人工垒砌石墙成窟。造像呈站立式，高425厘米，身着双领下垂式袈裟，衣纹刻线较粗，身体丰满健壮。

**青峰山摩崖造像** 市级文物保护单位。位于东平县城南青峰山西山谷北侧。为佛教摩崖造像。造像有两组，第一组近于山巅，呈扇形分布，为宋代造像。中间为一佛二弟子像，佛高1.5米，结跏趺于须弥座上，两耳垂肩，高肉髻，著通肩式袈裟，手施无畏与愿印。左右崖上又各分布9尊罗汉像，合为十八罗汉。姿态各异，栩栩如生。第二组造像在第一组下方60米处，为三世佛像，均高近2米，结跏趺于须弥座上，著双领下垂式袈裟，面部凸圆肥胖。此三像年代较晚。

**清泉寺石刻** 市级文物保护单位。位于东平街道尚庄村西杨山之阳，此处原有寺曰“清泉寺”。据清光绪《东平州志》载：“清泉寺，旧志作杨山口寺，在县治东北三十里金螺山下，去杨山迤东三里许有清泉，水甚甘美，因以清泉名寺。金大定二十三年重修。”后寺院建筑无存。寺西有明代和尚塔残石。清泉寺摩崖刻字共有4处。寺后近于山顶处刻“层峦叠翠”4字，字径1米，隶书，字体雍容华贵；“仰止”2字，字径0.8米，篆书，字体遒劲潇洒。近山脚处在一突兀的大巨石上刻“抱璞”2字，字径0.4米，篆书，字体古朴苍劲。其东在一大石斜面上刻“大块文章”4字，字径0.5米，隶书。4处刻字均年代不详，仅“仰止”2字首题“卯仲夏”，“层峦叠翠”4字右有一处刻字题记，漫漶难辨；落款均为“怡延年”，志书中对此人无记载。

**无盐故城** 县级文物保护单位。位于山东省东平县东平街道无盐村南。西周、春秋时为宿国地，战国时置无盐邑；秦至北魏为无盐县治。历史上这里养育了著名的女政治家钟离春（钟无艳），而著名的汉代战争“无盐大捷”也发生在此地。故城遗址南北长350米，东西宽300米。

**范村墓群** 县级文物保护单位。位于村东北青峰山山凹、山坡地。今存封土堆墓3座，呈“△”形排列。三墓封土堆直径40～80米，高3～10米，夯土层明显，上植有柏树，墓室不详。在该墓区内发现许多石结构墓，葬品有陶罐、壶和陶动物模型等。另外，在3号墓南小桥上还有一块画像石，首端为双鱼图案，墓区内地堰上村庄附近还残置有不少画像石。该墓群向东为无盐汉墓群。

**石马古墓**　县级文物保护单位。在石马村北、村南，为东汉墓葬。村南“金牛农场开发区”施工时发现墓葬多座，距地表3米，其中一座被打开，为汉画像石墓。其东一墓内还设有“元始四年”题记石柱，为西汉晚期墓葬。此墓疑为原被平掉封土堆墓中的一座。在该画像石墓南还有几座小型墓，内出土葬品有汉代铜剑格、铁剑、陶罐、五铢钱等。村北的一座，存封土堆直径60米，高6米，夯土层明显，墓室不详。据当地群众反映，石马村北（王村村南）原有墓18座，封土堆大小不一，后被毁掉。墓室多为砖、石结构的“四合房”式，出土有陶灶、釉陶壶、陶罐、铁剑、五铢钱、陶质动物模型等，有的墓室内还散置有较多的玉衣片。墓砖很大，有的重四五十斤。1973年文物普查时由省、市专家考证为汉墓群。石马汉墓群北为王村汉墓群。

**赵桥古墓**　县级文物保护单位。位于赵桥村东北300米处，在白佛山前台形地上。现存汉墓1座，封土堆直径80米，高8米，夯土层明显。1997年初，在墓顶上发现一处深5米、直径1米的盗洞，墓室已被盗，后复填土，墓室结构不详。墓南曾出土中型石室墓，葬品有陶壶、陶灶和铜带钩、铜车马饰件以及涂朱陶耳杯等。其西为焦村汉墓群。

**焦村古墓**　县级文物保护单位。位于焦村北白佛山前山坡地。今存有墓2座，皆有高大的封土堆，左右排列。西墓封土直径60米，高7米，上积满碎石、植有柏树；东墓封土直径110米，高19米，周围尽是乱石，植柏树，夯土层不甚明显，文物普查资料中定为汉墓。在其墓前大面积内曾发现20余座小型砖室或石室墓，葬品有陶罐、陶壶、五铢钱、汉白玉猪等。其西北为于寺汉墓群。

**于寺古墓**　县级文物保护单位。分布在于寺村东和村南，村东汉墓群在白佛山西麓山坡地上。今有墓1座，封土堆直径30米，高3米，夯土层明显，其墓西、墓南原有2座封土堆墓，后被平掉，未触及墓室。在墓南曾发现1座墓，为砖室墓，墓复封土，墓室结构不详。村前原有2座墓，被平掉。在于寺村东封土堆之南（汉画像石墓之东）发现汉代“石匣墓”，葬品不详。

**毛庄教堂**　县级文物保护单位。约始建于1932年，1934年建成。位于东平镇毛庄村西，是东平四大天主堂之一。教堂主体建筑基座由石块砌成，墙体采用青砖，转角做白色隅石，屋顶为灰瓦。塔楼样式为罗马式的圆顶。据传，教堂为德国传教士所建。

## 古今名人

**钟离春（生卒年不详）**　无盐邑（今东平县）女。又称钟无艳，貌极丑，但很有才华，年三十未嫁。为拯国救民，冒着杀头危险去见齐宣王，指出宣王政治上有“四失”。齐宣王拜为无盐君，立为后，拆渐台、罢女乐、退谄谀、纳忠言、选兵马，以田婴为相国，以邹人孟轲为上宾，齐国从此成为强国。

**罗贯中（约1330—约1400）**　名本，字贯中，号湖海散人，元末明初生于山东东平县罗庄村，中国元末明初小说家、戏曲家。明洪武三年（1370），创作《三国演义》十二卷。洪武十四年（1381）写出《三遂平妖传》。其他作品有小说《隋唐两朝志传》《残唐五代史演义》《水浒全传》与杂剧《宋太祖龙虎风云会》。

**李文芝（1488—1568）**　字元徵，号柘泉，东平街道人，明嘉靖二年（1523）进士，选翰林院庶吉士，掌湖广道监察御史，转浙江道监察御史，后掌京畿道监察御史。立朝敢言，有古大臣风。改授南京前府都事，后改锦衣卫经历，升工部员外郎，历任庆阳府知府、怀庆府知府，升山西按察司副史（按察副使），总理紫荆等三关兼保定等处地方兵备道，晋升亚中大夫，随处惠政及民，事迹备载州志，崇祀名宦乡贤，有《柘泉类稿》行世。

**李耀珍（1905—1941）** 东平街道龙山屯村人。1935年参加工作。1938年，加入中国共产党。1939年任三区区委书记，同年9月，当选为三区区长。1940年9月18日，李耀珍等人到清水坦参加党的秘密会议，次日拂晓，被三区伪区队包围，不幸被捕。1941年1月2日，在县城北门外慷慨就义。

**陈乐航（1918—1945）** 原名李广汉，东平街道古台寺村人，1939年，参加革命后加入中国共产党。1942年任东平二区抗日民主政府区长。1945年3月，他带领13人在双塔村开会时，被敌人包围，在战斗中负伤被俘，敌人用酷刑折断其上肢，并用铡刀将他铡为三段，壮烈牺牲。

**郑洪超（1924—2000）** 东平县宿城镇（今东平街道）焦村人。1945年5月加入中国共产党，1945年7月参加革命工作。历任东平县委事务长、管理员，宁阳县委办公室秘书、主任，县委常委、城关镇委第一书记，县委常委、办公室主任、县委副书记、县革命委员会副主任、主任，宁阳县委书记兼宁阳县武装部第一政委，宁阳县人大常委会党组书记、主任，泰安市人大常委会副主任、党组成员。1993年12月离职休养。2000年9月病逝。

**于连荣** 女，1951年6月生，东平县东平街道于寺村人。1969年9月参加工作，1973年9月加入中国共产党，中央党校在职研究生学历。1969年9月至1973年9月，先后担任东平县宿城公社于寺村卫生室医生、村团总支书记。1986年7月至1992年11月，先后任泰安市计划生育委员会副主任、党组副书记，主任、党组书记。1992年11月至1993年1月，历任泰安市委宣传部部长，市计划生育委员会主任、党组书记。1993年1月至1998年3月，历任泰安市政府副市长、党组成员，市计生委主任、党组书记，泰安市政府副市长、党组成员。1998年3月至2004年1月，任泰安市政协副主席、党组成员；2004年1月以后，任泰安市政协副主席、党组副书记。

## 典型选介

**稻屯洼湿地公园** 是国家城市湿地公园，总面积2466.67公顷，常年水面1333公顷，外围滩地1134公顷，汇水面积272平方千米，湿地内生物资源丰富，周围有15个村庄。三面环山，一面临水，山水相依，蒲苇吐翠，鱼跃鸟鸣，瓜果飘香，湿地内生物资源丰富多样，珍稀动物、名贵草木众多，是一个自然景观优良的湖沼湿地，是极其珍贵的湿地资源，展现出北国江南的秀美景色。

**全国乡村治理示范村——史楼村** 位于贯中大道中段，西邻水浒影视城，东邻稻屯洼国家级城市湿地公园，是全国乡村治理示范村、山东省森林村居、泰安市文明村、泰安市美丽乡村示范村。全村共67户、256人，耕地面积15.07公顷。史楼村进行旧村改造，项目占地2公顷，总建筑面积1.2万平方米，投资1500万元，建设徽派建筑风

2020年5月，东平街道史楼村新貌 （张瑞泉　摄）

格回迁安置房，规划中心湖、绕村水系、桥梁、植物景观带等，打造特色鲜明、景色优美的江北渔村。东平街道在史楼村设立党建活动中心，设有共青团、关爱小屋、知青岁月、红领巾、中国梦等特色小屋，结合党建着力打造爱国主义和革命传统教育“双基地”。

**中国乡村旅游模范村——塘坊民俗旅游度假村** 该村共186户、553人，耕地24公顷。塘坊村发挥自然资源和区位优势，发展观光型乡村旅游，主打农家乐品牌。发展成为水乡迎客、渔村风情、田塘戏语、水乡雅居、塘坊新村的五区一带格局，是东平县乡村振兴、发展旅游的新名片。2015年，被中央农村工作领导小组办公室、农业农村部等单位联合评为“中国乡村旅游模范村”。

**罗贯中纪念馆** 东近清河码头、北邻白佛山景区、西连水浒影视基地，总占地3.44万平方米，建筑面积6700平方米，总投资6500万元，建筑为仿明代风格，建有贯中故里牌坊、贯中堂、贯中居、三国苑、水浒苑、罗园、碑廊、壁画长廊及东平县罗贯中与东平历史文化研究会办公室等，是一处集旅游观光、藏品展览、学术研究、碑林观览于一体的综合性景点。

## 街道党政主要负责人

**党工委书记** 许洪顺（副县级，2016.12— ）

**办事处主任** 郑兴利（2014.01—2018.10）

宋衍东（2018.10— ）

（李丽园）

# 州城街道

## 地理环境

**位置面积** 州城街道位于东平县境中部，东邻彭集街道，西濒新湖镇，南与沙河站街道毗连，北靠大清河与老湖镇。南北距10.6千米，东西距12.8千米，总面积71平方千米。250省道和331省道在州城十字形交叉，北经平阴通省会济南，南越汶上可达济宁，西经梁山可至菏泽，东经东平新县城直达泰安。

**建置区划** 夏朝时属徐州域。约商朝时，名为谷乡城，与古微乡（戴庙）、桃乡（戴村坝附近）齐名。据郦道元《水经注》，春秋战国时期，此地“瞻齐望鲁”，属鲁国。秦朝至唐代属须昌县（治埠子坡）。五代时属须城县（治埠子坡）。宋朝咸平三年（1000），河决郓州，州城（时在埠子坡，亦为须城县治）被大水浸没，遂移郓州和须城的治所于王陵山前五里之平原处（州城）。此为郓州州城之始。宋宣和元年（1119），改郓州为东平府。金天会六年（1128），立刘豫为“大齐”帝，先治大名，后迁须城，时称“东京”，以此为山东首邑。州城即成为京城、路邑、府、县治所。天庆十三年（1206），设东平路，直属中书省（腹里），须城（州城）为路城。元太祖十五年（1220），严实在须城立行台（行中书省台），领山东西路兵马总管，辖54个州县。元代后期，改东平路为东平府，辖境缩小，治所未变。明洪武元年（1368），东平城（州城）仍为东平府治和须城县治。洪武八年（1375），东平府降格为州，同年撤须城县并入东平州，治所为东平城（州城）。清雍正八年（1730），东平州为山东布政使司直隶州。雍正十三年（1735），降为散州，沿治东平城，东平州实行保甲制，设39保，州城境内当时设9保。1913年，改东平州为东平县，县以下设区，州城街道当时为东平县第一区，治所东平城。新中国成立后，历称东平县第一区、城关区、城关街道、湖滨人民公社、城关人民公社、治东平城。1959年10月，撤销东平县建制，城关公社划归汶上县，称汶上县东平人民公社。1960年2月，改属梁山县，称梁山县东平人民公社。1961年3月，又改属汶上县，仍称汶上县东平人民公社。1962年1月，恢复东平县建制，城关公社复属东平县，治东平城。1982年11月12日，山东省人民政府印发《关于同意建立东平、州城两个街道和迁移县机关驻地的批复》，此为定名之始。其后虽经设区并乡，几番更名，至2010年6月，州城街道更名为州城街道办事处，治所及隶属关系均未变动。州城街道辖桂井子村、北门村、南门村、大梁庄村、葛针园村、陈坊村、张柳林村、梁村、展园村、小东门村、单楼村、后河涯村、武家漫村、谢楼村、梁场村、文庙街、于海村、芦墓坟村、亓庄村、杨庄村、王桃园村、牌坊街、冯楼村、刘桃园、田庄村、马庄村、高庄村、东郑庄村、孟楼村、后莲湾村、夹河村、杜尧洼村、王尧洼村、亭坡村、大东门村、大寺村、海子村、关帝庙街、南关村、陈堤村、李桃园村、石桃园村、小南庄村、西关村、大西门村、西门村、孙庙村、仁河咀村、荷花楼村、吴庄村、孙岗村、纸坊村、西郑庄村、楼岔村、张圈村、荣花树村、刘楼村、前莲湾村、张庄村、付庄村、徐庄村、陈柳林村、师柳林村、双楼村共73个村民委员会。至2020年，建置区划未变。

**自然状况**　州城地势东高西低，北高南低，中部高周边低，自东北向西南倾斜呈龟盖形。平均海拔38米，城东为平原，城西为滨湖涝洼地。温热带季风性大陆气候，平均气温介于13.2℃～13.66℃，四季分明。土壤以潮土为主、兼有褐土型，潮土主要分布在州城周围以及城南至二级湖堤之间。褐土化潮土分布在州城以东荷花楼、孙岗一带。城内民房密布，村间空处多坑塘，总计约333.33公顷。

**人口民族**　2016年，常住总户数1.45万户，常住总人口5.61万人，其中男性2.94万人，女性2.67万人。2018年，常住总户数1.87万户，常住总人口6.28万人，其中男性3.56万人，女性2.72万人。2020年，常住总户数1.96万户，常住总人口6.24万人，其中男性3.29万人，女性2.95万人。有汉族、回族、蒙古族、藏族、彝族、壮族、满族、苗族8个民族。

## 经济状况

**农　业**　以种植小麦、玉米、有机蔬菜、苗木花卉为主。2016年，耕地面积3685.8公顷，均为水浇地，农业总产值4.82亿元，其中农业产值2.45亿元、林业产值601万元、牧业产值1.37亿元、渔业产值8250万元，农林牧渔服务业产值1146万元。

2017年3月，州城街道思泉农场草莓采摘场景　（胡吉成　提供）

农民合作社15个，土地流转面积750.26公顷。2018年，耕地面积3685.8公顷，均为水浇地，农业总产值5.25亿元，其中农业产值2.69亿元、林业产值775万元、牧业产值1.29亿元、渔业产值9910万元，农林牧渔服务业产值1933万元。农民专业合作社15个，家庭农场33个，土地流转面积750.27公顷。2020年，全街道耕地面积3685.8公顷，均为水浇地，农业总产值5.58亿元，其中农业产值2.80亿元、林业产值985万元、牧业产值1.43亿元、渔业产值9771万元，农林牧渔服务业产值2779万元。农民专业合作社40个，家庭农场43个，土地流转面积1959.86公顷。

**工　业**　2016年，工业企业126家，从业人员2800人，其中规模以上工业企业26家；工业总产值710.97亿元；规模以上工业企业总产值669.36亿元。2018年，工业企业65家，从业人员2640人，其中规模以上工业企业16家；工业总产值18817.2万元，利税0.25亿元；规模以上工业企业主营业收入14542.2万元，利税0.75亿元，利润0.92亿元。2020年，工业企业65家，从业人员2750人，其中规模以上工业企业2家；工业总产值1.79亿元，利税0.25亿元，利润0.56亿元；规模以上工业企业实现主营业收入1.83亿元，利税0.72亿元，利润0.95亿元。引进落地项目10个，招商引资到位资金3亿元，上级拨款项目资金3亿元，进出口总额1亿元。

**建筑业**　2016年，建筑业企业21家，纳税10万以上的建筑企业6家，建筑业企业总产值54.20亿元；2018年，建筑业企业22家，纳税10万以上的建筑企业5家，建筑业企业总产值3.06亿元；2020年，建筑业企业4家。

## 财政税收

**财　政**　2016年，一般公共预算收入3377.2万元，一般公共预算支出3377.2万元。2018年，一般公共预算收入2130万元，一般公共预算支出2130万元。2020年，一般公共预算收入1798万元，一般公共预算支出1798万元。

**税　收**　2016年，登记各类纳税人261户，其中年纳税额在30万元以上的企业15户；各项税收收入1181万元，其中增值税341万元。2018年，登记各类纳税人287户，其中年纳税额在30万元以上的企业12户；税收收入681万元，其中增值税642万元。2020年，登记各类纳税人360户，其中年纳税额在50万元以上的企业5户；各项税收收入1469万元，其中增值税1462万元。

## 社会事业

**教　育**　2016年，幼儿园9所，专任教师103人，在园幼儿1685人；小学7所，专任教师170人，在校学生1777人；普通初中2所，专任教师157人，在校学生1939人；县级以上规范化中小学9所，其中市级规范化学校4所。2020年，幼儿园8所，专任教师99人，在园幼儿1200人；小学7所，专任教师110人，在校学生1639人；普通初中2所，专任教师145人，在校学生1317人，县级以上规范化中小学7所，其中市级规范化学校5所。

**文　化**　2016年，综合文化站1个，村级文化活动中心71个；各类图书室4个，藏书6万余册，音乐、美术、书法、摄影及文学业余创作人员32人；农家书屋71个，农村文化大院71个，文体广场75个，文艺宣传（表演）队8个。2020年，综合文化站1个，村级文化活动中心71个；各类图书室10个，藏书15万余册，音乐、美术、书法、摄影及文学业余创作人员达136人；农家书屋71个，农村文化大院71个，文体广场88个，文艺宣传（表演）队32支。县级以上文物保护单位4处，其中市级2处（清真寺、东平县工委旧址）、县级2处（州城石刻、永济桥）。县级以上非物质文化遗产10项，其中泰安市级1项（摔二鬼）、县级9项（东平粥、州城烧饼、山东快书、泥塑、

2017年4月，州城街道湖韵苑社区文体广场一角　　（胡吉成　提供）

剪纸、东平糟鱼、州城的传说、桂井子传说、东平徐家呱嗒）。

**卫　生**　2016年，医疗卫生机构38所，有床位342张，其中街道卫生院1所；专业卫生人员93名，执业（助理）医师152名。2020年，医疗卫生机构58所，有床位604张，其中街道卫生院1所；专业卫生人员105名，执业（助理）医师167名。

## 社会保障

**医疗保险**　2016年，居民基本医疗保险参保人数4.9万人。2020年，居民基本医疗保险参保人数为4.87万人。

**养老保险**　2016年，居民参加养老保险3.2万人。2020年，居民参加养老保险3.37万人。

**低保救助**　2016年，城街道最低生活保障户数1户、1人，发放最低生活保障金0.27万元；农村最低生活保障户数158户、297人，发放最低生活保障金61.2528万元；敬老院1家，床位100张。2020年，城街道最低生活保障户数4户、5人，发放最低生活保障金3.78万元；农村最低生活保障户数171户、289人，发放最低生活保障金144.4704万元；敬老院1家，床位100张，收养农村“五保”老人3人。

## 名胜古迹

**清真寺**　市级文物保护单位。位于东平县州城北门街路面，是山东省西部最大的清真寺。明正统二年（1438）回民迁入东平，该寺占地约4000平方米，建筑面积500余平方米，是一座历史悠久、建筑宏伟的伊斯兰教礼拜寺。1994年，被公布为市级文物保护单位。近年来，州城街道投资200万元，用于清真寺的翻修整理，组织做礼拜等宗教活动，使该寺成为泰安市规模最大、信徒最多的伊斯兰教文化区。该寺建于明代万历年间，明嘉靖、清康熙、清宣统年间多次重修与扩建。清真寺坐西向东，从东向西依次为大门、天井、二门、前殿、后殿、观赏台等。其中前殿为主殿，起脊灰瓦顶，歇山式建筑。面阔五间，进深3间，内为四梁八柱梁架结构。左右各有耳子一所，木柱支撑，灰瓦顶。后殿和前殿有天沟相连，五脊肩式顶，斗拱结构，造型奇巧，其装饰具有独特的阿拉伯民族风格。

**东平县工委旧址**　市级文物保护单位。1937年10月，中国共产党东平县工作委员会（简称县工委）在万里旧居成立，并召开第一次会议，万里任书记。新中国成立后，在县工委（万里旧居）兴建了东平革命史陈列馆，成为革命传统教育基地。

**州城石刻**　县级文物保护单位。州城自宋咸平三年（1000）建城以来，见证宋、元、明、清

四朝，历来为府、路、州、县治所，曾建造不少名胜古迹，留下众多石刻艺术品。州城石刻艺术博物馆存有石刻艺术品30多件，在展馆展出的文物有龙虎、秩成等碑刻。

**永济桥** 县级文物保护单位。位于州城街道南关村南，跨小清河上，俗称南大桥。永济桥始建于明代。隋唐，因东平地处运河之畔，北翊燕赵，南控江淮，成为南北交通要枢。元至元二十年（1283），中断了100多年的运河通航，东平“商贾云集，白日帆樯林立，夜间桅灯高挂”，州城被意大利人马克·波罗在其《游记》中称为“这是一座雄伟壮丽的大都市，商品与制造品十分丰盛”。明代改置东平州，南北大道成为南京迁都北京的“九省通衢”，繁忙的交通需要在城南小清河上修建一座大桥，这就有了“永济桥”。永济桥在明洪武二十八年（1395），州人邢整奏请创建，计18孔；明万历四年（1576），知州邱如嵩于桥两侧添砌桥栏。清顺治十五年（1658），州人王元臣募款重修，时长度为全县之冠，桥长98米，宽7米，孔跨径4米，孔径高2.5米，石基砖拱结构。今存13孔，今为东（平）靳（口）公路所经桥梁。

## 古今名人

**梁　灏（963—1004）** 字太素，北宋郓州须城（今州城牌坊街）人。出身官家。雍熙四年（988）任右拾遗、直史馆，赐红袍官服，管理鼓门登闻院。咸平元年（998），与杨励、李若拙、朱台符共掌科考事务，又与钱若水等人同修《太祖实录》和《起居注》。景德元年任开封知府。

**梁　固（985—1017）** 字仲坚，梁灏之子，北宋郓州须城（今州城牌坊街）人。自幼好学，有大志，尚节操。曾著《汉春秋》，深得其父赞赏器重。初，因父生前有功以遗荫赐“进士出身”。丧服期满，到登闻院辞去“赐进士”，参加科举考试。大中祥符元年（1008），考中勤词学科状元，任密州（今诸城）监丞。回朝任著作郎、直史馆，赐红袍官服。后又任户部判官、户部勾院。天禧建元盛典，因奏颂甚佳，奖其大功。北宋天禧元年（1017）病逝，年32岁。著有文集10卷。

**万丹如（1908—1990）** 女，1908年4月生，东平县州城街道西卷棚街（今桂井子街）人。1936年春，参加革命，任东平县小学教师联席会主席。1937年10月，到山西临汾民族革命大学和延安抗日军政大学学习。1938年5月，加入中国共产党。历任八路军115师民运部干事、鲁西妇救总会生活改善部部长、冀鲁豫边区二分区抗联分会主任、边区妇救总会代主任。解放战争时期，历任冀鲁豫边区第七专署副专员、中共冀鲁豫边区党委副书记。新中国成立后，历任平原省妇联主席、平原省人民政府委员、平原省人民监察委员会委员，中共华北局妇委副书记。1953年后，历任北京市民政局副局长，北京高级人民法院副院长、顾问，北京市妇联委员，北京市第七届人大常委会委员等职。1982年离休，1990年10月去世。

**万　里（1916—2015）** 1916年生，州城街道西卷棚街人（今桂井子街）。1933年秋考入山东省立第二师范，毕业前秘密加入中国共产党。受党组织派遣，回故乡撒播革命火种，宣传抗日救亡，建立东平工委并任书记。1938年5月，任中共泰西特委宣传部部长、鲁西区党委第二地委书记、冀鲁豫区党委第二地委书记、平原分局第八地委书记兼军分区政委。1940年春，参与领导创立运（河）西抗日根据地。解放战争时期，任冀鲁豫区党委第二、第七地委书记兼军分区政委。1949年春，随军南下，参与接管南京的工作，先后任军管会财务副主任、经济部部长、建设局局长。1958年，任中共北京市委书记处书记、北京市副市长。1980年后，历任中共中央书记处书记，国务院副总理、代总理，第七届全国人民代表大会常务委员会委员长。2015年7月，在北京逝世。

**展宝卫**　1962年12月出生，东平县州城街道展园村人。1982年7月参加工作，1983年12月加入中国共产党，研究生学历，管理学博士。1982年7月，泰安师专中文系毕业，曾任东平三中教师。2011年12月至2012年1月，任泰安市政府党组成员，宁阳县委书记、党校校长，县人大常委会主任。2012年2月至12月，任泰安市政府副市长、党组成员，宁阳县委书记、党校校长。2012年12月至2013年12月，任泰安市政府副市长、党组成员。2013年12月至2017年2月，任泰安市政府副市长、党组成员，市国资委党委书记。2017年2月至3月，任泰安市委常委，市政府副市长、党组成员，市国资委党委书记。2017年3月至4月，任泰安市委常委，市政府常务副市长、党组副书记，市国资委党委书记。2017年4月至2019年9月，任泰安市委常委，市政府常务副市长、党组副书记。2019年9月，任山东省土地发展集团有限公司党委书记、董事长。

## 土特名产

**东平粥**　东平粥又名徐家粥，清康熙十九年（1680）创制，久负盛名。东平粥系以大豆、小米为原料，分别磨成浆，按配方熬制而成。近年来，全县已开发生产出多种品牌的“东平粥粉”，用东平粥粉做出的粥与州城做的东平粥味道无异，粥粉便于携带，食用方便，很受消费者欢迎。

**州城烧饼**　州城烧饼尤以北门街所产有名，故多称北门烧饼，又叫碳炉马蹄烧饼。北门烧饼创制于清朝中期。它选用优质面粉、芝麻、植物油、糖稀、五香佐料为主要原料，手工制作而成。做成圆饼后将背面贴在倒扣的铁锅内，用木炭文火烤制。外形美观，光亮微黄，食之松脆，香甜可口，食用方便，冷热皆可，既可做主食，也可做副食，老幼皆宜。

**州城坑藕**　与河沟藕齐名，系藕中上品，生长于州城特殊的水质中，藕瓜肥大，中节粗长，藕把、藕头小而短，色白嫩、无渣。共有9孔，中1孔，其余呈环状排列，有“八仙拜寿”之说，较外地多1孔，间或有11孔者。州城坑藕可制作成美味佳肴，熟吃汤浑味甘，凉拌脆甜且香。

**杨家扁食**　扁食，亦称水饺，州城人俗称“角子”，系用水煮的一种有馅的半圆形的面食。清王誉昌《崇祯宫词注》有谓：“翊坤宫近侍刘某，善治扁食，进御者必其手造。”杨家的扁食起源，可以追溯到清朝同治年间杨玉诚老人（俗称杨三掌柜）研制，经后代传人杨明照、杨明远、杨明道弟兄继承和发展，至今已是第四代传人。之所以迄今不衰，诀窍在于质量上乘，位列民谣传唱的三大穆斯林名吃之首，当之无愧。

**东平糟鱼**　东平糟鱼为传统名吃之一，原产地在州城。据有关记载和传说，东平糟鱼的创制，始于清康熙三十四年（1695）。州城历史上以制作糟鱼著称的有聂、谢、赵、王诸家，以聂家糟鱼最负盛名。据载乾隆下江南路过州城，食过糟鱼，赞不绝口，遂成贡品。

**小磨香油**　州城是一座具有千年历史的文化古城，历史上曾经名品荟萃，小磨香油即是其中之一。较为有名的是西门街王氏小磨香油，已祖传数代，全国解放前曾在西厦门北路东开店经营，因其货真价实，名声远达梁山、汶上、平阴等周围数县。新中国成立后，经营小磨香油的家庭作坊曾一度沉寂，改革开放以后，重新兴起，州城有数家经营小磨香油的生意。

## 典型选介

**东平县工委纪念馆**　位于州城街道十里宋街南段，万里旧居北侧。1984年，开始动工兴建教育基地。1997年，在万里旧居建成展览馆。2001

年12月，东平县委和曲阜师范大学合办革命传统教育基地，对展馆进行扩建，扩建后展馆总面积520平方米，展室147平方米，版面分为9个部分，照片138幅。2010年3月，施工扩建。2011年6月，竣工开馆。县工委纪念馆总投资1800万元，占地6000平方米，建筑面积1260平方米。2011年，东平工委纪念馆被列为省级党性教育基地。

## 街道党政主要负责人

党工委书记　王文忠（副县级，2010.12—2016.12）
　　　　　　仲光亮（副县级，2016.12—　）
办事处主任　杨爱华（女，2014.9—2019.4）
　　　　　　郑　燕（女，2019.4—　）

（解旭阳）

# 彭集街道

## 地理环境

**位置面积**　彭集街道位于东平县境东南部，南北长10千米，东西长13.5千米，总面积74.9平方千米。北处大清河畔，隔河与县城相望，东和东南部与汶上县接壤，南邻沙河站镇，西与州城街道毗邻。

**建置区划**　彭集街道因办事处驻彭集村而得名。据《尚书·禹贡》载“海、岱及淮惟徐州……”“徐州东原底平乃东平得名之始”。自东平得名始，彭集即为东平地。1939年3月，在今彭集境域建立中共东平县第五区委员会。1953年7月，区划调整，将五区调为七区。1955年9月，改序数区为地名区，将七区改为彭集区。1958年2月，撤彭集区，建立彭集、梁村2个乡。1958年10月，成立彭集、梁村两处人民公社，11月，撤梁村公社并入彭集公社。1959年10月，撤销东平县建制，彭集公社划归汶上县。1962年1月，恢复东平县，彭集公社复归东平县。1984年3月，农村基层政权进行体制改革，撤彭集公社建彭集区。1985年12月，撤彭集区建彭集镇。2011年11月7日，改设彭集街道。辖彭集、后围、大孟村、小孟村、栾庙、西王庄、刘庄、岔河门、东梁村、苇子河、

2020年10月，彭集街道村容村貌　（何敬慧　摄）

柳营、赵楼、李海、小牛村、程村、李楼、曹庙、王圈、常庄、后亭、龙崮、后海、前海、袁海、安村、尚流泽、陈流泽、马流泽、孙流泽、马代村、南城子、后代村、前代村、代家村、吕庙、和睦庄、吕楼、刘王庄、大高庄、小高庄、三义庄、东郭庄、东史庄、西史庄、冯庄、裴寨、袁楼、西郭庄、解庄、陈圈、北张圈、大牛村、鲁屯53个村民委员会，下设224个村民小组。街道办事处驻彭集村。至2020年，建置区划未变。

**自然状况** 彭集街道境内地势平坦，无山阜，地势略呈东高西低。东部的刘代村、马代村、吕庙以及东北部的南城子的黄埠岭、龙崮、后亭等处最高，海拔46米；西部及西南部王圈、曹庙、苇子河、解庄、王庄一带较低，海拔44米；中部平原地区海拔45米左右。彭集以西苇子河、东梁村、王圈一带，土壤质地较轻，砂黏适中，土壤中无障碍层次，透水透气性良好，宜耕期长，水浇条件好，属高产肥沃土壤，宜种植小麦、玉米等作物。彭集以东的后亭、龙崮、马代村、南城子一带，土壤结构松散，孔隙大，宜耕期长，漏肥水严重，肥力低，无侵蚀，无盐碱，宜种花生。境域内有大清河及其上游的大汶河，自东向西流过，但受降雨量的影响，河水流量极不稳定。再加上境内有两条引汶补源渠道，丰水季节亦可补充地表水资源。地下水资源丰富，主要含水层为中粗砂夹砾石，含水层分布均匀，厚度大，埋藏浅，造水性好，为富水区。地下水自东北向西南流动，水力坡度也从东北向西南减小。

**人口民族** 2016年，常住总户数1.99万户，常住总人口6.69万人，其中男性3.35万人、女性3.34万人。2018年，常住总户数1.69万户，常住总人口6.71万人，其中男性3.34万人、女性3.37万人。2020年，常住总户数1.99万户，常住总人口6.65万人，其中男性3.29万人、女性3.36万人。有汉族、回族、满族、蒙古族、壮族、苗族等民族。

## 经济状况

**农　业** 以种植小麦、玉米、有机蔬菜、花生为主。2016年，街道耕地面积4827.6公顷，农业总产值5.52亿元，其中农业产值2.74亿元、林业产值654.2万元、牧业产值1.60亿元，农林牧渔服务业产值1302万元，增加值3.13亿元；农民合作社126个，种植大户115户，土地流转面积1127.9公顷。2018年，街道耕地面积4827.6公顷，农业总产值2.73亿元，其中农业产值1.47亿元、林业产值395.2万元、牧业产值0.73亿元，农林牧渔服务业产值1014万元，增加值1.22亿元；农民合作社142个，种植大户105户，土地流转面积114.04公顷。2020年，街道耕地面积4827.6公顷，农业总产值3.15亿元，其中农业产值1.58亿元、林业产值493.2万元、牧业产值0.81亿元，农林牧渔服务业产值1690.4万元，增加值1.71亿元；农民合作社148个，种植大户116户，土地流转面积2100.38公顷。

**工　业** 2016年，企业160家，从业人员2864人，其中工业企业128家、规模以上工业企业

2018年6月，山东海工科技有限公司扶贫产业园园区一角

（朱　梁　摄）

32家；工业总产值122.54亿元，实现利润7.8亿元、利税3.38亿元。2018年，企业160家，从业人员3250人，其中工业企业134家、规模以上工业企业15家；工业总产值99.6亿元，实现利润6.7亿元、利税11.6亿元。2020年，企业173家，从业人员3158人，其中工业企业136家、规模以上工业企业11家；工业总产值128.83亿元，实现利润8.4亿元、利税3.81亿元。

## 财政税收

**财　政**　2016年，一般公共预算收入6108万元，其中税收收入3624万元，一般公共预算支出5396万元。2018年，一般公共预算收入4536万元，一般公共预算支出3862.55万元。2020年，一般公共预算收入6353万元，其中税收收入6347万元，一般公共预算支出6353万元。

**税　收**　2016年，各项税收收入3624万元，其中增值税672万元、登记各类纳税人96户，年纳税额在1万元以上的企业57户。2018年，各项税收收入12066万元，其中增值税8909万元、登记各类纳税人239户，年纳税额在1万元以上的企业181户。2020年，各项税收收入6347万元，其中增值税3888万元、登记各类纳税人130户，年纳税额在1万元以上的企业119户。重点税源为加工制造业行业。

## 社会事业

**教　育**　2016年，幼儿园10所，专任教师21人，在园幼儿1707人；小学11所，专任教师185人，在校学生1858人；普通初中1所，专任教师163人，在校学生1984人；县级以上规范化中小学7所，其中市级规范化学校2所。2020年，幼儿园19所，专任教师35人，在园幼儿1149人；小学6所，专任教师159人，在校学生1520人；普通初中1所，专任教师158人，在校学生1132人；县级以上规范化中小学6所，其中市级规范化学校2所。

**文　化**　2016年，综合文化站1个，村级文化活动中心53个，各类文化专业户1户；各类图书室5个，藏书2万余册，音乐、美术、书法、摄影及文学业余创作人员5人；农家书屋20个，农村文化大院53个，文体广场40个，文艺宣传表演队20支。2020年，综合文化站1个，村级文化活动中心53个，各类文化专业户3户；各类图书室40个，藏书3万余册，音乐、美术、书法、摄影及文学业余创作人员20人；农家书屋40个，农村文化大院53个，文体广场51个，文艺宣传表演队30支。国家重点文物保护单位1处（大运河东平段—戴村坝）、县级文物保护单位1处（郈邑故城）。县级以上非物质文化遗产2项，其中省级1项、泰安市级1项。

**卫　生**　2016年，医疗卫生机构37家，有床位43张，其中镇卫生院1家，村卫生室（社区门诊）36家；专业卫生人员71名，执业（助理）医师56名。2020年，医疗卫生机构39家，有床位60张，其中镇卫生院1家，村卫生室（社区门诊）38家；专业卫生人员110名，执业（助理）医师53名。

## 社会保障

**医疗保险**　2016年，居民基本医疗保险参保人数5.34万人。2020年，居民基本医疗保险参保人数为5.33万人。

**养老保险**　2016年，居民参加养老保险2.15万人。2020年，居民参加养老保险1.92万人。

**低保救助**　2016年，城镇最低生活保障户数7户、13人，发放最低生活保障金4.9万元；农村最低生活保障户数1430户、3731人，发放最低生活保障金567.23万元；医疗救助23人次，发放医疗救助金4.6万元。敬老院1家，床位94张，收养农村“五保”老人65人。2020年，城镇最低生活保障户数4户、7人，发放最低生活保障金4.31万元；农村最低生活保障户数894户、1664人，发放最低生活保障金699.24万元；医疗救助18人次，发放医疗救助金3.8万元。敬老院1家，床位94张，收养农村“五保”老人61人。

## 名胜古迹

**戴村坝** 全国重点文物保护单位。位于南城子村东北700米的大清河和大汶河两水交界处，是中国著名的水利工程之一。明永乐九年（1411），为引汶济运，初建土坝，后加固为石坝，又于清代和民国年间2次维修增建。全坝长433.9米，南北分为滚水、乱石、玲珑三坝。辅助建筑有太皇堤（又名窦公堤）和灰土坝（三合土），皆立于大坝北端。新中国成立后多次维修，保存完整。

**郈邑故城** 县级文物保护单位。位于东平县彭集镇后亭村一带。为春秋时鲁叔孙私邑。鲁定公十二年（前498）夏，孔子言于定公曰：“臣无藏甲，大夫无百雉之城。”定公使仲由季氏宰，将堕季孙氏、孟孙氏、叔孙氏三人封地之城邑即“堕三都”。于是叔孙仇帅师堕郈三尺，即用驷赤为后郈宰。该遗址属平原区，今整个后亭村坐落在遗址之上，上为堆积沙层，2～5米以下为文化层，农民挖沙曾出土过一些泥质夹砂灰陶饰绳纹瓮、罐残片和豆柄、筒瓦等。

## 古今名人

**强子正（1911—1988）** 彭集街道柳营村人。1938年1月加入中国共产党。1938年后，任东平县委组织部部长，县委秘书，县工农委员会书记、县民运部部长。1942年后，任东平县委书记。后任天津市民政局副局长。1988年3月去世。

**孟洪九（1907—1990）** 彭集街道大孟村人。1937年，参加革命工作。1938年3月，加入中国共产党。1939年，任东平县六区区长。1946年后，任郑州黄河修防段段长、管委会水文处、地质处处长。1964年后，任郑州电力学校党委书记。1990年7月去世。

**吕济甫（1920—1995）** 彭集街道大孟村人，中学文化。1938年加入中国共产党。1939年后，任东平县五区区长、县公安局局长。1950年后，历任平原省人民政府监委会监察专员、邯郸市纺织局党委监委书记。1995年10月去世。

**梁昌武（1918—2014）** 彭集街道梁流泽村人，曾用名梁绪谓。1938年8月，加入东平县抗日政府战地服务团。1939年11月，加入中国共产党。1939年3月起，历任八路军115师东汶支队工作团团员、师民运部干事，山东军区人民武装部政工科科长，山东省支前委员会办事处人民武装部部长，中国人民解放军华东军区支前委员会人民武装部副部长、运输司令部运输部副部长、淮南铁路建路指挥部副指挥。1949年12月起，先后任华东供销合作总社社务处长、生产处长、人事处长、秘书长，华东森林工业管理局副局长，林业部计划司副司长，森林工业部计划司司长。1954年起任林业部计划司司长。1961年3月后，任林业部党组成员、副部长，农林部革委会副主任，农林部党组成员、副部长，国家林业总局党组副书记、副总局长，林业部党组成员、副部长。1982年12月，离休。2014年12月去世。

**王心前** 1927年12月出生，彭集街道王圈村人。1941年，参加东平六区游击小组。1944年，加入中国共产党。1945年后，先后任连文化干事，第八军分区政治部、独二旅、七纵20旅政治部文印组长、编辑，参加菏泽、嘉巨、济宁战役。1947年后，在59团任政治处书记、干事、股长。1950年，进藏工作，历任155团、154团政治处主任、副政委。1957年，调防四川甘孜州，曾任康定分区宣传部科长、成都军区4团政委。1961年，任154团政委，第二次进藏。1962年，在419

部队参加对印边境自卫反击战。1964年，在北京政治学院学习，后任52师政治部主任、副政委。1969年，部队调防四川乐山，任成都军区宣传部副部长、独二师政委、13军副政委兼政治部主任。1979年，参加对越自卫反击战。1983年，第三次进藏，任军区政委。1996年，调任成都军区纪委专职副书记、中央军委纪委委员。

**姜吉卯** 1947年3月生，彭集街道后郑海村人。1970年12月加入中国共产党，1968年7月参加工作。曾任东平县沙河站公社、彭集公社联中教师，东平县教育局干部，东平县委宣传部干事，共青团东平县委副书记，东平县接山公社党委副书记，东平县委常委、办公室主任，东平县委副书记等职。1990年3月至1991年4月，任泰安市商业局党委书记。1991年4月至1992年12月，任泰安市商业局局长、党委书记。1992年12月至1997年3月，任泰安市政府副秘书长，办公室主任、党组副书记。1997年3月至2001年1月，任泰安市政府秘书长、党组成员，办公室党组书记。2001年1月至2月，任泰安市政府秘书长、办公室党组书记，泰安市人大常委会党组成员。2001年2月以后，任泰安市人大常委会副主任、党组成员。

**常绪扩** 1970年5月出生，彭集街道常庄村人。大学本科学历，经济学学士，1992年7月参加工作，1999年6月加入中国共产党。曾任泰安市医药采购供应站业务员，泰安市劳动局培训教研室科员、副主任，泰安市劳动局劳动力管理科副科长，泰安市劳动和社会保障局劳动工资科科长、办公室（政工科）主任（科长），泰安市劳动和社会保障局党委委员、纪委书记，肥城市委常委、组织部部长等职。2010年5月至7月，任肥城市委副书记（正县级，援疆）、组织部部长。2010年7月至11月，任肥城市委副书记、泰安市援疆工作前方指挥部指挥（正县级）。2010年11月至2011年7月，任肥城市委副书记、新疆岳普湖县委副书记、泰安市援疆工作前方指挥部指挥（正县级）。2011年7月至2013年12月，任肥城市委副书记，新疆岳普湖县委副书记，泰安市援疆工作前方指挥部指挥（正县级）、党委书记。2013年12月至2014年1月，任肥城市委副书记（正县级）。2014年1月至2月，任肥城市委副书记、代理市长。2014年2月至2016年11月，任肥城市委副书记，市政府市长、党组书记。2016年11月至2020年6月，任肥城市委书记、党校校长。2020年6月以后，任泰安市政府副市长、党组成员。

## 土特名产

**彭集花生** 彭集花生种植历史可追溯到清朝康熙年间，被誉为“花生之乡”。彭集花生皮白、质优、出米率大、含油量高，有“长生果”之称。彭集街道将花生产业列为主导产业之一，进行重点培育发展，种植面积、种植技术、加工规模、加工技术快速发展，种植面积常年稳定在2000公顷以上，花生产业成为当地群众增收的一条重要渠道。2014年，彭集花生被国家知识产权局确定为“国家地理标志农产品”。2020年，年产花生9354.74吨，年收入5987.03万元。

## 典型选介

**东平县山东大学泰山科技园** 2018年成立，规划占地面积333.33公顷，总投资3.5亿元，是东平县与山东大学合作，以平台搭建、人才引育、成果转化、项目孵化为重点，以大数据、智能制造、新材料、高效农业等产业为主导，着力打造的创新创业平台和新兴产业集聚区。园区设立项目孵化区、产业加速区、生活配套区、小微企业创业园、数字经济产业园、科技创新创业园、机器人产业基地等功能区。孵化企业81家，其中国家级高新技术企业7家，国家级科技型中小企业11家，省级“瞪羚企业”1家，省级创新型中小企业2家，省市“专精特新”企业7家，省市“一企一技术”研发中心4个，在区域性股权交易市场挂牌企业3家。围绕13个重点产业链（产业园）和重点人才企业，累计举办高校成果对接活动15场，转移转化科技成果70项。引进高层次人才88名，孵化项目132个。园区先后被认定为国家级众创空间、国家级中小企业公共服务示范平台、山东省数字经济园区、山东省现代服务业集聚示范区、山东省小型微型企业创业创新示范基地、山东省工友创业园。

## 街道党政主要负责人

党工委书记　靳庆新（2015.10—2018.9）
　　　　　　王　乾（2018.9—　）
主　　　任　李　萍（2011.11—2016.12）
　　　　　　王　乾（2016.12—2018.9）
　　　　　　屈克志（2018.10—　）

（邢召同）

# 沙河站镇

## 地理环境

**位置面积**　沙河站镇位于东平县城西南部。西隔临黄堤与新湖镇相望，北与州城、彭集街道接壤，东、南与汶上毗邻。镇域整体形状为“元宝”形，南北长10千米，东西长13.3千米，区域面积69.2平方千米。

**建置区划**　沙河站始建于宋咸平三年（1000），因设有官方传递公文的驿站，并有小沙河从此流过，故得名沙河站。唐虞夏商属徐州。周、秦、汉分属宋国、齐国、鲁国、薛郡、东郡、东平国。隋、唐、五代属郓州。宋、金、元时期属东平府。明、清时期分属济宁府、兖州府、泰安府、东平州。清雍正十三年（1735），东平州降为散州（县级）后，州下设保制，分属兴仁保、尚礼保、向礼保、学礼保和崇礼保。1913年，改东平州为东平县，属东平县六区。1939年至1945年，属东平县抗日民主政府六区。1946年至1949年，属东平县民主政府六区。1950年至1953年7月，属东平县人民政府第六区。1953年8月，区划调整后，属东平县人民政府第八区。1958年2月，撤区建立沙河站、三官庙两个乡，10月撤乡建制，联合成立沙河站人民公社。1959年10月，东平县建制撤销，划归汶上县。1960年5月，改属梁山县。1961年3月，复属汶上县。1962年1月，随东平县建制恢复，复属东平县。1984年4月，撤销沙河站公社，建立沙河站区公所，将6个管理区调为4个乡，将52个大队调为65个行政村。1985年12月，撤销沙河站区，建立沙河站镇，辖沙河站北、沙河站南、冯洼、中李庄、黄路沟、于楼、董堂、贾海、大王营、小王营、曾庙（唐庄）、张老庄、北场、小辛庄、工堂、丰庄、乔村、马河、东杨楼、西杨楼（马村）、双楼、熊村、徐楼、常庙、杨营、大巴掌柳、东巴掌柳（西巴掌柳）、张庄、屈楼（庄庙）、洪福寺（赵阁）、吴桃园、三官庙南、三官庙北、三官庙西、李村、孟庄、八角堂、韩村（解庄、蔡庄）、蔡庄店、樱桃园（后樱桃园、月河子）、华堂、丁堂、林海、西张圈（吕庄、十里铺）、西李庄、二郎庙（杨庄）、前河涯、小杨庄、大杨庄、王庄、李圈、侯圈、韩圈（王海子、何圈）、李纸坊、东李庄（罗漫）、张村（陆庙）、孙楼、何村（崔村）、廖村（桑村）、董寨、大刘庄村、尹村、柏村集、孙村、芦村65个行政村（83个自然村）。至2020年末，建置区划未变。

2020年3月7日，沙河站镇大棚蔬菜采摘现场　　（关中运　摄）

**自然状况**　沙河站镇地势平坦，土层深厚，质地肥沃，水源充沛，通透性强，为黄河、汶河沉积平原。北有小清河，为沙河站镇与州城、彭集两镇的分界河，另有龙宫河、赵王河、新御河横贯东西。整个地貌呈元宝形，大体呈现为北高南低，东高西低，最高海拔49.1米，最低海拔39.6米，平原、洼地分别占总面积的85%、15%。气候属温带季风型大陆性气候，四季分明。年平均气温13.3℃，年均降水量659.2毫米。土壤以轻壤和中壤为主，为东平县主要井灌农区，素有“东有汶阳田，西有沙河站”的美誉。矿产资源主要有河砂、铁矿石、煤炭等。

**人口民族**　2016年，常住总户数1.51万户，常住总人口4.59万人，其中男性2.28万人、女性2.31万人。2018年，常住总户数1.46万户，常住总人口4.42万人，其中男性2.19万人、女性2.23万人。2020年，常住总户数1.15万户，常住总人口3.11万人，其中男性1.53万人、女性1.58万人。有汉族、回族2个民族。

## 经济状况

**农　业**　以种植小麦、玉米、有机蔬菜、苗木花卉为主。2016年，全镇耕地面积4866公顷，均为水浇地，农业总产值5.8亿元，其中农业产值3.2亿元、林业产值1万元、牧业产值1.1亿元，农林牧渔服务业产值0.5万元，增加值2亿元；农民合作社45个，种植大户98户，土地流转面积1334公顷。2018年，全镇耕地面积4866公顷，均为水浇地，农业总产值6.8亿元，其中农业产值3.4亿元、林业产值1.2万元、牧业产值1.4亿元，农林牧服务业总产值0.8亿元，增加值2.5亿元；农民专业合作社68个，家庭农场76个，土地流转面积2409公顷。2020年，全镇耕地面积4866公顷，均为水浇地，农业总产值7.32亿元，其中农业产值3.7亿元、林业产值1.3万元、牧业产值1.52亿元，农林牧服务业总产值0.8亿元，增加值2.56亿元。农民专业合作社79个，农业企业10个，家庭农场87个，土地流转面积2665公顷。

**工　业**　2016年，工业企业82家，规模以上工业企业14家；工业总产值49.05亿元，规模以上工业企业总产值48.94亿元，实现利润0.03亿元、利税0.01亿元。2018年，工业企业25家，规模以上工业企业13家；工业总产值1.70亿元，规模以上工业企业总产值1.39亿元，实现利润0.09亿元、利税0.04亿元。2020年，工业企业16家，规模以上工业企业1家，引进落地项目2个，招商引资到位资金3.2亿元；进出口总额0.09亿元，规模以上工业企业实现主营业收入0.3亿元，实现利润0.07亿元、利税0.03亿元。

## 财政税收

**财　政**　2016年，一般公共预算收入1402.5万元，其中工商税收862万元，一般公共预算支出1402.5万元。2018年，一般公共预算收入1433万元，一般公共预算支出1433万元。2020年，一般公共预算收入1967万元，一般公共预算支出1967万元。

**税　收**　2016年，各项税收收入862万元，其中增值税346万元，登记各类纳税人170户，年纳税额在50万元以上的企业3户。2018年，税收收入1433万元，其中增值税757万元，登记各类纳税人201户，年纳税额在50万元以上的企业5户。2020年，各项税收收入1963万元，其中增值税1702万元，登记各类纳税人146户，年纳税额在50万元以上的企业8户，重点税源为纤维素化工、建筑安装、农产品加工、建材行业。

## 社会事业

**教　育**　2016年，幼儿园13所，专任教师82人，在园幼儿1344人；小学7所，专任教师117人，在校学生1466人；普通初中1所，专任教师102人，在校学生1101人。2020年，幼儿园9所，专任教师69人，在园幼儿792人；小学6所，专任教师103人，在校学生1122人；普通初中1所，专任教师95人，在校学生613人。

**文　化**　2016年，有综合文化站1个，村级文化活动中心48个，各类文化专业户2户；各类图书室36个，藏书20余万册，音乐、美术、书法、摄影及文学业余创作人员21人；农家书屋52个，农村文化大院52个，文体广场49个，文艺宣传（表演）队3支。2020年，镇综合文化站1个，村级文化活动中心65个，各类文化专业户18户；各类图书室66个，藏书50余万册，音乐、美术、书法、摄影及文学业余创作人员达486人；农家书屋65个，农村文化大院65个，文体广场78个，文艺宣传（表演）队65支。县级以上非物质文化遗产11项，其中泰安市级2项（沙河站的传说、沙河站侯家烧鸡传统制作技艺）、县级9项（洪福寺的传说、三官庙的传说、小辛庄铁丝笊篱加工技艺、孙村竹编加工技艺、前河涯根雕加工技艺、养生霸王甲鱼加工技艺、养生荷叶鲤鱼加工技艺、沙北宋氏葫芦雕刻技艺、杞柳编加工技艺）。

**卫　生**　2016年，医疗卫生机构35所，其中镇卫生院1所，村卫生室（社区门诊）34所，床位40张。专业卫生人员53名，其中执业（助理）医师32名。2020年，医疗卫生机构36所，有床位60张。其中镇卫生院1所、村卫生室（社区门诊）35所，专业卫生人员55名，其中执业（助理）医师37名。

## 社会保障

**医疗保险**　2016年，居民基本医疗保险参保人数4.88万人。2020年，居民基本医疗保险参保人数为4.68万人。

**养老保险**　2016年，居民参加养老保险2.35万人。2020年，居民参加养老保险3.40万人。

**低保救助**　2016年，城镇最低生活保障户数4户、7人，发放最低生活保障金2.3万元；农村最低生活保障户数743户、1227人，发放最低生活保障金235.5万元；医疗救助18人次，发放医疗救助金1920万元；敬老院1家，床位94张，收养农村“五保”老人48人。2020年，城镇最低生活保障户数2户、3人，发放最低生活保障金2.27万元；农村最低生活保障户数681户、1120人，发放最低生活保障金430.08万元；敬老院1家，床位102张，收养农村“五保”老人65人。

## 古今名人

**吴　岳（1501—1568）**　字汝乔。明嘉靖吏部、礼部尚书，东原（今沙河站镇，又说汶

上南旺镇）前河涯人。明嘉靖十一年（1532），吴岳中进士，历任户部主事、郎中、庐州知州、保定知府、山西副史、浙江参知湖广按察使、山西布政使、晋右佥都御史、右副都御史、吏部左右侍郎、吏部尚书、礼部尚书等。其为人耿直，居官清廉，百姓称之为“吴青天”。隆庆元年（1567），他以吏部左右侍郎受命考察京城职官，发现给事中胡应嘉滥用职权，结党营私，随奏请皇帝予以查处。其后，吴岳被委任于礼部尚书，他下令印发《会约》《礼考》等书。其善诗词，文风典雅，不尚辞藻，有《望湖》一卷行于世。吴岳去世后，皇帝赐谥号“介肃”。

**张岱霖（生年不详—1708）** 名津土，字岱霖。清候选州同诰峄峄县教谕，沙河站镇张老庄人。因清初著名的“朱三太子”（反清复明）案被捕入狱，涉窝藏皇帝钦犯“朱三太子”，于清康熙四十七年（1708）四月初三日被捕，同年六月二十日审结，十月初五日，明崇祯朱由检之子朱慈焕被“凌迟”，张岱霖被腰斩。

**吴锡照（生卒年不详）** 字泰来。清康熙进士，礼部尚书，沙河站镇吴桃园村人。清康熙四十二年（1703）中进士，任凤阳县知县，因开仓放粮，赈济灾民，亲力亲为，廉洁奉公，得皇帝器重，继溧阳任兰枝（清康熙礼部尚书）后，任礼部尚书兼阳关税务。

**吴　壊（生卒年不详）** 字松園，号明也。清乾隆时期任陈州知府、柳州知府，沙河站镇吴桃园村人。原任河南彰德府涉县，调任安阳县署，信阳州知州。清乾隆三十七年（1772）因公引见以同知题补借补河南府通判，署陈州府知府，诰授奉政大夫，任广西庆袁府同知署柳州知府。

**杨鸿斌（1898—1956）** 东平县第六区（今沙河站镇）西杨楼村人。山东法政专门学校毕业。历任山东省历城县县长、德平县县长（1929年）、夏津县县长、安徽凤台县县长、第一战区司令长官司令部战时粮食管理处副处长、河南省粮食管理局副局长、河南省粮政局副局长（1941年）、第一战区司令长官司令部二级参议兼兵站副站长、陕西省政府委员兼田赋粮食管理处处长（1946年10月）等职务。1956年去世。

**吴澄航（1918—1992）** 字静舫、步宇、驭澜，号东平湖泛舟人，沙河站镇前河涯村人。原东平县文化馆馆长，著名书法家，久临张迁碑，尤以隶书见长，世称“疙瘩隶”。1945年参加工作，1950年2月，任六区民政助理员。1952年12月，任东平县民政科副科长。1958年，任县民政局副局长。1960年，东平县并入平阴县，任文化馆长兼县志办公室副主任。1961年1月1日，恢复东平县建制，任县文化馆馆长。1992年去世。

**李林一（1925—卒年不详）** 沙河站镇何村人。1938年5月，参加工作。1941年，加入中国共产党。历任作战参谋、营长、参谋长。1950年11月后，历任团长、副师长、第一副师长兼参谋长。1958年10月后，历任辽宁省锦州军分区副司令员，抚顺军分区司令员，朝阳军分区司令员等职。1981年6月离休。

**何庆泉（1927—卒年不详）** 沙河站镇韩圈村人。1943年7月，参加革命，同年加入中国共产党。历任东平县第六区区队副队长，冀鲁豫第七专署公安局侦察科干事。1952年后，历任济宁市第二区区委副书记、区长，曲阜师范学院团委书记，中共济宁市直机关党委书记，济宁市城建局党委书记、局长，济宁市经委党组书记、主任，济宁市人民政府副市长、市长等职务。

**乔　羽（1927—2022）** 曾用名乔良宝、乔庆宝、乔雨等，祖籍沙河站镇乔村，中共党员。1948年毕业于晋冀鲁豫边区北方大学艺术学院。历任文化部、中国戏剧家协会、中国歌剧舞剧院专业创作干部，中国歌剧舞剧院副院长、院长，一级编剧，中国音乐文学学会主席，全国第八届政协委员。1954年加入中国作家协会。著有歌词集《小船儿轻轻》，歌词《让我们荡起双桨》《我的祖国》《祖国颂》《牡丹之歌》《难忘今宵》《思念》《说聊斋》等，电影文学剧本《刘三姐》《红孩子》。2022年6月20日，在北京去世。

**王宜振** 1946年生，当代作家，著名儿童诗人，享受国务院政府特殊津贴作家。中国作家协会会员，中国作家协会儿童文学委员会委员，沙河站镇小辛庄村人。在《人民日报》《人民文学》《诗刊》等100余家刊物发表诗歌2000余首、童话50余万字。多次获中国图书奖、共青团“五个一工程”奖、中国作协全国优秀儿童文学奖、宋庆龄儿童文学奖、全国优秀儿童图书一等奖等十余项国家级文学和图书大奖。部分作品先后入选多种版本的中小学语文和语文阅读教材。

**李　阳** 1958年11月生，中国工程院院士。油气田开发地质、油田开发专家，沙河站镇中李庄村人。1982年毕业于华东石油学院勘探系石油地质专业，2000年获中国科学院地质地球物理研究所地质学博士学位。现任国家重大专项“大型油气田及煤层气开发”技术副总师，国家“973”项目“碳酸盐岩缝洞型油藏开采机理及提高采收率研究”首席科学家，教授级高级工程师，博士生导师。2013年当选中国工程院院士。曾获“李四光地质科学奖”、“孙越崎能源大奖”、“何梁何利产业创新奖”、国家科技进步二等奖5项，出版专著4部，发表论文46篇，获国家发明专利6项。

**张志勇** 1963年9月生，北京师范大学中国教育政策研究院执行院长、教授，享受国务院政府特殊津贴专家，山东省教育厅一级巡视员、九届省政协常委，沙河站镇大杨庄村人。2019年11月，北京师范大学教授。2020年12月，被教育部提议担任家庭教育指导专委会主任委员。先后主持承担“中国基础教育范式转型研究”等省部级重点课题8项，出版《情感教育论》《义务教育教学和体系》《创新教育：中国教育范式转型》等专著10部，发表论文150余篇；先后获省部级一等奖1项、二等奖6项；1996年获国务院政府特殊津贴。

**程广中** 1961年6月生，中华人民共和国驻马来西亚大使，沙河站镇韩圈村人。1985年7月，东北师范大学历史系硕士研究生毕业。1985年7月至2004年9月，在中国人民解放军军事科学院军事历史研究部、军事战略研究部工作，历任正连、正营、正团、副师级职务。获军事战略学博士学位，硕士研究生导师，正教授级学术职称。所撰博士论文《地缘战略论》获全军首届百篇优秀博士论文奖。2004年10月至2013年10月，在中央外事工作领导小组办公室工作，先后任副巡视员、副局长、巡视员兼副局长职务。2013年10月起，任中华人民共和国驻印度共和国大使馆公使衔参赞。后任中华人民共和国驻马来西亚大使。

**马传令** 1986年10月生，嫦娥五号任务轨道总体主任设计师，沙河站镇屈楼村人。现任北京航天飞行控制中心二室主任助理，中国探月工程三期嫦娥五号任务轨道总体主任设计师。先后参加中国神舟八号、九号、十号、十一号、天宫一号、天宫二号交会对接任务，嫦娥三号、四号5T1任务，首次火星探测、长征七号火箭首飞、长征五号B火箭首飞、嫦娥五号等重大航天任务，先后担任多个型号任务副主管设计师、主管设计师、副主任设计师和主任设计师，主要从事飞行器轨道设计与应急轨道重构、目标探测识别和地外天体遥操作规划等相关的工程科研工作，解决多项关键技术难题，申请专利11项。荣立个人三等功1次，带领专业组立集体二等功1次。

## 土特名产

**侯家烧鸡** 清朝同治年间沙北村侯延文创制，有100多年历史，被列入泰安市第六批非物质文化遗产保护名录。制作讲究，选用当年饲养的1千克重优质柴鸡，宰杀前停食半天，杀后放净血；然后水烫脱毛，尾部开孔，取出肚杂，摆出造型后放入冷（药料）水浸泡4个小时左右，捞出晾干。老汤放入锅中加入黄豆酱烧开，然后将晾干的柴鸡摆入锅中。放入桂皮、良姜、砂仁、花椒、陈皮、丁香、草果、茴香、肉蔻等几十种佐料，用柴火卤。先高温卤煮，后小火回酥，以求肉烂丝连。出锅后的烧鸡，油润光亮，熟而不破，触肉脱骨，烂而连丝，色味俱佳。将卤好的烧鸡放入器皿中晾干，然后将百年老汤倒入，浸泡一个晚上，吃时爽滑酥嫩，肉汁四溢，口感饱满，回味悠长。2019年，沙河站侯家烧鸡在首届“东平特色美食”评选中，获“东平特色美食”称号。

2016年7月，沙河站镇孙村村民竹编制品加工现场　（关中运　摄）

**丁堂、华堂白菜**　沙河站镇丁堂村、华堂村一带所产大白菜，青绿脆嫩，品质优良，帮薄纤维少，营养丰富，味甜易熟，汁白如乳。除熟食外，凉拌生食也别具风味，被誉为东平名产，有“百菜不如白菜香”之说。丁堂、华堂的白菜是一种俗名叫“小狮子头”的品种，个体一般不大，每棵重3千克左右，主根上生有朝两边呈对称形长出的毛细根。它的食用十分广泛，可炒、可炖、可煮、可生拌、可腌，也可作熟菜、菜馅、汤料、泡菜、酸菜、冬菜等。白菜种植主要分布在沙河站镇境内的小清河沿岸冲积平原上，土质多为半沙半土，土层厚而肥沃，有较强的肥水保持能力，极适合白菜生长。栽培历史悠久，清朝时就有种植，传统栽种面积约46.67公顷，年产4000余吨，除在本地销售外，还在周边汶上县、梁山县等地畅销。

**孙村竹编**　沙河站镇孙村全村185户，家家从事竹编生产，出产的竹编制品，方圆百里闻名。1992年，被泰安市人民政府授予“竹编专业村”称号。孙村发展竹编业始于20世纪30年代，最初村民们主要利用冬闲时间从事竹编，以加工竹笆子、竹筚子、竹笼头等粗放型的竹制品为主，产品靠走村串巷销售。1978年，实行家庭联产承包责任制以后，生产力得到解放，竹编业随之迅猛发展。竹制品由粗加工逐步发展为精加工，由制作简易品发展为制作竹挂帘、竹扇面、竹饰物、竹挂件等技术较复杂的手工艺品；花色品种也由原来的单一品种发展到20多个；数量由最初的年产数百件发展到年产50多万件。孙村竹制品原料全部选用江南竹，一般每年秋后至冬初进料，冬春两季进入竹编生产的旺季，夏秋时节销售。孙村竹制品有着严格的生产程序，从选料、破竹、削条到编花成形、刨光上漆，大体要经过十几道工序。为了提高产品质量，村里每年都要专门从省、市外贸部门请专家进行技术指导。孙村竹制品不仅结实耐用，而且设计别致、美观大方，曾多次参加省、市工艺品博览会。该村制作的“心”形花篮、“嫦娥奔月”“五子闹春”等竹制挂件，远销韩国、日本、马来西亚、新加坡等国家。

## 典型选介

**山东省卫生乡镇——沙河站镇**　规划先行，彰显村居特色。该镇立足村庄特点，聘请天津丰和建筑设计公司对省、市级“美丽乡村”示范片区进行专门规划设计，重点打造“绿茵小辛庄、诗画洪福寺、水韵吴桃园、铺锦蔡庄店、记忆李纸坊、靓丽前河崖”等15个各具特色的美丽乡村，形成一条“宜居、宜业、宜游”的魅力景观带，进一步提升“美丽乡村”内涵。整合推进力量，做好结合文章。将“美丽乡村”创建与城乡环卫一体化、农村道路硬化“户户通”、农村改厕、“户外清”专项整治活动等重点工作结合起来，按照硬化、绿化、亮化、净化、美化标准，重点搞好镇驻地商业街靓化提升工程、彭沙路济徐高速路口沿线扩宽提升工程、郭王路东杨楼段道路扩宽提升工程和陆港小镇建设工程，拆除违建4600平方米，硬化路面10万平方米，铺设路面砖43万平方米，铺设路牙石8.5千米，疏挖排水沟15.2千米，铺设地下管道44千米，铺设供水供气管网2.2千米，埋设弱电线路55.2千米，建设绿化带12千米，栽植绿化苗木3773株，安装路灯342盏。统一提升村级基础设施建设，栽植绿化苗木2万余株，美化墙体2.8万平方米，硬化道路31万平方米，改厕5900余户，修建下水道11.7千米。拆除私搭乱建106处，取缔占道经营146处。加大投入，强化资金保障。给予省级“美丽乡村”市级示范片区、“美丽乡村”达标创建村奖补资金130万元；继续推进城乡环卫一体化全托管，年投入托管费用和垃圾清理补助费用110万元。2018年1月8日，沙河站镇被山东省爱国卫生运动委员会授予山东省卫生乡镇称号。

**山东省生态文明村——前河涯村** 该村有375户、1286人，耕地面积103.73公顷。地处255省道和济菏高速公路交会处，交通便利。确立“农、工、商”三大发展战略。培育瓜菜基地，拿出93.33公顷土地让群众连片种植西瓜、土豆和大葱；出资650万元建热带水果采摘园、扶持发展绿色蔬菜种植业等，使村集体和农民收入翻倍增长，新建大拱棚518个，平均亩产值达7800元。实施龙头带动，新上总投资4000万元的企业5家，安排223名农民就地就业。繁荣二、三产业，沿街、沿路开发商住楼3.8万平方米，吸引个体工商户56家，户均年纯收入都在10万元以上。吸引金融部门设立储蓄代办点两处，年揽储达1000多万元。加大投入力度，解决群众实际问题。投资260万元，硬化村内街道4条、1500米，铺设路牙石3200米，挖砌排水沟3500米，安装路灯27盏，路旁绿化苗木6800多棵，墙体粉刷净化7500平方米。投资24万元，为村民免费安装安全卫生的自来水。投资3.15万元，让全体村民免费看上有线电视。投资5.8万元，为全体村民办理新型农村合作医疗。投资210万元，新建大型文体广场、村级文化服务中心、村民俗馆、文化馆、图书室、敬老院等，安装影视屏、健身路径、休闲凉亭等，方便群众文化娱乐。搞好村民自治，培育文明村风。积极引导群众参与各种事务的管理，让村民既有知情权，又有发言权、决策权。深入开展好媳妇、好妯娌、好婆婆、十星级文明户等一系列评比创建活动，使村民们的整体素质和精神面貌焕然一新，连续十年无民事、刑事案件发生。1998年，在全县率先跨入省级“小康村”，先后被授予市、县级文明单位，市“创五好”先进党支部，省干事创业好班子，省生态文明村等称号。

## 镇党政主要负责人

**党委书记** 王成元（2010.3—2016.12）
李便宁（女，2016.12—2020.2）
吴晓剑（2020.5— ）

**镇　　长** 李　杰（2015.4—2018.12）
刘圣玉（2019.4— ）

（关中运）

# 老湖镇

## 地理环境

**位置面积** 老湖镇地处东平县中西部，北以偏山与平阴县分界，西北与旧县乡相邻，东北与梯门镇搭界，南与州城镇连接，东与东平街道隔稻屯洼毗邻，西涉东平湖一级湖。总面积113平方千米，其中土地总面积6234公顷、耕地面积4667公顷，南北狭长，山、水、平原面积各占三分之一。

**建置区划** 镇境为古须句国地，秦至唐代为须昌县地（驻湖心岛东埠子坡），五代至明清，先后隶属须城县（原须昌县）和东平州。清至民国初期，分属东平州义古保、义方保和智远保。1931年，东部、北部村庄属二区，西部湖里村庄属九区。1945年至新中国成立初期属七区和二区。1953年属十区（驻地黄花园）。1955年至1958年，十区改称黄花园区。1958年10月成立黄花园人民公社。1959年10月，东平县建制撤销时，黄花园人民公社划属梁山县，1961年3月，改属平阴县。1962年1月，恢复东平县后，3月黄花园公社并入水河公社。1985年12月，机构改革，撤区调整乡镇，水河公社西部划出48个村成立老湖镇。2001年老湖与水河两镇合并称老湖镇。辖侯屯村、南山头村、辛店铺村、前茶棚村、后茶棚村、九女泉村、王李屯村、冯楼村、马凉庄村、大王峪村、廿里铺村、后埠子村、南辛庄村、前埠子村、涧流村、教子峪村、陈辛庄村、前仓村、老湖村、庄科村、后仓村、黄花园村、赵庄村、展营村、侯林村、孟庄村、宋园村、烟墩村、刘洼村、贾村、七里铺村、朱桥村、窦庄村、董庄村、前楼村、后梁村、陈庄村、马庄村、前梁村、西一村、西二村、刘庄村、老庄村、桥口村、西三村、西四村、卢山村、李台村、付庄村、展庄村、毛瓮村、朱庄村、王台村、前水河村、上水河村、后水河村、杨村、柳村、沈铺村、冯庄村、袁沟村、段庄村、高沟村、周林村、郭楼村、单楼村、桓村、焦铺村、宋村、簸箕峪村、梁林村71个行政村。至2020年，建置区划未变。

**自然状况** 地处暖温带，属季风型大陆性气候，四季分明，雨量集中，降雨年内分配不均，年际丰枯悬殊，变差系数大。地势大致为北高南低，境内分布东平湖一级湖区，湖水深为1.5米至2米。北部、西北部为山丘，梯田阶连；西部南部地势低洼，北部为山丘区，地面高程在40米至411米范围内。基岩为石灰岩，土壤多属黄河冲击形成的壤土和砂壤土。境内主要有中华绒毛蟹、东平湖鲤鱼、甲鱼以及菱、芡、莲等，无铅松花蛋、五香咸鸭蛋、荷花香鸭、东平湖糟鱼等名吃享誉中外。探明铁矿储量达2800万吨，木鱼石2亿立方米，金、黑玛瑙、优质石灰岩、紫砂页岩等矿产储量丰富。

**人口民族** 2016年，常住总户数2.41万户，常住总人口7.27万人，其中男性3.65万人、女性3.62万人。2018年，常住总户数2.32万户，常住总人口7.10万人，其中男性3.56万人、女性3.54万人。2020年，常住总户数2.38万户，常住总人口7.02万人，其中男性3.52万人、女性3.50万人。有回族、满族、蒙古族、朝鲜族、彝族、瑶族、景颇族、苗族、壮族、傣族、藏族、鄂温克族、土族、布依族14个少数民族，共1608人，占总人口的2.29%。

## 经济状况

**农　业**　以种植小麦、玉米、有机蔬菜、苗木花卉为主。2016年，全镇耕地面积4678公顷，均为水浇地，乡镇农业总产值5.46亿元，其中农业产值3.18亿元、林业产值0.46亿元、牧业产值0.12亿元、渔业产值0.98亿元，农林牧渔服务业产值0.72亿元。农民合作社102个，种植大户26户，土地流转面积360公顷。2018年，全镇耕地面积4697公顷，均为水浇地，乡镇农业总产值6.19亿元，其中农业产值3.12亿元、林业产值0.48亿元、牧业产值0.11亿元、渔业产值0.92亿元，农林牧渔服务业产值1.56亿元。农民合作社121个，种植大户29户，土地流转面积366公顷。2020年，全镇耕地面积5542公顷，均为水浇地，乡镇农业总产值6.2亿元，其中农业产值3.21亿元、林业产值0.44亿元、牧业产值0.08亿元、渔业产值1.09元，农林牧渔服务业产值1.38亿元。农民合作社122个，种植大户30户，土地流转面积415公顷。

**工　业**　2016年，工业企业154家，规模以上工业企业5家；工业总产值1.60亿元，实现利税8310万元，其中利润4986万元；规模以上工业企业实现主营业收入1.52亿元，实现利税1.002亿元，其中利润6012万元。2018年，工业企业135家，规模以上工业企业11家；工业总产值9.78亿元，实现利税8535万元，其中利润5121万元；规模以上工业企业实现主营业收入9.78亿元，实现利税1.0395亿元，其中利润6237万元。2020年，引进落地项目8个，招商引资到位资金400万元，上级拨款项目资金1.48亿元，进出口总额200万元。企业92家，从业人员3063人，其中工业企业40家，规模以上工业企业7家；工业总产值5.9亿元，实现利税8850万元，其中利润5310万元；规模以上工业企业实现主营业收入7.1亿元，实现利税1.065亿元，其中利润6390万元。

**旅游业**　以乡村旅游为载体、以东平湖湿地为依托，积极发展旅游产业，加强对域内重点景区景点和精品旅游线路规划设计，打造东平湖东岸8千米黄金旅游岸线。2020年末，全镇共有餐饮饭店96家、宾馆17家、民宿2家，国家AAA级旅游景区1处、游乐园1处，接待游客突破50万人次。

## 财政税收

**财　政**　2016年，一般公共预算收入1.13亿元，一般公共预算支出1.13亿元。2018年，一般公共预算收入1.68亿元，一般公共预算支出1.68亿元。2020年，一般公共预算收入8091万元，一般公共预算支出8091万元。

**税　收**　2016年，各项税收收入2888.5万元，其中增值税472.35万元，登记各类纳税人

2019年10月，东平县友缘制衣有限公司老湖分公司制衣车间

（穆　雷　摄）

405户，年纳税额在10万元以上的企业19户。2018年，税收收入2696万元，其中增值税2074.17万元，登记各类纳税人412户，年纳税额在10万元以上的企业19户。2020年，各项税收收入3508万元，其中增值税1911.64万元，登记各类纳税人402户，年纳税额在10万元以上的企业17户。

## 社会事业

**教　育**　2016年，有幼儿园15所，在校幼儿1112人；小学8所、镇中学（九年一贯制）1所，中学在校学生389人，小学在校学生1894人，在职教师198人。2018年，有幼儿园15所，在校幼儿1091人；小学8所、镇中学（九年一贯制）1所，中学在校学生378人，小学在校学生1842人，在职教师196人。2020年，幼儿园15所，在校幼儿1022人；小学8所、镇中学（九年一贯制）1所，中学在校学生342人，小学在校学生1763人，有在职教师195人。

**文　化**　2016年，综合文化站1个，村级文化活动中心16个，各类文化专业户8户；各类图书室16个，藏书8万余册，音乐、美术、书法、摄影及文学业余创作人员42人；农家书屋16个，农村文化大院16个，文体广场16个，文艺宣传（表演）队2支。2018年，镇综合文化站1个，村级文化活动中心45个，各类文化专业户12户；各类图书室45个，藏书20余万册，音乐、美术、书法、摄影及文学业余创作人员达112人；农家书屋45个，农村文化大院45个，文体广场45个，文艺宣传（表演）队6支。2020年，镇综合文化站1个，村级文化活动中心71个，各类文化专业户19户；各类图书室71个，藏书50余万册，音乐、美术、书法、摄影及文学业余创作人员达359人；农家书屋71个，农村文化大院71个，文体广场34个（搬迁进社区后多村共用），文艺宣传（表演）队71支。县级以上文物保护单位10处，其中省级2处（北桥墓群、梁氏墓群）、市级1处（黄石崖石刻造像）、县级7处（须昌故城、孙爽墓、韩煦墓、栲栳寺石刻、东平公冉子祠碑记、烈士陵园、朱桥遗址）。

**卫　生**　2016年，医疗卫生机构35所，有床位165张，其中乡镇卫生院1所，村卫生室（社区门诊）34所；专业卫生人员126名，执业（助理）医师95名。2020年，医疗卫生机构35所，床位265张，其中乡镇卫生院1所，村卫生室（社区门诊）34所，执业（助理）医师46人。

## 社会保障

**医疗保险**　2016年，居民基本医疗保险参保人数5.36万人。2020年，居民基本医疗保险参保人数为5.35万人。

**养老保险**　2016年，居民参加养老保险1.86万人。2020年，居民参加养老保险3.54万人。

**低保救助**　2016年，城镇最低生活保障户数12户、22人，发放最低生活保障金7.187万元；农村最低生活保障户数2308户、3430人，发放最低生活保障金727.42万元；敬老院2家，收养农村“五保”老人163人。2020年，城镇最低生活保障户数10户、16人，发放最低生活保障金7.54万元；农村最低生活保障户数1826户、3092人，发放最低生活保障金959.48万元；敬老院2家，收养农村“五保”老人82人。

## 名胜古迹

**梁氏墓群**　省级文物保护单位。位于老湖镇梁林村，是宋代古墓葬，墓地占地百余亩，坟头近万座，石碑3000余通，神道碑6座。林中有父子双状元梁颢、梁固，祖孙丞相梁适、梁子美、梁焘等众多名人的坟茔。梁氏墓群的建筑设计，具有很高的欣赏、研究价值。

**北桥墓群**　省级文物保护单位。位于老湖镇北桥村。墓群占地百余亩，从北向南呈“八”字形分布，北枕杏花岗，南傍大清河。墓群原有墓葬9座，皆封土堆高大，是后汉东平国宪王刘苍及其后代的墓葬群，当地又称“王陵山汉墓群”。清代诗人王士祯经过宪王墓，曾留下“乡是人亡万古悲，东平宫殿草离离。陵前赐剑知何处，金粟飘零剩断碑”的诗句。

2016年8月，老湖镇黄石崖景区——映山湖美景　（穆 雷 摄）

**须昌故城**　县级文物保护单位。位于东平县城西北东平湖中。须昌为商周至宋时故城，唐代称郓州，后唐称须城。商代，须昌曾为东平境内须句国的国都，秦时置须昌县属薛郡。西汉属东郡，东汉属东平国。西晋，东平国都由寿张迁至须昌，改东平国为东平郡。南北朝北齐时，废东平郡，须昌县移治宿城。隋开皇十六年（596），须昌县治从宿城迁回须昌城，属郓州。唐贞观八年（634）郓州治所从郓城迁至须昌，曾一度成为天平节度使使治，郓州州治，东平郡郡治。许多著名诗人、文学家先后在此留下足迹和诗篇，李白写有《送梁四归东平》，高适住东平时曾写诗《东平路中大水》，文学家韩愈写有《郓州谿堂诗序》，柳宗元写有《贺东平表》的奏文。五代后唐同光元年（923），因讳庄宗祖父李国昌“昌”字，改“须昌”为“须城”。宋咸平三年（1000）黄河决口，水势悍激，侵进须城，知州姚铉奏报，遂迁须城于王陵山前2.5千米平原处，即今州城街道，须昌城遂废，前后历经2000余年。须昌故城，今淹没于东平湖中。民国《东平县志》载：须昌“距须句三十里”，“沦没陂泽中旧址无存。埠子头东岳庙其东关也。西南陂中有石刻‘南门’二大字，为南门遗址。遗址今淤水中”。清末，湖水干涸时，尚能见西南陂中“南门”两大字刻石。

**黄石崖石刻造像**　市级文物保护单位。位于东平湖畔老湖镇，自然景观雄奇，历史文化深厚，是集自然遗迹和文化遗产一体的著名景观，被誉为东平八景之一。景区建有玉皇殿、吕祖阁、罗汉泉、石碑、钟楼，在崖壁上雕刻了十八罗汉和6米高的观音圣像一尊，在悬崖禅寺东侧修建28间禅房，南侧建设映山湖一处。2014年，黄石崖景区被评为国家AAA级旅游景区。2015年，被评为省级地质公园。

**韩朐墓**　县级文物保护单位。位于老湖镇北桥村北侧，南距大清河400米，墓东北50米有宪王刘苍墓。墓今存封土高1米，直径5米，墓南约80米处有一龟碑座，龟型粗糙。

**朱桥遗址**　县级文物保护单位。位于老湖镇朱桥村东侧。整个遗址坐落在土坡岗上，为高出四周的台形地。1960年，中国科学院考古研究所山东考古队曾对该遗址进行过发掘，确定为商周时期村落遗址。文化层暴露出地面，其范围南北长200米，东西宽150米。文化层深度一般在50厘米至100厘米，内包含有红色烧土块、陶罐、陶鬲、陶钵残片，以红陶、灰陶、黑陶为主，还有一些烧骨、蛙片等。从该遗址拣选的主要标本有绳纹的夹砂红陶鬲足、素面

红陶钵口沿、方唇绳纹灰陶罐口沿、附加堆纹的夹砂灰陶口沿等。

## 古今名人

**侯云礼** 1948年11月生，老湖镇涧流村人，1987年至2002年，历任廊坊陆军学院训练部副部长、教保处处长、学院院长，2002年2月，任炮兵指挥学院副院长（副军职），受各级嘉奖10次。2008年11月离休。

**张庆建** 1955年5月生，老湖镇辛店铺村人。1974年1月加入中国共产党，1978年12月参加工作，省委党校大学学历。1976年7月至1978年12月，任东平县水河公社九女泉管区党总支副书记。1991年1月至1995年12月，任东平县政府副县长。1995年12月至2001年3月，历任宁阳县委常委、副县长，宁阳县委副书记、副县长，宁阳县委副书记、政府代县长，宁阳县委副书记、县长。2001年3月至2003年1月，泰安市发展计划委员会主任、党组书记。2003年1月至2005年12月，泰安市岱岳区委书记、区委党校校长。2005年12月至2014年1月，历任济宁市人民检察院代检察长、党组书记，济宁市人民检察院检察长、党组书记。2014年1月至2015年5月，任泰安市人大常委会副市级领导干部。

## 土特名产

**解氏无铅松花蛋** 1936年，由东平湖畔解培鑫研制成功。第二代传人在原配方基础上，研制出新一代“解氏无铅松花蛋”，成熟的解氏松花蛋黄比鲜鸭蛋增加三分之一。解氏松花蛋采用古法稻泥包裹，蛋清呈琥珀色，透明度高，伴行晶莹剔透的松枝花纹，闻之醇香朴厚，食之鲜滑爽口，回香悠长。剥皮刀切成瓣，加生姜、酱油、香醋等佐料可直接食用。20世纪80年代，解氏松花蛋被农牧渔业部命名为无铅松花蛋，常年出口日本、韩国等国家，销往中国香港、中国澳门地区。2002年，代表泰安市参加中国国际农产品深加工食品工业成果展暨发展战略研讨会，国内外客商给予高度赞誉。

**东平湖糟鱼** 创制始于元朝，兴于清康熙三十四年（1695），有300余年历史。东平糟鱼是家庭宴会、旅游快餐、馈赠亲朋之佳品。东平糟鱼选用东平湖产鲜鲫鱼、鲢鱼或鲤鱼，配以十几种名贵中草药和香料，经过多道程序精心烹制而成。把东平湖鱼宰杀，去腮、五脏，洗净（保留鱼鳞）；锅底放箅，将鱼头尾相交，层层码放；锅中间留一孔，放入精盐、料酒、姜片、葱片、酱油、醋、花椒、茴香、大料、桂皮、桔皮、毛汤；锅底旺火加热，烧开后文火慢烧，用扫帚蘸面酱、糟水、黑酱，每隔1小时在鱼的周身撒1次（共撒4次）；6小时后停火，晾凉后即成。做糟鱼通常夜间加工，文火慢炖一夜，次日凌晨出锅。燃料以木柴为佳。吃糟鱼最好凉食，出锅即吃，味极鲜香，是老百姓喜爱的佳肴。

## 典型选介

**山东省乡村振兴齐鲁样板——老湖示范区** 位于东平湖东畔，总体规划为“一线、一廊、七区、两园、四馆”。“一线”即黄金8000米湖岸线，“一廊”即滨湖大道以东地带打造一条苗木花卉种植为主的生态走廊，“七区”即7大社区，“两园”即凤凰产业园、水利移民扶贫产业园，“四馆”即党建馆、移民记忆馆、乡村振兴馆、移民文化馆四个场馆。地域范围覆盖老湖镇7个社区、45个村、1.09万户、4.25万人，面积为2670公顷。坚持农旅融合，推动乡村产业振兴。建设玫瑰种植基地80公顷，油用牡丹基地46.67公顷，特色种植渐成规模；丰禾园药用植物种植、望山田园综合体项目带动绿色特色产业迅猛发展；依托中林集团，大力发展保水渔业、生态渔业；水浒影视城龙头带动商贸、餐饮、影视制作、创意文化、生态旅游等关联产业兴起。坚持绿色发展，推动乡村生态振兴。示范区实施清网净湖、拆违清障、修复山体、清理蒁草等九大攻坚行动，清理网箱网围8400公顷，修复治理破损山体面积150公顷，绿化面积120公顷。打造9.7千米滨湖生态廊道，栽植乔木、灌木等绿化苗木2万余株，地被植物及草皮16万平方米。坚持以文化人，推动乡村文化振兴。投资8000万元，高标准建设7大社区文体广场、社区党群服务中心，实施新时代文明传习工程，推进“孝诚爱仁”四德建设，扎实推进“最美家庭”“五好家庭”评比活动。坚持党建引领，推动乡村组织振兴。示范区积极探索创新组织管理模式，成立社区总支委员会、社区事务管理委员会和社区事务监督委员会，健全“党总支+党支部+党小组+党员楼长”组织网络，实行“1+N”服务模式，社区党群服务中心实行村党支部书记集中办公制度。坚持引培并举，推动乡村人才振兴。金凤凰印花及联力鸿祥检品、青岛即发集团、山东天源服装公司等乡贤人才返乡创业项目均已建成投产。水浒食品、瑞青玫瑰专业合作社等“就地孵化”培育的本土人才创办项目，成为解决群众就业、促进增收的新引擎。

## 镇党政主要负责人

党委书记　李茂忠（2014.9—2018.3）
　　　　　史金龙（2018.9—2020.5）
　　　　　陈其林（2020.5—　）
镇　　长　史金龙（2011.11—2018.9）
　　　　　吴衍涛（2018.10—　）

（穆　雷）

# 银山镇

## 地理环境

**位置面积**　银山镇位于东平县西部，地处鲁、豫两省的东平、阳谷、台前、梁山四县交界处，西依黄河，东靠东平湖，220国道自境内穿过，南北长4千米，东西长20千米，总面积79.5平方千米，位置独特，环境优美。

**建置区划**　殷商时，银山一带随东平为殷纣王庶兄微子的封地。西周时属须句国辖地。春秋战国时期，先后隶属晋之范邑、鲁之微乡。秦属须昌县，东郡范县。两汉，曾属兖州东郡范县、须昌县、寿张县。南北朝，属东平郡须昌、寿张、范县。隋，属济北郡寿张县，鲁郡平陆县，寿张县城治所即今寿张集。唐，属郓州须昌、寿张，郓州诸县。五代，沿袭唐。宋，分别属于郓州、须城、东阿、中都、寿张。元，属东平路须城、寿张、汶上3县。明，属兖州府东平州寿张县、汶上县、东阿县、郓州县。清，分属山东兖州府汶上县、寿张县和泰安府的东平州、东阿县及曹州府的郓州县。1937年至1946年，先后属东阿县、张秋县和昆山县。1947年，改属昆山县。1949年8月，撤昆山县建制，置梁山县，银山沿属。1952年7月，银山分划为梁山县第九区（银山）、第十区（斑鸠店）。1955年，以驻地命名为银山区。1956年，斑鸠店区划归银山区。1958年2月，撤区建立银山、腊山、斑鸠店3个乡，同年10月3个乡合并，成立东风人民公社（驻银

银山镇耿山口社区新居　　（焦宗乾　2023年提供）

山）。1959年，改称银山人民公社。1962年2月，斑鸠店从银山人民公社划出建社。1975年，辖44个行政村，前银山村、东茂王村、西茂王村、贺庄村、簸箕王村、大红口村、北刘村、肖庄村、郭楼村、刘庄村、沈屯村、耿山口村、马山头村、狗山村、毛山头村、东钓台村、悬桥村、南塘子村、牛楼村、山窝村、东腊山村、顾旁村、后银山村、段沃村、孙皋村、张山窝村、铁山头村、徐跋石村、石庙村、徐庄村、杨庄村、闫海村、站屯村、南刘村、蔡窝村、后楼村，轩堂村、东钓台村、昆山村、山赵村、牛庄村、西腊山村、卧牛山村、西汪村。1985年10月改为银山镇。至2020年，建置区划未变。

**自然状况**　境内地势东高西低，北高南低，最高海拔258.4米，最低39米。由东至西分为湖区、丘陵、平原、滩区。银山镇气候属暖带季风气候，平均气温13.1℃，气候适宜，光照充足，特别是景区景点温湿度相对较好，境内空气质量等级多为优。银山境内旅游资源、山石资源、水产资源丰富。境内有腊山、昆仑山、月岩寺、古建筑群等景点。紫砂石页岩、石灰岩总储量达30亿立方米，西腊山村发现优质矿泉水产地1处。毗邻黄河、东平湖，水资源丰富。

**人口民族**　2016年，常住总户数1.74万户，常住总人口5.74万人，其中男性2.92万人、女性2.82万人。2018年，户籍户数1.79万户，常住总人口5.83万人，其中男性2.96万人、女性2.87万人。2020年，户籍户数2.06万户，户籍人口总数6.1万人，其中男性3.1万人、女性3万人。有汉族、回族、朝鲜族、景颇族4个民族。

## 经济状况

**农　业**　以种植小麦、玉米、大豆为主。林园花卉是特色产业，主要种植火龙果、猕猴桃、玫瑰花、党参等。2016年，全镇耕地面积2871公顷，均为水浇地，乡镇农业总产值6.26亿元，其中农业产值1.73亿元、林业产值1.76亿元、牧业产值1.64亿元、渔业产值1.13亿元，农林牧渔服务业产值2545万元。农民合作社39个，种植大户8户，土地流转面积838.5公顷。2018年，全镇耕地面积3940公顷，均为水浇地，乡镇农业总产值6.72亿元，其中农业产值1.91亿元、林业产值1.75亿元、牧业产值1.82亿元、渔业产值1.24亿元，农林牧渔服务业产值3145万元。农民合作社67个，种植大户13户，土地流转面积1090.19公顷。2020年，全镇耕地面积3940公顷，均为水浇地，乡镇农业总产值7.34亿元，其中农业产值2.12亿元、林业产值1.74亿元、牧业产值1.9亿元、渔业产值1.49亿元，农林牧渔服务业产值4145万元。农民合作社105个，种植大户19户，家庭农场51个，土地流转面积1168.42公顷。

**工　业**　2016年，企业228家，从业人员4352人，其中工业企业210家，规模以上工业企业42家；工业总产值87.60亿元，实现利税0.4亿元，其中利润2.3亿元；规模以上工业企业总产值81.47亿元，实现利税0.18亿元，其中利润0.92亿元。2018年，企业338家，从业人员6850人，其中工业企业218家，规模以上工业企业15家；工业总产值112.57亿元，实现利税0.61亿元，其中利润2.35亿元；规模以上工业企业总产值9710.1万元，实现利税0.32亿元，其中利润1.61亿元。2020年，引进落地项目14个，招商引资到位资金17.58亿元，上级拨款项目资金0.28亿元，进出口总额0.15亿元。企业398家，从业人员6920人，其中工业企业68家，规模以上工业企业3家；工业总产值12.24亿元，实现利税0.36亿元，其中利润2.2亿元；规模以上工业企业实现主营业收入0.96亿元，实现利税0.03亿元，其中利润0.17亿元。

## 财政税收

**财　政**　2016年，一般公共预算收入5800万元，一般公共预算支出5800万元。2018年，一般公共预算收入2128万元，一般公共预算支出2765万元。2020年，一般公共预算收入6700万元，一般公共预算支出6700万元。

**税　收**　2016年，登记各类纳税人144户，年纳税额在10万元以上的企业27户；各项税收收入3569.22万元，其中增值税569.73万元。2018年，登记各类纳税人86户，年纳税额在10万元以上的企业40户；各项税收收入1828万元，其中增值税979.5万元。2020年，登记各类纳税人101户，年纳税额在10万元以上的企业33户；各项税收收入1589.55万元，其中增值税1328.75万元。重点税源为建筑业、批发和零售业、制造业等行业。

## 社会事业

**教　育**　2016年，幼儿园23所，专任教师124人，在园幼儿2358人；小学6所，专任教师191人，在校学生2867人；初中1所，专任教师110人，在校学生1124人。2020年，幼儿园25所，专任教师136人，在园幼儿2786人；小学6所，专任教师203人，在校学生3202人；初中2所，专任教师170人，在校学生1384人；县级以上规范化中小学5所，市级规范化学校1所。

**文　化**　2016年，镇综合文化站1个，村级文化活动中心44个，各类文化专业户14户；各类图书室28个，藏书17万余册，音乐、美术、书法、摄影及文学业余创作人员48人；农家书屋44个，农村文化大院44个，文体广场52个，文艺宣传（表演）队11支。2020年，镇综合文化站1个，村级文化活动中心44个，各类文化专业户23户；各类图书室54个，藏书42万余册，音乐、美术、书法、摄影及文学业余创作人员560人；农家书屋44个，农村文化大院44个，文体广场64个，文艺宣传（表演）队42支。县级以上文物保护单位7处，其中省级1处（银山石刻）、市级4处（月岩寺、祥龙观、腊山古建筑群、牛楼牛家杜石刻）、县级2处（后银山古墓、磨香寺）。

**卫　生**　2016年，医疗卫生机构40所，其中镇卫生院1所，床位65张，村卫生室39所，床位117张；专业卫生人员85名，其中执业（助理）医师225名。2020年，医疗卫生机构43所，其中镇卫生院1所，床位68张，村卫生室40所，床位120张，口腔卫生室2所；专业卫生人员91名，其中执业（助理）医师32名。

## 社会保障

**医疗保险**　2016年，居民基本医疗保险参保人数为5.2万人，2020年，居民基本医疗保险参保人数为4.8万人。

**养老保险**　2016年，居民参加养老保险5.2万人。2020年，居民参加养老保险3.6万人。

**低保救助**　2016年，农村最低生活保障户数1323户、2024人，发放最低生活保障金313.55万

元；城镇最低生活保障户数10户、12人，发放最低生活保障金6.2万元。2020年，农村最低生活保障户数708户、1192人，发放最低生活保障金1041.9万元；城镇最低生活保障户数6户、10人，发放最低生活保障金12.5万元；医疗救助76人次，发放医疗救助金20.6万元。

## 名胜古迹

**银山石刻**　省级文物保护单位。位于银山镇银山之阳，有三部分组成。主要是北齐时期的浅石窟造像，原有圆雕主像2尊，或称释迦、多宝并坐佛像，均高1.6米，头残缺。窟内崖壁上圆雕菩萨、罗汉像数尊，旁有“元祐八年四月”题记。窟旁东侧崖壁上有线刻佛像、动物等。造像东北2米处石崖上有“佛说摩刻般若波罗密”经名阴刻字，字径0.5米。山脚有三方清朝重修碑：乾隆十六年（1751）“泰安府东平州东平御所守东阿县银山重修丈八佛寺序”。碑高2.18米、宽0.85米、厚0.3米。乾隆四十六年（1781）重修碑记，高1.94米、宽0.82米、厚0.24米。道光二十二年（1842）重修丈八佛寺碑记，高1.89米、宽0.83米、厚0.3米。距此石刻东部50米处，有北齐天统四年（568）2龛像，其中一龛高0.9米，内刻结跏趺佛像一尊，像高0.5米，下部有造像题记“大齐天统四年三月……”，佛像风化严重；另一龛高0.6米，内一站立罗汉像，高0.45米。造像处原有寺院“丈八佛寺”，在清代乾隆、道光年间进行过维修。银山石刻刊于北朝，是东平湖刻经区的重要组成部分，经旁刊佛像，对于研究山东地区的佛教发展和当时的刻经形式具有较高的参考价值。

**牛楼牛家林石刻**　市级文物保护单位。位于银山镇牛楼村，始建成于明初年，林门高3.2米、宽2.8米、林屋高3米、宽1.3米、厚1.1米。因年代久远，有损坏。

**祥龙观**　市级文物保护单位。位于腊山半山腰处，南邻东平湖，为一处道教宫观建筑，面积约1.4万平方米。寺依山而建，寺门向西，内有玉皇殿、三清殿、天王殿、藏经阁等，其南建有南天门一座，均为明清时期建筑。

**月岩寺**　市级文物保护单位。位于昆仑山西半山腰，面积3000平方米，坐北向南，门向西。建于明代万历七年（1579），因昆仑山的走向由西向东又弯曲向南，颇似一钩明月，山半腰的这座寺院因此而得名“月岩寺”。寺院为前后双重院建筑。大雄宝殿面阔三间11米，进深7.1米，全高8米，抬梁式木质结构。有明代万历七年（1579）重修的全石质钟楼一座，高4.5米；宋代小虚观塔一座，全石质，高3.5米，八角形，瓦垄顶建于唐代。塔为方形，面西内空，中有一门，正对门的后壁上有高浮雕像三尊。寺院悬崖上有康熙年间卢时芳书写的“南海别院”4个行草大字；有“飞岩瀑雪”4个大字，秀逸潇洒；有明代于慎行的《游月岩寺》“古木森阴碧殿凉，空阶朝玉引泉长”。寺内保存着明清碑12方，其中清道光十年（1830）《重修月岩寺碑》对月岩寺作了描述：“月岩寺者，为东原八景之一，是我方之巨观也，尝有学士名流设馆肄业，骚人墨客登眺吟味，诚胜地矣。”

**腊山古建筑群**　市级文物保护单位。位于银山镇腊山北山体间，东临东平湖，为一处道教建筑。始建年代无考，明、清、民国之际均有维修。有峰云观、玉皇殿、碧霞元君殿、老虎洞等古建筑，分布在㠯字形的石阶盘路周围。其中峰云观内的主体建筑三清宫与邱祖阁为连体建筑，全高7米，面阔3间。砖石结构，阁在上，平顶，边缘有垛口。峰云观北有明正德年间所建乐台1座，柱上有楹连曰：“声遏行云一曲升平千圣乐，歌翻白雪五音调叶万民欢。”

**后银山古墓**　县级文物保护单位。位于银山镇后银山村前，发现的汉代墓葬较多，多是壁画墓。其中东汉前期砖室壁画墓顶绘有日月流云；西壁绘墓主人淳于口出行，图上有榜题游徼、功曹、淳于口车马、主簿、付戏等；南壁绘都亭和人物，榜题“曲成侯邑”；东壁近后室绘鸟树，其前有子元、子礼、子仁等9人。这座墓葬是山东地区迄今发现时代最早的砖室壁画墓。

**磨香寺** 县级文物保护单位。位于银山镇山赵村东50米处，腊山之阳，东平湖西岸。始建年代不详，占地面积1600平方米。其坐北向南，大门在寺西南角向西，分东西两个院落，中有门相通。西院现存有前后殿，后殿面阔3间13.1米，进深6.3米，高6米，木构梁架，立山灰瓦顶。东院后为藏经阁，双层，砖石结构。院南有钟楼1座，全石质，起脊翘檐，四石柱，为明代万历四十六年（1618）由进士宋祖舜、布政司省祭官郭汴、陆修业、牛孕祥等捐资修建，保存完好。

## 古今名人

**赵华岩（1912—1990）** 银山镇山赵村人。山东省文史研究馆馆员、著名农民画家。16岁时，入济南爱美中学艺术师范专习绘画，师从山水画家瞿圆初（瞿秋白之父）和画梅名家周爱周。1931年，考入北平京华美术学院在齐白石门下受业3年。1934年，进入山东省实验剧院学音律，同时继续习练绘画，参与剧院演出时的美术设计和舞台装置。抗日战争时期，创作了一大批以《全民抗战图》为主要内容的抗日宣传画。1984年成为东平县第一届政协委员。1986年，被山东省人民政府聘为文史研究馆馆员。1988年，他创作了《松鹰图》《重阳雅趣》。其作品被省文史研究馆、省美术馆、县文物所收藏，部分作品流传至日本、新加坡、马来西亚等国家和中国香港地区。

**耿进平** 1951年8月生，耿山口村（今耿山口社区）党支部书记、银河集团董事长。2016—2019年，东平县人民政府经济顾问。耿山口村在其带领下，先后被评为泰安市“泰山先锋”红旗党支部、新时代泰山“挑山工”十面红旗之一。他热心公益事业，累计捐款捐物2200余万元。山东省第十一届人大代表。

**孙兰俊** 1964年11月生，银山镇孙皋村人。1983年7月，考入泰安师专数学系。1986年1月，加入中国共产党。1986年7月，分配到泰安市岱岳区教师进修学校任教。1988年7月，调入岱岳区计生委工作。1989年7月，调入岱岳区政府办公室，先后任区政府秘书、科长、副局级干部，岱岳区工业园区办公室副主任、岱岳区黄前镇党委副书记（挂职）。1996年10月，任岱岳区省庄镇（今泰山区省庄镇）党委副书记、镇长。1998年1月，任岱岳区满庄镇党委书记。1999年9月起，历任泰安市政府办公室党组成员、副主任，泰安市人民政府外事办公室主任，泰安市民政局局长等职务。2018年12月，任泰山护理职业学院党委书记。

## 土特名产

**面辣子** 银山镇的地方特色名吃。用小麦面粉为主料，掺以干海米、木耳丝等普通蔬菜放到一个盆子里，加盐、味精、蒜片等调料，开水烫至半熟后，倒入油泼辣子，搅拌均匀，再上笼蒸，成品呈稠糊糊状。多用来泡馒头，是一种最简单的小菜类食品，有养胃之功效。

**芡　实** 又称鸡头米，是东平湖水生植物中的主要品种，以面积大，产量高，籽实饱满，营养丰富而著称。据记载，北宋时期湖内即有芡实生长，东平湖芡实营养丰富，是宝贵的天然补品，有“水中桂圆”的美称。芡实生长周期为120天，4月份种植，中秋前后收获，亩产在五六百斤，每斤5元左右。

**山赵全鳞鱼** 由银山镇山赵村渔民创制，特点是以整鱼全鳞入馔，是银山镇特有的名菜。近年被腊山国家森林公园膳食部引入，作为主打菜和特色菜推出，深受中外游客欢迎。全鳞鱼名声

日隆，甚至有“游湖不品全鳞鱼，山水风光未赏全”之说。

**昆山糟鱼** 为当地传统名吃之一。选用东平湖产鲜鲫鱼、鲢鱼或鲤鱼，配以十几种名贵中草药和香料，经过多道程序精心烹制而成。昆山糟鱼含有丰富的矿物质及微量元素，是家庭宴会、旅游快餐、馈赠亲朋之佳品。

## 典型选介

**中国乡村旅游模范村——南堂子村** 地处东平湖西岸、昆山脚下，三面环山、一面临水，地理位置优越，交通便利，环境优美。老村格局犹存，风韵不减，老街巷、明清时期的古建筑依稀可见，村落中还保留了石磨、石碾、夯、锛等传统农业用具，随着时间的不断推移，村中的老石碑也见证了历史文化的传承。南堂子村先后获“中国乡村旅游模范村”“山东省旅游特色村”“泰山先锋”基层党组织“山东省历史文化名村”“山东省农业旅游示范点”“山东省最美乡村”“山东省第一批传统村落重点保护单位”“山东省宜居村庄”“幸福泰安之最温馨——农家住宿村庄”“最美休闲旅游乡村”等称号。2021年，南堂子村内昆仑山景区被评为国家AAAA级旅游景区。

**山东省宜居小镇——银山镇** 银山镇东临国家AAAA级旅游景区东平湖，西濒黄河，是山东省中心镇。境内山石资源、水资源丰富，紫砂石页岩、石灰岩总储量达30亿立方米。工业以山石开发和河砂开采为主。沿湖有2333.33公顷的旅游观光养殖带，盛产东平湖甲鱼、河蟹、乌鳢、大口鲶、鲤鱼、花白莲、麻鸭、菱角等十几种享誉国内外的地方特产。2014年被列入全国重点镇名单，2015年评为省级第二批“宜居小镇”，2019年被评为山东省绿色生态示范镇。

## 镇党政主要负责人

**党委书记** 李振福（2016.12—2020.1）
姚来涛（2020.5— ）

**镇　　长** 姚来涛（2015.7—2020.6）

（郭　建　关雪芹）

银山镇南堂子村湖景　（焦宗乾　2023年提供）

# 斑鸠店镇

## 地理环境

**位置面积** 地处鲁西南，位于东平县西北部，东临东平湖，西、北靠黄河，南望梁山，南连银山镇，北接旧县乡，是程咬金的故里。纵距11千米，横距10.5千米，总面积75.97平方千米，耕地面积4225.9公顷，下辖40个行政村，镇驻地为斑鸠店村。是著名的大蒜之乡、水浒之乡，2015年，被评为国家“一村一品”示范乡镇和全国田头市场示范乡镇。

**建置区划** 南北朝时期，此处是交通要道，道路旁边有一客店，店主人善养斑鸠，故得名斑鸠店。宋属山东东平府，元属山东东平路，明属山东东平州。清雍正十三年（1735），改属山东省泰安府，民国属山东省济西道。抗日战争时期，属山东省东阿县二区。1946年，属平原省聊城专区张秋县第二区。1947年，划归平原省昆山县，属九区。1949年，属平原省菏泽专区梁山县第九区。1952年，为平原省第十区。1956年，为山东梁山县第九区。1958年2月，设梁山县斑鸠店乡，9月建梁山县东风（银山）公社。1962年，成立梁山县斑鸠店公社。1984年2月，建菏泽市斑鸠店、菏泽豆山2个乡。1985年12月，划归泰安市东平县。1986年5月，豆山乡与斑鸠店乡合并为泰安市斑鸠店镇。2016年，下辖斑鸠店村、焦村、北枣园村、张庄村、皇殿村、荫柳棵村、王庙村、康村、李庄村、子路村、柏松山村、黄庄村、陈庄村、李辛村、前山村、解山村、东堂子村、中堂子村、西堂子村、魏河村、裴沃村、侯河村、路村、山咀村、豆山村、郑屯村、郑沃村、卢屯村、淹王沟村、岱程村、名山村、南枣园村、东龙山村、西龙山村、上庞口村、东庞口村、王庄村、马庄村、八里汀村、杨闸村40个行政村。至2020年，建置区划未变。

**自然状况** 地势西高东低，西北部为黄河滩区，东部为东平湖域地，西南部为平原，西部柏松山及南部六工山一带为丘陵地。海拔最高179.8米，最低39.5米。镇域西部，黄河流经陈庄、杨闸、黄庄、解山、荫柳棵、龙山等村；东部、南

斑鸠店镇幸福黄河公路大桥　　（陈　光　摄　2022年提供）

部毗邻东平湖的村庄有路村、侯河、魏河、名山、康村。220国道贯穿南北。境内有东平湖，地表水及地下水资源充足、无污染，可满足工农业生产需求。

**人口民族** 2016年，常住总户数1.04万户，常住总人口3.19万人，其中男性1.62万人、女性1.57万人。2018年，常住总户数1.06万户，常住总人口3.25万人，其中男性1.61万人、女性1.64万人。2020年，常住总户数1.44万户，常住总人口3.5万人，其中男性1.7万人、女性1.8万人。有汉族、回族、苗族3个民族。

## 经济状况

**农　业** 以种植大蒜、大豆、小麦、玉米为主。2016年，全镇耕地面积4233.9公顷，均为水浇地，乡镇农业总产值3.07亿元，其中农业产值3.01亿元、林业产值235万元、牧业产值380万元、渔业产值22万元；农民合作社37个，土地流转面积367.4公顷。2018年，全镇耕地面积4233.9公顷，均为水浇地，乡镇农业总产值3.16亿元，其中农业产值3.09亿元、林业产值328万元、牧业产值340万元、渔业产值25万元；农民专业合作社52个，家庭农场45个，土地流转面积678.6公顷。2020年，全镇耕地面积4233.9公顷，均为水浇地，乡镇农业总产值3.22亿元，其中农业产值3.15亿元、林业产值463万元、牧业产值186万元、渔业产值29万元；农民专业合作社73个，农业企业1个，家庭农场62个，土地流转面积715公顷。

**工　业** 2016年，企业280家，从业人员3506人，其中工业企业102家，规模以上工业企业13家；工业总产值28.78亿元，规模以上工业企业总产值26.52亿元，实现利润2.21亿元、利税0.83亿元。2018年，企业285家，从业人员3562人，其中工业企业34家，规模以上工业企业13家；工业总产值3165万元，规模以上工业企业总产值2036.9万元，实现利润200万元、利税340万元。2020年，工业企业38家，规模以上工业企业1家；规模以上工业企业实现主营业收入0.24亿元，实现利润96万元、利税97.2万元。

## 财政税收

**财　政** 2016年，一般公共预算收入879.81万元，一般公共预算支出1095.6万元。2018年，一般公共预算收入1231万元，一般公共预算支出1456.76万元。2020年，一般公共预算收入1726.3万元，一般公共预算支出2410.53万元。

**税　收** 2016年，各项税收收入879.81万元，其中增值税255.32万元、营业税369.54万元。2018年，税收收入1231万元，其中增值税748万元。2020年，各项税收收入1651.56万元，其中增值税1388.76万元，非税收入74.74万元。

## 社会事业

**教　育** 2016年，幼儿园5所，专任教师127人，在园幼儿1139人；小学5所，专任教师109人，在校学生1777人；普通初中1所，专任教师122人，在校学生1466人；县级以上规范化中小学4所，其中省级规范化学校1所、市级规范化学校3所。2020年，幼儿园12所，专任教师125人，在园幼儿1427人；小学5所，专任教师104人，在校学生1881人；普通初中1所，专任教师90人，在校学生750人。

**文　化** 2016年，综合文化站1个，村级文化活动中心38个，各类文化专业户6户；各类图书室38个，藏书20余万册，音乐、美术、书法、摄影及文学业余创作人员61人；农家书屋38个，农村文化大院38个，文体广场38个，文艺宣传（表演）队9支。2020年，镇综合文化站1个，村级文化活动中心38个，各类文化专业户18户；庄户剧团3个，各类图书室40个，藏书40余万册，音乐、美术、书法、摄影及文学业余创作人员达506人；

农家书屋39个，农村文化大院38个，文体广场39个，文艺宣传（表演）队38支。县级以上文物保护单位5处，其中省级1处（理明窝摩崖造像），市级3处（百墓山墓群、仲子读书处、玉皇庙），县级1处（程公祠）。

**卫　生**　2016年，医疗卫生机构38所，有床位65张，其中镇卫生院1所、村卫生室（社区门诊）37所；专业卫生人员65名，执业（助理）医师71名。2020年，医疗卫生机构38所，有床位110张，其中镇卫生院1所、村卫生室（社区门诊）37所；专业卫生人员65名，执业（助理）医师42名。

## 社会保障

**医疗保险**　2016年，居民基本医疗保险参保人数4.3万人。2020年，居民基本医疗保险参保人数为3.5万人。

**养老保险**　2016年，居民参加养老保险2.3万人。2020年，居民参加养老保险2.2万人。

**低保救助**　2016年，城镇最低生活保障户数6户、13人，发放最低生活保障金4.68万元；农村最低生活保障户数1205户、1805人，发放最低生活保障金377.4万元；医疗救助42人次，发放医疗救助金12.52万元；敬老院1家，床位80张，收养农村“五保”老人48人。2020年，城镇最低生活保障户数1户、2人，发放最低生活保障金1.07万元；农村最低生活保障户数579户、882人，发放最低生活保障金709.46万元；敬老院1家，床位80张，收养农村“五保”老人46人。

## 名胜古迹

**理明窝摩崖造像**　省级文物保护单位。位于东平县斑鸠店镇六工山之阳半山腰处，呈“一”字形东西向排列，长14米，有大小造像49尊，均为唐代造像。其中最高者176厘米，最小者仅有10厘米。造像分三个时期，第一期长安三年（703）造像，主要为阿弥陀佛三尊大佛像。均著双领下垂式衣，质薄贴体，面相丰腴，眉眼细长，身体上宽下窄，呈现出强健的力度美感。头光为双层桃形火焰纹并施彩绘，内层有化佛七尊。第二期开元八年（720）造像，除形象稍逊于第一期外，特点基本一致。第三期咸通十四年（873）造像，衣纹呈粗泥条状，头似圆球，身体面相圆胖，面容较丑陋，体现出唐代造像走向衰落的特点。

**仲子读书处**　市级文物保护单位。又名子路祠。春秋时期，仲子（字子路）跟随孔子周游列国时在此地休息，子路曾展卷读书，故名“仲子读书处”。坐西朝东，依山势而建，以大门、二门、正殿为中轴线，对称而列，形成一个结构严谨的建筑群。祠内正殿为立山式建筑，鳞瓦盖顶，滴水钩檐，四山龙头仰天，龙身呈波浪式，状若游飞。大殿雕梁画栋，气势雄伟，南北配殿亦十分壮观。正殿内原有仲子泥塑金身坐式巨像，像高1.7米，身着蓝袍，左手拿书，右手按右膝，专心读书，孜孜不倦。正殿擎梁石柱上刻有楷书楹联“从政当年蒲邑千秋传治绩，读书此地谷城百代振雄风”。正殿前有两方形石柱，上刻对联“学海文烂源分泗水，春风化雨道祖尼山”。南北配殿各三间，大门悬石匾一块，上刻“仲子读书处”五个金光大字，字体工整，笔法遒劲。子路村因受传统文化的影响，古来读书之风甚盛，私人藏书颇丰。原仲子读书阁（正殿）因年久受损，清同治七年（1868）在原址重建其阁，并刻碑铭记。重建的仲子读书阁，其建筑规模和样式与原阁相同，为东平县境内一大景观。

**百墓山汉墓群**　市级文物保护单位。位于东平县斑鸠店镇柏松山村西百墓山上。相传，山周围有汉墓百余座，故山俗称“百墓山”。其中近年来发现的一座墓葬，为全石结构中型汉代画像石室墓。墓室完整，葬品早年被盗。南北长近9米、东西宽6米、高近3米。墓门向东，分前室、后室和左右耳室几部分，后室外有回廊。画像主要分布在前室和左右耳室，有谒拜图、乐舞图、

丰收图、白虎、方相氏和五铢钱币等，运用浅浮雕和平面线刻两种雕刻技法。前室中间石柱上刻有“此人马皆食大仓”八隶字。

**玉皇庙** 市级文物保护单位。玉皇庙位于六工山顶，初建于清代早期，后多次维修。主要建筑从北向南依次有藏经阁、玉皇殿、山门和戏台等。玉皇庙建筑结构完整，庙门写有“玉皇大帝”四个字，进入庙门是一个院落，院内有多通石碑，外有围墙，对于清代的寺庙建筑布局有较高的研究价值。

**程公祠** 县级文物保护单位。位于东平湖西北岸斑鸠店镇斑鸠店村东部，是当地人为纪念农民起义首领、唐朝名将程咬金所建。程咬金在推翻隋炀帝、建立唐王朝的战争中为世人崇敬，因建其祠，以褒其功。原祠始建于唐太宗时期，历经千余年，新中国成立初期，因黄河泛滥而毁，但有石钟楼、石狮子尚存。今存程公祠为重建，前设抱厦，大脊立山，鳞瓦覆顶，祠周有院墙围护。祠内塑卢国公像，威严庄重，居于中间，左右有扈雷、秦章、裴皋、石彪等，栩栩如生。画栋雕梁，相互辉映。抱厦下有楹联“偕叔宝翼秦王悬甲军摧峰陷阵冠诸将；先世南次公仅凌烟阁图功画像照千秋”。大门前一侧立石碑一通，上书“程公祠”，远瞻程公祠，院门与祠门同处一条中轴线上，四角生翼，十分壮观。

## 古今名人

**程咬金（589—665）** 字知节，别名程义贞、阿丑，斑鸠店人，唐朝开国元勋，凌烟阁二十四功臣之一。出身贫寒，初以卖耙子为生，奉养其母，流浪于江湖。他生性耿直，善使长矛，勇猛过人，隋末炀帝荒淫无道，横征暴敛，民不聊生，动乱纷起，程咬金组织数百人保护家乡村民的安全，防止侵扰。隋大业十三年（617），程咬金参加李密领导的瓦岗起义军，后投奔唐朝，随唐太宗破宋金刚，擒窦建德，降王世充，玄武门事变助李世民夺得帝位；官至左卫大将军，兼检校屯营兵马，封爵卢国公。麟德三年（665）2月，程咬金在怀德里家中去世，谥号“襄公”，追赠骠骑大将军、益州大都督。

## 土特名产

**斑鸠店大蒜** 斑鸠店镇土壤广阔而肥沃，水资源丰富，十分适宜大蒜生长。新中国成立初期已种植大蒜。20世纪90年代起，种植规模逐年扩大，至2020年末，全镇大蒜种植面积2666.67公顷，一般年产蒜薹2万吨，蒜头8万吨。每到收获季节，外地客商云集收购，产品远销上海、天津、河北、辽宁、吉林等省市，并出口到越南、日本、韩国、加拿大、德国等国家。1960年以前，斑鸠店镇种植的大蒜原为本地蒜，产量不高，品质一般。60年代后引进杂交蒜，经过多年培育，杂交蒜表现出很强的生长优势，株型高大，外皮紫红，成熟较早。每个蒜头内有4个至8个蒜瓣，蒜瓣整齐肥大；蒜薹产量高，且苔茎绿、无病斑；蒜泥香、辣味适中；长出作苗菜用时，出的蒜黄多。1991年，斑鸠店大蒜获农业部优质农产品奖，是山东省唯一获此殊荣的蒜类产品。斑鸠店镇耕地属冲积扇平原上的黏土地，地力肥厚，农民种蒜不用含有害物质的化肥、农药。大蒜成为斑鸠店镇的重要支柱产业和农民增收的有效途径。

**斑鸠店酱菜** 斑鸠店酱菜以优质面粉和莴苣、无籽黄瓜、芹瓜为主要原料，吸取传统酿制工艺的精髓，按一种新的酿制工艺精心酿制而成。保持了蔬菜本色，有光泽，无沉淀物和杂质，具有鲜、甜、脆、嫩、微咸可口等特点，是一种色、香、味俱佳的调味品。它是佐餐佳品，能增进食欲，开胃爽口，因而成为宾馆酒楼和百姓餐桌上的常见食品，也成为馈赠佳品。斑鸠店镇盛产大蒜、黄瓜等瓜果蔬菜，斑鸠店酱菜就是采用当地新鲜蔬菜，入甜面酱制成。酱菜选料严格，加工精细。选料的季节性很强，要求很高。选料要大小一致，长短粗细相仿，选好料要及时加工，保持蔬菜新鲜，这是做到脆、嫩的关键；鲜、甜则取决于甜面酱的质量，发酵要恰到好处。

## 典型选介

**国家“一村一品”示范乡镇——斑鸠店镇** 斑鸠店镇地势西高东低，西北部为黄河滩区，东部为东平湖，西南部为平原，西部柏松山及南部六工山一带为丘陵地。境内有东平湖，南水北调工程自东向西横穿全镇。地表水及地下水资源充足、无污染，可满足工农业生产需求。气候湿润，四季分明，植被茂盛，绿树葱茏，光照充沛，地势平坦，环境优越，宜居宜游。是隋唐名将程咬金的故里，是著名的大蒜之乡、水浒之乡，2015年被评为国家“一村一品”示范乡镇和全国田头市场示范乡镇。

2018年1月，斑鸠店镇北枣园村食用菌大棚养殖基地 （李召瑜 摄）

**东平县瑞祥食用菌种植专业合作社** 位于斑鸠店镇北枣园村，注册资金200万元，规划占地面积33.33公顷，主要种植黑木耳等食用菌产品。园区规划总投资5000万元，分三期建成，其中一期、二期建成并投入使用。一期总投资2200万元，建成包括黑木耳生产基地、生产车间、原料车间、养菌车间、烘干车间、成品库、冷库等在内的菌种培养间和菌种生产间厂房2座。二期投资1600万元，建设培养基车间、高效燃气炉车间等厂房设备。瑞祥食用菌养殖项目优势明显。产业资源丰富，大豆、大蒜种植产业是斑鸠店镇的主导产业，大豆秸秆和大蒜秸秆资源丰富，富含蛋白质的大豆秸秆和富含多种维生素及抗菌活性的大蒜秸秆资源，为发展食用菌产业提供了良好的条件。群众基础良好，北枣园村及周边贫困村贫困人口较为集中，群众脱贫愿望高，便于集中连片实施产业化、规模化经营和集中种植与分散种植相结合的种植方式，北枣园村食用菌栽培历史悠久，群众参与度高，具有良好的基础优势。技术优势明显，项目采用国内先进的高效灭菌器、液体接种设备、自动拌料装袋设备等食用菌生产设备，食用菌养殖自动化程度高，作为省级农科驿站，省、市农业科技专家提供全程技术服务指导。生态效益突出，可充分利用玉米芯、大蒜秸秆、大豆秸秆、木屑、麦秸、花生壳、酒糟等物质，形成“食用菌—有机肥—农作物—食用菌”的生态循环模式，使农村废弃资源得到回收和循环利用。社会效益显著，具有周期短、见效快、易扶持等特点，优先安排有劳动能力的贫困人口就业，对无劳动能力的贫困户则采取土地入股的形式进行分红。

## 镇党政主要负责人

党委书记 李振福（2013.3—2016.12）
范思安（2016.12—2018.12）
李　杰（2018.12—　）
镇　长 李传科（2013.3—2019.4）
杨　振（2019.4—　）

（郭　竞）

# 接山镇

## 地理环境

**位置面积** 接山镇地处东平县东部，东与肥城市连接，南与济宁市汶上县相邻，西与东平街道接壤，全镇行政区域面积149.37平方千米。

**建置区划** 宋大中祥符元年（1008），宋真宗东封泰山，途经东平，地方官员在此接驾过山，故名接驾山，后简称接山。清雍正十三年（1735），接山镇分属东平州南仁寿保、北仁寿保、仁化保及仁和保。1936年，接山镇属东平县第四区，第四区辖3个镇和20个乡，区驻地在接山集。50年代初，原四区所辖的五埠村等划给肥城县。1953年7月，东平四区改为东平六区，朝阳庄、遂城等划给五区（尚庄），无盐、北城子等划给四区（宿城）。1955年9月，东平六区改名接山区。1958年2月撤区，建立接山乡、常庄乡、夏谢乡，10月，三乡撤销，改为接山人民公社和苍邱人民公社，两公社大致以汇河为界，遂城等村划回接山人民公社。同年12月，苍邱人民公社并入接山人民公社。1959年10月，东平县撤销，接山公社划归平阴县。1962年，东平县复设，接山公社复归东平县。1975年，接山公社驻地由接山迁往张河桥。1984年4月，接山人民公社改为张河桥区，下设接山乡、夏谢乡、鄣城乡、苍邱乡、徐坦乡。1985年12月，撤区建乡，原张河桥区分为张河桥乡和接山乡，张河桥乡驻地在张河桥村，接山乡驻地在接山村。2001年初，张河桥乡撤销，其建制整体并入接山乡。2010年6月，接山乡撤乡设镇，为接山镇，辖接山村、张场村、满村村、姜庄村、黄徐庄村、周徐庄村、张徐庄村、南山庄村、大张庄村、东荣花树村、中套村、下套村、徐村村、纸坊村、花园村、前寨子村、鄣城村、东杨郭庄村、西杨郭庄村、蓆桥村、后口头村、前口头村、齐村村、刘所村、夏谢一村、夏谢二村、夏谢三村、夏谢四村、夏谢五村、后寨子村、苍邱一村、苍邱二村、苍邱三村、辛庄村、常庄一村、常庄二村、常庄三村、东屯村、南屯村、徐坦村、林马庄村、尹山庄村、肖庄村、麻子峪村、山神庙村、牛山庄村、李山头村、上遂城东村、上遂城西村、下遂城村、北遂城村、朝阳庄村52个村民委员会。至2020年，建置区划未变。

**自然状况** 接山镇属山区丘陵地带，东、西两边多山峦丘陵，东北部为山区，东南部、中部为平原，西部为丘陵。接山镇气候属暖温带季风气候，四季分明，降水较充沛。多年平均气温14.3℃，年平均日照时数2410.5小时，年辐射总量122.44千卡/平方厘米。无霜期年平均211天。接山镇境内有大汶河、汇河、金线河。接山镇的主要矿产资源有石灰岩、紫砂页岩。

**人口民族** 2016年，常住总户数2.08万户，常住总人口6.35万人，其中男性3.20万人、女性3.15万人。2018年，常住总户数2.01万户，常住总人口6.21万人，其中男性3.20万人、女性3.01万人。2020年，常住总户数2.05万户，常住总人口6.20万人，其中男性3.13万人、女性3.07万人。有汉族、回族、壮族、苗族、朝鲜族、侗族、黎族、佤族、蒙古族、布依族、土家族、傈僳族、彝族13个民族。

## 经济状况

**农　业**　以种植小麦、玉米、有机蔬菜、苗木花卉为主。2016年，全镇耕地面积8762公顷，均为水浇地，乡镇农业总产值7.78亿元，其中农业产值6.68亿元、林业产值1100万元、牧业产值0.99亿元；农民合作社77个，种植大户39户，土地流转面积402.09公顷。2018年，全镇耕地面积9475公顷，均为水浇地，乡镇农业总产值8.08亿元，其中农业产值6.96亿元、林业产值1200万元、牧业产值1.06亿元；农民专业合作社93个，家庭农场71个，土地流转面积1025.45公顷。2020年，全镇耕地面积9475公顷，均为水浇地，乡镇农业总产值7.69亿元，其中农业产值6.64亿元、林业产值1463万元、牧业产值1.21亿元；农民专业合作社130个，种植大户169户，家庭农场121个，土地流转面积1733.33公顷。

**工　业**　2016年，企业136家，从业人员1801人，其中工业企业44家、规模以上工业企业2家；工业总产值1.45亿元，实现利润0.33亿元、利税0.12亿元。2018年，企业150家，从业人员2356人，其中工业企业50家、规模以上工业企业4家；工业总产值1.89亿元，实现利润0.49亿元、利税0.16亿元。2020年，企业176家，从业人员2800人，其中工业企业56家、规模以上工业企业5家；工业总产值2.11亿元，实现利润0.67亿元、利税0.22亿元。

## 财政税收

**财　政**　2016年，一般公共预算收入5712万元，一般公共预算支出5712万元。2018年，一般公共预算收入2637万元，一般公共预算支出2544万元。2020年，一般公共预算收入2723万元，一般公共预算支出2818万元。

**税　收**　2016年，各项税收收入2480万元，其中增值税1012.21万元，登记各类纳税人286户，年纳税额在10万元以上的企业7户。2018年，税收收入1229.6万元，其中增值税1102.41万元，登记各类纳税人346户，年纳税额在10万元以上的企业11户。2020年，各项税收收入3776.43万元，其中增值税1381.33万元，登记各类纳税人604户，年纳税额在10万元以上的企业26户，重点税源涉及山石、服装、机电设备、能源行业。

2019年12月，东平甲瑞果蔬产业园正在建设中的钢架结构大棚
（陈　哲　提供）

## 社会事业

**教　育**　2016年，幼儿园5所，专任教师127人，在园幼儿1665人；小学3所，专任教师218人，在校学生3136人；普通初中1所，专任教师154人，在校学生1229人；县级以上规范化中小学4所，其中省级规范化学校1所、市级规范化学校3所。2020年，幼儿园3所，专任教师129人，

在园幼儿970人；小学3所，专任教师168人，在校学生1990人；普通初中1所，专任教师129人，在校学生1560人。

**文　化**　2016年，综合文化站1个，村级文化活动中心52个，各类图书室52个，藏书15万余册，农家书屋52个，农村文化大院52个，文体广场45个，文艺宣传（表演）队17支。2020年，镇综合文化站1个，村级文化活动中心52个，各类图书室52个，藏书20余万册，农家书屋52个，农村文化大院52个，文体广场63个，文艺宣传（表演）队36支。县级以上文物保护单位24处，其中省级3处（东进支队办公室、常庄古民居建筑群、蓆桥），市级3处（前口头古民居、接山主席台、玉泉灌渠）、县级18处（八路军115师后方医院、徐家祠堂、苍邱樊家楼等）。县级以上非物质文化遗产5项，其中泰安市级1项（接山吃喝碗）、县级4项（郈城熟肴、郈城豆腐丝、郈城香油、秃尾巴老李的传说）。

**卫　生**　2016年，医疗卫生机构40家，床位120张，其中镇卫生院1家、村卫生室（社区门诊）39家；专业卫生人员107名，执业（助理）医师49名。2020年，医疗卫生机构40家，床位50张，其中镇卫生院1家、村卫生室（社区门诊）39家；专业卫生人员111名，执业（助理）医师42名。

## 社会保障

**医疗保险**　2016年，居民基本医疗保险参保人数5.34万人。2018年，居民基本医疗保险参保人数5.34万人。2020年，居民基本医疗保险参保人数5.20万人。

**养老保险**　2016年，居民参加养老保险2.1万人。2018年，居民参加养老保险3.47万人。2020年，居民参加养老保险1.84万人。

**低保救助**　2016年，城镇最低生活保障户数10户、14人，发放最低生活保障金8.33万元；农村最低生活保障户数1486户、2579人，发放最低生活保障金1254.07万元；医疗救助80人次，发放医疗救助金16.09万元；敬老院1家，床位90张，收养农村“五保”老人46人。2020年，城镇最低生活保障户数7户、8人，发放最低生活保障金6.12万元；农村最低生活保障户数1382户、2328人，发放最低生活保障金1182.39万元；敬老院1家，床位90张，收养农村“五保”老人67人。

## 名胜古迹

**常庄古民居建筑群**　省级文物保护单位、山东省乡村记忆文化遗产单位、山东省第一批不可移动革命文物。常庄古民居建筑群基本保存了清代中晚期的建筑风格，是研究清代民俗建筑的重要史料。代表性建筑复圣祠，又称“颜氏祠”“颜家庙”，是常庄颜氏家族祭祀先祖、商议本族要事的地方，建于明代早期，毁于明末战乱，清乾隆七年（1742）复建，民国年间重修。复圣祠内原来碑刻较多，现存乾隆七年（1742）、乾隆二十年（1755）和咸丰元年（1851）重修碑各一通，记载了东平州颜氏族人建庙祭奠复圣之盛举。常庄古民居是以石头为主的房屋建筑，院落多是四合院建筑风格，具有浓厚的地方特色。

**东进支队办公室**　省级文物保护单位。位于东平县接山镇常庄三村中间的颜家窟窿门大院。1939年3月，115师东进支队司令部进驻常庄，115师首长罗荣桓、陈光在此工作约3个月，召开一系列重要会议，组织和指挥泰西地区的对敌斗争。

**蓆　桥**　省级文物保护单位，位于东平县席桥村西南，三孔石桥，跨汇河下游。相传大中祥符元年（1008），宋真宗东去泰山，车驾经此，以席铺地，故名。1919年、1932年两次重修，为东平县至泰安县道重要桥梁之一。抗日战争时期，为阻止日本侵略军汽车通行，当地居民将部分桥扒毁。1953年，泰安地区公路管理段组织修复，桥为石拱结构，有3孔，长23.7米、高3.5米、宽5.6米。2015年6月，蓆桥入选山东省第五批省级文物保护单位。

**遂城遗址** 市级文物保护单位。位于上东和上西村，是春秋时期古遂国的都城遗址，遂国是鲁国的附属国。南遂寨门是东平县境内保存最完整的古寨门，遗址属山间台形地，东西450米，南北350米。文化层堆积厚约0.6米，表层覆盖黄土，地表暴露物有灰、褐、红色罐和鬲口沿、豆盘等器物陶片以及饰绳纹的灰黑色较薄形小陶砖等。上遂城西的“点将台”“城子井”等都是遂国的遗迹。

**前口头古民居** 市级文物保护单位。相传古民居附近原为修建戴村坝时的料场。明天顺年间，栗姓自禹城（今夏津）迁此建村，原名邵村，因大汶河决口改称前口头。清末民国初，为保村庄护家园，举全村之力，挖成围村护村河，俗称寨河；筑造寨墙，修建南寨门、腰寨门、西寨门；寨桥巨石如席，寨墙夯土高筑。今存窦公楼、解元居、门楼大院等明清古建筑，2015年被评为山东省乡村记忆工程文化遗产单位，2016年被评为市级文物保护单位。

**接山主席台** 市级文物保护单位。主席台始建于1958年，由当地群众自愿出工出力建成。高约8米，基座和立体镶边都是用当地大青石和紫砂页岩人工打磨而成，表面光滑，结构严密，坚固美观。接山村主席台不是通常见到的影壁式单面或双面画像纪念台，而是四面都有主席画像的立方体型纪念台，从西面开始按逆时针方向依次为青年时代去安源、1936年在保安、半身中山装标准画像和在天安门城楼画像4幅不同时期的画像。

**八路军115师后方医院遗址** 县级文物保护单位。位于东平县接山镇山神庙村，有八路军115师后方医院办公室、指挥所、手术室、通往山外的3千米长的地道及50多处藏兵洞、藏粮洞、瞭望洞等。1939年5月陆房突围战斗时，八路军115师东进支队后方医院设在山神庙村，后方医院遗址一直被保存。2019年底，东进支队后方医院红色教育基地开工建设，占地面积3.33公顷，包括两处院子（基本保存原貌），旧房屋23处，山洞6处，旧地道200多米。

**鄣城故城** 县级文物保护单位。位于东平县接山镇鄣城村及附近，故城遗址东西长1300米、南北宽650米。《后汉书•郡国志三》记载：东平国，七城，“无盐本宿国，任姓。有章城” 。清雍正《山东通志》中写道：“鄣，姜姓，齐太公支孙封于鄣，为齐附庸。春秋庄公三十年，齐人降鄣，今在东平州。”《春秋地理考实》载：“鄣，在今东平州东六十里有鄣城集，即鄣故城也。”清光绪《东平州志》亦载：“……鄣，姜姓故城，在无盐城东北50里。”从出土的文化层标本分析，大多器物为春秋战国至秦汉时代的遗物。

## 古今名人

**张敬涛（1903—1942）** 东平县接山镇下套村人，中学毕业后考入曲阜师范学校。其间，加入中国共产党。1939年，115师东进支队代师长陈光任命张敬涛为冀鲁豫八团参谋。1942年，任第二十一专署财政科长。1942年1月，日本侵略军对冀鲁豫军区实行“铁壁合围”，在战斗中，张敬涛头部中弹，光荣牺牲。

**尹　范（1925—1969）** 东平县接山镇麻子峪人。1939年7月，参加工作。1940年，加入中国共产党。解放战争时期，任解放军某部旅长，获三级独立自由勋章和三级解放勋章。新中国成立后，历任广州军区通信团政委、广州军区空军政治部研究室主任、空军某师政治部主任、师副政委等职。1969年5月15日，在广东省南海县沙堤机场病故，被广州军区党委追认为革命烈士。

**刘丽英** 1932年1月出生，东平县接山镇苍邱三村人。1948年7月，参加工作。1949年2月，加入中国共产党。1978年8月，任沈阳市公安局副局长。1979年2月，先后任中央“两案”审理办公

室副主任、中央纪委纪律检查室副主任、第二纪律检查室副主任、第三纪律检查室副主任。1983年10月，增选为中央纪律检查委员会常委。1997年9月，任中央纪律检查委员会副书记。2002年离休。

**张庆穆**　1942年10月出生，东平县接山镇张徐庄村人。1960年7月，参军入伍。大学本科学历，曾任中国人民解放军某部队高级工程师、研究员、技术四级（正军级），享受国务院政府特殊津贴。

**张庆黎**　1951年1月出生，东平县接山镇张徐庄人。1971年1月参加工作，1973年2月加入中国共产党，在职研究生学历。1971年1月至1976年4月，先后任东平县化肥厂车间主任、党支部书记，厂党委副书记。1976年4月至1978年6月，历任东平县委常委、东平县委副书记。1978年6月至1986年3月，历任团中央青农部副处长、团中央青农部处长、团中央青农部副部长、团中央工农青年部副部长。1986年3月至1995年1月，历任东营市人民政府副市长，东营市人民政府副市长兼秘书长，东营市人民政府常务副市长，中共东营市委副书记（1991年2月兼东营市委党校书记、校长），中共东营市委副书记、市长（兼东营市委党校书记、校长）。1995年1月至1997年12月，历任中共泰安市委书记，中共泰安市委书记、市人大常委会主任。1997年12月至1998年8月，历任山东省委宣传部常务副部长，山东省委常务副秘书长。1998年8月至1999年10月，历任甘肃省委常委、省委宣传部部长，甘肃省委常委、兰州市委书记。1999年10月至2005年11月，历任新疆维吾尔自治区党委常委，新疆生产建设兵团司令员；新疆维吾尔自治区党委副书记，新疆生产建设兵团司令员；新疆维吾尔自治区党委副书记、自治区政府常务副主席，新疆生产建设兵团司令员；新疆维吾尔自治区党委副书记、自治区政府常务副主席。2005年11月至2011年8月，历任西藏自治区党委代理书记；西藏自治区党委书记；西藏自治区党委书记，中央西藏工作协调小组成员。2011年8月至2013年，历任河北省委书记、省人大常委会党组书记，河北省人大常委会主任。2013年至2018年，历任十二届全国政协副主席兼秘书长、党组成员、机关党组书记（2015.2）。2018年，任十三届全国政协副主席、党组副书记。

**于保法**　1958年2月出生，东平县接山镇夏谢村人。先后就读于滨州医学院和北京协和医科大学。1990年应邀赴美国加州大学做博士后研究，1993年破格被聘为副教授，主攻肿瘤基因和药物载体研究。1989年获国家自然科学基金奖，1994年获美国海军总司令科学前途发展奖，1999年获“山东省十大留学科技专家”称号，有3项成果获国家专利。2003年3月，当选为十届全国人大代表。

**刘　渊**　1966年12月出生，东平县接山镇中套村人。1988年9月加入中国共产党，1990年7月参加工作，研究生学历，法学博士。曾任山东农业大学牧医系政治辅导员，牧医系团总支副书记，动物科技学院团委书记，泰安市政府研究室正科级干部，泰安市政府研究室综合科科长，泰安市委组织部研究室副主任、主任科员，新泰市人民政府副市长，共青团泰安市委书记等职。2001年1月至2002年1月，任泰安市委常委、共青团泰安市委书记。2002年1月至2002年7月，任泰安市委常委、宣传部部长。2002年7月至2003年3月，任泰安市委副书记、宣传部部长，山东省援疆干部总带队。2003年3月，任泰安市委副书记、山东省援疆干部总带队。2006年12月后，历任山东省外事办公室党组副书记、副主任、省友协常务副会长，山东省外事办公室党组书记、主任，中共山东省委政法委副书记。2018年10月，任中共山东省委台港澳办主任。

## 土特名产

**“吃喝碗”**　又称“大碗席”“大件席”，又因上菜数量不同，亦称“两大碗”“四大碗”

“六大碗”。是接山镇及方圆几十个乡镇红白事、平常待客的一种饮食工艺。一般是四大碗席，共40个菜。主菜是四大碗，即鸡、鱼、肘子、丸子。辅菜是6个冷盘、16个喝碗、10大碗、一个烧卖（面食）、一碗汤、4个点心。“两大碗”席和“六大碗”席在“四大碗”席基础上增减。“两大碗”席，主菜是鸡和鱼两个大碗、8个喝碗，其余不变；“六大碗”席，则是主菜加上烧鸭和排骨，其余不变。

**山神庙花椒** 大清河以北山区，花椒树广泛分布。尤以接山镇山神庙村出产的花椒，品质最为优良。山神庙地貌为纯山区，环村而列，地少土薄，不利于粮食作物生长，却有利于种植花椒树，地头堰边椒树成林，被群众称作“堰边椒”。山神庙花椒属芸香科落叶灌木或小乔木，带刺，夏季开花，秋季结果。果实外表呈褐色或灰色，粗糙不平，下端有果柄，花椒仁呈黑色。7月采摘阴干。其根、茎、叶和果实中含有大量的麻叶素和芳香油，种子含油量高达25%～30%，出油率为22%～25%。山神庙村种植花椒树的历史有300年之久，山神庙花椒色泽鲜艳，颗粒均匀，麻度大，含油多，椒香浓郁，是远近闻名的花椒珍品。

**郭城徐家熟肴** 徐家煮熟肴的手艺已传承80多年，以40多味中草药为佐料，佐料每3个月更换一次。猪下货下锅后，用石头压住，慢火煮3个小时，每过一个小时翻锅一次，然后根据下货各部分的熟透程度依次出锅。

**郭城豆腐丝** 特点是爽口、筋道、悠香、可口。徐氏豆腐丝已有50多年历史。在豆腐丝制作过程中，需选用饱满、硕实、新鲜的大豆做原料，先用清水浸泡，冬天泡12个小时，夏天泡6个小时，待黄豆发胀，出现豆沫时，方可开始制作。要经过磨浆、吊包、熬汁、刮缸、点卤、打碎、轧实、拉皮、煮等多道工序。在熬汁过程中要反复开锅三次，反复翻锅，让豆汁充分糅合。

## 典型选介

**全国文明村镇——后口头村** 接山镇后口头村自2009年起，创新发展“边角经济”，利用房前屋后、边角旮旯、主街两侧等闲散土地，统一栽植绿化苗木，村集体、群众“七三分成”共享收益，挖掘了村级发展的“第一桶金”。大力发展乡村旅游，建设民俗一条街，建有村史馆、民

2019年8月，郭城示范片区一角　　（陈 哲　提供）

俗馆、捶丸馆、摩喝乐馆等“4馆10院”，获评市级关爱下一代教育基地。2021年，后口头村引进军创企业，投资发展茶叶种植项目，填补了东平县茶叶种植产业空白，打造出菊芋茶、蒲公英茶等特色种植品牌。利用道路两旁及各家门口的一块块小空地，积少成多发展特色种植业，形成村集体统一购苗、统一栽种、由户管理的“村集体+农户”模式，共种植黄金柳4.2万棵，既美化了环境也给村集体带来增收。2020年11月，被中央文明委表彰为第六届全国文明村镇。

**智慧农业应用基地——洪波农场** 洪波农场是一家集基地种植、生产加工、市场销售为一体的农业企业。农场位于接山镇周徐村，西邻济菏高速，南邻东平湖—戴村坝景区，紧靠大汶河，是泰安市新型农业经营试验点之一。农场占地面积80公顷，建有大拱棚66个和智能玻璃温室大棚1个。2020年6月，正式全面运营，打造以“洪波农场”为品牌主导的多元化农产品市场。农场先后被评为市级示范基地、智慧农业应用基地、市级工友创业园、泰安市泰山乡村振兴学院现场教学培训基地、市级标准化生产基地等。

## 镇党政主要负责人

**党委书记** 王　冰（2015.10—2018.12）
齐宝鹏（2018.12—　）

**镇　　长** 范思安（2013.9—2016.12）
李振兴（2016.12—2018.12）
郭光喜（2019.4—　）

（赵　庆　薛　原）

# 大羊镇

## 地理环境

**位置面积** 大羊镇位于东平县境东北部，北邻平阴县、肥城市，南邻东平街道，东接接山镇，西连梯门镇。纵距11千米，横距15.2千米，总面积82.86平方千米。镇政府驻东南村，距东平县人民政府13千米。济广高速、105国道、243省道穿境而过。

**建置区划** 据传明代有戴、杨两姓在此定居，名戴杨庄，后用同音字沿用为大羊。春秋时期，大羊称阳州邱（古代聚落），秦时称阳州宿（古代聚落）；西汉时期设立东平国，大羊属富城县（今肥城），后经北魏（东平郡）、宋朝（东平府）、元朝（东平路）、明朝（东平州）大羊一直是阳州区域的政治中心。1914年东平县设立大羊乡，1953年更名为大羊公社，1984年撤社立区，1985年改为大羊乡，2010年更名为大羊镇，延续至今。2016年，大羊镇辖东南、东北、西南、西北、北侯、李大羊、冯大羊、丁坞、东三旺、西三旺、魏楼、前杨、后杨、东王、前郑、后郑、马楼、杜村、张村、南留屯、郭山、展庄、马寨、西王、裴洼、清水坦、前魏雪、后魏雪、土安、许村、辛庄、泉沟、苑庄、响场、王庄、李庄、毕庄37个行政村。至2020年，建置区划未变。

**自然状况** 境内地势南高北低，西高东低；东南部、西北部为山区丘陵，中部、北部、东部为平原，海拔58.2～246米。年平均降水量522.4毫米。土壤以褐土为主，次为黄土和黏土等。

矿产资源主要以石灰岩居多，另有大理石、紫砂页岩等。主要河流有汇河、东金线河、西金线河。大羊镇生态环境优美，2012年被评为省级生态示范镇。

**人口民族** 2016年，常住总户数0.94万户，常住总人口3.34万人，其中男性1.71万人、女性1.63万人。2018年，常住总户数0.98万户，常住总人口3.37万人，其中男性1.73万人、女性1.64万人。2020年，常住总户数1.01万户，常住总人口3.38万人，其中男性1.73万人、女性1.65万人。有汉族、回族2个民族。

## 经济状况

**农　业** 以种植小麦、玉米、有机蔬菜、瓜果为主。2016年，全镇耕地面积5306公顷，均为水浇地，乡镇农业总产值24.91亿元，其中农业产值12.73亿元、林业产值2.98亿元、牧业产值5.17亿元、渔业产值0.09亿元，农林牧渔服务业产值3.94亿元。农民合作社21个，种植大户9户。2018年，全镇耕地面积5348公顷，均为水浇地，乡镇农业总产值24.73亿元，其中农业产值12.67亿元、林业产值3.03亿元、牧业产值4.76亿元、渔业产值0.08亿元，农林牧渔服务业产值4.19亿元。农民专业合作社23个，家庭农场42个，种植大户10户，畜禽养殖大户32户。2020年，全镇耕地面积5348公顷，均为水浇地，乡镇农业总产值24.69亿元，其中农业产值13.2亿元、林业产值3.46亿元、牧业产值3.13亿元、渔业产值0.12亿元，农林牧渔服务业产值4.78亿元。农民专业合作社20个，农业企业16个，家庭农场40个。大羊镇的土安西瓜、大羊核桃都为驰名商标，获国家地理保护标志。

**工　业** 2016年，工业企业31家，规模以上工业企业8家；工业总产值17.94亿元，实现利税0.16亿元，其中利润0.1亿元；规模以上工业企业实现主营业收入16.94亿元，实现利税0.14亿元，其中利润0.11亿元。2018年，工业企业19家，规模以上工业企业6家；工业总产值8205万元，实现利税0.2亿元，其中利润0.15亿元；规模以上工业企业实现主营业收入7186万元，实现利税0.15亿元，其中利润0.18亿元。2020年，引进落地项目1个，招商引资到位资金0.7亿元，上级拨款项目资金0.5亿元，进出口总额300多万美元。企业22家，从业人员500多人，其中工业企业22家，规模以上工业企业4家；工业总产值11072万元，实现利税0.3亿元，其中利润0.2亿元；规模以上工业企业实现主营业收入13487万元，实现利税0.5亿元，其中利润0.4亿元。

## 财政税收

**财　政** 2016年，一般公共预算收入1345万元，一般公共预算支出1345万元。2018年，一般公共预算收入1669万元，一般公共预算支出1669万元。2020年，一般公共预算收入1167万元，一般公共预算支2223万元。

**税　收** 2016年，登记各类纳税人55户，年纳税额在10万元以上的企业10户；各项税收收入686万元，其中增值税483万元。2018年，登记各类纳税人88户，年纳税额在10万元以上的企业22户；税收收入1278.26万元，其中增值税730.5万元。2020年，登记各类纳税人92户，年纳税额在10万元以上的企业25户；各项税收收入1167万元，其中增值税1005万元。重点税源为电器制造、电缆加工、建材制造、汽车材料销售等行业。

## 社会事业

**教　育** 2016年，幼儿园6所，专任教师53人，在校幼儿460人；小学5所，专任教师101人，在校学生891人；普通初中1所，专任教师75人，在校学生410人。2020年，幼儿园3所，专任

教师32人，在园幼儿227人；小学3所，专任教师77人，在校学生507人；普通初中1所，专任教师68人，在校学生370人；县级以上规范化中小学4所，其中市级规范化学校2所。

**文　化**　2016年，综合文化站1个，村级文化活动中心37个，各类文化专业户4户；各类图书室37个，藏书12万余册，音乐、美术、书法、摄影及文学业余创作人员23人；农家书屋27个，文体广场27个，文艺宣传（表演）队4个。2020年，镇综合文化站1个，村级文化活动中心37个，各类文化专业户9户；各类图书室38个，藏书20余万册，音乐、美术、书法、摄影及文学业余创作人员达69人；农家书屋37个，文体广场37个，文艺宣传（表演）队7支。县级以上文物保护单位3处，其中市级1处（独山山寨）、县级2处（丁坞遗址、刘仲羽墓）。

**卫　生**　2016年，医疗卫生机构19所、床位40张，其中镇卫生院1家、村卫生室（社区门诊）18家；专业卫生人员51名，其中执业（助理）医师41名。2020年，医疗卫生机构21所、床位44张，其中镇卫生院1家、村卫生室（社区门诊）20家；专业卫生人员47名，其中执业（助理）医师20名。

## 社会保障

**医疗保险**　2016年，居民基本医疗保险参保人数2.7万人。2020年，居民基本医疗保险参保人数为2.64万人。

**养老保险**　2016年，居民参加养老保险11.3万人。2020年，居民参加养老保险1.96万人。

**低保救助**　2016年，城镇最低生活保障6户、7人，发放最低生活保障金3.6万元；农村最低生活保障户数844户，发放最低生活保障金25.83万元；医疗救助16人次，发放医疗救助金3.07万元；敬老院1家，床位80张，收养农村“五保”老人78人。2020年，城镇最低生活保障7户、13人，发放最低生活保障金0.42万元；农村最低生活保障户数999户，发放最低生活保障金40.73万元；敬老院1家，床位80张，收养农村“五保”老人60人。

## 名胜古迹

**独山山寨**　市级文物保护单位。位于展庄村的南山上。该山寨是一处保存较好的乡土建筑，面积2400平方米，寨墙长度820米，寨墙保存完整。寨门有两处，一处位于东北角，有门洞，门朝西开；一处位于寨子东侧，门朝东开。寨墙厚1.4米，由两部分组成，外侧为垛墙，垛顶为波浪式垛口，内侧为平台，用来站人。在山寨的外西南半山腰还有三处石头房。

**丁坞遗址**　县级文物保护单位。位于丁坞村西北处。该遗址面积约2.4万平方米，属山坡台形地。从遗址断面观察，文化层堆积厚1～2.5米。文化层以灰褐色土为主，内包含有红烧土块，从文化层内的包含物看，其上层为龙山文化层，下层为大汶口文化层。地表暴露遗物主要有夹砂红陶器足、夹砂灰陶残片和黑陶残片等。从拣选的标本看，龙山文化层主要有陶鼎、盆、罐、豆、杯、觚和磨制石器等器物；陶器表装饰以素面为主，有的打磨光亮，部分器物上有压划纹、附加堆纹、篮纹、竹节纹等，有的鬲足呈较长的鸟喙状。1993年，县文物管理所工作人员在此遗址区东南部发现一座龙山文化时期的墓葬，该墓为土坑竖穴式，为单人仰身直肢葬，头向略偏东北（未全面清理）。主要随葬品系在头部，发现有蛋壳灰陶高柄觚1件，高18厘米，喇叭形口，壁薄如蛋壳，细长圆形柄饰以竹节纹，圆饼形座，座下有三支腿附足，器座部有刻划纹。此觚是龙山文化的典型器物，属于龙山文化早期。

**刘仲羽墓**　县级文物保护单位。位于清水坦村东北处的玉皇山之阳，西靠肥东公路。1941年，刘仲羽牺牲后，原葬为土葬，1971年建新墓。新墓全为青石砌成，长方形，呈“工”字形，长3.82米，宽2.24米，高2.08米，墓向稍西南、东北向，墓前壁上刻有“泰西地区抗日总动委会主任刘仲羽烈士之墓”，墓后面的青砖墙上镌刻“刘仲羽烈士永垂不朽”。墓周围青石铺地，北面用青砖砌成高3.2米、宽10米的墓墙，墓地前用青石砌成宽5.6米的13级台阶，向南直通大道。2007年12月，该墓被确立为“东平县党史教育基地”，东平县委立纪念碑1座，正面刻有“刘仲羽烈士墓地”，背面刻有刘仲羽烈士简介及牺牲过程。

## 古今名人

**杜三策（1581—1640）** 字毅斋，大羊镇三旺村人。明天启二年（1622）中进士，先后任琉球册封使节、大理卿、天津巡抚等职，官至户科右给事中。崇祯六年（1633），出使册封琉球国，是山东历史上唯一的一位琉球王册封使。出使期间记录了台湾岛附属岛屿东段岛链钓鱼台列屿（包括钓鱼屿、橄榄山、黄尾屿、赤尾屿）。

**侯延爽（1871—1942）** 字雪舫，道名侯素爽，大羊镇大羊村人。清光绪二十八年（1902）中举人，次年中进士，就任清廷刑部主事，曾作为第一批留学生到日本学习政法3年。1912年，历任北京临时参议院议员、民元国会第一届众议院议员、哈尔滨中国银行行长兼海关总监督，1915年任滨江农业银行经理。1921年辞职到济南居住，参加山东省“红十字会”，兴办慈善事业。1942年，在济南去世。

**李耀珍（1909—1941）** 原名李玉璞，大羊镇龙山屯村人（现属东平街道）。1935年由县立初级中学毕业后，到后亭小学教书。1938年加入中国共产党。七七事变后，投笔从戎，参加抗日动员委员会。1939年任三区区委书记，同年9月，当选为三区抗日区长。他们在7个乡、40多个村建立了抗日政权，积极发展党员，壮大党的组织，扩大抗日力量。

**刘仲羽（1914—1941）** 原名刘承翱，大羊镇清水坦村人。历任中共东平县委书记、县动委会主任、泰西地区抗日救国总动员委员会副主任兼《团结报》总编辑等职。1930年考入山东省立第一师范。1937年12月，由万里介绍加入中国共产党，同年，在东平县七区田大店（今属梁山县）完小任教。1938年12月任东平县委书记，1940年4月，调任泰西地区总动委会副主任兼《团结报》总编辑，1941年1月2日慷慨就义。

**尹　泗（1882—1957）** 字渔村，大羊镇人，中国近代民主革命家，中国同盟会会员。1912年，尹泗曾任河北省任丘县和巨鹿县知县。1920年，回家乡任东平县劝学所理事长，为东平县高等小学堂（今东平一中）筹资扩校。后在尚庄村创建有6个年级的完全小学—东平县第二高等小学堂。抗日战争爆发后，1938年被山东省第六专员公署委任为肥城县县长。1941年任临沂专区参议员，后转任山东省临时参议会参议员。1948年济南解放后，任山东省地方史馆馆员。1957年秋，在济南病逝。

**窦敬丽** 女，1970年3月生，大羊镇人，中共党员，研究生学历，中国农业大学土地资源管理博士。1988年9月，考入山东农业大学。1992年7月后，先后担任东平县东平镇（今东平街道）团委书记、东平县委组织部办公室副主任、共青团东平县委书记、东平县大羊乡（今大羊镇）党委书记等职务。2000年11月后，历任共青团泰安市委副书记、书记，泰安市农业机械管理办公室副主任。2007年11月后，先后任国家土地督察北京局督察三室主任，国土资源部土地利用管理司副司长，国家土地督察西安局局长、分党组书记，国家自然资源督察西安局局长。2020年2月，任国家自然资源督察西安局党组书记、局长。

## 土特名产

大羊镇南留屯村薄皮核桃　　（牛 红 摄 2023年提供）

**大羊核桃**　品种甚多，薄皮核桃最负盛名，又称纸皮核桃。其特点是光滑鲜亮，壳薄如纸，指捏即破，种仁易取，出仁率高，口味纯正。2001年10月，大羊乡被国家林业局授予“中国核桃之乡”称号。2002年，大羊核桃良种系列获山东林产品博览会金奖和优质产品奖，同年底，顺利通过山东省农业厅无公害认证。2011年获中国首届核桃节金、银奖。2013年，大羊薄皮核桃成功申报国家地理认证标志。2020年底，大羊镇核桃种植2000多公顷、120万株，年产量1500吨，每年产值可实现2400多万元。大羊镇党委、政府大力培植优质核桃产业，先后引进推广“香玲”“元丰”“鲁光”等优质核桃品种10余个，推广核桃“绿枝嫁接”“硬插皮接”等最新实用技术6项，经济效益显著提高。

**展家清真牛肉**　为大羊镇东南村回族人展延龙的先祖所创制，迄今有三百余年的历史。展家传人一直沿用祖传手艺制作，色泽红润，肉质鲜嫩，酥烂味香而赢得消费者喜爱，不仅是酒桌筵席上的美味佳肴，也是探亲访友的上等礼品。展家创立大羊展家清真牛肉加工厂，注册“大羊展家清真牛肉”商标，真空包装远销外地。

**金丝皇菊**　盛产于九顶凤凰山下，花形肥大且圆润饱满，为皇菊之上品。金丝皇菊与普通菊花相比，黄酮含量高出150%，氨基酸含量高出30%，水溶性维生素B含量高出27%，多糖类物质含量高出65%，含有黄疳、胆碱、水苏碱等多种药用成分。

## 典型选介

**大羊镇红色教育基地**　大羊镇充分挖掘辖区内的红色资源，将西王社区党史馆、乡村记忆馆和刘仲羽墓打造为红色教育基地。2007年6月，该基地被评为东平县关心下一代教育基地。2007年10月，该基地被评为泰安市关心下一代教育基地。

## 镇党政主要负责人

**党委书记**　张格柱（2015.4—　）

**镇　　长**　李振兴（2013.3—2016.12）

吴晓剑（2017.1—2020.5）

毕思锋（2020.5—　）

（王　琳）

# 梯门镇

## 地理环境

位置面积　梯门镇位于县境北部，属于暖温带大陆性半湿润季风气候区，东接大羊镇，西邻老湖镇，南与东平街道交界，北与平阴县接壤。九顶凤凰山横卧南北，风景秀美。总面积89.76平方千米。地势北高南低，歪老婆顶主峰海拔451米，是全镇的制高点，南部陈王庄一带地势低洼，海拔仅41.8米。243省道贯穿全境南北，东与105国道相接，西与220国道贯通，且双丁路、后梯路等县道纵横交错，交通便利。

建置区划　春秋战国属齐，秦属济北郡，汉、三国魏、晋属东平国，北朝魏、隋属东平郡，唐、北宋属郓州，金属东平府，元属东平路，明、清属东平州，民国属东平县二区，新中国成立初期仍属二区。1953年8月，区划调整改称三区。1955年11月，改称花篮店区。1958年10月，撤区、乡建制设立花篮店人民公社。1959年10月，撤东平县建制，花篮店公社划入平阴县。1962年1月，恢复东平县建制复归东平县（公社驻地迁梯门村）。1982年1月，改称梯门人民公社。1984年4月，改称梯门区。1985年11月，撤区改称梯门乡。2010年6月，改称梯门镇。2011年末，梯门镇辖42个村民委员会。至2020年，梯门镇辖东梯门村、西梯门村、花店村、东瓦庄村、范山村、苏庄村、海子村、西瓦庄村、山头村、大侯庄村、一里庄村、陈王庄村、南李庄村、大洼村、东门村、西南门村、五里庄村、南门村、三里庄村、汤庄村、西芦泉村、后山屯村、前山屯村、二里庄村、虎山村、大屯村、尚元村、西侯庄村、双塔村、北陈庄村、东柿园村、牛庄村、马庄村、西柿园村、东沟流村、武村、西沟流村、陈楼村、西李庄村、冯庄村、石河王村、李所村42个行政村，镇政府驻东梯门村。

自然状况　山地丘陵占总面积的65%，平原占总面积的35%，土壤优良。气候属温带季风型大陆性气候，具有四季分明、寒暑相宜、光温同步、雨热同季的特点。春季冷暖气团对峙，进退不定，骤冷骤热，盛行东南风，气候干燥，回暖迅速。夏季炎热多雨，高温高湿，降水集中，常有暴雨涝灾。秋季受大陆气团影响，气温迅速下降，降水减少，云淡风轻，日照充足。冬季，盛行偏北风，气压高，温度低，气候干燥。地下矿藏丰富，主要有优质石灰岩和紫砂页岩石，还有花岗石、陶土等，主要分布在东部山区和西部山区。

人口民族　2016年，常住总户数9560户，常住总人口3.36万人，其中男性1.73万人、女性1.63万人。2018年，常住总户数1.27万户，常住总人口3.71万人，其中男性1.76万人、女性1.71万人。2020年，常住总户数1.30万户，常住总人口3.63万人，其中男性1.81万人、女性1.73万人。民族主要有汉族、回族。

## 经济状况

农　业　以种植小麦、玉米、有机蔬菜、苗木花卉为主。2016年，全镇耕地面积4750公顷，农业总产值3.37亿元，其中农业产值2.3亿元、林业产值600万元、牧业产值1.01亿元，农林牧

渔服务业产值1000万元。农民合作社71个，种植大户69户，土地流转面积1400公顷。2018年，全镇耕地面积5202.7公顷，乡镇农业总产值3.662亿元，其中农业产值2.53亿元、林业产值820万元、牧业产值1.05亿元，农林牧渔服务业产值1200万元。农民合作社90个，种植大户86户，土地流转面积1650公顷。2020年，全镇耕地面积5205.6公顷，乡镇农业总产值3.85亿元，其中农业产值2.61亿元、林业产值1200万元、牧业产值1.12亿元，农林牧渔服务业产值1500万元。农民合作社100个，种植大户105户，土地流转面积2000公顷。

**工　业**　2016年，工业企业59家，规模以上工业企业15家，工业总产值24.63亿元，规模以上工业企业总产值22.89亿元。新上重点建设项目2个，投资上亿元项目3个，签约项目1个，20家山石企业投产落地。2018年，工业企业59家，规模以上工业企业12家，工业总产值26.02亿元，规模以上工业企业总产值5.03亿元。实现主营业务收入18.1亿元，利润0.9亿元，利税1.5亿元。2020年，规划建设南北工业片区，2个百亿级产业园列入全县“一群五园”规划，招商引资到位资金额6.2亿元，固定资产投资11亿元，规模以上工业企业主营业务收入3.5亿元，实现总产值12.4亿元，主营业务收入9.6亿元，利润1.6亿元。

**旅游业**　2016年，大力发展旅游业，拓展泉霊农场赏花采摘、农事体验、垂钓休闲、游居野行、农禅修心、休闲度假、运动养生等服务范围。2018年，接待旅游人数0.3万人次，实现旅游总收入0.05亿元。2020年，国家A级及以上旅游景区1家，全年接待旅游人数4.3万人次，实现旅游总收入0.02亿元。

## 财政税收

**财　政**　2016年，公共财政收入6133万元，公共财政支出6133万元。2018年，一般公共预算收入2370万元，一般公共预算支出2370万元。2020年，一般公共预算收入5154.9万元，一般公共预算支出5154.9万元。

**税　收**　2016年，登记各类纳税人96户，年纳税额在10万元以上的企业10户；各项税收收入4526万元，其中增值税3015万元。2018年，登记各类纳税人116户，年纳税额在10万元以上的企业14户；税收收入5362万元，其中增值税3260万元。2019年，登记各类纳税人142户，年纳税额在10万元以上的企业20户；税收收入9905万元，其中增值税5143万元。2020年，登记各类纳税人176户，年纳税额在10万元以上的企业27户；各项税收收入16106万元，其中增值税5391万元。重点税源为采矿业、建筑装饰用石开采、其他建筑安装、批发零售、制造业、成品油零售等行业。

## 社会事业

**教　育**　2016年，幼儿园6所，专任教师57人，在园幼儿766人；小学6所，专任教师130人，在校学生1420人；普通初中1所，专任教师84人，在校学生1336人。2020年，幼儿园8所，在园幼儿864人；小学5所，在校生1193人；普通初中1所，在校生1317人。

**文　化**　2016年，综合文化站1个，村级文化活动中心42个，各类文化专业户36户；庄户剧团8个，农家书屋42个。2018年，综合文化站1个，村级文化活动中心42个，各类文化专业户43户；农家书屋35个，农村文化大院42个，文体广场46个，文艺宣传（表演）队42个，新建公共健身工程2个。2020年，综合文化站1个，村级文化活动中心42个，各类文化专业户46户；有农家书屋42个，农村文化大院42个，文体广场50个，文艺宣传（表演）队35个，全年新建公共健身工程8个。

**卫　生**　2016年，医疗卫生机构24家、床位61张，其中镇卫生院1家、村卫生室（社区门诊）

23家；执业（助理）医师48名。2020年，医疗卫生机构25家、床位59张，其中镇卫生院1家、村卫生室（社区门诊）24家；执业（助理）医师30名。

## 社会保障

**医疗保险** 2016年，新型农村合作医疗参合人数3.1万人。2020年，新型农村合作医疗参合人数2.78万人。

**养老保险** 2016年，养老保险参保人数1.57万人。2020年，养老保险参保人数1.91万人。

**低保救助** 2016年，城镇最低生活保障户数6户、9人，发放最低生活保障金3.75万元；农村最低生活保障户数1018户、1705人，发放最低生活保障金340.34万元。新建光伏扶贫项目3个，年底发放分红9.79万余元，260名建档立卡贫困户受益。2020年，城镇最低生活保障户数8户、11人，发放最低生活保障金5.23万元；农村最低生活保障户数586户、1011人，发放最低生活保障金322.85万元。各类福利院（养老院）12个，福利院床位300张，收养78人。累计救助贫困残疾人857人次，发放各类民政救助资金1100万元。

## 名胜古迹

**尚书林** 省级文物保护单位。尚书林又称王宪墓，由东王林和西王林组成。西王林为王宪祖父母、父母及后裔的墓葬群，东王林为王宪及后裔的墓葬群，两处相距不足千米。原墓区内墓碑、石坊、香堂、林门石刻等俱全，“文化大革命”期间被破坏。2013年10月，被列为省级文物保护单位。西王林为明代兵部尚书王宪的祖茔，占地面积6.67公顷，护林地3.33公顷，南北长168.2米，东西宽175米，原有完整的林门、林墙，现已残缺不全。今存墓门残石上书“王公之门”，林内主要有王宪祖父王海的墓，再前为王宪父亲王智的墓葬。林内随处可见建筑构建及碑帽、座等遗物。东王林为王宪坟茔，现存残牌坊1座，三门式，上部残，只留中间一门较完整，高2.4米，宽2.1米，横额上曰“赐修明少保兵部尚书康毅王公之门”，墓园占地面积5.87公顷，林墙外四周护林地2.67公顷。王宪墓今存封土堆高2.5米、直径6.5米，墓前立有明嘉靖十九年（1540）的墓碑一方，上书“皇明光禄大夫、勋柱国、太子太保、兵部尚书、赠少保、谥康毅，荆山王公墓”。从石坊向南，有石人、石马、石羊、石虎各一对分居两旁。

**前山西屯村文革大队部旧址** 省级文物保护单位。位于梯门镇前山西屯村内。1975年修建，曾为前山西屯大队办公室，现基本保持原状。坐北朝南，中间主体建筑3间，为阁楼式楼房，面阔9.7米，进深9.5米，全高6.5米。顶部正中为一颗五角星，檐面上刻毛泽东诗词“暮色苍茫看劲松，无限风光在险峰”“飒爽英姿五尺枪，不爱红妆爱武装”。两侧屋角各设花盆一个。上层三

梯门镇前山西屯村文革大队部旧址 （吴同花 摄 2023年提供）

窗，内为二架梁木板铺顶，为全石结构，下层一门两窗。石券拱顶，上方横刻“伟大领袖毛主席万岁”口号，右侧刻“自力更生、艰苦奋斗”，左侧刻“为人民服务”；大门两侧上部刻毛泽东诗词“志在胸内跃红日，乐在天涯战恶风”“云涯雾霭出英豪，激荡磅礴腾九霄”。下部对称镶嵌四幅阳刻《满江红•和郭沫若同志》《七律•人民解放军占领南京》等毛泽东诗词。左右相连，附属建筑为瓦房，墙体全石质，东瓦房3间。

**刘曜墓**　市级文物保护单位。位于东平县梯门镇东芦泉村东500米处，有墓葬3座。1号墓位于最北边，封土直径40米，高约10米，夯土层次比较明显，一般厚度20～30厘米。墓室为石结构，石料较粗糙，下半部为方形，边长2.5米，高3米；上半部为叠涩状，墓口向上，直径70厘米。墓室内有很多淤泥，内无壁画和画像石等。2号墓在1号墓东40米处，今已被毁。3号墓在2号墓南100米处，今存封土直径为30米，高约3米，封土层次不很明显。

**孙复墓**　市级文物保护单位。位于东平县梯门镇东瓦庄村南1000米处，墓北、东、南三面环山，西连一座拦水坝。封土堆高6米，直径约29米。从自然断面看封土层很明显，墓前附近无碑刻。

**灵泉寺石刻**　市级文物保护单位。灵泉寺周围群峰环抱，翠柏枫林，寺后悬崖上雕有唐代佛像10余尊、禅窟3处，建于唐敬宗年间，建筑宏伟，原建筑有山门殿、天王殿、大雄宝殿、藏经楼、钟鼓楼、僧房等，今仅存大雄宝殿3间，坐北向南，长12米，宽7.5米，高4.2米，砖石结构，殿内布满壁画，上有金代题证，其前有6个大型莲花柱基，直径1.5米。原正殿前有唐开元十九年（731）造碑一方，雕一佛二弟子像，皆体态丰腴，面部丰满，已失。院内还有宋政和元年（1111）幢一石，上刻“佛说般若波罗蜜多心经”全文瘦金体书，是宋代不可多得的珍贵刻石。寺后摩崖上有唐代造像10余尊，最大者高1.5米，最小者高20厘米，为释迦牟尼像，其他还有一佛二弟子和单尊佛像等。灵泉寺周围有元、明、清摩崖题刻多处，多是赞美景色。

**华岩洞石窟造像**　市级文物保护单位。华岩洞石窟造像位于梯门镇西沟流村西北凤凰山之阳，是山东地区较为有名的一处佛教造像石窟。该石窟系自然石洞稍作加工而成，有一进一出两洞口，呈“凹”形，俗称“牛鼻子洞”。洞宽3米，高3.5米，洞长近50米，造像分布在洞内两边石壁上，共有浮雕造像大小近百尊。造像内容有三佛像、西方三圣像、菩萨像、天王像、十王像和罗汉像等。佛像穿着双领下垂式袈裟，施不同手印，菩萨像衣着华丽，璎珞繁缛，面部丰圆饱满，雕刻细腻。位于洞口南壁的关羽像，身着盔甲，一脚下踏，一脚横置，双手握披巾抚于膝部，长鬓垂至胸前，仪态威严，豪气冲天；右边周仓持青龙偃月刀侍立。十八罗汉像，或站或坐，或卧或侧，有的手持兵器，有的双手扪天，肚腹凸圆，姿态各异、栩栩如生。十王像是中国北方地区佛教造像中最早的一处，敦煌莫高窟有出土十王像，多为轴卷画。华岩洞石窟佛教造像最高者1.8米，最小者仅10余厘米，没有造像年代题记，根据造像内容和雕刻风格，应为唐代晚期造像。“文化大革命”时期，华岩洞石窟佛教造像头部被毁，头部以外部分保存完好，洞口2方维修碑记被凿。

**沟坝遗址**　市级文物保护单位。位于东平县梯门镇西沟流村沟坝西侧。遗址东接村庄，北邻大山，其范围南北长70米，东西宽90米，遗址高出四周3～6米，形成台形地。从南部山水冲刷断面上观察，20厘米下即文化层，文化层为灰褐色土质，内包含物比较丰富，有烧土块、兽、骨、鬲、罐等残片，红灰陶片均有，但以灰陶多见。从取土自然断面上观察，文化层深度为5米左右，土质为灰色和灰褐色，里外不明显。上半部分以豆、罐、鬲残件较多，下半部分土层中以罐口沿多见，还有些兽骨和红色烧土块。此遗址文化层深，包含物丰富。

**大洼墓群** 县级文物保护单位。位于东平县梯门镇九顶凤凰山西面、村东南方的山坡上。原有墓葬13座，皆有封土堆，“文化大革命”期间8座被毁，今存5座。从残墓看，该墓群大部分是“四合房”形式，全是石结构，都没有壁画和画像石。墓室有大有小，里面骨头不成形状。陪葬品有陶鸡、陶狗、陶猪、陶罐等，多为汉墓的特点。1号墓在最北边，封土高度2米，直径7米，在墓的西南方露出了一个小洞，能分辨墓是石结构。2号墓封土高1米，直径4米。3号墓在2号墓的东南方约70米处，有封土高度3米，直径7米。4号墓在3号墓东南30米处，封土高度2米，直径5米。5号墓在4号墓的东北方，距4号墓100米，封土高度3米，直径7米。据专家考证，该墓群与汉东平国王城“宿城”是同时代产物，与护驾村、石马汉墓出土的随葬品相同，墓室结构有汉代特点，此墓群是东汉时代的墓葬。

**双塔山石刻** 县级文物保护单位。位于东平县梯门镇双塔村西北的双塔山顶。山上原有两座古塔，故称双塔。两塔皆为两层全石建筑，东西排列，塔门南向，高6米有余。始建年代不详，清代曾多次维修。“文化大革命”期间东塔被炸毁，今仅存残石堆。西塔残存，塔顶被破坏。原塔门有刻字题额，上层为“玉皇阁”，下层为“娘娘殿”。塔外有石阶可登至塔顶。塔前存清代碑刻4方，康熙四十九年（1710）“重修玉皇阁碑记”，碑高220厘米，宽85厘米；乾隆五十年（1785）“重修碑记”，碑高178厘米，宽70厘米；乾隆五十七年（1792）“重修双塔山玉皇阁碑记”，碑高197厘米，宽72厘米；嘉庆十五年（1810）“重修双塔山玉皇阁碑记”，碑高115厘米，宽142厘米。4方碑的碑文均为阴刻正楷书体，主要记述塔的基本情况和维修经过，今保存完好。

**尧陵禅寺** 县级文物保护单位。位于梯门镇东南部，芦泉村东北，尧陵山前，距县城8.8千米。明洪武四年（1671）建寺。原名崇圣祠，占地面积6000平方米，现存大殿三间，面阔14米，进深8.3米，高9米。墙体为砖石结构，内有8根石柱支撑，7架梁，立山灰瓦顶。石柱上刻有嘉靖七年（1528）重修崇圣祠题记及后魏村杨氏族人等捐资人姓名，在明嘉靖十六年（1537）更名为尧陵禅寺，寺内现存嘉靖十六年重修残碑，是由三位进士分别篆额、撰文和书丹。有清雍正十三年（1735）御制祭文碑，另有许多碑刻被打断后垒砌于墙上。新中国成立后改为学校。院内今存银杏1株，树围3.2米有余，枝叶茂盛，夏日硕果累累。

**李所教堂** 县级文物保护单位。位于梯门镇王山的东麓，北面和西面有水牛山和歪老婆山作屏障。教堂是西洋式建筑，始建于清宣统二年（1910），其间建设中断18年，到1928年3月又开始修建，5月20日竣工。教堂占地面积1000平方米，建筑面积500多平方米，除中心教堂以外，大门、院墙、配套房屋齐全，建筑完好无损，房顶图画栩栩如生。李所教堂教会活动正常有序，属于世界联网的教会组织。

## 古今名人

**王　宪（生卒不详）** 谥号康毅，字维刚，明代光禄大夫、勋柱国、太子太保、明弘治年间进士，官至兵部尚书。王宪子王怒孝，明嘉靖五年（1526）进士，官至河南右布致使，顺天巡抚，驻守锦州时战功显赫，与其父王宪被后人赞为“父子二进士”。

**王玉信（1914—1984）** 梯门镇西梯门村人。出身贫农家庭，青少年时给地主扛活。1952年，办起西梯门村第一个初级农业生产合作社。1952年至1953年，两次出席山东省农业劳动模范代表会议，获省劳动模范称号和奖章。1954年加入共产党。1956年，他联合东梯门、陈楼、花篮店等11个村的1800多户农民办起“八一”农业生产合作社，被选为社长。同年，当选为山东省人民代表大会代表。1958年，科技组扩大为“红专”学校，他任校长，建教室6间，招收高小毕业

生60余人，为农业社培养了骨干和技术员。他组织100多人的林业队，在九顶凤凰山挖鱼鳞坑植树种草，绿化山林。1962年，任西梯门大队党支部书记。1984年，因病逝世。

## 土特名产

**“馋嘴王”哈密瓜** 产自梯门镇东瓦庄果蔬康产业园，园区总投资4000万元，盛产哈密瓜等果蔬植物。园区哈密瓜以西州蜜品种为主，瓜肉肥厚，清脆爽口，味甘如蜜，富含丰富的维生素和微量元素，年产量600吨，每年带动村集体增收60万元。2017年园区注册商标“馋嘴王”。2018年，园区种植的哈密瓜通过无公害农产品认证，所有指标均符合山东农科院有机食品质检的检验标准。

**梯门樱桃** 梯门镇四季分明、光照充足、土壤肥沃、水资源丰富，特别适宜种植樱桃。梯门樱桃色泽鲜艳、晶莹美丽、个大、近圆形，肥厚多汁，是梯门镇特色水果之一。梯门镇樱桃种植面积200公顷，年产量400吨，产品畅销北京、内蒙古、江苏、河北、广东、大连等地区。

**石河王绿豆粉皮** 石河王绿豆粉皮有500多年的历史，呈半透明状，口感柔润筋道又嫩滑，富有弹性亦有韧性。2020年，石河王村成立石河王绿豆粉皮加工有限公司，投入资金约70万元，占地面积为4335.5平方米，建有4个厂房，厂房面积400平方米，年产粉皮成品40余吨，年产值约140万元，安置24人就业。

**樱桃酒** 樱桃酒是泉靈酒庄选用酒庄樱桃基地的优质樱桃酿制而成的。从樱桃种植到结果，采用生态绿色无污染的种植技术，严格遵循无农药、有机肥的把控方式，严格控制酿酒樱桃的品质。樱桃白兰地以成熟的樱桃为原料，经过发酵、蒸馏、贮藏后酿造而成，颜色清亮透明，香气幽雅，脂香柔细，酒香沉着。樱桃利口酒以成熟的樱桃为原料，榨取樱桃汁与白兰地进行调配而成，无其他添加，颜色呈琥珀色，香气优雅，以水果香、坚果香、奶油香为主，酒味甜蜜。

## 典型选介

**山东省乡村振兴示范村——东瓦庄村** 位于梯门镇东北部，九顶凤凰山西邻，是传统农业村庄，土地面积213公顷。东瓦庄村以党建为引领，兴产业促振兴，大力发展蔬菜种植项目。2016年，成立东平果蔬康农业科技开发有限公司。2017年，累计投资6000余万元，建设果蔬康生态农业示范园，主要种植哈密瓜、土豆、葡萄等优质蔬菜林果；建设新型职业农民培训中心，开展技能培训；依托淘宝、惠农等电子商务平台，推行连锁经营、品牌代理、第三方物流配送。2019年，被山东省农业农村厅评为乡村振兴示范村。2020年，被国家林业和草原局认定为国家森林乡村。

**泰安市发展集体经济进步村——大洼村** 位于梯门镇东南部，全村303户、952人，耕地面积113.8公顷。2019年，村集体充分利用开垦出的山地，种植40公顷核桃，年销售收入60万元，户平均增收5000元，村集体年均收入增加10万元以上；引进农业开发项目大洼农场，投资近500万元，建成科技示范园，种植名、优、稀、特果木品种13公顷。走进村民的视野；利用国家小农水工程，新钻机井4口，配套6口，铺设地下管道2000余米，灌溉面积53公顷，每亩增收200元。2019年，大洼村被中共泰安市委组织部、泰安市财政局、泰安市农业农村局评为泰安市发展集体经济进步村。

## 镇党政主要负责人

**党委书记** 牛　东（2014.9—2020.5）

**镇　　长** 常传奎（2013.3—2020.3）

（刘珂嘉）

# 新湖镇

## 地理环境

**位置面积** 新湖镇位于东平县西南部，东与沙河站镇毗邻，南与汶上县接壤，西与梁山县搭界，北与东平湖及州城街道相连，属东平湖二级滞洪区。全镇土地面积1.05万公顷。地势东高西低，全系平原，最高海拔39.2米，最低海拔36.7米。纵距18千米，横距9.5千米，总面积104.81平方千米。大运河故道顺新湖镇西侧穿过。肥梁公路、州靳公路过境，交通便利。邻近东平湖一级湖地带的新湖镇境域，地势低洼，部分土地为涝洼沼泽地。

**建置区划** 清代，新湖镇分属东平州南乡、崇礼保、约礼保、爱礼保和智明保。1912年，县下设11个区，沿用旧保制。1931年，全县由11个区调整为9个区，现镇地分属六、七、九区。1940年8月，分属东平县六、七、九区。1945年，东平县解放，县民主政府成立，属七区，区公所驻后泊村。至新中国成立初期仍属七区。1953年，全县由7个区调整为10个区，七区改为九区（驻堤子），下设10个乡。同时，将原七区临黄堤北的巩楼、马口、刘庄、埠子、茶棚5个乡划归十区；将原六区的前泊、杨楼、凤凰台、堤子、官村、吕祖庙、萧村、赵村、坝口等38个自然村划归九区。1955年11月，以驻地命名为堤子区。1956年，将所辖的10个乡合并为唐营、小河涯、王洼、后泊、解河口5个乡。后又合并为唐营、后泊2个大乡。1958年2月，县撤区并乡，撤销堤子区，改为唐营、后泊两乡。同年10月，划归东平湖二级湖黄河洪滞区，境内居民迁往平阴县和东平县的水河、大羊、接山等公社，机构撤销。1964年春，排洪后移民返迁，7月建立湖区人民公社。驻地南桥村（1966年春迁至沙河站公社李庄）。1965年，建管理区4处。1969年，所辖管理区由4处调整为7处。1982年底，公社机关驻地迁往唐营村北1千米处。1984年4月，机构改革，实行政社分开，湖区人民公社改为湖区区，下设唐营、赵村、杨场、王洼4个乡。1985年12月，撤区调整乡镇，撤湖区区及所辖4乡，以其行政区域建立新湖乡。2011年11月，新湖乡改称新湖镇。2012年，辖6个管理区，54个行政村，106个自然村，总人口5.2万人，人口密度每平方千米473人。2019年，辖6个管理区，54个行政村，108个自然村，总人口5.37万人，人口密度每平方千米481人。至2020年，建置区划未变。

**自然状况** 新湖镇气候属温带季风型大陆性气候，四季分明。年均气温14.1℃，平均降水量665毫米。土壤比较肥沃。东部属沙质土，西部属黏质土。农作物主要有小麦、大豆、玉米、红麻、棉花，其中大豆面积广、产量较高。果品有苹果、葡萄等。水产动物有鲤、鲫、鲢、甲鱼及螃蟹、龙虾等。主要畜禽良种有鲁西黄牛、小尾寒羊、川白猪、麻鸭等。

**人口民族** 2016年，常住总户数1.36万户，常住总人口4.97万人，其中男性2.51万人、女性2.46万人。2018年，常住总户数1.44万户，常住总人口5.16万人，其中男性2.61万人、女性2.55万人。2020年常住总户数1.47

万户，常住总人口5.31万人，其中男性2.69万人、女性2.62万人。有汉族、回族、壮族、朝鲜族4个民族。

## 经济状况

**农　业**　以种植小麦、玉米、有机蔬菜、苗木花卉为主。2016年，全镇耕地面积5579.6公顷，均为水浇地，乡镇农业总产值9.13亿元，其中农业产值2.6亿元、林业产值4.7亿元、牧业产值9750万元、渔业产值8500万元。农民合作社6个，种植大户16户，土地流转面积206公顷。2018年，全镇耕地面积6634.1公顷，均为水浇地，乡镇农业总产值10.31亿元，其中农业产值2.7亿元、林业产值4.9亿元、牧业产值1.61亿元、渔业产值1.1亿元。农民合作社7个，种植大户18户，土地流转面积256公顷。2020年，全镇耕地面积5579.6公顷，均为水浇地，乡镇农业总产值10.47亿元，其中农业产值2.9亿元、林业产值4.8亿元、牧业产值1.82亿元、渔业产值9500万元。农民合作社8个，种植大户21户，土地流转面积306公顷。

2020年9月，新湖镇水田俯瞰图　　（张作德　提供）

**工　业**　2016年，企业18家，从业人员418人，其中工业企业15家，规模以上工业企业1家；工业总产值2.2亿元，实现利税0.1亿元，其中利润0.3亿元；规模以上工业企业实现主营业收入0.21亿元，实现利税80万元，其中利润350万元。2018年，企业20家，从业人员456人，其中工业企业17家，规模以上工业企业1家；工业总产值3.1亿元，实现利税0.14亿元，其中利润0.45亿元；规模以上工业企业实现主营业收入0.21亿元，实现利税80万元，其中利润38万元。2020年，引进落地项目2个，招商引资到位资金1.5亿元，上级拨款项目资金0.3亿元，进出口总额0.45亿元。企业25家，从业人员586人，其中工业企业23家，规模以上工业企业1家；工业总产值3.5亿元，实现利税0.16亿元，其中利润0.46亿元；规模以上工业企业实现主营业收入0.23亿元，实现利税90万元，其中利润48万元。

## 财政税收

**财　政**　2016年，一般公共预算收入2066万元，比2015年增加52万元，增幅3%。一般公共预算支出1797万元。2018年，一般公共预算收入1149万元，同比下降32.7%。公共财政预算支出1490.56万元，同比下降12%。2020年，一般公共预算收入2091.3万元，一般公共预算支出2091.3万元。

**税　收**　2016年，登记各类纳税人431户，年纳税额在10万元以上的企业13户；各项税收收入836万元，其中增值税126万元。2018年，登记各类纳税人461户，年纳税额在10万元以上的企业20户；税收收入2221万元，其中增值税

186万元。2020年，登记各类纳税人532户，年纳税额在10万元以上的企业9户；各项税收收入1138万元，其中增值税945万元。重点税源为运输、建筑、土模建筑、零售、纺织服装等行业。

## 社会事业

**教　育**　2016年，全镇有普通初中1所，在校生1260人，专任教师97人。小学7所，在校生1600人，专任教师118人。学龄儿童入学率达到100%，巩固率100%。2020年，全镇有普通初中1所，在校生892人，专任教师75人。小学7所，在校生1361人，专任教师69人。学龄儿童入学率100%，巩固率100%。

**文　化**　2016年，综合文化站1个，村级文化活动中心43个，各类文化专业户9户；各类图书室43个，藏书5万余册，音乐、美术、书法、摄影及文学业余创作人员13人；农家书屋54个，文体广场55个，文艺宣传（表演）队8个。2020年，综合文化站1个，村级文化活动中心54个，各类文化专业户13户；各类图书室54个，藏书11万余册，音乐、美术、书法、摄影及文学业余创作人员19人；农家书屋54个，文体广场65个，文艺宣传（表演）队11个。县级以上文物保护单位2处，其中国家级1处（大运河东平段）、县级1处（郭楼古墓）。

**卫　生**　2016年，医疗卫生机构41家、床位30张，其中镇卫生院1家，村卫生室（社区门诊）40家；卫生技术人员33名，其中执业（助理）医师32名。2020年，医疗卫生机构41家、床位54张，其中镇卫生院1家，村卫生室（社区门诊）40家；卫生技术人员37名，其中执业（助理）医师35名。

## 社会保障

**医疗保险**　2016年，居民基本医疗保险参保人数4.54万人。2020年，居民基本医疗保险参保人数为4.39万人。

**养老保险**　2016年，居民参加养老保险1.96万人。2020年，居民参加养老保险3.04万人。

**低保救助**　城镇最低生活保障户数4户、7人，发放最低生活保障金2.43万元；农村最低生活保障户数755户、1439人，发放最低生活保障金333.51万元；敬老院1家，床位80张，收养农村“五保”老人73人。2020年，城镇最低生活保障户数2户、3人，发放最低生活保障金1.45万元；农村最低生活保障户数732户、1399人，发放最低生活保障金488.02万元；医疗救助74人次，发放医疗救助金16.15万元；敬老院1家，床位50张，收养农村“五保”老人39人。

## 名胜古迹

**大运河遗迹（东平段）**　国家级重点文物保护单位。京杭大运河流经东平始于元代。元世祖至元二十年（1283），开凿了南起济宁市任城、北至须城县（今东平县）安民山的济州河。至元二十六年（1289）完成安民山至临清的会通河（始称永济渠）。至此，京杭运河南北贯通，其通运时间600多年，给东平留下了丰富的运河文化资源。现存的京杭大运河东平段，自东平县新湖镇小河涯村入境，流经新湖镇、商老庄乡、戴庙镇，至戴庙镇十里堡出境，全长34千米，虽不及京杭运河（全长1784千米）的2%，但是在京杭大运河的通航中起到至关重要的作用。自元代运河开凿，沿东平县与梁山县界北趋，跨越的东平境内水系有东平湖、大清河、小清河、大汶河、汇河等。

## 古今名人

**蒋典印（1915—1940）**　字信亭，东平县七区解庄（今属梁山县）人。共产党员，东平县第一个党支部创建人之一。1936年7月，加入中国共产党。9月，在董临仪主持下，成立中共东平县

第一个党支部——中共戴庙支部，蒋典印任支部副书记。蒋典印为壮大党的队伍做了大量工作，为这一带党组织的发展巩固奠定了基础。七七事变后，蒋典印按照省委决定去国民党原西北军将领石友三部做统战工作，多次协同作战打击日本侵略者。1940年初，蒋典印不幸暴露身份，被活埋于豫北内黄，年仅25岁。

**刘云泗（1895—1943）** 东平县新湖镇蒋口村人。艺名“小桃”，杰出的柳子戏演员。他16岁入济宁孙状元家戏班学戏，因天资聪颖，学习刻苦，20岁时演唱技艺已居戏班之冠。扮演小生，唱腔韵味醇厚，抑扬委婉，字正腔圆，悦耳动听，深受观众欢迎，在鲁西南一带负有盛名，民间流传“拆了房子卖了地，也得听小桃的柳子戏”。20世纪20年代初期，成为柳子戏班的掌门人物，带领戏班演遍鲁西南黄河两岸的城市乡村。他的主要演出剧目有《辛文秀赶考》《游西湖》《跑雪》等20多个。1943年病故。

**张今铎（1905—1978）** 东平县新湖镇凤凰台村人。先后在曲阜师范、天津北洋大学社会科学专业学习。中国同盟会会员。1943年在昆明任东南亚盟军心理作战部顾问。1946年应邀任上海储安平主编的《观察》杂志特约军事记者。1949年受中共中央之约，他从香港到北京列席全国政治协商会议，并应邀参加开国大典。新中国成立后，任山东大学教授。1955年11月，任第一届山东省政协委员会委员。1957年4月，任山东省政协一届三次会议常务委员。曾当选为全国人民代表大会代表。1978年9月病故。主要著作有《中国的转机》。

**韩多峰（1888—1987）** 1888年4月生，东平县新湖镇七神堂村人。18岁时，因家贫，到吉林做伐木工。19岁，加入清军辫子兵。武昌起义后，秘密加入革命党。1914年，投奔冯玉祥，任机枪连班长。1924年9月，参加冯玉祥发动的“首都革命”，驱逐末代皇帝出宫，后又参加欢迎团，乘专列南下接孙中山入京主政。1927年春，任河南省民团军军长，后任河南省民团军总司令。1938年，先后任鲁南民团总指挥、鲁西北第四区专员兼保安司令。抗日战争胜利后到山东兴办教育。中华人民共和国成立后，历任山东省人大代表、政协委员。1987年3月25日，病逝于济南。

**韩多玉（约1886—卒年不祥）** 东平县新湖镇七神堂村人。著名中医外科专家。主治疮科，尤善治疗恶疮，用自制配方，皆有绝妙疗效。以精湛的中医技术，名震鲁西南一带。20世纪50年代，县内外慕名求医者众多，还有从东北三省等省外远道而来的。其有良好的医德，为贫穷者看病多不收诊治费用。

**唐家品** 1952年5月生，东平县新湖镇唐楼村。1971年11月加入中国共产党，1971年12月参加工作。1971年12月至1972年12月，东平县委农村工作队队员。1994年9月至12月，任泰安市中级人民法院党组副书记（正县级）。1994年12月至1996年1月，任泰安市委常务副秘书长（正县级）。1996年1月至1997年3月，任泰安市委秘书长兼市直机关工委书记。1997年3月至2003年3月，历任泰安市委常委、秘书长兼市直机关工委书记，泰安市委常委、秘书长，泰安市委副书记、秘书长。2003年3月至2007年2月，任泰安市委副书记。2007年2月至3月，任泰安市委副书记、市人大常委会副主任。2007年3月至2008年1月，任泰安市人大常委会副主任。2008年1月至2011年1月，任泰安市人大常委会副主任、党组书记。2011年1月至2012年2月，任泰安市政协主席、党组书记。2012年2月至6月，任泰安市委特邀咨询。

**巩树林** 1956年11月生，新湖镇巩楼村人，1974年12月参军入伍，1976年3月加入中国共产党。曾任原国防科工委某基地战士、指导员、干事、教导员，基地政治部副主任、主任等职。1995年起，任中国人民解放军原第514医院、原第306医院（师级）政治委员。2002年，任原总装备部后勤部政治部主任。2004年2月起，任原总装备部指挥技术学院政治部主任、副政委；2011年，任政治委员（正军职）。2005年授予少将军衔。曾获原总装备部优秀党委书记、个人三等功1次等荣誉。

## 土特名产

**小龙虾** 新湖镇所生产小龙虾个大、肉多、干净。有小龙虾养殖户545户，莲藕套养小龙虾养殖面积533.33公顷。冯洼村销售点每天销售龙虾1500多千克，年产值达2400万元。

**莲　藕** 新湖镇积极发展水田改造产业，在藕塘里套养小龙虾，莲藕净化水质、莲叶可给小龙虾遮阴，小龙虾粪便则是莲藕的肥料，两者互利共生，形成绿色循环农业。“藕虾套养”模式使莲藕成为养殖户的另一个收入增长点，提高了村民的收入。

## 典型选介

**山东省级文明村镇——新湖镇** 新湖运河乡村振兴先行区位于新湖镇西北部，东平湖南岸，涉及村庄15个，辐射总面积20平方千米。深化拓展新时代文明实践站建设，建设完成65个村文体广场、37处村级文化大院，打造新湖记忆展览馆、新湖美术馆文化阵地，开展文化下乡50余次，组建11支村级演出队伍，自编自演各类文艺节目。将生态建设与“小龙虾”产业、休闲旅游业紧密结合，统筹推进乡村旅游发展。积极打造集果木种植、鲜果采摘、休闲观光于一体的现代果木种植园，形成以小龙虾产业为主导，以园区旅游为重点的文旅和农业综合体，提升生态综合效益，带动群众增收致富。近年来，新湖镇以打造新湖运河乡村振兴先行区为统领，抢抓黄河流域生态保护和高质量发展战略机遇，瞄准五大振兴既定方向，牢抓乡村振兴先行区示范建设，让这颗湖畔明珠焕发出新的光彩。

**泰安市级文明村镇——窦府营村** 位于新湖镇西北部、东平湖南岸，是新湖运河乡村振兴先行区的示范村。因“窦府”与“豆腐”谐音，所以又称“豆腐营”村，总人口410户、1362人，村庄占地24公顷，耕地100公顷。村内路面硬化1.4万平方米，绿化带1000米，大排河2600米，光伏发电项目1处。窦府营村产业结构主要以食用菌种植、龙虾养殖为主，其中龙虾养殖产业独具特色，成立小龙虾养殖专业合作社，建成高标准养殖示范池76个，养殖面积30.4公顷，大力推行“藕虾套养”生态养殖模式，推动小龙虾产业规范化、科学化、规模化、品牌化发展。窦府营村基础设施较为完善，村内实现道路硬化户户通，村外生产道路硬化完毕。村内道路两旁绿化全覆盖，使村民居住环境极大改善。村内主要道路两侧均已安装路灯。村委办公场所设施齐全，设有图书室（藏书2000余册）、新时代文明实践中心、卫生室、文体活动室、健身广场等，能满足群众文体、娱乐等各方面的需求。为最大限度地为群众提供优质高效的服务，窦府营村建

新湖镇湖产品展厅　　　　（张作德　摄　2023年提供）

立便民服务中心，业务涉及农村低保、“五保”审核等各项村级工作，全方位为村民提供方便快捷的服务。

**山东省乡村振兴示范村——冯洼村** 位于新湖镇西北部，耕地面积80公顷，常住村民256户、849人，年村集体收入28万元。冯洼村凝聚群众力量，成立东平县新湖镇水产协会，建设小龙虾产业园，走出一条生态效益和经济效益双丰收的“藕虾套养”发展模式，发展小龙虾特色养殖66.67公顷。调整产业结构，打造3.33公顷现代果木种植园，种植3800棵大樱桃、900棵桃树，群众实现营收240万余元。投资160万元，打造冯洼村党群服务中心，设置包含服务大厅、农家书屋、青年之家、智慧党建会议室在内的多个功能室。投资220万元高标准建设新湖记忆展览馆，全方位展示新湖镇特有的运河文化、移民精神、红色文化等文化资源。改造冯洼村旧村委，投资100余万元建设新湖美术馆，提升乡村文化品位。在东平县率先建设村级“雨污分流”污水处理项目。争取到美丽村居省级试点资金700万元，全面完成村庄“五化”建设，推进生态环保型农村村居与服务设施建设，村庄面貌焕然一新。

## 镇党政主要负责人

**党委书记** 孙　琪（女，2013.9—2016.12）
　　　　　郭　东（2016.12—2020.12）
**镇　　长** 郭　东（2013.03—2016.12）
　　　　　桑　鹏（2016.12—　）

（孙梦瑶）

# 戴庙镇

## 地理环境

**位置面积** 戴庙镇位于东平湖西畔、黄河岸边，北邻银山镇，南与商老庄乡接壤，东临东平湖，西隔黄河与河南省台前县相望，220国道横贯南北，资源丰富，环境优美。南北长8.19千米，东西长10.5千米，总面积88平方千米，镇政府驻地距县城45千米。

**建置区划** 元明清时期，戴庙镇为著名的运河重镇，元代至元年间曾叫登贤镇。明朝时改为戴家镇，隶属东平县管辖。清朝中期改为戴庙镇，清末戴庙镇分为两县管辖，红楼以西、五拱桥以东为东平县辖区。抗日战争时期，戴庙镇隶属昆山县边区人民政府，1949年，划属梁山县管辖。1960年，湖区蓄水人口外迁。1963年，人口迁回，设戴庙公社。1965年，成立戴庙人民公社。1980年，改为戴庙乡，属于梁山县银山区管辖。1985年12月，戴庙乡由梁山县划归东平县管辖，1986年5月撤区并乡。戴庙乡辖戴庙、孟垓、刘圈、鹅刘、宋圈、小刘、小徐、小赵、南庄、郭那里、桑园、师集、小王、小聂、小李、辛那里、谭那里、大赵、段那里、董那里、前张、后张、南杨庄、杨岱、沈楼、司里、新华、辛庄、西金山、中金山、东金山、土山、王常、西辛、张该、戚该、十里堡、王庄、樊庄、五里堡、薛庄、芦里、魏庄、孙庄、于庄、陆庄、后吕、三里庄48个村民委员会。2011年11月，乡改镇。至2022年，建置区划未变。

2020年5月，戴庙镇新时代佳苑社区一角　　（李　超　摄）

**自然状况**　戴庙镇属于黄河冲积平原，北部有隆起的山丘陵司里山、西金山、中金山、东金山，最高点司里山海拔高度为105米。东边有金山坝与东金山和东平湖湖堤相连全长5.5千米，西边是黄河大堤，堤外有张垓、戚垓、十里堡、樊庄、薛庄、王常庄、西辛庄7个村庄，大部分为沙地。戴庙镇气候属于暖温带大陆性半湿润季风气候，四季分明。春季多风，常出现倒春寒；夏季炎热，有冰雹天气；秋季凉爽，多遇连阴雨；冬季干寒，受寒流侵袭多。年平均降雨量约580毫米，七八月份平均降雨量300多毫米，为全年降水量的53%，春天晚秋易旱。最高气温41℃，最低气温零下18℃。初霜一般为10月下旬，终霜一般为3月下旬，全年霜期一般为150天左右。

**人口民族**　2016年，常住总户数1.32万户，常住总人口4.1万人，其中男性2.12万人、女性1.58万人。2018年，常住总户数1.33万户，常住总人口4万人，其中男性2.04万人、女性1.96万人。2020年，常住总户数1.33万户，常住总人口4.16万人，其中男性2.12万人、女性2.04万人。主要有汉族、回族。

## 经济状况

**农　业**　以种植小麦、大豆、玉米为主。2016年，全镇耕地面积3568公顷，均为水浇地。2018年，全镇耕地面积3993公顷，均为水浇地；农民合作社15个，种植大户3户。2020年，全镇耕地面积3568公顷，均为水浇地；农民专业合作社22个，农业企业14个，种植大户18户。

**工　业**　2016，工业企业72家，其中规模以上工业企业14家，工业总产值43.02亿元，规模以上工业企业总产值39.70亿元，利润0.11亿元，利税1290万元。引进落地项目6个，招商到位资金1.8亿元。2018年，工业企业71家，其中规模以上工业企业8家，工业总产值1.92亿元，规模以上工业企业总产值4503万元，利润0.13亿元，利税1350万元。引进落地项目7个，招商到位资金2.62亿元。2020年，工业企业单位数46个，其中规模以上工业企业1个，规模以上工业企业主营业务收入0.2亿元，实现利润0.12亿元，利税1360万元。引进落地项目6个，招商到位资金2.5亿元，出口总额630万元。

**旅游业**　2016年，国家AAA级旅游景区1处，中国乡村旅游规模示范村1个，省级农业旅游示范点1个，旅游村2个，山东“好客人家”三星级农家乐1家，接待游客2万人次，旅游总收入29万元。2018年，国家A级以上旅游景区1家，接待旅客2.6万人次，旅游总收入40万元。2020年，国家A级以上旅游景区1家，接待旅游人数1.2万人次，旅游总收入21万元。

## 财政税收

**财　政**　2016年，一般公共预算收入937.4万元，一般公共预算支出937.4万元。2018年，一般公共预算收入1365万元，一般公共预算支出1166万元。2020年，一般公共预算收入1267.6万元，一般公共预算支出1741.3万元。

**税　收**　2016年，各项税收收入937.45万元，其中两税返还29.34万元，所得税、营业税返还9.92万元，转移支付补助404.29万元。2018年，各项税收收入1692.19万元，其中增值税1022.5万元，登记各类纳税户49户，年纳税额在10万元以上的15户。2020年，各项税收收入1212万元。

## 社会事业

**教　育**　2016年，全镇共有7处中小学，9处幼儿园。其中，普通初中1处，在校生620人，专任教师58人；小学6处，在校生2320人，专任教师125人；幼儿园9处，在园幼儿1330人，专任教师93人。2020年，全镇共有6处中小学，8处幼儿园。其中，普通初中1处，在校生488人，专任教师52人；小学5处，在校生1799人，专任教师109人；幼儿园8处，在园幼儿1078人，专任教师79人。

**文　化**　2016年，镇综合文化站1个，村级文化活动室48个，各类文化专业团队5个。各类图书室25个，藏书16万余册。业余舞蹈、广场舞、文艺爱好者队伍15支。农家书屋48个，农家文化大院21个，文体广场48个，文艺宣传公益宣传队伍5支。2020年，镇综合文化站1个，村级文化活动中心48个，各类文化专业团队9支，各类图书室48个，文体广场48个，文艺公益表演队伍20支，文艺表演队连续8年参加东平县“百姓大舞台、我是大明星暨广场舞大赛”。县级以上保护单位4处，其中国家级1处（棘梁山摩崖造像）、省级1处（东平戴庙闸）、县级2处（建修观音堂等碑记、恩褒三代坊）；省级传统村落1个（戴庙镇司里山村），省级旅游特色村2个（戴庙镇桑园村、戴庙镇司里山村）。

**卫　生**　2016年，医疗卫生机构1所，执业（助理）医师70名。东平县第三人民医院核定床位150张，牙椅3张；职工166人，专业技术人员143人。2020年，医疗卫生机构28所，执业（助理）医师69名。东平县第三人民医院核定床位150张，牙椅3张；职工188人，专业技术人员161人。

## 社会保障

**医疗保险**　2016年，居民基本医疗保险参保人数3.52万人。2020年，居民基本医疗保险参保人数3.40万人。

**养老保险**　2016年，居民参加养老保险1.84万人。2020年，居民参加养老保险2.03万人。

**低保救助**　2016年，城镇最低生活保障户数5户、6人，发放最低生活保障金2.03万元；农村最低生活保障户数684户、1406人，发放最低生活保障金295.20万元；“五保”供养人员154人、发放“五保”金8.7万元；临时救助22人，发放救助金3.1万元。2020年，城镇最低生活保障户数4户、4人，发放最低生活保障金2.47万元；农村最低生活保障户数424户、819人，发放最低生活保障金335.41万元；“五保”供养人员149人次，发放“五保”金108.47万元，敬老院1处、床位60张，供养农村“五保”老人58人。

## 名胜古迹

**大运河（戴庙段）**　全国重点文物保护单位。戴庙运河，是京杭运河中会通河段的一部分，东起一道坡，西至十里堡，长约7千米。元世祖至元二十六年（1289）六月，京杭运河全线贯通，流经戴庙，戴庙运河从此被纳入京杭运河黄金水道，开始了近600年的繁华历史。戴庙镇被世人誉为镶嵌在运河上的一颗明珠。

**棘梁山摩崖造像**　国家级重点文物保护单位。主要集中于棘梁山山顶两块巨石上，称“千佛崖”，两块巨石东西长32.2米，南北长14米，最高处11米。东崖似印，西崖似匣，远看又似城堡。两崖壁上自南北朝到明代雕刻的造像共788尊，其中大者10米，小者10多厘米，保留至今有

480余尊。按造像的年代来划分，东崖多为北齐、唐、宋造像。其中北齐一佛二弟子造像，佛像高9.7米，戴高宝冠，两侧宝缯垂巾，宽圆肩，双肩略耸，胸部较鼓，腹部略平坦，面相宽团浑厚，五官宽大。手施说法印，着褒衣博带式袈裟，衣显厚重，衣纹流畅呈平直阶梯式，倚坐于宽平座上。西崖多唐、宋造像，有一佛二菩萨、一佛二弟子二天王二力士等组合像，其中唐代造像多为武周时期佛教石刻造像，均展示出唐代成熟期的造像特点。造像多通体磨光，面相方圆丰满，有的颈饰蚕节纹且眉间有突起白毫相，发髻有螺髻、涡髻、高内髻等，着通肩式衣或双领下垂式衣。

**东平戴庙闸** 省级文物保护单位。位于东平县戴庙镇。明朝黄河决口频繁，山东是河患的集中发生地，漕运受阻。明弘治元年（1488），黄河上游游决口，对戴庙运河冲击严重，在此建立戴庙闸，主要负责对运河进行治理。虽然此后200余年漕运畅通，但是河患不息。运河疏浚，主要是发修和大挑。发修是每年一次的常规性维修，一般在冬季进行，以保证来年春三月漕运畅通。戴庙段每年农历十月十五日暂停通航，清理河道，方式是人工挑土，挑土走的路叫“泥道”。同时启动维修堤坝、漕闸、桥涵等工程。

## 古今名人

**杨　林（1925—2012）** 1925年12月出生，戴庙镇五里堡村人，原名杨明堂，中国共产党早期地下党员，济南师范大学毕业，1943年10月参加革命工作，1945年1月加入中国共产党，历任山东省昆山县抗联四区工作员，六区副书记，五区抗联主任、书记，菏泽县团委副书记，安阳矿区团委书记，河南省委干部文化学校办公室主任，郑州师范学校书记，郑州市科委副主任，郑州市文委副主任，郑州市政协副秘书长、秘书长、副主席等职。1995年10月离职休养，2012年去世。

## 土特名产

**东平乌鳢** 历史悠久，品质独特，现有鱼池500多个，年销售量达到1500吨，带动养殖户200余户，集研制鱼苗饲料、鱼病防治技术指导于一体，实现闭环发展。1998年，被授予“第五批国家养殖示范基地”称号。2000年，被山东省海洋渔业厅认定为“无公害产地”。2018年，被东平县委、县政府授予“农业产业示范基地”称号。

2019年10月，戴庙镇桑园村东平湖渔民捕鱼场景
（王兴斌　摄）

**马拉磨牌香油** 源于清朝乾隆年间，坚持使用传统小磨和水代法制取，以色、香、味历久弥新而著称。今发展为泰安马拉磨油脂调料有限公司，公司位于东平县戴庙镇司里村，占地4333.33平方米，是一家以小磨香油、油脂调料研发加工

生产为主、芝麻销售为一体的现代化食品企业。建有厂房1880平方米，配备芝麻筛选机2台、炒仔机2台，精细筛选机2台、传统石磨24台、现代化墩油机16台、半自动灌装机6台，拥有传统小磨工艺传承人5人、生产技术人员46人，实现年生产能力280吨，年销售收入1000多万元。

**小尾寒羊** 注册“鲁寒”牌小尾寒羊品牌，成为鲁西南最大的寒羊繁育集散地，是中国优良的肉用羊品种，皮可以作为裘用。四季发情，常年配种，一年两胎、一胎多羊、产单羔的多为初产羊，约占20%。经产母羊一般每胎产2～4只。投资少，周转快、效益高。鲁西小尾寒羊常年“舍饲圈养”，以玉米秸秆粉为主要饲料，饲料成本低，用温室羊舍，经济实用，建设成本低。羔羊6月龄即可配种繁育，妊娠5个月产羔。经产母羊平均6.5个月到8个月产一窝羔羊，周转快。一只大母羊每年平均创利润300～800元，经济效益高。

## 镇党政主要负责人

党委书记 王建军（2015.7—2020.5）
米厚章（2020.5— ）
镇　　长 吴晓剑（2013.9—2016.12）
宋衍东（2016.12—2018.10）
米厚章（2018.10—2020.6）
蒋恩振（2020.06— ）

（王兴斌　刘养栋　陈国威）

# 商老庄乡

## 地理环境

**位置面积** 商老庄乡位于东平湖南岸，东邻千年古镇州城街道，北依国家AAAA级旅游风景名胜区东平湖，南接水泊梁山县域，南水北调东线枢纽工程最后一级提水站所在地，京杭古运河穿乡而过，220国道横贯南北，326省道贯穿东西，资源丰富，环境优美。全境纵距9.1千米，横距15.8千米，总面积99.43平方千米。

**建置区划** 东平县商老庄乡，以乡政府驻地商老庄村而命名。商老庄村，建村于明洪武年间，阎姓迁此建村，命名阎井。明正德年间，商姓自平阴县孝直镇商庄迁居该村，后阎姓迁出，故更名商家老庄，简称商老庄。清朝至中华民国初期，

2020年6月，中国南水北调工程商老庄乡八里湾泄洪闸（刘连珂　摄）

分属东平州智恭保、南辨智保和北辨智保。1931年，属东平县八区。1940年8月，划归昆山县。1949年9月，改属梁山县，为第六区。1958年9月，属火箭（大路口）人民公社。1960年，东平湖水库蓄洪，境内居民全部迁出。1964年春，村民陆续返回。1965年2月，成立商老庄人民公社。1984年2月，改公社建商老庄乡。1985年12月，划归东平县（其中10个村划属梁山县）。2001年1月，撤乡并镇，撤销大安山乡并入商老庄乡。至2016年，辖商老庄、董庙、井庄、孙庄、潭坑涯、田庄、小吴、于庄、董辛庄、李桥、刘立、刘万庄、庞那里、商楼、张文远、义和庄、赵庄、北李庄、东李庄、八里湾、丁沙、巩庄、官场、秦楼、宋庄、于王庄、袁庄、大安山、新光、潘孟于、新村、三里庄、义和堤、沈堤口、薛庄35个村民委员会。至2020年，建置区划未变。

**自然状况** 商老庄乡地势低洼，西部稍高，东部稍低，最高海拔43.2米，最低37.8米，地貌类型分为平原、洼地两种，各占总面积的一半左右。除耕地外，其余为荒滩、水域、道路、村庄、居民区和林果地。同时，内陆因地势低洼，是东平、梁山两县的“洪水走廊”与“盆底”。每年雨季，大量客水涌入，形成了广阔的水域，既造成了水害，也为发展水产业创造了有利条件。全乡总水域面积约5666.6公顷，其中可利用水面2866.6公顷。盛产菱、藕、芡实、麻鸭、水稻、鱼、虾、蟹、蚌、螺、鳝、鳖等百余种湖产品，是闻名遐迩的“鱼米之乡”。

**人口民族** 2016年，常住总户数1.22万户，常住总人口3.50万人，其中男性1.80万人、女性1.70万人。2018年，户籍户数1.23万户，户籍人口3.54万人，常住总户数1.23万户，常住总人口3.59万人，其中男性1.86万人、女性1.68万人。2020年，户籍户数1.23万户，户籍人口3.53万人，常住总户数1.23万户，常住总人口3.53万人，其中男性1.81万人、女性1.72万人。有汉族、傣族、回族、景颇族、满族、蒙古族、朝鲜族、彝族、水族、哈尼族、鄂伦春族、土家族、黎族、拉祜族、壮族、苗族、基诺族17个民族。

## 经济状况

**农　业** 以种植小麦、大豆、玉米、水稻为主。2016年全乡耕地面积3360.86公顷，均为水浇地，乡镇农林牧渔业总产值4.50亿元，其中农业产值2.29亿元、林业产值561.4万元、牧业产值1.28亿元、渔业产值7704万元，农林牧渔服务业产值1071万元。2018年，全乡耕地面积3613.2公顷，均为水浇地，乡镇农林牧渔业总产值4.55亿元，其中农业产值2.35亿元、林业产值621.4万元、牧业产值1.31亿元、渔业产值7824万元，农林牧渔服务业产值1271万元。农民合作社15个，种植大户3户。2020年，全乡耕地面积3613.2公顷，均为水浇地，乡镇农林牧渔业总产值4.61亿元，其中农业产值2.39亿元、林业产值632万元、牧业产值1.39亿元、渔业产值7935万元，农林牧渔服务业产值1351万元。农民专业合作社15个，农业企业3个，种植大户18户，产业市级龙头企业4个，县级龙头企业5个。

**工　业** 2016年，工业企业58家，其中规模以上工业企业8家，工业企业总产值9.89亿元，规模以上工业企业总产值收入8.59亿元，利润0.2亿元，利税1200万元。引进落地项目12个，招商到位资金1.2亿元，上级拨款项目资金0.4亿元，进出口总额40万美元。2018年，工业企业单位数52家，其中规模以上工业企业7家，工业企业总产值4.87亿元，规模以上工业企业总产值收入4.61亿元，利润0.4亿元，利税2400万元。引进落地项目20个，招商到位资金1.5亿元，上级拨款项目资金0.6亿元，进出口总额45万美元。2020年，工业企业单位数52家，其中规模以上工业企业3家，规模以上工业企业主营业务收入0.4亿，利润0.15亿

元，利税1600万元。引进落地项目22个，招商到位资金2亿元，上级拨款项目资金1.2亿元，进出口总额450万美元。

## 财政税收

**财　政**　2016年，公共财政收入1332万元，公共财政支出1332万元。2018年，一般公共预算收入1468万元，一般公共预算支出1468万元。2020年，一般公共预算收入852.1万元，一般公共预算支出852.1万元。

**税　收**　2016年，各项税收收入1618万元，其中两税返还12万元，所得税、营业税返还36万元，转移支付补助478万元。2018年，各项税收收入2938万元，其中增值税1399万元，登记各类纳税户49户，年纳税额在10万元以上的15户。2020年，各项税收收入1704万元，登记各类纳税户79户，年纳税额在10万元以上的22户。重点税源为物流运输、建筑建材等行业。

## 社会事业

**教　育**　2016年，全乡共有5处中小学，8处幼儿园。其中普通初中1所，在校生620人，专任教师46人；小学4所，在校生2320人，专任教师125人；幼儿园8所，在园幼儿1330人，专任教师93人。2020年，全乡共有5处中小学，10处幼儿园。其中普通初中1所，在校生673人，专任教师42人；小学4所，在校生1799人，专任教师109人；幼儿园10所，在园幼儿1078人，专任教师79人。

**文　化**　2016年，综合文化站1个，村级文化活动室35个，各类文化专业团队4支；各类图书室25个，藏书16万余册，其余舞蹈、广场舞、文艺爱好者队伍20支；农家书屋35个；农家文化大院35个，文体广场32个，文艺宣传公益宣传队伍6支。2020年，乡综合文化站1个，村级文化活动中心35个，各类文化专业团队9支，各类图书室35个，文体广场38个，文艺公益表演队伍28支，文艺表演队连续八年参加东平县“百姓大舞台、我是大明星暨广场舞大赛”。省级文物保护单位1处（东平安山闸）；一般不可移动文物6处（商老庄乡八里湾村东柳长河石桥、巩庄刘秉宽功牌碑、李桥村关帝庙碑、商老庄乡潘孟于村水塔、商老庄乡商老庄村排灌站、张文远村张文远碑）。县级以上非物质文化遗产6项，其中市级2项（大安山王家炖鱼、东平湖渔民号子），县级4项（德庆源菱米窝头制作技艺、古运河“一溜十八口”的传说、安山古镇龙舟帆船运动节、放河灯）。

**卫　生**　2016年，医疗卫生机构21家，有床位30张，其中乡镇卫生院1家、村卫生室20家；有职工27人，专业技术人员20人，执业（助理）医师19人；开设有内科、外科、国医堂、妇科、儿科、预防接种科、特检科、检验科、公共卫生科等基础性科室。2020年，医疗卫生机构24家，床位数30张，其中乡镇卫生院1家，村卫生室23家；职工36人，专业技术人员27人，执业（助理）医师24人；新开设了放射科，改扩建了国医堂，购进了艾灸床、DR（X光机）、碳光子治疗仪、超声骨密度仪、中频治疗仪等中医诊疗设备。

## 社会保障

**医疗保险**　2016年，居民基本医疗保险参保人数2.46万人。2018年，居民基本医疗保险参保人数2.74万人。2020年，居民基本医疗保险参保人数2.68万人。

**养老保险**　2016年，居民参加养老保险1.17万人。2018年，居民基本养老保险1.75万人。2020年，居民基本养老保险1.81万人。

**低保救助**　2016年，城镇最低生活保障户数3户、3人，发放最低生活保障金1.22万元；农村最低生活保障户数316户、557人，发放最低生活保障金114.67万元；“五保”供养人员19人，发放“五保”金11.02万元；临时救助3人，发放救助金0.8万。2020年，城镇最低生活保障户数3户、3人，发放最低生活保障金2.04万元；农村最低生活保障户数446户、876人，发放最低生活保障金32.73万元；“五保”供养人员106人，发放“五保”金136.2万元；临时救助24人，发放临时救助金11.02万元；敬老院1处床位60张，收住农村“五保”老人24人。

## 名胜古迹

**东平安山闸** 省级文物保护单位。位于潘孟于村南，建于明成化十八年（1482），清光绪五年（1879）《东平州志》载“安山闸，在州西12里，靳家口闸北30里，明成化十八年建，西邻安山湖”。安山大闸为运河上的重要漕闸之一，其作用是调节运河水流，控制漕船荷载，保障运河的畅通。二十世纪七八十年代增修该桥时，在原桥基础上将桥面增高加宽成为石桥。现桥长7米，宽5米，东西燕翅长13米至31米。由于位于东平湖内，仅能看到原闸身上闸槽、凸石等一部分。闸南安山集为当时运河岸边的重要的集镇。清代，运河堡房中有“第一堡安山镇”，安山闸上设闸官1人，闸夫数名。

**宋江碑** 位于东平湖堤北侧宋江石碑村，相传群众为纪念宋江而立。据《宋史》载，宋徽宗时，宋江率众起义，主要活动于河北、山东东平一带。该处原为运河的一个码头，当时由于水患，周边人民生活困苦，宋江做梁山头领后，即在此处张贴告示:“凡运粮官船到此，须将部分粮食分给饥民，违者休过……”从此，凡来往运粮船过此处，因担心遭梁山义军抢劫，只好留粮，使此处贫民得以生活。后来，人们为表彰宋江义举，在此立碑纪念。传说当地村民惧怕官府追究，碑上并没有刻碑文。宋江碑为龟驮碑，龟座全长2.4米，宽0.9米，高0.7米。“文化大革命”期间，碑被毁。

**安山古镇** 安山古镇起源于唐朝，发展于宋元，繁荣于明清。安山是古运河和东平湖的交汇点，具备发展生态休闲旅游的自然优势和条件。将生态保护、水乡风光、文化内涵、民俗风情作为安山古镇旅游的规划重点，建设生态农业观光示范园，完成投资3000多万元，建成服务中心、道路、桥涵、展览中心、生态养殖、温室大棚等。依托66.67公顷鱼藕混养、稻蟹混养基地，发展农事体验、摄影、写生、垂钓休闲游、现代农业观光游、民俗游等多元化游玩项目，以原生态的水乡和田园风光迎接八方游客。挖掘文化内涵，推进文化游、民俗游项目开发，建设古文化一条街、渔家乐一条街、旅游市场街。举办祭河神、划龙舟、鱼鹰表演、菱角采摘等大型节会、赛事，吸引不同需求的游客。

## 古今名人

**屈玉平（1928—1976）** 商老庄乡八里湾村人。中共党员。1944年，他从沾化县入伍，历任战士、班长，先后参加利国、邵家、下河等地的抗日战争。在上甘岭战役中，屈玉平所在的连仅剩下屈玉平等3人，他举起燃烧的炸药包扔向美军，给敌人以沉重的打击。屈玉平荣立一等功一次。1976年，在八里湾村去世。

**马绪珍（1900—1985）** 字聘山，商老庄乡老八里湾人，年轻时看到百姓缺医少药的现实，遂于38岁立志学医。经过7年学习和实践，成为一名中医。他在伤寒病的医治上，独创自己温中散寒的医治方法，在小儿疳积、痢下等病症上有自己独到的创新和应用，对痨症的治疗分辨上按实症和虚症分别治疗。新中国成立后，他服务于人民。1983年被山东省妇联授予“五好家庭”称号。

**徐衍民** 1944年8月15日出生，商老庄乡井庄村人。大学文化，中共党员。1961年参加工作。1992年，任伊春市委常委、副书记、组织部部长。1995年，调任七台河市委副书记。1997

年，任七台河市委副书记兼人大常委会主任。1998年，任七台河市市长、市人大常委会主任。后历任黑龙江省中小企业局党组书记、局长（正厅）等职务。

**柏继民**　1954年5月生，商老庄乡刘万庄村人。1973年1月，参加工作。1976年5月，加入中国共产党。大学本科学历，高级会计师。2012年2月至5月，任山东省委常委、省委政法委书记、省十一届人大常委会副主任、省社会管理综合治理委员会常务副主任。2013年1月，在山东省十二届人大一次会议上当选为山东省第十二届人民代表大会常务委员会副主任。2017年4月至2018年1月，任山东省十二届人大常委会党组书记、副主任，中共十七大代表，第九届山东省委委员，省八次党代会当选为山东省纪委委员。

2020年5月，商老庄乡大安山村稻田　（王　晟　摄）

## 土特名产

**商老庄无花果**　商老庄无花果叶绿而大，果实扁圆形、球形、梨形及坛形，皮色绿黄，肉色乳黄，风味甘甜，有浓郁清香味。东平县种植无花果历史悠久，过去只作为花卉观赏。2000年春季，商老庄乡引入栽培，面积86.67公顷。商老庄乡引种的无花果有4个品种，以布兰瑞克最多。引种苗株果实个体大，糖分高，坐果早，亩产果实1200千克～1500千克。商老庄乡成立无花果加工厂，生产果脯、罐头，产品销售势头好。

**安山大米**　安山大米种植区分布于商老庄乡大安山村以西、八里湾以东的9个行政村，种植历史悠久，清代有确切历史记载。2012年，“安山大米”成功申报“国家地理标志证明商标”。2016年，安山大米种植面积约66.67公顷，年收益40万元。后来因为水源受限，种植面积逐年减少，2020年，种植面积约20公顷，年收益12万元。

**大安山全鱼宴**　大安山全鱼宴酒楼坐落在商老庄乡大安山，这里靠近东平湖，拥有丰富的湖产资源，为名肴佳吃的产生提供了物质基础。全鱼宴系大安山陈全福创制。陈氏早年拜师于名厨师马德成门下，经过苦练烹调基本功，对湖产品的菜肴制作，打下了深厚的基础。陈氏根据师承和传统烹调方法，历经几十年探索，最终形成了风味独特的全鱼宴和全湖宴，在采用民间传统制作方法的基础上，加上现代工艺又吸纳“文火熟肉大火焦刺”的过油经验，慢火熬炖，不仅味道鲜美，而且鱼刺绵而不扎嘴，肉质筋道，耐品嚼，深得顾客好评。1995年注册了“大安山全鱼宴”“大安山全湖宴”两个商标。“全鱼宴”系指整桌菜肴，全部以鱼为主要原料，经过烧、烤、烹、煮、煎、炸、炖等方式，烹饪而成的宴席。

## 乡党政主要负责人

**党委书记**　齐宝鹏（2014.9—2018.12）
李振兴（2018.12—　）

**乡　　长**　李便宁（女，2013.3—2016.12）
潘　军（2016.12—　）

（刘新华　王　晟　董坤鹏）

# 旧县乡

## 地理环境

**位置面积** 旧县乡地处泰安、济南、聊城三市交会处，位于东平县西北部，北、东两面与山东平阴县接壤，南濒东平湖并与老湖镇搭界，西、西南面与斑鸠店镇为邻，西北隔黄河与聊城市东阿县相望。地理位置优越，水路交通便利，220国道、246省道穿境而过，辖区内2座黄河浮桥是连接聊城的重要通道。总面积73平方千米，耕地面积2477.07公顷。

**建置区划** 1958年建旧县公社，1984年设立旧县区公所。1985年改为旧县乡。1996年1月，由平阴县划归东平县。辖旧县一村、旧县二村、旧县三村、旧县四村、寨子一村、寨子二村、寨子三村、尹村一村、尹村二村、尹村三村、王古店一村、王古店二村、王古店三村、王古店四村、王古店五村、吉城一村、吉城二村、吉城三村、吉城四村、吉城五村、北吉城村、姜沟村、姬庄村、陈山口村、高徐村、浮粮店村、山沃村、大鹅山村、东鹅山村、屯村铺村30个行政村。至2020年，建置区划未变。

**自然状况** 境内为平原，地势平坦，土层较厚，质地良好，肥力较高，多为一至三级地，耕地统称汶阳田。水资源充沛，大汶河自东沿镇南部西流，漕河、浊河从境北部穿流而过。海拔73.1～84.8米。年均降水量490.7毫米。土壤以轻壤土为主，次为砂壤土。资源主要有石膏、石青、岩盐、沙等，其中石膏矿床面积约120平方千米，资源储存量120亿吨以上，占亚洲石膏储量的1/4，地下水资源丰富。

**人口民族** 2016年，常住总户数0.4万户，常住总人口1.2万人，其中男性0.53万人、女性0.67万人。2018年，户籍户数0.86万户，户籍人口2.72万人，常住总户数0.4万户，常住总人口1.1万人，其中男性0.5万人、女性0.6万人。2020年，户籍户数0.88万户，户籍人口2.75万人，常住总户数0.36万户，常住总人口1.09万人，其中男性0.53万人、女性0.56万人。有汉族1个民族。

2020年7月，旧县乡浮粮店村远景图　　（李玉建　摄）

## 经济状况

**农　业** 以种植小麦、玉米、大蒜、小米为主。2016年，全乡耕地面积1900公顷，1233公顷为水浇地，乡镇农业总产值5.92亿元，其中农业产值5.53亿元、林业产

值1860万元、牧业产值810万元、渔业产值810万元，农林牧渔服务业产值405万元，增加值0.28亿元，种植大户56户。2018年，全乡耕地面积2534公顷，1633公顷为水浇地，全乡农业总产值6.07亿元，其中农业产值5.67亿元、林业产值1895万元、牧业产值845万元、渔业产值830万元，农林牧渔服务业总产值415万元，增加值0.15亿元；农民专业合作社9个，家庭农场6个。2020年，全乡耕地面积2569公顷，1707公顷为水浇地，全乡农业总产值6.16亿元，其中农业产值5.61亿元、林业产值2295万元、牧业产值1245万元、渔业产值1230万元，农林牧渔服务业产值835万元，增加值0.09亿元；农民专业合作社12个，家庭农场10个。

**工　业**　2016年，工业企业87家、规模以上工业企业15家；工业总产值25.11亿元，规模以上工业企业总产值21.84亿元，实现利润0.8亿元、利税0.17亿元。2018年，工业企业87家，规模以上工业企业15家；工业总产值33.52亿元，规模以上工业企业总产值1549.7万元，实现利润4.2亿元、利税1.57亿元。2020年，工业企业95家，规模以上工业企业5家；规模以上工业企业实现主营业收入3.67亿元，实现利润1.28亿元、利税0.47亿元。

## 财政税收

**财　政**　2016年，一般公共预算收入3245.3万元，其中工商税收574万元，一般公共预算支出3241.6万元。2018年，一般公共预算收入2123万元，一般公共预算支出1587万元。2020年，一般公共预算收入2563万元，一般公共预算支出3684万元。

**税　收**　2016年，各项税收收入882万元，登记各类纳税人81户，年纳税额在10万元以上的企业4户。2018年，税收收入2289万元，其中增值税493万元、登记各类纳税人35户，年纳税额在10万元以上的企业13户。2020年，各项税收收入5178万元，其中增值税2300万元、登记各类纳税人67户，年纳税额在10万元以上的企业23户。重点税源为山石开采、建材生产、市政园林、建筑安装行业。

## 社会事业

**教　育**　2016年，幼儿园2所，专任教师3人，在园幼儿286人；小学2所，专任教师57人，在校学生526人；普通初中1所，专任教师41人，在校学生425人。2020年，幼儿园2所，专任教师6人，在园幼儿243人；小学1所，专任教师22人，在校学生126人；九年一贯制学校1所，专任教师65人，在校学生470人。

**文　化**　2016年，乡综合文化站1个，村级文化活动中心30个，各类文化专业户2户；各类图书室30个，藏书3万余册，音乐、美术、书法、摄影及文学业余创作人员12人；农家书30个，农村文化大院30个，文体广场30个，文艺宣传（表演）队2支。2020年，乡综合文化站1个，村级文化活动中心20个，各类文化专业户6户；各类图书室20个，藏书5万余册，音乐、美术、书法、摄影及文学业余创作人员达30人；农家书屋17个，农村文化大院17个，文体广场26个，文艺宣传（表演）队7支。县级以上文物保护单位8处，其中国家级1处（洪顶山摩崖刻经）、省级1处（阳谷邑古城遗址）、县级6处（屯村铺遗址、旧县三村遗址、李将军墓、铧山石刻造像、秦氏节孝坊、楚霸王项羽墓）。泰安市级非物质文化遗产1项（张氏万应膏）。

**卫　生**　2016年，医疗卫生机构38家、床位100张，其中乡卫生院1家、村卫生室（社区门诊）37家；专业卫生人员120名，执业（助理）医师75名。2020年，医疗卫生机构35家、床位100张，其中乡卫生院1家、村卫生室（社区门诊）34家；专业卫生人员89名，执业（助理）医师74名。

## 社会保障

**医疗保险** 2016年，居民基本医疗保险参保人数2.13万人。2020年，居民基本医疗保险参保人数为2.05万人。

**养老保险** 2016年，居民参加养老保险0.93万人。2020年，居民参加养老保险1.54万人。

**低保救助** 2016年，城镇最低生活保障户数4户、6人，发放最低生活保障金1.83万元；农村最低生活保障户数361户、619人，发放最低生活保障金138.8万元；敬老院1家，床位100张，收养农村“五保”老人55人。2020年，城镇最低生活保障户数2户、3人，发放最低生活保障金1.46万元；农村最低生活保障户数233户、354人，发放最低生活保障金108.17万元；医疗救助25人次，发放救助金5.55万元；敬老院1家，床位80张，收养农村“五保”老人25人。

## 名胜古迹

**洪顶山摩崖刻经** 全国重点文物保护单位。位于旧县乡屯村铺东北方洪顶山上，西邻东平湖。山势险绝，两峰相峙，幽谷透邃，古柏参天，经文即镌刻在两峰下巨大的石壁间。刻字内容丰富，除刻有佛经、经名、题名、题记之外，还有其他内容的刻字20篇，形成一个庞大的刻字群，总面积近1400平方米。镌刻经文主要有4片，大致分南北两部分，内容为《文殊般若波罗蜜经》《仁王经》《摩诃衍经》《摩诃般若波罗蜜经》的一部分或某一篇章，经文直径一般在20厘米至50厘米。所有刻字除少量双钩线条刻法之外，均为圆底阴刻，书体多为隶书。两部分刻字风格各异，北壁刻经文字较大，均在50厘米左右，文字风格接近于泰山经石峪石刻，但字体结构更紧密，凝重中多几分飘逸；南壁刻经字较北壁小，汉隶风韵，朴厚劲媚，方整中多变化，极似张迁碑石刻。张迁碑石刻原址即位于洪顶山北面，可见该碑影响之深。其他内容的刻字大小不等，有横式、竖式、风格多变，情趣百出。其中最引人注目的要数一块平滑巨岩上的“大空王佛”4字，通篇既敦实稳健，又神势飞动。其中的“佛”字，高约5米，宽4米，笔画宽达20多厘米。整个字用笔大起大落，端庄雄浑，末一竖笔呈“飞白”状，又使其多几分飘逸洒脱之韵味，大字旁有安道一书刊等刻字。刻经文前文后有“僧安道壹”题名3处。安道壹为北齐名僧，尤工书法，其名见于山东省邹县铁山、尖山摩崖刻经。考其洪顶山诸刻字，书体风格与邹城市的铁山、尖山刻字多有相同之处，同有安道壹款识，可以说洪顶山摩崖刻经与铁山、尖山刻经年代一致，同出安道壹之手。洪顶山摩崖刻经内容丰富，刻技高卓，保存完整。洪顶山又以双峰竞秀著称，双峰的上源有泉，泉水淙淙四季不涸，流过“钓鱼台”，流过“飞来石”，几经飞瀑，注入刻经下方的“净池”。

**阳谷邑故城遗址** 省级文物保护单位。位于旧县乡南部、王古店村东。是商、周时期遗址，东西长约500米、南北长100余米，文化层近5米。文化层内遗物十分丰富，裸露有大量的灰坑、灶坑、骨、蚌及陶器残片等，曾出土戈等兵器及生活器物残片一宗。战国时，鲁、齐和鲁、楚曾在此会盟。

**铧山石刻造像** 县级文物保护单位。位于旧县乡。山虽不高，但逶迤如蟠龙状，悬崖突兀，怪石嶙峋，山谷幽深，鹰飞鸟鸣，风景如画。石刻造像位于山巅面北的朝阳洞内，洞口上部刻“朝阳洞”3个楷体字，左右又有两洞口，三洞内相连，皆属自然石洞。洞内有圆雕造像两尊，据碑文记载，一为白衣大士观音像，一为护法韦驮像。观音像为坐式，面北，似坐于石椅上，右手抚膝，左手抚椅肘；头戴巾，身披斜交大衣，内着僧衹支；面部上宽下窄。像高1.2米、宽0.75米，在造型上与其他地方所见的观音像略有不

同。韦驮像，面东，无首，结跏趺坐，右手抚于凸腹上，左手握一物置于左膝上，领下垂佛珠，像高0.8米、宽0.46米。据考，两造像为明万历年间所雕，造像细腻逼真，栩栩如生。洞内还有明清所立的碑刻3方，分别为“开山碑记”“兖州府东平州东阿县铧山朝阳洞白衣观音记”“阿邑铧山佛洞碑记”。其他两洞内无造像和碑记。山南有碧霞元君祠，系自然石洞加工而成，洞口砌墙有门，洞前部较大，向内渐渐狭窄。前部高3米，向北深约20米。洞内有神台，上供元君塑像，高1.7米，面目慈祥，端庄静雅。除此之外，还有碑刻4方，最早为1912年的“善士题名碑”。山西麓有白云泉，泉侧有康熙年间题记，泉下万仞高崖，泉水涌出流下，溅沫迸珠，如丝丝细雨，生云化雾，堪称奇观。铧山奇石形成许多天然景观，有狮子峰、扇子崖、龙虎斗、天鹅卧、回马石、渡仙桥、瞻岱穴和一线天等自然景观十余处。1996年，被公布为县级文物保护单位。

**楚霸王项羽墓（头葬地）** 县级文物保护单位。位于东平县旧县乡旧县三村东侧高台地上。霸王墓亦称霸王坟，墓在墓区偏北处。原存封土直径100余米，高10米左右，前为神道，神道前碑刻4方，汉柏数十株，“文化大革命”期间大部分被毁坏，后被辟为学校、果园和民房。墓前有一残存碑记，字体为行楷阴刻，颇有宋代瘦金体风韵。

**屯村铺遗址** 县级文物保护单位。位于东平县旧县乡屯村铺村东北1.5千米洪顶山之间的东风水库内和坝西200米处。该遗址三面环山，遗址东有茅峪泉，南北山腰两处有北齐时的摩崖刻经。遗址区为山坡地，长年经山水冲刷，遗留文化层很少，暴露物十分丰富，大部分都被冲到西大坝内。遗址区东西长500米，南北东部宽50米、西部宽200米，呈扇形分布。从冲刷断面考查，今存文化层厚度1～2米，土质为山区黏土与坡积物，淤积沙土的混合土，呈灰褐色。遗址区内有两处较为重要的残存文化层堆积，皆位于库内和山脚下，东部长3米、高2米，西部长8米、高2.3米，土质为黑褐色，内有大量的蚌片和器物残片。附近地里和坝西地里地上散布着大量的器物残片和大量的蚌片、瓷片等，遗址属商周时代。

**旧县三村遗址** 县级文物保护单位。位于东平县旧县乡旧县三村东南霸王墓周围。遗址为山坡台形地，长80米，宽150米。土质为黏土和坡积物、冲积沙土的混合土，呈灰褐色。从冲刷断面上观察，文化层厚约6米，南部被山水冲刷比较严重，暴露物十分丰富，有蚌片、少量瓮罐残片和其他陶片。东侧有一土建民房，墙壁上布满蚌片和陶片。在遗址西部，村民盖房动土时，曾发现许多烧灶圆形遗迹，内有红色烧结土块。附近采集的标本有蚌片、泥质夹砂红褐鬲足、泥质灰陶瓮罐口沿、泥质灰陶、外有绳纹的残陶片等。据采集标本和地貌分析，遗址是商周时期的一处村落。

**秦氏节孝坊** 县级文物保护单位。位于旧县乡尹村西侧，该坊为全石结构，四柱三门式，下半部淤于土中，面阔7.5米，中门宽3米，通高12米左右，全坊顶已失去。柱端承托额坊，正间额上据说刻有“万寿无疆”4个楷书大字，中间两柱上施过梁，梁下为门楣。过梁上凸雕二龙戏珠图案。垂脊上立雕离吻，斗拱上施三架三檩，斗拱、梁檩均透雕面成，门楣上浮雕云龙纹。两侧门屋顶上浮雕瓦垄和勾头、滴水。四立柱两侧石面上有浮雕缠枝莲花、麒麟、博古、高士竹梅、葡萄猴戏等图案，雕刻精美。8只抱石土的石狮失去1只。据《东阿县志》载，秦氏节孝坊立于清乾隆二年（1737），有秦氏女订亲于夫家尹氏，欲嫁之时夫尹氏病亡，此女立志为夫终身不嫁。地方官府上报朝廷，奉皇命立此牌坊。

## 古今名人

**李居易（1617—1673）** 旧县乡吉城一村人，清顺治十一年（1654）山东乡试第六名

旧县乡北吉城村水上民宿　　（李泽煜　摄　2023年提供）

（举人），顺治十六年（1659）己亥科第三甲第九名（进士）。在任期间追慕先贤，勤政为民，颇有政绩。清道光《东阿县志》载有其《游六工山建福寺记》等诗文。

**乔允生（1854—1917）**　旧县乡寨子三村人，泰安八大名医之首，清咸丰年间御医喻家言的高徒。乡里群众赠“行高月旦”之匾，以彰其德。《东阿县志》《平阴县志》《泰安医药典志》均有记载。

**于宝瑞**　1973年11月生，旧县乡吉城三村人。2010年3月后，历任济南军区联勤部政治部纪律检查处副处长、处长（正团职）。2016年12月，历任武汉联勤保障基地政治部兵员和文职人员处处长。2018年9月，任联勤保障部队政治工作部兵员和文职人员处处长（副师职），后任联勤保障部队纪委纪检监察处处长。

## 土特名产

**粉　条**　旧县乡粉条是旧县乡传统产品。在清朝宣统年间已生产。改革开放以后，作为主导产业，得到大力发展。它具有色白柔韧、条细匀称、久煮汤清、色味不变等特点。因晶莹透明，被人们誉为“玻璃粉条”。旧县粉条以优质地瓜淀粉为原料。全县山地地瓜出粉率高，色白细腻，口感柔滑，是制作旧县粉条的主要原料。制作过程中，不使用任何添加剂，堪称天然绿色食品。粉条可凉拌、可熟炖、可与多种蔬菜及肉类等配用，是一种老少皆宜的大众化食品，属于农村的家常菜。全乡有1000多处粉坊，年产粉条5000万千克，畅销东北三省和京津地区。旧县乡三利、泰龙、正亮三家精制淀粉厂生产的精制粉条占据南方各省的大部分超市并出口日本、韩国等国家和中国香港、中国澳门、中国台湾地区。

## 典型选介

**山东省旅游民宿集聚区创建单位——旧县乡**

旧县乡东平湖美丽乡村民宿示范区位于旧县乡的南部区域，包括浮粮店村、王古店一村、王古店二村、王古店三村、王古店四村、王古店五村、屯村铺村、吉城一村、吉城二村、吉城三村、吉城四村、吉城五村、北吉城村、山沃村等15个自然村。示范区内建成民宿数量达到60套。其中，浮粮店改造完成石头民居院落15套，石屋外表保持原有模样，沉寂、古朴、幽静，内部却焕然一新，每套院落均设有会客厅、客房、厨房、洗浴间、观景台等，内部生活起居用品、通信网络一应俱全。

## 乡党政主要负责人

**党委书记**　徐国庆（2015.4—2018.9）
　　　　　郑兴利（2018.10—　）
**乡　　长**　焦　阳（2010.3—2016.12）
　　　　　乔曙光（2016.12—　）

（刘　康）

# 附 录

岱顶风光 （陈爱国 摄）

泰山文化传承发展示范项目——大汶口国家考古遗址公园　（吴　楠　2023年提供）

2021 年 7 月 8 日，泰山区邱家店镇王林坡村汶水画廊景观带
（赵文文　提供）

2020 年 10 月 26 日，新泰市长兴农业产业园无土立体栽培基地一角　（司　刚　摄）

# 乡镇（街道）基本情况

## 2021年泰安市乡镇（街道）基本情况一览表

表 1

| 乡镇（街道）名称 | 村（居）民委员会（个） | 行政区域面积（公顷） | 户籍人口（万人） | 地方财政收入（万元） | 小学（所） | 小学专任教师（人） | 医疗卫生机构（个） | 执业（助理）医师（人） | 享受最低生活保障金人数（人） |
|---|---|---|---|---|---|---|---|---|---|
| 泰山区 | | | | | | | | | |
| 财源街道 | 29 | 1200 | 20.0 | 88700 | 8 | 260 | — | — | 810 |
| 岱庙街道 | 21 | 960 | 12.49 | 54630 | 5 | 201 | — | — | 1116 |
| 泰前街道 | 26 | 7029 | 13.0 | 47516 | 6 | 268 | 27 | 596 | 339 |
| 上高街道 | 26 | 3032 | 7.06 | 46206 | 7 | 203 | 23 | 59 | 640 |
| 徐家楼街道 | 16 | 1878 | 3.81 | 19723 | 5 | 126 | 11 | 30 | 410 |
| 省庄镇 | 41 | 7120 | 6.11 | 5713 | 9 | 165 | 41 | 60 | 719 |
| 邱家店镇 | 44 | 6144 | 7.34 | 5967 | 11 | 108 | 48 | 74 | 717 |
| 岱岳区 | | | | | | | | | |
| 粥店街道 | 30 | 9434 | 7.18 | 63148 | 11 | 1083 | 30 | 111 | 355 |
| 天平街道 | 37 | 6435 | 3.52 | 41096 | 6 | 381 | 51 | 131 | 206 |
| 山口镇 | 43 | 5760 | 5.33 | 6079 | 5 | 148 | 37 | 98 | 355 |
| 祝阳镇 | 56 | 8712 | 5.64 | 2173 | 4 | 148 | 47 | 80 | 577 |
| 范　镇 | 39 | 6868 | 5.93 | 4752 | 5 | 107 | 55 | 99 | 424 |
| 角峪镇 | 30 | 6374 | 3.33 | 1334 | 3 | 60 | 27 | 51 | 384 |
| 满庄镇 | 42 | 11287 | 7.32 | 78118 | 7 | 272 | 45 | 82 | 362 |
| 夏张镇 | 71 | 11674 | 6.26 | 2398 | 6 | 110 | 58 | 120 | 1262 |
| 道朗镇 | 43 | 10536 | 3.37 | 6800 | 2 | 72 | 37 | 35 | 336 |
| 大汶口镇 | 45 | 9073 | 7.18 | 8895 | 3 | 122 | 54 | 87 | 697 |
| 马庄镇 | 36 | 5724 | 4.93 | 2798 | 4 | 91 | 34 | 24 | 549 |
| 泰安高新区 | | | | | | | | | |
| 北集坡街道 | 53 | 10827 | 6.96 | 6418 | 13 | 475 | 83 | 157 | 612 |
| 良庄镇 | 40 | 13681 | 7.45 | 1256 | 7 | 177 | 41 | 52 | 982 |
| 房村镇 | 31 | 9473 | 5.96 | 2677 | 7 | 153 | 29 | 30 | 1041 |

续表 1

| 乡镇（街道）名称 | 村（居）民委员会（个） | 行政区域面积（公顷） | 户籍人口（万人） | 地方财政收入（万元） | 小学（所） | 小学专任教师（人） | 医疗卫生机构（个） | 执业（助理）医师（人） | 享受最低生活保障金人数（人） |
|---|---|---|---|---|---|---|---|---|---|
| 泰山景区 | | | | | | | | | |
| 黄前镇 | 29 | 10440 | 3.40 | 2775 | 3 | 85 | 26 | 76 | 375 |
| 下港镇 | 34 | 15475 | 3.96 | 829 | 4 | 114 | 29 | 56 | 640 |
| 大津口乡 | 7 | 5546 | 1.27 | 4467 | 3 | 49 | 7 | 23 | 283 |
| 徂汶景区 | | | | | | | | | |
| 徂徕镇 | 34 | 13315 | 5.54 | 5079 | 5 | 128 | 48 | 42 | 1048 |
| 天宝镇 | 50 | 14742 | 8.11 | 3931 | 10 | 189 | 56 | 32 | — |
| 化马湾乡 | 31 | 9982 | 3.75 | 4040 | 5 | 100 | 32 | 19 | 474 |
| 新泰市 | | | | | | | | | |
| 青云街道 | 77 | 12457 | 16.69 | 35995 | 16 | 1534 | 99 | 1114 | — |
| 新汶街道 | 18 | 3579 | 9.86 | 22816 | 7 | 441 | 52 | 657 | 489 |
| 新甫街道 | 37 | 5229 | 5.26 | 2838 | 3 | 189 | 36 | 5 | 652 |
| 东都镇 | 33 | 6339 | 7.15 | 3598 | 6 | 183 | 28 | 38 | 1069 |
| 小协镇 | 18 | 3907 | 4.84 | 5906 | 4 | 137 | 21 | 117 | 166 |
| 翟　镇 | 46 | 6359 | 7.49 | 8860 | 6 | 174 | 49 | 56 | 815 |
| 泉沟镇 | 33 | 9260 | 4.85 | 3918 | 6 | 160 | 35 | 83 | 556 |
| 羊流镇 | 90 | 17222 | 10.71 | 4699 | 14 | 248 | 66 | 63 | 1050 |
| 果都镇 | 34 | 4813 | 4.08 | 4039 | 6 | 131 | 30 | 65 | 371 |
| 西张庄镇 | 28 | 4296 | 4.52 | 9715 | 3 | 158 | 27 | 43 | 900 |
| 楼德镇 | 36 | 9384 | 7.62 | 2988 | 9 | 240 | 37 | 142 | — |
| 禹村镇 | 36 | 8919 | 5.69 | 1266 | 6 | 174 | 38 | 41 | 1312 |
| 宫里镇 | 43 | 8513 | 6.37 | 2750 | 8 | 186 | 41 | 33 | 867 |
| 谷里镇 | 51 | 9480 | 5.81 | 1681 | 7 | 174 | 39 | 23 | 696 |
| 石莱镇 | 69 | 16314 | 7.0 | 3291 | 10 | 219 | 63 | 33 | 1154 |
| 放城镇 | 23 | 6896 | 3.58 | 2606 | 6 | 126 | 24 | 23 | 632 |
| 刘杜镇 | 28 | 5158 | 3.3 | 3198 | 5 | 103 | 30 | 19 | 655 |
| 汶南镇 | 85 | 18522 | 11.05 | 12702 | 10 | 289 | 79 | 105 | 2583 |
| 龙廷镇 | 53 | 15216 | 6.54 | 7482 | 7 | 177 | 54 | 23 | 1792 |
| 岳家庄乡 | 25 | 6810 | 4.04 | 2602 | 5 | 99 | 22 | 22 | 832 |

续表 1

| 乡镇（街道）名称 | 村（居）民委员会（个） | 行政区域面积（公顷） | 户籍人口（万人） | 地方财政收入（万元） | 小学（所） | 小学专任教师（人） | 医疗卫生机构（个） | 执业（助理）医师（人） | 享受最低生活保障金人数（人） |
|---|---|---|---|---|---|---|---|---|---|
| 肥城市 | | | | | | | | | |
| 新城街道 | 43 | 5532 | 14.01 | 20755 | 5 | 1543 | 158 | 1232 | 780 |
| 老城街道 | 30 | 7863 | 7.92 | 4894 | 3 | 160 | 33 | 77 | 1445 |
| 王瓜店街道 | 37 | 9210 | 8.23 | 13732 | 6 | 246 | 44 | 290 | 927 |
| 仪阳街道 | 49 | 9750 | 4.58 | 37888 | 2 | 150 | 30 | 113 | 681 |
| 潮泉镇 | 11 | 5288 | 2.17 | 1766 | 1 | 65 | 13 | 28 | 308 |
| 桃园镇 | 40 | 10096 | 5.56 | 960 | 6 | 133 | 30 | 40 | 585 |
| 王庄镇 | 53 | 9360 | 5.30 | 1265 | 4 | 134 | 27 | 31 | 996 |
| 湖屯镇 | 53 | 8492 | 7.95 | 3530 | 1 | 130 | 42 | 56 | 219 |
| 石横镇 | 48 | 9451 | 8.28 | 94849 | 6 | 253 | 41 | 69 | 861 |
| 安临站镇 | 48 | 13100 | 5.78 | 9910 | 5 | 163 | 29 | 35 | 1200 |
| 孙伯镇 | 17 | 7097 | 2.94 | 21814 | 1 | 68 | 18 | 31 | 21814 |
| 安驾庄镇 | 71 | 13457 | 8.52 | 23700 | 6 | 214 | 46 | 91 | 1535 |
| 汶阳镇 | 53 | 7950 | 7.55 | 6520 | 3 | 146 | 36 | 58 | 1469 |
| 边院镇 | 80 | 11099 | 8.21 | 18374 | 6 | 155 | 58 | 101 | 1878 |
| 宁阳县 | | | | | | | | | |
| 文庙街道 | 18 | 2820 | 7.44 | 16327 | 7 | 776 | 22 | 645 | 627 |
| 八仙桥街道 | 25 | 2312 | 3.81 | 4813 | 3 | 281 | 22 | 28 | 415 |
| 泗店镇 | 36 | 5606 | 4.39 | 7104 | 5 | 152 | 31 | 49 | 658 |
| 东疏镇 | 49 | 8398 | 5.92 | 1805 | 5 | 178 | 41 | 54 | 1516 |
| 伏山镇 | 59 | 8432 | 6.65 | 12008 | 5 | 212 | 52 | 103 | 2252 |
| 堽城镇 | 62 | 11830 | 8.02 | 9839 | 7 | 216 | 60 | 42 | 1404 |
| 蒋集镇 | 32 | 6500 | 4.0 | 1735 | 4 | 127 | 33 | 51 | 1316 |
| 磁窑镇 | 92 | 15872 | 11.51 | 39541 | 9 | 276 | 87 | 198 | 1977 |
| 华丰镇 | 59 | 10809 | 8.62 | 9154 | 8 | 288 | 59 | 146 | 1204 |
| 葛石镇 | 27 | 13225 | 6.67 | 9073 | 6 | 206 | 49 | 35 | 1121 |
| 东庄镇 | 45 | 9965 | 6.22 | 1912 | 5 | 145 | 37 | 42 | 1083 |
| 鹤山镇 | 46 | 9811 | 5.53 | 7618 | 7 | 169 | 43 | 43 | 1848 |
| 乡饮乡 | 15 | 6787 | 3.70 | 2757 | 3 | 152 | 34 | 56 | 993 |

续表 1

| 乡镇(街道)名称 | 村(居)民委员会(个) | 行政区域面积(公顷) | 户籍人口(万人) | 地方财政收入(万元) | 小学(所) | 小学专任教师(人) | 医疗卫生机构(个) | 执业(助理)医师(人) | 享受最低生活保障金人数(人) |
|---|---|---|---|---|---|---|---|---|---|
| 东平县 | | | | | | | | | |
| 东平街道 | 74 | 16090 | 15.03 | 12676 | 14 | 1141 | 77 | 825 | 1467 |
| 州城街道 | 71 | 6599 | 5.93 | 1519 | 1 | 88 | 58 | 157 | 2036 |
| 彭集街道 | 53 | 7490 | 6.62 | 6787 | 5 | 177 | 42 | 52 | 1667 |
| 沙河站镇 | 65 | 6622 | 5.87 | 812 | 4 | 107 | 37 | 37 | 1280 |
| 老湖镇 | 71 | 11290 | 7.02 | 4197 | 7 | 155 | 35 | 38 | 3114 |
| 银山镇 | 44 | 10451 | 6.1 | 1436 | 7 | 116 | 46 | 74 | 1153 |
| 斑鸠店镇 | 40 | 7611 | 4.9 | 1510 | 5 | 111 | 38 | 46 | 871 |
| 接山镇 | 52 | 14937 | 6.23 | 2051 | 6 | 149 | 44 | 37 | 2051 |
| 大羊镇 | 37 | 8286 | 3.4 | 1273 | 4 | 82 | 21 | 29 | 1683 |
| 梯门镇 | 42 | 8976 | 3.62 | 6032 | 4 | 88 | 34 | 22 | 1007 |
| 新湖镇 | 54 | 10481 | 5.32 | 1231 | 3 | 86 | 38 | 38 | 1421 |
| 戴庙镇 | 48 | 8688 | 4.16 | 1345 | 5 | 86 | 24 | 63 | 854 |
| 商老庄乡 | 35 | 9291 | 3.52 | 1091 | 4 | 104 | 23 | 26 | 868 |
| 旧县乡 | 30 | 7091 | 2.71 | 2967 | 1 | 42 | 13 | 15 | 504 |

## 2022年泰安市乡镇(街道)基本情况一览表

表 2

| 乡镇名称 | 村(居)民委员会个数(个) | 户籍户数(万户) | 户籍人口(万人) | 行政区域土地面积(公顷) | 地方财政收入(万元) | 小学(所) | 小学专任教师(人) | 医疗卫生机构(个) | 医疗卫生机构床位(床) | 执业(助理)医师(人) | 城乡居民基本养老保险参保人数(万人) | 城乡居民基本医疗保险参保人数(万人) |
|---|---|---|---|---|---|---|---|---|---|---|---|---|
| 泰山区 | | | | | | | | | | | | |
| 财源街道 | 29 | 7.8 | 24.0 | 1100 | 67850 | 8 | 282 | — | | — | 0.6 | 3.2 |
| 岱庙街道 | 21 | 5.8 | 13.5 | 960 | 49400 | 6 | 347 | — | — | — | 0.1 | 3.2 |
| 泰前街道 | 26 | 4.57 | 13.38 | 7029 | 48941 | 6 | 301 | 29 | 1268 | 604 | 1.09 | 2.61 |
| 上高街道 | 26 | 1.92 | 5.91 | 3032 | 36093 | 6 | 187 | 25 | 120 | 65 | 1.30 | 3.50 |
| 徐家楼街道 | 16 | 1.39 | 3.86 | 1878 | 17014 | 5 | 129 | 11 | 78 | 24 | 0.89 | 2.04 |
| 省庄镇 | 41 | 1.77 | 6.25 | 7120 | 5929 | 9 | 157 | 41 | 114 | 57 | 3.16 | 4.11 |
| 邱家店镇 | 44 | 2.05 | 7.14 | 6144 | 6248 | 10 | 173 | 43 | 90 | 75 | 2.84 | 4.77 |

续表 2

| 乡镇名称 | 村（居）民委员会个数（个） | 户籍户数（万户） | 户籍人口（万人） | 行政区域土地面积（公顷） | 地方财政收入（万元） | 小学（所） | 小学专任教师（人） | 医疗卫生机构（个） | 医疗卫生机构床位（床） | 执业（助理）医师（人） | 城乡居民基本养老保险参保人数（万人） | 城乡居民基本医疗保险参保人数（万人） |
|---|---|---|---|---|---|---|---|---|---|---|---|---|
| 岱岳区 | | | | | | | | | | | | |
| 粥店街道 | 30 | 2.61 | 7.03 | 9434 | 54272 | 11 | 1083 | 64 | 365 | 425 | 1.75 | 4.13 |
| 天平街道 | 37 | 1.10 | 3.53 | 6435 | 35784 | 8 | 368 | 46 | 178 | 72 | 1.33 | 2.27 |
| 山口镇 | 43 | 1.52 | 5.18 | 5760 | 5786 | 5 | 123 | 45 | 100 | 65 | 2.03 | 3.15 |
| 祝阳镇 | 56 | 1.86 | 5.61 | 8712 | 2340 | 4 | 124 | 50 | 99 | 33 | 2.62 | 4.17 |
| 范　镇 | 39 | 1.94 | 5.85 | 6868 | 1085 | 5 | 107 | 55 | 99 | 86 | 2.41 | 3.58 |
| 角峪镇 | 30 | 1.10 | 3.28 | 6374 | 1605 | 2 | 56 | 27 | 50 | 29 | 1.92 | 2.08 |
| 满庄镇 | 42 | 2.35 | 7.28 | 11287 | 82755 | 9 | 288 | 45 | 400 | 82 | 3.13 | 4.47 |
| 夏张镇 | 71 | 1.95 | 6.20 | 11674 | 2454 | 5 | 92 | 60 | 99 | 28 | 3.14 | 4.11 |
| 道朗镇 | 43 | 1.31 | 3.36 | 10536 | 6283 | 2 | 70 | 38 | 50 | 22 | 1.67 | 2.00 |
| 大汶口镇 | 45 | 2.21 | 7.08 | 9073 | 9323 | 3 | 108 | 44 | 99 | 84 | 3.03 | 4.43 |
| 马庄镇 | 36 | 1.64 | 4.88 | 5724 | 2960 | 4 | 93 | 35 | 50 | 18 | 2.25 | 3.26 |
| 高新区 | | | | | | | | | | | | |
| 北集坡街道 | 53 | 2.38 | 7.51 | 10827 | 8087 | 11 | 426 | 84 | 640 | 225 | 2.70 | 4.99 |
| 良庄镇 | 40 | 2.50 | 7.36 | 13681 | 757 | 7 | 167 | 43 | 70 | 55 | 2.86 | 5.24 |
| 房村镇 | 31 | 1.83 | 5.90 | 9473 | 3251 | 5 | 140 | 29 | 80 | 26 | 2.52 | 4.08 |
| 泰山景区 | | | | | | | | | | | | |
| 黄前镇 | 29 | 1.21 | 3.50 | 10440 | 3040 | 3 | 70 | 26 | 55 | 76 | 2.21 | 2.67 |
| 下港镇 | 34 | 1.22 | 3.91 | 15475 | 821 | 4 | 102 | 28 | 90 | 56 | 2.45 | 2.99 |
| 大津口乡 | 7 | 0.42 | 1.29 | 5546 | 4745 | 3 | 47 | 7 | 50 | 23 | 0.46 | 0.80 |
| 徂汶景区 | | | | | | | | | | | | |
| 徂徕镇 | 34 | 1.79 | 5.54 | 13315 | 7078 | 5 | 107 | 48 | 50 | 42 | 2.83 | 4.12 |
| 天宝镇 | 50 | 2.73 | 8.04 | 14742 | 2680 | 10 | 167 | 56 | 100 | 34 | 4.87 | 6.17 |
| 化马湾乡 | 31 | 1.16 | 3.68 | 9982 | 2782 | 5 | 97 | 32 | 56 | 36 | 1.79 | 2.59 |
| 新泰市 | | | | | | | | | | | | |
| 青云街道 | 77 | 6.17 | 16.39 | 12457 | 33341 | 16 | 1655 | 99 | 2672 | 1139 | 4.61 | 10.76 |
| 新汶街道 | 18 | 4.67 | 9.65 | 3579 | 25148 | 7 | 328 | 64 | 1611 | 565 | 1.44 | 4.21 |
| 新甫街道 | 37 | 1.81 | 5.15 | 5229 | 2400 | 3 | 121 | 37 | 136 | 4 | 2.09 | 3.50 |
| 东都镇 | 33 | 2.58 | 7.01 | 6339 | 4622 | 6 | 158 | 28 | 91 | 38 | 2.46 | 5.08 |
| 小协镇 | 18 | 1.75 | 4.75 | 3907 | 5668 | 4 | 126 | 24 | 285 | 123 | 1.39 | 2.61 |

续表 2

| 乡镇名称 | 村（居）民委员会个数（个） | 户籍户数（万户） | 户籍人口（万人） | 行政区域土地面积（公顷） | 地方财政收入（万元） | 小学（所） | 小学专任教师（人） | 医疗卫生机构（个） | 医疗卫生机构床位（床） | 执业（助理）医师（人） | 城乡居民基本养老保险参保人数（万人） | 城乡居民基本医疗保险参保人数（万人） |
|---|---|---|---|---|---|---|---|---|---|---|---|---|
| 翟　镇 | 46 | 2.62 | 7.40 | 6359 | 9640 | 6 | 142 | 50 | 170 | 57 | 3.04 | 5.10 |
| 泉沟镇 | 33 | 1.72 | 4.79 | 9260 | 4990 | 6 | 161 | 35 | 140 | 59 | 2.13 | 3.41 |
| 羊流镇 | 90 | 4.04 | 10.62 | 17222 | 4652 | 13 | 366 | 66 | 107 | 52 | 6.02 | 8.69 |
| 果都镇 | 34 | 1.17 | 4.03 | 4813 | 4632 | 6 | 134 | 31 | 30 | 66 | 2.39 | 3.17 |
| 西张庄镇 | 28 | 1.60 | 4.48 | 4296 | 8401 | 3 | 163 | 28 | 150 | 66 | 2.30 | 3.55 |
| 楼德镇 | 36 | 2.47 | 7.52 | 9384 | 3883 | 9 | 246 | 37 | 526 | 150 | 4.23 | 5.76 |
| 禹村镇 | 36 | 1.78 | 5.60 | 8919 | 2802 | 6 | 159 | 36 | 99 | 43 | 3.02 | 4.08 |
| 宫里镇 | 43 | 2.24 | 6.26 | 8513 | 1944 | 8 | 184 | 45 | 54 | 52 | 3.72 | 4.84 |
| 谷里镇 | 51 | 2.08 | 5.71 | 9480 | 1478 | 7 | 172 | 39 | 50 | 23 | 3.13 | 4.35 |
| 石莱镇 | 69 | 2.31 | 6.92 | 16314 | 2775 | 10 | 196 | 66 | 119 | 34 | 4.09 | 5.83 |
| 放城镇 | 23 | 1.35 | 3.53 | 6896 | 2447 | 4 | 128 | 24 | 30 | 24 | 2.12 | 2.87 |
| 刘杜镇 | 28 | 1.20 | 3.26 | 5158 | 2843 | 5 | 105 | 30 | 50 | 19 | 2.14 | 2.55 |
| 汶南镇 | 85 | 3.87 | 10.96 | 18522 | 13825 | 13 | 380 | 79 | 529 | 121 | 6.53 | 9.07 |
| 龙廷镇 | 53 | 2.40 | 6.47 | 15216 | 4907 | 7 | 174 | 54 | 108 | 23 | 3.87 | 5.38 |
| 岳家庄乡 | 25 | 1.49 | 4.00 | 6810 | 2015 | 5 | 156 | 22 | 45 | 22 | 2.25 | 3.46 |
| 肥城市 | | | | | | | | | | | | |
| 新城街道 | 43 | 5.12 | 13.96 | 5532 | 20661 | 5 | 1194 | 167 | 2397 | 1117 | 7.32 | 10.53 |
| 老城街道 | 28 | 2.63 | 6.86 | 7863 | 16589 | 3 | 250 | 31 | 166 | 58 | 4.14 | 5.08 |
| 王瓜店街道 | 37 | 2.75 | 8.12 | 9210 | 12256 | 6 | 254 | 41 | 939 | 400 | 4.30 | 5.83 |
| 仪阳街道 | 49 | 1.38 | 4.56 | 9750 | 36857 | 2 | 133 | 30 | 450 | 84 | 2.39 | 3.34 |
| 潮泉镇 | 11 | 0.84 | 2.14 | 5288 | 1444 | 1 | 60 | 11 | 50 | 20 | 1.13 | 1.61 |
| 桃园镇 | 40 | 2.08 | 5.50 | 10096 | 1142 | 4 | 139 | 28 | 80 | 43 | 2.91 | 3.87 |
| 王庄镇 | 53 | 1.81 | 5.23 | 9360 | 1072 | 3 | 131 | 27 | 120 | 34 | 2.79 | 3.74 |
| 湖屯镇 | 53 | 3.01 | 7.85 | 8492 | 4540 | 1 | 226 | 42 | 216 | 46 | 4.15 | 5.18 |
| 石横镇 | 48 | 2.84 | 8.18 | 9451 | 51909 | 5 | 245 | 42 | 170 | 81 | 4.33 | 5.25 |
| 安临站镇 | 48 | 2.12 | 5.72 | 13100 | 7022 | 3 | 163 | 29 | 60 | 31 | 3.02 | 4.50 |
| 孙伯镇 | 17 | 1.01 | 2.91 | 7097 | 20098 | 1 | 78 | 18 | 50 | 35 | 1.54 | 2.17 |
| 安驾庄镇 | 71 | 2.99 | 8.43 | 13457 | 18092 | 3 | 211 | 44 | 180 | 70 | 4.45 | 5.93 |
| 汶阳镇 | 53 | 2.47 | 7.22 | 7950 | 5324 | 3 | 157 | 39 | 100 | 45 | 3.95 | 5.61 |
| 边院镇 | 80 | 2.90 | 8.11 | 11099 | 25928 | 6 | 170 | 61 | 145 | 121 | 4.29 | 5.99 |

续表 2

| 乡镇名称 | 村（居）民委员会个数（个） | 户籍户数（万户） | 户籍人口（万人） | 行政区域土地面积（公顷） | 地方财政收入（万元） | 小学（所） | 小学专任教师（人） | 医疗卫生机构（个） | 医疗卫生机构床位（床） | 执业（助理）医师（人） | 城乡居民基本养老保险参保人数（万人） | 城乡居民基本医疗保险参保人数（万人） |
|---|---|---|---|---|---|---|---|---|---|---|---|---|
| 宁阳县 | | | | | | | | | | | | |
| 文庙街道 | 18 | 2.78 | 7.41 | 2820 | 20240 | 7 | 873 | 22 | 1603 | 754 | 2.02 | 4.15 |
| 八仙桥街道 | 25 | 1.30 | 3.78 | 2312 | 4891 | 2 | 179 | 22 | 390 | 29 | 1.30 | 2.04 |
| 泗店镇 | 36 | 1.26 | 4.34 | 5606 | 8631 | 5 | 152 | 31 | 306 | 49 | 2.61 | 3.40 |
| 东疏镇 | 49 | 1.79 | 5.86 | 8398 | 2329 | 4 | 162 | 41 | 98 | 57 | 3.53 | 4.54 |
| 伏山镇 | 59 | 2.11 | 6.55 | 8432 | 12268 | 5 | 171 | 52 | 110 | 29 | 3.80 | 5.01 |
| 堽城镇 | 62 | 2.72 | 7.95 | 11830 | 8870 | 7 | 207 | 57 | 295 | 43 | 5.13 | 6.12 |
| 蒋集镇 | 32 | 1.31 | 3.94 | 6500 | 2054 | 4 | 133 | 34 | 110 | 51 | 2.32 | 3.53 |
| 磁窑镇 | 92 | 3.61 | 11.38 | 15872 | 36770 | 9 | 413 | 89 | 555 | 206 | 6.27 | 7.56 |
| 华丰镇 | 59 | 2.89 | 8.44 | 10809 | 5313 | 8 | 221 | 56 | 240 | 90 | 4.32 | 5.58 |
| 葛石镇 | 27 | 2.20 | 6.57 | 13225 | 10125 | 6 | 195 | 49 | 100 | 34 | 3.63 | 4.76 |
| 东庄镇 | 45 | 2.01 | 6.16 | 9965 | 1989 | 5 | 137 | 39 | 99 | 44 | 3.71 | 4.32 |
| 鹤山镇 | 46 | 1.84 | 5.44 | 9811 | 8024 | 6 | 163 | 39 | 204 | 36 | 3.30 | 3.99 |
| 乡饮乡 | 15 | 1.19 | 3.65 | 6787 | 2875 | 3 | 105 | 34 | 129 | 58 | 2.26 | 2.88 |
| 东平县 | | | | | | | | | | | | |
| 东平街道 | 74 | 5.72 | 15.02 | 16090 | 13245 | 9 | 1148 | 77 | 1976 | 837 | 5.82 | 9.13 |
| 州城街道 | 71 | 1.96 | 5.86 | 6599 | 1731 | 1 | 84 | 58 | 660 | 157 | 3.66 | 4.43 |
| 彭集街道 | 53 | 1.99 | 6.58 | 7490 | 6197 | 6 | 163 | 43 | 65 | 55 | 3.91 | 5.02 |
| 沙河站镇 | 65 | 1.84 | 5.82 | 6622 | 1784 | 4 | 102 | 37 | 50 | 37 | 3.70 | 4.57 |
| 老湖镇 | 71 | 2.36 | 6.90 | 11290 | 4042 | 6 | 129 | 44 | 167 | 44 | 3.91 | 5.23 |
| 银山镇 | 44 | 2.05 | 6.08 | 10451 | 1330 | 5 | 111 | 44 | 96 | 49 | 3.68 | 4.82 |
| 斑鸠店镇 | 40 | 1.60 | 4.87 | 7611 | 2257 | 5 | 105 | 38 | 155 | 46 | 2.82 | 3.74 |
| 接山镇 | 52 | 2.05 | 6.16 | 14937 | 1794 | 1 | 122 | 41 | 120 | 35 | 3.91 | 4.90 |
| 大羊镇 | 37 | 1.29 | 3.35 | 8286 | 1475 | 3 | 73 | 24 | 44 | 28 | 2.18 | 2.62 |
| 梯门镇 | 42 | 1.31 | 3.60 | 8976 | 6252 | 2 | 83 | 34 | 123 | 22 | 2.20 | 2.77 |
| 新湖镇 | 54 | 1.77 | 5.29 | 10481 | 2093 | 1 | 81 | 41 | 40 | 26 | 3.27 | 4.16 |
| 戴庙镇 | 48 | 1.33 | 4.16 | 8688 | 1064 | 5 | 78 | 24 | 160 | 61 | 2.19 | 3.23 |
| 商老庄乡 | 35 | 1.23 | 3.50 | 9291 | 1095 | 4 | 87 | 25 | 30 | 36 | 1.95 | 2.63 |
| 旧县乡 | 30 | 0.88 | 2.68 | 7091 | 3564 | 1 | 43 | 13 | 20 | 15 | 1.69 | 1.84 |

# 文物保护单位及非遗项目

## 2022年泰安市全国重点文物保护单位一览表

表 1

| 序号 | 名　称 | 地　点 | 年　代 | 类　别 | 公布时间 | 批次 |
|---|---|---|---|---|---|---|
| 1 | 大汶口遗址 | 岱岳区大汶口镇、宁阳县堡头村 | 新石器时代 | 古遗址 | 1982 年 2 月 | 2 |
| 2 | 岱庙 | 泰山区朝阳街 7 号 | 宋至清 | 古建筑 | 1988 年 1 月 | 3 |
| 3 | 冯玉祥墓 | 泰山区泰山南麓 | 1953 年 | 近现代重要史迹及代表性建筑 | 1988 年 1 月 | 3 |
| 4 | 齐长城遗址 | 泰山景区、岱岳区、肥城市 | 春秋、战国 | 古建筑 | 2001 年 6 月 | 5 |
| 5 | 泰山石刻（包括：经石峪、唐摩崖处、纪泰山铭摩崖石刻） | 泰山景区 | 北齐至唐 | 石窟寺及石刻 | 2001 年 6 月 | 5 |
| 6 | 白佛山石窟造像 | 东平县东平街道焦村白佛山 | 隋、唐 | 石窟寺及石刻 | 2001 年 6 月 | 5 |
| 7 | 泰山古建筑群 | 泰山景区 | 明、清 | 古建筑 | 2006 年 5 月 | 6 |
| 8 | 洪顶山摩崖 | 东平县旧县乡屯村铺村 | 南北朝 | 石窟寺及石刻 | 2006 年 5 月 | 6 |
| 9 | 大运河（戴村坝） | 东平县彭集街道 | 春秋至清 | 古建筑 | 2006 年 5 月 | 6 |
| 10 | 大汶口古石桥 | 岱岳区大汶口镇西南门外大汶河上 | 明 | 古建筑 | 2013 年 3 月 | 7 |
| 11 | 萧大亨墓地石刻 | 岱岳区满庄镇东萧家林村 | 明 | 石窟寺及石刻 | 2013 年 3 月 | 7 |
| 12 | 颜子庙和颜林 | 宁阳县鹤山镇泗皋村 | 元、清 | 古建筑 | 2013 年 3 月 | 7 |
| 13 | 棘梁山石刻 | 东平县戴庙镇棘梁山 | 北朝至宋 | 石窟寺及石刻 | 2013 年 3 月 | 7 |
| 14 | 徂徕山抗日武装起义旧址 | 高新区房村镇黑石埠村，在徂徕山大寺 | 抗日战争时期 | 近现代重要史迹及代表性建筑 | 2013 年 3 月 | 7 |
| 15 | 陶山朝阳洞石刻造像 | 肥城市湖屯镇陶山主峰西北侧山崖 | 宋至中华民国 | 石窟寺及石刻 | 2019 年 10 月 | 8 |

## 2022年泰安市省级文物保护单位一览表

表 2

| 序号 | 名　称 | 地　点 | 年　代 | 类　别 | 公布时间 | 批次 |
|---|---|---|---|---|---|---|
| 1 | 泰山盘路古建筑群（包括：无极庙、元始天尊庙、老君堂） | 泰山景区 | 唐、清、民国 | 古建筑 | 1992 年 6 月 | 2 |
| 2 | 范明枢墓 | 泰山景区泰山南麓普照寺南 | 1950 年 | 近现代重要史迹及代表性建筑 | 1992 年 6 月 | 2 |
| 3 | 周明堂遗址 | 泰山景区大津口乡沙岭村明家滩 | 周 | 古遗址 | 2013 年 10 月 | 4 |

续表 2

| 序号 | 名 称 | 地 点 | 年 代 | 类 别 | 公布时间 | 批次 |
|---|---|---|---|---|---|---|
| 4 | 藏峰寺遗址 | 泰山景区曹家庄村 | 元 | 古遗址 | 2013 年 10 月 | 4 |
| 5 | 中天门二虎庙 | 泰山景区中天门管理区 | 明、清 | 古建筑 | 2013 年 10 月 | 4 |
| 6 | 泰山玉泉寺 | 泰山景区玉泉寺管理区 | 北魏 | 古建筑 | 2013 年 10 月 | 4 |
| 7 | 桃花峪元君庙 | 泰山景区桃花峪管理区 | 清 | 古建筑 | 2013 年 10 月 | 4 |
| 8 | 竹林寺 | 泰山景区竹林寺管理区 | 唐 | 古建筑 | 2013 年 10 月 | 4 |
| 9 | 总理奉安纪念碑 | 泰山景区红门管理区 | 1929 年 | 近现代重要史迹及代表性建筑 | 2013 年 10 月 | 4 |
| 10 | 乐善桥 | 泰山景区竹林寺管理区 | 1936 年 | 近现代重要史迹及代表性建筑 | 2013 年 10 月 | 4 |
| 11 | 泰山革命烈士纪念碑 | 泰山景区红门管理区 | 1953 年 | 近现代重要史迹及代表性建筑 | 2015 年 6 月 | 5 |
| 12 | 泰山宋至清石刻 | 泰山景区 | 宋至清 | 古建筑 | 2022 年 1 月 | 6 |
| 13 | 泰山区清真西大寺（泰安城区清真寺） | 泰山区财源街道清真寺街 | 明、清 | 古建筑 | 2013 年 10 月 | 4 |
| 14 | 杨家庄七圣堂 | 泰山区上高街道杨家庄村 | 明、清 | 古建筑 | 2013 年 10 月 | 4 |
| 15 | 省庄清真寺 | 泰山区省庄镇（东孙家庄村、二十里埠村、芝田村、岗上村、岳庄村、刘家庄村） | 明至中华民国 | 古建筑 | 2013 年 10 月 | 4 |
| 16 | 萃英中学建筑群 | 泰山区岱庙街道青年路 | 清、中华民国 | 近现代重要史迹及代表性建筑 | 2013 年 10 月 | 4 |
| 17 | 泰安火车站站房（泰安府站钟楼） | 泰山区财源街道龙潭路 | 1909 年 | 近现代重要史迹及代表性建筑 | 2013 年 10 月 | 4 |
| 18 | 汉明堂遗址 | 泰山区泰前街道 | 西汉 | 古遗址 | 2015 年 6 月 | 5 |
| 19 | 上高施氏牌坊 | 泰山区上高街道 | 清 | 古建筑 | 2015 年 6 月 | 5 |
| 20 | 泰安侵华日军司令部旧址（育英中学旧址） | 泰山区岱庙街道 | 中华民国 | 抗战遗址、纪念设施 | 2015 年 6 月 | 5 |
| 21 | 吴家庄范氏祠堂 | 泰山区邱家店镇吴家庄村 | 清 | 古建筑 | 2022 年 1 月 | 6 |
| 22 | 山西会馆 | 岱岳区大汶口镇会馆街 | 明 | 古建筑 | 2006 年 12 月 | 3 |
| 23 | 无梁殿 | 岱岳区夏张镇梨园村 | 明 | 古建筑 | 2006 年 12 月 | 3 |
| 24 | 西界清真寺 | 岱岳区马庄镇前营村 | 明、清 | 古建筑 | 2013 年 10 月 | 4 |
| 25 | 下旺清真寺 | 岱岳区粥店街道下旺村 | 清 | 古建筑 | 2013 年 10 月 | 4 |
| 26 | 中淳于瓷窑址 | 岱岳区满庄镇西北，西近中淳于村 | 隋唐至明 | 古遗址 | 2015 年 6 月 | 5 |
| 27 | 文姜城遗址 | 岱岳区大汶口镇和平街东北 500 米处 | 东周至汉 | 古遗址 | 2015 年 6 月 | 5 |
| 28 | 山西街村建筑群 | 岱岳区大汶口镇山西街村 | 明、清、中华民国 | 古建筑 | 2015 年 6 月 | 5 |
| 29 | 泰安抗日烈士公墓 | 岱岳区祝阳镇陈良村 | 1946 年 | 抗战遗址、纪念设施 | 2015 年 6 月 | 5 |

续表 2

| 序号 | 名 称 | 地 点 | 年 代 | 类 别 | 公布时间 | 批次 |
|---|---|---|---|---|---|---|
| 30 | 夏张抗日武装起义纪念碑 | 岱岳区夏张镇夏北村北 | 1998 年 | 抗战遗址、纪念设施 | 2015 年 6 月 | 5 |
| 31 | 泰西抗日武装起义旧址 | 岱岳区道朗镇、肥城市仪阳街道 | 1938 年 | 抗战遗址、纪念设施 | 2015 年 6 月 | 5 |
| 32 | 姚庄遗址 | 岱岳区祝阳镇姚庄村 | 汉 | 古遗址 | 2022 年 1 月 | 6 |
| 33 | 石坞洞山山寨遗址 | 岱岳区道朗镇二奇楼村、肥城市仪阳街道石屋山 | 明、清 | 古遗址 | 2022 年 1 月 | 6 |
| 34 | 淳于意墓 | 岱岳区满庄镇中淳于村南约 300 米 | 西汉 | 古墓葬 | 2022 年 1 月 | 6 |
| 35 | 角峪十字穿心阁 | 岱岳区角峪镇鹿角村 | 清 | 古建筑 | 2022 年 1 月 | 6 |
| 36 | 马庄村裴氏宗祠 | 岱岳区马庄镇马庄村 | 清 | 古建筑 | 2022 年 1 月 | 6 |
| 37 | 粥店崇兴寺 | 岱岳区粥店街道堰堤小学 | 清 | 古建筑 | 2022 年 1 月 | 6 |
| 38 | 阴佛寺造像 | 岱岳区角峪镇苏庄村 | 唐 | 古建筑 | 2022 年 1 月 | 6 |
| 39 | 新泰智人化石地点 | 新泰市东都镇乌珠台村西南 | 旧石器时代 | 古遗址 | 1992 年 6 月 | 2 |
| 40 | 新泰市周家庄东周墓群 | 新泰市青云街道福田社区 | 东周 | 古墓葬 | 2006 年 12 月 | 3 |
| 41 | 徐琛墓 | 新泰市羊流镇徐家庄村东南 | 元 | 古墓葬 | 2013 年 10 月 | 4 |
| 42 | 东街清真寺 | 新泰市放城镇东街村 | 明至中华民国 | 古建筑 | 2013 年 10 月 | 4 |
| 43 | 光明东村正觉寺 | 新泰市刘杜镇光明东村 | 明至中华民国 | 古建筑 | 2013 年 10 月 | 4 |
| 44 | 莲花山云谷寺 | 新泰市泉沟镇莲花山风景区 | 明、清 | 古建筑 | 2013 年 10 月 | 4 |
| 45 | 青云山三官庙 | 新泰市汶南镇青云山村 | 清 | 古建筑 | 2013 年 10 月 | 4 |
| 46 | 阁老顶观音造像 | 新泰市放城镇郗家峪村南 | 宋、金 | 石窟寺及石刻 | 2013 年 10 月 | 4 |
| 47 | 大协炮楼 | 新泰市小协镇大协村 | 1938 年 | 近现代重要史迹及代表性建筑 | 2013 年 10 月 | 4 |
| 48 | 抬头寺遗址 | 新泰市汶南镇果庄村北 | 新石器时代至东周 | 古遗址 | 2015 年 6 月 | 5 |
| 49 | 新泰羊氏墓地 | 新泰市羊流镇程家庄村、徂汶景区天宝镇颜前村 | 东汉至隋 | 古墓葬 | 2015 年 6 月 | 5 |
| 50 | 北单家庄遗址 | 新泰市羊流镇北单家庄村 | 新石器时代至汉 | 古遗址 | 2022 年 1 月 | 6 |
| 51 | 师旷墓 | 新泰市青云街道北师村 | 东周 | 古墓葬 | 2022 年 1 月 | 6 |
| 52 | 怀德书院北学堂 | 新泰市楼德镇东村 | 清 | 古建筑 | 2022 年 1 月 | 6 |
| 53 | 西韩庄村王氏宗祠 | 新泰市西张庄镇西韩庄村 | 清 | 古建筑 | 2022 年 1 月 | 6 |
| 54 | 寺山上清宫 | 新泰市新汶街道 | 明、清 | 古建筑 | 2022 年 1 月 | 6 |
| 55 | 八腊庙 | 新泰市青云街道朝阳社区西街南首 | 清 | 古建筑 | 2022 年 1 月 | 6 |
| 56 | 老寨山战斗遗址 | 新泰市禹村镇老寨山 | 1947 年 | 近现代重要史迹及代表性建筑 | 2022 年 1 月 | 6 |

续表 2

| 序号 | 名　称 | 地　点 | 年　代 | 类　别 | 公布时间 | 批次 |
|---|---|---|---|---|---|---|
| 57 | 陆房战斗遗址 | 肥城市安临站镇东陆房村东北 500 米处 | 抗日战争时期 | 近现代重要史迹及代表性建筑 | 1977 年 12 月 | 1 |
| 58 | 泰山显灵宫 | 肥城市石横镇石横四村内 | 明 | 古建筑 | 2006 年 12 月 | 3 |
| 59 | 护鲁山泰山行宫 | 肥城市孙伯镇大石桥村 | 明、清 | 古建筑 | 2013 年 10 月 | 4 |
| 60 | 圭山石刻 | 肥城市王瓜店街道印山子村 | 明 | 石窟寺及石刻 | 2013 年 10 月 | 4 |
| 61 | 东向北阁 | 肥城市边院镇东向北村 | 明、清 | 古建筑 | 2015 年 6 月 | 5 |
| 62 | 小中泉天主教堂 | 肥城市湖屯镇小中泉居委会中心街北 | 1910 年 | 近现代重要史迹及代表性建筑 | 2015 年 6 月 | 5 |
| 63 | 新城群力放水洞 | 肥城市新城街道东尚里村北 | 1960 年 | 近现代重要史迹及代表性建筑 | 2015 年 6 月 | 5 |
| 64 | 晒书城遗址 | 肥城市桃园镇东里三村晒书城 | 东周至元 | 古遗址 | 2022 年 1 月 | 6 |
| 65 | 幽栖寺遗址 | 肥城市湖屯镇栖幽寺村北 | 宋、清 | 古遗址 | 2022 年 1 月 | 6 |
| 66 | 左丘明墓 | 肥城市石横镇东衡鱼村 | 东周 | 古墓葬 | 2022 年 1 月 | 6 |
| 67 | 关王殿村小泰山古建筑群 | 肥城市湖屯镇关王殿村北的小泰山极顶 | 明至民国 | 古建筑 | 2022 年 1 月 | 6 |
| 68 | 陶南山馆 | 肥城市王庄镇花园村 | 清 | 古建筑 | 2022 年 1 月 | 6 |
| 69 | 新刘玉皇庙 | 肥城市汶阳镇新刘村 | 明 | 古建筑 | 2022 年 1 月 | 6 |
| 70 | 南夏辉萧氏家祠 | 肥城市安驾庄镇南夏辉村 | 清 | 古建筑 | 2022 年 1 月 | 6 |
| 71 | 马家埠丁家庙 | 肥城市安驾庄镇马家埠村 | 明 | 古建筑 | 2022 年 1 月 | 6 |
| 72 | 新胜耶稣帝王堂 | 肥城市石横镇新胜居委会 | 1840 年 | 近现代重要史迹及代表性建筑 | 2022 年 1 月 | 6 |
| 73 | 长山街玉都观 | 肥城市新城街道长山街南首 | 1926 年至 1936 年 | 近现代重要史迹及代表性建筑 | 2022 年 1 月 | 6 |
| 74 | 肥城县抗日民主政府旧址 | 肥城市王庄镇东焦村 | 1939 年 | 近现代重要史迹及代表性建筑 | 2022 年 1 月 | 6 |
| 75 | 古磁窑址 | 宁阳县华丰镇西部、磁窑火车站东 3 千米处 | 宋、元 | 古遗址 | 1977 年 12 月 | 1 |
| 76 | 潘茂汉墓 | 宁阳县东疏镇潘家黄茂村北 | 汉 | 古墓葬 | 1977 年 12 月 | 1 |
| 77 | 宁阳文庙 | 宁阳县县城东街 313 号 | 元至清 | 古建筑 | 2006 年 12 月 | 3 |
| 78 | 宁阳禹王庙 | 宁阳县伏山镇堽城坝村北 | 明 | 古建筑 | 2006 年 12 月 | 3 |
| 79 | 宁阳灵山寺 | 宁阳县华丰镇灵山 | 唐至清 | 古建筑 | 2006 年 12 月 | 3 |
| 80 | 西太平窑址 | 宁阳县磁窑镇西太平村 | 唐、宋 | 古遗址 | 2013 年 10 月 | 4 |
| 81 | 义和寨寨墙 | 宁阳县磁窑镇贺家庄村 | 清 | 古遗址 | 2013 年 10 月 | 4 |
| 82 | 南陈村北窑址 | 宁阳县东庄镇南陈村 | 隋、唐、宋 | 古遗址 | 2013 年 10 月 | 4 |
| 83 | 神童山观音庵 | 宁阳县葛石镇黑石村 | 明、清 | 古建筑 | 2013 年 10 月 | 4 |
| 84 | 神童山摩崖石刻 | 宁阳县葛石镇刘家庄村 | 北朝、五代 | 石窟寺及石刻 | 2013 年 10 月 | 4 |

续表 2

| 序号 | 名　称 | 地　点 | 年　代 | 类　别 | 公布时间 | 批次 |
|---|---|---|---|---|---|---|
| 85 | 堽城坝（闸）遗址 | 宁阳县堽城镇堽城里村 | 元 | 其他（大运河） | 2013 年 10 月 | 4 |
| 86 | 郕城故城 | 宁阳县东庄镇南故城新村 | 东周至汉 | 古遗址 | 2015 年 6 月 | 5 |
| 87 | 关圣帝君庙碑 | 宁阳县东疏镇马庙村 | 明、清 | 石窟寺及石刻 | 2015 年 6 月 | 5 |
| 88 | 大孔扬水站 | 宁阳县堽城镇大孔家庄村 | 1978 年 | 近现代重要史迹及代表性建筑 | 2015 年 6 月 | 5 |
| 89 | 东平故城 | 东平县东平街道宿城村附近 | 汉至唐 | 古遗址 | 1977 年 12 月 | 1 |
| 90 | 北桥墓群 | 东平县老湖镇北桥村 | 汉 | 古墓葬 | 1977 年 12 月 | 1 |
| 91 | 梁氏墓群 | 东平县老湖镇梁林村 | 宋 | 古墓葬 | 1977 年 12 月 | 1 |
| 92 | 理明窝摩崖造像 | 东平县斑鸠店镇六工山 | 唐 | 石窟寺及石刻 | 1992 年 6 月 | 2 |
| 93 | 尚书林 | 东平县梯门镇西梯门村 | 明 | 古墓葬 | 2013 年 10 月 | 4 |
| 94 | 常庄民居 | 东平县接山镇常庄村 | 明、清、中华民国 | 古建筑 | 2013 年 10 月 | 4 |
| 95 | 前山西屯大队部 | 东平县梯门镇前山西屯村 | 1975 年 | 近现代重要史迹及代表性建筑 | 2013 年 10 月 | 4 |
| 96 | 东平安山闸 | 东平县商老庄乡大安山村 | 明 | 其他（大运河） | 2013 年 10 月 | 4 |
| 97 | 东平戴庙闸 | 东平县戴庙镇戴庙村 | 明 | 其他（大运河） | 2013 年 10 月 | 4 |
| 98 | 阳谷邑故城 | 东平县旧县乡王古店村东 | 周、汉 | 古遗址 | 2015 年 6 月 | 5 |
| 99 | 峗山汉墓群 | 东平县东平街道焦村北白佛山前东侧 | 汉 | 古墓葬 | 2015 年 6 月 | 5 |
| 100 | 薵桥 | 东平县接山镇薵桥村 | 金、明 | 古建筑 | 2015 年 6 月 | 5 |
| 101 | 银山石刻 | 东平县银山镇前银山村北 | 北朝、宋、清 | 石窟寺及石刻 | 2015 年 6 月 | 5 |
| 102 | 徂徕山摩崖石刻 | 徂汶景区天宝镇后寺村北 | 北齐、唐 | 石窟寺及石刻 | 1992 年 6 月 | 2 |
| 103 | 博城故城 | 徂汶景区滨河片区后旧县村 | 东周至宋 | 古遗址 | 2013 年 10 月 | 4 |
| 104 | 山东省委旧址暨八路军山东抗日游击第四支队司令部旧址（光化寺） | 徂汶景区天宝镇后寺庄村西北 | 1938 年 | 抗战遗址、纪念设施 | 2015 年 6 月 | 5 |
| 105 | 徂徕山抗日武装起义磨山峪旧址 | 高新区房村镇磨山峪村 | 1938 至 1945 年 | 近现代重要史迹及代表性建筑 | 2022 年 1 月 | 6 |

## 2022年泰安市省级以上非物质文化遗产代表性项目一览表

表 3

| 序号 | 类　别 | 项目名称 | 保护单位 | 级　别 | 公布时间 |
|---|---|---|---|---|---|
| 1 | 民间文学 | 泰山传说 | 泰安市泰山风景名胜区管理委员会（泰山林场） | 国家级 | 2011 |
| 2 | | 宁阳大禹治水的传说 | 宁阳县文化艺术中心 | 省　级 | 2009 |

续表 3

| 序号 | 类 别 | 项目名称 | 保护单位 | 级 别 | 公布时间 |
|---|---|---|---|---|---|
| 3 | 民间文学 | 范蠡与陶山的故事 | 肥城市文化艺术服务中心 | 省 级 | 2009 |
| 4 | | 水浒传说 | 东平县非物质文化遗产保护中心 | 省 级 | 2013 |
| 5 | | 肥桃传说 | 肥城市朝阳文化传媒有限公司 | 省 级 | 2016 |
| 6 | | 柳下惠传说 | 新泰市公共文化服务中心 | 省 级 | 2013 |
| 7 | 传统音乐 | 泰山道教音乐 | 泰安市道教协会 | 国家级 | 2008 |
| 8 | | 腊山道教音乐 | 东平县非物质文化遗产保护协会 | 国家级 | 2008 |
| 9 | | 东平硪号子 | 东平县非物质文化遗产保护协会 | 省 级 | 2009 |
| 10 | 传统舞蹈 | 独杆跷 | 新泰市公共文化服务中心 | 国家级 | 2008 |
| 11 | | 百兽图 | 新泰市公共文化服务中心 | 省 级 | 2006 |
| 12 | | 逛荡灯 | 新泰市谷里镇南谷里村民委员会 | 省 级 | 2006 |
| 13 | 传统戏剧 | 泰山皮影戏 | 泰安市泰山皮影艺术研究院 | 国家级 | 2008 |
| 14 | | 山东梆子 | 泰安市山东梆子艺术研究院 | 国家级 | 2008 |
| 15 | | 宁阳木偶戏 | 宁阳县文化艺术中心 | 省 级 | 2006 |
| 16 | | 四音戏 | 东平县文化馆 | 省 级 | 2006 |
| 17 | 曲艺 | 端鼓腔 | 东平县非物质文化遗产保护协会 | 国家级 | 2011 |
| 18 | | 山东柳琴 | 新汶矿业集团有限责任公司工会委员会 | 省 级 | 2021 |
| 19 | 传统体育、游艺与杂技 | 中华子午门功夫 | 东平县非物质文化遗产保护协会 | 省 级 | 2009 |
| 20 | | 徐家拳 | 新泰市泰山徐家拳研究院 | 国家级 | 2014 |
| 21 | | 泰山舞狮 | 泰安市泰山区文化馆 | 省 级 | 2021 |
| 22 | 传统美术 | 泥塑（泰山泥塑） | 泰安市岱岳区泰山泥塑艺术研究院 | 省 级 | 2009 |
| 23 | | 泰山水陆画 | 泰安市画像研究院 | 省 级 | 2016 |
| 24 | | 东平湖莲子彩绘工艺 | 东平县非物质文化遗产保护协会 | 省 级 | 2021 |
| 25 | | 面塑（泰山石家面塑） | 泰安市文化馆（泰安市非物质文化遗产保护中心） | 省 级 | 2021 |
| 26 | | 糖画（泰山糖画） | 泰安市泰山糖画艺术研究院 | 省 级 | 2021 |
| 27 | | 陈氏指画 | 新泰市公共文化服务中心 | 省 级 | 2021 |
| 28 | | 泰山石刻 | 泰安市泰山石敢当文化发展研究院 | 省 级 | 2021 |
| 29 | | 木雕（肥城桃木雕刻技艺） | 肥城市正港木业工艺品厂 | 省 级 | 2021 |
| 30 | 传统技艺 | 豆腐传统制作技艺 | 泰安市泰山东岳豆腐宴研究院 | 国家级 | 2021 |
| 31 | | 泰安豆腐制作技艺 | 泰山区文化馆 | 省 级 | 2013 |
| 32 | | 泰山火烧制作技艺 | 泰安市传统食品协会 | 省 级 | 2013 |

续表 3

| 序号 | 类别 | 项目名称 | 保护单位 | 级别 | 公布时间 |
|---|---|---|---|---|---|
| 33 | 传统技艺 | 泰山酒传统酿造技艺 | 泰山酒业集团股份有限公司 | 省级 | 2013 |
| 34 | | 尚氏锔艺 | 肥城市文化艺术服务中心 | 省级 | 2016 |
| 35 | | 泰山石刻碑拓技艺 | 泰安市泰山文化主题博物馆 | 省级 | 2013 |
| 36 | | 泰山香传统制作技艺 | 泰山香（山东）品牌管理有限公司 | 省级 | 2016 |
| 37 | | 泰山封禅御宴 | 泰安市泰山区泰安行宫御膳文化产业有限公司 | 省级 | 2016 |
| 38 | | 彩山特曲传统酿造技艺 | 宁阳县文化艺术中心 | 省级 | 2021 |
| 39 | | 得膳斋清真糕点制作技艺 | 泰安市泰山区得膳中式糕点斋 | 省级 | 2021 |
| 40 | | 西御道老鸡汤制作技艺 | 泰安御道韩氏食品有限公司 | 省级 | 2021 |
| 41 | | 泰山茶制作技艺 | 泰山茶文化有限公司 | 省级 | 2021 |
| 42 | | 玉氏鸿叶旗袍制作技艺 | 新泰市山东玉叶制衣有限公司 | 省级 | 2021 |
| 43 | | 肥城聂氏铜器铸造工艺 | 泰安市龙藏深泉商贸有限公司 | 省级 | 2021 |
| 44 | 传统医药 | 孟氏正骨 | 新泰孟氏医院 | 国家级 | 2014 |
| 45 | | 安驾庄梁氏正骨疗法 | 肥城市安驾庄梁氏骨科医院 | 省级 | 2009 |
| 46 | | 王氏正骨 | 泰安王氏正骨医院有限公司 | 省级 | 2016 |
| 47 | | 孟氏接骨膏制作技艺 | 新泰孟氏医院 | 省级 | 2016 |
| 48 | | 翟氏正骨 | 新泰翟氏中医医院有限公司 | 省级 | 2021 |
| 49 | | 瑞泽堂王氏膏方 | 肥城市文化艺术服务中心 | 省级 | 2021 |
| 50 | 民俗 | 泰山石敢当习俗 | 泰安市泰山风景名胜区管理委员会（泰山林场） | 国家级 | 2006 |
| 51 | | 泰山东岳庙会习俗 | 泰安市旅游协会 | 国家级 | 2008 |
| 52 | | 泰山封禅与祭祀习俗 | 泰安市泰山风景名胜区管理委员会（泰山林场） | 省级 | 2006 |
| 53 | | 桃木雕刻民俗 | 肥城市文化艺术服务中心 | 省级 | 2006 |
| 54 | | 宁阳端午彩粽习俗 | 宁阳县文化艺术中心 | 省级 | 2006 |
| 55 | | 宁阳斗蟋 | 宁阳县文化艺术中心 | 省级 | 2009 |
| 56 | | 东岳大帝与碧霞元君信俗 | 泰安市文化馆（泰安市非物质文化遗产保护中心） | 省级 | 2013 |
| 57 | | 泰山祭祀习俗 | 泰安市文化馆（泰安市非物质文化遗产保护中心） | 省级 | 2016 |
| 58 | | 泰山玉习俗 | 岱岳区文化馆 | 省级 | 2016 |
| 59 | | 宁阳四八宴席与酒礼 | 宁阳县文化艺术中心 | 省级 | 2021 |

# 编后记

《泰安市乡镇概览（2016—2020）》是中共泰安市委党史研究院、泰安市地方史志研究院围绕中心、服务大局，为助力乡村振兴而组织编纂的地情资料性文献书籍。编纂工作自2021年12月开始，至2024年9月出版。其间，经历了以下五个阶段：

一是组织筹备阶段。2021年12月初，中共泰安市委党史研究院、泰安市地方史志研究院酝酿编纂《泰安市乡镇概览（2016—2020）》，由志书编审室负责编纂。参编人员经过多次研究，初步形成了编纂方案和篇目初稿。12月23日，组织召开篇目研讨暨编纂试点工作会议，对篇目进行交流研讨，安排部署6个县（市、区）各选择1个供稿单位进行样稿撰写。2022年3月，6个县（市、区）全部完成试点样稿供稿任务。经过参编人员精心加工、反复修改，最后确定肥城市、汶阳镇的文稿为该书编纂的参考样稿。

二是组稿编辑阶段。2022年9月，组织召开《泰安市乡镇概览（2016—2020）》编纂工作会议，印发编纂方案、凡例、篇目、参考样稿等材料。随后，各县（市、区）、有关功能区先后召开专门会议，安排部署编纂任务。供稿过程中，市、县参编人员多次到乡镇（街道）进行业务指导，及时为供稿单位解答难题，并通过召开研讨会、调度会、经验交流会等形式，加强督促协调调度，保障了供稿的进度和质量。2023年1月，全市98个供稿单位全部完成供稿任务。

三是编辑总纂阶段。2023年3月起，市委党史研究院确定7名编辑人员，具体负责文稿的编辑工作。文稿编辑中，实行任务目标责任制，明确职责目标，分解落实任务，通过专题业务培训班、每月一次编辑例会、印发稿件修改补充说明等工作措施，千方百计加快编纂进度，提高编辑质量。对文稿中存在的问题及时与供稿人员对接，随时补充完善；对个别供稿质量差、提供资料不完整、稿件修改不及时的单位，分工编辑采取现场指导、现场调度，帮助他们收集资料，及时解决业务难题等方式加快工作进度。同时，在编纂工作中，采取编辑稿及时送审、压茬推进的方式，经过数易其稿，形成送审稿。

四是征求意见阶段。送审稿形成后，分别送市统计局、市委党史研究院领导和各室（馆）、县（市、区）党史研究中心和有关功能区征求意见。根据反馈意见，对文稿存在的问题专题研究、认真归纳梳理，及时制定修改标准，分工编辑又对文稿进行了修改、补充，形成评审稿。

五是评审完善阶段。2024年1月26日，召开《泰安市乡镇概览（2016—2020）》评审会，省委党史研究院（省地方史志研究院）、县（市、区）、有关功能区的10余名专家对文稿进行了评审。评审认为，文稿框架合理、篇目清晰、标题精炼、归属得当、内容丰富、资料翔实，能够突出泰安市各乡镇（街道）的自然地理、历史人文、发展成就和时代特征，对保存资料、传承文化、服务当代、垂鉴后世具有独特作用。同时，对文稿的修改也提出了意见和建议。2—3月，各位分工编辑根据方志出版社和评审会的指导意见和建议，再次对文稿进行了修改。3月底，将修改完善后的文稿印发各供稿单位进行最终的审核确认，对部分供稿单位反馈的有关统计数据、专业用语、图照选用等方面的问题进行了修改、调整。5—8月，完成方志出版社三审三校。9月6日，书稿经市委党史研究院业务指导和编审委员会第六次会议审议通过。10月，文稿定稿。11月，将数码样报送编纂委员会领导审定后定版付梓。

该书编纂的具体分工是：责任编辑曹成义负责撰写编辑说明，会同庄惠丽、郝航负责肥城市文稿的编辑工作；责任编辑张云霞会同李珊珊、赵潇负责东平县文稿的编辑工作；责任编辑王云勇会同赵先法、侯胜男、徐莹负责宁阳县文稿的编辑工作；责任编辑刘倩负责泰安市概述、附录、编后记的撰写、整理，会同张鹏岳、刘晓、刘仁航、马田苗负责新泰市文稿的编辑工作；责任编辑颜雯雯会同吕超、杨扬负责泰山区文稿的编辑工作；责任编辑高苗、范传根会同玄富华、孙小飞、陈玉、刘涛、丁中、李宁、刘彤彤、王飞飞分别负责泰安高新区、泰山景区、徂汶景区文稿的编辑工作；责任编辑张瑞伟、代孝东会同张洪谱、程建民负责岱岳区文稿的编辑工作。主编田萌主持全书统编工作，负责整体设计、宏观把握等。副主编曹成义负责统筹整个编纂工作，并对分工文稿进行审核；副主编王云勇负责组织筹备、组稿调度、编纂前期工作及对分工文稿的审核；副主编张云霞负责印刷出版等编纂后期工作及对分工文稿的审核，并对全书进行了通读校对。

《泰安市乡镇概览（2016—2020）》编纂工作，得到了市委、市政府相关领导，省业务部门，市直有关单位和各级各供稿单位的高度重视和大力支持。市领导成丽、刘泮英、冯能斌多次对编纂工作给予指导，并亲自审定书稿。省委党史研究院业务指导处处长、一级调研员张耀龙，业务指导处一级调研员杜泉对文稿进行了全面、细致的审查，并提出了宝贵的修改意见。市委党史研究院李洪洲、田萌、曹成义等负责同志积极推动编纂工作，认真组织前期筹备、篇目修订、编纂启动、组稿供稿、文稿审定、印刷出版等方面工作，保障了该书按计划高质量出版。市统计局荣蓉、刘桂菊对统计数据进行了认真审核。各级参编人员本着对历史、对事业、对人民高度负责的态度，克服时间紧、任务重、资料缺失等困难，兢兢业业、加班加点、无私奉献、攻坚克难，圆满完成了编辑任务。东平县委办公室常元波在市院帮助工作期间为本书编纂筹备和组稿做了大量工作。新泰市委党史研究中心张聪慧在市院帮助工作期间参与了泰山区和泰安高新区前期的文稿编辑工作。因本书编纂付出辛勤劳动和提供帮助的人员众多，恕不赘述，在此一并表示诚挚的谢意。

该书的编纂工作，尽管各方面都尽了最大努力，但由于历史久远、区划变动、资料缺乏、求证困难、数据调整等多方面原因，难免有遗漏和错误之处，敬请广大读者批评指正。

编　者

2024年11月